Verhandlungen

des

Dreißigsten

Deutschen Juristentages.

Herausgegeben

von

dem Schriftführer-Amt der ständigen Deputation.

Erster Band.
(Gutachten.)

Berlin 1910.

Kommissions-Verlag von J. Guttentag, Verlagsbuchhandlung,
G. m. b. H.

Inhaltsverzeichnis.

Gutachten.

(Erster Band.)

I.

Gutachten des Herrn Professor Dr. Biermann, Gießen

über die Frage:

Empfehlen sich gesetzgeberische Maßnahmen, durch welche die Haftung des persönlichen Schuldners für den Hypothekenausfall beschränkt wird, wenn der Gläubiger seine Hypothek nicht ausgeboten und das Grundstück weit unter dem Werte erstanden hat?

I. Wird ein Hypothekengläubiger aus dem von ihm beliehenen Grundstück befriedigt, so erlischt nicht bloß die Hypothek (BGB. § 1181 Abs. 1), sondern auch die Forderung. Dieser Fall ist dann gegeben, wenn die Forderung des Gläubigers durch das Bargebot des Erstehers gedeckt worden war. Dabei ist es einerlei, ob ein anderer der Ersteher war oder der Gläubiger selber. Hypothek und Forderung erlöschen also auch dann, wenn sich der Gläubiger selber herausgeboten hat. Anders ist die Sachlage, wenn das Bargebot die Forderung des Gläubigers nicht erreicht hat, der Gläubiger also ganz oder teilweise bei der Zwangsversteigerung ausgefallen ist. In diesem Falle ist zwar die Hypothek ebenfalls erloschen (ZVG. § 91 Abs. 1), dagegen die Forderung bestehen geblieben. Diese Regelung ist im allgemeinen auch durchaus angemessen. Würde außer der Hypothek auch die Forderung erlöschen, so wäre der Gläubiger über Gebühr ohne jede Notwendigkeit geschädigt. Da sie nicht erlischt, so hat er wenigstens die rechtliche Möglichkeit, sich aus ihr wegen seines Ausfalls zu erholen. Die tatsächliche Möglichkeit ist freilich nur selten vorhanden, da regelmäßig der Subhastat der persönliche Schuldner und, wie ja die Zwangsversteigerung beweist, nicht zahlungsfähig ist. Nur dann, wenn ein anderer, z. B. ein früherer Grundstückseigentümer, der persönliche Schuldner ist, oder wenn es zwar der Subhastat ist, dieser aber nachträglich wieder zu Vermögen gelangt, hat der Gläubiger Aussicht, seine Forderung beizutreiben.

Unter Umständen kann indessen das Fortbestehen der Forderung auch zu unbilligen Ergebnissen führen. Dies gilt namentlich von dem in der Frage genannten Tatbestande, also dann, wenn der Gläubiger selber, ohne seine Hypothek vollkommen ausgeboten zu haben, das Grundstück weit unter dem Werte erstanden hat. Ist z. B. der Gläubiger an erster Stelle im Grundbuch eingetragen und zugleich der die Zwangsversteigerung Betreibende, so wird das geringste Gebot regelmäßig ganz gering sein. Nennenswert über dieses in seinen Geboten hinauszugehen hat der Gläubiger nur dann Veranlassung, wenn Mitbieter vorhanden sind. Solche aber werden sich häufig dadurch vom Bieten abhalten lassen, daß sie sich sagen müssen, der Gläubiger werde jedenfalls den Preis so hoch treiben, daß seine Forderung gedeckt wird. Sind sie nachstehende Realberechtigte, so werden sie regelmäßig allerdings den Versuch machen müssen, ihre Forderungen durch Mitbieten zu retten. Aber es ist auch nichts Seltenes, daß der vorstehende Berechtigte sie im geheimen abfindet und dann das Grundstück zum Mindestgebot ersteht. So kommen mitunter Zwangsverkäufe zustande, in denen Grundstücke im Werte von 100000 Mk. und mehr für 2—3000 Mk. zugeschlagen werden.[1]) Der erste Gläubiger, der hier das Grundstück er-

[1]) Ob solche Verkäufe häufig sind, ist nicht bekannt, da es an einer Statistik hierüber und über Hypothekenausfälle in der Zwangsversteigerung überhaupt fehlt. Doch gibt es wenigstens eine freilich sehr lückenhafte Statistik über die Ergebnisse der Zwangsversteigerungen. Vergleicht man diese Ergebnisse mit denjenigen der freiwilligen Verkäufe, so bemerkt man, daß die bei Zwangsversteigerungen erzielten Kaufpreise doch vielfach ganz auffällig geringer sind, als die Kaufpreise bei freiwilligen Veräußerungen. So ist den letzten Bänden des Statistischen Jahrbuches deutscher Städte, herausgegeben von Neefe — allerdings nur für unbebaute Grundstücke — Folgendes zu entnehmen: 1900 oder 1901 wurden in Barmen für 93535 qm freihändig 2633861 Mk. erzielt, dagegen im Wege der Zwangsversteigerung für 10680 qm nur 3101 Mk., in Breslau für 811641 qm freihändig 11693645 Mk., im Wege der Zwangsversteigerung für 135070 qm nur 3645 Mk., in Halle a. S. für 371579 qm freihändig 2072847 Mk., im Wege der Zwangsversteigerung für 109000 qm nur 27576 Mk., in Magdeburg freihändig für 1012105 qm 3959210 Mk., im Wege der Zwangsversteigerung für 248000 qm nur 21099 Mk.; in Potsdam in demselben Zeitraum freihändig für 66494 qm 366580 Mk., im Wege der Zwangsversteigerung für 58917 qm nur 5271 Mk., ebenfalls in Potsdam 1901 oder 1902 freihändig für 27939 qm 278217 Mk., im Wege der Zwangsversteigerung für 571 qm 3830 Mk., und 1904 oder 1904/5 ebendaselbst freihändig für 30821 qm 258772 Mk., im Wege der Zwangsversteigerung für 1136 qm 553 Mk.; in Erfurt 1901 oder 1902 freihändig für 989495 qm 2934230 Mk., im Wege der Zwangsversteigerung für 46245 qm nur

standen hat, hat dann zwar seine Hypothek verloren, aber dafür ein Grundstück eingetauscht und damit einen vollen oder teilweisen Gegenwert für seine Forderung erhalten. Trotzdem ist seine Forderung nicht erloschen, und es ist keineswegs ausgeschlossen, daß er sie jetzt oder später gegen den persönlichen Schuldner geltend macht, und daß er von diesem auch wirklich befriedigt wird, so daß er wegen einer und derselben Forderung eigentlich zweimal Zahlung empfängt, einmal in dem Werte des von ihm ersteigerten Grundstücks und dann in Geld.

Daß dieses Ergebnis unserm Rechtsbewußtsein nicht entspricht, ist nicht zweifelhaft. Aber bevor man die Frage, ob sich gesetzgeberische Maßnahmen zur Ausschließung dieses Ergebnisses empfehlen, bejaht, wird man zu prüfen haben, ob es nicht schon nach geltendem Recht vermeidbar ist.

Hier kommt nun Folgendes in Betracht.

II. 1. Man könnte zunächst daran denken, dem persönlichen Schuldner auf Grund der Vorschriften über ungerechtfertigte Bereicherung zu helfen. Man könnte meinen, daß der Gläubiger, der bereits durch den Wert des Grundstücks wegen seiner Forderung befriedigt ist, ungerechtfertigt bereichert sein würde, wenn er noch einmal Zahlung empfinge, und geneigt

---

40870 Mk., und 1905 oder 1905/6 freihändig für 863164 qm 3989498 Mk., im Wege der Zangsversteigerung für 2457 qm 1850 Mk.; in Cöln 1904 oder 1904/5 freihändig für 2153363 qm 30192309 Mk., im Wege der Zwangsversteigerung für 94760 qm 584918 Mk. usw. Man darf wohl ohne weiteres annehmen, daß da, wo der in der Zwangsversteigerung erzielte Kaufpreis auffällig gering und offensichtlich weit unter dem Wert des Grundstücks war, dies seinen Grund grade darin hatte, daß Hypothekengläubiger, ohne ihre Hypotheken auszubieten, die Grundstücke erworben haben.

Instruktiv ist auch die Uebersicht in Bd. 12 des Jahrbuches (1901) S. 14 über die infolge von Zwangsversteigerungen gelöschten Hypotheken, in welcher allerdings nicht ausgeführt ist, inwieweit diese Hypotheken in der Zwangsversteigerung ausgefallen waren.

Die „Charlottenburger Statistik", herausgegeben vom Statistischen Amt der Stadt, enthält u. a. eine Vergleichung des bei Zwangsversteigerungen erzielten Kaufpreises mit dem gemeinen Werte der versteigerten Grundstücke. Hier sind die Unterschiede im allgemeinen nicht sehr groß, zum Teil übersteigen die Kaufpreise sogar die gemeinen Werte. Nur im Jahre 1901 war für unbebaute Grundstücke der in der Zwangsversteigerung erzielte Kaufpreis erheblich geringer als ihr gemeiner Wert, er betrug nur 80010 Mk., während der gemeine Wert 430000 Mk. war. Dabei ist aber zu beachten, daß in Charlottenburg bei freihändigen Verkäufen die Kaufpreise nicht unerheblich höher waren als die gemeinen Grundstückswerte. In den Jahren 1899–1902 war der gemeine Wert bei Verkauf und Tausch um 15,04 bezw. 23,84 pCt. geringer als der Kaufpreis, bei den Versteigerungen blieb dagegen der Kaufpreis um 4,28 pCt. hinter dem gemeinen Werte zurück (15. Heft der Charlottenburger Statistik, 1903, S. 47).

sein, dem Schuldner zu gestatten, dies einredeweise dem Gläubiger entgegen zu halten. Diese Auffassung wäre indessen unrichtig. Denn der Gläubiger erlangt weder durch die Befriedigung seiner Forderung noch durch den Erwerb des Eigentums am Grundstück etwas ohne rechtlichen Grund (BGB. § 812), und es fällt auch nicht dadurch, daß der persönliche Schuldner den Gläubiger befriedigt, der rechtliche Grund, aus dem dieser das Eigentum am Grundstück erworben hat, oder aus dem die Hypothek ausgefallen ist, nachträglich weg (das.).

2. Man könnte ferner annehmen, daß der Schuldner berechtigt sei, eine compensatio lucri cum damno vorzunehmen, indem der Ausfall der Hypothek als damnum, der Erwerb des Grundstücks als lucrum angesehen wird. Auf diesem Standpunkt steht Maenner.[2] Er ist der Meinung, daß der Gläubiger, der sich das Grundstück zu geringem Preise hat zuschlagen lassen, regelmäßig nicht den ganzen Ausfall vom Schuldner erlangen dürfe; „denn indem er durch die Zwangsversteigerung den Ausfall erleidet, erlangt er durch die Zwangsversteigerung auch einen Vorteil in Höhe der Differenz zwischen seinem Höchstgebot und dem wahren Wert des Grundstücks." Maenner beruft sich auch auf eine Entscheidung des Reichsgerichts.[3] Der Tatbestand dieses Urteils ist nur unvollständig mitgeteilt. Doch scheint er nicht mit dem hier in Frage stehenden identisch zu sein, es sich vielmehr darum zu handeln, daß der Hypothekengläubiger, der das Grundstück unter dem Werte erstanden hatte, nicht seine persönliche Forderung, sondern einen Schadensersatzanspruch gegen den früheren Grundstückseigentümer geltend machte. Wenigstens spricht das Urteil davon, daß der Kläger durch die Handlungsweise des Beklagten geschädigt worden sei, von einer Entwertung des Grundstücks durch den Beklagten, von einem erhobenen Schadenanspruch, einem Vermögensschaden. Worin freilich die schädigende Handlung des Beklagten bestanden hatte, wird nicht gesagt.

In der Tat kann von einer compensatio lucri cum damno, einer Vorteilsausgleichung, in dem vorliegenden Falle keine Rede sein. Zunächst handelt es sich hier garnicht um einen Schadensersatzanspruch, sondern um die durch die Hypothek gesicherte Forderung, also regelmäßig um eine Vertragsforderung. Auf die Geltendmachung solcher Ansprüche bezieht sich aber die Zulässigkeit der compensatio lucri cum damno nicht.[4] Eine analoge

---

[2]) Sachenrecht § 70 Anm. 107.

[3]) Puchelts Zeitschr. f. deutsch. bürg. R. u. franz. Zivilr. 34, 322.

[4]) Oertmann, Vorteilsausgleichung 34 ff.

Anwendung der bei Schadensersatzansprüchen geltenden Grundsätze wäre allerdings nicht undenkbar, aber der Fall müßte dann auch ebenso liegen, wie der Tatbestand derjenigen Schadensersatzansprüche, bei denen eine compensatio lucri cum damno zulässig ist. Dies aber trifft nicht zu, vielmehr beruht der von dem Gläubiger durch den Erwerb des Grundstücks erzielte Vorteil auf einer durchaus freien Handlung desselben, deren Folgen im Guten wie im Bösen ihn allein treffen müssen.[5])

3. Weiter fragt es sich, ob der persönliche Schuldner nicht etwa tatsächlich in der Lage ist, den Ausfall der Hypothek des Gläubigers zu verhindern, da dann kaum Veranlassung vorliegen würde, ihn gesetzlich gegen die Folgen dieses Ausfalls zu schützen. Indessen besteht diese Möglichkeit im allgemeinen nicht. In Betracht könnte wohl nur kommen, daß der persönliche Schuldner dadurch, daß er selber mitbietet oder andere zum Mitbieten veranlaßt, den Preis des Grundstücks so hoch treibt, daß die Forderung des Gläubigers herausgeboten wird. Hierzu ist aber der persönliche Schuldner regelmäßig ganz außer Stande. Andere wird er nur selten zur Beteiligung an der Versteigerung bewegen können. Er selber aber wird, wenn er zugleich der Eigentümer des Grundstücks ist, meistens zahlungsunfähig sein und außerdem durch das Verlangen, Sicherheit zu leisten (ZVG. § 68 Abs. 3), leicht zurückgewiesen werden können. Der persönliche Schuldner aber, der nicht Eigentümer des Grundstücks ist, wird von der Einleitung der Zwangsversteigerung häufig nicht einmal Kenntnis haben. Nur dann, wenn er berechtigt ist, von dem Eigentümer des Grundstücks Ersatz zu verlangen, falls er den Gläubiger befriedigt, und wenn zugleich gerade dieser die Zwangsversteigerung betreibt, kann er darauf rechnen, von der Einleitung der Zwangsversteigerung benachrichtigt zu werden (vergl. BGB. § 1166). Aber auch in diesem Falle steht es ganz dahin, ob er in der Lage ist, den Ausfall der Hypothek des Gläubigers zu verhindern.

4. Mit Nachdruck muß dagegen die Frage aufgeworfen werden, ob dem Schuldner nicht eine exceptio doli zugebilligt werden muß, ob man nicht sagen muß, daß der Gläubiger, der das Grundstück unter dem Werte erstanden hat und nunmehr den persönlichen Schuldner in Anspruch nimmt, hierdurch gegen Treu und Glauben handelt und somit vom Schuldner unter Berufung auf den § 242 BGB. zurückgewiesen werden kann. Ich bin der Meinung, daß diese Frage unter Umständen, aber keineswegs immer, bejaht werden muß. Denn man darf nicht übersehen, daß die

---

[5]) Das. 98 f.

Fälle doch recht verschieden liegen können. Nicht immer nämlich hat das Grundstück denjenigen Wert, den ihm die Allgemeinheit beilegt, auch für den Gläubiger-Ersteher. Hat beispielsweise ein kleiner Kapitalist, um sich einen mehr als durchschnittlichen Zinsgenuß zu verschaffen — was immerhin verzeihlich ist —, ein Kapital auf eine zweit- oder drittstellige Hypothek gegeben und erwirbt er nunmehr, um sein Geld zu retten, das belastete Anwesen, das vielleicht einen gemeinen Wert von 50000 Mk. hat, um diejenigen 40000 Mk., die seinem Rechte vorgehen, so kann er dabei ein recht schlechtes Geschäft gemacht haben. Denn es fragt sich doch sehr, welchen Wert er aus dem erstandenen Grundstück ziehen kann. Es selber zu bewirtschaften, wird er häufig nicht in der Lage sein, ein Pächter oder Mieter wird sich auch nicht immer finden, bei einem Verkaufe wird vielleicht noch nicht einmal ein Preis von 40000 Mk. erzielt werden. Nicht selten wird der Gläubiger-Ersteher froh sein, wenn er wenigstens soviel aus dem Grundstück herauswirtschaften kann, daß er die Zinsen der auf dem Grundstück stehenden Hypotheken zu zahlen vermag. Wenn er unter diesen Umständen den Versuch macht, sich durch Geltendmachung der Forderung gegen den persönlichen Schuldner wenigstens einigermaßen schadlos zu halten, so wird man hierin gewiß nicht ein Handeln gegen Treu und Glauben sehen, und eine exceptio doli wird also dem Schuldner nicht zustehen.

Aber anders liegt die Sache zum Beispiel dann, wenn der Gläubiger das Grundstück sofort weiterverkauft und hierbei einen seine Hypothek ganz oder teilweise deckenden Kaufpreis gezahlt erhalten hat. Hier ist die Sachlage materiell in der Tat keine andere, als wenn die Hypothek von vornherein herausgeboten worden wäre, wodurch der Gläubiger seine Forderung verloren hätte. Wenn der Gläubiger hier die Forderung gegen den persönlichen Schuldner geltend macht, so nützt er die occasio iuris[6]) allerdings in anstößiger Weise aus und handelt gegen Treu und Glauben. Hier muß der Schuldner also eine exceptio doli haben.

Eine Hülfe für den Schuldner gegen die Geltendmachung der Forderung durch den Gläubiger-Ersteher ist aber auch nur in solchen Fällen angemessen. Darum will es mir scheinen, als wenn schon zur Zeit der Schuldner nicht ohne ausreichenden Schutz ist, und somit die zur Begutachtung gestellte Frage zu verneinen ist. Dieses Ergebnis würde freilich dann zu einem gefestigteren werden, wenn sich herausstellen sollte, daß neue gesetzliche Bestimmungen, durch welche die Haftung des persönlichen Schuld-

[6]) Wendt im ArchZivPrax. 100, 149.

ners beschränkt wird, und die wirklich durchgreifend sind, jedenfalls nicht ohne gleichzeitige Schädigung anderer gleichwertiger oder gar wichtigerer Interessen denkbar sind.

Dies ist nunmehr zu untersuchen.

III. 1. Die am nächsten liegende Maßnahme wäre offenbar die, den in Frage stehenden Fall, also die Befriedigung mit dem Grundstück, der Befriedigung aus dem Grundstück gleich zu stellen. Eine solche Bestimmung würde ihre Stelle im BGB., nicht etwa im ZVG. zu finden haben, und es würde der Technik des BGB. vielleicht am besten entsprechen, sie in die Gestalt einer Fiktion zu kleiden und in einem zweiten Satz des ersten Absatzes oder in einem vierten Absatz des § 1181 BGB. zu sagen: Als Befriedigung aus dem Grundstück gilt es . . . .

Eine solche Regelung würde zugleich eine Reihe anderer unbilliger Konsequenzen beseitigen, die der derzeitige Rechtszustand im Gefolge hat.

Die eine betrifft die Gesamthypothek. Bei ihr kann der Gläubiger seine Befriedigung aus jedem der belasteten Grundstücke ganz oder zum Teil suchen, erst mit seiner vollen Befriedigung aus einem oder mehreren der Grundstücke erlischt die Gesamthypothek (BGB. § 1181 Abs. 2). Wenn dagegen der Gläubiger bei der Zwangsversteigerung eines der Grundstücke die Hypothek nicht ausgeboten und das Grundstück unter dem Wert erstanden hat, so ist die Hypothek auf den anderen Grundstücken nicht erloschen. Es steht also nichts im Wege, daß er nunmehr noch ein zweites Grundstück zur Zwangsversteigerung bringt, auch dieses, ohne die Hypothek auszubieten, unter dem Werte erwirbt und endlich aus einem dritten oder vierten, ebenfalls mit der Gesamthypothek belasteten Grundstück befriedigt wird. Hier ist also die Möglichkeit gegeben, daß der Gläubiger nicht bloß zweimal, sondern womöglich drei- oder viermal den Wert seiner Forderung erhält. Wird dagegen die Befriedigung des Gläubigers mit dem Grundstück als Befriedigung aus dem Grundstück fingiert, so werden auch die übrigen mit der Gesamthypothek belasteten Grundstücke mit der Erstehung des ersten Grundstücks durch den Gläubiger frei (BGB. § 1181 Abs. 2).

Eine zweite Konsequenz des derzeitigen Rechtszustandes ist die folgende: Nach der herrschenden Meinung erlischt dadurch, daß die Hypothek an dem Grundstück in Folge der Zwangsversteigerung ohne Befriedigung des Gläubigers erlischt, nicht auch die hypothekarische Haftung derjenigen Gegenstände, auf welche sich die Hypothek erstreckt (BGB. § 1120 ff.), die aber von der Zwangsversteigerung ausgeschlossen worden waren. Diese

Meinung vertritt namentlich das Reichsgericht (vgl. 55, 414)[7]), ihr sind Eccius und das OLG. Kassel[8]) entgegen getreten. Folgt man der herrschenden Meinung, so kann sich der Gläubiger an diejenigen Gegenstände, auf welche sich die Hypothek erstreckt, die abe nicht mitversteigert sind, natürlich auch dann halten, wenn er selber das Grundstück erworben, hierbei aber seine Hypothek nicht vollständig ausgeboten hat. Auch hier besteht also die Möglichkeit, daß er den Wert seiner Forderung mehr als einmal erhält.

Es läßt sich also gewiß nicht leugnen, daß die Gleichstellung der Befriedigung aus dem Grundstück und der Befriedigung mit dem Grundstück Ergebnisse haben würde, die prima facie ansprechend und angemessen erscheinen. Aber es fragt sich doch sehr, ob diese Gleichstellung wirklich zweckmäßig und gerecht ist. Dies ist zu verneinen.

Zunächst darf man doch nicht übersehen, daß der Gläubiger hier immerhin etwas wesentlich Anderes erhält, als bei einer Befriedigung aus dem Grundstück und auch etwas wesentlich Anderes als ihm gebührt. Bei einer Befriedigung aus dem Grundstück erhält er eine Geldsumme, und diese ist ihm auch geschuldet. In dem vorliegenden Falle erhält er ein Grundstück. Allerdings erhält er es nicht gegen seinen Willen, insofern als er es ja selber ersteigert hat. Aber er hat dabei doch regelmäßig nur der Not gehorcht; da er sein Geld nicht retten konnte, wollte er wenigstens ein Aequivalent erlangen. Das aber, was er so erworben hat, wird häufig für ihn wenig Wert haben. Denn was soll etwa ein kleiner Rentner in der Stadt mit einer wahrscheinlich devastierten Schmiede oder Mühle auf dem Dorfe anfangen? Es wäre gewiß wenig billig, ein Grundstück, das für den neuen Eigentümer häufig nur ein Gegenstand der Verlegenheit ist, ohne weiteres einer Summe baren Geldes gleichzusetzen. Eine solche gesetzgeberische Maßnahme würde wahrscheinlich den Erfolg haben, die Beschaffung von zweiten Hypotheken noch mehr als bisher zu erschweren und den Zinsfuß derselben wesentlich zu erhöhen. Volkswirtschaftlich vorteilhaft wäre dies schwerlich.

Und auf welche Weise soll eigentlich der dem Ersteher anzurechnende Wert des Grundstücks festgestellt werden? Nach EG. z. ZVG. § 11 kann durch Landesgesetz für die Zwangsversteigerung unbeschadet des § 112 Abs. 2 Satz 4 ZVG. bestimmt werden, daß und nach welchen Grund-

---

[7]) Vgl. ferner OLG. Hamburg in Seuff A. 61 Nr. 265, Planck, Bem. 1c zu § 1147 S. 599, Bem. 2c zu § 1181 S. 686, Turnau-Förster, Vorbem. BIII vor § 1120 S. 777, Hartmann in ZZP. 38, 148, hier auch weitere Literatur.

[8]) Eccius in Gruchots Beitr. 48, 470, OLG. Kassel in Seuff A. 61 Nr. 28; ebenso OLGR. Fuchs im ZBlFG. 6, 161.

sätzen der Wert des Grundstücks festgestellt werden soll. In Preußen ist für die Fälle der §§ 64, 112 ZVG. die Bestimmung getroffen, daß der Wert des Grundstücks auf den vierzigfachen Betrag des staatlich ermittelten Grundsteuerreinertrages und den fünfundzwanzigfachen Betrag des staatlich ermittelten Gebäudesteuernutzungswertes festzusetzen ist. Es ist zugleich bestimmt, daß wenn sich begründete Bedenken gegen die Richtigkeit dieser Festsetzung ergeben oder wenn die Grundstücke nicht zur Grundsteuer oder zur Gebäudesteuer staatlich veranlagt sind, das Gericht den Wert nach freiem Ermessen, nötigenfalls unter Zuziehung eines Sachverständigen, zu bestimmen hat (AG. z. ZVG. Art. 8 Abs. 1). Ebenso ist für die Kostenberechnung angeordnet, daß bei Gegenständen, welche der Grund- oder Gebäudesteuer unterliegen, der Wert auf den vierzigfachen Betrag des Grundsteuerreinertrages und den fünfundzwanzigfachen Betrag des Gebäudesteuernutzungswertes zu bestimmen ist (Preuß. GKostG. § 124). In Bayern (AG. z. GBO. und z. ZVG. Art. 29) können für die Fälle des ZVG. §§ 64, 112 die Staatsministerien der Justiz und des Innern die Grundsätze bestimmen, nach welchen der Wert des Grundstücks festgestellt werden soll. In Württemberg ist in allen Zwangsversteigerungssachen eine gemeinderätliche Schätzung des zu versteigernden Grundstücks herbeizuführen (Art. 273, 39 AG. z. BGB.). Ebenso bestimmt die Kgl. Sächs. V. v. 5. XII. 99, die Zwangsvollstreckung in das unbewegliche Vermögen betreffend (§ 24), daß vor Anberaumung des Versteigerungstermins das Grundstück mit den beweglichen Sachen, welche die Beschlagnahme umfaßt, geschätzt werden soll. Auch in Baden soll nach Anordnung der Zwangsversteigerung eines Grundstücks der Wert desselben durch eine amtliche Schätzung festgestellt werden, die Schätzung erfolgt durch die Gemeinderäte oder in Städteordnungsgemeinden durch eine vom Stadtrat gebildete Kommission; die Grundsätze, nach welchen der Wert des Grundstücks festgestellt werden soll, werden durch Verordnung des Justizministeriums bestimmt (AG. z. ZVG. § 7). Das Hess. AG. z. ZVG. Art. 8 besagt, daß das Amtsgericht, sobald es die Zwangsversteigerung eines Grundstücks anordnet, das zuständige Ortsgericht zu beauftragen hat, den Verkaufswert des Grundstücks durch Schätzung festzustellen, daß das Amtsgericht in geeigneten Fällen auch besondere Schätzer ernennen oder dem Ortsgericht weitere Sachverständige beigeben und daß es aus besonderen Gründen eine Wiederholung der Schätzung durch dieselben oder durch andere Schätzer anordnen und nötigenfalls den Verkaufswert nach freiem Ermessen festsetzen kann. Die Dienstanweisung für die Großh. Ortsgerichte enthält in den §§ 148 ff. eingehende Vorschriften über das bei der Schätzung von Grundstücken zu beobachtende Verfahren. Auf die einschlägigen gesetzlichen Vorschriften in den kleineren deutschen Staaten soll hier nicht eingegangen werden.

Danach ist die Sachlage die, daß allerdings in einem Teile des Reiches der Wert des Grundstücks im Zwangsversteigerungsverfahren bestimmt wird, im größten Teile des Reiches, insbesondere in Preußen, aber nicht, und daß es hier also der Schaffung neuer Einrichtungen oder wenigstens neuer gesetzlicher Bestimmungen bedürfen würde, um derartige Schätzungen zu erlangen. Aber auch da, wo wie in Württemberg, Sachsen, Baden und Hessen Taxierungen des Grundstücks vorgenommen werden, wäre es wenig angemessen, dem Sinne nach vorzuschreiben, daß der Gläubiger, der das Grundstück erstanden, damit den Schätzungswert desselben empfangen und in dieser Höhe wegen seiner Forderung befriedigt ist. Denn diese Taxen sind bekanntlich etwas sehr Unsicheres und es ist nicht im geringsten gesagt, daß der Ersteher jederzeit das Grundstück für die Taxe weiter verkaufen kann.

Und wie, wenn die Taxe den Betrag der Hypothek des Erstehers übersteigt? Wenn z. B. ein Grundstück, das einen Taxwert von 30000 Mk. hat und mit zwei Hypotheken von 20000 Mk. und von 10000 Mk. belastet ist, vom ersten Hypothekengläubiger für das geringste Gebot von 500 Mk. erworben wird, soll dann der Ersteher, da er ja angeblich den Taxwert von 30000 Mk. empfangen hat, 9500 Mk. an den zweiten Gläubiger herauszahlen? Davon kann gewiß keine Rede sein, es könnte dies aber aus der Gleichsetzung von Grundstück und Wert desselben nicht ohne einen Schein von Berechtigung gefolgert werden.

Gleichwohl hat Dr. Giese (Wilhelmshagen-Berlin)[9]) zur Einschränkung der persönlichen Haftung des Schuldners die Anrechnung eines solchen „gesetzlichen" Grundstückswertes vorgeschlagen. Er will ihn gemäß Preuß. GKostenG. § 124 (siehe oben) auf den fünfundzwanzigfachen Betrag des Gebäudesteuernutzungswertes und den vierzigfachen Betrag des Grundsteuerreinertrages festgesetzt wissen und befürwortet eine Bestimmung, nach welcher alle aus Hypothekenforderungen hervorgehenden persönlichen Ansprüche, die innerhalb des berechneten Grundstückswertes liegen, bei der Zwangsversteigerung erlöschen sollen, sobald das Grundstück zu einem niedrigeren Betrage zugeschlagen wird, als der Grundstückswert ihn darstellt. Er empfiehlt, diejenige Summe, für welche der persönliche Schuldner hiernach noch verhaftet bleibt, auf der dem Gläubiger mit dem unbrauchbar gemachten Hypothekenbriefe zurückzugebenden Schuldurkunde zu vermerken.

---

[9]) DJZ. 1909, 263.

Diese Vorschläge haben indessen bereits — und gewiß mit Recht — lebhaften Widerspruch gefunden. Amtsgerichtsrat Kleemann (Hadamar)[10]) hat mit Fug darauf hingewiesen, daß doch unmöglich ein hinter dem Ersteher eingetragener Hypothekengläubiger, dessen Forderung noch innerhalb des „gesetzlichen" Grundstückswertes stehe, deswegen, weil der vorstehende Hypothekengläubiger zu billig gekauft habe, seine Forderung ebenfalls verlieren dürfe. Ferner, daß die behördliche Schätzung der Grundsteuerreinerträge und der Gebäudesteuernutzungswerte häufig dem wahren Werte des Grundstücks nicht entspreche, und daß auch, soweit die Wertbestimmung zutreffend sei, doch niemand dem Ersteher dafür bürgen könne, daß er diesen Wert bei einer Weiterveräußerung auch wirklich erhalte. Er meint, darin, daß der Hypothekengläubiger das Grundstück anscheinend billig kaufe und dabei seine persönliche Forderung erhalte, liege um deswillen kein Unrecht, weil er hier ein Risiko übernehme, das sonst niemand habe übernehmen wollen. Er ist der Ansicht, daß wenn große Gewinne bei einer Zwangsversteigerung in Aussicht ständen, sich die Grundstücksspekulanten von selbst einfinden und dem Hypothekengläubiger das Grundstück nicht zu billig lassen würden, daß auch der Schuldner seine Freunde mit Erfolg zum Bieten auffordern werde, wenn ohne Risiko Gewinne zu erzielen seien, und daß der Preis so meistens schon die richtige Höhe erreichen werde. „Geschieht das nicht, so ist eben der erzielte, anscheinend niedrige Preis unter Berücksichtigung der Zeitlage und des Risikos der richtige, trotz aller Taxen." — Es ist nicht zweifelhaft, daß auch diese Ausführungen einseitig sind, und daß in recht vielen Fällen Hypothekengläubiger die von ihnen beliehenen Grundstücke in der Tat weit unter dem wirklichen Wert erwerben. Aber das ist an dieser Argumentation allerdings richtig, daß die Fälle sehr verschieden liegen, und daß es durchaus unangemessen wäre, in rein mechanischer Weise dem Gläubiger, der das Grundstück erstanden hat, stets und unter allen Umständen den Wert des Grundstücks auf seine Forderung anzurechnen.

Schwerlich wäre es auch angemessen, zwar dem Gläubiger, der das Grundstück erstanden und dabei seine Forderung nicht vollständig herausgeboten hat, den Taxwert des Grundstücks anzurechnen, nicht aber einem anderen Ersteher. Auch hier trifft man mitunter auf eigentümliche Erscheinungen. So wird berichtet,[11]) daß ein Grundstück in Voxhagen bei

---

[10]) Das. 484.

[11]) Berlin. Tagebl. v. 17. 3. 1909, Beilage: Zentralmarkt für Grundstücks- usw. Verkehr.

Berlin, das mit 405510 Mk. in sechs Posten belastet gewesen sei, für 10000 Mk. von dem Inhaber einer Berliner Maklerfirma, der anscheinend nicht Realberechtigter war, erstanden worden sei. Es wird bemerkt, daß dieser billige Kauf wohl nur dadurch möglich geworden sei, daß der Ersteher sich mit den Hypothekaren in Verbindung gesetzt, sie abgefunden und nun das Grundstück für das Mindestgebot ersteigert habe. Der Grund dieses sauberen Manövers wird — sicherlich mit Recht — darin erblickt, daß auf diese Weise bedeutende Stempelkosten, die ja nach dem Kaufpreise berechnet werden, erspart werden konnten. Auch hier läge es nahe, einfach zu fingieren, daß der Ersteher das Grundstück zum wahren Werte erworben habe. Man käme dann zu dem gewiß überraschenden Ergebnis, daß der Ersteigerer, ganz gleich zu welchem Preise ihm das Grundstück zugeschlagen worden ist, es doch immer mindestens zum Taxwert gekauft hat oder daß er wenigstens so behandelt wird, als habe er es hierfür erworben. Die Folge wäre aber auch, daß viele, vielleicht die meisten Versteigerungen resultatlos verlaufen würden, und daß der Realkredit ganz außerordentlich leiden würde.

Man könnte nun daran denken, dem Ersteher, insbesondere dem Hypothekengläubiger, der das Grundstück ersteigert hat, zwar nicht den ganzen Grundstückswert, wohl aber einen Teil desselben, z. B. 3/5 oder 2/3 (vgl. HypBG. § 11) anzurechnen. Eine solche Maßnahme würde zweifellos nicht so üble Folgen haben als die bisher geprüfte. Aber auch sie ist rein mechanisch und würde den Verhältnissen des Einzelfalls nur sehr selten gerecht werden. Sie ist zudem rein willkürlich und schon deshalb nicht empfehlenswert.

2. Eine Maßnahme, die eine unbillige Bereicherung des das Grundstück erstehenden Hypothekengläubigers von vornherein verhindern würde, wäre die, den Zuschlag davon abhängig zu machen, daß das Meistgebot den Wert des Grundstücks erreicht, also vorzuschreiben, daß der Zuschlag zu versagen sei, wenn durch das Meistgebot der Wert des Grundstücks nicht erreicht wird. Ein solche Maßnahme würde auf eine Abänderung der Vorschriften über das Mindestgebot hinauslaufen. Dies wäre dann der durch Taxe oder in anderer Weise festgestellte Grundstückswert.

Ein solcher Vorschlag würde indessen keine ernstliche Widerlegung verdienen. Gegen ihn spricht alles, was gegen die unter 1. behandelte Maßregel spricht, ja er ist noch weniger diskutabel als diese. Sehr viele, vielleicht die meisten Zwangsversteigerungen würden dann ergebnislos verlaufen, und der Schuldner, der nicht mehr zu befürchten braucht, sein Grundstück zu verlieren, hätte keine Veranlassung, seinen Verpflichtungen gegen den

Gläubiger, z. B. der Verpflichtung Zinsen zu zahlen, nachzukommen. Daß sich unter diesen Umständen noch viele Kapitalisten bereit finden lassen sollten, Geld auf Hypotheken auszuleihen, ist nicht sehr wahrscheinlich. — Einen Bruchteil der Taxe als Mindestgebot festzusetzen, ist aus den obenangeführten Gründen gleichfalls nicht empfehlenswert.

Den Vorschlag, die Versteigerung daran endgültig scheitern zu lassen, daß ein den Wert des Grundstücks erreichendes Meistgebot nicht abgegeben wird, hat man nun wohl auch im Ernste bisher kaum gemacht. Wohl aber hat man gelegentlich eine gesetzliche Regelung befürwortet, nach welcher in einem ersten Versteigerungstermin der Zuschlag nur dann erteilt werden darf, wenn ein den Wert des Grundstücks erreichendes Gebot abgegeben ist, bei Ergebnislosigkeit dieses Termins aber in einem zweiten Versteigerungstermin der Zuschlag dem Meistbietenden ohne Rücksicht darauf erteilt werden soll, ob sein Gebot dem Werte des Grundstücks entspricht.

Eine derartige Regelung wäre nicht neu. Sie gilt z. B. bis zur Anlegung des Grundbuchs in den rechtsrheinischen Provinzen des Großherzogtums Hessen.[12]) Hier hat das Amtsgericht, wenn bei der Versteigerung kein der Schätzung entsprechender Preis erzielt ist, die Genehmigung der Versteigerung zu versagen. Zieht es dann der Gläubiger nicht vor, seine Befriedigung aus den Erträgnissen des Grundstücks zu suchen, so ist dem Schuldner oder dem Drittbesitzer eine Frist von sechs Wochen zur Aufsuchung eines besseren Käufers zu bestimmen und nach deren fruchtlosem Ablauf eine nochmalige Versteigerung anzuordnen. Diese zweite Versteigerung ist zwar auch dann zu genehmigen, wenn der Schätzungspreis nicht erzielt ist. Aber auch hier besteht wieder eine Schranke. Erreichen nämlich die eingelegten Gebote auf die gesamten versteigerten Grundstücke nicht einmal die Hälfte des Gesamtbetrages der Schätzung, so hat das Amtsgericht eine gutachtliche Aeußerung des gesamten Ortsgerichts darüber einzuholen, ob es im Interesse der Beteiligten liege, den Zuschlag zu genehmigen oder denselben zu versagen und den Gläubiger auf die Vollstreckung aus den Erträgnissen des Gutes zu verweisen. Nach Einholung des Gutachtens entscheidet das Amtsgericht, ob die Genehmigung des Zuschlages zu erteilen oder zu versagen sei.

Die Bestimmung, daß wenn der Schätzungswert des Grundstücks im ersten Versteigerungstermin nicht herausgeboten wird, der Zuschlag erst in

---

[12]) Ges. die Ausführg. der ZPO. und KO. betr. vom 4. 6. 1879 in der Fassung der Novelle v. 21. 7. 1899 Art. 38, 39.

einem zweiten Termin, in diesem aber ohne Rücksicht auf die Höhe des Meistgebots erteilt werden darf, hat indessen keinen sonderlichen praktischen Wert. Sie hat vielmehr häufig, vielleicht regelmäßig nur den Erfolg, das Verfahren zu verzögern, die Kosten zu erhöhen und die rückständigen Zinsen und sonstigen Nebenleistungen über Gebühr anschwellen zu lassen. Nur selten wird bereits der erste Termin zum Ziele führen, und er würde dann wahrscheinlich auch ohne die in Frage stehende gesetzliche Bestimmung zum Ziele geführt haben. So ist es auch in Hessen. Eine durchgreifende Hülfe gegen Ausfälle in der Zwangsversteigerung liegt in der Abhaltung eines doppelten Versteigerungstermins jedenfalls nicht.[13])

Weiter könnte eine Vorschrift in Frage kommen, nach welcher die Erteilung des Zuschlages zwar nicht schon bei jeder Nichterreichung der Taxe, wohl aber dann zu versagen ist, wenn das Meistgebot in auffälligem Mißverhältnis (BGB. § 138 Abs. 2) zu dem Werte des Grundstücks steht, was regelmäßig der Fall sein wird, wenn der erste Hypothekengläubiger die Zwangsversteigerung betreibt, und das Grundstück von ihm oder einem anderen Ersteher für das geringste Gebot erworben wird. Praktischen Wert hätte nach dem früher Gesagten eine solche Bestimmung freilich nur dann, wenn die Versagung des Zuschlages eine endgültige, wenn auch vielleicht erst nach ergebnisloser Abhaltung zweier Versteigerungstermine, wäre. Mit der endgültigen Versagung des Zuschlages wäre das Verfahren aufzuheben, wobei die Vorschriften des ZVG. § 77 Abs. 2 (Fortsetzung des Verfahrens als Zwangsverwaltung) Anwendung finden könnten. — Es wird sich nicht in Abrede stellen lassen, daß dieser Vorschlag allerdings geeignet ist, einem allzu starken Mißverhältnis zwischen Kaufpreis und Wert des Grundstücks und damit Ausfällen in der Zwangsversteigerung entgegen zu wirken, und daß er jedenfalls annehmbarer erscheint als die bisher erörterten. Aber auch seine praktische Brauchbarkeit ist zweifelhaft. Denn er belastet das Vollstreckungsgericht mit einer Untersuchung, die mitunter schwierig ist und die jedenfalls von den einzelnen Vollstreckungsgerichten mit sehr verschiedenem Ergebnis vorgenommen werden würde. Es würde nicht an Vollstreckungsgerichten fehlen, die bereits bei einem Kaufpreis in Höhe von drei Vierteln des Grundstückswertes ein auffälliges Mißverhältnis zwischen Kaufpreis und Grundstückswert annehmen würden, und es würde andererseits sicherlich Vollstreckungsgerichte geben, die bei der Beurteilung des Verhältnisses von Kaufpreis und Grund-

---

[13]) Gegen diesen Vorschlag auch RA. Dr. R. Philipp, Berlin. Tagebl. v. 17. 2. 1909, Zentralmarkt usw.

sie nicht zu den Beteiligten des Zwangsversteigerungsverfahrens gehören (ZVG. § 41 Abs. 1). Hieran wird sich auch in Zukunft nichts ändern lassen, denn woher sollte das Vollstreckungsgericht wissen, daß persönliche Schuldner, die mit dem Eigentümer nicht identisch sind, vorhanden sind? Es bleibt also nur eine Benachrichtigung durch die Hypothekengläubiger selber übrig. Hier besteht bisher wenigstens eine tatsächliche Benachrichtigungspflicht dann, wenn die Voraussetzungen des § 1166 BGB. vorliegen, d. h. wenn der Schuldner gegenüber dem Eigentümer des Grundstücks oder einem Rechtsvorgänger desselben ersatzberechtigt ist, und zugleich der Gläubiger dieses Schuldners der die Zwangsversteigerung betreibende Gläubiger ist. Will man jedem persönlichen Schuldner Gelegenheit geben, die Bestimmung eines neuen Versteigerungstermins zu beantragen (ZVG. § 85), so muß man vorschreiben, daß jeder Gläubiger seinen Schuldner zu benachrichtigen hat, also den § 1166 BGB. entsprechend erweitern.

Dies empfiehlt sich vielleicht auch dann, wenn man eine Ausdehnung des im § 85 ZVG. gewährten Rechts, einen neuen Versteigerungstermin zu beantragen, auf jeden persönlichen Schuldner einer im Grundbuch eingetragenen Hypothekenforderung nicht für zweckmäßig erachtet. Denn die persönlichen Schuldner erfahren dann wenigstens den Versteigerungstermin und haben so die Möglichkeit, dadurch, daß sie selber den Kaufpreis durch Mitbieten in die Höhe treiben oder andere zum Mitbieten veranlassen, den Ausfall der Hypothek ihres Gläubigers in der Zwangsversteigerung zu verhindern oder wenigstens die Höhe des Ausfalls zu verringern. Werden sie aber nicht benachrichtigt, so können sie die Befriedigung des Gläubigers insoweit verweigern, als sie infolge der Unterlassung der Benachrichtigung einen Schaden erlitten haben. Eine durchgreifende Hülfe für den persönlichen Schuldner liegt aber in der Erweiterung des § 1166 BGB. und selbst des § 85 ZVG. natürlich nicht.

Man könnte vermutlich noch manche andere gesetzgeberische Maßnahme zur Beschränkung der Haftung der persönlichen Schuldner für Hypothekenausfälle vorschlagen. Aber es würde schwerlich von ihr etwas Anderes zu sagen sein, als von den hier dargestellten Maßnahmen. Diese sind zum Teil geradezu schädlich, so die Fingierung der Befriedigung mit dem Grundstück als eine Befriedigung aus dem Grundstück und die endgültige Versagung des Zuschlages für den Fall, daß das Meistgebot hinter dem wahren Werte des Grundstücks zurückbleibt; zum Teil gewähren sie mindestens keine durchgreifende Hülfe, verzögern vielmehr regelmäßig nur das Verfahren, so die vorläufige Versagung des Zuschlages, wenn das Meistgebot hinter dem Grundstückswerte zurückbleibt, und die Ausdehnung des ZVG. § 85 gewährten Rechts, einen neuen Versteigerungstermin zu beantragen, auf jeden persönlichen Schuldner einer das Grundstück belastenden Hypothek; zum Teil sind sie zwar vielleicht geeignet, eine ausreichende Hülfe zu gewähren, aber immerhin nicht ganz ungefährlich, so die Versagung des Zuschlages, wenn das Meistgebot in auffälligem Mißverhältnis zum Werte des Grundstücks steht. Jedenfalls dürfte aber auch einer Bestimmung wie der letztgenannten die Zubilligung einer exceptio doli an den persönlichen Schuldner vorzuziehen sein. Diese hat vor allen denkbaren neuen gesetzgeberischen Maßnahmen den großen Vorzug, daß sie den Verhältnissen des Einzelfalls gerecht wird. Ist es außerdem richtig, daß, wie oben ausgeführt, die exceptio dem Schuldner schon nach dem derzeitig geltenden Recht zusteht, so wird sie noch durch den gewiß nicht zu unterschätzenden Umstand empfohlen, daß zu ihrer Anerkennung eine Rechtsänderung nicht erforderlich ist. Daß die Praxis bisher nicht sehr geneigt gewesen ist, die exceptio doli überhaupt und insbesondere in dem vorliegenden Falle zuzulassen, ist richtig, aber belanglos. Denn die Aufgabe des Juristentages ist es nicht bloß, neue Gesetze vorzuschlagen, sondern auch, auf Mängel in der praktischen Handhabung des geltenden Rechts aufmerksam zu machen und auf ihre Beseitigung hinzuwirken. Sollte freilich diese Anregung fruchtlos bleiben, so sind neue gesetzliche Bestimmungen, für welche dann in den obigen Ausführungen ausreichendes Material gegeben sein dürfte, nicht zu vermeiden. Aber so lange noch die Aussicht besteht, daß die Praxis von sich aus zu einem gesunden, dem Rechtsgefühl entsprechenden Rechtszustande gelangen wird, wäre es verkehrt, den stets unsicheren Weg der Gesetzgebung zu beschreiten.

Ich empfehle deswegen:

> Der Juristentag wolle die gestellte Frage verneinen in der Erwägung, daß bereits das geltende Recht den persönlichen Schuldner in denjenigen Fällen, in denen ein Schutz desselben angemessen erscheint, nicht ohne ausreichenden Schutz läßt, und im Vertrauen darauf, daß die Praxis diesen Schutz in Zukunft mehr als bisher zur Geltung bringen wird.

II.

Gutachten des Herrn Reichsgerichtsrat Predari in Leipzig

über die Frage:

Empfehlen sich gesetzgeberische Maßnahmen, durch welche die Haftung des persönlichen Schuldners für den Hypothekenausfall beschränkt wird, wenn der Gläubiger seine Hypothek nicht ausgeboten und das Grundstück weit unter dem Wert erstanden hat?

I.

Das römische Recht forderte beim Vertragspfande zur Veräußerung der Pfandsache, insbesondere des den Gegenstand der Erörterung bildenden Pfandgrundstückes regelmäßig nicht die obrigkeitliche Mitwirkung. Der Gläubiger selbst vollzog zum Zwecke seiner Befriedigung den Umsatz des Pfandes in Geld. Ein Zweifel an der Natur des Geschäfts war nicht möglich: es handelte sich um einen von den Normen des Privatrechts beherrschten Verkauf. Darum verstand es sich aber auch von selbst, daß der Pfandgläubiger die Sache nicht von sich kaufen, daß er sie nicht erstehen konnte. Auch der Verkauf an eine vorgeschobene Person, die nur kaufen sollte, um dem Gläubiger wieder zu verkaufen, galt als nichtig (Paulus sent. II 13 § 4; vgl. Dernburg, Pfandrecht 2, 163 ff.). Das praktische Bedürfnis drängte nach einem Ausweg für den Fall, daß für das Pfand ein annehmbares Gebot nicht abgegeben wurde. Man fand ihn schon in der klassischen Zeit des römischen Rechts: der Gläubiger durfte sich vom Kaiser in jenem Falle das Eigentum an der Pfandsache zuschlagen lassen. Der durch eine Schätzung festzustellende Wert der Sache wurde auf die Forderung verrechnet. Dem Eigentümer stand ein Einlösungsrecht zu (vgl. über das Nähere, das für die zu beantwortende Frage nicht in Betracht kommt, Dernburg a. a. O. 2, 240 ff.). Bei einem Wertüberschuß erhielt der Gläubiger das Miteigentum am Pfande zu einem entsprechenden Bruchteil; ein etwaiger Minderwert verpflichtete den Schuldner zum Ersatz des Ausfalls (Dernburg 2, 245).

Besondere Formen der Pfandveräußerung waren vorgeschrieben, wenn der Fiskus Gläubiger war. An Stelle des Privatverkaufs trat der öffentliche Verkauf (sub hasta) mit vorgängiger Schätzung des Pfandes; nur Gebote, welche diese erreichten, waren zulässig (l. 16 C. de resc. vend. 4, 44: . . . etenim — so sagt Valentinian — periniquum est, ut alienis bonis sub gratiosa auctione distractis parum accedat publico nomini, quum totum pereat debitori; wie beim Mangel eines solchen Gebotes zu verfahren sei, ist freilich nicht gesagt, vgl. Dernburg 2, 138, 139).

Für das Urteilspfand (pignus in causa judicati captum) war schlechthin der öffentliche Verkauf oder genauer die Versteigerung (Feilbietung) durch die Obrigkeit (Vollstreckungsbehörde) der gegebene Weg, um dem Gläubiger zu seinem Gelde zu verhelfen. Erwies er sich als ungangbar, weil angemessene Gebote nicht zu erzielen waren, so konnte sich der Gläubiger die Sache zuschlagen lassen; er bekam sie für seine Forderung (l. 15 § 3 D. de re ind. 42, 1). Er wurde aber auch unter Umständen als Bieter gleich einem anderen Kauflustigen zugelassen und erhielt, wie ein solcher, für ein angemessenes Gebot — worüber der Versteigerungsbeamte entschied — den Zuschlag.

Ein unzulässiges Selbstkontrahieren lag nicht vor, weil die Obrigkeit nicht als Vertreter des Gläubigers angesehen wurde. Schließlich hatte aber auch der Gläubiger die Möglichkeit der dominii impetratio, wie beim Konventionalpfande, wobei ein Zuschlag unter dem wahren Wert ausgeschlossen war (vgl. über alles dieses Dernburg 2, 254 ff.).

II.

Was das deutsche Recht vor der Rezeption betrifft, so bildete die Verkaufsbefugnis des Gläubigers bei der älteren Satzung keineswegs die Regel. Andere Formen überwiegen: so die Ewigsatzung (Pfandschaft), bei welcher der Gläubiger das Pfand behielt, bis dem Schuldner die Einlösung gelang, die Todsatzung, die ihn zum Besitze bis zur Tilgung der Schuld durch die Früchte des Pfandes berechtigte, und insbesondere das Verfallpfand, das dem Gläubiger das Eigentum bei Nichterfüllung der Schuld verschaffte (Gierke, Deutsches PR. 2, 812 ff. § 155).

Auch beim Vollstreckungspfand war nicht das nächste Ziel die Versilberung, sondern die Übertragung des Eigentums an den Gläubiger (die Einantwortung, vgl. Pick in Grünhuts Z. 23, 305 ff.) und ebenso verwirklichte sich die neuere Satzung ursprünglich durch die nach Beobachtung gewisser Formen vom Gericht auszusprechende Übereignung des Pfandes an den Gläubiger (Gierke a. a. O. S. 822).

Wo der Pfandverkauf stattfand, wie vereinzelt schon bei der älteren Satzung und regelmäßig später bei der neueren Satzung, sowie beim genommenen, d. i. dem Vollstreckungspfande an fahrender Habe, erfolgte er nicht unter Leitung und Aufsicht des Gerichts, sondern als Privatverkauf des Gläubigers, wenn schon auf Ermächtigung und unter Überwachung des Gerichts (Gierke S. 816 ff.; v. Schwind, Wesen und Inhalt des Pfandrechts S. 26). Einen Anspruch wegen des Ausfalls hatte der Schuldner nur zu befürchten, wenn er durch besonderes Rechtsgeschäft die Haftung mit seinem sonstigen Vermögen übernommen hatte oder wenn ihm besondere Gesetze solche Haftung auferlegten (Gierke S. 817, 823). Die ältere wie die neuere Satzung begründeten an sich nur die reine Sachhaftung. Soweit das Pfand die Schuld nicht deckte, erlosch sie (v. Schwind S. 20 ff.). Auch bei dieser Sachhaftung hatte freilich der Schuldner ein Interesse daran, daß der Gläubiger in und mit dem Pfande nicht mehr erhielt als die Haftsumme betrug. Aber dem gewiß berechtigten Verlangen nach Herausgabe des Mehrwerts, der Hyperocha, trug man zunächst selbst beim Verkaufspfande, das den Unterschied zwischen dem erzielten Geldwerte und der Schuld augenfällig machte, nicht überall Rechnung. Wie beim Zuspruch oder Verfall des Pfandes an den Gläubiger dieses als Erfüllung galt, gleichviel ob es an Wert die Schuld überstieg oder nicht, die Differenz mithin zugunsten und zulasten des Gläubigers ging, so weigerten manche Rechte auch dem Schuldner den bei dem Umsatze des Pfandes in Geld erzielten Mehrerlös und sprachen ihn dem Gläubiger zu, diesen allerdings auch mit der Gefahr eines Mindererlöses belastend (v. Schwind S. 23). Immerhin zeigen sich auch im Laufe der Zeit abweichende, das Interesse des Schuldners in höherem Maße berücksichtigende Gestaltungen, bei denen dann mit der Zubilligung des Überschusses die persönliche Haftung für den Ausfall Hand in Hand ging (v. Schwind S. 23). Erwies sich infolge des Mangels an Kauflustigen der Pfandverkauf als unmöglich, so wurde das Gut dem Gläubiger vom Gericht übereignet und wir finden bereits in älteren Rechtsbüchern jedenfalls für das Urteilspfand, soweit es in beweglicher Habe bestand, die Bestimmung, daß diese Übereignung auf Grund einer Schätzung geschehen solle (v. Schwind S. 25).

Für liegendes Gut war, wie schon angedeutet, die alte Vollstreckungsform wohl ausschließlich die Einziehung durch den Richter zum Zwecke der Befriedigung der Gläubiger oder die Übereignung an den Vollstreckungsgläubiger, die Einantwortung.

III.

Mit der Rezeption des römischen Rechts vollzog sich allmählich eine Umbildung auch auf dem Gebiete der Verwirklichung des Grundpfandrechts. Das Verfallpfand und die sonstigen ihrem Wesen nach den Pfandverkauf ausschließenden Pfandrechtsformen verschwanden mehr und mehr. An ihre Stelle trat die Hypothek, zunächst noch nicht im modernen Sinne, sondern mehr im Sinne eines Vorzugsrechts, wie es das pignus publicum des römischen Rechts gewährte, im Laufe der Zeit sich jedoch immer mehr zu einem wirklichen Pfandrecht entwickelnd. Aber das Recht des eigenen Verkaufs wurde dem Gläubiger grundsätzlich nicht eingeräumt. Er hatte die Lösung des Pfandnexus im Wege der Gerichtshilfe zu suchen, und wenn dies den deutschen Rechten späterer Zeit entsprach, so wurde doch dessen Exekutionssystem der Einantwortung des Pfandes an den Gläubiger durch das römische System der Feilbietung, des öffentlichen Verkaufs sub hasta unter der Leitung des Gerichts, jedenfalls in den nicht österreichischen Ländern, ersetzt (vgl. Pick a. a. O. 30, 4 ff.). Der deutsche Gedanke der reinen Sachhaftung wurde durch das römische Recht, das die Hypothek als ein Sicherungsmittel der persönlichen Schuld betrachtete, verdrängt und damit der Möglichkeit eines Ausfallanspruchs des Gläubigers gegen den auch mit seinem übrigen Vermögen haftenden Schuldner ein immer breiterer Raum gegeben. Da man das Gericht nicht als Vertreter des Gläubigers ansah und der Zuschlag des Pfandes an diesen in früherer Zeit, wo das Verkaufspfand nicht die Regel bildete, das gewöhnliche war, so ließ man den Gläubiger als Mitbieter im Subhastationsverfahren unbedenklich zu, wie ja dies auch das römische Recht getan hatte. Aber man berücksichtigte dabei auch die Interessen des Schuldners, wie die folgende, im wesentlichen der Darstellung v. Schwinds (S. 29 ff.) (auch Pick a. a. O. S. 313 ff. und die Zusammenstellung S. 320, 321) entnommene Übersicht zeigt:

1. Die sogenannte alte Prozeßordnumg Sachsens von 1622, die im allgemeinen die Bestimmungen der Konstitutionen von 1572 und 1583 wiederholte, gab dem Schuldner für den Fall des Zuschlags des Gutes an den Gläubiger die Befugnis, binnen Jahresfrist es entweder selbst einzulösen oder auch einen besseren Käufer zu stellen. Dieses Einlösungs- bzw. Überbotsrecht ersetzte die erläuterte Prozeßordnung vom Jahre 1724 durch die Vorschrift, daß der Richter, wenn nur ein Kauflustiger zur Feilbietung erscheine, mit diesem einen angemessenen Preis zu vereinbaren oder beim gänzlichen Mangel an Bietern den Gläubigern „anstatt ihrer Forderungen auf vorgehende Würdigung um ein billiges in solutum zu

geben" habe. Der § 382 des BGB. für das Königreich Sachsen vom 2. Januar 1863 wiederholt diese Vorschrift in der Fassung, daß, wenn sich bei dem beabsichtigten Verkaufe kein Käufer finde, jeder Pfandgläubiger das Recht habe, die Sache um den Schätzungswert an Zahlungsstatt zu übernehmen.

2. Für die gleichfalls dem sächsischen Rechtskreis angehörende, ältere Gesetzgebung Preußens ist bemerkenswert, daß das Landrecht des Herzogtums Preußen von 1620 noch ein Verfallpfand kannte, es ließ die Vereinbarung zu, daß das Pfand unter Ausgleichung der durch Schätzung zu ermittelnden Wertunterschiede dem Gläubiger verfallen sein solle. Ebenso hält die Hof- und Landgerichtsordnung in der Altmark vom 18. Januar 1621 an dem älteren deutschen Exekutionsmodus fest; unter Ausschluß der Feilbietung wird dem Gläubiger das Pfand nach bestimmter Frist auf Grund einer Schätzung durch das Gericht zu Eigentum zugesprochen. Im übrigen regelt das Landrecht von 1620 das Subhastationsverfahren in einem besonderen Titel.

Führt die öffentliche Feilbietung nicht zum Ziele, so kann der Gläubiger das Gut um den Schätzungspreis annehmen oder selbst ein Gebot abgeben, zu dem ihm nach fruchtlosem Ablauf weiterer Fristen das Gut unter Vorbehalt des dem Schuldner für ein Jahr eingeräumten Lösungsrechts zugesprochen wird. Auch nach dem verbesserten Landrecht des Königreichs Preußen von 1721 geht der öffentlichen Feilbietung des zur Vollstreckung gezogenen Grundstücks die Einweisung des Gläubigers in den Besitz voraus; ihm wird beim Mangel von Bietern das Gut nach Ablauf einer sechswöchentlichen Frist, binnen derer der Schuldner noch einen Käufer herbeischaffen kann, um die Hälfte des Schätzungswertes (nach dem Projekt des Cod. Fridericiani Marchici von 1748 um zwei Drittel des Schätzungswertes) zugeschlagen. Die Hypotheken- und Konkursordnung vom 4. Februar 1722 gab dem Hypothekengläubiger bei Säumnis des Schuldners das Recht auf Immission oder auf Schätzung und Feilbietung. Auch die AGO. von 1793 (I 52), welche ein bereits auf der Einrichtung der Grundbücher aufgebautes, im wesentlichen modernes Hypothekenrecht vorfand, machte die Abschätzung der zu versteigernden Liegenschaften durch öffentliche Taxatoren zu einem Bestandteil des Subhastationsverfahrens. Sie hatte freilich nur bei den adeligen Gütern eine mehr als informatorische Bedeutung; bei ihnen war die Erteilung des Zuschlags an ein mindestens zwei Drittel der Taxe erreichendes Gebot gebunden, sofern nicht alle Interessenten in den Zuschlag um einen geringeren Preis willigten. An diesem Grundsatz, wie an der Abschätzung überhaupt, deren

Verfahren nur durch die Subhastationsverordnung vom 4. März 1834 vereinfacht wurde, behielt es bis zum Inkrafttreten der Subhastationsordnung vom 15. März 1869 — worüber später — sein Bewenden.

3. In den Ländern des bayerischen Rechts war schon nach der erneuten Nürnberger Reformation von 1564 bei Vergantung von liegendem Gute dessen Schätzung unerläßlich; auf ihrer Grundlage erfolgte beim Mangel von sonstigen Bietern der Zuschlag an den Gläubiger. Das Landrecht von 1518 gestattete den Zuspruch liegenden Allodialgutes, zu dem Käufer sich nicht fanden, an den Gläubiger nach Maßgabe einer Schätzung zweier ehrbarer Leute unter Ausgleichung des Unterschiedes zwischen dem so gefundenen Preise und der Schuld. Das Landrecht von 1616 und der Codex Maximilianeus iuris iudiciarii forderten eine Schätzung des feilzubietenden Gutes, das dem Gläubiger, sofern er allein in die Schranken getreten und der Verkauf um eine die Schuldenlast übersteigende Summe nicht zu erzielen war, zugeschlagen werden konnte.

Nach dem Gesetze vom 17. November 1837, einige Verbesserungen der Gerichtsordnung in bürgerlichen Rechtsstreitigkeiten betreffend, durften die Beteiligten, wenn im ersten Versteigerungstermin die Schätzungssumme nicht geboten worden war, einen zweiten Termin erbitten. In diesem waren auch Gebote unter der Taxe zulässig; blieben sie aus, so konnte das Grundstück dem Gläubiger für die Taxe zugeschlagen werden (vorbehaltlich seiner Befugnis, eine anderweite Verwertungsart anzuregen). Über die spätere Entwicklung ist unten zu berichten.

IV.

Eigentümlich ist die Entwicklung in Österreich (vgl. Pick in der schon angeführten Abhandlung, die Immobiliarschätzung im Rahmen des Exekutionsmittelsystems, Grünhuts Z. 23, 229 ff., v. Schwind a. a. O. 90 ff.). Dort hielt man (abgesehen von Tirol) zunächst für das Vollstreckungspfand, aber später auch für das Vertragspfand gegenüber dem Feilbietungssysteme des entwickelten römischen Rechts an der deutsch-rechtlichen Einantwortung des ge- und verpfändeten Gutes an den Gläubiger fest; sie war das Mittel der Verwirklichung des Pfandrechts und mit ihr war meist nachfolgend zum Zwecke des Ausgleichs zwischen Forderung und Pfandwert eine Schätzung verknüpft, die endgültig über den Erwerb des Gläubigers entschied. Tirol stand in seiner Gesetzgebung des 16. und 17. Jahrhunderts auf dem Boden der Feilbietung; die Einantwortung des Pfandes an den Gläubiger war nur ein beim Ausbleiben annehmbarer Gebote zur Hand genommenes Auskunftsmittel, bei dem man den Interessen des

Gläubigers wie des Schuldners durch eine Schätzung (Beschätzung) gerecht zu werden suchte; die „Überteuer“ (der Mehrwert) war dem Schuldner in bar zu erstatten, andererseits — und diese Bestimmung verdient auch heute noch Beachtung — wurde das Gut dem Gläubiger nicht zum vollen Schätzwerte, sondern zu einem geringeren Betrage zugesprochen, damit er für die unfreiwillige Annahme an Erfüllungsstatt entschädigt werde (vgl. Pick a. a. O. S. 295, der auch noch eine andere Art des Ausgleichs durch Erhöhung der Schuldsumme — Schuldzusatz oder Quarta — und Zuschlag zum vollen Schätzwerte erwähnt). Bemerkenswert ist, daß die tirolischen Landesordnungen auch bei der Versteigerung ein durch die Erreichung eines Bruchteils des Pfandwertes, also durch das Interesse des Schuldners bestimmtes Mindestgebot kannten, wobei der Pfandwert nicht im Wege einer förmlichen, regelrechten Schätzung, sondern nach billigem Ermessen ermittelt wurde.

Durch die allgemeine Gerichtsordnung von 1781 und die sich anschließende Gesetzgebung bis zu dem Gesetze vom 10. Juni 1887 und der Exekutionsordnung vom 27. Mai 1896 kam das Lizitationssystem zur Geltung, die Einantwortung trat an die zweite Stelle, wenn die Feilbietung nicht zum Ziele führte. Indessen war diese durchaus die Regel: beim Mangel eines Mindestgebots ermöglichte sie dem Gläubiger den Erwerb des Pfandgrundstücks unter dem Schätzungswerte. Daß man trotzdem, wie dies auch außerhalb Österreichs nach dem gegebenen flüchtigen Überblicke geschehen ist, an der nur informatorischen, nicht oder nur äußerst selten meritorischen Schätzung festhielt, mag man mit Pick darauf zurückführen, daß der Zusammenhang der Schätzung mit der eine Auseinandersetzung zwischen Gläubiger und Schuldner erheischenden Einantwortung verlorengegangen war. Die neuere österreichische Gesetzgebung, insbesondere die Exekutionsordnung von 1896, wird von ganz anderen gesetzespolitischen Gedanken getragen. Durch die ihr eigenen Einrichtungen des Überbots und des Mindestgebots wird im wesentlichen den Mißständen vorgebeugt, die den Anlaß zu der zu begutachtenden Frage gegeben haben. Die Beantwortung dieser Frage beschränkt sich daher auch auf das Gebiet des deutschen Rechts.

Das Mindestgebot dient nach der österreichischen EO. nicht oder doch nicht grundsätzlich dem Deckungsprinzip, es wechselt nicht nach dem Range des betreibenden Gläubigers, der es, je besser er ist, desto mehr herabdrückt, es ist vielmehr eine feste Summe, ein Bruchteil des Schätzungswerts (vgl. Lehmann, Die Zwangsversteigerung nach der österreichischen Exekutionsordnung vom 27. Mai 1896, Wien 1906, S. 25 ff.). Gebote, die bei Häusern nicht die Hälfte, bei Landgütern und Grundstücken (landwirtschaftlich genutzten Parzellen) nicht zwei Drittel des Schätzungswerts der Liegenschaft und ihres Zubehörs erreichen, dürfen nicht berücksichtigt werden (§ 151 EO.).

Man wollte auch im Versteigerungsverfahren Gebote nicht zulassen, die im gewöhnlichen rechtsgeschäftlichen Verkehre jeder Eigentümer als eine Zumutung zu unvernünftigem Handeln zurückweisen würde (Mat. I 528). Neben diesem Grundsatze, der in dem von dem geringsten Gebote des deutschen Rechts völlig abweichenden Mindestgebot seinen Ausdruck gefunden hat, ist sodann das Deckungsprinzip in einer vom deutschen Rechte gleichfalls verschiedenen, hier nicht näher zu erörternden Weise zur Geltung gebracht (vgl. Lehmann S. 28 ff.). Außerdem aber wurde das bereits durch die Exekutionsnovelle vom 10. Juni 1887 eingeführte Überbot beibehalten, das die Möglichkeit gewähren soll, auch eine Versteigerung, bei der das Mindestgebot erzielt ist, noch erfolgreicher zu gestalten (Lehmann S. 286 ff.). Auf das Nähere ist nicht einzugehen. Nur das ist zu betonen, daß durch die Einführung des Mindestgebots die vorgängige Abschätzung des zu versteigernden Grundstücks zum wesentlichen Bestandteil des Verfahrens gemacht worden ist.

Von der richtigen Wertermittelung hängt die Brauchbarkeit des Gesetzes ab; darum regelt die zur Exekutionsordnung ergangene Ministerialverordnung vom 25. Juli 1897 (die sogenannte Realschätzungsordnung) in eingehender Weise das bei der Schätzung zu beobachtende Verfahren (vgl. Dresdener in Grünhuts Z. 28, 700 ff., der sich über die Neuerung günstig ausspricht, und ausführlich mit weiteren Literaturangaben Lehmann § 4 S. 111 ff.).

V.

In den zum Deutschen Reiche gehörenden Staaten glaubte man vielfach im ferneren Laufe der Entwicklung auf anderem Wege als durch eine maßgebliche, die Grundlage für ein Mindestgebot gewährende Schätzung das Ziel eines dem Werte des zu versteigernden Grundstücks wenigstens annähernd entsprechenden Erlöses erreichen zu können. Die preußische Subhastationsordnung vom 15. März 1869 sah von der bisher noch vorgeschriebenen, für die Mehrzahl der Fälle nur informatorischen, Taxe ab. Es sollten, wie die Motive ausführen, unnötige Verzögerungen und Kosten vermieden werden. Schon vor Erlaß der Verordnung vom 4. März 1834 sei ihre Beseitigung gefordert; insbesondere hätten sich demnächst anläßlich der Enquete über das Hypothekenbankwesen die Sachverständigen gegen die Taxe ausgesprochen, ihre Nachteile würden durch keinen entsprechenden Nutzen aufgewogen, die Identität der Grundstücke sei auch anderweit festzustellen, die Wertsermittelung sei bei der Unzulänglichkeit der Taxprinzipien unsicher und biete höchstens einen Maßstab, ob überhaupt zu bieten sei, ein vorsichtiger Bieter informiere sich selbst (Motive S. 36, 37, 55).

Auf denselben Bahnen bewegten sich die Gesetzgebungen Bayerns und Württembergs. Die bürgerliche Prozeßordnung Bayerns vom 29. April 1869 behandelte die Subhastation als Teil des Verfahrens (Artt. 1083 ff.). Eine Schätzung und ein geringstes Gebot waren ihr fremd. In dem vom Anwalte des betreibenden Gläubigers zu fertigenden „Anschlagzettel" hatte dieser einen Preis zu setzen, der als erstes Gebot zu dienen bestimmt war und für den ihm äußerstenfalls das Grundstück zugeschlagen wurde. Die württembergische ZPO. vom 3. April 1868 ließ das Exekutionsgesetz vom 15. April 1825 samt dem Zusatzgesetz vom 13. November 1855 im wesentlichen unberührt. Das Zusatzgesetz behielt zwar den Anschlag (die Schätzung) des zu versteigernden Grundstücks bei; er war aber nichts wesentliches, wie früher nach dem Gesetze von 1825. Nach diesem Gesetze konnte auch dem Schuldner bei Gütern von größerem Umfange der Selbstverkauf bewilligt werden; das neuere Gesetz band ihn an die Zustimmung des betreibenden Gläubigers. In Sachsen verblieb es bis zur Subhastationsordnung vom 15. August 1884 im wesentlichen bei dem oben geschilderten Rechtszustande. Ein Anschlag nebst ungefährer Beschreibung und Taxe des Grundstücks war zwar vorgeschrieben, aber keine für die Gültigkeit des Verfahrens unerläßliche Voraussetzung. Anderseits mußten sich mindestens zwei Bieter gemeldet haben. Mit nur einem Bieter hatte sich der Richter wegen eines billigen Preises auseinanderzusetzen. Dem Gläubiger war — und das ist wichtig — beim Mangel von Bietern das Grundstück für seine Forderung an Erfüllungsstatt zu übereignen (vgl. Siegmann, Sächs. Hyp.-R. § 48); ein Ausfallsanspruch war also in diesem Falle ausgeschlossen.

Es wird für die Zwecke der vorliegenden Arbeit nicht erforderlich sein, auf die Gesetzgebung auch der übrigen Bundesstaaten einzugehen (vgl. wegen der Schätzung M. z. Entw. I ZVG. 373). Im allgemeinen bot sie keine sichere Gewähr gegen die Veräußerung des Grundstücks unter dem Werte. Man hielt die Interessen der Beteiligten durch andere, die Abgabe eines angemessenen Gebots bezweckende Maßnahmen, namentlich die öffentliche Kundmachung des Versteigerungstermins und die Ausschließung der Eigentumsansprecher und sonstiger Berechtigter, die sich nicht gemeldet hatten, für ausreichend gewahrt. Dem Gedanken, daß ein Hypothekar das Grundstück für einen geringen Preis erstehen und dann seine Ausfallsforderung gegen den persönlichen Schuldner geltend machen könnte, ging man anscheinend nicht weiter nach. Daß auch der betreibende Gläubiger mitbieten durfte, war bei der Ausgestaltung des Verfahrens selbstverständlich. Der Bewegung, die sich gegen die von einem Mindestgebot absehende Subhastationsgesetzgebung richtete, lag nicht die Rücksichtnahme auf den Schuldner zugrunde. Sie war nur eine Folgeerscheinung. Ausschlaggebend war die Betrachtung, daß eine große Anzahl von Zwangsversteigerungen ohne Nutzen für den betreibenden Gläubiger verlief, da das Meistgebot noch nicht die Ansprüche der im Range vorgehenden Berechtigten tilgte (vgl. Dernburg, Preuß. Hypothekenrecht § 47 S. 378 ff.). Diesem Mißstande sollte durch die Einführung des sogenannten Deckungsprinzips abgeholfen werden. Voran ging, wie bekannt, Preußen mit dem Gesetze vom 13. Juli 1883 und ihm folgten Sachsen (Gesetz vom 15. August 1884) und Bayern (Gesetz vom 29. Mai 1886). Jenes Prinzip ergab die Notwendigkeit eines Mindestgebots, aber nicht im Sinne des österreichischen Rechts, sondern so, daß nur Gebote zugelassen wurden, die wenigstens die dem betreibenden Gläubiger vorgehenden Ansprüche deckten. Auf diesem Gedanken beruht auch das Reichsrecht (§§ 44 ff. ZVG.), das sich indessen dadurch von dem früheren Recht unterscheidet, daß das geringste Gebot ziffermäßig nur die durch Barzahlung zu befriedigenden Ansprüche umfaßt und im übrigen durch Hinzufügung der bestehen bleibenden vorgehenden Rechte zu ergänzen ist, während nach altem Recht dieses Gebot in einer auch die nicht bar abzulösenden Rechte in sich schließenden Geldsumme ausgedrückt war, auf die jene Rechte demnächst angerechnet wurden. Daß damit in gewissem Umfange der Verschleuderung der Grundstücke entgegengetreten und auch das Interesse des Subhastaten und des persönlichen Schuldners gewahrt wird, ist nicht zu bezweifeln. Aber nur in gewissem Umfange! Denn, wie schon angedeutet, das geringste Gebot ergibt einen um so kleineren Betrag, je besser die Rangstellung des betreibenden Gläubigers ist. Es beschränkt sich auf den Betrag der Zinsen und Kosten, wenn der erste Hypothekar nur wegen der Zinsen das Verfahren betreibt (§§ 44, 12 ZVG.). Damit ist die Möglichkeit eröffnet, daß ein Hypothekengläubiger das Grundstück für einen Preis ersteht, der hinter dem Werte wesentlich zurückbleibt, und die Erfahrung lehrt, daß ein solcher Fall trotz der vom Gesetzgeber getroffenen, auf die Erzielung eines angemessenen Erlöses gerichteten Gegenmaßregeln — auf die noch einzugehen sein wird — vorkommt.

VI.

Das Reichsrecht sieht von einer der Zwangsversteigerung vorangehenden Schätzung ab, räumt aber der Landesgesetzgebung die Befugnis ein, eine solche durch Sollvorschriften anzuordnen (§ 11 EGZVG.). Preußen hat von dieser Befugnis keinen Gebrauch gemacht. Die im JMBl. veröffentlichten Ergebnisse der durch die Justizverwaltung vorgeschriebenen Zusammenstellungen von Zwangsversteigerungen bieten daher keinen Anhalt für die Beantwortung der Frage nach der Ansteigerung eines Grundstücks unter dem Werte.

Dagegen ist z. B. in Sachsen eine Abschätzung des Grundstücks vor dem Versteigerungstermin zur Pflicht gemacht (§ 24 Gesetz vom 18. Juni 1900). Der Güte des sächsischen Justizministeriums verdanke ich eine Übersicht über die Zwangsversteigerungen aus dem Jahre 1908, nach der bei einer Gesamtzahl von 2475 Versteigerungen im Königreich Sachsen — wobei die Fälle eines Gesamtausgebots und eines Gesamtzuschlags als je eine Zwangsversteigerung gezählt worden sind — in 2114 Fällen, das sind 85,4 pCt., das Meistgebot unter dem Schätzungswerte blieb (um wieviel? ist nicht festgestellt) und in 1328 Fällen ein Hypothekengläubiger der Ersteher war. In Württemberg, das ebenfalls eine Schätzung vorschreibt (Art. 274 AGBGB. v. 28. Juli 1899; § 16 MB. v. 10. Oktober 1899), blieben nach der Mitteilung im WürttZ. 1906, 22 die Erlöse hinter den Anschlagswerten zurück: bei Landgütern um 21,5 v. H., bei einzelnen Feld- und Waldstücken um 12,8 v. H. und bei Gebäuden um 9,1 v. H. Auch in Baden soll der Wert des Grundstücks nach Anordnung der Zwangsversteigerung durch eine amtliche Schätzung festgestellt werden (§ 7 AGZVG. v. 18. Juni 1899; §§ 5 ff. ZVO. v. 4. Mai 1901). Im Jahre 1907 blieben die Erlöse von rund 21 Millionen um 16,72 v. H. hinter dem Schätzungswerte zurück (bad. Rpr. 1908, 266). Hessen schreibt gleichfalls die Feststellung des Verkaufswerts des zu versteigernden Grundstücks durch Schätzung vor (Art. 8 AGZVG. vom 23. Juli 1899); wie sich die erzielten Erlöse zu dieser stellen, ist mir nicht bekannt. Durch die mitgeteilten statistischen Ergebnisse wird der Erfahrungssatz bestätigt, daß bei öffentlichen Versteigerungen in vielen Fällen ein dem wirklichen Werte der Sache entsprechender Preis nicht erzielt wird, auch wenn man zugeben will, daß Taxen im allgemeinen mit Vorsicht zu behandeln sind und auch in der Beschränkung auf die Zwecke der Zwangsversteigerung hie und da über den wahren Wert hinausgehen mögen. Dafür fehlt es freilich an einer sicheren statistischen Grundlage, in wieviel

Fällen ein Hypothekengläubiger das belastete Grundstück unter dem Wert erstanden hat, und noch viel mehr dafür, in wieviel Fällen sich sagen läßt, daß ein auffälliges Mißverhältnis zwischen Wert und Preis besteht, daß also der Gläubiger trotz geringen Meistgebots in dem ersteigerten Grundstück für seine Forderung Deckung findet, und er in Wirklichkeit keinen Ausfall erleidet. Zu berücksichtigen ist dabei, daß der Gläubiger-Ersteher immer nur statt des ihm gebührenden Geldbetrags, des allgemeinen Tauschmittels, ein Grundstück und mit ihm ein den Schwankungen des Marktes unterworfenes Objekt erhält,*) das ihm nur dann vollwertigen Ersatz für die Geldforderung bietet, wenn sein Besitz für ihn nicht mit besonderen Kosten verknüpft ist und der kapitalisierte, nachhaltige Reinertrag die Forderung erreicht oder wenn es ohne weiteres zu dem entsprechenden Betrage veräußerlich ist. Diese Rücksichten auf den Gläubiger, der nicht befriedigt wird, sondern lediglich in dem Werte des Grundstücks einen Ausgleich findet, bestimmten denn auch manche ältere Gesetzgebungen, ihm den Zuschlag für seine Forderung um einen Bruchteil des Schätzungswerts (die Hälfte oder zwei Drittel) zu erteilen, oder die Schuldsumme um einen gewissen Betrag zu erhöhen, damit er für die unfreiwillige Übernahme des Grundstücks entschädigt werde (vgl. oben S. 24, 26); der Ausfall war danach ohne weiteres zu beziffern. Es bleiben aber immer Fälle, in denen klar zu tage liegt, daß der Gläubiger nur vermöge der Ausgestaltung des Verfahrens, das keine genügende Gewähr für die Erzielung eines angemessenen Gebots gibt, eine Einbuße an seiner Forderung erfahren, in Wahrheit aber deren Gegenwert durch das in sein Eigentum übergegangene Grundstück empfangen hat, m. a. W. daß der Ausfall nur ein scheinbarer war. Auf die auch bei der Feststellung eines geringsten Gebots nach Maßgabe der neueren Zwangsversteigerungsgesetze, insbesondere des Reichsgesetzes vom $\frac{\text{24. März 1897}}{\text{20. Mai 1898}}$, sich zeigenden Übelstände hat vor allem Schneider (Reichsgerichtsrat) zunächst im Recht (1903, 413) und sodann im Jahrbuch des deutschen Rechts (Jahrgang 2—7), für das er das ZVG. bearbeitet, hingewiesen (vgl. auch Bamberger DJZ. 1902, 148). Noch aus der früheren Rechtsprechung des bayerischen obersten Landesgerichts

---

*) Koch in seinem Buch über Kapitalanlage in Hypotheken (Leipzig 1900) bezeugt die verhältnismäßige Brauchbarkeit der von gerichtlichen Sachverständigen im Zwangsversteigerungsverfahren angefertigten Taxen. Daß andererseits die in der Subhastation erzielten Preise keine Wertmesser abgeben, namentlich wenn der Inhaber einer Hypothek der Ersteher gewesen ist, führt Hartmann (Bewertung städtischer Grundstücke 1907 S. 41) aus.

(Samml. 10, 454, Urteil vom 9. Juni 1884) erwähnt er einen Fall, in dem eine Bank das mit einer Hypothek von 52 019 Mk. zu ihren Gunsten belastete Grundstück für 20 000 Mk. erstanden, es alsbald für 54 000 Mk. weiter verkauft und demnächst ihren „Ausfall" von 32 019 Mk. gegen den persönlichen Schuldner eingeklagt hatte. Ob in der vom preußischen Obertribunal entschiedenen Sache (OTr. 83, 33) der Ausfall des Hypothekars in dem von ihm abgegebenen, niedrigen Gebot seinen Grund hatte, ist nicht mit Sicherheit zu ersehen, aber nicht unwahrscheinlich. Aus der Zeit des neuen Rechts bringt Schneider mehrere auffallende Beispiele eines offenbaren Mißverhältnisses zwischen Meistgebot und Wert der Liegenschaft: ein kurz zuvor zu einem Tauschpreis von 280 000 Mk. geschätztes Gut wird für ungefähr 80 000 Mk. (den Betrag der ersten Hypothek) zwar nicht vom ersten Hypothekar, aber von einem Dritten, unter Ausfall von etwa 30 000 Mk. Nachhypotheken erstanden und sofort für 135 000 Mk. weiter veräußert; ein zuletzt für 37 000 Mk. verkauftes Grundstück wird dem ersten Hypothekar, dessen Forderung 34 000 Mk. betrug, für den das geringste Gebot um 8,09 Mk. übersteigenden Preis von 650 Mk. zugeschlagen, und dieser klagt seinen „Ausfall" gegen den persönlichen Schuldner und früheren Eigentümer des versteigerten Grundstücks ein. Daß es sich hier nicht um vereinzelte Ausnahmen handelt, die, so bedauerlich sie sein mögen, doch in den Kauf genommen werden müßten, würde eine Umfrage bei den beteiligten Richter- und Laienkreisen gewiß bestätigen. Ich füge noch ein Beispiel aus der Praxis eines sächsischen Landgerichts aus neuerer Zeit (1906) hinzu, das gleichfalls kennzeichnend ist: ein an erster Stelle mit 17 000 Mk. belastetes, auf 20 400 Mk. geschätztes Grundstück ersteht der Hypothekar für 313,75 Mk., den „Ausfall" stellt er dem persönlichen Schuldner in Rechnung. In dem Falle RG. 69, 277 war ein Grundstück im Werte von 200 000 Mk. einem Hypothekar für 1000 Mk. zugeschlagen, und die Zeitschrift der Breslauer Anwaltskammer 1908, 43 berichtet von dem Zuschlage eines mit 124 100 Mk. bewerteten Grundstücks für das Meistgebot von 20 300 Mk. (s. auch RG. 54, 370). Es ist klar, daß in einer nicht unbeträchtlichen Zahl von Fällen, in denen die erste Hypothek die für sichere Posten zugelassene Beleihungsgrenze nur annähernd erreicht und die Versteigerung wegen der Zinsen und Kosten betrieben wird, das geringste Gebot also hinter dem wahren Werte zurückbleiben muß, der zweite Hypothekar Anstand nimmt oder auch nicht in der Lage ist, seine Forderung auszubieten und auf diese Weise das Grundstück seinem Vormanne zu einem Preise in die Hände fällt, der nur dann nicht als Spottpreis gelten könnte, wenn ihm der nicht zur Hebung gelangende Betrag der Forderung hinzuzurechnen wäre, d. h. wenn der Gläubiger seinen Ausfall nicht mehr geltend machen dürfte. Tatsächlich wird ihm — das ist zuzugeben — häufig nur das Grundstück Deckung bieten, weil die persönliche Haftung wegen Mittellosigkeit des Schuldners versagt. Daß sich dies aber auch anders verhalten kann und namentlich bei der möglichen Haftung eines Schuldners, der außerhalb des Versteigerungsverfahrens steht (Veräußerer, Bürge, Zedent), nicht selten anders verhält, zeigen die zahlreichen Urteile in Ausfallsprozessen, auf die wenigstens zum Teil noch einzugehen sein wird und in denen der Einwand des Beklagten wiederkehrt, der Gläubiger habe das Grundstück unter dem Wert erstanden.

VII.

Wie ist nun die Rechtslage in den Fällen, in denen dem Ausfallsanspruche des Gläubiger-Erstehers der Erwerb unter dem Wert entgegengehalten werden kann?

Die Antwort lautet verschieden, je nach der Gestaltung der Sache. Zweifel sind nach mehrfacher Richtung möglich. Darüber herrscht indessen Einverständnis, daß die bloße Tatsache des Mißverhältnisses zwischen Steigpreis und Wert des Grundstücks für sich allein die Ausfallsforderung nicht beseitigt, daß mithin der Einwand des nur scheinbaren Ausfalls nicht zuzulassen sei. Diese Meinung beruht auf der Anschauung, daß nach der den Vorschriften für öffentliche Versteigerungen innewohnenden Bedeutung und nach den durch sie für die Erzielung eines angemessenen Gebots getroffenen Maßnahmen der wahre Wert der versteigerten Sache, wie bei der Vollstreckung in bewegliches Gut, so auch bei der Liegenschaftsvollstreckung ermittelt werde, der Erlös mithin den Ausschlag gebe, daß der Gläubiger, weil nicht Veräußerer, nicht anders wie ein unbeteiligter Kauflustiger zu behandeln und nicht verpflichtet sei, seine Forderung auszubieten, daß mithin, sofern er für sein Meistgebot den Zuschlag erhalte, dieser die Frage des Ausfalls rechtskräftig erledige und die persönliche Forderung nur zu dem durch den Erlös gedeckten Betrage erlösche, also im übrigen nicht bloß formell, sondern wirklich fortbestehe (vgl. RG. 30, 89; 65, 57 [über dieses Urteil s. im übrigen unter Nr. IX]; ferner Urteil v. 17. 11. 1906 V 146 1906, wo als ständige Rechtsprechung des RG. bezeugt ist, daß der Hypothekar seinen Ausfall auch dann vom persönlichen Schuldner verlangen könne, wenn er das Pfandgrundstück unter dem wahren Wert erstanden habe;*) Urteil v. 29. 1. 1907, VII 223/1906 i.

*) Wenn Cohn in KGBl. 1903, 90 das Gegenteil unter Berufung auf die Rechtsprechung des RG. behauptet, so fehlt es dafür an Beweisen.

JW. 1907, 201[6]). Auch der später zu besprechende § 1166 BGB. wird zur Rechtfertigung dieses Standpunktes verwertbar sein. Bereits das bayerische Oberste Landesgericht hatte in dem oben erwähnten Urteile vom 9. Juni 1884 die Einschränkung der persönlichen Haftung des Schuldners infolge Ansteigerung des Grundstücks unter dem Wert abgelehnt, da der § 50 des bayerischen Hypothekengesetzes vom 1. Juni 1822 für die Anwendung der vom Revidenten angezogenen l. 2 D. 12, 7; l. 8 D. 44, 4, l. 206 D. 50, 17 keinen Raum biete; der Erlös entscheide, die Versteigerung sei etwas Selbständiges und berühre den persönlichen Schuldner nicht. Dernburg (Hyp.=R. 405) beklagt den Mißstand, daß der Gläubiger nicht selten in Zeiten der Geldklemme ein Gebot tief unter dem Werte und dem Betrage seiner Forderung mache, dafür den Zuschlag erhalte und den durch sein Gebot nicht gedeckten Teil seiner Forderung von dem persönlichen Schuldner eintreibe; aber er weiß ihm nach Lage der derzeitigen Gesetzgebung (vor dem Inkrafttreten des BGB.) nicht zu begegnen.

VIII.

Wird hiernach dem persönlichen Schuldner der Einwand des nur formalen Ausfalls, soweit er sich lediglich auf den Erwerb unter dem Werte stützt, versagt, so fragt es sich, ob die bestehende Rechtsordnung nicht andere Mittel an die Hand gibt, um das unerfreuliche Ergebnis einer Doppeldeckung des Gläubigers zu verhindern oder, wenn es eingetreten ist, in seinen Folgen unschädlich zu machen. Daß die Ausgestaltung des Versteigerungsverfahrens mit seiner öffentlichen Bekanntmachung des Bietungstermins, der Sicherung des Erwerbs des Erstehers durch das Aufgebot unbekannter Berechtigter und die Feststellung eines geringsten Gebots nicht die genügende Gewähr für die Erzielung eines angemessenen Preises bietet, dürfte aus der bisherigen Darstellung ohne weiteres erhellen. Auch der § 85 ZVG. bringt nur geringe Abhilfe. Er berechtigt zwar — neben anderen Beteiligten — den Schuldner zu dem Antrage auf Bestimmung eines neuen Versteigerungstermins, aber nur unter der Voraussetzung, daß das Meistgebot hinter dem wahren Werte des Grundstücks zurückbleibt (Jäckel=Güthe Anm. 2 zu § 85) und er dies dem Versteigerungsrichter nachweist, sowie daß er sich zum Ersatze des durch die Versagung des Zuschlags entstehenden Schadens verpflichtet und auf das — wohl niemals ausbleibende — Verlangen eines Beteiligten Sicherheit leistet. Allzu häufig wird sich die Praxis mit einem derartigen Antrage des Schuldners kaum beschäftigt haben. Mitteilungen darüber fehlen. Der Schuldner ist aber auch nur der Eigentümer des Grundstücks, der zugleich persönlicher Schuldner ist; nur er ist ein „Beteiligter" im Sinne des § 85 ZVG. (Jäckel-Güthe Anm. 2 zu § 9). Dem nicht „beteiligten" Schuldner, insbesondere dem persönlich weiterhaftenden Veräußerer, ist der Schutz des § 85 ZVG. versagt. Er kann zu einem wirtschaftlich vernünftigen Ergebnis der Versteigerung nur, wie jeder andere Bieter, dadurch beitragen, daß er sich selbst am Verfahren beteiligt. Die Möglichkeit dazu eröffnet ihm eine neue Vorschrift des BGB., nämlich dessen § 1166, der ebenso wie der § 1165, auf dem — von Dungs (bei Gruchot 33, 32 ff.) und Dernburg (Hyp.-R. 63 ff.) ausgesprochenen — Gedanken beruht, daß der Hypothekengläubiger den Ausfall, den er durch sein eigenes Verhalten herbeigeführt habe, vom persönlichen Schuldner nicht fordern dürfe (gegen eine Überspannung dieses den Hypothekar mit gewissen Pflichten belastenden Gedankens s. den auch nach der legislativen Seite beachtenswerten Aufsatz von Eccius bei Gruchot 36, 642). Der Hypothekengläubiger, der die Hypothek aufgibt oder durch eine Rangänderung entwertet, soll diese an sich lediglich von seinem Belieben abhängigen Verfügungen gegenüber dem dadurch geschädigten persönlichen Schuldner nicht geltend machen können. Es ist unbillig, daß er auf Kosten des Schuldners verfügt. Dies ist der Inhalt des mit § 1164 im Zusammenhang stehenden § 1165 (vgl. darüber RG. 58, 425). Es ist aber auch unbillig, daß der Hypothekar seinen persönlichen Anspruch verfolgt, obwohl er aus dem Grundstück befriedigt worden wäre, wenn er dem Schuldner zur Teilnahme an der Zwangsversteigerung Gelegenheit geboten hätte. Darum legt ihm der § 1166 BGB. eine Benachrichtigungspflicht auf, die ihn aber nur als betreibenden (oder beigetretenen) Gläubiger und nur gegenüber dem zum Rückgriff gegen den Eigentümer — oder einen Rechtsvorgänger — berechtigten Schuldner, nicht auch gegenüber dem Bürgen trifft und wegfällt, wenn die Mitteilung untunlich ist (vgl. über den manche Zweifel in sich bergenden § 1166 RG. 54, 369; 65, 134; Planck zu § 1166 und die dort angeführten Entscheidungen). Diese Vorschrift ermöglicht in dankenswerter Weise dem persönlichen Schuldner, der es nur im Außenverhältnis zum Gläubiger ist, nach Innen aber Entfreiung vom Eigentümer verlangen darf, die Abwendung eines ihn benachteiligenden Ergebnisses der Zwangsversteigerung. Sie stellt zugleich klar, daß, wenn ihr genügt ist, einer Ausfallsforderung des Hypothekars nicht mit dem Einwande der Deckung durch den Wert des von ihm zu geringem Preis erstandenen Grundstücks begegnet werden kann, ist daher in den Fällen nicht anwendbar, in denen der Schuldner nicht benachrichtigt zu werden brauchte, weil er oder sein Aufenthalt dem Gläubiger unbekannt waren, oder in denen es ihm nicht gelungen ist, die zur erfolgreichen Beteiligung an der Versteigerung erforderlichen Mittel aufzubringen. Die Vorschrift versagt als Ausnahmebestimmung gegenüber dem Bürgen und wohl auch — da er kaum anders zu behandeln sein wird als dieser — gegenüber dem Zedenten, der die Haftung für die Güte der Hypothek übernommen hat, sofern sich nicht aus dem Bürgschafts- oder Abtretungsvertrag eine besondere Diligenzpflicht des Gläubigers herleiten läßt. Bürge und Zedent müssen also den Ausfall tragen, der sich als das Ergebnis der ordnungsmäßig durchgeführten Versteigerung darstellt, auch wenn er nur darauf beruht, daß nach der besonderen Gestaltung der Dinge der Hypothekar seine Forderung nicht auszubieten brauchte und in dem von ihm ersteigerten Grundstück vollen Ersatz findet. Mit dem Einwande, daß sie, rechtzeitig benachrichtigt, den Ausfall verhindert haben würden, werden sie nicht gehört (vgl. aber das im JDR. 6, 956 angeführte Urteil des RG. v. 5. 10. 1907, V 55 1907, in dem die Einrede der Mitschuld des Zessionars an dem Ausfall infolge unterbliebener Benachrichtigung des Zedenten vom Versteigerungstermin grundsätzlich zugelassen zu sein scheint). Daß er dem persönlichen Schuldner, der zugleich Eigentümer des Pfandgrundstücks ist und als solcher zu den „Beteiligten" im Sinne des ZVG. gehört, nicht zur Seite steht, ist selbstverständlich. Auch er kann, wenn er wieder zu Kräften gekommen ist und für den Ausfall haftbar gemacht wird, sich nicht auf die dem Gläubiger durch das Grundstück gewährte Deckung berufen.

IX.

Sofern der Ausfall und mithin der Fortbestand der persönlichen Forderung sich als eine gegen die guten Sitten verstoßende vorsätzliche Schädigung des Schuldners darstellt, gewährt jedenfalls der § 826 BGB. Schutz. Die für das preußische Recht streitig gewordene Frage, ob ein Vertrag über das Abhalten vom Bieten bei einer öffentlichen Versteigerung gegen Zusicherung eines Vorteils nach § 134 BGB. mit Rücksicht auf § 270 preuß. StGB. unter allen Umständen nichtig sei, ist von den vereinigten Zivilsenaten des RG. verneinend beantwortet (RG. 60, 273 gegen RG. 51, 401). Aber der Streit ist für den Gegenstand dieses Gutachtens nicht von entscheidender Bedeutung. Denn aus der Nichtigkeit eines gegen den § 270 preuß. StGB. verstoßenden Abkommens folgt nur, daß Ansprüche der Kontrahenten aus ihm nicht bestehen, aber nicht ohne weiteres die Haftung eines von ihnen oder beider für etwaige durch das Abkommen herbeigeführter Ausfälle. Auch für das Gebiet des gemeinen Rechts war es zweifelhaft, ob jedes sogenannte pactum de non licitando, jeder die Verengerung des Kreises der Bieter bezielende Vertrag, ohne weiteres gegen die öffentliche Ordnung verstoße und darum ungültig sei, oder ob dies nur dann angenommen werden dürfe, wenn die besondere Beschaffenheit des einzelnen Falles, der Anlaß, Inhalt und Zweck des Vertrags ihn zu einem pactum turpe stempele. Das RG. hat sich in letzterem Sinne entschieden (RG. 18, 219; 58, 393). Jedenfalls wird für das geltende Recht aus einem solchen Vertrage nur dann ein Einwand gegen die Klage des persönlichen, bei der Versteigerung nicht zum Zuge gekommenen Gläubigers hergeleitet werden können, wenn der Tatbestand einer unerlaubten, zum Schadensersatz verpflichtenden Handlung gegeben ist, wenn also der Schuldner darzutun vermag, daß der Ausfall durch eine derartige Handlung verursacht worden ist und die Forderung ohne sie erloschen wäre.

In Betracht kommen außer § 826 noch § 823 Abs. 2 BGB. Für die bayerische Subhastationsordnung vom $\frac{\text{23. Februar 1879}}{\text{29. Mai 1886}}$ ist die Anwendbarkeit des § 823 Abs. 2 BGB. abgelehnt (RG. 58, 396). Auch in dem Reichsgesetz über die Zwangsversteigerung wird man keine Bestimmung finden können, die als Schutzgesetz im Sinne des § 823 Abs. 2 anzusprechen wäre.

Wohl aber wird der nach feststehender Rechtsprechung noch geltende § 270 preuß. StGB. (gleich der durch ihn ersetzten Verordnung vom 14. Juli 1797) als ein solches bezeichnet werden dürfen (so auch Schneider im Recht 1903, 415). Denn daß er den Schutz der durch eine öffentliche Versteigerung berührten Privatinteressen bezweckt, auch wenn er nur den, der vom Bieten abhält, ohne Rücksicht auf dessen Absicht und auf eine Schädigung des Eigentümers oder der Gläubiger mit Strafe bedroht, möchte unbedenklich sein, zumal das RG. (59, 236) selbst solche Normen für Schutznormen erklärt, die in erster Reihe höheren Interessen der Allgemeinheit zu dienen bestimmt sind, sofern sie nur nebenher den einzelnen zum Schutze gereichen. Innerhalb des Geltungsbereichs des § 270 preuß. StGB. — der übrigens neuerdings wiederum mit voller Schärfe vom KG. (R. 1908, 252) angewendet worden ist — wird sich daher der auf den Ausfall belangte Schuldner darauf berufen können, daß der Kläger gegen diese Vorschrift verstoßen habe und daß der Verstoß für den eingetretenen Schaden kausal gewesen sei. In Betracht kommt dabei, daß zwar nicht eine bloße Vereinbarung über die Nichtteilnahme an einer Versteigerung unter den § 270 preuß. StGB. fällt (JW. 1908, 296[2]), auch nicht das, gegen die Übernahme der Verpflichtung, die Hypothek bis zu gewisser Höhe herauszubieten, erteilte Versprechen des Hypothekars, selbst nicht mitzubieten (RG. V 436 1903, Urt. v. 18. 5. 1904 — worüber aber auch unten —), daß jedoch nach RGSt. 39, 134 (Urteil vom 21. September 1908) auch die Anstiftung zu dem Vergehen des § 270 rechtlich denkbar ist und daß sich auch der strafbar macht, der durch seine eigene Tätigkeit den anderen zur Gewährung oder Zusicherung von Vorteilen für das Nichtbieten bestimmt hat. Es ist sehr wohl möglich und vielleicht nicht selten, daß der zweite Hypothekengläubiger es ist, der den Vormann zu bewegen weiß, den ihm unbequemen Wettbewerb durch das Opfer der Ablösung eines Teils der Nachhypothek zu beseitigen, und daß infolgedessen der Vormann das Grundstück zu einem geringen Preise ersteht, der für beide Gläubiger Ausfälle bedingt. Hier wird sich der Schuldner gegen beide durch Berufung auf das Zuwiderhandeln gegen § 270 preuß. StGB. wirksam zu schützen vermögen.

Neben § 823 Abs. 2 BGB. und wo eine der preußischen entsprechende Schutznorm nicht besteht, kommt ausschließlich § 826 in Betracht. Seine Anwendung fordert den Nachweis, daß der den Ausfall einklagende Gläubiger sich eines gegen die guten Sitten verstoßenden Verhaltens schuldig gemacht habe und sich dabei des schädigenden Erfolges bewußt gewesen sei, erschwert also dem Schuldner insbesondere wegen des letzteren Punktes im Verhältnis zu dem durch § 823 [2] BGB. gegebenen Rechtsbehelf die Verteidigung. Durch den § 826 BGB. werden — wenn sonst seine Voraussetzungen vorliegen — in Preußen hauptsächlich die nicht unter den § 270 StGB. fallenden Vereinigungen zum billigen Erwerb und zur demnächstigen günstigen Weiterveräußerung des zu versteigernden Grundstücks getroffen, in den übrigen Bundesstaaten alle die Beseitigung des freien Wettbewerbs bezweckenden Abreden.

So hat der VII. Zivilsenat des RG. in dem Urteile vom 29. Januar 1907 (Seuff A. 62 Nr. 160) in dem Vorbringen des Ausfallsschuldners, daß die Klägerin mit dem betreibenden Gläubiger vereinbart habe, nicht mitzubieten, das Grundstück vielmehr zu niedrigem Preise durch einen von ihnen beauftragten Dritten zu einem die Hypothek der Klägerin nicht deckenden Preise zu erstehen und den bei günstiger Weiterveräußerung erhofften Gewinn miteinander zu teilen, den Tatbestand des § 826 BGB. erblickt. Es heißt wörtlich: „Hier . . . . sollen die Vertragschließenden . . . . durch planmäßiges Verhalten dahin gewirkt haben, daß dem gewöhnlichen Laufe der Dinge zuwider ihnen ein Teil des Wertes des Pfandgrundstücks auf Kosten des Beklagten zufiel. Sie sollen einen Dritten als Strohmann beauftragt haben, das Grundstück für sie billig und zu einem

Preise zu erstehen, durch den die Klägerin mit ihrer Hypothek nicht gedeckt wurde, so daß sie ihre persönliche Forderung behielt, während sie daneben noch durch Weiterveräußerung des billig erstandenen Grundstücks für ihre Rechnung einen Teil des wahren Grundstückswertes für sich gewann, der zunächst zur Befriedigung der Hypothekengläubiger hätte dienen sollen. Ging hiernach die Klägerin bei der Vereinbarung mit Kl. davon aus, diesen von der Abgabe eines Gebots abzuhalten, durch das die Hypothek der Klägerin ganz oder doch zum Teil Deckung fand, so hat sie in illoyaler Weise zu ihrem Vorteil und zum Schaden des Beklagten den Zweck der gesetzlichen Zwangsversteigerung vereiteln wollen, der dahin geht, durch Erzielung eines möglichst hohen, dem Grundstückswert entsprechenden Gebots bei freier Konkurrenz der Bieter die möglichst vollständige Deckung der auf dem Grundstück haftenden Lasten zu erreichen . . . ."

Es hätte auch ein Verstoß gegen § 270 preuß. StGB. angenommen werden können: Klägerin hat nach dem Vorbringen des Beklagten den betreibenden Gläubiger durch Zusicherung der Hälfte des beim Weiterverkaufe zu erzielenden Gewinnes vom Mitbieten abgehalten (vgl. Schneider JDR. 1907, 954)! Den Urteilen des V. Zivilsenats vom 4. Oktober 1905 (JW. 1905, 682[3]) und des IV. Zivilsenats vom 15. März 1909 (Warneyer, Rspr. des RG. 2, 309[341]) lagen Vereinbarungen über den gemeinschaftlichen Erwerb von Grundstücken in der Zwangsversteigerung zugrunde, die nach den obwaltenden Umständen nicht mit dem Makel der Unsittlichkeit behaftet erschienen (vgl. auch OLG. Karlsruhe in BadRpr. 1904, 270). Das Urteil des VII. Zivilsenats verweist auf das Urteil des VI. Senats vom 11. Juli 1904 (RG. 58, 393), das in einer bayerischen Sache das den Wettbewerb eines Bieters durch Gewährung eines Entgelts beseitigende Abkommen dem geschädigten Hypothekengläubiger gegenüber für unerlaubt und den, der sich des Mitbieters auf solche Weise entledigt hatte, für ersatzpflichtig erklärte. Hiernach ist die Rechtsprechung grundsätzlich darin fest, daß der Ausfallsanspruch des Hypothekengläubigers insoweit wegfällt, als der Schuldner nachzuweisen vermag, daß er auf dem Boden einer unerlaubten Handlung des Klägers erwachsen ist. Im Einzelfalle werden immer Zweifel nach der tatsächlichen Seite bestehen können und bei der Auslegung des § 270 preuß. StGB. sind auch rechtliche Bedenken möglich. Läßt sich z. B. nicht (im Gegensatz zum RG. V 436 1903) sagen, daß der, der sich zum Ausbieten einer Hypothek in gewisser Höhe gegen das Versprechen des Hypothekars, seinerseits nicht zu bieten, verpflichtet, den Hypothekar durch Zusicherung eines Vorteils vom Bieten abhält, und daß das Gleiche für den Hypothekar gilt, der durch seinen Verzicht auf das

Mitbieten den anderen vom Bieten über die festgesetzte Grenze hinaus abhält? (vgl. auch Schneider im Recht 1903, 415, 416).

Häufig werden aber diese und ähnliche „Winkelverträge“ nicht nachweisbar sein; man wird über einen gewissen, aus dem Mißverhältnis zwischen Wert und Preis des Grundstücks geschöpften Verdacht nicht hinauskommen. Hier versagt die Einrede aus unerlaubter Handlung, und der auf jenes Mißverhältnis hinweisende Schuldner wird damit nicht gehört, weil, wie in dem Urteile des RG. vom 29. 1. 1907 (Seuff A. 62 Nr. 160) betont wird, für den Hypothekengläubiger weder eine rechtliche noch eine sittliche oder Anstandspflicht besteht, bei der Versteigerung des Pfandgrundstücks mitzubieten oder gar seine Hypothek herauszubieten.

X.

Sofern die Ausfallsforderung nicht als Anspruch auf Zahlung der persönlichen Schuld, sondern als Schadensersatzanspruch geltend gemacht wird, erhebt sich die Frage, ob nicht dem Erwerbe des Grundstücks unter dem Werte vom Gesichtspunkte der sogenannten Vorteilsausgleichung (compensatio lucri cum damno) aus maßgebende Bedeutung beizumessen ist. Zu festen Ergebnissen ist die Rechtsprechung noch nicht gelangt; sie neigt aber immer mehr zur Bejahung der Frage, also zu der Annahme, daß der Gläubiger-Ersteher insoweit nicht geschädigt sei, als er in dem Werte des von ihm zu billigem Preis erstandenen Grundstücks Deckung finde. Schon in dem Urteile des Reichsgerichts in R. 1903 Nr. 403 (VI 191 1902) war gesagt, daß für die Schadensberechnung wegen eines in der Zwangsversteigerung erloschenen Rechts nicht der scheinbare Verlust des ausbietenden Hypothekengläubigers, sondern sein Weiterverkaufspreis maßgebend sei.

Ebenso wurde vom RG. (Seuff A. 60 Nr. 117) die Abweisung der Klage des Gläubiger-Erstehers auf Schadensersatz wegen Verschleppung von Zubehör gebilligt, weil er angesichts des das Meistgebot übersteigenden wahren Werts des Grundstücks in Wirklichkeit keinen Schaden erlitten habe (anders freilich OLG. München in Seuff A. 63 Nr. 194, aber dem Vorteilsausgleich günstig wieder RG. V. Zivils. V 55 1908 i. R. 1909 Nr. 213).

Dagegen ließ das RG. in dem im IDR. 7, 918 Nr. 3 mitgeteilten Fall einer auf Nichterfüllung eines vertragsmäßigen Versprechens gegründeten Schadensersatzklage die Einrede der Ausgleichung des Schadens durch den den Steigpreis erheblich übersteigenden Mehrwert des Grundstücks nicht zu, erachtete aber das Vorbringen des Beklagten für erheblich, daß ohne seinen Vertragsbruch der Kläger in weit größerem Umfange geschädigt worden wäre. Der III. Zivilsenat des RG. versagte gegenüber der gegen einen Notar wegen Verletzung seiner Amtspflicht gerichteten Klage auf Ersatz des Ausfalls einer Hypothek dem Einwand des Beklagten, daß die Klägerin einen Schaden nicht erlitten habe, weil ihr durch den Erwerb des Pfandgrundstücks ein erheblicher Gewinn zugeflossen sei, die Beachtung. Es wird ausgeführt, daß der Vorteil nicht auf demselben Ereignis beruhe, wie der Nachteil. Wirklich entstanden sei der Schade dadurch, daß die Vermögensverhältnisse des Schuldners sich immer mehr verschlechtert hätten, und zwar sei er in dem Maße immer mehr angewachsen, als einerseits das Grundstück, wie die demnächst notwendig gewordene Zwangsversteigerung ihrem Zwecke gemäß in hierfür maßgebender Weise erkennen ließe, keine Deckung für die Hypotheken der Klägerin gewährt habe, und anderseits auch das bewegliche Vermögen des Schuldners zur Begleichung seiner Verbindlichkeiten immer weniger ausgereicht habe. Der Schaden sei jedenfalls bei Einleitung der Zwangsversteigerung schon entstanden gewesen. Anderseits sei der der Klägerin in dem angeblichen Mehrwerte des Grundstücks zugeflossene Vorteil dadurch entstanden, daß sie im Versteigerungstermine das einzige Gebot auf das Grundstück abgegeben und daraufhin den Zuschlag erhalten habe, also durch einen selbständigen Entschluß der Klägerin, durch eine Handlung, zu deren Vornahme sie rechtlich nicht verpflichtet gewesen sei. Indem sie auf das Grundstück geboten habe, habe sie rechtlich nicht anders als jeder Dritte gestanden. Hätte hiernach das Grundstück wirklich einen höheren Wert, als der Steigpreis betrage, so wäre dies ein Vorteil, den die Klägerin durch eine besondere selbständige Handlung als Frucht ihrer Umsicht, also ihrer spekulativen Tätigkeit, erlangt habe (RG. 65, 57). Dieses Urteil ist wohl mit Recht von verschiedenen Seiten bekämpft worden (Kluge, DJZ. 1908, 697; Kerckhoff, DNotV. 1908, 134, auch JDR. 6, 956). Der Schaden entsprang nicht sowohl aus der ungenügenden Deckung der Hypothek, wie aus dem ungenügenden, dem Werte des Grundstücks nicht entsprechenden Gebot und dem auf dieses erteilten Zuschlage; darauf beruhte aber auch der der Klägerin durch den Mehrwert zugeflossene Gewinn. Die Versteigerung war es, die ihr den Nachteil, aber auch den Vorteil brachte.

XI.

Das Ergebnis der bisherigen, das geltende Recht betreffenden Darstellung ist dahin zusammenzufassen:

Durch die Zwangsversteigerung wird der wahre Wert der Liegenschaft, der zur Deckung der Realverbindlichkeiten verfügbare Geldbetrag, in maßgebender Weise ermittelt. Das Meistgebot entscheidet. Der § 85 ZVG. und der § 1166 BGB. sollen dem Schuldner unter gewissen Voraussetzungen den seinem Interesse entsprechenden Einfluß auf die Erzielung eines möglichst günstigen Gebots sichern. Ist es trotzdem unzulänglich, so erlischt nicht etwa die persönliche Forderung deshalb, weil der Gläubiger selbst das Pfandgrundstück erstanden hat. Nur wenn der Ausfall die Folge einer unerlaubten, die Ersatzverbindlichkeit begründenden Handlung des Gläubigers im Sinne der §§ 823, 826 BGB. ist, greift die Einrede des von ihm belangten Schuldners durch, daß der Kläger den Zustand herzustellen habe, der bestehen würde, wenn der zum Ersatz verpflichtende Umstand nicht eingetreten wäre (§ 249 BGB.), d. i. daß er sich so behandeln lasse, als sei er nicht ausgefallen. Macht der Gläubiger seinerseits den Ausfall als Schadensersatzforderung geltend, so hat er sich unter Umständen den durch den Erwerb des Grundstücks erlangten Vorteil anrechnen zu lassen. Im übrigen kann sich der Schuldner nicht darauf berufen, daß der Ersteher-Gläubiger statt seiner Forderung nunmehr das gleich wertvolle oder wertvollere Grundstück habe.

Es wird sich nicht sagen lassen, daß dieses Ergebnis überall befriedige. Der persönliche Schuldner ist schlechthin schutzlos, wenn für ihn nichts weiter spricht, als die Tatsache der Ansteigerung des Grundstücks durch den Gläubiger unter dem Werte. Die Zwangsversteigerung hat rechtskräftig erwiesen, daß der Gläubiger aus dem Grundstücke nicht bezahlt werden kann, folglich bleibt die persönliche Haftung bei Kräften und hat ihm zu gewähren, was er aus dem Pfande nicht erlangen konnte. Zu welcher Unbilligkeit dies führt, ist aus den oben angeführten Beispielen zu ersehen. Der Gläubiger, der einen seiner Forderung gleichwertigen Gegenstand erwirbt, wird insoweit zweimal befriedigt, als der von ihm gezahlte Preis hinter dem Werte des Gegenstandes zurückbleibt und er dennoch den Unterschied vergütet erhält.

Es fragt sich, ob die Rechtsprechung, die zu solchem Ergebnisse führt, auf dem richtigen Wege ist. Könnte man dies verneinen und annehmen, daß sie umkehren und andere Bahnen einschlagen werde, so würden sich gesetzgeberische Maßnahmen zur Abhilfe des Übelstandes erübrigen. Aber die Rechtsprechung wird vom Standpunkte des geltenden Rechts aus kaum zu mißbilligen sein. Kraft der Hypothek kann der Berechtigte die Zahlung einer bestimmten Geldsumme aus dem Grundstück zur **Befriedigung wegen einer Forderung** verlangen (§ 1113 BGB.) Zahlung aus dem Grundstück ist die Befriedigung des Gläubigers aus ihm und den mithaftenden Gegenständen mittels der Zwangsvollstreckung (§ 1147 BGB.). Diese ist der vom Gesetz eröffnete Weg, der zur Verwirklichung der Hypothek führen soll. Der dingliche Anspruch geht nach heutigem Recht — worauf schon früher hingewiesen ist — nicht auf die Herausgabe des Grundstücks an den Gläubiger zum Zwecke des durch ihn vorzunehmenden Verkaufs, sondern auf die vom Eigentümer zu duldende Durchführung der von der ZPO. und dem ZVG. geschaffenen Zwangsmaßregeln, von denen hier nur die Versteigerung in Betracht kommt. Diese erfolgt auf Anordnung und unter Leitung des Vollstreckungsgerichts als der zur Wahrung der vielfachen, durch die Veräußerung berührten Interessen berufenen unparteiischen Behörde. Das Verfahren soll nach der Absicht des Gesetzes die möglichst sichere Bürgschaft dafür gewähren, daß das Grundstück nur für einen seinem Werte gleichkommenden Preis veräußert werde (Mot. z. I. EZVG. 117). Das Ergebnis stellt der rechtskräftige Beschluß, durch den der Zuschlag erteilt wird, unabänderlich fest; er regelt nach Maßgabe des Gesetzes und der Versteigerungsbedingungen die Rechte der Beteiligten und des Erwerbs (M. 242), nicht wie ein privatrechtlichen Normen unterstehender Kaufvertrag, sondern als selbständiger Akt der richterlichen Gewalt (RG. 60, 54). Seine durch § 91 ZVG. ausdrücklich ausgesprochene Folge ist das Erlöschen der Rechte, insbesondere der Hypotheken, die an dem versteigerten Grundstücke bestanden haben und nicht nach den Versteigerungsbedingungen bestehen bleiben sollen. Aber dieses Erlöschen bedeutet nur, daß sie sich nunmehr in Ansprüche gegen den durch das Verfahren ermittelten Erlös umsetzen, der nach dem dem ZVG. zugrunde liegenden Surrogationsprinzip (vgl. RG. i. JW. 1908, 556; **Jäckel-Güthe** Anm. 1 zu § 92 ZVG.) an die Stelle des Grundstücks tritt. Befriedigt ist der Gläubiger nur, soweit er den Erlös erhält, und auch nur insoweit kann die persönliche Forderung, deren Befriedigung die Hypothek bestimmungsgemäß dient, als getilgt gelten. Dies folgt zwingend aus § 1181 BGB. Wenn dort in scheinbarem Widerspruch mit §•91 ZVG. das Erlöschen der Hypothek als Wirkung nicht des Zuschlags, sondern der Befriedigung aus dem Grundstücke gekennzeichnet wird, so bedeutet „Erlöschen" die **endgültige** und völlige Aufhebung des Rechts infolge seiner Verwirklichung. Diese Aufhebung tritt aber auch nach dem ZVG. nicht schon mit dem Zuschlage ein, der nur den für die Befriedigung des Gläubigers vorhandenen und durch die Versteigerung ziffermäßig zum Ausdruck gelangten Wert des Grundstücks feststellt und besagt, daß nunmehr dieser und nicht auch noch das Eigentum des Erstehers zur Tilgung der Realrechte zu verwenden sei. Ob man mit dem RG. (Entsch. 55, 264) den Anspruch auf den Erlös als ein anders geartetes Recht, kein Hypothekenrecht mehr bezeichnen will oder als nur von seiner Beziehung zum Grundstück gelöstes Hypothekenrecht (vgl. Jäckel-Güthe a. a. O.) kann unentschieden bleiben. Gewiß und unbestritten ist, daß, solange und soweit nicht Barzahlung erfolgt oder ein ihr gleichgestellter Rechtsvorgang eingetreten ist (vgl. Planck 3. Aufl. Anm. 2b zu § 1181 BGB.), der Hypothekengläubiger nicht befriedigt, die Hypothek nicht im Sinne des § 1181 BGB. erloschen ist. Daraus ergibt sich, vermöge des rechtlichen Bandes zwischen Hypothek und Forderung, daß diese auch nur in gleichem Umfang erloschen sein kann (§ 362 BGB.; ob sie nicht trotz des Erlöschens der Hypothek im Hinblick auf § 1143 BGB. auf den Eigentümer übergeht, und wie sich in diesem Falle dessen Verhältnis zu dem persönlichen Schuldner gestaltet, braucht nicht untersucht zu werden). Die weitere Folge ist, daß sie in Höhe des Ausfalls fortbesteht, wie denn auch nur das versteigerte Grundstück von der hypothekarischen Belastung gemäß § 91 ZVG. befreit wird (vgl. Planck Anm. 2c zu § 1181 BGB.; der § 80 des bayerischen Subhastationsgesetzes von 1822 sprach dies mit klaren Worten aus). Trifft dies aber zu, so ist der Gläubiger auf die persönliche Haftung des Schuldners zurückzugreifen wohl befugt. Durch die Zwangsversteigerung, also auf dem vom Gesetze selbst vorgeschriebenen Wege, ist die Unzulänglichkeit des dinglichen Haftungsgegenstandes dargetan. Die Rechtskraft des Zuschlagsbeschlusses schließt weitere Erörterungen über die Gesetzmäßigkeit des Verfahrens aus. Daß bei dieser Rechtslage es dennoch dem Schuldner gestattet sein sollte, zwar nicht die Gesetzmäßigkeit, aber das Ergebnis der Vollstreckung anzufechten und sich auf ein Mißverhältnis des Meistgebots zu dem wahren Werte des Grundstücks zu berufen, wird man schon der sich für das Gebiet der Mobiliarexekution ergebenden Konsequenzen wegen nicht annehmen dürfen. Mindestens wird die auf anderer Anschauung beruhende Rechtsprechung nicht als unhaltbar zu bezeichnen sein. Jener Einwand würde sich nur etwa unter dem Gesichtspunkt der ungerechtfertigten Bereicherung bringen lassen, indem man auf die doppelte Befriedigung des Gläubigers hinwiese, die er einmal aus dem Grundstück und nochmals aus dem Vermögen des Schuldners erhalte. Aber erlangt er, was ihm der Schuldner auf seine Kosten leistet, ohne rechtlichen Grund? (§ 812 BGB.) Das Gesetz selbst schafft ja den Grund für die Leistung; es läßt dem mit der Hypothek bei der

Zwangsversteigerung ausgefallenen Gläubiger die Forderung, und wenn es ihm trotzdem deren Geltendmachung insoweit hätte versagen wollen, als der Ausfall auf einem nicht genügenden Meistgebot beruht, so hätte es dies aussprechen und bestimmen müssen, daß die Zwangsversteigerung nicht unter allen Umständen die Ausfallsforderung rechtfertige. Es ist nicht geschehen und der Grund dafür liegt in der die Normen über die Zwangsversteigerung beherrschenden Vorstellung des Gesetzgebers, daß diese Normen, namentlich auch das Deckungsprinzip, ein angemessenes Ergebnis des Verfahrens gewährleisteten. Man wird nach dem Ausgeführten dem Schuldner auch nicht mit der Einrede der Arglist helfen können. Denn der Vorwurf der Arglist trifft den nicht, der eine ihm gesetzlich zustehende Forderung geltend macht; von Schikane im Sinne des § 226 BGB. kann keine Rede sein.

Wenn demgemäß für das geltende Recht die Frage zu verneinen sein wird, ob der vom Gläubiger-Ersteher auf den Ausfall verklagte persönliche Schuldner die Zahlung lediglich unter Hinweis auf das dem Wert des Grundstücks nicht entsprechende Meistgebot verweigern darf, so möchte ihre grundsätzliche Bejahung vom legislativen Standpunkt aus sich rechtfertigen. Die Meinung, daß das Verfahren die nötigen Garantien für die Erzielung eines richtigen Preises biete, setzt sich mit den Tatsachen in unleugbaren Widerspruch.

Will man auch den Abschätzungen im allgemeinen mit Mißtrauen begegnen, so ist doch zu erwägen, daß die für die Zwecke der Zwangsversteigerung angefertigten Taxen sich von einer Überschätzung meist fernhalten werden, und daß darum die oben mitgeteilten statistischen Ergebnisse immerhin zu denken geben. Man wird kaum zu weit in der Annahme gehen, daß im Durchschnitt der Fälle die Steigpreise nicht den Wert der Grundstücke erreichen, wenn man auch nicht von durchschnittlichen Schein- oder Schleuderpreisen reden kann. Gerade aber, wenn ein Hypothekengläubiger das Grundstück ersteht, wird, wie auch aus den erwähnten Beispielen erhellt, die Lage der Dinge häufig so sein, daß das geringste Gebot, das man als Schutzmittel gegen Schleuderpreise betrachtete (M. z. Entw. ZVG. 115), nur die Zinsen und Kosten umfaßt und den wirklichen Preis weder darstellt, noch darstellen soll. Der Hypothekar bietet nicht mehr, weil er nicht höher zu gehen braucht, und erhält das Grundstück nicht sowohl zu einem Schleuder- wie zu einem Scheinpreise, denn zu dem geringsten Gebot tritt der Betrag seiner Kapitalforderung hinzu, die er tatsächlich in allen Fällen verliert, in denen ein zahlungsfähiger persönlicher Schuldner nicht vorhanden ist. Nur wo sich ein solcher vielleicht auch erst später zeigt, erinnert sich der Gläubiger seines „Ausfalls" und greift zu dem persönlichen Anspruch, der ihm nach dem zufälligen Verlaufe der Versteigerung geblieben ist. Dies ist, wenn schon nicht gesetzwidrig, doch äußerst unbillig; es ist nicht das richtige Recht, nur daß die gesetzlichen Handhaben zurzeit fehlen, um diesem Rechte zum Siege zu verhelfen. Sie zu beschaffen, soll in folgendem versucht werden.

Angesichts des statistischen Materials, das zwar nur einen Teil des Deutschen Reichs umfaßt, aber doch für die übrigen Bundesstaaten die Beweiskraft eines Erfahrungssatzes besitzt, könnte man an eine Umgestaltung des Versteigerungsverfahrens etwa im Sinne der österreichischen Exekutionsordnung (s. oben unter IV) denken, also eine Schätzung zur Grundlage der Versteigerung machen und nur Gebote bis zu einer gewissen Höhe innerhalb der Schätzungssumme zulassen wollen (wie das auch in Preußen bis zur Subhastationsordnung von 1869 für adlige Güter galt). Es mag dahingestellt bleiben, ob das Taxsystem sich in Österreich bewährt hat (Dresdner a. a. O. bejaht es, Pick in der angeführten Abhandlung macht, obwohl grundsätzlicher Anhänger der Reform, Vorschläge für eine andere Art der Wertsermittelung, die nur für österreichische Verhältnisse passen). Jedenfalls kann einer durchgreifenden Umgestaltung des Zwangsversteigerungsgesetzes, das in den Bezirken mit fertigem Grundbuch höchstens zehn Jahre, im übrigen überhaupt noch nicht gilt, um so weniger das Wort geredet werden, als man die Schätzung im Sinne eines wesentlichen Bestandteils der Versteigerung nach reiflicher Erwägung über Bord geworfen hat und ihre Wiedereinführung in diesem Sinne nur dann empfohlen werden könnte, wenn für die Richtigkeit und Schleunigkeit des Taxverfahrens eine unbedingt sichere Gewähr gegeben wäre. Eben darum empfiehlt es sich auch nicht, in der Beschränkung auf den Fall der Ansteigerung des Grundstücks durch den Gläubiger eine Schätzung dergestalt zur Grundlage des Verfahrens zu machen, daß ihm der Zuschlag nur zum Schätzungswert oder zu einem Bruchteil dieses Wertes erteilt werden dürfte. Auch der Ersatz der Taxe durch die Bestimmung des Wertes nach einem Vielfachen der Grund- und Gebäudesteuer, wie sie z. B. durch das preußische Gerichtskostengesetz vom $\frac{\text{25. Juni 1895}}{\text{6. Oktober 1899}}$ §§ 127, 124 in Anlehnung an Art. 8 AGZVG. vorgeschrieben ist, erscheint als ein für die Gebührenberechnung zulässiger, aber für das Verfahren selbst kaum brauchbarer Notbehelf (deshalb möchte auch der Vorschlag von Giese in DJZ. 1909, 263 abzulehnen sein). Noch weniger wird man auf den Gedanken älterer Rechte zurückkommen wollen, daß dem Gläubiger-Bieter das Grundstück zu einem nach billigem Ermessen der Vollstreckungsbehörde festzusetzenden Preise oder auch schlechtweg für seine Forderung an Erfüllungsstatt zuzuschlagen sei. Es wäre unzweckmäßig, an dem Subhastationsrecht, wie es für das Deutsche Reich auf der Grundlage bestehender und im allgemeinen bewährter Partikularrechte vor einem Jahrzehnt aufgebaut worden ist, rütteln zu wollen, und man könnte ein solches Unternehmen nur durch die Berufung auf anders nicht zu beseitigende Mißstände rechtfertigen. Es wird indessen möglich sein, auch ohne Änderung des ZVG. und ohne Einführung einer für die Gebote mindestens der Hypothekarien maßgeblichen Schätzung den persönlichen Schuldner vor der Gefahr zu bewahren, daß er den durch den Besitz des ersteigerten Grundstücks ganz oder doch zum Teil gedeckten Gläubiger nochmals bezahle. Nach den Ausführungen unter XI scheitert ein nur aus der Geringfügigkeit des Zuschlagspreises entnommener Einwand des Schuldners an der unbedingten Maßgeblichkeit des Versteigerungsverfahrens für die Feststellung des Ausfalls; sie bildet den rechtlichen Grund für die Bereicherung des Gläubigers auf Kosten des Schuldners und entzieht damit jenem Einwande den Boden. Es wird sich also darum handeln, ob es angängig ist, den Zuschlagsbeschluß in Ansehung des Erwerbspreises für den Fall die bindende Kraft zu versagen, daß er sich mit der wirklichen Sachlage in offenbarem Widerspruche befindet und im Punkte der Gegenleistung des Erstehers nicht mehr als eine formelle Bedeutung in Anspruch nehmen kann. Die Frage dürfte zu bejahen sein. Sie ist näher dahin zu begrenzen: ist es gesetzgeberisch zulässig, dem persönlichen Schuldner gegen die Klage des Gläubiger-Erstehers auf Zahlung des durch das Versteigerungsverfahren ermittelten Ausfalls die Einrede der ungerechtfertigten Bereicherung zu gewähren, ihm also den Nachweis zu gestatten, daß, sofern es bei dem Zuschlagspreise bewende, der Gläubiger mit der Erlangung des Ausfalls einen Gewinn machen würde, der materiell nicht zu rechtfertigen sei, wenn ihm auch formell der Zuschlagsbeschluß zur Seite stehe? So gestellt, möchte die Frage keine Bedenken bergen, die ihre Verneinung erheischten. Die Grundsätze über die Rückforderung einer ungerechtfertigten Bereicherung beruhen auf der Billigkeit. Es wird nichts im Wege stehen, sie auf den vorliegenden Tatbestand anzuwenden, der nur die Besonderheit zeigt, daß der persönliche Schuldner nicht sowohl eine Leistung zurückfordert, als sie verweigert, weil, wenn er sie machte, ihm der Rückforderungsanspruch gegeben sein würde; die Kondiktion erscheint im Gewande der Einrede.

Es ist nichts schlechthin Neues, daß ein an sich bestehender rechtlicher Grund für einen Erwerb aus Billigkeitsrücksichten nicht als solcher anerkannt und damit der Kondiktion Raum geschaffen wird. Der unentgeltliche, gutgläubige Erwerb von einem Nichtberechtigten ermangelt nicht des Rechtsgrundes; dennoch wird dem Eigentümer der Bereicherungsanspruch gegen den Erwerber gegeben (§ 816 Abs. 1 S. 2 BGB.).

Die Abwägung der in Betracht kommenden Interessen wird den Gesetzgeber bei der Entscheidung darüber leiten müssen, ob im Einzelfalle die Strenge des Rechts zu mildern sei. Im gegenwärtigen Falle fordert das Interesse des Schuldners und auch in einem höheren Sinne das Interesse der Allgemeinheit, daß der Gläubiger nicht noch einmal in Geld empfange, was er in dem ihm zugeschlagenen Grundstück schon hat, und das Interesse des Gläubigers verlangt nur eine ausreichende Berücksichtigung des Umstandes, daß ihm statt des Geldbetrags, den er zu beanspruchen hatte, ein Grundstück zugeführt worden ist, ein Umstand, dessen schon oben Erwähnung getan wurde, dem aber gerade bei Anwendung der Rechtsregeln über die ungerechtfertigte Bereicherung in vollem Maße Rechnung getragen werden kann. Davon ist keine Rede, daß die persönliche Forderung durch den Zuschlag, wie durch Hingabe an Erfüllungsstatt untergehen soll. Sie soll nur einer Einrede ausgesetzt sein, für die den Schuldner die Beweislast trifft.

In erster Linie ist klarzulegen, daß der Wert des Grundstücks das Meistgebot dergestalt übersteige, daß der Unterschied zwischen beiden der eingeklagten Ausfallsforderung ganz oder wenigstens zum Teil gleichkomme, daß also die Sache so liege, daß man sagen müsse, der Gläubiger sei, wie durch Hingabe an Erfüllungsstatt, befriedigt. Über den angebotenen und erhobenen Beweis, insbesondere über die Schätzungen Sachverständiger, entscheidet das Gericht nach freier Überzeugung. Alle die Bedenken, die sich gegen die maßgebliche Verbindung einer Schätzung mit dem Versteigerungsverfahren geltend machen lassen, fallen hier fort. Nicht darum handelt es sich, daß der Zuschlag zu einem bestimmten Preise, der nach der Taxe zu beziffern ist, erteilt werden soll, sondern darum, welcher Sachwert in das Vermögen des Gläubigers gelangt ist. Betrachtet man das Vorbringen des Schuldners als Bereicherungseinrede, so ist ferner zu prüfen, ob die Bereicherung nicht etwa wieder weggefallen ist (§ 818 Abs. 3 BGB.) In dieser Beziehung ist freilich der Gläubiger beweispflichtig. Aber damit wird ihm nicht zu nahe getreten. Steht zunächst ein Mißverhältnis zwischen Preis und Wert fest, so ist es Sache des Gläubigers, diejenigen Tatsachen geltend zu machen, welche dennoch die Fortdauer einer Bereicherung als ausgeschlossen erscheinen lassen.

Hier wird namentlich eine Wertsverminderung infolge zufälliger Umstände, die in der allgemeinen Lage des Grundstücksmarkts, aber auch in besonderen Verhältnissen ihren Grund haben können, in Betracht kommen. Man sieht, die Ausgestaltung des dem Schuldner zu gewährenden Rechtsbehelfs in Anlehnung an die Normen über die rechtlose Bereicherung bietet die Möglichkeit eines Ausgleichs der beiderseitigen Interessen. Insbesondere wird auch erwogen werden dürfen, daß der Gläubiger-Ersteher nicht Geld, sondern ein Grundstück erhalten hat und damit statt flüssigen Kapitals einen immobilen Wert, mit dessen Besitz vielleicht Opfer verknüpft sind, die eine Bereicherung völlig oder in gewissem Umfang ausschließen. Alles dies braucht natürlich nicht Gegenstand besonderer gesetzlicher Regelung zu sein; es wird eine Vorschrift genügen, wie sie am Schlusse dieses Gutachtens versuchsweise formuliert ist. Eine beschränkende Fassung, die dem Schuldner nur bei einem besonders niedrigen Gebot, bei einem auffälligen Mißverhältnis zwischen Preis und Wert, die Einrede gibt, dürfte sich nicht empfehlen. Vielmehr wird es erforderlich sein, sie für alle Fälle zu geben, in denen eine Bereicherung erwiesen ist, da es in jedem Fall unbillig ist, daß der Gläubiger aus der Versteigerung auf Kosten des persönlichen Schuldners einen Gewinn ziehe. Der Gewinn mag ihm bleiben, der aus einer vorteilhaften Weiterveräußerung über den Wert des Grundstücks zur Zeit des Zuschlags hinaus entspringt und der keine Bereicherung auf Kosten des Schuldners darstellt. Freilich kann auch der spätere Verkaufspreis als Beweismoment für den früheren Wert erheblich sein und insofern dem Schuldner als Stütze seiner Einrede dienen.

Es wird ausreichen, in die neue Vorschrift als Ausfallsschuldner nur den persönlichen Schuldner aufzunehmen. Darunter fällt unmittelbar auch der Eigentümer, sofern er nicht bloß dinglicher, sondern auch persönlicher Schuldner ist. Die entsprechende Anwendung der Vorschrift auf einen anderen Ausfallsschuldner, namentlich auf den Bürgen, versteht sich wohl von selbst. Im übrigen wird man die Einrede auch dem persönlichen Schuldner nicht versagen können, der nicht berechtigt ist, von dem Eigentümer Ersatz zu verlangen, weil dieser die Hypothek nicht in Anrechnung auf den Kaufpreis übernommen hat. Denn ein Recht auf doppelte Befriedigung kann der Gläubiger nicht daraus herleiten, daß der Schuldner dem Eigentümer regreßpflichtig ist, und eben wegen dieser Regreßpflicht (§§ 434, 439, 440 BGB.) würde auch die Zahlung des ausgefallenen Betrages auf Kosten des Schuldners gehen. Wenn der § 1166 BGB. den dort bezeichneten Anspruch aus der unterlassenen Benachrichtigung nur dem ersatzberechtigten Schuldner gewährt, so erklärt sich dies daraus, daß jener Anspruch als Schadensersatzanspruch geregelt ist. Wird dem hier gemachten Vorschlage beigetreten, so kann der § 1166 BGB. als überflüssig gestrichen werden.

Was das Verhältnis der Bereicherungseinrede zu den durch das Hinzutreten besonderer Umstände aus den §§ 823, 826 BGB. erwachsenden Schadensersatzansprüchen betrifft, so bleiben diese selbstverständlich neben jener Einrede bestehen und werden durch sie nicht berührt. Dem Schuldner ist es überlassen, welches Rechtsbehelfs er sich bedienen will. Das Gleiche gilt von dem den Grundsätzen über die Vorteilsausgleichung entnommenen Rechtsbehelfe. Die bisherige Rechtsprechung bietet nach meinem Dafürhalten zu gesetzgeberischen Maßnahmen keinen Anlaß.

XII.

Hiernach komme ich zu dem Ergebnis der Bejahung der gestellten Frage und schlage folgende als Ersatz für den § 1166 BGB. bestimmte Vorschrift vor:

> Der persönliche Schuldner kann die Befriedigung des Gläubigers wegen eines Ausfalls bei der Zwangsversteigerung insoweit verweigern, als dieser das Grundstück unter dem Wert erstanden hat und sich auf Kosten des Schuldners bereichern würde.

III.

Gutachten des Herrn Professor Dr. Richard Thoma zu Tübingen

über die Frage:

Liegt ein Bedürfnis eines deutschen Reichs-Verwaltungsgerichts vor?

Inhaltsübersicht.

---

[1]) Das Thema war schon für den letzten Juristentag gestellt worden, kam dann aber nicht zur Verhandlung. Ein Gutachten des Herrn Senatspräsidenten am preußischen Oberverwaltungsgericht Dr. Max Schultzenstein über den gleichen Gegenstand im II. Band der Verhandlungen des 29. Deutschen Juristentags (1908) S. 1 ff. kommt zu dem Ergebnis:

„Ja in der Weise, daß ein Bedürfnis für einen Reichverwaltungsgerichtshof vorhanden ist, der, soweit Reichsverwaltungsrecht gilt, auf diesem Gebiet die Verwaltungsstreitsachen in letzter Instanz entscheidet, dagegen Nein in der Weise, daß sich dieses Bedürfnis vorläufig noch nicht befriedigen läßt, vielmehr bloß zurzeit seine künftige Befriedigung als das anzustrebende Ziel zu betrachten ist."

I.

Die Postulate des Rechtsstaates, welche als Kompaß aller öffentlich-rechtlichen Gesetzgebung dienen sollen und in zunehmendem Maße dienen, finden ihren Vereinigungspunkt und Rückhalt an der Forderung eines vollkommenen Rechtsschutzes auf dem Gebiete des öffentlichen Rechts. Der älteren deutschen Rechtsordnung war dieser selbstverständlich. Erst die Überwindung der mittelalterlichen Staatsauffassung durch die Bannerträger der modernen, den Absolutismus und die Bureaukratie des Polizeistaates, hat mit der Scheidung von privatem und öffentlichem Recht zugleich die Gerichte auf ersteres zurückgedrängt. Im 19. Jahrhundert endlich haben die mit den großen Ideen des Repräsentativ-Verfassungsrechts über die Grenze gedrungenen Einrichtungen des Präfektur- und Ministerialsystems, zusammen mit der französischen Übertreibung der Maxime der Funktionenteilung, den noch übrigen Rechtsschutz im Gebiete des öffentlichen Rechtes nahezu völlig vernichtet oder doch entwertet. Daß sein Wiederaufbau nicht durch Überweisung publizistischer Streitigkeiten an die Zivilgerichte unternommen werden dürfe, sondern nur durch die Einrichtung besonderer mit publizistisch und verwaltungstechnisch geschulten Richtern besetzten Verwaltungsgerichte, ist, nach langem Streite, seit Anfang der 60er Jahre entschieden: Baden (1863), geht mit einem ersten Versuch solcher Einrichtungen voran, Österreich (1867—1875), Preußen (1872—1875), Hessen (1874), Württemberg (1876), Bayern (1878) folgen nach. Damit aber hat diese erste Welle spezifisch rechtsstaatlicher Gesetzgebung ihre *schöpferische* Kraft verbraucht. Die größeren Aufgaben der Begründung und des Ausbaues der deutschen Einheit hatten ihr schon in der Zeit ihrer Blüte Abbruch getan, die Anspannung aller Kräfte für die sozialpolitische, wirtschaftliche und Justizgesetzgebung drängte sie vollends in den Hintergrund. So brachten die folgenden zwanzig Jahre, abgesehen von einem Verwaltungsrechtspflegegesetz für Anhalt (1888), nur Ausbau und Umbau des Bisherigen (Preußen 1883, Baden 1884). Erst 1895 setzt eine neue Bewegung auf Einführung von Verwaltungsgerichtsbarkeit ein — Braunschweig (1895), Sachsen-Meiningen (1897), Lippe (1898), Sachsen-Koburg-Gotha (1899) —, welche in dem ausgezeichneten Gesetze für das Königreich Sachsen (1900) ihren vorläufigen Höhepunkt, indes keineswegs ihr Ende erreicht hat. Oldenburg ist 1906 nachgefolgt, für die thüringischen Staaten wird ein gemeinsamer Verwaltungsgerichtshof geplant, für Hamburg und Lübeck ist ein solcher m. W. wenigstens schon angeregt worden.

Es liegt somit im Zuge der Zeit, wenn der Juristentag sich mit dem Ausbau der Verwaltungsgerichtsbarkeit des Reiches befaßt. Zugleich aber stellt er sich damit, wie so oft schon, in den Dienst der anderen großen Aufgabe, welche der publizistischen Gesetzgebung Deutschlands noch auf lange hinaus gestellt ist: des Ausbaues der Reichsgewalt und der Verbürgung der einheitlichen Anwendung des Reichsrechts.

So assoziieren sich die treibenden Ideen des Rechtsstaats und der Rechtseinheit unmittelbar mit der Vorstellung eines Reichsverwaltungsgerichts und sichern der Frage, ob ein solches nützlich und möglich sei, das allgemeinste Interesse.

Allerdings: Das Interesse des Deutschen Juristenstandes an gesetzlichen Reformen wird gegenwärtig von gar vielen Seiten gefordert: im Strafrecht, Prozeßrecht, Arbeiterversicherungsrecht, um nur Wichtigstes zu nennen!

Wird es seine Leistungsfähigkeit nicht übersteigen, wenn es auch noch an einem großen Reformwerk im Bereich der höchst komplizierten Verwaltungsrechtspflege mitarbeiten soll? Müssen Reformen auf diesem Gebiete nicht vertagt werden, bis wichtigere unter Dach sind[2])? Ist das nicht überhaupt unruhige Rechtsneuerungslust, an einer Materie herumbessern zu wollen, die, wenn nicht ideal, so doch derart erträglich geregelt ist, daß man von flagranten Mißständen oder drückenden Mängeln noch nichts gehört hat?

Ich weiß auf solche Fragen nur immer mit nein zu antworten. Wenn auch die Allgemeinheit der Juristen und Politiker für unseren Gegenstand interessiert werden soll, intensiv beschäftigen werden sich mit ihm bei der bestehenden hochgradigen Spezialisierung der Wissenschaft und Praxis doch ganz andere Köpfe, als diejenigen, welche die geistige Arbeit der Reformen des Strafrechts oder Prozeßrechts zu leisten haben, ja in der Hauptsache selbst andere als die Spezialisten des Arbeiterversicherungsrechts, dessen Reform überdies mit einem Stück in den Bereich der Reichsverwaltungsgerichtsbarkeit hineinreicht, gerade so wie auch bei der Reform des Strafrechts- und -prozesses, insofern sie die Neuordnung des Verwaltungs- (Polizei- und Finanz)-Strafrechts in sich schließt, von den Möglichkeiten der Verwaltungsgerichtsbarkeit Notiz genommen werden muß, so daß die Einheitlichkeit des öffentlichen Reichsrechts durch eine rechtzeitige Diskussion auch dieses Gebietes nur gewinnen kann. Wenn ferner anzunehmen sein sollte, daß in der Tat die Einrichtung eines, die gesamte deutsche VRPfl. überwölbenden Reichsverwaltungsgerichts wünschenswert sei und auf der Bahn des natürlichen Wachstums unserer RO. liege — und ich stehe, in Übereinstimmung mit dem durch seinen Inhalt, wie

---

2) Vgl. Schultzenstein, Gutachten S. 32.

durch die amtliche Stellung und das wissenschaftliche Ansehen des Verfassers überaus wertvollen Gutachten des Herrn Senatspräsidenten Dr. Schultzenstein, auf diesem Standpunkte — dann ist nicht einzusehen, warum nicht so früh als möglich diese Tatsache konstatiert und Ziele und Wege der Reform erörtert werden sollten.

Wegen des immerhin zu besorgenden Vorwurfs der Rechtsneuerungslust mag nur dies bemerkt werden:

Leben kann man auch ohne alle Verwaltungsrechtspflege und bei deren Ausbau wird es sich immer nur um einen Schritt vom Erträglichen zum Besseren handeln. Nicht anders ist es mit der Reichs- und Rechtseinheit. Wer so reichsmüde ist, daß er glaubt, hierfür sei jetzt genug geschehen, oder wer die Devise „Es geht auch so" im Wappen führt, wird für ein Reichsverwaltungsgericht auf keinem Weg zu haben sein. Die dem Juristentag vorgelegte Frage ist nur bei Leuten mit verfeinertem Rechtsgefühl und herzhafter Reichsfreudigkeit an der richtigen Adresse!

Beantwortet nun kann die Frage nur werden, wenn sich mit ihr eine einigermaßen greifbare Vorstellung davon verbindet, was das RVG. sein und leisten solle. Daraus erhellt die prekäre Lage, in die sich der mit der Erstattung des Gutachtens Betraute befindet: Nicht ein vorhandenes Projekt soll kritisiert, sondern der Gegenstand der kritischen Betrachtung erst selbst noch mit dem Schlüssel der Kombination aus dem Reiche der Ideen heraufzitiert werden.

In willkommenster Weise werden hierbei die nachfolgenden Erörterungen durch das Gutachten Schultzensteins entlastet. Seine wertvollen Ausführungen über die Unabhängigkeit und Selbständigkeit, die das RVG. genießen müßte, über seine Besetzung ausschließlich mit Berufsbeamten, über Öffentlichkeit, Mündlichkeit, Beweiswürdigung, Amtsbetrieb im Verfahren kann ich mir mit einigen Vorbehalten, die ich liegen lasse, zu eigen machen und um so mehr mich auf das beschränken, worauf es vor allem ankommt: die mögliche Kompetenz eines RVG.

In diesem Punkte bin ich weitaus optimistischer als Schultzenstein. Ich glaube nicht, daß ein gleichmäßiger Unterbau einzelstaatlicher Verwaltungsgerichtsbarkeit eine conditio sine qua non umfassender oberster Reichsverwaltungsgerichtsbarkeit sei[3]). Es scheint mir vielmehr Mittel und Wege zu geben, auf denen die Einrichtung eines RVG., sobald sie als notwendig und nützlich erkannt wird, auch als durchführbar erscheint,

---

[3]) Vgl. Schultzenstein, Gutachten S. 30 ff., der aber selbst auf die Beispiele des Bundesamts für das Heimatswesen und des Oberhandelsgerichts hinweist.

ohne daß es zuvor einer irgend erheblichen und grundsätzlichen Umgestaltung einzelstaatlicher Verwaltungsorganisationen bedürfte.

Gewiß wird die Einrichtung, welche ich vorschlagen zu können glaube, an vielen Unstimmigkeiten und Unvollkommenheiten leiden und des allmählichen Ausbaues sehr bedürftig sein, indes wie wäre dies bei dem überaus komplizierten Zustande unseres öffentlichen Rechts anders möglich?

Jedenfalls scheint es mir unvermeidlich zu sein, wenn man schon ein RVG. für wünschenswert erklärt, dann auch sofort mit einer Beschreibung des Bildes, das man sich davon macht, hervorzutreten. Schultzenstein meint, man müsse mit dem RVG. warten, bis man in ihm nicht bloß das Gute, sondern gleich das Bessere schaffen können. Aber dieses Warten darf sich doch höchstens auf die wirkliche Einführung, nicht auf das Nachdenken über die künftige Reform beziehen. Wenn nicht energisch mit der Erörterung ganz konkreter Gesetzesvorschläge begonnen wird, wenn dieser Erörterung nicht die warme Teilnahme aller berufenen Kreise sich zuwendet, dann wird ohne solchen Sonnenschein das bloße Warten die Frucht nicht zur Reife bringen.

Und wie sollen es, nach Schultzensteins berechtigtem Wunsche (S. 35), die Einzelstaaten bei ihrer Gesetzgebung machen, um „jenes Ziel fest im Auge zu behalten und mit Entschiedenheit zu verfolgen, damit es möglichst bald erreicht werde," wenn nicht gerade der Deutsche Juristentag es wagt, jenem Ziele eine greifbare Gestalt zu verleihen und die Prinzipien, nach denen es geformt werden soll, zu formulieren? Das erstrebte Ziel ist in so klaren Umrissen zu zeichnen, daß Regierungen und Politiker — mögen sie es nun billigen oder verwerfen — wissen, um was es sich denn handelt.

Natürlich soll die hier vorzuschlagende Einrichtung nicht das Ende, sondern der Anfang einer allmählichen Entwicklung sein, ähnlich derjenigen, welche das Reichsgericht genommen hat. Wie denn überhaupt ein Volk, das einmal den Schritt von der gewohnheitsmäßig unbewußten Fortbildung zur rationell reformierenden Umbildung seiner Institutionen gewagt hat, nicht stille stehen kann, ehe die zugrunde gelegten legislatorischen Prinzipien in möglichster Klarheit und Reinheit zu Ende gedacht und verwirklicht sind. Auf dem langsam emporführenden Wege zu einer einheitlichen, aber in sich durch den ganzen Reichtum des modernen Lebens gegliederten Rechtsschutzorganisation ist auch das RVG. nur eine Stufe.[4])

---

[4]) Eine solche einheitliche Organisation könnte zwar vielleicht in den oberen Instanzen differenziert bleiben, der Unterbau aber müßte der Bevölkerung in ver-

Der Literatur des Reichsstaatsrechts hat sich durch den Vergleich des geltenden Rechts mit allen früheren Entwürfen einer deutschen Reichsverfassung von jeher mehr der Mangel eines Staatsgerichtshofes für das deutsche Reich aufgedrängt.[5]) Indes teils in Verbindung damit, teils für sich allein ist doch auch schon wiederholt eine umfassende Reichsverwaltungsgerichtsbarkeit postuliert worden. Unter den Stimmen, die sich dafür erhoben haben, sind solche von hoher Autorität.

Hänel fordert (a. a. O. S. 714) einen allgemeinen reichsgerichtlichen Schutz der durch die Reichsverfassung eingeräumten subjektiven Rechte, wie er überhaupt eine „oberste Verwaltungsrechtsprechung" als im Wesen des Bundesstaats begründet erklärt. Dieser Einsicht verschließe sich das geltende Recht. „Auch jetzt noch", sagt Hänel an anderer Stelle (S. 760), „findet der dem allgemeinen Wesen des Bundesstaats entsprechende Grundsatz, daß die in der Verfassung und den Gesetzen des Bundes gewährleisteten öffentlichen Rechte der Bürger auch in einer eigenen Gerichtsbarkeit des Bundes einen selbständigen Schutz finden müssen, in der Verfassung des Deutschen Reichs keine Begründung."

Binding[6]) will einem künftigen Staatsgerichtshof für das Deutsche Reich, den er für dringend notwendig erklärt, zugleich auch eine bedeutende verwaltungsgerichtliche Kompetenz überweisen. Er soll zuständig sein zur Entscheidung von Klagen der Reichsbürger gegen Staats- oder Reichsorgane „wegen angeblicher Verkümmerung oder Verletzung ihrer Reichsbürgerrechte" und — in Übernahme der Zuständigkeit des in der Frankfurter Reichsverfassung vom 28. März 1849 (§ 126) projektierten „Reichsgerichts" — von Klagen der Angehörigen eines Einzelstaats gegen dessen Regierung wegen Verletzung der Bundesverfassung und von „Klagen deutscher Staatsbürger wegen Verletzung der durch die Reichsverfassung ihnen gewährte Rechte", worunter doch wohl, da gegenwärtig solche „Rechte", wie Gewerbefreiheit, Freizügigkeit, Verehelichungsfreiheit, Preßfreiheit, Gleichberechtigung der Konfessionen, Vereinsfreiheit, in einfachen Reichsgesetzen garantiert sind, diese (etwa auf dem Wege über Art. 2 der Reichsverfassung) gemeint sind.

---

ständlicher Einfachheit als „das Gericht" entgegentreten, welches alle Arten von Klagen und Rechtsbeschwerden entgegennimmt und vor der gehörigen Kammer, d. h. einem mit entsprechenden Beamten und Beisitzern besetzten Zivil-, Straf-, Handels-, Gewerbe-, Kaufmanns-, Arbeiterschieds-, Verwaltungs-, Verwaltungsstraf-, Berg-, Agrar-Gericht zur Verhandlung bringt.

[5]) Z. B. H. Schulze, Lehrbuch des deutschen Staatsrechts II. (1886) S. 59, Hänel, Deutsches Staatsrecht I. (1892) S. 716 ff.

[6]) „Bundesrat und Staatsgerichtshof" DJZ. IV (1899) S. 67 ff.

Auch Laband befürwortet eine Ausdehnung der Reichsverwaltungsgerichtsbarkeit. In seiner Abhandlung „Die geschichtliche Entwicklung der Reichsverfassung", im Jahrbuch des öffentlichen Rechts I. (1907) S. 36, heißt es: „Im Gegensatz zur Gerichtsbarkeit in bürgerlichen Streitigkeiten und Strafsachen hat das Reich auf dem Gebiete der gesamten Verwaltungsgerichtsbarkeit den Einzelstaaten gegenüber eine große Zurückhaltung bewahrt, obgleich in dem weiten Gebiet des Gewerbewesens, in Zolltariffragen, Veranlagung und Erhebung der Erbschaftssteuer und anderen reichsgesetzlich geordneten Materien die Garantie gleichmäßiger Auslegung und Handhabung der Gesetze durch entsprechende Reichsbehörden erforderlich, wenigstens wünschenswert ist. Von den Fällen abgesehen, in welchen der Rechtsweg stattfindet, bieten die Entscheidungen des Bundesrats und seiner Ausschüsse einen gewissen Ersatz für eine Verwaltungsgerichtsbarkeit des Reichs."

In seiner „Einführung in das Verwaltungsrecht" (1885, S. 101) deutet A. v. Kirchenheim den Wunsch an, es möge „in fernen Zeiten" über den Landesverwaltungsgerichten ein höchstes Reichsgericht thronen, dem er, mit erfrischendem Lokalpatriotismus, Heidelberg als Sitz anweist.

Der Kreisgerichtsrat a. D. Dr. B. Hilse deutet in einem 1893 erschienenen Aufsatz „Ein Kompetenzgerichtshof" [7]) in eindrucksvoller Weise auf den Übelstand hin, daß z. Zt. über wichtige Grundsätze des Reichsverwaltungsrechts von den zahlreichen letztinstanzlichen Spruchbehörden verschieden geurteilt wird. Es fehle an einem Verfahrensgrundsatz, der in der Weise des § 137 GVG. die Einheit der Rechtsprechung sichere. Ein solcher aber sei nur durchführbar: „wenn ein höchster Reichsgerichtshof" eingesetzt wird, welcher in derartigen Fällen sich widersprechender Rechtsgrundsätze der mit dem höchsten Entscheidungsrechte betrauten Spruchbehörden dann in Tätigkeit tritt, sobald sich Meinungsverschiedenheit unter diesen gezeigt hat. Dessen Wirksamkeit soll sich aber darauf beschränken, die ihm vorgelegten Rechtssprüche einer Revision auf ihre rechtliche Haltbarkeit zu unterziehen . . ." (S. 322).

Bis zu einem ausgearbeiteten Gesetzesvorschlag hat sich der Wunsch nach einem Zentralverwaltungsgericht verdichtet bei Rechtsanwalt K. Friedrichs.[8]) Schultzenstein hat (S. 9 ff.) einen Überblick über diese be-

---

[7]) Gruchots Beiträge zur Erläuterung des deutschen Rechts 37, S. 312 ff. (zit. von Schultzenstein S. 11).

[8]) Die Besonderheiten des preußischen Verwaltungsstreitverfahrens usw. Verw. Arch. VI (1898) S. 546 ff.

achtenswerte Anregung gegeben, im folgenden wird wiederholt darauf zurückzukommen sein.

Wiederholt und eindringlich hat endlich Senatspräsident Schultzenstein seiner Überzeugung von der Notwendigkeit eines RVG. Ausdruck gegeben. Ein solches, sagt er schon 1901, sei „kein bloßes Phantasiebild mehr, sondern nur noch eine Frage der Zeit".[9]) Demnach postuliert er in seinem 1907 erschienenen Aufsatz „Die Verwaltungsgerichtsbarkeit im Deutschen Reiche. Eine Umschau und Vorschau"[10]) einen, und zwar soweit irgend tunlich, einen einzigen Reichsverwaltungsgerichtshof zur Entscheidung mindestens in letzter Instanz auf allen Gebieten des öffentlichen Rechts, „wo eine reichsrechtliche Ordnung erfolgt und damit dieselbe reichsrechtliche Unterlage für das Verwaltungsstreitverfahren vorhanden ist, wie bei dem sozialen Versicherungsrechte, dem Gewerberechte, dem Heimatwesen, dem Rechte der Erwerbs- und Wirtschaftsgenossenschaften, der privaten Versicherungsunternehmungen, der rechtsfähigen und eingetragenen Vereine usw." Voraussetzung ist ihm aber vorherige Reform des preußischen Rechts. Und an dieser Voraussetzung hält ja nun auch sein Gutachten fest.

Inzwischen ist Fleischmann[11]) dieser Resignation mit sehr bemerkenswerten Ausführungen entgegengetreten. Er zeigt die Dringlichkeit und zweifelt nicht an der unmittelbaren Möglichkeit der Schaffung eines RVG. mit weitreichender Kompetenz.

Schließlich ist auch schon im Reichstag unser Thema gestreift worden. Bei Beratung des Etats der Reichsjustizverwaltung hat der Abg. Kaempf, in der Sitzung vom 19. Januar 1909, die Vereinheitlichung der Rechtssätze angeregt, welche sich auf die gerichtliche, insbesondere verwaltungsgerichtliche Anfechtung der Entscheidungen der Ministerialinstanzen beziehen. Es sei „ein Mangel in der Ausführung der Reichsgesetze" im Sinne der Reichsverfassung, wenn Entscheidungen der Behörden, welche die Reichsgesetze anzuwenden haben, in dem einen Staat vor dem Verwaltungsgericht angegriffen werden könnten, in dem anderen nicht. Kaempf erwähnt „den Gedanken der Etablierung eines RVG.", vermeidet aber, wegen der Schwierigkeit der Frage, eine Erörterung.[12])

---

9) VerwArch. IX S. 148, vgl. 316.

10) DJZ. XII Sp. 145 ff.

11) DJZ. XIII (1908) Sp. 957 ff.

12) Vgl. Stenograph. Berichte der 1. Session der 12. Legislaturper. (1907/9) S. 6303. Der Herr Staatssekretär des RJustizA. antwortete entgegenkommend aber — natürlich — ganz allgemein und unverbindlich. Abg. Junck (S. 6366) und Abg. Müller (Meiningen) lenkten auf das Projekt eines Staatsgerichtshofes ab.

Gegner vermag ich dieser ansehnlichen Schar von Eideshelfern nicht entgegenzustellen.[12a])

W. Kahl stellt zwar in seinem sorgfältig abwägenden Aufsatze „Über Einheit im Gebiete des deutschen Verwaltungsrechts"[13]) den Satz auf, ein Reichsoberverwaltungsgericht nach Analogie des Reichsgerichts könne es nach der dermaligen bundesstaatlichen Anlage des Reichs überhaupt nicht geben (S. 25). Der Zusammenhang zeigt aber, daß er damit nur eine Reichsverwaltungsgerichtsbarkeit zum Schutze der im Landesrecht begründeten subjektiven öffentlichen Rechte ablehnen will, eine solche zum Schutze reichsrechtlich gewährleisteter öffentlicher Rechte dagegen ausdrücklich billigt.

Zu den Gegnern einer Ausdehnung der Reichsverwaltungsgerichtsbarkeit müßten allerdings auch alle diejenigen gezählt werden, welche der Verwaltungsrechtspflege überhaupt feindlich oder skeptisch gegenüber stehen. Literarisch hervorgetreten ist in neuerer Zeit eine solche Gegnerschaft nicht.[14]) Weder der Justizstaat, noch die Behauptung, es sei eine Rechtskontrolle der Verwaltung überhaupt entbehrlich oder gar verwerflich, finden heute, so viel ich sehe, wissenschaftlich ernst zu nehmende Verteidiger. Ph. Zorn, der dem Institut der Verwaltungsrechtspflege wohl reservierter gegenübersteht, als die meisten anderen Publizisten, betont doch: „Es liegt ein großer Gedanke in der Verwaltungsgerichtsbarkeit, ein Gedanke, der sich mit einer gewissen zwingenden Notwendigkeit ergibt aus der in den letzten Jahrzehnten immer mehr fortgeschrittenen Gesetzmäßigkeit der Verwaltung".[15])

[12a]) Außer etwa einer unklar begründeten Bemerkung R. v. Mohl's, Reichsstaatsr. (1873!) B. 198 n 1.

[13]) Schmollers Jahrb. 27 (1903) S. 1 ff.

[14]) Vgl. aber z. B. den Bericht der Mehrheit der Deputation der I. Kammer des sächsischen Landtags vom Jahre 1898, Apelt, Das Kgl. sächs. Ges. über die VRPfl. (1901) S. 11; widerlegt in dem trefflichen Bericht der Minorität der Deputation, Apelt, S. 286 ff. Siehe auch Apelt selbst S. 46 über die Vorteile, welche die VRPfl. der kontrolierten Verwaltung selbst bringt und im gleichen Sinne v. Lemayer in Grünhuts Z. 29 S. 227 n. 327: „überall wird eine gewissenhafte Verwaltung knapper, schneidiger, rücksichtsloser . . . vorgehen können, wenn neben ihr Verwaltungsgerichte bestehen".

[15]) Vorträge für Verwaltungsbeamte d. Reg.B. Düsseldorf, Heft 2 (4. Vortr. v. Okt. 1905) S. 19. — Zur allgemeinen Orientierung der dem Verwaltungsrecht ferner Stehenden seien aus der neuesten Literatur hervorgehoben: Anschütz „Justiz und Verwaltung" in dem Bande „Systematische Rechtswissenschaft" des Sammelwerks „Kultur der Gegenwart", 1906; Frhr. v. Lemayer art. Rechtsschutz im öffentl. Recht, im österr. Staatswörterbuch (2. Aufl. 1909 mit Nachtrag von Hanke) und in Grünhuts Z. Bd. 22 und 29. Für Preußen: Bartels, Das Verfahren vor den Verwaltungsgerichten (1907), Kunze, das Verwaltungsstreitverfahren (1908). — Fleiner und Stier-Somlo in Festgaben für Laband II (1908).

Zu Ende ist es freilich mit der Harmonie der Ansichten, sobald die Rede auf Begriff, Wesen, Prinzipien der Verwaltungsrechtspflege kommt. So sehr zu Ende, daß ich fürchten muß, mit meinen Vorschlägen mißverstanden zu werden, wenn ich nicht zuvor meine Auffassung einiger Grundbegriffe präzisiere.

Allen Erscheinungen der deutschen Verwaltungsrechtspflege wird die Definition gerecht, sie sei Erlassung von Verwaltungsentscheidungen in einem dem gerichtlichen nachgebildeten Verfahren und mit der Wirkung, daß diesen Entscheidungen materielle Rechtskraft zukommt.[16]) Es ist dies indes eine lediglich deskriptive, für eine Erörterung de lege ferenda nicht zu gebrauchende Definition. Sobald man versucht, an deren Stelle eine normative zu setzen, muß man Partei nehmen in der bis auf die Wurzeln des Instituts gehenden Entzweiung über das Prinzip der Verwaltungsgerichtsbarkeit. Soll sie sein: Handhabung der öffentlichen Gewalt unmittelbar durch relativ unabhängige Kollegialbehörden in gerichtsähnlichen Verfahren in allen den Fällen, in denen die Behörde hauptsächlich nach bloßen Rechtsgrundsätzen ihre Entscheidung zu treffen, oder — Hauptfall — im Rahmen des Rechts einen gerechten Ausgleich, eine freie Maßbestimmung nach Verwaltungsermessen vorzunehmen hat? Oder soll sie sein: Kontrolle der auf dem Gebiete des Verwaltungsermessens frei sich bewegenden Verwaltungsbehörden durch andere Behörden[17]) daraufhin, ob die Verwaltung sich innerhalb der vom Rechte ihr vorgezeichneten „Bahnen und Grenzen" gehalten habe? Ersteres die Auffassung von Rudolf von Gneist, letzteres die ursprüngliche, vom österreichischen und württembergischen[18]) Recht durchaus festgehaltenen Idee von der Aufgabe des publizistischen Rechtsschutzes, zu welcher die neuere Gesetzgebung (Kgl. sächs. Ges.. aber auch schon preuß. LVG. v. 1883 §§ 127 ff., bad. Ges. v. 1884 § 4), sowie auch die neuere Theorie mehr und mehr zurückkehren,[19]) wie sie sich auch schon in der älteren Gesetzgebung überwiegend geltend macht.

---

[16]) Otto Mayer, Deutsches Verwaltungsrecht I S. 177; Laband I S. 394, vgl. III S. 357.

[17]) Mindestens in letzter Instanz andere, oder dadurch andere, daß auf Klage (und zwar erst auf Klage) die Regierungsbehörden sich zum Bezirksausschuß, das Bezirksamt zum Bezirksrat umzuwandeln hat, wobei die Unabhängigkeit des Gerichts gegenüber dem „Beklagten" freilich prekär ist.

[18]) Göz, die VRPfl. in Württemberg (1902) S. 100 ff. trifft hierin nicht ganz das Richtige.

[19]) Vgl. die, der Wirklichkeit des positiven deutschen Rechts nicht adäquaten, aber normativ richtigen Definitionen von Gg. Meyer (Staatsr. S. 667 „Die durch besondere Organe (Verwaltungsgerichte) ausgeübte Rechtsprechung in Ver-

Man sieht, der Gegensatz ist ein organisatorischer und ein die Kompetenz betreffender. Hier berührt uns nur der letztere. Denn daß die oberste Instanz ein reines, mit tätiger Verwaltung überhaupt nicht befaßtes Gericht sein solle, das fordert auch Gneist[20]), und ist überall verwirklicht.

Was nun aber die Kompetenz betrifft, so wird auf allgemeinen Beifall rechnen dürfen der Satz, daß es jedenfalls einem Reichsverwaltungsgericht nicht zukomme, im Rahmen der Gesetze gerechte Maßbestimmungen vorzunehmen, gegebenenfalls unter Abänderung der von den Landesverwaltungsbehörden getroffenen — zwar dem (Reichs-)Rechte, nicht aber, nach Meinung der Reichsinstanz, der auch im Gebiet der Zweckmäßigkeitserwägungen und des freien Verwaltungsermessens zu beachtenden aequitas und Unparteilichkeit entsprechenden — Verwaltungsentschließung. Denn es ist eines der dem Deutschen Reiche seine Gestalt gebenden Prinzipien, daß die eigentliche „Verwaltung" im Rahmen und Sinne der Reichsgesetze, ihre Initiative, ihre Erfüllung mit mehr liberalem oder mehr konservativem Geiste usw. Sache der Einzelstaaten ist. Das RVG. würde also auch gegenüber solchen Entscheidungen der Landesverwaltungsgerichte, welche auf einer Überprüfung von Zweckmäßigkeits- und Ermessensfragen beruhen[21]) nur die Rechtsfrage zu kontrollieren haben.

Nicht minder wird man es billigen, daß mein Vorschlag das künftige RVG. auch in dem Sinne auf die Rechtsfrage beschränken will, als es Revisionsgericht sein, d. h. die tatsächlichen Feststellungen der Vorinstanzen gelten lassen soll.

Bekanntlich ist es nun aber ungemein schwierig, „Rechtsfragen" und „Ermessensfragen" voneinander zu halten und ich darf nicht versäumen, besonders darzutun, daß aus der Existenz dieser quaestio diabolica der Verwaltungsgerichtsbarkeit (Zorn) dem nachfolgenden Projekt eines RVG. keine Schwierigkeiten zu erwachsen vermöchten.

Es handelt sich dabei nicht um die Scheidung von „Verwaltungssachen" und „Verwaltungsrechtssachen", die in Wahrheit undurchführbar (bzw. nur positivrechtlich durch mehr oder minder willkürliche Enumeration

---

waltungsangelegenheiten") und Richard Schmidt (Allg. Staatslehre I S. 212 u. 1: „Verwaltungsjustiz entsteht vielmehr erst da, wo neben den exekutiven Behörden andere Individuen die Rechtmäßigkeit der Akte jener prüfen.")

[20]) Verhandl. des XII. D. Juristentags (1875) Bd. III S. 238/39 in einem mündlichen Bericht „Über die rechtliche Natur, die Zuständigkeit und die Verhandlungsform der Verwaltungsjurisdiktion."

[21]) Das trifft vor allem von zahlreichen Sprüchen des preußischen OVG. zu.

durchführbar) ist, weil fast eine jede Verwaltungsentschließung zu einem Teil Anwendung von Rechtssätzen, zu einem anderen Teil freies Handeln im Rahmen der Gesetze ist. Es handelt sich auch nicht um die Frage, ob und in welchem Umfange es gerechtfertigt sei, die Verwaltungsgerichte über die Billigkeit und Zweckmäßigkeit der auf freiem Ermessen beruhenden Elemente einer Verwaltungsentschließung entscheiden zu lassen, denn diese Frage hat allenthalben die positive Gesetzgebung beantwortet. Nur um die Frage handelt es sich, welche Bedeutung denjenigen Gesetzesstellen der Partikularrechte zukommt, welchen die Absicht zugrunde liegt, allgemein oder für gewisse Fälle das Verwaltungsgericht auf die Nachprüfung der Rechtsfrage und der Tatsachenfrage zu beschränken, dagegen eine Nachprüfung und Kritik derjenigen Elemente der zu beurteilenden Verwaltungsentschließung zu untersagen, welche dem freien Ermessen innerhalb des vom Gesetze gewährten Spielraums entstammen.[22])

Die Antwort auf diese Frage ist eine sehr einfache: Alle diese Gesetzesstellen haben trotz ihres verschiedenen zum Teil unbeholfenen Wortlautes die gleiche Bedeutung:[23]) Sie wollen die Verwaltungsgerichte auf die Kontrolle der „nackten" Rechtmäßigkeit beschränken, die überaus schwierige Frage aber, wo die Grenze zwischen den Voraussetzungen der Rechtmäßigkeit eines Verwaltungsaktes und dem vom Gesetze frei gelassenen Spielraum des „Ermessens" jeweils zu suchen ist, der Wissenschaft und der Praxis überlassen. M. a. W.: Wenn etwa der württembergische Verwaltungsgerichtshof die von seiten der Verwaltungsbehörden getroffene Feststellung der „Unzuverlässigkeit" eines Gewerbetreibenden nachzuprüfen Bedenken trägt, weil sie dem „Ermessen" freigegeben sei, während der bayerische Verwaltungsgerichtshof und das preußische Oberverwaltungsgericht der Ansicht

---

[22]) Preuß. LVG. § 127 Abs. 2; Bayer. VRPflG. art. 13 Abs. 1 Z. 3; Sächsisches VRPflG. § 76; Württ. VRPflG. art. 13 Abs. 2; Bad. VRPflG. § 4, Abs. 2—4.

[23]) In der Hauptsache die gleiche Bedeutung! Daneben macht es natürlich prozessual einen großen Unterschied, daß das bayerische Recht vom österreichischen die unrationelle Einrichtung übernommen hat, den VGH. für unzuständig zu erklären „in Angelegenheiten und Fragen, in welchen die Verwaltungsbehörden nach ihrem Ermessen zu verfügen berechtigt sind." Streng genommen ist danach der Gerichtshof nur zuständig, wenn die Klage eines Untertans gegen die Verwaltung begründet ist; findet dagegen der Gerichtshof nach Aufrollung des ganzen Sach- und Streitstandes, daß die Verwaltung die ihrem freien Ermessen von der Rechtsordnung gezogenen Grenzen an keinem Punkte überschritten habe, dann muß er sich — streng genommen — für unzuständig erklären. So verfährt aber, so viel ich sehe, die Praxis nicht. Sie hat sich (ebenso wie die österreichische) die unverständige Bestimmung brauchbar zurecht gebogen.

sind, daß der Nachweis der „Unzuverlässigkeit" im Sinne des Gesetzes noch zu den rechtlichen Voraussetzungen gehören, auf Grund deren erst die Verwaltungsbehörde den Gewerbebetrieb untersagen kann, falls sie dies für angemessen erachtet, so beruht diese verschiedene Grenzziehung nicht auf dem verschiedenen Wortlaut der einschlägigen Verwaltungsrechtspflegegesetze, sondern auf verschiedenen wissenschaftlichen Ansichten der urteilenden Gerichtshöfe über Begriff und Umfang des „freien Ermessens". In vielen anderen Fällen ferner beruht ein solcher Unterschied auf einer verschiedenen Auslegung des anzuwendenden speziellen Gesetzes[24]): Will der § 33 Abs. 2 der GewO. den Verwaltungsbehörden eine freie Versagungsbefugnis auf dem Umweg über eine Verneinung der Bedürfnisfrage einräumen, oder will er die Rechtmäßigkeit der Erlaubnisversagung abhängig machen von der objektiv festzustellenden Tatsache, daß kein „Bedürfnis" vorliege? Man sieht: Es dreht sich allemal nur um Stellungnahme zu dem von der positiven Gesetzgebung nicht präjudizierten Problem, was alles das Gesetz des genaueren der Verwaltungsgerichtsbarkeit dort entzieht, wo es ihr in allgemeinen Ausdrücken das Gebiet des „freien Ermessens" verschließt; oder es dreht sich um richterliche Auslegung spezieller Rechtssätze. Ein künftiges RVG. wird auf diesem Gebiete der schöpferischen Rechtsfindung bzw. der sinngemäßen Interpretation eben ganz einfach auch mitarbeiten, gerade so wie seinerzeit das Reichsgericht an der Lösung der bisher allein den partikularen Gerichtshöfen gestellten Aufgaben der Praxis des gemeinen Rechts mitgearbeitet hat. In gleicher Weise werden dabei die Sprüche des RVG. eine besondere Autorität erlangen. Sollte es sich dabei künftig etwa ereignen, daß, sagen wir der bayerische VGH. eine Anfechtungsklage gegen Versagung einer Schankwirtschaftserlaubnis abweist, weil die von der Behörde ihrer Entschließung zugrunde gelegten Tatsachen sich als richtig erwiesen, die Frage aber, ob in concreto die Bedürfnisfrage mit Recht verneint worden sei, als eine Frage des „freien Ermessens" der Verwaltung nicht nachgeprüft werden dürfe; daß dagegen das künftige RVG. auf Revision wegen angeblicher Verletzung des Reichsrechts die Verfügung aufhebt, weil es sich (mit Seydel) auf den Standpunkt stellt, daß hier doch auch noch die Frage eine „Rechtsfrage" sei, ob der Nachweis mangelnden Bedürfnisses in concreto objektiv erbracht sei, die Polizeibehörde ihn aber nicht erbracht, vielmehr den Begriff „Bedürfnis" im Sinne des § 33 GewO. verkannt habe — sollte sich ein derartiges Weitergreifen

[24]) So vortrefflich: Dyroff, 4. Aufl. von Reger, bayer. VRPflG., Ansbach 1908. S. 377; vgl. überhaupt S. 373—381.

der neuen Oberinstanz in einem oder anderen Fall ereignen, so könnte darin durchaus nichts Bedenkliches erblickt werden. Nicht eine feste Grenze, welche das Partikularrecht der Verwaltungsgerichtskontrolle gezogen hätte und deren Verschiebung den Einzelstaaten nach meinem Vorschlag nicht oktroyiert werden soll[25]), würde in solchen Fällen das RVG. überspringen, sondern nur eine in Praxis und Theorie streitige Grenze nach Maßgabe seiner richterlichen Überzeugung verlaufen lassen.

Zum Schlusse seien noch die Begriffe der „Anfechtungssache" und der „Parteistreitigkeit" festgestellt, wie ich sie im folgenden verwenden will. Echte Anfechtungssachen sind alle Streitigkeiten eines Rechtsuchenden mit dem Staate selbst, auch wenn sie in der ersten Instanz nicht die Form einer Anfechtungsklage[26]) haben, sondern die „Anfechtung" der staatlichen Entschließung erst in der Einlegung des Rechtsmittels der Berufung steckt. Parteistreitigkeiten sind alle Streitigkeiten zweier unterstaatlicher Rechtssubjekte miteinander (Gemeinde und Gemeindeangehörige, Berufsgenossenschaft und Armenverband, Versicherter und Krankenkasse usw.). Soweit sich die streitenden Parteien dabei unmittelbar im Verwaltungsstreitverfahren verklagen können, hat man es mit einer Parteistreitigkeit nicht nur der Sache, sondern auch der Form nach zu tun. In einer großen Zahl von Fällen haben die Streitenden indes zuerst die Entscheidung der staatlichen Aufsichtsbehörde (ev. sogar in 2 Instanzen) einzuholen. Die Verwaltungsklage nimmt dann die Form einer Anfechtungsklage gegen die entscheidende Staatsbehörde an: Unechte Anfechtungsklage, Anfechtungssache der Form, Parteistreitigkeit der Sache nach.

Damit kann ich nun wohl die Prolegomena schließen und den Plan entwickeln, nach dem ich das Bedürfnis und die Möglichkeit eines RVG. erörtern will.

II.

Nicht als Panazee gegen alle möglichen Unzulänglichkeiten der publizistischen Rechtspflege in Deutschland wird hier ein RVG. postuliert, sondern grundsätzlich und hauptsächlich nur zur Verbürgung der Einheitlichkeit des Vollzugs des reich entfalteten Reichsverwaltungsrechts.

Was für Einrichtungen verbürgen gegenwärtig diese Einheitlichkeit?

Einmal besteht das auf der Reichsverfassung beruhende Beaufsichtigungsrecht des Reiches. Somit werden wir zunächst zu untersuchen haben, wie

---

[25]) Unter V S. 81 ff.

[26]) Diesen von Otto Mayer geprägten, das Wesen der Sache aufs klarste bezeichnenden Ausdruck hat jetzt das sächsische VRPflG. adoptiert. Die Anfechtungsklage ist dasselbe, was das württ. Gesetz „Rechtsbeschwerde" nennt.

diese Reichsaufsicht im Sinne der Einheitlichkeit wirkt. Es wird sich zeigen, daß sie unzulänglich ist. — Abschn. III.

Man hat in der Tat, in Erkenntnis dieser Unzulänglichkeit in einer Anzahl besonderer Gesetze dem Reiche mancherlei eigene Gerichtsbarkeit übertragen oder sonstigen Einfluß auf den Vollzug seiner Gesetze gewährt. Der Überblick über diese Veranstaltungen — Abschn. IV — wird aber das Bild großer Unvollkommenheit, Systemlosigkeit und somit Reformbedürftigkeit gewähren.

Kann dem Reformbedürfnis durch Schaffung eines RVG. abgeholfen werden?

Die Antwort wird davon abhängen, ob es gelingt, ohne grundstürzende Neuerungen im Verhältnis des Reichs zu den Gliedstaaten und ohne übermäßige Instanzenhäufung den einzelstaatlichen Verwaltungsgerichten und zum Teil auch Verwaltungsbehörden ein RVG. als generell zuständiges Revisionsgericht überzuordnen. Zu zeigen, daß und wie dieses Ziel im wesentlichen erreicht werden könne, ist die Hauptaufgabe dieses Gutachtens: Abschn. V.

Im Abschnitt VI wird das Verhältnis des künftigen RVG. zu den jetzigen Reichsverwaltungsgerichten, in Abschnitt VII die Frage zu erörtern sein, welche sonstige Kompetenzen das RVG. etwa zu übernehmen hätte.

Die Ergebnisse werden schließlich in Form eines Resulutionsvorschlags zu formulieren sein.

Auf die Probleme des Verfahrens, der Organisation, der ersten Einrichtung jetzt schon im Detail einzugehen, scheint mir verfrüht. Auch bilde ich mir weder ein, mein Vorschlag gehe lückenlos auf alle wichtigeren Deliberanda ein — manches habe ich absichtlich unerörtert gelassen —, noch bilde ich mir ein, alle wirklichen Schwierigkeiten erkannt und gewürdigt zu haben. Im Gegenteil! Wer derartige erste Vorschläge macht, muß darauf gefaßt sein, von dem einen als zaghaft, von dem andern als leichtsinnig getadelt oder als naiv belächelt zu werden. Immerhin hat er dann doch einmal etwas Greifbares hingestellt, das man mit Gründen verwerfen oder annehmen, verbessern oder — verschlechtern kann!

III.

Deutschlands öffentliches Recht entbehrt der Klarheit und Durchsichtigkeit. In bunter Verschlingung ergänzen sich Reichs- und Gliedstaatskompetenzen und ohne den Kompaß gewisser oberster Leitsätze vermöchte sich niemand hindurchzufinden. Es ist ein oberster, wenn auch nicht absoluter[27]) Leitsatz, daß dem Reiche nur die ihm ausdrücklich überwiesenen Kompetenzen zukommen — Merkmal der föderalistischen Grundlage des deutschen Staatswesens. Es ist ein nicht minder beherrschender Satz, daß, wenn einmal Reichskompetenz begründet ist, der Reichswille — nicht nur im Gesetz, sondern auch im Verwaltungsakt und im Urteil — dem Gliedstaatswillen schlechthin übergeordnet ist.

Typus der Kompetenzverteilung ist: Gesetzgebung durch das Reich, Vollziehung der Reichsgesetze und Regierung in ihrem Rahmen durch den Gliedstaat. In 16 umfassenden Kategorien zählt der Art. 4 der Reichsverfassungsurkunde die „Angelegenheiten" auf, welche der Gesetzgebung des Reiches unterliegen. Andere wichtige Rechtssätze treten vervollständigend hinzu (Art. 35, 52).

Auf welchem Wege nun vermag das Reich zu bewirken, daß die Gliedstaaten, insoweit sie dazu berufen sind, das Reichsrecht wirksam und richtig vollziehen, und in ihrer nebenhergehenden reichsfreien Lebenstätigkeit Eingriffe in Reichskompetenzen vermeiden? Nach den Bestimmungen und dem Sinne der Reichsverfassung geschieht dies durch eine zweifache Beaufsichtigung der staatlichen Regierungstätigkeit durch oberste Reichsorgane.

a) Dem Reiche steht über alle Lebensgebiete, welche es durch seine Gesetzgebung geregelt hat, die "Beaufsichtigung" zu (Art. 4), insbesondere hat der Bundesrat zu beschließen „über Mängel, welche bei der Ausführung der Reichsgesetze . . . . hervortreten" (Art. 73, 3), „dem Kaiser steht . . . die Überwachung der Ausführung derselben zu" (Art. 17), die er regelmäßig durch den Reichskanzler und die ihm beigegebenen obersten Reichsbehörden, in gewissen Angelegenheiten durch besondere Kommissionen (Art. 36 u. Spezialgesetze[28]), in Heeresangelegenheiten vermittels des Inspektionsrechts (Art. 63) ausübt. Auf die aus diesem allgemeinen Aufsichts- und Überwachungsrecht des Reiches resultierenden Pflichten und Rechte braucht hier im einzelnen nicht eingegangen zu werden. Laband und besonders Hänel haben sie in ihren großen Werken über das Reichsstaatsrecht ausführlich zergliedert. Die Organe der kaiserlichen Regierung können danach nur hinweisen auf die mangelhafte oder unrichtige Ausführung eines Reichsgesetzes und die Einzelstaatsregierung zur Abhilfe auffordern. „Wenn die

---

[27]) Vgl. Triepel „Die Kompetenzen des Bundesstaats und die geschriebene Verfassung" in der Festgabe für Laband.

[28]) Über diese (Münz-, Bank-, Auswanderungs-, Seezeichen-Wesen, nautische Prüfung, Seeämter) vgl. Kiefer, Das Aufsichtsrecht des Reichs über die Einzelstaaten (Brie u. Fleischmann H. 18), 1909, S. 132 ff.

Regierung des Einzelstaats etwa das von ihr und ihren Behörden eingehaltene Verfahren für dem Reichsgesetze gemäß erachtet und der von der Reichsregierung dem Gesetze gegebenen Auslegung widerspricht, so hat der **Bundesrat** den Streit zu entscheiden."[29]) Wohlgemerkt: den Streit zwischen Reichsregierung und Einzelregierung. Nach außen hin hat die Entscheidung keine unmittelbare Wirkung und wenn sich der Einzelstaat ihr nicht fügt — oder nicht fügen kann (wieso, davon weiter unten), dann hat der Bundesrat kein praktikables Mittel, seinen Willen durchzusetzen, denn die Reichsexekution (Art. 19) ist nicht für Meinungsverschiedenheiten bei der Gesetzesauslegung und -durchführung da, sondern für schwere Konflikte, wie sie dem Reiche hoffentlich für alle Zukunft erspart bleiben.

Was leistet nun dieser Beaufsichtigungsapparat?

Praktisch betrachtet mag er im großen und allgemeinen, wenn es sich darum handelt, daß die Gliedstaaten überhaupt und nach gleichartigem Plane dem Reichswillen dienen, billigen Anforderungen entsprechen, wiewohl es an Beispielen seiner Unzulänglichkeit nicht fehlt.[30]) **Im einzelnen und Konkreten versagt er!**

Im einzelnen realisiert sich die Durchführung von Gesetzen im Wege der Gesetzesanwendung von Fall zu Fall. Mannigfaltige Bedenken und Zweifel über den Sinn der Reichsgesetze, zum Teil schon verhärtet zu wissenschaftlichen Streitfragen, stellen sich der vollziehenden Behörde entgegen. Wie soll die Einheitlichkeit gewahrt, wie soll verhütet werden, daß die Praxis der Behörden bei der Anwendung schwieriger Rechtsgrundsätze in verschiedenen Staaten verschiedenen Meinungen folge und dadurch die Rechtseinheit in ihr Gegenteil verkehre? Im Einzelstaat ist hier allenthalben vorgesorgt: In der Rechtsprechung, in der Staatsverwaltung und in der Selbstverwaltung. Der Rechtsprechung sucht man so sehr als möglich eine die Einheitlichkeit der Rechtsanwendung wahrende Spitze zu geben, und wo das mißlingt, wird es als Mangel und Anomalie empfunden. Restlos verbürgt ist die Einheitlichkeit in der Staatsverwaltung (im engsten Sinne) durch das Anweisungs-, Instruktions- und Beschwerdeentscheidungs-

---

[29]) **Laband** II. S. 194.

[30]) So ist es bis heute noch nicht gelungen, eine einheitliche Auslegung des wichtigen § 3, Abs. 2 des Freizügigkeitsgesetzes, einer seit mehr als 40 Jahren in täglicher Praxis gehandhabten Norm des Reichsrechts, herbeizuführen. Der Bundesrat „beschließt" eben einfach nicht über den „Mangel", auf den es ankommt. Man lese die klägliche Geschichte dieser Beaufsichtigungsaktion bei **Cahn**, Kommentar z. Staatsangehörigkeitsgesetz, n. 12 d zu § 7. — Demgegenüber bietet das Beispiel einer gelungenen Beaufsichtigungsaktion der von **Laband** I 244 n. 1 geschilderte Vorgang aus dem Jahre 1871.

recht zusammen mit der dienstlichen Gehorsamspflicht; in der Selbstverwaltung dadurch, daß ausnahmslos Verwaltungsbeschwerde oder Verwaltungsklage statthaft ist gegen die Verwaltungsakte der verschiedenen Selbstverwaltungsorgane.

Mit dem Spruche des obersten Justizgerichts, der Ministerialinstanz oder des obersten Verwaltungsgerichts wird nicht nur dem Rechtsschutzbedürfnis des Rechtsuchenden, sondern zugleich auch dem Bedürfnis der Einheitlichkeit der Rechtsanwendung gedient.

Nicht so im grundsätzlichen Verhältnis von Reich und Gliedstaat! Wo es sich um den Vollzug von Reichsgesetzen handelt, stehen die Einzelstaaten dem Reich quasi als Selbstverwaltungskörper gegenüber — dennoch gibt es hier, generell, nach der prinzipiellen Gestaltung der Reichsaufsicht, keinen geordneten Rechtsbehelf, mit dem ein Rechtsuchender vor Reichsorganen geltend machen könnte, die Organe des vollziehenden Gliedstaats seien zu seinem Schaden in Irrtum oder Unkenntnis oder gar bewußte Verletzung verfallen bei Handhabung reichsrechtlicher Normen.

Gewiß ist es niemandem benommen, sich mit einer formlosen Beschwerde an den Reichskanzler oder den Bundesrat oder sonst ein Reichsorgan zu wenden. Aber weder sind die Reichsorgane verpflichtet sich mit der Angelegenheit zu befassen[31]), noch wird diese selbst durch eine solche „Beschwerde“ in irgend einem Sinne bei dem oder jenem Reichsorgan rechtshängig. Sie ist eine Anregung, eine Anzeige angeblich pflichtwidrigen Verhaltens der Organe eines Einzelstaats — weiter nichts. Das Äußerste, was der Reichskanzler oder der Kaiser tun könnte, wäre dies, daß er die angefochtene Entscheidung oder Verfügung formell beanstandet. Von dieser „Beanstandung“ sagt Hänel (S. 312): „Sie verpflichtet den Einzelstaat, sich jeder Maßregel zu enthalten, welche der endgültigen Entscheidung vorgreift, insbesondere also bis dahin auf Verlangen die vorläufige Aussetzung der Verfügung zu veranlassen.“ Die endgültige Entscheidung ist aber in allen Fällen nur eine Entscheidung über die Meinungsverschiedenheit zwischen Reichskanzler und Gliedstaatsregierung, nicht eine Entscheidung unmittelbar in der Sache des Beschwerdeführers.[32]) Sie ist in gewissem Sinne, wie Laband (I. 237, 239) hervorhebt, verwaltungsgerichtliches Urteil. Indes von seltsamer Art: Die beiden Parteien, der Gliedstaat, dessen Akt

---

[31]) Im Gegensatz zu der besonderen Beschwerde wegen Justizverweigerungen Art. 77 RVerf.

[32]) Vgl. auch Seydel, Der d. Bundesrat (1879), Abhdlgen. II S. 108, der im Spruch des Bundesrats sogar nur „ein bundesfreundliches Avertissement“ sieht.

angefochten wird und die kaiserliche Regierung, welche faktisch die 17 preußischen Stimmen instruiert, sitzen mit zu Gericht.

In aller Regel dürfte die Anregung zu Entscheidungen des Bundesrats gem. Art. 73, Z. 3 nicht von einzelnen Beschwerdeführern, sondern von den Reichsämtern und Reichskommissionen ausgehen und sich nicht auf Einzelfälle, sondern auf dauernde Zustände oder Einrichtungen beziehen.

Im praktischen Rechtsleben spielt jedenfalls die Möglichkeit, durch formlose Beschwerde die Entscheidung des Bundesrates herbeizuführen, keine Rolle und auch die Literatur hat sich mit dieser Beschwerdemöglichkeit, soweit ich sehe, nur höchst unvollkommen und gewissermaßen zaghaft befaßt. Gg. Meyer hat in seinem Lehrbuch des Verwaltungsrechts [33]) schlechthin den Satz aufgestellt: wo spezielle Organe der Art wie das Bundesamt für das Heimatswesen, das Reichsversicherungsamt u. dgl., nicht beständen, könne die Verletzung reichsgesetzlicher Vorschriften durch die Verwaltungsbehörden nur im Wege der Beschwerde bei den höheren Reichsorganen geltend gemacht werden. Eine solche sei sowohl gegenüber Akten der Reichsbehörden als gegenüber Akten der Landesbehörden zulässig. Sie werde bei letzteren auch dadurch nicht ausgeschlossen, daß wegen der fraglichen Handlung landesgesetzlich der Weg der Verwaltungsklage beschritten werden kann.

Laband sagt ganz allgemein: „Beschwerden und Anzeigen über Verletzungen der Reichsgesetze in den einzelnen Staaten sind (demnach) an den Reichskanzler zu richten, er hat die erforderlichen tatsächlichen Feststellungen zu machen und die Verfügungen an die Regierungen zu erlassen.“ [34]) Diese „Verfügungen“ sind indes keine Befehle. Fügt sich die Gliedstaatsregierung nicht, so hat der Bundesrat zu entscheiden und von dieser Entscheidung sagt Laband (I 239, vgl. 244) ausdrücklich: „Der Bundesrat bildet keine Instanz über den Zentralbehörden der Einzelstaaten, so daß an ihn im Wege der Beschwerde oder des Rekurses der einzelne Fall zur definitiven Entscheidung gezogen werden könnte. Der Bundesrat kann keine von den Behörden der Einzelstaaten getroffene Entscheidung kassieren, nicht auf Verurteilung oder Freisprechung erkennen, den Behörden der Einzelstaaten keine Anweisung erteilen.“ [35])

---

[33]) 2. Aufl. Bd. I S. 45. Vgl. dess. L. d. Staatsrechts, 6. Aufl. S. 786, wo indes der Möglichkeit von Beschwerden Einzelner nicht gedacht ist.

[34]) I, S. 354. Vgl. II, S. 194 (jedes „erlaubte Mittel“ zulässig, um von der Vollzugstätigkeit der Einzelstaaten Kenntnis zu nehmen).

[35]) In einer Darstellung des Finanzrechts des Deutschen Reiches in Hirths Annalen 1873 Sp. 482 führt Laband aus: „Ein unmittelbarer und regelmäßiger Anteil an der Verwaltung ... ist in dem Aufsichtsrecht des Reiches nicht begründet;

In gleichem Sinne äußern sich Emil Rümelin[36]) und Hänel (I, 308). Dieser hebt noch besonders hervor, daß „alle Rechtsmittel, Klagen oder Beschwerden der Untertanen bei den Aufsichtsorganen des Reichs gegen irgend welche Maßregeln der Einzelstaaten" im Sinne der Beaufsichtigung nur die Bedeutung von „Anzeigen" haben.[37])

Das ist also das Bild, welches uns von dem hier einzunehmenden Standpunkt aus die von der Reichsverfassung geschaffene allgemeine „Beaufsichtigung" der Durchführung des Reichsrechts im Wege der Selbstverwaltung durch die Gliedstaaten bietet: Im konkreten Fall gibt es keinen geregelten und sicher zum Ziele führenden Weg, auf dem einer Verkennung oder Mißachtung des Reichsrechts durch Gliedstaatsorgane und damit einer Rechtszersplitterung in der Praxis von Reichswegen vorgebeugt werden könnte.

Indes damit nicht genug!

Bei näherem Zusehen erweist sich überhaupt der Einfluß, den der Bundesrat auf den Gesetzesvollzug der Gliedstaaten ausüben kann und ausübt, als vollständig illusorisch, sobald die Vollzugstätigkeit der Gliedstaaten in die Form der Rechtsprechung eingeht. Gegen den Spruch, sei es eines Justiz-, sei es eines Verwaltungsgerichts gibt es im modernen Staate keine anderen als die prozessualen Rechtsmittel. Ist der Instanzenzug erschöpft, so kann das endgültige Urteil durch keinerlei Beschwerde an Reichskanzler oder Bundesrat tangiert werden und auch für die Zukunft können weder die Reichsorgane noch die Gliedstaatsregierungen den Gerichten vorschreiben, sich bei Auslegung dieses oder jenes Reichsgesetzes der Judikatur in den anderen Staaten oder der Rechtsansicht des Bundesrats anzupassen. Die reichsverfassungsmäßige Beaufsichtigung führt, nach den Worten Hänels,[38]) „gegenüber dem verfassungsmäßig anerkannten Grundsatz der Unabhängigkeit der Rechtsprechung zu einer innerhalb der regelmäßigen Kompetenz des

---

ebensowenig eine Pflicht der Organe der Reichsgewalt, überall einzuschreiten, wo die Behörden eines Einzelstaates ein Reichsgesetz durch falsche Anwendung oder Nichtanwendung verletzen. Es ist vielmehr in das Ermessen der Reichsgewalt gestellt, ob dieselbe durch ein solches Verfahren der Landesbehörden ein so erhebliches Interesse des Reichs für bedroht oder verletzt erachtet, daß sie sich zu einem Einschreiten veranlaßt sieht." Vgl. überhaupt Sp. 483ff.

[36]) Das Beaufsichtigungsrecht des Deutschen Reiches usw, Z. f. d. g. Staatsw. 1883, S. 213 u. 2.

[37]) So schon Laband, Annalen Sp. 485.

[38]) S. 319, vgl. 308, 743, 748, 758; Laband, Annalen Sp. 484. v. Rönne, Staatsr. d. D. R. 2, I, S. 65. A. Ans. anscheinend Gg. Meyer, Verw. R. a. a. O. u. bes. II, S. 343 n. 11.

Reiches unauflöslichen Autonomie." „Sein hervorragendstes Ziel: die Aufrechterhaltung der Einheitlichkeit des Reichsrechts in der partikularistischen Zersplitterung seiner Ausführung" vermag das Beaufsichtigungsrecht um so weniger zu erreichen, je vollkommeneren Rechtsschutz innerhalb seiner eigenen Machtsphäre der vollziehende Gliedstaat gewährt.

So wird das Reich mit Notwendigkeit dazu gedrängt, auf allen Lebensgebieten, auf denen sich die Vollziehung der Reichsgesetze im Wege der Rechtsprechung abspielt, seine Kompetenz zu erweitern und sie außer auf „Gesetzgebung" und „Beaufsichtigung" auch noch auf eine oberste Rechtsprechung durch eigene Gerichte auszudehnen.

In welchem Umfange das Reich, ja schon der norddeutsche Bund, sich dieser Notwendigkeit gefügt haben, soll in Abschnitt IV gezeigt werden.

b) Die „Beaufsichtigung" nach Maßgabe der Art. 4, 7, 17, 36 R.Verf. ist nicht die einzige, welche dem Reiche den Gliedstaaten gegenüber zukommt. Mit Notwendigkeit muß das Reich darüber wachen, daß die Gliedstaaten nicht bei der Betätigung in ihrer reichsfreien Sphäre (eigene Verfassung, Gemeinderecht, Unterrichtswesen, Kirchenpolitik usw.), in Reichskompetenzen übergreifen, die Ausführung von Reichsgesetzen durchkreuzen usw.[39]) Die Reichsverfassung schweigt hiervon, aber nach allgemeinen Grundsätzen wäre der Bundesrat befugt, einschlagende Beschlüsse zu fassen und äußerstenfalls durch Reichsexekution zu erzwingen.

Aber auch hier haben wir wieder dasselbe Bild:

Aller Rechtsprechung gegenüber ist das Reich außerstande, die nach Ansicht des Bundesrats richtige, oder auch nur eine einheitliche Auslegung der die freie Betätigung der Einzelstaaten einschränkenden Reichsgesetze herbeizuführen.

Nicht das allgemeine Verfassungsrecht, sondern erst die Schaffung eines Reichsgerichts hat das Reich in die Lage versetzt, durch ein eigenes Organ die Sphäre der Landesstrafgesetzgebung in zweifelhaften Punkten autoritativ abzugrenzen. Auch von dieser Seite her ist also die Notwendigkeit der Schaffung von Obergerichten des Reiches einleuchtend.

Zur Illustration diene die Streitfrage, ob es mit Art. 3 der Reichsverfassung verträglich ist, wenn neuere Landtagswahlgesetze die Ausübung des

---

[39]) Vgl. Kiefer, a. a. O. S. 40. Diese selbstverständliche Aufsicht darüber, daß die Gliedstaatsautonomie ihre reichsrechtlichen Schranken nicht überschreite, wird in den Lehr- und Handbüchern, soweit ich sehe, nicht besonders hervorgehoben (deshalb aber nicht geleugnet, wie Kiefer meint). Daß zu ihrer Handhabung nicht Kaiser und Kanzler zuständig sind, sondern nur der Bundesrat, zeigt Hänel S. 315 implicite.

Wahlrechts durch neuaufgenommene Staatsangehörige auch dann vom Ablauf einer Karenzzeit abhängig machen, wenn der Neuaufgenommene vorher schon deutscher Reichsangehöriger war. Gewiß eine Frage von hoher politischer Bedeutung! Der Bundesrat könnte hier den in Frage kommenden Regierungen zur Pflicht machen, auf dem Ablauf der Karenzzeit nur ehemaligen Ausländern gegenüber zu bestehen, die bisher schon reichsangehörigen Wahlberechtigten dagegen ohne weiteres in die Wählerlisten aufzunehmen. Gerichtshöfen gegenüber — und es kann in der Tat in Sachsen und in Baden ein Spruch der Verwaltungsgerichtsgerichte darüber extrahiert werden, ob der Kläger in die Wählerliste aufzunehmen sei — wäre indes ein solcher Bundesratsbeschluß wirkungslos.

IV.

Hat es die Reichsverfassung — unter Bruch der durch alle früheren Einigungsentwürfe geschaffenen Tradition — versäumt, dem unausweichlichen Bedürfnis nach einer obersten Reichsgerichtsbarkeit Rechnung zu tragen, so hat dafür die spätere Gesetzgebung um so rascher damit begonnen, die Lücke zu schließen. Auf keinem anderen Gebiete hat die Reichsgesetzgebung so rasch und so bedeutsam zu einer Erweiterung der Reichskompetenz — denn um eine solche, eine Verfassungsänderung (Art. 78), handelt es sich in jedem Falle einer Neuschaffung von Reichsgerichtsbarkeit[40]) — geführt, als auf dem „durch die Verf. künstlich verkümmerten Gebieten der Gerichtsbarkeit des Reiches."[40a])

In großem Stile ist das allerdings nur für die Zivil- und Straf-, später auch die Militärstrafjustiz geschehen. Was auf dem Gebiete der Verwaltungsjustiz hierin geschaffen wurde, ist unvollkommenes Stückwerk. Und doch kann von den Grundsätzen des Reichsverwaltungsrechts offensichtlich nichts anderes gelten, als was Laband (III, 386 vgl. 382) vom Strafrecht sagt: „Das vom Reich einheitlich geregelte Strafrecht . . . . muß gleichmäßig gehandhabt und ausgelegt werden und der Regulator dafür kann nur das vom Reiche selbst eingesetzte Gericht sein."

Die Institutionen, durch welche der norddeutsche Bund und das Deutsche Reich ihre Kompetenz auf eigene Rechtsprechung ausgedehnt haben, sind, in zeitlicher Reihenfolge und unter Weglassung der auf Gebieten

---

[40]) Laband (I, 386 n. 1, Jahrb. d. ö. R. I, 35), Hänel, Seydel, Löning, Anschütz, Schultzenstein (S. 33) u. a. — A. Ansicht: Zorn, Gg. Meyer, siehe dessen Lehrb. d. D. Staatsr. (1905) S. 235 n. 11.

[40a]) Hänel S. 720.

eigener und unmittelbarer Reichsverwaltung tätigen Gerichte (Marine-, Konsular-, Kolonial-, Prisen-Gerichte), diese:

Das Reichsoberhandelsgericht, Ges. v. 12. Juni 1869, geschaffen „als Gegengewicht gegen die Gefahr einer abweichenden Entwicklung des einheitlichen Rechtes durch die Praxis und Judikatur;" erweitert zum Reichsgericht durch GVG. v. 27. Januar 1877. Über die Zuständigkeit des Reichsgerichts in gewissen öffentlich-rechtlichen Sachen siehe unten VI, Z. 7, VII, Z. 1.

Das Bundesamt für das Heimatwesen, U. W. Ges. v. 6. Juni 1869, das erste Reichsverwaltungsgericht (Hänel, S. 759).

Die Reichs-Rayonkommission, Ges. v. 21. Dezember 1871.

Das verstärkte Reichseisenbahnamt, Ges. v. 27. Juni 1873.

Das Reichspatentamt, Ges. v. 25. Mai 1877.

Das Oberseeamt, Ges. v. 27. Juli 1877.

Die „Kommission" des jetzt erloschenen Sozialistengesetzes vom 21. Oktober 1878.

Das Reichsversicherungsamt, Ges. v. 6. Juli 1884 u. ff.

Das Reichsmilitärgericht, Ges. v. 1. Dezember 1898.

Das verstärkte Aufsichtsamt für Privatversicherung, Ges. v. 12. Mai 1901.

Hinzu kommen gewisse Verwaltungsjurisdiktionsbefugnisse des Bundesrats (unten VI, Z. 8), sowie dessen Funktionen als Staatsgerichtshof (unten VII, Z. 1).

In all diesen Einrichtungen zeigt sich eine fortdauernd wirksame Tendenz der Gesetzgebung, dem Reiche die ihm gebührende höchste Gerichtsbarkeit über alles Reichsrecht zu verschaffen, es zeigt sich zugleich aber auch die unrationelle Planlosigkeit, mit der diese Tendenz bis dahin sich ausgewirkt hat.

Vom Standpunkte des Verwaltungsjuristen aus fordern vor allem vier Tatsachen des heutigen Zustandes der Reichsrechtspflege die Kritik heraus:

1. Die Tatsache, daß die große Masse des auf Reichsrecht beruhendem Verwaltungsstrafrechts — vorbehaltlich GVG. § 136 Abs. 2 — nicht bis vor das Forum des Reichsgerichts zu gelangen vermag, kann vom strafrechtlichen Standpunkte aus gerechtfertigt erscheinen, weil es sich hier strafrechtlich um Bagatellsachen handelt: Übertretungen und Vergehen mit geringen Strafandrohungen (GVG. § 27 Z. 2, § 75 Z. 14). Vom verwaltungsrechtlichen Standpunkt aus handelt es sich dagegen sehr häufig nicht um Bagatellen, sondern um überaus wichtige Fragen: Um das An-

wendungsgebiet der Reichsgewerbeordnung (Eisenbahnnebenbetriebe!), die Tragweite von Arbeiterschutzvorschriften, den Begriff der Fabrik u. a. m. So wenig die weitere Allgemeinheit an der gleichmäßigen Handhabung der niederen Verwaltungs strafen interessiert ist, so sehr ist sie es an der gleichmäßigen Handhabung der Verwaltungsrechtssätze, deren Schutz die Strafe dienen soll.[41]) Die dauernde laxere Handhabung irgend einer sozialpolitischen Vorschrift im Bezirke des einen Oberlandesgerichts vermöchte geradezu eine Überwanderung gewisser Industrien aus anderen Bezirken in diesen zur Folge zu haben. Es ist eine schwer erträgliche Unordnung, daß keine Instanz da ist, welche durch ihre Sprüche den divergierenden Ansichten der Oberlandesgerichte gegenüber mit Autorität für das ganze Reich einer einheitlichen Verwaltungs- und Gerichtspraxis den Weg zu bahnen vermöchte.

Überhaupt wird in dem Maße, als die Einsicht fortschreitet, daß bei Verwaltungsstrafentscheidungen die Strafe Nebensache und die Erzwingung des Verwaltungsbefehls Hauptsache ist, das Bedürfnis einer Reform unseres gesamten Verwaltungsstrafrechts immer breiteren Schichten sich aufdrängen.[42]) Es öffnet sich der Blick für eine großzügige Herübernahme der ganzen Verwaltungsstrafgerichtsbarkeit in das Verwaltungs- und Verwaltungsstreitverfahren.[43]) Im Abschnitt VII wird darüber, wie das projektierte RVG. in den Dienst dieser Reform zu stellen wäre, einiges zu sagen sein.

2. Vorerst ist in denjenigen Staaten, welche eine verwaltungsgerichtliche Anfechtungsklage gegen obrigkeitliche Verfügungen kennen, der selbstständigen Wichtigkeit der durch Strafdrohungen geschützten Verwaltungsnormen dadurch Rechnung getragen, daß der von einer spezialisierten polizeilichen oder finanziellen Pflicht Betroffene, auch ohne daß er erst ein Strafmandat auf sich lenken müßte, bzw. unabhängig von dem Verfahren über dieses, vor unabhängigen Gerichten seine der Ansicht der Vollzugsbehörden widerstreitende Auffassung von der Tragweite irgend eines Verwaltungsgesetzes durchfechten kann. Immerhin entsteht dadurch eine Doppeljudikatur, welche insbesondere in Preußen wiederholt schon zu divergierenden Sprüchen

---

[41]) Vgl. auch Thoma, Der Polizeibefehl i. bad. R. I (1906) S. 84.

[42]) Für eine solche Reform treten ein: Vor allem Goldschmidt, in gehaltvollen Werken, vgl. DJZ. VII (1902) S. 212 ff.; ferner die Praktiker Schultzenstein (VerwArch. XI, 149 ff.) und Hofacker (VerwArch. XV, 1907, S. 426–429, wozu meine Notiz in Z. f. bad. Verw. 40 S. 21).

[43]) Eine gute Verwaltungsstrafrechtspflege setzt eine sehr erhebliche Kenntnis der Details des Verwaltungsrechts und der Verwaltungspraxis voraus, welche vom Justizrichter nicht verlangt werden kann.

des Kammergerichts und des Oberverwaltungsgerichts über den Inhalt von Verwaltungsrechtssätzen (speziell über Gültigkeit oder Ungültigkeit ein und derselben Polizeiverordnung) geführt hat. Und auch sonst ist der große Fortschritt, der in der Gewährung umfassender Anfechtungsklagen liegt, ein Fortschritt auf dem Wege zum Rechtsstaat, nicht auch auf dem Wege zur Rechtseinheit. Die Auslegung des Reichsrechts durch die Verwaltungsgerichtshöfe kann nicht minder divergieren, als diejenige durch die Oberlandesgerichte und divergiert in der Tat in vielen wichtigen Fragen, wie die Kommentare zu einem jeden Reichsverwaltungsgesetz zeigen.[44]) Daraus ergibt sich die Notwendigkeit, die verwaltungsgerichtliche Judikatur über Sätze des Reichsrechts (ganz abgesehen von jener großen Umwälzung des Verwaltungsstrafverfahrens) in die gemeinsame Spitze eines RVG. einmünden zu lassen. Richtiger gesprochen: über alle Sätze des Reichsrechts, anstatt nur über die wenigen, die heute schon — unvollkommen genug — vor Spezialverwaltungsgerichte des Reichs gezogen werden können.

Der Mangel einer solchen generellen Überwölbung der partikularen Verwaltungsgerichtsbarkeit durch ein Reichs-Gericht ist der zweite, die Kritik herausfordernde Punkt, und zwar, wie mir scheint, der allerwichtigste. Bei ihm muß der Ausbau der Reichsverwaltungsgerichtsbarkeit einsetzen.

Im folgenden Abschnitt (Va) wird zu zeigen sein, wie sich dieses Postulat einer generell reichsverwaltungsgerichtlichen Kontrolle der Anwendung des Reichsrechts durch die partikularen Verwaltungsgerichte mit den gleichwichtigen Forderungen des Maßhaltens in der Instanzenhäufung und der Schonung der einzelstaatlichen Selbständigkeit vereinigen läßt.

Die politisch gebotene sorgfältige Schonung berechtigter föderalistischer Grundsätze würde es, wie noch zu zeigen ist, nicht erlauben, die nicht im Verwaltungsstreitverfahren, sondern im einfachen, regelmäßig in die Ministerialinstanz führenden Verwaltungswege erlassenen, auf Reichsrecht beruhenden Entscheidungen und Verfügungen generell einer Anfechtung beim RVG. zu unterstellen. Wohl aber kann dies in einer Reihe von speziellen Fällen geschehen. Die Auswahl dieser speziellen Fälle aber soll und darf keine willkürliche sein, sondern an bewährte Institutionen des Reichsrechts anknüpfen. Auch hier, wie bei dem ganzen Vorschlag einer Erweiterung der Reichsverwaltungsgerichtsbarkeit, handelt es sich nicht um eine abrupte Neuerung, sondern um eine Auswirkung längst vorhandener Tendenzen der Reichsgesetzgebung. Angeknüpft werden kann nämlich an die

---

[44]) Vgl. die Beispiele, die Hofacker a. a. O. und Fleischmann DJZ. 1908 Sp. 957 ff. anführen.

Reichsgesetze, welche den mit dem Vollzug betrauten Gliedstaaten unmittelbar Verwaltungsstreitverfahren oder ein Surrogat desselben zwingend vorschreiben. Das sei hier sofort noch etwas näher ausgeführt.

In der Kompetenz des Reichs, eine „Angelegenheit" (Art. 4) durch seine Gesetzgebung zu regeln, liegt beschlossen die Kompetenz, zugleich auch den Gliedstaaten Vorschriften über das Verfahren, ja selbst über die Behördenorganisation zu machen. Davon hat das Reich zuerst und in vorbildlicher Weise Gebrauch gemacht in der Reichsgewerbeordnung. Die GewO. schreibt zwingend vor, daß gegen eine große Anzahl der auf Grund der GewO. zu erlassenden Bescheide[45]) nach näherer Maßgabe des § 20 „Rekurs" zulässig sei und daß das Verfahren gewissen im § 21 festgesetzten Mindestanforderungen entsprechen müsse. Mindestens eine der beiden Instanzen nämlich muß eine kollegiale Behörde sein und ihre Entscheidung in öffentlicher Sitzung nach erfolgter Ladung und Anhörung der Parteien erteilen. Den Einzelstaaten bleibt unbenommen, über diese Mindestanforderungen hinauszugehen, und diejenigen, welche Verwaltungsgerichte besitzen, haben in der Tat im weitesten Umfange da, wo das Reichsrecht die Beachtung der §§ 20, 21 als Minimun vorschreibt, den Verwaltungsrechtsweg mit allen seinen Kautelen eröffnet. Im übrigen verbürgt das zwingende Reichsrecht zwar keinen Ersatz, aber doch ein recht respektables Surrogat des Verwaltungsstreitverfahrens.

In der Folge haben dann noch mehrere Reichsgesetze den vollziehenden Gliedstaaten eine Behördenorganisation und ein Verfahren nach §§ 20, 21 GewO. vorgeschrieben, zum Teil in derselben Weise wie in der GewO., zum Teil als unabänderliche Verfahrensnorm, zum Teil in der Form, daß den Staaten, die eine Verwaltungsrechtspflege organisiert haben, die Eröffnung des Verwaltungsstreitverfahrens unmittelbar zur Pflicht gemacht wurde und den anderen wenigstens die Einhaltung der Minimalvorschriften des § 21 GewO.

Es sind dies die folgenden Reichsgesetze:[46])

Ges. über die eingeschriebenen Hilfskassen v. 7. April 1876/1. Juni 1884, §§ 4 Abs. 2, 29 Abs. 2, 33 Abs. 4.

---

[45]) Nämlich gegen Erlaubnisversagungen, -zurücknahmen, Untersagungen u. dgl. gem. §§ 16; 24 Abs. 5; 40 Abs. 2 mit 30, 30a, 32, 33, 33a, 34, 35, 37; 54 mit 51, 53, 53a; 63 Abs. 1 mit 42b Abs. 2, 43 Abs. 2, 44a Abs. 5, 55 ff; 84, 97, 102; 105e Abs. 3; 126a Abs. 3; 128 Abs. 1, 139l. Vgl. Landmann n. 2 zu § 20.

[46]) Vgl. Hänel, S. 756 ff.. Seelmann, Streitverfahren i. d. R.-Versicherungsges. 2. Aufl. 1904.

Krankenversicherungsgesetz v. 15. Juni 1883/10. April 1892, §§ 24, 42 Abs. 6, 47 Abs. 3, 58 Abs. 2 u. 3, 64, 72, 76c Abs. 2.

Ges. betr. Unfall- u. Kr.-Vers. d. i. land- u. forstw. B. b. P. v. 5. Mai 1886, soweit noch in Kraft: §§ 136 Abs. 6, 137 Abs. 3.

Ges. betr. die Erwerbs- und Wirtschaftsgenossenschaften v. 1. Mai 1889: § 81 Z. 2 d. Fassung v. 20. Mai 1898.[47])

Bürgerliches Gesetzbuch v. 18. August 1896 §§ 44, 62 Abs. 2, 71 Abs. 2.

InvalidenVG. v. 13. Juli 1899 §§ 23 Abs. 2, 50 Abs. 3, 51.

GewUnfallVG. v. 30. Juni 1900 §§ 14, 26 Abs. 2, 27; ebenso §§ 14 Abs. 2, 29 Abs. 1 u. 2, 31 Abs. 2, 32 des Landw.-, §§ 9 u. 11 des Bau-, §§ 20 Abs. 3, 30 Abs. 2, 31, 156 des See-Unfall-versG.

Ges. über die privaten Versicherungsunternehmungen v. 12. Mai 1901 § 84.

Ges. betr. die Stellenvermittlung für Seeleute v. 2. Juni 1902, § 7.

Reichsvereinsgesetz v. 19. April 1908, §§ 2 Abs. 2, 15.

Ges. über den Verkehr mit Kraftfahrzeugen v. 3. Mai 1909, § 5 Abs. 2.

In diesen Gesetzen dokumentiert sich in bemerkenswerter Weise das Bedürfnis, das Verfahren bei Vollzug des Reichsrechts auch insoweit, als es einer Spezialverwaltungsgerichtsbarkeit des Reichs nicht unterstellt werden konnte, rechtsstaatlichen Anforderungen so sehr als möglich zwingend anzupassen.

Kritische Betrachtung wird aber auch hier wieder die Hauptsache vermissen: die Garantie der Einheitlichkeit. Im folgenden Abschnitt V. unter b) wird zu zeigen sein, in welcher Weise von der zweiten gem. §§ 20, 21 GewO. prozedierenden Behörde Revision an ein künftiges RVG. gewährt werden könnte. Es wird ferner zu zeigen sein, daß speziell auf dem Gebiete des Reichs-Zoll- und Steuerrechts eine Rechtsschutzeinrichtung gleicher Art notwendig und möglich wäre.

3. Ein großer und empfindlicher Mangel der heutigen Rechtsordnung ist es sodann, daß jene oben IIIb (S. 13) erwähnte negative Reichsaufsicht der partikularen Verwaltungsgerichtsbarkeit gegenüber in keiner Weise durchgeführt werden kann. Hier versagen auch die Spezial-

---

[47]) Während Ges. betr. die Gesellsch. m. b. H. v. 20. April 1892 § 62 dem Verwaltungsstreitverfahren den ordentlichen Rechtsweg substituiert, ähnlich wie KrVG. § 58 Abs. 1.

verwaltungsgerichte des Reichs, obwohl über die Schranken, welche das jeweils bestehende Reichsrecht der einzelstaatlichen Gesetzgebung und Verwaltung zieht, eine Fülle von rechtlichen Zweifeln und Kontroversen besteht und mehr noch bestehen würde, wenn die Praxis in den verschiedenen Staaten leichter überblickbar wäre.

Eine Hauptaufgabe des künftigen RVG. wird es sein, Revisionsanträge gegen verwaltungsgerichtliche Urteile anzunehmen, welche nach der Behauptung des Revisionsklägers auf einer Verletzung jener reichsrechtlichen Schranken beruhen. Wie, darüber gleichfalls sub Va.

4. Der vierte, in die Augen springende Mangel ist endlich die übermäßige Zersplitterung der gegenwärtig schon gehandhabten Reichsverwaltungsgerichtsbarkeit. Gelingt es, künftig ein RVG. zu schaffen mit einer generellen Kompetenz der sub 2 und 3 angedeuteten Art, dann wird auch zu erwägen sein, ob nicht um der Einfachheit und Kostenersparnis willen ein erheblicher Teil der heute bestehenden Spezialverwaltungsgerichte des Reichs und Spezialzuständigkeiten des Reichsgerichts und des Bundesrats mit dem RVG. verschmolzen werden könnte (Abschn. VI). Eine Neuschaffung eines RVG. lediglich zu dem Zweck, um den Vereinigungspunkt der heute zersplitterten Reichsverwaltungsjudikatur zu bilden, ohne ihm sofort neue allgemeine Kompetenzen zuzuweisen, wäre zwar wertvoll, würde indes doch die Mühe nicht recht lohnen, welche die Ausarbeitung eines solchen Gesetzes immerhin verursachen müßte. Auf jeden Fall wäre eine solche „Reform" nichts als ein Wechsel auf eine zukünftige größere, wie sie m. E. in einem Zuge schon heute erreichbar ist.

Eine tunliche Vereinigung der gesamten Reichsverwaltungsgerichtsbarkeit dürfte ferner nicht durchgeführt werden, ohne zugleich die Mängel zu beseitigen, die den heutigen Kompetenzbestimmungen anhaften. Man weiß, daß weder das Bundesamt für das Heimatswesen, noch das Reichsversicherungsamt durchaus die oberste Spitze der Verwaltungsgerichtsbarkeit im Unterstützungswohnsitz- und Arbeiterversicherungswesen[48]) sind und daß daraus viele unerfreuliche Konsequenzen entstehen, so z. B. wenn das Reichsversicherungsamt und das preußische Oberverwaltungsgericht über die Versicherungspflicht des Ehegatten verschiedener Ansicht sind[49]). Es wird sich zeigen, daß die in

[48]) Über die geplante Reform des Arbeiterversicherungsrechts s. unten VI Z. 1.

[49]) Wobei freilich zu bemerken ist, daß erfahrungsgemäß die partikularen Verwaltungsgerichte der ständigen Judikatur des Reichsverwaltungsgerichts nach einiger Zeit sich zu fügen pflegen. So hat z. B. das preuß. OVG. dem Bundesamt für das Heimatwesen in der Auslegung des § 52 Abs. 2 KrVersGes. nachgegebeu, der bad. VGH. in der Anwendung des Prinzips der „Familieneinheit" auf Landarme.

diesem Gutachten gemachten Vorschläge in gewissem Umfange von selbst auch zu der erforderlichen materiellen Vereinheitlichung zu führen vermögen.

Im ganzen zeigt dieser Überblick eine ständig wirksame Tendenz der Reichsgesetzgebung, den publizistischen Rechtsschutz im Gebiete des Reichsverwaltungsrechts zu regeln. Wer sich in den Dienst der hier vertretenen Bestrebungen stellt, nimmt nur mit Bewußtsein eine Entwicklung auf, die unbewußt und deshalb irrationell schon längst am Werke ist. Dem Juristenstand als „Träger eines geschulten Rechtsbewußtseins“ [50]) innerhalb der Nation kommt es zu, solchen unbewußten Bestrebungen über die Bewußtseinsschwelle und damit ans Ziel zu verhelfen..

Die parteipolitische Richtung des einzelnen kommt dabei nicht in Frage. Ausbau der Rechtspflege ist no party's matter. Auch föderalistische Einwände sind hier nicht am Platze, da es sich ja nur um die Auslegung des ohnehin schon vom Reiche gesetzten Rechts handelt. Es ist in diesem Zusammenhang von hohem Wert, zu konstatieren, daß es nicht die Regierungen waren, welche seinerzeit an der Schmälerung der Kompetenz des Reichsversicherungsamts durch Zulassung einer höchsten Judikatur der Landesversicherungsämter die Schuld trugen, sondern daß diese partikularistische Velleität auf das Konto des Reichstags zu setzen ist. Zu der Befürchtung, daß sich die Regierungen einem maßvollen Projekt eines großzügigen Ausbaues der Reichsverwaltungsgerichtsbarkeit gegenüber prinzipiell ablehnend verhalten würden, liegt kein Anlaß vor [51]).

V.

Durch die Feststellungen der vorhergehenden Abschnitte ist klargelegt, worin die Hauptaufgabe eines RVG. bestehen müßte. Es hätte zu sein ein oberster Gerichtshof, welcher grundsätzlich die Einheitlichkeit der Anwendung des gemeinen deutschen Verwaltungsrechts gegenüber den landesrechtlich letztinstanzlichen Verwaltungsgerichten, ausnahmsweise auch gegenüber von Entschließungen einfacher Verwaltungsbehörden zu garantieren hätte, sowohl wenn es sich um den Vollzug (oben Z. 2) als auch wenn es sich um die Respektierung (oben Z. 3) des Reichsrechts handelt. Im Sinne einer auf möglichst vollkommene Realisierung der Reichsidee wie auch der

---

50) Gierke, GenR. II 22.

51) Vgl. Triepel, Unitarismus und Föderalismus im Deutschen Reiche (1904) S. 84 ff.

Rechtsstaatsidee gerichteten Politik erscheint eine diesen Hauptaufgaben gerecht werdende Institution als eine auf die Dauer unvermeidliche.

Aufzuzeigen, daß dieses Notwendige auch technisch und politisch möglich, d. h. ohne grundstürzende Neuerungen durchführbar sei, ist das eigentliche Ziel, zugleich auch das eigentliche Wagnis dieses Gutachtens.

Zunächst sei die Hauptaufgabe noch etwas näher präzisiert, nach ihrem Inhalt und nach ihrer Begrenzung.

Das RVG. hätte der Aufrechterhaltung der durch die bisherige Partikularisierung der letzten Instanz gefährdeten Rechtseinheit zu dienen. Es wird also grundsätzlich durchaus auf die revisio in jure (imperii) zu beschränken sein[52]).

Diese generelle Revision braucht sich ferner nur auf eine Rüge der Verletzung materiellen Reichsrechts zu erstrecken. Auch soweit die Unterinstanzen ausnahmsweise nach eimem reichsrechtlich geregelten Verfahren prozedieren, kann — mindestens bei der ersten Einrichtung — auf Prozeßrügen verzichtet werden, nicht minder auch (nach dem Vorbild des Reichsversicherungsamts) auf jede Belastung des RVG. mit der Entscheidung von Prozeßbeschwerden.

Die Aufgabe des RVG., die Respektierung des schrankenziehenden Reichsrechts zu garantieren, ist gegenüber der Verbürgung des gleichmäßigen Vollzugs des Reichsrechts ersichtlich die weitere, welche die letztere ganz umschließt. Beiden Aufgaben würde restlos gerecht werden der Satz:

Jedes landesrechtlich letztinstanzliche Verwaltungsgerichtsurteil kann durch das Rechtsmittel der Revision beim RVG. mit der Behauptung angefochten werden, daß das Urteil auf einer Verletzung materiellen Reichsrechts beruhe.

Daß dieser Satz im Prinzip zwar durchführbar ist, im einzelnen aber manche Abbröckelungen dulden muß, wird unter a ausgeführt werden. Von vornherein ist klar, daß nach diesem Satz aus Staaten mit hoch entwickelter Verwaltungsgerichtsbarkeit erheblich mehr Rechtssachen an das RVG. zu erwachsen vermögen, als aus Staaten mit gering entwickelter, und aus Staaten ohne Verwaltungsgerichtsbarkeit gar keine[53]).

Noch ist hier die Beschränkung zu erörtern, welche unsere Formulierung der Hauptaufgabe eines RVG. in sich trägt. Danach hätte das RVG. grundsätzlich nur einzutreten als letzte Instanz des Verwaltungsstreit-

---

[52]) Auch Schultzenstein S. 20 denkt sich das RVG. als reines Revisionsgericht.

[53]) Gerade umgekehrt nach dem zweiten, sub b (S. 29) zu entwickelnden Kompetenzsatz.

verfahrens, nicht dagegen zur Kontrolle von Entscheidungen oder Verfügungen, welche in einem Verwaltungsverfahren erlassen sind. Konkreter ausgedrückt: Wenn eine einzelstaatliche Verwaltungsbehörde, insbesondere ein einzelstaatliches Ministerium (als letzte Beschwerdeinstanz) durch ihre Entscheidung oder Verfügung nach Ansicht des Betroffenen Reichsrecht verletzt hat, so soll es diesem grundsätzlich (Ausnahmen vorbehalten) nicht möglich sein, das RVG. anzurufen.

Es mag dieser Vorschlag auf den ersten Blick erstaunen. Nichts schiene reichsrechtliche Richtigkeit und Einheitlichkeit der Verwaltungspraxis besser zu garantieren, als eine allgemeine Anfechtungsklage beim RVG.[54]). Warum also auf eine solche verzichten?

Zunächst einmal kommt rein theoretisch in Betracht, daß gegenüber den Entscheidungen und Verfügungen im Verwaltungswege das Beaufsichtigungsrecht des Reiches nicht ausgeschaltet ist. So unvollkommen dieses in seiner praktischen Ausgestaltung und Wirksamkeit ist, so vermag es doch durch das Mittel eines Bundesratsbeschlusses, manchmal vielleicht schon einer bloßen bundesfreundlichen Verabredung, den Gliedstaatsregierungen und durch diese den Einzelministerien und Unterbehörden bindende Weichungen und Direktiven über die Auslegung einer bestimmten Reichsnorm zu geben. Nur der Rechtsfindung durch Verwaltungs*gerichte* gegenüber sind dem Reiche die Hände gebunden, nur hier erscheint die Überwölbung der partikularen Institutionen durch eine Reichsinstanz als unabweisbare Notwendigkeit. Und auf das Notwendige sich zu beschränken rät politische Klugheit[55]).

Rein praktisch betrachtet ferner würde eine solche generelle Anfechtungsklage (mit Ermittelung des Tatbestandes) dem RVG. eine ganz unüber-

---

[54]) Wie sie das österreichische Recht im Verhältnis zu den Verwaltungsakten der autonomen Landesbehörden hat; wie sie in der Reichsverf. v. 1849, von *Binding*, von *Friedrichs* a. a. O., von *Kämpf* im Reichstag 1909 gefordert wird.

[55]) Gewiß wird es ein Mangel sein, daß es dann künftig den Ministerien und anderen Verwaltungsbehörden, soweit sie streitige Verwaltungssachen zu entscheiden haben (und das ist ja in sehr großem Umfang der Fall) theoretisch betrachtet leichter möglich sein würde, Reichsrecht ungleichartig zu vollziehen, als den unter Kontrolle des RVG. stehenden und ohnehin mit größeren Garantien ausgestatteten Verwaltungsgerichten. Indes ist der Fall, daß je nach Lage des Landesrechts aus diesem Staate mehr, aus jenem weniger Rechtsstreitigkeiten unter die Kontrolle der vom Reich eingesetzten Instanz treten, nichts Unerhörtes. Auch im Gebiete der Ziviljustiz — ganz abgesehen von Unfallversicherung und Unterstützungswohnsitz — können die Gliedstaaten in gewissem Umfang den „Rechtsweg" ausschließen und soweit dies geschehen ist, gibt es dann auch keinen Rechtszug an das Reichsgericht.

sehbare Geschäftsüberhäufung eintragen, mindestens in den ersten Jahren, bis durch seine Judikatur übertriebene vulgäre Ansichten von der Tragweite gewisser Reichsgesetze redressiert wären.

Endlich und vor allem wäre es nicht möglich, das RVG. auf bloße Revisionsentscheidung zu beschränken, wenn die Vorinstanzen lediglich im Verwaltungswege und nicht mit allen Kautelen eines echten Verwaltungsstreitverfahrens (volles Gehör mit Beschluß über Beweisanträge, öffentliche mündliche Verhandlung usw.) prozediert haben. Vielmehr müßte Anfechtungsklage, d. h. Aufrollung des ganzen Sach- und Streitstandes gewährt werden. Dazu wäre das RVG. nicht geeignet. Auch würden die Regierungen doch vielleicht Bedenken tragen, eine solche allgemeine Klage gegen ihre Ministerien zu bewilligen. Auch gegen Oberlandesgerichtsurteile gibt es ja keine Berufung, sondern nur Revision.

Eine auf das Grundverhältnis zwischen Reich und Gliedstaat zurückgehende Erwägung tritt hinzu: Das Reich hat frei gelassen und soll frei lassen von seiner Regelung die Verfügung der Gliedstaaten über ihre eigene Staatsform und ihr gesamtes eigentliches Verfassungsrecht. Die Frage nun aber, ob und bis zu welchem Grade das Gebahren der öffentlichen Verwaltung überhaupt unter die Kontrolle richterlicher, von der Zentralverwaltung unabhängiger Instanzen gestellt werden solle, ist in eminenter Weise eine Verfassungsfrage. Das Rechtsstaatsprinzip im heutigen Sinne ist ein Verfassungsprinzig. Noch von der strengen konstitutionellen Doctrin ist es abgelehnt worden; ihr war das Parlament das gegebene Kontrollorgan und die Ministeranklage das Mittel ihrer Durchführung. Nach dem gegebenen Grundverhältnis zwischen Reich und Gliedstaat bleibt es prinzipiell dem freien Willen eines jeden Gliedstaats überlassen, ob er die Postulate des Verfassungs- und Rechtsstaats bei sich erfüllen, oder auf niedrigerer Stufe der Organisation verharren will. Gewiß wird eine nahe Zukunft die volle Durchführung des publizistischen Rechtsschutzes durch freie Tat aller Gliedstaaten bringen. Dann wird es an der Zeit sein, von Reichswegen auf dem Gebiete der Verwaltungsgerichtsbarkeit, analog dem Art. 4 Z. 13 Reichs-Verf. und dem GVG., großzügige Einfachheit an Stelle der Rechtszersplitterung zu setzen. Für die Gegenwart wird die Konstituierung eines RVG. zum Fortschritt auf dieser Bahn nur einladen, nicht nötigen dürfen und an dem Satze festhalten müssen: Prinzipiell kommt es dem Reiche nicht zu, den Einzelstaaten Verwaltungsgerichtsbarkeit zu oktroyieren.

Prinzipiell! Damit komme ich auf den letzten Punkt. Reichsverfassungsmäßig ist das Reich zurzeit inkompetent nur dazu, die Verwaltungsgerichtsbarkeit auf den den Einzelstaaten vorbehaltenen Verwaltungszweigen zu ordnen.[56]) Dagegen ist kein Zweifel, daß die Kompetenz des Reichs, eine gewisse „Angelegenheit" (Art. 4) durch seine „Gesetzgebung" zu regeln, das Reich „auch berechtigt, darüber zu befinden, ob die Voraussetzungen für das Eintreten der öffentlichen Rechtspflege vorliegen und zutreffendenfalls die Regelung des Verfahrens und der Instanzen zu bewirken." [57])

In richtiger Selbstbeschränkung hat das Reich diese Möglichkeit bisher nie restlos ausgenützt. Es hat — durch die oben (S. 77) mitgeteilten, ein Verf. gem. § 21 GewO. vorschreibenden, Gesetze — für gewisse Fälle lediglich bestimmt: Staaten, welche einen Verwaltungsrechtsweg haben, müssen ihn für Streitigkeiten über die und die bestimmte Rechtsnorm eröffnen, Staaten, welche ihn noch nicht haben, müssen wenigstens bei ihrem Verwaltungsverfahren eine bestimmte Organisation und ein bestimmtes Verfahren (als Minimum) einhalten.

Die Einrichtung eines RVG. würde gestatten, hier einen Schritt weiter zu gehen und zu bestimmen: Gegen die Entscheidung der II. Instanz (des einfachen Verwaltungsweges[58]) kann in den Fällen der Anwendbarkeit des § 21 GewO. Revision der Entscheidung durch das RVG. beantragt werden mit der Behauptung, die Entscheidung beruhe auf einer Verletzung des Reichsrechts.

Das wäre dann eine Ausnahme von dem Grundsatz, daß nur von Landesverwaltungsgerichten der Rechtszug ans RVG. gehen könne, und zwar eine sehr entwicklungsfähige Ausnahme. Denn bei jeder Erlassung eines neuen oder Revision eines älteren Reichsgesetzes würden (wie dies ja der Zug der neueren Gesetze ist), unter genauer Berücksichtigung aller speziellen Verhältnisse, der analogen Anwendung von GewO. §§ 20, 21 immer neue Gebiete erschlossen und der Judikatur des RVG. unterstellt werden können.[59])

Wie aber kann dabei die Einheitlichkeit des mit dem Reichsrecht zusammen anzuwendenden Landesrechts ohne Instanzenüberhäufung gewahrt werden?

---

[56]) Hänel, S. 722f., 756.

[57]) Hänel, S. 712.

[58]) Daß grundsätzlich gegen alle Verwaltungsgerichtsentscheidungen ein Rechtszug an's RVG. gehen soll, ist ja schon betont und sub a auszuführen.

[59]) Die Ausnahme ermöglicht immerhin (in der Hauptsache) nur eine erweiterte Erfüllung der ersten dem RVG. gestellten Hauptaufgabe (einheitlicher Vollzug), die zweite Hauptaufgabe (Respektierung des Reichsrechts bei der Betätigung in der landesrechtlichen Sphäre) kann nach dem im Texte Gesagten den reinen Verwaltungsbehörden gegenüber vorerst nicht durchgeführt werden.

Es ist dieselbe Schwierigkeit, die sub a) zu erörtern ist, ich werde sub b) darauf zurückkommen.

a) (Die generelle Revision der landesrechtlich letztinstanzlichen Verwaltungsgerichtsurteile.)

Die erste und hauptsächlichste Sorge bereitet die Frage: Läßt sich denn auf die bestehende partikularistische Verwaltungsgerichtsbarkeit in ersprießlicher Weise eine neue Instanz aufpfropfen?

Die Beantwortung erfordert ein Eingehen auf die Institutionen der größeren Einzelstaaten und dabei muß es ein Grundsatz sein, die Entschließungen der Staatsverwaltungsbehörden (über deren Rechtmäßigkeit die Verwaltungsgerichte entscheiden sollen) immer schon als volle Instanz zu zählen.[60]) Denn praktisch undurchführbar sind nicht nur solche Vorschläge, welche zu einer Überhäufung verwaltungsgerichtlicher Instanzen führen, sondern auch schon solche, nach denen einem mehrfachen Instanzenzuge des Verwaltungsweges auch noch ein mehrfacher des Verwaltungsgerichtsweges folgen würde. Die nur allzu häufige Gestaltung, daß der Rechtsuchende von der erstverfügenden Behörde sich beschwerdeführend an die nächsthöhere Stelle, sodann an eine Mittelstelle oder an ein Ministerium wenden muß und erst gegen diesen dritten Bescheid beim obersten Verwaltungsgericht klagen darf, bietet das Äußerste, was an Instanzenhäufung ertragen werden kann, insgesamt vier staatliche Instanzen. Das RVG. als fünfte darüber zu setzen, wäre untunlich.

---

[60]) Staatsverwaltungsbehörden in diesem Sinne sind auch Gemeindeorgane, insofern sie (im sog. übertragenen Wirkungskreis) staatliche Verwaltungsakte erlassen, also insbesondere die sog. Ortspolizei handhaben. Soweit dagegen die Vertretungen öffentlicher Verbände (Ortsgemeinden, Kirchengemeinden, Armenverbände, öffentlich-rechtliche Genossenschaften, Anstaltspersönlichkeiten aller Art) als solche Beschlüsse fassen, welche demnächst eine Parteistreitigkeit (s. oben S. 64) des Verbandes mit einem seiner Mitglieder oder einem anderen Verband auslösen, sind diese Beschlüsse in vorliegendem Zusammenhang als Parteierklärungen, nicht als „Instanz" aufzufassen: Vgl. Reger-Dyroff (oben n. 24) S. 301. Hierfür macht es keinen Unterschied, ob die Parteistreitigkeit als solche oder in der Form einer Anfechtungsklage vor die Verwaltungsgerichte kommt. Wir werden aber Anlaß haben, die Beschlüsse der Verbandsorgane als Quasi-Instanz wenigstens im Auge zu behalten. Übrigens sieht sich ja auch im Privatrecht jeder, der etwa mit einer großen Versicherungsgesellschaft zu tun hat, einer solchen Quasi-Instanz gegenüber: die Generaldirektion, deren Entschließung eingeholt werden muß. Im öffentlichen Recht ist das nur viel deutlicher. Typisch ist z. B.: Der Vorstand der Ortskrankenkasse lehnt Unterstützungsgewährung ab (Quasi-Instanz). Das Kassenmitglied ruft die Aufsichtsbehörde an (I. Gesamtinstanz unserer Zählung). Gegen deren Bescheid ist dann je nach Landesrecht verwaltungsgerichtliche Anfechtungsklage oder Klage im ordentlichen Rechtsweg in 2 Instanzen (der II. und III. unserer Zählung) möglich.

Wir fassen zunächst die Einrichtungen der Mittelstaaten Sachsen, Württemberg und Baden ins Auge.

In einfachen (d. h. unmittelbar als solche behandelten) Parteistreitigkeiten entscheidet hier ein unteres Verwaltungsgericht (Kreishauptmannschaft, Kreisregierung, Bezirksrat), gegen dessen Spruch Berufung an den zentralen Verwaltungsgerichtshof zulässig ist. Eröffnet sich künftig die Möglichkeit, die hiernach ergangenen Urteile des württembergischen und badischen Verwaltungsgerichtshofs, des sächsischen Oberverwaltungsgerichts wegen angeblicher Verletzung materiellen Reichsrechts durch Revision beim RVG. anzugreifen, so wird darin keine unzulässige Instanzenhäufung erblickt werden können, ganz abgesehen davon, daß man sich von der Häufigkeit solcher Revisionen keine übertriebene Vorstellung machen darf.

Die Anfechtungsklage im weiteren Sinne, d. h. sowohl in eigentlichen Anfechtungssachen wie in Parteistreitigkeiten, in denen sich die Klage erst gegen eine im Verwaltungswege ergangene Entscheidung richtet, ist in den drei Staaten verschieden geordnet. Es empfiehlt sich, zunächst auf das badische Recht einzugehen.

Für Baden ist zunächst typisch, daß gegen zahlreiche Verfügungen und Entscheidungen der inneren Verwaltung, welche das Bezirksamt (als solches — Einzelbeamter — oder als Kollegium der Selbstverwaltung unter dem Namen Bezirksrat) als I. Instanz erlassen hat — sei es unmittelbar, sei es als Entscheidung einer Parteistreitigkeit im bloßen Verwaltungswege — Anfechtungsklage beim Verwaltungsgerichtshof zulässig ist. (So die 6 Ziffern des § 4 und die meisten Ziffern des § 3 des bad. Gesetzes). Insoweit würde sich das RVG. als 3. Instanz dem Regelfall der badischen Anfechtungsklage aufs einfachste überordnen. Indes kommt nun ein eigentümlicher Rechtssatz hinzu. Der Kläger kann (außer in den Fällen § 3 Z. 17—30) neben[61]) der Klage beim Verwaltungsgerichtshof, mit welcher er (außer der Tatsachenermittlung) lediglich Rechtsbedenken geltend machen kann, auch zugleich Beschwerde beim Ministerium des Innern einlegen, um damit Rechts- und Interessen-(„Zweckmäßigkeits"-)bedenken geltend zu machen. Durch diese Beschwerde nun kann, aber muß nicht, eine die endgültige Entscheidung hinauszögernde neue Instanz eingeschoben werden und das Bemerkenswerte ist, daß es in der Hand des Ministeriums liegt, diese Ver-

[61]) Nicht nachher (bzgl. der Interessenbedenken), weil sonst die Beschwerdefrist, nicht vorher, weil sonst die Klagefrist ablaufen würde. Praktisch wird sehr häufig je nach Lage des Falls der eine oder andere Weg gewählt, und naturgemäß (da Rechtsbedenken relativ selten platzgreifen), häufiger der Beschwerdeweg.

zögerung zu bewirken oder zu verhindern. Das Gesetz (§ 41 Z. 8) bestimmt nämlich:

„Wird neben der Klage die vorgesetzte Verwaltungsbehörde um Entscheidung in der Sache angerufen, so ist auf deren Ersuchen, sofern die Klage nicht sofort als unzulässig zu verwerfen ist, das verwaltungsgerichtliche Verfahren bis zur Entschließung der vorgesetzten Verwaltungsbehörde in der Sache und bis auf weiteren Antrag einzustellen und die Absendung der Akten an die höhere Verwaltungsbehörde anzuordnen.“

Der Wert der Einrichtung liegt darin, daß der Rechtsuchende einer wiederholten Überprüfung der Zweckmäßigkeitsfrage nicht zu entraten braucht und doch nicht in der Lage ist, die endgültige Entscheidung um eine Instanz hinauszuschieben, sondern daß das Ministerium frei entscheidet, ob eine solche Instanzvermehrung am Platze sei. Die Regel dürfte sein, daß das Ministerium dem Streitverfahren seinen Lauf läßt. Erreicht Kläger durch dieses Aufhebung des Verwaltungsakts, so ist die Sache erledigt. Wird er abgewiesen, so eröffnet ihm das Ministerium ohne erheblichen Zeitverlust, ev. auf Grund der in der Zwischenzeit betriebenen Informationen, ob und welchen Erfolg seine Beschwerde im Punkte der Zweckmäßigkeit der Maßregel habe.

Dem typischen Bild der badischen Anfechtungsklage gegenüber entfaltet diese Einrichtung ihren Wert für unser Projekt noch nicht. Gesetzt, es hätte notwendig zuerst auf Beschwerde gegen das Bezirksamt das Ministerium und dann erst auf Klage der VGH. zu entscheiden, so würde das RVG. in die vierte Instanz rücken. Das wäre nicht sehr erfreulich aber durchaus erträglich, besonders auch deshalb, weil nur ein kleiner Bruchteil der Urteile Angriffsflächen für die reichsrechtliche Revision bieten würde.

Das badische Recht kennt nun aber auch einige Fälle, in denen notwendig die Anfechtungsklage erst gegen die zweite Instanz erhoben werden und trotzdem das Ministerium fakultativ als weitere Instanz sich einschieben kann, so daß insoweit das RVG. in die 5. Stelle (wenn auch verwaltungsgerichtlich erst 2. Stelle) rücken würde.[62] Das erscheint er-

[62]) Gegen die zweite Instanz mit fakultativer dritter (Ministerial-) Instanz richtet sich die Anfechtungsklage in manchen Fällen des Finanzwesens und des Schulwesens. Ferner in Fällen, in denen die „Entscheidung oder Verfügung“ von einem im staatlichen Wirkungskreis (s. oben n. 60) amtierenden Gemeindeorgan ausgeht (wie es vor allem in der Ortspolizei- aber auch in der Militär-, Schul-, Kirchen-, Finanz-Verwaltung vorkommt), so daß dann die Staatsbehörde (regelmäßig der Bezirksrat) auf Grund der formlosen Beschwerde des § 29 Abs. 2 der Ldesh. VO. über das Verfahren in Verwaltungssachen v. 31. Aug. 1884 als 2. Verwaltungsinstanz

träglich eben nur deshalb und insoweit, als diese Instanzenvermehrung eine vom Willen des Ministeriums abhängige ist. Eine 5. Instanz als Notwendigkeit könnte bei aller Wichtigkeit der Einheitlichkeit des Reichsrechtsvollzugs nicht als erträglich erscheinen. So aber, beim Dazwischentreten des § 41 Z. 8, kann eine künftige Vereinfachung des Instanzenwesens dem freien Willen des bad. Gesetzgebers überlassen bleiben.

Soweit sich freilich Fälle ergeben sollten, in denen das bad. Recht 3 feste Verwaltungsinstanzen der Anfechtungsklage vorausgehen läßt, müßte das Reich bei Einführung eines RVG. die Vereinfachung zur Pflicht machen (Formulierung s. unt.).

In Sachsen ist Anfechtungsklage regelmäßig erst gegeben gegen „zweitinstanzliche" Verwaltungsakte.,[63]) sei es eines Ministeriums, sei es der Kreis- oder auch Amtshauptmannschaften. Das Landesrecht hat also 3 Instanzen.[64]) Ihre Überwölbung durch eine vierte, reichsrechtliche, braucht indes um so weniger von der Hand gewiesen zu werden, als sie vielleicht Anlaß gibt, in gewissen Fällen Vereinfachungen eintreten zu lassen, etwa, nach dem badischen Vorbild, die Anfechtungsklage neben, nicht erst nach einer zulässigen Beschwerde ans Ministerium zu gewähren.

Eine — wie man zugeben wird, nicht sehr einschneidende — Vereinfachung des Aufbaus des Verwaltungswegs wird Württemberg in gewissem Grade mit Notwendigkeit zugemutet werden müssen.[65])

Auch hier bildet zwar sehr häufig das Oberamt die erste, die Kreisregierung die zweite (und im Beschlußverfahren letzte) oder die Kreisregierung die erste und das Ministerium die zweite staatliche Instanz, sodann auf „Rechtsbeschwerde", d. i. Anfechtungsklage, der Verwaltungsgerichtshof die dritte, der sich in immerhin noch erträglicher Häufung das RVG. künftig als vierte überordnen würde — nicht ohne daß von der Zukunft Vereinfachungen zu erhoffen wären. Mit etwa gleicher Häufigkeit aber sind drei

---

entscheidet. Endlich in Fällen, in denen zuerst das Bezirksamt als bureaukratisch besetzte Behörde, sodann auf erhobene Einsprache der Bezirksrat im Verwaltungswege als 2. Instanz entscheidet (§ 118 der Landesbauordnung).

Übrigens gibt es auch Fälle, in denen ein Ministerium (dasjenige „der Justiz, des Kultus und Unterrichts") selbst feste 2. Instanz ist, gegen welche sich die Anfechtungsklage richtet.

[63]) Ausnahmsweise auch schon gegen erstinstanzliche. (Vgl. Apelt (oben n. 14) n. 5 zu § 73. Daneben gibt es endgültige Entschließungen der ersten Verwaltungsinstanz s. ebenda n. 2.

[64]) Wobei in den Fällen, in denen die Form der Anfechtungsklage eine Parteistreitigkeit überdeckt, an unterster Stelle noch eine Quasi-Instanz hinzutritt (oben n. 60).

[65]) Vgl. Goez; Die Verwaltungsrechtspflege in W. 1902.

Verwaltungsinstanzen zu durchlaufen,[66]) ehe die „Rechtsbeschwerde" beim Verwaltungsgerichtshof eingelegt werden kann. Dieser Erscheinung gegenüber würde allerdings das Reichsrecht nicht vermeiden können, zwingend vorzuschreiben, daß die landesrechtliche Klage gegen die Entscheidung der zweiten Verwaltungsinstanz (= ersten Beschwerdeinstanz) zulässig sei, unbeschadet der etwa erwünschten Zulässigkeit weiterer Verwaltungsbeschwerde, neben der Anfechtungsklage, nach badischem Vorbild.

Auch dem preußischen Instanzenwesen gegenüber, um auf dieses nunmehr überzugehen, wäre eine solche Vorschrift in gewissem Umfange notwendig. Zwar hat die preußische Gesetzgebung, insoweit als Verwaltungsklage erst zulässig ist nach durchgeführtem Beschwerdeverfahren, weitgehend dafür gesorgt, daß (wie in Sachsen) gegen den Bescheid der zweiten Instanz geklagt werden kann. Insbesondere bei polizeilichen Verfügungen des Landrats, der Ortspolizeibehörde eines Stadtkreises und der Ortspolizeibehörde einer Kreisstadt von mehr als 10 000 Einwohnern spielt sich regelmäßig die Sache so ab, daß eine Behörde die Verfügung erläßt, die nächsthöhere (Regierungspräsident oder Oberpräsident) über die eingebrachte Beschwerde entscheidet und gegen deren Bescheid Klage beim Oberverwaltungsgericht zulässig ist. Das RVG. (das ja aber nur in einem kleinen Bruchteil aller Fälle angerufen würde) hätte dann die 4. Instanz zu bilden. Dabei bestände die Möglichkeit, indes nicht die Notwendigkeit, einer künftigen Vereinfachung in der mehrfach angedeuteten Art, durch Kumulierung von Klage und Beschwerde. Vereinfachungen des Instanzenzugs werden bekanntlich in Preußen ohnehin geplant.

Ist dagegen die polizeiliche Verfügung erlassen von einer Ortspolizeibehörde auf dem Lande oder einer kleineren Kreisstadt, dann entscheidet auf Beschwerde der Landrat, auf weitere Beschwerde der Regierungspräsident und dann erst auf Klage, als 4. Instanz, das Oberverwaltungsgericht. Soweit solche Einrichtungen bestehen, müßte Preußen in gleicher Weise ihre Vereinfachung durchführen, wie es von Württemberg zu fordern wäre.

Ein erstes Resultat der Erörterung ist also dieses: Zur Durchführbarkeit unserer allgemeinen Kompetenznorm erweist sich als erwünscht, ja notwendig, der Rechtssatz:

---

[66]) Ob die Beschwerden gegen Verwaltungsakte von Gemeindeorganen immer bei der Kreisinstanz endigen, gegen welche dann die Anfechtungsklage zu richten ist (bzw. das Oberamt überspringen), oder ob dies nur die Regel ist, so daß in Württemberg ausnahmsweise schon der Verwaltungsweg vier volle Instanzen hat, vermag ich nicht zu überblicken, die Literatur versagt. Eine Vereinfachung wäre in solchen Fällen nicht schwierig und gewiß nicht unzeitgemäß.

Die Gliedstaaten sind verpflichtet, ihre Bestimmungen über das Verwaltungs- und Verwaltungsgerichtsverfahren derart zu gestalten, daß der Verwaltungsrechtsweg, soweit er gegen Enscheidungen und Verfügungen der Verwaltungsbehörden überhaupt zulässig sein soll, spätestens nach Entschließung der zweiten mit der Sache befaßten Verwaltungsbehörde beschritten werden kann, unbeschadet der Möglichkeit, daneben den reinen Verwaltungs- (Beschwerde-)weg weiter zu verfolgen und unbeschadet einer Einrichtung, der Art, wie sie das badische Gesetz v. 14. Juni 1884, die Verwaltungsrechtspflege betr., in § 41 Z. 8 getroffen hat.

Dieser Satz ist ohne allzu einschneidenden Eingriff möglich gegenüber den preußischen, sächsischen, württembergischen und badischen Einrichtungen, nicht minder aber auch, wie sich in der Folge zeigen wird, gegenüber den bayerischen.[67])

Nicht vor den Komplikationen des Verwaltungswegs braucht unser Reformvorschlag teilweisen Halt zu machen.

Es ist eine ganz andere und ernsthaftere Schwierigkeit, welche die preußische Verwaltungsgerichtsbarkeit in ihrem gegenwärtigen Zustand der Überwölbung durch ein RVG. entgegenstellt: die Häufung der verwaltungsgerichtlichen Instanzen.

Es gibt zahlreiche Fälle, in denen (sowohl in Parteistreitigkeiten wie in Anfechtungssachen) nicht nur zwei Verwaltungsgerichte[68]) zu entscheiden haben (wie das ja auch in Sachsen, Württemberg, Baden vorkommt), sondern drei.

1. Wer sich durch eine polizeiliche Verfügung einer Ortspolizeibehörde auf dem Lande oder einer zu einem Landkreise gehörigen Stadt von 10 000 oder weniger Einwohnern in seiner Rechtssphäre verletzt glaubt, der kann auch auf den soeben beschriebenen Beschwerdeweg verzichten und statt dessen sofort Anfechtungsklage beim Kreisausschuß erheben, von dem die Berufung an den Bezirksausschuß, die Revision an das OVG. führt. Das sind

---

[67]) Sollte indes an ihm Anstoß genommen werden, dann könnte er zur Not auch entbehrt werden, um einer allgemeineren Anwendbarkeit des im Text weiter unten vorgeschlagenen einschränkenden Satzes Platz zu machen, wonach die Revision nicht statthaben soll, wenn das RVG. fünfte Instanz sein würde.

[68]) Bezirksausschuß und auf Berufung OVG. oder Kreisausschuß und, auf Berufung der Bezirksausschuß ausnahmsweise endgültig (v. Brauchitsch n. 164 zu LVG.) In diesen Ausnahmefällen für die wiederum seltenen Fälle, daß Verletzung von Reichsrecht behauptet werden kann, gegen das Urteil des Bezirksausschusses Revision beim RVG. zu gestatten, kann Bedenken schwerlich erregen.

drei verwaltungsgerichtliche, im ganzen aber vier Instanzen, denen sich das RVG. als eine fünfte füglich nicht überordnen ließe.

Eine Änderung dieser Einrichtung wäre also erwünscht, dürfte auch, da sie in der Praxis seltener benutzt wird, schwerlich auf Widerstand stoßen, sei es, daß man sie überhaupt kassiert, sei es, daß man sie um eine Instanz vereinfacht.

2. Auch in allen anderen Verwaltungsstreitsachen, in denen in erster Instanz der Kreisausschuß entscheidet, führt (wenige Ausnahmen abgerechnet) Berufung an den Bezirksausschuß, Revision an das OVG. Nicht in allen diesen Fällen erscheint die Überordnung eines RVG. schlechthin untunlich. Nämlich dann nicht, wenn der Kreisausschuß überhaupt die erste Instanz ist, welche — nach den Ideen Gneists — unmittelbar in den Formen des Verwaltungsstreitverfahrens eine Verfügung zu erlassen hat, wie im Falle des § 119 des Zuständigkeitsgesetzes.[69]) Es entsteht dann zwar durch Hinzutritt des RVG. als vierte Instanz eine Hypertrophie an Verwaltungsgerichtsbarkeit, aber keine derartige, daß das Reichsgesetz es nicht der Landesgesetzgebung überlassen könnte, ob und wie abzuhelfen sei.

Aber: α) in allen Fällen, in denen beim Kreisausschuß Anfechtungsklage gegen eine von ihm selbst[70]) oder von einer als staatliche Behörde fungierenden Gemeindebehörde erlassene Entscheidung oder Verfügung erhoben werden kann, würde das RVG. die fünfte volle Instanz bilden, was nicht erträglich wäre.

β) In den Fällen, in denen Parteistreitigkeiten öffentlicher Verbände vor den Kreisausschuß als Verwaltungsgericht gehören, würde das RVG. zwar nur die vierte Instanz sein, indes doch die vierte des schwerhinwandelnden Streitverfahrens.

Das erscheint hier untunlich, einmal wegen der geringeren Wichtigkeit der Gegenstände und sodann, weil die vorausgehende Quasi-Instanz doch auch als verzögernde Station gewürdigt werden muß.[71])

---

[69]) Während im Falle des § 114 der Bezirksausschuß zweite und letzte Instanz ist, der künftig das RVG. als dritte übergeordnet wäre.

[70]) Anfechtungsklage der Sache nach, nicht der Form nach. Das Gesetz sagt z. B.: „Gegen den Beschluß des Kreisausschusses findet innerhalb 2 Wochen der Antrag auf mündliche Verhandlung im Verwaltungsstreitverfahren statt" (ZustGes. § 91, Abs. 2). Es müssen aber hier, wo es sich um Promptheit oder Weitläufigkeit handelt, die zwei Beschlüsse des Kreisausschusses als zwei volle „Instanzen" zählen. — Über ähnliche Einrichtungen in Baden s. oben n. 62.

[71]) Z. B. ZustGes. § 27 (Entscheidung des Gemeindevorstandes), § 44 (Entscheidung des Gutsvorstehers oder des Vorsitzenden der Vertretung des Gesamtarmenverbandes).

γ) Insofern endlich der Kreisausschuß als Verwaltungsgericht zu entscheiden hat in Streitigkeiten von Privatpersonen darüber, welcher von ihnen eine bestimmte öffentlich-rechtliche Verbindlichkeit obliege,[72]) stehen gleichfalls zurzeit nur drei Instanzen zur Verfügung, so daß das RVG. die vierte wäre. Aber auch in diesen Fällen sind vier im Verwaltungsstreitverfahren prozedierende Instanzen unzweifelhaft zuviel, wenn man bedenkt, daß für die schwierigsten Handelsprozesse nur drei Instanzen (Landger., — OLG. — Reichsgericht) zur Verfügung stehen, und daß die dritte und vierte Instanz (OVG. und das RVG.) angerufen durch Revision und reichsrechtliche Superrevision sich ja lediglich mit der Rechtsfrage zu befassen hätten.[73])

So gelangen wir zu dem Ergebnis: Eine einfache Überordnung des RVG. als reichsrechtliche Revisionsinstanz erscheint untunlich in allen Fällen, in denen der Kreisausschuß als erste verwaltungsgerichtliche Instanz über Parteistreitigkeiten oder Anfechtungsklagen gegen einen vorher im Verwaltungsverfahren ergangenen Verwaltungsakt zu entscheiden hat und gegen seine Entscheidung Berufung, gegen das Berufungsurteil Revision ans OVG. zulässig sind.

Hier muß entweder Preußen seine Einrichtungen ändern oder auf volle Durchführung unseres Reformgedankens teilweise verzichtet werden.

In dem ad 1 erwähnten Fall kann Preußen ohne weiteres[74]) die Abänderung zugemutet werden, nicht so in den ad 2 α—γ erwähnten Fällen. Man kann nicht schlechthin fordern, daß das Verfahren künftig im Bezirksausschuß landesrechtlich sein Ende finden solle, denn die Revision ans OVG. ist das unverzichtbare Mittel der Aufrechterhaltung einheitlicher Anwendung preußischen Rechts in der ganzen Monarchie. Man kann auch nicht schlechthin die Aufhebung aller Verwaltungsgerichtsbarkeit der Kreisinstanz fordern, so sehr sich dieses Mittel im allgemeinen empfehlen dürfte, denn es müßte dann im Interesse des Rechtsschutzes gegen das Urteil des Bezirksausschusses als erster Gerichtsinstanz Berufung (nicht bloß Revision)

---

[72]) Z. B. zur Räumung von Wasserläufen, ZustGes. § 66 Z. 3.

[73]) Wobei man sich nicht trösten darf mit dem Gedanken, daß derartige Parteistreitigkeiten sich völlig in der Sphäre des Landesrechts abspielen und keinen Anlaß zur reichsrechtlichen Revision geben können. Denn einmal kann man das doch nicht so völlig übersehen und sodann darf doch der unterliegenden Partei nicht die Möglichkeit gegeben werden, in bloßer Verschleppungsabsicht unter einem Vorwand die Reichsinstanz anzurufen.

[74]) D. h. ohne daß die hier nicht zur Diskussion stehende und überaus schwierige Frage einer Vervollkommnung und Vereinfachung der preußischen Verwaltungsgerichtsbarkeit angeschnitten werden müßte.

an das OVG. gewährt werden,[75]) wie das ja auch heute schon gegenüber erstinstanzlichen Bezirksausschußurteilen die Regel ist. Dadurch würde aber die Zahl der Fälle, in denen das ohnehin stark belastete OVG. als (mit Tatbestandsfeststellung befaßtes) Berufungsgericht tätig zu werden hätte, recht beträchtlich vermehrt werden.

Doch dem möge sein, wie ihm wolle, jedenfalls ergibt sich aus Vorstehendem, daß, wenn man darauf besteht, eine wirksame und für die Verwaltungspraxis doch nicht lähmende Reichskontrolle der partikularen Verwaltungsgerichtsbarkeit, soweit sie Reichsrecht handhabt, restlos durchzuführen, unvermeidlich zugleich auch das technisch und mehr noch politisch überaus schwierige Werk der preußischen Verwaltungsreform in Angriff genommen werden müßte. Eine solche Verquickung zweier Reformen wirkt immer verschleppend für beide, in diesem Falle würde sie einem völligen Verzicht gleichkommen. Es gibt hier nur zwei Möglichkeiten: entweder eine vollkommene Überwölbung der partikularen Verwaltungsgerichtsbarkeit herbeizuführen Hand in Hand mit einer Reform des preußischen Rechts — das bedeutet Vertagung ad calendas graecas — oder aber bei der ersten Einrichtung gewisse Mängel und Unvollkommenheiten mit in Kauf zu nehmen, in gutem Vertrauen darauf, daß die Reichsverwaltungsgerichtsbarkeit im Laufe der Zeit gleichermaßen von einer lückenhaften und unvollkommenen zu einer immer allgemeineren und klareren emporwachsen werde, wie die Reichsjustizgerichtsbarkeit.

Gewiß darf man sich immer vor Augen halten: Wenn die preußische Regierung, welche zugleich die Reichsregierung ist, für das Projekt eines RVG. mit generell umschriebener Zuständigkeit nicht zu gewinnen ist, dann unterbleibt die ganze Reform, setzt sie sich aber dafür ein, dann wird sie auch nicht zögern, so sehr als möglich den preußischen Instanzenzug derart zu reformieren, daß er einen geeigneten Unterbau für ein RVG. bildet. Indes einmal doch nur so sehr als möglich; und wer findet sobald den Weg, auf dem der Umbau sowohl verwaltungstechnisch als auch politisch möglich ist? Und außerdem mutet der hier gemachte Vorschlag der preußischen Reichsfreudigkeit ohnehin schon mancherlei Dinge zu, die gewissen Kreisen in dem Maße als große Zugeständnisse erscheinen werden, in denen sie mir selbst, gemessen an der ideellen Größe des Reichsgedankens, als klein erscheinen. Nämlich: In einem Punkte unmittelbar eine Vereinfachung des Instanzenweges, allgemein eine neue Instanz, die in den, wenn auch

---

[75]) Vgl. Koehne, Zur Vereinfachung der Rechtsmittel gegen polizeiliche Verfügungen, Preuß. Verw.bl. 1909 Nr. 42.

relativ seltenen Fällen,[76]) in denen sie angerufen wird, eine gewisse Verlangsamung der Verwaltungstätigkeit bewirkt, endlich und vor allem eine teilweise Unterordnung des ruhmreichen und in verdienter höchster Autorität stehenden preußischen OVG. unter das neue RVG.

Das Gute muß hier der Feind des Besseren sein. Ich schlage deshalb den Satz vor:

Insoweit das RVG., unter Einrechnung der im vorangehenden Verwaltungsverfahren beschließenden staatlichen Behörden[77]), die fünfte Instanz, oder in den Fällen, in denen Parteistreitigkeiten (im materiellen Sinn) zur Entscheidung stehen, die vierte im Verwaltungsstreitverfahren prozedierende Instanz wäre, findet das Rechtsmittel der Revision beim RVG. nicht statt.[78])

Die Unvermeidlichkeit einer solchen allerdings recht unerfreulichen indes nicht allzu umfangreichen Durchlöcherung des Prinzips leuchtet noch mehr ein, wenn man das bayerische Recht in Betracht zieht.

Das bayerische Recht[79]) kennt zwei Gruppen von Verwaltungsrechtssachen. Die erste Gruppe (Art. 8 und 9 des Ges.) zeigt, allerdings nicht in der Behördenorganisation, bei der das Laienelement (verschwindende Aus-

---

[76]) Von Juristen wird man den Einwand nicht befürchten müssen: Ein oberster Gerichtshof, dessen Hilfe voraussichtlich relativ selten angerufen werde, erweise sich dadurch als entbehrlich. Ein Obergericht rechtfertigt seine Existenz durchaus nicht durch die Quantität, sondern durch die Autorität seiner wohlbegründeten Sprüche, denen sich die Praxis im ganzen Reiche anpaßt.

[77]) Welche auf höchstens zwei dem Gerichtsverfahren vorgehende zu vermindern nach dem weiter oben Ausgeführten den Gliedstaaten zur Pflicht gemacht werden soll.

[78]) Andere Auswege, an die man denken könnte, erweisen sich als ungangbar. Man könnte das preuß. OVG. selbst als RVG. einsetzen wollen. Das würde aber die Zustimmung der übrigen Bundesstaaten schwerlich finden, schon deshalb nicht, weil dann das RVG. ausschließlich oder ganz überwiegend mit ehemals preußischen Beamten besetzt werden müßte. Auch wäre das nur ein Ausweg gegenüber den Schwierigkeiten, welche die preußischen nicht auch gegenüber denjenigen, welche die bayerischen Einrichtungen (s. im Texte weiter unten) verursachen.

Eine andere Möglichkeit: Gegen das Urteil des Bezirksausschusses kann Revision beim OVG. nur wegen angeblicher Verletzung von preuß. Recht und gleichzeitig Revision beim RVG. nur wegen angeblicher Verletzung von Reichsrecht eingelegt werden. Das wäre aber praktisch zu umständlich, allein schon wegen der Akten, da sie hin und her wandern, im Verhältnis zum bayer. VGH., der seinen Sitz in München hat, sogar doppelt (mit den Bei- und Vorakten!) beschafft werden müßten.

[79]) Vgl. Reger-Dyroff a. a. O. bes. S. 193 ff., 209 ff.

nahmen abgerechnet) fehlt, wohl aber in der Kompetenzzuweisung eine weitgehende Verwirklichung der Gneistschen Ideen. In allen diesen Verwaltungsrechtssachen wird nämlich von der ersten damit befaßten Behörde sofort im Verwaltungsstreitverfahren prozediert. Die letzte Instanz bildet der Verwaltungsgerichtshof, der indes (im Gegensatz zu den Unterinstanzen) immer nur die Rechtsfrage und die Tatsachenermittlung, nie die Interessenfrage prüfen darf. Die Regel ist, daß der Verwaltungsgerichtshof die dritte oder auch nur zweite Instanz ist, die mit der Sache befaßt wird, es kommt aber auch vor, daß er die vierte ist. Die meisten Verwaltungsrechtssachen dieser Gruppe sind der Sache nach „Parteistreitigkeiten", die übrigen sind Streitigkeiten zwischen dem Rechtssuchenden und einer Staatsbehörde unmittelbar, also „Anfechtungssachen".[80]) Ersterenfalls würde also bei der Einrichtung eines RVG. der soeben vorgeschlagene Rechtssatz die Revision ans RVG. abschneiden in allen den Fällen, in denen das schwer berechenbare Zusammenspiel der bayerischen Zuständigkeitsbestimmungen zu drei verwaltungsgerichtlichen Instanzen führt, sie dagegen offen lassen, in allen den Fällen, in denen nur Distriktsamt[81]) und Verwaltungsgerichtshof oder nur Kreisregierung und Verwaltungsgerichtshof zur Prozeßentscheidung berufen sind.

Letzterenfalls (wenn sich nicht zwei unterstaatliche Rechtspersönlichkeiten, sondern eine solche und unmittelbar der Staat selbst gegenüberstehen) würde unser Vorschlag die Reichsrevision dann abschneiden, wenn der bayerische Gesamtinstanzenzug vier Instanzen mit der Sache befaßt, also insbesondere: ein in staatlicher Funktion (im „übertragenen Wirkungskreis") amtierendes Gemeindeorgan — das Bezirksamt — die Kreisregierung — den Verwaltungsgerichtshof. Diese Fälle dürften an Zahl weit zurückstehen hinter der Regel, daß nur drei Instanzen zur Verfügung stehen, zu denen das RVG. als vierte hinzutreten zu lassen zwar etwas störend, aber erträglich ist und den bayerischen Gesetzgeber zu freiwilligen Vereinfachungen anspornen mag.

---

[80]) Das bayerische Recht selbst markiert den Unterschied nicht (wie dies übrigens auch der § 3 des bad. Gesetzes nicht tut). Wenn es (Art. 8, Z. 3) „alle bestrittenen Rechtsansprüche und Verbindlichkeiten" in der „Angelegenheit": „Freizügigkeit und Aufenthalt" zu den „Verwaltungsrechtsachen" zählt, so fallen darunter sowohl die Parteistreitigkeiten zwischen einem Neuanziehenden und einer Ortsgemeinde, als auch die (allerdings dann erst in der Berufung prozessual zum Vorschein kommende) Anfechtung einer von der Staatsbehörde eröffneten (und zwar schon in der Form eines verwaltungsgerichtlichen Bescheides eröffneten) polizeilichen Aufenthaltsbeschränkung.

[81]) Distriktsämter = Bezirksämter und Magistrate der unmittelbaren Städte als Staatsverwaltungsbehörden.

Die zweite Gruppe von Verwaltungsrechtsachen (Art. 10, 11 des bayer. Gesetzes) zeigt formell das Bild von Anfechtungsklagen („Beschwerden") „gegen Beschlüsse oder Verfügungen der Kreisregierungen, Kammern des Innern oder der Finanzen, des Oberbergamts oder der Generaldirektion der Zölle und indirekten Steuern". Über diese Anfechtungsklage entscheidet der Verwaltungsgerichtshof als einzige verwaltungsgerichtliche Instanz. Unser Ausnahmesatz nun ist seinem Zwecke nach nur auf mehrinstanzliche Verwaltungsgerichtsbarkeit gemünzt, soll also für die Regel dieser zweiten Gruppe von Rechtsachen gegenüber keine Anwendung finden. Dagegen kommt hier wieder in Frage, ob und inwieweit Bayern seinen Verwaltungsweg vereinfachen müßte, um einer Reichsinstanz Raum zu gönnen.

Auch bei dieser Gruppe sind Anfechtungsklagen und Parteistreitigkeiten ununterschieden gleich behandelt. Ersterenfalls (Streitigkeit zwischen Rechtsuchenden und Staat unmittelbar, z. B. Art. 10 Z. 1—4, 16) ist der Verwaltungsgerichtshof regelmäßig dritte, manchmal zweite, nicht allzu selten wohl indes auch vierte Gesamtinstanz. Es wird Bayern ebenso, wie Preußen, Württemberg, Baden der oben formulierte zwingende Rechtsatz zugemutet werden dürfen, solche Vereinfachungen neu einzuführen, daß der VGH. niemals höhere als dritte Gesamtinstanz ist.

Letzterenfalls (Streit zwischen zwei unterstaatliche Personen) sind dem VGH. recht häufig zwei Verwaltungsinstanzen untergebaut: Distriktsbehörde und Kreisregierung, so daß das RVG. zur vierten Instanz würde. Für solche Fälle wurde nun aber vorhin auch Württemberg und Preußen gegenüber keine Vereinfachung zwingend erfordert, denn hier handelt es sich nur um Häufung von Verwaltungs- nicht von (umständlicher prozedierenden) Verwaltungsgerichtsinstanzen.

Sollte es zurzeit Fälle geben, in denen Bayern ausnahmsweise auch bei Parteistreitigkeiten drei volle Staatsinstanzen dem Verfahren beim VGH. vorausgehen läßt, so würde unser Ausnahmesatz die Reichsrevision ausschließen.

Elsaß-Lothringen und Hessen kennen im wesentlichen eine Administrativjustiz nur in Parteistreitigkeiten. Sie ist aufgebaut in zwei Instanzen[82]) und dürfte der vorgeschlagenen, durch einen zwingenden und einen einschränkenden Satz modifizierten Kompetenznorm keine Schwierigkeiten entgegensetzen.

---

[82]) Wiewohl in Hessen (und Meiningen) drei Stufen von Verwaltungsgerichten bestehen.

Das gleiche gilt von Braunschweig und Sachsen-Koburg-Gotha, die nur eine einzige Verwaltungsgerichtsinstanz haben und von Sachsen-Meiningen, Lippe und Oldenburg, deren Verwaltungsrechtspflege in zwei Instanzen aufgebaut ist.

Auf Grund dieser Kompetenznorm (s. dagegen sub b) würden dem RVG. überhaupt keine Prozesse erwachsen aus: Beiden Mecklenburg, Sachsen-Weimar, Sachsen-Altenburg, beiden Schwarzburg, beiden Reuß, Schaumburg-Lippe und den drei Hansestädten, weil diese Staaten überhaupt noch keine Verwaltungsrechtspflege bei sich eingeführt haben (das Aufsichtsrecht des Reiches hier also wirksam werden könnte).

Es bleibt übrig: Anhalt, welches trotz seines kleinen Umfangs eine Verwaltungsrechtspflege in drei Instanzen hat.

Die Frage, ob die mit Rücksicht auf Preußen und Bayern vorgeschlagene Durchbrechung der allgemeinen Reichskompetenz auch diesem Kleinstaate zugute kommen sollen, oder ob ihm eine Vereinfachung seiner Einrichtungen zwingend aufzuerlegen wäre, entbehrt der grundsätzlichen Bedeutung.

Man wird überhaupt den Standpunkt einnehmen dürfen: Wenn die vorgeschlagene Reform in den vier Königreichen durchführbar ist, dann darf sie nicht scheitern an etwaigen Schwierigkeiten, die sie im Verhältnis zu dem einen oder anderen der übrigen Staaten oder des Reichslandes bereitet.

b)

(Die spezielle reichsverwaltungsgerichtliche Revision gewisser Entscheidungen der Landesverwaltungsbehörden.) Während die bisher erörterte Kompetenzbestimmung dazu dienen soll, die partikulare Verwaltungsgerichtsbarkeit durch ein RVG. zu krönen, sind nunmehr noch die, schon aufgezählten,[83]) an Zahl und Gegenstand sehr erheblichen Rechtsfälle zu erörtern, bei denen gewagt werden kann, Entscheidungen der tätigen Verwaltung der Reichsrevision zu unterwerfen.

Die Staaten mit Verwaltungsrechtspflege weisen nahezu alle Entscheidungen, für welche das Reich ein Verfahren gemäß §§ 20, 21 GewO. unmittelbar oder als Surrogat anordnet, auf den Verwaltungsgerichtsweg, so daß es sich nach den sub a erörterten Regeln zu richten hätte, ob Reichsrevision statthaft ist.

Die hier zu erörternden Kompetenzbestimmungen treffen demnach hauptsächlich, wenn auch nicht ausnahmslos, diejenigen Gliedstaaten, welche

[83]) Oben S. 76 f.

überhaupt noch keine Verwaltungsrechtspflege organisiert haben. Als Grundsatz schlage ich vor:

Der Revision durch das RVG. unterliegen die im einfachen Verwaltungswege ergangenen landesrechtlich nicht im Verwaltungsstreitverfahren anfechtbaren Verfügungen und Entscheidungen zweiter Instanz, welche kraft reichsrechtlicher Vorschrift in einem nach den Grundsätzen der §§ 20 und 21 der Reichsgewerbeordnung gestalteten Verfahren zu erlassen sind.

Schwierigkeit bereitet hier wiederum die Tatsache, daß das Landesrecht selbst schon — unter Zulassung der einschlagenden Reichsgesetze, die ja nur Mindestanforderungen stellen — in großem Umfang eine dritte Instanz kennt, nämlich in der Regel das, in geregelter oder auch formloser Beschwerde anzurufende Ministerium, und daß auf diesen Rekurs an höhere Stelle weder im Interesse des Rechtsuchenden noch im Interesse der Verwaltung schlechthin verzichtet werden kann. Im Interesse des Rechtsuchenden nicht, weil er nur mit dieser Beschwerde die nochmalige Überprüfung der Zweckmäßigkeits- und Interessenfragen herbeiführen kann, im Interesse der Verwaltung nicht, weil eine solche Beschwerdemöglichkeit der Oberbehörde erheblich besser und zuverlässiger die Wahrung gleichmäßiger Verwaltungstendenzen und gleichmäßiger Anwendung des Landesrecht verbürgt, als die spontane Oberaufsichts- und Instruktionstätigkeit.

Auch hier scheint mir wieder jener § 41 Z. 8 des badischen Verwaltungsrechtspflegegesetzes den Ausweg zu zeigen. Ich gelange demnach zum Vorschlag eines weiteren Satzes folgenden Inhalts:

Insofern nach Landesrecht gegen die Entscheidung zweiter Instanz weitere Beschwerde eingelegt werden kann, hat das RVG. auf ausdrückliches Ersuchen der zur Entscheidung dieser Beschwerde berufenen Landesbehörde das Verfahren bis zur Entschließung dieser Behörde in der Sache und bis auf weiteren Antrag einzustellen und die Absendung der Akten an die höhere Verwaltungsbehörde anzuordnen.[84])

Aus diesen beiden Sätzen könnte dem RVG. eine große und ersprießliche und doch nicht störend in den Aufbau der Landesverwaltung ein-

[84]) Die Einschränkung des bad. § 41 Z. 8: „sofern die (Klage, hier zu setzen) Revision nicht sofort als unzulässig zu verwerfen ist“, wäre zu übernehmen, insofern in die, in diesem Gutachten absichtlich noch nicht erörterten, Vorschriften über das Verfahren des RVG. eine dem bad. § 41 Z. 6 analoge Bestimmung aufgenommen würde Z. 6 besagt: „Ist die Klage an sich unstatthaft oder nicht in der gesetzlichen Form oder Frist eingereicht, so ist sie durch den VGH. von Amtswegen — in der Regel ohne mündliche Verhandlung — als unzulässig zu verwerfen.“

greifende Revisionstätigkeit erwachsen. Künftige Reichsgesetze dürften dabei nicht versäumen, in allen geeigneten Fällen dem §§ 44 BGB., § 2 Abs. 2 Reichsvereinsges. usw. analoge Vorschriften zu erlassen.

Beispielsweise könnte für Verwaltungsstreitigkeiten aus dem Gebiete des Zoll- und Reichssteuerwesens die Vorschrift getroffen werden, daß diese entweder im Verwaltungsstreitverfahren zu entscheiden wären, von wo aus sie dann nach Maßgabe der sub a) gemachten Vorschläge an das RVG. zu erwachsen vermöchten — oder in einem den Mindestanforderungen der §§ 20, 21 GewO. konformen Verfahren[85]) mit Revision der zweitinstanzlichen Entscheidung durch das RVG. und Möglichkeit gleichzeitiger weiterer Beschwerde.

Eine solche Neuordnung dürfte sogar in unmittelbarem Anschlusse an das hier vorgeschlagene Gesetzeswerk am Platze sein, denn das Verfahren in reichsrechtlichen Finanzstreitigkeiten liegt zurzeit sehr im Argen. Sorgfalt hat die Reichsgesetzgebung in üblicher Weise (s. oben IV 1.) nur dem Finanzstrafverfahren zugewendet, und zwar größere als dem Polizeistrafverfahren. Nach GVG. § 136 Abs. 2 kann die Revision von Berufungsurteilen der Strafkammern in Strafsachen wegen Zuwiderhandlungen gegen die Reichsabgabengesetze durch die Staatsanwaltschaft dem Reichsgericht zugewiesen werden, so daß insoweit die Einheitlichkeit der Auslegung gewahrt ist. Das Verfahren indes, in dem unabhängig von einem Strafverfahren Zoll- und Steuerauflagen bestritten oder Zahlungen zurückgefordert werden können, ist nur ausnahmsweise geregelt. Das Erbschaftssteuergesetz,[86]) das Reichsstempelgesetz und das Wechselstempelgesetz[87]) eröffnen solchen Streitigkeiten den Rechtsweg und in diesem ohne Rücksicht auf den Wert des Streitgegenstandes die Revision an das Reichsgericht. In allen anderen Fällen[88]) richtet es sich nach dem Landesrecht, ob eine solche Streitigkeit im einfachen Verwaltungswege — dies dürfte die Regel sein[89]) — oder

---

[85]) Wobei die kollegiale Entscheidung künftig wohl den Zoll- und Steuerdirektionen als zweiter Instanz zufallen würde.

[86]) Ges. v. 3. Juni 1906 § 57. Daneben kann der Erbschaftssteuerbescheid auch mit Beschwerde und weiterer Beschwerde gem. § 46 angefochten werden. Vgl. über diese Kumulierung Zimmermann, Kommentar S. 261 ff.

[87]) Beide jetzt vom 15. Juli 1909 § 94 bzw. § 17, dazu § 101 Z. 6 GVG. i. d. Fassung v. 1. Juni 1909.

[88]) Vgl. Gg. Meyer VerwR. II. S. 220, 313 ff. Laband IV. 439.

[89]) Ausdrücklich auf den Verwaltungsweg verweist das Vereinszollgesetz § 12 diejenigen Streitigkeiten über die Zollpflicht, bei denen es sich nur um Anwendung des Tarifs im Einzelfall handelt.

im Verwaltungsstreitverfahren[90]) oder im ordentlichen Rechtsweg[91]) entschieden wird. Letzterenfalls ist (wegen der Revisionssumme) nur ausnahmsweise, im zweiten Fall überhaupt nicht, im ersten Fall lediglich durch das allgemeine Beaufsichtigungsrecht des Reiches die Einheitlichkeit des Vollzugs der Reichsabgabengesetze gewahrt.

Die vorgeschlagene Neuordnung, die allerdings die Existenz eines RVG. zur Voraussetzung hätte, würde dieser wenig erfreulichen Verwirrung ein Ende bereiten.

Auch sonst könnte natürlich dem einmal vorhandenen RVG mancherlei neue ev. auch Tatbestands- und Ermessungsfragen betreffende Reichsverwaltungsjudikatur übertragen werden. Z. B. Entscheidungen gemäß § 8 Abs. 4 des Telegraphenwege-Ges. v. 18. Dezember 1899; gemäß § 10 des Ges. über das Auswanderungswesen v. 9. Juni 1897;[92]) in dem unten, VI. 5. d) erörterten Fall.

VI.

Nächstliegende Aufgabe eines RVG. wäre es, möglichst viel der heute schon bestehenden Reichsverwaltungsgerichtsbarkeit[93]) in sich aufzunehmen.

1. Die umfassendste Verwaltungsgerichtsbarkeit handhabt das Reichsversicherungsamt, welchem zugleich als einer Zentralverwaltungsbehörde des Reichs die Durchführung der Unfall- und Invalidenversicherung obliegt.

Sehen wir von der geplanten Reform des Arbeiterversicherungsrechts zunächst ab, so wäre auf diesem Gebiete eine Erweiterung der Reichsgerichtsbarkeit in doppelter Richtung erforderlich. Einmal müßte die Zuständigkeit der Landesversicherungsämter zur selbständigen Endentscheidung eines Teils der Rekurse gegen die Urteile der Schiedsgerichte in Unfallversicherungssachen im Interesse der Rechtseinheit gänzlich beseitigt werden. Sodann aber müßte die im vorigen Abschnitt vorgeschlagene generelle Erweiterung der Reichsverwaltungsgerichtsbarkeit auch für das Versicherungsrecht ihre Früchte tragen. Die vorgeschlagenen generellen Sätze würden bewirken, daß gegen eine Fülle bisher letztinstanzlicher Verwaltungsgerichts- (V. a) und auch Verwaltungsentscheidungen (V. b) aus dem Ge-

---

90) Dieses eröffnen durch eine Generalklausel: Württemberg und Baden.

91) Den in Preußen in gewissem Umfang die §§ 9 u. 10 des Ges. betr. die Erweiterung des Rechtsweges v. 24. Mai 1861 eröffnen. Vgl. Otto Stölzel, Rechtsweg und Kompetenzkonflikt in Preußen (1901) S. 136 ff.

92) Ähnlich Friedrichs VerwArch. VI. S. 548.

93) Oben S. 73. Laband I. 394—401.

biete des Arbeiterversicherungsrechts, insbesondere der Krankenversicherung künftig reichsrechtliche Revision eingelegt werden könnte.

Über diese Revision nun dürfte ersichtlich nur dasjenige höchste Reichsgericht entscheiden, welches auch zur Entscheidung der bisher schon in Reichsgerichtsbarkeit erwachsenden Versicherungssachen zuständig ist; d. h. diese ganze oberste Judikatur in Arbeiterversicherungssachen müßte entweder dem RVA. oder dem RVG. zugewiesen werden. Daß die letztere Alternative die richtige ist, braucht nicht besonders dargetan zu werden.[94]) Ob danach das RVA. seine reinen Verwaltungsgeschäfte an eine Abteilung des Reichsamts des Innern abgeben könnte und aufzulösen wäre, ist hier nicht zu erörtern.

Viel einfacher und besser wird die Zentralisierung der Judikatur der Arbeiterversicherung durchgeführt, wenn, wie zu hoffen, die auf das Streitverfahren bezüglichen Sätze des vom Reichsamt des Innern veröffentlichten Entwurfs einer Reichsversicherungsordnung Gesetz werden.

Der Entwurf bietet unter Verzicht auf die Mitwirkung der allgemeinen Landesverwaltungsbehörden und Landesverwaltungsgerichte eine abschließende Regelung des Verfahrens für alle auf dem Gebiete des Arbeiterversicherungsrechts möglichen Rechtsstreitigkeiten. Diese sollen ihre letztinstanzliche Entscheidung finden in einem Spruch des RVA. oder eines Landesversicherungsamts oder auch in manchen Fällen schon eines „Oberversicherungsamts". Die Oberversicherungsämter aber sollen „an die veröffentlichten grundsätzlichen Entscheidungen der Spruchsenate des Reichsversicherungsamts und des übergeordneten Landesversicherungsamts gebunden" sein (§ 1737). Und die von einzelnen Gliedstaaten freiwillig errichteten Landesversicherungsämter sollen zwar das RVA. künftig im *ganzen* Umfang seiner Spruchtätigkeit ausschalten und damit entlasten, dafür aber an seine Spruchpraxis gebunden sein: Will ein Spruchsenat eines Landesversicherungsamts von einer Entscheidung des RVA. abweichen, so hat er die Sache unter Begründung seiner Rechtsauffassung an den Großen Senat des RVA. zu verweisen (vgl. § 1754 Abs. 2).

Vorschlag: Die dem RVA. zugewiesene Verwaltungsgerichtsbarkeit geht auf das RVG. über.[95])

[94]) Übereinstimmend *Schultzenstein* S. 15, *Friedrichs* VerwArch. VI. S. 547.

[95]) An das RVG. ginge künftig auch die reichsrechtliche Revision gegen die Sprüche des preußischen Oberschiedsgerichts in Knappschaftsangelegenheiten (§§ 186 f ff. d. pr. Allg. Berggesetzes v. 24. Juni 1865 i. d. Fassung v. 19. Juni 1906), denn das Oberschiedsgericht ist Verwaltungsgericht im Sinne der oben, V.a, erörterten Kompetenzregel.

2. Ungeeignet zur Übertragung an das RVG. sind dagegen die verwaltungsgerichtlichen Kompetenzen des verstärkten Aufsichtsamts für Privatversicherung, gem. § 74 Abs. 2 des Ges. v. 12. Mai 1901, denn dieses mit Spezialsachverständigen besetzte Kollegium hat in seinen Rekursentscheidungen neben der Rechtsmäßigkeit zugleich auch die Zweckmäßigkeit der angefochtenen Maßregel zu überprüfen. Umgekehrt müßte die, an sich aus unserem Vorschlag ad V. b zusammen mit § 84 des Ges. über die priv. Vers.-Unt. dem RVG. erwachsende Kompetenz diesem ausdrücklich entzogen werden, um eine Doppeljudikatur zu vermeiden. Es wäre richtig, insoweit statt des RVG. das Aufsichtsamt als Revisionsgericht einzusetzen; indes ist dies eine Spezialfrage, die hier nicht interessiert.

3. Auch die Reichs-Rayon-Kommission ist wesentlich Militärverwaltungsbehörde und nur zum Teil Verwaltungsgericht. Sie hat über Beschwerden gegen die von den Festungskommandanturen in Rayonangelegenheiten erlassenen Bescheide zu entscheiden und dabei nicht nur die Rechts- und Tatfragen, sondern auch die Ermessensfragen zu überprüfen. Ihre Sprüche einer revisio in jure durch ein RVG. zu unterwerfen, wäre möglich, aber bedenklich und unnötig,[96]) da für die den Grundstücken auferlegten Beschränkungen Entschädigung geleistet wird, über deren Höhe vor den ordentlichen Gerichten gestritten werden kann.[97]) Auch für das ordentliche Enteignungsrecht denkt ja niemand daran, den Enteignungsbeschluß verwaltungsgerichtlicher Kontrolle zu unterwerfen, obwohl in der Entscheidung, es liege ein die konkrete Enteignung rechtfertigendes öffentliches Interesse vor, auch eine quaestio juris steckt. Der polizeistaatliche Trost „Dulde und liquidiere" (O. Mayer) entspricht hier ausnahmsweise dem Rechtsbewußtsein.[98])

4. Ebensowenig liegt hier begründeter Anlaß vor, gegen diejenigen Beschwerdeentscheidungen des Oberseeamts, durch welche darüber entschieden wird, ob einem deutschen Schiffer oder Steuermann die Befugnis zur Ausübung seines Gewerbes entzogen werden solle, ein Rechtsmittel zu gewähren, oder diese mit speziellen Sachverständigen besetzte Behörde im RVG. aufgehen zu lassen[99]), denn das Oberseeamt bietet in seiner Zusammensetzung und in seinem Verfahren volle Garantien der Unparteilichkeit und hat nicht sowohl über Rechtsfragen als über Tatbestands- und

---

[96]) Ebenso Schultzenstein S. 15, a. A. Friedrichs S. 547.

[97]) §§ 39 ff. d. Ges. v. 21. 12. 70.

[98]) Warum und wieso hat neuestens Fleiner (Festgaben für Laband II. S. 22) geistreich auseinandergesetzt.

[99]) A. A. Friedrichs.

Ermessensfragen zu entscheiden, nämlich darüber, „ob ein deutscher Schiffer oder Steuermann den Unfall oder dessen Folgen infolge des Mangels solcher Eigenschaften, welche zur Ausübung seines Gewerbes erforderlich sind, verschuldet hat" (§ 26 des RGes. v. 27. Juli 1877 betr. die Untersuchung von Seeunfällen).

5. Anders liegt die Sache bei dem Bundesamt für das Heimatwesen. Es ist reine richterliche Spruchbehörde, die eine Sonderexistenz eben doch wohl nur deshalb führt, weil es an einem einheitlichen RVG. bisher fehlt. Nicht das geringste Bedenken dürfte dagegen vorliegen, die ganze Kompetenz des Bundesamtes, so wie sie ist, dem künftigen RVG. zu überweisen[100]). Daß dieses dann insoweit ausnahmsweise auch die quaestio facti nachzuprüfen hätte, kann keine Schwierigkeiten bereiten. Im übrigen wäre der Satz: Das RVG. tritt an Stelle des Bundesamts für das Heimatswesen für das Erste ausreichend, wie sofort dargetan sei.

Das Bundesamt ist eingesetzt, um zu entscheiden über das Rechtsmittel der „Berufung" gegen Entscheidungen der den Armenverbänden vorgesetzten Behörden in „Streitigkeiten zwischen verschiedenen Armenverbänden über die öffentliche Unterstützung Hilfsbedürftiger" (§ 37). Indes nicht gegen alle diese Entscheidnngen ist zurzeit Berufung an das Bundesamt gestattet und nicht alle ergehen im gleichen Verfahren. Vier Fälle sind zu unterscheiden:[101])

a) Gehören die streitenden Armenverbände verschiedenen Bundesstaaten an, so geht die Berufung immer an das Bundesamt — künftig an das RVG.

b) Gehören die streitenden Teile einem und demselben Bundesstaate an, so geht die Berufung an das Bundesamt — künftig RVG. — dann, wenn die Landesgesetze gemäß § 52 UWG. dies vorschreiben. So in Preußen, Hessen, Sachsen-Weimar, Oldenburg, Braunschweig und zehn Kleinstaaten.[102]) Die gleiche Anordnung dürfte für Elsaß-Lothringen zu erwarten sein, wo das UWG. am 1. April 1910 in Kraft tritt.

---

[100]) Ebenso Friedrichs und Schultzenstein.

[101]) Unter Ausscheidung der Fälle, in denen „die Organisation oder örtliche Abgrenzung der einzelnen Armenverbände Gegenstand des Streites ist" (§ 41). Hier entscheiden die Landesbehörden endgültig und dabei wird es auch künftig bleiben sollen.

[102]) Braunschweig, Anhalt und Lippe mit gewissen Vorbehalten, die hier unerörtert bleiben.

c) Von den neun übrigen Staaten,[103]) in welchen dies nicht vorgeschrieben ist, lassen Sachsen (§ 21 Z. 5), Württemberg (Art. 19, Z. 2) und Baden (§ 2 Z. 10) und wohl auch Sachsen-Meiningen über die Berufung gegen den auch schon im Verwaltungsstreitverfahren erlassenen Spruch erster Instanz ihr Oberverwaltungsgericht bzw. ihren Verwaltungsgerichtshof endgültig entscheiden. Künftig wäre, nach dem oben V a erörterten Vorschlag einer generellen Revisionskompetenz des RVG., reichsrechtliche Revision des zweitinstanzlichen Spruches möglich. Es könnte dem freien Willen dieser Staaten überlassen bleiben, ob sie es hierbei bewenden lassen, oder nunmehr auch ihrerseits von der Verstattung des § 52 UWG. Gebrauch machen wollen.

d) In den anderen Staaten (beiden Mecklenburg, Reuß ä. L., Schaumburg-Lippe, Hamburg) entscheidet im einfachen Verwaltungswege in letzter Instanz das Ministerium (der Senat) die Streitigkeiten der demselben Staat angehörigen Armenverbände. Ob es sich empfehlen würde künftig ein Rechtsmittel zur Anrufung des RVG. zu gewähren, und welches, ist eine Spezialfrage ohne grundsätzliche Bedeutung. Siehe oben V b Schlußbemerkung.

6. Gegenüber Maßregeln des Reichseisenbahnamts gewährt § 5 Z. 4 des Ges. v. 27. Juni 1873 eine wichtige Anfechtungsklage, gestützt auf die Behauptung, „daß jene Maßregel in den Gesetzen und rechtsgültigen Vorschriften nicht begründet sei“.

Über diese „Gegenvorstellung“ entscheidet zurzeit unter dem Namen „verstärktes Reichseisenbahnamt“ ein mit sechs Beamten besetztes Kollegium, dessen innere Unabhängigkeit dadurch herbeigeführt werden soll, daß es nur zur Hälfte aus Mitgliedern des Reichseisenbahnamts besteht, zur anderen Hälfte aus Mitgliedern ordentlicher Justizgerichte. Es ist das ersichtlich nur ein Notbehelf, gewissermaßen ein Provisorium, welches seine Beseitigung von der Errichtung eines den einzelnen Reichsverwaltungsstellen unabhängig gegenüberstehenden RVG. erwartet.

Vorschlag: Das RVG. tritt an die Stelle des verstärkten Reichseisenbahnamts.[104])

7. In gewissen Fällen ist gegenwärtig das Reichsgericht zu verwaltungsgerichtlichen Entscheidungen berufen.

Im Verfahren wegen Zurücknahme oder Nichtigkeitserklärung eines Patentes ist gegen die Entscheidung des Patentamts Berufung an das

---

[103]) In Bayern gilt das Gesetz nicht.

[104]) Ebenso Friedrichs, zweifelnd Schultzenstein.

Reichsgericht zulässig. Das ist der Sache nach Verwaltungsrechtspflege, da es sich hierbei um Anfechtung eines Verwaltungsaktes handelt. Ein Herübernehmen dieser Kompetenz auf das RVG., dessen Senat dabei etwa mit technisch gebildeten Beisitzern zu besetzen wäre, würde sich empfehlen.[105])

Sofern es in Einzelstaaten, in denen die strafrechtliche oder zivilrechtliche Verfolgung öffentlicher Beamten wegen ihrer Amtshandlungen an die Vorentscheidung einer besonderen Behörde gebunden ist, an einem obersten Verwaltungsgerichtshof fehlt, steht die Erlassung der Vorentscheidung gemäß § 11 des EG. z. GVG. Abs. 2 Z. 2 dem Reichsgericht zu. Die Voraussetzungen treffen zu in beiden Mecklenburg und in Elsaß-Lothringen. Auch diese Kompetenz hätte das RVG. zu übernehmen.

Dagegen erscheint im Falle des § 50 des Bankgesetzes vom 14. März 1875 die Zuständigkeit der Zivilgerichte gerechtfertigt[106]).

8. Laband zählt in seinem „Staatsrecht des Deutschen Reiches" Band I S. 243 ff. die Fälle auf, in denen der Bundesrat als Organ der Rechtspflege fungiert[107]). Unter ihnen ragen an Wichtigkeit diejenigen hervor, welche sich als Staatenstreitigkeiten oder spezifisch staatsrechtliche Streitigkeiten darstellen. Von diesen wird unten in Abschnitt VII zu reden sein. Die übrigen sind in einem sehr weiten Sinne des Wortes Verwaltungsstreitigkeiten, nur wenige aber in dem engeren Sinne, daß eine Überweisung der Kompetenz zu ihrer Entscheidung an ein künftiges RVG. in Frage kommen könnte.

Überhaupt nicht in Frage kommt diese bei den von Laband zuerst aufgeführten Beschlüssen gemäß Art. 7 Z. 3 der Reichsverfassung, deren Eigenart oben im Abschnitt III erörtert wurde. Mindestens vorerst kommt die Überweisung nicht in Frage, bei solchen Entscheidungen, welche zwar, wie das ja in gewissem Grade einem jeden Verwaltungsakt immanent ist, auf einer Prüfung der Rechtmäßigkeit gewisser Maßregeln und Anordnungen beruhen, zugleich aber auch in inniger Verbindung Entschließungen freien

---

[105]) Ebenso Friedrichs S. 547, Schultzenstein S. 12 ff., 16, 20, 31 ff. — Vgl. Verhandlungen des 29. D. Juristentages über die Frage: „Empfiehlt sich eine Änderung des Rechtsmittels der Revision in Zivilsachen"; Salinger, Die Änderung des Rechtsmittels der Revision (1909), S. 6; Verhandlungen des gegenwärtigen Juristentags über die Frage: „Empfehlen sich Sondergerichtshöfe in Streitigkeiten aus den Gebieten des gewerblichen Rechtsschutzes?"

[106]) Ob dies auch von jeder Art Revision gegen Sprüche des preußischen Oberlandeskulturgerichts gilt, bleibe dahingestellt.

[107]) Vgl. auch Fleischer, Die Zuständigkeit des deutschen Bundesrats für Erledigung von öff.-rechtl. Streitigkeiten (Abhandl. von Brie und Fleischmann H. 9) 1902.

Verwaltungsermessens in sich enthalten, die ihrerseits dem Bundesrat durchaus adäquat sind. Das sind die von Laband erwähnten Entscheidungen über Erweiterung von Toren und Torbrücken in Festungsstädten, über Anlagen und Bauten in den Reichskriegshafengebieten, über Statutengenehmigung und Auflösung von Berufsgenossenschaften,[108]) über Zuerkennung von Pensionen und Zuruhesetzung von Reichsbeamten. Es sind spezielle, hier nicht zu erörternde, schwierige Fragen, inwieweit das rein rechtliche Element aus diesen Entscheidungen herausgeschält und dem RVG. überwiesen werden sollte. Das Gleiche gilt von der, bei Laband nicht erwähnten, Zuständigkeit des Bundesrat gemäß § 1 Abs. 3 des sogenannten Eisenbahnpostgesetzes vom 20. Dezember 1875 und von seiner Kompetenz zur Entscheidung über die aus Elsaß-Lothringen vor ihn gebrachten Beschwerden wegen Mißbrauchs der geistlichen Gewalt (Ges. betr. die Einrichtung der Verw. in E.-L. v. 30. Dezember 1871 § 9).

Demgegenüber hätte das RVG. unmittelbar an Stelle des Bundesrats zu treten zur Fällung derjenigen Entscheidungen, welche für die Konsulargerichtsbezirke (Ges. v. 7. April 1900 § 23) und die Schutzgebiete (Ges. v. 25. Juli 1900 § 2) im Verwaltungsstreitverfahren zu treffen sind. Den Schutzgebieten gegenüber dürfte allerdings auch das nur ein Provisorium sein, insofern als das RVG. als erste Instanz genau so deplaziert wäre, wie zurzeit der Bundesrat.[109])

Lediglich nach Rechtsgrundsätzen hätte der Bundesrat zu entscheiden, wenn einmal eine Beschwerde wegen Justizverweigerung gemäß Art. 77 Reichs-Verf. an ihn gebracht werden sollte. Wer möchte indes an der altüberkommenen, glücklicherweise unpraktischen Bestimmung herumreformieren?

VII.

1. Das Projekt eines RVG., wie es in diesem Gutachten ins Auge gefaßt ist, hat mit dem Projekt eines Staatsgerichtshofs für das Deutsche Reich nichts zu tun! Es wäre töricht, beides aneinander zu ketten.

Einem Staatsgerichtshof für das Deutsche Reich würden vornehmlich zwei Gruppen von Aufgaben zufallen:

Einmal die Entscheidung von publizistischen Streitigkeiten der Einzelstaaten untereinander und mit dem Reich, von Verfassungsstreitigkeiten auf dem Boden der Landesverfassungen und von Thronfolgestreitigkeiten bezüg-

---

[108]) Vgl. jetzt §§ 39, 54 GewRUVerf.G.

[109]) Vgl. v. Stengel, die Rechtsverh. der d. Schutzgebiete (1901) S. 149.

lich deutscher Throne, d. h. von Streitigkeiten, zu deren Entscheidung bzw. „Erledigung“ gegenwärtig der Bundesrat zuständig ist oder doch sich für zuständig erachtet.[110]) „Hier überall ist die Entscheidung in die Hand eines politischen Organs des Reichs gelegt, dessen Besetzung durch instruierte Bevollmächtigte der Einzelstaaten erfolgt, dessen Geschäftsordnung nicht einmal die Stimmenthaltung der Parteien selbst erzwingen kann, dessen Beschlußweise durch das verschiedene Gewicht der Stimmrechte jeden Beschluß notwendig und der Absicht nach zum Ausdruck der politischen Machtverhältnisse stempelt, dessen Gestaltung also das genaue Gegenteil zu allen den Anforderungen bildet, welche an die Organisation und das Verfahren einer wahren Rechtspflege gestellt sind.“[111]) Hänel und besonders Binding[112]) fordern hauptsächlich (wenn auch nicht ausschließlich) wegen dieser schlechten Eignung des Bundesrats zur Rechtsprechung einen Staatsgerichtshof, nicht ohne sich bewußt zu sein, daß die Ersetzung des föderalistischen durch ein neues zentralistisches Organ in so wichtigen Angelegenheiten eine Reform von tiefer verfassungspolitischer Wirkung wäre.

Eine andere Gruppe von Aufgaben haben diejenigen Vorschläge eines Staatsgerichtshofs im Auge, welche zu wiederholten Malen aus der Mitte der politischen Parteien der Linken wie des Zentrums aufgetaucht sind, die aber auch in Bindings Projekt sich finden.[113]) Danach hätte der Staatsgerichtshof zu entscheiden über Ministeranklagen, welche der Reichstag gegen den Reichskanzler und seine Stellvertreter erhebt; oder — Binding — überhaupt über „die möglichen Konflikte zwischen Bundesrat und Kaiser, zwischen einem von beiden und dem Reichstag, zwischen dem Kanzler und diesem.“

Kritische Einwendungen gegen Vorschläge beider Art hat Laband zweimal, 1901 und 1909, erhoben.[114])

Das hohe Meer der Politik tut sich vor uns auf! Weshalb sollten wir unser, für die stillen Gewässer juristisch-technischer Vervollkommnung

---

[110]) Reichsverf. Art. 76, Abs. 1, Art. 7, Z. 3, Art. 19 (Laband I, 245), Art. 76 Abs. 2. Wegen der Thronfolgestreitigkeiten vgl. Gg. Meyer, Staatsr. (1905) S. 789 n. 12.

[111]) Hänel, S. 769 f. Vgl. 714 f., 791/92.

[112]) DJZ. IV. (1899) S. 69 f.

[113]) Die neuesten Anträge der freisinnigen und sozialdemokratischen Partei s. bei Richard Schmidt, Parlamentsregierung und Parlamentskontrolle in Deutschland, in seiner Z. f. Politik II, S. 199. Der ebenda besprochene Vorschlag von Jellinek geht nicht auf Errichtung eines Staatsgerichtshofes.

[114]) DJZ. VI S. 1, XIV Sp. 393.

und Auswirkung längst vorhandener und allgemein gebilligter Tendenzen und Prinzipien gebautes Schifflein ohne Not ihren Gefahren aussetzen? [115])

Nur so viel kann gesagt werden: Das RVG., so wie es hier projektiert ist, als der mit allen Garantien der Unabhängigkeit und Urteilsfähigkeit und mit einer umfassenden Kompetenz ausgestattete höchste Gerichtshof des öffentlichen Rechts böte einer künftigen Ausgestaltung der Staatsrechtspflege des Reichs die denkbar geeignetste organisatorische Unterlage. Es könnte ein erster Schritt auf dem Wege zu dieser Ausgestaltung sein und würde — in sich selbst ruhend — doch keinerlei Nötigung enthalten, diesen Weg überhaupt zu betreten.

Im übrigen würde auch aus dem Gebiete der Staatsrechtspflege dem künftigen RVG. eine kleine Kompetenz erwachsen:

Ein Reichsgesetz vom 14. März 1881 überträgt dem Reichsgericht die Entscheidung von Streitigkeiten zwischen Senat und Bürgerschaft der Freien Stadt Hamburg. Diese Kompetenz hätte verständigerweise auf das RVG. als Gerichtshof des öffentlichen Rechts überzugehen.

2. Friedrichs (S. 548) schlägt vor: „Das RVG. wird berufen: zur Entscheidung von Kompetenzkonflikten zwischen Verwaltungsgerichten und Verwaltungsbehörden, wenn die streitenden Behörden keine gemeinsame Oberinstanz haben."

Ich sehe kein Bedenken, das gegen diesen Vorschlag spräche.

3. Weiter oben schon war die Rede von der Reformbedürftigkeit des Verwaltungsstrafverfahrens. Immer unabweislicher wird das Bedürfnis, die Justizgerichte davon zu entlasten und das ganze Verwaltungsstrafverfahren den mit dem Vollzug der Verwaltungsgesetze betrauten Verwaltungsbehörden unter der Kontrolle der Verwaltungsgerichte zu überlassen. Es ist dies ein Gegenstand, der über den diesem Gutachten gesteckten Rahmen herausragt und eine bedeutende Änderung der Organisation der Landesverwaltungen zur Voraussetzung hätte. Nur mit wenigen Worten sei gesagt, welche Rolle bei einer solchen Neuordnung dem künftigen RVG. zufallen könnte und sollte. [116])

---

[115]) Deshalb sei auch nicht weiter ausgeführt, wie viel besser als der Reichstag das künftige RVG. sich dazu eignen würde, über die Gültigkeit angefochtener Reichstagswahlen zu entscheiden. Vgl. Pfizer, Arch. f. öff. R. VII S. 529. — Vgl. auch Jellinek, Allg. Staatslehre, 2. Aufl., S. 771, über den Gedanken, Parlamentsmitglieder ohne Gefährdung ihrer Unabhängigkeit für verfassungswidrige Handlungen (Obstruktion!) verantwortlich zu machen.

[116]) Auch Schultzenstein, DJZ. XII Sp. 151, Gutachten S. 16, 32, und Hofacker, Verw.Arch. XV S. 417, bringen beide Reformen in Verbindung.

Gegenwärtig ist die Regel die, daß (für die praktische Betrachtung) vier Instanzen mit der Verhängung einer Polizei- oder Finanzstrafe befaßt werden können:

Die Verwaltungsbehörde, welche nach summarischem Verfahren, meist auf bloße Anzeige, die Bestrafung bei sich beschließt und — je nach Landesrecht — entweder selbst festsetzt, oder ihre Festsetzung durch Vermittlung der Staatsanwaltschaft beim Amtsrichter beantragt; das Schöffengericht; die Strafkammer; das Oberlandesgericht (Reichsgericht: GVG. § 136 Abs. 2).

Künftig könnte man der mit dem Vollzug der strafgeschützten Vorschrift betrauten Verwaltungsbehörde die provisorische Festsetzung und das auf erhobenen Einspruch nach mündlicher Verhandlung und voller Beweiserhebung zu fällende Urteil[117]) übertragen, Berufung an ein Verwaltungsgericht und, soweit dieses nicht selbst schon der oberste Verwaltungsgerichtshof ist, Revision an diesen gewähren, unter Aufstellung einer großen Liste leichtester und unbedeutendster Fälle, in denen diese Revision nur statthaft ist, wenn sie das Berufungsgericht im Interesse der Rechtspflege von Amts wegen für zulässig erklärt, weil die Entscheidung von einer bestrittenen landesrechtlichen Norm abhängt u. dgl.

Nach unserem allgemeinen Kompetenzvorschlag (oben Va) wäre dann die Revision an das künftige RVG. wegen angeblicher Verletzung von Reichsrecht von selbst gegeben gegen das landesrechtlich letztinstanzliche Gericht — sei es dasjenige der Berufungs-, sei es dasjenige der landesrechtlichen Revisionsinstanz. Gegen eine Massenüberhäufung des obersten Gerichtshofs mit Bagatellsachen müßten wiederum besondere Einengungen dieser Kompetenz schützen: Nur bei duae difformes oder nur, wenn die erkannte Strafe ein gewisses, nicht zu klein anzusetzendes Minimum überschreitet oder das Gericht in unmittelbaren Gegensatz zu einer veröffentlichten Entscheidung des RVG. getreten ist oder treten will,[118]) findet die Revision an dieses statt; sie hat niemals aufschiebende Wirkung u. dgl.

Indes ist dies Zukunftsmusik. Möge das RVG. als ein neues Zeugnis deutscher Einheit und deutscher Rechtskultur in voller Tätigkeit sein, ehe die indigesta moles des Verwaltungsstrafrechts zu Reformen reif geworden ist!

---

[117]) Bei der Urteilsfällung hätten tunlich zwei Laienbeisitzer mitzuwirken. Übrigens müßten in ihrer Sphäre auch Eisenbahn-, Post-, Hafen-, Bergbehörden urteilsberechtigt sein und besonders wäre den Fabrikinspektionen die Strafgewalt zu geben, die ihnen GewO. § 139 b eigentlich zugedacht hat (Soziale Praxis 1909 S. 761 ff.).

[118]) Fleischmann, DJZ. 1908 Sp. 958, verweist auf § 28 FreiwGerG.

Zusammenfassung.

Nun bleibt noch gar vieles zu fragen, zu bezweifeln, zu bedenken, zu modifizieren; das weiß ich sehr wohl. Aber ich halte mich zu möglichster Kürze verpflichtet und bin überdies der Überzeugung, daß alle Bedenken, die gegen den gemachten Vorschlag erhoben werden können, ihn nicht an der Wurzel treffen: der Durchführbarkeit in der Hauptsache; und daß sie den Eindruck nicht verwischen können: die eigentümliche Gestaltung des Reichsverfassungsrechts erfordert geradezu zwingend die Schaffung eines RVG. mit umfassenden Kompetenzen.

Somit gelange ich zu dem

Ergebnis:

Es liegt ein Bedürfnis eines deutschen Reichsverwaltungsgerichts vor.

Die Errichtung eines solchen empfiehlt sich im Interesse der Einheitlichkeit der Anwendung des Reichsverwaltungsrechts, zugleich auch als wichtiger Fortschritt im Ausbau des Reichsverfassungsrechts und des publizistischen Rechtsschutzes in Deutschland.

Es ist möglich und wünschenswert, dieses RVG. mit den Kompetenzen auszustatten, welche sich aus der Gesamtheit der nachstehenden, nur in geringem Umfange eine Änderung landesgesetzlicher Einrichtungen zur Voraussetzung nehmenden, einem späteren vollkommeneren Ausbau in keiner Weise präjudizierenden Sätzen ergeben:

Satz 1.

Die landesrechtlich letztinstanzlichen Urteile der Landesverwaltungsgerichte[119]) können durch das Rechtsmittel der Revision beim RVG. angefochten werden.

Die Revision kann nur darauf gestützt werden, daß das angefochtene Urteil auf der Verletzung eines Reichsgesetzes beruhe.

Das Gesetz ist verletzt, wenn eine Rechtsnorm nicht oder nicht richtig angewendet worden ist.

Die Revision kann nicht darauf gestützt werden, daß eine das Verfahren betreffende Vorschrift verletzt worden sei.

---

[119]) Welche Behörden das sind, bestimmt das Landesrecht; wie überhaupt nur an der Hand einer positivrechtlichen, descriptiven Definition (oben n. 16) erkannt werden kann, was eine verwaltungsgerichtliche und was eine einfache Verwaltungs-Entscheidung sei. Vgl. auch oben n. 95.

Satz 2.

Die Einzelstaaten sind verpflichtet, ihre Gesetzesvorschriften über das Verwaltungs- und Verwaltungsgerichtsverfahren derart zu gestalten, daß der Verwaltungsrechtsweg, soweit er gegen Entscheidungen und Verfügungen der Verwaltungsbehörden überhaupt zulässig sein soll, spätestens nach Entschließung der zweiten mit der Sache befaßten Verwaltungsbehörde beschritten werden kann, unbeschadet der Möglichkeit, daneben den einfachen Verwaltungs-(Beschwerde-)weg weiter zu verfolgen und unbeschadet der Zulässigkeit einer Einrichtung der Art, wie sie das badische Gesetz vom 14. Juni 1884, die Verwaltungsrechtspflege betreffend, in § 41 Z. 8 getroffen hat.[120])

Satz 3.

Insoweit das RVG. unter Einrechnung der im vorangehenden Verwaltungs-(Beschluß-)verfahren beschließenden staatlichen, bzw. als staatliche fungierenden,[121]) Behörden die fünfte Instanz wäre, findet das Rechtsmittel der Revision beim RVG. nicht statt.

Es findet ferner nicht statt, wenn Parteistreitigkeiten zur Entscheidung stehen und das RVG. die vierte im Verwaltungs*streit*verfahren prozedierende Instanz wäre.

Satz 4.

Mit dem Rechtsmittel der Revision beim RVG. im Sinne von Satz 1 können ferner angefochten werden alle diejenigen im Verwaltungswege ergangenen, landesrechtlich nicht im Verwaltungsstreitverfahren anfechtbaren Verfügungen und Entscheidungen, welche kraft reichsrechtlicher Vorschrift in einem nach den Grundsätzen der §§ 20, 21 der Reichsgewerbeordnung gestalteten Verfahren zu erlassen sind.

Insofern in diesen Fällen nach Landesrecht gegen die Entscheidung zweiter Instanz weitere Beschwerde eingelegt werden kann, hat das RVG. auf ausdrückliches Ersuchen der zur Entscheidung dieser Beschwerde berufenen Landesbehörde das Verfahren bis zur Entschließung dieser Behörde in der Sache und bis auf weiteren Antrag einzustellen und die Absendung der Akten an die höhere Verwaltungsbehörde anzuordnen.

---

[120]) Wortlaut des § 41 Z. 8 oben S. 86.

[121]) Kommunale Magistrate haben sehr häufig eine Doppelstellung: In gewissen Angelegenheiten sind sie Körperschaftsorgane, in anderen Staatsorgane.

Satz 5.

Die Zuständigkeit des Aufsichtsamts für Privatversicherung, der Reichsrayonkommission und des Oberseeamts bleibt unberührt.

Satz 6.

Das RVG. tritt an die Stelle des Bundesamts für das Heimatswesen und des verstärkten Reichseisenbahnamts.

Die dem Reichsversicherungsamte zugewiesene Verwaltungsgerichtsbarkeit geht auf das RVG. über.

Satz 7.

Die Zuständigkeit des Reichsgerichts, insoweit sie beruht auf

§ 33 des Reichspatentgesetzes v. 7. April 1891,

§ 11 Abs. 2 des Einführungsgesetzes zum Gerichtsverfassungsgesetze v. 27. Januar 1877,

Reichsgesetz v. 14. März 1881 betr. die Entscheidung von Streitigkeiten zwischen Senat und Bürgerschaft der freien und Hansestadt Hamburg,

geht auf das RVG. über.

Satz 8.

Die nach § 23 des Reichsgesetzes über die Konsulargerichtsbarkeit vom 7. April 1900 begründete Zuständigkeit des Bundesrats geht über auf das RVG.

Satz 9.

Das RVG. ist berufen zur Entscheidung von Kompetenzkonflikten zwischen Verwaltungsgerichten und Verwaltungsbehörden, wenn die streitenden Behörden keine gemeinsame Oberinstanz haben.

IV.

Gutachten von Professor Dr. iur. et phil. Paul Oertmann in Erlangen

über die Frage:

Empfiehlt es sich, soziale Schutzvorschriften, in der Art der für Handlungsgehilfen bestehenden, für Privatangestellte überhaupt zu treffen?

Literatur.

Außer zahlreichen, in verschiedenen Zeitschriften zerstreuten Aufsätzen kommen besonders in Betracht: Schriften der Gesellschaft für soziale Reform, Heft 26—29, Jena 1908/9. Darin handeln:

Rechtsanwalt Dr. Baum über den Dienstvertrag der kaufmännischen Angestellten, Heft 26, S. 5—80.

Mag.-Rat Wölbling über den Dienstvertrag der Techniker in nichtgewerblichen Betrieben, Heft 26, S. 81—110.

Güterdirektor Trampe über die Rechtsverhältnisse der Güterbeamten, Heft 26, S. 111—130.

Jos. Reif, Verwaltungsmitglied des Verbandes deutscher Handlungsgehilfen, über die Konkurrenzklausel im Dienstvertrag, Heft 26, S. 131—175.

Oberbürgermeister Cuno, M. d. R., über den Dienstvertrag der technischen Angestellten in gewerblichen Betrieben, Heft 27, S. 5—42.

Rechtsanwalt Ad. Fuld über den Dienstvertrag der Bureaubeamten der Rechtsanwälte, Heft 27, S. 43—48.

Dr. H. Potthoff, M. d. R., über das „Einheitliche Privatbeamtenrecht", Heft 27, S. 91—142 sowie über „das Recht des Dienstvertrages der Privatangestellten", Heft 28, S. 18 flg. (mündliches Referat).

Redakteur Sohlich über den Erfinderschutz der technischen Privatangestellten, Heft 27, S. 49—90.

Diese Aufsätze werden im folgenden einfach mit den Namen der Verfasser zitiert, die zweite Arbeit von Potthoff mit Potthoff, Dienstvertrag.

Außerdem:

Dr. H. Potthoff, Einheitliches Privatbeamtenrecht, Annalen des Deutschen Reichs, 1906, Heft 6, zitiert mit Potthoff, Annalen.

Die Sonderliteratur über Konkurrenzklausel und über Erfinderschutz der Angestellten bedarf hier nicht der Erwähnung, da diese Fragen als solche nicht zum Gegenstand meines Gutachtens gehören (s. unten).

Wo andere Autoren einfach mit Namen zitiert sind, bezieht sich das überall auf die bekannten Lehrbücher und Kommentare zum Bürgerlichen und Handelsgesetzbuch sowie zur Gewerbeordnung.

Erster Teil: Das geltende Recht und seine Reform im allgemeinen.

I. Begriff und Arten der Privatangestellten.

Um uns über die praktische Bedeutung der zur Diskussion stehenden Reform klar zu werden, müssen wir zunächst feststellen, welchen Personen sie praktisch zugute kommen würde.

1. Es handelt sich zunächst nicht um alle Personen, die überhaupt Dienstverträge abschließen, sondern nur um Privatangestellte.

a) Unter Angestellten sind Leute zu verstehen, die dauernd in einem Dienstverhältnis bestimmter Art bei einem anderen gegen Entgelt beschäftigt sind. Unnötig erscheint es, daß das Dienstverhältnis ihre Arbeitskraft ganz oder vorwiegend in Anspruch nehme (s. unten S. 142; vgl. BGB. § 617); wie ein solches Erfordernis anerkanntermaßen[1]) nicht zum Begriff des Handlungsgehilfen gehört, wird man es auch sinngemäß nicht zur Abgrenzung der „Angestellten" verwenden. Wohl aber dürfte an dem Moment der Entgeltlichkeit der Dienstleistungen festzuhalten sein. Allerdings gibt es auch in nicht ganz geringer Zahl Personen, die ihre Tätigkeit unentgeltlich einem anderen dauernd zur Verfügung stellen — so besonders zahlreiche Vereinsorgane, ferner sog. Volontäre usw. Aber weder die Vorschriften des geltenden Rechts noch die etwa vorzuschlagenden Reformen würden auf solche Leute passen.

Nach BGB. bedeutet die unentgeltlich für einen anderen übernommene Geschäftsbesorgung den Inhalt eines anderen Vertrages, des Auftrages, der nach wesentlich abweichenden Rechtsregeln beurteilt wird — man denke etwa an das jederzeitige Widerrufs- und Kündigungsrecht. Und soweit die unentgeltlichen Dienstleistungen sich nicht als „Geschäftsbesorgungen" im Sinne des § 662 BGB. bezeichnen lassen sollten, bilden sie immerhin nicht den Inhalt eines Dienst- oder Werkvertrages, sondern eines besonderen, gesetzlich nicht als solchen geregelten Vertrages, auf den im großen und ganzen die Vorschriften des Auftrages sinngemäß anwendbar sein dürften, während eine Anwendung der Dienst- oder Werkvertragsregeln wohl höchstens ausnahmsweise passend erscheinen kann.[2]) Es kommt hinzu, daß auch die, vielleicht zu erweiternden, Regeln des HGB. §§ 62—75 nur auf entgeltlich angestellte Personen anwendbar sind.

b) Ob Arbeiter, insbesondere gewerbliche und Gesinde zu den Angestellten zu rechnen seien, kann zweifelhaft erscheinen. Der obige all-

[1]) S. Baum, S. 9.

[2]) S. dazu Crome, System II, § 253, II, Oertmann, Vorbem. vor § 662 ff. Z. 2a β, dort auch weitere Zitate.

gemeine Begriff trifft auch für diese Klassen zu, und der Unterschied zwischen ihnen und den sonstigen Angestellten ist vielfach außerordentlich schwierig, mit einer einzigen Formel kaum zu erfassen. Trotzdem hat Potthoff, unter vollster Würdigung dieser Schwierigkeit, beide Klassen aus dem Bereich seiner propagandistischen Schriften ausscheiden zu sollen geglaubt,[3]) und auch im übrigen haben die Untersuchungen der Gesellschaft für soziale Reform sich auf sie nicht erstreckt. Wie mir scheint, mit gutem Grunde: die Verhältnisse, Anschauungen, Organisationen insbesondere der gewerblichen Arbeiter haben sich in Deutschland historisch nun einmal in so eigenartiger Weise entwickelt, daß eine nivellierende Behandlung entweder die Sonderinteressen und -wünsche der Arbeiter aufopfern, oder aber umgekehrt die sonstigen Angestellten unter ein für sie nicht paßliches Sonderrecht zwingen müßte.

Der Gegensatz zeigt sich am handgreiflichsten in einer der wichtigsten Fragen des Angestelltenrechts — in derjenigen der Kündigungsfristen. Während die Wünsche der sonstigen Angestellten mit großer Entschiedenheit und Gleichförmigkeit sich auf eine Heraufsetzung dieser Fristen und damit auf eine größere Stabilität ihrer Anstellungsverhältnisse richten, sie darin geradezu ein Palladium ihrer wirtschaftlichen Existenz erblicken,[3a]) sehen wir die Arbeiter fast überall bemüht, ihre tunlichste Freizügigkeit als wertvollstes Gut hochzuhalten und daher einer Herabsetzung, ja, wenn möglich, einer völligen Aufhebung der Kündigungsfristen zugeneigt.[4]) Sie statt dessen mit einer vier- oder sechswöchigen Kündigung, womöglich nur zum Vierteljahresschluß, zu „beglücken", würde vermutlich einen Sturm der Entrüstung erregen und die ohnedies nur zu häufige Neigung zum Vertragsbruch in ungeheurer Weise verstärken. Auch den Interessen der Arbeitgeber würde mit einer derartig langen Ausdehnung des einzelnen Arbeitsverhältnisses aus zahlreichen, naheliegenden Gründen nicht gedient. Während das Dienstverhältnis anderer „höherer" Angestellten in der Regel eine mehr oder minder individuelle Eigenart aufweist, überwiegt bei den „gewöhnlichen" Arbeitern das Schematische; nicht, daß er bei einem bestimmten, sondern daß er überhaupt bei einem Arbeitgeber sein Brot finde, pflegt für den einzelnen Arbeiter von entscheidendem Interesse zu sein, und eben-

---

[3]) Annalen S 1 (zitiert hier wie sonst nach dem mir vorliegenden Separatabdruck).

[3a]) Vergl. dazu allerneuestens aus den Verhandlungen der Gesellsch. f. soziale Reform vom 5. März 09 die Äußerungen von Weiß (Schriften H. 28 S. 148) und Buchholz (S. 154).

[4]) S. dazu auch Potthoff, S. 125 ff.

sowenig kommt es dem Arbeitgeber auf die Person eines bestimmten Arbeiters an. Man darf gewiß nicht den Wert aller der Maßnahmen verkennen, die einer größeren Seßhaftmachung der arbeitenden Klasse gewidmet sind, ihre Fluktuation bekämpfen;[5]) aber sie sind, wie mir scheint, durchaus dem Gebiete der privaten Initiative zu überlassen, können nicht ohne vielfachen Schaden der beteiligten Interessen ein für allemal von Amtswegen angeordnet werden.

Nach alledem wird man nicht daran denken können, das etwa zu schaffende allgemeine Angestelltenrecht auf die gewerblichen Arbeiter zu erstrecken, sondern muß mindestens deren Sonderrecht, also vor allem die einschlägigen Bestimmungen der GewOrdn., daneben bestehen lassen. Aber selbst eine dahinter zurücktretende, also subsidiäre Geltung des Angestelltenrechts für die Arbeiter dürfte nicht unbedenklich erscheinen, wäre übrigens auch angesichts der ausgiebigen Sonderregelung des gewerblichen Arbeiterrechts kein sehr dringendes Bedürfnis. Sie hätte freilich erhebliche Bedeutung für die landwirtschaftlichen Arbeiter, aber gerade deren Verhältnisse dürften bis auf weiteres den Versuch einer reichsrechtlichen Regelung schwerlich zulassen.

Beschränkt man somit die Regelung des Angestelltenverhältnisses auf die „Oberschicht" der privaten Bediensteten, so erscheint es von vornherein geraten, auch das Gesinde davon auszuschließen. Eine Erstreckung der hier zur Untersuchung stehenden Reform auf das Gesinde könnte angesichts des landesrechtlichen Vorbehalts im EG. zum BGB. Art. 95 doch nur eine subsidiäre sein und würde um dieser Einschränkung willen einer erheblichen Bedeutung entbehren. Und überhaupt weisen Stellung, Interessen und die beginnende Organisation des Gesindes mit derjenigen der Arbeiter eine weit größere Ähnlichkeit auf, als mit der von „höheren" Angestellten. Eine Heraufsetzung der Kündigungsfristen dürfte in den Kreisen wenigstens der städtischen Dienstboten vielfach Widerstand und Erbitterung hervorrufen und so dem Endzweck der sozialen Versöhnung, dem die Ausgestaltung des Angestelltenrechts dienen soll, eher abträglich als förderlich sein. Und auch für die Dienstherrschaften würde man sich davon schwerlich viel Gutes versprechen dürfen.

Eine Abgrenzung der Arbeiter und des Gesindes von den sonstigen Angestellten[6]) braucht an dieser Stelle nicht versucht zu werden. Sie ist

[5]) S. mein Gutachten für den Zechenverband in Essen, abgedruckt im Arch. f. bürg. R., Heft 33, S. 234 ff.

[6]) die übrigens erhebliche Schwierigkeiten bereitet, vgl. Potthoff S. 124/5. Der Vorschlag von Baum, alle Angestellten mit weniger als 2000 Mk. Jahres-

nicht Sache des allgemeinen Angestelltenrechts, das sich unterschiedslos auf alle Angestellten erstreckt, für die nicht die besonderen Kennzeichen der Arbeiter oder des Gesindes zutreffen, sondern Sache der diese Sonderklassen als solche behandelnden Gesetze — wer diesen nicht untersteht, ist Angestellter im Sinne des allgemeinen Angestelltenrechts.

Was von den Fabrik- und sonstigen gewerblichen Arbeitern gesagt wurde, findet natürlich auch auf die Bergarbeiter entsprechende Anwendung; auch sie sind aus dem Bereiche meiner Untersuchungen von vornherein auszuschalten, wie mir scheint, selbst im Sinne einer etwaigen bloß subsidiären Erstreckung.

c) Es handelt sich ferner nur um Privatangestellte, um „Privatbeamte". Auszuscheiden haben wegen der völlig abweichenden Beurteilungsmaßstäbe alle öffentlichen Beamten — des Reichs, des Staates und aller anderen öffentlichen Körperschaften oder Anstalten (einschließlich der Kirchen und sonstigen Religionsgemeinschaften).

Allerdings ist es weder begrifflich ausgeschlossen, noch praktisch ungebräuchlich, daß eine öffentliche Körperschaft gewöhnliche Anstellungsverhältnisse schließt, sei es mit Arbeitern — man denke etwa an die Eisenbahner, sei es mit „höheren" Angestellten — so etwa bei Fahrkartenverkäufern und -verkäuferinnen, Telephonistinnen, Schreibern. Sie fallen unter das Gebiet meines Gutachtens. Die öfters schwierige Frage nach dem Beamtencharakter der einen oder anderen Gruppe kann hier wieder aus dem Spiele bleiben; wir sagen einfach: Beamte unterfallen nicht dem Angestelltenrecht, nicht aber sind alle Angestellten öffentlicher Körperschaften als solche davon ausgeschlossen.

2. Von den Privatangestellten werden aber nur diejenigen von der in Frage stehenden Reform betroffen, die nicht als Handlungsgehilfen zu erachten sind. Denn da es sich um eine Erweiterung des bereits vorhandenen Sonderrechts dieser Gruppe handelt, wird ihre Stellung durch die Reform zunächst nicht berührt.

Der Kreis der Handlungsgehilfen oder „kaufmännischen Angestellten" bestimmt sich nach HGB. § 59 — es sind die „in einem Handelsgewerbe zur Leistung kaufmännischer Dienste angestellten" Personen. Daß der Dienstherr nur Minderkaufmann ist, macht im Sinne der §§ 62

---

gehalt rechtlich den gewerblichen Arbeitern gleichzustellen, hat mit Recht scharfen Widerspruch erfahren (Frau Bröll auf der 4. Gen.-Vers. der Gesellsch. f. soz. Reform, Schriften H. 28 S. 171).

bis 75 HGB. nichts aus, s. § 4 das.; nur einen Prokuristen kann ein solcher nicht bestellen.[7])

Nicht zu den Handlungsgehilfen, wohl aber zu dem weiteren Begriff der „Angestellten" im Sinne meines Gutachtens gehören danach:

α) Die von einem Kaufmann, aber nicht zur Leistung kaufmännischer Dienste dauernd angestellten Personen (HGB. § 83). Dahin sind besonders die technischen Angestellten zu rechnen[8]) — ihr Dienstverhältnis bestimmt sich an erster Stelle nach den einschlägigen Sätzen der Gewerbe-Ordnung §§ 133a f., an zweiter Stelle ist bisher das Allgemeine Bürgerliche Recht maßgebend. Ferner gehören dahin sonstige zu gewerblichen, aber nicht kaufmännischen Diensten berufene Angestellte, die nicht einfache Arbeiter sind — so die Aufsichts- und Betriebsbeamten: für sie gilt gleichfalls an erster Stelle die Gewerbe-Ordnung §§ 133a f., dann Kassenboten, Kellner, Straßenbahnschaffner, Bierfahrer und zahlreiche andere mehr.[9])

β) Die von einer — auch handelsrechtlichen — juristischen Person als Organe angestellten Personen, z. B. Direktoren einer Aktiengesellschaft. Sie sind nicht Handlungsgehilfen, weil sie nicht einer unabhängig von ihnen bestehenden kaufmännischen Persönlichkeit Dienste leisten, sondern in ihrer Berufstätigkeit selbst diese Persönlichkeit darstellen.[10])

Daraus folgt aber nicht, daß sie überhaupt nicht als „Angestellte" zu gelten hätten.[11]) Denn auch die Organe der Körperschaft können auf Grund eines Dienstvertrages berufen werden; dieser ist maßgebend für ihr Innenverhältnis zu der Körperschaft, während die Frage, welche Stellung der Angestellte nach außen, für das Betätigungsgebiet der Körperschaft im Verkehr, einnimmt, von der Eigenart des internen Anstellungsverhältnisses unabhängig ist.[12]) Solche als körperschaftliche Organe berufenen Personen würden daher, soweit entgeltlich tätig, in der Regel dem allgemeinen Rechte der Angestellten unterfallen.

γ) Die von einem Nicht-Kaufmann, wenn auch vielleicht zur Leistung von übrigens kaufmännischen Diensten berufenen Personen. So

[7]) Einen langen Katalog der zu den Handlungsgehilfen zählenden Personen gibt Baum S. 12.

[8]) S. darüber Wölbling S. 81 f.

[9]) S. die Aufzählungen bei Baum S. 13; Horrwitz, Recht der Handlungsgehilfen, S. 31 f.

[10]) Baum S. 9; Lehmann, Kommentar zu HGB. § 59 Anm. 1a.

[11]) So anscheinend Lehmann a. a. O.

[12]) S. meinen Kommentar zu § 26 BGB. Z. 5b.

bei nicht eingetragenen sog. Kann-Kaufleuten (landwirtschaftliche Nebengewerbe, s. HGB. § 3). Dahin würden an sich auch die Angestellten der Gegenseitigkeits-Versicherungsgesellschaften zählen;[13]) doch finden auf sie nach § 16 des Gesetzes vom 12. V. 01 die Vorschriften des ersten und dritten Buches des HGB., also auch die §§ 62—75, entsprechende Anwendung.

Dagegen sind hier noch die Beamten von Ausstellungsunternehmungen[14]) zu erwähnen, nicht minder die nicht beamteten (s. oben) Angestellten der Eisenbahn- und Postverwaltungen.

δ) Die Güterbeamten, Wirtschaftsinspektoren u. dergl. — eine besonders wichtige, von der Gesetzgebung bisher recht stiefmütterlich behandelte Klasse.[15])

ε) Wissenschaftliche Angestellte — so Ärzte in Sanatorien, das Lehrpersonal in privaten Unterrichts- oder Erziehungsanstalten, die Redakteure wissenschaftlicher Zeitschriften oder Sammelwerke, Fabrikchemiker, Syndici von Hausbesitzervereinen, Banken, Auskunftsbureaus.

ζ) Künstlerische Angestellte, z. B. Schauspieler, Musiker, literarische Beiräte, Redakteure künstlerischer oder belletristischer Zeitschriften.

η) Politische und sozialpolitische Angestellte: Generalsekretäre von politischen oder sozialen Vereinen u. dergl.

ϑ) Nicht den Handlungsgehilfen, aber auch nicht den sonstigen Angestellten sind die (selbständigen) Agenten anzureihen, weil und soweit sie nicht von einem Geschäftsherrn fest angestellt sind, nicht dem Organismus eines anderen Betriebes angehören.[16]) Sind sie dagegen fest für einen solchen angestellt, so zählen sie zu den Handlungsgehilfen, so daß die zur Verhandlung stehende gesetzliche Reform auf sie in keinem Falle Bezug hat.

II. Das geltende Recht der Privatangestellten.

Unter welchem Rechte leben zurzeit in Deutschland die Angestellten?

1. Allgemein kommt für sie alle das Bürgerliche Gesetzbuch in Betracht, allerdings nur subsidiär, insofern seine Vorschriften für diese oder jene Gruppe hinter den etwaigen Sondervorschriften zurückstehen, aber mit dieser Einschränkung allgemein. Soweit diese subsidiären Regeln des BGB. sich bereits als zureichend erweisen sollten, bedarf es daher keiner weiteren Reformen.

---

[13]) So Baum S. 7.

[14]) Baum a. a. O.

[15]) Darüber Trampe a. a. O.

[16]) S. Baum S. 9 unten.

Aber das ist leider bisher nicht der Fall. Schon rein äußerlich erscheint die vorhandene Regelung als viel zu dürftig — das gesamte Recht des Dienstvertrages, der doch für das Wohl und Wehe von Millionen unserer Volksgenossen die Grundlage ihrer wirtschaftlichen Existenz bedeutet, findet sich in ganzen zwanzig Paragraphen (612—631) geregelt, umfaßt also genau so viel wie die interessante Materie des Fundes und ungleich weniger als manche Sondergebilde des Erbrechts. Im ersten Entwurf waren es gar nur acht!

Inhaltlich trägt das Arbeitsrecht des Gesetzbuchs freilich, beeinflußt durch manch wertvolle Anregung der Kritik und die sozialfortschrittliche Ära der neunziger Jahre, im großen und ganzen einen modernen, den arbeitenden Klassen günstigen Charakter; von einer kapitalistischen oder rückschrittlichen Tendenz kann gerechterweise nicht im entferntesten geredet werden. Aber die Regelung ist einerseits zu lückenhaft: zahlreiche wichtige Fragen sind überhaupt nicht berücksichtigt, andere unverhältnismäßig summarisch abgemacht. Andererseits überwiegt viel zu sehr eine nivellierende Behandlungsweise: vor allem vermißt man eine genügend scharfe Scheidung zwischen den nur gelegentlich eingegangenen Dienstverträgen und den dauernden Dienst- und Anstellungsverhältnissen; die Sondervorschriften für letztere, an denen es freilich nicht fehlt (s. §§ 617, 624, 627, 629, 630) sind nach Umfang und Inhalt nicht als ausreichend zu erachten. Daß für die dauernd Angestellten eine weitergehende Sonderregelung möglich und angebracht ist, zeigt schon das Beispiel der Handlungsgehilfen — denn es lassen sich dafür, nur sie und nicht auch die anderen Privatangestellten einem Spezialrecht zu unterwerfen, zureichende sachliche Gründe in keiner Weise geltend machen. Die verschiedene Behandlung erklärt sich im Grunde nur historisch: die ungeheure Ausdehnung des Privatangestelltentums ist erst eine Folge der modernen wirtschaftlichen Entwicklung;[17]) die „Privatbeamten" traten bis vor kurzem zu schwach, zu vereinzelt auf, um sich zur Forderung eines auf sie bezüglichen Sonderrechts aufschwingen oder sonst die Aufmerksamkeit des Gesetzgebers auf sich ziehen zu können.

2. Es kommen freilich neben den allgemeinen Regeln des Bürgerlichen Gesetzbuchs für verschiedene Klassen der Angestellten noch wichtige Sondergesetze in Betracht:

a) Für die kaufmännischen Angestellten die bekannten, schon öfters angezogenen Vorschriften des HGB., insbesondere §§ 59 f.

---

[17]) Vgl. Potthoff, Annalen S. 1 (Sond.-Abdr.).

b) Zu beachten sind ferner die Bestimmungen der Gewerbeordnung. Von ihnen hat ein Teil (§§ 105—120e) allgemeine Anwendbarkeit auf alle gewerblichen Angestellten überhaupt, insbesondere auch, neben und vor den genannten Sätzen des HGB., auf die kaufmännischen Angestellten oder (§§ 139c—m) doch auf einen Teil von ihnen; die meisten beschränken sich indes auf bestimmte Sonderarten der im Gewerbe beschäftigten Personen — teils auf die Gesellen und Gewerbegehilfen, teils auf die Lehrlinge, teils auf die Fabrikarbeiter, teils endlich, was uns vornehmlich interessiert, auf die „Betriebsbeamten, Werkmeister und Techniker" (§§ 133a—133f).

c) Dazu kommt noch eine Reihe reichsrechtlicher Sondergesetze für diese oder jene wirtschaftlich abgegrenzte Gruppe von Angestellten, so z. B. für Seeleute die Seemannsordnung.[18])

d) Endlich greift in erheblichem Umfang das Landesrecht ein, indem es an erster Stelle — soweit es dafür Sondervorschriften getroffen hat — Anwendung findet für die Angestellten auf dem Gebiete der sog. vorbehaltenen Materien. Das gilt besonders vom Bergrecht und Gesinderecht. Indes hat das für mein Thema um deswillen nur mindere Bedeutung, weil nach dem obigen Bergarbeiter und Gesinde aus dem Bereiche der „Privatbeamten" ausscheiden.

III. Die Aufgabe des Gesetzgebers; Ziel des Gutachtens.

Gegenüber diesem buntscheckigen Rechtszustande tut zuvörderst eine tunlichste Vereinheitlichung des Angestelltenrechts dringend not. Dessen Zersplitterung in verschiedenen Gesetzen bringt offenbar die Gefahr einer Verschiedenheit des Rechtszustandes mit sich, wie sie sachlich in keiner Weise gerechtfertigt ist. Wir werden später noch eine ganze Anzahl von Schutzbestimmungen für die Handlungsgehilfen kennen lernen, deren rechtspolitischer Zweck sich in genau demselben Maße bei anderen Privatangestellten wiederfindet. Fährt man auf dem bisher beschrittenen Wege der spezialisierenden Gesetzgebung fort, so wird eine Ausgleichung erschwert, ja ihr direkt entgegengearbeitet: es besteht immer die Gefahr, daß auch in Zukunft etwaige weitere Reformen gerade auf die Sonderklasse von Angestellten beschränkt bleiben, die durch bei ihr zunächst zu Tage getretene Mißstände oder auch nur durch zielbewußte Agitation, durch einflußreiche Gönner innerhalb der gesetzgebenden Körperschaften den Anstoß dazu gegeben hat. Eine solche innerlich unbegründete Verschiedenheit des Rechtszustandes bei gleichartig liegenden Verhältnissen wirkt naturgemäß höchst abträglich auf die Übersicht-

[18]) Näheres bei Potthoff, Annalen S. 6.

lichkeit und Anwendbarkeit des Rechts, schädigt empfindlich das Rechtsbewußtsein und erschwert es den Beteiligten, sich bei Übertritt in eine andere Sondergruppe der Angestellten in den maßgebenden Rechtszustand einzugewöhnen.

Aber auch soweit die nebeneinander herlaufenden Sonderbestimmungen inhaltlich übereinstimmen (vgl. z. B. HGB. § 74 mit GewO. § 133 f), löst die bloße Tatsache ihres Nebeneinanderbestehens einen Teil der gerügten Mißstände aus:[19]) sie hindert die Übersichtlichkeit des Rechtszustandes, erschwert eine eingehende wissenschaftliche Behandlung und eine durch sie beeinflußte gleichförmige, auf der Höhe ihrer Aufgabe stehende Praxis. So hat die bloße Vereinheitlichung des Angestelltenrechts schon als solche rechtspolitischen Wert, ohne Rücksicht auf die dabei zu erzielenden inhaltlichen Fortschritte.

Man wird dem vielleicht entgegenhalten, daß ich ja oben gerade die allzu wenig differenzierende Behandlungsweise des BGB. tadelnd hervorgehoben habe, nun aber meinerseits einer Vereinheitlichung des Rechtszustandes das Wort rede. Aber darin liegt keineswegs ein Widerspruch — der eine Tadel bezieht sich auf die inhaltliche, der andere vorwiegend auf die formale Behandlungsweise des Arbeitsrechts. Und weiter: wenn eine mehr differenzierende Behandlungsweise gefordert wird, so heißt das nicht, daß wir das Arbeitsrecht nach den verschiedenen Lebensverhältnissen (technische, kaufmännische, landwirtschaftliche Beamte usw.) getrennt geregelt wissen wollen, sondern wir fordern nur eine Regelung, die auf die typischen inhaltlichen Verschiedenheiten der Dienstverhältnisse Rücksicht nimmt, einerlei übrigens, in welchem Beruf diese vorkommen: also auf die Gegensätze zwischen „dauernden" und „vorübergehenden" Dienstverhältnissen, zwischen Arbeitern und sonstigen Angestellten, etwa auch zwischen Diensten „höherer" und „niederer" Ordnung. Die Abgrenzung nach Lebensberufen hat im Sinne dieser Differenzierung nur insofern Berechtigung, als die Besonderheit des Berufes auch einen zureichenden Grund für eine besondere Gestaltung der maßgebenden Rechtssätze abgibt, während das geltende Recht sie vielfach als solche, ohne Rücksicht auf die Notwendigkeit inhaltlicher Abweichungen, zur Grundlage selbständiger gesetzlicher Regelung gemacht hat.

Aber nicht nur formelle und materielle Vereinheitlichung des Angestelltenrechts tut not — das Augenmerk des Gesetzgebers wird sich auch auf inhaltliche Verbesserung zu richten haben.

---

[19]) So auch Potthoff, Dienstvertrag S. 32.

Einmal im Sinne einer **Vervollständigung** der zu schützenden Personenklassen: Schon die obige Aufzählung zeigt uns mit handgreiflicher Deutlichkeit, daß noch zahlreiche Berufsgruppen des besonderen Schutzes entbehren, wie er einerseits den kaufmännischen Angestellten, andererseits den Arbeitern und den sonst der Gewerbeordnung unterstehenden Angestellten zuteil geworden ist, während doch die **Schutzbedürftigkeit** bei ihnen keineswegs in minderem Umfange besteht — man denke etwa, um nur ein Beispiel herauszugeben, an die in jüngster Zeit oft und beredt geschilderte Misere so zahlreicher Angehöriger der deutschen Bühnen! Zwar die, wenigstens im Sinne der traditionellen Auffassung, wirtschaftlich **schwächsten** Berufsklassen: die eigentlichen Arbeiter, hat der Gesetzgeber in vielen und wichtigen Punkten unter seine schützenden Fittige genommen — aber nicht mit gleicher Sorgfalt hat er der zwar weniger zahlreichen und minder straff organisierten, aber doch kaum minder schutzbedürftigen anderen Klassen der Angestellten gedacht. Noch immer gilt es, daran zu erinnern, daß die vielberufene „soziale Frage" durchaus nicht gleichbedeutend ist mit „Arbeiterfrage", die vielmehr nur einen bloßen Ausschnitt, derzeit vielleicht nicht einmal den wichtigsten[20]) mehr, bildet. „Soziales Recht" ist nicht gleichbedeutend mit arbeiterfreundlichem Recht, die Bezeichnung paßt vielmehr auf jede Rechtsbildung, die den besonderen Bedürfnissen und Verhältnissen der verschiedenen gesellschaftlichen Schichten Rechnung trägt; es stellt den Gegensatz zu einer **nivellierenden** oder — weil sie die menschliche Gesellschaft auflöst in eine Vielheit gleichartiger, gleich zu behandelnder Individuen — **individualistischen** Rechtsordnung dar.

Wie sehr die Klassen der Angestellten, die sich bislang als Stiefkinder des Gesetzgebers behandelt sehen mußten, diese Zurücksetzung neuerdings empfinden und eine Kodifikation des Angestelltenrechts erstreben, zeigt uns in überraschender Weise die von der Gesellschaft für soziale Reform eingeleitete Untersuchung. Die technischen, Güter- und Bureaubeamten, kurz die verschiedensten Sondergruppen sind in dieser grundsätzlichen Forderung einig. Die Wünsche der technischen Angestellten insbesondere hat bereits der Reichstag zu den seinen gemacht durch eine im Jahre 1908 angenommene Resolution, welche die verbündeten Regierungen um Vorlegung entsprechender Gesetzesvorlagen ersucht.[21])

---

[20]) Schon wegen der für die Arbeiter in weitem Maße bestehenden Möglichkeit, im Wege der Selbsthilfe — mittels ihrer mächtigen Organisationen — Besserung zu erzwingen.

[21]) S. **Wölbling**, S. 99.

Dabei sind überall zwei Fragen zu sondern: es handelt sich einmal darum, die Masse der Angestellten überhaupt unter ein einheitliches Recht zu stellen, etwa durch Verallgemeinerung des Sonderrechts der Angestellten; zum anderen darum, ob und inwieweit dieses zu verallgemeinernde Sonderrecht noch den Anschauungen und Bedürfnissen der Gegenwart genügt. Daß auch über diesen zweiten Punkt die Akten noch lange nicht geschlossen sind, zeigen uns die bekannten Erörterungen über die Konkurrenzklausel der Angestellten[21a]) und über die in Aussicht genommene Reform des § 63 HGB (s. unten), bei der bisher zwischen Bundesrat und Reichstag leider noch keine Einigkeit hat erzielt werden können.

Dabei liegt allerdings von vornherein ein Einwurf nahe: soll denn schon wieder eine Änderung des neuen Bürgerlichen Gesetzbuches beschlossen werden? Im Gegensatz zu gewissen radikalen Stürmern und Drängern bin ich nicht geneigt, diesen Einwurf gering anzuschlagen. Die Stabilität des Privatrechts ist aus ethischen, politischen und rein praktischen Gründen — zur Erzielung einer sicheren und gleichmäßigen Anwendung — ein so unschätzbares Gut, daß man es selbst um den Preis einer gewissen Rückständigkeit der einen oder anderen seiner Vorschriften nicht zu teuer erkaufen würde, zumal solche Rückständigkeit im Laufe der Zeit durch eine freie, fortschrittliche Rechtsprechung eine gewisse Korrektur zu finden pflegt. Nichts ist geeigneter, den ohnedies vielfach geschwundenen Sinn für die Heiligkeit des geltenden Rechts noch mehr zu untergraben, als ein fortwährendes, ruheloses Herumexperimentieren des Gesetzgebers, diese unerfreuliche Folgeerscheinung eines nervös überreizten Zeitalters.

Aber zum Glück wird ein solcher Einbruch in die geheiligten Hallen des Gesetzbuches in keiner Weise nötig werden. Seine Vorschriften sollen durchaus nicht abgeändert, es soll vielmehr nur *neben* ihnen für gewisse Sondergebiete ein *Sonderrecht* geschaffen werden, ein Sonderrecht allerdings nicht nur gewisser Einzelberufe, sondern ein Sonderrecht für die berufsmäßige Arbeit der Angestellten überhaupt. Neben das besondere Handels- und Gewerberecht soll allmählich ein selbständiges Arbeitsrecht im Sinne einer Ergänzung des allgemeinen Bürgerlichen Rechts treten.

Wie stellt sich nun zu diesen grundsätzlichen Erfordernissen das von mir zu erstattende Gutachten? Ich muß von vornherein betonen, daß ich durchaus nicht daran denke, hier allgemeine Ratschläge über den Inhalt des

[21a]) Die auf der letzten Generalversammlung der Gesellschaft für soziale Reform vom 5. März 09 (s. Schriften H. 28—29) in einer bisweilen geradezu leidenschaftlichen Anklage ausklangen.

demnächstigen „Rechts der Privatangestellten“ zu machen. Eine solche Aufgabe in allen Einzelheiten durchzuführen, überstiege vielleicht die Kraft eines einzelnen, auf alle Fälle aber den mir gewordenen Auftrag und den zur Verfügung stehenden Raum. Es steht vielmehr nur die ungleich bescheidenere Frage zur Diskussion, ob sich eine Verallgemeinerung von Schutzbestimmungen nach Art der im HGB. enthaltenen auf die Privatangestellten empfehle. Danach scheiden für meine Erörterungen aus:

a) Die Frage nach der Verallgemeinerung sonstiger Schutzbestimmungen, etwa der in der Gewerbeordnung enthaltenen.

b) Die Frage nach ganz neuen, bisher noch nicht gesetzlich festgelegten Schutzmaßnahmen, z. B. nach der völligen Abschaffung der Konkurrenzklausel, nach einer gesetzlichen Anerkennung des Erfinderrechts der Angestellten. Denn da und soweit das Handesgesetzbuch selbst bisher derartige Schutzbestimmungen nicht enthielt, kann auch von einer Vorbildlichkeit seiner Sätze für das allgemeine Angestelltenrecht nicht die Rede sein. Es kommt hinzu, daß gerade Fragen wie die eben genannten eine solche Fülle von Schwierigkeiten und Zweifelspunkten aufweisen, daß sie nur im Rahmen ausführlicher, selbständiger Untersuchung befriedigend behandelt werden können, wie ja auch der Juristentag seinerseits durch Einleitung gesonderter Untersuchungen darüber bereits anerkannt hat.[22])

c) Ebensowenig steht eine Kritik der einschlägigen handelsrechtlichen Vorschriften hier zur Erörterung. Denn es handelt sich ja gar nicht um eine Verbesserung, sondern um eine Erstreckung seiner Sätze. Die Kritik ist nur insofern einzubeziehen, als sie nötig erscheint, um das Vorhandensein oder Nichtvorhandensein eines vorbildlichen Wertes jener Sätze beurteilen zu können.

d) Endlich scheiden alle Sätze des HGB. über die Angestellten aus, die sich nicht als Schutzvorschriften darstellen, z. B. über die grundsätzliche Verpflichtung beider Teile zu Dienstleistungen (HGB. § 59), über die Schadensersatzpflicht daraus, über die Zulässigkeit von eigenen Geschäften der Angestellten.

Bei einer solchen Beschränkung des Themas möchte allerdings das Bedenken laut werden, ob eine derartige Untersuchung überhaupt noch gesetzgeberischen Wert habe. Es könnte sich dabei herausstellen, ja es wird sich herausstellen, daß die meisten der einschlägigen Sätze des HGB. nur eine nicht sehr durchschlagende Verbesserung des ohnedies auf die Privatangestellten anwendbaren BGB. bedeuten, daß die weitaus wichtigsten

---

[22]) Vergl. die bekannten Verhandlungen des 28. und 29. Juristentages über das Erfinderrecht der Angestellten.

Fragen ihres zu schaffenden Sonderrechts von der Untersuchung unberührt bleiben. So kann dem Thema des Gutachtens bei der künftigen Reform in der Tat nicht mehr als eine bescheidene, unterstützende Bedeutung zukommen. Nur in diesem Sinne können und sollen meine Ausführungen verstanden werden; nichts liegt mir ferner als die Meinung, daß die Regelung des Angestelltenrechts sich auf die darin besprochenen Punkte beschränken solle oder auch nur beschränken dürfe.

Selbst eine einstweilige Beschränkung darauf, im Sinne einer Art Abschlagszahlung, glaube ich nicht befürworten zu sollen — sie bedeutete bestenfalls ein Stückwerk, das keinen der Beteiligten recht zufriedenstellen könnte. Die Frage ist in meinen Augen vielmehr nur die, ob, wenn eine Kodifikation des Rechts der Angestellten beliebt wird, dabei auch auf die in Frage stehenden Schutzvorschriften des Handelsgesetzbuchs zurückgegriffen werden soll.

Zweiter Teil: **Die Verwendbarkeit der handelsrechtlichen Schutzvorschriften im einzelnen.**

Die Schutzvorschriften des Handelsgesetzbuchs zugunsten der Angestellten, wie sie besonders in §§ 62—75 enthalten sind, lassen sich in fünf Gruppen sondern; sie betreffen:

a) die Schutzpflicht gegenüber der Person;
b) die Lohnzahlungspflicht;
c) die Dauer des Dienstverhältnisses;
d) die Zeugnispflicht;
e) die Beschränkungen der Konkurrenzklausel.

Über ihre Verwendbarkeit für das zu schaffende allgemeine Angestelltenrecht ist nunmehr im einzelnen zu handeln.

I. Persönliche Schutzpflicht; Krankheitsfürsorge.

Unter diesem Gesichtspunkt fasse ich die §§ 62—3 HGB. zusammen:

a) Was zunächst § 62 anlangt, so entspricht er fast durchaus den bekannten Vorschriften des BGB. §§ 618—9; soweit er mit ihnen zusammenfällt, gehört sein Inhalt folgerecht bereits dem allgemeinen Angestelltenrecht an, bedarf es also keiner Verallgemeinerung.

Aber diese inhaltliche Gleichartigkeit ist immerhin keine vollständige. Zwar die Absätze 2—4 des § 62 sind aus dem Bürgerlichen Gesetzbuch § 618 Abs. 2—3 und 619 nicht nur inhaltlich, sondern mutatis mutandis selbst wörtlich entnommen. Verschieden ist indes in mehrfacher Richtung der beiderseitige Absatz 1; das HGB. geht hier in folgenden Richtungen über das allgemeine Bürgerliche Recht hinaus:

α) § 62 Abs. 1 berücksichtigt auch die Einrichtung des Geschäftsbetriebes und der Arbeitszeit, während § 618[1] sich auf die Regelung der unter Leitung des Arbeitgebers vorzunehmenden Arbeiten beschränkt. Er schweigt also über die Arbeitszeit und ihre Dauer, nicht minder über die Einrichtung aller Arbeiten, die nicht gerade unter „Leitung" des Dienstherrn vorzunehmen sind. Während z. B. nach dem Handelsrecht es dem Prinzipal nicht gestattet sein würde, die Arbeitsdauer auf die Gefahr einer gesundheitlichen oder sonstigen Schädigung des Handlungsgehilfen hin unbegrenzt auszudehnen,[23]) während er dem Gehilfen genügende Frühstücks- und Mittagspausen gewähren muß,[24]) würde sich ein sonstiger Angestellter in gleichem Fall auf § 618 nicht berufen können — man denke etwa an den Hauslehrer oder Privatsekretär, dem langwierige Arbeiten bei nachtschlafender Zeit zugemutet werden. Zwar könnte dagegen in extremen Fällen die allgemeine Norm des § 241 BGB. schützen, aber deren Anwendung wird wegen ihrer beziehungslosen Allgemeinheit nicht selten auf Schwierigkeiten stoßen und kann vor allem da kaum in Frage kommen, wo die Nacht- oder Überarbeit zwar einerseits den Angestellten schädigt, aber andererseits auch durch ein schutzwürdiges Interesse des Dienstherrn gerechtfertigt erscheint. Wenn in solcher Interessenkollision der Dienstherr seinen eigenen Interessen vor denen des Angestellten den Vorzug gibt, so mag das nicht gerade dem „sozialen Ideal" im Sinne Stammlers entsprechen, es enthält aber sicherlich nicht unterschiedslos einen Verstoß gegen Treu und Glauben im Sinne unseres positiven Rechts.

De lege ferenda dagegen lassen sich erhebliche Gesichtspunkte für eine gesetzliche Einschränkung geltend machen.

Einmal besteht sie bereits seit geraumer Zeit für Handlungsgehilfen sowie (s. HGB. § 76) Handlungslehrlinge, ohne daß, soweit bekannt, nachteilige Folgen sich daraus ergeben hätten, ist also bereits im Leben erprobt.

Dann sei folgendes erwogen: auch nach § 62 ist der Angestellte immerhin nur insoweit gegen gesundheitsgefährdende Einrichtung des Geschäftsbetriebes und der Arbeitszeit zu schützen, als die Natur des Betriebes es gestattet. Bei Anwendung der Vorschrift auf andere Angestellte müßte es

---

[23]) S. Düringer-Hachenberg zu § 62 zit. Anm. 6.

[24]) S. Staub a. a. O. Anm. 4.

folgerecht an Stelle des Wortes „(Geschäfts)betrieb“ heißen: „vertragsmäßige Dienstleistung“ oder „Beschäftigung“. Soweit diese es notwendig macht, muß der Angestellte also auch eine Arbeitszeit und sonstige Einrichtung einer Dienstleistung annehmen, die an sich keinen genügenden Schutz gegen Gesundheitsgefährdungen gewähren würde; z. B. eine Krankenpflegerin, ein Hausarzt hat gegebenenfalls Nachtwachen oder die Pflege eines ansteckend Kranken zu übernehmen; der Feldhüter muß zur Zeit der Obsternte oder Weinlese gelegentlich eine Nacht im Garten oder Weinberge zubringen. Dies freilich mit der Einschränkung, daß Dienstleistungen, die ihrer Natur nach mit schweren körperlichen Beschädigungen verbunden sind, in der Regel nach BGB. § 138 überhaupt nicht rechtswirksam zum Inhalt eines Dienstvertrages gemacht werden können. Übrigens aber werden durch die angegebene Klausel wirklich überragende Interessen des Arbeitgebers genügend gewahrt. Wenn er aber, wo solche nicht im Spiele sind, zur Förderung seines eigenen Vorteils die Gesundheit seines Angestellten nicht gefährden darf, so ist das nur eine echt moderne, billigenswerte Behandlungsweise, die auf Grund einer Abwägung der beiderseitigen typischen Interessen bei der sozialen Bilanz als Aktivposten gebucht werden darf.

β) Der zweite Fortschritt des § 62 gegenüber dem allgemeinen Bürgerlichen Recht liegt darin, daß durch die Regelung des Geschäftsbetriebes und der Arbeitszeit auch „die Aufrechterhaltung der guten Sitten und des Anstandes“ gesichert werden muß. Dieser Gesichtspunkt ist dem § 618¹ ganz fremd, indem seine ohnedies minder weitgehenden (s. oben *α*) Anordnungen sich auf die Abwendung der Gefahren für Leben und Gesundheit beschränken; die Wahrung der guten Sitten läßt sich § 618 erst in Abs. 2 angelegen sein, der hier, weil mit § 62² HGB. völlig übereinstimmend, nicht weiter interessiert. Dagegen findet sich eine dem § 62¹ insoweit entsprechende Bestimmung auch in der GewOrdn. § 120b Abs. 1, so daß die etwaige Ausdehnung der hier in Rede stehenden Schutzvorschrift nur noch für die nicht gewerblichen Angestellten in Frage käme. Denn GewOrdn. § 120b gilt, wie fast alle Vorschriften der §§ 105—120e, nicht nur gerade für Fabrikarbeiter — Umkehrschluß aus der Überschrift über §§ 134 f.,[25]) sondern grundsätzlich für alle gewerblichen Angestellten überhaupt.[26]) Das ist natürlich kein Grund gegen, sondern für die Erweiterung der Schutzvorschrift.

[25]) „Die Gewerbeunternehmer sind verpflichtet, diejenigen Einrichtungen zu treffen und zu unterhalten und diejenigen Vorschriften über das Verhalten der Arbeiter im Betriebe zu erlassen, welche erforderlich sind, um die Aufrechterhaltung der guten Sitten und des Anstandes zu sichern.“

[26]) S. Landmann, Kommentar zur GewO. § 105 Anm. 1.

Denn es enthielte eine grob materialistische, allem feinen Empfinden Hohn sprechende Auffassung, wenn man die nicht im Erwerbsleben tätigen Angestellten eines minderen Schutzes für Anstand und gute Sitten bedürftig erachten wollte, als die gewerblichen Arbeitnehmer.

Man braucht sich nicht in die Unkosten unnützer Sentimentalität zu stürzen, um sich daran zu erinnern, daß gerade gegenüber manchen künstlerischen Angestellten, insbesondere Schauspielerinnen und Sängerinnen, die Gefahr einer Vernachlässigung der Erfordernisse von Anstand und guter Sitte besonders naheliegt. Die Anwendung des § 62 auf sie würde den „Arbeitgeber" u. a. verpflichten, die Garderobe- und Ankleideräume in einer den Blicken und dem Zutritt Unbefugter entrückten Weise einzurichten, den Schauspielerinnen von denen der männlichen Kollegen getrennte Waschräume und verschließbare Bedürfnisanstalten zur Verfügung zu stellen; sie würde ihn nicht minder hindern, die Vorstellungen und Proben auf unpassende Stunden — etwa mitten in der Nacht — anzusetzen oder der Schauspielerin eine unanständige, kompromittierende Rolle aufzunötigen. Entsprechendes würde bei Stenographinnen, Maschinenschreiberinnen u. dergl. gelten — sie würden nicht verpflichtet sein, in der Nacht zur Arbeitsleistung anzutreten, die zotigen Ergüsse eines pornographischen Schriftstellers zu Papier zu bringen.

Daß Abs. 2 des § 618 für derartige Fälle nicht ausreicht, ist klar: er beschränkt sich ja auf die in die häusliche Gemeinschaft aufgenommenen Angestellten, die — heutzutage mehr als je — alles in allem nur eine verhältnismäßig kleine Minderzahl bilden.[27]) So bleibt für eine Erweiterung unseres § 62¹ entschieden Raum und Bedürfnis.

γ) Ein weiterer Fortschritt des § 62¹ gegenüber dem allgemeinen Bürgerlichen Recht ist dadurch gegeben, daß die dort ausgesprochene Pflicht zur entsprechenden Einrichtung und Unterhaltung von „Räumen, Vorrichtungen und Gerätschaften" sich nicht, wie nach § 618, auf die gerade von Dienstberechtigten selbst zu beschaffenden beschränkt. Zu der ihm allgemein obliegenden „Einrichtung und Unterhaltung" solcher Dinge gehört vielmehr auch eine Anweisung an die Angestellten, die von ihnen selbst anzuschaffenden „Gerätschaften" sachgemäß auszuwählen und vorsichtig damit umzugehen, nicht minder eine wirksame Kontrolle der tatsächlich gebrauchten Gegenstände, unter Umständen auch bei den nicht von dem Arbeitgeber selbst angeschafften die Pflicht zu ihrer Reparatur oder allermindestens zu

---

[27]) Abgesehen natürlich vom Gesinde, das ja nach dem obigen nicht unter das Anwendungsgebiet meines Gutachtens fällt.

einer Einwirkung auf die Angestellten, die notwendig gewordenen Reparaturen ihrerseits vornehmen zu lassen.

So würde die Verallgemeinerung des § 62 nach den drei geschilderten Richtungen inhaltvoll sein und — zwar nicht grundstürzende, aber — wohltätige Einwirkungen zugunsten der Angestellten hervorrufen. Irgendwelche nennenswerte Bedenken dagegen sind mir nirgends aufgestoßen. Natürlich dürfte die Verallgemeinerung nicht beim Wortlaut stehen bleiben; man könnte etwa formulieren:

„Der Arbeitgeber ist verpflichtet, die vom Angestellten zu benutzenden Räume und die für die vertragsmäßigen Dienstleistungen bestimmten Vorrichtungen und Gerätschaften so einzurichten und zu unterhalten, auch die Einrichtung und Zeit der dem Angestellten obliegenden Arbeiten so zu gestalten, daß der Angestellte gegen eine Gefährdung seiner Gesundheit, soweit die Natur der vertragsmäßigen Beschäftigung es gestattet, geschützt und die Aufrechterhaltung der guten Sitten und des Anstandes gesichert ist."

b) Ungleich wichtiger noch erweist sich im Sinne meines Themas der nächste § 63. Sein Verhältnis zu den dadurch erweiterten §§ 616—7 BGB. ist im wesentlichen das folgende:

α) Einerseits gehen freilich die Vorschriften des Bürgerlichen Rechts weiter: § 63 denkt nur an „unverschuldetes Unglück", während § 616 darüber hinaus alle vorübergehenden Verhinderungen an der Dienstleistung umfaßt, z. B. militärische Übungen, Abruf an das Sterbebett von Vater oder Mutter — ein Fall, der allerdings bei freierer Auslegung auch wohl unter den Gesichtspunkt des „unverschuldeten Unglücks" einbezogen werden könnte.[28]) Ferner deckt § 616 auch solche Krankheiten, die der Angestellte sich zwar schuldhaft, aber nicht geradezu durch grobes Verschulden zugezogen hat, z. B. er hat sich infolge allzu leichter Kleidung oder unzulänglicher Beheizung seines Zimmers erkältet, hat ein zunächst leichteres Unwohlsein unbeachtet gelassen und dadurch verschlimmert. § 63 dagegen verlangt ein schlechthin unverschuldetes Unglück. Endlich geht das Bürgerliche Recht inhaltlich weiter, indem es in § 617 für gewisse Fälle eine Verpflegungspflicht, nicht nur einen Fortbestand der Lohnzahlungspflicht, aufstellt.

Doch das alles interessiert hier nicht. Denn das bestehende Handels- wie das zukünftige allgemeine Angestelltenrecht schließt das Bürgerliche Gesetzbuch natürlich nicht für seinen Anwendungsbereich ganz aus, sondern

---

[28]) So auch z. B. Düringer-Hachenburg zu § 63 zit. Anm. 2.

drängt es nur im Widerspruchsfalle zurück, so daß die weitergehenden Sätze des Bürgerlichen Rechts auch für das Sondergebiet bestehen bleiben.

β) Für uns hat § 63 vielmehr nur insofern Bedeutung, als er seinerseits umgekehrt über die §§ 616—7 BGB. hinausgeht. Das ist der Fall:

αα) Nach Abs. 1, soweit das dort geforderte „unverschuldete Unglück" nicht gerade als Krankheit auftritt, z. B. bei ungerechtfertigter — sonst ist sie ja nicht unverschuldet — Verhaftung, Aufhebung durch Räuber oder Landfriedensbrecher, Unterwerfung unter eine Quarantäne oder ärztliche Beobachtung. Für solche und ähnliche Fälle würde aus dem allgemeinen Bürgerlichen Recht nur § 616, nicht auch § 617, einschlagen — es würde also auf eine besondere Untersuchung darüber ankommen, ob die Behinderungszeit eine „verhältnismäßig nicht erhebliche" sei, während das Handelsrecht auch trotz konkreter Erheblichkeit der Hinderungszeit den Gehaltsanspruch bis zu 6 Wochen fortbestehen läßt. Das kommt den Dienstpflichtigen nicht nur sachlich vielfach zugute, sondern erhöht vor allen Dingen das Gefühl ihrer Sicherheit: sie können ohne weiteres auf den Fortbezug des Gehalts trotz eintretender Unglücksfälle rechnen, brauchen nicht erst auf die richtige Betätigung richterlichen Ermessens zu hoffen. Gerade diese erhöhte Sicherheit des für sie anzuwendenden Rechts ist es, worauf die Angestellten nach den aus ihren Kreisen laut gewordenen Vorschlägen besonderes Gewicht legen.[29])

Soweit die Behinderung des Angestellten infolge von Militärdienst eintritt, würde es allerdings auch trotz der Erstreckung des § 63 bei der individualisierenden Beurteilung im Sinne von § 616 BGB. bleiben. Denn selbst die liberalste Auslegung der Worte „unverschuldetes Unglück" wird die Erfüllung der Dienstpflicht nicht darunter einbeziehen können und dürfen; diese in Theorie und Praxis wohl allgemein anerkannte Auffassung wird zum Überfluß auch durch die Entstehungsgeschichte bekräftigt, indem Anträge, den Schutz des § 63 auch auf die Einberufung zu militärischen Übungen zu erstrecken, im Interesse der mittleren und kleineren Betriebe abgelehnt wurden.[30])

Es möchte sich nun fragen, ob gelegentlich der Schaffung des allgemeinen Angestelltenrechts die damals abgelehnte Erstreckung neuerdings festgelegt werden solle. Ich halte das aber nicht für unbedenklich. Einmal

---

[29]) S. z. B. Trampe S. 116, Reif S. 136. Nebenbei bemerkt, ist die bei ihnen und sonst hervortretende Forderung fester Schutzvorschriften ein beachtenswertes Memento gegenüber den Fanatikern der sog. „Freirechtsschule".

[30]) S. Düringer-Hachenburg Anm. 2.

hat die derzeitige Rechtslage, wie mir scheint, nicht zu ungebührlicher Belastung der Angestellten geführt. Eine ziemlich feststehende Praxis der ordentlichen wie insbesondere der Gewerbegerichte, über die alle größeren Kommentare zu BGB. § 616 genügenden Aufschluß geben, hat sich der Gehaltszahlungspflicht bei allen kürzeren, vielfach auch bei längeren Militärübungen günstig gezeigt. Allerdings muß dabei derzeit der Besonderheit des Einzelfalls Rechnung getragen werden — aber das erscheint nicht nur nicht unerträglich, sondern wird durch die notwendige Rücksichtnahme auf das gleichfalls schutzwürdige Interesse der Arbeitgeber bis zu einem gewissen Grade gefordert. Diese besitzen doch keineswegs unterschiedslos die heutzutage so viel in Anspruch genommenen tragfähigen Schultern; sofern sie sich aber solcher erfreuen, wird bereits eine humane, sozial gerichtete Anwendung des § 616 zu einem den Angestellten günstigen Ergebnis führen. Vor allem bleibt die keineswegs zu unterschätzende Gefahr, daß eine radikalere Schutzbestimmung leicht den Schützlingen selbst zum Schaden gereichen möchte: je mehr man die Dienstherren mit der Zahlungspflicht während militärischer Übungen belastet, desto größer wird ihre — ohnedies gelegentlich hervorgetretene — Neigung zunehmen, bei Auswahl der Angestellten den militärfreien den Vorzug zu geben.

Aber zugegeben, daß auch für die, von den Angestellten mit steigender Lebhaftigkeit verfochtene, Erstreckung des § 63 auf den Militärdienst gute Gründe sprechen: ihre Würdigung ist doch nicht eigentlich Sache meines diesmaligen Gutachtens, das es nicht mit der Reform, sondern mit der umfänglichen Erweiterung der §§ 62 f. HGB. zu tun hat.

ββ) Beruht das „unverschuldete Unglück" gerade in einer Krankheit, so steht der Angestellte allerdings schon nach geltendem bürgerlichen Recht günstiger da — den Dienstherrn trifft alsdann, außer der Lohnzahlungspflicht, die in § 617 näher geschilderte Verpflegungs- und Behandlungspflicht. Aber auch sie macht die Erstreckung des § 63 auf die nichtkaufmännischen Angestellten selbst für die Erkrankungsfälle durchaus nicht gegenstandslos: § 617 greift nicht bei allen „dauernden Dienstverhältnissen" ein, sondern nur bei solchen, welche die Erwerbstätigkeit des Verpflichteten „vollständig oder hauptsächlich in Anspruch nehmen", und bei welchen der Verpflichtete zugleich in die häusliche Gemeinschaft aufgenommen ist.

Insbesondere die zweite Beschränkung wird diese Schutzvorschrift für die meisten Angestellten — das Gesinde natürlich wieder ausgenommen — unanwendbar machen. Die Annahme, daß wenigstens für die Erkrankungsfälle das geltende Recht schon genügend Vorsorge darbiete, müßte also als vorschnell abgelehnt werden.

γ) Der weitaus wichtigste Unterschied des § 63 gegenüber dem Bürgerlichen Recht besteht aber in seinem Absatz 2:

„Der Handlungsgehilfe ist nicht verpflichtet, sich den Betrag anrechnen zu lassen, der ihm für die Zeit der Verhinderung aus einer Kranken- oder Unfallversicherung zukommt. Eine Vereinbarung, welche dieser Vorschrift zuwiderläuft, ist nichtig."

Es wird den meisten Lesern meines Gutachtens nicht unbekannt sein, daß dieser Absatz in der jüngsten Zeit den Gegenstand lebhafter Auseinandersetzungen gebildet hat. Auf der einen Seite haben die nichtkaufmännischen Angestellten vielfach und lebhaft eine Gleichstellung mit ihren kaufmännischen Kollegen im Sinne der Vorschrift erheischt; auf der anderen Seite ist aber eine Reform des § 63 selbst angeregt und bereits in den gesetzgeberischen Körperschaften verhandelt worden. Dies im Sinne teils einer Verschärfung, teils einer Abschwächung:

1) Unter dem 22. November 1907 brachte der Reichskanzler beim Reichstag den Entwurf eines Gesetzes betr. Änderung des § 63 HGB. ein; darin war der Vorschlag enthalten, zwar die Vorschrift des Abs. 1 — Fortzahlung des Gehalts — für zwingend zu erklären, aber dafür an Stelle der in Abs. 2 bisher zwingend angeordneten Nichtanrechnung der Kranken- und Unfallgelder eine — allerdings nicht als zwingend gedachte — Anrechnungspflicht treten zu lassen.

2) Der Reichstag nahm demgegenüber einen wesentlich abweichenden Standpunkt ein. Auf der einen Seite verwarf er die Anrechnungspflicht wegen der Krankengelder, andrerseits beschloß er in Wiederholung eines bereits früher auf Antrag des Abg. Bassermann gefaßten Beschlusses, den ganzen § 63 für zwingend zu erklären. Die verbündeten Regierungen ließen demgegenüber durch den Mund des Staatssekretärs Dr. Nieberding einen derartigen Beschluß als für sich unannehmbar erklären, und so ist bisher alles beim alten geblieben. Es kann aber angenommen werden, daß die Frage damit nicht endgültig abgetan sei, vielmehr spätestens bei Beratung eines allgemeinen Angestelltenrechts aufs neue lebhaft verhandelt werden wird.

Um ihre Beantwortung vorzubereiten, gilt es zunächst festzustellen, daß § 63 Abs. 1 in der Tat bisher den Charakter eines ergänzenden (sog. dispositiven) Rechtssatzes aufweist. Das ist die weitaus herrschende Ansicht in Theorie[31]) und Praxis[32]), wenn auch einige Gerichte, besonders Kauf-

[31]) S. z. B. die Kommentare zum § 63 von Lehmann (Anm. 5), Staub (Anm. 7) und Düringer-Hachenburg (Anm. 7), ferner Baum, S. 40, 70. 73 ff., Weißhut in der Leipziger Zeitschr. 1907, S. 211, s. auch Staatssekretär Nieberding im Reichstag am 7. 3. 06.

[32]) S. die Angaben bei Baum und Staub a. a. O.

mannsgerichte, sich den gegenteiligen Standpunkt zu eigen gemacht haben.[33]) Für diesen läßt sich aber de lege lata nichts, dagegen alles sagen: bekanntlich bildet die Dispositionsfreiheit im geltenden Vertragsrecht so sehr die Regel, daß das Gesetz es fast immer vorsorglich beifügt, wenn in Abänderung derselben eine Vorschrift als zwingend gestaltet sein soll. Gewiß ist dieses Merkmal nicht immer untrüglich; nicht immer hat der Gesetzgeber an die Frage der Abänderbarkeit gedacht, und wo der erkennbare Zweck der einzelnen Vorschrift durch ihre Zulassung vernichtet oder schwer gefährdet wurde, darf man ihr in der Regel auch ohne besonderen Vermerk im Gesetz den Charakter einer zwingenden zuerkennen. Aber so liegt die Sache gegenüber dem § 63 nicht. Der Gesetzgeber hat sich dabei die Frage der Verzichtbarkeit klargemacht — hat er sie doch in Abs. 2 in negativem Sinne entschieden! Wenn demgegenüber in Abs. 1 der zwingende Charakter nicht ausgesprochen wird, so kann das nach meinem Dafürhalten nicht anders denn im Sinne eines unbedingt durchschlagenden Umkehrschlusses verwertet werden. Die Frage stellt sich nicht anders dar, als in dem wesentlich gleichartigen Fall des § 616 BGB., für den die weitaus herrschende[34]) Meinung bekanntlich gleichfalls aus der Nichterwähnung in dem die Nachbarparagraphen 618—19 für unabänderlich erklärenden § 620 den dispositiven Charakter gefolgert hat.

Man kann auch nicht unbedingt sagen, daß dieses Ergebnis unerträglich sei oder die Zwecke des Gesetzes vereitele. Gerade die von der Gesellschaft für soziale Reform veranstalteten Untersuchungen haben deutlich dargetan, daß ein vertragsmäßiger Ausschluß des § 63 [1] zwar vielfach, aber keineswegs regelmäßig erfolgt ist.

Damit soll nun freilich nicht gesagt sein, daß es auch rechtspolitisch bei der Abänderbarkeit der Satzung sein Bewenden behalten müsse. Wie ich aus den Schriften der Gesellschaft für soziale Reform entnehme, scheint gerade in der jüngsten Zeit die Neigung der Prinzipale, einen Ausschluß des Lohnanspruchs bei Ausfall der Dienstleistung zu vereinbaren, im Steigen begriffen zu sein. Diese Neigung würde vermutlich weiter wachsen, je mehr sich die öffentliche Aufmerksamkeit der Frage widmet und vollends, wenn die Vorschrift durch Ausdehnung auf alle Angestellten eine noch wesentlich erhöhte Bedeutung gewinnt. Ja, man darf stark vermuten, daß sich die organisierten Arbeitgeber der verschiedenen Berufsarten im Laufe der Zeit

---

[33]) S. die Angaben bei Baum S. 75. Dahin gehört auch das LG. Berlin I, vergl. Blätter f. Rechtspflege 1902 S. 86, 1903 S. 22, 1904 S. 36.

[34]) Vergl. statt aller die Angaben bei Oertmann dazu Nr. 5; anders freilich außer den dort Genannten neuerdings wieder Lotmar, Arbeitsvertrag II, S. 227 ff.

mehr und mehr daran gewöhnen werden, die einzelnen Arbeitsverträge mit Hilfe sorgsam ausgedachter Formulare in eine ihren Sonderinteressen einseitig günstige Richtung hineinzuzwingen. Wer mit mir der Ansicht ist, daß unserer Vorschrift jedenfalls überwiegend Zweck und Eigenart eines sozialen Schutzgesetzes innewohne oder doch innewohnen solle, wird sich mit solcher Aussicht in keiner Weise befreunden. Ich meine also, daß die Ausdehnung des § 63 in der oben dargelegten Weise nur dann erheblichen Wert aufweisen möchte, wenn zugleich ihr zwingender Charakter in aller Form festgelegt wird.

Soll aber auch Abs. 2 — Nichtanrechnung der Krankengelder — auf die Angestellten allgemein übertragen werden? Ich kann nicht einsehen, wieso die Beurteilungsmomente bei ihnen anders liegen als bei den Handlungsgehilfen. Sollte man also dafürhalten, daß es diesen gegenüber bei der Nichtanrechnung zu verbleiben habe, so dürfte das, was ihnen recht ist, den sonstigen Angestellten nur billig sein. Die Frage scheint mir also auch im Sinne meines Gutachtens nur die zu sein, ob der Ansicht der verbündeten Regierungen in dieser Frage vor der gegenteiligen der deutschen Volksvertretung der Vorzug gebühre oder nicht. Insofern bin auch ich gezwungen, zur Kritik des § 63² Stellung zu nehmen.

Daß dieser Absatz bisher die Anrechnung der Krankengelder, und zwar sogar zwingend, ausschloß, läßt sich historisch unschwer erklären. Als man ihn dem Handelsgesetzbuch einfügte, war die Kranken- und Unfallversicherung der kaufmännischen Angestellten erst fakultativ. Hatte einer von ihnen privatim Versicherung genommen, so oblag ihm auch grundsätzlich allein die Zahlung der Beiträge, und wenn man diese auf den während der Erkrankung fortbestehenden Gehaltsanspruch hätte in Anrechnung bringen wollen, so wäre das eine Benachteiligung der Fürsorglichkeit gewesen, die zugleich die Neigung zu derartigen Versicherungen hätte lähmen, also motivationspolitisch schädlich wirken können. Wenn man es gegenüber Schadensersatzansprüchen mit Recht fast allgemein abgelehnt hatte, die aus privaten Versicherungen erlangten Beträge zur Anrechnung zu bringen,[35]) so schien auch beim Vertragsanspruch eine gleiche Behandlung nur prinzipgemäß und angemessen, und es entsprach dem Charakter des § 63 als eines Schutzgesetzes zum besten einer typisch minder günstig dastehenden Gesellschaftsklasse, das in aller Form festzulegen und für unabänderlich zu erklären.

Das hat sich aber durch die neueren Reformen der Krankenversicherung vollauf geändert. Zwar die einschlägige Novelle vom Jahre 1892 hatte,

---

[35]) S. darüber Oertmann, Die Vorteilsausgleichung beim Schadensersatzanspruch, S. 111 ff.

charakteristischerweise, die Versicherungspflicht der Handlungsgehilfen nur für die Fälle eingeführt (§ 1 Abs. 4), daß die den Gehilfen nach dem damaligen Art. 60 — jetzigen § 63 Abs. 1 — HGB. zustehenden Gerechtsame durch Vertrag aufgehoben oder beschränkt waren.[36]) Aber im Gegensatz dazu erklärte die spätere Novelle zum Krankenversicherungsgesetz von 1903 alle kaufmännischen Angestellten mit einem Jahresgehalt bis zu 2000 *M* für versicherungspflichtig.

Daß der damit geschaffene Rechtszustand nicht unbedenklich sei, läßt sich füglich nicht bestreiten. Man bedenke: wenn die Gehaltszahlungspflicht aus Abs. 1 nicht fortbedungen ist, kann eine Anrechnung des Krankengeldes nicht wirksam vereinbart werden, obwohl doch der Prinzipal an den Kosten der Versicherung nunmehr beteiligt ist. Wohl aber kann er die Zahlungspflicht ihrerseits, da Abs. 1 nach dem Obigen nicht zwingend ist, vertragsmäßig wegbedingen. Das Gesetz hat also die weniger weitgehende Vereinbarung ausgeschlossen, dagegen der weitergehenden kein Hindernis in den Weg gelegt. Ein Rechtszustand, der nicht nur jeder Folgerichtigkeit entbehrt, sondern auch starke Anreize auf die Prinzipale ausüben muß, die in § 63² ausgesprochene Fortzahlungspflicht vertragsmäßig völlig auszuschließen.

Diese Versuchung liegt um so näher, als für eine Nichtanrechnung des Krankengeldes derzeit m. E. in der Tat keine durchschlagenden Gründe mehr geltend gemacht werden können. So billig und echt sozial gedacht es ist, den Erkrankten ökonomisch zu sichern, so wenig angebracht erscheint es, ihn für die Zeit der Erkrankung und damit Arbeitsunfähigkeit geradezu besser zu stellen, als er während der Dauer der Gesundheit und Tätigkeit gestanden hatte. Insoweit die Krankengelder indirekt aus der Tasche der Prinzipale zu zahlen sind, wird deren Zahlungspflicht den Angestellten gegenüber gerade für die Zeit im Ergebnis noch gesteigert, in der sie dafür nicht die Gegenleistung durch die Tätigkeit des Angestellten erhalten! Das bedeutet eine Prämiierung des Krankseins, die meines Erachtens dem Rechtsgefühl und sittlichen Empfinden, soweit es sich von schwächlicher Sentimentalität fernhält, wenig entspricht und motivationspolitisch höchst bedenkliche Wirkungen zeitigen kann. Einmal auf Seite der Prinzipale: je mehr man ihre Verpflichtungen gegenüber den erkrankten Gehilfen anspannt, desto mehr wird man in ihnen die Neigung verstärken, bei der Anstellung auf zweifellose Gesundheit des Anzustellenden zu achten, so daß die Anstellungs- und Erwerbsgelegenheit schwächlicherer Elemente nachteilig beeinflußt werden muß. Zum anderen auf Seite der Gehilfen selbst. Man braucht sich nicht

---

[36]) Vergl. Baum S. 73.

zu der Behauptung zu versteigen, daß die Bevorzugung der Erkrankten in erheblichem Umfange die Neigung zu Simulationen auslösen werde, obwohl diese Gefahr trotz aller entrüsteten Proteste der Gehilfenverbände zweifellos in gewissem Umfange besteht. Denn viel näherliegend und auf keinen Fall abzustreiten ist die Gefahr der Autosuggestion: wer durch die „Erkrankung" neben der Erlaubnis zur Untätigkeit noch ökonomische Vorteile erlangt, der wird sich viel leichter einreden, krank zu sein; jene äußerste Kraftanspannung zur Tätigkeit, auf der zum guten Teil aller Schaffenserfolg beruht, muß durch solche Begünstigung mindestens in vielen Fällen nachteilig beeinflußt werden. Wir wollen und sollen die Kranken schützen und pflegen — wir wollen aber ebensowenig Rechtseinrichtungen, die zu der von Nietzsche so treffend gegeißelten „Ausbeutung der Starken durch die Schwachen" hinzuführen geeignet sind.

Im Sinne der Anrechnung läßt sich auch die Analogie eines anderen, von sozialfortschrittlichem Geiste besonders stark beeinflußten Gesetzes verwerten: der Gewerbeordnung § 133c Abs. 2. Auch hier wird es dem Arbeitgeber gestattet, auf den trotz Krankheit usw. fortbestehenden Lohnanspruch des Arbeiters denjenigen Betrag zur Anrechnung zu bringen, „welcher dem Berechtigten aus einer auf Grund gesetzlicher Verpflichtung bestehenden Krankenversicherung oder Unfallversicherung zukommt"; ja, es mindert sich um diesen Betrag der Gehaltsanspruch sogar von vornherein (ipso iure), auch ohne besonderen Anrechnungsakt. Allerdings ist bei dieser Vorschrift streitig, ob sie allgemein Anwendung finde, oder nur dann, wenn das Dienstverhältnis vom Arbeitgeber wegen der Krankheit usw. aufgelöst wird. Aber nach Wortlaut und Sinn kann füglich nur die erstere, weitere Auffassung in Frage kommen: Abs. 2 läßt den Gehaltsanspruch vorbehaltlich unserer Anrechnung auf 6 Wochen fortbestehen „im Falle zu 4" (scil. des Absatzes 1); der Fall 4 handelt nicht sowohl von der Entlassung wegen Krankheit, als vielmehr von der Krankheit selbst: „wenn sie (die Arbeiter) durch anhaltende Krankheit an der Verrichtung ihrer Dienste verhindert werden." Auch könnte die Gegenmeinung dahin führen, daß der erkrankte und deswegen entlassene Arbeiter unter Umständen sich besser stehen würde als im gleichen Falle der nichtentlassene. So ist denn die hier vertretene Ansicht gerade in der jüngsten Zeit in Theorie und Praxis immer mehr zur Anerkennung gelangt,[37]) und § 133c bildet gerade im Sinne seiner arbeiterfreundlicheren Auslegung eine beachtenswerte Analogie zugunsten der hier besprochenen Anrechnungspflicht.

---

[37]) S. statt aller v. Landmann zu § 133c Ziff. 8, Cuno, S. 10, Lotmar a. a. O. II., S. 222 mit weiteren Angaben.

Diese ist denn auch von besonnenen Autoren der sozialfortschrittlichen Richtung wiederholt empfohlen worden; so, unter maßvoller Abwägung der Gründe für und wider, von zwei Gutachtern der „Gesellschaft für soziale Reform", Baum[38]) und Cuno[39]) — dieser weiß zudem zur Vermeidung etwaiger Härten auf ein sinnreiches Aushilfsmittel hinzuweisen: Sperrung der ja doch andernfalls anzurechnenden Krankengelder für die Dauer des fortbestehenden Gehaltsanspruchs und Verwendung der dadurch freiwerdenden Beträge zur Erhöhung der Kassenleistungen für die spätere Zeit. Dagegen können die weitergehenden Vorschläge der Handlungsgehilfen und Güterbeamten — vergl. Trampe, S. 117, 127, der sogar die im BGB. § 617 Abs. 1 S. 3 anerkannte Anrechnungsbefugnis der Verpflegungskosten auf den Lohnanspruch mit einem Ausrufungszeichen versieht, nicht als begründet erachtet werden.

d) § 63 will natürlich nicht dem erkrankten oder sonst durch unverschuldetes Unglück an der Dienstleistung verhinderten Angestellten schlechthin einen Lohnanspruch auf 6 Wochen zusichern. Der Anspruch soll ihm nur während der Dauer des Anstellungsverhältnisses bis zu jener Fristdauer zustehen. Endet dagegen das Dienstverhältnis schon früher, so behält es dabei auch im Sinne der Gehaltsansprüche sein Bewenden. Das ist rechtspolitisch durchaus einwandfrei — es wäre unerfindlich, wieso die Erkrankung das Anstellungsverhältnis gegen die etwa sonst vorhandenen Beendigungsgründe solle sicherstellen können.

Auch das dürfte dabei keinen Unterschied machen, daß das Verhältnis gerade wegen der Erkrankung, Wahrung der gesetzlichen oder vertragsmäßigen Kündigungsfrist vorausgesetzt, vom Dienstherrn aufgekündigt wird. Jene bildet alsdann für ihn nur ein Motiv, das der Kündigende gar nicht anzugeben braucht, als vorsichtiger Mann vielfach auch tatsächlich nicht angeben wird — steht ihm doch auch eine ganz grundlose, vielleicht nur auf Laune oder Schikane beruhende Kündigung von Rechtswegen offen. Anders wäre es nur, wenn die Krankheit den „wichtigen Grund" für eine sofortige, unbefristete Kündigung abgibt, HGB. § 72 Abs. 2.[40])

---

[38]) S. 73 ff. Die Polemik dagegen von Reif in der 4. Generalvers. der Gesellschaft f. soziale Reform (Schriften H. 28—29, S. 88) ist durchaus verfehlt; daß es sich nur noch um die Abzugsfähigkeit und gar nicht mehr um den zwingenden Charakter des ganzen § 63 handle, trifft zudem keineswegs zu: nur um den Preis jener wollen die Regierungen — mit Recht! — in diesen willigen.

[39]) S. 29 ff., 31. Den grundsätzlich gleichen Standpunkt nehmen ein: Mosse, DJZ. 07 S. 1293 fg., Neukamp 08 S. 209 fg., Leo das. S. 298 fg., v. Frankenberg das. S. 507 fg., anders mit höchst schwachen Gründen Stranz das. S. 175.

[40]) Ähnlich liegt die Beurteilung in den Fällen des § 617 BGB. Ungenau, mindestens mißverständlich mein Kommentar dazu Bem. 3c a. E.

II. Lohnzahlungstermin und Lohnberechnung.

a) Hier kommt hauptsächlich die Vorschrift des HGB. § 64 in Betracht, wonach die Gehaltszahlung am Schlusse jeden Monats erfolgen soll, unter Nichtigkeit einer den Zahltermin verlängernden Vereinbarung. Dadurch wird die allgemeine Vorschrift des BGB. § 614 in mehrfacher Richtung zugunsten der Handlungsgehilfen abgeändert.

α) Das Gehalt ist nach § 64 selbst dann am Monatsschluß auszuzahlen, wenn die Vergütung nicht nach Zeitabschnitten — so bei Akkordlohn, der auch im Handelsgewerbe vorkommt, z. B. bei sog. Provisionsreisenden — oder nach längeren als monatlichen Zeitabschnitten zu zahlen ist. Auf Grund vom BGB. § 614 dagegen würde der Lohn ersterenfalls „nach der Leistung der Dienste", letzterenfalls nach dem Ablauf der einzelnen längeren (jährlichen, vierteljährlichen usw.) Zeitabschnitte zu zahlen sein.

β) Die Vorschrift ist im Gegensatz zu § 614 insofern zwingend, als längere Zahltermine nicht wirksam vereinbart werden können. Eine Bestimmung übrigens, die auf Tantièmen und ähnliche erst auf Grund des Betriebsergebnisses feststellbare Vergütungen der Natur der Sache nach in der Regel nicht angewendet werden kann.

Die Wünsche der Privatbeamten (-angestellten) außerhalb des Handelsgewerbes richten sich, wie es scheint, neuerdings mit besonderer Lebhaftigkeit auf eine Gleichstellung mit den Handlungsgehilfen in den Zahlterminen. Das geht aus einer ganzen Anzahl der von der Gesellschaft für soziale Reform eingeforderten Berichte und Gutachten mit vollster Deutlichkeit hervor.[41]) Für die gewerblichen Angestellten ist bereits eine Änderung der maßgebenden Bestimmungen in die Wege geleitet.[42]) Aber es scheint zweifelhaft, ob sie den vollen Einklang mit unserem § 64 herstellen werde. Zwar in den Beschlüssen der XIV. Reichstagskommission bzw. des Antrages Bassermann, die zu dem neuen Entwurf den Anstoß gegeben hatten, war ein neuer § 133db der GewO. enthalten, dessen Wortlaut sich mit dem des § 64 mutatis mutandis[42]) genau deckte. Aber die daraufhin dem Reichstage vorgelegte Regierungsvorlage will wieder weniger weitgehen; sie gibt dem zweiten Satze der in Aussicht genommenen Vorschrift folgende Fassung:

„Eine abweichende Vereinbarung ist insoweit nichtig, als die Gehaltszahlung in längeren als in vierteljährlichen Zeitabschnitten erfolgen soll."

---

[41]) Ich verweise auf Potthoff, S. 122, Wölbling, S. 98, Trampe, S. 118, 127, Cuno, S. 20, 24.

[42]) Es heißt nur „dem Angestellten" statt „dem Handlungsgehilfen".

Mit Cuno glaube ich diesen Vorschlag nicht als zureichend erachten zu können. Einmal bringt er, da nur auf die technischen gewerblichen Angestellten anwendbar, selbst auf seinem beschränkten Gebiete nicht die wünschenswerte Vereinheitlichung des Angestelltenrechts; zum anderen bleibt er auch inhaltlich hinter dem zurück, was § 64 für die Handlungsgehilfen bereits festgesetzt hat, und schafft dadurch einen Dualismus der Behandlung, für den sich sachlich kaum zureichende Gründe geltend machen lassen, der aber andererseits nur verwirrend wirken kann. Daß die monatliche Zahlung für die weitaus meisten Angestellten[43]) den wünschenswertesten Modus bildet, wird niemand bestreiten und gibt auch der neue Entwurf zu, indem er sie dispositiv selbst vorschreibt. Bildet doch das Einkommen für die überwältigende Mehrzahl aller Angestellten den alleinigen oder doch weitaus vorwiegenden Konsumtionsfonds, den in nicht zu großen Zwischenräumen und in nicht zu großen Quanten auf einmal in die Hand zu bekommen sie ein erhebliches Interesse haben oder doch haben sollten. Monatweise wird bekanntlich ein großer Teil des Lebensaufwandes berechnet und beglichen — so vielfach die Wohnung, vor allem, aber keineswegs allein, bei der großen Schar der sog. Chambregarnisten; monatlich schickt in vielen, vielleicht den meisten, Gegenden der Fleischer, der Bäcker, der Milch-, Bier- und Kohlenlieferant seine Rechnung, und monatlich bekommt denn auch die Hausfrau üblicher Weise ihr Wirtschafts- und Toilettengeld. Monatweise erfolgt nicht minder — eine wertvolle Analogie! — meistens die Gehaltszahlung an die öffentlichen Beamten. Längere Zahltermine dagegen würden sich nicht nur schlechter an die meisten Lebensgewohnheiten anpassen, sondern bei manchem minder gestählten Charakter die Gefahr unwirtschaftlicher Verschleuderung eines Teils von dem auf einmal empfangenen „heidenmäßig vielen Geld" heraufbeschwören.

So kann es sich allein darum handeln, ob die mindestens allmonatliche Gehaltszahlung nur dispositiv oder, wie der Reichstag für die Techniker vorgeschlagen hatte, zwingend angeordnet werde. Mir scheinen die oben angeführten Gründe entschieden für eine zwingende Gestaltung zu sprechen. Es handelt sich doch weniger um eine Normierung dessen, was die Parteien durchschnittlich selbst zu wollen pflegen, als um eine Schutzbestimmung im Interesse einer typisch schutzbedürftigen Gesellschaftsschicht, um eine Bestimmung zugleich, die den Angestellten erhöhte Gelegenheit zur Barzahlung — weil sie den Verdienst eher und öfter in die Hände bekommen — gibt und so der gemeinschädlichen, vielbeklagten Borgwirtschaft entgegenwirkt.

---

[43]) Anders natürlich wieder für die Arbeiter (Wochenlohn).

Daß manche hochbesoldete Angestellte auf monatliche Bezahlung nicht angewiesen sind, ist ebenso richtig wie im Sinne der lex ferenda beweisunkräftig; niemand zwingt sie ja, von dem Rechte auf monatliche Bezahlung überall Gebrauch zu machen, so daß es ihnen, wenn auch nicht viel nützen, so doch unmöglich schaden kann. Und irgendwelche entscheidend ins Gewicht fallende gegenteilige Interessen der Arbeitgeber habe ich nicht ausfindig machen können; daß die seltenere Gehaltszahlung ihnen vielleicht bequemer ist, kommt nicht ernstlich in Betracht, und die allerdings bedeutsamere Erwägung, daß sie doch ihrerseits das wirtschaftliche Äquivalent des zu zahlenden Gehalts — das Ergebnis der Angestelltentätigkeit — erst später in die Hand zu bekommen pflegen, greift bei anderen Arbeitgebern jedenfalls nicht mehr, in der Regel aber weniger durch als bei kaufmännischen Prinzipalen. Ist die monatliche Zahlung bei diesen erträglich — und die Erfahrungen mit § 64 haben bisher keineswegs das Gegenteil erwiesen —, so wird es sich bei anderen Arbeitgebern schwerlich anders verhalten. Hart könnte die Vorschrift höchstens hier und da gegenüber kapitalschwachen Kleingewerbetreibenden wirken, aber ihr Interesse wiegt das höhere gegenteilige der Angestellten, wie mir scheint, auch nicht annähernd auf, und zudem könnten sie durch Einschränkung des noch immer gang und gäben, unnützen Kreditierens ihren Kunden gegenüber die etwa eintretenden Schwierigkeiten unschwer verringern.

Für außergewerbliche Verhältnisse käme diese Schwierigkeit überhaupt so gut wie gar nicht in Betracht.

b) Viel weniger wichtig ist der folgende § 65 HGB. Provisionen von außerkaufmännischen Angestellten für die von ihnen abgeschlossenen oder vermittelten Geschäfte werden im ganzen nicht sehr oft vorkommen; wofern es aber der Fall (z. B. bei Reisenden eines Weingutsbesitzers), so ist nicht einzusehen, warum das anders behandelt werden sollte, als wenn der Provisionsberechtigte ein Handlungsgehilfe oder ein Handlungsagent — auf den § 65 ja Bezug nimmt — ist. Und das Interesse der Rechtsvereinheitlichung empfiehlt zudem zweifellos die Verallgemeinerung der Vorschrift.[43a])

III. Die Dauer des Anstellungsverhältnisses.

a) Die grundlegende Bestimmung des Handelsrechts findet sich in § 66:

„Das Dienstverhältnis zwischen dem Prinzipal und dem Handlungsgehilfen kann, wenn es für unbestimmte Zeit eingegangen ist, von

[43a]) Über einen Abänderungsvorschlag wegen eines unter § 65 fallenden speziellen Punktes s. Hennig in den Schriften der Gesellsch. f. soziale Reform H. 28—29 S. 133—134. Ich kann hier nicht näher darauf eingehen.

jedem Teile für den Schluß eines Kalendervierteljahres unter Einhaltung einer Kündigungsfrist von 6 Wochen gekündigt werden."

Die Vorschrift entspricht im wesentlichen dem § 622 BGB., weist aber doch nicht ganz unerhebliche Unterschiede diesem gegenüber auf:

α) Einmal beschränkt der § 622 sich auf Dienstleistungen höherer Art, eine Einschränkung, die dem § 66 cit. fremd ist. Seine Verallgemeinerung würde folgerecht für alle Angestellten bedeutungsvoll, deren Dienste nicht als „höhere" im Sinne des § 622 gewertet werden können. In der Tat scheint die verschiedene Behandlung „höherer" und „niederer" Dienstverhältnisse im Punkte der Kündigungsfrist gewisse Bedenken gegen sich zu haben, mindestens nicht den Wünschen der Angestellten zu entsprechen.[44])

Andererseits ist freilich bekannt und durch die Forschungen der Gesellschaft für soziale Reform neuerdings bezeugt, daß die Arbeiter gerade eine tunlichste Verkürzung, womöglich eine volle Beseitigung der Kündigungsfristen anstreben. Und wie man auch darüber denke: sie unter die verlängerte Frist des § 66 zu stellen, wäre sicherlich kein geeignetes Mittel zur Förderung des sozialen Friedens — es würde zu Streiks, zu Vertragsbrüchen auf beiden Seiten führen und die so dringend notwendige Koalitionsfreiheit der Arbeiter praktisch bis zu einem gewissen Grade lahmlegen. Schon oben habe ich es, hauptsächlich aus diesem Grunde, als unannehmbar bezeichnet, das zu schaffende allgemeine Angestelltenrecht auf Arbeiter anwendbar zu erklären. Auch bei Dienstboten liegen die Verhältnisse besonders; eine sechswöchentliche Kündigungsfrist würde bei ihnen keinesfalls allgemein, für das ganze Reich empfehlenswert sein; der bestehenden großen Verschiedenheit der Interessen und Verhältnisse wird bis auf weiteres durch landesrechtliche Regelung am besten Rechnung getragen.

Will man also übrigens eine Verallgemeinerung des § 66, so würde man dabei, um von vornherein alle Zweifel auszuschließen, am besten die Einschränkung in aller Form beifügen: „unvorgreiflich der Sonderbestimmungen für gewerbliche Arbeiter und für Gesinde". Es hätten also wegen der Fabrikarbeiter die Vorschriften der §§ 122, 134 GewO., wegen der Bergarbeiter die bergrechtlichen, wegen des Gesindes die gesinderechtlichen Sondervorschriften der Landesgesetze in Kraft zu bleiben. Ob es auch hinsichtlich der Gesellen und gewerblichen Gehilfen bei der 14tägigen Kündigung nach GewO. § 122 zu verbleiben habe, kann zweifelhaft er-

---

[44]) So behauptet wenigstens Trampe vom Standpunkt der landwirtschaftlichen Angestellten, s. S. 118, 127.

scheinen — ich erachte es als an sich schwierig und innerlich wenig begründet, sie in diesem Punkte von den berufsähnlichen Fabrikarbeitern getrennt zu behandeln.

β) Eine zweite Verschiedenheit zwischen dem bürgerlichen und dem Handelsrecht ist darin zu finden, daß § 622 BGB. sich auf Dienstverhältnisse beschränkt, welche die Erwerbstätigkeit des Angestellten vollständig oder hauptsächlich in Anspruch nehmen, während § 66 HGB. alle „Handlungsgehilfen" umfaßt. Nun wird das Kriterium des § 622 auf diese oder, die in Frage stehende Erweiterung als vollzogen unterstellt, auf „die Angestellten" (Privatbeamten) zwar in der großen Mehrzahl der Fälle zutreffen, aber doch keineswegs immer: man denke etwa an die sog. „Stundenbuchhalter",[45]) dann an die von einer Firma ständig angestellten Bücher- und Rechnungsrevisoren, vor allem aber an zahlreiche künstlerische und wissenschaftliche Verhältnisse — Privatlehrer, Herausgeber wissenschaftlicher oder belletristischer Zeitschriften, Konzertsänger werden vielfach „dauernd" angestellt, ohne daß die vertragsmäßige Tätigkeitsart ihre Arbeitskraft „hauptsächlich" in Anspruch nimmt.

γ) Endlich erfordert § 622, daß der Dienstpflichtige auf „feste Bezüge" gestellt sei. Wie immer dieser nicht ganz zweifellose Begriff zu verstehen sei:[46]) keinesfalls trifft er bei allen dauernd Angestellten zu; es scheiden alle diejenigen aus, die ganz oder vorwiegend auf Akkord, Tantièmen und andere wandelbare Erträgnisse gestellt sind.

Aus alledem ergibt sich, daß die Erstreckung des § 66 auf die nichtkaufmännischen Angestellten gegenüber dem bisherigen Rechtszustand eine nicht zu unterschätzende Bedeutung aufweisen würde. Diese wird auch nicht wesentlich dadurch verringert, daß die GewO. in § 133a bereits die Betriebsbeamten, Werkmeister und „mit höheren technischen Dienstleistungen betrauten Personen" hinsichtlich der Kündigungsfristen ebenso stellt, wie § 66 die Handlungsgehilfen. Denn einmal bleibt auch die Gewerbeordnung hier bei dem Erfordernis der „festen Bezüge" stehen; zum anderen sind die Werkmeister usw. des § 133a doch fast ausnahmslos zu „höheren" Diensten im Sinne unseres § 622 BGB. berufen. So kann der Wert des § 133a gegenüber dieser letzteren Vorschrift schließlich fast nur in dem bis zu einem gewissen Grade zwingenden Charakter (s. unten) gefunden werden.

---

[45]) S. Baum, S. 9.

[46]) S. deswegen die Kommentare zu § 622 BGB., ferner Cuno, S. 6—7. Variable Bezüge schaden der Anwendung dann nicht, wenn sie nur die Bedeutung eines Nebenverdienstes haben.

Erscheint nach alledem eine Verallgemeinerung der handelsrechtlichen Kündigungsfristen durchaus nicht als inhaltlos, so wird man sie andererseits vom sozialpolitischen Standpunkt aus als unbedingt billigenswert, ja als dringend erwünscht bezeichnen dürfen. Ganz abgesehen von dem mehr rechtstechnischen Vorteil, daß sie den Rechtszustand vereinfachen, den Inhalt dreier zersplitterter Rechtssätze in einen einzigen zusammenschließen würde: sie empfiehlt sich inhaltlich als Mittel zur Förderung der Stetigkeit der werktätigen Bevölkerung und einer größeren Sicherheit ihrer wirtschaftlichen Existenz. Sie wirkt mäßigend auf das nervöse, unruhige Hasten der Gegenwart ein, nicht zum wenigsten deshalb, weil fortan nach Kündigung des alten Verhältnisses dem Dienstherrn zum Aufsuchen einer neuen Arbeitskraft, dem Angestellten zum Aufsuchen einer neuen Anstellung eine wesentlich längere Zeitspanne zur Verfügung stehen würde. Dabei ist nicht zu befürchten, daß die längere vertragsmäßige Bindung dem einen oder anderen Teil ungebührlich drückende Fesseln anlegen könnte: bleibt es doch selbstverständlich für beide bei der Befugnis, aus „wichtigem Grunde" ein unerträglich gewordenes Verhältnis schon vor der Zeit lösen zu können. Der heutige Rechtszustand dagegen ist zwar für die kaufmännischen Angestellten befriedigend, aber für die doch ebenso berücksichtigenswerten anderen „Privatbeamten" mißlich, schon deshalb, weil es dem Dienstherrn leicht gemacht wird, sie der Wohltat des auf sie gemünzten § 622 durch Anstellung variabler Lohnbezüge zu berauben. So wird es erklärlich, daß sie mit steigender Lebhaftigkeit[47]) die Ausdehnung der handelsrechtlichen Kündigungsfrist auf ihre Verhältnisse erheischen. Ich glaube, den Leuten kann ohne Beeinträchtigung gegenteiliger Interessen geholfen werden!

b) Dabei erhebt sich aber noch die Frage nach der zwingenden Natur des zu verallgemeinernden Schutzgesetzes. Während § 622 BGB. nach der richtigen, fast allgemein angenommenen Auslegung[48]) rein dispositiv ist, hat HGB. § 67 den handelsrechtlichen Kündigungsfristen in gewissem Sinne zwingenden Charakter beigelegt, wobei ihm wieder die Gewerbeordnung § 133aa für die Werkmeister usw. gefolgt ist:[49]) zwar kann durch Vertrag eine kürzere oder längere Kündigungsfrist bedungen werden, sie muß dann aber für beide Teile gleich sein und darf nicht weniger als einen Monat betragen.

Daß es bei dieser Schranke vertragsmäßiger Abänderung auch zugunsten der sonstigen Angestellten zu bleiben habe, scheint mir ein selbst-

---

[47]) S. darüber Cuno, S. 6—7, Wölbling, S. 98.

[48]) S. Oertmann zu § 622 Nr. 4 mit weiteren Angaben.

[49]) Entsprechend auch GewO. § 122, S. 2—3 zugunsten der Arbeiter.

verständliches Mindesterfordernis. Würden doch andernfalls die oben geschilderten rechtspolitischen Vorteile der längeren Fristen gerade von rücksichtslosen Dienstherren aufs bequemste ausgeschaltet werden können. Das in der Regel übermäßig hohe Angebot von „höheren“ Angestellten würde jene auch tatsächlich unschwer in den Stand setzen, durch Vertrag sich selbst gegen plötzliche Kündigung vollauf zu sichern, während sie sich ihrerseits das Recht vorbehielten, den Angestellten jederzeit auf die Straße zu setzen.

Es kann sich somit nur fragen, ob nicht das zu schaffende allgemeine Angestelltenrecht in der Unabdingbarkeit der Kündigungsfrist noch über das bisherige Handelsrecht hinausgehen solle:

α) Die Wünsche der Angestellten scheinen mehrfach darauf hinauszulaufen, die von ihnen verlangte Sechswochenfrist schlechthin der Vertragsfreiheit zu entrücken. Für unannehmbar wird man das kaum erklären dürfen. Aber die Vertragsfreiheit ist im Sinne des § 67 ohnedies bereits so eingedämmt, daß schlimme Folgen von ihrem Gebrauch ernstlich nicht befürchtet werden können. Andrerseits kann man stark bezweifeln, ob die maßgebenden Instanzen sich leicht bereit finden werden, zum Schutze der Angestellten im allgemeinen sofort noch über das Handelsgesetzbuch hinauszugehen. So kann es, wie mir scheint, zunächst bei § 67 sein Bewenden behalten.

β) § 67 (anders § 66!) findet keine Anwendung bei solchen kaufmännischen Angestellten, deren Jahresgehalt mindestens 5000 ℳ beträgt. Die Ausnahme erscheint als zweckmäßig, mindestens als erträglich und der Übernahme in ein allgemeines Angestelltenrecht fähig: Angestellte mit derartig splendiden Gehaltsbedingungen sind durchschnittlich so gestellt, daß sie dem Dienstherrn als gesellschaftlich gleich starke Vertragspartei gegenübertreten und sich selbst gegenüber unbilligen Vorschlägen ihrer Haut wehren können.

γ) Dasselbe gilt von der weiteren Ausnahme des § 69, der die nur „zu vorübergehender Aushilfe angenommenen“ Handlungsgehilfen vom Anwendungsgebiet des § 67 ausschließt. Es wäre widersinnig, wenn man sie nicht mit kürzerer als monatlicher Kündigungsfrist anstellen könnte. Indem ferner eine notwendig gleiche Frist für beide Teile auch für solche Aushilfsanstellungen vorgeschrieben wird, schwindet die Gefahr allzu drückender Abmachungen.

Allerdings darf ein Bedenken nicht außer Acht gelassen werden: die Kenner der Verhältnisse berichten von Vorkommnissen, bei denen der Chef die Schutzbestimmungen der §§ 66—7 dadurch zu umgehen suchte, daß er die Gehilfen angeblich nur zur vorübergehenden Aushilfe annahm.[50]) Solche Machinationen könnten natürlich auch im allgemeinen Angestelltenrecht vorkommen. Aber ihre Gefahr ist nicht groß genug, um deshalb den § 69 als unannehmbar erscheinen zu lassen. Man kann ihnen begegnen einmal unter dem Gesichtspunkt der Beweislast: sie trifft zweifellos den, der sich auf die Ausnahmebestimmung des § 69 gegenüber den allgemeineren §§ 66—67 beruft; zum anderen mit materiellen Erwägungen: „aushilfsweise" Annahme liegt nicht schon dann vor, wenn der Dienstherr sie so nennt, sondern erst dann, wenn sie auch tatsächlich zur Deckung eines vorübergehenden Bedürfnisses erfolgt ist. Eine Anstellung „zur Probe" erfüllt diese Voraussetzung nicht[51]) — sie erfolgt nicht zur Deckung eines vorübergehenden, sondern eines sachlich dauernden Bedürfnisses, und nur darauf bezieht sich die Einschränkung, ob gerade dieser Angestellte persönlich zu seiner Deckung geeignet erscheine. Es bleibt also nichts übrig, als solche Engagements mit einmonatlicher Kündigung (§ 67) oder, soweit das nicht angängig, auf bestimmte kürzere Zeit auszugestalten.[52])

c) Eine vorzeitige Kündigung des an sich noch fortlaufenden Verhältnisses ist auch dem Handelsrecht geläufig, sofern dafür ein „wichtiger Grund" vorliegt, HGB. § 70. Die Vorschrift entspricht insofern genau dem allgemeinen bürgerlichen Recht, § 626 und, wegen der in § 70 Abs. 2 vorgesehenen Ersatzpflicht, § 628 ^{2}. Eine Verallgemeinerung auf sonstige Angestellte erschiene daher inhaltlos und nicht empfehlenswert.

Ein Unterschied zwischen beiden bisherigen Rechtsordnungen liegt aber darin, daß das HGB. in §§ 71 ff eine Anzahl solcher „wichtiger Gründe" besonders aufzählt. Sollen sie in das etwaige allgemeine Angestelltenrecht aufgenommen werden? Es verdient Beachtung, daß man bei der Revision des Handelsgesetzbuches eine Streichung dieser exemplifizierenden Bestimmungen anregte, aber damit nicht durchdrang:[53]) die Aufzählung, so wurde erwidert, habe sich bewährt, und die Anführung der Beispiele biete dem Richter wichtige Anhaltspunkte für das, was im Sinne des Gesetzes als „wichtiger Grund" zu gelten habe. Man wird dem beistimmen; auch ist noch daran zu erinnern, daß die ganze Vorschrift durch eine solche Aufzählung plastischer, sozusagen volkstümlicher wirkt, als durch die bloße abstrakte, dem Laien leicht zu viel oder zu wenig sagende Formel. Kann man überhaupt zweifeln, ob nicht der moderne Gesetzgeber mit seiner abstrahierenden

---

50) S. Düringer Hachenburg zu § 69 Anm. 2.

51) So auch die Kommentare zu § 69 cit.

52) Das empfiehlt besonders Staub zu § 66 Anm. 4, 67 Anm. 3.

53) S. Düringer-Hachenburg zu § 70 Anm. 8.

Technik nicht selten zu weit gegangen sei, so würde ein solches Bedenken nicht zum wenigsten bei einem Rechtsgebiet Platz greifen dürfen, das auf das tägliche Leben der breitesten Masse einwirkt, bei dem daher auf eine tunlichst gemeinverständliche Formulierung besonders viel ankommt. So scheint mir denn eine vollständige Übernahme der §§ 70—72 in das allgemeine Angestelltenrecht durchaus angebracht.

Freilich sind gerade gegenüber unserem Paragraphen selbst in der letzten Zeit sachliche Abänderungsvorschläge laut geworden. Seitens der Prinzipale[54]) wünscht man dem § 70 Abs. 2 einen Zusatz nach dem Vorbild des § 124b GewO. zu geben: der vertragsbrüchige Gehilfe soll dem Prinzipal auch ohne weiteren Schadensnachweis zur Zahlung einer Strafe in Höhe des Betrages verpflichtet sein, der bis zum ordentlichen Ablauf des Dienstverhältnisses aufgekommen sein würde.

Ich glaube nicht, daß sich dieser Vorschlag zur Einfügung in das Handels- oder gar das zu schaffende allgemeine Angestelltenrecht empfiehlt. Eine derartige nicht an den Schadensnachweis gebundene Leistung hat in der Sache reinen Strafcharakter, die Auferlegung solcher Privatstrafen aber überläßt der Gesetzgeber nach moderner Anschauung besser der privaten Vereinbarung. Am wenigsten ist es angebracht, sie von Gesetzeswegen der einen, ohnedies sozial schwächeren Berufsklasse im Interesse einer anderen, entgegenstehenden anzudrohen; das muß unter allen Umständen aufreizend wirken und das Gefühl der Benachteiligung auslösen. Gegen den Vorschlag hat denn auch bereits, wie Baum mitteilt, der Verband Deutscher Handlungsgehilfen mit Entschiedenheit Stellung genommen.

Auf der anderen Seite erstreben die Angestellten im Anschluß an § 72 Z. 3 eine Bestimmung des Inhalts, daß während der Dauer einer militärischen Übung nicht gekündigt werden dürfe.

Mit Cuno[55]) wird man sich dem Vorschlag skeptisch gegenüberstellen. Ist damit gemeint, daß nur zeitlich während der Übungsdauer nicht gekündigt werden dürfe, so bliebe ja dem Dienstherrn die bequeme Möglichkeit, die beabsichtigte Kündigung noch vor dem Beginn der Übung auszusprechen, was dem Interesse des Angestellten leicht noch abträglicher wäre, als eine erst während der Übung erfolgte. Meint man aber, der Dienstherr solle die Übung überhaupt nicht als Grund für eine (befristete) Kündigung verwenden dürfen, so würde das nicht nur praktisch undurchführbar sein — der Dienstherr brauchte dann bloß andere Scheingründe hervorzusuchen, die

---

[54]) S. die Mitteilungen bei Baum, S. 72.

[55]) S. 32.

ja bekanntlich billig wie Brombeeren sind, oder überhaupt die Angabe von Gründen zu verweigern — sondern auch einen groben Verstoß gegen die obersten Grundsätze der privatrechtlichen Bestimmungsfreiheit bedeuten. Ich wenigstens muß aufs entschiedenste gegen jeden wie immer sonst gearteten Gesetzesvorschlag Verwahrung einlegen, der den Parteien das freie Verfügungsrecht über den Fortbestand von Vertragsverhältnissen unbestimmter Dauer irgendwie verkümmert, ihrem freien — natürlich befristeten — Kündigungsrecht zu nahe tritt. Hier ist die unüberbrückbare Kluft zwischen freiheitlicher, liberaler und sozialistisch-bevormundender Rechtsordnung.

IV. Das Dienstzeugnis.

Der § 73 HGB., wie nicht minder die §§ 113—4 GewOrdn. entsprechen im wesentlichen dem § 630 BGB. Die beiden Sondervorschriften auch formell in Zusammenhang zu bringen, wäre schon rein gesetzestechnisch wünschenswert. Ferner ist nicht zu verstehen, warum die für kaufmännische und gewerbliche Angestellte bereits bestehenden und bewährten Grundsätze über die Zeugnispflicht nicht auch anderen Angestellten zugute kommen sollen. Für viele von ihnen — man denke etwa an Privatsekretäre, Privatlehrer, Musiker — ist ein Zeugnis im Interesse des Fortkommens von ganz besonderer Bedeutung.

Es fragt sich nur, wie weit das vorhandene Bedürfnis bereits durch die allgemeine Regel des § 630 befriedigt werde. Das ist gewiß zum großen Teile der Fall; es bleiben aber im Sinne des § 630 immerhin noch Lücken.

a) § 73 findet auch auf vorübergehend angestellte Personen Anwendung. Und zwar mit Recht; auch sie haben vielfach an Erlangung eines Dienstzeugnisses ein erhebliches, schutzwürdiges Interesse. Man denke etwa an Bücherrevisoren, Abschreiber von Manuskripten, Wochenbett- und sonstige Krankenpfleger und -pflegerinnen, Erteiler von Nachhilfe- und Repetitionsstunden oder Kursen. Die Verallgemeinerung des § 73 würde zu ihren Gunsten eine bisher bestehende, ungerechtfertigte Lücke ausfüllen, die sich nicht aus inneren Gründen, sondern einzig und allein aus der mangelnden Beachtung solcher Fälle durch den Gesetzgeber erklären läßt.

b) Wann das Zeugnis verlangt werden könne, ist nicht allgemein gesagt. Die in beiden Gesetzbüchern wiederkehrenden Worte: „bei der Beendigung des Dienstverhältnisses" sind sogar bekanntlich Anlaß zu einer Streitfrage geworden, die die Interessen der Angestellten in empfindlicher Weise berührt — gehen die Worte erst auf den Zeitpunkt, wo das Verhältnis wirklich sein Ende erreicht, oder ist das Zeugnis schon dann auszustellen, wenn ihm durch die erfolgte Kündigung sein Ende festgesetzt ist? Der Wortlaut scheint mehr für die erste Auffassung zu sprechen, und ihr hat sich wegen § 630 die herrschende Lehre des Bürgerlichen Rechts einschließlich meines Kommentars[56]) angeschlossen. Aber den Bedürfnissen der Angestellten wird das nicht gerecht; sie benötigen des Zeugnisses zwar nicht allein, aber an erster Stelle gerade für die Zwischenzeit zwischen Kündigung und wirklichem Austritt, bei ihren Bewerbungen um eine neue Stelle. Die überwiegende Meinung des Handelsrechts gibt daher dem Gehilfen die Rechte aus § 73 schon alsbald nach erfolgter Kündigung,[57]) und ihr wird man sich, auch für das Bürgerliche Recht, aus inneren Gründen anschließen dürfen, indem der Wortlaut und die Entstehungsgeschichte diese freiere Auslegung wenigstens nicht verbieten.

Immerhin ist mit der Möglichkeit fernerer gegenteiliger Ansichten zu rechnen, und so dürfte es sich im Interesse der Rechtssicherheit empfehlen, die zu verallgemeinernde Bestimmung des Angestelltenrechts in aller Form entsprechend zu fassen, etwa so:

„Endet das Dienstverhältnis auf Grund der erfolgten Kündigung nicht sofort, so kann der Angestellte das Zeugnis inzwischen bereits verlangen."

Daß schutzwürdige Interessen der Dienstherren dieser Bestimmung in keiner Weise entgegenstehen, bedarf wohl keines weiteren Nachweises.

c) In diesem Zusammenhang ist passend noch die Frage zu berühren, ob auch die bekannte Vorschrift der GewO. § 113^{3}:

„Den Arbeitgebern ist untersagt, die Zeugnisse mit Merkmalen zu versehen, welche den Zweck haben, den Arbeiter in einer aus dem Wortlaut des Zeugnisses nicht ersichtlichen Weise zu kennzeichnen."

auf alle Angestellten zu erstrecken sei. Die Reichstagskommission hat das bei Beratung des § 73 seinerzeit abgelehnt,[58]) aber mit schwerlich durchschlagenden Gründen. Sicherlich geht es zu weit, wenn Baum und einzelne andere Ausleger trotzdem bereits für das geltende Recht die Unzulässigkeit solcher geheimer Merkmale verfechten.

---

[56]) zu § 630 Nr. 4 mit weiteren Angaben. Anders (beachtenswert!) neuestens L. Bendix, Arch. bürg. Recht 28 S. 116 f.

[57]) So z. B. Horrwitz, Recht der Handlungsgehilfen S. 105; Staub zu § 73 Anm. 2 und die sonstigen Kommentare dazu (mit Ausnahme von Düringer-Hachenburg Anm. 2).

[58]) S. Baum S. 47.

Denn daß die Angestellten auf ein schriftliches Zeugnis ohne solche Merkmale einen Anspruch haben, schließt es natürlich an sich für den Arbeitgeber nicht aus, damit andere Bestandteile zu verbinden, auf die sich der Anspruch des Arbeiters nicht erstreckt. Rechtspolitisch aber sind die geheimen Merkmale um so entschiedener zu bekämpfen. Solche Uriasbriefe haben von jeher etwas besonders Gehässiges, das unbefangene sittliche Empfinden gröblich Verletzendes gehabt, und ihre Zulassung würde allem anderen mehr dienen, als der Förderung des sozialen Friedens, den wir erstreben.

Mit diesem Verbot der geheimen Merkmale wäre aber keineswegs, wie gelegentlich behauptet worden ist, auch über die sogenannten „schwarzen Listen" das Verdikt gesprochen.[59]) Sie sind in keiner Weise als Bestandteile von Zeugnissen anzusehen, stehen mit diesen weder äußerlich noch innerlich im geringsten Zusammenhang, dienen vielmehr völlig anderen Zwecken: sie sind Maßnahmen des Verrufs (Boykotts) und unterliegen daher rechtspolitisch und dogmatisch lediglich der Beurteilung, die man diesem allgemein angedeihen läßt. Darüber hat der Juristentag bekanntlich an anderer Stelle verhandelt, und es ist nicht meine Aufgabe, darauf nochmals zurückzukommen. Somit nur noch eins: würden durch das Verbot der geheimen Merkmale auch solche Mitteilungen betroffen, die gar nicht im Zeugnis selbst unmittelbar enthalten sind, so müßte sich das auch auf alle privaten, mündlichen oder schriftlichen, Äußerungen des früheren Dienstherrn beziehen, die mit dem schriftlichen Zeugnis in Widerspruch stehen. Ein derartiges Verbot würde aber aller unbefangenen Rechtsanschauung, aller täglichen Übung des Verkehrs schnurstracks zuwiderlaufen. Wie es in kaufmännischen Kreisen allgemein üblich ist, daß der alte Prinzipal vom neuen in Bezug auf alle Bewerber um bessere Stellen vertraulich um Auskunft gefragt wird,[60]) so ist das, soweit meine Erfahrungen reichen, auch bei Besetzung sonstiger wichtiger Stellungen in weitestem Maße der Fall. Ich vermag darin nichts Bedenkliches zu sehen. Es steht auch fest, daß die Angestellten ihrerseits öfters ein entsprechendes Verhalten üben. Ist das aber ihr gutes Recht, das ihnen niemand verkümmern will, so würde das Verbot solcher vertraulichen Auskünfte durch die Arbeitgeber eine unerträgliche soziale Ungleichmäßigkeit bedeuten. Nun richten sich die

---

[59]) S. mein Gutachten für den XXVIII. Juristentag (1906) Bd. 2 S. 67.

[60]) S. Düringer-Hachenburg zu § 73 Anm. 2. Wenn Reif an der oben Anm. 38 zitierten Stelle (S. 90) die „sogenannten Referenzen" als „ein Kapitel der Sklaverei" bezeichnet, so geht das über die zulässigen Grenzen wissenschaftlicher, überhaupt ernsthafter Diskussion hinaus.

„schwarzen Listen" freilich nicht nur an einen bestimmten Einzelnen, aber immerhin sind sie doch nur an die Angehörigen gewisser Verbände gerichtet, keineswegs an jeden Leser des Dienstzeugnisses. Sie mögen häufig moralwidrig sein und dann auch rechtlich gemißbilligt werden — einen solchen Fall werde ich noch unten zu streifen haben —, aber dazwischen und einem allgemeinen gesetzlichen Verbot ist ein gewaltiger Unterschied.

d) Daß der auf die Angestellten erstreckte § 73 in aller Form als zwingende Rechtsnorm zu gestalten sei, dürfte sich im Interesse sicherer Anwendung empfehlen. Sachlich wird dadurch nichts geändert, da nach der herrschenden und richtigen Auslegung die §§ 630 BGB. und 73 HGB. bereits heute zwingend wirken.[61])

V. Die Konkurrenzklausel.

Das bei so vielen Anstellungen im kaufmännischen Leben übliche vertragsmäßige Konkurrenzverbot ist bekanntlich durch das HGB. § 74[62]) und den ihm wesentlich[63]) entsprechenden § 133 f GewOrdn. in seiner Wirksamkeit stark eingeengt worden.

Eine Verallgemeinerung der Schutzvorschrift auf alle Angestellte scheint mir dringend wünschenswert. Sie entspricht den vielfach geäußerten Wünschen, z. B. der — nicht der Gewerbe-Ordnung unterstehenden — technischen Angestellten,[64]) und beseitigt eine innerlich nicht begründete, leicht gehässig wirkende Ungleichheit der Behandlung.

Daß auch außerhalb des kaufmännischen und gewerblichen Lebens Konkurrenzverbote eine große Rolle spielen und nicht selten dem Fortkommen des Angestellten schwer hemmende Fesseln anlegen, ist bekannt, und sofern es noch nicht der Fall sein sollte, ist, schon angesichts der fortschreitenden Kommerzialisierung unseres sozialen Lebens, jedenfalls die Ge-

---

[61]) S. die Kommentare zu § 630 BGB. und § 73 HGB.

[62]) „Eine Vereinbarung zwischen dem Prinzipal und dem Handlungsgehilfen, durch welche dieser für die Zeit nach der Beendigung des Dienstverhältnisses in seiner gewerblichen Tätigkeit beschränkt wird, ist für den Handlungsgehilfen nur insoweit verbindlich, als die Beschränkung nach Zeit, Ort und Gegenstand nicht die Grenzen überschreitet, durch welche eine unbillige Erschwerung des Fortkommens des Handlungsgehilfen ausgeschlossen wird.

Die Beschränkung kann nicht auf einem Zeitraum von mehr als drei Jahren von der Beendigung des Dienstverhältnisses an erstreckt werden.

Die Vereinbarung ist nichtig, wenn der Handlungsgehilfe zur Zeit des Abschlusses minderjährig ist."

[63]) Nur fehlt in § 133 f der Absatz 2 des § 74.

[64]) S. Wölbling S. 98.

fahr solcher Vorkommnisse in immer größere Nähe gerückt. Kein Grund spricht dafür, Leute wie Schauspieler, Redakteure, wissenschaftliche Hilfsarbeiter u. dergl. derlei unbilligen Einschränkungen ihres Fortkommens gegenüber schutzlos bleiben zu lassen. Daß sie vielleicht meistens die wirtschaftliche Kraft und die Erfahrung besitzen, um allzu unbillige Zumutungen von vornherein abzulehnen, ist kein Grund, ihnen auch in den umgekehrten Fällen die Hilfe eines Schutzgesetzes zu versagen.

Und zwar dürfte sich der ganze § 74 einschließlich des Abs. 2 zur Ausdehnung auf die Angestellten empfehlen. Wie immer man über die Gründe denken mag, die für dessen Ausschaltung aus dem Bereiche der Gewerbe-Ordnung geltend gemacht wurden:[65]) für außergewerbliche Angestellte kommen sie nicht in Betracht, da der „Verrat von Fabrik- und Industriegeheimnissen" bei ihnen normalerweise nicht möglich ist. Ob man die Weglassung des Abs. 2 in der Gewerbe-Ordnung aufrechterhalten soll, ist nur eine hier nicht interessierende Frage des besonderen Gewerbe-, keine des allgemeinen Angestelltenrechts. Die Ausdehnung wird sich nicht minder natürlich auf den ergänzenden § 75 zu erstrecken haben.

Nun ist aber bekanntlich in jüngster Zeit die völlige Unwirksamkeit aller Konkurrenzverbote von verschiedenen Seiten lebhaft befürwortet worden.[66]) Aber ich bin nicht in der Lage, diese Frage hier ausführlich in den Kreis meiner Betrachtungen zu ziehen. Sie ist so schwierig, erfordert eine so umfassende Würdigung aller Gründe und Gegengründe, daß sie sich nicht ersprießlich so nebenbei, als Inzidentpunkt eines allgemeinen Gutachtens, abtun läßt. Zudem hat dieses nur die Aufgabe, zu untersuchen, wieweit die Sondervorschriften des HGB. einer Ausdehnung auf die außerkaufmännischen Angestellten fähig seien. Zu diesen Sondervorschriften aber zählt nur die Einschränkung, nicht der Ausschluß der Konkurrenzverbote. Wer sogar den letzteren befürwortet, muß um so mehr mit mir dahin einig sein, wenigstens die Einschränkung allen Angestellten zugute kommen zu lassen. Der gegenteilige Standpunkt — „aut Caesar, aut nihil" — wäre ja die Negation jeder praktischen Politik.

Ich will übrigens nicht verhehlen, daß mir die von Potthoff und den sonstigen Vorkämpfern der absoluten Unwirksamkeit vorgebrachten Gründe keineswegs unbedingt durchschlagend erscheinen. Wenn man insbesondere auf „den höheren Wert des Menschen gegenüber allen Gütern der Erde" wieder und wieder hinweist, so enthält das nicht nur an sich

---

[65]) Mitgeteilt bei Landmann zu § 133 f Ziff. 2.

[66]) So besonders Potthoff S. 122 f und in seinen anderen oben angeführten Schriften; s. auch die — recht seltsamen — Gründe bei Reif S. 135.

eine gewisse Übertreibung,[67]) sondern läßt außer acht, daß die Entfaltung des Menschentums mancher kleiner Unternehmer die Hintanhaltung der Konkurrenz ebenso sehr erfordern kann, wie die des Menschentums der Angestellten ihre Entfaltung. Ja, es ist denkbar, daß eine unparteiische Interessenabwägung im konkreten Fall jenes Interesse höher einschätzen muß als dieses. So scheint mir denn, wenn man einmal zu einer Umänderung des § 74 schreiten will, der richtige Weg dahin zu führen, eine solche konkrete Abwägung der beiderseitigen Interessen für die Wirksamkeit des Verbots entscheidend sein zu lassen und dieses auch innerhalb der Grenzen des bisherigen § 74 nur insoweit anzuerkennen, als ein überwiegendes Interesse des Arbeitgebers seine Aufrechterhaltung in dem zu beurteilenden Einzelfall erheischt.

VI. Sonstige Punkte.

Wenigstens anhangsweise mögen noch einige Fragen gestreift werden, die mit dem Thema — Verallgemeinerung der §§ 62—75 — im Zusammenhang stehen, ohne direkt darunter zu fallen.

a) Dahin würde an sich die Frage nach dem Erfinderrecht der Angestellten zu rechnen sein. Aber ähnliche Gründe, wie ich sie oben bei dem Problem des Konkurrenzverbots anführte, verhindern ihre Einbeziehung in mein Thema. Zudem ist die Frage bereits als solche auf dem vorigen Juristentage zum Verhandlungsgegenstand gemacht worden, und es ist nicht meines Amtes, sie hier neuerdings nochmals aufzurollen.

b) Dagegen möchte ich noch § 81 HGB. zur Verallgemeinerung empfehlen. Personen, die sich nicht im Besitze der bürgerlichen Ehrenrechte befinden, sind ihrer durchschnittlichen Eigenart nach keine geeigneten Erzieher, keine nachahmenswerten Vorbilder für die bei ihnen zur Ausbildung oder sonstigen Vorbereitung tätigen Personen. Solche Ausbildungsverhältnisse kommen nicht nur im Handel und Gewerbe vor, sondern auch bei sonstigen Angestellten — man denke an schauspielerische Eleven und Elevinnen, an Kanzleilehrpersonal und dergleichen. Die gesetzgeberischen Gründe des § 81 treffen auf solche Fälle vollinhaltlich zu.

c) Es fragt sich, ob man bei Schaffung eines allgemeinen Angestelltenrechts eine Sicherung der Koalitionsfreiheit gesetzlich zum Ausdruck bringen solle. Trotz ihrer Anerkennung im §§ 152—153 wird sie derzeit nicht selten durch Verrufserklärung, schwarze Listen usw. praktisch angetastet;

---

[67]) S. z. B. die beherzigenswerten Gesichtspunkte bei H. v. Treitschke, Der Sozialismus und seine Gönner, 1875, bes. S. 40 (so wenig ich mich im allgemeinen mit der Tendenz dieser Schrift identifizieren will).

es sind in der Großindustrie, im Bergbau wie in der Schiffahrt bedeutende Widerstände gegen einen gewerkschaftlichen Zusammenschluß der Angestellten zutage getreten, die sich gelegentlich sogar zu Verrufsandrohungen gesteigert haben. Die Angestellten schlagen in Gegenwehr dagegen einen neuen § 153a der GewO. vor,[68]) wonach es heißen soll:

> „Den Arbeitgebern in Handel, Industrie und Gewerbe ist untersagt, Angestellte oder Arbeiter durch Verabredung, schwarze Listen oder Einrichtungen anderer Art wegen ihrer Zugehörigkeit zu Berufsvereinen um ihre Stellung zu bringen oder sie an der Erlangung einer anderen Stellung zu hindern. Die Strafbestimmungen des § 153 GewO. finden Anwendung."

Ich halte freilich die Gewerbeordnung nicht für den richtigen Ort, um eine solche Sicherung des Anstellungsverhältnisses auszusprechen; keinesfalls treffen die rechtspolitischen Gründe dafür nur gerade bei gewerblichen Angestellten zu. Dagegen sprechen für die Einbeziehung einer — entsprechend allgemeiner zu formulierenden — Schutzvorschrift in einem zu schaffenden Gesetz über die Rechtsverhältnisse der Angestellten gute Gründe. Ich gehöre nicht zu denen, die gegenüber jeder energischen Maßregel des Klassenkampfes nach dem Gesetzgeber um Hilfe rufen und erachte laut meines früheren Gutachtens auch den Boykott für ein an sich einwandfreies Kampfmittel. Es kommt aber, wie ich damals ausführte, auf die Zwecke an, denen er dienen soll: ein Verruf nur zu dem Ziele, um das gesetzlich gewährleistete Koalitionsrecht der Angestellten zu nichte zu machen, ist den Tendenzen der modernen Sozialgesetzgebung und -politik durchaus zuwider, ja er enthält im Grunde geradezu eine Art von agere in fraudem legis. Solches Beginnen in aller Form von Gesetzeswegen zu verbieten, scheint mir angesichts der zunehmenden Versuche gegenteiliger Maßnahmen wohl an der Zeit zu sein. Auch die Gegengründe Cunos (S. 41) schlagen nicht durch; die geforderte Strafbestimmung soll sich ja gar nicht auf die Entlassung der Angestellten beziehen, die in der Tat als solche dem Ermessen der Dienstherren freigelassen bleiben muß, sondern nur auf die Versuche, dritte Personen zur Entlassung der koalierten Angestellten zu zwingen oder an der Anstellung derselben zu hindern.[69])

---

[68]) S. Cuno, S. 41.

[69]) Verwandte, aber noch weitergehende Anregungen bei Kulemann in den Schriften der Gesellschaft f. soziale Reform H. 28—29, S. 53—54. Wenn gelegentlich vorgeschlagen ist, schon die Entlassung eines Angestellten wegen Zugehörigkeit zu einer bestimmten Organisation unter Strafe zu stellen, so ist das völlig unannehmbar; zutreffend insofern König (4. Generalvers. der Gesellschaft für soz. Reform, Schriften H. 28—29, S. 108): Das Koalitionsrecht muß natürlich beiden Parteien gleichmäßig zugestanden werden!

V.

Gutachten des Herrn Dr. Robert Bartsch, Vizesekretär im k. k. Justizministerium, Privatdozent an der Universität Wien,

über die Frage:

Empfehlen sich gesetzliche Vorschriften über die rechtliche Stellung des Sammelvermögens?

I. Das Problem. — II. Die Parteifähigkeit. — III. Die Haftung des Sondervermögens. — IV. Ausschluß der persönlichen Haftung. — V. Begriff der Unternehmung zu uneigennützigen Zwecken: 1. Der äußere Tatbestand. 2. Die Unternehmer. 3. Das Vermögen. — VI. Oeffentliches Recht: 1. Strafrecht. 2. Verwaltungsrecht. — VII. Ergebnisse.

I. Das Problem.

Die Rechtsverhältnisse des Sammelvermögens gaben vor dem BGB. wenig Anlaß zur Erörterung in der zivilistischen Literatur.[1]) Erst § 1914 BGB., der eine Pflegschaft für Sammelvermögen anordnet, wenn die zur Verwaltung und Verwendung des Sammelvermögens berufenen Personen weggefallen sind, nötigte die Theorie, dem Begriff des Sammelvermögens näher zu treten. Nicht nur, daß sich die Lehrbücher des neuen Rechts dieser Aufgabe unterziehen mußten,[2]) es entstand auch eine ver-

---

[1]) Puchta, Über Sammlungen zu öffentlichen Zwecken nach gemeinem Recht. Zeitschr. f. Gesetzgebung und Rechtspflege in Preußen, II, 473 ff. (1868). Ihering, Ein Rechtsgutachten betr. die Gäubahn in IheringsJ. 18, 1 ff.; Isay, Zur Lehre von den Sammelgeschäften. IheringsJ. 36, 409 ff.

[2]) Die Systeme und Kommentare zum BGB. oder zu dessen IV. Buch von Buchka, Crome, Dernburg, Eck und Leonhard, Endemann, Enneccerus, Engelmann-Staudinger, Hölder,

hältnismäßig reiche monographische Literatur.[3]) Dagegen war die Judikatur bisher nur selten genötigt, sich mit der Natur von Sammelvermögen und ähnlichen Erscheinungen zu befassen.[4])

Die theoretische Erörterung ergab, daß über zwei Fragenkomplexe Meinungsverschiedenheiten bestehen.

Der erste betrifft Natur und Inhalt des Sammelgeschäfts, d. h. der Rechtsbeziehungen, die zwischen Spender und Sammler aus dem Spendungsakt entstehen. Die Theorie hat in dieser Richtung Ver-

---

Kohler, Kuhlenbeck, Mathiaß, Meisner, Opet und Blume, Planck, Riebel;

ferner Pandekten v. Bekker, Brinz, Dernburg, Regelsberger, Windscheid-Kipp sowie Gierke, Deutsches Privatrecht; für Österreich kommt in Betracht: Krainz, System des österr. allg. Privatrechts. Herausgegeben von Pfaff. 4. Auflage von Ehrenzweig; Stubenrauch, Kommentar zum ABGB.[8] (1903) behandelt die öffentlichen Sammlungen nicht.

[3]) Besonders zu erwähnen sind: Fischbach, Das Sammelvermögen (1907). Geigel, Die Sammlungen zu wohltätigen und gemeinnützigen Zwecken (PucheltsZ. 35); Kiepert, Die Sammlungen zu wohltätigen oder gemeinnützigen Zwecken nach dem BGB. (1903); Kleemann, Die Pflegschaft für ein Sammelvermögen (1902); König, Die öffentliche Sammlung von Vermögen für einen vorübergehenden Zweck (1907); Storck, Die öffentlichen Sammlungen zu vorübergehenden Zwecken (1907);

ferner wären hervorzuheben: Hellwig, Lehrbuch des D. Zivilprozeßrechts 1903; Anspruch und Klagerecht, 1900; Die Verträge auf Leistung an Dritte, 1899; Hölder, Natürliche und juristische Personen, 1905; Krückmann, Kommissionen, Komitees und Ausschüsse (ArchBürgR. 8, 67 ff.); Regelsberger, Streifzüge im Gebiet des Zivilrechts (Göttinger Festgabe für Jhering, 1892); Schultze, Treuhänder im geltenden bürgerl. Recht (JheringsJ. 43, 1 ff.); Strohal, Bemerkungen zum Entwurf eines BGB. in JheringsJ. 34, 325 ff.

Die in den Noten 1—3 angeführten Arbeiten werden regelmäßig nur mit dem Namen der Verfasser zitiert.

[4]) Von deutschen Urteilen sind mir bekannt: RG. vom 5. März 1884 (12, 229) und vom 6. Februar 1905 (62, 386 ff.); je eine Entscheidung des OLG. Nürnberg (Zeitschr. f. Rechtspflege in Bayern 1905, 111 ff.); OLG. Karlsruhe v. 5. 1. 1909 (PucheltsZ. 37, 484 ff.); LG. Düsseldorf v. 29. 4. 1903 (ZBlFG. 4, 646 ff.); LG. Rostock v. 12. 10. 1880 (nicht veröffentlicht, bei Krückmann 82).

Österreich: Entsch. des OGH. vom 10. 4. 61 (GlU. 1301) und vom 30. 6. 87 (GlU. 11654), ferner vier nicht veröffentlichte E. des LG. Wien aus den Jahren 1907 und 1908 (Cg. I 472/7, 482/7, 515/8, 594/8);

französische Judikatur bei Dalloz Recueil 1884, 1885, 1903, italienische bei Bolchini, Le pubbliche sottoscrizioni 1905.

suche gemacht, das Sammelgeschäft unter einen der Geschäftsbegriffe zu reihen, die dem heutigen Privatrecht geläufig sind: Schenkung mit Auflage,[5]) Verwahrungsvertrag,[6]) Auftrag,[7]) unbenannter Realvertrag (do ut facias,[8]) Vertrag zugunsten dritter,[9]) Gesellschaftsvertrag oder Vereinsgründung (auch zwischen den Spendern),[10]) fiduziarisches Geschäft, einseitiges Rechtsgeschäft.[11]) Die in den Kodifikationen geregelten Geschäftstypen lassen sich jedoch nur mit bedeutenden Modifikationen[12]) heranziehen. Das fiduziarische Geschäft in seinen beiden in der Theorie vertretenen Gestalten (römische fiducia mit bloß obligatorischer Wirkung — deutsche Treuhand mit dinglicher Wirkung, resolutiv bedingtes Eigentum)[13]) entbehrt der gesetzlichen Regelung und ist mehr als andere inhaltlich von oft sehr abweichenden theoretischen Standpunkten aus konstruiert.

---

[5]) Riebel, Das BGB. im Vergleich mit dem preuß. Recht 187, vgl. Bekker I, 283 und Regelsberger, Streifzüge 28 f.

[6]) Baum, Das schwebende und das widerrufliche Eigentum 29, vgl. Kiepert 16; Fischbach 28.

[7]) Puchta 476 ff.; Jhering 23 und 104 f.; Bekker II, 283 f.; Kiepert 18; siehe Fischbach 31.

[8]) Krückmann 113 f.; Kleemann 55; Regelsberger in JheringsJ. 36, 471.

[9]) Hellwig, Verträge 241 (bei benanntem Destinatar); Kiepert 32 ff. OLG. Karlsruhe.

[10]) Gierke I, 672, Note 43; Geigel 105 ff.; Hellwig, Verträge 238 ff., Anspruch 279 f.; Meisner zu § 1914; Engelmann-Staudinger zu § 1914; Beyer, Surrogation 333 f.; Rehme in der KrVJSchr. 43, 250.

[11]) Brinz III § 440; Bekker II, 277 ff.; Dernburg Pand. I § 62 Anm. 8. Als einseitiges Versprechen betrachtet auch Unger (GrünhutsZ. I, 373) die Zusage einer Spende an den Sammler, „wenngleich es unter Umständen schwierig sein mag, die zur Eintreibung der Schuld legitimierte Person zu bestimmen". Nach Isay ist die Übergabe der Spende keine Tradition, weil es am Oblaten fehlt, sondern einseitige Zwecksatzung (447 ff.), die Zeichnung von Beiträgen ist Pollizitation (453 ff.). Siehe dagegen Regelsberger, Streifzüge, der gleichfalls von der Pollizitation ausgeht (25) und dennoch die Zeichnung als Vertrag erklärt (31).

[12]) Siehe Puchta 476; vgl. Isay 423. [13]) Die erste Form vertritt Regelsberger, Streifzüge 30 und in JheringsJ. 36, 469 ff., die zweite Schultze 40 ff. Mit mehr oder minder bedeutenden Abweichungen stehen auf dem Boden des fiduziarischen Geschäfts Kuhlenbeck, Von den Pandekten zum BGB. zu § 1914 I, 246; Mathiaß, 121 f.; Opet-Blume II, 166; Kleemann 55 ff.; Kiepert 43 f.;

Alle diese Fragen gesetzgeberisch zu lösen, dafür ist meines Erachtens kein Bedürfnis vorhanden. Das Sammelgeschäft gibt vermöge der uneigennützigen Absicht beider Teile, namentlich der Spender, verhältnismäßig wenig Anlaß zu Streit, es reizt infolgedessen nicht zu strenger und eigennütziger Interessenverfolgung.[14]) Mit Recht hat daher die ständige Deputation des Juristentags die Natur des Sammelgeschäfts nicht zur Diskussion gestellt.

Die andere Gruppe von Fragen betrifft das Sammelvermögen, seine rechtliche Natur und seine Zugehörigkeit zu einem bestimmten Rechtsträger. Diese bilden das Thema des vorliegenden Gutachtens. Auch über diese Fragen besteht große Meinungsverschiedenheit. Daß das Sammelvermögen eine gewisse Einheit bildet, wird wohl allgemein zugestanden. Wer aber der Rechtsträger dieser Vermögenseinheit ist, wird ganz verschieden beantwortet.

Die einen weisen die Sammelvermögen eigenen teils mehr an Stiftungen, teils mehr an Vereine gemahnenden juristischen Personen zu oder erklären sie für subjektlose Zweckvermögen.[15])

Andere erklären die Spender zu Bruchteilen oder zu gesamter Hand für die Eigentümer[16]) und stehen vor der Schwierigkeit, Rechte und Pflichten

---

Endemann II, 228, Anm. 18; Oppenheimer, fiduziarische Eigentumsübertragung 42; König 34 ff. Auch das RG. und das OLG. Nürnberg vertreten diese Ansicht. Das fiduziarische Geschäft in beiden Formen ist auch im österreichischem Recht als möglich anerkannt von Schey, Obligationsverhältnisse I, 574 ff.

[14]) Fischbach führt als weitere Gründe an (9 f.): Die Sammler sind gewöhnlich Leute, die das Vertrauen weiter Kreise genießen, man kontrolliert sie nicht, oder man scheut sich doch sie zu klagen, besonders da sich die Spender über ihre Rechte im unklaren sind.

[15]) Leonhard, Allg. Teil 337, Kohler I 147, 355 (als „konstruktive" juristische Person); als nicht rechtsfähigen Verein: Hellwig, ZPR. I 306 f., in mancher Hinsicht analog Stork 35, Analogie einer Stiftung: Dernburg, Lehrb. I 289, Pandekten I § 62, N. 8. Ihm schließt sich für das österreichische Recht an: Krainz-Ehrenzweig I, 223, Note 25. Zweckvermögen ohne Subjekt: Brinz I, 497, 508; Bekker II, 283 f.; ähnlich Hölder, Komm. I, 127, Natürliche und juristische Personen, 320 ff. und Isay 438 f., beide mit starker Betonung des Einflusses des öffentlichen Rechts. Strohal lehnt Ausdehnung des Stiftungsrechts auf Sammelvermögen ab, 337.

[16]) Gesamteigentum der Spender Gierke I, 673 Note 43; Rehme a. a. O.; Meisner zu § 1914; Beyer, Surrogation 333 f.; Geigel 105 ff.; Hellwig, Verträge 240; als mögliches Verhältnis auch Crome I, 269 f.

der Sammler (als eigenes dingliches Recht?) sowie den gänzlichen Mangel jeder Beziehung zwischen dem Sammelvermögen und dem sonstigen Vermögen der Spender zu erklären; denn ohne die tatsächlichen Verhältnisse auf den Kopf zu stellen, kann man weder die Spender persönlich für Schulden des Sammelvermögens haftbar machen, noch kann man den Gläubigern des Spenders den Zugriff auf das Sammelvermögen gewähren.

Wieder andere erklären die Sammler als Eigentümer[17]) und sind dann in Verlegenheit, die gänzliche Fremdheit zwischen dem Sammelvermögen und dem Privatvermögen der Sammler zu erklären. Hier kommt noch hinzu, daß die Zuweisung des Eigentums an die Sammler den strafrechtlichen Schutz des Sammelvermögens gegen Unterschlegung durch die Sammler in Frage stellt.

Die Theorie gerät somit in ein Dilemma, das Hedemann (Arch BürgR. 31, 321) trefflich dahin charakterisiert: „Wenn man nicht eine juristische Person heraufbeschwört, dann bleibt nichts übrig, als entweder ein sehr verkümmertes Eigentum der Spender, oder ein dann ebenfalls erheblich beschnittenes Eigentum des Sammlers anzunehmen; und was das Schlimmste ist, in beiden Fällen muß die dringend notwendige dingliche Wirkung jener Verkürzungen des Eigentums erst „interpretiert" werden; denn im Gesetz steht darüber nichts und mit der Vertragsauslegung kann man nur den obligatorischen Beziehungen beikommen."

Wenn auch diese Fragen in erster Linie theoretische Konstruktionsfragen sind, so sind sie doch von großer praktischer Tragweite. Das Sammelvermögen tritt nämlich in Rechtsbeziehungen zu zahlreichen Personen, die in diesen Beziehungen ihre persönlichen wirtschaftlichen Interessen zu befriedigen beabsichtigen. Dies ist namentlich der Fall, wenn dritte Personen Forderungen gegen das Sammelvermögen erwerben. Hier handelt es sich weniger um die theoretische Frage nach der Konstruktion des Sammelvermögens als um die praktische Frage, an wen sich die

---

bei Note 33. Kombiniert mit den Vorschriften für nicht rechtsfähige Vereine: Storck 32 ff.; mit Mandat an die Sammler: Puchta 476 ff.; Ihering 104 f.; mit dinglichem Recht der Sammler: Fischbach 83 ff.

[17]) In Miteigentum der einzelnen Mitglieder: Krückmann 95 ff.; Gesamteigentum: Kleemann 64 f.; fiduziarisches Eigentum: Regelsberger, Streifzüge 30; Mathiaß 121; Opet und Blume II, 166; Kiepert 43; Schultze 40 ff.; als mögliches Verhältnis auch Crome I, 269 f. bei Note 34; vgl. RG. 12, 229 ff., wo die Mitglieder eines Ausstellungskomitees als Eigentümer des Ausstellungsvermögens angesehen werden.

Gläubiger des Sammelvermögens zu halten haben, welches Vermögen ihnen als Befriedigungsgegenstand zu dienen habe, ob ihnen primär oder subsidiär einzelne Personen mit ihrem ganzen Vermögen verhaftet sind, ob ein Wettbewerb mit den Privatgläubigern solcher Personen stattfinde oder nicht usw. Diese Fragen eigennütziger Interessenverfolgung sind es vor allem, die auf die Möglichkeit einer Lösung im Gesetzgebungsweg untersucht werden müssen.

Mit diesen Fragen wird sich die folgende Darstellung beschäftigen. Der Zweck eines Gesetzgebungsgutachtens weist der Theorie einen Platz an, der sehr verschieden von dem ist, den sie in einer konstruktiven Arbeit beanspruchen darf. Das Gutachten darf von keiner bestimmten Theorie ausgehen, es muß darauf verzichten, die bestehenden Konstruktionen auf ihre Begründung zu prüfen oder eine neue Lehre aufzustellen.[18]) Es wird

---

[18]) Die Ansichten des Gutachters über die theoretischen Fragen sind in einem am 15. Dezember 1909 in der Wiener juristischen Gesellschaft abgehaltenen Vortrag: „Die Uneigennützigkeit im Privatrecht" niedergelegt, der seither erweitert in der ÖstAGZ. 1910 erschienen ist.

Danach sind alle Erscheinungsformen der Uneigennützigkeit von gewissen Rechtsregeln beherrscht. Solche Erscheinungsformen sind: 1. die uneigennützigen Rechtsgeschäfte, die als uneigennütziges Geben oder uneigennütziges Empfangen aufgefaßt werden können. Während bei der Schenkung Uneigennützigkeit nur auf Seite des Gebers vorliegt, liegt bei der Spende auch Uneigennützigkeit auf Seite des Empfängers vor. 2. Die uneigennützigen Formen dinglicher Rechte (fiduziarisches Eigentum usw.). 3. Die uneigennützige Unternehmung, deren Zweck darin besteht, daß der Gewinn weder direkt noch indirekt den Unternehmern zufällt, sondern für einen ihnen wirtschaftlich fremden Zweck bestimmt ist. 4. Die uneigennützigen Organisationsformen, zu denen unter anderen das Komitee zu gemeinnützigen oder wohltätigen Zwecken zu zählen ist. Es unterscheidet sich von anderen Gesellschaftsformen dadurch, daß jeder Gewinn und Liquidierungsanteil für die Mitglieder grundsätzlich ausgeschlossen ist.

Die Grundsätze uneigennützigen Handelns sind: 1. Jeder Vorteil für den Handelnden ist ausgeschlossen; Folgen dieses Grundsatzes sind z. B. daß Verwendung des zu uneigennützigen Zwecken bestimmten Vermögens im eigenen Interesse des Vermögensherrn den Tatbestand der Unterschlagung bildet, und daß ein solches Vermögen dem Zugriff der Privatgläubiger des Vermögensherrn entzogen ist. 2. Leistungen in uneigennützigem Interesse sind stets als möglichst gering gewollt anzusehen (wirtschaftliches Prinzip des einseitigen Opfers). Daher keine Gewährleistung für Geschenke und Spenden und keine persönliche Haftung für Verpflichtungen einer uneigennützigen Unternehmung.

Als Kollisionsnorm für eigennütziges und uneigennütziges Handeln ist die Regel aufzustellen, daß im Zweifel Eigennutz anzunehmen ist.

dagegen die praktischen Bedürfnisse des Wirtschaftslebens aufzudecken haben und die Mittel prüfen müssen, durch die diesen Bedürfnissen Rechnung getragen werden kann.

Wenn für irgendein Gebiet, so trifft für das des Juristen der Satz zu: artis sola magistra necessitas. Diese Notwendigkeit ist aber eine andere für den Theoretiker, eine andere für den Gesetzgeber. Für jenen ist sie die Denknotwendigkeit, die dem Bedürfnis des Verstandes entspringt, die Mannigfaltigkeit der Erscheinungen des Rechtslebens zu einer denkmöglichen widerspruchslosen Einheit zusammenzufassen, für diesen besteht sie in der Notwendigkeit, den Bedürfnissen des Wirtschaftslebens gerecht zu werden.

Dabei hat aber die Theorie auch für gesetzgeberische Fragen große Bedeutung. Zwar schreibt sie nicht dem Gesetzgeber Konstruktionen vor, die er in Rechtssätze zu kleiden hätte; wohl aber bereitet sie ihm den Weg durch Sammlung, Zusammenfassung und wissenschaftliche Durcharbeitung des Materials. In diesem Sinne wird natürlich auf die Theorien stets Bedacht genommen. Die theoretische Frage fordert aber in unserem Falle ganz besondere Bedeutung. Alle bisher aufgestellten Theorien haben, streng folgerichtig durchgeführt, zu praktisch unerwünschten Konsequenzen geführt. Die praktischen Notwendigkeiten sind daher in erster Linie gegen jede Leugnung von einem der vertretenen theoretischen Standpunkte sicherzustellen. Das ist gerade dort nötig, wo einzelne Theorien verzichten, konsequent zu sein, und Zugeständnisse an die Bedürfnisse des Wirtschaftslebens machen. Denn durch solche Zugeständnisse verliert die Theorie die logische Notwendigkeit, die ihre innere Stütze bildet.

Ist man aber zur Aufstellung bestimmter Vorschläge für die Gesetzgebung gelangt, dann sind diese am Maßstabe der einzelnen Theorien auf ihre Entwicklungsmöglichkeiten zu prüfen. Die theoretische Fassung und Deutung einer vorgeschlagenen Norm wird zwar der wissenschaftlichen Bearbeitung zu überlassen sein, für den Gesetzgeber aber ist es stets empfehlenswert, unter mehreren praktisch möglichen Lösungen diejenige zu wählen, die der theoretischen Auffassung von verschiedenen Standpunkten aus am wenigsten vorgreift.

Schließlich wird man nicht vergessen dürfen, daß wir beim Sammelvermögen und den ihm verwandten Erscheinungen vor einer keineswegs abgeschlossenen Rechtsbildung stehen, „welcher die Gesetzgebung zwar nicht voreilig vorgreifen soll, welcher sie aber auch den zur Entwicklung erforderlichen Raum nicht versperren darf". (Strohal 336.)

Vorerst bedarf es aber noch der Erörterung zweier theoretischer Punkte.

Der eine betrifft die Frage, warum die bisherigen Theorien scheiterten. Wenn für ein Rechtsverhältnis zahlreiche, stark abweichende Konstruktionen aufgestellt werden, so ist dies ein Beweis, daß für das betreffende Rechtsverhältnis kein Typus im geltenden Recht existiert. Gehört das Rechtsverhältnis einer Gruppe an, für die das Gesetz keine geschlossene Zahl von Typen aufstellt, so ist der Schaden nicht allzugroß; es bildet sich dann durch Parteisitte und Gerichtsgebrauch allmählich ein neues Rechtsinstitut heraus, das längst ausgebildet sein kann, bevor es gesetzlicher Regelung bedarf. Ein Beispiel hierfür bietet der Versicherungsvertrag.

Anders verhält es sich, wenn das Gesetz eine geschlossene Zahl scharf abgegrenzter Typen enthält und ein Lebensverhältnis vorliegt, das sich in keinen Typus einreihen läßt. Will man es dann nicht zur Unterdrückung legitimer Interessen oder zur Bildung von Gewohnheitsrecht contra legem kommen lassen, so wird man in der Regel rechtzeitig eine gesetzliche Entwicklungsmöglichkeit schaffen müssen.[19])

Das Sammelgeschäft als schuldrechtlicher Vertrag gehört zur ersten Gruppe; wir haben glücklicherweise kein geschlossenes Kontraktensystem und so ist für Entwicklung eines eigenen Vertragstypus, sofern ein Bedürfnis danach besteht, freier Raum. Was nötig ist, kann die Parteivereinbarung schaffen, auf dem Wege des Formulars kann sich ein reicher Vertragsinhalt bilden; da von wirtschaftlicher Übermacht eines Teils beim Sammelgeschäft nicht gesprochen werden kann, braucht die Gesetzgebung, solange nicht ernste Mißbräuche sie dazu nötigen, nicht einzugreifen.

Anders steht es mit der Natur des Sammelvermögens. Hier steht die Theorie wirklich vor einem peinlichen Dilemma. Die Zahl der dinglichen Rechte ist nach herrschender Lehre geschlossen.[20]) Dadurch ist die Möglichkeit, ein inhaltlich beschränktes Zweckeigentum der Sammler anzunehmen und ebenso die, ein eigenes das Eigentum der Spender beschränkendes dingliches Recht der Sammler am Sammelvermögen[21]) zu konstruiren, verschlossen. Geschieht es dennoch, so gelangt die Theorie auf das uferlose Gebiet der Spekulation, das auf sachenrechtlichem Gebiet um so bedenklicher ist, als der absolute Charakter der dinglichen Rechte

---

[19]) Vgl. Strohal 336 oben S. 160.

[20]) Planck III, Vorbemerkungen II, Nr. 2 a.

[21]) Fischbach 83 ff.

eine gleichförmige äußere Erscheinung und bestimmten typischen Inhalt fordert.

Der andere mögliche Ausweg, auf personenrechtlichem Gebiet durch Schaffung eines Rechtssubjekts den eigentümlichen Verhältnissen des Sammelvermögens Rechnung zu tragen, ist durch das BGB. (§§ 21, 22, 80, 81) gleichfalls verlegt worden, indem es die Rechtsfähigkeit an Bedingungen band, die von Sammelunternehmungen nie erfüllt werden. Die Sicherheit des Verkehrs war auch auf diesem Gebiet nur mit schweren Opfern an der Fortbildungsmöglichkeit des Rechts zu erkaufen.

Nach österreichischem Recht steht der zweite Ausweg offen. Normativbestimmungen für die Erlangung der Rechtsfähigkeit bestehen nur für einzelne Arten von Körperschaften, nur der Zweck muß erlaubt sein (§ 26 ABGB.). Nach herrschender Lehre hat die vorgeschriebene polizeiliche Bescheinigung der Statuten nach dem VerRG von 1867, dem die Vereine ohne Erwerbszweck unterliegen, keine zivilrechtliche Bedeutung.[22]) Daher konnte sich in jüngster Zeit bei dem Landesgericht Wien die Praxis ausbilden, Ausstellungskomitees als juristische Personen zu behandeln.

Die trostlose Lage derer, die auf dem Boden des BGB., ohne davon auch nur einen Schritt abweichen zu wollen, die Konstruktion des Sammelvermögens versuchen, hat darum zu geradezu nihilistischen Theorien geführt.[23]) Positive Normen für das Sammelvermögen sind also schon

---

[22]) Krainz-Ehrenzweig I, 217; Unger, System I, 339, 349; Tezner, „Vereinsrecht" im österreichischen Staatswörterbuch, Spiegel, Entstehung und Endigung der Vereine in der Prager JVJSchr. 31, 1 ff. Die bestehende Kontroverse über die Bedeutung der staatlichen Konzession (polizeiliche Anerkennung der Erlaubtheit oder Erteilung der Rechtsfähigkeit) kann füglich übergangen werden, da die dem Konzessionszwang unterworfenen Gebilde, abgesehen von den Stiftungen, für die Konstruktion der Sammelvermögen nicht in Betracht kommen. Siehe unten S. 211 f. Vgl. Krainz-Ehrenzweig I, 218.

[23]) Am charakteristischsten ist die noch vom gemeinen Recht ausgehende Abhandlung Isays. Sie kommt zu folgenden Ergebnissen: Die Spender stehen weder untereinander (409), noch zu den Destinataren in Rechtsbeziehungen (411). Zwischen den Sammlern besteht kein juristisches Verhältnis: weder Korporation noch Sozietät (415 ff), auch nicht zwischen Sammlern und Spendern: keine donatio sub modo (421), kein Kontrakt do ut facias, kein Mandat (423), kein Anspruch des Spenders auf zweckgemäße Verwendung (449 f.), und ebensowenig eines zwischen Sammlern und Destinatären (keine actio utilis aus der Auflageschenkung, keine actio negotiorum gestorum directa 426 f.). Das Sammelvermögen gehört weder den Spendern, noch den Destinatären, noch den Sammlern (432 ff) und zwar weder den ein-

darum nötig, um seine Behandlung nicht von der gesetzlichen Basis ganz abzudrängen und eine für niemand erfreuliche Unsicherheit bestehen zu lassen. Durch Rechtssätze, die Einzelfragen bestimmt regeln, gewinnt die Konstruktion selbst dann sicheren Grund, wenn sie sonst den Boden des Gesetzes verlassen muß.

Die zweite Frage, die noch zu erörtern wäre, betrifft das Verhältnis zwischen den Fragen über Natur und Inhalt des Sammelgeschäfts, zu denen über die Natur des Sammelvermögens. Es handelt sich darum, ob die Lösung der Fragen der ersten Gruppe die Voraussetzung für die Lösung der Fragen der zweiten Gruppe bildet. Diese Vorfrage ist darum wichtig, weil sie uns Gelegenheit gibt, den Begriff des Sammelvermögens in bezug auf seine praktische Bedeutung einer Kritik zu unterziehen.

Die Mehrzahl der Schriftsteller nimmt eine Abhängigkeit des Begriffs Sammelvermögen vom Begriff Sammelgeschäft an. Das Sammelvermögen ist das Ergebnis von Sammelgeschäften.[24]) Ist erst das Sammelgeschäft seiner Natur nach klar erkannt, ist die Absicht der Parteien bei diesem Geschäft festgestellt und sind aus dieser Absicht ihre aus dem Sammelgeschäft entspringenden Rechte und Verbindlichkeiten abgeleitet, so muß sich daraus mit logischer Notwendigkeit die Stellung des Sammelvermögens, namentlich die Frage nach dem Träger dieses Vermögens ergeben.

Ich halte diese Auffassung für unrichtig. Zunächst kann die Parteiabsicht nur für das zwischen den Parteien begründete Verhältnis von entscheidendem Einfluß sein; dagegen handelt es sich bei den uns vorliegenden Fragen um die Rechte Dritter, die aus Gründen der Verkehrssicherheit nicht der individuellen Parteiabsicht unterworfen werden können. Da der Gläubiger des Sammelvermögens nicht unterscheiden kann, wie weit das Vermögen, zu dessen Lasten er Rechte erwirbt, durch Sammlung oder durch ein anderes Rechtsgeschäft zustande gekommen ist, kann man die Frage nach dem ihm als Schuldner gegenüberstehenden Subjekt gar nicht von dem ihm fremden und gleichgültigen Geschäft abhängig

---

zelnen Sammlern noch einer Sammlermehrheit; es gehört überhaupt keinem physischen Subjekt, aber auch keiner Stiftung, noch darf es einer Stiftung analog behandelt werden. Es gehört überhaupt niemanden, es besteht bloß eine objektive Gebundenheit durch den Zweck (S. 439 f.)

Ebenso leugnet das Urteil des LG. Rostock „jedes Rechtsverhältnis zwischen Spender und Sammler". (vgl. Krückmann 116; König 22.)

[24]) Storck 6: „Die Spenden bilden das Sammelvermögen".

machen, das zur Vermögensbildung beitrug; hierfür ist vielmehr ausschließlich ein nach außen erkennbarer Tatbestand maßgebend.

Das Hauptbedenken ist aber praktischer Natur. Vielleicht könnte man die Natur des Sammelvermögens aus dem Sammelgeschäft ableiten, wenn dieses Vermögen stets ausschließlich oder doch hauptsächlich durch Sammlungen gebildet wird und wenn das Sammeln sich rechtlich und wirtschaftlich von anderen demselben Zwecke dienenden Geschäften trennen ließe. Das ist aber in Wirklichkeit nicht der Fall. Das Sammeln ist nur eine Form, in der Geschäfte aller Art abgeschlossen werden können, und speziell das Sammeln von Spenden ist durchaus nicht ein seiner Natur nach isoliertes Geschäft, das etwa besondere, sonst nicht zu erzielende Wirkungen hervorbringt, es bildet vielmehr nur einen mehr oder weniger bedeutungsvollen Faktor im Betriebe von Unternehmungen zu uneigennützigen Zwecken.

Unter Sammeln im gewöhnlichen Sinne des Wortes versteht man nämlich eine besondere Art des Abschlusses einer größeren Zahl gleichartiger Geschäfte durch eine Person oder eine Personenmehrheit (Sammler). Die Besonderheiten des Sammelns bestehen darin, daß der Sammler einseitig die meisten Punkte des Vertragsinhaltes feststellt, denn nur so ist der gleichartige Inhalt der einzelnen Geschäfte zu erreichen, und daß er die als Kontrahenten in Betracht kommenden Personen aufsucht und an sie gleichlautende Aufforderungen zum Vertragsabschluß richtet. Die erste Eigenschaft teilt die Sammlung mit allen Massenverträgen, z. B. mit Arbeitsverträgen oder Mietverträgen, bei denen die meisten Punkte des Vertrages in der von einem Teil festgesetzten Arbeits- oder Mietordnung festgesetzt werden.[25]) Das Aufsuchen der Vertragsgegner, das zweite Merkmal des Sammelns, kann durch persönlichen Besuch, durch Briefe oder durch öffentliche Kundmachung erfolgen.

Das Wesentliche einer Sammlung sind also durchaus formelle Eigenschaften, ein bestimmter Inhalt ist mit dem Wort Sammelgeschäft nicht gegeben. In der Tat kann man die Sammelform für Geschäfte aller Art anwenden. Man kann Käufer (Abonnenten) und Verkäufer, Geschenkgeber (Betteln), Versicherungsnehmer, Vereinsmitglieder, Aktienzeichner usw. sammeln; man kann auch Spenden in uneigennütziger Absicht sammeln. Nur an diese Art der Sammlungen denken § 1914 BGB. und die Literatur über Sammelgeschäfte.[26]) Die Besonderheit der Spenden-

[25]) Vgl Kainz-Ehrenzweig II 60 f.

[26]) Siehe die Definitionen bei Fischbach 1—6, König 5, Storck 4 f., Kleemann 10 ff., Kiepert 4, Hellwig Verträge 209 und in der Entscheidung des OLG. Karlsruhe, 485.

sammelgeschäfte liegt aber zum geringsten Teil in der Sammelform, zum größeren Teil in dem Inhalt des Spendungsgeschäftes, nämlich in der Uneigennützigkeit beider Teile. Der Spender gibt gleich dem Schenker unentgeltlich. Der Sammler ist aber ungleich dem eigennützigen Geschenknehmer uneigennützig, indem er im Spendungsgeschäft die Pflicht der Verwendung der Gabe zu einem bestimmten Zweck übernimmt.

Man ist somit genötigt, dem Begriff Sammelgeschäft eine engere Bedeutung zu geben, wenn man es für unsere Zwecke verwenden will. Nicht aus allen Sammelgeschäften gehen Sammelvermögen hervor, sondern nur aus solchen Sammelgeschäften, die wie die Spendensammlung in uneigennütziger Absicht veranstaltet werden.

Es gibt aber auch Vermögen, die nicht aus Spendensammlungen entstanden sind und dennoch ihrem Wesen nach ihnen gleichzustellen sind. So z. B. der Reinertrag eines Wohltätigkeitskonzerts. Eine Anzahl von Künstlern tritt unentgeltlich für den wohltätigen Zweck auf, die Preise der Plätze sind nicht höher, als bei anderen Konzerten der betreffenden Künstler. Ganz ähnlich ist es mit dem Ertrag einer Benefizvorstellung für bestimmte Personen. Hier eine Spendensammlung anzunehmen, heißt den Worten Gewalt antun.[27])

Wie aber wenn einzelne Besucher der Veranstaltung Spenden in Form von Überzahlungen leisten, bilden diese nun etwa ein besonderes

---

[27]) Folgerichtigerweise sieht Kleemann (11) unter Nr. 4 solche Geschäfte nicht für Sammelgeschäfte an, ebenso Fischbach (6). Dagegen sucht sie Kiepert (5), allerdings von einem richtigen Instinkt geleitet, dadurch unter den Begriff der Spendensammelgeschäfte zu bringen, daß seiner Meinung nach das in der Aussicht auf Gewinn oder durch den ästhetischen Genuß gewährte Entgelt meist in gar keinem Verhältnis zu der Leistung der Spender steht. Auch König (5) läßt als Sammelgeschäfte nur solche gelten, bei denen die Gegenleistung verhältnismäßig gering ist und Storck (15) meint ähnlich wie Kiepert, die in Wohltätigkeitslotterien gewonnenen „Kunstgegenstände" würden gewöhnlich als herrenlose Sachen im Verlosungssaale zurückgelassen und das Publikum setze sich in den sogenannten Wohltätigkeitskonzerten und -vorstellungen nur zum kleinen Teil aus denen zusammen, die die Billette gelöst haben, was ein Beweis dafür sei, daß diese Leistungen nicht als Entgelt gedacht seien. — Es ist nur gut, daß unsere hervorragenden Künstler keine juristischen Monographien lesen, sie würden es sich sonst überlegen, zu wohltätigen Zwecken aufzutreten.

All dieser Zwang, den man den Tatsachen antut, all diese unrichtigen Verallgemeinerungen, diese Verwechslungen von Motiv und causa sind nur nötig, weil man glaubt, als Sammelvermögen nur die Erträgnisse der Sammlungen von unentgeltlichen Gaben ansehen zu dürfen. Siehe unten S. 201 Note 15.

Sammelvermögen? Und die gleiche Frage müssen wir aufwerfen, wenn etwa angesichts des wider Erwarten geringen Erträgnisses das Komitee eine ergänzende Sammlung veranstaltet. Darf man aus dem Sammelertrag das Defizit der Vorstellung und aus dem Reinertrag der Vorstellung die Kosten eines erfolglosen Sammelaufrufs decken? Wer die letzten Fragen bejaht und damit die Einheit des Vermögens beider Veranstaltungen ausspricht, der wird sich entscheiden müssen, ob er das zum Teil aus einer Sammlung, zum Teil aus einer anderen Unternehmung zu dem gleichen Zweck erworbene Vermögen als Sammelvermögen ansehen will oder nicht.

Ein anderes sehr lehrreiches Beispiel bieten Ausstellungsunternehmungen. Man beabsichtigt keinen Reingewinn, sondern Förderung eines Industriezweiges und des Fremdenverkehrs, die Haupteinnahmequellen sind Platzmieten der Aussteller und Eintrittsgelder der Besucher. Das ist gewiß keine Spendensammlung, das Vermögen kein Sammelvermögen. Da man aber bereits vor den ersten Einnahmen Auslagen zu bestreiten hat und im Interesse des gemeinnützigen Zweckes die Eintrittspreise so niedrig feststellt, daß sie zur Deckung der Auslagen voraussichtlich nicht hinreichen, schafft man sich einen Vermögensstock durch Sammlungen. Man erwirkt Subventionen vom Reich, vom Landtag, von der Stadtgemeinde, der Handelskammer, einigen Klubs von Industriellen, auch von einzelnen wohlhabenden Leuten. Ist dadurch die Ausstellung zu einem Sammelunternehmen geworden oder bildet das durch Sammlung erworbene Geld irgendwie ein Sondervermögen, während es doch physisch und vielleicht sogar buchhalterisch unterschiedslos in den anderen Einnahmen aufgeht? Ganz besonders tritt der subsidiäre Charakter der Sammlung hervor, wenn die Spenden nur für den Fall zugesagt werden, daß die übrigen Einnahmen zur Deckung der Auslagen nicht hinreichen, wie das bekanntlich bei den sogenannten Garantiefonds der Fall ist.

In allen diesen Fällen ist eine tatsächliche Scheidung unmöglich. Sie wäre aber auch ganz unbegründet, denn weder die Parteiabsicht noch sonst ein Umstand würden es rechtfertigen, das durch die verschiedenen Erwerbsarten angesammelte Vermögen verschieden zu behandeln.

Daraus geht hervor: das Sammelvermögen ist nichts spezifisch Verschiedenes von anderen durch die Tätigkeit einer Unternehmung zu uneigennützigen Zwecken erworbenen Vermögen.

Die Theoretiker erklären daher, daß außer dem Ertrag der Sammlung auch das durch die Tätigkeit der Sammler sonst erworbene Vermögen zum Sammelvermögen gehört. Allein hierbei ist stillschweigende Voraussetzung, daß das Sammeln von Spenden allemal die Haupteinnahmequelle bildet und der sonstige Erwerb entweder nur Surrogatcharakter hat (vergl. § 718 Abs. 2 BGB.) oder doch nur eine Ergänzung des gesammelten Vermögens bildet. Völlig unzureichend ist diese Erklärung aber dann, wenn neben der Sammlung ein anderes Erwerbsgeschäft betrieben wird, das mit der Sammlung nur durch den Zweck zusammenhängt oder wenn gar die Sammlung als bloße Ergänzung (Subvention der Ausstellung) hinter die übrigen Erwerbsformen zurücktritt. Es ist unmöglich, Rechtssätze über das Sammelvermögen, die aus der Natur des Spendensammelgeschäfts und der dabei zutage tretenden Parteiabsicht abgeleitet werden, auf Vermögen anzuwenden, zu deren Bildung die Sammlung von Spenden nur unbedeutend beitrug oder für deren Zwecke eine vielleicht gar nicht wirksam gewordene Sammlung unternommen würde. Man kann die Rechtsverhältnisse eines Ausstellungsunternehmens nicht aus dem Sammelgeschäft erklären, weil zur Deckung des möglicherweise entstehenden Betriebsabgangs Beiträge gezeichnet wurden.

Daß ein Vermögen zu uneigennützigen Zwecken in der Form der Sammlung gebildet wurde, mag darum die Rechtsbeziehungen zwischen Geber und Empfänger entscheidend beeinflussen, aber es bringt kein spezifisches Moment für die Stellung dieses Vermögens.

Wesentlich hiefür ist nur der besondere Zweck der Vermögensbildung und der infolgedessen *nach außen* zutage tretende Charakter des Vermögens. Das Unternehmen wird veranstaltet zum Erwerb eines Vermögens, das fremden wirtschaftlichen Interessen dienen soll, der Veranstalter erwirbt nicht zu seinem wirtschaftlichen Nutzen, sondern für fremde Zwecke. Eines der Geschäfte, durch die ein solches Vermögen erworben wird, ist das Spendungsgeschäft, und eine der Formen, in die sich dieses gleich anderen Geschäften für solche Zwecke kleidet, ist die Sammlung. Das Sammelgeschäft empfängt darum seine Gestalt aus dem Zweck, dem es gleich anderen Geschäften dient. Folgerungen aus der Natur des *Sammelgeschäfts* auf das *Sammelvermögen* sind daher nur soweit zutreffend, als sie *aus dem uneigennützigen Zweck*[28]) des Geschäfts abgeleitet sind, dann aber gelten sie auch für das auf andere Weise zu gleichen Zwecken erworbene Vermögen.

[28]) Wesentlich ist die Uneigennützigkeit auf Seite der *Unternehmer*, also bei der Sammelform auf Seite der Sammler. Siehe unten S. 194. Die Literatur anerkennt dies einmütig, wenn auch nicht immer deutlich. So erklärt *Kiepert* 5 unter Nr. 4 (gleichlautend *Fischbach* 5, Nr. 3) für keine Sammelunternehmungen: „Sammlungen von Personenmehrheiten für die Zwecke und Ziele

Wollte ich die mir gestellte Frage engherzig auslegen, so könnte ich hiermit schließen.

Besondere Vorschriften für das Sammelvermögen sind weder nötig noch empfehlenswert, weil das durch öffentliche Sammlung erworbene Vermögen keine derartigen spezifischen Eigentümlichkeiten aufweist, die seine Sonderbehandlung rechtfertigen würden.

Mit einem solchen Ergebnis hätte ich jedoch dem mir zuteil gewordenen Auftrag nur schlecht entsprochen. Denn die unleugbar vorhandenen, einer Lösung harrenden praktischen Fragen sind dadurch nicht aus der Welt geschafft, daß die Frage in der Form, wie sie gestellt wurde, eine positive Lösung als nicht empfehlenswert erscheinen läßt. Zudem hat unsere Untersuchung bereits zu einem positiven Ergebnis geführt: zu der Erkenntnis, daß dasjenige, was wir als eigentümlich im Sammelvermögen empfinden, zwar nicht spezifisch dem durch Sammlung erworbenen Vermögen anhaftet, daß es aber eine wirklich vorhandene besondere Eigenschaft ist, die das Sammelvermögen mit den durch andere Geschäfte zu gleichem Zweck zusammengebrachten Vermögen teilt, nämlich den Charakter eines Vermögens, welches nicht den Interessen seines Inhabers dient, sondern zu einem anderen Zweck bestimmt ist.

---

dieser dauernd bestehenden Personenmehrheit" und in der Definition des Sammelunternehmens ist als Zweck der Gaben an die Sammler aufgenommen, „damit diese es (das Sammelvermögen) den Bedachten oder dem Sammelzweck zuführen" (Kiepert 4) oder „damit dieses (das Sammelorgan) vermittelst des so zustande gekommenen Sammelvermögens den Sammelzweck verwirkliche" (Fischbach 4, vgl. Kleemann 10). Noch deutlicher Storck S. 5: nur solche Vermögensdispositionen, „die von den Sammlern hervorgerufen, aber nicht ihnen zugute kommen, sondern in erster und einziger Richtung einem Dritten außerhalb ihrer liegenden Zwecke dienen." Isay sieht Liberalität der Sammler wenigstens als Regel an und verneint daher für zweifelhafte Fälle die Frage, ob die Sammler für die aufgewendete Zeit und Mühe sich eine Entschädigung berechnen dürfen (465). Nicht wesentlich ist, daß auch die Geber uneigennützig handeln, daß also ihre Gabe unentgeltlich sein müsse, was von der Literatur allgemein behauptet wird. So Kiepert in der Definition: die Spender tragen bei ohne selbst Genuß zu erlangen in der Absicht einer Freigebigkeit für irgendwelche Personen oder zu einem gemeinnützigen Zweck (S. 4); ähnlich Fischbach: in der Absicht, nicht ihre eigenen materiellen Interessen zu fördern, sondern ihren idealen oder sozialen Sinn zu betätigen (S. 4).

Ich drücke mich möglichst allgemein aus; ich lasse offen, ob diese Zweckbestimmung vom Spender oder vom Nehmer der Spende ausgeht oder ob sie Vertragsbestandteil, also gemeinschaftlicher Wille beider ist. Hauptsache ist, daß dem Vermögen ein wirtschaftlicher Zweck bestimmt wurde und daß dieser von den eigennützigen wirtschaftlichen Interessen des Nehmers der Gabe verschieden ist.

Das gesammelte Vermögen bildet sonach nur einen Spezialfall des einem uneigennützigen Zweck gewidmeten Vermögens. Die gestellte Frage erweitert sich demnach zu folgender Gestalt: *Empfehlen sich gesetzliche Vorschriften über die rechtliche Stellung von Vermögen, die zu uneigennützigen Zwecken bestimmt sind?*

Im folgenden werden, wie schon oben angedeutet, einzelne praktische Fragen, die die Stellung von Vermögen mit uneigennütziger Zweckbestimmung betreffen, und zwar zunächst für den praktisch weitaus wichtigsten Fall, daß eine Personenmehrheit (Gesellschaft, Komitee, Ausschuß, Kommission[29]) das uneigennützige Unternehmen betreibt, besprochen werden. Als solche Fragen bieten sich dar:

1. Die Frage der Parteifähigkeit zu gerichtlichen Handlungen, im Prozeß wie im Verfahren außer Streitsachen.

2. Die Frage, wer Zwangsvollstreckung in das Vermögen erwirken kann, und welche konkursrechtliche Vorschriften anzuwenden sind.

3. Die Frage, ob die Unternehmer persönlich für Schulden des uneigennützigen Unternehmens haften.

Erst dann, wenn wir uns über die Konsequenzen des Begriffs des uneigennützigen Vermögens klar geworden sind, werden wir feststellen können, unter welchen Voraussetzungen das Vorhandensein eines Vermögens zu uneigennützigen Zwecken anzunehmen ist,[30]) und schließlich werden die Reflexe der vorgeschlagenen privatrechtlichen Sätze auf das öffentliche Recht zu erörtern sein.

---

[29]) Vgl. *Krückmann* 70 ff.

[30]) Nach logisch deduktiver Methode sollte diese Erörterung allerdings voranstehen, allein die uns vorliegende Aufgabe ist keine Aufgabe der Dialektik sondern der Erforschung von Tatsachen und zugleich der Zweckmäßigkeit von Maßregeln. Sie wird daher mehr den Regeln der Politik folgen, die erst nach Erwägung der Folgen den Umfang der zu ergreifenden Maßregeln festsetzt.

II. Die Parteifähigkeit.

Eine der wichtigsten praktischen Fragen ist die der Rechtsfähigkeit uneigennütziger Unternehmungen vor Gericht, die sogenannte Parteifähigkeit; namentlich die Regelung der passiven Parteifähigkeit, d. h. der Fähigkeit Beklagter zu sein, ist ein unabweisbares Bedürfnis. Es kann demjenigen, der Forderungen gegen derartige Unternehmungen erwirbt, unmöglich zugemutet werden, daß er in Unklarheit darüber bleiben kann, wen er klagen soll. Bei der zweifelhaften Konstruktionsfrage ist es für den Gläubiger oft wie ein Glücksspiel, ob er die Klage gegen denjenigen Beklagten richtet, den der Richter als das richtige Prozeßsubjekt ansieht. Ein Beispiel aus der jüngsten Zeit mag dies zeigen. Eine in Wien geplante Kaiserjubiläumsausstellung kam nicht zu stande. Mehrere Angestellte des Unternehmens, die sich durch vorzeitige Entlassung in ihren Ansprüchen aus dem Dienstvertrag geschädigt erachteten, klagten, und zwar vorsichtigerweise gleichzeitig das Komitee, dessen Exekutivausschuß, den Vorsitzenden dieser beiden Körperschaften persönlich, sowie einzelne Mitglieder des engeren Ausschusses und des weiteren Komitees. Sie wurden mit den Klagen gegen alle Beklagten abgewiesen, wiewohl sie ihre Klagen gegen alle erdenklichen Rechtssubjekte gerichtet hatten. Der mit der Abhaltung der ersten Tagsatzung betraute Vorsitzende hielt nämlich das Komitee und den Exekutivausschuß nicht für parteifähige Rechtssubjekte und wies die gegen sie gerichtete Klage wegen der prozeßhindernden Einrede der mangelnden Partei- und Prozeßfähigkeit in der ersten Tagsatzung ab. Der Senat, vor dem die Verhandlung gegen die beklagten Einzelpersonen stattfand, war anderer Ansicht. Er meinte, es wäre das „Unternehmen" zu klagen gewesen, den beklagten Einzelpersonen ginge die Sachlegitimation ab, sie hätten die Verträge mit den Klägern nicht in eigenem Namen, sondern nur als Organe des Unternehmens geschlossen. Daher wurde die Klage gegen die Einzelpersonen gleichfalls abgewiesen. Derartige Urteile sind nichts anderes als der Ausdruck eines schwankenden Rechtsbewußtseins, das sich auf keine gesetzliche Norm stützen kann und das an der Theorie nur wenig verläßlichen Halt findet. Unter Umständen kann dieses Schwanken, wie das Beispiel zeigt, geradezu zu einer Rechtsverweigerung führen.

In der Theorie ist nämlich die Frage der Parteifähigkeit von Komitees zu uneigennützigen Zwecken, mögen diese ihr Vermögen durch Sammlungen oder sonstwie aufbringen, sehr bestritten. Sie hängt aufs engste mit der Frage nach dem Subjekt des Vermögens uneigennütziger Unternehmungen zusammen. Daß das Komitee unter seinem eigenen Namen (gewissermaßen seiner Firma) vor Gericht auftreten kann, müssen diejenigen anerkennen, die dem Unternehmen oder der Gesamtheit der am Unternehmen beteiligten Personen in irgend einer Weise Rechtssubjektivität zuerkennen.[1]) Außerdem sprechen ausdrücklich Hellwig (Anspruch 297 f.)[2]) und Storck (52 f.) dem Komitee und zwar nicht bloß passive, sondern auch aktive Parteifähigkeit zu.

Dagegen sind nach Fischbachs Ansicht (143) Klagen in Ansehung des Sammelvermögens durch oder gegen sämtliche Mitglieder des Komitees zu erheben. Parteien seien nicht die Spender, weder einzeln, noch in ihrer Gesamtheit, ebenso wenig das Sammelvermögen als juristische Person, auch nicht das Komitee als Gesamtheit: dieses genieße auch nicht einmal, wie der nicht rechtsfähige Verein, die passive Parteifähigkeit.[3]) Gleich Fischbach will auch Jhering (Gutachten 13 ff.), daß die Komiteemitglieder als Streitgenossen in eigenem Namen auftreten sollen. Ähnlich Krückmann (106 f.).

Wieder anderer Meinung ist Strohal. Da die Sammlung im Gegensatz zur Stiftung keine feste Organisation hat, sei es nicht zulässig, daß das Komitee als Kläger oder Beklagter auftrete; in solchen Fällen wäre vielmehr ein Pfleger zu bestellen (337 f.).[4])

Die Frage der Parteifähigkeit bedarf daher einer gesetzlichen Regelung; es ist nur die Frage, wie sie zu regeln ist. Es kann hierbei ein Doppeltes in Frage kommen: entweder kann das Unternehmen selbst unter einer Gesamtbezeichnung klagen oder geklagt werden, oder es müssen irgend welche einzelne oder mehrere Personen als Parteien auftreten, die an dem Unternehmen beteiligt sind. Die zweite dieser beiden Möglichkeiten führt zu praktisch wenig befriedigenden Resultaten.

Vor allem wäre festzustellen, welcher Kreis der Beteiligten als Prozeßsubjekte heranzuziehen wäre. Den weiten Kreis der Hintermänner des Komitees, der Spender bei Sammlungen heranzuziehen, ist undenkbar. Dies würde namentlich, was die aktive Prozeßführung betrifft, schon

---

[1]) Siehe oben S. 157 Note 15.

[2]) Noch mehr Hellwig ZPR. I, 305 f. Siehe auch unten S. 175.

[3]) So wohl auch König 56: „Das Sammelvermögen erlangt keine Rechtsfähig eit und ist auch nicht einem Rechtssubjekt analog zu behandeln."

[4]) Das schießt über das Ziel; denn aus den gleichen Gründen dürfte das Komitee auch keine Verträge mit verbindlicher Wirkung für das Sammelvermögen schließen, sondern müßte auch dazu der Tätigkeit eines Pflegers bedürfen.

daran scheitern, daß die Spender in der Regel nichts weiter wollen, als ihre Spende übergeben und sich weigern werden, an gerichtlichen Schritten teilzunehmen.[5])

Jhering führt darum mit vollem Recht gegen die Ansicht, die Zeichner seien als Subjekte der vom Komitee erworbenen Rechte einzig berechtigt, deshalb als Kläger aufzutreten, folgendes aus (Gutachten 19):

„Also alle die vielen Zeichner von Beiträgen aus allen Teilen Deutschlands hätten in jenem Fall selber Klage erheben oder erst Vollmacht erteilen sollen und die Beiträge aller derjenigen, welche sich dieser zeit- und kostspieligen Weitläufigkeit nicht hätten unterziehen wollen, hätte der Bankier einfach einstreichen können? Und das sollte Rechtens sein? Ein solches Urteil würde einen Schrei der Entrüstung in ganz Deutschland hervorgerufen haben und meines Erachtens mit vollem Recht! Dem Juristen, der dasselbe mit Berufung auf die Grundsätze der Jurisprudenz hätte verteidigen wollen, würde das einfache, natürliche Gefühl des Volkes entgegengesetzt haben: wenn Eure Jurisprudenz zu so haarsträubenden Resultaten führt, so ist sie im innersten Grunde faul und verderbt, und es wird Zeit, daß derselben ein Ende gemacht und die angebliche Wissenschaft ihrer angemaßten Autorität entsetzt wird." ...... und später sagt er von derselben Annahme (28): „Ich meine, der Richter müßte noch erst geboren werden, der daraufhin .... die Klage (nämlich des Komitees) abweisen wollte, und täte er es, so hätte er damit konstatiert, daß er fürs Irrenhaus reif wäre." Jhering kommt zu dem Schluß, daß das Komitee, d. h. dessen Mitglieder als Streitgenossen im eigenen Namen klagen können, wenn sie auch durch die Bezeichnung Komitee dartun, daß sie nicht im eigenen Namen handeln (30).

Aus diesen rein praktischen Gründen sind auch die Anhänger des Spendereigentums genötigt, eine Prozeßvollmacht für das Komitee anzunehmen.[6])

[5]) Über die Frage, ob sie zugleich Prozeßvollmacht erteilen siehe unten Note 6.

[6]) Crome 264, Note 33 und Storck 52 f. nehmen an, daß die Vollmacht durch das Statut erteilt werden kann, das an keine Form gebunden ist. Dies kann aber nur für die Komiteemitglieder gelten, die durch ihren Beitritt sich dem Statut als dem Gesellschaftsvertrag unterwerfen. Für die Spender, die das Statut nicht kennen und auch gar nicht darum fragen, kann es wohl keine Rechtswirkung ausüben. Die Vertretungsbefugnis schließt wohl bei rechtsfähigen Vereinen (§ 26 BGB.), nicht aber bei Gesellschaften die Prozeßvollmacht in sich. Hellwig, Anspruch 199, Dernburg BR. II, 544.

Die Argumente Iherings, streng zu Ende gedacht, treffen aber auch für Komitees von großem Umfang zu. In dem vorhin erwähnten Fall zu Wien bestand die geklagte Ausstellungskommission aus 1627 Mitgliedern, von denen 735 als Delegierte von 333 Behörden, Vereinen usw. entsendet waren, während 892 wegen ihrer persönlichen Stellung eingeladen wurden.

Soll man in einem solchen Fall wirklich dem Gläubiger zumuten, alle Mitglieder zu klagen? Zunächst wird er in der Regel gar nicht in der Lage sein, sich die Namen und Adressen aller Mitglieder zu verschaffen, sodann wäre es ganz zwecklos und unsinnig, alle diese Leute mit Exemplaren der Klage zu beteilen, von der gelungenen oder mißlungenen Zustellung an einzelne Mitglieder Rechtsfolgen abhängig zu machen, und ebenso zwecklos wäre es, die unterlegene Prozeßpartei mit den Kosten zu belasten, die aus der gewaltigen Zahl der Streitgenossen entstehen.

Wie man sieht, kommt man auch hier zu „haarsträubenden Resultaten" und wenn ein Richter Iherings Gutachten auch in diesem Falle folgen wollte, wäre er nicht minder „reif fürs Irrenhaus" als in dem von Ihering angenommenen Falle.

Soll man hier wieder einen engeren Kreis als eigentliche Prozeßpartei aussondern? Man würde dadurch nur zur Willkür geraten.

Wenn man somit nicht alle Mitglieder zusammen als Prozeßsubjekte erklären kann, vielleicht einzelne beliebige? Bei Aktivprozessen könnte man allenfalls daran denken, aber wie bei Passivprozessen? Man könnte dem Kläger eine beliebige Auswahl doch nur bei Solidarhaftung gestatten, die man aber, man mag im übrigen über die Haftung für Komiteeschulden denken wie man will, nicht annehmen kann. Das einzelne Mitglied, das das Geschäft schloß oder durch dessen Verhalten die Verbindlichkeit entstand, primär als Prozeßsubjekt zu betrachten, würde dem Recht der indirekten Stellvertretung entsprechen.[7]) Aber gerade eine solche liegt in der Regel nicht vor. Der einzelne, der für ein Komitee handelt, handelt auch im Namen des Komitees, dessen Existenz und dessen Stellung als Gegenkontrahent dem Dritten nicht verborgen bleibt. Überdies würde eine ausschließliche, wenn auch durch Regreßrecht gedeckte Inanspruchnahme des Geschäftsführers dem uninteressierten, uneigennützigen Charakter der Komiteetätigkeit, dessen Kehrseite die Fremdheit der Schulden ist, gänzlich widersprechen.[8])

---

[7]) Vgl. § 54 BGB.

[8]) Siehe unten den IV. Abschnitt.

Aus all diesen Schwierigkeiten hilft die Anerkennung der selbstständigen Parteifähigkeit des uneigennützigen Unternehmens. Sie entspricht auch einzig der Auffassung des Verkehrs. Wer mit einem Komitee in Rechtsbeziehungen tritt, betrachtet es als Einheit. Seine äußere Verfassung wird als Organismus anerkannt. Seine innere Struktur ist dem Dritten fremd, oder doch gleichgültig. Nach außen tritt diese Einheit in dem Namen des Komitees zu tage. Die Komitees führen selbstgewählte Namen wie Vereine und Handelsgesellschaften. Der ganze briefliche Verkehr, ebenso der ganze rechtsgeschäftliche Verkehr erfolgt unter diesen Namen. Unter diesen Namen bestehen Konti bei Banken, Postscheckämtern*) und Sparkassen. Wenn auch in den vom Komitee ausgehenden Schriften Einzelpersonen zeichnen, so tun sie das ähnlich wie Organe von Vereinen oder vertretungsbefugte Gesellschafter von Firmen stets für die mit ihrem Namen bezeichnete Unternehmung. Kein Laie zweifelt, daß sein Gläubiger oder Schuldner nicht einzelne Komiteemitglieder sind, sondern „das Komitee". Den Bedürfnissen des Verkehrs entspricht es, ja, sie verlangen es sogar, daß uneigennützige Unternehmungen unter dem von ihnen im Geschäftsverkehr gebrauchten Namen klagen und geklagt werden können.

---

*) Bei Sammlungen leisten Postscheckkonti große Dienste. Sie ermöglichen eine ungemein leichte und billige Einziehung von Beiträgen, indem der Sammler auf sein Konto lautende Erlagscheine (Zahlkarten) versendet, mittels deren bei jedem Postamt beliebige Beträge eingezahlt werden können. Diese Konti werden nicht selten Komitees eröffnet. Nach den von mir eingezogenen Erkundigungen eröffnet das k. k. Postsparkassenamt in Wien zwar grundsätzlich nur Vereinen mit behördlich genehmigten Statuten und Einzelpersonen Konti, allein es ist sehr liberal in der nach außen zutage tretenden Bezeichnung der Konti und läßt Bezeichnungen wie: Jubiläumsausstellung, Komitee zur Unterstützung usw. zu, wobei das Amt die um Eröffnung des Konto ansuchende physische oder juristische Person als eigentlichen Kontoinhaber betrachtet. Es kommt aber auch vor, daß direkt Komitees Konti erhalten, wenn durch irgendein Regulativ die Verfassung des Komitees, namentlich die Vertretungsbefugnis, dargetan wird oder wenn die öffentlichen Aufrufe von besonders angesehenen Persönlichkeiten gezeichnet sind. In der Liste der Teilnehmer am österreichischen Postscheckverkehr finden sich beispielsweise: Komitee zur Verbreitung der Wohltätigkeitsmarke; Hundertjahrfeier der Kärntner Landesverteidiger; I. Internationale Jagdausstellung Wien 1910. Durch die Zulassung derartiger Bezeichnungen nehmen die Postscheckämter eine wenigstens moralische Verantwortlichkeit auf sich, da sie dem Spender gegenüber gewissermaßen die Existenz eines von den unternehmenden Personen verschiedenen Vermögenssubjekts anerkennen. Über Banken als Treuhänder siehe Storck 42.

Diese Ansicht hat den großen Vorteil, daß sie der Lösung der theoretischen Frage nach dem Subjekt des Unternehmens nicht vorgreift. Wer das uneigennützige Unternehmen für eine juristische Person irgend welcher Art hält, wird, wie schon oben erwähnt ist, die Parteifähigkeit als Ausfluß der Rechtsfähigkeit ansehen. Mein Vorschlag wird daher von allen willkommen geheißen werden, die die Sammelvermögen für Zweckvermögen oder für das Eigentum rechtsfähiger Vereine halten oder sie doch analog juristischen Personen behandelt wissen wollen.[10])

Die neueste Deutsche Gesetzgebung hat aber auch den nicht rechtsfähigen Vereinen die passive Parteifähigkeit zuerkannt.[11]) Das Gesetz verneint in einem und demselben Satze die Rechtsfähigkeit und bejaht die Parteifähigkeit solcher Vereine.

Übrigens ist die Beschränkung nicht rechtsfähiger Vereine auf die bloß passive Parteifähigkeit auch für das geltende deutsche Recht Gegenstand lebhafter Anfechtung. Hellwig ZPR. I erklärt nicht bloß negative Feststellungsklagen gegen nicht rechtsfähige Vereine für zulässig (306), sondern nimmt für diese die aktive Parteifähigkeit an: „Weshalb soll man auf halbem Weg stehen bleiben und den Versuch machen, mit der Mißgestalt einer halbierten Parteifähigkeit auszukommen? Die Theorie darf sich nicht damit begnügen, in dieser Hinsicht die Praxis zur Bildung eines Gewohnheitsrechts contra legem aufzufordern,[12]) sondern muß selbst den Mut haben, die volle Parteifähigkeit zu vertreten.[13])"

Die österreichische Zivilprozeßordnung überläßt die Frage der Parteifähigkeit dem materiellen Recht. Allein die Jurisdiktionsnorm vom 1. August 1895 bestimmt im § 75 den allgemeinen Gerichtsstand „von offenen Handelsgesellschaften, Kommanditgesellschaften, Aktiengesellschaften, Genossenschaften, Gewerkschaften, öffentliche Fonden und Korporationen, Kirchen, Pfründen, Stiftungen, zu öffentlichen Zwecken bestehenden Anstalten, Vermögensmassen, Vereinen und anderen nicht zu den physischen Personen gehörigen Rechtssubjekten" nach ihrem Sitze. Damit ist deut-

---

[10]) Siehe oben S. 171.

[11]) § 50 ZPO.: Ein Verein, der nicht rechtsfähig ist, kann verklagt werden. In dem Rechtsstreit hat der Verein die Stellung eines rechtsfähigen Vereins.

[12]) wie dies Hellwig selbst (Anspruch 296) früher getan hatte. Siehe auch Hachenburg Vorträge[2] (204, 478), Gierke, Vereine ohne Rechtsfähigkeit[2] (45 f.), Endemann I, § 46 Nr. 3. Wach DJZ. I, 286 Leist, Vereinsherrschaft und Vereinsfreiheit, 36 f.

[13]) Schultze in GrünhutsZ. 28, 518 ff.

lich erklärt, daß die Parteifähigkeit Gebilden zustehen kann, die im übrigen nicht zu den juristischen Personen gezählt werden.[14]) Das österreichische Recht kennt keine halbe Parteifähigkeit. Wer überhaupt parteifähig ist, ist es aktiv und passiv.

Aber auch wer irgend eine Personengemeinschaft als Vermögenssubjekt anerkennt, wird der Zuerkennung der Parteifähigkeit zustimmen können. Die Analogie mit der offenen Handelsgesellschaft tritt klar zu tage. Art. 111 des Allg. DHGB. § 124 HGB. bestimmt: „Die Handelsgesellschaft kann unter ihrer Firma . . . vor Gericht klagen und verklagt werden"; und doch ist die Meinung herrschend geblieben, daß die offene Handelsgesellschaft keine juristische Person ist.[15])

Gerade für diese Rechtsgebilde erweist sich der deutschrechtliche Begriff von Personengemeinschaften zu gesamter Hand als ungemein praktisch. Wenn diese Rechtsform, die sich im Rechtsbewußtsein des Volkes wie im Wirtschaftsleben immer erhalten hat, heute allgemein anerkannt wird, so gebührt hieran unstreitig Gierke das Hauptverdienst,[16]) der unermüdlich auf die Existenz dieser Organisationsform in einer Menge von Gestalten hinwies. Es „ergibt sich eine von den Sondersphären der Beteiligten rechtlich unterschiedene Gemeinsphäre, als deren Träger die verbundenen Personen eine Personeneinheit darstellen. Innerhalb der Gemeinschaft herrscht insoweit statt getrennter Eigenwillen ein durch Verschmelzen der Willensgebiete geeinigter Gemeinschaftswille. Nach außen erscheint insoweit die durch Zusammenfassung geeinigte Personenmehrheit als eine rechts- und handlungsfähige

[14]) In der Theorie wird namentlich von Skedl: Das österr. ZPR. I, 121 ff. auch Personenvereinen aktive und passive Parteifähigkeit zugeschrieben, „wenngleich sie nicht mit juristischer Persönlichkeit ausgestattet sind". Ebenso Krainz-Ehrenzweig I, 205 Note 81. Stubenrauch II, 486 Note 1 gibt sogar jeder Gesellschaft bürgerl. Rechts volle Parteifähigkeit. Dagegen ist Pollak: System des österr. ZPR. 132 ff der Ansicht, daß Parteifähigkeit nur den privatrechtlich Rechtsfähigen, also nur physischen und juristischen Personen zukomme. Ihm schließt sich an: Neumann, Kommentar zu den ZP.-Gesetzen ² 390 f.

[15]) Für das deutsche Recht ist dies durch § 105 Abs. 2 HGB. wohl entschieden. Siehe Staub zu dieser Stelle und Dernburg, BR. II, 557 f.; für Österreich Krainz-Ehrenzweig, I, 205, Staub-Pisko I, 271; vgl. auch Ehrenberg, Beschränkte Haftung des Schuldners 341 ff.

[16]) Personengemeinschaften 53 ff.; die soziale Aufgabe des Privatrechts 36 ff.; Deutsches Privatrecht I, 660 ff.; in Holtzendorff-Kohlers Enzyklopädie I, 473 f.; Genossenschaftsrecht II, 923 ff.; Genossenschaftstheorie 339 ff.

Kollektiveinheit"[17]). Man wird zugeben müssen, daß diese Schilderung dem Wesen uneigennütziger Unternehmungen sehr gut entspricht und dem praktischen Bedürfnis vollkommen genügt, mag man übrigens die Spender (Hintermänner) oder die Sammler (Komitee) als die in der Personengemeinschaft verbundenen Subjekte des Vermögens ansehen. Denn nach außen hin werden doch nur die von der inneren Struktur unabhängigen, in der Gesellschaftsverfassung (Komiteestatut, Regulativ, organisatorische Bestimmungen) festgesetzte Vertretungsorganisation und der Geschäftsname von Bedeutung sein.

Zu ähnlichen Resultaten, wenngleich auf umgekehrtem Wege, kommt Meurer:[18]) Ausgehend von der Tatsache, daß das Reichsrecht einzelne Gebilde des Handelsrechts Bestimmungen unterworfen hat, die die Anerkennung der Rechtsfähigkeit enthalten, kommt er zur Aufstellung von Gesellschaften mit formeller Rechtsfähigkeit (72). Die Funktionseinheit nach außen bildet wohl eine notwendige Voraussetzung der juristischen Persönlichkeit, aber noch nicht deren ganzes Wesen (78). Eine Vereinigung, die nach außen kraft gesetzlicher Normierung wie eine juristische Person funktioniert, ist doch keine juristische Person, wenn sie nach innen kraft positiver Normierung das Bild der Gesellschaft zeigt (79). Als Konsequenz dieser Theorie wird die Geltung der Spezialnormen für juristische Personen diesen Gebilden gegenüber geleugnet, besonders der Amortisationsgesetze Art. 86 EG. zum BGB. sowie die subsidiäre Anwendung der §§ 21 ff. BGB.[19]) Auf das Konto der diesen Gesellschaften zustehenden formellen Rechtsfähigkeit setzt er die Fähigkeit zu allen Vermögensrechten aber auch zu Namens-, Urheber- und Erfinderrechten, die Grundbuchs-, aktive und passive Prozeß- und Konkursfähigkeit (107—126).[20])

Noch weiter endlich geht Endemann, Einführung I § 180, indem er behauptet, daß jede Gesellschaft im Prozeß die Stellung eines nicht

[17]) Gierke I, 661.

[18]) Die juristischen Personen nach deutschem Reichsrecht 1901.

[19]) Siehe unten S. 197 f.

[20]) Eine ähnliche Anschauung leitete Unger, System I, 330 ff., als er für das österreichische Privatrecht Gesellschaften mit formeller (kollektiver) Personeneinheit von den Korporationen unterschied. „Wie die Korporation, so hat die Gesellschaft mit kollektiver Personeneinheit als formelle Einheit ihren Wohnsitz und die persona standi in iudicio" (S. 336). Unger hat diese Scheidung später (Kritische Überschau VI, 171) fallen gelassen. Ähnliche Ideen bei Puchta 477.

rechtsfähigen Vereins, also wenigstens passive Parteifähigkeit habe (vgl. dazu Leist a. a. O. 37 Note 1).

Die Anerkennung der Parteifähigkeit ist sonach mit jeder theoretischen Konstruktion des Rechtssubjektes verträglich. Für die Anerkennung der Parteifähigkeit spricht übrigens ein weiteres Moment. Ist nach § 1914 BGB. für ein Sammelvermögen ein Pfleger bestellt, so wird dieser zweifellos auch zur gerichtlichen Vertretung des Vermögens befugt sein. „Die rechtliche Stellung des Pflegers unterscheidet sich aber in nichts von der der ursprünglich zur Vertretung berufenen Personen, was das Verhältnis zu Spendern und Dritten anlangt, und es ist daher aus § 1914 zu folgern, daß die zur Verwaltung berufenen Personen im Namen der Spendergemeinschaft klageberechtigt sind."[21])

Vielleicht nicht von so großer Bedeutung wie die Parteifähigkeit im Prozeß ist die Parteifähigkeit im Verfahren außer Streitsachen. Man kann die Veranstalter uneigennütziger Unternehmungen nicht gut von der Vornahme grundbücherlicher Verfügungshandlungen, der Erhebung bei Gericht hinterlegter Gelder, der Amortisierung verlorener Wertpapiere, der Anmeldung von Forderungen bei Konkursen usw. ausschließen, um so weniger als dem Pfleger nach § 1914 derartige Rechtshandlungen sicher offenstehen. In diesem Sinne hat das LG. Düsseldorf[22]) zugunsten einer durch einen Pfleger nach § 1914 vertretenen Vermögensmasse die Eintragung einer Hypothek im Grundbuch bewilligt. Was aber für den Ausnahmefall, die Vertretung durch den Pfleger gilt, muß um so mehr für den Regelfall die Vertretung des Komitees durch seine Organe gelten.[23]) In all diesen Fällen würde die Heranziehung irgend welcher physischer Personen zu Handlungen im eigenen Namen oder im Vollmachtsnamen anderer Einzelsubjekte dem Wesen der Sache nicht entsprechen.[24])

---

[21]) Storck 52.

[22]) König 2, Storck 42; RheinNotZ. 1904, 34 f.; vgl. auch die Fähigkeit der offenen Handelsgesellschaft zum Grundstückserwerb § 124 HGB. Art. 111 AllgDHGB.

[23]) Storck 43.

[24]) Allenfalls könnte § 48 GBO. aushelfen. Die Komiteemitglieder werden als Eigentümer zu gesamter Hand, z. B. mit dem Beisatz „als Komitee zur Errichtung eines Schillerdenkmals" eingetragen. Wie aber wenn das Komitee, gleich dem Wiener Ausstellungskomitee, 1627 Mitglieder zählt? Vgl. dazu Neudegger im ArchBürgR. 34, 90 ff.; 112 ff.

Wird die Parteifähigkeit uneigennütziger Unternehmungen unter ihren besonderen Namen anerkannt, so ergeben sich hieraus als notwendige Konsequenzen:

1. Daß der allgemeine Gerichtsstand des uneigennützigen Unternehmens durch dessen Sitz bestimmt wird. Als Sitz gilt der Ort, wo die Verwaltung geführt wird (§ 17^d ZPO.; § 75 öst. JN).[25])

2. Daß Urteile gegen das Unternehmen ergehen können.

3. Daß der Name des Unternehmens gleichen Schutz genießt, wie die Namen physischer und juristischer Personen (§ 12 BGB.; § 1 des Entwurfs einer Novelle zum ABGB.[26])

III. Die Haftung des Sondervermögens.

Dasjenige, was einen Komplex von Rechten und Verbindlichkeiten zu einem „Vermögen" verbindet, ist der gemeinsame Zweck. In der Regel ist es Zweck eines Vermögens, den Interessen des Vermögensträgers, der eine Einzelperson oder eine Personenmehrheit oder ein Verband sein kann zu dienen. Aus diesem gemeinsamen Zweck aller Vermögensbestandteile erklärt es sich, daß Gläubiger ihre Befriedigung in Sachen und Rechten des Schuldners suchen können, auf die ihnen kein direkter Anspruch zusteht. Dort wo sich der Interessenkreis eines Vermögensträgers mit der Rechtsmacht über eine Mehrheit von Rechten nicht deckt, wo die Zweckgemeinschaft Vermögen schafft, deren Umfang nicht mit dem der Interessen des Subjektes übereinstimmt, pflegt man in neuerer Zeit von Sondervermögen zu sprechen. So bildet die Konkursmasse ein Sondervermögen im Gegensatz zu dem etwa vorhandenen konkursfreien Vermögen des Gemeinschuldners, das Fideikommißvermögen im Gegensatz zum Allodialvermögen, die Nacherbschaftsmasse im Gegensatz zum freivererblichen Vermögen, das eingebrachte Gut der Frau im Gegensatz zum Vorbehaltsgut; als solche Sondervermögen sieht man auch das Gesellschaftsvermögen (§ 718 BGB.) insbesondere des der offenen Handelsgesellschaft und des nicht rechtsfähigen Vereins an.[1])

Uneigennützigen Zwecken gewidmetes Vermögen kann Vermögen eines Subjekts sein, dessen Zwecke mit dem des Vermögens identisch sind

---

[25]) Storck 52.

[26]) Storck 53.

[1]) Hellwig, ZPR. 304 f.; Gierke in Holtzendorff-Kohlers Enzyklopädie I, 479; DPR. II, 57 ff.

(eines Vereins, einer Stiftung), wenn dies aber nicht der Fall ist, sondern wenn es einem Träger zugehört, der auch andere von dem Vermögenszweck abweichende egoistische Zwecke verfolgt, bildet es gegenüber dem sonstigen Vermögen seines Trägers ein Sondervermögen.[2])

Die Sondervermögenseigenschaft ist in der Tat geeignet, wichtigen praktischen Interessen zu dienen. Verbindlichkeiten, die im Betriebe eines uneigennützigen Unternehmens eingegangen werden, bilden Bestandteile dieses Unternehmens. Daher muß dieses Vermögen den Gläubigern als Befriedigungsobjekt dienen, sie können es im Wege der Zwangsvollstreckung wie des Konkurses in Anspruch nehmen. Diesem Vermögen fließt der Ertrag der Geschäfte zu,[3]) daher muß es auch für die Schulden haften.

Von großer Wichtigkeit ist aber ferner, daß den Gläubigern uneigennütziger Unternehmungen nicht bloß ein vorzugsweises, sondern ein ausschließliches Befriedigungsrecht an dem dem uneigennützigen Zwecke gewidmeten Vermögen zustehe, daß niemand anderer Exekution auf dieses Vermögen führen kann, daß es in niemandes Konkursmasse fällt.[4]) Diese Folgerung wird in der Tat von allen gezogen, die ohne Rücksicht darauf, wem sie das Eigentum am Sammelvermögen zuschreiben, dieses doch sowohl den Privatgläubigern des Sammlers wie denen des Spenders entziehen.

Fischbach erklärt bekanntlich die Spender für Eigentümer, das Sammelvermögen haftet aber nicht für persönliche Schulden der Spender, der Anteil der Spender am Sammelvermögen ist für dessen persönliche Schulden nicht pfändbar und fällt auch nicht in dessen Konkursmasse (103). Denn er kann seinen Anteil in keiner Weise geltend machen, er kann weder Teilung verlangen, noch über seinen Anteil verfügen (148).

Zur Befriedigung der persönlichen Gläubiger des Sammlers darf es aber nicht verwendet werden, weil es nicht bestimmt ist, dessen persönlichen Interessen zu dienen und für seine Schulden zu haften (113).

Hellwig, Verträge 240: „Die Gläubiger der einzelnen Beitragenden können das Sammelvermögen als das Gesellschaftsvermögen, solange

---

[2]) Vgl. Gierke II, 59, Note 51. Die österreichische Gerichtssprache nennt solche Sondervermögen Massen. § 75 JN.; vgl. Krainz-Ehrenzweig I, 135.

[3]) Gierke II, 60.

[4]) An sich ist diese Haftungsbefreiung für die nichtzugehörigen Schulden des Vermögensherrn keine notwendige Folge des Begriffes Sondervermögen. Gierke II, 68.

es nicht durch einen besonderen Rechtsakt ins freie Alleineigentum des Sammlers übergegangen ist, nicht pfänden lassen. Wenn sie aber den Gesellschaftsanteil ihres Schuldners pfänden lassen, so ergibt sich für die Gläubiger nur dann etwas, wenn das Vermögen nicht bestimmungsgemäß verwendet wird. Denn, wenn dieses geschieht, so bleibt für den Schuldner kein Überschuß." Ähnlich Stor ck (45). Auch er nimmt Spendereigentum an, lehnt aber die Haftung des Sammelvermögens für Privatschulden der Spender ab, weil er das Sammelvermögen nach Analogie des nicht rechtsfähigen Vereins behandelt wissen will und die Anwendung des § 736 ZPO. ablehnt. Betreffend die Pfändung des Anteils des Spenders schließt er sich Hellwig an.

Diejenigen, die das Sammlereigentum vertreten, gelangen in der Hauptsache zu dem gleichen Ergebnis. Für sie kann ein Zugriffsrecht der Gläubiger der Spender nicht in Betracht kommen, weil diese kein dingliches Recht mehr an dem gespendeten Gut haben, die Privatgläubiger der Komiteemitglieder haben aber keine Möglichkeit das Komiteevermögen in Anspruch zu nehmen, weil dieses Vermögen den Mitgliedern nur unter der auflösenden Bedingung der Zweckverwendung gehört. In dem Augenblick, wo die zweckentsprechende Verwendung vereitelt wird, ist das Eigentum der Komiteemitglieder erloschen, die Geber können das gepfändete Gut exszindieren.[5])

Ähnlich Regelsberger (Streifzüge 30), der besonders hervorhebt, daß das Sammelvermögen als datum ob rem nicht in die Konkursmasse des Sammlers fällt.[6])

Hölder sieht das Sammelvermögen als Amtsvermögen und die Stellung des Sammlers als Amt an. Nach seiner Ansicht (324) haftet für Verbindlichkeiten, die der Sammler in den Angelegenheiten seines Amtes eingegangen hat, „sein Amtsvermögen als ein solches, das er zur Tilgung dieser, aber nicht zur Tilgung anderer Verbindlichkeiten verwenden kann". Und etwas früher (320 f.) erklärt er: „Sammelt ein Kaufmann für die Abgebrannten seiner Heimat und gerät er in Konkurs, nachdem er eine schöne Summe zusammengebracht hat, die sich noch in seinem Besitze be-

---

[5]) Krückmann 107; Schultze 40 ff.; vgl. Kiepert 30.

[6]) So auch Kleemann 68; Allgemein für fiduziarische Geschäfte, Regelsberger, Pand. I, § 141, Note 14; Kohler in IheringsJ. 16, 353; Dernburg, Pand. I, § 100 a. E., dagegen Lang im ArchZivPrax. 83, 342.

findet, so wird als redlicher Mann weder er selbst, noch sein Konkursverwalter bezweifeln, daß sie nicht ihm und in die Konkursmasse gehört."

Wer endlich eine Quasistiftung annimmt,[7]) muß folgerichtig den Ausschluß der Privatgläubiger des Stifters annehmen.

Eine solche Regelung entspricht vollständig den praktischen Bedürfnissen. Für den Spender ist es von gleicher wirtschaftlicher Wirkung, ob er jemanden beschenkt, oder ob er zu einer Sammlung beiträgt, es ist kein Grund, seinen Gläubigern im zweiten Fall ein stärkeres Recht zu geben als im ersten. Selbstverständlich unterliegt die Spende den gleichen Anfechtungsmöglichkeiten wie die Schenkung und immer wenn den Gläubigern des Schenkers dieses Recht zusteht, dann steht es auch denen des Spenders zu.

Aber auch wer Spenden sammelt oder sonst für uneigennützige Zwecke etwas erwirbt, handelt nicht in eigenem Interesse. Es besteht kein Grund, seinen Gläubigern an diesem Vermögen irgendwelche Rechte einzuräumen, denn es ist für ihn als anvertrautes zur Verwahrung und Geschäftsbesorgung übergebenes Gut anzusehen.

Besteht nicht aber Gefahr für die Gläubiger, daß ihre Schuldner ein Komitee für angeblich wohltätige Zwecke gründen und diesem aus ihrem Vermögen Zuwendungen zum Schaden der Gläubiger machen? Diese Gefahr besteht allerdings, aber sie ist nicht größer als in tausend anderen Fällen, in denen Schuldner durch unentgeltliche oder Scheingeschäfte ihren Gläubigern Befriedigungsobjekte entziehen. Die Zuwendung an das Komitee unterliegt ja gleich andern solchen Geschäften dem Anfechtungsrecht der Gläubiger.

Dagegen haben die Gläubiger des uneigennützigen Unternehmens allen Grund, den Ausschluß aller Privatgläubiger vom Zugriff auf das Vermögen des Unternehmens zu fordern. Ihnen gegenüber tritt das Komitee auf, sie kennen nicht alle Mitglieder, sie kennen vielleicht diejenigen, die als Vertreter nach außen auftreten, aber sie wissen nicht, ob nicht einzelne stark verschuldete Personen an dem Komitee beteiligt sind. Die Kreditgewährung an das Komitee erfolgt nur unter der Voraussetzung, daß das Komiteevermögen vor allem seine Schulden deckt, und daß es nicht diesem Zweck durch Zugriff der Gläubiger irgend eines Dritten entzogen wird.

Die Frage des ausschließlichen Befriedigungsrechts der Gläubiger steht auch in engstem Zusammenhang mit der beschränkten Haftung der Unternehmer für Schulden der Unternehmung (siehe unten IV. Abschnitt).

---

[7]) Bekker I, 285; Kohler, ArchBürgR. III, 281 ff.; vgl. zu dem Ganzen Gierke II, 68.

Es ist nicht mehr als billig, daß derjenige Gläubiger, dem nur ein bestimmtes Vermögen des Schuldners als Exekutionsobjekt haftet, in der Befriedigung aus diesem Vermögen vor andern Gläubigern des Schuldners bevorzugt werde. Das Recht hat daher für alle Fälle beschränkter Haftung ein solches Vorzugsrecht geschaffen und auch die gleiche Form vorzugsweiser Befriedigung angeordnet, nämlich Aussonderung des Sonderguts aus dem übrigen Vermögen und gesonderte Exekution der Sondergutsgläubiger auf die Masse; erst der Überschuß kann andern Interessen dienen. So ist es bei sämtlichen Formen beschränkter Haftung in eigennütziges Vermögen der Fall.[8]) Um so mehr trifft es für uneigennütziges Vermögen zu; denn hier bleibt auch der Überschuß durch den Zweck gebunden. Die Haftungsbeschränkung wirkt auch auf die Form, in der die Sondergutsgläubiger ihre konkurrierenden Ansprüche auszugleichen haben, indem sie im Falle der Überschuldung eine quotenmäßige Verteilung, einen Sonderkonkurs erfordert. Für eigennützige Sondervermögen bieten die Vorschriften des Seerechts das Vorbild.[9]) Für uneigennützigen Zwecken dienende Vermögen wird naturgemäß das gleiche gefordert werden müssen. Das deutsche Reichsrecht hat für Vereine ohne Rechtsfähigkeit die Möglichkeit eines Konkurses anerkannt (§ 213 KO., vgl. Jäger, Konkursordnung Anm. 14 ff.). Das österreichische Recht kennt wenigstens den Nachlaßkonkurs (§ 62 öst. KO. Pollack a. a. O. 52 f. 311). In der öffentlichen Diskussion des in Zahlungsschwierigkeiten geratenen Komitees der Wiener Kaiserjubiläumsfestlichkeiten war von der Möglichkeit eines Konkurses stets wie von etwas Selbstverständlichem die Rede.

In unserer Frage decken sich also die Bedürfnisse der Praxis und die Ergebnisse der theoretischen Untersuchung. Es fragt sich daher, ob hier ein gesetzgeberischer Eingriff nötig ist.

Wenn man die Theorien genauer ansieht, so wird man finden, daß sie großenteils als Ausführungen de lege ferenda anzusehen sind, und daß sie im geltenden Recht mitunter nur schwache Stützen haben. Gesetzlich ist der Ausschluß der Privatgläubiger nur dann zu begründen, wenn man das Vermögen einer juristischen Person anerkennt. Ein Richter, der das nicht tut, und der deutsche Richter kann das nur viel schwerer tun als sein österreichischer Kollege, ist durch keinerlei gesetzliche Bestimmung genötigt,

---

[8]) Für die Fälle des Handels- und Seerechts siehe Ehrenberg a. a. O. 414 f.; für das bürgerl. Recht Planck zu § 719; Dernburg, BR. II, 547.

[9]) Ehrenberg a. a. O. 141 ff.; 284 ff.; 416.

wegen der Sondergutseigenschaft der Aktiven eines gemeinnützigen Unternehmens die oben gezogenen Folgerungen abzuleiten.

Im Gegenteil. Die herrschende Lehre über das Gesellschaftsrecht des BGB. ist trotz der Anerkennung dinglicher Bindung des Gesellschaftsvermögens vermöge des Grundsatzes der Gesamthand einer Aussonderung dieses Vermögens im oben dargestellten Sinne durchaus abgeneigt. In der Beratung der 2. Kommission wurde ein Antrag, demzufolge eine Zwangsvollstreckung in die zum Gesellschaftsvermögen gehörenden Gegenstände nur wegen Schulden der Gesellschaft als solcher zulässig sein sollte, abgelehnt (Prot. II 2448 in der Druckausgabe S. 245). Darum wird den Gesellschaftsgläubigern ein besonderes Vorzugsrecht auf das Gesellschaftsvermögen bestritten.[10]) Planck läßt infolgedessen (zu § 719.3) die Aufrechnung einer Gesellschaftsforderung gegen eine Forderung zu, die zwar nicht gegen die Gesellschaft als solche, wohl aber gegen sämtliche Gesellschafter gerichtet ist.

In noch höherem Maße ist das nach österreichischem Recht der Fall, weil hier eine ausdrückliche Anerkennung eines dinglich gebundenen Gesellschaftsvermögens fehlt. Das Gesellschaftsrecht ist nach herrschender Ansicht nach dem gemeinrechtlichen Vorbild der societas geregelt.[11])

Ebenso gibt es nach geltendem Recht keinen Gesellschaftskonkurs;[12]) nur für einzelne Gesellschaftsarten, namentlich die offene Handelsgesellschaft ist er ausdrücklich anerkannt. Und doch ist der Konkurs in dem Augenblick unumgänglich nötig, in dem wir den Gesellschaftern Gewinn und Verlust entziehen.[13])

Der Richter kann ein Urteil gegen alle Mitglieder als Voraussetzung der Exekution in das Gesellschaftsvermögen verlangen (§ 736 ZPO.), er kann den Privatgläubigern der von ihm als Herrn des Ver-

---

[10]) Planck zu § 719; Dernburg, BR. II, 548; Anderer Meinung ist Cosack II, 203.

[11]) Krainz-Ehrenzweig II, 277; Kirchstetter, Kommentar zu § 1181. Dagegen vertritt Stubenrauch zu § 1182 die Ansicht, daß das Gesellschaftsband absolut, also auch gegen Dritte wirkt und Verfügungen des Gesellschafters über seinen Anteil ausschließt, wobei er die Frage offen läßt, ob nach außen die Gesellschaft oder die Gesamtheit der Mitglieder als Rechtssubjekt auftritt.

[12]) Jäger, Konkursordnung § 25, Anm. 8 und § 213, Anm. 14 Note 1; Endemann, Das deutsche Konkursverfahren 39 und 46; für das österreichische Recht Krainz-Ehrenzweig II, 278; vgl. Pollack, Konkursrecht 109 f.

[13]) Vgl. Ehrenberg a. a. O. 415 f.

mögens angesehenen Personen die Exekution in deren Anteil (§ 725 BGB.) in Österreich sogar auf Bestandteile dieses Vermögens gewähren,[14]) er kann den Konkurs eines Sammlers auf einen Anteil am Sammelvermögen erstrecken, ohne daß ihm eine Norm entgegengehalten werden könnte, die das ausschließen würde.

Es würde sich darum empfehlen, nachstehende Sätze gesetzlich festzulegen:

Zur Zwangsvollstreckung in das Vermögen einer gemeinnützigen Unternehmung genügt ein Urteil gegen die Unternehmung (Komitee). (Vgl. § 735 ZPO.)

Der Konkurs eines Vermögens, das gemeinnützigen Zwecken gewidmet ist, ist ähnlich dem Konkurs von Vereinen und Aktiengesellschaften zu regeln (vgl. § 213 KO.).

Die Privatgläubiger von Personen, die sich zu einer uneigennützigen Unternehmung vereinigt haben, sind nicht befugt, die zum Vermögen dieser Vereinigung gehörigen Sachen oder Rechte, oder einen Anteil von ihnen zu ihrer Befriedigung oder Sicherstellung in Anspruch zu nehmen. (Art. 119 AllgDHGB.)

Eine Aufrechnung zwischen Forderungen des Unternehmens (Komitees) und Privatforderungen gegen einzelne Komiteemitglieder findet weder ganz noch teilweise statt (Art. 121 AllgDHGB, 422 BGB).

Der Konkurs eines Unternehmers erstreckt sich nicht auf das Sondervermögen des Unternehmens, und durch Eröffnung des Konkurses über einen Gesellschafter wird eine Gesellschaft zu uneigennützigen Zwecken nicht aufgelöst, sondern der in Konkurs geratene Gesellschafter aus der Gesellschaft ausgeschieden (vgl. § 728 BGB.).

Endlich müssen das Komiteevermögen und dessen Gläubiger für den Fall bloß indirekter Stellvertretung durch die Organe des Komitees gesichert werden. Es wäre daher analog § 392 HGB. Art. 368 AllgDHGB. zu bestimmen: Forderungen, die ein Komiteemitglied zwar im eigenen Namen, jedoch für Rechnung des Komitees erworben hat, gelten auch, wenn sie nicht an das Komitee abgetreten wurden, im Verhältnis zwischen dem Komitee und dem Mitglied oder dessen Gläubigern als Forderungen des Komitees.

---

[14]) Nach privaten Mitteilungen sind dem k. k. Postsparkassenamt in Wien wiederholt gerichtliche Beschlüsse zugekommen, durch die Komiteenamen tragende Konti zugunsten von Gläubigern einzelner Personen gepfändet wurden.

IV. Ausschluß der persönlichen Haftung.

Eine der wichtigsten Fragen ist die der persönlichen Haftung der Komiteemitglieder (Sammler) für die Schulden des von ihnen betriebenen Unternehmens; denn es ist klar, daß durch die Anerkennung einer derartigen Haftung der Kredit solcher Unternehmungen ganz bedeutend gesteigert wird, während zugleich die Gefahr des Mißlingens Angehörige der besitzenden Klassen von der tätigen Beteiligung an uneigennützigen Veranstaltungen abzuschrecken geeignet ist.

Die überwiegende Zahl der Schriftsteller beschränkt die Haftung auf das Sondervermögen des gemeinnützigen Unternehmens; eine persönliche Haftung der Komiteemitglieder oder der Spender für Schulden des Unternehmens findet nicht statt. So sagt Fischbach (104): „Der Sammler, der in der Eigenschaft als solcher auftritt, verpflichtet allein das ihm unterstehende Sammelvermögen. Er handelt, ungenau ausgedrückt, als Vertreter dieses Vermögens und mit Beschränkung der Haftung auf dessen Mittel. Das folgt aus der Analogie der ähnlich gelagerten Fälle der Konkursverwaltung, Nachlaßverwaltung, Testamentsvollstreckung." [1])

Storck, der das Sammelgeschäft als einen der Vereinsgründung analogen Vorgang ansieht, muß zwar gemäß § 54 BGB. persönliche Haftung der Sammler gegen dritte Kontrahenten gelten lassen. Zur Beschränkung der persönlichen Haftung bedürfe es zweifellos eines Vertrages mit dem Gläubiger. „Da aber die Beschränkung, beziehungsweise der Verzicht auf jede andere Haftung als die des Sammelvermögens in der Regel vom Sammler gewollt und von den anderen Kontrahenten als angenommen anzusehen ist, wird sich als Regel die Haftung allein des Sammelvermögens ergeben, auch wenn der Verzicht nicht ausdrücklich ausgemacht ist." (46.)[2])

König sieht wiederum in einem Ausschuß eine Gesellschaft nach §§ 705 ff. BGB. Die Geschäftsführung erfolgt kraft Vollmacht, die im Zweifel (§ 714) auch die Vertretungsbefugnis in sich schließt. Die Mitglieder können den Umfang der Vollmacht auch in bezug auf ihre persönliche Haftung aus den Geschäften für die Gesellschaft bestimmen. „Demgemäß ist bei einem Ausschuß kraft ausdrücklicher oder stillschweigender

---

[1]) M. a. W. uneigennützige Unternehmer haften nicht persönlich.
[2]) Vgl. Planck zu § 54, 2 h.

Bestimmung des Gesellschaftsvertrages die persönliche Haftbarkeit der Mitglieder auf das Sammelvermögen beschränkt." (15.)

Kiepert (46) sieht die Komiteemitglieder als fiduziarische Eigentümer des Sammelvermögens an. „Durch die Geschäfte werden nicht nur das Sammelvermögen, sondern alle Sammler persönlich als Gesamtschuldner verpflichtet. Da jedoch meist die Geschäfte ausdrücklich für das Sammelunternehmen abgeschlossen werden, so muß man zugunsten des Komitees annehmen, daß seine Haftung auf das Sammelvermögen beschränkt bleibt, falls der Gläubiger dies als Vertragsbedingung nach billigem Ermessen ansehen mußte."[3])

Die Haftungsbeschränkung als Konsequenz ihrer theoretischen Auffassung werden ferner alle diejenigen zugeben müssen, die das Sammelvermögen als Eigentum irgendeiner juristischen Person oder eines der juristischen Person ähnlichen oder analogen Rechtsgebildes ansehen,[4]) ferner wenigstens zugunsten der Sammler diejenigen, die die Spendergemeinschaft in irgendeiner Form als Subjekt des Sammelvermögens ansehen und die Sammler bloß als Mandatare der Spender ansehen.[5])

Das Landesgericht Wien hat in jüngster Zeit in zwei Fällen einer Klage gegen ein Festkomitee stattgegeben und die damit verbundenen Klagen gegen sieben Einzelpersonen abgewiesen (Cg I 515/8 und Cg I 594/8). In der Begründung wurde ausgeführt:

„Die Verträge sind nicht in eigenem Namen abgeschlossen, die Geklagten nur Mandatare des Unternehmens, das Unternehmen ist rechts- und handlungsfähig; es hatte Vermögenschaften, über die es disponierte, es schloß Verträge verschiedener Art ab, leistete Zahlungen, es besaß ein eigenes Organisationsstatut, welches für die Grenze der Handlungsfähigkeit maßgebend ist, endlich war der Zweck des Unternehmens ein erlaubter und es liegen daher die wesentlichen Momente vor, welche die Kriterien der rechtlichen Selbständigkeit einer juristischen Person bilden, da nach § 26 ABGB. keine besondere staatliche Anerkennung nötig ist.

Es geht nicht an, neben dem Unternehmen einzelne physische Personen aus dem Grunde, weil sie dem Komitee angehörten, wegen Verbindlichkeiten des letzteren zu belangen, da die juristische Person nicht

---

[3]) Hellwig, Anspruch 220; Windscheid, II 738; Planck, § 54, 2 h.

[4]) Siehe oben S. 157, Note 15.

[5]) z. B. Puchta 476; Ihering 23, 104 f.; Gierke I, 672; vgl. Kiepert 18; Meisner zu § 1914; Engelmann-Staudinger zu § 1914.

identisch ist mit den einzelnen Personen, aus welchen sie besteht, vielmehr ein von ihren Mitgliedern verschiedenes Rechtssubjekt darstellt. Der Anspruch auf Solidarzahlung ist daher unbegründet, weil auch ein die Pflicht zum Schadenersatz begründender Rechtstitel nicht besteht."

Das Reichsgericht hat schon im Jahre 1884 (12, 229) eine Klage abgewiesen, die der Lieferant für eine allgemeine deutsche Patent- und Musterschutzausstellung gegen drei Personen erhob, die den Vorstand des Ausstellungskomitees gebildet hatten; der Kläger begehrte Bezahlung des wegen Insolvenz des Komitees unberichtigten Restes. Die Begründung führt aus, es sei möglich, mit der Erklärung zu kontrahieren, daß man für die Erfüllung nur mit einem bestimmten Vermögensobjekte haften wolle. Ein solcher Fall liege hier vor. Der Kläger, heißt es weiter, „hat nach seinen eigenen Angaben mit ihnen als den Inhabern eines besonderen Vermögens kontrahiert, aus welchem er und alle diejenigen, welche wie er kontrahiert, zu befriedigen seien. Er kann also an sich auch nicht mehr fordern, als Befriedigung aus jenem Vermögen, dem Garantiefonds und den gemachten Einnahmen. Daß diese zur Befriedigung der Gläubiger verwendet worden sind, steht außer Frage. Allerdings haben sie dazu nicht hingereicht; allein das reicht nicht aus, um den Rückgriff auf das übrige Vermögen der einzelnen Mitglieder oder gar nur der drei Beklagten für ihre Person behufs Befriedigung der gesamten Restforderung des Klägers zu rechtfertigen".

Anderer Meinung ist Krückmann. Nach ihm haften die Komiteemitglieder gegen Dritte persönlich. Wenn das Komiteevermögen und die Garantiesummen der Mitglieder verschlungen sind und Geschäftsleute die Komiteemitglieder klagen, so seien diese trotz Überschreitung der Garantie zu verurteilen (105). Krückmann meint, es werde niemand das Herz haben, die Klagen der Lieferanten gegen die Komiteemitglieder abzuweisen, selbst wenn das Komiteevermögen ohne deren Verschulden (das veranstaltete Fest wurde z. B. verregnet) nicht zulangte. Das Risiko hätten die Ausschußmitglieder und nicht die Geschäftsleute zu tragen.[6])

Ähnlich Isay 462: „Dem kontrahierenden Dritten haftet der Sammler dafür, daß der Fonds zur Deckung der eingegangenen Verbindlichkeit

[6]) Vgl. dagegen die oben angeführten Urteile, die doch „das Herz" hatten. Auch Krückmann anerkennt die Möglichkeit, daß ein Komitee mit Dritten unter Beschränkung der Haftung auf den Gesellschaftsfond kontrahiert (104 ff.) Siehe auch Beyer a. a. O. 333.

ausreicht." Er nimmt also eine Art Delcrederehaftung für die Schulden des Unternehmens an.

Derselben Ansicht ist Hölder 323, indem er behauptet, „daß der Träger eines solchen Amtes (nämlich der Sammler) nicht kraft desselben Verbindlichkeiten eingehen kann, für die er nicht mit seinem Privatvermögen haftet".

Diese Meinungsverschiedenheit ist geeignet, eine erhebliche Verkehrsunsicherheit zu schaffen. Für die Komiteegläubiger, die in ihrer Geschäftsverbindung mit dem Komitee nicht etwa von Wohltätigkeitsabsichten geleitet sind, sondern ihre wirtschaftlichen Interessen verfolgen, ist es von größter Wichtigkeit zu wissen, ob sie bei der Kreditgewährung nur das Komiteevermögen oder auch das Privatvermögen der ihnen bekannten Komiteemitglieder in Rechnung ziehen dürfen.

Fragen wir zunächst, was die Mitglieder des Komitees beabsichtigen. Sie vereinigen sich zur Durchführung eines Unternehmens, dessen wirtschaftlicher Erfolg nicht ihnen zukommen soll. Zu diesem Zweck stellen sie unentgeltlich in der Regel ihre Arbeitskraft, oft auch Vermögensstücke in Form von Beiträgen, mitunter bloß die werbende Kraft ihres Namens und Ansehens zur Verfügung. Wenn sie ihre Vermögenskraft zur Bestreitung von Auslagen oder zur Deckung von Verbindlichkeiten widmen wollen, geschieht dies durch Zeichnung einer ziffermäßig begrenzten Summe, den sogenannten Garantiebeitrag. Für alle diese unentgeltlichen Widmungen muß zunächst im inneren Verhältnis die Auslegungsregel gelten, daß die übernommenen Verpflichtungen nicht ausdehnend ausgelegt werden dürfen.[7]) Das Komiteemitglied (der Sammler) verpflichtet sich im Zweifel nur zu Arbeitsleistungen, nicht auch zu Geldleistungen[8]), die gezeichnete Garantiesumme ist in der Regel als Höchstbetrag seiner Haftung anzusehen, er will im Zweifel überhaupt nicht für Komiteeschulden haften und wenn er sich dazu verpflichtet, dies eher beschränkt als unbeschränkt tun. Diese Willensmeinung der Komiteemitglieder wird auch von Dritten anerkannt werden müssen, wenn ihnen bekannt ist, daß die betreffenden Personen am Unternehmen nur als Komiteemitglieder, d. h. uneigennützig beteiligt sind, daß der

---

[7]) AllgLR. I, 5, § 269, § 915 ABGB.: „Bei einseitig verbindlichen Verträgen wird im Zweifel angenommen, daß sich der Verpflichtete eher die geringere als die schwerere Last auflegen wollte." Das BGB. führt diese Regel nicht ausdrücklich an. Gleichwohl wird ihre Geltung auch für das Recht des BGB. gelehrt. Danz, Auslegung von Rechtsgeschäften (1906), 187.

[8]) Vgl. ABGB. § 1187.

Gewinn des Unternehmens öffentlichen oder wohltätigen Zwecken gewidmet ist. Planck (zu § 714) anerkennt in solchen Fällen eine stillschweigende Verabredung der bloßen Haftung mit dem Sondervermögen. Ebenso das RG. in der Entsch. vom 16. 3 1904 (63, 62 ff.).

In noch viel höherem Maß gilt der Ausschluß persönlicher Haftung für diejenigen, die bloß durch Vermögensbeiträge am Zweck des Unternehmens mitwirken (Spender) und keinerlei Unternehmertätigkeit leisten. Die Haftung der Spender ist gewiß im inneren Verhältnis zu den eigentlichen Veranstaltern ausgeschlossen, da die Spender eben nur spenden und nicht haften wollen, sie ist aber auch gegenüber den Gläubigern ausgeschlossen, zu denen die Spender in keinerlei Rechtsbeziehungen treten.

Eine andere Frage ist es, inwiefern die Unternehmer den Spendern für die Einhaltung des Unternehmungszwecks persönlich haften. Wir haben uns mit ihr unmittelbar nicht zu beschäftigen. (Siehe oben S. 157). Soweit sie Reflexwirkungen für das Verhältnis nach außen hervorruft, wird sie unten (Abschnitt V, 3) zu erörtern sein.

Wir müssen sonach den Ausschluß der persönlichen Haftung als die Regel für den Fall ansehen, daß die Uneigennützigkeit des Unternehmens in unzweifelhafter Weise nach außen erkennbar ist. Wann das der Fall ist, wird unten erörtert werden. (Abschnitt V, 1.) Es entsteht nun die Frage, ob eine solche Regel den Bedürfnissen der Gläubiger Rechnung trägt. Ich glaube diese Frage der herrschenden Meinung gemäß bejahen zu können.

Wer mit einem Wohltätigkeitskomitee Geschäfte schließt, ihm eine Wohnung vermietet, sich ihm zu Diensten verdingt, ihm Waren verkauft und liefert, weiß, daß er es mit einem uneigennützigen Unternehmen zu tun hat, er weiß, daß es den Mitgliedern fern liegt, persönliche Haftung für die Komiteeschulden zu übernehmen, daß sie materiell am Komiteevermögen nicht weiter als durch die Übergabe oder Zeichnung eines nach oben begrenzten Betrages beteiligt sind.

Eine Unbilligkeit gegen den Kontrahenten liegt also in dem Ausschluß persönlicher Haftung der Unternehmer nicht vor. Wenn ihm ein offensichtlich uneigennütziges Unternehmen gegenübersteht, muß er wissen, daß dessen Zahlungsfähigkeit von seinen Einkünften und nicht vom Vermögen seiner Mitglieder abhängt. Er ist in derselben Lage wie der Gläubiger eines rechtsfähigen Vereins,[9]) dem auch nur das Vereinsvermögen haftet.

---

[9]) Ist auch bei einem nicht rechtsfähigen Verein Ausschluß der persönlichen Haftung möglich? Nach Planck (zu § 54, 2 h) ist dies möglich. Hinsichtlich der

Daraus folgt, daß die Beschränkung der Haftung auf das Komiteevermögen dem Gläubiger zwar nicht vorteilhaft ist, daß er sich aber vor Schaden tunlichst sichern kann, wenn er sich nur bei der Kreditgewährung darüber im klaren ist, daß ihm nur das Vermögen des Unternehmens in dem später zu erörternden Umfang haftet.

Diese Gewißheit gewährt dem Gläubiger aber am besten ein Rechtssatz, der, soweit nicht eine andere Willenserklärung des Komiteemitglieds vorliegt, dieses von der persönlichen Haftung für Komiteeschulden befreit. Durch eine solche Bestimmung wird der Gläubiger vor leichtsinniger Kreditgewährung gewarnt, Treu und Glauben gewahrt.

Eine anderweitige Regelung würde übrigens den Gläubigern keine Vorteile bringen. Würde persönliche Haftung der Komiteemitglieder bestimmt (aller oder bloß des geschäftsführenden Ausschusses), so hätte das zur Folge, daß gerade die am meisten Ansehen, Ruf und Vermögen besitzenden Personen von der Beteiligung an Komitees abgeschreckt würden. Im allgemeinen Interesse wäre es gewiß nicht, wenn die Komiteetätigkeit und damit die Ausnützung des Wohltätigkeitssinnes, des Patriotismus und anderer edler Eigenschaften in die Hände von namen- und vermögenslosen Leuten gerieten. Die glänzenden, zur Reklame dienenden Namen würden deswegen nicht fehlen, nur würden sie nicht als die von Komiteemitgliedern erscheinen, die die Verantwortung für ordentliche Verwaltung und Verwendung des Vermögens übernehmen, sondern als die von Spendern, von Freunden und Förderern des Unternehmens oder sie würden sonst in einer Weise öffentlich genannt werden, die die Werbekraft ihrer Namen wirksam werden läßt, ohne ihre Haftung für Schulden in Anspruch zu nehmen. Übrigens würden zahlreiche Komitees, besonders solche, die periodisch wieder gebildet werden (Komitee zur Abhaltung eines jährlich stattfindenden Wohltätigkeitsballes) die Umwandlung in rechtsfähige Vereine vornehmen.[10]) Auf jeden Fall würde den Gläubigern

---

Haftung der Vereinsmitglieder ist das auch die Ansicht des RG. (63, 62 ff.). Leist a. a. O. 38 neigt dazu, trotz § 54 Satz 2 BGB. auch ausdrücklichen und selbst stillschweigenden Ausschluß der Vertreterhaftung gegenüber Dritten zuzulassen.

[10]) Das würde den Absichten, die die Verfasser des BGB. bei Ordnung der Verhältnisse nicht rechtsfähiger Vereine leiteten, entsprechen. Prot. 1, 490 ff.; Planck zu § 54; Leist, a. a. O. 32 ff. Aber den tatsächlichen Bedürfnissen würde die Dauerform des Vereins nicht entsprechen, da es sich jedes Jahr um eine einzelne mit der vorjährigen in keinem Zusammenhang stehende Veranstaltung handelt. Der Reingewinn wird nach der Schluß-

solcher Unternehmungen durch die gesetzliche Festlegung einer persönlichen Haftung der Komiteemitglieder so gut wie gar kein Vorteil erwachsen.

Der Ausschluß persönlicher Haftung der Teilnehmer an uneigennützigen Unternehmungen kann aber doch n u r a l s R e g e l angesehen werden. Ein Rechtssatz, der diesen Ausschluß gesetzlich festlegen sollte, kann nur als Dispositivsatz aufgestellt werden. Denn es ist kein Grund vorhanden, die Befreiung von der persönlichen Haftung auch dort zu gewähren, wo die durch sie begünstigten Personen keinen Gebrauch von ihr zu machen gedenken.

Die Haftung wird sonach nur dann eintreten, wenn die Teilnehmer an der Unternehmung ausdrücklich oder stillschweigend die persönliche Haftung für die Komiteeschulden übernehmen. Als eine solche stillschweigende Erklärung wird der Beitritt zu einem Komitee anzusehen sein, von dem es allgemein bekannt ist, daß seine Mitglieder es als selbstverständlich betrachten, den Fehlbetrag ihrer Veranstaltung aus eigener Tasche zu bezahlen, wie es bei Ballkomitees mitunter der Fall ist.[11])

Die Zeichnung von Garantiebeiträgen bedeutet die Bestimmung einer Haftsumme; sie hat aber nur innere Bedeutung, insofern dadurch das Komiteevermögen um eine bedingte Forderung erhöht wird. Den Gläubigern direkt wird der Zeichner nicht verhaftet.

Erklärungen an die Öffentlichkeit, die dazu bestimmt sind, zur Beteiligung an einer derartigen Unternehmung aufzufordern, sind sehr oft von zahlreichen, angesehenen Personen, die sich als Komiteemitglieder bekennen, unterzeichnet. Derartige Schriftstücke können denjenigen gegenüber allenfalls rechtliche Bedeutung gewinnen, die auf Grund dieser Erklärung dem Komitee beitreten oder Beiträge leisten. Ihnen gegenüber kann die Unterzeichnung des Aufrufs die Bedeutung des Versprechens haben, daß die Gaben wirklich im Sinne der Spender von den Sammlern verwendet werden; denn ihr Ruf, ihr Kredit sind es, die zu Spenden veranlassen,[12]) für die Spender, Konzert- und Festbesucher ist die Nennung ihrer Namen bestimmt.

---

abrechnung dem Zweck zugewendet, dann hört jede Tätigkeit auf. Im nächsten Herbst sammelt sich vielleicht größtenteils aus neuen Mitgliedern ein neues Komitee, das oft sogar einen anderen Namen führt (Komitee des 10. Armenballs, nächstes Jahr Komitee des 11. Armenballs) und das sollte gerichtlicher Registereintragungen bedürfen?

[11]) z. B. bei einzelnen studentischen Ballkomitees in Wien, aber auch anderwärts z. B. in Rostock. Siehe K r ü c k m a n n 118.

[12]) K r ü c k m a n n 71, P u c h t a 374, B e k k e r II 285.

Dagegen sind Aufrufe, Einladungen usw. in der Regel nicht an jene Personen gerichtet, die in eigennützige geschäftliche Verbindung mit dem Komitee treten. Kreditgeber, Lieferanten, Vermieter, Angestellte des Komitees können wegen der Unterzeichnung von Aufrufen aus dem Vertrauen auf die Namen der Komiteemitglieder keine Ansprüche gegen diese persönlich ableiten.[13])

V.

Begriff der Unternehmung zu uneigennützigen Zwecken.

In den vorhergehenden Abschnitten wurden die praktischen Bedürfnisse uneigennütziger Unternehmungen erörtert und daraus bestimmte Forderungen für ihre rechtliche Normierung abgeleitet.

Es ist nunmehr nötig, den Begriff des uneigennützigen Unternehmens nach außen abzugrenzen. Auch diese Abgrenzung darf weder aus theoretischen Gründen abgeleitet sein, noch verfolgt sie in erster Linie theoretische Zwecke. Es können im Gegenteil auch hier nur praktische Bedürfnisse maßgebend sein, und Zweck der Begriffsbestimmung ist es, eine gesetzliche Formulierung der Voraussetzungen zu ermöglichen, unter denen die in den Abschnitten II—IV vorgeschlagenen Rechtssätze gelten sollen.

Doch hat die Theorie an beiden Momenten bedeutenden Anteil. Theoretisch fußt die Aufstellung eines Begriffes uneigennütziger Unternehmungen auf der Erkenntnis, daß die Uneigennützigkeit als solche allen Geschäften, Rechtsverhältnissen und Organisationen, die sie beeinflußt, einen gemeinsamen Stempel aufprägt und gewisse gemeinsame Grundsätze zur Geltung bringt.[1]) Theoretisch ist aber auch das Ergebnis von Bedeutung, weil damit ein bisher nicht klar erfaßter Begriff geschaffen wird, der der Wissenschaft neue Aufgaben stellt.

Im folgenden haben wir auf drei Punkte unser Augenmerk zu lenken:

Da die uneigennützige Unternehmung als Verkehrsinstitut bestimmten für Dritte verbindlichen Rechtsregeln unterworfen werden soll, so fragt

---

[13]) Charakteristisch für diese Auffassung ist die Art, wie z. B. Ausstellungen finanziert werden. Zuerst bildet man ein Komitee angesehener Leute. Mit deren Namen versehene Gesuche und Aufrufe bringen Subventionen oder Zeichnungen eines Garantiefonds zusammen. Erst wenn auf diese Weise ein Vermögen geschaffen ist, eröffnet eine Bank dem Komitee Kredit und leistet Zahlungen für die Vorauslagen, d. h. den Spendern gegenüber wirken die glänzenden Namen, der Bank gegenüber das gezeichnete Vermögen.

[1]) Siehe meine Abhandlung: „Die Uneigennützigkeit im Privatrecht", in der ich den angedeuteten theoretischen Gedanken ausführlich entwickelte.

es sich in erster Linie: Woran soll man erkennen, daß man es mit einer uneigennützigen Unternehmung zu tun hat? Es wird sich also vor allem um den äußeren, im Verkehr erkennbaren Tatbestand handeln,[2]) der nicht nur geeignet ist, dem Dritten über den Charakter des Rechtsgebildes Auskunft zu geben, sondern ihm auch die Richtigkeit der Auskunft zu gewährleisten imstande ist.

Die zweite Frage betrifft die innere Gestalt uneigennütziger Unternehmungen. Wir werden uns namentlich fragen müssen, ob die Verschiedenheit der inneren Gestalt, der Organisationsform des Trägers der Unternehmung, Wirkungen auf die Geltung im äußeren Rechtsverkehr hervorbringt.

Während die zweite Frage sich auf die persönliche Grundlage des Unternehmens bezieht, umfaßt die dritte die sachliche Grundlage, das Vermögen. Hier werden wir nach den Bestandteilen des Vermögens und seiner Abgrenzung vom Privatvermögen der Unternehmer fragen müssen.

1. Der äußere Tatbestand.

Damit ein uneigennütziges Unternehmen vorliegt, ist nötig:

1. Es muß ein Unternehmen sein, d. h. eine zur Erzielung von wirtschaftlichen Erfolgen bestimmte Vereinigung von Produktionsfaktoren (Sachgütern und Arbeitsleistungen). Ein Wanderapostel für eine Idee, z. B. für natürliche Lebensweise oder ein Naturheilverfahren oder eine Gesellschaft von solchen ist keine Unternehmung.[3])

2. Das Unternehmen muß uneigennützig sein, d. h. der wirtschaftliche Erfolg des Unternehmens darf nicht den Unternehmern als Privatleuten zufallen und zwar weder direkt durch unmittelbare Förderung ihrer Privatwirtschaft noch indirekt durch Anteil an einem Gewinn des Unternehmens; er kann bestimmt sein, dem Privatvermögen anderer Personen (Verteilung an Opfer eines Brandes, Erdbebens) oder der Erreichung öffentlicher und gemeinnütziger Zwecke zu dienen (Errichtung

---

[2]) Vgl. Wellspacher, Vertrauen auf den äußeren Tatbestand.

[3]) Die Geschäfte eines Unternehmens zerfallen in zwei Hauptgruppen: Erwerb und Absatz, beim uneigennützigen Unternehmen gehören zur ersten Gruppe uneigennützige Erwerbsgeschäfte, Geschäfte, die auf Seite der Unternehmer uneigennützig sein müssen; sie können es auch auf Seite der Gegenkontrahenten sein (Spenden), müssen es aber nicht. Die zweite Gruppe umfaßt die Verwendung des Vermögens zum uneigennützigen Zweck. (Bartsch, Die Uneigennützigkeit im Privatrecht.)

eines Denkmals, Veranstaltung einer Ausstellung). Siehe auch oben S. 167 Note 28.

3. Das uneigennützige Unternehmen muß als solches erkennbar nach außen auftreten. Das vornehmste, wenngleich nicht das einzige äußerliche Kennzeichen eines uneigennützigen Unternehmens, das zugleich die Einheit des Unternehmens und die Absonderung von den das Unternehmen betreibenden Personen zum Ausdruck bringt, ist der vom Zweck des Unternehmens abgeleitete Name. Wesentlich hierfür ist, daß ein solcher Name im Geschäftsverkehr gebraucht wird, daß unter ihm Geschäfte abgeschlossen werden, nicht wesentlich ist, daß er bei einer Mehrzahl von Unternehmern in dem Gesellschaftsvertrag festgesetzt wurde.[4])

Man wird sogar als Regel aufstellen können, daß dann, wenn jemand unter dem Namen physischer Personen oder eines rechtsfähigen Vereins handelt, ein uneigennütziges Unternehmen in unserem Sinne nicht vorliegt, weil in einem solchen Falle nicht zu erkennen ist, daß der Geschäftsbetrieb zugunsten und zu Lasten eines Sondervermögens geht, das von dem sonstigen, den Interessen der betreffenden Personen dienenden Vermögen verschieden ist. Das ist z. B. der Fall, wenn jemand unter seinem Namen ein Konzert veranstaltet und den Ankündigungen beifügt: das Erträgnis (oder gar nur ein Teil davon) ist wohltätigen Zwecken gewidmet. Aus einer solchen Erklärung können obligatorische Verpflichtungen des Unternehmers entspringen, ein Unternehmen mit selbständigem Vermögen liegt nicht vor.

Da Freigebigkeit und Uneigennützigkeit im Wirtschaftsleben des einzelnen nur ausnahmsweise vorkommen können, wird man bei einem Geschäftsbetriebe überhaupt nie die Uneigennützigkeit vermuten dürfen. Es wird daher als allgemeine Grenzlinie für die Beurteilung, ob ein Unternehmen eigennützig ist oder nicht, der Satz gelten müssen: im Zweifel ist stets eher eigennütziges als uneigennütziges Handeln anzunehmen.

In diesem Satz ist eine Sicherung für die vielleicht manchem bedenklich erscheinende Haftungsbeschränkung bei uneigennützigen Unternehmungen gegeben. Die Wirkung der Vermögensselbständigkeit tritt nur ein, wenn es sich um zweifellos nach außen als uneigennützig erkennbare Unternehmungen handelt. Ist dies nicht der Fall, so gilt das Unternehmen als

---

[4]) Vgl. RG. 60, 99, wo eine allerdings nicht uneigennützige Gesellschaft als Verein im Sinne des § 54 BGB. erklärt wird: „Es ist nicht als erforderlich anzusehen, daß ein solcher Name durch das Statut der Vereinigung bestimmt sein müsse; es genügt vielmehr, wenn diese bei ihrem Auftreten nach außen sich tatsächlich eines die Gesamtheit der Mitglieder bezeichnenden Namens bedient."

eigennützig, der Unternehmer mag von noch so uneigennützigen Absichten bei seiner Tätigkeit beseelt gewesen sein und Verpflichtungen über die uneigennützige Verwendung ihres Ertrages eingegangen sein. Die Privatgläubiger des Unternehmers können in einem solchen Fall unbeirrt auf das gesammelte Vermögen greifen, und die Gläubiger des Unternehmens diesen persönlich haftbar machen.[5])

Aus praktischen Gründen wird es sich empfehlen, die oben vorgeschlagenen Rechtssätze für Unternehmungen zu uneigennützigen Zwecken (Parteifähigkeit, Ausschließung des Zugriffs der Privatgläubiger, Befreiung der Unternehmer von persönlicher Haftung) auf solche Unternehmungen zu beschränken, die im Verkehr unter einem von ihrer Zweckbestimmung entlehnten Namen auftreten. Auf diese Weise ist die Gefahr einer Täuschung des Publikums tunlichst beseitigt, eine klare Abgrenzung der uneigennützigen Unternehmung von Unternehmungen anderer Art ermöglicht und zugleich die Bildung uneigennütziger Unternehmungen an eine zweckentsprechende und leicht erfüllbare Normativbestimmung geknüpft.

2. Die Unternehmer.

Uneigennützige Unternehmungen werden in der Regel von Personenmehrheiten betrieben. Bilden die an dem Unternehmen beteiligten Personen einen rechtsfähigen Verein (einen altruistischen Verein im Sinne Hölders, 286 ff.), so fallen sie nicht weiter unter unsere Betrachtungen; denn in diesem Fall ist die Stellung des Unternehmers als selbstständige Person ohnedies im Recht geregelt. Stehen die Unternehmer unter sich in anderen, also nach Gesellschaftsrecht zu beurteilenden Beziehungen (vgl. § 54 BGB.), dann werden die oben unter II—IV aufgestellten Forderungen als Mindestmaß der Selbständigkeit des Gesellschaftsvermögens nach außen anzusehen sein.

Wie sich im einzelnen die Organisation solcher Verbände und Gemeinschaften gestaltet, das zu untersuchen ist nicht unsere Aufgabe; ebensowenig die Frage, ob sie nicht doch als juristische Personen irgend welcher Art anzusehen sind, und wer verneinendenfalls Träger der Rechte an der

---

[5]) Was hier als Interpretationsregel aufgestellt wird, gilt im Handelsrecht für die Haftung des Kommanditisten und der stillen Gesellschafter, wenn ihre Namen in die Firma aufgenommen werden. Prägnant enthielten diesen Rechtssatz die in Österreich heute noch geltenden Artt. 168 und 257 AllgDHGB.

Unternehmung ist. Es muß uns genügen, dargetan zu haben, daß unsere Vorschläge keiner theoretischen Auffassung ernstlich präjudizieren.

Es liegt aber nahe, zu fragen, ob die gemachten Vorschläge es nicht als empfehlenswert erscheinen lassen, uneigennützige Unternehmungen, namentlich wenn sie von Personengesellschaften betrieben werden, einfach als dritte Art juristischer Personen des Privatrechts den Vereinen und Stiftungen anzureihen.

Wie Planck ausführt,[6]) kann schon derzeit eine Gesellschaft durch entsprechende Bestimmungen im Gesellschaftsvertrag und durch Annahme der Organisation eines nicht rechtsfähigen Vereins fast völlig die Rechtsstellung einer juristischen Person erlangen. Nur in drei Punkten, die nach Planck allerdings genügend wichtig sind, um jedem Verein die Erlangung der Rechtsfähigkeit wünschenswert erscheinen zu lassen, bleibt der nicht rechtsfähige Verein (die Gesellschaft) hinter dem rechtsfähigen zurück: es sind dies der Mangel der aktiven Parteifähigkeit im Prozeß, der Mangel der Grundbuchsfähigkeit und die persönliche Haftung der Vertreter für Schulden der Gesamtheit.

Würden nun die oben im II.—IV. Abschnitt gemachten Vorschläge angenommen, dann würden damit diese drei Unterschiede wegfallen.

Trotzdem ist man hierdurch weder genötigt, noch wäre es empfehlenswert, Unternehmungen zu uneigennützigen Zwecken für eine besondere Art juristischer Personen zu erklären.

Notwendig ist es nicht, weil die Gesetzgebung auch sonst soziale Gebilde, denen sie die Rechtsfähigkeit abspricht, als Beklagte (§ 50 ZPO., § 75 öst. JN.) als Exekutions- (§ 735 ZPO.) und Konkursschuldner (§ 213 KO.)[7]) anerkennt. Ebensogut könnte sie dieselben Gebilde als Kläger und Grundeigentümer anerkennen. Haftungsbeschränkung auf bestimmte Vermögensmassen (reine Sachhaftung), wie wir sie bei der Haftung des Erben, des Eigentümers für Grundschulden, der Ehegatten bezüglich der Güterrechtsmassen finden, nötigt aber durchaus nicht zur Annahme einer juristischen Person.[8])

Die Erklärung zur juristischen Person ist auch gar nicht empfehlenswert. Denn durch eine solche Erklärung würden die von Personenmehr-

---

[6]) Zu § 54 BGB. 2 am Ende.

[7]) Die Anerkennung der Konkursfähigkeit enthält nicht bloß die Anerkennung passiver Parteifähigkeit, sondern auch der Fähigkeit, Verpflichtungen zu haben, in bezug auf die man zahlungsunfähig ist, und Rechte zu haben, die die Konkursmasse bilden. Hellwig, ZPR. I, 304.

[8]) Siehe namentlich Ehrenberg, a. a. O. 445 ff.

heiten betriebenen uneigennützigen Unternehmungen den Normen des BGB. über juristische Personen als Subsidiarnormen unterworfen, die vielfach ihrem Wesen wenig entsprechen, es würde auch Art. 86 EG. zum BGB. für sie gelten, der den Erwerb juristischer Personen den Amortisationsgesetzen unterwirft.[9]) Erwerbsbeschränkungen für uneigennützige Komitees sind aber nicht am Platze; denn das Interesse des Staates, Vermögensanhäufungen in der toten Hand zu hindern oder doch zu beaufsichtigen, ist hier nicht vorhanden, weil solche Unternehmungen nicht dauernd Vermögen festlegen, sondern den ihnen bestimmten Zwecken zuführen.

Schließlich würde durch die Unterstellung unter den Begriff der juristischen Personen eine Menge von steuer- und gebührenrechtlichen Normen Anwendung finden,[10]) deren Tragweite sich bei ihrer Mannigfaltigkeit schwer ermessen läßt. Es ist besser, wenn man die Komitees zu uneigennützigen Zwecken vor derartigen unbeabsichtigten Konsequenzen einer theoretischen Auffassung bewahrt.

Es fragt sich ferner, wie weit die oben gemachten Vorschläge aufrechtzuhalten sind, wenn ein einzelner das uneigennützige Unternehmen betreibt. In einem solchen Falle fehlt nämlich die gewohnte Basis für die Selbständigkeit des Sonderguts. Gleichwohl besteht kein Bedenken, die aus der Selbständigkeit des Sonderguts gezogenen Folgerungen (Abschnitt III) und die Haftungsbefreiung (Abschnitt IV) auch für den Fall des Einzelunternehmens anzuwenden, wenn nur der oben geforderte äußere Tatbestand eines uneigennützigen Unternehmens vorliegt. Es kann somit auch zu Schuldverhältnissen zwischen dem Privatvermögen und dem dem Zweck gewidmeten Vermögen kommen. Noch Ehrenberg[11]) hielt es für nötig, den Vergleich mit jenem Amtmann abzulehnen, der gegen, über und an sich selbst berichtete, reskribierte, Konduitenliste führte und Verweise erteilte, weil er ein höheres und niederes Amt in seiner Person vereinigte, und darzutun, daß Schuldverhältnisse zwischen Vermögensmassen, die demselben Herrn gehören, nichts Unsinniges enthalten. Heute sind wir solche Verhältnisse überall zu sehen gewohnt. Wir wissen, daß in solchen Rechtsverhältnissen die Frau mit eingebrachtem Gut und Vor-

---

[9]) Vgl. Meurer, Juristische Personen 107.

[10]) Vgl. Meurer a. a. O. 112 ff. Nach dem österreichischen Gebührengesetz (Tarif Post. 55, Anm. 4) ist diese Folgerung für Gesellschaften aller Art gezogen, indem die Übertragung von Rechten von den Gesellschaftern an die Gesellschaft der Übertragung unter verschiedenen Personen gleichgestellt wird.

[11]) a. a. O. 423.

behaltsgut, der Fideikommißbesitzer mit Fideikommiß und Allodiolgut usw. stehen. Wir wissen auch, daß solche Verhältnisse ihre volle Bedeutung erst bei der freiwilligen oder unfreiwilligen Auseinandersetzung gewinnen. Wer also den Einzelunternehmer als Herrn des Vermögens ansieht, kann darum doch die in den Abschnitten III und IV gemachten Vorschläge annehmen.

Voll zutage treten die gegenseitigen Rechte und Verbindlichkeiten freilich erst bei der Auseinandersetzung: wenn das Unternehmen oder der Unternehmer mit seinem Privatvermögen in Konkurs geraten, wenn der Unternehmer stirbt (zwischen dem Erben und dem Kurator (Pfleger) des Sondervermögens) oder geschäftsunfähig wird oder wenn die Unternehmung auf ein anderes Subjekt übergeht (Hauptfall: der bisherige Einzelunternehmer verbindet sich mit andern Personen zu einem Komitee).

Schwieriger ist die Frage, ob auch der Einzelunternehmer unter einem vom Zweck hergenommenen Namen vor Gericht auftreten kann. Sicher ist, daß hier die Frage, wer Partei ist, keine Schwierigkeiten macht, wenn man den Unternehmer als Herrn des Vermögens ansieht. Der Unternehmer, Veranstalter, der die Geschäfte macht, muß klagen und geklagt werden. Aber unter welchem Namen? Auch hier kann uns nur der uneigennützige Charakter des Unternehmens auf die richtige Spur bringen. Was diesen besonderen Charakter im Verkehr zum Ausdruck bringt, ist vor allem der Zweckname. Er ist es, der die Interessenfremdheit von Unternehmer und Unternehmen zum Ausdruck bringt, er stellt das Unternehmen so abseits von der Person des Unternehmers, daß der Subjektwechsel nach außen ohne Belang und auch unkenntlich wird. Der Eintritt und Austritt von Komiteemitgliedern verbirgt sich unter dem einheitlichen Namen, der die Identität des Unternehmens darstellt. Der Subjektswechsel ist auch insofern belanglos, als an der Kreditbasis für die Gläubiger nichts geändert wird. Warum sollte, wenn aus einem Komitee alle Mitglieder bis auf einen austreten, dieser genötigt sein, den vielleicht im Verkehr eingelebten Namen aufzugeben und nunmehr unter seinem bürgerlichen Namen, den niemand kennt, aufzutreten?

Eine gewisse Analogie bietet auch die Firma des Handelsrechts. Trotz des Grundsatzes der Wahrheit für die neue Firma kann ein Einzelkaufmann unter einer alten Gesellschaftsfirma Geschäfte machen und vor Gericht auftreten. Man wende nicht ein, daß hier das Handelsregister Klarheit schafft. Denn beim Kaufmann ist wegen der persönlichen Haftung die Kenntnis des Subjekts der Firma wohl nötig, nicht aber beim uneigennützigen Unternehmer. Wer unter dem Namen einer uneigennützigen Unternehmung handelt, warnt jeden, auf etwas anderes als das Sondervermögen des Unternehmens zu hoffen. Dem Gläubiger des Unternehmens ist es darum gleichgültig, ob dieses von einer Gesellschaft oder von einer Einzelperson betrieben wird. Wenn überdies die Sondergutseigenschaft und die Haftungsbefreiung, wie oben vorgeschlagen, an die Voraussetzung des Handelns unter einem Sachnamen geknüpft wird, hat es guten Sinn, den Sachnamen auch dem Einzelunternehmer zu gestatten.[12]) Handelt er unter eigenem Namen, so haftet er persönlich, handelt er unter dem Sachnamen, so haftet nur das Sondervermögen. Je nach der Wahl des Namens treten also materiell verschiedene Wirkungen ein. Ist aber der Sachname im Verkehr zulässig, so muß er es auch vor Gericht sein. Wenn ich jemandem liefere, der sich „Jahrhundertfeier" oder „Jagdausstellung" nennt, ohne daß ich ein Interesse habe, die Namen der dahinterstehenden Personen zu erfahren, so muß ich auch den Kaufpreis gegen ein Subjekt gleichen Namens einklagen können. Warum soll ich jetzt gerade genötigt werden, den Träger des Unternehmens und seinen Wohnsitz zu eruieren? Name und Sitz des Unternehmens haben mir bisher genügt, sie müssen es auch ferner tun.

Diese Erwägungen sind für den Standpunkt derer berechnet, die den Unternehmer als Eigentümer des Vermögens ansehen. Wer irgendwelche Hintermänner des Unternehmers, etwa die Spender als Herrn des Vermögens betrachtet, wird unserm Vorschlag um so unbedenklicher beitreten können.

3. Das Vermögen.

Als Komiteevermögen ist alles durch die Komiteetätigkeit erworbene Vermögen anzusehen. Dazu gehören: Beiträge der Mitglieder, Spenden, die dem Komitee zur Verwendung für den Komiteezweck übergeben oder versprochen werden,[13]) alle im wirtschaftlichen Geschäftsverkehr durch die Komiteetätigkeit erworbenen Sachen und Rechte, z. B. das durch Veranstaltung des Festes eingenommene Eintrittsgeld, der Kaufpreis für die veräußerten Gegenstände, ebenso alle durch Kauf erworbenen

[12]) Allenfalls könnten im Verwaltungswege den Einzelunternehmern irreführende Namen verboten werden, z. B. solche, die auf eine Gesellschaft schließen lassen, also namentlich die Bezeichnung „Komitee". Andere Sachnamen wären zuzulassen. Selbstverständlich ist auch der Begriff des unlauteren Wettbewerbes auf uneigennützige Unternehmungen anwendbar.

[13]) Dazu gehören auch die den Namen Subventionen tragenden Spenden öffentlicher Körperschaften.

Sachen, sowie die Ansprüche aus den geschlossenen Verträgen auf Sach- und Dienstleistungen. Gleichgültig ist es dabei, ob diejenigen, von denen diese Vermögensstücke erworben wurden, selbst uneigennützig handelten oder nicht. Es könnte sehr wohl sein, daß ein Komitee die Freigebigkeit des Publikums gar nicht in Anspruch nimmt, sondern gegen Bezahlung wirklich Leistungen bietet, die ein volles Entgelt darstellen und sich mit dem im Geschäftsverkehr üblichen „bürgerlichen" Gewinn begnügt.

Wer nur an Sammelvermögen denkt, wird entweder genötigt sein, derartigen auf entgeltlichen Rechtserwerb gerichteten Unternehmungen den Charakter von Sammelunternehmungen abzusprechen[14]) oder mit mehr oder weniger Mühe solchen Geschäften den Charakter von Spenden beizulegen.[15])

Nach dem Ersatzprinzip gehört zum Vermögen des Unternehmens alles, was auf Grund eines zu diesem Vermögen gehörigen Rechtes oder als Ersatz für die Zerstörung, Beschädigung oder Entziehung eines zu dem Vermögen gehörenden Gegenstandes erworben wird (§ 718 Abs. 2 BGB). Hierher gehören Früchte des Vermögens, der Zuwachs, das zur Erfüllung von Verbindlichkeiten Gegebene usw. Entscheidend ist in allen diesen Fällen, daß der Erwerb für die uneigennützige Unternehmung erfolgte.[16])

Das Verhältnis zwischen den Unternehmern und dem Sondervermögen des Unternehmens ist von dem Grundgedanken beherrscht, daß das Vermögen ausschließlich seinem besonderen Zwecke dienen soll, und daß deshalb den Unternehmern weder in Form eines Gewinnanteils noch in der eines Liquidierungsanteils ein materieller Vorteil zukommen darf. Das Vermögen ist daher den Unternehmern gegenüber, auch wenn man sie in irgend einer Form als Eigentümer ansieht, wie fremdes Gut anzusehen. Infolgedessen können Rechtsbeziehungen zwischen dem Vermögen und den einzelnen Unternehmern wie zwischen fremden Per-

[14]) Kleemann 11; Fischbach 5.

[15]) So Kiepert 5 f.: „Das in der Aussicht auf Gewinn oder durch den ästhetischen Genuß gewährte Entgelt steht meist in gar keinem Verhältnis zu der Leistung der Spender. Dieselben werden auch nicht durch diese Aussicht zur Spende verleitet und verzichten oft freiwillig auf den zu erwartenden Genuß." Siehe die gegen diese Ansicht gerichteten zutreffenden Ausführungen bei Fischbach 5 f.; Storck (41) begnügt sich, solche Einnahmen als „durch die Geschäftsführung der Gemeinschaft erworbenen Gegenstände" zu bezeichnen; die Gemeinschaft sei aber durch die Willenseinigung der Spender und Sammler zustande gekommen; vgl. auch oben S. 165, Note 27.

[16]) Vgl. Beyer, Surrogation 332 f.

sonen bestehen. Es bestehen Forderungen und Schulden (keine Konfusion), dingliche Rechte an fremden Sachen, Dritten gegenüber sind zwei Subjekte vorhanden (daher keine Aufrechnung § 719 Abs. 2 BGB). Namentlich aber besteht die Möglichkeit, daß aus der Geschäftsführung, sei es mit oder ohne Auftrag, gegenseitige Ansprüche entstehen. Soweit sie Schulden des Sondervermögens sind, müssen dessen Gläubiger ihre Existenz anerkennen, soweit sie Forderungen sind, können die Gläubiger sie als Bestandteil des Sondervermögens in Anspruch nehmen.

Ganz das gleiche gilt für das Verhältnis der Spender zum Sammelvermögen, wenn man die Gesamtheit der Spender als dessen Subjekt ansieht. Insbesondere gehören zwei Arten von Forderungen zum Vermögen des uneigennützigen Unternehmens. Das sind die Ansprüche auf Leistung der versprochenen Beiträge (gezeichneten Spenden, Komiteebeiträge, Garantiefondsbeiträge) und die Ersatzansprüche wegen schlechter Geschäftsführung.

Bei Gesellschaften zu eigennützigen Zwecken ihrer Mitglieder mag es bestritten werden, daß die Einforderung der Beiträge zur Geschäftsführung gehört und daß Ansprüche auf Leistung von Beiträgen sowie Ersatzansprüche wegen Nichtleistung der Beiträge zum Gesellschaftsvermögen gehören.[17]) Bei Vereinigungen zu uneigennützigen Zwecken wie überhaupt bei allen Fällen der Beschränkung der Schuldenhaftung auf das Vermögen der Unternehmung wäre eine andere als die hier aufgestellte Ansicht für die Gläubiger sehr gefährlich.[18]) Es würde ihnen ein Bestandteil des Vermögens genommen, auf das sie ausschließlich angewiesen sind, und es würde von den materiell daran nicht interessierten Gesellschaftern abhängen, ob sie die Ersatzansprüche gegen die Schuldtragenden geltend machen und dadurch dem Gesellschaftsvermögen Mittel zuführen.

Wer daher arglistig oder fahrlässig in Sachen uneigennütziger Unternehmungen verfährt, ist nicht bloß seinen Gesellschaftern und Auftrag-

---

[17]) So Planck zu § 709 und § 718, 2: Nach seiner Meinung stehen diese Ansprüche den einzelnen Gesellschaftern gegeneinander persönlich zu. Siehe dagegen die zutreffenden Ausführungen von Dernburg, BR. II, 540 u. 544. Plancks Ansicht hätte zur Folge, daß die Gesellschaftsgläubiger bezüglich rückständiger Beiträge keinen Vorzug vor den Privatgläubigern der einzelnen Gesellschafter hätten. Das würde in schreiendem Widerspruch zu den Grundgedanken stehen, auf welchen das Gesellschaftsrecht nach BGB. ruht.

[18]) Siehe Ehrenberg, a. a. O. 340. Die Einbeziehung der Ersatzansprüche in das Sondervermögen ist eine notwendige Folge der Gefahr der Beiseiteschaffung a. a. O. 410.

gebern hieraus verhaftet, sondern indem er dem Sondervermögen gegenüber eine Ersatzverbindlichkeit begründet, kann er im Falle der Zahlungsunfähigkeit auch mittelbar von den Gläubigern dieses Vermögens in Anspruch genommen werden.[19]) Ob diesen Anspruch die Gläubiger selbst geltend zu machen berechtigt sind (was mir das natürlichere erscheint), oder ob hiemit ein eigener Pfleger des Unternehmensvermögens zu betrauen wäre, kann hier wohl unerörtert bleiben. Sicher ist, daß ein Pfleger nach § 1914 BGB. zur Geltendmachung solcher Ansprüche ermächtigt ist.

Dabei kommt noch zweierlei in Betracht. Da das Unternehmen uneigennützig ist, das heißt sein wirtschaftlicher Erfolg dem Vermögen der Unternehmer weder direkt noch indirekt durch Vermittlung eines Gewinnanteils einen Vorteil bringen kann, entfällt die ratio für die Bestimmung des § 708 BGB. Wer zur „Verwaltung und Verwendung" (§ 1914) eines derartigen Vermögens berufen ist, hat daher dieselbe Sorgfalt anzuwenden, wie ein Verwalter fremden Gutes. Er steht für jede nach dem üblichen, abstrakten Maßstab gemessene Fahrlässigkeit ein (§ 276 BGB.) und kann auch dritten Personen gegenüber, zu denen er in keinem Schuldverhältnis

---

[19]) Das Reichsgericht hat einmal im gegenteiligen Sinne entschieden (Bd. 12, 229 f.). Es lehnte den Anspruch eines Gläubigers gegen den gewesenen Vorstand eines insolvent gewordenen Ausstellungskomitees, der seinen Anspruch auf die schlechte Wirtschaft der Vorstandsmitglieder gründet, mit nachstehender Begründung ab: „Die Erwartung, daß der Vorstand oder die einzelnen Ausschüsse ordnungsmäßig wirtschaften würden, reicht, wenn jener (der Gläubiger) sich in dieser Erwartung getäuscht und infolgedessen Schaden erlitten hat, nicht aus, um die Vorstandsmitglieder für ihre Person und mit ihrem ge amten Vermögen für den Schaden verantwortlich zu machen. Denn jene Erwartung ist nicht mehr und nichts anderes als die Erwartung, welche jeder Kontrahent hegt, der Kredit gewährt. Täuscht sich der Gläubiger in diesem Vertrauen, so wird darum allein der Anspruch, welchen er gegen seinen Schuldner aus dem Vertrage auf dessen Erfüllung hat, zu keinem anderen. Will der Kontrahent diese Gefahr der Kreditierung nicht laufen, so muß er nicht Kredit geben, sondern Zug um Zug leisten oder er muß sich nicht auf den reinen Personalkredit beschränken." — In dieser Entscheidung ist übersehen, daß für den eigennützigen Unternehmer ein lebhaftes Interesse an der ordentlichen Wirtschaft besteht, weil er selbst den Schaden unordentlicher Wirtschaft zu tragen hat. Bei dem uneigennützigen Unternehmen ist es anders Hier trifft der Schaden unordentlicher Wirtschaft den Verwendungszweck und mit Beziehung darauf kann der Unternehmer dem Unternehmen ersatzpflichtig sein. Diese Ersatzpflicht muß aber auch den Gläubigern zugute kommen. Siehe auch die in der Hauptsache zutreffende Kritik dieser Entscheidung bei Krückmann 126 ff.

steht, hieraus verhaftet werden.[20]) (§ 823 BGB, 1295 ABGB.). Isay spricht dies ausdrücklich aus: 462: „Handelt der bestellte Geschäftsführer zweckwidrig, so haftet er dem Fonds für allen daraus entstehenden Schaden; selbstverständlich tritt überall seine Haftung für culpa levis auch für anderen Schaden ein." Da der gleiche Grundsatz überhaupt für alle Rechtsverhältnisse gilt, die nicht als Gesellschaftsverhältnisse aufzufassen sind, verschwindet damit jede Streitfrage über das Maß der im konkreten Fall anzuwendenden Haftung und es verlieren damit einzelne Kontroversen über Konstruktionsfragen die praktische Bedeutung. So die Frage ob die Spender zu den Sammlern in einem Gesellschafts- oder Auftragsverhältnis stehen. Man vermeidet auch die unzweckmäßige Folgerung, daß etwa die Sammler unter sich für diligentia quam suis, den Spendern gegenüber (als Auftraggebern) für die Vorsicht eines guten Hausvaters einzustehen hätten. Im österr. Recht ist die ganze Streitfrage übrigens belanglos, weil hier zweckmäßigerweise auch der Gesellschafter für jedes Verschulden haftet (§ 1191 ABGB. Kainz-Ehrenzweig § 378 Note 19).

Eine zweite Folge der beschränkten Haftung ist, daß die Gesellschaft zwar den einzelnen Gesellschaftern Beiträge oder Schadenersatzverbindlichkeiten erlassen kann, daß aber die einzelnen Mitglieder, wenn sie solche Beschlüsse fassen und dabei schuldhaft vorgehen, selbst dem Gesellschaftsvermögen ersatzpflichtig werden, was namentlich im Falle der Zahlungsunfähigkeit von Bedeutung ist. Derartige Ersatzverbindlichkeiten entstehen auch durch jede zweckwidrige Verwendung des Vermögens, also vor allem zugunsten einzelner Mitglieder, wenn sich diese auch unter Scheingeschäften aller Art (Provisionen, Honorare, Kauf oder Verkauf mit falscher Schätzung usw.) verbirgt. Die Gesellschafter sind ferner nicht befugt, durch gemeinschaftlichen Beschluß auch unabhängig vom Gesellschaftszwecke Verfügungen über das Gesellschaftsvermögen zu treffen[21]); denn es handelt sich hier nicht um ihr Privatvermögen. Sie sind auch nicht berechtigt, „durch einhelligen Beschluß das Gesellschaftsvermögen unter sich ohne Rücksicht auf die Gläubiger der Gesellschaft zu verteilen."[22]) Alle diese Konsequenzen des Gedankens, daß das Gesellschaftsvermögen schließlich doch für die Interessen der Gesellschafter bestimmt ist und daß sie für dessen Schulden persönlich einstehen, treffen für Gesellschaften zu uneigennützigen Zwecken nicht zu.

---

[20]) Fischbach 108.

[21]) So Planck zu § 719.

[22]) So Dernburg, BR., II, 547.

VI. Oeffentliches Recht.

Trotz der verstärkten zivilrechtlichen Haftung der Komiteemitglieder gegenüber den Gläubigern im Falle der Zahlungsunfähigkeit des Unternehmens besteht die Gefahr rechtswidrigen Gebahrens bei uneigennützigen Unternehmungen in hohem Maße. Wer zu einem solchen Unternehmen Spenden gibt, und noch mehr derjenige, der Geld für Eintrittskarten, Lose usw. geleistet hat, ist in der Regel nicht gewillt, irgendwelche Aufsichtsrechte über die zweckentsprechende Gebahrung und Verwendung des Vermögens auszuüben. Wer für sein Geld eine Gegenleistung, und wäre sie auch nur eine vereitelte Gewinnsthoffnung, erhalten hat, betrachtet sich als befriedigt und denkt nicht nach, ob ihm noch weitere Befugnisse am gesammelten Vermögen zustehen;[1]) wer aber gespendet hat, will wenigstens weiterhin keine Unannehmlichkeiten, Opfer an Zeit und Geld bringen und ist gleichfalls in der Regel geneigt, sich um das Schicksal des Unternehmens nicht mehr zu bekümmern.

Wie man sieht, wird jeder privatrechtliche Schutz des Unternehmenszwecks durch Zuteilung von Rechten an die Spender und Beitragsleister an der geringen Geneigtheit dieser, von solchen Rechten Gebrauch zu machen, erfolglos sein.[2])

Ebensowenig ist an eine Sicherung des Zweckes durch Zuteilung von Rechten an die Destinatare zu denken. Das könnte überhaupt nur in dem verhältnismäßig seltenen Falle erfolgen, daß das Unternehmen von vornherein zugunsten bestimmter Personen betrieben wird, die dann aus den zu ihren Gunsten abgeschlossenen Verträgen Rechte ableiten könnten. Dagegen ist es unmöglich, jemanden mit privaten Befugnissen auszustatten, wenn die Wahl der Destinatare dem Komitee überlassen wird, oder wenn dem Unternehmen ein anderer Zweck als die Zuwendung an Personen gesetzt ist. (Zwecksammelunternehmen im Gegensatz zum Personensammelunternehmen.) Im ersten Fall entsteht ein klagbarer Anspruch erst durch die Zuwendung, im letzten Fall entsteht überhaupt kein solcher. Der beteilte Arme, oder der Abbrändler hat keinen Anspruch auf Rechnungs-

---

[1]) Vgl. Fischbach 9 f.

[2]) Hölder, Natürliche und juristische Personen 322, bemerkt mit Recht, daß den Spendern nichts daran liegt, ihre Spende von dem nachlässigen oder untreuen Verwalter derselben wieder zu bekommen, aber viel an der Verwendung des Vermögens zu dem bestimmten Zweck, was durch Zuteilung privatrechtlicher Ansprüche nicht erreicht werden kann.

legung oder sonst ein Mittel zu verhüten, daß der größere Teil des gewonnenen Geldes in den Taschen des Komitees verschwindet.

In dieser Unmöglichkeit einer privaten Kontrolle liegt einer der Hauptübelstände der Komiteewirtschaft, speziell aber des Sammelwesens. Unwirtschaftliche Gebahrung, hohe Verwaltungsauslagen für überflüssige Nebensachen, führen oft dazu, daß die Reinerträgnisse verschwindend klein werden.[3]) Solange die Insolvenz verhindert wird, pflegt sich in der Regel niemand um die Wirtschaft zu bekümmern. Es kommen aber nicht selten auch höchst zweideutige oder selbst unredliche Gebahrungen mit derart rechnungsfrei überlassenen Geldern vor. Die Komiteetätigkeit ist oft nichts weiter als ein Vorwand zur Brandschatzung des Publikums, zur Bereicherung der Unternehmer, die allenfalls durch einige mehr dem Schein dienende Wohltätigkeitsakte bemäntelt wird.

Diesen Übelständen ist durch privatrechtliche Bestimmungen nicht abzuhelfen, eine Abhilfe kann nur auf dem Gebiet des öffentlichen Rechts erfolgen. Es sind vor allem öffentliche Interessen, die hier zu schützen sind. Darum verlangen auch die meisten Schriftsteller die Ergänzung des Privatrechts durch Sätze öffentlichen Rechts, ja einige verweisen die Gebilde uneigennützigen Handelns grundsätzlich ins öffentliche Recht.[4])

Es kann nicht Aufgabe dieses Gutachtens sein, die öffentlich-rechtliche Regelung der uneigennützigen Unternehmungen einer eingehenderen Untersuchung zu unterziehen. Wohl aber ist es nötig, die Reflexe, die aus der privatrechtlichen Regelung in die Sphäre des öffentlichen Rechtes fallen und die von dort auf das Privatrecht zurückstrahlen, ins Auge zu fassen. Namentlich wird es wichtig sein, sich klar zu machen, welche Wirkungen die vorgeschlagenen privatrechtlichen Normen auf die öffentlich-rechtliche Behandlung uneigennütziger Unternehmungen ausüben und welche Bedingungen sie im Kreise des öffentlichen Rechts erheischen, um die beabsichtigten Wirkungen auszuüben.

Das öffentliche Recht kommt für uneigennützige Unternehmungen in der Form des Strafrechts und des Verwaltungsrechts in Betracht.

---

[3]) Es gibt Komitees, die Bälle zu wohltätigen Zwecken veranstalten, die Einnahmen aber, die großenteils Spenden sind (z. B. für nicht benutzte Ehrenkarten) in unverantwortlicher Weise durch Champagnergelage u. dergl. vergeuden. Vgl. dazu auch Isay 465.

[4]) So tut dies Isay (428 f., 444 ff.) mit den Sammelvermögen, und allgemein Hölder, für den der Eigennutz mit privatrechtlicher, die Uneigennützigkeit mit öffentlich-rechtlicher Regelung zusammenfällt.

1. Strafrecht.

Der strafrechtliche Schutz uneigennütziger Unternehmungen wäre hauptsächlich in der Richtung zu untersuchen, ob er in genügendem Maße gegen rechtswidrige Verwendung des Vermögens durch die zu seiner Verwaltung berufenen Personen gewährleistet ist. Dieser Schutz hängt nach geltendem deutschem Recht davon ab, ob das Vermögen für die Unternehmer fremd ist, also von einer privatrechtlichen Vorfrage. (§ 246 StGB. und §§ 271, 277 VorE.)

In dieser Beziehung wäre der Grundsatz aufzustellen, daß den Unternehmern gegenüber das Vermögen, von dem sie keinen Nutzen haben sollen, ohne Rücksicht auf das Privatrechtsverhältnis, wie fremdes, ihnen anvertrautes Gut zu behandeln ist, und daß sie für die Gebahrung mit diesem Vermögen Dritten gegenüber die volle Verantwortung tragen.

Danach wäre jede rechtswidrige Zueignung, d. h. Behandlung und Verwendung zu eigenem Nutzen an dem Vermögen des Unternehmens, wenn es sich um Sachen handelt, die im Besitz eines andern sind, Diebstahl (§ 242 StGB.), bei Sachen im Besitz der Unternehmer Unterschlagung (§ 246 StGB.).

Die Theorie kommt wenigstens für das Komitee zu dem gleichen Ergebnis. Storck (64), der das Eigentum der Spendergemeinschaft zuschreibt, sieht in den Spenden dem Sammler gegenüber soweit fremde Sachen, als sich das Miteigentumsrecht der übrigen Mitglieder der Gemeinschaft erstreckt.

Fischbach (108f.) hält bekanntlich gleichfalls den Spender für den Eigentümer, er räumt aber dem Sammler ein eigenes dingliches Recht am Sammelvermögen ein. Er will daher den Sammler, der ihm übergebene Spenden zu anderem als dem vorgeschriebenen Zweck verwendet, wie denjenigen behandeln, der über fremdes Gut widerrechtlich verfügt. Die Verwendung von Spenden im eigenen Interesse erklärt er demnach als Unterschlagung (§ 246 StGB.).

Isay (464) meint: „Der Sammelfonds ist den Sammlern gegenüber eine fremde Sache und zwar eine anvertraute Sache, so daß hier das höhere Strafmaß in Betracht käme."

Schultze (42): „Der Sammler, welcher Teile des Gesammelten für sich verwendet, ist wegen Unterschlagung zu bestrafen."

Kiepert (72), der das Sammelvermögen als fiduziarisches Eigentum der Sammler ansieht, hält zweckwidrigen oder eigennützigen Verbrauch des Vermögens durch einen Einzelsammler für straflos, er begehe bloß

„sittliches Unrecht". Anders beim Komitee. „Da einem jeden nur ein ideeller Anteil, nicht einmal ein Bruchteil des Sammelvermögens zusteht, so ist dasselbe für die einzelnen Mitglieder des Komitees eine fremde Sache" (73). Kiepert nimmt daher nur dann Diebstahl und Unterschlagung an, wenn ein Sammler Teile des Sammelvermögens ohne Zustimmung des ganzen Komitees für sich verwendet. Ähnlich Krückmann 95f.

Hier klafft also eine Lücke; denn die größte Gefahr unredlichen Gebahrens besteht darin, daß das Komitee beschließt, das zu einem uneigennützigen Zweck gewidmete Vermögen, zu dem dritte Personen Beiträge geleistet haben, für sich d. h. seine Mitglieder zu verwenden.

Auch die Freilassung des Einzelsammlers von einer strafrechtlichen Verantwortlichkeit, wenn er das gesammelte Vermögen sich zueignet, ist durchaus unbefriedigend. Es geht nicht an, den Sammler mit dem Kommissionär auf eine Linie zu stellen;[5]) denn sein Fall unterscheidet sich von dem des Kommissionärs in zwei sehr wesentlichen Punkten. Vor allem verfolgt der Kommittent eigennützige Interessen, er wird durch eine Untreue des Kommissionärs in diesen Interessen geschädigt und sich gegen diesen Schaden entweder im voraus zu sichern trachten oder doch seinen Schaden im Prozeßweg geltend machen. Der Kommissionär weiß, daß jede Untreue von seiner Seite mit einer Klage beantwortet wird. Anders der Sammler, in der Regel wird niemand fragen was mit der Spende geschah, oder doch wenigstens niemand klagen. Ferner steht dem Kommissionär eine Einzelperson gegenüber, dem Sammler dagegen eine Menge von Spendern, die unter sich keine Beziehungen haben, sich in der Regel nicht kennen, und die darum zu einer gemeinsamen Interessenverfolgung so wenig als möglich geeignet sind.[6])

Wir bedürfen also des Schutzes der Vermögensbestandteile gegen rechtswidrige Verwendung der Unternehmer in ihrem eigennützigen Interesse. Dieser Schutz ist in Frage gestellt, wenn man ein sei es auch nur fiduziarisches Eigentum der Unternehmer annimmt und mit der herrschenden Auslegung des § 246 StGB. das für die Unterschlagung wesentliche Tatbestandsmerkmal der Fremdheit der Sache in solchem Falle als nicht gegeben ansieht. Die Ansicht, daß auch an der fiduziarisch übertragenen

---

[5]) wie dies Kiepert (74) tut. Die Frage des Eigentums am Kommissionsgut ist bekanntlich bestritten; siehe Grünhut, Recht des Kommissionshandels, § 42. Die Frage der Strafbarkeit des unterschlagenden Kommissionärs wurde auf dem 22. Juristentag anläßlich der „Bankdepot"-Frage erörtert. Siehe namentlich das Gutachten von Strohal.

[6]) Siehe auch Hölder 323.

Sache Unterschlagung möglich ist, wird zwar in der Theorie, nicht aber in der Praxis vertreten.[7]) Namentlich hat Schultze[8]) behauptet, daß das dingliche Treuhänderverhältnis im Augenblick ungetreuer Verwendung durch Eintritt der ihm anhaftenden Resolutivbedingung von selbst erlischt, und daß infolgedessen zur Zeit der Tat die Sache wirklich dem Täter fremd geworden sei.

Es ist aber gewiß bedenklich, den strafrechtlichen Schutz von solchen immerhin gewagten Theorien, die in der Praxis bisher nicht Fuß fassen konnten, abhängig zu machen.[9])

In der Frage, welche Bedeutung dem zivilrechtlichen Eigentumsbegriff für den strafrechtlichen Begriff der Unterschlagung zukommt, ist aber die Entwicklung im Flusse. Wiederholt ist der Versuch gemacht worden, das Strafrecht namentlich für den häufigen Fall der Unterschlagung von Geld und andern vertretbaren Sachen, vom zivilrechtlichen Eigentumsbegriff freizumachen.[10]) Gleispach kommt zu dem Ergebnis,[11]) daß der strafrechtliche Schutz gegen Unterschlagung unabhängig von dem zivilrechtlichen Verhältnis da einzutreten habe, wo jemand eine Verfügungs- und Genußmöglichkeit besitzt, von dieser aber jedenfalls nur beschränkt Gebrauch machen soll.. Dieses Moment trifft in unserem Fall sicherlich zu.

Mit Rücksicht auf das geltende Recht hat Strohal seinerzeit gefordert, daß das BGB. nicht etwa das Sammelvermögen für Eigentum der Sammler erkläre.[12])

Das dürfte zu wenig sein; denn damit ist nicht ausgeschlossen, daß eine Theorie zur Herrschaft kommt, die ohne Rücksicht auf die strafrechtlichen Folgen das Eigentum der Unternehmer annimmt. Es ist vielmehr nötig, entweder ausdrücklich festzustellen, daß das Vermögen ebenso wie im Verhältnis zu den Gläubigern des Unternehmers auch inbezug auf strafrechtlichen Schutz, als fremdes anzusehen ist, oder das Strafgesetz (§ 246 StrGB. und § 271 VorE.) dahin zu ändern, daß das Tatbestandsmerkmal der „Fremdheit" entfällt.

---

[7]) Siehe Dernburg, Pand. § 100; Merkel in Holtzendorffs Handbuch des Strafrechts, III, 783 und besonders Gleispach, Die Veruntreuung an vertretbaren Sachen I, 140 ff.

[8]) Schultze 24, für Sammler 42; vgl. Kiepert 30.

[9]) Gleispach a. a. O. 141.

[10]) von Hold, Die Rechtswidrigkeit 334 f. durch Annahme eines besonderen für das Strafrecht geltenden „wirtschaftlichen Eigentums".

[11]) a. a. O. 198.

[12]) In IheringsJ. 34, 336 f.

Das österreichische Recht ist auch hier in günstigerer Lage. Während es nämlich gleich dem deutschen Recht für den Diebstahl das Erfordernis der Fremdheit der Sache aufstellt (§ 171 StGB. Wer um seines Vorteils willen eine fremde bewegliche Sache aus eines andern Besitz ohne dessen Einwilligung entzieht usw.) ist das Erfordernis der Fremdheit für die Veruntreuung fallen gelassen, dagegen der Deliktsbegriff auf anvertrautes Gut eingeschränkt (§ 183 . . . welcher . . . ein ihm anvertrautes Gut . . . vorenthält oder sich zueignet, ebenso der österreichische VorE. § 340).

Nach der österreichischen Praxis, die dem Begriffsmerkmal „anvertraut" eine sehr weitherzige Auslegung gibt, fällt unter Veruntreuung die Aneignung oder Vorenthaltung auf Kredit gekaufter Sachen vor Tilgung des Kaufpreises, des Kommissionsguts, des Erlöses für Waren, die der Kommissionär verkauft hat, von Versicherungsprämien, die der Agent einhebt, des Geldes, das der Kellner für verkaufte Speisen und Getränke einnimmt, von Lohnabzügen, die der Arbeitgeber gemäß einer mit dem Arbeitnehmer getroffenen Vereinbarung zur Entrichtung von Krankenkassenbeiträgen verwenden soll usw. Gleichwohl scheint der Kassationshof nur die Verletzung eigennütziger Interessen eines Dritten als Veruntreuung anzusehen, denn er hat einmal (Entsch. v. 27. Januar 1882 Zl. 10 937) entschieden, daß der Veranstalter eines Konzerts, dessen Ertrag er einem bestimmten, wohltätigen Zweck gewidmet hat, durch die Vorenthaltung und Zueignung eines Teils des Ertrages keine Veruntreuung begehe.

Übrigens berührt sich hier die Unterschlagung mit dem Betrug. Liegt nach dem, was oben über die Abgrenzung des Begriffes Vermögen zu uneigennützigen Zwecken gesagt wurde, wirklich ein solches vor, dann ist jede Verwendung zu eigennützigen Zwecken Unterschlagung. Handelt dagegen jemand für sich, gibt sich aber den Anschein in uneigennützigem Interesse zu handeln, um andere zu Spenden oder sonstigen Leistungen zu veranlassen, so liegt Betrug vor. Dahin gehört es auch, wenn jemand ein Sammelunternehmen ins Leben ruft, um die Spenden für sich zu behalten.[13])

Absichtliche Schädigung des Vermögens durch Komiteemitglieder auch ohne eigennützige Absicht ist als Untreue gegenüber allen denjenigen anzusehen, die zu dem Vermögen beitrugen. Deshalb wäre, wenn man bei der Kasuistik des § 266 StGB. bleibt, dieser dahin zu ergänzen, daß unter Ziffer 1 außer den Verwaltern von Stiftungen auch die Verwalter von anderen Vermögen, die zu uneigennützigen Zwecken bestimmt sind,

---

[13]) Kiepert 72.

aufzunehmen sind; wenn man aber die generelle Regelung des deutschen VorE. vorzieht, dessen § 277 dahin zu ändern, daß der Tatbestand nicht auf das Vermögen „eines andern" beschränkt bleibt. Siehe auch Isay 464 und Fischbach 109.

Endlich wird mit Anerkennung der Konkursfähigkeit die strafrechtliche Haftung für Bankerott auch auf die zur Verwaltung des Vermögens uneigennütziger Unternehmungen berufenen Personen, auszudehnen sein.

2. Verwaltungsrecht.

Für die verwaltungsrechtliche Regelung sind vom zivilrechtlichen Gesichtspunkte aus drei Grundsätze festzuhalten:

1. Die privatrechtliche Natur der Unternehmungen zu uneigennützigen Zwecken samt allen sich aus dieser ergebenden Folgerungen darf nicht von einer verwaltungsbehördlichen Genehmigung oder Nichtgenehmigung abhängen. Jedes Konzessionssystem ist unbedingt zu verwerfen, soweit es privatrechtliche Wirkungen haben soll. Im Privatverkehr eines Komitees mit Lieferanten, Vermietern, Kunden, Angestellten, Spendern u. a. kann nur dessen äußere Erscheinung, nicht der dem Dritten unbekannte Umstand maßgebend sein, ob die Behörde den Bestand des Unternehmens genehmigt hat. Die Behörde mag aus Gründen der öffentlichen Ordnung oder Wohlfahrt befugt sein, derartige Unternehmungen zu reglementieren, zu verbieten und zu unterdrücken, sie mag sich dazu aller ihr zu Gebote stehenden Mittel bedienen, einen Einfluß auf die Frage der Parteifähigkeit eines solchen Unternehmens und die Selbständigkeit des Vermögens dürfen derartige Maßregeln nie haben.

In dieser Hinsicht hat sich das österreichische Recht für Vereine, die nicht Erwerbszwecke verfolgen (Gesetz vom 15. 11. 1867 RGBl. Nr. 134) trefflich bewährt. Die vorgeschriebenen verwaltungsrechtlichen Formalitäten, Anzeige der Vereinsbildung, Vorlage der Statuten usw. haben bloß den Zweck, die polizeiliche Aufsicht zu ermöglichen. Auf die private Rechtsfähigkeit hat die Erfüllung oder Nichterfüllung dieser Vorschriften keinen Einfluß. Es genügt nach dem ABGB., daß die tatsächliche Grundlage für eine juristische Person vorhanden ist und daß ihr Zweck ein erlaubter ist (§ 26 ABGB.).

Eine große Zahl angesehener Schriftsteller geht sogar soweit, auch bei Erwerbsvereinen und Stiftungen, die einer staatlichen Genehmigung bedürfen, dieser Konzession einen bloß polizeilichen und keinen juristischen

Zweck beizulegen, sie habe bloß die deklaratorische Bedeutung eines Zeugnisses, daß der Zweck der juristischen Person ein erlaubter ist.[14])

Auch das deutsche Recht hat, wenngleich es die volle Rechtsfähigkeit juristischer Personen zum Teil an staatliche Genehmigung, zum Teil an die Vornahme gewisser Formalitäten band, den Vereinen ohne Rücksicht auf die Erfüllung dieser Bedingungen die passive Parteifähigkeit und die Konkursfähigkeit zuerkannt.

Wenn solches bei Vereinen möglich ist, so kann es gewiß auch bei der loseren Form der Verbindung in Form von Komitees von vorübergehender Dauer zulässig sein. Und noch weniger wird man die aus der Uneigennützigkeit des Unternehmens abgeleitete Sonderstellung des Vermögens beim Einzelunternehmer an eine behördliche Genehmigung knüpfen dürfen.

In der Tat haben sich auch fast alle Schriftsteller, die zu dieser Frage das Wort ergriffen, gegen die Zweckmäßigkeit einer staatlichen Genehmigung erklärt, so verschieden sie übrigens über den Charakter der Sammelunternehmungen denken. Man machte insbesondere geltend, daß der für die Genehmigung von Stiftungen geltend gemachte Grund, der Staat müsse die Zahl der in der toten Hand vereinigten Kapitalien regulieren können, bei der nur vorübergehenden Existenz der Sammelvermögen nicht zutrifft.[15]) Insbesondere sehen alle diejenigen von dem Erfordernis der staatlichen Genehmigung ab, die die Sammelvermögen schon nach geltendem Recht für juristische Personen erklären oder analog solchen behandeln.

Es unterliegt auch keinem Zweifel, daß das Erfordernis staatlicher Genehmigung die meisten Unternehmungen zu uneigennützigen Zwecken hemmen, wo nicht vernichten würde.[16])

Aus dem Gesagten geht hervor, daß die Zuerkennung von Äußerungen vermögensrechtlicher Selbständigkeit nicht an die Bedingung obrigkeitlicher Genehmigung geknüpft werden darf.

---

[14]) Unger, System des österr. allg. Privatrechts I, § 43, Note 33, § 44, 10 und 11; Schiffner, Systematisches Lehrbuch des österr. allg. Zivilrechts I, § 60; Krainz-Ehrenzweig[3], § 82. Ehrenzweig hat in der 4. Auflage diese Behauptung allerdings zurückgenommen.

[15]) Fischbach 72, König 9 f.; Isay 442 ff.; Strohal 337 lehnt die Unterstellung unter das Recht der Stiftungen ab, damit nicht staatliche Genehmigung notwendig werde. Für die Genehmigung aus polizeilichen Gesichtspunkten Geigel, Sammlungen 107; Kirchen- und Stiftungsrecht 93. Siehe oben Seite 198.

[16]) Isay 466.

2. Dagegen ist obrigkeitliches Einschreiten nicht nur unbedenklich, sondern in mancher Hinsicht sogar sehr erwünscht, wenn es zu dem Zwecke erfolgt, um die Unternehmen zu getreuer Erfüllung ihrer Pflichten zu verhalten.[17]) Eine Aufsicht über die Regelmäßigkeit der Geschäftsführung und namentlich die Nötigung zu voller Öffentlichkeit des Geschäftsbetriebes ersetzt nicht nur den mangelnden Anreiz für das Publikum, die Gebahrung der Unternehmer mit dem ihnen anvertrauten Vermögen zu überwachen, sie wird auch erziehlich auf die Unternehmer wirken und dunkle Machenschaften, schleuderhafte Gebahrung und das Hervortreten eigennütziger Nebenabsichten in den Hintergrund zu drängen geeignet sein.

Die Verwaltung würde damit ein öffentliches Interesse, das an der Hintanhaltung von Ausbeutung des Gemeinsinns und des Wohltätigkeitssinns im Publikum, wahren, sie würde damit aber zugleich — und das ist hier von Bedeutung — auch den privatrechtlichen Interessen der Spender, Gläubiger und der allfälligen Destinatare des Unternehmens dienen. Als Maßregeln in dieser Hinsicht kommen in Betracht: Verpflichtung zur Anzeige vom Beginn jedes gemeinnützigen Unternehmens, das die Öffentlichkeit zur Teilnahme heranzieht; Vorlage aller Aufrufe, Rundschreiben, die an die Öffentlichkeit gerichtet werden; Pflicht zur Vorlage des Rechnungsabschlusses (bei Unternehmungen, die länger als ein Jahr dauern, jährlich); Pflicht, die Rechnung und den Geschäftsbericht in einer Weise zu veröffentlichen, daß sie allen Interessenten leicht zugänglich sind; Pflicht, der Behörde jederzeit Büchereinsicht, Revision der Kasse und der ganzen Geschäftsgebahrung zu gestatten; Pflicht zur Anzeige und entsprechenden Veröffentlichung von jeder Änderung des einmal festgesetzten Zweckes; Pflicht zur Vorlage eines Verzeichnisses der für die Geschäftsführung verantwortlichen Personen; Pflicht zur Veröffentlichung von Beschlüssen, durch die den Unternehmern oder ihnen nahestehenden Personen und Unternehmungen Vorteile jeder Art zugewendet werden, wozu auch die entgeltliche Übertragung von Lieferungen oder von Arbeiten und Dienstleistungen zu zählen ist.

3. Neben diesen, einer ordentlichen Beaufsichtigung dienenden Maßregeln ist noch bei ungetreuem oder nachlässigem Verfahren der Unternehmer als außerordentliche Maßregel die Übertragung der Rechte

---

[17]) Das öffentliche Interesse an Sammelunternehmungen wird allgemein anerkannt: Strohal 337, Note 10; Kleemann 12, Note 1; Isay 428 f.; Storck 64; König 10, Geigel 107; vgl. auch Fischbach 72 f.; namentlich aber Hölder, Natürliche u. juristische Personen 322.

und Pflichten der Unternehmer auf einen vom Gericht zu bestellenden Pfleger vorzusehen. Am treffendsten plädiert Hölder (a. a. O. 323) für die Bestellung eines solchen, die er sogar dann zulassen will, wenn sich die Unternehmer der Verwaltung nicht gewachsen zeigen. Das ginge m. E. zu weit. Die Ideen, der Unternehmergeist und die Unternehmerfreude, sind doch nur den wirklichen Unternehmern gegeben. Diese Eigenschaften kann ein amtlicher Pfleger nicht ohne weiteres ersetzen. Man wird von einem solchen in der Regel nicht mehr als die getreue Verwaltung und Zweckverwendung des vorhandenen Vermögens, also die Liquidation, erwarten dürfen. Daß der amtliche Pfleger selbst die Unternehmertätigkeit aufnimmt, Bälle und Konzerte veranstaltet, Feste gibt, wird man nicht verlangen dürfen. In den meisten Fällen wird mit der Bestellung eines Pflegers dem Unternehmen der Lebensfaden abgeschnitten sein, der Zufluß neuer Spenden hört auf, die Gunst von Protektoren wird zurückgezogen, auf ein weiteres erfolgreiches Wirken ist nicht zu rechnen. Daher muß man mit dieser Maßregel sparsam umgehen.

Mit § 1914 BGB. wird man aber das Auslangen nicht finden. Unter dem Wegfall der berufenen Personen kann man nur Tod, Geschäftsunfähigkeit, Austritt oder Ausschließung aus dem Komitee verstehen. Den Fall der zweckwidrigen Verwendung unter den „Wegfall“ interpretieren zu wollen, wie es Hölder (a. a. O.) tut, geht nicht an, um so weniger als die Kommission den § 1914 einem Antrag entnahm, der die Pflegschaft auch dann zulassen wollte, wenn ein Grund vorliegt, der nach Gesellschaftsrecht „die Entziehung der Vollmacht eines Gesellschafters rechtfertigen würde“,[18]) und diesen zweiten Fall einer Pflegschaft ablehnte, um weder der theoretischen Frage nach dem Eigentümer, noch dem konkreten Parteiwillen des Einzelfalls vorzugreifen.[19])

Die Bedenken der Kommission können wohl als überwunden angesehen werden. Wenn man, wie es in diesem Gutachten getan ist, die Uneigennützigkeit des Unternehmens in den Vordergrund stellt, dann entfällt die Sorge wegen etwa abweichenden Parteiwillens.[20]) Wer zu

---

[18]) Protokolle II. Lesung VI, 313 zu § 1790.

[19]) Über die Entstehungsgeschichte des § 1914 siehe Kleemann 14 f. und Fischbach 10 ff.

[20]) Ein interessantes Gegenstück bildet das Sondergut eines eigennützigen Unternehmers; man sehe z. B. die Schilderung bei Ehrenberg a. a. O. 399 ff. Gegen die Zerstörung des Sondergutes bildet das eigene Interesse des Eigentümers eine gewisse Garantie für den Gläubiger (Ehrenberg 410) und selbst hier gibt es Fälle, in denen eine Art von verantwortlichem Kurator

uneigennützigem Zweck gibt, will den Zweck erreichen. Staatliches Eingreifen zur Erreichung des Zwecks wird mehrfach gefordert,[21]) eine Klage der Hintermänner (Spender) auf Erfüllung versagt[22]) oder durch eine Klage auf Rückstellung der Gabe ersetzt.[23]) Die Notwendigkeit für den Fall der Untreue den Unternehmern ihre Funktionen abzunehmen, an die sie kein materielles Interesse knüpft, ist nicht zu leugnen. Es würde sich daher empfehlen, § 1914 BGB. im Sinne des ursprünglich in der Kommission gestellten Antrags zu ergänzen und auch für Österreich eine entsprechende Norm aufzustellen.

VII. Ergebnisse.

Auf Grund der dargelegten Erwägungen würde ich dem Juristentag empfehlen, im Sinne folgender Sätze zu beschließen:

I. Sonderbestimmungen über Sammelvermögen im wörtlichen Sinne (§ 1914 BGB.) empfehlen sich nicht. Dagegen ist es wünschenswert, die Rechtsverhältnisse der auf welche Weise immer zur Erreichung uneigennütziger Zwecke entstandenen Vermögen derart zu regeln, daß diese Regelung von jeder theoretischen Konstruktion, namentlich von jeder Zuweisung solcher Vermögen an bestimmte Träger absieht und sich auf die durch das praktische Bedürfnis geforderten Punkte beschränkt.

II. Als Grundsätze einer solchen Regelung sind zu empfehlen:

1. Wenn eine oder mehrere Personen ein Unternehmen zu uneigennützigen Zwecken unter einem ausschließlich vom Zweck des Unternehmens hergenommenen Namen betreiben, so können sie in allen Angelegenheiten des Unternehmens unter diesem Namen vor Gericht in und außer Streitsachen auftreten, namentlich klagen und verklagt werden und ins Grundbuch eingetragen werden.

über die Interessen der Gläubiger wacht, wie z. B. der Schiffer den Gläubigern unmittelbar dafür haftet, daß die Ladungsinteressenten das Schiffsvermögen nicht zerstören, verschlechtern oder entfremden. (Ehrenberg 35 ff, 411).

[21]) Hölder a. a. O. 323; Stord 48; Krückmann 126 f.

[22]) Hölder a. a. O.; Isay 449.

[23]) Regelsberger, Streifzüge 32. In JheringsJ. 36, 471, gewährt er in erster Linie die condictio ob causam dati, in zweiter Linie die actio praescriptis verbis. So wohl auch Schulze 40 ff.

2. Das Vermögen eines solchen Unternehmens ist sowohl für die Unternehmer wie für alle diejenigen, die Beiträge dazu leisten, als fremdes anzusehen.

Demzufolge ist

a) dieses Vermögen dem Zugriff der Privatgläubiger der genannten Personen entzogen;

b) die persönliche Haftung dieser Personen für Schulden des Unternehmens mit ihrem Privatvermögen ausgeschlossen, wenn nicht den Gläubigern gegenüber etwas anderes bedungen wurde;

c) der Ersatz der Unternehmer an das Vermögen wegen unordentlicher Wirtschaft nach den Vorschriften über die Verwaltung fremden Vermögens zu beurteilen;

d) die Aneignung des Vermögens oder seine Verwendung zu eigennützigen Zwecken durch die genannten Personen als Diebstahl oder Veruntreuung zu betrachten.

3. Eine verwaltungsrechtliche Regelung ist in zweifacher Hinsicht erwünscht

a) sie soll, ohne den Geschäftsbetrieb uneigennütziger Unternehmungen selbst zu beeinflussen, die Erstattung wahrheitsgetreuer öffentlicher Berichte über die Gebahrung der Unternehmer gewährleisten;

b) sie soll die Übernahme der Verwaltung an ein öffentliches Organ ermöglichen, wenn

α) die ursprünglichen Unternehmer wegfallen oder

β) sich als vertrauensunwürdig erweisen.

III. Für das deutsche Rechtsgebiet bedürfen sämtliche unter II aufgestellten Grundsätze mit Ausnahme von 3 b α (vgl. § 1914 BGB) gesetzlicher Regelung, da das geltende Recht großenteils gegenteilige Rechtssätze aufstellt oder wo dies nicht der Fall, die Geltung der vorgeschlagenen Grundsätze wenigstens sehr bestritten ist.

IV. Für das österreichische Rechtsgebiet bedarf Grundsatz 1 (Parteifähigkeit) vielleicht mit Ausnahme der Grundbuchfähigkeit keiner gesetzlichen Regelung, da er der herrschenden Meinung in der Literatur und nunmehr auch der Praxis entspricht.

Von Grundsatz 2 (Fremdheit des Vermögens gegenüber Unternehmer und Spender) sind die Folgesätze c und d heute schon geltendes Recht. Die Folgesätze a und b wären gesetzlich zu regeln.

Grundsatz 3 bedarf in vollem Umfang gesetzlicher Regelung, weil das österreichische Recht keine dem § 1914 BGB. analoge Vorschrift hat und die Personalpflegschaft für die unbekannten Teilnehmer an einem Geschäft (§ 276 ABGB.) diesen Mangel nicht ersetzt.

VI.

Gutachten des Herrn Philipp Ritter von Stahl in Wien

über die Frage:

Empfehlen sich Sondergerichtshöfe in Streitigkeiten aus dem Gebiete des gewerblichen Rechtsschutzes?

Die Frage, über die dem deutschen Juristentag ein Gutachten zu erstatten ist, lautet:

„Empfehlen sich Sondergerichtshöfe in Streitigkeiten aus dem Gebiete des gewerblichen Rechtsschutzes?"

Um den Erörterungen des deutschen Juristentages ausreichenden Spielraum zu bieten, ist bei der Fragestellung vermieden, beengende Schranken zu ziehen. Wie die Grenzen abzustecken sind, welche Umfang und Inhalt des Gutachtens bestimmen, ergibt sich aus dem Wortlaut der Frage und aus der Aufgabe, zu deren Erfüllung das Gutachten beitragen soll.

Das Gutachten ist dem deutschen Juristentag zu erstatten; damit ist die Abgrenzung in territorialer Hinsicht festgelegt. Bedachtnahme auf das Recht, die Einrichtungen und die Verhältnisse außerhalb des deutschen Reiches und Österreichs wird als statthafte Grenzüberschreitung zu dulden sein. Mit der Feststellung des örtlichen Gebietes ist Klarheit über den Begriff „gewerblicher Rechtsschutz" gewonnen. Für seine Deutung hat die im Deutschen Reich und in Österreich bestehende Rechtsauffassung maßgebend zu sein.

Obschon der Ausdruck, soweit meine Kenntnis reicht, bisher in die Gesetzgebung der beiden Staaten keine Aufnahme gefunden hat, ist Rechtswissenschaft und Rechtsprechung darin einig, daß der gewerbliche Rechtsschutz umfaßt:

den Schutz der Erfindungen, sei es als Patent-, sei es als Gebrauchsmusterschutz; den Schutz gewerblicher Muster und Modelle; den Schutz der Warenzeichen und der anderen zur Individualisierung des Geschäftsbetriebes dienenden Kennzeichen, und den Schutz gegen unlauteren Wettbewerb.

Auch die internationale Union zum Schutz des gewerblichen Eigentums die von dem zu Paris am 20. März 1883 geschlossenen Vertrag den Ausgang genommen hat, anerkennt die Zusammengehörigkeit und innere Verwandtschaft der den Schutz der angeführten Güter und wirtschaftlichen Beziehungen regelnden Rechtsvorschriften, was betreffs der Bekämpfung unlauteren Wettbewerbs durch Artikel 10 bis der Brüsseler Zusatzakte vom 14. Dezember 1900 verstärkten Ausdruck gefunden hat.

Die zu beantwortende Frage bedient sich der Wendung „Streitigkeiten" aus dem Gebiet des gewerblichen Rechtsschutzes. Dies rechtfertigt, die Gerichtsbarkeit für das Strafverfahren wegen der mit Strafen bedrohten Zuwiderhandlungen gegen die den gewerblichen Rechtsschutz gewährenden und sichernden Gesetze unbesprochen zu lassen und sich nur mit jenen Fällen zu befassen, wo der Bestand des aus einem solchen Gesetz abgeleiteten Rechtes oder ein privatrechtlicher Anspruch, der als eine zu dem Recht gehörige Befugnis oder sonst auf Grund des Gesetzes geltend gemacht wird, den Gegenstand der Entscheidung bildet.

Bei dieser Auffassung entfällt eine Untersuchung darüber, ob jene Maßnahmen, welche den geschäftlichen Verkehr in mannigfacher Beziehung zwecks Wahrung öffentlicher Interessen namentlich zur Hintanhaltung einer Gefährdung oder Schädigung durch Täuschung regeln, zu den Vorschriften gegen unlauteren Wettbewerb zu rechnen sind, weil sie die Stellung des redlichen Geschäftstreibenden im Konkurrenzkampf zu stärken beitragen, obschon sie diesem keinerlei Anspruch wegen Übertretung ihrer Gebote und Verbote einräumen.

Ob nach der zur Zeit geltenden Rechtsordnung in den obgedachten Fällen die Entscheidung den ordentlichen Gerichten oder anderen Behörden zusteht, berührt die Beantwortung der gestellten Frage nicht. Es ist ferner dem Ausdruck „Sondergerichtshöfe" nicht der einschränkende Sinn beizulegen, als ob nur eine geänderte Besetzung der ordentlichen Gerichte im Rahmen der ihnen dermalen zugewiesenen Gerichtsbarkeit in den Kreis der Betrachtung zu ziehen wäre.

Auf Grund der vorstehenden Erwägungen wird sich das Gutachten mit der Frage befassen, ob es für das deutsche Reich und Österreich ratsam erscheint, das Verfahren und die Entscheidung, wenn es sich um den Bestand des Rechtes an einer Erfindung, einem gewerblichen Muster und Modell, einem Warenzeichen oder einem anderen individualisierenden Kennzeichen eines Geschäftsbetriebes, oder um die aus einem solchen Recht hergeleiteten oder die aus dem Gesichtspunkt des Schutzes gegen unlauteren Wettbewerb geforderten privatrechtlichen Ansprüche handelt, Behörden zuzuweisen, denen zum Zweck dieser Aufgabe eine Einrichtung und Besetzung gegeben wird, die von jener für die Besorgung ihrer sonstigen Amtsgeschäfte oder der für andere Behörden mit ähnlichen Wirkungskreis bestehenden verschieden ist.

Der derzeitige Zustand ist der folgende:

I. Deutsches Reich:

1. Patente.

Das kaiserliche Patentamt ist ausschließlich zur Durchführung des Verfahrens und zur Entscheidung über die Anträge berufen, welche die Nichtigerklärung eines Patentes — wegen mangelnder Patentfähigkeit, wegen Kollision mit einem älteren Patent, wegen Entnahme der Erfindung — oder die Rücknahme wegen unterbliebener inländischer Ausführung oder wegen Lizenzverweigerung bezwecken. Als Berufungsinstanz schreitet das Reichsgericht ein; das Berufungsverfahren ist durch die Verordnung vom 6. Dezember 1891 Reichs-Gesetzblatt S. 389 geregelt. Die Besetzung des Reichsgerichtes als Berufungsinstanz in den genannten Patentsachen ist die gleiche wie die sonst für die Ausübung seiner Gerichtsbarkeit eingeführte. Nach § 9 der bezogenen Verordnung können der Beratung Sachverständige beigezogen werden, welche jedoch an der Abstimmung nicht teilnehmen.

Für alle anderen Streitigkeiten, welche Patentrechte betreffen, sind die ordentlichen Gerichte zuständig; sie verhandeln und entscheiden in der durch die allgemeinen Organisationsbestimmungen vorgeschriebenen Zusammensetzung. Die Gerichte erkennen über die wegen Verletzung des Patentrechtes erhobenen Ansprüche, über positive und negative Feststellungsklagen, welche einen Ausspruch über den Umfang des aus dem Patentrecht entspringenden Untersagungsanspruches bezwecken, über den Bestand des Vorbenützerrechtes und endlich über Klagen wegen Übereignung des Patentes, wenn die Voraussetzungen der Nichtigkeitsklage wegen Erfindungsentnahme nicht gegeben sind oder die Nichtigerklärung nicht beantragt werden will. Über die Vorfrage der Gültigkeit des Patentes abzusprechen sind die Gerichte nicht befugt.

2. Gebrauchsmuster.

Alle Streitigkeiten fallen in die Kompetenz der ordentlichen Gerichte, sowohl jene, welche die Löschung des Musterrechtes wegen Abgangs der Schutzfähigkeit und wegen Entnahme betreffen, als auch jene, welche über Ansprüche aus dem Musterrecht geführt werden.

3. Muster und Modelle.

(Geschmacksmuster.)

Die Rechtsprechung in Geschmacksmustersachen ist ausschließlich Sache der Gerichte. Die bürgerlichen Rechtstreitigkeiten, in welchen auf Grund des Gesetzes über den Schutz der Muster und Modelle wegen Entschädigung, Bereicherung oder Einziehung Klage angestellt wird, sind von Gesetzes wegen als Handelssachen erklärt.

Die Klage auf Feststellung der mangelnden Berechtigung auf Schutz des Musters wird als zulässig angesehen.

4. Warenzeichen.

Die Löschung des eingetragenen Warenzeichens verfügt, wenn sich herausstellt, daß dem Zeichen wegen fehlender Eintragungsfähigkeit die Aufnahme in die Rolle hätte versagt bleiben sollen, das Patentamt von Amtswegen. Die Verfügung wird von der Warenzeichenabteilung getroffen und kann mit der Beschwerde an die Beschwerdeabteilung des Patentamtes angefochten werden.

Wegen Kollision mit dem prioritätsälteren eigenen Warenzeichen, wegen Aufhören des Geschäftsbetriebes des eingetragenen Warenzeicheninhabers, und wegen Dezeptiveigenschaft des Zeichens kann die Löschung mittels Klage bei Gericht begehrt werden.

In dem zweitangeführten Fall kann die Intervention des Patentamtes angerufen werden, welches das Zeichen löscht, wenn der Zeicheninhaber auf gegebene Nachricht nicht widerspricht. Bei erhobenem Widerspruch bleibt es dem Antragsteller vorbehalten, die Klage auf Löschung bei Gericht zu erheben.

Die Klagen zur Geltendmachung der durch das Warenzeichengesetz gewährten privatrechtlichen Ansprüche wegen Gefährdung oder Verletzung des Rechtes an einem Warenzeichen, am Namen oder der Firma, oder an der eigenartigen Warenausstattung werden vor den Gerichten verhandelt. Sie entscheiden auch über Ansprüche, die auf Grund anderweitiger Gesetzesbestimmungen wegen Verletzung des Firmenrechtes erhoben werden.

Klagen auf Unterlassung des unbefugten Gebrauchs einer Firma und auf Leistung des Ersatzes für den durch einen solchen Gebrauch verursachten Schaden gehören vor die Kammer für Handelssachen, ebenso die Klagen aus den Rechtsverhältnissen, welche sich auf den Schutz der Warenbezeichnungen beziehen.

5. Unlauterer Wettbewerb.

Das Gesetz gegen unlauteren Wettbewerb vom 7. Juni 1909, das seinen Vorläufer vom 27. Mai 1896 mit 1. Oktober 1909 abgelöst und wesentlich erweitert hat, gewährt ,wie dieses, wegen der für unerlaubt erklärten Handlungen privatrechtliche Ansprüche (Unterlassung und Schadenersatz), die im ordentlichen Rechtsweg geltend zu machen sind.

Das Wettbewerbsgesetz stellt nebst einem allgemeinen, noch folgende Sondertatbestände auf:

Ausschreitungen der Reklame, Verstöße bei der Veranstaltung und Ankündigung von Ausverkäufen, die Herabsetzung, die Angestelltenbestechung, Mißbrauch von Namen, Firmen, der besonderen Bezeichnungen gewerblicher Unternehmungen, von Druckschriftentiteln, wodurch Anlaß zu Verwechslungen gegeben ist, Verrat von Geschäfts- und Betriebsgeheimnissen.

Bürgerliche Rechtstreitigkeiten, in welche durch Klage ein Anspruch auf Grund des Wettbewerbsgesetzes geltend gemacht ist, gehören, insoweit in erster Instanz die Zuständigkeit der Landgerichte begründet ist, vor die Kammer für Handelssachen.

In allen erwähnten Fällen gerichtlicher Judikatur ist eine besondere Besetzung der Gerichte für diese Zwecke nicht eingeführt. Trotz des vorwiegend industriellen und kaufmännischen Charakters dieser Rechtssachen ist eine Zuweisung an die Kammern für Handelssachen nicht ausnahmslos erfolgt. Diese entscheiden — von den früher erwähnten Fällen abgesehen — nur, wenn nach den allgemeinen Jurisdiktionsvorschriften die Voraussetzungen für ihre Gerichtsbarkeit gegeben sind.

II. Österreich:

Die hier bestehenden Verhältnisse der Entscheidungszuständigkeit in Angelegenheiten des gewerblichen Rechtsschutzes sind auf der einen Seite vielgestaltiger und verwickelter als im Deutschen Reich, während auf der anderen Seite der Ausbau der einschlägigen Gesetzgebung noch nicht soweit gediehen ist, wie dort.

1. Erfindungen.

Außer den Patenten, welche auf Grund des seit 1. Januar 1899 in Wirksamkeit stehenden Patentgesetzes vom 11. Januar 1897 erteilt werden, gibt es noch andere Erfindungsschutztitel, nämlich die Privilegien, die auf Grund des kaiserlichen Patentes vom 15. August 1852 (Privilegiengesetz) erworben worden sind. Die noch bestehenden Privilegien werden binnen wenigen Jahren, nach deren Ablauf sie ihre Höchstdauer erreicht haben werden, von der Bildfläche verschwunden sein; bis dahin bleiben für sie die Bestimmungen des Privilegiengesetzes anwendbar, wofern nicht die mögliche Umwandlung in ein Patent gemäß dem Gesetz vom Jahre 1897 erwirkt worden ist.

Das Privilegiengesetz weist das hier nicht in Betracht kommende Verfahren wegen strafbarer Privilegieneingriffe den Verwaltungsbehörden zu. Wenn von dem Verletzten ein Bestrafungsantrag nicht gestellt werden kann oder werden will, so hat er die Klage auf Untersagung weiterer Eingriffshandlungen und auf Schadenersatz bei Gericht einzubringen. Die Gerichte entscheiden auch Streitigkeiten über das Eigentum an einem Privilegium.

Zur Durchführung des Verfahrens und zur Entscheidung betreffend die Frage der Giltigkeit und den Fortbestand eines Privilegiums (Nichtigkeits- und Erlöschungsprozeß) war durch das Privilegiengesetz das Handelsministerium berufen, an dessen Stelle mit der Errichtung des Ministeriums für öffentliche Arbeiten (1908) dieses getreten ist. Die Kompetenz des Ministeriums ist eine ausschließliche; wird die Frage, ob ein Privilegium als ungiltig oder als erloschen anzusehen ist, im Laufe des gerichtlichen Verfahrens aufgeworfen, so ist dieses zu unterbrechen, bis das Ministerium die Vorfrage entschieden hat. Die Vollzugsvorschrift zum Privilegiengesetz schreibt für das Nichtigkeitsverfahren die Einholung des Gutachtens von Sachverständigen über die für die Entscheidung wesentlichen Fragen fachlicher Natur vor. Die Gutachten wurden früherer Zeit in der Regel bei den technischen Hochschulen eingeholt. Späterhin, als das Handelsministerium ein eigenes technisches Personal für die Geschäfte des Privilegienwesens bestellt hatte, wurde dieses zumeist zur Begutachtung herangezogen. Seit Errichtung des Patentamtes werden regelmäßig dessen fachtechnische Mitglieder als Sachverständige verwendet. Die Entscheidung ist vermöge der ministeriellen Dienstesordnung in die Hände des Ministers oder seines damit betrauten Stellvertreters gelegt, der auf Grund des Vorschlages eines Referenten, allenfalls nach einer gremialen Beratung, die Angelegenheit erledigt. Die Teilnahme an der Entscheidung ist den begutachtenden Sachverständigen verwehrt. Die Vollzugsschrift hebt ausdrücklich hervor, daß sie sich auf die Abgabe des Kunstbefundes allein zu beschränken und sich in eine Anwendung des Gesetzes auf den vorliegenden Fall durchaus nicht einzulassen haben. Die Entscheidung kann infolge des Staatsgrundgesetzes über die richterliche Gewalt und des Gesetzes über die Errichtung eines Verwaltungsgerichtshofes, von gewissen Ausnahmen abgesehen (nämlich wenn die Entscheidung ein im Einvernehmen mit der ungarischen Regierung erteiltes Privilegium betroffen hat), mit der an diesen Gerichtshof gerichteten Beschwerde angefochten werden. Der Verwaltungsgerichtshof erkennt auf Grund des vom Ministerium angenommenen Tatbestandes. Für die Erledigung von Beschwerden gegen die Entscheidungen des Ministeriums in Privilegiensachen ist eine besondere Besetzung des Senates des Verwaltungsgerichtshofs nicht vorgesehen. Von den Mitgliedern dieses Gerichtshofs muß wenigstens die Hälfte die Eignung zum Richteramt besitzen, im übrigen werden sie dem Status der Verwaltungsbeamten oder den Berufskreisen der Professoren und Rechtsanwälte entnommen.

Das Patentgesetz vom 11. Januar 1897 hat den Wirkungskreis der Nichtigkeitsabteilung des Patentamtes im Vergleich mit dem Patentgesetz Deutschlands wesentlich erweitert. Sie entscheidet nicht bloß über Anträge auf Nichtigerklärung und Rücknahme eines Patentes, sondern auch über Anträge auf Aberkennung des Patentes, die gegen den das Patent besitzenden Nichturheber der Urheber der Erfindung, dessen Rechtsnachfolger oder der durch die Entnahme der Erfindung Beeinträchtigte stellt, ferner über Anträge auf Anerkennung des Vorbenützerrechtes, auf Einräumung einer Zwangslizenz, auf Abhängigerklärung eines prioritätsjüngeren von einem älteren Patent, endlich über Feststellungsanträge, welche zur Sicherung gegen künftige Eingriffsverfolgung den Ausspruch bezwecken, daß eine Einrichtung oder ein Verfahren, worüber eine genaue Beschreibung zu geben ist, weder ganz noch teilweise unter ein bestimmtes Patent falle.

Die dem deutschen Patentrecht angehörende Nichtigerklärung des Patentes wegen widerrechtlicher Entnahme der Erfindung ist dem österreichischen Patentgesetz fremd. An ihre Stelle ist die Aberkennung getreten, die dem obsiegenden Antragsteller die Übertragung des Patentes an ihn verschafft.

Die Nichtigkeitsabteilung ist wie jene des deutschen Patentamtes aus zwei rechtskundigen und drei fachtechnischen Stimmführern gebildet. Den Vorsitz führt ein rechtskundiges Mitglied.

Als Berufungsinstanz für die Rechtsprechung der Nichtigkeitsabteilung ihrem ganzen früher mitgeteilten Umfang nach hat das österreichische Patentgesetz den Patentgerichtshof geschaffen. Die Organisation beruht, wie jene der Nichtigkeitsabteilung, auf dem Gedanken einer juristisch-technischen Besetzung. Der Berufungssenat besteht aus dem Präsidenten des Patentgerichtshofs oder dessen Stellvertreter als Vorsitzenden, drei rechtskundigen und drei fachtechnischen Mitgliedern. Der Präsident, sein Stellvertreter und zwei der rechtskundigen Stimmführer werden den Senatspräsidenten und Räten des obersten Gerichtshofs entnommen. Als dritter rechtskundiger Stimmführer fungiert ein Rat jenes Ministeriums, dem das Patentamt dienstlich zugeordnet ist; dies war früher das Handelsministerium, jetzt ist es das Ministerium für öffentliche Arbeiten. Der Rat des Ministeriums, dem ein Stellvertreter aus den Beamten des Ministeriums beigegeben ist, nimmt gleichzeitig die Stellung des ständigen Referenten des Patentgerichtshofs ein. Für das Amt eines fachtechnischen Mitgliedes werden von der die näheren Organisationsvorschriften enthaltenden Verordnung hervorragende fachtechnische Kenntnisse gefordert. Aus der Liste der fachtechnischen Mitglieder, welche sowie der Präsident, die rechtskundigen Mitglieder und deren Stellvertreter auf die Dauer von fünf Jahren vom Kaiser ernannt werden, geschieht fallweise die Berufung der technischen Stimmführer des einzelnen Berufungssenates.

Klagen zur Geltendmachung der Ansprüche wegen eines Patenteingriffs gehören vor die Gerichte. Diese sind, abweichend von dem in Deutschland geltenden Recht ermächtigt, über die im Lauf des Verfahrens aufgeworfenen Frage nach der Giltigkeit oder Wirksamkeit des Patentes, jedoch nur mit Wirkung für den betreffenden Streitfall, zu entscheiden. Doch kann das gerichtliche Verfahren bis nach Abschluß eines beim Patentamt anhängig gemachten Anfechtungsstreites unterbrochen werden.

2. Muster und Modelle.

Das Musterschutzgesetz (kaiserliches Patent vom 7. Dezember 1858) erklärt als Muster und Modell jedes auf die Form eines Industrieerzeugnisses bezügliche, zur Übertragung auf ein solches geeignete Vorbild. Die weitfassende Definition ermöglicht die Hinterlegung von Mustern, bei denen die Formgebung funktionelle Bedeutung hat, mithin einem Gebrauchszweck dient. Ein Schutz von Gebrauchsmustern im Sinne des Gesetzes für das deutsche Reich vom 1. Juni 1891 besteht nicht.

Abgesehen von der Entscheidung über die wegen einer Musterrechtsverletzung begehrten Entschädigung, welche den Gerichten vorbehalten ist, liegt die Handhabung des Gesetzes ganz in den Händen der Verwaltungsbehörden. Vor sie sind nicht nur Anträge auf Untersagung von Eingriffshandlungen und Bestrafung wissentlich begangener Eingriffe zu bringen, sondern sie erkennen auch über die Frage der Giltigkeit und der Erlöschung des Musterrechtes. Das Musterrecht erlischt, wenn das Muster nicht binnen Jahresfrist im Inland benützt wird, oder wenn der Hinterleger nach dem Muster im Ausland verfertigte Waren einführt. Der Instanzenzug geht von der politischen Bezirksbehörde über die politische Landesstelle an das Ministerium und zwar nunmehr an das Ministerium für öffentliche Arbeiten, in dessen Wirkungskreis bei der Errichtung die ministeriellen Agenden der Musterschutzverwaltung gewiesen wurden. Besondere Anordnungen hinsichtlich der Funktionäre der genannten Verwaltungsbehörden, denen die Durchführung des Verfahrens und die Entscheidung in Musterschutzangelegenheiten obliegt, bestehen nicht. Zur Pflicht ist gemacht, in allen Fällen, wo zur Konstatierung eines Eingriffs die Vergleichung zweier Muster in Frage kommt, den Befund durch Sachverständige zu veranlassen. Auch in anderen Streitfällen bildet die Vernehmung von Sachverständigen die Regel.

3. Warenzeichen.

Das geltende Markenschutzgesetz hat der obersten Verwaltungsbehörde einen ausgebreiteten Wirkungskreis vorbehalten. Als oberste Verwaltungsbehörde in Markenschutzangelegenheiten ist früher das Handelsministerium eingeschritten; auch in diesem Zweig des gewerblichen Rechtsschutzes ist es jetzt durch das Ministerium für öffentliche Arbeiten ersetzt.

Dem Ministerium kommt es allein zu, die Entscheidung über die Giltigkeit registrierter Marken zu fällen, gleichviel ob es sich um die Frage handelt, ob das Zeichen von Anbeginn von der Registrierung ausgeschlossen gewesen sei, oder ob im Streit die Löschung wegen der Verletzung des Rechtes eines anderen begehrt wird. Zeichen, welche nach dem Gesetz von der Registrierung ausgeschlossen sind, können die Handels- und Gewerbekammern, bei welchen der zur Erwerbung des Markenrechtes erforderliche Akt der Registrierung stattfindet, die Eintragung in das Register verweigern; über die Beschwerde gegen die Verweigerung entscheidet das Ministerium.

Die Gerichte, welche in Sachen der Verletzung von Markenrechten judizieren, müssen über die auf das richterliche Urteil Einfluß nehmende

Vorfrage des Rechtsbestandes der Marke die Entscheidung des Ministeriums einholen und bis zum Einlangen dieser Entscheidung das gerichtliche Verfahren unterbrechen. Die Entscheidung ergeht durch den Minister oder in dessen Namen durch seinen hierzu ermächtigten Stellvertreter auf Grund des Antrages eines Referenten, häufig nach vorangegangener gremialer Beratung. In zweifelhaften Fällen werden Erkundigungen in Fachkreisen eingezogen, insbesondere bei Zweifeln über die täuschungsfähige Ähnlichkeit von Warenzeichen, sowie über die Anschauungen und Gepflogenheiten der jeweils in Betracht stehenden Verkehrskreise Sachverständige, die den betreffenden Geschäftszweigen angehören, für Zwecke der Entscheidung gehört.

Die Entscheidung des Ministeriums unterliegt der Anfechtung vor dem Verwaltungsgerichtshof. Die an früherer Stelle hinsichtlich der Beschwerden gegen Entscheidungen des Ministeriums in Privilegienanfechtungssachen gemachten Bemerkungen über die Zusammensetzung und die Erkenntnistätigkeit dieses Gerichtshofs haben auch auf dessen Wirken bei Beschwerden gegen die ministeriellen Entscheidungen auf dem Gebiet des Markenrechtes Anwendung.

Die wissentliche Verletzung des fremden Markenrechtes bildet ein von den Strafgerichten abzuurteilendes Vergehen und begründet für den Verletzten den Anspruch auf Schadenersatz, worüber entweder im Adhäsionsprozeß oder von den Zivilgerichten entschieden wird. Die Zulässigkeit einer zivilgerichtlichen Klage auf Untersagung der das Markenrecht objektiv verletzenden Handlungen, sowie ein Anspruch auf Schadenersatz wegen bloß fahrlässiger Verletzungen werden von der Rechtsprechung des obersten Gerichtshofs nicht anerkannt.

In die markenrechtliche Gesetzgebung ist auch der Schutz des Namens, der Firma, des Wappens und der geschäftlichen Benennung des Etablissements von Kaufleuten und Produzenten gegen widerrechtliche Aneignung zur Bezeichnung von Waren und Erzeugnissen einbezogen. Wegen des widerrechtlichen Gebrauches der angeführten Individualkennzeichen in der äußeren Bezeichnung der Betriebsstätte oder in geschäftlichen Kundgebungen eines Gewerbetreibenden kann auf Grund einer Bestimmung der Gewerbeordnung der Verletzte bei der Gewerbebehörde auf Einstellung des Eingriffs und im Fall wissentlichen Handelns auf Bestrafung dringen. Der Anspruch auf Ersatz des durch den Eingriff verursachten Schadens ist bei Gericht geltend zu machen. Die Gerichtszuständigkeit besteht auch für die durch das Handelsgesetzbuch gewährte Klage des durch den unbefugten Gebrauch einer Firma in seinen Rechten

Verletzten auf Unterlassung der weiteren Führung der Firma und auf Schadenersatz.

4. Unlauterer Wettbewerb.

Österreich entbehrt zur Zeit noch eines Gesetzes gegen unlauteren Wettbewerb. Bereits vor mehreren Jahren sind Vorarbeiten begonnen und ein Entwurf vorbereitet worden; die eine Kodifizierung anstrebenden Bemühungen, die zeitweise aus mannigfachen Gründen Unterbrechungen erleiden mußten, nehmen ihren Fortgang.

Eine Entwicklung der Rechtsprechung, die, wie in Frankreich, auf Grund der allgemeinen Gesetzesbestimmungen über die Pflicht zum Schadenersatz wegen unerlaubter Handlungen die Ausschreitungen des geschäftlichen Wettbewerbs als ein den beeinträchtigten Konkurrenten zur Abwehr berechtigendes Zivilunrecht behandelt hätte, kann Österreich nicht aufweisen. Abgesehen von den vorstehend besprochenen Normen, welche ein den Schutz genießendes Recht an gewissen Kennzeichen des Geschäftsbetriebs in bestimmten Umfang anerkennen, besitzt Österreich wohl eine Reihe von Gesetzen, die in ihrem Enderfolg eine Läuterung des Geschäftsverkehrs zugunsten der redlichen Mitbewerber zu bewirken nicht ungeeignet sind. Dies ist jedoch nicht ihr nächstes und eigentliches Ziel; sie sind aus dem Bestreben hervorgegangen andere allgemeine Interessen zu schützen und zu fördern, z. B. eine wirtschaftliche oder gesundheitliche Benachteiligung der abnehmenden Bevölkerung beim Bezug der Gegenstände ihres Bedarfs hintanzuhalten. Diese Vorschriften suchen durch strafrechtliche Gebote und Verbote oder durch polizeiliche Anordnungen eine vorbeugende Sicherung oder die Ahndung verübter Handlungen zu erreichen. Hierher sind zu rechnen die aus dem Gesichtspunkt der Lebensmittelpolizei geschaffenen Gesetze, das Gesetz zur Regelung der Ausverkäufe, die Vorschriften der Gewerbeordnung über den Gebrauch von Auszeichnungen beim Gewerbebetrieb, das Gesetz zum Schutz des Zeichens und des Namens des roten Kreuzes. Da auf Grund dieser Gesetzesbestimmungen privatrechtliche Ansprüche der Mitbewerber gegeneinander nicht geltend gemacht werden können, haben sie bei Besprechung der Frage betreffend die Organisation der zur Entscheidung von Streitigkeiten in Sachen des gewerblichen Rechtsschutzes berufenen Behörden außer Betracht zu bleiben.

Zur Ergänzung der Angaben, welche die Zuweisung von Streitigkeiten an die Gerichte mitteilen, ist zu bemerken, daß nach der in Kraft stehenden Jurisdiktionsnorm die Streitigkeiten aus den Rechtsverhältnissen, welche sich auf den Schutz und den Gebrauch von Marken, Mustern Modellen und Privilegien, bezw. Patenten beziehen, ohne Rücksicht auf den Wert des Streitgegenstandes vor die selbständigen Handelsgerichte und wo solche nicht bestehen, vor die Handelssenate der anderen Gerichtshöfe erster Instanz gehören, die in Rechtssachen der streitigen Gerichtsbarkeit unter Beteiligung eines Laienrichters aus dem Handelsstand als Stimmführers verhandeln und erkennen. Diese Zuständigkeit greift auch bei einem die Grenze von 1000 Kronen übersteigenden Streitgegenstandswert oder -Betrag Platz für Streitigkeiten, die in Ansehung des Rechtes zum Gebrauch einer Firma zwischen den Rechtsansprechern oder wegen des widerrechtlichen Gebrauchs einer Firma zwischen dem Beeinträchtigten und dem, der die Firma unbefugt gebraucht, geführt werden. Letztere Rechtssachen sind, wenn sie die angegebene Wertgrenze nicht übersteigen, bei den Bezirksgerichten, und wo solche bestehen, bei den Bezirksgerichten für Handelssachen anzubringen. Die Berufungsentscheidung steht in diesen Fällen unter gewissen formalen Voraussetzungen den Handelsgerichten und Handelssenaten zu. Ähnlich soll die Zivilgerichtsbarkeit für Streitigkeiten in Angelegenheiten des Schutzes gegen unlauteren Wettbewerb nach den Vorschlägen des vorher erwähnten Entwurfes geregelt werden.

Der Überblick zeigt, daß sowohl im Deutschen Reich wie in Österreich die Behördenorganisation und Zuständigkeitsregelung für die Angelegenheiten des gewerblichen Rechtsschutzes durchaus keine einheitliche ist, hierin vielmehr zwischen den einzelnen Zweigen dieses Rechtsgebietes wesentliche Verschiedenheiten bestehen. Immerhin läßt sich in dieser Mannigfaltigkeit der leitende Gedanke verfolgen: die Entscheidung über Ansprüche aus gewerblichen Urheberrechten oder wegen Verletzung der für den geschäftlichen Verkehr erlassenen Schutzgesetze den Gerichten zu überlassen, wobei jener auch für andere Rechtssachen der streitigen Gerichtsbarkeit eingeführten Besetzung der Vorzug gegeben wird, die dem Laienelement auf die Urteilsfindung Einfluß einräumt, hingegen in jenen Fällen, wo die Bedachtnahme auf öffentliche Interessen in den Vordergrund gerückt ist, besondere Einrichtungen zu schaffen, welche eine von einheitlichen Gesichtspunkten ausgehende und daher tunlichst an einer Stelle konzentrierte Rechtsprechung gewährleisten kann. Solche Einrichtungen finden sich im deutschen und österreichischen Erfindungsschutzwesen, in der Markenschutzgesetzgebung Österreichs und zum Teil auch in der Warenzeichenverwaltung des Deutschen Reichs. — Zur konsequenten Durchführung sind diese Gedanken für das ganze Gebiet des gewerblichen Rechtsschutzes nicht gebracht. In dem Sinn, daß eigene Institutionen wirken, welche in Angelegenheiten des gewerblichen Rechtsschutzes über Rechte Einzelner erkennen, kann von dem Bestand einer Sondergerichtsbarkeit für diese Angelegenheiten in Deutschland und Österreich neben der von den ordentlichen Gerichten gleichwie in anderen bürgerlichen Rechtsachen ausgeübten gesprochen werden.

In ganz anderer Richtung liegt das Ziel, dem die Bewegung zusteuert, die seit einigen Jahren bei raschem Wachstum in öffentlicher Diskussion steht und gewiß nicht ohne Einfluß war, die vorliegende Frage dem nächsten deutschen Juristentag vorzulegen. Die Bewegung ist im Deutschen Reich ebenso ausgebreitet wie lebhaft; sie äußert sich in den Kundgebungen verschiedener Standesvereinigungen und Körperschaften, und in einer fortgesetzten Preßpolemik, die sich namentlich der Fachpresse bemächtigt hat, aber auch in der Form selbständiger Broschüren erscheint. Die Staatsverwaltung hat bereits Stellung genommen, und für eine Reihe bemerkenswerter Reformen des gerichtlichen Verfahrens den Weg gewiesen. Nach Österreich haben die Wogen dieser Bewegung bis nun nur wenig herübergeschlagen; das soll durchaus nicht als ein Beweis dafür angeführt sein, daß die Beteiligten hier alles zum besten bestellt ansehen. Es gibt einen weniger schmeichelhaften Erklärungsgrund; in Deutschland waren es vornehmlich Wahrnehmungen, die bei der Anwendung des Patentgesetzes gemacht wurden, von denen die Bewegung den Anstoß bekam. Die Zeit, seitdem das österreichische Patentgesetz vom Jahre 1897 in Wirksamkeit steht, ist verhältnismäßig kurz; vorher hat man die bei der Handhabung des Erfindungsschutzes empfundenen Mängel der Unzulänglichkeit des veralteten Privilegiengesetzes zugeschrieben. Von maßgebender Bedeutung ist ferner, daß im deutschen Reich wegen der weit mächtigeren Entfaltung von Industrie und Handel den Angelegenheiten des gewerblichen Rechtsschutzes ein ungleich stärkeres Interesse entgegengebracht wird als in Österreich. Nicht zu bezweifeln ist, daß die Bewegung früher oder später auch nach Österreich herübergreifen wird, und daß man auch hier der Prüfung ihrer sachlichen Berechtigung nicht wird aus dem Weg gehen können.

Die Ruhe, die jetzt noch herrscht, läßt den Berichterstatter aus Österreich ohne Gelegenheit zu einer unmittelbaren Beobachtung von in der nächsten Umgebung stattfindenden Vorgängen und bestehenden Strömungen. Angewiesen auf die aus der Ferne vernehmbaren Stimmen und was darüber berichtet wird, kann die Darstellung und Beurteilung nicht jene Frische und Lebendigkeit erlangen, die durch die Teilnahme am

Widerstreit der Meinungen und durch den Aufenthalt inmitten des Ringens ermöglicht wird.

Der Mangel unmittelbarer Wahrnehmung birgt überdies die Gefahr, bei der Erforschung der Ursachen der Reformbewegung und bei der Einschätzung ihrer Bedeutung auf Abwege zu geraten. Nur auf Grund der richtigen Erkenntnis und Würdigung der treibenden Ursachen und ihres tatsächlichen Untergrundes ist ein zutreffendes Urteil darüber möglich, ob das angestrebte Ziel den erhofften Nutzen zu bringen verspricht.

Die Bewegung, von der vorstehend gesprochen wurde, geht dahin, bei Entscheidungen in streitigen Rechtsachen des gewerblichen Rechtsschutzes die Teilnahme der Beamtenschaft mit rechtswissenschaftlicher Vorbildung einzuschränken, dagegen die Zuziehung von in anderen Fächern gebildeten oder tätigen Stimmführern zu fördern. Im Vordergrund steht die Forderung nach stärkerer Verwendung des Technikers. Dies erklärt sich damit, daß es zunächst die Entscheidungen über Patentstreitigkeiten gewesen sind, welche die Aufmerksamkeit auf sich gezogen haben, ferner aus der hervorragenden Stellung, die der Erfindungsschutz infolge des langjährigen Bestandes, der Ausbreitung und der wirtschaftlichen Wichtigkeit einnimmt.

Die mit Eifer, ja mitunter höchst temperamentvoll erörterte Frage der Stellung des Technikers in der öffentlichen Verwaltung und im öffentlichen Dienst überhaupt wirkt ebenfalls als treibende Kraft. Soweit sie als Standesfrage auftritt, bleibt sie für die Beratung des deutschen Juristentags über das vorliegende Thema außer Betracht. Die Grundsätze des Rechts und seiner Wissenschaft, die Wohlfahrt des Staates und seiner Bevölkerung geben allein die Richtschnur für die Verhandlungen dieser Körperschaft.

Die erste Aufgabe ist, festzustellen, welche Beschwerden gegen die bestehenden Einrichtungen und ihr Wirken erhoben werden, ob und in welchem Maß sie begründet sind, und ferner den wahren Ursachen jener Erscheinungen nachzugehen, welche den Anlaß zu den Beschwerden geben. Ehe in diesen Richtungen nicht ausreichende Klarheit gewonnen ist, läßt sich nicht beurteilen, ob eine Änderung der bestehenden Behördenorganisation und des jetzigen Verfahrens erforderlich ist, an welchen Punkten und mit welchen Zielen Verbesserungen vorzunehmen wären, und namentlich ob die gemachten Vorschläge ein taugliches Mittel darstellen, Abhilfe gegen die getadelten Mißstände zu schaffen. Aus den Kundgebungen in Druckschriften und in Versammlungen der Vereinigungen, die sich mit Fragen des gewerblichen Rechtsschutzes befassen, ist zu erschließen, daß die Äußerungen der Unzufriedenheit sich vorzugsweise auf die Rechtsprechung der Gerichte in patentrechtlichen Streitigkeiten beziehen. Weniger zahlreich und weniger nachdrücklich sind die Beschwerden über die Judikatur auf anderen Gebieten des gewerblichen Rechtsschutzes. Den Entscheidungen des deutschen Patentamtes, sowohl im Patent- wie in Warenzeichensachen, ist wiederholt volle Anerkennung gezollt. Als die Anwendung des Gesetzes betreffend die Bekämpfung unlauteren Wettbewerbs, obschon sie, soweit sie in die Hände der Gerichtshöfe erster Instanz gelegt war, unter Beteiligung von Laienrichtern vor sich ging, nicht die bei Erlassung des Gesetzes gehegten Erwartungen befriedigte, wurde die Bewegung in die Bahn einer Änderung und Ergänzung des Gesetzes geleitet, die mit der am 1. Oktober 1909 in Wirksamkeit getretenen Kodifikation Erfüllung fand. An der Zuständigkeit der Gerichte und an den Formen des gerichtlichen Verfahrens wurde im allgemeinen nicht gerührt.

Geht man die Vorwürfe durch, die gegen die Tätigkeit der Gerichte in Patentstreitigkeiten erhoben werden, so findet man, daß nicht die Langwierigkeit, Umständlichkeit und Kostspieligkeit den Gegenstand des Tadels bildet, sondern daß die Fehlerhaftigkeit der die Rechtsstreitigkeiten erledigenden Erkenntnisse nach der sachlichen oder rechtlichen Seite oder in beiden Hinsichten behauptet wird. Auffällig ist daran, daß Belege für diese Behauptung in diesen Äußerungen nur äußerst spärlich beigebracht werden. Man begnügt sich mit Angaben, daß unrichtige oder mißglückte Fassungen von Beweisbeschlüssen zustande kommen, oder mit Erzählungen über Fragestellung und Äußerungen von Richtern, die dem Techniker überflüssig oder unsachgemäß erscheinen. Es wird als feststehende Tatsache behandelt, daß die Urteile verfehlt sind. Manche Äußerungen fügen die recht bequeme Bemerkung bei, daß dies allgemeine Überzeugung sei, die von einer näheren Begründung und besonderen Erhärtung enthebe.

Die Unbestimmtheit der Ausführungen macht den Zweifel an der vollen Zuverlässigkeit des Behaupteten rege. Wäre es nicht möglich, daß manche Kundgebungen, die als selbständige Ereignisse gezählt werden, nur unter dem suggestiven Einfluß des andernorts Verhandelten zustandegekommen sind, daß bei der Publizität, die mitunter von den durch den Verlust eines Prozesses in ihren Erwartungen Getäuschten diesen Angelegenheiten zuteil wird, der Eindruck einer Vielheit von Geschehnissen, erweckt wird, obgleich es sich in Wirklichkeit um ein vereinzeltes Vorkommnis handelt? Ein aufklärender Einblick könnte nur erlangt werden, wenn die Fälle, bei denen eine unrichtige Urteilsfindung behauptet wird, sorgfältig zusammengetragen wären. Alsdann wäre das Material für die

Prüfung, ob die gemachten Vorwürfe stichhältig sind, und für die Abschätzung gegeben, in welchem Verhältnis die Fälle, deren Entscheidung mit Grund bemängelt wurde, zu der Zahl aller anderen Entscheidungen stehen, die ohne irgend ein Bedenken zu erwerben erflossen sind. Das Eingehen auf einzelne Fälle ist die Voraussetzung für die Beantwortung der Frage, worin die Fehlerquelle der unrichtigen Entscheidungen liegt. Auch hierin läßt das vorliegende Material im Stich; es bietet bloß abstrakte Betrachtungen ohne zuverlässige tatsächliche Grundlage.

Es scheint der Gedankengang zugrund zu liegen: Das Eingehen auf technische Probleme bereitet dem Juristen Schwierigkeit; der nicht befriedigende Inhalt eines ausschließlich von Rechtskundigen gefällten Urteils kann also nur durch das nicht genügende Verständnis der Fragen und Erscheinungen der Technik auf ihrer Seite verursacht sein.

Eine solche Annahme kann den bündigen Nachweis des ursächlichen Zusammenhanges nicht ersetzen; diesem nachzuspüren ist jedoch höchst wichtig. Denn nur die richtige Erfassung der eigentlichen Ursache gibt den Fingerzeig, an welcher Stelle bessernd einzugreifen ist. Das Urteil, das in einem Patentstreit gefällt wird, kann deshalb verfehlt sein, weil das technische Wesen der patentierten Erfindung oder der dem Patent gegenüberstehenden Einrichtung oder Verfahrensweise nicht richtig erfaßt worden ist; der Fehler kann hinwiederum dadurch entstanden sein, daß die Anwendung des Gesetzes auf den technisch vollkommen zutreffend gewürdigten Tatbestand unrichtig war. In dem einen Fall liegt ein Irren in der Tat-, in dem andern in der Rechtsfrage vor. Wäre es nun zweckmäßig, wenn der Irrtum sich bei der Beurteilung der technischen Tatfragen eingestellt hat, die bei der in Geltung stehenden Ordnung des gerichtlichen Verfahrens mittels der Begutachtung durch Fachkundige erfolgt, daß versucht würde, damit Abhilfe zu bringen, daß der Fachmann den Wirkungskreis des Sachverständigen mit dem eines Richters tauscht?

Selbst ein häufigeres Vorkommen von Äußerungen der Unzufriedenheit gestattet nicht die Annahme, daß der Vorwurf einer erheblichen Anzahl von Fehlentscheidungen gerechtfertigt sei. Zu dem Gefühl der Mißstimmung, das jeder verlorene Prozeß bei der unterlegenen Partei hervorruft, gesellen sich bei ungünstig ausgegangenen Patentstreitigkeiten noch andere psychische Momente und einschneidende wirtschaftliche Folgen. Die Feststellung des Eingriffs in ein Patent zwingt häufig zum Aufgeben eines mit bedeutenden Aufwand eingerichteten gewerblichen Betriebs. Das Bewußtsein, in den Augen der Mitbürger mit dem Makel beladen zu sein, sich fremder Geistesschöpfungen widerrechtlich bemächtigen zu wollen, läßt das von dem Gegner nicht selten zu Konkurrenzzwecken verwertete Unterliegen als eine Demütigung empfinden. Der Patentinhaber, der mit seinen Ansprüchen nicht durchdringt, erfährt eine bittere Enttäuschung, indem er dessen inne wird, daß ihm das Patent nicht jene wirtschaftliche Stellung verschafft, die er erhoffte, auf die er seine Berechnungen aufgebaut, der er den Umfang seines Gewerbsunternehmens angepaßt hat. Ist der Patentinhaber zugleich der Erfinder, dann schleicht sich leicht ein Gefühl der Kränkung in Folge der Vorstellung ein, daß die geistige Leistung, die nur zu oft nach schweren Mühen, langwierigen Studien, unter Sorgen und Entbehrungen errungen wurde, und die der Allgemeinheit gebotene Wohltat verkannt worden seien. Solche Stimmungen lösen gern eine herbe Kritik des ungünstigen Prozeßergebnisses aus, die hinneigt, den Mißerfolg der mangelhaften Auffassung und Beurteilung des Streitfalls zuzuschreiben.

Das eben Gesagte trifft zum guten Teil für die in andere Zweige des gewerblichen Rechtsschutzes einschlagenden Streitigkeiten zu. Sie treten gewöhnlich als Kraftäußerung eines längere Zeit und mit Erbitterung geführten Konkurrenzkampfes auf.

In den Ländern, wo Patente nur nach vorausgegangener Vorprüfung und Aufgebots-Verfahren erteilt werden, wie in Deutschland und Österreich, hat der Patentwerber vielfach schon harte Zeiten durchgemacht, bis er in den Besitz des Patentes gelangt ist. Er mußte den Vorprüfer von dem Vorhandensein einer Erfindung und ihrer Neuheit überzeugen, hat sich vielleicht auch gegen Einsprüche zu erwehren gehabt, und etwa sein Recht auch noch vor der Beschwerdeabteilung durchkämpfen müssen. Jetzt, wo er sich im Besitz eines Rechts wähnt, das die Feuerprobe bestanden hat, sieht er sich, statt in den ruhigen Genuß der Erfindungsausbeutung zu treten, wieder mitten in den Kampf gezogen. Es kommen die aufregenden Verhandlungen über die gegen den Rechtsbestand des Patents gerichteten Anfechtungsanträge, — die nach österreichischem Patentrecht ohne jede zeitliche Schranke, in Deutschland hinsichtlich einzelner Anfechtungsgründe binnen der Frist von fünf Jahren seit der Erteilungsbekanntmachung gestellt werden können —; in Feststellungsanträgen wird Inhalt und Tragweite des Patentschutzes bezweifelt; in jedem Eingriffsstreit muß der Patentinhaber aufs neue die Richter von dem Wesen der geschützten Erfindung, von dem Umfang seines Verbietungsrechts überzeugen. Es ist begreiflich, daß ein Patentinhaber, selbst wenn er schließlich Recht behalten hat, des Ringens müde geworden ist. Seinen Unmut äußert er gegen die Behörden, die ihm zuletzt die

Durchsetzung seines in mehrerlei früheren Verfahren bewährten Rechts sauer machen; das sind die über Eingriffsfragen erkennenden Gerichte.

Fasse ich den Inhalt dieser Betrachtungen zusammen, so gelange ich zu dem Ergebnis, daß ich die Äußerungen der Unzufriedenheit und des Tadels trotz der Häufigkeit und trotz der Schärfe, die sie ab und zu annehmen, nicht als einen vollgiltigen Beweis dafür hinnehmen kann, daß die Entscheidungen der Gerichte über streitige Patentangelegenheiten in erheblichem Maße an einer den Richtern zur Last fallenden Mangelhaftigkeit der Beurteilung leiden.

Den gleichen Standpunkt sehe ich mich genötigt in Ansehung der richterlichen Tätigkeit auf den sonstigen Gebieten des gewerblichen Rechtsschutzes einzunehmen. Diese treten in den Anwürfen, die in die Öffentlichkeit gedrungen sind, weniger hervor. Eine Sammlung von Beispielen aus der Praxis findet sich nicht vor. Da bei den Gerichten des deutschen Reiches Rechtstreitigkeiten über Warenzeichen und wegen Handlungen unlauteren Wettbewerbs jährlich in bedeutender Anzahl verhandelt werden, könnte es kaum Schwierigkeiten bereiten, wenn behauptet werden will, daß die Urteilsfindung nicht auf der Höhe der ihr gestellten Aufgabe stehe, Belege in ausreichender Menge zu liefern. In den ersten Jahren der Wirksamkeit des Gesetzes vom 27. Mai 1896 zur Bekämpfung des unlauteren Wettbewerbs haben allerdings manche Erkenntnisse Befremden hervorgerufen und in Interessentenkreisen sowie in rechtswissenschaftlichen Fachblättern den Gegenstand von Polemiken unter eingehender Darlegung des Sachverhalts gebildet. Im weiteren Verlauf hat teils infolge Änderung der Judikatur, teils infolge der Festigung der Grundsätze für die Auslegung zweifelhafter Gesetzesbestimmungen die Kritik, die mit dem damals geltenden materiellen Recht rechnen mußte, sichtlich abgenommen.

Die vorangeschickten Ausführungen dürfen keineswegs in dem Sinn aufgefaßt werden, als ob das Vorkommen von Fehlurteilen ganz bestritten werden wollte, das eine unvermeidliche Begleiterscheinung der vom menschlichen Denken geleiteten und dessen Schwächen ausgesetzten Institutionen bildet. Auch wenn verfehlte Erkenntnisse eine Seltenheit wären, verliert die Erforschung eines Mittels, deren Zustandekommen zu verhindern, nicht an Wert. Die Häufigkeit oder die Seltenheit wird jedoch Einfluß nehmen bei der Ermittlung der mitwirkenden Ursachen und auf die Schlußfassung über den zur Vorbeugung geeigneten Weg.

Die vollständige Beherrschung des Prozeßstoffes nach der tatsächlichen Seite sowie hinsichtlich der anzuwendenden Rechtsätze ist die Voraussetzung für das Zustandekommen richtiger Urteile. In beiden Richtungen bereiten die über Fragen des gewerblichen Rechtsschutzes geführten Rechtstreite Schwierigkeiten. Die größeren Schwierigkeiten liegen meines Erachtens auf der Seite der einschlägigen Rechtsnormen. Der gewerbliche Rechtsschutz gehört in Dentschland und in Österreich zu den jüngeren Zweigen der Rechtswissenschaft; die Aufnahme in die Gesetzgebung geschah verhältnismäßig spät. Die Anschauungen haben im Lauf der Zeit tiefgehende Veränderungen erfahren, die einen grundstürzenden Wandel der Gesetze hervorgebracht haben. Trotzdem hat das Recht auf diesem Gebiet noch nicht die reife Durchbildung erlangt, die anderen seit langem eingelebten Rechtsinstituten zuteil geworden ist. Das Zurückbleiben des Rechtsausbaues ist außer durch die Jugend der Materie auch dadurch bedingt, daß die Tatbestände, mit denen hier die Gesetzgebung zu tun hat, vielgestaltig, äußerst beweglich und deshalb nicht leicht zu erfassen sind. Das gewaltige Anschwellen der Literatur, die sich mit diesem Teil der Rechtswissenschaft und Kodifikation befaßt, in dem letzten Jahrzehnt kann als Zeugnis dafür angerufen werden, daß viele ungeklärte Zweifel bestehen. Es ist nicht lange her, daß das Rechtstudium den gewerblichen Rechtsschutz unbeachtet ließ; da auch die Praxis früher wenig Gelegenheit geboten hat, sich mit diesen Angelegenheiten abzugeben, mag es sich immerhin ereignet haben und auch noch ereignen, daß einzelne Funktionäre Fragen dieses Rechtsgebiets einigermaßen fremd gegenüberstehen. Jedenfalls sind es Ausnahmserscheinungen, die bald der Vergangenheit angehören werden.

Die Tatfragen sind in Streitigkeiten anderer Art häufig weder leichter, noch weniger verwickelt. Das Feld richterlicher Tätigkeit erstreckt sich auf alle Lebensverhältnisse. Erscheinungen wirtschaftlicher, sozialer künstlerischer Natur ziehen im Gerichtssaal vorüber. Kein Zweig der Wissenschaft, keine Form der Berufsausübung und des Erwerbes, kein Gebiet künstlerischen Schaffens bleibt außer Berührung mit dem Recht und seiner Anwendung. Um diesen vielfältigen Aufgaben gerecht zu werden, ist vom Richter gefordert, daß er vermöge der Vorbildung, Lebens- und Amtserfahrung und der geistigen Weiterentwicklung Einblick in die Kultur seiner Zeit besitzt und die Darlegungen über was immer für eine Erscheinung dieser Kultur zu verstehen befähigt ist. Niemand wagt zu behaupten, daß der Richterstand im Ganzen oder in seiner Mehrheit in Erfüllung dieser Aufgabe versagt hätte. Zeigen sich an dieser oder jener Stelle Lücken oder Unzulänglichkeit, so läßt sich durch Änderung und Vervollkommung des Studienganges, sowie durch Fürsorge für eine mit den Fortschritten im gesellschaftlichen und staatlichen Leben Schritt haltende Weiterbildung nachbessern.

Bei den im Deutschen Reich bei Gericht durchzuführenden Streitigkeiten in Warenzeichen-, Geschmacksmustersachen und in Angelegenheiten der Bekämpfung unlauteren Wettbewerbs handelt es sich in der Regel um einen Sachverhalt, dessen Verständnis ein besonderes Fachwissen nicht erheischt. Schwierigkeiten bereitet meist die Ermittlung der maßgebenden Tatsachen, jedoch nicht die Beurteilung der festgestellten Tatsachen. Es ist nicht immer leicht zu erheben, welche Auffassung über eine Warenbezeichnung bei der abnehmenden Bevölkerung tatsächlich herrscht; ist die Erhebung einmal gelungen, so entwickelt sich verhältnismäßig leicht der Schluß, ob eine zur Täuschung der Abnehmer geeignete Nachahmung des Zeichens vorliegt. Ähnlich verhält es sich bei den meisten Streitigkeiten, die Tatbestände des unlauteren Wettbewerbs betreffen; bei diesen liegt im allgemeinen das Gewicht auf den im geschäftlichen Verkehr vorherrschenden Anschauungen und Gepflogenheiten. Eine Ausnahme ist höchstens zu machen für Fragen des Schutzes von Betriebsgeheimnissen; und auch hierin überwiegt regelmäßig die Erforschung der Geheimniseigenschaft und der Verschwiegenheitspflicht die technische Seite an Bedeutung.

Wichtig ist bei vielen der besprochenen Streitfälle die Vertrautheit mit den Einrichtungen und dem inneren Getriebe der betreffenden Geschäftsunternehmungen, die Kenntnis der Formen der Abwicklung des geschäftlichen Verkehrs, der hierbei angewendeten Hilfsmittel und dgl. mehr. Sobald diese Verhältnisse dargelegt sind, finden sie auch bei dem, der nicht in dieser Umgebung ständig tätig ist, ohne Mühe Verständnis. Zur Aufklärung, warum im vorstehenden auf Österreich bezügliche Wahrnehmungen fehlen, wiederhole ich, daß wegen der dem Markenschutzgesetz gewordenen Auslegung vor den Zivilgerichten aus Markenrechtseingriffen hervorgegangene Streitigkeiten selten durchgeführt werden, daß ein Gesetz gegen unlauteren Wettbewerb noch nicht besteht, und daß das Verfahren wegen der Eingriffe gegen Musterrechte derzeit noch an die Verwaltungsbehörden gewiesen ist.

Für den Rechtstreit, der sich um den aus dem Patentrecht abgeleiteten Untersagungs- und Ersatzanspruch bewegt, wird mit voller Berechtigung geltend gemacht, daß gewöhnlich technische Fragen im Mittelpunkt der Erörterungen stehen. Zu weit wird jedoch mit dem Ausspruch gegangen, daß die Antwort auf die technische Frage fast immer schon die Entscheidung des Streites sei. Es mag ja in zahlreichen Fällen die Unterordnung des durch sachkundige Beleuchtung klargestellten Tatbestandes unter die Vorschriften des Gesetzes höchst einfach sein oder doch so erscheinen. Es darf jedoch nicht übersehen werden, daß oft genug reine Rechtsfragen verwickelter Art nebenhergehen, wie z. B. ob im gegebenen Fall die unbefugte Anwendung der patentierten Erfindung als eine gewerbsmäßige, oder wie das österreichische Patentgesetz sich ausdrückt, eine betriebsmäßige Benützung anzusehen sei, oder ob ein bestimmter Vorgang als ein im Inland stattgehabter Verkehrsakt betrachtet werden kann. Dort, wo es sich um die Feststellung der Pflicht zum Ersatz und die Entscheidung über den Umfang der Ersatzpflicht handelt, überwiegen die hierauf bezüglichen Rechts- und Tatfragen an Wichtigkeit die technische Seite des Falles.

Es ist nicht einzusehen, warum dem nicht technisch Vorgebildeten und in dem maßgeblichen Zweig der Technik nicht Bewanderten durch eine ausführliche und gute Darlegung von sachkundiger Seite nicht das ausreichende Verständnis der wesentlichen technischen Momente vermittelt werden könnte. Müssen sich doch überall und fortwährend Richter ohne fachtechnische Schulung in den verschiedensten ihrer Entscheidung vorgelegten Streitfällen mit Fragen aus allen Gebieten der Technik abgeben! Sie werden aufgeworfen, wenn die vertragsmäßige Beschaffenheit oder die Brauchbarkeit einer technischen Anlage, einer Maschine usw. bestritten ist; die Haftpflichtprozesse wegen der Beschädigungen durch die mit elementarer Kraft betriebenen Fahrzeuge oder stabilen Arbeitsmaschinen hängen nahezu immer von der Beantwortung technischer Fragen ab; die Beispiele ließen sich in's Ungemessene vermehren.

Verglichen mit solchen Beispielen weist allerdings der Patenteingriffsstreit hinsichtlich der technischen Momente einen Unterschied auf. Bei den ersteren handelt es sich um die Beobachtung eines bestimmten Gegenstandes, seiner Beschaffenheit, Wirkungsweise, oder eines Arbeitsvorgangs für sich allein; im Patenteingriffsprozeß tritt die Vergleichung mit der durch Patent geschützten Erfindung hinzu.

An Hand der Bestimmung des deutschen und des österreichischen Patentgesetzes, daß zum Zweck der Patenterlangung die Erfindung derart beschrieben sein muß, daß danach die Benützung der Erfindung durch Sachverständige möglich ist, und weiter, daß das, was als neu und patentfähig geschützt sein soll, in dem Patentanspruch genau und unterscheidend hervorzuheben ist, wäre man geneigt, da in beiden Staaten das Vorprüfungssystem herrscht, anzunehmen, daß die Feststellung des Wesens der Erfindung, für welche das Patent erteilt wurde, mindestens dem

Fachmann keinerlei Mühe verursachen könne. Die Erfahrung bestätigt diese Annahme nicht. Es ist eine nicht selten zu machende Beobachtung, daß sich die von dem Gericht zu Rat gezogenen Sachverständigen in der Patentschrift nicht zurechtfinden, und daß über den Gegenstand des Patentschutzes sowohl von den in ein und derselben Rechtsache als auch von den bei verschiedenen Anlässen zugezogenen Experten von einander abweichende Meinungen geäußert werden. Es kann unerörtert bleiben, ob solche Begebenheiten durch die mangelnde Übung mancher Sachverständigen in der Auslegung von Patentschriften und ihre geringere Vertrautheit mit den Einzelheiten des Patentwesens verursacht sind, oder ob diese Vorkommnisse die Deutung gestatten, daß nicht alle Patentschriften so genau und scharf gefaßt sind, um das Wesen der geschützten Erfindung mit aller Deutlichkeit hervortreten zu lassen. Es wäre von großem Wert, wenn die Patentwerber dem Ziel, das bei der amtlichen Vorprüfung mit aller Gewissenhaftigkeit und regem Eifer angestrebt wird, ihre Unterstützung leihen würden, nämlich im Weg eines zweckmäßigen Aufbaues der Beschreibung — durch klare Hervorhebung des zugrunde liegenden technischen Problems und der zu dessen Lösung gewählten Mittel unter Abgrenzung gegenüber früher Bekannten — für eine zutreffende Kennzeichnung der Erfindung Sorge zu tragen. Viele Hemmungen und Erschwerungen blieben dann im Laufe der weiteren Lebensdauer des Patents dessen Besitzer und den in dem gleichen Industriezweig Schaffenden erspart.

Trotz der besten Redaktion der Patentbeschreibungen ist die im Patenteingriffsprozeß zu verrichtende Tätigkeit der Vergleichung nicht leicht. Zu vergleichen sind nicht technische Gebilde oder Verfahren in einer mit allen Einzelheiten feststehenden Ausführung. Gegenstand des Patents ist die Problemlösung in ihrem abstrakten Inhalt. Die Kennzeichnung gibt Gattungsmerkmale, nicht genaue Formen, Maße und Verhältnisse einer bestimmten Ausführung. Da gilt es nun festzustellen, ob diese Merkmale in einem bestimmten Erzeugnis, einem Arbeitsgerät, einer gewerblichen Tätigkeit verkörpert sind. Häufig ist die äußere Ähnlichkeit mit den in der Patentschrift beschriebenen und dargestellten Ausführungsformen nur gering; der Schutzbereich geht jedoch über diese Ausführungsformen hinaus, er erstreckt sich auf das Prinzip, das eine Reihe von Durchführungsmöglichkeiten der generell gekennzeichneten Problemlösung umfaßt. Die Prüfung der Übereinstimmung stellt hohe Anforderungen an das Fachwissen und an die Gabe technologischer Diagnose. Der Prüfende muß sich klar werden, ob trotz der Verschiedenheiten der äußeren Erscheinung die Ausnützung der Wirksamkeit der Naturkräfte die gleiche, eine mit wesentlich gleichen Mitteln erreichte ist. Hierzu gehört die richtige Beobachtung der eintretenden Erscheinungen, Ermittlung der sie herbeiführenden Ursachen und Sonderung des Wesentlichen von dem bloß Begleitenden und Nebensächlichen. Diese Aufgabe ist in einer großen Anzahl von Fällen gewiß eine schwierige.

Vorstehende Erwägungen scheinen hauptsächlich den Vorschlag geweckt zu haben, bei den vor Gericht verhandelten Patentstreitigkeiten — vorzugsweise bei Eingriffsstreitigkeiten — Techniker als Richter an der Entscheidung mitwirken zu lassen. Die Verwendung von nicht rechtswissenschaftlich vorgebildeten Richtern ist eine sowohl in Deutschland als auch in Österreich seit längerer Zeit bekannte Institution. Die gesetzlich eingeführten oder in Gesetzen anerkannten Schiedsgerichte, die — aus Mitgliedern von Vereinen, Anstalten und Körperschaften zusammengesetzt — Streitigkeiten gewisser Art zwischen einem bestimmten Kreis von Personen schlichten, sind wegen dieser Beschränkung des Wirkungskreises auszuscheiden. Staatliche Gerichtsstellen bei denen Laienrichter in bürgerlichen Rechtstreitigkeiten wirken, sind im deutschen Reich die Kammern für Handelssachen, die Kaufmannsgerichte und die Gewerbegerichte, nebst einzelnen Sondergerichten für bestimmte Gattungen von Streitfällen. In Österreich bestehen Laienrichter aus dem Handelsstand und aus dem Kreis der Schiffahrts- oder Bergbaukundigen bei den Gerichtshöfen erster Instanz, welche die Gerichtsbarkeit in Handels- oder Seesachen oder in Angelegenheiten des Bergbaus in erster oder zweiter Instanz ausüben und zwar für Rechtsachen der streitigen Gerichtsbarkeit. Ferner besitzt Österreich Gewerbegerichte zur Austragung gewisser Streitigkeiten aus dem gewerblichen Arbeitsverhältnis. Die Beisitzer werden zur Hälfte von den Unternehmern, zur andern Hälfte von den Arbeitern gewählt. Jeder Gruppe wird ein Beisitzer zur Bildung des gewerbegerichtlichen Senats entnommen, dessen Vorsitzender ein für das Richteramt befähigter richterlicher Beamter ist. In jenen Fällen, wo eine Vollberufung stattfindet, entscheidet der als Berufungsgericht einschreitende Gerichtshof erster Instanz unter Zuziehung von gewerblichen Beisitzern. Beide Einrichtungen reichen in Österreich weit in die Zeit vor der Einführung der neuen Zivilprozeßgesetze zurück. Es gab schon in dem früheren zivilgerichtlichen Verfahren Beisitzer aus dem Handelsstand und bergbaukundige Beisitzer. Bei der Zivilprozeßreform wurde ihre Stellung als Richter kräftiger hervorgehoben und ihnen die Vorrechte des Richterstandes eingeräumt. Ein Gesetz vom Jahr 1869 hatte Gewerbegerichte eingeführt, deren Besetzungsart die neue gesetzliche Regelung vom Jahr 1896 im wesentlichen beibehalten hat. Die vordem sehr beschränkte Gerichtsbarkeit, welche die Ursache war, daß nur wenige solche Gerichte errichtet worden sind, wurde bei der Neuordnung bedeutend ausgedehnt. Im Laufe der letzten Jahre ist eine stattliche Anzahl von Gewerbegerichten eröffnet worden.

Der Zweck der Heranziehung des Laienelementes ist nicht der gleiche für alle angeführten Fälle. Die Gesichtspunkte, welche für die Bedeutung der Schöffen- und Geschwornengerichte im Strafverfahren geltend gemacht werden — namentlich die frische und unbefangene Auffassung menschlichen Handelns, Denkens und Fühlens mit einem nicht durch Amtsroutine umflorten Blick bei der Würdigung der Beweise und dem Ausspruch über Schuld oder Nichtschuld — lassen sich nur mit Einschränkungen auf das Verfahren in bürgerlichen Rechtstreitigkeiten übertragen. Diese Rechtsprechung steht in inniger Wechselbeziehung mit allen Verhältnissen des bürgerlichen Lebens, die in ihrem Bestand und Verlauf einer gesicherten Ordnung bedürfen, und wenn sie als neue Tatbestände auftreten, dem Recht in einer seinem Aufbau und seinen Grundzügen harmonisch entsprechenden Weise unterstellt werden müssen. Die notwendige Ordnung und Beständigkeit könnte durch eine möglicherweise wechselnden Stimmungen ausgesetzte Rechtsprechung gefährdet werden. Deshalb hat man bisher bei der Zulassung des Laienrichtertums auf die Vertrautheit mit den dieser Gerichtsbarkeit unterstellten Rechtsverhältnissen Wert gelegt und die Beisitzer dem Kreis solcher Personen entnommen, bei denen vermöge ihrer Stellung im Handel und Wandel die Kenntnis nicht nur der einem bestimmten Tätigkeitsgebiet angehörenden üblichen Begebenheiten, sondern auch der hierfür bestehenden gesetzlichen Vorschriften und herrschenden Rechtsauffassungen vorausgesetzt werden kann. Das österreichische Gerichtsorganisationsgesetz vom Jahr 1896 stellt für die fachmännischen Laienrichter der Handels-, See- und Berggerichtsbarkeit die Forderung auf, daß sie infolge ihres Berufes über eine genaue Kenntnis des Handels-, Schiffahrts- oder Bergbaubetriebs und der dafür geltenden Gesetze und Gewohnheiten verfügen müssen. In den Rechtsätzen für die aus dem Arbeitsverhältnis entspringenden Streitigkeiten, über welche Gewerbegerichte entscheiden, sind sowohl die der Gruppe der Arbeitgeber als auch die der Gruppe der Arbeitnehmer angehörenden Mitglieder bewandert. Die Wichtigkeit dieser Seite der Befähigung der aus dem Laienstand hervorgegangenen Richter, die sie durch eine Berufsausübung erwerben, welche sie in gleiche oder verwandte Rechtsbeziehungen setzt oder den fortgesetzten Abschluß gleicher oder ähnlicher Rechtsgeschäfte mit sich bringt, erleidet keine Einbuße durch den Umstand, daß die anderweitigen Kenntnisse und die sonstige Erfahrung auf dem besonderen Fachgebiet die Grundlage der Institution bilden.

Die Verwendung von technisch gebildeten Fachmännern als Richter in bürgerlichen Rechtstreiten patentrechtlicher Natur würde insofern eine Neuerung bedeuten, als das Hauptgewicht auf die Fachkunde in einem Zweig der Technik gelegt wäre. Sollen für jedes Fach der Technik sachkundige Richter in genügender Zahl zur Verfügung stehen, so kann bei der Menge dieser Fächer nicht verlangt werden, daß der Fachmann Rechtskenntnisse besitzen müsse, die er durch Studien oder durch eine Berufsausübung erlangt hat.

Um die besprochene Maßregel empfehlen zu können, muß feststehen, daß sie mit dem Wesen eines geordneten, die Parteirechte wahrenden Prozeßverfahrens vereinbar, daß sie mit den vorhandenen Kräften mit einem angemessenen Aufwand öffentlicher Mittel und ohne Störung wichtiger anderer allgemeiner Interessen durchführbar, und endlich daß sie das geeignetste Mittel ist, die Gewähr für eine gediegene Rechtsprechung in patentrechtlichen Streitigkeiten zu bieten.

Nach den geltenden Verfahrensvorschriften werden in diesen Streitigkeiten die für die Entscheidung erheblichen Tatsachen technischer Natur und die aus diesen Tatsachen mit den Lehren und Regeln der Fachwissenschaft abzuleitenden Folgerungen durch die Einvernehmung von Sachverständigen festgestellt. Die deutsche wie die österreichische Zivilprozeßordnung trifft die erforderlichen Vorkehrungen, damit ein unparteiischer, bündiger und brauchbarer Sachverständigenausspruch zustande kommt. Sie lassen sich in drei Gruppen gliedern: sie betreffen die persönliche Eignung des Sachverständigen, den Einfluß der Parteien auf die Beweisaufnahme und die Zensur des Sachverständigenspruchs. Die Anforderungen an die Unbefangenheit des Sachverständigen sind die gleichen, wie die für den Richter geltenden; Sachverständige können gleich Richtern wegen obwaltender Ausschließungsgründe oder wegen Bedenken gegen die volle Unbefangenheit abgelehnt werden. Beide Parteien können an der Beweisaufnahme teilnehmen und besitzen das Recht zur Fragestellung an die Sachverständigen. Das Gericht hat freie Hand, sei es infolge Rügung durch eine Partei, sei es aus eigenem Entschluß, die Sachverständigenbeweisaufnahme, deren Ergebnis als nicht genügend befunden wird, ergänzen oder wiederholen zu lassen. Über Fragen, welche Patente betreffen, hat nach patentgesetzlicher Vorschrift das Patentamt in Deutschland und ebenso in Österreich über Verlangen des Gerichts ein Gutachten abzugeben, wenn die Frage von den im gerichtlichen Verfahren vernommenen mehreren Sachverständigen in verschiedener Weise begutachtet wurde. Die angeführten Vorschriften sind geeignet, den Mißständen vorzubeugen, über welche in Frankreich wiederholt bei der Erörterung des Beweises durch Sachverständige im gerichtlichen Patentstreite geklagt worden ist.

Soll nun an die Stelle des Sachverständigenbeweises die Aufnahme des Fachkundigen in das Richterkollegium treten, so geht den Parteien der Vorteil der Kontrolle der fachkundigen Begutachtung und der unter der Leitung des Gerichtes stattfindenden Durchführung der Begutachtung verloren. Die fachliche Beurteilung der technischen Fragen wäre in das Beratungszimmer verlegt, daher der Ingerenz der Parteien entrückt, die auf Unrichtigkeiten, Unklarheiten und Lücken nicht mehr vor der Urteilschöpfung aufmerksam machen könnten. Das oder die rechtskundigen Mitglieder des Senats werden nur in einzelnen Fällen die genügende Sachkenntnis besitzen, um Mängel der fachlichen Betrachtungsweise der Streitsache herauszufinden und die Korrektur zu veranlassen. Diese wird durch eine Überstimmung, wenn die fachlichen Richter in der Mehrheit und gleicher Meinung sind, ausgeschlossen. Sind die Meinungen der letzteren geteilt, so können die andern Senatsmitglieder bemüßigt sein, in Fragen, in denen sie sich nicht zurechtzufinden vermögen, mit ihren Stimmen den Ausschlag zu geben, während nach der geltenden Verfahrensordnung bei einer Ansichtsverschiedenheit der Sachverständigen die Klärung, wenn sie nicht durch das Eingreifen der Parteien erzielt wird, in der sachentsprechenden Weise durch Vernehmung anderer Sachverständiger, allenfalls im Wege einer Befragung des Patentamts geschieht. An die Möglichkeit, der vorerwähnten Schwierigkeit dadurch begegnen zu wollen, daß das entscheidende Gericht bloß mit technischen Richtern besetzt wird, denkt heute wohl niemand ernstlich. Über diesen Punkt wird später noch zu sprechen sein; ebenso wird sich nachträglich noch Gelegenheit ergeben, zu begründen, warum in Ansehung der patentamtlichen Rechtsprechung, wo die Verhältnisse, wie sie in den vorstehenden Betrachtungen vorausgesetzt sind, tatsächlich bestehen, die angeführten Bedenken beiseite gelassen werden können.

Der durch die heute bestehende Rechtsordnung den Parteien eingeräumte Einfluß auf das Zustandekommen des Sachverständigengutachtens ist bei der meist hervorragenden Bedeutung der technischen Fragen für den Ausgang des Rechtstreites so wichtig, daß die Änderung, die infolge des Ersatzes des Ausspruches von Sachverständigen als Beweismittel durch die Bestellung fachkundiger Richter entstehen würde, als eine empfindliche Schmälerung höchst beachtlicher Parteiinteressen anzusehen ist. Wollte man einwenden, daß die ausgesprochenen Bedenken auch für die Laienrichter aus dem Handelsstande, dem Stande der Schiffahrts- und Bergbaukundigen, die doch eine seit langer Zeit bestehende Einrichtung bilden, Geltung hätten, so ist zu entgegnen, daß bei den unter Teilnahme solcher Laienrichter amtierenden Gerichten vorwiegend Gepflogenheiten des Geschäftsverkehrs und des Unternehmensbetriebs, seltener Fragen technischen Charakters in Betracht kommen, deren Verständnis übrigens den rechtskundigen Mitgliedern des Gerichtshofes, die fortlaufend mit diesen einem bestimmten einzelnen Gebiet angehörenden Angelegenheiten beschäftigt sind, nicht minder zugänglich ist als jenes der geschäftlichen Gewohnheiten. Zu entgegnen ist ferner, daß die Grenzen, innerhalb welcher das fachmännisch besetzte Gericht das eigene Fachwissen der Mitglieder für das Erkenntnis verwerten kann, recht eng gezogen sind. Nach der österreichischen Zivilprozeßordnung kann das Gericht in Fällen, in welchen der Gegenstand seiner Beurteilung fachmännische Kenntnisse erfordert, oder in welchen das Bestehen von geschäftlichen Gebräuchen in Frage kommt, von der Zuziehung Sachverständiger absehen, wenn die eigene Fachkunde oder das eigene Wissen der Richter die Zuziehung überflüssig macht. Noch enger lautet die Bestimmung des Gerichtsverfassungsgesetzes für das deutsche Reich. Danach kann die Kammer für Handelssachen über Gegenstände, zu deren Beurteilung eine kaufmännische Begutachtung genügt, sowie über das Bestehen von Handelsgebräuchen auf Grund eigener Sachkunde und Wissenschaft entscheiden.

Es ist freilich denkbar, vor dem Gericht, an dem Fachrichter aus dem Technikerstand teilnehmen, über die technischen Fragen des Streitfalls den Sachverständigenbeweis in der gerichtsordnungsmäßigen Form durchzuführen. Dies ist bei dem hier erörterten Vorschlag sicher nicht beabsichtigt. Es stellt sich als ein wenig ökonomischer Kräfteaufwand und unter der Voraussetzung, daß die Fachrichter die Plätze rechtskundiger Mitglieder einzunehmen berufen sein sollten, als eine Vernachlässigung der nicht minder wichtigen rechtlichen Seite der Streitsache in materiell- und prozeßrechtlicher Hinsicht dar. Wenn ein Sachverständigenbeweis vor einem fachmännisch besetzten Senat durchgeführt wird, ist allerdings die Gewähr geboten, daß die Fragestellung an die Sachverständigen von Anfang an eine richtige ist und daß Unvollständigkeiten, Unklarheiten und Widersprüche des Gutachtens sofort aus der Mitte des Senats aufgegriffen werden. Dieser Vorteil wird jedoch durch die Beteiligung der Parteien an der Beweisaufnahme und die von ihnen ausgeübte Kontrolle des Sachverständigenausspruchs und des Vorbringens des Gegners nahezu ersetzt. Noch eines andern Umstandes ist zu gedenken; wenn bei der Beratung zum Zweck der Entscheidung eine von dem Gutachten der Sachverständigen abweichende Meinung der Fachrichter zur Urteilschöpfung benützt werden könnte, blieben die Parteien, bei der Gewinnung eines wesentlichen Bestandteiles des Erkenntnissubstrates ausgeschaltet, wenn hingegen dem Abgehen von dem Ausspruch der Sachverständigen Schranken gezogen wären, würde es keinen erheblichen Unterschied bedeuten, ob die unter Parteikontrolle stattgefundene Sachverständigenbeweisaufnahme vor einem mit Fachkundigen oder ausschließlich mit juristisch vorgebildeten Mitgliedern besetzten Gericht erfolgte. Es begegnet keinem Anstand, sobald es zur Klarlegung der Angelegenheit erforderlich ist, die Sachverständigen während des Parteivorbringens und der Abhörung von Zeugen anwesend sein zu lassen, und über ihre Anregung die Verhandlung und Zeugenbefragung auf Umstände auszudehnen, die sie zur Abgabe des Gutachtens für wesentlich halten. Damit ist erreicht, daß die Sachverständigen solche Angaben unmittelbar und nicht bloß durch die Niederschrift im Verhandlungsprotokoll erfahren und notwendige Ergänzungen gleich bei der Vernehmung veranlassen können.

Die Einführung eines den technischen Berufskreisen entnommenen Laienrichterstandes setzt voraus, daß für jeden Zweig der Technik die genügende Anzahl von zur Versehung dieses Amts geeigneten und bereiten Personen vorhanden sei. Bei der ungeheuren Mannigfaltigkeit der Technik ist gediegenes Fachwissen und Erfahrung nur in einzelnen Zweigen möglich; der wissenschaftliche Unterricht und die praktische Anwendung tragen dieser Forderung Rechnung. Den deutlichsten Ausdruck findet diese Spezialisierung im Patentwesen. Der Fortschritt ist im allgemeinen ein schrittweiser und begnügt sich meist, an dieser oder jener Einzelheit zu bessern. Zur richtigen Abschätzung der Neuerungen und ihrer Bedeutung bedarf es einen genauen Vertrautseins mit dem einzelnen Gebiet; die Organisation der vorprüfenden Patentämter Deutschlands und Österreichs lehrt dies. Da Streitigkeiten, welche Patente betreffen, in Frage kommen, muß eine in dem besonderen technischen Gebiet bewanderte Fachkenntnis für den einzelnen Streitfall als unerläßliches Gebot bezeichnet werden. Es ist eine irrige Vorstellung zu glauben, daß die Vorbildung in einer der Hauptgruppen, wie sie für die Studien an den technischen Hochschulen eingeführt sind, ohne weiteres genügt, um in den einschlägigen Patentstreitigkeiten ein gediegenes Fachurteil abzugeben. Man wird sich von dem Gegenteil überzeugen, wenn man Telephonanlagen dem Dynamomaschinenbau, oder die Farbenchemie der Herstellung von Glühkörpern und Glühfäden für Beleuchtungszwecke gegenüberstellt. Hätte man es mit einigen wenigen Gerichten zu tun, denen die Gerichtsbarkeit über ausgedehnte Sprengel zusteht, dann ließen sich Fachrichterkörperschaften bilden, die nach den verschiedenen technischen Gebieten gegliedert sind.

Die Zentralisierung der Streitigkeiten bei wenigen Gerichten läßt sich nicht zu weit treiben, sollen nicht die Interessen der den Schutz der Gerichte Anrufenden sowie der vor Gericht Gerufenen leiden. Die Schaffung zentraler Körperschaften, deren Mitglieder fallweise zu den einzelnen Gerichten abgeordnet werden, hat mißliche Seiten. Die zahlreichen Dienstreisen, die nebstdem namhafte Kosten verursachen würden, entziehen die Mitglieder für geraume Zeit der Ausübung ihres Berufes, was die Bereitwilligkeit zur Annahme einer solchen Stellung recht herabstimmen würde. Nicht ohne Belang ist ferner, daß bei dem gedachten Vorgang ein Zusammenwirken derselben Funktionäre zur Ausnahme würde, was für eine Rechtsprechung, an der Juristen und Techniker gemeinsam mitwirken und sich mit ihren herabgebrachten Anschauungen ineinanderfinden sollen, nicht empfehlenswert erscheint. Für die Besetzung der Gerichte mit Richtern aus dem Technikerstand sind aber nebst den in erster Instanz erkennenden Gerichten auch die im Rechtsmittelverfahren einschreitenden höheren Instanzen in Anschlag zu bringen. Mir scheint die Beibehaltung einer ausschließlich rechtskundigen Besetzung in den höheren Instanzen mit dem Wesen der vorgeschlagenen Neuerung nicht vereinbar zu sein. Zur Überprüfung, ob die Verwertung der Fachkenntnisse der Beisitzer in dem Erkenntnis eine richtige ist, ist die Vertretung des gleichartigen Fachwissens beim Gericht der höheren Instanz kaum zu umgehen. Andernfalls müssen zwecks Beurteilung der in dem eingelegten Rechtsmittel gegen die technischen Ausführungen des Urteils vorgebrachten Einwendungen Sachkundige herangezogen werden. Die Überprüfung eines richterlichen Ausspruchs durch Sachverständige ohne richterliche Stellung entspricht nicht ganz der den Richtersprüchen im allgemeinen zugebilligten Bedeutung. Der Grundsatz, daß bei der Rechtsprechung durch Laienrichter eine Übereinstimmung der Besetzung in allen Instanzen hergestellt sein müsse, ist allerdings weder in Deutschland noch in Österreich für die Gerichtsbarkeit in Handels-, Schiffahrts- bezw. auch Bergbauangelegenheiten durchgeführt, die bei den Gerichtshöfen erster Instanz unter Mitwirkung von Laienrichtern ausgeübt wird. Eine Berufung auf diese Regelung ist deshalb nicht stichhältig, weil bei den mit den genannten Laienrichtern besetzten Gerichten Fragen ausschließlich technischer Natur nicht allein auf Grund eines Ausspruchs aus der Mitte des Senates beantwortet werden. Das österreichische Gewerbegerichtsgesetz sieht in jenen Fällen, wo eine Vollberufung gegen Urteile eines Gewerbegerichts zulässig ist, die Beiziehung zweier gewerblicher Beisitzer bei dem Berufungsgericht vor. Der Patentgerichtshof in Österreich, der über die Berufungen gegen die Endentscheidungen der Nichtigkeitsabteilung des Patentamts entscheidet, erkennt in einer aus rechtskundigen und fachtechnischen Mitgliedern bestehenden Besetzung. Ich erblicke in dieser Organisation den Ausdruck für den früher ausgesprochenen Grundsatz. In Deutschland geht die Berufung gegen die Entscheidungen der Nichtigkeitsabteilung des Patentamts in Sachen der Nichtigerklärung und Rücknahme von Patenten an das Reichsgericht. In den reichsgerichtlichen Berufungssenat sind Fachtechniker nicht aufgenommen; jedoch kann das Reichsgericht zur Beratung Sachverständige zuziehen, die aber an der Abstimmung nicht teilnehmen dürfen. Gleiche Vorschriften galten als das Reichs-Oberhandelsgericht auf Grund des Patentgesetzes vom Jahr 1877 als Berufungsinstanz in den gedachten Patentangelegenheiten bestellt war. An das Reichsgericht gingen diese Agenden zufolge des Gesetzes vom Jahr 1879 über. Ich will mich nicht darauf einlassen, was die deutsche Gesetzgebung ursprünglich bewogen haben mag, eine Verschiedenheit der Besetzung bei der unteren und der höheren Instanz einzuführen. Als im Jahr 1891 zur Novellierung des Patentgesetzes geschritten wurde, war es für die Aufrechterhaltung des bisherigen Zustandes entschieden mitbestimmend, daß die Rechtsprechung des Reichsgerichtes in Patentanfechtungsangelegenheiten eine unbestrittene Autorität im Reich wie jenseits seiner Grenzen erlangt hatte. Anders stand es in Österreich, als die mit dem Patentgesetz des Jahres 1897 abschließende Reform des Erfindungsschutzwesens in Fluß kam. Damals gab es als Erfindungsschutztitel nur die im Einvernehmen mit dem ungarischen Handelsministerium erteilten Privilegien, bezüglich welcher ein Rechtszug an den Verwaltungsgerichtshof nach dessen organischen Bestimmungen ausgeschlossen war. Für die Entscheidungen des Handelsministeriums über Privilegienanfechtungen gab es zu jener Zeit keine Überprüfungsinstanz. Bei der Patentreform, die nicht mit eingelebten und bewährten Verhältnissen zu rechnen hatte, bestand mithin kein Anlaß, für die Organisation des Patentgerichtshofes von dem Grundsatz der Übereinstimmung der Besetzung mit jener der Patentamtsnichtigkeitsabteilung abzugehen.

Es kann nicht bezweifelt werden, daß durch die Einführung eines Richterstandes, welcher der Technikerschaft entnommen wird, wenn die Institution in dem eben dargestellten Sinn ihrem Wesen genügen soll, eine große Anzahl der Angehörigen dieses Berufs und gerade die hervorragenderen unter ihnen in erheblichem Maß der Ausübung ihres eigentlichen Berufs, der Verwertung ihres Wissens und Könnens in den verschiedenen Zweigen der Industrie, des Verkehrs und der öffentlichen Verwaltung entzogen werden würden, wo sie bleibenden Nutzen, große volkswirtschaftliche Werte, viele darunter Großes und Bewundernswertes schaffen. Die Teilnahme an den gerichtlichen Verhandlungen und das Studium der Streitakten, welch' beides häufig eine längere Beschäftigung mit den ausschließlich Rechts- und prozessualen Fragen gewidmeten Teilen des Verfahrens erfordert, erschöpft noch nicht ganz den Entgang an schaffender Leistung der zu Richtern bestellten Techniker. Sowohl die deutsche wie die österreichische Gesetzgebung anerkennen als Postulat eines modernen Prozeßrechtes, daß die fachmännischen Laienrichter, die bei den Kausalgerichten (Handels-, See-, Berggerichte) fungieren mit den Prärogativen des Richteramts ausgestattet seien. Gleiches müßte für die aus dem Technikerstand hervorgehenden Richter gelten. Die dauernde richterliche Stellung bringt das Bestreben mit sich, das Entstehen von Ausschließungs- und Befangenheitsgründen hintanzuhalten. Aus diesem Grund werden die technischen Fachrichter, die wegen der Notwendigkeit der Spezialisierung der Fachgebiete durch die Richtertätigkeit nicht wie andere Richter voll in Anspruch genommen sein werden, trotz der ihnen aus diesem Grund zur Verfügung stehenden Zeit vielfach behindert sein, ihren Beruf uneingeschränkt in dem ihrer Begabung erreichbaren Umfang auszuüben. Mir dünkt, daß mit dem Beschreiten der empfohlenen Bahn viele wertvolle Kräfte ihren für Volkswirtschaft und Gemeinwohl wichtigen Aufgaben entzogen würden, ohne daß in dem für die Rechtsprechung erhofften Fortschritt ein angemessener Ersatz gefunden werden wird.

Es geht zu weit, wenn behauptet wird, daß in den gerichtlichen Patentstreitigkeiten die technischen Fragen immer die beherrschenden seien. Oft ist es der Fall, aber nicht minder zahlreich sind die Rechtstreite in Patentangelegenheiten, wo in der Verhandlung die rechtlichen Erörterungen überwiegen. Ich führe als Beispiele Prozesse über die bestrittene Pflicht zum Ersatz oder den Umfang des Ersatzanspruchs wegen Patenteingriffs, Streitigkeiten wegen Patentlizenzen, solche um das Recht des Vorbenützers und dergl. an. Die zu entscheidenden Rechtsfragen sind deshalb häufig heikelig, weil die Stellung des Immaterialgüterrechtes im Gefüge des bürgerlichen Rechtes in wesentlichen Beziehungen noch wenig geklärt ist.

In allen Fällen, auch solchen, wo die Entscheidung hauptsächlich von der Beantwortung der technischen Frage abhängt, können prozessuale Zwischenfälle auftauchen, deren Erledigung volles Vertrautsein mit dem Prozeßrechte und seinen Grundsätzen erheischt. Die Erledigung ist mitunter von einschneidender Bedeutung für die Rechte der Parteien. Auch die auf die Förmlichkeiten des Verfahrens Bezug habenden Verfügungen des Gerichtes sind nicht als nebensächlich zu behandeln. Die Vorschriften über die Formen des Prozeßverfahrens haben die Aufgabe, die Parteien und andere am Verfahren Beteiligte zu schützen und Sicherheit für eine richtige und gerechte Entscheidung zu bieten. Bei rechtskundiger Besetzung des entscheidenden Kollegialgerichtes werden die Fragen des materiellen und des Prozeßrechtes, die der Rechtsstreit an die Oberfläche treibt, von in der Rechtswissenschaft bewanderten und in der Anwendung der Rechtsvorschriften erfahrenen Richtern beraten. Ein gleich gründliches Eingehen kann von Beisitzern, denen diese Studien und Erfahrungen mangeln, nicht vorausgesetzt werden. Bald werden sie dem Übergewichte des rechtsgelehrten Richters unterliegen, bald eigene Wege ohne den Leitstern zuverlässiger Rechtskenntnisse wandeln. Den Parteien entgeht auf diese Weise für das, was von rechtlicher Tragweite ist, der Vorteil, der mit einer kollegialen Beratung verbunden sein soll. Die Fachkundigen wohnen wenn sie die Stellung von Richtern einnehmen, den langwierigen Erörterungen bei, ohne daß damit etwas für die Gründlichkeit und Sachlichkeit der hierüber zu treffenden Entscheidungen gewonnen wäre. Das Bewußtsein, das verantwortungsvolle Amt des Richters auch in den Fragen ausschließlich rechtlicher Natur versehen zu müssen, wird die fachkundigen Beisitzer bewegen, sich die gesetzlichen Vorschriften, die hierbei in Betracht kommen können, zu eigen zu machen. Ein solches Bestreben ist nicht nur höchst anerkennenswert, sondern auch ein Gebot der Pflicht des übernommenen Richteramts. Aber weil sich wohl niemand verhehlen kann, daß mit dem Lesen von Gesetzen und den Werken ihrer Ausleger sowie durch die Teilnahme an einigen Streitverhandlungen jenes Rechtswissen nicht erworben werden kann, das erforderlich ist, um das Amt des Richters auszufüllen, ist es nicht geraten, dem, der in seinem besonderen Fach und Beruf seinen ganzen Mann stellt, die Last des Richteramts aufzubürden. Dem Aufwand an Zeit, den ihm diese Stellung kostet, der Mühe, in den seinen Vorstudien fernab liegenden Rechtsstoff einzudringen, der Fernhaltung von der Berufstätigkeit steht alles zusammengenommen eine Aktivpost in der Form der sicheren Gewähr einer richtigen Judikatur nicht gegenüber.

Der in einem Zweig der Technik Sachkundige braucht, um die für die Tätigkeit als gerichtlicher Sachverständiger in Patentstreitigkeiten erforderliche Eignung zu erlangen, bloß die Vertrautheit mit den Patentwesen zu besitzen, und nicht wie im Falle der Betrauung mit einem richterlichen Amt Kenntnisse des bürgerlichen Rechtes im allgemeinen und des Zivilprozeßrechtes. Man kann mit Beruhigung behaupten, daß der Mehrheit der Technikerschaft das Patentrecht und die Grundzüge seiner Verwaltung nicht fremd sind. Der Großbetrieb der Industrie vollzieht sich zu einem guten Teil unter Anwendung patentierter Erfindungen. Der Techniker, der in einem solchen Unternehmen steht oder früher beschäftigt war, hat in der Regel die Ausarbeitung von Patentanmeldungen, den Verkehr mit dem Patentamt im Patenterteilungsverfahren und die bei der Durchsetzung von Patentrechten sich ergebenden Fragen kennen gelernt, von jenen Angehörigen des Berufs nicht zu reden, die als Erfinder und Patentwerber für sich selbst Erfahrungen gesammelt haben. An einigen technischen Hochschulen bestehen bereits Lehrkanzeln, die sich dem Vortrag des gewerblichen Rechtsschutzes mit besonderer Berücksichtigung des Patentrechtes widmen. Deutschland ist in dieser Beziehung vorangegangen, Österreich ist dem Beispiel, bisher in bescheidenem Umfang, nachgefolgt. Die Erkenntnis des Wertes eines Unterrichts in dem gedachten Fach wird sich in den berufenen Kreisen Bahn brechen. Man kann also damit rechnen, daß für das Sachverständigenamt bei Gericht im Patentwesen und seinem Recht bewanderte Techniker zur Verfügung stehen werden. Die ihr technisches Fach beherrschenden Sachverständigen dieser Qualifikation werden, wenn sie sich auf eine sachgemäße verfaßte Patentschrift stützen können, die das Wesen der unter Schutz gestellten Erfindung mit voller Bestimmtheit erkennen läßt, ein gediegenes Gutachten zu erstatten imstande sein. Ich vermute, daß die Beschwerden, die derzeit mitunter gegen die Ergebnisse von Patentstreitigkeiten erhoben werden, und deren Anlaß meiner Überzeugung nach zum Teil durch Mängel in der Patentbeschreibung oder durch die Unsicherheit des Sachverständigen in deren Beurteilung verursacht wird, größtenteils verstummen werden.

Im Verlauf der um das Thema der Rechtsprechung in Patentstreitigkeiten entbrannten Diskussion ist der Vorschlag zur Sprache gelangt, die Rechtsprechung in den Patenteingriffsprozessen zwischen zwei richterlichen Behörden zu teilen. Die eine soll nach dem Vorschlag nur über den objektiven Tatbestand des Eingriffs erkennen; die Behörde ist als ein zentrales Gericht für das ganze Staatsgebiet gedacht; die Zuziehung von Technikern als Beisitzern ist bei diesem Vorschlag nicht empfohlen worden. Auf Grund des Erkenntnisses dieser Behörde hätte dann das nach den allgemeinen Vorschriften zuständige Gericht also nach Bejahung des objektiven Tatbestandes über Verschulden, Entschädigung usw. zu entscheiden. Ich halte diese Trennung nicht für zweckmäßig. Abgesehen von der Erschwerung und Verteuerung des Verfahrens scheint mir ein vollständiges Auseinanderhalten der den beiden Prozeßstadien vorbehaltenen Fragen kaum für alle Fälle durchführbar.

Ich wende mich nun den anderen Zweigen des gewerblichen Rechtsschutzes zu. In Ansehung der einschlägigen Streitigkeiten, die vor Gericht auszutragen sind, ist für die Rechtsprechung unter Beteiligung von Laienrichtern in Deutschland und in Österreich in weitem Umfang Vorsorge getroffen. In Deutschland sind die bürgerlichen Rechtstreitigkeiten, in welchen durch die Klage ein Anspruch aus den Rechtsverhältnissen, die sich auf das Recht zum Gebrauch einer Handelsfirma, auf den Schutz der Warenbezeichnungen, Gebrauchs- und Geschmacksmuster beziehen, oder auf Grund des Gesetzes gegen unlauteren Wettbewerb erhoben wird, insofern in erster Instanz die Zuständigkeit der Landgerichte begründet ist, der Kammer für Handelssachen zugewiesen. Jeder der Parteien ist durch das Gesetz die Möglichkeit geboten, die Rechtsache vor die genannte Kammer zu bringen. Die österreichische Jurisdiktionsnorm teilt die Streitigkeiten aus den Rechtsverhältnissen, welche sich auf den Schutz und den Gebrauch von Marken, Mustern, Modellen und auf Erfindungsschutzrechte beziehen, ohne Rücksicht auf den Wert des Streitgegenstandes, Streitigkeiten über das Recht zum Gebrauch einer Firma bei einem tausend Kronen übersteigenden Wert den Handelsgerichtshöfen und den Handelssenaten der anderen Gerichtshöfe erster Instanz zu. Schon an früherer Stelle habe ich bemerkt, daß in Österreich die Zuständigkeit der Zivil-Gerichte in den angeführten Angelegenheiten des gewerblichen Rechtsschutzes nicht so weit geht, wie nach deutschem Recht. Der österreichische Entwurf eines Gesetzes gegen unlauteren Wettbewerb hat für Streitigkeiten über bezügliche Ansprüche die Handelsgerichtsbarkeit in Aussicht genommen; die Grenze für die Kompetenzscheidung zwischen dem Einzelgericht und dem Gerichtshof ist mit dem Wertbetrag von tausend Kronen gezogen. In Deutschland entscheidet die Kammer für Handelssachen in der Besetzung mit einem Mitglied des Landgerichtes als Vorsitzenden und zwei Handelsrichtern. In den Handelssenaten nach österreichischem Recht wirkt in dem Dreirichterkollegium ein fachmännischer Laienrichter.

In keinem der beiden Staaten denkt man daran, an dem eingelebten und bewährten Institut der Handelsrichter zu rühren. In Österreich haben sie aus den an früherer Stelle dargelegten Gründen wenig Gelegenheit, sich in den angeführten Angelegenheiten des gewerblichen Rechtsschutzes zu betätigen. Reichhaltig und mannigfaltig ist dagegen in allen diesen Zweigen die gerichtliche Rechtsprechung im deutschen Reich, namentlich in Sachen des Warenzeichenschutzes und der Bekämpfung unlauteren Wettbewerbs. Wenn sie Anfechtungen ausgesetzt gewesen ist, war als Ursache, weshalb Entscheidungen nicht befriedigten, die Unzulänglichkeit des materiellen Rechtes angeführt. Es sind wohl Wünsche wegen der Art der Durchführung des prozessualen Verfahrens ausgesprochen worden, die Forderung, hinsichtlich der Mitwirkung von Richtern aus dem Handelstand Änderungen eintreten zu lassen, ist meines Wissens nicht erhoben worden. Die Mitwirkung ist schätzenswert; sie bringt dem erkennenden Gericht Kenntnis und Verständnis der Vorgänge, Gepflogenheiten und Anschauungen des Geschäftsverkehrs, wodurch einer formalistisch-juristischen Behandlungsweise vorgebeugt wird. Gegen ein Bestreben aber, die Versehung des Laienrichteramts an die Bedingung einer Branchezugehörigkeit zu knüpfen, müßte die warnende Stimme erhoben werden. Auf jedem Feld der Tätigkeit entwickeln sich eigene Ansichten darüber, was dem Stand der Berufsangehörigen, dessen Einfluß im öffentlichen Leben und den einzelnen Mitgliedern frommt. Der wirtschaftliche Kampf, Beschwerlichkeiten des Fortkommens, vielfach auch das politische Parteileben haben die Berufsgenossen in bald größere, bald kleinere Verbindungen zusammengeführt. Diesen fällt die Aufgabe zu, die Standesinteressen zu fördern, deren Verwirklichung zu unterstützen, das Standesbewußtsein der Mitglieder zu heben und dessen kräftige Betonung zu begünstigen. Es ist nun eine nicht ungewöhnliche Erscheinung, daß die Ansichten verschiedener Berufsgruppen und ihrer Vertreter in wirtschaftlichen Fragen, besonders in der Richtung, welche Mittel zur Erreichung der Ziele geboten oder gestattet sind, in unvereinbarem Gegensatz stehen oder daß ein sieghaftes Durchdringen einer solchen Ansicht den Personenkreisen, die auf die Leistungen der Angehörigen des Berufs angewiesen sind, Nachteile verursachen müßte. Aufgabe der Rechtsordnung und der zu ihrer Anwendung berufenen obrigkeitlichen Organe ist es, die Gegensätze im Sinn der Gesamtheitsinteressen und einer das Wohl Aller hütenden Gesittung auszugleichen. Die Erfüllung dieser Aufgabe wäre ernstlich gefährdet, wenn durch die Auswahl der Laienrichter aus jenem Beruf, in dessen Tätigkeitsfeld der betreffende Streitfall gehört, die in dem Stand herrschenden Ansichten, die parteimäßig gefärbt sind, auf die Entscheidung Einfluß gewinnen würden. Bei Überlegung der Wirkungen eines solchen Einflusses ist die den Gerichten eingeräumte Unabhängigkeit und Machtfälle zu beachten, die sich z. B. nach dem österreichischen Staatsgrundgesetz auf das Recht zur Überprüfung der Giltigkeit von Verordnungen erstreckt. Die Gesetzgebung bewegt sich auf der Bahn, der freien Rechtsfindung größeren Spielraum zu gestatten. Das gegen den unlauteren Wettbewerb gerichtete Gesetz Deutschlands und der mit dem gleichen Gegenstand beschäftigte österreichische Entwurf weisen den Richter an, den Verstoß gegen die guten Sitten im wirtschaftlichen Wettbewerb als unerlaubtes Tun zu behandeln. Nicht immer hat Berufsgepflogenheit und Standesvorurteil den Anspruch als gute Sitte anerkannt zu werden, die mindestens ein Verhalten erfordert, das die Bedachtnahme auf das Gemeinwohl und die billige Rücksichtnahme auf den Nebenmenschen auch bei Verfolgung des Eigeninteresses nicht ganz aus dem Auge verliert.

Der Ablehnung des Vorschlags, bei Gericht für streitige Rechtsachen des gewerblichen Rechtsschutzes Laienrichter zu verwenden, die für das jeweils in Betracht kommende technische oder kommerzielle Fach qualifiziert sind, wird man mit dem Hinweis auf den Wirkungskreis und die Zusammensetzung der Nichtigkeitsabteilung des Patentamts entgegentreten. Es lassen sich jedoch die beiden Einrichtungen nicht auf eine Linie stellen. Nach den Patentgesetzen Deutschlands und Österreichs entsteht das Patentrecht durch einen Akt der Verwaltung auf Grund eines Verfahrens, das den Besitzstand an technischen Kenntnissen als Gemeingut zu erhalten bezweckt.

Es ist folgerichtig, die Erörterung und Entscheidung der Frage, ob das Patent zu Unrecht erteilt worden ist, oder wegen Vernachlässigung der dem Patentinhaber zum allgemeinen Besten auferlegten Verpflichtungen seine Geltung verlieren soll, wegen des mitspielenden Gesichtspunktes öffentlicher Interessen der Eigenschaft als Verwaltungssache nicht ganz zu entkleiden, und diese Agenden der Behörde zu übertragen, welche die Geschäfte des Zustandekommens der Patentrechte besorgt, und über den zu diesem Zweck geeigneten Personen- und Sachenapparat verfügt. Alle Zweige der Technik bis in die letzten Verästelungen sind im Beamtenkörper der Patentbehörde vertreten. Die Bestellung fachtechnischer Mitglieder für bestimmte Zeit entzieht der Berufsausübung Kräfte nur in geringem Maß. Die Vereinigung des Verfahrens bei einer zentralen

Behörde bedeutet keine allzu große Erschwerung der Rechtsdurchsetzung, und besitzt den Wert, der Einheitlichkeit der Rechtsprechung den Weg zu ebnen. Die zu entscheidenden Fragen des materiellen Rechtes bleiben innerhalb bestimmter Grenzen; das Verfahren gibt in der Regel keinen Anlaß zu erheblichen prozessualen Kontroversen und Zwischenfällen. Das Zusammenwirken von fachtechnischen und rechtskundigen Stimmführern ist ein regelmäßiges; es findet nicht nur in der Nichtigkeits-, sondern auch in den Anmelde- und Beschwerde-Abteilungen statt. Auch die fachtechnischen Mitglieder, besonders die ständigen, sind fortlaufend mit Fragen des materiellen und formellen Patentrechtes beschäftigt.

Im Nichtigkeitsverfahren, in dem die Giltigkeit des Patentes wegen der dem Gegenstand mangelnden Neuheit oder Erfindungseigenschaft oder wegen Übereinstimmung mit dem Gegenstand eines auf Grund einer früheren Anmeldung erteilten Patentes angefochten wird, ist die Entscheidung zu fällen, ob der Gegenstand des Patentes gegenüber dem im Prioritätszeitpunkt bekannten Stand der Technik als fortschrittliche Neuerung anzusehen ist, gewerblich anwendbar, oder etwa durch positive Gesetzesvorschrift vom Patentschutz ausgeschlossen ist. Hier ist der Rechtsprechung eine ganz andere Aufgabe gestellt, als im Eingriffsstreit; in letzterem handelt es sich um die Feststellung, ob ein bestimmtes technisches Gebilde (Einrichtung, Gebrauchsgegenstand oder Verfahren) in den Bereich der Lösung eines technischen Problems fällt, die als schutzfähige Erfindung anerkannt wurde und feststeht. Es ist begreiflich, daß der Gesetzgeber das Patentamt, das sich im Patenterteilungsverfahren mit den Fragen der Erfindungseigenschaft, Neuheit und des Ausschlusses vom Patentschutz abzugeben hat, mit der Verhandlung und Entscheidung auch in dem Fall betraut hat, wo diese Fragen gegenüber dem erteilten Patent neu aufgeworfen oder erneuert werden. Durch die Konzentrierung beim Patentamt wird die Gleichförmigkeit und die stetige Entwicklung der Rechtsprechung in obigen Fragen gesichert, die im Verein mit der Doktrin nach dem Willen des Gesetzgebers berufen ist, dem Begriff der schutzfähigen Erfindung einen Inhalt zu geben, der zwischen den Interessen des Erfinders und jenen der Allgemeinheit einen billigen Ausgleich herstellt und mit dem Fortschritt der Technik und ihrer Erkenntnis Schritt hält. Hierzu kann kaum eine andere Stelle berufener sein als das Patentamt, welches über eine reiche Erfahrung und das umfassendste Vergleichungsmaterial verfügt. Die Überlassung der Entscheidung an eine Vielheit von Behörden trüge den Keim einer Zersplitterung in sich, die dem Erfindungsschutzwesen, in welchem ein bedeutender Teil des Volksvermögens gebunden ist, schwere Nachteile zu verursachen imstande wäre. Das deutsche Patentgesetz behandelt die widerrechtliche Entnahme der Erfindung als Nichtigkeitsgrund des für die Erfindung erlangten Patentes, über den gleichfalls die Nichtigkeitsabteilung des Patentamts judiziert. Dieser Fall ist den anderen Fällen des Nichtigkeitsverfahrens insofern verwandt, als es sich um die Feststellung handelt, ob in den widerrechtlich benützten Aufzeichnungen oder Einrichtungen die Erfindung kennbar verkörpert war. Diese Erwägung gibt die Aufklärung, warum das österreichische Patentgesetz, welches wegen des Abgangs der Urheberschaft auf Seite des Patentinhabers dem Beeinträchtigten die Aberkennungsklage einräumt, diese vor der Nichtigkeitsabteilung des Patentamts verhandeln läßt. Eine ähnliche Feststellung erheischt die Entscheidung über den Erfindungsbesitz des Vorbenützers, die in Österreich dem Patentamt und zwar der Nichtigkeitsabteilung zusteht. Die Vergleichung des Verhältnisses von Erfindungen zueinander spielt ferner eine Rolle in den vom österreichischen Patentgesetz zugelassenen und vor die Patentamts-Nichtigkeitsabteilung gewiesenen Streitigkeiten wegen Abhängigerklärung eines Patentes und wegen zwangsweiser Einräumung einer Lizenz, weil die später patentierte Erfindung ohne Benützung der früher patentierten Erfindung nicht ausgeführt werden kann. Der zweite Fall der Zwangslizenz, den das österreichische Patentgesetz kennt, hat zur Voraussetzung, daß die Ausübung der geschützten Erfindung neben dem Patentinhaber durch Andere im öffentlichen Interesse geboten ist. Das Überwiegen letzteren Momentes vor der privatrechtlichen Seite rechtfertigt es, den Streit der für die bürgerlichen Rechtsachen bestehenden Gerichtsbarkeit zu entrücken.

In zweifacher Hinsicht verläßt das österreichische Patentgesetz die Grenzen der auf die vorstehenden Gesichtspunkte gestützten Systematik, einmal indem es dem Eingriffsrichter über die Vorfrage der Giltigkeit oder Wirksamkeit des durch den Eingriff verletzten Patentes zu erkennen gestattet, und auf der anderen Seite, indem es vor der Nichtigkeitsabteilung des Patentamtes den Streit über den Antrag auf Feststellung auskämpfen läßt, ob ein bestimmtes Erzeugnis oder ein bestimmtes Verfahren unter ein zu bezeichnendes Patent falle, wobei der stattgebenden Entscheidung eine die spätere Eingriffsverfolgung ausschließende präjudizierliche Wirkung beigelegt ist. Weder aus der einen, noch aus der anderen Bestimmung lassen sich weitgehende Folgerungen ziehen. Die erstere ist aus der Erfahrung entsprungen, daß Eingriffsbelangte mit Vorliebe das Verfahren durch Bestreitung der Giltigkeit des gegen sie geltend gemachten Schutztitels zu verschleppen suchen. Die Absicht ist leicht zu verwirklichen, sobald infolge der Bestreitung das Verfahren unterbrochen und die Entscheidung einer anderen Behörde über die Giltigkeit des Schutzrechtes abgewartet werden muß. Ein taugliches Mittel der Abwehr bietet die Befugnis des Gerichtes selbst über Giltigkeitsbestreitung zu erkennen. Der Ausnahmscharakter gelangt in der Einschränkung zum Ausdruck, daß die gerichtliche Entscheidung über die Vorfrage nicht über den betreffenden Rechtsfall hinaus wirkt. Das patentamtliche Verfahren über den Feststellungsantrag ist dann unzulässig, wenn vorher gegen den Antragsteller eine Verfolgung wegen Patenteingriffs wegen desselben Gegenstandes von dem Patentinhaber bei Gericht anhängig gemacht worden ist. Dies zeigt deutlich, daß der Gesetzgeber für das Verfahren und die Entscheidung der Frage, ob ein Erzeugnis oder ein Verfahren unter den Schutzbereich eines Patentes falle, dem Gericht den Vorrang einräumt. Die Einführung eines Feststellungsverfahrens vor dem Patentamt dankt seine Entstehung Zweckmäßigkeitserwägungen, die in Angelegenheiten der Regelung der Behördenzuständigkeit und des Verfahrens nicht selten den Sieg über Bedenken systematischer Folgerichtigkeit davontragen.

Dieser Gedanke wird die gesetzgebenden Faktoren des deutschen Reichs leiten, wenn sie vor die Frage gestellt sein sollten, ob für das Berufungsverfahren gegen die Entscheidung der Nichtigkeitsabteilung des Patentamts an Stelle der geltenden Ordnung, welcher die glänzende Rechtsprechung des Reichsgerichts einen weitverbreiteten Ruf begründet hat, eine Organisation nach den Grundsätzen der Zusammensetzung des österreichischen Patentgerichtshofs ins Leben gerufen werden soll.

Ich glaube den Beweis erbracht zu haben, daß die in den Patentgesetzen Deutschlands und Österreichs für das Anfechtungsverfahren getroffenen organisatorischen Maßnahmen der Behauptung keine Stütze bieten, daß die Besetzung der patentamtlichen Nichtigkeitsabteilung auch für die Zusammensetzung der in den anderen Patentrechtstreitigkeiten einschreitenden Gerichte eine entsprechende Anwendung zu finden hätte. Andererseits trete ich dafür ein, daß in Ansehung der jetzt den Patentämtern zugewiesenen streitigen Patentangelegenheiten der bestehende Wirkungskreis und die geltende Organisation aufrecht erhalten wird.

Ähnlich wie beim Patentrecht bedarf es auch zur Erwerbung des Rechtes an einem Warenzeichen oder einem gewerblichen Muster in Deutschland wie in Österreich eines Verwaltungsaktes, der durch die Anmeldung oder Hinterlegung des zu schützenden Objekts veranlaßt wird, oder doch einer Rechtshandlung der Partei, deren Vornahme durch eine behördliche Bescheinigung beglaubigt wird. Um den durch die Gesetzgebung gegen unlauteren Wettbewerb gebotenen Schutz von geschäftlichen und sonstigen Vermögensinteressen zu erlangen, ist die Vornahme einer besonderen Förmlichkeit oder ein obrigkeitliches Eingreifen wie in obigen Fällen nicht erforderlich. Die Gesetzgebung Deutschlands und Österreichs zeigt wesentliche Verschiedenheiten, was die Geltendmachung der Ungiltigkeit oder Hinfälligkeit eines Warenzeichen- oder Musterrechtes anbelangt; die Behandlung ist in jedem Staat eine andere für Warenzeichen und für Muster.

In Österreich entscheidet — von wenigen Ausnahmen abgesehen — über die Löschung eingetragener Marken das Ministerium (früher das Handelsministerium, nunmehr das Ministerium für öffentliche Arbeiten), gleichviel ob es sich um die Feststellung handelt, daß das Zeichen von der Registrierung ausgeschlossen war, oder ob Löschungsklage auf Grund eines älteren Zeichenrechts erhoben wurde. Die erwähnten Ausnahmen betreffen nebst der Löschung infolge Ablaufes der Schutzdauer die Durchführung der Erlöschung wegen Aufhörens des Unternehmensbetriebs oder wegen Versäumung der Umschreibung bei einem Besitzwechsel; diese Amtshandlungen stehen den Handels- und Gewerbekammern zu, welche als Markenregistrierungsbehörden fungieren. Die Gerichte sind von der Entscheidung über den Rechtsbestand der Marken ausgeschlossen.

Nach dem Warenzeichenrecht des deutschen Reichs ist die Zuständigkeit für die Löschungen eingetragener Warenzeichen zwischen dem Patentamt als der Registerbehörde und den Gerichten geteilt. Das Patentamt ordnet von amtswegen die Löschung an, wenn die Eintragung des Zeichens hätte versagt werden müssen. Die Gerichte erkennen über die Klagen auf Löschung wegen Kollision mit einem auf Grund einer früheren Anmeldung eingetragenen Zeichen, wegen Auflassung des Geschäftsbetriebes, oder wegen Dezeptiveigenschaft des Zeichens.

Ich gebe der Regelung in dem österreichischen Gesetz, welche die Einheitlichkeit für sich hat, den Vorzug. Es ist ohne weiteres zuzugestehen, daß der Streit über die Kollision von Warenzeichenrechten wesentlich verschieden ist von der Anfechtung der Giltigkeit von Patentrechten. Der erstere Streit kann nur zwischen zwei bestimmten Rechtssubjekten, dem Inhaber des früher und jenem des später angemeldeten Warenzeichens, geführt werden, während die aktive Klagelegitimation bei der Patentvernichtungsklage — außer im Fall der Entnahme nach deutschem Patentrecht — nicht auf bestimmte Personen beschränkt ist. Das Urteil, mit welchem die wegen Übereinstimmung der Warenzeichen erhobene Löschungsklage abgewiesen wird, sichert den Obsiegenden vor einer neuerlichen Anfechtung aus dem gleichen Grund. Hingegen kann nach Zurückweisung einer Patentvernichtungsklage das Patent von einem anderen Kläger mit der gleichen Waffe angegriffen werden, was bei einer Mehrheit entscheidungszuständiger Stellen die Gefahr widersprechender Erkenntnisse im Gefolge haben kann, die bei den Streiten erstgedachter Art sich nicht einstellen kann. Im Patentnichtigkeitsstreit steht die Frage der Neuheit und Erfindungseigenschaft oder der Übereinstimmung mit einer auf eine frühere Anmeldung hin patentierten Erfindung zur Erörterung; im Warenzeichenlöschungsprozeß handelt es sich um die Unterscheidbarkeit im Verkehr nach Maßgabe des Gesamteindrucks der Zeichen, also um einen Streitpunkt ,den die Gerichte im Verfahren wegen der Eingriffe in Warenzeichenrechte entscheiden.

Die Wirkung der Entscheidung im Eingriffsstreit ist eine beschränkte; dem unterliegenden Kläger bedeutet sie nur, daß ihm gegen eine bestimmte Person wegen der von dieser gebrauchten Warenbezeichnung ein Untersagungsanspruch aus seinem Warenzeichenrecht nicht zusteht, dem sachfälligen Beklagten benimmt sie nur die Möglichkeit, die benützte Warenbezeichnung, solange das gegnerische Zeichenrecht besteht, weiter zu verwenden. Weit größer ist die Tragweite des Ausgangs des aus der Zeichenkollission hergeleiteten Löschungsstreites; infolge der stattgebenden Entscheidung geht das Recht aus der angefochtenen Zeicheneintragung gänzlich und zwar auch im Verhältnis gegen dritte verloren. Es erscheint deshalb der Wunsch der beteiligten Kreise begreiflich, die Entscheidung dieser Streitigkeiten bei jener Behörde vereinigt zu sehen, die nach ihren Einrichtungen und kraft ihrer andauernden Beobachtung aller in Betracht kommenden Verhältnisse eine auf den dabei gesammelten reichen Erfahrungen fußende einheitliche Rechtsprechung garantiert. Das deutsche Patentamt untersucht, ob das zur Anmeldung gebrachte Warenzeichen mit einem älteren Zeichen für dieselben oder gleichartige Waren übereinstimmt, und entscheidet in dem durch den Widerspruch des verständigten Inhabers des älteren Zeichens in Gang gebrachten Verfahren die Frage der Übereinstimmung der Zeichen. Mir scheint der Schritt nicht gewagt auch dann, wenn der Streit um die Übereinstimmung der Zeichen erst nach der Eintragung des jüngeren Warenzeichens entbrennt, zur Durchführung des Verfahrens das Patentamt zu berufen. Gegensätzlichkeit der Auffassung in grundlegenden Fragen, die heute zwischen Patentamt und Gericht möglich sind, könnten auf diese Weise vermieden werden, insbesondere das immerhin denkbare, unliebsame Ergebnis, daß, nachdem das Patentamt unter Verneinung der Übereinstimmung den Widerspruch zurückgewiesen und das angemeldete Zeichen eingetragen hatte, das mit der Löschungsklage angerufene Gericht die Ähnlichkeit anerkennt und das Urteil auf Löschung fällt.

Die in Österreich bei der Verwaltung des Markenschutzwesens gemachten Erfahrungen zeigen, daß bei der Anfechtung eingetragener Marken außer dem Streitpunkt der Zeichenähnlichkeit häufig Fragen mangelnder Eintragungsfähigkeit aufgeworfen werden. In solchen Fällen stellt sich die Zuständigkeit ein und derselben Behörde für beiderlei Anfechtungsgründe als sehr zweckmäßig dar. Aber auch dann, wenn bloß die Übereinstimmung zu prüfen ist, ist meistens zur Feststellung des für den Gesamteindruck Maßgebenden in die Untersuchung einzutreten, ob diesen oder jenen Teilen eines Zeichens wegen ihrer Gemeingebräuchlichkeit oder weil ihnen sonst das Gesetz die Eintragungseignung abspricht, eine für die Unterscheidbarkeit erhebliche Bedeutung abgehe. Das sind nun Fragen, deren Beurteilung das deutsche Warenzeichengesetz dem Patentamt vorbehalten hat, das sich damit täglich in zahlreichen Fällen abzugeben hat. Die Grenze zwischen den Fällen, wo wegen Täuschungseignung eines wahrheitswidrigen Zeicheninhalts das Patentamt die Löschung von amtswegen verfügt, und jenen Fällen, in denen gleichfalls wegen des bezeptiven Zeicheninhaltes der Weg der gerichtlichen Klage betreten werden muß, scheint mir wahrlich nicht leicht zu ziehen, selbst wenn man die Ansicht teilt, daß der letztere Löschungsfall sich auch auf eine erst nach der Zeichenanmeldung eingetretene Täuschungseignung beziehe. Es wäre meines Dafürhaltens keine zu schwere Versündigung, bei der Zuständigkeitsregelung Erwägungen der Zweckmäßigkeit den Vortritt vor strenger juristisch-theoretischer Folgerichtigkeit zu gestatten. Als eine Erschwerung der Rechtsverfolgung und Verteidigung kann es kaum angesehen werden, wenn die Anbringung des Löschungsbegehrens und die Bekämpfung des Antrags statt bei dem allgemeinen Gerichtsstand des Zeicheninhabers oder einem sonst zuständigen Gericht bei dem Patentamt stattzufinden hat, mit dem der Zeichenberechtigte ohnedies in wiederholter Berührung steht.

Den dargelegten Standpunkt nehme ich auch in betreff der Anfechtung des Rechtsbestandes von Musterrechten ein. Hierbei gehe ich von der Voraussetzung aus, daß Österreich die in Angriff genommene Musterschutzreform durchführen und auch das deutsche Reich den Schutz der Geschmacksmuster auf eine neue Grundlage stellen wird. Letztere Reform wird sich zweifellos wie die erstere auf der Bahn einer Zusammenfassung der Verwaltung des Musterschutzwesens bei einer zentralen Behörde bewegen. Abgesehen von anderen Erwägungen führt die durch den Anschluß an die internationale Union zum Schutz des gewerblichen Eigentums eingegangene Verpflichtung auf diese Bahn. Es ist zwar anzunehmen, daß Deutschland auch bei einer Reform des Geschmacksmusterwesens bei dem Grundsatz des reinen Anmeldeverfahrens bleiben wird wie in seinem Gebrauchsmustergesetz und daher Anmeldungen nur nach der formalen Seite hin werden geprüft werden, nicht aber auch darauf, ob die materiellen Voraussetzungen gegeben sind. Dies schließt aber meiner Ansicht nach nicht notwendigerweise aus, die als Anmeldestelle fungierende zentrale Verwaltungsbehörde als die über Anfechtungen der Giltigkeit des Musterrechts entscheidende Instanz aufzustellen. Der veröffentlichte Referentenentwurf eines Musterschutzgesetzes für Österreich ,welches Geschmacks- und Gebrauchsmuster umfassen soll, weist der beim Patentamt zu errichtenden Nichtigkeitsabteilung in Musterrechtsangelegenheiten einen im wesentlichen gleichen Wirkungskreis wie der Nichtigkeitsabteilung in Patentangelegenheiten an, nämlich die Entscheidung über Anträge auf Nichtigerklärung, Rücknahme, Aberkennung von Musterrechten, Anerkennung des Vorbenützerechtes und auf Feststellung gegenüber Musterrechten. Wenn auch das Musteranmeldeverfahren noch keine Gelegenheit gibt, zu den materiellen Fragen der Musterschutzfähigkeit und Neuheit Stellung zu nehmen, so verfügt doch das Amt, bei dem alle Musterschutzbewerbungen zusammen laufen, über die Mittel eines vollständigen Überblicks über die Entwicklung, welche die Formgebung gewerblicher Erzeugnisse genommen hat. Das Amt erlangt hierdurch in besonderem Maß die Eignung, über Eigenartigkeit und Neuheit der Muster und über die für Beurteilung der Übereinstimmung wichtigen Momente des Vorwurfes und seiner Ausführung abzusprechen. Auch bei Musterrechten ist Gewicht auf die Einheitlichkeit der Rechtsprechung in betreff des Rechtsbestandes zu legen. Die gewerbliche Ausführung von Mustern verursacht Anlagekosten, die oft zu beträchtlicher Höhe hinaufschnellen; der Geschäftsmann wird sich zu dem Aufwand nur dann verstehen, wenn er den Bestand des Schutzes seines Musters für gesichert halten kann. Eine schwankende, Zweifel an der Sicherheit des Besitzes des Musterrechts auslösende Judikatur hemmt den Fortschritt der zweckentsprechenden und verschönernden Formgebung der Gegenstände des häuslichen und persönlichen Bedarfs gewöhnlicher wie verfeinerter Lebensführung. Auf die Bildung des Geschmacks, auf die richtige Einschätzung des Zweckmäßigen und dabei Gefälligen in allen Gesellschaftskreisen wird in der

Jetztzeit mit Recht als einen veredelnden, kulturfördernden Faktor hingestrebt, ein Bestreben, dem aus öffentlichen Mitteln tatkräftige Unterstützung zuteil wird. Der Musterschutz kann getrost neben dem Patent- und Warenzeichenschutz als eine Angelegenheit hingestellt werden, bei der öffentliche Interessen merklich mitschwingen. Daraus erwächst für das Recht des Musterschutzes der Anspruch, anlangend die Entscheidung über die Rechtsgiltigkeit der Schutztitel eine nicht wesentlich andere Behandlung wie das Recht der Erfindungen und der Warenzeichen zu erfahren. Die Gegenstände der gewerblichen Urheberrechte sind verglichen mit andern durch das bürgerliche Recht gehegten Rechtsgütern dadurch hervorgehoben, daß sich ein Verwaltungsapparat um sie entwickelt hat; es ist dies ein Zeichen nicht nur ihrer Sonderart, sondern auch ihrer Beachtlichkeit aus dem Gesichtspunkt öffentlichen Interesses. Hinsichtlich der Gebrauchsmuster gesellt sich zu den vorstehenden die weitere Erwägung ihrer nahen Verwandtschaft mit den zum Patentschutz geeigneten Erfindungen. Die Entscheidung über die Musterfähigkeit und die Neuheit von Gebrauchsmustern erfordert die Klarstellung ähnlicher Probleme wie die Ergründung der Erfindungseigenschaft und der Neuheit der Patentgegenstände.

Auf die Zusammenstellung der Abteilungen des zur Verwaltung des Warenzeichen- und Musterschutzwesens berufenen Amtes, welche über die Anfechtung des Rechtsbestandes dieser gewerblichen Schutzrechte zu verhandeln und zu entscheiden haben, oder auf die Auswahl der Funktionäre, welchen diese Amtstätigkeit etwa aufgetragen werden soll, wird die der Erfüllung der sonstigen Aufgaben des Amtes angepaßte Organisation Einfluß nehmen. Soweit Warenzeichen und Geschmacksmuster in Betracht kommen, läßt sich im allgemeinen der Grundsatz aufstellen, daß zur Mitwirkung an der Entscheidung, welche sich vorwiegend mit Tatsachen des Geschäftsbetriebes und des wirtschaftlichen Verkehrs zu befassen hat, eine besondere Fachbildung und praktische Ausbildung in irgend einem Zweig der gewerblichen Produktion oder des Handelsbetriebes nicht erforderlich ist. Tatsachen, die den entscheidenden Amtspersonen nicht aus eigener Erfahrung bekannt sind, lassen sich durch Vernehmung von Sachkundigen feststellen; das Verständnis und die Würdigung der erhobenen Tatsachen begegnet keinen Schwierigkeiten. Anders muß der Vorschlag lauten, wenn die Entscheidungen Gebrauchsmuster betreffen. Wegen der schon früher hervorgehobenen Verwandschaft zwischen den Gegenständen des Gebrauchsmusterschutzes und den Erfindungen rede ich einer der Einrichtung der Nichtigkeitsabteilung für Patentsachen nachgebildeten Besetzung das Wort. Davon, ob gegen die Entscheidungen im Anfechtungsstreit Rechtsmittel zugelassen werden, von der Gestaltung des Rechtsmittelverfahrens, das als Vollberufung oder in beschränkter Form ausgebildet werden kann, endlich von dem Vorhandensein bestehender Einrichtungen wird es abhängen, ob die Zusammensetzung einer als Rechtsmittelinstanz einschreitenden Behörde jener der unteren Instanz entsprechend gewählt wird. Ich bemerke, daß der schon bezogene Referentenentwurf eines Musterschutzgesetzes für Österreich den Patentgerichtshof als Berufungsinstanz für die Entscheidung der patentamtlichen Nichtigkeitsabteilung in Musterrechtsangelegenheiten in Aussicht genommen hat. Es kann angenommen werden, daß in Gebrauchsmustersachen die gemischte juristisch-fachtechnische Besetzung, wie sie für Patentangelegenheiten eingeführt ist, übernommen werden wird. Daß ich dies für die richtige, dem Wesen des Verfahrens angemessene Lösung halte, geht aus früheren Stellen meiner Ausführungen hervor.

Meiner Anschauung über die dem deutschen Juristentag vorgelegte eingangs formulierte Frage, welche Anschauung ich in dieser Schrift zu begründen bestrebt war, gebe ich in nachstehenden Sätzen Ausdruck, denen ich nur für den gewerblichen Rechtsschutz im Deutschen Reich und Österreich Anwendbarkeit beimesse.

I.

1. Es empfiehlt sich, daß die Entscheidung betreffend die Giltigkeit von Patent-, Warenzeichen- und Musterrechten, welche auf Grund der in den bezüglichen Gesetzen enthaltenen Bestimmungen über die materiellen Voraussetzungen des Schutzes zu fällen ist, den bestehenden oder künftig zu errichtenden zentralen Ämtern, denen die Entgegennahme der zur Erwerbung des Rechts erforderlichen Anmeldung und deren Prüfung zum Zweck des die Erwerbung des Rechts feststellenden Verwaltungsaktes obliegt, — mag die Prüfung auf die Formerfordernisse der Anmeldung beschränkt sein, oder nebstdem sich auf Fragen des materiellen Rechts erstrecken, — zusteht, gleichviel ob es sich um eine Entscheidung auf Grund eines Anfechtungsantrags oder in einem von Amtswegen stattfindenden Verfahren handelt.

2. Die Zuständigkeit der genannten Ämter soll insbesondere dann platzgreifen, wenn in dem Verfahren eine Entscheidung mit absoluter Wirkung ergehen kann; zweckmäßig ist die Ausdehnung der Zuständigkeit auf Streitigkeiten über die Zugehörigkeit gewerblicher Urheberrechte (Patent-, Musterrechte) aus dem Gesichtspunkt der Urheberschaft, ferner auf Streitigkeiten über die in den einschlägigen Gesetzen eingeräumten

Ansprüche, welche eine Einschränkung der Wirksamkeit eines erworbenen Schutzrechtes wegen der Vorbenützung eines übereinstimmenden Gegenstandes oder wegen der Abhängigkeit von Erfindungen oder endlich unter Bedachtnahme auf öffentliche Interessen — wie z. B. bei gewissen Zwangslizenzansuchen — herbeizuführen berufen sind.

3. Es ist sachlich begründet, die Angelegenheiten der zu 1. und 2. erwähnten Art, sofern sie Patentrechte betreffen, zur Verhandlung und Entscheidung der bei dem Patentamt gebildeten Nichtigkeitsabteilung zuzuweisen, die aus rechtswissenschaftlich vorgebildeten Mitgliedern von denen eines den Vorsitz führt, und aus mit Fachkenntnissen in dem betreffenden Zweig der Technik ausgerüsteten Mitgliedern besteht. Obschon die Anwendung dieses Grundsatzes für die Besetzung der Berufungsinstanz dem Wesen der Institution entspricht, ist eine Änderung der bestehenden Organisation der über die Berufungen entscheidenden Behörde welche sich bewährt, zu vermeiden. Die vorstehenden Gesichtspunkte sind auch für Gebrauchsmusterangelegenheiten der fraglichen Art maßgebend.

Hingegen ist für die hier in Betracht kommenden Entscheidungen, die sich auf Geschmacksmuster und Warenzeichen beziehen, die Mitwirkung eines in einem Zweig der Technik, des Handels- oder Gewerbebetriebs geschulten und bewanderten Funktionärs als Stimmführer nicht erforderlich.

II.

In andern als den unter I. besprochenen Fällen soll die Entscheidung über Streitigkeiten privatrechtlichen Charakters aus allen Gebieten des gewerblichen Rechtsschutzes den ordentlichen Gerichten zugeteilt bleiben oder werden.

Die Ausübung dieser Gerichtsbarkeit durch Handelssenate, welche mit Laienrichtern aus dem Handelsstand besetzt sind, ist in dem durch die geltenden Jurisdiktionsvorschriften zugestandenen Umfang aufrechtzuerhalten und überdies für Streitsachen, deren Wesen sie angemessen ist, neu einzuführen.

Der Vorschlag einer Heranziehung von Beisitzern aus dem Technikerstand zur Entscheidung der bürgerlichen Rechtstreitigkeiten, die um Patentrechte geführt werden, namentlich solcher welche die Verletzung von Patentrechten und die deshalb erhobenen Ansprüche zum Gegenstand haben, ist nicht zur Annahme zu empfehlen.

Die Frage, ob durch Vorkehrungen anderer Art die Gediegenheit der Rechtsprechung in den ebengedachten Streitsachen und in den auf

der prüfenden Behörde zugelassenen Schutzrechtes aus den früher schon für nicht hindernd erklärten Umständen zu beschränken ist. Die unbeschränkte Zulassung der Anfechtung, die einen überflüssigen Kraftaufwand behördlicher Amtswirksamkeit verursacht, ist danach angetan, bei dem Berechtigten, der den Bestand seines Rechtes gegen wiederholte gleiche Angriffe zu verteidigen gezwungen ist, das Gefühl ermüdender Belästigung zu erzeugen.

Nach reiflicher Überlegung beschlossene, an Bestandenes fortschrittlich anknüpfende Verbesserungen und Ausgestaltungen der den gewerblichen Rechtsschutz bildenden Gesetze in ihren materiellrechtlichen Bestimmungen, sowie in Ansehung der Einrichtung und des Verfahrens der zur Ausführung der Gesetze berufenen Behörden versprechen einen dauernden Nutzen für Einzel- wie Gesamtinteressen, den grundstürzende Änderungen, die ohne klaren Einblick in die Ursachen der zu beseitigenden Mängel und ohne Sicherheit das gesteckte Ziel zu erreichen überhastet werden, zu verschaffen schwerlich geeignet sind.

VII.

Gutachten des Herrn Dr. Heinz Potthoff, M. d. R.,

über die Frage:

Empfiehlt es sich, soziale Schutzvorschriften in der Art der für Handlungsgehilfen bestehenden für Privatangestellte überhaupt zu treffen?

Inhalt.

Vorbemerkung.

Daß diese Frage auf der Tagesordnung des Deutschen Juristentages steht, dürfte zurückzuführen sein auf eine Bewegung der Privatangestellten, die ihren Anfang von einem von mir im Junihefte der Annalen des Deutschen Reiches 1906 veröffentlichten Aufsatze genommen hat. Unter dem Titel „Einheitliches Privatbeamtenrecht“ habe ich dort die „beispiellose

Zerfahrenheit der Rechtsverhältnisse der sogenannten Privatangestellten" geschildert und die Notwendigkeit einer Vereinheitlichung dieses Teiles unseres Arbeitsrechtes betont. In dankenswerter Weise hat zur Unterstützung der Interessenten die Gesellschaft für soziale Reform die Frage aufgegriffen und zum einzigen Gegenstande ihrer Hauptversammlung vom 15. März 1909 gemacht. Zur Vorbereitung der Hauptversammlung sind drei Hefte der Schriften der Gesellschaft erschienen, welche die soziale Versicherung der Angestellten und das Recht des Dienstvertrages der verschiedenen Gruppen behandeln. Ein vierter Band bringt die Verhandlungen der Hauptversammlung in Frankfurt a. M. Zwei weitere Hefte über die soziale und wirtschaftliche Lage der einzelnen Gruppen sind im Erscheinen begriffen. Sowohl in Heft 27, in einem Schlußkapitel über das Privatbeamtenrecht, wie in Heft 28, in einem Referate über den Dienstvertrag, habe ich Gelegenheit gehabt, das hier in Frage stehende Thema zu erörtern. Ich darf mich deswegen (neben der übrigen Literatur) auf diese Veröffentlichungen der Gesellschaft für soziale Reform beziehen und im folgenden kurz fassen, um allzu häufige Wiederholungen des dort bereits gesagten zu vermeiden.

Schriften der Gesellschaft für soziale Reform:

Heft 25: Die Privatbeamten und die Versicherungsgesetzgebung. Inhalt: 1. Krankenversicherung von Dr. Silbermann. 2. Invalidenversicherung von A. Ennesch. 3. Unfallversicherung von C. Eichler.

Heft 26: Der Dienstvertrag der Privatangestellten. I. Inhalt: 1. Der Dienstvertrag der kaufmännischen Angestellten von Dr. Baum. 2. Der Dienstvertrag der Techniker in Betrieben, die nicht der Gewerbeordnung unterstehen (Bergbau, Verkehrsgewerbe, landwirtschaftliche Nebenbetriebe), von P. Wölbling. 3. Die Rechtsverhältnisse der Güterbeamten von A. Trampe. 4. Die Konkurrenzklausel im Dienstvertrage von J. Reif.

Heft 27: Der Dienstvertrag der Privatangestellten. II. Inhalt: 5. Der Dienstvertrag der technischen Angestellten in gewerblichen Betrieben von Oberbürgermeister Cuno. 6. Der Dienstvertrag der Bureaubeamten der Rechtsanwälte von A. Fuld. 7. Der Erfinderschutz der technischen Privatangestellten von K. Sohlich. 8. Einheitliches Privatbeamtenrecht von Dr. Potthoff.

Heft 28: Das Dienstrecht der Privatbeamten und die Pensionsversicherung der Privatbeamten. Verhandlungen der IV. Generalversammlung. Inhalt: Das Dienstrecht der Privatbeamten, Referat von Dr. Potthoff, Diskussion. Die Pensionsversicherung der Privatbeamten, Referat von Dr. Cahn, Diskussion.

Heft 29 und Heft 30; bearbeitet von Dr. Krüger, werden etwa 30 Monographien über die wirtschaftliche und soziale Lage der verschiedenen Berufsgruppen von Privatangestellten bringen.

Die bestehenden sozialen Schutzvorschriften für Handlungsgehilfen.

Es kann nicht meine Aufgabe sein, das Dienstrecht des Handlungsgehilfen in allen Einzelheiten darzustellen und alle Vorschriften des Bürgerlichen Gesetzbuches oder der Spezialgesetze zu behandeln, die als gesetzlicher Schutz des Gehilfen, als des wirtschaftlich schwächeren Vertragsteiles, angesprochen werden können. Da das Thema nicht nach dem Inhalte der sozialen Schutzgesetze fragt, sondern nur nach der grundsätzlichen Möglichkeit, Zweckmäßigkeit oder Notwendigkeit der Schaffung von irgend welchen Schutzgesetzen für die Gesamtheit der Privatangestellten, so genügt es, die wichtigeren Bestimmungen anzudeuten.

Die Zahl der für Handlungsgehilfen erlassenen Schutzvorschriften ist nicht groß, wenn man davon ausscheidet:

1. Die sozialen Versicherungsgesetze, weil sie weder für die Handlungsgehilfen besonders erlassen noch als Schutzgesetze im engeren Sinne zu bezeichnen sind;

2. Diejenigen Bestimmungen, welche durch das Bürgerliche Gesetzbuch für die Gesamtheit der Arbeitnehmer (Dienstverpflichteten) oder durch die Gewerbeordnung für alle gewerblichen Arbeiter (einschließlich der Techniker und Handlungsgehilfen) erlassen sind, oder die zwar in einem Spezialgesetze für Handlungsgehilfen stehen, aber inhaltlich mit allgemein gültigen Bestimmungen ziemlich übereinstimmen. Hierhin gehören:

A. Allgemein gültige Vorschriften.

I. Öffentlich rechtliche Bestimmungen:

a) Die §§ 105 a—f der Gewerbeordnung über Sonntagsruhe.

b) Die Bestimmungen der Gewerbeordnung über Lehrlingswesen, im besonderen § 128 in Verbindung mit § 139.

c) Die Verpflichtungen des Arbeitgebers in bezug auf Besuch von Fortbildungs- und Fachschulen. § 120 und 139 i GO., § 76 HGB.

d) Der Schutz des Koalitionsrechtes. § 152—153 GO.

II. Prozeßrechtliche Bestimmungen.

a) Schaffung besonderer Berufsgerichte für Streitigkeiten aus dem Arbeitsvertrage: Gewerbegericht, Kaufmannsgericht.

b) Beschränkung der Pfändbarkeit des Arbeitseinkommens. § 4 des Lohnbeschlagnahme-Gesetzes.

c) Vorrecht der Lohnforderungen im Konkurse des Arbeitgebers. § 61 der Konkursordnung.

III. Privatrechtliche Bestimmungen:

a) Die Ungültigkeit von Rechtsgeschäften, die gegen die guten Sitten verstoßen. § 138 BGB. Die Bestimmung hat erhöhte Bedeutung für den Dienstvertrag gewonnen, seitdem sie auf übertriebene Konkurrenzverbote angewandt wird, und vor allem seitdem das Reichsgericht nach dem Vorbilde der Kaufmannsgerichte in Berlin und Frankfurt, anerkannt hat, daß der Handlungsgehilfe Anspruch auf eine dem Werte seiner Dienstleistungen angemessene Vergütung hat.

b) Die Verpflichtung des Arbeitgebers, Geschäftsräume, Vorrichtungen usw., bei Aufnahme in die häusliche Gemeinschaft auch Wohn- und Schlafräume, Arbeits- und Erholungszeit, so einzurichten, daß der Arbeitnehmer gegen Schädigungen der Gesundheit nach Möglichkeit geschützt, auch eine Aufrechterhaltung der guten Sitten und des Anstandes gesichert ist. § 618 BGB. § 113 GO. § 73 HGB.

d) Das Recht auf angemessene Zeit zum Aufsuchen eines andern Dienstverhältnisses nach der Kündigung. § 629 BGB.

e) Die Kündbarkeit jedes auf längere Zeit abgeschlossenen Dienstvertrages durch den Verpflichteten nach 5 Jahren. § 624 BGB.

f) Der Anspruch auf Fortzahlung des Gehaltes bei unverschuldeter Verhinderung an der Dienstleistung während einer nicht erheblichen Zeit. § 616 BGB.

Diese letzte Bestimmung kann kaum noch unter die sozialen Schutzgesetze gerechnet werden, weil sie nur dispositiv ist und durch den Anstellungsvertrag oder durch sonstige Verabredungen der Parteien jederzeit außer Kraft gesetzt werden kann. Ich erwähne sie nur, weil ihr Inhalt in der Handlungsgehilfenfrage eine besondere Rolle spielt und weil sie, mangels anderer Vereinbarungen, gegenwärtig tatsächlich für eine größere Zahl von Dienstverhältnissen gilt. Den gleichen dispositiven Charakter haben die übrigen Regeln des Dienstvertrages im BGB., namentlich die über Kündigungsfristen und Termine der Gehaltzahlung. Das Handelsgesetzbuch unterscheidet sich dadurch vom Bürgerlichen Gesetzbuche und teilweise auch von den allgemeinen Bestimmungen der Gewerbeordnung, daß es die dort nur dispositiv gegebenen Vorschriften als bindende Zwangsregeln enthält. Nur solche Zwangsregeln aber sind als soziale Schutzvorschriften zu bewerten. Abgesehen davon, daß die Vorschriften des Handelsgesetzbuches in Einzelheiten von denen des Bürgerlichen Gesetzbuches und der Gewerbeordnung abweichen, bleiben als besondere Schutzvorschriften für Handlungsgehilfen zu erwähnen:

B. Sondervorschriften für Handlungsgehilfen.

I. Öffentlich-rechtliche Bestimmungen:

a) Die §§ 139 c—f der GO. über Mindestruhezeit, Mittagspause und 9 Uhr- bezw. 8 Uhr-Ladenschluß. Allerdings gelten diese Bestimmungen weder für alle Handlungsgehilfen noch für Handlungsgehilfen allein, sondern für Gehilfen, Lehrlinge und Arbeiter in offenen Verkaufsstellen und damit verbundenen Kontoren. Sie finden aber passend hier Erwähnung, weil sie vornehmlich auf Betreiben der Handlungsgehilfen eingeführt worden sind und hauptsächlich als Handlungsgehilfenschutz Bedeutung haben.

b) Die Vorschrift auf Erlaß einer Arbeitsordnung für offene Verkaufsstellen mit 20 Handlungsgehilfen. § 139 k der GO.

II. Privatrechtliche Bestimmungen:

a) Die positiven Einschränkungen der Gültigkeit von Konkurrenzklauseln. § 74—75 HGB.

b) Die zwingende Vorschrift der Gehaltszahlung spätestens am Monatsschluß. § 64 HGB.

c) Die zwingende Vorschrift, daß vertragsmäßig vereinbarte Kündigungsfristen für beide Teile gleich sein und mindestens einen Monat betragen müssen. § 67 HGB.

d) Die Vorschrift der Fortzahlung des Gehaltes in Krankheitsfällen und bei anderm unverschuldeten Unglück auf die Dauer von 6 Wochen, deren obligatorischer Charakter lebhaft bestritten wird, und das zweifellos obligatorische Verbot der Anrechnung von Bezügen aus Kranken- oder Unfallversicherung. § 63 HGB.

e) Die Ungültigkeit der Vereinbarung von andern Gründen für Entlassung oder Austritt ohne Kündigungsfrist als den in § 71/72 HGB. und in der Arbeitsordnung vorgeschriebenen. Diese Bestimmung des § 139 k GO., Absatz 3 gilt nur für offene Verkaufsstellen mit mindestens 20 Handlungsgehilfen.

Richtige Fragestellung.

Auch die unter B genannten Schutzbestimmungen sind nichts den Handlungsgehilfen allein eigentümliches. Einzelne, wie die Festsetzung von Mindestkündigungsfristen und Einschränkung der Konkurrenzklauseln sind auch für die Mehrheit der technischen Angestellten in gleicher oder ähnlicher Form erlassen worden. § 133 a—f der GO. Andere, wie die Fortzahlung des Gehaltes in Krankheitsfällen sind ebenfalls für andere Gruppen gültig, nur nicht in obligatorischer Form. Einzelne Vorschriften sind nur für Teile der Handlungsgehilfenschaft gültig. So die unter I. a) und b) genannten für offene Verkaufsstellen; die unter II. e) genannten nur für einen Teil der offenen Verkaufsstellen; die Vorschriften über Kündigungsfristen nur für Angestellte mit höchstens 5000 Mk. Jahresverdienst. Es gibt auch Schutzvorschriften für andere Gruppen, die nicht für Handlungsgehilfen gelten, so die Vorschrift der Barzahlung des Arbeitslohnes, das Verbot des Trucksystems und die Beschränkung in der Aufrechnung gegen den Arbeitslohn, § 115 und 119 a der GO., die Vorschrift der Entlohnung von Überstunden in § 35, 37 und 49 der Seemannsordnung.

Die für den Deutschen Juristentag aufgeworfene Frage: Empfiehlt es sich, soziale Schutzvorschriften in der Art der für Handlungsgehilfen bestehenden für Privatangestellte überhaupt zu treffen? ist also grundsätzlich durch die Reichsgesetzgebung schon beantwortet. Es gibt bereits soziale Schutzvorschriften für die Privatangestellten überhaupt und es gibt Vorschriften, wie sie für die Handlungsgehilfen bestehen, auch für andere, bestimmte Gruppen von Privatangestellten. Die grundsätzliche Frage ist daher besser zu fassen: *Empfiehlt es sich, an Stelle der besonderen Schutzvorschriften für Handlungsgehilfen und andere Gruppen von Privatangestellten und Arbeitern einheitliche Vorschriften für die Gesamtheit der Angestellten oder für die Gesamtheit der Arbeitnehmer zu setzen?* Oder mit andern Worten: Empfiehlt es sich, die heute bestehenden, vielen Sondergesetze über den Dienstvertrag der Privatangestellten zu ersetzen durch ein einheitliches Privatbeamtenrecht?

Gründe für unsere Spezialgesetzgebung.

Besteht ein innerer Grund dafür, daß die Handlungsgehilfen von der deutschen Gesetzgebung vielfach anders, meist günstiger behandelt werden, als die übrigen Gruppen der Privatangestellten und Arbeiter? Ein solcher

Grund besteht nicht. Die Spezialisierung unserer Gesetzgebung, die Bevorzugung der kaufmännischen Angestellten ist auf äußere Gründe zurückzuführen. Die Zersplitterung unseres sozialen Rechts beruht in letzter Linie darauf, daß die ganze Sozialpolitik des Deutschen Reiches nicht aus einer grundsätzlichen Überzeugung von ihrer Notwendigkeit entsprungen, sondern mehr eine Gelegenheitsgesetzgebung gewesen ist. Von vornherein hat man politische Nebenabsichten damit verfolgt, vielfach hat man dem Drucke politischer oder wirtschaftlicher Interessenbewegungen nachgegeben oder die über bestimmte Ereignisse aufgeregte öffentliche Meinung zu beruhigen gesucht. Auch die Zusammensetzung des Reichstages, der auf dem allgemeinen Wahlrechte beruht, aber in viele Parteien zersplittert ist und keine verantwortlich regierende Mehrheit besitzt, ist mit Schuld daran, daß unsere soziale Gesetzgebung immer in kleinen Stücken gemacht worden ist, daß man die Wünsche einer drängenden, von politischen Parteien unterstützten Interessentengruppe auf dem Wege eines Sondergesetzes erfüllte, ohne Rücksicht darauf, welche Wirkung ein solches Sondergesetz auf die benachbarten Gruppen haben mußte.

Die Fehler dieser Art von Gesetzgebung sind im Privatbeamtenrechte besonders scharf zum Ausdruck gekommen,

1. weil der sogenannte „neue Mittelstand“ sich aus einer Reihe von wesentlich verschiedenen Berufsgruppen zusammen setzt: kaufmännischen, technischen, landwirtschaftlichen, Bureauangestellten, liberalen Berufen aller Art;

2. weil diese Gruppen sich erst im Laufe der letzten Jahrzehnte als selbständiger sozialer Volksteil herausgebildet haben. Erst die neueste wirtschaftliche Entwicklung hat die große Zahl geschaffen. An erwerbstätigen Privatbeamten sind 1882 etwa eine halbe Million, 1895 rund eine Million und 1907 fast 2 Millionen gezählt worden. Erst durch die Entwicklung des Großbetriebes ist der Angestelltenberuf, der früher nur eine Vorbereitung für spätere Selbständigkeit war, zu einem Lebensberufe geworden*).

3. weil die verschiedenen Berufsgruppen sehr ungleich an Zahl und Einfluß sind, sich auch zu verschiedener Zeit organisiert haben, zunächst mit sehr verschiedenen Forderungen an die Gesetzgebung herangetreten

*) Nach einer Statistik des Vereins für Handlungskommis von 1858 ist das Verhältnis der im Laufe eines Jahres selbständig werdenden zur Gesamtzahl der Mitglieder seit 25 Jahren auf die Hälfte gesunken. Bei den Technikern wird die Veränderung noch weit stärker sein. Die Büroangestellten haben überhaupt kaum Aussicht, in ihrem Berufe selbständig zu werden.

sind und ihre Erfolge von zufälligen, politischen Ereignissen mit abhängig waren.

4. weil man stets auf dem einmal beschrittenen Wege weiterging, den Dienstvertrag der Angestellten im Rahmen desjenigen Gesetzes zu behandeln, das die öffentlich-rechtlichen oder privatrechtlichen Verhältnisse des betreffenden Gewerbes regelt. Dadurch wurde der Fortschritt des Dienstrechtes wieder abhängig von dem Schicksal dieser Gesetze.

Daß gerade die kaufmännischen Angestellten in den meisten Dingen vor allen andern Arbeitnehmern bevorzugt sind, ist zum Teil ihr eigenes Verdienst, die Folge davon, daß über 400 000 Handlungsgehilfen in einer Reihe von großen Verbänden organisiert sind, und daß verschiedene dieser Verbände seit langem eine sehr rege, sachkundige und geschickte Agitation betreiben. Zum Teil ist die Bevorzugung auch auf günstige Umstände zurückzuführen. Es ist naturgemäß, daß die Gruppe der kaufmännischen Angestellten als die zahlreichste und als diejenige, bei der die schlechtesten wirtschaftlichen Bedingungen mit am häufigsten waren, am frühesten die Aufmerksamkeit der Gesetzgeber erregt hat. Im Handelsgewerbe gibt es keine Arbeiterfrage von gleicher Art wie in der Industrie. (In der Berufs- und Gewerbestatistik gelten die Verkäufer der Ladengeschäfte als Arbeiter.) Der internationale Wettbewerb spielt im Kleinhandel, der ja die Mehrzahl der Handlungsgehilfen beschäftigt, keine Rolle, und in den Fabriken kommen die Kosten sozialpolitischer Gesetze für die paar kaufmännischen Angestellten nicht in Betracht gegenüber Arbeiterschutz und Arbeiterversicherung. Zudem stehen die Vorschriften über den Dienstvertrag der Handlungsgehilfen größtenteils im Handelsgesetzbuche, das stets fortschrittlich gewesen ist und für das allgemeine bürgerliche Recht vielfach modernen Gedanken Bahn gebrochen hat.

Einheitliche Privatbeamtenbewegung.

Neuerdings sind nun Tendenzen wirksam, welche die Ursachen der ungleichen Behandlung der Angestelltengruppen in raschem Tempo zu beseitigen beginnen:

1. Die berufliche Geschlossenheit des Handlungsgehilfenstandes läßt nach. Wenn auch die Organisationen der Handlungsgehilfen noch den Gedanken aufrecht zu erhalten suchen, als bildeten sie eine nach Ausbildung, Tätigkeit und Berufszugehörigkeit einheitliche Gruppe, so trifft das doch bei weitem nicht mehr wie in früherem Maße zu.

a) Der Handlungsgehilfenstand zerfällt von vornherein in zwei Hauptgruppen: das K o n t o r p e r s o n a l und die V e r k ä u f e r.

Prüfung der einzelnen Umstände festgestellt werden, ob der Arbeitnehmer als Handlungsgehilfe, Betriebsbeamter oder Arbeiter anzusehen ist. Namentlich seit der Einführung der Gewerbe- und Kaufmannsgerichte erleben wir zahllose gerichtliche Untersuchungen darüber, ob ein Bierkutscher, der unterwegs Aufträge annimmt, ein Zuschneider, der gelegentlich mit verkauft, ein Stenograph oder Maschinenschreiber, ein Schaufensterdekorateur usw. als Gewerbegehilfe oder als Handlungsgehilfe zu betrachten ist. In Zukunft werden wir eine ähnliche Vermischung zwischen kaufmännischen und technischen Beamten häufig sehen, Für verschiedene Aufgaben suchen heute schon viele Firmen kaufmännisch gebildete Ingenieure o d e r technisch gebildete Kaufleute. Dabei handelt es sich durchaus nicht darum, daß man für „kaufmännische Dienste" (§ 59 HGB.) Handlungsgehilfen mit Branchenkenntnissen wünscht, sondern daß man solche „kaufmännischen Dienste" fertig ausgebildeten Technikern überträgt.*) Beispielsweise gibt es eine große Farbenfabrik in Deutschland, die fast die Hälfte ihrer nach hunderten zählenden Chemiker mit Hochschulbildung in kaufmännischen Stellungen verwendet, namentlich die nach dem Gesetze zweifellos kaufmännischen Dienste des Geschäftsreisenden in steigendem Maße Chemikern überträgt.

2. Die übrigen Gruppen der Privatangestellten, namentlich die T e c h n i k e r und die B u r e a u b e a m t e n, sind durch die gleichen wirtschaftlichen Ursachen zu einem gleichen Vorgehen wie die Handlungsgehilfen gekommen. Auch sie fühlen sich in immer stärkerem Grade als Masse besitzloser Arbeitnehmer ohne Aussicht auf spätere Selbständigkeit im Zeitalter des Großbetriebes. Auch hier verlieren die älteren Organisationen ihren Charakter als reine Unterstützungs-, Bildungs- und Stellennachweisvereine. Sie beginnen soziale Standesarbeit zu treiben. Neben ihnen entstehen junge Verbände mit ausgesprochen gewerkschaftlichem Charakter. Sie alle treten an die Gesetzgebung mit ihren Wünschen heran. Prüft man diese nach, so finden sich natürlich in Einzelheiten Abweichungen, im großen und ganzen aber schon ein durchaus einheitliches Programm. Fast alle Verbände wünschen die Übertragung der für Handlungsgehilfen geschaffenen besonderen Schutzvorschriften auf ihre eigenen Angehörigen. Darüber hinaus gibt es eine Reihe von Forderungen, die allen Berufsgruppen gemeinsam sind.

---

*) Vergl. meinen Aufsatz „Der Kaufmann-Techniker" in Nr. 43 der Wochenschrift „Die Hilfe" Jahrgang 1909.

3. Die wichtigste dieser Forderungen ist die einer staatlichen Pensions- und Hinterbliebenen-Versicherung der Privatangestellten. Sie ist von besonderer Bedeutung, weil sie den Anfang einer einheitlichen Standesbewegung der gesamten Privatbeamtenschaft bildet. Wenn auch über das Maß und den besten Weg der Verwirklichung noch Meinungsverschiedenheiten bestehen, in der Forderung selbst ist die Gesamtheit des neuen Standes einig. Sie hat sich zur Vertretung dieser Forderung eine gemeinsame Zentrale in einem Hauptausschusse geschaffen, dem etwa 60 Vereinigungen mit 800 000 Mitgliedern angeschlossen sind. Außerdem sind an hunderten von Orten lokale Ausschüsse oder Vereine gebildet worden. Das Zusammenarbeiten in dieser Frage hat naturgemäß das gegenseitige Verstehen, das Gefühl der Zusammengehörigkeit gestärkt. Eine Reihe von Ausschüssen hat bereits andere gemeinsame Fragen in den Bereich ihrer Erörterung gezogen.*) Die Vereine von technischen Privatangestellten haben sich bereits vor fünf Jahren eine Zentrale in einem Sozialen Ausschuß in Berlin gegeben. Es unterliegt kaum einem Zweifel, daß nach der Erreichung des ersten großen Zieles, der Pensionsversicherung, der Zusammenhang sich nicht wieder auflösen, sondern der Hauptausschuß für die Pensionsversicherung sich zu einer dauernden Standesorganisation, zu einem Bunde Deutscher Privatangestellten-Vereine konsolidieren wird.**)

Gemeinsame Wünsche aller Privatangestellten.

Überblickt man nur die Verhandlungen des Reichstags in den letzten Jahren, so findet man schon eine große Reihe von Wünschen, die der Gesamtheit der Angestelltenberufe gemeinsam sind. Ich nenne nur

1. Versicherungsfragen:

a) Staatliche Pensions- und Hinterbliebenen-Versicherung.

b) Einbeziehung aller Angestellten auch in die Kranken- und Unfallversicherung.

2. Dienstrecht:

a) Mindestkündigungsfristen.

b) Fortzahlung des Gehaltes in Krankheitsfällen.

---

*) Vergl. Potthoff: „Der Berliner Ausschuß und die Organisation der Privatangestellten" in Nr. 1 u. 2 des „Privatbeamten". Magdeburg 1905.

**) Vergl. Potthoff: „Die Organisation des Privatbeamtenstandes." Berlin 1904.

c) Nichtentlassung bei militärischen Dienstleistungen.
d) Nichtigkeit aller Konkurrenzklauseln.
e) Recht auf ein schriftliches Dienstzeugnis vom Tage der Kündigung ab.
f) Recht auf Erholungsurlaub.

3. Öffentlich rechtliche Schutzvorschriften:

a) Sicherung von Nachtruhe und Sonntagsruhe.
b) Errichtung von Beamtenausschüssen in Großbetrieben.
c) Ausdehnung der Gewerbeaufsicht auf alle Schutzgesetze und Dienstverhältnisse.

4. Prozeßfragen:

a) Schaffung von Arbeitsgerichten mit Berufsabteilungen nach Art der Gewerbe- und Kaufmannsgerichte.
b) Ausschluß der Pfändung eines gegenüber dem heutigen Rechte erhöhten Existenzminimums.
c) Sicherung der Dienstkautionen im Konkurse des Arbeitgebers.

5. Organisationsfragen:

a) Sicherung der Koalitionsfreiheit.
b) Rechtsfähigkeit der Berufsvereine.
c) Gesetzliche Organisation durch Vertretung in den Arbeitskammern, Handelskammern, Landwirtschaftskammern, Anwaltskammern oder durch Schaffung besonderer Angestelltenkammern (Kaufmannskammern).
d) Angemessene Vertretung in den amtlichen Zentralstellen für Handel und Gewerbe sowie im Reichsarbeitsamte.

Einheitliche Gesetzgebung.

Die deutsche Gesetzgebung hat diesen Wünschen bisher in dreifacher Hinsicht Rechnung getragen:

1. durch Erlaß allgemeingültiger Schutzvorschriften, die in der Regel Verallgemeinerungen der zunächst für Handlungsgehilfen gemachten Bestimmungen sind. Vielfach hat der Gesetzgeber sich allerdings nicht getraut, auch die allgemeinen Vorschriften als obligatorische Schutzvorschriften zu geben, sondern hat sich mit der Aufstellung von dispositiven Regeln begnügt (BGB. 616 ff.);

2. durch Nachbildung des Sondergesetzes für Handlungsgehilfen durch ein neues Sondergesetz für andere Gruppen. So ist namentlich der Abschnitt IIIb des Titels VII der Gewerbeordnung, der die Rechtsverhältnisse der technischen Beamten regelt, dem Handelsgesetzbuche nachgeahmt.

Das Binnenschiffahrtsgesetz und einzelne Berggesetze wieder gründen sich auf die Gewerbeordnung usw.;

3. neuerdings hat man einer, namentlich von den Technikerverbänden ausgehenden Agitation folgend, angefangen, systematisch die Reichs- und Landesgesetze, welche Bestimmungen über den Dienstvertrag der Privatangestellten enthalten, in Übereinstimmung miteinander zu bringen. Dabei zeigt sich in der Regel, daß das Handelsgesetzbuch als das fortschrittlichste Gesetz das Niveau abgibt. Es sei nur erinnert an die im vorigen Reichstage eingebrachte Novelle zur Gewerbeordnung, welche den Abschnitt IIIb des VII. Titels fast in Übereinstimmung mit dem Handelsgesetzbuche bringen wollte, sowie an verschiedene Abänderungen einzelstaatlicher Berggesetze, die sich die neueren Verbesserungen der Gewerbeordnung zu eigen machen.

Der Reichstag hat darüber hinaus wiederholt seinem Wunsche nach einer Vereinheitlichung des Rechtes Ausdruck gegeben. Abgesehen von Kundgebungen von Rednern der verschiedensten Fraktionen ist daran zu erinnern, daß die sozialdemokratische Partei von jeher den Grundsatz eines einheitlichen Rechtes für alle Arbeitnehmer vertreten hat. Ihre Forderung ist einmal vom Reichstage unterstützt worden; bei der Beratung des Bürgerlichen Gesetzbuches hat die Kommission beschlossen:

„Es werde die Erwartung ausgesprochen, daß die Verträge, durch welche sich jemand verpflichtet, einen Teil seiner körperlichen oder geistigen Arbeitskraft für die häusliche Gemeinschaft, ein wirtschaftliches oder gewerbliches Unternehmen eines anderen gegen einen vereinbarten Lohn zu verwenden, für das Deutsche Reich baldtunlichst einheitlich geregelt werde. Die Kommission empfehle sie, weil sie in ihrer großen Mehrheit der Meinung wäre, daß die darin bezeichneten Rechtsgebiete sich zu einer einheitlichen gesetzlichen Regelung für das ganze Gebiet des Reiches eignen."

Irgend welche Schritte zur Erfüllung dieser Erwartung sind bisher weder vom Bundesrate noch vom Reichstage unternommen worden. Dagegen hat der Reichstag wiederholt eine teilweise Vereinheitlichung durch Anpassung einzelner Gesetze aneinander verlangt. Die Folge des Zusammenschlusses der Technikervereine im Jahre 1905 war ein gemeinsamer Antrag von vier Fraktionen im Reichstage, der am 7. März 1906 zur Verhandlung kam und dessen Hauptsätze verlangten, daß

I. Die Vorschriften der Gewerbeordnung über das Dienstverhältnis der technischen Angestellten den Bestimmungen des Handelsgesetzbuches über das Dienstverhältnis der Handlungsgehilfen angepaßt würden;

II. Die so verbesserten Vorschriften der §§ 133a ff. der Gewerbeordnung auf alle technischen Angestellten (insbesondere diejenigen in landwirtschaftlichen Nebenbetrieben) ausgedehnt würden.

Die einmütigen Beschlüsse der damaligen Reichstagskommission wollten den ersten Satz verwirklichen, den zweiten durch eine Resolution fördern. Sie sind infolge der Reichstagsauflösung von 1906 unerledigt geblieben, haben aber die Grundlage für die Gewerbeordnungsnovelle gegeben, die 1907 von der Regierung vorgelegt wurde, aber auch durch Sessionsschluß unerledigt blieb. Dem neuen Reichstage liegen wieder verschiedene Initiativ-Anträge vor, die dasselbe Ziel erstreben. Außerdem sind zu wiederholten Malen von verschiedenen Parteien Anträge gebracht worden, die

III. „über die Arbeitszeit, die Kündigungsfristen, die Sonntagsruhe, die berufliche Aus- und Fortbildung der Bürobeamten gleiche oder ähnliche Schutzvorschriften verlangen, wie sie das Handelsgesetzbuch und die Gewerbeordnung hinsichtlich der Handelsangestellten enthält". Leider ist niemals ein derartiger Antrag zur Abstimmung gekommen. Es ist aber nicht zu bezweifeln, daß er eine große Mehrheit finden würde.

IV. Seit einigen Jahren kommen nun aber auch im Reichstage Privatbeamten-Anträge, d. h. Anträge, welche ausdrücklich gesetzliche Vorschriften für die Gesamtheit der Privatangestellten fordern. Wenn wir von der sozialen Versicherung absehen, die ja niemals für einzelne Berufsgruppen Geltung gehabt hat, so sind aus dem Jahre 1907 zu erwähnen: ein Antrag des Zentrums, der in Anlehnung an das von mir entworfene Programm des sozialen Ausschusses von Vereinen technischer Privatangestellter die Errichtung von Ausschüssen der Privatbeamten in größeren Betrieben, die Vertretung der Privatbeamten in den zu errichtenden Arbeitskammern, die Schaffung einer gesetzlichen Aufsicht über die Durchführung der Schutzbestimmungen zugunsten der Privatbeamten und die Sicherung der Dienstkaution der Privatbeamten im Konkurs des Arbeitgebers fordert; ferner ein sozialdemokratisches Verlangen nach einem Gesetzentwurf, durch den „die Verhältnisse der Privatbeamten im Sinne der Bestimmungen des Handelsgesetzbuches über die Handlungsgehilfen gesetzlich geregelt werden". Beide Anträge sind nicht zur Verhandlung gekommen.

V. In der laufenden Sitzungsperiode liegt wieder eine Fülle von Angestellten-Anträgen vor. Unter denjenigen, die eine Vereinheitlichung des Privatbeamtenrechtes erstreben, sind zu nennen die Wiederholung der sozialdemokratischen Forderung nach einem „Gesetzentwurf, wodurch die Verhältnisse der Privatbeamten im Sinne der Bestimmungen des Handelsgesetzbuches über die Handlungsgehilfen gesetzlich geregelt werden", der nationalliberale Antrag, der die Übertragung der in Handelsgesetzbuch und Gewerbeordnung für die Handlungsgehilfen erlassenen Vorschriften auf die Büroangestellten empfiehlt; der ähnliche sozialdemokratische Antrag, der eine Reihe von Angestellten- und Arbeiter-Paragraphen der Gewerbeordnung auf die Büroangestellten angewandt sehen will, und die Anträge der Freisinnigen, Nationalliberalen und der Wirtschaftlichen Vereinigung, welche die Bestimmungen der Gewerbeordnung über die Dienstverhältnisse der technischen Angestellten den besseren Bestimmungen des Handelsgesetzbuches anpassen wollen. Über die Grenzen der Privatbeamtenschaft hinaus streben nach einem einheitlichen Arbeitsrechte Anträge der Sozialdemokraten und Freisinnigen. Von den Einzelwünschen ist der wichtigste die Einschränkung der Gültigkeit von Konkurrenzklauseln. Am radikalsten geht die Sozialdemokratie vor, die durch eine Novelle zur Gewerbeordnung die Ungültigkeit aller Karenzverträge (also für alle gewerblichen Arbeitnehmer), verlangt. Auch der freisinnige Antrag auf möglichste Einschränkung der Konkurrenzklauseln durch Gesetz erstreckt sich auf alle der Gewerbeordnung unterstehenden Arbeitnehmer. Die Wirtschaftliche Vereinigung dagegen stellt zwei besondere Anträge auf Nichtigkeit von Konkurrenzabreden für kaufmännische und für technische Angestellte und beantragt ausdrücklich noch ein Verbot der sogenannten Geheimklauseln der Arbeitgeber. Die Fortzahlung des Gehaltes in Krankheitsfällen auf die Dauer von sechs Wochen ohne Anrechnung der Bezüge aus Kranken- oder Unfallversicherung für alle Privatbeamten beantragen Nationalliberale, Freisinn, Sozialdemokratie und Wirtschaftliche Vereinigung. Auf Erweiterung der Sonntagsruhe für technische und kaufmännische Angestellte zielen Anträge der Freisinnigen und Sozialdemokraten, auf Durchführung des 8 Uhr-Ladenschlusses Sozialdemokratie und Wirtschaftliche Vereinigung, auf Beschränkung der täglichen Arbeitszeit in den Kontoren die gleichen Parteien. Die Sozialdemokraten fordern in ihrem umfangreichen Antrage zur Gewerbeordnung die gesetzliche Einführung eines jährlichen Erholungsurlaubes, eine Sicherheit gegen den Mißbrauch von Wohlfahrtseinrichtungen und die Erweiterung der Gewerbe-Inspektion. Die Ausdehnung der Gewerbeaufsicht auf die Verhältnisse der technischen Angestellten wünschen auch die Freisinnigen, während die Wirtschaftliche Vereinigung die gleiche Forderung für die kaufmännischen Angestellten erhebt. (Handelsinspektoren.) Eine Heraufsetzung der Mindestgrenze für die Pfändbarkeit des Arbeitseinkommens von 1500 auf 2500 Mk. jährlich fordern die Sozialdemokraten, eine Ausdehnung der Gewerbegerichte auf die technischen Angestellten, unter Errichtung besonderer Techniker-Abteilungen, Freisinn und Wirtschaftliche Vereinigung.

Angestellte und Arbeiter.

Die Durchführung solcher Anträge, die Schaffung eines Privatbeamtenrechtes, wird die Schwierigkeiten vermehren, die jetzt schon bei der Anwendung der Spezialgesetze entstehen. Die Frage „Wer ist Privatbeamter?" läßt sich durch eine wissenschaftliche Formel nicht beantworten. Bei der Vorbereitung der Privatbeamtenversicherung hat man mehrfach versucht, scharfe Begriffsmerkmale für die neue soziale Schicht aufzustellen. Die Versuche sind mißlungen. Die Definition im österreichischen Privatbeamten-Pensionsgesetze ist sehr undeutlich, der Versuch, sie durch Vollzugsvorschriften klar zu machen, kläglich gescheitert.*) Die Betonung der „Beamteneigenschaft" ist kein Merkmal, denn diese Eigenschaft fehlt verschiedenen Gruppen, die sich zur Privatbeamtenschaft zählen (Büroschreiber), und vom Gesetze ihr zugerechnet werden (Ladengehilfen). Auch die „geistige Tätigkeit" unterscheidet den Angestellten nicht vom Handarbeiter, denn ein Porzellanmaler, ein Feinmechaniker und mancher andere Handarbeiter leistet höhere geistige Tätigkeit als ein Aktenabschreiber, ein Verkäufer im Grünkramladen, ein Kontenaddierer usw. Eine wissenschaftliche Definition der Angestellten als einer zwischen Arbeiter und Unternehmer stehenden, geistig arbeitenden Mittelschicht müßte stets einen Teil derjenigen ausschließen, die sich an der Privatbeamtenbewegung beteiligen und die durch die heutigen Gesetze, namentlich durch das Handelsgesetzbuch, mit den anderen gleichgestellt sind. Der Kreis der an der Privatbeamtenbewegung beteiligten Berufsgruppen kann nur durch Aufzählung genau umschrieben werden.

Schon daraus ergibt sich, daß es falsch sein würde, von vornherein nur auf ein einheitliches Recht der Privatangestellten abzuzielen, sondern daß die Frage weiter gestellt werden muß, inwieweit anstelle des jetzigen Wirrwarrs von Spezialgesetzen *einheitliche soziale Schutzvorschriften für die Gesamtheit der Arbeitnehmer* gesetzt werden können und inwieweit solche allgemeinen Vorschriften dann einer *Ergänzung durch besondere soziale*

*) Vergl. Soziale Praxis, Jahrgang XVI, Nr. 48, Dr. *Potthoff*: „Wer ist Privatbeamter?"

Schutzvorschriften zugunsten der Privatangestellten bedürfen. Denn Unterschiede zwischen den Bestrebungen und Interessen der Arbeiter und Angestellten sollen durchaus nicht geleugnet werden. Das wichtigste ist das folgende:

a) Dem Arbeiter ist der wirtschaftliche Kampf zur Gewohnheit geworden. Deshalb legt er auf möglichste Freiheit im Arbeitsverhältnisse entscheidenden Wert. Der Vertrag ohne Kündigungsfrist erringt sich immer mehr die Herrschaft. Der Angestellte dagegen hat bisher den Hauptwert auf eine Stetigkeit des Arbeitsverhältnisses gelegt. Er will eine sichere, dauernde Stellung haben. Deswegen haben die Angestellten sich möglichst lange Kündigungstermine vom Gesetze garantieren lassen. Es ist möglich, daß in den Bestrebungen beider Teile Änderungen eintreten. Gegenwärtig dürfte es aber keine Zwangsregelung des Kündigungsrechts geben, die den Angestellten und Arbeitern in gleicher Weise erwünscht wäre.

b) Eine Verschiedenheit der Bedürfnisse ist durch die Gewohnheit des Lebens gegeben. Diese stellt an den Privatbeamten höhere Anforderungen als an den Arbeiter. Man denke an Vorbildung, Kleidung, gesellschaftliches Auftreten, Kindererziehung. Das beeinflußt namentlich die Stellung der Privatbeamten zur sozialen Versicherung und zu anderen Schutzmaßregeln gegen die Wechselfälle des Lebens.

c) Da die gesetzlichen Vorschriften sich gegenseitig beeinflussen, haben einzelne Bestimmungen für Arbeiter geringere Bedeutung als für Angestellte. Die zwingende Vorschrift einer Fortzahlung des Gehaltes in Krankheitsfällen beispielsweise hat praktische Bedeutung nur für Arbeitnehmer mit längerer Kündigungsfrist, weil die Zahlungspflicht natürlich nicht über die ordnungsmäßige Beendigung des Dienstverhältnisses hinausreichen kann.

Differenzierungen.

Wie zwischen Arbeitern und Angestellten, so bestehen mindestens ebenso tiefe Unterschiede zwischen den einzelnen Kategorien der Privatbeamten selbst. Auch diese Unterschiede sollen durchaus nicht geleugnet werden. Ein Bankprokurist und ein Werkmeister, ein Privatlehrer und ein Zuschneider, ein Büroschreiber und ein Brauereidirektor, eine Krankenpflegerin und eine Verkäuferin, ein Dekorateur und ein Klinikarzt usw. sind gewiß sehr verschiedene Arten von Dienstnehmern. Man kann zweifellos nicht ihr Dienstverhältnis vollständig durch die gleichen Zwangsregeln ordnen. Aber das ist auch nicht beabsichtigt. *Das soziale Zwangsrecht will nicht den Dienstvertrag ersetzen, sondern* nur seine Mindestbedingungen festlegen. Genau wie das allgemeine Arbeitsrecht ergänzt werden muß durch ein Privatbeamtenrecht, so kann dieses wieder in Einzelheiten ergänzt werden durch Vorschriften für besondere Gruppen von Angestellten. Sowenig der Begriff der höheren oder geistigen Tätigkeit oder der Beamteneigenschaft dazu dienen kann, die Gesamtheit derer, die sich als Privatangestellte fühlen, von der Arbeiterschaft zu unterscheiden, so geeignet könnte ein derartiger Begriff sein, um innerhalb der Privatbeamtenschaft eine Unterscheidung herbeizuführen, die sich ungefähr an den altrömischen Unterschied der Operae liberales und illiberalis anschlösse, die ja auch im Dienstvertrage des Bürgerlichen Gesetzbuches eine Rolle spielt. Einzelne Angestellten-Gruppen wie die Beamten der Saisongewerbe (z. B. Gutsinspektoren, Brennmeister) haben besondere Interessen bezüglich der Vertragsdauer, andere (wie die Schauspieler) leben unter so eigenartigen Bedingungen, daß ein gutes Dienstvertragsrecht dem Rechnung tragen muß. Auch solche Sonderbestimmungen stören den einheitlichen Charakter nicht. Schließlich liegt auch kein Bedenken dagegen vor, einzelne Berufe mit Sonderinteressen wie etwa Schauspieler, Redakteure, Ärzte und dergl. von dem Privatbeamtenrechte auszuschließen. Seine Geltung für die große Masse der kaufmännischen, technischen, landwirtschaftlichen und Bürobeamten mit 2 Millionen Erwerbstätiger würde segensreich genug sein.

Wird also die Notwendigkeit gewisser Sonderbestimmungen durchaus anerkannt, so rechtfertigt diese absolut nicht die Buntscheckigkeit unseres heutigen Rechts. Ein Rechtssystem, das sich folgendermaßen aufbaute:

1. Allgemeine Regeln des Dienstvertrages;
2. Ergänzende Regeln für die großen Kategorien der Privatbeamten, Fabrikarbeiter und für sachliche Gebiete wie Tarifvertrag, Akkordvertrag;
3. Ergänzende Sonderbestimmungen für einzelne Berufsgruppen;

und das schon in seinem grundlegenden ersten Teile alle diejenigen sozialen Schutzvorschriften enthielte, die im Interesse der Allgemeinheit empfehlenswert sind, würde sicher neun Zehntel der jetzt bestehenden Unterschiede beseitigen und die Rechtslage aller Arbeitnehmer in Deutschland heben können.

Der Begriff des Sozialen.

Der Inhalt der sozialen Schutzvorschriften und ebenso der Personenkreis, den man einheitlichen sozialen Schutzvorschriften unterwerfen kann oder muß, richtet sich nach der Bedeutung, die man dem Begriffe „Sozial" als der Grundlage des Rechtes gibt. Unsere Reichsgesetzgebung wäre wohl nicht so unbefriedigend geworden, wenn ihr nicht ein fruchtbarer Boden gefehlt hätte. Die ursprüngliche Auffassung, daß soziales Recht nur Schutz der Industriearbeiter bedeute, ist glücklich überwunden. Aber an ihre Stelle ist der Schutz der wirtschaftlich Schwachen als Inbegriff des Sozialen getreten. Er beherrscht leider auch das Bürgerliche Gesetzbuch. Die Beschränkung sozialer Schutzvorschriften auf wirtschaftlich Schwache hat zu einer vielfachen Teilung des Angestelltenrechts geführt. Verschiedene Gesetze gelten nur für Personen, die unter einer bestimmten Einkommensgrenze bleiben. Diese Grenze aber ist fast in jedem Gesetze eine andere. Außerdem versagt der Begriff da, wo das Verhältnis der Angestellten zu kleinen Unternehmern (Kleinkaufleuten, Handwerkern) in Frage kommt, die selbst wirtschaftlich schwach sind. Deswegen habe ich versucht, in den Schriften der Gesellschaft für soziale Reform eine neue, allgemein gültige Definition zu geben:

S o z i a l b e d e u t e t d a s V o r r e c h t d e s l e b e n d i g e n M e n s c h e n v o r a l l e n G ü t e r n u n d E i n r i c h t u n g e n d i e s e r E r d e. Sozial ist das Recht nur, wenn es die Persönlichkeit des Menschen, des Staatsbürgers höher wertet, als Sachgüter, als Vermögensinteressen, als irgend welche Institutionen. Das soziale Recht dient dem obersten Zwecke des Staates, recht viele gesunde, leistungsfähige, frohe Menschen als Bürger zu zählen.

Diese Begriffsbestimmung des Sozialen ist praktisch längst anerkannt. Denn was ist der Zweck aller Arbeitergewerkschaften, aller Berufsvereine von Privatbeamten anders, als die Persönlichkeit im modernen Großbetriebe zu retten, die schwachen Existenzen durch Organisierung von Tausenden zu festigen, daß sie nicht durch die Macht des Kapitals erdrückt werden. Alle Bestrebungen dieser Verbände zielen dahin, den Massen der Berufsgenossen eine menschenwürdige, kulturgemäße, staatsbürgerliche Existenz zu ermöglichen. Gewiß spielen auch rein wirtschaftliche Fragen wie der Kampf um die Lohnhöhe, um den Unterhalt in Zeiten der Arbeitsunfähigkeit, eine große Rolle. Aber die Kulturbedeutung dieser wirtschaftlichen Bestrebungen liegt nur darin, daß ihr Erfolg eine Erhöhung der Lebenshaltung und der Arbeitsleistung bringt. Solange das Einkommen nicht wesentlich über das zur angemessenen Lebensführung Nötige hinausgeht, solange dient seine Vermehrung nur der Möglichkeit persönlicher Entfaltung. Alle Bestrebungen aber, die auf Verkürzung der Arbeitszeit, auf freien Sonntag, auf Abendruhe, auf Hinderung eines Mißbrauchs der Abhängigkeit, auf Beseitigung von Konkurrenzklauseln usw. gehen, sind reine Forderungen zugunsten der Person gegenüber dem Kapital.

Die Berechtigung der sozialen Forderungen, d. h. einer Bevorzugung der Person vor den Sachgütern, liegt darin, daß der Hauptreichtum des Staates und Volkes nicht in den Sachgütern, ondern in den produktiven Kräften besteht. Die wichtigste dieser Kräfte ist das Menschenmaterial, in dem auch rein materiell der größte Teil des Nationalvermögens angelegt wird. Der Mangel an sozialem Denken in unserer Volkswirtschaftslehre läßt sehr häufig übersehen, daß der Mensch nicht nur das Subjekt, sondern zugleich auch das wichtigste Objekt der Volkswirtschaft ist. Aller Besitz an Boden, Gebäuden, Maschinen, Produkten, Wertpapieren, Geld usw. verschwindet vor dem wirtschaftlichen Werte der Bevölkerung selbst. Professor Lexis schätzt das gesamte Sachgütervermögen des deutschen Volkes auf 300 Milliarden, Engel die Erziehungskosten der 60 Millionen deutscher Reichsangehöriger auf nahezu tausend Milliarden, also das dreifache des fälschlich sogenannten Nationalvermögens.*)

Seit wir den Menschen frei gemacht haben, braucht der Unternehmer die Kosten des Menschenlebens bei seiner Kalkulation nicht mehr zu berücksichtigen. Er steckt nicht sein Kapital in den Handlungsgehilfen oder Techniker wie in eine Maschine oder ein Pferd, er braucht deswegen auch nicht auf lange Verzinsung, also nicht auf rentable Ausnutzung durch pflegliche Behandlung zu sehen. Er zahlt den Marktwert der Arbeitskraft, nutzt sie aus ohne Rücksicht auf die Dauer der Leistungsfähigkeit und entläßt den Angestellten, wenn seine Leistung nicht mehr genügt. Rechtlich und grundsätzlich hat er keine Verpflichtungen gegenüber dem arbeitsunfähig Gewordenen oder gegenüber der Familie des in seinen Diensten Gestorbenen.

Der Staat, das Volk aber, hat ein dringendes Interesse daran, daß auch das Menschenmaterial pfleglich behandelt wird, daß nicht durch übermäßige Anspannung der Arbeitskraft, durch mangelhafte Ernährung, durch Fehlen von Ruhepausen usw. die Leistungsfähigkeit und Gesundheit vor der Zeit verbraucht wird. Denn (von allem nicht Wirtschaftlichen einmal abgesehen) nur der arbeitende Mensch macht sein Volk reicher,

*) Näheres über die hier angedeuteten Fragen habe ich ausgeführt im Patria-Jahrbuche der Hilfe 1907: „Das Rentabilitätsproblem in der Bevölkerungsfrage," in Heft 15, Jahrgang 1908 der „Umschau" und Heft 2, Jahrgang 1910 der „Neuen Generation": „Der wirtschaftliche Wert des Menschenlebens."

der arbeitsunfähige zehrt von fremdem Reichtum. Die Konkurrenzfähigkeit, die Wehrfähigkeit, die Zukunft eines Volkes hängt von der Gesundheit, Kraft, Arbeitsfähigkeit und Berufsfreudigkeit aller seiner Bürger ab.

Daraus folgt, daß alle Maßnahmen eines Staates, die eine übermäßige Ausnutzung der menschlichen Arbeitskraft im Privatinteresse anderer hindern, die eine möglichst lange Dauer der Arbeitsfähigkeit wollen, nicht aus Mitleid mit den geplagten Gliedern, sondern aus der Erkenntnis einer Notwendigkeit für die Gesamtheit entspringen; daß solche Maßnahmen nicht nur aus sittlichen und politischen, sondern auch vor allem aus wirtschaftlichen Gründen nützlich und notwendig sind. Gesetzliche Beschränkung der Arbeitszeit, Verbote besonders gesundheitsschädlicher Tätigkeit, Einschränkung der Frauen- und Kinderarbeit, Sicherung der Sonntags- und Nachtruhe, Zwang zu gesundheitlich rationeller Einrichtung der Betriebe, Schaffung der Vorbedingungen für wirksame Standesvertretung, Schutz der Arbeitnehmer gegen Verletzung ihrer Persönlichkeitsrechte und dergl. sind also Forderungen im Interesse der Gesamtheit. Sie sind keine Begünstigungen der Arbeitnehmer auf Kosten der Arbeitgeber. Sie dürfen grundsätzlich vor keinem Berufe, vor keiner sozialen oder wirtschaftlichen Schicht halt machen.

Ausländische Gesetzgebung.

Auf eine ausgiebige Heranziehung der ausländischen Gesetzgebung muß ich verzichten. Da Vorarbeiten auf diesem Gebiete kaum bestehen und auch die Veröffentlichungen der Gesellschaft für soziale Reform sich bisher ausschließlich auf das deutsche Recht beschränkt haben, so würde ein vollständiger Vergleich mit dem Auslande breiteren Raum einnehmen, als er hier zur Verfügung steht. Und die Ausbeute würde kaum lohnen, denn in den anderen Staaten ist die Privatbeamtenfrage ebenso wie bei uns erst kürzlich in Fluß gekommen und noch in der Entwicklung begriffen. Deswegen seien nur zwei typische Beispiele kurz angeführt.

A. Die Schweiz.

Ein Beispiel für eine weitgehende Regelung des Dienstvertrages im allgemeinen bürgerlichen Rechte bietet der schweizerische Entwurf zur Revision des Obligationenrechtes. (Botschaften des Bundesrates vom 3. März 1905 und 1. Juni 1909.) Der Entwurf nimmt zwar auch Bezug auf eine Spezialgesetzgebung über gewerbliche Arbeitsverhältnisse, geht aber über das deutsche Bürgerliche Gesetzbuch wesentlich hinaus, indem er mehr Materien als dieses regelt und in größerem Umfange

Zwangsrecht schafft. Von den im Bürgerlichen Gesetzbuch nicht enthaltenen Zwangsvorschriften seien erwähnt:

1. Anspruch auf Fortzahlung des Lohnes bei Krankheit, Militärdienst oder Verhinderung aus ähnlichen Gründen auf verhältnismäßig kurze Zeit.

2. Verbot der Verrechnung einer Lohnschuld mit Gegenforderungen.

3. Anspruch des Arbeitnehmers auf angemessene Vergütung für Erfindungen.

4. Mindestkündigungsfristen.

5. Ausschluß der Entlassung ohne Kündigung wegen obligatorischen Militärdienstes.

6. Beschränkungen der Konkurrenzklausel.

Außerdem ist die Rechtsverbindlichkeit von Tarifverträgen, der Anspruch auf Schadensersatz bei Nichtbeschäftigung eines auf Stücklohn oder Akkord stehenden Dienstpflichtigen und der Anspruch auf Entschädigung für Arbeiten über das vertraglich bedungene Maß hinaus ausdrücklich festgelegt.

B. Österreich.

In Österreich, wo zuerst von allen europäischen Staaten eine bewußte Standesbewegung der Privatbeamtenschaft und eine Privatbeamtengesetzgebung entstanden ist, wird seit Jahren über ein „Gesetz über den Dienstvertrag der Handlungsgehilfen und anderer Dienstnehmer in ähnlicher Stellung (Handlungsgehilfengesetz)“ verhandelt. Die erste Regierungsvorlage der Session 1907—08 ist im Abgeordnetenhause angenommen, vor der Erledigung im Herrenhause aber durch Sessionsschluß hinfällig geworden. 1909 ist nun eine zweite Vorlage, die den Beschlüssen des Parlamentes teilweise Rechnung trägt, dem Herrenhause unterbreitet. Diese Gesetzesvorlage, die nach der amtlichen Begründung „von dem Bestreben geleitet ist, Rechtsverhältnisse zahlreicher Gruppen von Angestellten vom schwanken Boden der Vertragsfreiheit in die sicheren, unverrückbaren Linien des Gesetzes hinüberzuleiten und damit eine feste Grundlage für die Existenz und Weiterentwicklung eines wirtschaftlich und sozial bedeutsamen Standes zu schaffen,“ soll Geltung haben

I. für das Dienstverhältnis von Personen, die bei einem Kaufmanne vorwiegend zur Leistung kaufmännischer Dienste (Handlungsgehilfen) oder höherer, nichtkaufmännischer Dienste angestellt sind;

II. für das Dienstverhältnis von Personen, die vorwiegend zur Leistung kaufmännischer Dienste in Unternehmungen oder Anstalten der nachstehenden Art angestellt sind, wenngleich der Unternehmer oder die Anstalt nicht Kaufmann im Sinne des Handelsgesetzbuches ist:

1. In Unternehmungen jeder Art, auf welche die Gewerbeordnung Anwendung findet.

2. In Kreditanstalten, Sparkassen, Vorschußkassen, Erwerbs- und Wirtschaftsgenossenschaften, Versatz-, Versorgungs- und Rentenanstalten, Krankenkassen, registrierten Hilfskassen, Versicherungsanstalten jeder Art, gleichviel ob sie private Versicherungsgeschäfte betreiben oder den Zwecken der öffentlich-rechtlichen Versicherung dienen, sowie in Verbänden der genannten Anstalten.

3. In der Schriftleitung, Verwaltung oder dem Verschleiß einer periodischen Druckschrift.

4. In Kanzleien der Advokaten und Notare.

5. Bei Handelsmäklern, behördlich autorisierten Privattechnikern, Patentanwälten, Privatgeschäftsvermittlungen und Auskunftsbüros.

6. In k. k. Tabaktrafiken und Lottokollekturen.

III. Nicht dagegen für Bedienstete der Seeschiffahrt und der Eisenbahnen, für Bedienstete in land- und forstwirtschaftlichen Betrieben, sofern letztere nicht Handlungsgehülfen sind, sowie für Personen, für welche die Bestimmungen des allgemeinen Berggesetzes gelten:

D. h. etwa 90% der gesamten Privatbeamtenschaft, und zwar die verschiedensten Kategorien der kaufmännischen, technischen, liberalen und Büroangestellten erhalten einheitliches Recht. Das Gesetz gibt im Gegensatze zu unserem Handelsgesetzbuche oder unserer Gewerbeordnung eine vollständige Regelung des Dienstvertragsrechts. Hier zu erwähnen sind nur diejenigen Bestimmungen, die als soziale Schutzvorschriften anzusehen und mit Zwangscharakter ausgestattet sind:

1. Recht des Angestellten auf schriftliche Bestätigung des abgeschlossenen Dienstvertrages.

2. Fortzahlung des Gehaltes bei Verhinderung durch Krankheit oder Unglücksfall bis zur Dauer von sechs Wochen, ohne Anrechnung der Bezüge aus einer öffentlich-rechtlichen Versicherung.

3. Fortzahlung des Gehaltes bei Verhinderung durch andere wichtige, die Person betreffende Gründe ohne Verschulden, während einer verhältnismäßig kurzen Zeit.

4. Fortzahlung des Gehaltes bei Erfüllung der Militärdienstpflicht bis zur Dauer von vier Wochen.

5. Ausschluß der Entlassung ohne Kündigungsfrist wegen der unter 2.—4. genannten Gründe.

6. Recht des auf Provision angestellten Dienstnehmers auf Mitteilung eines Buchauszuges über die durch seine Tätigkeit zustande gekommenen Geschäfte.

7. Angemessene Entschädigung, wenn der Dienstnehmer vom Dienstgeber vertragswidrig gehindert wird, Provisionen oder Tagegelder in dem nach den Vereinbarungen zu erwartendem Umfange zu verdienen.

8. Recht des mit Gewinnbeteiligung Angestellten auf Einsicht in die Geschäftsbücher.

9. Gehaltszahlung spätestens am Schlusse jedes Kalendermonats.

10. Recht des mit Anspruch auf „periodische Remuneration" (Gratifikation) Angestellten auf einen entsprechenden Teilbetrag, wenn das Dienstverhältnis vor Fälligkeit des Anspruches gelöst wird.

11. Anspruch auf einen jährlichen Urlaub von mindestens zehn Tagen, zwei Wochen oder drei Wochen, je nachdem das Dienstverhältnis 6 Monate, 5 Jahre oder 15 Jahre gedauert hat, ohne Gehaltskürzung, ohne Anrechnung von Dienstbehinderung durch Krankheit, Unglücksfall oder Militärzeit.

12. Pflicht des Dienstgebers zum Schutze von Leben, Gesundheit und Sittlichkeit durch entsprechende Einrichtung der Arbeitsräume, Gerätschaften usw., ev. auch der Wohnräume.

13. Beschränkung des Rechts zu sofortiger Entlassung bei Probezeit auf die Dauer eines Monats.

14. Mindestkündigungsfrist von einem Monat zum Monatsschluß. Gleichheit vertragsmäßiger Kündigungsfristen.

15. Recht des Angestellten, ein auf längere Zeit abgeschlossenes Dienstverhältnis nach 5 Jahren zu kündigen.

16. Recht auf angemessene Zeit zum Aufsuchen einer neuen Stellung nach der Kündigung.

17. Einseitiges Recht des Dienstnehmers auf sofortige Beendigung des Dienstverhältnisses bei Konkurs des Dienstgebers.

18. Beschränkung des Anspruches des Dienstgebers auf sofortige Räumung der Dienstwohnung nach dem Tode eines Dienstnehmers.

19. Anspruch des Dienstnehmers auf sofortige Auszahlung der bis zur ordnungsmäßigen Lösung des Dienstverhältnisses fällig werdenden Bezüge, wenn das Dienstverhältnis durch vertragswidriges Verhalten des Dienstgebers vorzeitig gelöst wird.

20. Festlegung des Schadensersatzanspruches des Dienstnehmers bei Rücktritt des Dienstgebers vom Anstellungsvertrage.

21. Vorrecht der Gehaltsforderung im Konkurse des Dienstgebers.

22. Sicherstellung einer Sechsmonatsfrist für die Geltendmachung von Ersatzansprüchen wegen vorzeitiger Entlassung oder wegen Rücktritts vom Vertrage.

23. Anspruch des Dienstnehmers auf gerichtliche Hinterlegung der von ihm geleisteten Kaution, wenn beim Austritt Schadensersatzansprüche geltend gemacht werden.

24. Wesentliche Beschränkung der Konkurrenzklausel.

25. Richterliches Mäßigungsrecht für Konventionalstrafen.

26. Anspruch auf ein schriftliches Zeugnis während und bei Beendigung des Dienstverhältnisses.

Da in der deutschen Angestelltenbewegung öffentlich-rechtliche und prozeßrechtliche Fragen die gleiche Rolle spielen wie zivilrechtliche, so mögen noch folgende, interessante Bestimmungen des österreichischen Entwurfes erwähnt sein:

27. Tarifverträge sind maßgebend, soweit nicht der Einzelvertrag etwas anderes bestimmt.

28. Die Überlassung von Wohnräumen an Dienstnehmer sowie deren Verköstigung auf Rechnung des Entgeltes kann durch ministerielle Verordnung „für Unternehmungen bestimmter Art oder für den Bereich bestimmter Orte verboten werden".

29. Durch Verordnung können „die Vorschriften der Gewerbeordnung über Sonntagsruhe und Arbeitszeit auf die in diesem Gesetze geregelten, der Gewerbeordnung nicht unterliegenden Dienstverhältnisse" übertragen werden.

30. Durch Verordnung kann den Gewerbeinspektoren die Aufsicht über die Einhaltung der unter 12, 26 und 29 genannten Verpflichtungen übertragen werden.

31. Für Streitigkeiten aus den hier behandelten Dienstverhältnissen sind die Gewerbegerichte zuständig, wenn auf die Unternehmung die Gewerbeordnung Anwendung findet.

Als der Unterausschuß des Herrenhauses im Dezember 1908 an die Beratung des ersten Entwurfes ging, erörterte er zunächst die Frage, ob nicht den Spezialvorschriften über den Dienstvertrag der Handlungsgehilfen die in Vorbereitung begriffene Revision der „veralteten" Normen des Bürgerlichen Gesetzbuches für das Dienstrecht vorangehen müßte. Mit Rücksicht auf Erklärungen der Regierung hat man von einer Verknüpfung dieser beider gesetzgeberischen Arbeiten abgesehen, aber „allseits als wünschenswert und notwendig bezeichnet, bei der Prüfung der einzelnen Bestimmungen des Gesetzentwurfes ihren inneren Zusammenhang mit der im Zuge befindlichen Revision der das Dienstrecht behandelnden Partie des allgemeinen Bürgerlichen Gesetzbuches herzustellen und festzuhalten, um auf diese Weise Diskrepanzen in der gesetzlichen Regelung derselben Materie soviel als möglich zu verhüten". Aus diesem sehr verständigen (in der deutschen Gesetzgebung leider zu wenig beachteten) Gesichtspunkte hat der Ausschuß des österreichischen Herrenhauses verschiedene kleine Änderungen vorgeschlagen, aber keine einzige der oben angeführten sozialen Schutzvorschriften abgelehnt. Das ist wohl der beste Beweis dafür, in wie hohem Maße ein sozialfortschrittliches, einheitliches Recht für die Gesamtheit der Dienstverträge möglich ist.

Ergebnis.

1. Es ist nicht nur empfehlenswert, sondern absolut notwendig, daß an Stelle der für Handlungsgehilfen und für andere Arbeitnehmergruppen in Spezialgesetzen erlassenen sozialen Schutzvorschriften entsprechende Vorschriften mit Zwangscharakter für die Gesamtheit der Privatangestellten treten.

2. Da die sozialen Bedürfnisse der Privatangestellten in den meisten Beziehungen die gleichen sind wie die aller andern Arbeitnehmer, so ist wünschenswert, daß die grundsätzliche Regelung durch ein allgemein gültiges Gesetz über den Dienstvertrag erfolgt und dieses seine Ergänzung durch ein Privatbeamtengesetz findet.

3. Die deutsche Gesetzgebung hat die Notwendigkeit einer größeren Einheitlichkeit des Dienstrechtes und einer Übertragung der für Handlungsgehilfen erlassenen sozialen Schutzvorschriften auf andere Angestelltengruppen anerkannt, aber erst in sehr unzureichendem Maße verwirklicht.

4. Die Möglichkeit eines sozialen Dienstvertragsrechts für alle Privatangestellten oder auch eines sozialen allgemeinen Arbeitsrechtes wird nicht nur durch theoretische Erwägungen, sondern auch durch die neueste Gesetzgebung ausländischer Staaten bewiesen.

5. Die Grundlage eines solchen Gesetzes muß die Erkenntnis bilden, daß der wichtigste Zweck sozialen Rechtes die Erhaltung der persönlichen Güter, namentlich der Gesundheit, Arbeitskraft und Schaffensfreude aller arbeitenden Staatsbürger ist. Die Rücksicht auf Vermögenswerte muß daher überall zurückstehen hinter der Rücksicht auf den lebenden Menschen.

Anhang I.

Die heutige Zersplitterung des Angestelltenrechts.

A. Die Gesetze über den Dienstvertrag.

Die gegenwärtige Zersplitterung des Rechtes der Angestellten beruht darauf, daß drei Gruppen von Gesetzen nebeneinander maßgebend sind: I. das Bürgerliche Gesetzbuch, dessen allgemeine Grundsätze für alle Rechtsverhältnisse maßgebend sind, und dessen Bestimmungen über den Dienstvertrag für die Privatbeamten soweit gelten, als nicht Sondergesetze und Landesgesetze Ausnahmen schaffen. II. Sondergesetze des Reichs: Gewerbeordnung, Handelsgesetzbuch, Seemannsordnung, Binnenschiffahrtsgesetz, Flößereigesetz, deren Bestimmungen in erster Linie maßgebend sind, während das Bürgerliche Gesetzbuch als Ergänzung eintritt. III. Landesgesetze: Berggesetze, Eisenbahngesetze, landwirtschaftliche Gesetze, Gesindeordnungen, die teilweise kraft reichsgesetzlicher Bestimmung den Vorschriften des Bürgerlichen Gesetzbuches vorgehen, teilweise nur soweit Geltung besitzen, als sie nicht mit den Bestimmungen des Bürgerlichen Gesetzbuches in Widerspruch stehen. Die Zahl dieser Landesgesetze dürfte über 50 betragen.

Daraus ergeben sich folgende Gruppen von Beamten mit einem von den Nachbarn abweichenden Rechte:

1. Handlungsgehilfen. Für sie sind maßgebend das Handelsgesetzbuch und einzelne Teile der Gewebeordnung. Zur Ergänzung das Bürgerliche Gesetzbuch.

2. Technische Angestellte, die dem Abschnitt III b des Tit. VII der GO. unterstehen, d. h. solche, die von Gewerbeunternehmern gegen feste Bezüge mit entsprechenden Diensten betraut sind. Für sie ist die Gewerbeordnung und zwar zunächst der Abschnitt III b, dann die allgemeinen Bestimmungen, zur Ergänzung das Bürgerliche Gesetzbuch maßgebend.

3. Technische Angestellte, die von Gewerbeunternehmern, aber nicht gegen „feste Bezüge" angestellt sind. Wenn Werkmeister, Ingenieure oder ähnliche Techniker nur gegen Gewinnbeteiligung, gegen Provision oder im Akkord tätig sind, nach der herrschenden (wenn auch nicht gerechtfertigten) Anschauung der Gerichte auch, wenn sie gegen Tagelohn angestellt sind, so fallen sie nicht unter die Sonderbestimmungen des Abschnitts III b, sondern nur unter die allgemeinen Sätze des Tit. VII der GO. und des BGB.

Das gleiche gilt von technischen Beamten, die nur vorübergehend den Vorbedingungen des § 133 a GO. entsprechen und von solchen, die in Handelsgeschäften tätig sind, aber nicht infolge dieser Tätigkeit unter die Handlungsgehilfen fallen.

4. Technische und nautische Angestellte in der Seeschiffahrt. Für sie ist Seemannsordnung, Handelsgesetzbuch, ergänzend das Bürgerliche Gesetzbuch maßgebend.

5. Angestellte der Binnenschiffahrt. Für sie gilt in erster Linie das Binnenschiffahrtsgesetz und, soweit es nicht besondere Bestimmungen enthält, die Gewerbeordnung; ergänzend das Bürgerliche Gesetzbuch.

6. Angestellte in der Flößerei.. Für sie gilt das Flößereigesetz, das mit dem Binnenschiffahrtsgesetz ziemlich übereinstimmt. Soweit es nicht besondere Vorschriften enthält, gilt die Gewerbeordnung, ergänzend das Bürgerliche Gesetzbuch.

7. Angestellte in Eisenbahnunternehmungen. Soweit sie im eigentlichen Bahnbetriebe tätig sind, gelten die Landesgesetze. Soweit sie in Werkstätten, Maschinenbauanstalten, Gasbereitungsanstalten und dergleichen beschäftigt sind, unterstehen sie der Gewerbeordnung, doch geht die Praxis leider dahin, sie dem Geltungsbereiche dieses Gesetzes zu entziehen. Ob Kleinbahn und Straßenbahn zu den der Gewerbeordnung unterliegenden Betrieben gehören, ist bestritten. Subsidiär gilt das Bürgerliche Gesetzbuch.

8. Angestellte im Bergbau. Maßgebend sind in erster Linie die Bergrechte der Bundesstaaten, die zum Teil Bestimmungen der Gewerbeordnung übernommen haben. Daneben gelten eine Reihe von Bestimmungen der Gewerbeordnung, ergänzend diejenigen des Bürgerlichen Gesetzbuches. Von den Nebenbetrieben gilt nur die Kokerei als Teil des Bergbaus. Die Gewinnung der sogenannten Nebenprodukte gilt als gewerblicher Betrieb, für dessen Angestellte nicht das Bergrecht, sondern ausschließlich die Gewerbeordnung gilt. Da Koksanstalten und andere Nebenanstalten oft von denselben Beamten verwaltet oder beaufsichtigt werden, so ergeben sich aus der Konkurrenz der beiden Rechte die wundersamsten Zweifel.

9. Die Güterbeamten, einschließlich der technischen, kaufmännischen und sonstigen Angestellten in landwirtschaftlichen Betrieben oder Nebenbetrieben (wie Brennerei, Molkerei, Stärkefabrikation). Für sie sind in erster Linie Landesgesetze, Gesindeordnungen und Spezialgesetze für die Landwirtschaft maßgebend, daneben das Bürgerliche Gesetzbuch.

10. Wenn wir von öffentlichen Beamten absehen, bleiben alle übrigen Angestellten auf das Recht des Bürgerlichen Gesetzbuches angewiesen. Das sind folgende Hauptgruppen:

a) Direktoren von Aktiengesellschaften, Geschäftsführer von Genossenschaften und ähnliche leitende Beamte.

b) Alle Bureaubeamten, also namentlich die Angestellten der Rechtsanwälte, Notare, Gerichtsvollzieher, Patentanwälte, Prozeßagenten, Auskunftsbureaus, Versicherungsanstalten, Krankenkassen, Berufsgenossenschaften usw.

c) Alle Angestellten von politischen und sozialen Organisationen, Gewerkschaften, Vereinen, mehr oder minder amtlichen Kammern, ohne Rücksicht darauf, welche Ausbildung oder Tätigkeit sie ausüben.

d) Alle Angestellten in den Diensten von Personen, deren Tätigkeit nicht unter eines der genannten Spezialgesetze fällt, wie Sekretäre, Gesellschafterinnen, Verwalter.

e) Alle sogenannten liberalen Berufe, wie Lehrer, Erzieher, Redakteure, Schriftsteller, Ärzte, Künstler, Musiker, Schauspieler.

f) Die auf privaten Dienstvertrag ohne Beamteneigenschaft bei Reichs-, Staats-, städtischen oder andern öffentlichen Körperschaften angestellten Personen.

g) Die Angestellten in der Fischerei.

h) Agenten, Akquisiteure und ähnliche Personen, soweit ihr Vertrag überhaupt als Dienstvertrag gilt.

B. Das Recht des Dienstvertrages.

Die Vielherrschaft der Gesetze würde kein großer Schaden sein, wenn in allen gleiche Grundsätze zur Durchführung kämen. Das ist aber durchaus nicht der Fall. In den meisten Bestimmungen finden sich Abweichungen der Gesetze von einander, die zum Teil auf Absicht, zum Teil aber nur auf Nichtbeachtung der schon vorhandenen Gesetze oder auf Zufall zurückzuführen sind. Einige Beispiele werden genügen:

1. Beendigung eines Dienstverhältnisses von unbestimmter Dauer.

Handelsgesetzbuch und Gewerbeordnung schreiben gleichmäßig eine Normalkündigung (6 Wochen Frist zum Vierteljahresschluß) und eine Mindestschranke für Verträge (einen Monat Frist zum Monatsschluß), ferner auch die Gleichheit der Kündigungsbedingungen für beide Teile bindend vor. Diese Vorschriften gelten aber nicht für Angestellte mit mehr als 5000 Mk. Jahresverdienst und für Angestellte in außereuropäischen Niederlassungen. Für diese dürften § 622 BGB. und § 122 GO. nebeneinander bestehen, so daß stets der günstigere Geltung hat.

Das Binnenschiffahrtsgesetz hat eine andere Normalkündigung (6 Wochen zu jedem Monatsschluß), aber die gleiche Mindestfrist und die Vorschrift der Gleichheit für beide Teile. Die Seemannsordnung gewährt volle Vertragsfreiheit und als Regel mangels Vertrages die Bestimmung, daß beide Teile in jedem Hafen binnen 24 Stunden vom Vertrage zurücktreten können.

Im Bergrecht einzelner Bundesstaaten (wie Preußen, Bayern, Anhalt) ist die Regel einer 6 Wochen-Kündigungsfrist zum Vierteljahresschluß enthalten; dagegen fehlt die Vorschrift einer für beide Teile gleichen Mindestfrist in Verträgen. In andern Staaten (wie Sachsen, Baden, Elsaß-Lothringen) schweigt das Berggesetz ganz, so daß hier das Bürgerliche Gesetzbuch eingreift.

Betriebsbeamte und Techniker, die nicht gegen feste Bezüge angestellt sind, unterliegen der für Arbeiter festgesetzten Norm von 14 Tagen. Die Vertragsfreiheit ist nur insoweit beschränkt, als die Auflösungsbedingungen für beide Teile gleich sein müssen (§ 122 GO.).

Das Bürgerliche Gesetzbuch, das auch für Eisenbahn- und Güterbeamte gilt, soweit nicht die Landesgesetze etwas besonderes vorschreiben, bestimmt in § 621 eine Kündigungsfrist von einem, fünf, fünfzehn Tagen, sechs Wochen zum Schlusse jedes Tages, jeder Woche, jedes Monats, jedes Vierteljahres, je nachdem die Vergütung nach Tagen, Wochen, Monaten, Vierteljahren bemessen ist. Ausgenommen davon sind aber die „mit festen Bezügen zur Leistung von Diensten höherer Art Angestellten, deren Erwerbstätigkeit durch das Dienstverhältnis vollständig oder hauptsächlich in Anspruch genommen wird" und deren Dienstverhältnis stets nur für den Schluß eines Vierteljahres und nur mit einer Frist von sechs Wochen gekündigt werden kann (§ 622). Beide Vorschriften sind aber nicht zwingend. Der Vertragsfreiheit ist keine Schranke gesetzt, so daß auch verschiedene Bemessung der Kündigungsbedingungen für Arbeitgeber und Arbeitnehmer zulässig ist, soweit sie sich nicht etwa als Verstoß gegen die guten Sitten charakterisiert.

2. Fortzahlung des Gehalts in Krankheitsfällen.

Für alle Angestellten ohne Sonderrecht gilt § 616 BGB., wonach der zur Dienstleistung Verpflichtete des Anspruchs auf die vertragsmäßige Vergütung nicht dadurch verlustig wird, daß er für eine verhältnismäßig „nicht erhebliche

Zeit durch einen in seiner Person liegenden Grund ohne sein Verschulden" an der Dienstleistung verhindert wird. Er muß sich den Betrag anrechnen lassen, der ihm für die Zeit der Verhinderung aus einer auf Grund gesetzlicher Verpflichtung bestehenden Kranken- oder Unfallversicherung zukommt. Diese Vorschrift kann durch Vertrag geändert oder beseitigt werden. Dazu kommt bei dauerndem Dienstverhältnisse und Aufnahme in die häusliche Gemeinschaft, im Falle der Erkrankung der Anspruch auf Verpflegung und ärztliche Behandlung „bis zur Dauer von sechs Wochen, jedoch nicht über die Beendigung des Dienstverhältnisses hinaus" (§ 617 BGB.). Dieser § 617 findet nach Art. 95 des Einführungsgesetzes auch Anwendung auf alle früher dem Gesinderechte unterstehenden Personen, § 616 ebenfalls nach Art. 14 des preußischen Ausführungsgesetzes von 1899; beide gelten also für landwirtschaftliche Beamte und für technische Angestellte in landwirtschaftlichen Nebenbetrieben.

Auch für die der Gewerbeordnung unterworfenen technischen Angestellten gelten § 616 und § 617, nur mit der Maßgabe, daß ihnen durch § 133 c der „Anspruch auf die vertragsmäßigen Leistungen des Arbeitgebers" für die Dauer von 6 Wochen gesichert ist, wenn sie durch „unverschuldetes Unglück" an der Leistung der Dienste verhindert und deswegen ohne Innehaltung einer Kündigungsfrist entlassen werden. Wissenschaft und Rechtsprechung sind noch nicht völlig einig darüber, ob diese Bestimmung auch eine Erläuterung des Begriffes „verhältnismäßig nicht erhebliche Zeit" im § 616 BGB. enthält und ob demgemäß Werkmeister, Ingenieure, Chemiker usw. in Krankheitsfällen stets den Gehaltsanspruch auf 6 Wochen behalten. Auch § 133 c enthält dispositives Recht; auch hier ist Anrechnung der Bezüge aus einer auf Grund gesetzlicher Verpflichtung bestehenden Kranken- oder Unfallversicherung vorgeschrieben. Die gleiche Regelung trifft das Bergrecht in Preußen, Bayern, Anhalt, während andere Berggesetze schweigen.

Der § 133 c der GO. gilt natürlich nicht für diejenigen Werkmeister, Techniker, Chemiker, Zeichner usw., die nicht in Gewerbebetrieben oder nicht gegen feste Bezüge angestellt sind. Ihnen gegenüber bleibt von Fall zu Fall zu entscheiden, ob ihre Behinderung durch unverschuldetes Unglück eine nicht erheblich lange ist.

Die vollständigste Regelung hat das HGB. getroffen in dem vielumstrittenen § 63. Dieser setzt zunächst die Frist zur Gehaltszahlung klar auf 6 Wochen fest und schreibt zwingend vor, daß Bezüge aus einer Versicherung nicht in Anrechnung gebracht werden können. Um die Frage, ob dieser zwingende zweite Absatz durch Vertragsfreiheit beim ersten Absatz desselben Paragraphen beseitigt, ja darüber hinaus jede Fortzahlung des Gehalts oder sonstige Fürsorge in Krankheitsfällen ausgeschlossen werden kann, herrscht bekanntlich Streit.

Wieder andere Bestimmungen sind in §§ 59 ff. der Seemannsordnung für das Schiffspersonal getroffen, wonach diesem bei Erkrankung auf der Reise Pflege und Heilbehandlung bis zum Ablaufe von 3 oder 6 Monaten nach dem Verlassen des Schiffes, Gehalt bis zum Verlassen des Schiffes gebührt. Angestellte der Binnenschiffahrt stehen den Technikern gleich.

3. Konkurrenzklausel.

Alle Angestellten und sonstigen Arbeitnehmer mit Ausnahme der unten genannten Gruppen können beliebige Verpflichtungen zur Einschränkung ihrer gewerblichen Tätigkeit nach Beendigung eines Dienstverhältnisses eingehen. Die

Grenze ist allein gegeben durch § 138 BGB., der Verträge gegen die guten Sitten für nichtig erklärt. Wenn auch die Angestellten die Ansicht vertreten, daß damit fast alle Konkurrenzklauseln der Nichtigkeit verfallen müßten, so haben leider die Gerichte sich dem nicht angeschlossen, sondern den Klauseln einen sehr weiten Spielraum gegeben.

Eine gesetzliche Einschränkung der Gültigkeit bietet für technische Angestellte in gewerblichen Betrieben die Gewerbeordnung in § 133 f., nach der die Klausel nur insoweit verbindlich ist, als die Beschränkung nach Ort, Zeit und Gegenstand nicht die Grenze überschreitet, durch welche eine unbillige Erschwerung des Fortkommens ausgeschlossen wird. Trotzdem es als selbstverständlich erscheinen muß, daß diese Bestimmung zugunsten der Techniker erlassen ist, haben Gerichte, sogar das Reichsgericht, es gelegentlich fertig gebracht, den Paragraphen als eine Ausnahme zu ihren Ungunsten aufzufassen und zu entscheiden, daß Konkurrenzklauseln der Techniker nicht als unsittlich zerrissen, sondern nur auf ein berechtigtes Maß zurückgeführt werden dürfen.

Die Einschränkungen der Gewerbeordnung gelten auch für die Angestellten der Binnenschiffahrt und Flößerei, gleiche Bestimmungen sind für einzelne Berggesetze in Aussicht genommen. Für alle diese Gruppen haben sie keine Bedeutung.

Das Handelsgesetzbuch hat für Handlungsgehilfen außer einer gleichen allgemeinen Bestimmung wie in der Gewerbeordnung noch weitergehende Schutzvorschriften: Die Beschränkung der gewerblichen Tätigkeit kann nicht auf einen Zeitraum von mehr als drei Jahren von der Beendigung des Dienstverhältnisses an erstreckt werden. Jede Vereinbarung ist unwirksam, wenn der Prinzipal das Dienstverhältnis ohne erheblichen Anlaß kündigt oder durch vertragswidriges Verhalten Grund zur Auflösung gibt. Ist eine Vertragsstrafe ausgemacht, so kann „der Prinzipal nur die verwirkte Strafe verlangen; der Anspruch auf Erfüllung oder auf Ersatz eines weiteren Schadens ist ausgeschlossen." Dazu kommt schließlich der Unterschied, daß für die Streitigkeiten eines Handlungsgehilfen mit Arbeitseinkommen bis zu 5000 Mk. jährlich das Kaufmannsgericht, für alle andern Angestellten das ordentliche Gericht zuständig ist.

Am günstigsten stehen einzelne liberale Berufe da, wie Rechtsanwälte und Ärzte. Für sie bestehen keinerlei Sondergesetze, aber wiederholt haben Gerichte entschieden, daß ihr Beruf nicht in erster Linie als Gewerbe zum Geldverdienen aufzufassen und deswegen jede Vereinbarung über Beschränkung der Konkurrenz als Verstoß gegen die guten Sitten nichtig sei

Als 1907 dem Reichstage eine umfangreiche Novelle zur Gewerbeordnung vorgelegt wurde, befand sich in ihr auch eine Neuregelung des § 133 f. Sie schloß sich den Anträgen an, welche die sogenannte Technikerkommission des Reichtages 1906 auf Grund eines von mir eingebrachten Initiativantrages einstimmig formuliert hatte und die im wesentlichen eine Übereinstimmung der Gewerbeordnung mit dem Handelsgesetzbuch herbeiführen wollten. Die Gewerbeordnungskommission des Reichstages 1907/08 ist darüber nicht unerheblich hinausgegangen und hat zwingende Einschränkungen für die Gültigkeit der Klausel gemacht, die teilweise enger sind als die gegenwärtigen Bestimmungen des Handelsgesetzbuches, die bisher das fortschrittlichste Gesetz darstellten. Der

Reichstag hat auch dem Streben nach Einheitlichkeit dadurch Rechnung getragen, daß er die Bestimmungen aus dem Abschnitt III b des Tit. VII der Gewerbeordnung nach dem I. Abschnitt versetzt hat. Dadurch erweitert sich ihr Geltungsbereich von den technischen Angestellten auf die sämtlichen Arbeiter in Gewerbebetrieben und zwar einschließlich der Handlungsgehilfen. Wir haben hier (wahrscheinlich ohne daß es den Kommissionsmitgliedern zum Bewußtsein gekommen wäre) zum erstenmal den Fall, daß ein derartiges Schutzgesetz einheitlich für alle Arbeitnehmer wenigstens in gewerblichen Betrieben erlassen wird, daß die Gewerbeordnung sozialer, fortschrittlicher ist als das Handelsgesetzbuch, daß die Handlungsgehilfen sich bei den Technikern für einen sozialen Fortschritt bedanken können. Aber gleichzeitig hat die Reichstagskommission auf der andern Seite eine neue Zersplitterung des Rechtes gebracht, indem sie die Geltung der neuen Vorschriften an Gehaltsgrenzen band und dadurch vier verschiedene Kategorien von Angestellten schuf, die im Protokoll der 32. Hauptversammlung des Vereins zur Wahrung der Interessen der chemischen Industrie Deutschlands ganz treffend folgendermaßen gegenübergestellt werden:

1. Angestellte mit einem Jahresverdienst bis zu 1500 Mk. Karenzvereinbarungen mit ihnen sind nichtig.

2. Angestellte mit einem Jahresverdienst von 1500—3000 Mk. Mit ihnen kann auch bei Weiterzahlung der vertragsmäßigen Leistung eine Karenz nur bis zur Dauer eines Jahres vereinbart werden.

3. Angestellte mit einem Jahresverdienst von 3000—8000 Mk. Die Dauer der Karenzzeit ist unbeschränkt. Vereinbarungen über eine mehr als einjährige Karenzzeit sind aber nur gültig, wenn der Angestellte während der Dauer der Beschränkung die ihm zuletzt gewährten vertragsmäßigen Leistungen weiter erhält.

4. Angestellte mit einem Jahresverdienst über 8000 Mk. Für sie gilt nur die allgemeine Vorschrift, daß ihr Fortkommen durch die Karenzvereinbarung nicht unbillig erschwert werden darf, und daß der Gewerbeunternehmer aus der Vereinbarung Ansprüche nicht geltend machen kann, wenn er durch vertragswidriges Verhalten dem Angestellten Grund zur Auflösung des Dienstverhältnisses gibt.

Da diese neuen Bestimmungen die §§ 74 und 75 des Handelsgesetzbuches außer Kraft setzen würden, soweit sie darüber hinausgehen, so würde sich der Unterschied zwischen technischen und kaufmännischen Angestellten künftig darauf beschränken, daß:

1. bei kaufmännischen Angestellten mit Gehalt über 8000 Mk. die §§ 74/75 des HGB. unberührt blieben, sie also über drei Jahre hinaus nur bei Fortzahlung des Diensteinkommens gebunden wären;

2. Streitigkeiten aus der Konkurrenzklausel der kaufmännischen Angestellten mit Einkommen bis 5000 Mk. vor das Kaufmannsgericht, alle übrigen vor das ordentliche Gericht gehören.

Diese Kommissionsbeschlüsse haben wegen Schließung der Reichstagssession 1909 nicht Gesetzeskraft erlangt.

4. Dienstzeugnis.

Mögen die Unterschiede im Zeugnisrechte an sich nicht als sehr bedeutend erscheinen, so beweist doch die Praxis, daß aus den mangelhaften Bestimmungen einzelner Gesetze schwere Mißstände erwachsen sind. Außerdem ist gerade dieses Beispiel besonders geeignet zu zeigen, wie zweck- und sinnlos Unterschiede gemacht werden, wie nur mangelhafte Redaktion und Unkenntnis der übrigen Gesetze zu einer von dieser abweichenden Regelung hat führen können.

Allgemein bestimmt § 630 BGB.: „Bei der Beendigung eines dauernden Dienstverhältnisses kann der Verpflichtete von dem andern Teile ein schriftliches Zeugnis über das Dienstverhältnis und dessen Dauer fordern." § 113 GO., der für alle Arbeiter, technische Angestellte in gewerblichen Betrieben und für Binnenschiffer gilt, sagt: „Beim Abgange können die Arbeiter ein Zeugnis über die Art und Dauer der Beschäftigung fordern." § 74 HGB. lautet: Bei der Beendigung des Dienstverhältnisses kann der Handlungsgehilfe ein schriftliches Zeugnis über die Art und Dauer der Beschäftigung fordern. Nach § 19 der Seemannsordnung hat der Schiffsmann Anspruch auf eine „Bescheinigung im Seefahrtsbuche" „vor der Abmusterung". Für landwirtschaftliche Beamte und Techniker in landwirtschaftlichen Nebenbetrieben kommen auch Landesgesetze in Betracht. Also manche Angestellte haben stets Anspruch auf ein Zeugnis, manche nur bei dauerndem Dienstverhältnis; manche erst beim Abgange, andere bei der Beendigung; nur für die letzten haben Wissenschaft und Rechtsprechung den Anspruch schon bei der Kündigung anerkannt. Nur bei einem Teile der Angestellten ist schließlich eine kostenlose Beglaubigung des Zeugnisses durch die Ortspolizeibehörde vorgesehen.

Anhang II.

Programm eines einheitlichen Dienstvertrags- und Angestelltenrechts.

Um ein möglichst einfaches, klares, gerechtes und volkstümliches Recht zu haben, muß es allgemein gültig sein. Daher ist der Ausgangspunkt:

A. Das Bürgerliche Gesetzbuch. An Stelle der Titel des BGB. über Dienstvertrag und Werkvertrag, die vom sozialen Standpunkte längst als unzureichend anerkannt und nun durch Professor Lotmar auch vom Standpunkte der Systematik als unzureichend nachgewiesen sind, sollte ein umfassendes Gesetz über den Arbeitsvertrag treten, das zunächst alle privatrechtlichen Beziehungen zwischen Arbeitgeber und Arbeitnehmer in sozialem Sinne soweit regelt, als eine Regelung neben den allgemeinen Rechtsgrundsätzen notwendig und gegenüber der Bewegungsfreiheit des Wirtschaftslebens möglich ist.

Sein wichtigster Grundsatz ist die Aufhebung der Vertragsfreiheit dort, wo sie zu einer Fesselung und Beeinträchtigung der Persönlichkeit führt, die für das Gemeinwohl schädlicher ist als eine Verminderung des Geschäftsgewinnes durch das Verbot. Soziales Recht ist Zwangsrecht. Willkür führt zur Freiheit nur, wenn gleich Starke sich gegenüberstehen. Wo aber Starke und Schwache, wo Vermögensinteressen und Personeninteressen sich entgegentreten, da muß das Gesetz ein Mindestmaß von Bewegungsfreiheit, Muße, Einkommen sichern, wenn nicht die vermeintliche Freiheit in Hörigkeit und Hunger umschlagen soll. Wenn auch ein soziales Gesetz nicht alle Spezialgesetze überflüssig machen wird, so kann es diese doch auf ein Minimum beschränken, kann die für alle Arbeitsverträge wichtigen Verhältnisse regeln und eine große Reihe sozialer Bestimmungen einzelner Gesetze und Wünsche der Arbeitnehmer verwirklichen.

I. Von den grundlegenden Bestimmungen wären zu nennen:

1. Begriffsbestimmungen über den Arbeitsvertrag und seine Parteien.

2. Regelung der allgemeinen Pflichten der Arbeitgeber und Arbeitnehmer;

3. Abgrenzung der verschiedenen Arten des Arbeitsvertrages (etwa nach Lotmars System).

II. Werden solche Bestimmungen nur in ihren Grundzügen zwingend sein, im übrigen aber der Vertragsfreiheit weiteren Spielraum lassen, so sind eine Reihe von zwingenden Bestimmungen notwendig und möglich, um den Arbeitnehmern gewisse Mindestbedingungen auf alle Fälle zu sichern. Dahin gehören:

4. Nichtigkeit aller Vertragsbedingungen, die mit dem Arbeitsverhältnis in keiner Beziehung stehen und eine unsittliche Beeinträchtigung der Persönlichkeit des Arbeiters bedeuten (Organisationsfreiheit, politische Wahlfreiheit usw.).

5. Ersatz des vereinbarten Lohnes, der wegen seines Mißverhältnisses zum Werte der Leistungen oder zur wirtschaftlichen Lage des Arbeitnehmers als Verstoß gegen die guten Sitten zu erachten ist, durch eine vom Richter festzusetzende angemessene Vergütung.

6. Barzahlung des Arbeitslohnes. Verbot des Truck-Systems. Zahlung des Lohnes oder Gehaltes spätestens am Schlusse jedes Monats. Erhöhte Verzinsung von Lohnrückständen.

7. Verbot der Zurückbehaltung des Arbeitsverdienstes oder der Aufrechnung mit Darlehen, Schadensersatzansprüchen und ähnlichen Forderungen.

8. Beschränkung der Einbehaltung von Arbeitsverdienst zu Kautionszwecken. Sicherstellung der Dienstkautionen im Konkurse des Arbeitgebers.

9. Erhöhte Sicherung des Arbeitseinkommens gegen Pfändung.

10. Fortzahlung des Gehalts bei unverschuldeter Verhinderung in der Dienstleistung während nicht erheblich langer Zeit. Fortzahlung des Gehalts in Krankheitsfällen auf die Dauer von 6 Wochen ohne Anrechnung von Kassenbezügen. Fortzahlung des Gehalts bei militärischen Dienstleistungen.

11. Gleichheit der Kündigungsbedingungen für beide Parteien.

12. Festsetzung der wichtigeren Gründe, die zur Auflösung des Dienstverhältnisses ohne Einhaltung der vereinbarten oder von dem Gesetz als Regel aufgestellten Kündigungsfrist berechtigen.

13. Nichtigkeit aller Konkurrenzklauseln.

14. Das Recht jedes Arbeitnehmers auf ein Dienstzeugnis, mit genauen Angaben über seine Tätigkeit, vom Tage der Kündigung ab.

15. Das Recht auf angemessene Zeit zum Aufsuchen einer neuen Stellung nach der Kündigung.

16. Sicherung des Eigentumsrechtes der Angestellten an ihren Erfindungen und eines angemessenen Anteils an dem Nutzen der Patentverwertung.

17. Verhinderung des Mißbrauchs von Dienstwohnungen, Pensionskassen oder dergleichen zur Einschränkung der wirtschaftlichen Freiheit des Arbeitnehmers.

18. Mindestpflichten des Arbeitgebers gegenüber den Arbeitern in gesundheitlicher und sittlicher Beziehung (Arbeitsräume usw.).

19. Schaffung von Arbeiterausschüssen und Beamtenausschüssen in allen Betrieben mit einer bestimmten Zahl von Arbeitnehmern.

20. Vorschriften über Arbeitsordnungen.

21. Tägliche Höchstarbeitszeit für jeglichen Betrieb, in dem fremde Arbeitskräfte tätig sind. Weitgehende Beschränkung der Frauen- und Kinderarbeit.

22. Verbot der Nachtarbeit; für Frauen und Kinder möglichst unbedingt, für Männer nach der Natur der Betriebe. Achtuhrladenschluß in allen offenen Verkaufsgeschäften.

23. Verbot der Sonntagsarbeit; in Bureaux und offenen Verkaufsgeschäften möglichst unbedingt, in andern Betrieben, soweit es die Natur des Betriebes gestattet. Anspruch der am Sonntag beschäftigten Arbeitnehmer auf einen Ruhetag in der Woche.

24. Verbindlichkeit von Tarifverträgen als Grundlage aller Dienstverträge in bestimmten Gewerben oder Bezirken.

25. Auch für die Regelung des Lehrlingswesens würden sich in weitem Maße allgemeine Bestimmungen aufstellen lassen, die nach Bedarf durch Sondervorschriften für Handwerker, Kaufleute usw. ergänzt werden müßten.

B. Privatbeamtengesetz. Hat das allgemeine Arbeitsgesetz durch zwingende Vorschriften eine Grundlage für alle Arbeitsverhältnisse geschaffen, so werden daneben noch viele dispositive Regeln oder auch Lücken stehen, die der Vertragsfreiheit Spielraum lassen. Hier wird ein besonderes Kapitel über den Dienstvertrag der Privatbeamten Ergänzungen schaffen können. Diese beziehen sich besonders auf die dauernde Sicherung des Arbeitsverhältnisses, namentlich:

1. die Festsetzung einer Mindestkündigungsfrist von einem Monat zum Monatsschluß, wie sie in Handelsgesetzbuch, Gewerbeordnung und Berggesetzen besteht, oder von 6 Wochen zum Vierteljahresschluß, wie sie vielfach von Verbänden angestrebt wird,

2. die Beschränkung der Kündigungsbefugnis während einer Krankheit oder militärischen Dienstleistung.

3. Die Langfristigkeit des Vertrages gibt erst der Fürsorge in Krankheitsfällen praktischen Wert und ermöglicht es, das Recht auf einen jährlichen Erholungsurlaub unter Fortzahlung des Gehalts mit mehr Aussicht auf Erfolg als beim täglich kündbaren Arbeitsverhältnis durchzuführen.

Anhang III.

Die Entwickelung des Privatbeamtenstandes in Zahlen.

Die Zahl der Privatangestellten im Deutschen Reiche läßt sich auf Grund der amtlichen Statistik nicht genau feststellen. Bei der Berufszählung hat diese nach der sozialen Stellung drei große Kategorien unterschieden: a) Selbständige, b) Angestellte, c) Arbeiter. Die Gruppe b deckt sich aber nicht mit dem heutigen Begriffe der Privatbeamten, da die Gehilfen und Lehrlinge in Handelsbetrieben mit offenem Laden nicht zu b „Angestellte“, sondern zu c „Arbeiter“ gerechnet und in der Berufsgruppe E „öffentlicher Dienst und freie Berufsarten“ die Privatangestellten nicht von den staatlichen und Gemeindebeamten, auch nicht überall von den Selbständigen, unterschieden sind. Nach den letzten Berufszählungen waren vorhanden:

Erwerbstätige Angestellte	im Jahr:	männlich,	weiblich,	zusammen:
A. Landwirtschaft	1882:	60 763	5 881	66 644
	1895:	78 066	18 107	96 173
	1907:	82 548	16 264	98 812
B. Industrie	1882:	96 807	2 269	99 076
	1895:	254 421	9 324	263 745
	1907:	622 071	63 936	686 007
C. Handel und Verkehr	1882:	138 387	3 161	141 548
	1895:	249 920	11 987	261 907
	1907:	426 220	79 689	505 909
Zusammen b-Personen	1882:	295 957	11 311	307 268
	1895:	582 407	39 418	621 825
	1907:	1 130 839	159 889	1 290 728
Dazu Verkäufer usw. (2 Personen)	1895:	269 414	119 029	388 443
	1907:	307 718	173 751	481 469
Privatangestellte in freien Berufen	1895:			etwa 50 000
	1907:			„ 100 000
Gesamtzahl der Privatangestellten	1882:	reichlich ½ Millionen		
	1895:	„ 1 „		
	1907:	fast 2 „		

VIII.

Gutachten des Herrn Regierungsrat Dr. Rathenau, Berlin,

über die Frage:

Empfehlen sich Sondergerichtshöfe in Streitigkeiten aus dem Gebiete des gewerblichen Rechtsschutzes?

Motto: „Wir haben den gelehrten Richter und wir wollen ihn haben; denn der gelehrte Richter und nur er ist die Säule der ohne Ansehen der Person objektiv waltenden Gerechtigkeit . . . . . Wir wollen den deutschen Beamten-Richter, dessen echt deutsches Pflichtgefühl seine Ehre, sein Ruhm, seine Macht ist."

R. Sohm, Deutsche Juristen-Zeitung, 1909, S. 1021.

Inhaltsübersicht.

Besondere Abkürzungen (außer denen, die der Deusche Juristentag angenommen hat):

Deutscher Verein = Deutscher Verein für den Schutz des gewerblichen Eigentums.

Internationaler Verein = Internationale Vereinigung für gewerblichen Rechtsschutz.

J. d. Intern. Ver. = Jahrbuch der Internationalen Vereinigung für gewerblichen Rechtsschutz.

Vorschläge I. = Vorschläge zur Reform des gewerblichen Rechtsschutzes. Denkschrift über die bisherigen Arbeiten des Deutschen Vereins usw., 1891—1903. 2. Aufl., 1904.

Vorschläge II. = Vorschläge betr. die Gerichtsbarkeit in Sachen des gewerblichen Rechtsschutzes. Denkschrift der Patentkommission des Deutschen Vereins usw. zum Leipziger Kongreß, 1908.

Vorschläge III. = Vorschläge zur Reform des Patentrechts und zur Reform der ZPO. und der StrPO. Denkschrift der Patentkommission des Deutschen Vereins usw. zum Stettiner Kongreß, 1909.

Kongreßberichte: Frankfurt a. M.: Verhandlungsberichte über den Kongreß des Deutschen Vereins zu Frankfurt a. M., 1900.
Köln: Verhandlungsberichte über den Kongreß des Deutschen Vereins zu Köln, 1901.
Hamburg: Verhandlungsberichte über den Kongreß des Deutschen Vereins zu Hamburg, 1902.
Düsseldorf: Verhandlungsberichte über den Kongreß des Deutschen Vereins zu Düsseldorf, 1907.
Leipzig: Verhandlungsberichte über den Kongreß des Deutschen Vereins zu Leipzig, 1908.
Stettin: Verhandlungsberichte über den Kongreß des Deutschen Vereins zu Stettin, 1909.

M. & W. = Markenschutz und Wettbewerb (Zeitschrift).

Z.Ind.R. = Zeitschrift für Industrierecht.

DRZ. = Deutsche Richterzeitung.

VDJ. = Verein Deutscher Ingenieure.

Technik & Wirtschaft: Monatsschrift des V.D.J.

Einleitung.

§ 1.

Abgrenzung der Aufgabe.

Die gestellte Frage berührt ein Gebiet, das Techniker und Juristen, Industrie und Rechtswissenschaft in gleicher Weise angeht. Der Gegensatz zwischen Juristen und Techniker hat im Laufe der Jahre leider immer schärfere Formen angenommen und droht, zu einer Gefahr für Staat und Gesellschaft zu werden. Die Überproduktion der technischen Hochschulen an akademisch gebildeten Technikern hat zur Folge gehabt, daß die Letzteren ein immer größeres Betätigungsfeld, als nur das der angewandten oder theoretischen Technik erstreben. Hieraus erklären sich manche Erscheinungen der letzten Jahre, denen bisher der größte Teil der Juristen teilnahmlos gegenübergestanden hat: nämlich einmal die Bemühungen der Techniker, sei es auf Grund einer besonderen Vorbildung, sei es allein auf Grund ihrer technischen Tüchtigkeit, in leitende administrative Stellungen der öffentlichen Verwaltungen oder privater Unternehmungen zu gelangen; sodann ihre Versuche, in gewissen Rechtsangelegenheiten Sitz und Stimme auf der Richterbank zu erhalten. Nur mit dieser, von einem Teil der Industrie unterstützten Bewegung haben wir es hier zu tun. Es handelt sich dabei lediglich um eine Frage der Gerichtsverfassung, nicht um eine Abwägung von Standesinteressen. Rein objektiv ist zu prüfen, ob die jetzige Kompetenz der ordentlichen Gerichte weiter beschränkt werden soll. Wenn das Gutachten zu einem die Frage verneinenden Resultat gelangt, so geschieht dies nicht aus Voreingenommenheit gegen die Techniker, sondern weil der Gutachter einesteils die Bedürfnisfrage verneint, andernteils von einer weiteren Zersplitterung der Justiz wesentliche Nachteile befürchtet und die praktische Durchführbarkeit technischer Sondergerichte bezweifelt, sowie weil er schließlich der Ansicht ist, daß etwaigen Mißständen auch im Rahmen des geltenden Rechts wirksam entgegengetreten werden kann.

Die gestellte Frage gibt in verschiedener Hinsicht Anlaß zu Zweifeln.

1. Wenn sie sich auch, nach der Wahl des Wortes „Streitigkeiten", nur auf das Zivilprozeßverfahren beziehen soll, — da der Ausdruck „Rechtsstreit, Rechtsstreitigkeit" jedenfalls einen Gegner, wenn auch nicht notwendig einen solchen voraussetzt, der seine wider-

streitenden Interessen tatsächlich wahrnimmt,[1]) — so erscheint es doch mit Rücksicht darauf, daß die Anhänger von Sondergerichten auch im Strafprozeßverfahren die entscheidenden Gerichte neben Juristen mit Technikern besetzt zu sehen wünschen, angezeigt, in bewußter Erweiterung des Themas auch die strafprozessuale Seite der Frage in den Kreis der Erörterung zu ziehen.

2. Das „Gebiet des gewerblichen Rechtsschutzes" ist ein großes und zersplittertes;[2]) zu den von ihm umfaßten Materien gehören:

das Patent- und Gebrauchsmusterrecht (Gesetze v. 7. IV. 1891 und I. VI. 1891),
das Warenbezeichnungsrecht (Gesetz v. 12. V. 1894),
das Geschmacksmusterrecht (Gesetz v. 11. I. 1876),
das Kunstschutzrecht (Gesetz v. 9. I. 1907),
das Namens- und Firmenrecht und
das Recht zum Schutz gegen unlauteren Wettbewerb (Gesetz v. 7. VI. 1909).

Nach dem Wortlaut der Aufgabe wären alle diese Gebiete zu berücksichtigen. In diesem Sinne jedoch wird sie vom Verfasser nicht verstanden. Denn sie ist im Großen und Ganzen nach dem Stande der Bestrebungen aufzufassen, wie sie in der Öffentlichkeit für die Errichtung von Sondergerichten geltend gemacht und begründet sind. Sieht man sich die Hauptargumente der Anhänger von Sondergerichten für das Gebiet des gewerblichen Rechtsschutzes an, so sind es diese:

a) Der *nur* juristisch gebildete Richter sei nicht imstande, sich in die *technischen Fragen*, die in gewissen Prozessen des gewerblichen Rechtsschutzes auftauchen, so hineinzuarbeiten, daß er sie ohne fremde Hilfe (d. h. die eines Sachverständigen) entscheiden könne;

b) gewisse Prozesse aus dem Gebiet des gewerblichen Rechtsschutzes erheischten ein besonders *schnelle* Erledigung mit Rücksicht auf die *beschränkte*, nicht erstreckbare Dauer des Schutzrechts.

---

[1]) Vgl. *Hellwig*, Lehrbuch des Deutschen Zivilprozeßrechts, Bd. I, S. 39 und § 8.

[2]) Über die Wechselbeziehungen zwischen den gewerblichen Schutzgesetzen siehe *Kent*, Studien zur Förderung des gewerblichen Rechtsschutzes, Festgabe für *Kohler*, 1909, S. 15 ff. und *Osterrieth*, Lehrbuch des gewerblichen Rechtsschutzes, S. 1 ff.

Beide Argumente können nur für das eigentliche Erfinderrecht, wie es im Patent- und Gebrauchsmustergesetz in die Erscheinung tritt, in Betracht kommen; die anderen oben genannten Rechte sind entweder zeitlich unbeschränkt oder doch von so langer Dauer, daß sie als solche selbst durch etwas längere Prozeßführung nicht beeinträchtigt werden können; auch können technische Fragen im wesentlichen nur bei dem Erfinderrecht auftauchen; in allen übrigen Fällen handelt es sich ausschließlich oder vornehmlich um Rechtsfragen, zum Teil im Zusammenhang mit Fragen des Handels und Verkehrs oder mit solchen der Ästhetik. Eine Zwischenstellung nehmen das Warenzeichenrecht und der Schutz gegen unlauteren Wettbewerb ein; daß zwischen beiden die engsten Beziehungen bestehen, bedarf hier keines Nachweises; auch der Zusammenhang zwischen Patentrecht und Warenzeichenrecht wird nicht nur dadurch hergestellt, daß für beide als erteilende Behörde das Patentamt bestellt ist.[3]) Jedoch sind in Warenzeichenprozessen rein technische Fragen nur höchst selten zu entscheiden; dagegen hängen sie häufig mit Fragen des unlauteren Wettbewerbs zusammen, für deren Beurteilung jedenfalls Kaufleute bei weitem geeigneter erscheinen, als Techniker. Der Leipziger Kongreß des Deutschen Vereins für gewerblichen Rechtsschutz 1908 hat deshalb wohl auch für Warenzeichensachen nicht die Notwendigkeit von Sondergerichten, die aus Juristen und Technikern zusammengesetzt sind, betonen wollen.[4]) Schon die Mehrheit der von dem genannten Verein eingesetzten Patentkommission hatte die Ansicht vertreten, „daß die tatsächlichen Fragen auf dem Gebiet des Warenzeichenrechts verkehrstechnischer Natur seien und eigentlich die Techniker auf diesem Gebiet vor den Juristen nichts voraus hätten" (Vorschläge II, S. 14). Denselben Standpunkt macht sich das vorliegende Gutachten zu eigen; er wird auch von dem Mitgutachter v. Stahl in seinem Gutachten (s. Verhandlungen dieses Deutschen Juristentages, Bd. II, S. 261) geteilt. Wenn trotzdem einzelne Freunde der Sondergerichte auch diese Sachen den Sondergerichten überweisen wollen, so geschieht dies weniger aus inneren Gründen, als deshalb, um genügende Beschäftigung für diese Gerichte zu schaffen. — Anders liegen die Verhältnisse hinsichtlich des Gesetzes zur Bekämpfung des unlauteren Wettbewerbs; die Patentanmaßung nach § 40 wird meist auch einen Tatbestand des anderen Gesetzes decken; auch da, wo eine Patentanmaßung nicht vorliegt, wird

[3]) Vgl. Kent, a. a. O., S. 17 ff.

[4]) Vgl. Isay, Die Gerichtsbarkeit in Patentprozessen, S. 27, Anm. 1.

häufig durch Warnungen des Patentinhabers vor Verletzungen seines Patents der Tatbestand des unlauteren Wettbewerbs oder doch der des BGB. § 823 Abs. 1 oder § 826 erfüllt sein.[5]) Insoweit wird man also den Begriff der „Patentsachen" ausdehnen dürfen. Wir haben es sonach im folgenden wesentlich nur mit den Prozessen zu tun, die Patente oder Gebrauchsmuster zum Gegenstande haben. Allein, auch mit dieser Abgrenzung ist die Art der Prozesse noch nicht genügend gekennzeichnet; denn es könnte sich ja hier ebenso gut um Prozesse handeln, die nach den Normen des Patentrechts zu beurteilen sind, wie z. B. alle Unterlassungs-, Schadenersatz-, Bereicherungs-, Abhängigkeits- und sonstigen Feststellungsklagen (für Gebrauchsmuster auch noch Löschungsklagen), als auch um Prozesse, die an sich nicht nach Patentrecht zu beurteilen sind, auch wenn sie Patente zum Gegenstande haben,[6]) (z. B. Nießbrauch, Pfandrecht, Forderungen aus Patentkauf, auf Übertragung von Patenten, Lizenzverträge), wie auch endlich um solche Prozesse, bei denen die Klage auf Vorschriften des Obligationsrechts aufgebaut ist, bei denen aber patentrechtliche Fragen die Hauptrolle spielen, z. B. wenn gegenüber einer Klage auf Zahlung des Kaufpreises eingewendet wird, der gelieferte Gegenstand greife in das Patent eines Dritten ein,[7]) oder er entspreche nicht, wie vereinbart gewesen sei, dem Patent des Bestellers, oder wenn gegenüber der Klage auf Zahlung einer Lizenz eingewendet wird, der angeblich lizenzpflichtige Gegenstand falle nicht unter das Patent. Überall wird die Entscheidung des Rechtsstreits im wesentlichen von der Entscheidung über technische Fragen abhängen! Sie alle sind „Streitigkeiten aus dem Gebiet des gewerblichen Rechtsschutzes"! Gerade aus dieser Vielgestaltigkeit und der damit verbundenen Unmöglichkeit, die von den Sondergerichten zu behandelnden Sachen scharf und im Sinne der Anhänger erschöpfend zu umgrenzen, wird ein wesentlicher Einwand gegen die ganze Einrichtung herzuleiten sein (S. 401 ff.).

3. Noch größere Schwierigkeiten macht für die vorliegende Frage die Bestimmung des Begriffs „Sondergerichtshöfe". Nach § 12 GVG. wird die ordentliche streitige Gerichtsbarkeit durch Amtsgerichte,

---

[5]) Vgl. RG. 17. II. 1909, M. & W. 09/10, S. 28.

[6]) Vgl. v. Meibom, Bemerkungen zum Entwurf eines Gesetzes betr. Abänderung des Patentgesetzes, Freiburg, 1890, S. 14.

[7]) Vgl. Magnus, Reformbestrebungen auf dem Gebiete der gewerblichen Schutzrechte, 1900, S. 49.

Landgerichte, Oberlandesgerichte und das RG. ausgeübt. Bezüglich der besonderen streitigen Gerichtsbarkeit bestimmt § 13 a. a. O.:

„Vor die ordentlichen Gerichte gehören alle bürgerlichen Rechtsstreitigkeiten und Strafsachen, für welche nicht entweder die Zuständigkeit von Verwaltungsbehörden oder Verwaltungsgerichten begründet ist oder reichsgesetzlich besondere Gerichte bestellt oder zugelassen sind."

Als besondere Gerichte sind nach § 14 zugelassen die auf Staatsverträgen beruhenden Rheinschiffahrts- und Elbzollgerichte, die sogen. Agrargerichte, Gemeindegerichte, sowie die Gewerbe- (und Kaufmanns-) Gerichte, außerdem die für Rechtsstreitigkeiten gegen die Landesherren bestehenden Gerichte nach EG. z. GVG. § 5; als besonders bestellte Gerichte haben die Militärgerichte, Schiedsgerichte für die Berufsgenossenschaften, sowie die Konsulargerichte zu gelten.[8]) Ob die Nichtigkeitsabteilung des Patentamts ein Sondergericht in diesem rechtstechnischen Sinne ist, kann zunächst auf sich beruhen. — Es kann nicht geleugnet werden, daß der Kreis der reichsgesetzlich zugelassenen oder bestellten Sondergerichte je nach Bedarf erweitert oder eingeengt werden könnte; insoweit ist unsere Gerichtsverfassung in ihrem jetzigen Aufbau nichts Unwandelbares und für alle Zeiten Maßgebendes. Ebensowenig ist zu bezweifeln, daß die reichsgesetzliche Bestellung besonderer Gerichte — nur um eine solche, nicht um eine reichsgesetzliche Zulassung, die den Einzelstaaten nur die Ermächtigung gibt, für gewisse Kategorieen von Rechtsstreitigkeiten andere Rechtsvorschriften zu setzen,[9]) könnte es sich handeln, — in einem Spezialgesetz oder durch Änderung des GVG. geschehen könnte. Jedenfalls sind alle diejenigen Gerichte als Sondergerichte zu bezeichnen, die sich außerhalb des Rahmens der bestehenden Gerichtsverfassung stellen,[10]) sei es, daß sie überhaupt als Sonderein-

---

[8]) Vgl. Laband, Staatsrecht, Bd. III, S. 360; a. A. Hellwig, a. a. O., S. 69.

[9]) Laband, a. a. O., III, S. 362.

[10]) Dies sei namentlich gegenüber dem vom Verein Deutscher Maschinenbauanstalten in seiner „Denkschrift zur Reform des Patentgesetzes" (Berlin, 1909) und in der Sachverständigensitzung vom 7. und 8. 1909 (Verhandlungsberichte, 1910, S. 66) eingenommenen Standpunkt betont. Deshalb ist es aber auch verkehrt, zu behaupten, daß, wenn im Verwaltungswege (es kann dies ausschließlich durch die Präsidien der Landgerichte geschehen: GVG. §§ 62, 63) vor Beginn des Geschäftsjahres bestimmte Sachen, z. B. die des gewerblichen Rechtsschutzes, einer besonderen Kammer zugeteilt würden, damit schon „Sondergerichte" geschaffen seien; so Tolksdorf, Zeitschr. f. Ind. Recht, 1908, S. 160.

richtung neben den Gerichten, etwa als Patenthof, bestehen oder sich — wie das Schlagwort lautet — an die ordentlichen Gerichte „angliedern" sollen, also insonderheit Landgerichte, die in I. Instanz nicht mit 3, sondern mit 5 Richtern, Gerichte, die nicht nur mit juristisch vorgebildeten hauptamtlichen Richtern besetzt sind (arg. GVG. § 2), Gerichte, deren Rechtsmittelzug von dem des ordentlichen Verfahrens insofern abweicht, als in II. Instanz die Zahl der Richter gegenüber der in I. Instanz nicht erhöht ist. Der Begriff „Sondergericht" ist eben nicht positiv zu umgrenzen, sondern ist ein relativer, der sich nach der geltenden Organisation bestimmt. In gewissem Sinne sind daher auch die Kammern für Handelssachen „Sondergerichte" im Rahmen der bestehenden Gerichtsverfassung; aber die Handelsrichter sind nicht Richter im Hauptamt, die Kammern für Handelssachen sind als ein bereits bestehendes Institut in die Gerichtsorganisation übernommen[11]) und schließlich konkurriert mit der Zuständigkeit der Kammern für Handelssachen insoweit die der Zivilkammern, als bei Übereinstimmung beider Parteien auch für die vor die Kammern für Handelssachen gehörigen Sachen die Zivilkammer zuständig ist (vgl. GVG. §§ 102, 104). Ganz anders dagegen werden im allgemeinen die Sondergerichte für Rechtsstreitigkeiten des gewerblichen Rechtsschutzes gedacht, da sie für die einschlägigen Sachen ausschließlich, und zwar ratione materiae, zuständig sein und in erster Instanz nicht aus 3, sondern aus 5 Richtern bestehen sollen. Ob die von dem Deutschen Verein für den Schutz des gewerblichen Eigentums vertretene Bewegung unter dem Ausdruck „Sondergerichtsbarkeit" etwas anderes verstanden wissen will,[12]) ist demgegenüber unerheblich. Aus dem Gesagten folgt für die hier anzustellende Untersuchung, daß alle die Vorschläge zu prüfen sind, die darauf hinauslaufen, die Streitigkeiten des gewerblichen Rechtsschutzes Gerichten zur Entscheidung zu übertragen, die anders geartet oder anders zusammengesetzt sind, als die bestehenden ordentlichen Gerichte.

Wenn die folgende Darstellung sich häufig an die Vorschläge anlehnt, die der Deutsche Verein gemacht hat, so geschieht es einmal deshalb, weil dieser rührige Verein sich großen Ansehens in den beteiligten Kreisen und auch bei den Regierungen zu erfreuen hat, und sodann, weil er als Bannerträger der ganzen Sondergerichtsbewegung im Deutschen Reich bezeichnet werden kann.

---

[11]) Geh. Oberjustizrat Kübler, Berichte des Leipziger Kongresses, S. 57.
[12]) So Denkschrift II, S. 9.

§ 2.

Geschichtliche Entwicklung der deutschen Patentsondergerichtsbewegung.

Bevor die historische Entwicklung gekennzeichnet werden soll, die der Gedanke der gemischten Gerichtsbarkeit in Patentsachen im Deutschen Reich durchgemacht hat, sei zunächst die derzeitige Kompetenzverteilung in Patentsachen zwischen den ordentlichen Gerichten und dem Patentamt dargestellt; hierbei scheidet natürlich die Frage des Patenterteilungsverfahrens aus. Die grundlegende Bestimmung bleibt sonach § 13, Abs. I PG.:

„Die Erteilung, die Erklärung der Nichtigkeit und die Zurücknahme der Patente erfolgt durch das Patentamt."

Des Näheren regelt das Verfahren behufs Nichtigkeitserklärung und Zurücknahme eines Patents das PG. in den §§ 28—34, allerdings nur in großen Grundzügen. Zuständig ist in I. Instanz die Nichtigkeitsabteilung des Patentamts (PG. § 14, Abs. 1 [2]); sie ist für Entscheidungen besetzt mit 2 rechtskundigen und 3 technischen Mitgliedern; der geborene Vorsitzende ist der Präsident; seine Vertretung im Vorsitz liegt (regelmäßig rechtskundigen) Direktoren ob (vgl. Kais. Verordnung vom 11. VII. 1891, § 4); die technischen Mitglieder können ständig (d. h. auf Lebenszeit ernannt) oder nichtständig (d. h. auf 5 Jahre ernannt) sein; zu anderen Beschlußfassungen genügt die Anwesenheit von 3 Mitgliedern (PG. § 14, Abs. 4, Satz 2); sie können ausschließlich rechtskundige oder ausschließlich technische oder teils rechtskundige, teils technische Mitglieder sein.[13]) Gegen die Entscheidungen des Patentamts ist die Berufung an das RG. (§ 33) zulässig; im RG. entscheidet (geschäftsordnungsmäßig) seit Jahrzehnten der I. Zivilsenat; das Verfahren wird auf Grund des § 33, Abs. 3 PG. durch die „Verordnung, betr. das Berufungsverfahren beim RG. in Patentsachen" v. 6. XII. 1891 (RG. Bl., S. 389) geregelt. Gegen die Beschlüsse der Nichtigkeitsabteilung ist die Beschwerde gegeben (PG. § 16); sie geht an die Beschwerdeabteilung; diese ist — ebenso wie die Nichtigkeitsabteilung — aus 2 rechtskundigen und 3 technischen Mitgliedern zusammengesetzt (§ 14, Abs. 4); auch hier muß der Vorsitzende Jurist sein.[14])

[13]) Vgl. Seligsohn, Patentgesetz, 4. Aufl., § 14 Note 6.

[14]) Anders bei Beschwerden aus § 26 PG., wo nach der Kais. Verordnung v. 29. IV. 1904 der Vorsitzende auch Techniker sein kann.

Alle anderen Streitigkeiten aus dem Gebiete des Patentrechts gehören vor die ordentlichen Gerichte, also insbesondere sämtliche Klagen aus dem Patentrecht, wie Verletzungs- (Unterlassungs- und Schadenersatz-), Abhängigkeits-,[15]) Bereicherungs-, Entnahme- und Feststellungsklagen, ferner alle die Klagen, welche nicht nach Patentrecht zu beurteilen sind, auch wenn sie ein Patent zum Gegenstand haben; endlich die Klagen gegen unberechtigte Warnungen des Patentinhabers (PG. § 40) und aus unlauterem Wettbewerb auf Grund eines Patentrechts.

Bei Gebrauchsmustern stellt sich die Sachlage wesentlich einfacher, da das Gesetz betr. den Schutz von Gebrauchsmustern v. 1. VI. 1891 dem Patentamt weder Klagen auf Löschung, noch solche aus oder auf Grund von Gebrauchsmustern überwiesen hat.

Auf dem Gebiet des Warenzeichenrechts ist das Patentamt nur im Falle des § 8 Ziff. 2 des Gesetzes v. 12. V. 1894 zur Entscheidung über Löschungsanträge zuständig; es entscheidet eine der (jetzt 3) Abteilungen für Warenzeichen unter Vorsitz eines Juristen und in der Mindestbesetzung von 3 rechtskundigen oder in einem Zweige der Technik sachverständigen Mitgliedern (Ausführungsverordnung v. 30. VI. 1894 § 1 u. 3); Beschwerdeinstanz ist die Beschwerdeabteilung I in der Besetzung von 5 Mitgliedern, von denen mindestens 2 rechtskundig sein müssen (das. § 3, Abs. 2). Daß gerade das Patentamt als Markenbehörde gewählt worden ist, erklärt sich nach der Begründung zu dem Entwurf eines Gesetzes zum Schutz der Warenbezeichnungen nur daraus, daß in gewerblichen Kreisen das Bedürfnis nach einer Zentralisierung des Zeichenwesens bestanden hat; die Erfahrung habe gezeigt, „daß in der Behandlung der mannigfachen, mit der Anmeldung, Eintragung und Löschung von Zeichen zusammenhängenden, vielfach in das Gebiet weitreichender und internationaler Handelsinteressen übergreifenden Fragen die örtlichen Gerichte nicht immer die geeigneten Stellen seien" ... und daß bei einer Zentralisation des Zeichenwesens den beteiligten Kreisen eher eine zuverlässige Übersicht über die jeweilig zu Recht bestehenden Zeichen gewährt werden könne. „Da das Patentamt in der ihm gegebenen Organisation die geeignete Grundlage für eine Zentralisation biete", so habe man nicht gezaudert, ihm nach dem Vorbilde anderer Staaten das ganze Zeichenwesen zu übertragen. Ein organischer Zusammenhang

---

[15]) Vgl. die noch S. 322 zu erwähnende Entscheidung des RG. Bd. 33, S. 941, sowie die gesamte Rechtsprechung u. Wissenschaft; statt anderer siehe Seligsohn, a. a. O. § 3, Nr. 17.

zwischen der Tätigkeit der Markenbehörde und der Patentbehörde besteht an sich nicht, mögen auch zwischen Erfindungsschutz und Markenschutz nahe Beziehungen obwalten. Jedenfalls ist die Übertragung der Warenzeichensachen auf das Patentamt nicht damit begründet worden und nicht damit zu begründen, daß diese Sachen von einer aus Juristen und Technikern zusammengesetzten Behörde zu entscheiden seien.[16])

Mit den genannten Aufgaben ist die Zuständigkeit des Patentamts als einer aus Technikern und Juristen zusammengesetzten rechtsprechenden Behörde erschöpft.

Es wird nun zu erörtern sein, wie man überhaupt zur Schaffung einer besonderen Behörde für Patentnichtigkeits- und Zurücknahmesachen gekommen ist; ist doch die Nichtigkeitsabteilung, (wie auch die Beschwerdeabteilungen) das Prototyp eines gemischten Gerichts, wie es sich die Anhänger der Sondergerichtsbewegung vorstellen.

Unter dem Eindruck des Internationalen Patentkongresses zu Wien 1873 war, mit Werner Siemens als Vorsitzendem, der Deutsche Patentschutzverein gegründet worden; er legte in einer Petition an den Bundesrat den Entwurf eines Patentgesetzes für das Deutsche Reich vor. In diesem Entwurf waren als Patentbehörden das Patentamt und der Patenthof, beide mit dem Sitz in Berlin, vorgesehen; der Patenthof sollte aus 5 „Richtern" bestehen, von denen der Vorsitzende und ein Mitglied die Befähigung zum Richteramt besitzen, die 3 übrigen Mitglieder aber in mindestens einem Zweige der Industrie sachverständig sein sollten. Das Patentamt war als Erteilungsbehörde gedacht, während der Patenthof entscheiden sollte:

---

[16]) In der Reichstagskommission wurde noch gegenüber Anträgen auf Erweiterung der patentamtlichen Kompetenz in Warenzeichensachen geltend gemacht, daß es sich hier „nicht um vorwiegend öffentlich-rechtliche Klagen, wie bei den Patentsachen, sondern um privatrechtliche Fragen und Ansprüche handele", für deren richtige Auffassung auch durch die Untergerichte die Entscheidungen des RG. sorgen würden; die Rechtsprechung des Patentamts in Fragen der Kollision zweier Zeichen und die damit den ordentlichen Gerichten entzogenen Entscheidungen über die nebenher laufenden zivilrechtlichen Ansprüche würde einen Bruch mit der allgemeinen Rechtsordnung bedeuten. Im Laufe der Kommissionsberatung kam dann doch die Fassung der §§ 5 u. 8 Wbzges., wie sie jetzt vorliegen, zustande; aus den Verhandlungen, deren Gang hier nicht näher dargestellt zu werden braucht, ergibt sich, daß die Frage der Ungeeignetheit der ordentlichen Gerichte zur Entscheidung dieser Sachen keine Rolle gespielt hat.

1. über Streitigkeiten in bezug auf die Erteilung, Gültigkeit und Aufhebung von Patenten;
2. über Streitigkeiten zwischen Inhabern verschiedener Patente bezüglich des Umfangs ihrer gegenseitigen Rechte;
3. über Streitigkeiten betr. die Mitbenutzung der Erfindung und die zuzubilligende Entschädigung.

Zur Begründung dieser Vorschläge war (Seite 21) angeführt worden, „die Rechtssicherheit verlangt, daß auch die richterliche Entscheidung, welche in keinem Falle versagt bleiben darf, von einer einheitlichen Gerichtsbehörde resultiert. Da nun der Gebrauch der Rechtsmittel in Streitigkeiten, bei welchen die tatsächliche Feststellung allein entscheidet (!!), keine Gewähr für die Gleichförmigkeit der Entscheidung geben kann, so empfiehlt sich die Einrichtung eines Spezialgerichtshofes für Patentsachen, welcher überall mit Ausschluß des ordentlichen Gerichtsstandes zuständig ist, wo die Erteilung, die Gültigkeit oder die Aufhebung eines Patents streitig wird. Dieser Gerichtshof wird zweckmäßig zum Teil aus juristisch gebildeten, zum Teil aus technisch gebildeten Mitgliedern zusammengesetzt." Weiter (Seite 25) heißt es: „Die Rechtsfindung in den Streitigkeiten über Erfindungspatente beruht vorzüglich auf der korrekten tatsächlichen Feststellung (!!) schwieriger technischer Vorwürfe, sodann auf der Anwendung eines in der Praxis sich entwickelnden Gewohnheitsrechts. Aus beiden Gründen empfiehlt es sich, sofern es sich nicht um die Verfolgung von Ansprüchen aus unbestrittenen (!!) Patenten handelt, diese Streitigkeiten den ordentlichen Gerichten zu entziehen und einem Spezialgerichtshof zu übertragen, außerdem auch die Berufung gänzlich auszuschließen und zur Wahrung der Rechtseinheit die Nichtigkeitsbeschwerde an den höchsten Reichsgerichtshof zu gestatten." Der Patentschutzverein ging also davon aus, daß ausschließliches Gewicht auf die Tatsachenfeststellung zu legen sei, während doch — wie später (S. 341) zu erörtern — die Auslegung des Patents ausschließlich Rechtsfrage ist, und daß bei Ansprüchen aus unbestrittenen Patenten die Zuständigkeit der ordentlichen Gerichte nicht anzutasten sei, während doch auch bei ihnen die Subsumption des Einzelfalls große Schwierigkeiten bereiten kann. Das Problem der Zusammenarbeit von Juristen und Technikern ist dort nicht weiter erörtert.

Nach Erscheinen dieses Gesetzentwurfes ordnete die Reichsregierung zunächst eine Enquete über die reichsgesetzliche Regelung des Patentwesens an; der Kommission, der 22 Mitglieder als Sachverständige angehörten, wurden 21 Fragen vorgelegt. Frage XIII lautete:

„Sollen dem Patentamt außer der Erteilung von Patenten noch andere auf das Patentwesen bezügliche Geschäfte, wie insbesondere die Entscheidung

1. über Aufhebung eines erteilten Patents,
2. über Gesuche von Lizenzerteilungen,
3. über Streitigkeiten wegen Patentverletzungen

übertragen werden?"

Nach den Protokollen dieser Enquete[17]) wollte der bekannte spätere Kommentator des Patentgesetzes, Professor Dr. Klostermann-Bonn, die Zuständigkeit der Patentbehörde auf die Aufhebung von Patenten und Patentstreitigkeiten nicht ausgedehnt wissen, da dies Streitigkeiten seien, die dem Rechtswege nicht entzogen werden dürften; bei der eigenartigen Natur der zu behandelnden Sachen empfehle sich aber die Einrichtung eines besonderen Gerichtshofes, der über die Klagen auf Aufhebung der Patente und über alle Streitigkeiten, bei welchen es sich um die Gültigkeit oder Aufhebung der Patente handle, ausschließlich zu befinden haben würde; der Hauptvorteil würde die größere Rechtssicherheit sein, es würden weder über die Rechtskraft einzelner Patente, noch über allgemeine Fragen des Patentrechts hundert verschiedene Ansichten und Entscheidungen vorkommen können..... die ordentlichen Gerichte würden für Klagen wegen Patentverletzungen nur dann kompetent bleiben, wenn die Gültigkeit des Patents nicht bestritten werde. Sie hätten dann über die Tatsache der Verletzung, ebenso wie über die Höhe der Entschädigung zu entscheiden; für die Fälle, in denen die Frage, ob eine Verletzung des Patents vorliege, sehr schwer von ordentlichen Richtern beurteilt werden könne, empfehle es sich, wenn vom Gericht die Gutachten eines besonderen Sachverständigenkollegiums eingeholt würden. — In dieser Enquete trat Werner Siemens für die ausschließliche Kompetenz des Patenthofs ein: „Streitfragen über Erfindungen und Patente seien so schwieriger Natur, daß jemand, der nicht Techniker sei, nur durch längere Beschäftigung ein Verständnis für sie gewinne! Es sei schon schwer, dem Laien nur verständlich zu machen, um was es sich bei einer technischen Streitfrage eigentlich handle. Wenn irgendwo, so sei in Patentsachen ein Spezialgerichtshof am Platz. Eine II. Instanz würde die Industrie gern entbehren; ihr käme es nur auf eine schnelle und sachgemäße Entscheidung an! Er befürworte daher

[17]) Drucksachen des Bundesrats, Session v. 1876, Nr. 70.

nur einen aus Richtern und Sachverständigen zusammengesetzten Gerichtshof. Streitigkeiten wegen Patentverletzungen, bei welchen die Gültigkeit des Patents nicht bestritten werde, könne man den ordentlichen Gerichten überlassen."

Als Ergebnis der Beratung wurde demnächst festgestellt:

„Übereinstimmung herrscht darüber, daß bei allen Patentstreitigkeiten die ordentlichen Gerichte möglichst auszuschließen sind und ein Spezialgericht (Patenthof) entscheiden soll, gegen dessen Entscheidung die Nichtigkeitsbeschwerde (sc. des alten damals geltenden Zivilprozesses) an das höchste Reichsgericht stattfindet.

Nur Klagen wegen Patentverletzungen, bei welchen die Gültigkeit des Patents nicht bestritten wird, wollen einige Mitglieder an die ordentlichen Gerichte verwiesen sehen, welche alsdann verpflichtet wären, das Gutachten eines Sachverständigenkollegiums einzuholen, ohne durch dasselbe bei der Entscheidung gebunden zu sein."

Dessenungeachtet bestimmte der darauf unter dem 6. II. 1877 vom Reichskanzler dem Bundesrat vorgelegte Entwurf eines Patentgesetzes in § 12, Abs. 1: „Die Erteilung, die Erklärung der Nichtigkeit und die Zurücknahme der Patente erfolgt durch den Patenthof." Damit war also dem Patentamt, abgesehen natürlich von dem Erteilungsverfahren, nur dieselbe beschränkte Kompetenz eingeräumt, die es noch heute hat. Die Motive (S. 31) begründen dies, wie folgt:

„Der Entwurf geht davon aus, daß Streitigkeiten über die Verletzung eines Patentrechts vor die ordentlichen Gerichte gehören. Letztere sind durchaus in der Lage, in solchen Streitigkeiten die Entscheidung zu treffen, mag der Streit nun den tatsächlichen Inhalt der als Verletzung eines Patentrechts bezeichneten Handlung oder den Umfang des angeblich verletzten Patentrechts betreffen. Es kann nur darauf ankommen, den Gerichten die Gelegenheit zu gewähren, über die technischen Fragen, welche möglicherweise in den Streit verflochten sind, sich schnell und in maßgebender Weise zu unterrichten; der Entwurf gestattet ihnen, zu dem Behufe vom Patentamt Gutachten einzuholen."

Auch der dem Reichstag am 24. II. 1877 vorgelegte Entwurf enthielt die dem genannten § 12 entsprechende Bestimmung in § 13, Abs. 1 mit der Abänderung, daß statt „Patenthof" die Bezeichnung „Patentamt" gesetzt war; die Motive stimmen in der angezogenen Stelle miteinander überein. In der ersten Lesung des Entwurfs im Reichstag am 2. III. 1877 wurde die vorwürfige Frage überhaupt nicht berührt; in der VII. Reichstagskommission zur Vorberatung des Entwurfs eines Patentgesetzes (Drucksachen des Deutschen Reichstags, 3. Legislaturperiode, I. Session, 1877) wurde ebenfalls die Frage der Abgrenzung der Kompetenz des Patentamts von der der ordentlichen Gerichte nur an einer Stelle besprochen; es heißt daselbst (Nr. 144, S. 29):

„Kein Mitglied vertrat den Standpunkt, daß Streitigkeiten über die Erklärung der Nichtigkeit und über die Zurücknahme von Patenten der Kompetenz des Patentamts entzogen und den ordentlichen Gerichten bzw. einem besonderen gerichtlichen Patenthof, wie ihn der Patentschutzverein vorschlägt, überwiesen werden sollen. Den entscheidenden Grund hierfür fand man in der Überzeugung, daß, wenn die ordentlichen Gerichte damit befaßt würden, auf die Gewinnung und Festhaltung einheitlicher Grundsätze in allen Teilen des Deutschen Reiches nicht gerechnet werden könne. Sei deshalb eine einheitlich entscheidende Instanz geboten, so werde die Einsetzung eines besonderen Patentgerichtshofes doch nur bei der Annahme gerechtfertigt sein, daß das Patentamt in seiner Zusammensetzung keine genügenden Garantieen biete. Es komme also nur darauf an, in der letzteren Richtung durch das Gesetz ausreichende Vorsorge zu treffen."

Also auch hier noch ganz andere Erwägungen, als die, daß juristische Richter allein nicht imstande seien, über technische Fragen, nämlich die der Nichtigkeit eines Patents, zu entscheiden; lediglich die Sicherung der einheitlichen Rechtsprechung in Sachen der über das ganze Reich wirkenden Patente sollte nach Möglichkeit durch Übertragung dieser Rechtsstreitigkeiten an eine Zentralinstanz gewährleistet werden. Dies war wohl auch der Grund, weshalb die Anregung einzelner Mitglieder der Kommission, im ordentlichen Rechtsstreit die Einrede der Nichtigkeit des Patents zuzulassen, auf Widerspruch der Regierungsvertreter abgelehnt wurde. In einer darüber aufgenommenen Erklärung heißt es:

„... so kann das Gericht über die Nichtigkeitserklärung nicht befinden. Die Erklärung der Nichtigkeit steht vielmehr ausschließlich zur Entscheidung des Patentamts. Das Gericht kann aber nach Maßgabe der ZPO. und StrPO. das Verfahren aussetzen...."

Der Kommissionsbericht bemerkt dazu: „Den entscheidenden Grund für diese Rechtsauffassung liefert neben den positiven Bestimmungen des gegenwärtigen Gesetzes die öffentlich-rechtliche Natur des Patents."

Als Berufungsgericht war in beiden Entwürfen das Reichsoberhandelsgericht vorgesehen; irgendein Bedenken dagegen, daß dann in II. Instanz nur Juristen entscheiden würden, ist in den Motiven nicht geltend gemacht.

Weder in der II., noch in der III. Lesung des Entwurfs im Reichstag (v. 1. bzw. 3. V. 1877) kam die Frage, ob den ordentlichen Gerichten weitere Teile der Rechtsprechung auf dem Gebiete des gewerblichen Rechtsschutzes abzunehmen seien, wieder zur Sprache.

Das Gesetz vom 25. V. 1877, das am 1. VII. 1877 in Kraft trat, hatte, wie allseitig anerkannt wurde, außerordentlich segensreich gewirkt. Wie jedoch bei der Neuheit der Materie nicht anders zu erwarten war, hatte man — nach einem Wort des Staatssekretärs v. Boetticher — nicht das absolut Beste leisten können. Auf Anregung des Vereins Deutscher Ingenieure und des Vereins zur Wahrung von Interessen der chemischen Industrie Deutschlands wurde vom Bundesrat eine neue Enquete über die Lage des Patentschutzes im Deutschen Reich beschlossen. Die Beratungen fanden vom 22.—27. XI. 1886 statt; es lag ihnen ein von der Regierung ausgearbeiteter Fragebogen über 22 Fragen, nebst Erläuterungen zu Grunde;[18]) keine dieser Fragen betraf die anderweite Abgrenzung der Kompetenz zwischen Patentamt und den ordentlichen Gerichten. Bei der gemeinsamen Beratung der Frage 19: „Ist es zweckmäßig, die dem Patentamt in § 18 den Gerichten gegenüber auferlegte Verpflichtung auf die Erteilung von Obergutachten zu beschränken?" und der Frage 22: „Haben andere Bestimmungen des Gesetzes (außer den zuvor ausdrücklich aufgeführten) erhebliche Übelstände zur Folge gehabt?" kam jedoch Antrag des beigeordneten Bürgermeisters in Cöln, jetzigen Geheimen Regierungsrat Dr. Rosenthal zur Eröterung, in welchem neben dem Patentamt die Errichtung eines Patentgerichtshofs gefordert wurde, dessen Senate in der Besetzung von 2 juristischen und 3 technischen, auf Lebenszeit ernannten Mitgliedern zuständig sein sollten:

a) als Oberbeschwerdeinstanz in dem Verfahren auf Erteilung von Patenten,

b) als I. und (in einem mit 7 Mitgliedern besetzten Senate) als Berufungsinstanz für Streitigkeiten, welche die Gültigkeit und

---

[18]) Die folgende Darstellung stützt sich auf die Stenographischen Berichte über die Verhandlungen der Enquete in betreff der Revision des Patentgesetzes, Berlin 1887.

Aufhebung von Patenten, sowie die Kollisionen zwischen verschiedenen Inhabern von Patenten betreffen.

Nr. 4 Abs. 3 dieses Antrages lautete wörtlich:

„Privatstreitigkeiten aus dem Patentrecht, sowie Strafverfolgungen wegen Patentverletzung sollen vor wie nach der Kompetenz der ordentlichen Gerichte unterliegen.“

Zur Begründung seines Antrages führte Dr. Rosenthal (Stenogr. Ber., S. 143) aus: Es empfehle sich, Streitigkeiten, welche die Existenz des Patents, seine Entstehung und seine Aufhebung und seine Wirkung in Kollisionsfällen beträfen (im wesentlichen also Nichtigkeits- und Abhängigkeitsklagen), einem besonderen Gerichtshof zu überweisen, der zweckmäßig in unmittelbare Berührung mit dem Patentamt trete; „und zwar wesentlich aus dem Gesichtspunkt, daß eine Rechtssicherheit dadurch verbürgt wird durch eine Kontinuität der Entscheidungen, welche veranlaßt wird durch die Qualifikation der Richter, sodann aber deshalb, weil vorwiegend praktische Gründe für eine solche Einrichtung sprächen, wenn man sich vergegenwärtigt, wie schwer es ist, in technischen Fragen eine vollkommene Prüfung der Sache für Laien zu ermöglichen. Die Industriellen haben den lebhaften Wunsch, daß das juristische Element nicht aus der Prüfung und Behandlung solcher Angelegenheiten hinausgedrängt werde, daß aber das technische Element voll und ganz zur Geltung komme, und dies sei nur möglich, wenn wesentlich der technischen Beurteilung die Entscheidung solcher wichtigen Fragen überlassen werde.“ Ein weitergehender Antrag dahin, alle Patentrechtsstreitigkeiten aus dem Zivilrecht dem Patentgerichtshof zu überweisen, sei schon in einer Unterkommission in der Minderheit geblieben, so daß er in den Anträgen überhaupt keine Aufnahme gefunden habe! Es ist wichtig, dies hervorzuheben, weil häufig behauptet wird, die späteren Bestrebungen auf Einrichtung von Sondergerichtshöfen für Patentstreitigkeiten hätten schon damals feste Wurzel geschlagen gehabt! Das Gegenteil ist richtig! Es ist aber weiter von Bedeutung, aus der Debatte über die Rosenthal'schen Anträge noch eine andere Rede der Vergessenheit zu entreißen, weil der Redner später einen entgegengesetzten Standpunkt eingenommen und damit die Stellung der Anhänger der Patentsondergerichte wesentlich gestärkt hat: es ist die Rede des damaligen Reichsgerichts-Rats Dr. Bolze; er erklärte (Stenograph. Berichte, S. 146), er spreche zwar nur für seine Person; er sei sich bewußt, daß es an sich nicht wünschenswert sei, die Zuständigkeit der Zivil- und Strafgerichte auch von den technischen Fragen auszuschließen. „Ich habe — so führte Bolze damals wörtlich aus — für meine Person immer eine wohltuende Empfindung gehabt, wenn mir neben den abstrakten Rechtsfragen ein Hinblick auf derartige konkrete Dinge des Lebens geblieben ist, und ich bin mir immer bewußt gewesen, daß die feine Durchbildung des Rechts nur gewinnen kann, wenn auch derartige Mitententscheidungen technischer Fragen dem Richter verbleiben." Früher habe das RG. allerdings eine nachdrückliche Anregung dafür gegeben, es möge ihm die Rechtsprechung in Berufungssachen der Patentprozesse oder Nichtigkeitsklagen entzogen werden,[19-20]) — es habe damals an einer schweren Geschäftsüberbürdung laboriert, die Sachen seien für das RG. auch neu gewesen und endlich habe, im Gegensatz zu seiner sonstigen Stellung als Revisionsinstanz, das RG. hier eine tatsächliche Nachprüfung vornehmen müssen; — das RG. habe sich aber der Pflicht unterziehen müssen, diese technischen Fragen eine Reihe von Jahren zu behandeln ... Unter allen Umständen werde die Erfahrung und Übung den geschäftlichen praktischen Blick und die Möglichkeit einer gründlicheren und schnelleren Entscheidung im Laufe der Jahre herbeiführen. „Heute" — fuhr Bolze fort — „liegt die Sache so, daß unser Senat glaubt, der ihm gestellten Aufgabe gewachsen zu sein[21]) ...

---

[19]) Nach Bolze's Mitteilung war von dem I. Senat, Ende 1879 oder Anfang 1880, eine derartige Erklärung abgegeben und von dem Reichsgerichtspräsidenten an den Staatssekretär des Reichsjustizamts gesandt worden. Darauf stützte sich Frage 18 der Enquete betr. das Berufungsverfahren in Nichtigkeitssachen. In der Begründung zu dieser Frage war gesagt worden: (Stenogr. Berichte, S. 9): „Die Prüfung und Entscheidung dieser — technischen — Fragen setzt in der Mehrzahl der Fälle ein Maß technischer Vorkenntnisse voraus, welches dem lediglich aus juristisch gebildeten Mitgliedern zusammmengesetzten Reichsgericht nicht zu Gebote steht." Auf diese Äußerung bezieht sich Bolze's im Text wiedergegebene Erklärung.

[20]) Über die heutigen Bestrebungen, dem Reichsgericht die Patentberufungssachen abzunehmen, siehe unten S. 425. Bemerkt sei hier nur, daß sie von einem ganz anderen Gesichtspunkte ausgehen, nämlich dem der Entlastung des Reichsgerichts.

[21]) Es entbehrt nicht der Ironie, daß gegen diese Äußerung Bolze's, — die in schroffem Gegensatz zu seinen späteren Ausführungen in verschiedenen Aufsätzen und auf dem Leipziger Kongreß 1908 steht — der RGR. a. D. v. Meibom, 1890 in seinen „Bemerkungen zum Entwurf eines Gesetzes betr. die Abänderung des Patentgesetzes" S. 10/12 ausführte, daß „diese Mitteilungen Bolze's nicht auf einer von dem genannten Senat erteilten Instruktion beruhten" und daß auch in der Wahl des zu den Enquete-Verhandlungen

ich glaube, ... daß das Reichsgericht ohne Widerstreben bereit und imstande sein wird, die Berufungssachen in Nichtigkeitssachen weiter zu bearbeiten." (Einer etwaigen Ausdehnung der reichsgerichtlichen Kompetenz auf diesem Gebiet glaubte Bolze mit Rücksicht auf die Geschäftsüberlastung widersprechen zu sollen). Wir sehen also hier nicht nur kein Bekenntnis der Unmöglichkeit, sich in diese rein technischen Prozesse einzuarbeiten, sondern das stolze Selbstbewußtsein eines unserer höchsten und angesehensten Reichsrichter, daß die 7 Juristen des Reichsgerichts der ihnen gestellten Aufgabe sich gewachsen fühlen! Wenn trotz dieser und noch mancher anderen ähnlichen Äußerungen der Sachverständigen von der Enquetekommission die Schaffung eines aus Juristen und Technikern zusammengesetzten Patentgerichtshofs beschlossen wurde, so geschah es, weil die Industrie mit der damaligen Rechtsprechung des Patentamts im Erteilungs- und Nichtigkeitsverfahren unzufrieden war und ihr nicht unbedingtes Vertrauen schenkte, nicht aber, weil sie über Entscheidungen der ordentlichen Gerichte, denen sie ja die zivilrechtlichen Streitigkeiten und das Strafverfahren ausdrücklich überlassen wollte, und über deren Rechtsprechung auf diesem Gebiet ja noch nicht genügende Erfahrungen vorliegen konnten, zu klagen hatte!

---

einberufenen Vertreters das Reichsgericht „eine stillschweigende Billigung der von ihm vertretenen Ansicht seitens des Senats nicht gefunden werden könnte. Unter diesen Umständen kann die Ansicht desselben ein stärkeres Gewicht, als das einer individuellen Meinungsäußerung nicht in Anspruch nehmen." — v. Meibom ist denn auch mit Wärme für die Zuziehung von Sachverständigen zur Beratung, Beschlußfassung und Abfassung der Entscheidungsgründe in den sog. Patentjustizsachen, d. h. den Rechtssachen eingetreten, „die nach Normen des Patentrechts zu beurteilen sind". Dagegen hat auch v. Meibom, wie ebenfalls gleich betont sei, S. 164 ausdrücklich erklärt: „In betreff der Verletzung von Rechten aus Patenten müssen dieselben Grundsätze in Anwendung kommen, welche bei Verletzung von Privatrechten überhaupt gelten. Daher muß die Verfolgung von Zivilansprüchen aus solchen Rechten, mag es sich um Entschädigung wegen stattgehabter Verletzung derselben oder um Schutz gegen künftige Verletzung oder nur um Feststellung des Bestehens oder Nichtbestehens des Rechts handeln, ebenso wie die strafrechtliche Verfolgung von Patentrechtsverletzungen wie bisher vor die ordentlichen Gerichte gehören". Ausschließlich im Interesse einheitlicher Rechtsprechung in Patentfragen überhaupt wollte allerdings v. Meibom auch in den vor die ordentlichen Gerichte gehörigen Rechtssachen die patentrechtlichen Fragen nur durch das Patentamt entschieden wissen — ein Vorschlag, auf den unten noch eingegangen wird.

Das ergibt sich mit aller wünschenswerten Klarheit aus den Verhandlungen der Kommission; es würde zu weit führen, dies hier im einzelnen zu belegen.[22])

Die Enquete führte zur Vorlage eines am 17. III. 1890 veröffentlichten Entwurfs eines neuen Patentgesetzes; auf die Frage der Erweiterung der Zuständigkeit der Nichtigkeitsabteilung[23]) — abgesehen von den Fällen des § 10 Ziff. 2 Patentgesetzes — ist weder der Entwurf, noch seine Begründung eingegangen; auch die Reichstagsverhandlungen I. II. und III. Lesung[24]) lassen jede entsprechende Andeutung vermissen. In der XI. Reichstagskommission wurden Anträge auf Überweisung der von den ordentlichen Gerichten behandelten Patentsachen an das Patentamt nicht gestellt.[25]) Die gesetzgeberischen Arbeiten für das neue Gesetz vom 7. IV. 1891 geben also über unsere Frage keinen positiven Aufschluß; sie sind jedoch in dem negativen Sinne zu verwerten, daß bis zum Jahre 1890 weder auf seiten der Regierung, noch in den beteiligten Kreisen der Wunsch laut geworden ist, die Kompetenz der ordentlichen Gerichte in Fragen der Rechtsprechung auf dem Gebiete des Patentwesens einzuschränken. Ebensowenig wurde bei der Schaffung des Gebrauchsmustergesetzes die uns beschäftigende Frage berührt.

Auch in den folgenden Jahren des zur Neige gehenden Jahrhunderts traten weitere Bestrebungen, den Gerichten die Entscheidungen über technische Fragen in Streitigkeiten des gewerblichen Rechtsschutzes abzunehmen, nicht hervor; eher könnte man von einer gegenteiligen Richtung

---

[22]) Hervorgehoben sei — des historischen Interesses halber — hier nur noch eine Äußerung des großen Werner Siemens: „Ich meine, die Bildung des Erfinderrechts ist eine wesentlich technische Frage, von welcher die Juristen möglichst ferngehalten werden müssen, wenigstens soweit es sich um mehr als die richtige Form handelt. Es ist eine technische Frage, die nur von Technikern beurteilt werden kann, ob wirklich eine zu schützende Erfindung vorliegt. Dagegen ist die Erhaltung dieses einmal gewonnenen Rechts eine wesentlich juristische Frage, in welcher das juristische Moment auch das überwiegende sein muß ... alle die Fragen, in denen die Gültigkeit des Patents gar nicht in Frage kommt, können mit Fug und Recht den gewöhnlichen Gerichten überlassen werden."

[23]) Die damalige Abteilung VII (die jetzige Nichtigkeitsabteilung) hatte seit ihrem Bestehen bis Ende 1889 bei 12 732 Patenten im ganzen 1044 Nichtigkeits- und Zurücknahmeanträge zu erledigen gehabt!

[24]) I. Lesung 4. 12. 1890, 8. Legislaturperiode, I. Session 90/91, S. 781 ff. II. Lesung 12. 3. 1891, das. S. 2106 ff. III. Lesung 16. 3. 1891, das. S. 2110 ff.

[25]) Dies sei gegenüber den einleitenden Worten der „Vorschläge II" ausdrücklich betont; falsch daher auch Tolksdorf, S. 4.

reden: hat doch die grundlegende Entscheidung des Reichsgerichts vom 7. VII. 1894 (Bd. 33, S. 149) ausgesprochen, daß die Abhängigkeit eines Patents von einem anderen nur im ordentlichen Zivilprozeß festgestellt werden könnte und der Zivilprozeßrichter im Verletzungsprozeß an die vom Patentamt bei der Erteilung ausgesprochene Auffassung nicht gebunden sei. In dieser Entscheidung heißt es, nach Erwähnung der §§ 12 und 13 GVG.:

„Aus der Erteilung eines Erfinderpatentes entspringt ein Privatrecht; Streitigkeiten über die Rechte aus erteilten Patenten gehören aber vor die ordentlichen Gerichte, auch die Streitigkeiten über das Verhältnis der miteinander kollidierenden Rechte aus verschiedenen Patenten. Denn das Patentgesetz hat eben unterlassen, eine Bestimmung darüber zu treffen, daß solche Streitigkeiten von dem Patentamt zu entscheiden seien."

Diese Entscheidung bedeutete eine wesentliche Erweiterung der Kompetenz der ordentlichen Gerichte auf dem fraglichen Gebiete der Rechtsprechung!

Inzwischen hatte die Internationale Vereinigung, eine Gründung des Deutschen Vereins, ihr Interesse der Errichtung von gemischten Sondergerichten zugewendet; die Frage wurde auf dem Kongreß in London (1.—3. VI. 1898) eingehend erörtert,[26]) ohne zu einem Ergebnis geführt zu werden. (Näheres siehe unten Kap. IV, Nr. III).

Nunmehr setzte in Deutschland die Agitation des Deutschen Vereins ein: Auf seinem Kongreß zu Frankfurt a. M. (14.—16. V. 1900) wurde die Frage anläßlich der Diskussion über die Reform des Patenterteilungsverfahrens berührt;[27]) einen Bericht über die Arbeiten der Kommission des Vereins zu dieser Frage hat Rechtsanwalt Paul Schmid — Berlin erstattet.[28]) Der darauf folgende Kongreß in Köln (13.—15. V. 1901) hatte die Frage des Patentsondergerichtshofs zu einem besonderen Gegenstand seiner Tagesordnung gemacht;[29]) nach Vorbereitung durch eine besondere Denkschrift und nach eingehenden Beratungen beschloß der Kongreß mit 44 gegen 15 Stimmen bei 5 Stimmenthaltungen:

---

[26]) Es lagen Berichte vor: für Deutschland von Rechtsanw. Dr. Edwin Katz, für Frankreich von Armengaud jeune, für England von Lewis Edmund, für die Niederlande von Prof. D. J. Jitta; s. Jahrbuch der Intern. Ver., Bd. II, S. 386 ff., 397 ff., 404 ff., 407 ff.

[27]) Verhandlungsberichte über den Frankfurter Kongreß, S. 16 ff.

[28]) Daselbst S. 38—45.

[29]) Verhandlungsberichte über den Kölner Kongreß, S. 13—45 u. 138.

„Es erscheine nach den bisherigen Resultaten unserer Rechtsprechung in Patentsachen eine Änderung der Gesetzgebung notwendig dahin, daß die bisher nur von rechtsgelehrten Richtern abgeurteilten Sachen (Eingriffsstreite, Abhängigkeitsklagen usw.) ebenso, wie schon jetzt die Nichtigkeits- und Zurücknahmeklagen, von Gerichten abgeurteilt werden, die aus Juristen und Technikern als ständigen Richtern zusammengesetzt sind."

Nachdem diese prinzipielle Frage erörtert war, ging man an die Ausarbeitung der Organisationsfragen; zu diesem Zwecke wurde von dem Verein eine Denkschrift dem darauf folgenden Kongreß zu Hamburg (5.—7. V. 1902), vorgelegt,[30]) der den in ihr enthaltenen Vorschlägen im wesentlichen zustimmte.[31])

Nachdem der Verein so zunächst im engeren Kreise gewirkt hatte, arbeitete er eine Denkschrift „Vorschläge zur Reform des gewerblichen Rechtsschutzes"[32]) aus, die sich in ihrem I. Teil mit der Sondergerichtsbarkeit in Patentsachen beschäftigt; sie ging namentlich dem Deutschen Handelstag mit der Bitte um Prüfung zu. Die von ihm hierfür eingesetzte Kommission sprach sich mit 10 gegen 3 Stimmen am 17. und 18. XI. 1904 dafür aus, daß in allen Patentsachen die Gerichtsbarkeit durch Gerichte, die aus Juristen und Technikern bestehen, ausgeübt werden solle.[33]) Am 15. II. 1907 stellte die Kommission folgende Vorschläge auf (Handel und Gewerbe XIV, 321):

I. Daß diese gemischte Gerichtsbarkeit nur durch ein Gericht ausgeübt werden solle und Techniker und Juristen im Hauptamt angestellt werden sollen;

II. daß, ohne die Erfüllung dieser Forderungen abzuwarten, das Sachverständigenwesen dahin zu verbessern sei:

1. Zuziehung der Sachverständigen in möglichst frühem Stadium der Verhandlungen;
2. Berechtigung der Sachverständigen, an Parteien und Zeugen Fragen zu stellen;
3. Erhöhung der Gebühren der Sachverständigen.

Für die weitere Behandlung der Frage wurde eine Umfrage bei den Mitgliedern des Deutschen Handelstages veranstaltet. Von den befragten Handelskammern sprachen sich 27 für, 11 gegen Patentsondergerichte

---

[30]) Verhandlungsbericht, über den Hamburger Kongreß, S. 3—18.

[31]) Verhandlungsberichte über den Hamburger Kongreß, S. 13—30, 64.

[32]) Zitiert als „Vorschläge I", nach der II., 1904 erschienenen Auflage.

[33]) Handel und Gewerbe, XII, 164, 232; XIV, 255.

aus;[34]) im Anschluß an ein von dem Berichterstatter, Dr. v. Martius, erstattetes Gutachten[35]) hat trotzdem der Ausschuß des Deutschen Handelstags am 15.—16. V. 1907 gegen die Errichtung gemischter Sondergerichtshöfe für Sachen des gewerblichen Rechtsschutzes (obigen Vorschlag I) Stellung genommen, und nur obigen Vorschlag II gebilligt.[36])

Außer dem Deutschen Handelstag ging die Umfrage des Deutschen Vereins noch einer Reihe industrieller Verbände zu; das Ergebnis der Äußerungen geben die Vorschläge II, S. 8/9 wieder; im wesentlichen stimmten die Bezirksvereine des Vereins Deutscher Ingenieure, der Zentralverband Deutscher Industrieller, (Handel und Gewerbe, XV, 663) der Bund der Industriellen u. a. m. den Vorschlägen des Vereins zu.

Auf dem Düsseldorfer Kongreß des Deutschen Vereins (3.—8. IX. 1907) hatte die Frage der Patentsondergerichte zwar nicht auf der Tagesordnung gestanden; sie wurde aber bei der Diskussion über die Schaffung einer III. Instanz für das Patenterteilungsverfahren erörtert[37]) und führte zu einer Erklärung des Vertreters des preußischen Justizministeriums dahin:

> „daß die preußische Justizverwaltung sich von der Errichtung eines Sondergerichtshofes und der Abtrennung dieser wichtigen Sachen von der Rechtsprechung der ordentlichen Gerichte eine bessere sachliche Behandlung dieser Sachen nicht versprechen kann, daß sie dagegen eine solche Maßregel als eine schwere Schädigung der allgemeinen Rechtspflege betrachten muß."[38])

Unmittelbar nach dem Düsseldorfer Kongreß erschien unter dem 11. X. 1907 eine Rundverfügung des Preußischen Justizministers betr. den gewerblichen Rechtsschutz;[39]) dem Vorgehen der Preußischen Re-

[34]) Anhänger der gemischten Gerichte waren die Handelskammern: Arnstadt, Bielefeld, Bochum, Bonn, Bremen, Dessau, Elberfeld, Erfurt, Gera, Halberstadt, Iserlohn, Leipzig, Lennep, Mühlheim a. Rh., Münster, Offenbach, Plauen, Potsdam, Rottweil, Saalfeld, Sagan, Schweidnitz, Stettin, Trier, Wesel, Zittau. — Gegner die Handelskammern: Bingen, Bromberg, Gießen, M.-Gladbach, Hamburg, Hannover, Mainz, Mannheim, Nürnberg, Oppeln, Regensburg, Straßburg. Vgl. Handel u. Gewerbe XIV, 256, 299, 419, 431, 623; XVI, 545.

[35]) Vgl. „Chem. Industrie" 1907, S. 141 ff.

[36]) Handel und Gewerbe, XIV, 520.

[37]) Verhandlungsberichte des Düsseldorfer Kongresses 1907, S. 44 ff.

[38]) Geh. Oberjustizrat Kübler, das., S. 47.

[39]) Abgedruckt im Blatt für Patent-, Muster- und Zeichenwesen, 1907, S. 226 ff., sowie Handel u. Gewerbe XV, 116.

gierung schloß sich die sächsische (Min.-Verordnung v. 29. XI. 1907)[40]) und bayerische (Min.-Erlaß v. 8. XI. 1907)[41]) Justizverwaltung an. Die Absage der preußischen Regierung stachelte die Anhänger der Sondergerichtsbestrebungen zu verdoppelten Bemühungen an; dem nächsten Kongreß für gewerblichen Rechtsschutz (Leipzig, 15.—20. VI. 1908) wurden folgende Beschlüsse unterbreitet betr.

Die Gerichtsbarkeit in Sachen des gewerblichen Rechtsschutzes.[42])

1. Es ist wünschenswert, daß für Sachen des gewerblichen Rechtsschutzes aus rechtsgelehrten und technischen Richtern zusammengesetzte Gerichte eingerichtet werden.
2. Die technischen Richter sollen in erster Instanz im Ehrenamt berufen werden.
3. Die technischen Richter müssen auf Grund ihrer theoretischen und praktischen Vorbildung auf einem Gebiete der Technik sachkundig und imstande sein, den Ausführungen der Parteien und Sachverständigen mit Sicherheit zu folgen; sie sollen aber nicht die Sachverständigengutachter ersetzen.
4. Die Kammern für Sachen des gewerblichen Rechtsschutzes sollen aus einem juristisch gebildeten Vorsitzenden, zwei juristischen und zwei technischen Beisitzern bestehen.
5. Die Kammern können einzelnen Landgerichten für mehrere Landgerichtsbezirke angegliedert werden.
6. Diese Kammern sollen ohne Rücksicht auf den Streitwert für alle Zivilsachen auf dem Gebiete des Patent-, Gebrauchsmuster- und Geschmacksmusterrechts zuständig sein.
7. Diese Kammern sollen ferner in Strafsachen auf dem Gebiete des Patent-, Gebrauchsmuster- und Geschmacksmusterrechts zuständig sein.
8. Die zweite Instanz in Patent-, Gebrauchsmuster- und Geschmacksmustersachen ist zu zentralisieren.
9. Die Senate des Berufungsgerichts sind mit drei rechtsgelehrten und zwei technischen Beisitzern zu besetzen.

Diese technischen Beisitzer sind im Hauptamt zu bestellen.

---

[40]) Abgedruckt im Sächsischen Archiv für Rechtspflege, 1908, S. 1 ff.

[41]) Abgedruckt im Bayerischen Justizmin. Blatt, 1907, S. 393; hier wird besonders die praktische Ausbildung in industriellen Unternehmungen empfohlen.

[42]) Denkschrift zum Leipziger Kongreß 1908, S. 22.

10. Die für die erste Instanz gemachten Vorschläge Ziffer 3 sollen auch für die zweite Instanz gelten.

11. Falls eine Berufung in Strafsachen eingeführt wird, soll in den Strafsachen wegen Patentverletzung der zentralisierte Gerichtshof zweiter Instanz zuständig sein.

12. Das Reichsgericht soll für die der gemischten Gerichtsbarkeit zugewiesenen Sachen ohne Rücksicht auf den Streitwert als Revisionsinstanz zuständig sein.

13. Als Revisionsinstanz hat das Reichsgericht die reine Rechtsfrage zu prüfen, aber nicht den technischen Tatbestand nachzuprüfen.

14. Die gemischten Kammern erster Instanz sollen auch für die Erklärung der Nichtigkeit von Patenten inter partes und im Wege der Popularklage zuständig sein, unter der Voraussetzung, daß die zweite Instanz zentralisiert wird.

15. In den Streitsachen, die bei den Sondergerichten für gewerblichen Rechtsschutz anhängig sind, haben die Parteien das Recht, neben dem Rechtsanwalt selbst aufzutreten und durch technische Angestellte oder Patentanwälte zu Wort zu kommen. Eine Nichtbeachtung dieser Vorschrift ist ein erheblicher Mangel des Verfahrens.

Der Kongreß faßte in namentlicher Abstimmung mit 98 gegen 53 Stimmen,[43]) indem er die übrigen Thesen unerörtert ließ, den Beschluß:

„Es ist e r f o r d e r l i c h , daß für Sachen des gewerblichen Rechtsschutzes aus Rechtsgelehrten und technischen Richtern zusammengesetzte Gerichte eingerichtet werden."

Gleichzeitig wurden angenommen:

---

[43]) Die Abstimmungsliste ist veröffentlicht im GewRSchutz 1908, S. 303, sowie in den Kongreßberichten über den Leipziger Kongreß, S. 200. Hier sei nur angeführt, daß mit ja und mit nein stimmten:

	ja	nein
Handels- u. Gewerbekammern	4	7
Vereine	17	4
Vertreter der Mechanischen Industrie und Technik	22	1
Vertreter der Chemie	14	—
Patentanwälte	23	3
Juristen	13	38
Verschiedene	5	—
	98	53

I. ein Antrag des Reichsgerichtsrats Dr. Hagens:

„Die Anordnung einzelner deutscher Justizverwaltungen, wonach die Streitigkeiten aus dem Gebiete des gewerblichen Rechtsschutzes bestimmten Zivilkammern von Landgerichten ausschließlich zugewiesen werden, sind zu begrüßen. Zur weiteren Verfolgung des damit angestrebten Zweckes ist es erwünscht, daß im Wege der Gesetzgebung das ganze Rechtsgebiet in große Bezirke eingeteilt wird, für welche je ein bestimmtes Landgericht und Oberlandesgericht für die Entscheidung der erwähnten Streitigkeiten als ausschließlich zuständig erklärt wird."

II. ein Antrag des Justizrats Dr. Seligsohn:

„Der Kongreß hält die in einzelnen Bundesstaaten erfolgte Konzentrierung der Patentstreitigkeiten bei einzelnen bestimmten Kammern und Senaten der Gerichte für zweckmäßig und wünscht als vorläufige Abhilfe eine weitere Durchführung dieser Konzentration mit folgenden Maßgaben:

1. bei Besetzung der Patentkammern und Patentsenate ist auf die Ausbildung und Neigung der betreffenden Richter Rücksicht zu nehmen;
2. außer den Parteien müssen auch deren technische Angestellte und die Patentanwälte in der mündlichen Verhandlung zum Wort verstattet werden."

Eine Reihe industrieller Vereinigungen, z. B. der Verein Deutscher Ingeniere, der Verein zur Wahrung der Interessen der chemischen Industrie Deutschlands, neuestens auch noch der Verein deutscher Maschinenbauanstalten,[44]) hat die Stellungnahme des Leipziger Kongresses gebilligt.

Wenngleich also der Hauptbeschluß des Leipziger Kongresses jedwede Stellungnahme zu der Frage der Ausgestaltung der gemischten Gerichte unterlassen hat, kann das vorliegende Gutachten denselben Weg nicht einschlagen; hierüber wird unten das Nähere gesagt werden (s. Kap. II, § 2, II).

In der Literatur sind aus Anlaß der Streitfragen mehrere Einzelschriften und eine große Menge von Aufsätzen in den verschiedensten Zeitschriften erschienen; es seien hier, zugleich um die Vertreter beider Richtungen kennen zu lernen, in der Anmerkung die wichtigsten Arbeiten,

---

[44]) Denkschrift des genannten Vereins zur Reform des Patentgesetzes, Berlin 1909, sowie Verhandlungen der Sachverständigensitzung vom 7/8. 12. 1909, Berlin 1910, S. 65 ff.

möglichst zeitlich geordnet, zusammengestellt.[45]) Auffallend erscheint es, worauf schon Prof. Schlesinger hingewiesen hat, daß für die Sondergerichte unter den Ingenieuren fast nur Patentanwälte das Wort ergriffen haben; eine Erklärung hierfür wird aus den späteren Darlegungen unschwer zu gewinnen sein.

---

[45]) Für eine Sondergerichtsbarkeit in Patentsachen haben sich ausgesprochen:

Reichsgerichts-Rat Dr. Bolze: Entwurf einer Patentgesetznovelle, 1890, S. 92 ff.

Direktor v. Schütz, GewRSchutz, 1901, S. 281.

Patentanwalt Herse, Zur Frage der Sondergerichtsbarkeit in Patentsachen, Mitteilungen vom Verband deutscher Patentanwälte, 1907, S. 113.

Reichsgerichts-Sen.-Präs. Dr. Bolze, Technische Sondergerichte? DJZ. 1907, S. 1232 und „Recht" 1908, S. 63.

Patentanwalt Tolksdorf, Die Patentgerichte. Ein Beitrag zur Besserung der Rechtsprechung in Patent- und Warenzeichensachen, 1908.

Geh.-Reg.-Rat Dr. Damme, Sachverständigengerichte oder gerichtliche Sachverständige? DJZ., 1908, S. 394.

Rechtsanwalt Fuchs, Recht und Wahrheit in der heutigen Justiz, Berlin, 1908.

Derselbe, Gemeingefährlichkeit der konstruktiven Jurisprudenz, 1909, S. 150, 155, 171.

Patentanwalt Dr. Rauter, Über technische Gerichtshöfe, Deutsche Wirtschaftszeitung, 1908, S. 442.

Rechtsanwalt Dr. Isay, Die Gerichtsbarkeit in Patentprozessen, 1908.

Justizrat Dr. Wildhagen, Leipziger Zeitschrift für Handels-, Konkurs- und Versicherungsrecht, 1908, S. 481.

Dipl.-Ingenieur Neubauer, Technik und Wirtschaft, 1908, S. 254.

Patentanwalt Tolksdorf, ZJndR., 1908, S. 157.

Direktor v. Schütz, GewRSchutz, 1908, S. 299.

Patentanwalt Dr. Wirth, GewRSchutz, 1908, S. 206.

Gegen die Errichtung von Patentsondergerichten sprachen sich aus:

Rechtsanwalt Magnus, Reformbestrebungen auf dem Gebiete der gewerblichen Schutzrechte, 1900; und: Patentgerichte. JW. 1907, S. 665.

Dr. C. A. von Martius, Über die Einrichtung eines selbständigen gemischten Patentgerichtshofs, Chemische Industrie, 1907, S. 141 ff. (als Sonderabdruck erschienen).

Justizrat Dr. Edwin Katz, Sondergerichte, DJZ. 1901, S. 449, und „Beweisaufnahme in Patentprozessen", Leipziger Zeitschrift, 1908, S. 50.

Handelskammersekretär Gunz, Sondergerichtsbarkeit für Patentsachen, Zeitschrift für Rechtspflege in Bayern, 3. Jahrg., 1907, S. 31, und „Tag" v. 29. 6. 1907.

Landrichter Dr. Rathenau, Das Sachverständigenwesen in Patentprozessen. Zugleich ein Beitrag zur Frage der Errichtung eines selbstständigen gemischten Patentgerichtshofs, Berlin, 1908 und: Patent- und Gebrauchs-

Kapitel I.

Besteht ein Bedürfnis für die Errichtung von Patentsondergerichten?

§ 1.

Mißtrauen gegen die rechtsgelehrten Gerichte.

Unter den Gründen, die für die Errichtung von Sondergerichten für gewerblichen Rechtsschutz ins Feld geführt werden, erscheint an erster Stelle der, daß die Rechtsuchenden mit den in Patentsachen ergehenden Urteilen unzufrieden seien, und zwar nicht nur in der Rolle des Unterlegenen, sondern auch in der des Siegers. Zugegeben, weil unbestreitbar, wird von jener Seite, daß eine Partei sich durch das Urteil immer in ihrem Recht gekränkt fühlen und daß dies auch dann der Fall sein wird, wenn gemischte Gerichte über diese Sachen zu entscheiden haben werden. Auch wird nicht verkannt, daß Fehlsprüche der Gerichte selbst bei der besten Organisation der Gerichte und bei den besten

musterprozesse in Preußen im Lichte der Statistik, Leipziger Zeitschrift, 1908, S. 489 ff.

Justizrat Merzbacher, Die Reform des Patent- und Warenzeichenrechts, „Recht", 1907, S. 1190.

Prof. Dr. J. Kohler, Industrierecht und Sondergerichte, „Tag" vom 19. November 1907 und JLBl. 1909, S. 1.

Reichsgerichtsrat Dr. Düringer, „Recht" 1907, S. 1030; DRZ. 1909, S. 50; sowie „Richter und Rechtsprechung", 1909, S. 32.

Reichsgerichtsrat Dr. Hagens, GewRSchutz, 1908, S. 341 ff.

Landgerichtsdirektor Dr. Degen, Gegen die Sondergerichte für Sachen des gewerblichen Rechtsschutzes, 1908.

Dipl.-Ing. Dr. Runkel-Langsdorf, ZIndR. 1908, S. 133.

Rechtsanwalt Jacobsohn, daselbst, 1908, Nr. 18.

Justiz-Rat Prof. Dr. Paul Alexander-Katz, daselbst 1908, Nr. 22.

Rechtsanwalt Dr. Drucker, Sächsisches Archiv für Rechtspflege, 1908, S. 329.

Rechtsanwalt Dr. Wertheimer, M&W. 1908, S. 153, und Leipziger Zeitschrift, 1908, S. 671 ff.

Geh. Reg.-Rat Dr. Freund, Woche 1908, Nr. 42, S. 1804.

Rechtsanwalt Dr. Hugo Cahn, Techniker als Richter, Nürnberg, 1908, sowie: Laien- und Sondergerichte, DRZ. 1909, S. 65.

Prof. Dr. Ing. Schlesinger, Der Ingenieur in der Rechtsprechung und Verwaltung, Annalen des Deutschen Reichs, 1909, S. 247.

Patentanwalt Georg Neumann, Gruchots Beiträge, 1909, S. 394 ff.

Im übrigen ist die Literatur möglichst vollständig bis zum 1. IV. 1910 berücksichtigt.

Gesetzen unvermeidlich sein werden.[1]) Was aber nach Wildhagen[2]) angeblich die Unzufriedenheit mit den bestehenden Verhältnissen hervorruft, ist, daß das Urteil in Patentsachen häufig nicht seiner Resultate wegen und nicht bloß bei den Parteien Mißstimmung erzeuge, wenn es erkennen lasse, daß der Richter, der das Urteil gefällt hat, die zugrunde liegende Sachlage nicht vollkommen beherrscht habe. Demselben Gedanken lieh der jüngst verstorbene, um die Sache des gewerblichen Rechtsschutzes hochverdiente Direktor v. Schütz Ausdruck mit den Worten:[3]) „Es verursacht eine unendliche Bitterkeit, wenn die Partei sich sagen muß, „die Richter haben mich überhaupt nicht verstanden und dieses tiefe Gefühl der Bitterkeit ist es, das die Frage der gemischten Patentgerichte ins Leben gerufen hat" ... Es mag nach den Ausführungen auf dem Leipziger Kongreß als tatsächlich richtig unterstellt werden, daß wenigstens die chemische Industrie sich früher öfters einer gewissen Verständnislosigkeit der Richter in chemischen Dingen gegenüber gestellt sah, die die Befürchtung wach rief, das Urteil sei — wenn auch nach bestem Wissen und Gewissen gefällt — doch mehr oder minder ein Zufallsprodukt.[4]) Es läßt sich auch weiter im allgemeinen nicht leugnen, daß — worauf Rümelin[5]) sehr feinsinnig hingewiesen hat — „je empfindlicher und feiner das Rechtsgefühl ist, man sich desto weniger bei materiell nicht einleuchtenden Entscheidungen beruhigen wird".

Allein, zunächst ist die erwähnte Mißstimmung keineswegs eine allgemeine, worauf Wildhagen selbst ausdrücklich hingewiesen hat;[6]) weder eine allgemeine für alle Gebiete der Technik, noch eine allgemeine auch nur für die chemische Industrie, was aus einem Aufsatze von v. Martius[7]) deutlich hervorgeht. Es ist wichtig, dies gleich am Beginn der sachlichen Ausführungen mit aller Schärfe zu betonen.

---

[1]) Wildhagen, Leipziger Kongreßberichte, S. 123 und 28; derselbe in „Gerichtsbarkeit in Schiffahrtsprozessen", Zeitschrift für Binnen-Schiffahrt, 41. Jahrg., Heft 19.

[2]) Leipziger Kongreßberichte, S. 28.

[3]) GRSchutz 08, S. 302; s. auch Tolksdorf, ZIndR. 08, 158; Haeuser, Leipziger Kongreßberichte, S. 67.

[4]) Tolksdorf, Patentgerichte S. 41 und in ZIndR. 1908, S. 157.

[5]) Rümelin, Akademische Rede über das schweizerische Gesetzbuch, 1908, S. 31.

[6]) Wildhagen, Leipziger Kongreßberichte, S. 123.

[7]) v. Martius, Chemische Industrie, 1907, S. 142; allerdings hat Kloeppel, durchaus zu Unrecht, die praktischen Erfahrungen v. Martius' in Zweifel gezogen: Leipziger Kongreßberichte, S. 118.

Zahlreiche Stimmen haben die Rechtsprechung einzelner, und gerade der wichtigsten, Gerichte, anerkannt: Die Rechtsprechung des Reichsgerichts auf dem Gebiet des gewerblichen Rechtsschutzes bildet einen Ruhmestitel der deutschen Rechtspflege und hat sein Ansehen auch im Auslande gemehrt; daß einige Mißvergnügte auch diese Judikatur des Reichsgerichts nicht gelten lassen wollen, besagt umsoweniger, als auch die Anhänger der Sondergerichte das Reichsgericht nicht mit Technikern besetzen wollen. — Aber auch die Rechtsprechung der Oberlandesgerichte, namentlich des Kammergerichts, der Oberlandesgerichte Frankfurt a. M., Köln, Dresden, Hamburg u. a. m. steht auf dem Gebiet des gewerblichen Rechtsschutzes in berechtigter Achtung.[8]) Nicht minder hat insbesondere auch die Rechtsprechung der Patentspezialkammer des Landgerichts I Berlin mannigfache Anerkennung, auch von gegnerischer Seite, gefunden;[9]) auch hier ist selbstverständlich der Tadel nicht ausgeblieben; bedenklicher, als er ist aber die von Einigen erhobene Warnung, die mit dieser Spezialkammer gemachten Erfahrungen zu verallgemeinern, weil diese Kammer „unter ausnahmsweise günstigen Verhältnissen arbeite";[10]) diese Einschränkung ist sachlich unberechtigt und ungerechtfertigt. Denn, wenn tatsächlich auch nur eine einzige Kammer auf diesem Gebiet der Rechtsprechung sich bewährt hat, so beweist dies eben, daß in thesi auch erstinstanzliche Gerichte fähig sind, in Patentprozessen sachgemäße Entscheidungen zu treffen; es würde dann eben nur darauf ankommen, das geeignete Richtermaterial an die richtige Stelle zu setzen, — ein Gesichtspunkt, der unten eingehend erörtert werden wird. Es kann aber weiter auf Grund vielfacher übereinstimmender Äußerungen kompetentester Beurteiler[11]) festgestellt werden, daß die Berliner Spezialkammer, auch nach einem vollständigen Wechsel in ihrer Besetzung, sich des unverminderten, wenn nicht eines gesteigerten Rufes in den beteiligten Interessentenkreisen erfreut! Man kann also schlechterdings nicht von Ausnahmezuständen reden! Und was von der Berliner Kammer gilt, das gilt auch

---

[8]) Vgl. Wertheimer, M. & W., 1908, S. 155; Magnus, GewRSchutz 1908, S. 113 und derselbe, Stettiner Kongreßberichte, S. 116, besonders mit Bezug auf das Kammergericht.

[9]) Vgl. namentlich Vorschläge II, S. 10; ferner GOJR. Kübler auf dem Leipz. Kongreß, Berichte, S. 51, 53; Katz, das., S. 34, Isay, das., S. 48; Magnus, JW. 1907, S. 667; Wirth, GewRSchutz 1908, S. 206, Schlesinger, a. a. O., 1909, S. 249.

[10]) So Vorschläge II, S. 10; Wildhagen, Leipziger Kongreßberichte, S. 28.

[11]) S. neuestens Seligsohn, Goldschmidt's Z., Bd. 66, 1909, S. 158/9.

von den Spezialkammern in Leipzig, Frankfurt a. M., Hamburg u. a.; allseitig wird zugegeben, daß auch diese Untergerichte den Aufgaben gewachsen waren! Eine allgemeine Unzulänglichkeit der Gerichte kann demnach nicht in Frage kommen. —

Sodann darf man nicht vergessen, daß leider auch auf anderen Gebieten des Rechts die beteiligten Kreise des öfteren — ob mit Recht oder Unrecht, sei dahingestellt — ein tiefes Gefühl der Bitterkeit gegen die Rechtsprechung auch der höchsten Gerichte empfunden haben, ohne sogleich nach dem „Sonderrichter" zu rufen, sogar in Streitigkeiten, bei denen mindestens so hohe Objekte auf dem Spiele standen, als bei Patentsachen; erwähnt sei hier nur die Rechtsprechung des Reichsgerichts in Börsensachen, „die bei der Kaufmannschaft eine tiefgehende Mißstimmung hervorgerufen hat".[12]) — Auch richtet sich die Mißstimmung ja nur gegen die Rechtsprechung, wie sie bis dahin geübt wurde; daß sie auch fortdauern müßte, wenn alle die Maßnahmen ihre Wirkung getan haben werden, die zur Besserung der Verhältnisse von den Regierungen vorgeschlagen sind und im Rahmen des Bestehenden vielleicht noch sonst ergriffen werden könnten, ist nicht bewiesen, auch nicht anzunehmen. Die Materie des gewerblichen Rechtsschutzes ist verhältnismäßig jung; sie hat in früheren Jahren nicht annähernd die Bedeutung gehabt, die ihr heute, infolge des Aufschwunges der Technik und der Ausdehnung des gewerblich-technischen Lebens, zukommt; sie ist vielleicht lange Zeit ein Stiefkind vieler Richter gewesen. Man kann aber auch nicht von allen Juristen Lust und Liebe für technische Dinge und ein eindringendes Verständnis für sie verlangen; man braucht dies auch nicht, wenn man es nur vermeidet, alle möglichen, insbesondere kleineren, Gerichte mit solchen Prozessen zu befassen!

Vollends hat die gesamte Rechtspflege unserer Zeit unter einer Unpopularität zu leiden,[13]) die naturgemäß die Unzufriedenheit mit der Rechtsprechung auf einem Spezialgebiet noch größer erscheinen läßt, als sie es tatsächlich ist, so daß schwer zu unterscheiden ist, ob die Miß-

---

[12]) Vgl. die Äußerung Soetbeers, des Generalsekretärs des Deutschen Handelstags, auf dem Leipziger Kongreß, Berichte, S. 118.

[13]) Vgl. die interessante Studie von Berabt, Der Richter (in der Sammlung: Die Gesellschaft), S. 77, ferner über die angebliche Unzufriedenheit mit der Strafrechtspflege die trefflichen Ausführungen des Landgerichtsdirektors Schiefler, in den Preußischen Jahrbüchern, Bd. 136, S. 74 ff. und die Debatten des Reichstags bei der 1. Lesung der Strafprozeßnovelle, 14. u. 15. 1. 1910, Stenogr. Berichte, 17. Legislaturperiode, II. Session 1909/10, S. 511 ff. und 545 ff., sowie die sich daran anschließende umfangreiche Aufsatzliteratur.

stimmung sich gegen die Gerichte im allgemeinen oder gegen die mit Sachen des gewerblichen Rechtsschutzes befaßten Gerichte im besonderen richtet. Der Schluß a fortiori liegt auch hier sehr nahe! Deshalb darf auch trotz des scheinbaren Zusammenhangs die Frage der Beteiligung von Zivilschöffen an der Rechtspflege mit der Frage der Patentsondergerichte nicht verquickt werden;[14]) sie muß hier umsomehr ausscheiden, als in dem Augenblick, da die Zivilrechtspflege einer aus gelehrten und Laienrichtern zusammengesetzten Richterbank ausgeantwortet werden würde, Gerichte, die aus Juristen und Technikern bestehen, nicht mehr Sondergerichtshöfe darstellen, sondern nur den notwendigen Teil eines einheitlichen Organismus bilden würden!

Mit der angeblichen „Unzufriedenheit" geht Hand in Hand ein in gewissen industriellen Kreisen bestehendes Mißtrauen gegen die Gerichte, soweit sie in Sachen des gewerblichen Rechtsschutzes zu urteilen haben, mögen auch die Vorschläge II, S. 9 erklären, es handele sich nicht um ein Mißtrauen gegen die Richter als Juristen. Nachdem Degen[15]) die Unhaltbarkeit dieser Behauptung schlagend nachgewiesen hatte, haben Wildhagen[16]) und v. Schütz[17]) zugegeben, daß „die Industrie zu Gerichtshöfen, die ausschließlich aus Richtern bestehen, welche die technische Seite der Sache nicht genügend verstehen, nicht das unbedingte Vertrauen haben kann, das der Richter beanspruchen muß."[18]) Trotz der ausdrück-

---

[14]) A. A. Bolze, der auf dem Leipziger Kongreß (Berichte, S. 64), erklärte, daß nicht bloß in Patentsachen, sondern für weite Kreise unserer Rechtsprechung die Zuziehung der Laien wünschenswert wäre.

[15]) Gegen die Sondergerichte, 1908, S. 10.

[16]) Leipziger Kongreßberichte, S. 124; anders allerdings noch Leipziger Zeitschrift, 1908, S. 484.

[17]) GewRSchutz 1908, S. 302.

[18]) Wäre dem nicht so, wie hätte sonst der Leipziger Kongreß trotz des Widerspruchs des preußischen und sächsischen Regierungsvertreters nicht nur die von der Kommission des Vereins vorgeschlagene These annehmen, sondern sie sogar noch durch Ersetzung des Wortes „wünschenswert" durch „erforderlich" verschärfen können? Und wie wäre es erklärlich, daß trotz der allgemein anerkannten, übereinstimmenden Maßnahmen der größeren bundesstaatlichen Justizverwaltungen der Kongreß in seinem Beschluß II die in einzelnen Bundesstaaten erfolgte Konzentrierung der Patentstreitigkeiten bei einzelnen Gerichten nur „als vorläufige Abhilfe" bezeichnete, ohne den Erfolg der genannten Maßnahmen auch nur abzuwarten?

lichen Aufforderung des Vertreters des preußischen Justizministers auf dem Düsseldorfer Kongreß,[19]) hat der Deutsche Verein es bis auf den heutigen Tag abgelehnt, aktenmäßiges Material beizubringen, das die Errichtung der gewünschten Sondergerichtsbarkeit und damit das Mißtrauen rechtfertigen könnte. Man hat dafür die mannigfaltigsten Gründe angegeben, die hier nicht aufgezählt zu werden brauchen.[20]) Zutreffend ist darauf hingewiesen worden, der Richterstand habe ein Recht darauf, daß ihm nachgewiesen werde, worin die behaupteten Fehlschlüsse und sonstigen Mißstände bestünden.[21]) Dadurch, daß man diesen Beweis nicht angetreten hat, hat man zu erkennen gegeben, daß nicht so sehr Erfahrungen, die in der Vergangenheit liegen, also Unzufriedenheit mit Geschehenem, als Mißtrauen, das für die Zukunft gehegt wird, den Ausgangspunkt für die Patentsondergerichtsbestrebungen bildet (Vgl. auch von Stahl, a. a. O., S. 232/3). — Auch der Grund endlich, den die Vorschläge II, S. 10 für die Nichtveröffentlichung von Material angeben,[22]) daß nämlich eine solche Veröffentlichung „durch die Anerkennung vorhandener Mißstände seitens des preußischen Justizministerialerlasses (vom 11. X. 1907) überflüssig geworden“ sei, kann nicht mehr aufrecht erhalten werden, nachdem die autoritative Erklärung des Geh. Oberjustizrats Kübler als Vertreters des preußischen Ministers abgegeben ist, daß eine solche Anerkennung nicht vorliege.[23])

Dieses unbestimmte, nicht faßbare und durch Beläge nicht erhärtete Gefühl des Mißtrauens gegen den gelehrten Richter kann daher als stichhaltiger Grund für die Einführung von Sondergerichten nicht erachtet werden.

---

[19]) Geh. Oberjustizrat Kübler, Düsseldorfer Berichte, S. 87 und Leipziger Berichte, S. 50.

[20]) Tolksdorf, Patentgerichte, S. 6; derselbe, ZIndR., 1908, S. 158; RA. Meinhardt, Leipziger Berichte, S. 70; Isay, daselbst, S. 45; v. Schütz, GewRSchutz 1908, S. 301.

[21]) Degen, a. a. O., S. 8; auch Wildhagen hat (Leipziger Berichte, S. 28) die Berechtigung dieses Verlangens unumwunden anerkannt.

[22]) Und den sich auch einige Anhänger der Sondergerichte zu eigen gemacht haben: so Tolksdorf, a. a. O., S. 7 und 13; Meinhardt, a. a. O., S. 70; v. Schütz, a. a. O., S. 300.

[23]) Leipziger Berichte, S. 50 und 72; schon vorher in demselben Sinn Degen, a. a. O., S. 8.

§ 2.

Der Jurist kein geeigneter Richter für technische Prozesse?

Wie ein roter Faden zieht sich durch alle Erwägungen zugunsten der gemischten Patentgerichte der Gedanke, daß „das praktische Interesse der Industrie und der Erfinder besser gewahrt werde, wenn Techniker zur Rechtsprechung zugezogen würden, da rechtsgelehrte Richter selbst von größter Befähigung und unzweifelhafter Gewissenhaftigkeit nicht imstande seien, alle technischen Fragen, welche in Patentprozessen für die Entscheidung maßgebend sind, zu verstehen... Es fehle dem Richter häufig an der zum Verständnis technischer Fragen eigentümlichen Begabung. Hierzu gehöre ein plastisches Vorstellungsvermögen, das gerade dem auf logisches abstraktes Denken gerichteten Juristen oft abgehe, selbst, wenn er in seinem Fache Hervorragendes leiste."[24]) An anderer Stelle heißt es,[25]) es bestehe „die Unmöglichkeit für den Nichttechniker, komplizierte technische Probleme auf dem Gebiete der Mechanik oder der Chemie oder der Elektrotechnik zu verstehen".

Prüft man diese grundlegenden Behauptungen, die in mehr oder minder scharfer Form oft wiederholt sind, so fragt es sich zunächst:

a) Ist die Behauptung des Mangels an anschaulichem Denken der Juristen richtig?

b) Ist es notwendig, daß der Richter die technischen Probleme, die Gegenstand der von ihm zu entscheidenden Prozesse bilden, selbst bis in alle Einzelheiten zu verstehen imstande ist?

Unstreitig gibt es eine Reihe selbst hervorragender Juristen, wie sonstiger Nichttechniker, denen technisches Verständnis und technisches Denken abgeht und denen daher die Sachen des gewerblichen Rechtsschutzes ein Gefühl des Mißbehagens, weil der Unsicherheit, verursachen. Zuzugeben ist auch, daß die Denkweise, in der der Jurist groß geworden ist, von der des Technikers grundsätzlich verschieden ist; ist sie dort mehr abstrakt, analytisch, so ist sie hier mehr konkretisierend, plastisch. Allein, ebenso wenig, wie der Techniker unfähig ist, sich eine juristische (nicht zu verwechseln mit „richterliche") Denkweise anzueignen, ist der Jurist als solcher infolge seiner Ausbildung unfähig, technische Probleme zu erfassen und zu verstehen. Eine solche Behauptung würde durch die Erfahrung wider-

[24]) Vorschläge I, S. 8 und 9.

[25]) Vorschläge II, S. 10.

legt werden: Nicht nur, daß in den Verwaltungen vieler großen industriellen Unternehmungen hervorragende Juristen sitzen, die sich das technisch-anschauliche Denken aufs Beste haben aneignen können, benötigen unsere Juristen, und namentlich auch Richter, für Streitigkeiten auf anderen Rechtsgebieten das „anschauliche Denken" weit mehr, als die logisch-abstrakte Denkoperation, z. B. bei fast allen Strafsachen, bei Unfalls-, Schiffahrts- und vielen anderen Prozessen. Ist je in diesen Dingen dem Richter gerade das anschauliche Denkvermögen abgesprochen worden? Wird doch nicht einmal die Zuziehung von Laienrichtern zur Strafrechtspflege damit begründet, daß die Laien auf der Richterbank diesen Mangel in der Denktätigkeit des Juristen ersetzen sollen. Wäre aber ferner die Behauptung des mangelnden technischen Auffassungsvermögens der Juristen zutreffend, so könnte sie, worauf Degen mit Recht hingewiesen hat,[26]) logisch nur zu der Forderung führen, die Juristen von der Rechtsprechung in technischen Fragen überhaupt auszuschließen. Sie wäre auch unverträglich mit der fast allgemeinen Billigung der Zusammensetzung des bisher einzigen gemischten Gerichts im Sinne der Gegner, der Nichtigkeitsabteilung des Patentamts.[27]) Und wenn selbst einzelnen Juristen die natürlichen Anlagen zu technischem Betrachten und das Interesse für technische Dinge mangeln sollten, so würde doch durch die Zuziehung der Techniker nicht das mindeste gebessert werden; denn diese angebliche Unfähigkeit der Juristen kann schlechterdings nicht durch die kurze Unterweisung, die der Techniker dem juristischen Kollegen vor oder während der Sitzung bestenfalls geben könnte, behoben werden. Und sodann: Was der gerade von der Schule gekommene Studierende einer technischen Hochschule sich in mehrjährigem Studium aneignen kann, um als „Techniker" zu gelten, das wird man bei einem Juristen, bloß weil er Jurist ist, doch nicht für unmöglich halten! Also nicht der Jurist als solcher ist ungeeignet, technisch-plastisch zu denken, sondern höchstens der eine oder der andere Richter mit rein juristischer Vorbildung! Die einzige Schlußfolgerung, die sich sonach aus dem besprochenen Argument der Anhänger der Sondergerichte ziehen ließe, wäre die Alternative: entweder den Juristen von dem Mitrichten über technische Fragen ganz auszuschließen, oder ihn für diesen Teil der Rechtsprechung besonders zu befähigen!

---

[26]) a. a. O., S. 11.

[27]) Die anonymen Angriffe, die in letzter Zeit gegen die Juristen des Patentamts erhoben sind, können auf sich beruhen!

Jedenfalls läßt sich die Zuziehung technischer Richter damit nicht rechtfertigen.

Natürlich soll mit dem Gesagten nicht behauptet werden, daß die zu beurteilenden Fälle nur mit juristischen Überlegungen und „fein ausgebildeten patentrechtlichen Begriffen" (Fuchs, Gemeingefährlichkeit, S. 155) zu entscheiden seien; selbstredend soll und muß der Richter für Patentprozesse auch technisches Verständnis und gewisse technische Fähigkeiten und Kenntnisse besitzen. Er wird sie sich umso eher aneignen können, als ihr Umfang für den in Rede stehenden Zweck kein allzu großer zu sein braucht: Die Vorschläge II, S. 10 gehen allerdings davon aus, daß der Richter „komplizierte technische Probleme" auf bestimmten Gebieten der Technik müsse verstehen können; ja Isay[28]) verlangt sogar, daß der Richter, wie der Gesetzgeber, die Erscheinungen des Lebens (der Technik, des Handels), über die er ein Urteil fällen soll, „nicht bloß kennt, sondern souverän beherrscht". Letztere Ansicht muß als Utopie einfach ausscheiden; auch die Richter sind Menschen und können natürlich nicht jede Erscheinung des Lebens, die zu ihrer Kognition kommt, souverän beherrschen.[29]) Aber selbst die „Vorschläge" stecken schon das Ziel zu weit: Ein Mehr als das, was die Gegner für technische Richter verlangen, können sie jedenfalls auch von den Juristen nicht fordern: also eine „allgemeine technische Vollbildung", die — worüber unten noch eingehend zu sprechen ist — den Spezialsachverständigen nicht entbehrlich macht.[30]) Ist aber auch nur diese Forderung berechtigt? Die Frage wird verschieden zu beurteilen sein, je nachdem man sich zu der Vorfrage stellt, ob überhaupt der Richter auf allen den Gebieten des menschlichen Lebens, über die er zu entscheiden hat, mehr oder minder selbst Fachmann sein muß; soll er die zu einer Entscheidung erforderliche Sachkunde aus erster Hand schöpfen, oder kann er sich damit begnügen, „ein aus zweiter Hand sich bildender Empiriker"[31]) zu sein? Schon diese Fragestellung zeigt, daß dieselben Gesichtspunkte, wie hier, allgemein da auftauchen müssen, wo es sich um die Erforschung und Feststellung von Tat-

---

[28]) Gerichtsbarkeit, S. 12.

[29]) Vgl. die treffenden Ausführungen des Geh. O.J.R. Kübler, Leipziger Kongreßberichte, S. 49/50; ihnen etwas hinzuzufügen, hieße sie abschwächen.

[30]) S. unten S. 347; hier sei nur auf die Denkschrift I, S. 9, II, S. 13, verwiesen.

[31]) Fuchs, Gemeingefährlichkeit, 1909, S. 213.

beständen handelt, die dem gelehrten Richter aus eigener Sachkenntnis zunächst nicht bekannt sind und bekannt sein können. Die Frage ist also von ganz allgemeiner, vielleicht sogar kultureller Bedeutung. Es ist hier nicht der Ort, diese Gedankengänge, die namentlich auch in den Fuchs'schen Schriften wiederkehren, auch nur einigermaßen zu verfolgen. Man erwäge aber, wie das veränderte und täglich sich ändernde Weltbild heute ganz andere Anforderungen an die Leistungsfähigkeit, das Auffassungsvermögen, die Kenntnisse und Lebenserfahrung des Richters und Beamten stellt, als früher. Öffentliches und privates Recht durchdringen immer mehr die Lebensbeziehungen des Menschen;[32]) täglich treten neue Aufgaben an die Rechtsanwendung und -Gestaltung heran. Ihnen allen gerecht zu werden, ist der Einzelne außerstande; eine gewisse Spezialisierung ist daher in der Rechtswissenschaft ebenso notwendig, wie in den Naturwissenschaften und der Technik;[33]) eine Spezialisierung allerdings, die hier wie dort den Zusammenhang mit dem großen Ganzen nicht verliert. Aber gerade weil das Rechtsleben immer vielgestaltiger wird, ist die Erfüllung des Ideals, den Richter auf sich selbst und die eigene Sachkunde zu stellen, praktisch ein Ding der Unmöglichkeit; es erscheint schlechterdings ausgeschlossen, dem Richter für jeden nicht rein juristischen Fall, der seiner Entscheidung unterliegt, einen jeweilig fachkundigen Mitrichter zur Seite zu stellen. Es mag in vielen Fällen, wo es sich um Interessenabwägung handelt, wo die genaue Kenntnis von Verkehrssitten, Lebensgewohnheiten, Gebräuchen, Verkehrs- und Lebensbedürfnissen in Prozessen eine Rolle spielt, kurz: wo Menschen zu beurteilen sind, zweckmäßig erscheinen, diese Dinge unmittelbar, ohne Vermittelung eines Dritten, auf den Richter wirken zu lassen, so daß im Schoße des Gerichts selbst die für den Einzelfall nötige Aufnahmefähigkeit besteht.[34]) Wo jedoch die Feststellung objektiver Tatsachen, die nur in einem Sinne und nicht anders getroffen werden kann, in Frage kommt, wo es sich nicht um „ein Gebot sozialen Ausgleichs", auch nicht in erster Reihe um „wirtschaftliche Gesichtspunkte", sondern um strikte Anwendung des Rechts und nur des Rechts handelt, da kann durch Einschaltung einer Mittels-

[32]) Besonders das öffentliche Recht wird heute noch leider zu stiefmütterlich behandelt; Klagen über die Vernachlässigung des internationalen Privatrechts s. bei Meili, Vortrag v. 9. 10. 1909 in der Juristischen Gesellschaft zu Berlin und Archiv für Rechts- und Wirtschaftsphilosophie, Bd. III, S. 81 ff.

[33]) Vgl. Stölzel, im „Recht", 1909, S. 790/1.

[34]) Vgl. Damme, DJZ. 1908, S. 394 ff.

person an dem unverrückbaren objektiven Tatbestand nichts geändert werden; da ist es also für die Frage der Vermittlung des Verständnisses unerheblich, ob sie direkt oder indirekt erfolgt. Nirgends aber besteht die Möglichkeit, einen Tatbestand objektiv festzustellen, in so hohem Grade, als eben auf dem Gebiet der angewandten Naturwissenschaften; wenn selbst im ersten Augenblick die Möglichkeit der Lösung einer Aufgabe noch so zweifelhaft erscheint, — das Experiment ist der untrügliche Prüfstein für die Wahrheit oder Unwahrheit einer technischen Behauptung. Deshalb erscheint die Zuziehung von technischen Richtern für die Feststellung des Tatbestandes überflüssig: denn, wer dem Juristen, der — vom Standpunkt der Anhänger der Sondergerichte unlogischerweise — ja nicht ausgeschaltet werden, vielmehr ebenfalls verantwortlich seine Stimme abgeben soll, die objektive Wahrheit technischer Dinge vermittelt, ob der Sachverständige vor oder der hinter der Barre (Damme), ist insofern gleichgültig, als es nur darauf ankommt, daß dem Juristen überhaupt die erforderliche Sachkunde beigebracht wird! Allerdings spielt gerade in Sachen des gewerblichen Rechtsschutzes die Feststellung des Tatbestandes die Hauptrolle und häufig genug bereitet sie nicht geringe Schwierigkeiten. Dies gilt aber in gleichem Maße, ob der juristische Richter den Sachverständigen vor oder neben sich hat! Nun wird allerdings eingewendet, der juristische Richter sei gar nicht imstande, an den Sachverständigen richtige, d. h. die Sache fördernde Fragen zu stellen, da hierzu schon eine gewisse Vertrautheit mit dem Gebiete gehöre, dem die Frage angehöre; dies sei dann noch gefährlicher, wenn sich die Fragen auf Gebieten bewegten, von denen der Jurist nichts wisse.[35]) Ohne hier schon auf die Art der Fassung der Beweisbeschlüsse einzugehen (s. darüber § 4), ist dagegen folgendes zu bemerken: Bei der Fragestellung durch den Richter an den Sachverständigen handelt es sich nicht darum, daß der Richter selbständig entscheidet, was er für den eigentlichen Kern der technischen Streitfrage hält, sondern darum, daß er aus dem von ihm den Parteien vorgetragenen Streitstoff die wesentliche Streitfrage herausschält.[36]) Er hat nicht in abstracto vom Sachverständigen Aufklärung über beliebige technische Punkte zu verlangen (§ 144 ZPO. scheidet hier aus, da bei seiner Anwendung überhaupt von einer besonderen Fragestellung an den Sach-

[35]) Vgl. namentlich Wildhagen, Leipziger Zeitschrift, 1908, S. 487; derselbe, Leipziger Kongreßberichte, S. 33; Isay, das., S. 47; Haeuser, das., S. 67; Stort, das., S. 105; Tolksdorf, Patentgerichte, S. 18.

[36]) S. besonders Lobe, Leipziger Kongreß, S. 74.

verständigen abgesehen wird), sondern er hat ihm die streitig gewordenen Einzelfragen technischer Natur zur Begutachtung vorzulegen. Dazu gehört selbstverständlich ein viel geringerer Grad technischer Kenntnisse und der Fähigkeit, technische Probleme zu verstehen, als wenn der Richter selbst sie entscheiden sollte;[37]) dazu gehört nur neben klarem Denken und angespanntem Fleiß eine so weitgehende Vertrautheit mit den Grundzügen der Technik, daß die Tatfrage von der Rechtsfrage, das Technisch-Wesentliche vom Unwesentlichen, das Streitige vom Unstreitigen getrennt werden kann. Ist dem aber so, so unterscheidet sich die Tätigkeit des in Patentsachen resolvierenden Richters in nichts von der eines Richters, der über medizinische, landwirtschaftliche, börsentechnische oder andere Fragen, die eine besondere Sachkunde voraussetzen, Beweisbeschlüsse zu erlassen hat! Qualitativ liegen alle diese Fälle gleich und doch ist noch nicht ernstlich gefordert worden, daß man, um gerade zu richtigen Beweisbeschlüssen zu gelangen, Fachleute in die Gerichte berufen mußte! Dazu kommt, daß der Richter sich vor der Beschlußfassung eingehend — nicht nur privatim, wie es allerdings auch oft zweckdienlich sein wird — von Sachverständigen gemäß § 144 ZPO. informieren lassen kann und soll. Kann der Richter dann und nach eingehendem Vortrag der Sache durch die Parteien nicht einen sachgemäßen Beweisbeschluß fassen, so beweist das nicht, daß die Juristen im allgemeinen dazu ohne Hilfe eines technischen Mitrichters nicht imstande seien, oder gar, daß sie „instinktiv fühlten, daß die verlangte Trennung (von Rechts- und Tatfrage) unnatürlich und daß gerade der Sachverständige am meisten geeignet ist, an dem richterlichen Urteil mitzuwirken, oder doch wenigstens die Beweisfrage mit stellen zu helfen",[38]) sondern nur, daß dieser Richter für die in Rede stehenden Sachen nicht am richtigen Platz steht! — Und nun das Urteil selbst: wie weit muß bei der Urteilsfällung das technische Verständnis und das technische Können des Richters reichen? Es erscheint zwecklos, nach dem Vorgange Isay's und Anderer die Denkoperation des Richters bei der Urteisfällung zergliedern zu wollen; das führt praktisch nicht weiter. Auch hier soll den Anhängern der Sondergerichte gern eingeräumt werden, daß es namentlich auf dem Gebiete der Chemie, der Elektrotechnik und der Mechanik Fälle gibt, in deren technische Einzelheiten einzudringen dem Juristen, wie jedem Nichtfachmann, trotz heißen Be-

---

[37]) Vgl. Katz, Leipziger Kongreßberichte, S. 38.

[38]) Damme, a. a. O., S. 398.

mühens, unmöglich sein wird! Aber auch hier ist es nicht Sache des Richters, technische Probleme zu lösen. Seine Aufgabe beschränkt sich vielmehr darauf, auf Grund des ihm entweder unstreitig dargebotenen oder durch Sachverständige festgestellten Sachverhalts, die Grenzen des streitigen Rechts festzustellen! Ist nicht in allen patenttechnischen Streitigkeiten die schließlich zu entscheidende Frage die: „wie weit geht das aus einem Erfindungsgedanken hervorgehende Recht“[39]) und: „wird in dieses Recht eingegriffen?“ Handelt es sich also nicht immer um eine auf technischem Boden erwachsene Rechtsfrage? Ist dies aber richtig und ist die Auslegung eines Patents eine reine Rechtsfrage — daran zweifelt selbst die Mehrzahl der Gegner nicht[40]) —, so ergibt sich daraus für den jetzigen Stand der Untersuchung, daß es falsch wäre, zu verlangen, daß der Richter „aus eigener Kenntnis und aus eigenem Wissen die technischen Fragen richtig zu beurteilen“ imstande sein müsse. Was allein von ihm logischerweise gefordert werden kann, ist, daß „er die technischen Fragen für die Sachverständigen richtig stellen, die Vorträge der Parteien und der zugezogenen Sachverständigen richtig verstehen, die Sachverständigen in gewissem Sinne kontrollieren und die Zuverlässigkeit ihrer Gutachten und deren Begründung prüfen kann.“[41]) Dieses Maß technischer Kenntnisse, sowie eine gewisse Routine wird aber ein Richter sich verschaffen müssen und können, der es mit seinen Pflichten ernst nimmt und der sich die nötige Ausbildung, wenn er sie noch nicht vorher erworben hat, in seinem Amt aneignet. Übrigens wird das thema probandum von den Anhängern der Sondergerichte, wenn sie den Prozeßrichter als den Richter über die objektive Richtigkeit des Tatsachenmaterials hinstellen, schon deshalb verschoben, weil er, wie noch zu erörtern, durch die Verhandlungsmaxime unseres Zivilprozesses gebunden ist und also gar nicht objektives Recht sprechen kann!

Durch die Zuziehung von Technikern würde aber auch hier wenig oder nichts gebessert sein, sofern die Juristen in der Mehrzahl im Richterkollegium verbleiben sollen.[42]) Daß wir Juristen „die Anschauung, die uns fehlt, im ständigen Verkehr mit Technikern lernen[43]) können“, mag zu-

[39]) Kohler, Tag v. 19. 11. 1907.

[40]) Darüber s. S. 353 und 377.

[41]) Bolze, im Recht 1907, S. 402, s. auch Kübler, Leipziger Kongreßberichte, S. 51 und Katz, daselbst, S. 38.

[42]) S. namentlich Lobe, Leipziger Kongreß, S. 73, und Patentanwalt Neumann, Gruchots Beiträge, 1909, S. 396.

[43]) Damme, a. a. O., S. 399.

gegeben werden; daraus folgt aber nicht, daß wir sie uns nur in diesem Verkehr aneignen können. Weiter ist zu erwägen, daß in einer großen Reihe — nach den mehrjährigen Erfahrungen, über die der Verfasser verfügen kann, etwa einem Drittel — der Sachen, die als „Patentsachen" zu betrachten sind, technische Fragen überhaupt nicht zur Erörterung gelangen; oft genug kommen lediglich oder hauptsächlich juristische Fragen, zum Teil höchst intrikater Natur, zur Entscheidung (vgl. v. Stahl, a. a. O., S. 248). Für diese Fälle wären also die Techniker überflüssig, wenn nicht hinderlich. Bleibt aber wirklich eine ganz geringe Zahl solcher Prozesse übrig, in denen der gebildete Jurist offen bekennen muß, „es geht nicht weiter, hier hört mein Auffassungsvermögen tatsächlich auf,"[44]) so kann es sich nur noch fragen, ob diese Prozesse, wenn auch gerade sie wichtige und wertvolle Objekte betreffen mögen, einen solchen Apparat, wie ihn die Schaffung von Sondergerichten mit sich bringen muß, rechtfertigen können; dies ist zu verneinen: für diese wenigen extremen Fälle — und daß sie wirklich stark in der Minderzahl sind, wird von allen, die Erfahrung in diesen Dingen haben, eingeräumt[45]) — können Sondereinrichtungen irgendwelcher Art nicht empfohlen werden!

§ 3.

Der Techniker als Richter?

Wie dem aber auch sei — ob der Jurist ein geeigneter oder ungeeigneter Richter in technischen Prozessen ist —, die Gegenfrage ist noch wichtiger, ob sich denn der Techniker dazu eignet, Richter in diesen Prozessen zu sein. Natürlich handelt es sich hierbei nicht um die Beurteilung der Fähigkeiten Einzelner, auch nicht darum, ob ein Techniker unter besonderen Umständen einen guten Richter abgeben kann, sondern darum, ob sich der Beruf des Technikers mit dem Beruf des Richters als solchen in einer Person verträgt. Es kann jemand ein glänzender Jurist und doch ein recht schlechter Richter sein, wie es umgekehrt sehr tüchtige Richter gibt, die trotzdem keine hervorragenden Juristen sind. Der Richterberuf erfordert eben seine eigenen Qualitäten! — Allerdings haben

[44]) Vgl. namentlich Bolze, Leipziger Kongreßberichte, S. 61, und Guyer, Schweizer. Juristen-Zeitung, 1906, S. 36.

[45]) So namentlich auch von Patentanwalt Hans Heimann, in einem demnächst in GewRSchutz erscheinenden Aufsatz: „Zur Frage der technischen Gerichtshöfe", in dessen Manuskript mir der Verfasser freundlichst Einsicht gestattet hat.

sich die Techniker als Richter im Patentamt auf das Glänzendste bewährt; daraus folgt aber noch nicht, daß sie auch als Zivilrichter gleich günstig abschneiden würden. Es kann auf sich beruhen, ob es tatsächlich für einen Juristen schwieriger sei, die Fragen des Patentrechts verstehen zu lernen, als für einen Ingenieur die gewerberechtlichen Fragen zu studieren.[46]) Erheblicher ist dagegen, ob der Techniker diejenige juristische Denkmethode entfalten kann, die unbedingt notwendig ist, um einen technischen Prozeß objektiv zu entscheiden, d. h. ihn juristisch zu destillieren.[47]) Dies kann in hohem Grade zweifelhaft sein; zum mindesten wird die mangelnde Gewohnheit, von Personen und Sachen genügenden Abstand zu nehmen, dem Techniker als Richter nicht geringe Schwierigkeiten bereiten. Es genügt ferner für den technischen Zivilrichter nicht, daß er sich nur soviel juristische Kenntnisse aneignet, wie erforderlich sind, um patentrechtliche Spezialfragen entscheiden zu können.[48]) Deshalb kann auch nicht auf das Beispiel der Patentanwälte verwiesen werden, die sich über den Besitz der erforderlichen Rechtskenntnisse ausweisen, sie also von Gesetzeswegen besitzen müßten; denn nach § 4 des Patentanwaltsgesetzes vom 21. V. 1900 hat sich die Rechtsprüfung der Patentanwaltskandidaten hauptsächlich darauf zu richten, ob der Bewerber die Fähigkeit zur praktischen Anwendung der auf dem Gebiet des gewerblichen Rechtsschutzes geltenden Vorschriften besitzt. Von einer umfassenderen Rechtsprüfung ist hier also nicht die Rede. Auch im Verfahren vor dem Patentamt werden naturgemäß nur geringere Anforderungen an die juristischen Kenntnisse der Techniker gestellt, als es bei dem ordentlichen Gerichtsverfahren der Fall sein würde; denn der ordentliche Zivilprozeß erfordert nicht nur eine gründliche Kenntnis der Prozeßvorschriften — die sich der Techniker im Laufe der Jahre nötigenfalls aneignen könnte —, sondern er setzt auch eine Kenntnis des allgemeinen und bürgerlichen Rechts voraus, die nur ein gediegenes, jahrelanges Studium verschaffen kann. Ein so hervorragender Techniker, wie der Geh. Rat Prof. Barkhausen-Hannover hat ausdrücklich anerkannt, daß „das Studium der eigentlichen Rechtswissenschaften ein so eingehendes und schwieriges ist, daß es mit einem irgendwie ersprießlichen Ziele neben dem Studium der Technik nicht betrieben werden kann". Wie und wann sollen die tech-

---

[46]) Fuchs, Gemeingefährlichkeit, S. 155, Tolksdorf, Patentgerichte, S. 27; dagegen schon mit Recht Wertheimer, M. & W., 1908, S. 156.

[47]) Vgl. Kölner Verhandlungsberichte, S. 19.

[48]) Dies nehmen die Vorschläge I, S. 10 und II, S. 12 an.

nischen Richter sich diese Kenntnisse aneignen? während ihres technischen Studienganges können und nachher werden sie es nicht tun. Schon hier ist der Unterschied zwischen dem, was der Jurist an technischen Dingen und der Techniker an juristischen Dingen notwendigerweise wissen muß, will er in Sachen des gewerblichen Rechtsschutzes urteilen, evident: Kommen schwierige technische Fragen höchst selten vor, so ist die Beobachtung und Kenntnis des Rechts die selbstverständliche Voraussetzung jeden Prozesses. Es ist kaum nötig, die Ansicht Tolksdorf's[49]) nochmals[50]) zu widerlegen, daß „für die Rechtsprechung jeder Mensch schon ein Organ mit sich bringe, sein Rechtsgefühl, das bei vernünftiger Anleitung von früher Jugend an ausgebildet ist"; auch die Bemerkung Bolze's,[51]) es sei „nicht absolut nötig, daß die Herren Techniker Jurisprudenz studiert haben müssen, um auch einen Richterspruch abgeben zu können", wird näherer Prüfung kaum standhalten. Aber nicht nur positive Rechtskenntnisse, sondern auch juristisches Denken ist für den Richter erforderlich; sagt doch selbst Isay, „Die Gerichtsbarkeit in Patentprozessen", S. 24/25: „Der technische Richter soll ebenso wie der rechtsgelehrte Richter die Denkoperationen, die dem richterlichen Schluß der Entscheidung voraufgehen, mit vollziehen können. Er soll ebenso wie der rechtsgelehrte Richter die Fähigkeit des abstrakten Denkens erworben haben. Denn darüber mögen sich diejenigen nicht täuschen, welche glauben, man brauche einem Techniker bloß den Richtertalar anzuziehen, um sofort schon einen Richter vor sich zu haben. Das richterliche Denken will gelernt und geübt sein. ... Es kann jemand ein guter Konstrukteur, es kann jemand ein genialer Organisator sein, — und wäre doch zum Richter verdorben." Daneben steht die gewichtige Äußerung eines so hervorragenden Sachkenners, wie des Prof. Dr. ing. Schlesinger-Charlottenburg:[52]) „Ist denn die Denkweise der Ingenieure so ohne weiteres zum Rechtsprechen zu gebrauchen? Wird ein normaler Ingenieur schon Richter, wenn er sich den Richtertalar anzieht, nachdem er sich vielleicht vorher noch die notdürftigsten Rechtskenntnisse angeeignet hat? Macht andererseits das Universitätsstudium des Rechts den Richter aus? Darf man die vieljährige praktische Vorbildung der Juristen zu ihrem späteren

---

[49]) Patentgerichte, a. a. O., S. 27.

[50]) Dagegen schon sein Berufsgenosse Landenberger, ZIndR., 1908, S. 99.

[51]) Leipziger Kongreßberichte, S. 63.

[52]) Annalen des Deutschen Reichs, 1909, S. 247.

Beruf ganz ignorieren? Es sei daran erinnert, daß man vom Ingenieur doch auch vor allem Betätigung in der Praxis fordert, ehe man ihn als Ingenieur trotz aller Abstempelung anerkennt. Nicht sein „Wissen", sondern sein „Können" entscheidet. So ist es hüben wie drüben. Wenn man verlangt, daß man zum Ingenieur eine gewisse Begabung mit auf die Welt bringen muß, so ist das beim Richter auch nicht anders. Sicher aber kann Übung und Erfahrung zusammen mit geeigneter Vorbildung einen normalen Menschen für beide Fächer schließlich brauchbar machen; ohne diese geht es nimmer." Dieses juristische Denken soll den Richter befähigen, auch in schwierigen Fällen den für die Entscheidung springenden Punkt klar und schnell zu finden. Dazu gehört vor allem die positive Kenntnis des Zusammenhangs des Einzelgebiets mit der Gesamtheit des öffentlichen und privaten Rechts. Das Recht muß aber der Richter selbst kennen; die Vernehmung von Sachverständigen über Rechtsfragen ist ausgeschlossen; deshalb steht der Techniker in dieser Beziehung schlechter, als der Jurist im umgekehrten Fall! Daß man bei einem gemischten Gerichte nicht etwa eine Arbeitsteilung derart durchführen könnte, daß den Juristen die Entscheidung der juristischen, den Technikern die der technischen Seite des Rechtsstreits überlassen bliebe, ähnlich als wenn sich ein Kaufmann und ein Techniker assoziieren und dem Kaufmann der Einkauf und Vertrieb der Waren, dem Techniker der Betrieb der Fabrik obliegt,[53]) leuchtet ein: im Richterkollegium hat eben jeder einzelne Richter sein Urteil über die ganze zur Entscheidung stehende Frage abzugeben.[54]) Andernfalls würden zwei verschiedene Gebilde in einer Körperschaft tätig werden, unter denen Kompetenzstreitigkeiten nicht ausbleiben könnten; auch könnte sonst von einer „Vertiefung und Befruchtung der Beratung", wie sie den Anhängern der gemischten Gerichtsbarkeit vorschwebt (s. Vorschläge II, S. 16) und wie sie vielleicht für Strafsachen durch das Zusammenarbeiten von Laien und Juristen erwartet werden könnte,[55]) schlechterdings nicht die Rede sein. Schon der Präsident des Kaiserlichen Patentamts hat in Leipzig (Berichte, S. 90) darauf hingewiesen, daß im Gegensatz zu dem festen Gefüge, das das patentamtliche Zusammenarbeiten darstellt, bei den vorgeschlagenen Gerichten, die aus 3 Juristen und 2 Technikern bestehen

[53]) So Bolze, Leipziger Kongreßberichte, S. 61.

[54]) Vgl. die treffenden Ausführungen des Geh. OJR. Kübler, daselbst S. 59; Haeuser, daselbst, S. 68; Lobe, daselbst, S. 73.

[55]) Vgl. Gmelin, Recht, 1909, S. 724.

sollen, ein Zusammenarbeiten, ein gedeihliches Wirken kaum möglich sein dürfte, weil keine Ideenverbindung, keine Gemeinsamkeit der Anschauungen bestehe! Wie sollte aber erst dann, wenn die Techniker über die technische Seite des Rechtsstreits, die Juristen nur über die juristische beraten und abstimmen würden, ein einheitliches Urteil zustande kommen können? Dies hat Wildhagen[56]) auch erkannt, als er ausführte: „Sachkundige und Rechtskundige nicht nebeneinander jeder für sich, sondern nebeneinander vereint zu einem Kollegium". Ist aber jedes Mitglied des Gerichts für das ganze Urteil verantwortlich, so kann auch nicht behauptet werden,[57]) daß der Jurist, wenn er sich in die technischen Fragen des Einzelprozesses mit heißem Bemühen hineinarbeite, nutzlose Arbeit verrichte; denn diese Arbeit muß er auch dann leisten, wenn ihm technische Mitrichter zur Seite stehen! Nicht weniger stichhaltig ist es deshalb, zu erwarten, daß bei Zuziehung der Techniker die Prozesse einfacher und sachlicher behandelt werden könnten, weil „ausführliche Erklärungen, die heute zur Instruktion der juristischen Richter unbedingt notwendig sind, als überflüssig ganz wegfallen könnten".[58]) Die Frage, ob die Parteien, wenn sie vor gemischten Gerichten zu verhandeln hätten, weniger auf Täuschung hinzielende Behauptungen aufstellen würden, weil der Fachmann sie bald entdecken würde, dürfte ebenfalls nicht zugunsten der gemischten Gerichte zu entscheiden sein; das Beispiel des Prozedierens vor den Kammern für Handelssachen läßt diese Hoffnung als unbegründet erscheinen. — Zu alledem kommt hinzu, daß der Richter auch die „Entschlußfähigkeit haben muß, Recht zu sprechen, ohne nach rechts und links, nach oben und nach unten zu sehen. Jeder, der in Schiedsgerichten gesessen hat, weiß, daß hier häufig die ungeübten Richter versagen. Sie scheuen sich, wehe zu tun, sie wollen Richter sein, aber sie haben ein zu gutes Herz dazu; sie haben Mitleid. Im Beruf des Zivilrichters hat die Barmherzigkeit keine Stätte". Diese Äußerung Isay's, a. a. O., S. 25, berührt eine hervorragend wichtige Seite der ganzen Frage; sie zeigt, daß der Richterberuf einen Mann erfordert, der die Kunst des Richtens, des Rechtfindens gelernt haben,[59]) und der völlig unabhängig dastehen muß.[60])

[56]) Leipziger Kongreßberichte, S. 34.

[57]) v. Schütz, a. a. O., S. 301.

[58]) Guyer, Schweizer. Juristenzeitung, III, S. 47.

[59]) S. die treffenden Ausführungen von Traeger, im Recht 1910, S. 62.

[60]) Vgl. Geh. Rat Kübler, a. a. O., S. 56; Katz, a. a. O., S. 36; Freund, Woche, 1908, S. 1806.

Gerade diese Kunst des Rechtfindens und der souveränen Beherrschung des Rechtsstoffes bieten die sicherste Gewähr gegen eine formalistische Auslegung der Gesetze; je freier der Richter den Zusammenhang der Rechtsvorschriften überschauen kann, desto weniger wird er am Buchstaben haften bleiben und desto eher sich von den Krücken des Formalismus losmachen. Gerade diese Fähigkeiten müssen aber dem Laienrichter, —der der Techniker doch bleibt, — mehr oder minder abgehen, so daß die Befürchtung nicht von der Hand zu weisen ist, die Auslegung der Gesetze und auch der Patente durch gemischte Gerichte werde in allzu formalistische Bahnen gedrängt werden.[61])

Aber unterstellt man selbst, daß der „Techniker" in juristischer Hinsicht sich zum Richter eignen würde, welche Qualifikation soll man von ihm in technischer Beziehung verlangen? Man kann doch nicht etwa jeden Techniker, auch nicht einmal jeden akademisch gebildeten Techniker, — also z. B. unter den Ingenieuren die, die zur Führung des akademischen Grades eines „Diplom-Ingenieurs" berechtigt sind, — für befähigt zur Übernahme des Richteramts erachten! Die Vorschläge II, S. 13 meinen zwar, eine „allgemeine technische Vollbildung" würde für den technischen Richter genügen; sie verkennen aber nicht, daß die Anforderungen an die Qualitäten der technischen Richter sich danach richten müßten, ob man die technischen Gerichte zentralisiere oder dezentralisiere, da in letzterem Falle mehr technische Richter erforderlich seien, als für die Besetzung eines einzigen Gerichtshofs und deshalb die Anforderungen, die an die technischen Richter zu stellen seien, geringer sein müßten! Die Vorschläge I, S. 9 hatten verlangt, daß der technische Richter die „allgemeinen wissenschaftlichen Kenntnisse und praktischen Erfahrungen haben müsse, die er auf einem Gebiet der Technik erworben habe, da er dann in ungleich höherem Maße zur Würdigung technischer Fragen befähigt sei, als der Rechtsgelehrte, dem diese Grundlage fehle." Wie dem auch sei, Eins ist sicher: nach der übereinstimmenden Ansicht sämtlicher Anhänger der Patentsondergerichte soll der technische Richter den Spezialsachverständigen nicht ersetzen;[62]) er kann ihn auch nicht

[61]) Vgl. eine ähnliche Bemerkung bei Heimann, a. a. O.

[62]) Kölner Kongreßberichte, S. 17; Rechtsanwalt Schmid, Frankfurter Kongreßberichte, S. 39; Hamburger Kongreßberichte, S. 5 und 19; Vorschläge I, S. 11 und 13, Vorschläge II, S. 12 und 13; Tolksdorf, Patentgerichte, S. 30/1; Wirth, GewRSchutz, 1908, S. 211; Rauter, Deutsche Wirtschaftszeitung, 1908, S. 444; Wildhagen, Leipziger Kongreßberichte, S. 33

ersetzen,[63]) da naturgemäß bei der großen Verzweigung der modernen Technik nicht für jedes Spezialgebiet technische Richter — womöglich noch bei verschiedenen Gerichten — bestellt werden können. Dies erscheint so einleuchtend, daß es eines näheren Eingehens nicht bedarf (vgl. von Stahl, a. a. O., S. 245). Jedoch sei folgende Äußerung des Prof. Schlesinger, a. a. O., hier wiedergegeben: „Auch ein gut vorgebildeter Ingenieur kann alle Zweige der technischen Wissenschaften heute beim besten Willen nicht mehr übersehen. Wir sind mehr und mehr Fachingenieure geworden. Spezialisten! .... aber ein Hals-spezialist steht einem Gynäkologen viel näher, als ein Schiffsingenieur einem Brückenbauer.

Dann aber ist auch die wirklich zufriedenstellende Besetzung der technischen Richterstellen trotz der von einigen Seiten vorgeschlagenen Unterteilung nur eine Selbsttäuschung und — ich stehe nicht an, es auszusprechen — eine schwere Gefahr, die nur unter besonders glücklichen Verhältnissen durch die Auswahl der richtigen Personen überwunden werden kann."

Als „sachverständig" auf einem Gebiete der Technik kann also heute überhaupt nur noch ein Spezialist gelten! Der Techniker der nur eine „allgemeine technische Vollbildung" hat — wie denkt man sich den Nachweis dieser „allgemein technischen Vollbildung" beim Chemiker? — kann also des Spezial-Sachverständigen ebensowenig entraten, wie der Jurist; wenigstens dann nicht, wenn es sich um schwierigere technische Probleme handelt! Was soll aber dann der technische Richter? Eine Antwort hierauf findet sich schon in den Kölner Kongreßberichten, 1901, S. 171, wo es heißt: „Seine Aufgabe besteht darin, zwischen dem Spezialsachverständigen und dem juristisch gebildeten Richter als Vermittler zu dienen".[64]) Mit vollem Fug und Recht hat Lobe[65]) darauf entgegnet: wenn man annehme, daß die nur allgemein vorgebildeten technischen Richter den technisch nicht vorgebildeten Richter soweit instruieren könnten, daß er das Gutachten des Spezialsachverständigen verstehen könne, weshalb werde dann nicht gleich der Spezialsachverständige geholt und ihm die Instruktion des Richters überlassen? „Als Dolmetscher für das Gutachten des Sachverständigen gebrauchen wir

[63]) v. Martius, Chemische Industrie, 1907, S. 143.

[64]) Vgl. auch Duisberg, Kölner Kongreßberichte, S. 34.

[65]) Leipziger Kongreßberichte, S. 74; s. auch Wertheimer, M. & W., 1908, S. 155; Cahn, „Techniker als Richter", 1908, S. 20; Finger, Studien zur Förderung des gewerblichen Rechtsschutzes, 1909, S. 61/2.

doch nicht einmal technische Beiräte im Kollegium, damit sie das Gutachten des Sachverständigen dem Richter übersetzen". Es dürfte sich gegen die zwingende Gewalt dieser Ausführungen Stichhaltiges nicht einwenden lassen; denn was Haeuser[66]) geltend macht, daß der vollausgebildete Techniker imstande sein wird, die zu vernehmenden Sachverständigen zu verstehen, zu kritisieren und aus ihren Gutachten die richtigen Schlüsse zu folgern, beweist doch nichts dafür, daß nur dieser technische Richter dem juristischen Kollegen die Gutachten verständlich machen und der Jurist nun besser entscheiden könnte, als wenn der Spezialsachverständige — möglichst eine Autorität — direkt zu ihm spräche! Es blieben also nur die Fälle, in denen es der Zuziehung eines Sondersachverständigen auch bei gemischten Gerichten nicht bedarf, also die Fachkunde des technischen Richters angeblich ausreicht. Gerade hier birgt jedoch die Zuziehung technischer Richter ganz besondere Gefahren in sich, auf die in anderem Zusammenhange noch einzugehen ist (Kap. II, § 5). Und wird wirklich der nicht etwa auf der Höhe der Wissenschaft stehende oder an praktischen Erfahrungen reiche, sondern der Durchschnittstechniker, der nur über eine allgemeine technische Vollbildung verfügt, in der Lage sein, den Juristen so wirksam zu unterstützen, wie es von den Gegnern erhofft wird? Genügt es doch nicht, um ein einheitliches Urteil zustande zu bringen, daß der Techniker die Sprache der Parteien — die Zeichnung des Ingenieurs bzw. die Formel des Chemikers — versteht, daß er der technischen Seite der Vorträge folgen kann, daß er den Spezialsachverständigen kontrollieren kann, sondern muß er doch die Befähigung haben, seine Wahrnehmungen, sein Verständnis, seine Auffassung der Sache dem Juristen klar und verständlich zu machen, einem Menschen, dem nach Ansicht unserer Gegner so ziemlich alles fehlt, was ihn zum technischen Begreifen befähigen könnte! Bei aller Hochschätzung vor dem Wissen, Können und Verstehen unserer Techniker mit allgemeiner Vollbildung, — ob sie sich auch dazu eignen würden, dem Laien technische Dinge näher, ja sogar sie ihm zum vollen Verständnis zu bringen, das steht doch auf einem ganz anderen Blatt; so wenig wie jeder Jurist, so wenig wird jeder Diplom-Ingenieur oder akademisch-vollgebildete Chemiker die Gaben des Lehrens oder auch nur des Belehrens besitzen! Jeder, der mit diesen Dingen Bescheid weiß, wird bestätigen können, daß es häufig selbst hervorragenden Technikern sehr schwer wird, sich klar, verständlich und anschaulich auszudrücken, —

---

[66]) Leipziger Kongreßberichte, S. 68.

ein Grund übrigens, weshalb so oft mit Sachverständigengutachten und mitunter auch mit Patentschriften nichts anzufangen ist! Wenn die Nichtigkeitsabteilung des Patentamts hervorragende Leistungen aufzuweisen hat, so liegt das vielleicht auch daran, daß unter den technischen — ständigen, wie nichtständigen — Mitgliedern sich eine Reihe solcher Herren findet, die nebenbei noch ein Lehramt bekleiden, also Übung im Unterweisen und Vermitteln eigener Kenntnisse auf Dritte besitzen. Man erwartet weiter von der Zuziehung der technischen Richter, daß sie jederzeit in die Verhandlung eingreifen, sie in richtige Bahnen lenken können, ohne, wie der Sachverständige, von der Gnade des Vorsitzenden abhängig zu sein, ob er ihn fragen werde.[67]) Sachlich erscheint dies zutreffend, aber praktisch wird die Sache auf dasselbe herauskommen, wenn man nur die Gesetzesvorschriften über den Sachverständigenbeweis richtig handhabt, d. h. vornehmlich, wenn man sich nicht mit der schriftlichen Begutachtung begnügt, sondern möglichst ausgedehnten Gebrauch von der mündlichen Vernehmung und rechtzeitigen Heranziehung der Sachverständigen macht. Zu diesem Zweck also bedarf es nicht der Einführung des Technikers in das Beratungszimmer; es ließe sich zur Not auch durch eine Änderung der Vorschriften über den Sachverständigenbeweis erreichen. — Und wenn schließlich noch geltend gemacht wird, der Jurist werde ganz anders aus sich herausgehen, wenn er „im Beratungszimmer seinen Mit- und Auch-Richter über Dinge befragen könne, die ihm nicht klar geworden sind", als wenn er diese Fragen im Forum vor den Parteien stellt,[68]) so liegt darin eine bedauerliche Unterschätzung des deutschen Richters: denn sie schließt den Vorwurf in sich, daß der Richter seine persönliche Empfindung — die Furcht, sich etwa bloßzustellen — über die Sache — die Notwendigkeit, den Streitstoff zu klären — stellen könnte! Aber gesetzt, die Gegenbehauptung träfe zu; würde dies dann nicht ebenso für die Zuziehung von Fachleuten in allen den Rechtsstreitigkeiten sprechen, in denen es der Zuziehung eines Sachverständigen überhaupt bedarf? Müßte nicht mit derselben Begründung der psychiatrische oder sonstige medizinische Sachverständige, der Bücherrevisor, der Bankier, der Baumeister u. a. m. Eintritt in das Richterkollegium beanspruchen? Der angegebene Grund ist also kein spezifisch für die Patentprozesse zutreffender und gehört in das Gebiet der allge-

[67]) So Prof. Dr. Bucherer, Leipziger Kongreßberichte, S. 114; Isay, daselbst, S. 48.

[68]) So Tolksdorf, daselbst, S. 106.

meinen Frage, ob der Sachverständige des geltenden Prozeßrechts durch den fachkundigen Richter ersetzt werden soll. Ebenso abwegig ist die Behauptung, es könnten „Lücken und Angaben der Parteien vom fachmännischen Richter durch geeignete Fragen ausgefüllt und so das Prozeßmaterial ergänzt werden;[69]) denn man übersieht dabei, daß nach der geltenden ZPO. die Ausübung des Fragerechts an Schranken gebunden und durch die Verhandlungsmaxime begrenzt ist, so daß weder die Verbesserung an sich klarer Anträge, noch eine sachliche Änderung des Parteivorbringens durch sie herbeigeführt werden kann; auch zu diesem Zweck könnte man unter Umständen nur einer allgemeinen Erweiterung der richterlichen Fragebefugnis das Wort reden.

Nach alledem kann ein gerechtfertigtes **Bedürfnis**, Techniker zu Mitrichtern in Patentprozessen zu bestellen, nicht anerkannt werden; welche Gefahren sogar der „Sachverständige hinter der Barre" mit sich bringt, wird im Kapitel II, § 5 gezeigt werden.

§ 4.

Der Sachverständigenbeweis.

Die Vorschläge I, S. 13 führen aus: „Einer der wesentlichsten Gründe, welche die Frage der Einrichtung einer Sondergerichtsbarkeit für Patentsachen veranlaßt haben, liegt in den Mängeln des Sachverständigenwesens." Der preußische Justizministerialerlaß vom 11. X. 1907 hat diesen Satz übernommen und ihn als „der herrschenden Meinung entsprechend" bezeichnet. Auf keinem Gebiete der Patentrechtsprechung konnten auch Fehler so zutage treten, wie auf diesem; sie bewegen sich nach verschiedener Richtung; hier kann nur geprüft werden, inwieweit die Mängel mit der rein juristischen Besetzung der Gerichte zusammenhängen und ob zu erwarten ist, daß sie bei gemischten Gerichten behoben werden könnten.[70])

Wie im vorigen Paragraphen dargelegt worden ist, kann und soll der technische Richter die Zuziehung von Spezialsachverständigen nicht überflüssig machen; der Sachverständigenbeweis wird also auch bei gemischten Gerichten notwendig bleiben; ob er häufiger oder seltener werden wird, wie die Anhänger der Sondergerichte annehmen, kann

[69]) S. bes. **Guyer**, a. a. O., S. 47.

[70]) Ich muß hier auf meine Schrift: „Das Sachverständigenwesen in Patentprozessen", verweisen; vgl. auch die schätzenswerte Broschüre von Dr. **Leo Munk**, Wien, „Der Herr Sachverständige", 1908, Wien.

zunächst auf sich beruhen; denn gerade daraus, daß voraussichtlich seltener Sachverständige werden gehört werden, soll unten ein wesentliches Argument gegen die gemischten Gerichte hergeleitet werden. Die Statistik versagt in diesem Punkte: denn aus der geringen Zahl von Sachverständigenvernehmungen, die sie etwa aufweist, können irgendwelche Schlüsse auf die Rechtsprechung der Gerichte in Patentsachen nicht gezogen werden,[71]) weil eben ein großer Teil der sogenannten Patentsachen nur reine Rechtsfragen betrifft, also für die Erhebung eines Sachverständigenbeweises gar kein Platz ist und weil die Frage, ob die Vernehmung Sachverständiger im Einzelfall notwendig war oder nicht, sich nur an Hand des Aktenmaterials beurteilen ließe.[72]) — Die Vorschläge II, S. 15 erwarten ferner, daß durch eine sachverständige Besetzung des Gerichts viele Prozesse schneller und billiger erledigt werden könnten, als dies heute der Fall ist. Auch Damme, D. J.-Z. 1908, S. 395 scheint darauf hinzudeuten, daß die Zuziehung von Sachverständigen heute die Prozeßführung verteure. Mag nun auch die Erhebung von Sachverständigenbeweisen mitunter recht erheblich die Kosten der Prozesse steigern, so wird dieser Mißstand, da auch die gemischten Gerichte von diesem Beweismittel nicht absehen sollen, jedenfalls nicht wesentlich gebessert werden; die Fälle, in denen die gemischten Gerichte keine Sachverständigen vernehmen würden, während rechtsgelehrte Richter Beweis erheben würden, können ausschlaggebend nicht ins Gewicht fallen. Im übrigen dürfte auch hier der Satz gelten, daß die richtige Auswahl des — wenn auch teureren — Sachverständigen der billigste Weg ist, zum Ziel zu gelangen, da durch ein überzeugend begründetes Gutachten am ehesten der Rechtsfrieden zwischen den Parteien hergestellt, der Kläger zur Rücknahme der Klage, der Beklagte zum Anerkenntnis, die unterlegene Partei zum Verzicht auf Rechtsmittel veranlaßt werden kann.[73]) — Was sonach höchstens von gemischten Gerichten erwartet werden könnte, wäre zweierlei: erstens daß die Fragestellung sach-

[71]) Wie dies Isay, Leipziger Kongreßberichte, S. 48 und in den Mitteilungen des Verbandes Deutscher Patentanwälte, 1909, S. 143 getan hat.

[72]) Wenn die vom Verf. s. Z. veröffentlichte preußische Statistik, auf die S. 358 ff. näher eingegangen wird, trotzdem auch über die Erhebung des Sachverständigenbeweises Ermittelungen anstellte, so geschah es vornehmlich, um beweisen zu können, daß die Dauer der Prozesse häufig von der Schwierigkeit, Sachverständige zu finden, und von der Dauer der Begutachtung, abhängt.

[73]) S. meine Anm. 70 genannte Schrift, S. 37; was Tolksdorf, Patentgerichte, S. 24 dagegen einwendet, ist schon von Wertheimer, M. & W., 1908, S. 156, gebührend widerlegt worden.

gemäßer erfolgen würde, und zweitens, daß die Sachverständigen besser verstanden werden würden.

1. Es ist unbestreitbar, daß ein sachgemäßes Gutachten nur erstattet werden kann, wenn die dem Sachverständigen vorzulegenden Fragen richtig und scharf formuliert sind, so zwar, daß nur technische, keine juristischen Fragen dem Gutachter vorgelegt werden, und daß die Fragen das wesentliche und streitige Tatsachenmaterial des Prozesses betreffen und erschöpfen. Auch hier wird aber zu berücksichtigen sein, daß Fehlgutachten, auch ohne daß sie ihren Grund in der Fragestellung haben, auf den verschiedensten Gebieten vorkommen, wie dies besonders Munk, a. a. O., S. 4—10 an zum Teil erheiternden Beispielen nachgewiesen hat. Es kann sich also nur fragen, inwieweit die Fehler sich aus der Struktur unseres Verfahrens in Patentsachen ergeben.

Von den Anhängern der Sondergerichte wird geltend gemacht, daß gerade in Patentsachen eine Trennung der Tat- und Rechtsfrage „schlechterdings unmöglich" und daß der rechtsgelehrte Richter ohne fremde technische Hilfe gar nicht imstande sei, zu sagen, welches die wesentlichen Merkmale eines Patents oder der angeblichen Nachahmung seien.[74]) Was die erstere Behauptung anbelangt, so braucht hier nur kurz folgendes bemerkt zu werden: Die Auslegung eines Patents, — und um sie wird es sich fast immer handeln, wenn technische Fragen zur Erörterung gelangen, — ist, wie auch Isay, S. 20 anerkennt,[75]) eine Rechtsfrage, die das Gericht dem Sachverständigen nicht überlassen kann und darf, und über die nur das Gericht zu entscheiden hat.[76]) Der Richter hat, wie das Reichsgericht[77]) treffend ausführt, „die zu entscheidende Frage in ihre tatsächlichen Bestandteile und rechtlichen Elemente aufzulösen"; dies wird nicht selten Schwierigkeiten machen, — weil eben die Erforschung des Tatbestandes in Patentprozessen nicht einfach ist. Wenn aber Isay meint, der Jurist könne gar nicht durch Interpretation selbst feststellen, welches die wesentlichen Merkmale des Patents seien, so übersieht er, daß der Richter sich ja auch zur Ermittelung der

---

[74]) Isay, Gerichtsbarkeit in Patentprozessen, S. 14; Tolksdorf, Patentgerichte, S. 18 ff.

[75]) Vgl. auch Vorschläge II, S. 11.

[76]) Vgl. namentlich Kohler, Handbuch, S. 865, derselbe, Urheberrecht an Schriftwerken, S. 389, derselbe, JLB., 1909, S. 2; Kent, Patentgesetz, § 4, Nr. 427, 429; Munk, a. a. O., S. 27/8; neuestens Schanze, das Kombinationspatent, 1910, S. 171, 172, 174, 176, 191 ff.

[77]) RG. v. 21. 9. 1892, JW. 1892, S. 430, Nr. 15.

wesentlichen Merkmale sachverständiger Hilfe bedienen kann und soll: natürlich soll er nicht bloß nach dem Wortlaut des Patents oder dem Inhalt der Patenterteilungsakten rein philologisch das Patent auslegen[78]); er hat unter Umständen, — d. h. in Zweifelsfällen — den Stand der Technik zurzeit der Anmeldung festzustellen, er hat sich Aufklärungen über die technische Bedeutung von Ausdrücken und Begriffen, und über die technische Wirkungsweise physikalischer oder chemischer Vorgänge zu verschaffen; aus dem Inbegriff dieses Tatsachenmaterials, das für ihn gewissermaßen den Obersatz darstellt, in Verbindung mit der Norm des Gesetzes, hat er dann diejenigen streitigen technischen Punkte herauszusuchen, die wesentlich sind zur Beantwortung der Frage, ob der vorliegende Sachverhalt die Anwendung des rechtlichen Obersatzes gestattet. Auch in Patentprozessen lassen sich also Rechts- und Tatfragen ebenso trennen, wie bei allen anderen Rechtsverhältnissen; tatsächlich wird diese Praxis[79]) auch geübt! Ergehen trotzdem in Ausnahmefällen Beweisbeschlüsse, die — nach Wildhagen — beim Reichsgericht als die „üblichen Beweisbeschlüsse" bezeichnet werden (nach der Formel: „hat der Beklagte das Patent verletzt?"), so beweist dies nur, daß der betreffende Richter — es muß dies offen ausgesprochen werden — denkfaul oder unerfahren gewesen ist;[80]) denn er mußte als Jurist, ganz unabhängig von seinem technischen Verständnis und Können, wissen, daß er über Rechtsfragen keine Sachverständigen hören darf. Die so oft gerügten „falschen Beweisbeschlüsse", gegen die sich ja auch der Ministerialerlaß vom 11. X. 1907 wendet, beweisen zugunsten der Zuziehung der Techniker umsoweniger, als sie auch — worauf besonders Präsident Hauß[81]) hingewiesen hat, — bei gemischten Gerichten nicht vermieden werden können, falls nicht die Juristen ihrer Aufgabe besser gewachsen sind. Allerdings werden die Sachverständigen durch „falsche Beweisbeschlüsse" in dem eben angegebenen Sinn oft verleitet, Antworten über Rechts-, statt über Tatfragen zu geben und damit die Grenzen ihrer Befugnisse zu überschreiten. Aber auch rechtsgelehrte Gerichte werden, das zeigt die Erfahrung, zu einer sachgemäßen Fragestellung unschwer gelangen können, wenn sie sich logisch in den Streitstoff hineinversenken, wenn sie mit

---

[78]) Wirth, GewRSchutz 1908, S. 206 ff.; Hagens, das., S. 341; vgl. auch Reichsgericht v. 5. 6. 1909, M. & W. 1909/10, S. 91/2; Schanze a. a. O. passim.

[79]) Vgl. die Ausführungen Lobe's, Leipziger Kongreßberichte, S. 75.

[80]) Vgl. auch Drucker, Leipziger Kongreßberichte, S. 106.

[81]) a. a. O., S. 88.

den Parteien zusammenarbeiten, zunächst nicht, um die streitigen technischen Fragen zu lösen, sondern nur, um sie zu präzisieren. Deshalb versagt auch die Behauptung Isays, a. a. O., S. 15, daß derjenige, der imstande sei, ohne fremde Hilfe festzustellen, welches die wesentlichen Merkmale des Schutzes seien, in der Regel auch imstande sei, zu sagen, ob diese wesentlichen Merkmale bei der angeblichen Nachahmung vorlägen (vgl. von Stahl, a. a. O. S. 237): Denn erstens soll ja der Richter, wenigstens in schwierigen Fällen, nicht ohne Anhörung eines Sachverständigen den technischen Gehalt des Patents ermitteln; zweitens aber hat er, wenn er ihn ermittelt hat, doch erst den Obersatz gewonnen, und es verbleibt ihm daher die davon unabhängige Frage, ob dieser Obersatz Anwendung findet auf den vorliegenden Tatbestand; er hat also eine auf technischem Gebiete basierende logische Denkoperation vorzunehmen, die in beiden Stadien ausschließlich Rechtsfragen, wenn auch auf technischem Boden erwachsene, betrifft. Dies würde und müßte auch so bleiben, wenn gemischte Gerichte zur Einführung gelangten! Auch dann würde nach Feststellung des Schutzumfangs des Patents noch nicht über die Frage der Verletzung entschieden sein!

2. Ist also für eine richtige Fragestellung die Zuziehung technischer Richter nicht erforderlich, so erwächst die weitere Frage, ob sie nicht für das Verständnis des erstatteten Gutachters durch das Gericht von Vorteil sein könnte. Man sagt:[82]) Der rechtsgelehrte Richter könne nur bei genügender technischer Fachbildung, die ihm für das Gebiet des gewerblichen Rechtsschutzes abgehe, das Sachverständigengutachten verstehen. Es mag zugegeben werden, daß technische Richter im allgemeinen leichter und schneller sich in die Gutachten einarbeiten, sie verstehen und kontrollieren können, als Juristen. Aber, solange diese nicht aus den Gerichtshöfen ganz verbannt werden, wird ihnen, worauf ja schon hingewiesen ist, ebenfalls das Verständnis der Gutachten beigebracht werden müssen! Der obige Satz würde also ebenfalls nicht zugunsten der gemischten Gerichtsbarkeit, sondern nur zu ungunsten der Juristen-Richter überhaupt sprechen! — Und wenn weiter die Vorschläge I, S. 5 und 9 sowie II, S. 11 anführen, daß die jetzt bestehenden Gerichte bei technischen Fragen, die nicht ganz einfacher Natur seien, von den Sachverständigen abhängig seien, so beweist auch dies nichts. Ist denn der Jurist in anderen Fällen, in denen er die Zuziehung eines Sachverständigen beschließt, — als eines Mannes, der

---

[82]) Vgl. u. a. Guyer, a. a. O., S. 36.

Sachverständnis besitzt und die Fähigkeit hat, als Sachverständiger Wahrnehmungen zu machen,[83]) — etwa weniger „abhängig" von dem Gutachter? Ist es nicht ein anerkannter Rechtsgrundsatz, daß der Richter dem Gutachten des Sachverständigen frei gegenübersteht und jedes Gutachten der freien Beweiswürdigung des Gerichts unterliegt? Sehen wir nicht häufig genug, daß die Gerichte sich auch tatsächlich über die Gutachten von Sachverständigen (z. B. Medizinern) hinwegsetzen? Und erleben wir in solchen Fällen nicht das umgekehrte Schauspiel, daß die öffentliche Meinung dann erst recht über die „souveränen Gerichte" herfällt? Also auf der einen Seite die Besorgnis der zu großen Abhängigkeit, auf der anderen die Unzufriedenheit über die Selbständigkeit der Gerichte! Glaubt man ernstlich, daß, wenn das gemischte Kollegium sich zur Vernehmung eines Sachverständigen durchgerungen hat, der Jurist diesem Gutachten freier gegenüber stehen wird, als wenn ein nur juristisches Gericht die Beweiserhebung beschlossen hat? Ist nicht psychologisch viel eher zu befürchten, daß der juristische Richter, wenn der technische Mitrichter sich nicht auf seine eigene Sachkunde verlassen oder ihn, den Juristen, nicht überzeugt hat, sich noch leichter dem Spezialsachverständigen anschließen wird? Wird nicht letzterer im Verhältnis zum technischen Richter die größere Autorität gegenüber dem Juristen besitzen, so daß dessen „Abhängigkeit" noch größer wird? — Aber, — so hat man schließlich gesagt[84]) — in den Fällen, in denen sich widersprechende Gutachten gegenüber stehen, da wird der technische Richter am Platze sein! Auch das scheint anfechtbar; denn hier kann das Gericht ein Obergutachten des Patentamts einholen, und hier wird der Jurist am allerwenigsten geneigt sein, seinem technischen Kollegen zu folgen. Sehr treffend sagt ein hervorragender amerikanischer Praktiker, Walker:[85])

> In deciding between contradictory expert testimony, juries should consider the respective reasons, ability, knowledge, and fairness of the experts. To judge according to their number or their fame would be unsafe."

Es dürfte kaum zweifelhaft sein, daß auch ein Jurist, der seinen Platz als Richter für Patentsachen ausfüllt, gemäß diesen weisen Grundsätzen zu

---

[83]) Vgl. die interessanten Ausführungen Heglers, Archiv für zivilistische Praxis, 1909, S. 151 ff., bes. 291.

[84]) Guyer, a. a. O., S. 46.

[85]) Walker, Text-book of the Patent Laws, IV. edition 1904, New York, § 498, p. 395.

einem vernünftigen, beiden Teilen gerecht werdenden Urteil gelangen kann und muß gelangen können; nicht anders würde auch ein gemischtes Gericht zu entscheiden haben!

Es wird sodann weiter zugunsten des technischen Richters behauptet, daß „wenn der Sachverständige wisse, sein Gutachten werde von einem anderen Techniker ... einer sachgemäßen Prüfung unterworfen, dasselbe in vielen Fällen anders ausfallen werde, als jetzt, wo der Richter das Gutachten nur als Material zu einem Urteilsspruch verwendet". Wenn überhaupt ein Sinn in dieser Behauptung liegt, so kann es doch nur der sein, daß der Sachverständige sein Gutachten anders begründen wird, je nachdem, ob er es einem vermeintlich in technicis unwissenden rechtsgelehrten, oder einem vermutlich wenigstens teilweise sachverständigen Gericht erstattet; dies mag als richtig unterstellt werden, läßt aber wiederum ganz außer Betracht, daß eben die Juristen nicht ausgeschaltet werden sollen, also auch ihnen das Gutachten, soll es überhaupt seinen Zweck erfüllen, verständlich gemacht werden muß! Umgekehrt befürchtet Patentanwalt Heimann[86]) gerade aus der ungleichförmigen Besetzung der Gerichte einen schädlichen Einfluß auf die Gestaltung des Parteivorbringens, da ein Vortrag vor Gericht nur schwer die Juristen und Techniker zugleich fesseln und informieren könne, wie die Erfahrung im Patentamt ergebe.

Schließlich bedarf noch ein Einwand der Erwähnung, der nicht nur wegen der Persönlichkeit dessen, der ihn erhoben hat, weitgehendste Beachtung verdient: Geh. Reg.-Rat Prof. Dr. Duisberg, Direktor der Elberfelder Farbwerke vormals Friedr. Bayer & Co., hat als Vertreter der Handelskammer Elberfeld und des Vereins Deutscher Chemiker auf dem Leipziger Kongreß wörtlich erklärt:[87]) „Der springende Punkt ist der, daß der Sachverständige nicht unparteiisch ist, so sehr er sich auch bemüht, er kann es nicht und wird es nie sein ... Wir sind heute auf Gnade und Ungnade den Sachverständigen überliefert und das tut weh. Deshalb muß Wandel geschaffen werden".

Der Verfasser möchte demgegenüber denn doch hervorheben, daß er während seiner richterlichen Tätigkeit auch nicht in einem Falle nur den leisesten Zweifel daran gehabt hat, daß die Sachverständigen, mögen es Theoretiker, über die Duisberg die Schale seines Zornes ausgießt,

---

[86]) In dem oben Anm. 45 genannten Aufsatz.

[87]) Kongreßberichte, S. 78; vgl. auch seine Äußerungen gegen die nicht ständigen Richter unten S. 411.

oder Praktiker gewesen sein, nicht mit dem vollsten Ernst und der absolutesten Unparteilichkeit an ihre Aufgabe gegangen sind. Sachverständige, die sich nicht über die Sache stellen können, sind allerdings nicht geeignet, Gutachten in Prozessen zu erstatten, mögen sie auch auf wissenschaftlichem oder industriellem Gebiet noch so Hervorragendes leisten. Noch viel mehr aber muß das vom Richter gelten: er muß unbedingt über den Parteien stehen können; hat er sein menschliches oder berufliches Gefühl nicht soweit in der Gewalt, so taugt er zu allem anderen, nur nicht zum Richter! Wäre Duisbergs Behauptung zutreffend, daß es keine unparteiischen Sachverständigen gäbe,[88]) so wäre damit der Stab auch über die technischen Richter gebrochen!

Also auch für die Erhebung des Sachverständigenbeweises ist die Zuziehung technischer Richter kein Bedürfnis; ob nicht trotzdem auf diesem Gebiete sich manches ändern und bessern läßt, wird im Kapitel III, § 3 zu erörtern sein.

§ 5.

Die Statistik.

Haben die vorstehenden Erörterungen sich im wesentlichen auf spekulativem Gebiet bewegt, so wird nunmehr die Statistik eine positive Antwort auf die Frage zu geben haben, ob für Sondergerichte auf dem Gebiet des gewerblichen Rechtsschutzes ein genügendes Bedürfnis vorhanden ist. Genaue Angaben für das ganze Reich lassen sich leider auch heute noch nicht machen, da reichsstatistische Erhebungen über diese Art von Prozessen nicht vorliegen. Dagegen haben einzelne Bundesstaaten dankenswerte statistische Ermittelungen veranstalten lassen. Sollten sie Wert haben, so waren sie auf solche Prozesse zu beschränken, die nach dem Wunsche der Sondergerichtsanhänger in erster Linie den Sondergerichten zugewiesen werden sollen, also auf Klagen aus dem subjektiven Patentrecht oder gegen ein solches unter Ausscheidung aller derjenigen — statistisch auch schwer faßbaren — Prozesse, die zwar ein Patent oder Gebrauchsmuster zum Gegenstand haben, aber nicht nach den Normen des gewerblichen Rechtsschutzes zu beurteilen sind. Nach den obigen Ausführungen (S. 306) erschien es dagegen überflüssig, auch jetzt

---

[88]) Die Verhältnisse in England, auf die Duisberg verweist, liegen ganz anders, s. unten S. 467.

noch die statistischen Erhebungen auf Warenzeichensachen auszudehnen.[89])

Nachdem der Verfasser einen Überblick über die Statistik der einschlägigen Sachen für Preußen in der Leipziger Zeitschrift für Handels-, Konkurs- und Versicherungsrecht, 1908, S. 488 unter Benutzung des bei dem preußischen Justizministerium eingegangenen amtlichen Zahlenmaterials veröffentlicht und dieses auf dem Leipziger Kongreß[90]) noch nach gewissen Richtungen ergänzt hatte, hat auch das sächsische Justizministerium durch den Mund seines Vertreters auf dem Leipziger Kongreß die einschlägigen Zahlen für Sachsen mitgeteilt;[91]) aus der für Baden zusammengestellten Statistik hat Verfasser in Leipzig ebenfalls einige Angaben machen können. Weiter haben Preußen, Sachsen, Baden sowie die Senatskommission für die Justizverwaltung Hamburgs, wohl im Hinblick darauf, daß auf dem Leipziger Kongreß behauptet worden ist, der Untersuchungszeitraum sei ein zu kurzer gewesen,[92]) die statistischen Erhebungen mit bezug auf Zahl, Art und Dauer der Patent- und Gebrauchsmusterprozesse nach einheitlichem Muster für die Zeit vom 1. VII. 1907—30. VI. 1909 fortgeführt.

Das gesamte Zahlenmaterial, von dem die neueren preußischen Erhebungen amtlich nachgeprüft sind, für die vorliegende Arbeit vollständig zu benutzen, ist der Verfasser durch die hohe Erlaubnis Ihrer Exzellenzen der Herren Justizminister von Preußen, Sachsen und Baden, sowie der Hohen Hamburger Senatskommission in den Stand gesetzt. Der Verfasser spricht hierfür auch an dieser Stelle seinen ehrerbietigsten Dank aus.

Auf Grund des so gesammelten Materials läßt sich nun eine Zeitspanne von $4^1/_2$ Jahren übersehen und gleichzeitig die Berechtigung der gegen die früheren Statistiken erhobenen Einwendungen prüfen.

---

[89]) Es sei jedoch aus den früheren Erhebungen die Zahl der Warenzeichenprozesse mitgeteilt, sie betrug:

	1905	1906	1. 1.—30. 6. 1907	Summe
bei den 15 L.-G. Preußens	102	123	71	296
in Sachsen	15	26	12	53
in Baden	7	10	3	20

[90]) Leipziger Kongreßberichte, S. 79 ff.

[91]) Geh. Justizrat Dr. Mayer-Dresden, Leipziger Kongreßberichte, S. 85.

[92]) Doermer, Leipziger Kongreßberichte, S. 116.

Da hier auch die Zahlen für Sachsen, Baden und das Landgericht Hamburg, also für die an der Rechtsprechung auf dem Gebiet des gewerblichen Rechtsschutzes wohl meistbeteiligten Staaten, berücksichtigt werden können, so wird damit auch dem Einwand, daß die statistischen Ergebnisse Preußens für das ganze Deutsche Reich nicht maßgeblich sein könnten,[93]) der Boden entzogen.

Dies vorausgeschickt, erstreckten sich die Erhebungen sachlich auf alle Klagen — einschließlich der Anträge auf Erlaß eines Arrestes oder einer einstweiligen Verfügung — welche betreffen:

1. aus dem Gebiet des Patentrechts: die Unterlassungs-, Schadenersatz-, Bereicherungs-, Abhängigkeits- und sonstigen Feststellungsklagen;
2. aus dem Gebiet des Gebrauchsmusterrechts: außer den Klagen, die den zu 1. genannten entsprechen, noch die Löschungsklagen.

Zeitlich erstreckten sich die sämtlichen früheren Nachweisungen auf alle vom 1. Januar 1905 bis 30. Juni 1907 bei Gericht eingegangenen Klagen der vorstehend angegebenen Art, so zwar, daß die Ergebnisse dieser Sachen bis zum 31. Dezember 1907 aufzunehmen waren; sie umfaßten also einen Zeitraum von genau $2^1/_2$ Jahren. Hierbei ist für Preußen zu beachten, daß mit dem Jahre 1905 die Errichtung von Sonderkammern für die in Rede stehenden Sachen bei den Landgerichten auf Grund eines Erlasses des Justizministers vom 25. November 1904 begann, so daß die vor dieser Zeit eingegangenen Sachen nicht von Spezialkammern bearbeitet worden waren. Örtlich kamen für Preußen die 15 in den Übersichten angegebenen Landgerichte, für Sachsen und Baden sämtliche dortigen Landgerichte in Betracht. Die neueren Erhebungen, die sachlich in etwas geringerem, örtlich in dem gleichen Umfange, wie früher, veranstaltet worden sind, erfassen zeitlich die vom 1. VII. 1907—30. VI. 1909 eingegangenen Klagen und Anträge nach dem Ergebnis, das sie am 30. IX 1909 hatten.

I. Die Zahl der Sachen[94]) erhellt aus der Tabelle auf S. 362/3.

Hiernach haben in $4^1/_2$ Jahren bei den 15 Landgerichten Preußens zusammen 1842, in Sachsen 428, in Baden 122 und bei dem Landgericht

---

[93]) So Zeitschrift des VDJ., 1908, S. 2053/4

[94]) Die Zahlen sind für Preußen, soweit angängig, für die Zivil- und Kammern für Handelssachen getrennt aufgeführt worden; nur der Raumersparnis wegen ist hier die Abkürzung HK. gebraucht. — Bei dem Landgericht I Berlin bestehen zur Zeit zwei solcher Spezialkammern für Handelssachen.

Hamburg 39 Patent- und Gebrauchsmusterprozesse geschwebt. Einigen Anhalt über den Anteil dieser Art von Prozessen an den vermögensrechtlichen Landgerichtsprozessen überhaupt bieten folgende, das Jahr 1907 betreffende Zahlen: es waren anhängig:

im Oberlandesgerichtsbezirk	ordentliche Landgerichtsprozesse, einschl. einstweilige Verfügungen	davon Patent- und Gebrauchsmusterprozesse
Berlin	61 506	288 = 0,47 %
Dresden	23 063	82 = 0,36 %
Karlsruhe	12 557	33 = 0,26 %
Frankfurt a. M. . . .	10 196	17 = 0,166 %

Für ganz Preußen betrug die Zahl der vermögensrechtlichen landgerichtlichen Prozesse (einschließlich der Anträge auf Erlaß einstweiliger Verfügungen):

1907: 201 725, 1908: 219 395, — die Zahl der bei den 15 Gerichten anhängig gewesenen Patent- und Gebrauchsmusterprozesse 1907: 447, 1908: 457, so daß der Prozentsatz 0,221 bzw. 0,208, und — wenn man für die nicht berücksichtigten Landgerichte noch höchstens 150 Sachen im Jahre hinzurechnet,[95]) — auch jetzt wieder höchstens 0,3 % beträgt. Diese Zahlen wirken für sich!

[95]) Anderweitigem amtlichen Material sind folgende Angaben für Preußen entnommen: Überhaupt keine Patent- und Gebrauchsmustersachen hatten seit dem Erlaß vom 11. 10. 1907 u. a. die Landgerichte in Aurich, Stade, Göttingen, Trier, Hechingen, Bartenstein, Braunsberg, Insterburg, Lyck, Memel, Tilsit. Ohne genauere Angabe wird die Zahl als sehr gering bezeichnet bei allen Landgerichten der Oberlandesgerichtsbezirke Breslau (außer dem LG. Breslau) und Posen, sowie den Landgerichten Osnabrück, Verden, Aachen, Flensburg, Kiel, Halberstadt, Erfurt, Torgau, Greifswald, Köslin und Stargard. Dagegen sind Sachen des gewerblichen Rechtsschutzes, ohne Rücksicht auf die Abgrenzung der Sachen gemäß dem Erlaß vom 11. 10. 1907, gezählt bei dem

LG. Cottbus: 1909: 6; LG. Potsdam: 1909: 5; LG. Breslau jährlich etwa 20—30; LG. Hildesheim: 12 (einschl. unlaut. Wettbew.); LG. Lüneburg: 1908/9: 8 (einschl. unlaut. Wettbew.); LG. Bonn: 1908/9: 10; LG. Koblenz: 1908/9: 3; LG. Saarbrücken: 1908/9: 8 Patent-, 4 Gebr.-Mustersachen; LG. Cleve: 1908/9: 4; LG. Limburg: 1908/9: 5; LG. Neuwied: 1908/9: 0 Patent-, 3 Gebr.-Mustersachen; LG. Altona: 1905/7: 34; 1908: 10; 1909: 21; LG. Kiel: 1905/7: 2; LG. Allenstein: 1908/9: 1 Patent-Lizenzsache; LG. Flensburg: 1905/7: 7—8; LG. Konitz und Thorn: 1908/9: je 1; LG. Elbing: 1908/9: je je 3; LG. Danzig: 1908/9: 4; LG. Stettin: 1908/9: 10;

Tabelle I.

Landgericht	Patentrechts 1905	Patentrechts 1906	Patentrechts 1907 1.1. bis 30.6.	Patentrechts 1907 1.7. bis 31.12.	Patentrechts 1908	Patentrechts 1909 1.1. bis 30.6.	Patentrechts Summe	Gebrauchsmusterrechts 1905	Gebrauchsmusterrechts 1906	Gebrauchsmusterrechts 1907 1.1. bis 30.6.	Gebrauchsmusterrechts 1907 1.7. bis 31.12.	Gebrauchsmusterrechts 1908	Gebrauchsmusterrechts 1909	Gebrauchsmusterrechts Summe	Gesamtsumme aller P.- u. Gm.-Prozesse v. 1.1.05 bis 30.6.09	Groups
Anhängige Rechtsstreitigkeiten aus dem Gebiete des																
I. Preußen:																
Berlin I ZK. 16	20	115	65	74	139	56	469	2	7	3	10	26	11	59	528	940
HK. 19	—	3	—	—	—	—	3	27	80	43	22	40	11	223	226	
HK. 10	—	—	—	1	—	—	1	—	—	—	9	19	22	50	51	
andere ZK.	57	2	—	—	—	—	59	10	—	—	—	—	—	10	69	
" HK.	12	—	—	—	—	—	12	48	2	4	—	—	—	54	66	
Berlin II ZK.	7	12	7	12	24	9	72	1	2	—	4	23	11	66	138	
HK.	—	—	1					7	15	3						
Berlin III ZK.	—	6	12	9	11	11	49	—	—	—	6	11	5	30	79	
HK.	—	—	—					—	5	3						
Cassel	1	7	—	—	—	3	11	—	—	—	—	1	—	1	12	
Cöln ZK.	4	2	3	3	18	9	43	—	3	2	4	13	12	54	97	
HK.	2	2	—					3	11	6						
Dortmund	6	5	1	2	4	3	21	5	7	3	1	5	2	23	44	
Düsseldorf ZK.	9	5	6	6	9	5	40	3	3	3	4	8	2	23	63	74
HK.	—	—	—	—	—	—	—	3	—	5	1	2	—	11	11	
Elberfeld ZK.	5	6	8	11	11	12	53	16	12	6	9	16	19	78	131	174
HK.	1	1	2	—	—	—	4	9	12	4	4	6	4	39	43	
Essen ZK.	2	4	4	3	11	3	27	2	1	1	—	1	1	6	33	40
HK.	—	—	—	—	—	—	—	1	2	1	—	2	1	7	7	
Frankfurt a. M. ZK.	12	7	1	5	16	7	48	—	—	—	—	4	4	8	56	84
HK.	—	1	2	2	1	1	7	2	9	—	2	6	2	21	28	
Halle	2	3	—	5	6	—	16	2	1	1	3	1	2	10	26	
Hannover ZK.	1	1	5	3	6	4	20	2	—	—	1	1	3	7	27	66
HK.	3	2	2	1	—	—	8	5	7	6	5	2	6	31	39	
Magdeburg	—	1	6	2	4	4	17	2	3	3	2	5	—	15	32	
Stettin	—	6	2	1	4	1	14	1	—	1	—	—	1	3	17	
Wiesbaden	1	4	2	1	—	1	9	6	—	1	1	1	1	10	19	
	145	195	129	141	264	129	1003	157	182	99	88	193	120	839	1842	

II. Sachsen:															
Bautzen (Zittau)	3	1	3	—	1	2	10	1	1	1	—	—	6	9	19
Chemnitz (Annaburg)	5	3	6	2	9	7	32	4	6	2	4	5	4	25	57
Dresden	14	12	9	1	19	11	66	24	8	7	11	23	15	88	154
Freiberg	2	1	—	—	1	2	6	—	3	1	1	1	—	6	12
Leipzig	6	10	5	2	17	10	50	14	15	10	3	26	11	79	129
Plauen	1	—	—	1	6	1	9	2	2	2	2	3	4	15	24
Zwickau (Glauchau)	2	1	4	2	5	3	17	3	3	2	1	4	3	16	33
	33	**28**	**27**	**8**	**58**	**36**	**190**	**48**	**38**	**25**	**22**	**62**	**43**	**238**	**428**
III. Baden:															
Karlsruhe	6	—	3	2	8	4	23	2	4	1	7	8	7	29	52
Mannheim	1	3	1	—	4	1	10	6	3	—	3	1	—	13	23
Heidelberg	—	—	2	1	—	—	3	—	—	—	—	1	3	4	7
Freiburg	2	2	2	1	4	1	12	1	1	2	1	—	2	7	19
Konstanz	—	1	—	3	1	—	5	—	—	—	3	2	1	6	11
Offenburg	2	2	—	—	—	—	4	1	—	—	—	—	—	1	5
Waldshut	—	2	1	—	—	—	3	—	1	—	—	1	—	2	5
Mosbach	—	—	—	—	—	—	—	—	—	—	—	—	—	—	—
	11	**10**	**9**	**7**	**17**	**6**	**60**	**10**	**9**	**3**	**14**	**13**	**13**	**62**	**122**
IV. Hamburg:															
Hamburg	—	—	—	2	13	2	17	—	—	—	4	11	7	22	39

Bei den preußischen Ziffern fällt zunächst als wesentliches Merkmal ins Auge, daß der Löwenanteil auf das Landgericht I Berlin kommt: nämlich 544 Patent- und 396 Gebrauchsmusterprozesse, also mehr als die Hälfte aller in Preußen gezählten Patent- und Gebrauchsmusterprozesse! Dies zeigt in einer über jeden Zweifel erhabenen Weise, welchen Vertrauens sich andauernd die Rechtsprechung des Landgerichts I Berlin in den beteiligten Kreisen erfreut, wenn auch von Berlin aus den schon in der Leipziger Zeitschrift, 1908, S. 493 erörterten besonderen Gründen (Zentrum des Handels- und Gewerbefleißes, Sitz der meisten Auslandsvertreter, zahlreiche Prorogationen des Gerichtsstandes) zu erwarten war, daß hier die meisten einschlägigen Prozesse zusammen kommen würden. Nächst dem Landgericht I Berlin stehen die Landgerichte Elberfeld, Berlin II, Cöln und Frankfurt a.M. Die Landgerichte Berlin I und II, sowie Elberfeld hatten einzeln während der $4^1/_2$ Jahre mehr einschlägige Prozesse, als ganz Baden! Andererseits hatten noch nicht einmal 20 Prozesse Kassel, Stettin und Wiesbaden! Man wird wohl kaum behaupten können, daß für Gerichte, die im Durchschnitt jährlich noch nicht einmal fünf einschlägige Prozesse zu entscheiden haben, ein Bedürfnis nach Sondergerichten anerkannt werden kann! Auffallend ist es, daß die Zahl der Patentsachen in Preußen von 1905 an bis zum Jahre 1907 gestiegen ist, seitdem aber — wenn auch langsam — abnimmt, während die Zahl der Gebrauchsmusterprozesse im ständigen Steigen begriffen ist; diese Erscheinung äußert sich nicht nur in den Endziffern für die einzelnen Jahre[96]) (Patentsachen: 145, 195, 270, 264, 129, Gebrauchsmuster: 157, 182, 187, 193, 120), sondern auch in den Ziffern für einzelne Gerichte; in Sachsen nehmen dagegen sowohl die Patent-, wie die Gebrauchsmusterprozesse stetig zu. Der Grund für diese Schwankungen

---

bei den Oberlandesgerichten: Hamm: 1908: 44; 1909: 47; dazu 1908: 40, 1909: 17 Wettbewerbssachen.
Kiel: 1906: 4; 1907: 7; 1908: 6; 1909: 3.
Königsberg: 1908/9: 4 Patent-, 1 Gebrauchsmuster-, 1 Warenzeichensache.
Stettin: 1908/9: 3—4.

Hieraus ergiebt sich, daß die obige Schätzung von jährlich 150 Sachen, die zu den Ziffern der Statistik hinzugerechnet worden sind, wohl zu hoch gegriffen ist; sie soll aber für den ungünstigsten Fall eingesetzt werden.

[96]) Für 1909 kommt nur das I. Semester in Betracht! In den ersten 3 Monaten des Jahres 1910 soll allerdings die Zahl der Patentprozesse bei der Spezialkammer des LG. I Berlin um mehr als das Doppelte gegen das Vorjahr gewachsen sein.

dürfte lediglich in wirtschaftlichen Ursachen zu suchen sein. Deshalb erscheint auch die Annahme der Sondergerichtsanhänger, daß die Zahl der Sachen bei Sondergerichten wachsen werde, unzutreffend; denn mit Recht ist schon in der Kölnischen Zeitung vom 15. VI. 1908 gesagt worden, „wir halten die Industrie für vernünftig genug, daß sie auch in Zukunft ihr Heil nicht in vielem Prozessieren suchen wird".

Es ist auch wichtig, zu beobachten, auf welchen verschiedenen Gebieten der Technik die einzelnen Prozesse spielen; der Raummangel verbietet es, hier die darüber aufgestellten eingehenden Tabellen vollständig wiederzugeben; folgende Zahlen müssen genügen, um zu zeigen, wie sehr die Beteiligung der einzelnen Patentklassen an den Rechtsstreitigkeiten schwankt. Es fanden Prozesse bei den 15 preußischen Gerichten statt:

aus Klasse	1. Januar 1905 bis 30. Juni 1907	1. Juli 1907 bis 30. Juni 1909
3: Bekleidung	7	0
4: Beleuchtung	63	56
5: Bergbau	2	8
12: Chemische Verfahren	11	15
13: Dampfkessel	1	5
15: Druckerei	8	14
18: Eisenerzeugung	1	4
21: Elektrotechnik	26	39
22: Farben, Firnisse, Lacke	5	3
24: Feuerungsanlagen	7	4
30: Gesundheitspflege	21	29
32: Glas	1	5
34: Haus- und Küchengeräte	16	19
37: Hochbauwesen	22	18
43: Kontrollvorrichtungen	18	9
44: Kurzwaren, Rauchgeräte	11	1
45: Landwirtschaft	26	12
48: Chemische Metallbearbeitung	1	5
49: Mechanische Metallbearbeitung	14	18
53: Nahrungs- und Genußmittel	9	13
64: Schankgeräte	8	13
77: Sport, Spiele	3	10
78: Sprengstoffe	10	3
80: Tonwaren, Steine, Kalk	4	9
81: Transport und Verpackung	20	—

Es läßt sich also direkt nachweisen, wie durch einzelne Erfindungen, die mehr oder minder Saisonerfindungen sind oder zunächst epochale Bedeutung haben,[97]) die Zahl der Prozesse auf diesen Gebieten plötzlich stark zunimmt, während sie auf anderen ebenso sehr abnimmt;[98]) es würde also außerordentlich schwierig, wenn nicht gar unmöglich sein, wegen dieser verschiedenen Beteiligung verschiedener Gebiete der Technik eine auch nur einigermaßen zweckmäßige Geschäftsverteilung zu schaffen. — Was insbesondere die Zahl der Prozesse anlangt, die die chemische Industrie betreffen, so ergibt sich, daß, wenn man hier die Patentklassen 12, 16, 22, 23, 26, 78 zählt, diese beteiligt waren: vom 1. I. 05—30. VI. 07: mit 11, 0, 5, 2, 6, 10, zusammen 33 Sachen, vom 1. VII. 07—30. VI. 09: mit 15, 0, 3, 1, 4, 3, zusammen 26 Sachen. Das zahlenmäßige Bedürfnis der chemischen Industrie an Sondergerichten stellt sich also auf 59 Prozesse für die Dauer von $4^1/_2$ Jahren in Preußen! Für Sachsen konnten für den 2. Untersuchungszeitraum nur 5 solcher Sachen ermittelt werden. — Ähnlich wie in Preußen, liegen die Verhältnisse in Baden, wo, soweit festgestellt werden konnte, im I. Untersuchungszeitraum:

die Patentklassen: 12, 52, 73, 78, 79, 83 je einmal, 8, 24, 27, 34, 36, 47 je zweimal, 35, 37 und 72 je dreimal,

und im II. Zeitraum:

die Patentklassen: 4, 24, 25, 35, 36, 47, 80, 83 je einmal, 9, 16, 26, 37, 42, 45, 63, 79 je zweimal, und 33 dreimal beteiligt waren.

Hier, wie in Preußen, eine äußerst geringe, wenn auch verhältnismäßig größere Zahl chemischer Prozesse!

Nirgends läßt sich, — von ganz verschwindenden Ausnahmen abgesehen, die hier nicht erörtert[99]) werden können, — eine sachliche Be-

---

[97]) Zu vergl. einerseits das Diabolospiel (Kl. 77), andererseits verschiedene Erfindungen auf dem Gebiete der drahtlosen Telegraphie (Kl. 21), der Setz- und Gießmaschinen (Kl. 15), der Glasflaschenherstellung (Kl. 32).

[98]) Zu vergl. Kl. 43, in der die sogenannten Gruppengeschicklichkeitsspiele geprüft werden, denen die Rechtsprechung des Reichsgerichts den Garaus gemacht hat, und Kl. 44, wo für die Fabrikation der Taschenfeuerzeuge eine Syndizierung stattgefunden hat, ferner die Landwirtschaft, Sprengstoffe und Transport und Verpackung.

[99]) S. einige Bemerkungen dazu in meinem Aufsatz in der Leipz. Zeitschr. 1908, S. 496.

ziehung zwischen dem technischen Gebiet der Prozesse und der Industrie feststellen, die gerade am Sitze des betreffenden Gerichts in besonders starkem Maße ansäßig ist; auch dies ist wichtig für die Frage, wo gegebenenfalls gemischte Gerichte zu schaffen und mit welchen technischen Kräften sie zu besetzen wären; die Statistik lehrt eben, daß an allen gemischten Gerichten für alle Zweige der Technik geeignete Persönlichkeiten (wenn auch nicht als Spezialsachverständige) zur Verfügung stehen müßten!

Man hat nun gegen die aus der Statistik gezogenen Folgerungen, die den Sondergerichtsbestrebungen ein nicht mißzuverstehendes Halt zurufen, eingewendet, daß die Zahl der Sachen für die Notwendigkeit von Sondergerichten nicht maßgebend sei. Unter lebhaftem Beifall konnte Isay auf dem Leipziger Kongreß ausrufen: „Ist denn ein einziger Patentprozeß nicht häufig wichtiger, als Hunderte und Tausende anderer Prozesse?“ [100]) Selbst wenn man diese Frage bejaht, so würde dies noch nicht Sondergerichte rechtfertigen! Wie Verfasser schon früher [101]) bemerkt hat, ist der Schluß von „eins“ auf „unendlich“ auch sonst sehr beliebt; und stehen nicht auch in vielen anderen Prozessen Objekte von höchstem Wert auf dem Spiel? Erinnert sei an Bank- und Börsensachen, an die oft überaus schwierigen Familienstreitigkeiten von weittragendster materieller und ideeller Bedeutung, an Stempelprozesse und vieles andere mehr! Der Wert der Sachen kann also nicht ausschlaggebend sein, auch nicht unter dem Gesichtspunkt, daß häufig Prozesse gegen Ausländer in Betracht kommen, gegen deren Konkurrenz die deutsche Industrie zu schützen sei. [102]) Nur die Zahlen können einen tatsächlichen Anhalt dafür geben, ob Sondergerichte notwendig und überhaupt lebensfähig sein würden. Sicherlich nun würde ein zentraler Patentgerichtshof, — zumal wenn ihm noch die Warenzeichensachen, und gar die Nichtigkeits- und Zurücknahmesachen übertragen würden, — genügende Beschäftigung, auch hauptamtlichen technischen Richtern, bieten; für dezentralisierte Gerichte dagegen, die allein praktisch durchführbar erscheinen, kämen nur einige wenige Gerichte in Betracht, — was auch bei der Frage einer etwaigen gesetzlichen Änderung der Zuständigkeit (Kapitel III, § 1) zu berücksichtigen sein wird.

---

[100]) Leipziger Kongreßberichte, S. 108.

[101]) Recht, 1908, S. 633.

[102]) Haeuser, Leipziger Kongreßberichte, S. 67.

Um die vernichtende Wirkung der Statistik abzuschwächen, hat man endlich noch geltend gemacht, die Zahlen stellten sich deshalb so niedrig, weil die Industrie „prozeßmüde" sei und das schiedsgerichtliche Verfahren dem ordentlichen Prozeßverfahren vorziehe.[103]) Die Haltlosigkeit dieses Einwandes konnte Verfasser schon auf dem Leipziger Kongreß auf Grund einer auf seine Veranlassung vom Verein zur Wahrung der Interessen der chemischen Industrie Deutschlands veranstalteten Enquete und einer selbst veranstalteten Untersuchung über die Zahl der bei dem Landgericht I Berlin und Amtsgericht Berlin-Mitte niedergelegten Schiedssprüche, schlagend dartun;[104]) es muß hier auf die früheren Ausführungen verwiesen werden; es ist nicht bekannt geworden, daß sich die Verhältnisse seitdem geändert hätten. Wenn einzelne Firmen, wie z. B. die Siemens & Halske-Aktiengesellschaft in einem neuerlichen Rundschreiben[105]) an die sämtlichen Werke und Abteilungen ihres Konzerns, anknüpfend an die „allseitig befriedigende Erledigung eines sehr wichtigen technischen Streites über einen Lizenzvertrag durch ein Schiedsgericht", auf die Vorteile eines solchen Schiedsgerichtsverfahrens (Schnelligkeit und Billigkeit, Sachkunde und Gründlichkeit (! !) der Richter, Zwanglosigkeit des Verfahrens) hingewiesen haben, so hat dies um so weniger zu besagen, als es dort ausdrücklich heißt: „es sei entschieden nicht zu empfehlen, in möglichst viel abzuschließende Verträge eine allgemeine Schiedsgerichtsklausel aufzunehmen."[106])

---

[103]) Vorschläge II, S. 14; Tolksdorf a. a. O., S. 6 u. 62; Guyer, Schweizer. Juristenzeitung III, S. 36; Fehlert, Zeitschrift des V. D. I. 1908, S. 1378; und verschiedene Redner auf dem Leipziger Kongreß.

[104]) Leipziger Kongreßberichte, S. 80.

[105]) Das die Firma mir freundlichst zur Verfügung gestellt hat.

[106]) Auch daß z. B. die Handwerkskammern in Karlsruhe und in Mannheim durch ein Nebenstatut „zum Zweck der Verhütung und zur Schlichtung von Streitigkeiten gewerblicher Angelegenheiten für bestimmte Handwerkszweige gewerbliche Sachverständige bestellt haben", hat mit der hier vorwürfigen Frage nichts zu tun; ebensowenig die von den Ältesten der Kaufmannschaft von Berlin beabsichtigte Errichtung eines Einigungsamts in Sachen des unlauteren Wettbewerbs (s. Korrespondenz der Ältesten, 1909, S. 225), die von ganz anderen Erwägungen ausgeht, als denen, „fachverständige Richter" auf die Richterbank zu setzen; über einige Äußerungen bedeutender Juristen zu dieser Angelegenheit, vgl. Vossische Zeitung vom 3. 1. 1910. Ob mit Exz. Hamm, DJZ. 1910, S. 44 allgemein von einer „stetig wachsenden Neigung, ihre Streitigkeiten durch Schiedsgerichte entscheiden zu lassen", gesprochen werden kann, steht dahin; zu vgl. allerdings Jahresbericht der Handelskammer zu Berlin, 1909, S. 50.

Aber selbst die angeblich so bewährten Schiedsgerichte haben beachtliche Anfechtung erfahren: hat doch kein anderer, als Geh. Reg.-Rat Prof. Duisberg — allerdings ohne Angabe von Gründen — in Leipzig[107]) erklärt, wenn auch in allen Lizenzverträgen seiner Firma sich die Schiedsgerichtsklausel finde, so komme es doch niemals zu einem Schiedsspruch, weil die Beteiligten „Furcht vor dem Schiedsgericht haben". Die Industrie ziehe deshalb sogenannte freie Vergleiche vor! Wenn das richtig ist, dann liegt ein Bedürfnis, die ordentlichen Gerichte anzurufen, nicht vor! Dann ist staatlicher Rechtsschutz überhaupt nicht vonnöten; das würde aber auch so bleiben, wenn gemischte Gerichte bestünden! Selbstredend sind freie Vergleiche schneller und billiger zu erreichen, als rechtskräftige Urteile von Gerichten; sie stehen diesen ja auch in den Wirkungen nach! Kein Einsichtiger wird aber glauben, daß die Industrie, wenn ihr für gewerbliche Rechtsschutzsachen gemischte Gerichte zur Verfügung stünden, auch nur einen Prozeß, den sie im Wege gütlichen Einverständnisses aus der Welt schaffen könnte, nur deshalb vor das Gericht bringen würde, weil dieses Gericht ein „gemischtes" ist. Daraus folgt: Die Sachen, die durch freie Vergleiche erledigt werden, scheiden für die Feststellung der Zahl der Fälle überhaupt aus; Schiedsgerichte erfreuen sich im allgemeinen, wenigstens für die hier in Rede stehenden Sachen, so geringer Beliebtheit, daß auch sie außer Betracht bleiben müssen. Also können nur die amtlich gewonnenen Ziffern gewertet werden; sie beweisen einwandfrei, daß ein Bedürfnis für Sondergerichte nicht besteht!

Zu demselben Ergebnis gelangt man, wenn man an Hand der Statistik den weiteren Vorwurf prüft, der der Rechtsprechung in Patent- und Gebrauchsmustersachen besonders früher — vielleicht nicht ganz ohne Grund — gemacht ist, nämlich den der langen Dauer der Prozesse. Hierüber gibt die nachstehende Tabelle II[108]) Aufschluß.

Diese Tabelle gewinnt ihren außerordentlichen Wert, wenn man ihr die Zahlen der Reichsjustizstatistik[109]) gegenüberstellt; die Dauer

---

[107]) Leipziger Kongreßberichte, S. 76; s. auch Rauter, das., S. 91.

[108]) Die Spalte I bedeutet jedesmal den 1. Untersuchungszeitraum vom 1. 1. 1905 bis 30. 6. 1907, die Spalte II den 2. Untersuchungszeitraum 1. 7. 1907 bis 30. 6. 1909.

[109]) Deutsche Justiz-Statistik, Jahrgang XIV, 1909, S. 159.

Tabelle II.

Laufende Nr.	Landgericht in	Kammer	Zahl der kontradiktorischen Urteile: in Patent-Sachen I	in Patent-Sachen II	in GebrM.-Sachen I	in GebrM.-Sachen II	Von 100 durch kontradiktorisches Endurteil beendeten Prozessen hatten gedauert bis zur Verkündung des Endurteils I. Instanz: weniger als 6 Monate I	weniger als 6 Monate II	6 Monate bis 1 Jahr I	6 Monate bis 1 Jahr II	länger als 1 Jahr I	länger als 1 Jahr II
	A. Preußen.											
1.	Berlin I	ZK. 16	107	120	5	18	59,8	63,76	28,5	26,09	11,7	10,14
		HK. 19	1	—	79	52	73,75	59,6	22,5	32,6	3,75	7,7
		andere ZK.	38	—	8	—	36,95	—	26,1	—	36,95	—
		„ HK.	10	1	34	18	63,6	63,1	29,6	31,6	6,8	5,3
2.	Berlin II	ZK.	10	} 12	2	} 6	41,7	} 55,55	25,—	} 27,77	33,3	} 16,66
		HK.	1		14		60,—		20,—		20,—	
3.	Berlin III	ZK.	3	} 13	—	} 11	66,7	} 54,16	33,3	} 33,3	—	} 12,5
		HK.	—		4		75,—		—		25,—	
4.	Cassel	—	3	—	—	1	25,—	—	75,—	—	—	100,—
5.	Cöln	ZK.	4	} 11	2	} 12	66,7	} 56,5	33,3	} 30,5	—	} 13,—
		HK.	3		9		50,—		16,7		33,3	
6.	Dortmund	—	6	3	12	4	22,2	14,4	38,9	42,8	38,9	42,8
7.	Düsseldorf	ZK.	9	9	6	8	46,7	58,8	40,—	17,7	13,3	23,5
		HK.	—	—	6	3	50,—	33,3	30,—	33,3	20,—	33,4
8.	Essen	ZK.	4	} 5	1	} 4	—	} 22,22	40,—	} 55,55	60,—	} 22,22
		HK.	—		3		—		33,3		66,7	
9.	Elberfeld-Barmen . .	ZK.	8	13	19	21	22,2	52,94	33,3	23,53	44,5	23,53
		HK.	2	—	8	3	30,—	—	30,—	66,67	40,—	33,33
10.	Frankfurt a. M. . .	ZK.	8	9	—	3	37,5	66,7	25,—	33,3	37,5	—
		HK.	—	1	5	2	60,—	33,3	20,—	66,7	20,—	—
11.	Halle	—	3	4	4	4	57,1	50,—	28,6	25,—	14,3	25,—
12.	Hannover	ZK.	4	5	1	—	40,—	80,—	60,—	20,—	—	—
		HK.	4	1	8	10	66,7	63,6	33,3	—	—	37,3
13.	Magdeburg	—	1	4	5	5	66,7	77,8	33,3	11,1	—	11,1
14.	Stettin	—	3	1	1	—	75,—	—	25,—	100,—	—	—
15.	Wiesbaden	—	2	—	4	2	50,—	50,—	—	50,—	50,—	—

	B. Sachsen.											
1.	Bautzen (Zittau) . .	—	—	—	—	—	—	—	—	—	—	—
2.	Chemnitz (Annaberg .	ZK.	—	8	—	—	—	37,5	—	37,5	—	25,—
		HK.	—	—	—	3	—	—	—	66,7	—	33,3
3.	Dresden	ZK.	—	11	—	4	—	73,3	—	6,7	—	20,—
		HK.	—	—	—	11	—	63,63	—	27,27	—	9,1
4.	Freiberg	—	—	2	—	2	—	50,—	—	50,—	—	—
5.	Leipzig	ZK.	—	13	—	14	—	37,—	—	33,3	—	29,7
		HK.	—	3	—	3	—	83,3	—	—	—	16,7
6.	Plauen	ZK.	—	5	—	2	—	—	—	71,4	—	28,6
		HK.	—	—	—	3	—	33,3	—	33,3	—	33,3
7.	Zwickau	ZK.	—	1	—	1	—	50,—	—	50,—	—	—
		HK.	—	2	—	3	—	80,—	—	20,—	—	—
		zusammen:	—	**45**	—	**46**	**48,1**	**48,35**	**29,3**	**30,77**	**22,6**	**20,88**
	C. Baden.											
1.	Karlsruhe	—	1	9	5	11	33,3	55,—	33,3	35,—	33,3	10,—
2.	Mannheim	—	2	2	5	3	57,1	60,—	14,3	—	28,6	40,—
3.	Heidelberg	—	1	—	—	1	100,—	—	—	100,—	—	—
4.	Freiburg	—	5	2	1	1	33,3	66,7	33,3	33,3	33,3	—
5.	Konstanz	—	1	3	—	4	—	28,5	100,—	28,6	—	42,9
6.	Offenburg	—	3	—	—	—	—	—	66,7	—	33,3	—
7.	Waldshut	—	—	—	—	—	—	—	—	—	—	—
		zusammen:	**13**	**16**	**11**	**20**	**37,5 %**	**50,— %**	**33,3 %**	**27,8 %**	**29,2 %**	**22,2 %**
	D. Hamburg.	—	—	**9**	—	**12**	—	**52,39**	—	**23,81**	—	**23,8**

der landgerichtlichen Prozesse I. Instanz bis zum Erlaß des Endurteils betrug:

im Jahre	unter 6 Monate	6 Monate bis 1 Jahr	länger als 1 Jahr
1903	53,4 %	27,9 %	18,7 %
1904	54,0 %	28,0 %	18,0 %
1905	53,0 %	28,4 %	18,6 %
1906	53,8 %	27,8 %	18,4 %
1907	48,9 %	30,3 %	20,8 %
Durchschnitt 1903—1907	52,6 %	28,5 %	18,9 %

Hat sich also der Reichsdurchschnitt der in weniger als 6 Monaten beendeten Sachen wesentlich verschlechtert und im Jahre 1907 den niedrigsten Stand seit 1888 erreicht, so hat die Dauer der Patent- und Gebrauchsmusterprozesse in der II. Untersuchungsperiode, im Vergleich zur ersten wesentlich abgenommen: und zwar in Preußen von 53,50% auf 57,89%, in Baden von 37,5% auf 50%, in Sachsen von 48,1% auf 48,35%! Dies Ergebnis macht jedweden Kommentar überflüssig! Nur um den Einwand abzuschneiden, daß hier die verhältnismäßig einfacheren Gebrauchsmusterprozesse das über Erwarten günstige Ergebnis gezeitigt haben könnten, seien die Zahlen für Patent- und Gebrauchsmustersachen getrennt angegeben; es wurden erledigt von 100 Sachen:

In	mit einer Dauer von					
	unter 6 Monaten		6 Monaten bis 1 Jahr		länger als 1 Jahr	
	P.	G.	P.	G.	P.	G.
Preußen:						
1. Januar 1905 bis 30. Juni 1907 .	50,4	56,7	29,9	25,8	19,7	17,5
1. Juli 1907 bis 30. Juni 1909 . .	58,02	57,75	26,42	30,48	15,56	11,77
Sachsen:						
1. Januar 1905 bis 30. Juni 1907 .	nicht besonders ermittelt					
1. Juli 1907 bis 30. Juni 1909 . .	53,33	43,48	24,45	36,95	22,22	19,57
Baden:						
1. Januar 1905 bis 30. Juni 1907 .	23,—	54,55	38,5	27,27	38,5	18,18
1. Juli 1907 bis 30. Juni 1909 . .	43,75	55,—	25,—	30,—	31,25	15,—

Es kann also keine Rede davon sein, daß die Patentprozesse wesentlich länger dauerten, als die Gebrauchsmusterprozesse; in Sachsen ist eher das Gegenteil der Fall!

Geradezu frappierend wirken die Zahlen für Baden, die eine Gesamtbesserung von 12,5% bedeuten! Aber auch Preußen schneidet glänzend ab; gegenüber dem Reichsdurchschnitt von 1907 mit einer Besserung von 9%! Betrachtet man die Ziffern der Patent-Spezialkammer des Landgerichts I Berlin (59,8 zu 63,76%, und damit ein Plus von 14,86% gegenüber dem Reichsdurchschnitt von 1907), so könnte nur Böswilligkeit an diesen Erfolgen etwas auszusetzen haben! Sie sind ein schlagender Beweis für die Richtigkeit des schon früher (Leipziger Zeitschrift 1908, S. 499) aufgestellten Satzes, daß die Dauer der Prozesse abnimmt mit der Zunahme der Zahl der Sachen bei einem Gericht, bzw. einer Sonderkammer! Dies zeigen auch die in obiger Tabelle gegebenen Ziffern für Berlin II, Düsseldorf, Frankfurt a. M. und besonders Elberfeld.

Auch bezüglich der Dauer der Prozesse hat man gegen die frühere Statistik Einwendungen erhoben: zunächst auch hier, daß das Beispiel Preußens nicht für das Reich maßgebend sei; jedoch, wie in Preußen liegen die Verhältnisse — von ganz geringen Unterschieden abgesehen — auch in Sachsen, Baden, Hamburg; nirgends wird der Reichsdurchschnitt wesentlich unterschritten! — Sodann hat Wildhagen ausgeführt,[110]) daß, wenn „die Dauer der Prozesse des gewerblichen Rechtsschutzes der Durchschnittsdauer der übrigen Prozesse entspräche, daraus der Schluß zu ziehen sei, daß auch die übrigen Prozesse zu lange dauerten und die Verhältnisse für die Sachen des gewerblichen Rechtsschutzes eben besonders lägen". Diese Beweisführung ist bereits von verschiedenen Seiten als unzutreffend zurückgewiesen worden.[111]) Niemand wird bestreiten, daß gerade mit Rücksicht auf die Kürze der Schutzfristen eine möglichst schnelle Erledigung dieser Art von Prozessen notwendig und erstrebenswert ist;[112]) wenn aber z. B. Fuchs, Gemeingefährlichkeit, S. 136, behauptet, daß eine Dauer von mehr als 3 Monaten für Streitigkeiten über gewerbliche Schutzrechte nicht in unsere Zeit des schnellen Sichabspielens der wirtschaftlichen Vorgänge passe, so übersieht er die Eigenart, den Umfang und die Schwierigkeit dieser Sachen. Es muß immer

---

[110]) Leipziger Kongreßberichte, S. 28; andere haben diese Argumentation einfach nachgebetet! z. B. Stort, Mitt. v. Verband Deutscher Patentanwälte, 1909, S. 130.

[111]) Geh. OJR. Kübler, Leipziger Kongreßberichte, S. 53; Katz, das. S. 36; Drucker, Sächs. Archiv für Rechtspflege, 1908, S. 333.

[112]) Magnus, Reformbestrebungen, S. 45; Wertheimer, Leipziger Zeitschrift, 1908, S. 674.

und immer wieder darauf hingewiesen werden, daß in den meisten Patentprozessen die Heranziehung der Patenterteilungsakten erforderlich, aber häufig außerordentlich zeitraubend ist, daß die Parteien hier noch öfters, als sonst Vertagungen vereinbaren, — wogegen das Gericht absolut machtlos ist —, daß durch Besichtigungen von Anlagen, Anfertigungen von Zeichnungen und Modellen viel kostbare Zeit verloren geht, daß die Gerichte zum Teil dem guten Willen der Sachverständigen, die nach meinen früheren Ermittelungen in 13,2% der Fälle länger als 6 Monate und in 36,8% der Fälle länger als 3 Monate zur Erstattung ihres Gutachtens benötigten, auf Gnade und Ungnade ausgeliefert sind, daß also für die lange Dauer der Prozesse Umstände maßgebend sind, auf die die Gerichte überhaupt keinen Einfluß haben. Ist dies aber richtig — und eine sachliche Widerlegung ist bisher noch nicht einmal versucht worden — so folgt daraus, daß die Gerichte im Rahmen des bestehenden Rechts das Menschenmögliche geleistet haben, und daß auch bei einer gemischten Besetzung der Gerichte eine wesentliche Verbesserung nicht mehr zu erwarten ist. Die Wurzel des angeblichen Übels liegt eben nicht so sehr in der rein juristischen Besetzung der Gerichte, als in der Gestaltung des Verfahrens und der Regelung der Zuständigkeit; darüber wird unten näheres zu sagen sein. Daß aber auch bei gemischten Gerichten die Dauer der Prozesse keine kürzere sein wird, dafür spricht nicht nur die Vermutung, sondern dafür gibt es einen strikten Beweis: schon Wertheimer[113]) hat nachgewiesen, daß die Dauer der beim Patentamt anhängigen Nichtigkeits- und Zurücknahmeklagen hinter dem Durchschnitt der bei den Gerichten verhandelten Patent- und Gebrauchsmustersachen erheblich zurückbleibt; das Gleiche gilt für die neuesten zur Verfügung stehenden Zahlen:[114]) von den im Jahre 1909 zu erledigenden 582 Nichtigkeits- und 81 Zurücknahmeanträgen stammten 158 Nichtigkeits- und 17 Zurücknahmeanträge aus der Zeit vor 1908, so daß von 663 Sachen 175, d. h. 26,4 %, älter als 2 Jahre waren; von den im Jahre 1909 neu eingegangenen 255 Nichtigkeits- und 42 Zurücknahmeanträgen sind, nachdem 43 bzw. 18 vor der Entscheidung anderweit erledigt waren, nur 2 Nichtigkeitssachen und keine Zurücknahmesache von dem Patentamt im Jahre 1909 rechtskräftig entschieden worden. Man wird demnach für Nichtigkeitsklagen bis zur Entscheidung I. Instanz durchschnittlich mit einer Mindestdauer von $1^1/_2$ Jahren zu rechnen haben. Gilt dies schon von einer Behörde, die nicht nur glänzend

113) Leipziger Zeitschrift, 1908, S. 675.

114) Blatt für Patent-, Muster- und Zeichenwesen, 1910, S. 76.

eingearbeitet, sondern auch nicht in die Fesseln des Parteibetriebs und der Verhandlungsmaxime geschlagen ist, und die das beste Richtermaterial zur Verfügung hat, so erscheint es zweifellos, daß die gemischten Gerichte bedeutend langsamer arbeiten würden, als jetzt die rechtsgelehrten Gerichte.

Was von der I. Instanz gilt, — die bisher allein berücksichtigt ist, — ist auch von der II. Instanz zu sagen. Der Reichsdurchschnitt beträgt hier bei 100 kontradiktorischen Urteilen I. Instanz bis zur Verkündung des Urteils II. Instanz:

	weniger als 6 Monate	6 Monate bis 1 Jahr	1 Jahr und mehr
1906	46 %	32,3%	21,7%
1907	47,6%	31,0%	21,4%

Die Durchschnittsdauer der Berufungsinstanz für Patent- und Gebrauchsmusterprozesse betrug:[115])

	unter 6 Monate		unter 6 Monate bis 1 Jahr		1 Jahr und mehr	
bei den 15 Landgerichten	I	II	I	II	I	II
Preußens	64,4	55,74	28,5	34,43	7,1	9,83
in Sachsen	60	56,25	33,3	37,5	6,7	6,25
in Baden	—	16,7	—	66,7	—	16,6
in Hamburg	—	—	—	100,—	—	—

Mag sich sonach auch der Durchschnitt in Preußen verschlechtert haben, und in Baden und Hamburg noch nicht an den Reichsdurchschnitt herankommen (bei der geringen absoluten Zahl der Berufungen ist übrigens auch der Prozentsatz nicht recht maßgebend), so wird der Reichsdurchschnitt von Preußen und Sachsen doch bei weitem übertroffen; ganz besonders günstig schneidet das Kammergericht bei 39 kontradiktorischen Berufungsurteilen ab; die betr. Zahlen lauten: 56,41%, 30,77% und 12,82%!

Zusammenfassend kann gesagt werden: nach den Ergebnissen der Statistik besteht weder für die I., noch für die II. Instanz ein Bedürfnis für die Zuziehung tech-

[115]) Die Spalte I bedeutet wieder den Zeitraum vom 1. 1. 1905 bis 30. 6. 1907 und die Spalte II den vom 1. 7. 1907 bis 30. 6. 1909.

nischer Richter, da weder die Zahl der Sachen groß genug ist oder sein wird, noch ihre Dauer wesentlich abnehmen kann.

§ 6.

Vorbilder einer gemischten Gerichtsbarkeit.

I. Die Nichtigkeitsabteilung des Patentamts.

Die Vorschläge I, S. 10 führen aus: „Das Zusammenarbeiten der Juristen und Techniker im Patentamt habe sich glänzend bewährt. Gegen die Rechtsprechung der Nichtigkeitsabteilung des Patentamts seien Bedenken kaum laut geworden. Vor allem hätten sich die Techniker in durchaus befriedigender Weise in rechtliche Fragen eingearbeitet und das Patentamt arbeite durchaus gründlich und ohne bureaukratische Voreingenommenheit." Auch Damme, D.J.Z., 1908, S. 399 glaubt „Zeugnis für den Segen einer solchen gemeinschaftlichen Arbeit ablegen zu dürfen". Nicht minder ist auf den Kongressen des Deutschen Vereins verschiedentlich auf die glänzenden Erfahrungen hingewiesen worden, die man mit der Nichtigkeitsabteilung des Patentamts gemacht habe,[116]) wenngleich es an zweifelnden Stimmen nicht gefehlt hat.[117]) Es soll im folgenden gezeigt werden, daß, — worauf schon der Präsident des Kaiserl. Patentamts in Leipzig hingewiesen hat, — zwischen dem patentamtlichen Nichtigkeits- und dem ordentlichen Gerichtsverfahren keine Parallelen gezogen werden dürfen, da sie zu Fehlschlüssen führen müssen:

1. Beide Arten von Prozessen unterscheiden sich zunächst darin, daß im Nichtigkeitsverfahren die Frage zu prüfen ist, ob zurzeit der Anmeldung des Patentes eine Erfindung vorlag oder nicht, daß diese Frage aber gerade vor den ordentlichen Gerichten ausscheidet, sie vielmehr zu untersuchen haben, wie weit die Tragweite des erteilten Patents reicht, ob also das, was der Beklagte getan hat, eine Patentverletzung darstellt. Es mag Bolze[118]) zugegeben werden, daß tatsächlich beide Fragen sich sehr ähneln; rechtlich besteht jedoch zwischen ihnen ein wesent-

---

[116]) Vgl. Kölner Kongreßberichte, S. 38; Leipziger Kongreßberichte, S. 67.

[117]) Vgl. z. B. Katz, Leipziger Kongreß, S. 41/42 und Wertheimer, Leipziger Zeitschrift, 1908, S. 674.

[118]) Bolze, Entwurf einer Patentgesetznovelle, 1890, S. 90; derselbe, im Recht, 1908, S. 63.

licher Unterschied, der es nicht als einen innerlich „unbegründeten Widerspruch“ erscheinen läßt, daß die Nichtigkeits- von den Verletzungssachen getrennt und verschieden behandelt werden.[119]) Denn ob man das Verfahren vor der Nichtigkeitsabteilung als ein Verwaltungsstreitverfahren oder als ein reines Rechtsverfahren[120]) auffaßt, jedenfalls handelt es sich bei ihm um die Frage, ob ein Rechtsgut Gegenstand des Privatrechts eines einzelnen oder dem Gemeingebrauch frei gegeben ist, wie dies namentlich von Kohler, Handbuch, S. 811 und 812 und Jur. Lit. Bl. 1909, S. 2 näher dargelegt wird. Geprüft wird also, was der Gegenstand des Patentes ist; insofern stellt die Nichtigkeitsinstanz im wesentlichen eine Revisionsinstanz gegenüber dem Patenterteilungsverfahren dar; bei dem Klagegrund der widerrechtlichen Entnahme (§ 10, Ziffer 3 PG.) und der Zurücknahmeklage (§ 11 PG.) kommt allerdings eine Nachprüfung des Erteilungsverfahrens nicht in Frage; während man bei letzterer, wegen ihrer öffentlich-rechtlichen Natur, unbedenklich von einem Verwaltungsstreitverfahren wird sprechen können, ist das Patentanfechtungsverfahren auf Grund des § 10, Ziffer 3, für das ja auch nur der Verletzte antragsberechtigt ist (§ 28, Abs. II), ein reines Privatrechtsverfahren, wenn auch mit der Wirkung, daß das Patent der Allgemeinheit anheimfällt. Wie man sich zu der rechtlichen Konstruktion dieser Klagen auch stellen mag,[121]) das eine ist sicher, daß auch hier in erster Linie der Gegenstand, nicht der Umfang des Patents zu prüfen ist. Gerade in jüngster Zeit ist in der Wissenschaft die Verschiedenheit der Aufgaben des patentamtlichen Erteilungsverfahrens und des Gerichtsverfahrens immer schärfer betont worden; in Weiterbildung der reichsgerichtlichen Judikatur hat man immer mehr erkannt, daß der Gegenstand des Patents sich nicht deckt mit dem Schutzumfang des Patents und daß das Patentamt nur zuständig ist, zu prüfen und zu entscheiden, ob der Gegenstand der Anmeldung eine patentfähige Erfindung darstellt oder nicht, daß die rechtlichen Wirkungen

[119]) Vgl. auch von Stahl a. a. O., S. 254 und Schanze, a. a. O., S. 171 ff., 201 ff.

[120]) Ersteres nehmen besonders Kohler, Handbuch, S. 164, 364 f., 684, 795; Lehrbuch, S. 151; Hellwig, Lehrbuch der ZPO., I. 43, 17; Seligsohn, a. a. O., S. 209; Hüfner, GewRSchutz 1909, S. 355; Osterrieth a. a. O., S. 129, letzteres Klostermann, Patentgesetz, S. 200; Katz, J. d. Intern. V. 1898, S. 388; derselbe, Leipziger Kongreßberichte, S. 41; Wildhagen, das. S. 124 an.

[121]) Vergl. hierzu Weiblich, Rheinische Zeitschrift für Zivil- und Prozeßrecht, II., S. 43/44.

dagegen, die sich an die bejahende Entscheidung knüpfen, nicht das Patentamt, sondern der Prozeßrichter auf Grund des Gesetzes zu fixieren hat (so Schanze, Das Kombinationspatent 1910, S. 174; ähnlich vor ihm Isay, Mitteilungen vom Verbande Deutscher Patentanwälte 1909, S. 138). Dieser, nunmehr auch vom RG. am 9. II. 1910 (J. W. 1910, Nr. 37) angenommene Standpunkt muß aber weiter zu der Erkenntnis führen, daß auch zwischen dem Nichtigkeits- und dem Verletzungsverfahren ein innerlich begründeter Wesensunterschied besteht: denn bei ersterem handelt es sich nur um die gänzliche oder teilweise Beseitigung des Patents wegen Schutzunwürdigkeit; hier kann, wie Schanze treffend nachgewiesen hat, die Auslegung des Patents nur erfolgen, soweit sein Gegenstand, nicht auch, soweit sein Schutzumfang in Betracht kommt. Daraus erhellt aber ohne weiteres, daß das Nichtigkeitsverfahren in viel höherem Grade rein technische Kenntnisse und technisches Verständnis erfordert, als die Frage, wie weit sich der Umfang des Patents erstreckt; dies ist zweifellos eine Rechtsfrage und ihre Lösung ausschließlich Aufgabe des Richters.[122]) Die innere Rechtfertigung für diese Erscheinung liegt wohl darin, daß im Nichtigkeitsverfahren eine Frage des öffentlichen Rechts geprüft, nicht aber die Abgrenzung zweier Privatrechte voneinander vorgenommen wird.[123]) Trotzdem kann weder die Erteilung, noch die Nichtigkeitserklärung eines Patents — wie es neuerdings Thoma in seinem Gutachten zu diesem Juristentag Bd. I, S. 104 im Anschluß an Laband u. a. getan hat — als Verwaltungsakt bezeichnet werden; seine auf dieser Grundanschauung fußenden Folgerungen sind deshalb grundsätzlich abzulehnen (s. unten S. 426). Die Nichtigkeitsklage ist keine auf

[122]) Vergl. die treffenden Ausführungen bei Gülland, Erfindungs- und Patentsachen, 1909, S. 284; Schanze, a. a. O. S. 181, 191, bes. S. 217, 219, 221.

[123]) Nur eine Konsequenz dieser Auffassung ist die S. 322 bereits erwähnte Entscheidung des Reichsgerichts vom 7. 6. 1899, (Bd. 33 S. 149), durch welche ausdrücklich dem Patentamt die Befugnis abgesprochen wird, über die Abhängigkeit eines Patents zu erkennen. Heißt es doch dort ausdrücklich: „Die Abhängigkeit interessiert nur die beiden Patentinhaber ... eine Klage, welche lediglich die Rechtsverhältnisse zweier Personen zueinander zu entscheiden und zu regeln bestimmt ist, überläßt man nach den elementarsten Grundsätzen des Privatrechts der Verhandlung zwischen diesen Personen." — Deshalb sind auch die Bestrebungen, ein besonderes Abhängigkeitsverfahren zu schaffen, wie sie auf dem Düsseldorfer Kongreß 1907 zutage getreten sind, von allem Anderen abgesehen, vom Rechtsstandpunkt aus zu verwerfen. (Düsseldorfer Kongreßberichte, S. 95—111.)

Sonderrecht beruhende Anspruchs-, sondern eine allgemeine Persönlichkeitsklage.[124]) Ein praktischer Unterschied zeigt sich darin, daß das Urteil der ordentlichen Gerichte Rechtskraft nur zwischen den Parteien schafft, während die Nichtigkeitserklärung eines Patentes absolute Wirkung gegenüber allen hat.[125])

Sind sonach die Aufgaben, die einerseits der Nichtigkeitsabteilung des Patentamts und andererseits den Gerichten obliegen, verschiedene, so ist damit auch ein Grund gegen eine Vereinigung der Nichtigkeits- und Verletzungssachen an einer Stelle als I. Instanz dargetan. Weiter müßten bei einer solchen Vereinigung die jetzt vor das Patentamt gehörigen Nichtigkeits- und Zurücknahmesachen diesem entzogen werden.[126]) Dies wäre im höchsten Grade zu bedauern: denn einerlei, ob die Auffassung juristisch und für alle Fälle zutrifft, daß die Nichtigkeitsabteilung gewissermaßen letzte oberste Instanz denjenigen Abteilungen gegenüber ist, die über die Erteilung des Patents zu entscheiden haben, — tatsächlich hat sie diese Bedeutung; damit ist ihr ein gewichtiger Einfluß auf die Rechtsprechung der Anmeldeabteilungen eingeräumt, der sehr zum Schaden des Patentamts wegfallen würde, wenn die Nichtigkeitsentscheidungen von einer anderen Stelle ausgingen, als eben dem Patentamt selbst. — Man führt nun weiter ins Feld, daß der jetzige Zustand, nach welchem der Einwand der Nichtigkeit eines Patents im Verletzungs-, wie überhaupt im Gerichtsverfahren nicht erhoben werden könnte, unhaltbar sei.[127]) Diesen sog. Mißstand glaubt man dadurch beheben zu können, daß man die Entscheidung über die Nichtigkeitsklagen demselben Richter überträgt, der über die Verletzungsklagen zu entscheiden hat. Da man aber, wohl mit Recht, dem ordentlichen Richter die Entscheidung über die Nichtigkeitsklagen oder den Nichtigkeitseinwand nicht anvertrauen will, so beabsichtigt man, beide Entscheidungen in die Hand eines gemischten Gerichts zu legen.

---

[124]) So Kohler, Lehrbuch S. 152.

[125]) Die Abweisung der Nichtigkeitsklage wirkt allerdings auch nur inter partes.

[126]) So Isay, Patentgerichte, S. 28 in Erwartung gemischter Gerichte; Wertheimer, Leipziger Zeitschrift, 1908, S. 678 will sogar die Nichtigkeits- und Zurücknahmesachen den ordentlichen Gerichten überweisen.

[127]) Bolze, Patentgesetznovelle, S. 92; Osterrieth, Kölner Kongreß, S. 15; Magnus, J. W. 1907, S. 666 Anm.; Vorschläge II, 19; Wirth, G. R. Schutz 1908, S. 210; Isay, Gerichtsbarkeit, S. 28; auch Schanze, a. a. O. S. 225 meint, die Zulassung der Geltendmachung der Nichtigkeit durch Einrede oder Widerklageantrag habe vieles für sich.

Bei der Bedeutung, die ein Patent für das ganze Gebiet des Deutschen Reichs habe und bei der absoluten Wirkung der Nichtigkeitserklärung könnte selbstverständlich dieses Gericht nur ein zentraler gemischter Patentgerichtshof sein! Ich erachte diese Deduktion nicht für stichhaltig: Denn nach der Statistik, die auch hier eine Rolle spielt, sind im Jahre 1909 nur 48 Patente gänzlich und 20 teilweise vernichtet worden; in ebenfalls 68 Fällen hat sich der Nichtigkeitsantrag als unbegründet erwiesen! Würde man nun den Nichtigkeitseinwand im Verletzungsverfahren zulassen, so würde die Zahl der haltlosen Nichtigkeitsangriffe erheblich wachsen, die Sicherheit des Patentschutzes damit abnehmen und das Verfahren verlangsamt werden. Auch durchführbar scheint der Vorschlag nicht, da ein zentraler Patentgerichtshof, wie noch weiter zu zeigen ist, für die I. Instanz nicht zu erreichen ist. — Einen Vermittelungsvorschlag hat Bolze gemacht:[128]) er will eine Nichtigkeitsklage nicht nur zur Wahrung des öffentlichen Interesses, sondern auch zur Wahrnehmung rechtlicher Interessen einzelner mit Wirkung nur zwischen den Parteien einführen. Die ersterwähnten Klagen sollten, wie bisher, beim Patentamt (und Reichsgericht), aber durch einen besonderen öffentlichen Beamten, erhoben werden und, wie bisher, absolute Wirkung haben. Die letzteren sollten von der Partei, die sich vor dem Zivil- oder Strafrichter wegen Verletzung eines Patents zu verantworten oder eine Verfolgung zu befürchten hat, nur mit Wirkung inter partes vor den ordentlichen — dann aber mit Juristen und Technikern besetzten — Gerichten angestrengt werden können. Syring[129]) hat diesen Vorschlag, der auch zur Entlastung des Reichsgerichts führen sollte und würde, als „in hohem Grade erwägenswert" und auch Peters[130]) ihn als „sehr sympathisch" bezeichnet. Auf dem Leipziger Kongreß ist der von der Kommission diesbezüglich gemachte Vorschlag[131]) (s. oben S. 326, Nr. 14) von der Tagesordnung abgesetzt worden, „da die Sache noch nicht genügend geklärt sei".[132]) Im Gegensatz zu den genannten Autoren kann Verfasser dem Vorschlag nicht zustimmen. Daß er nach den oben gemachten Ausführungen der Rechtskonstruktion zuwiderlaufen würde, sei nur nebenbei

---

[128]) Vergl. Bolze, Recht 1908, S. 64 und 362; vergl. Vorschläge II. S. 15.

[129]) Gutachten zum 28. D. J. T., III. S. 142; zustimmend Düringer, D. J. Z., 1909, S. 1108.

[130]) Verhandlungen des 28. D. J. T., V. S. 709.

[131]) Vorschläge II. S. 18.

[132]) Leipziger Berichte, S. 27.

erwähnt; wesentlich spricht gegen ihn, daß dann eine Konkurrenz des patentamtlichen und gerichtlichen Nichtigkeitsverfahrens eintreten würde, die die verstärkte Gefahr einer zwiespältigen Rechtsprechung, einerseits des Patentamts und der Gerichte, andererseits der einzelnen Gerichte unter einander in sich schließen würde; hat doch aber gerade die Besorgnis dieser Gefahr zu der Forderung geführt, die Landgerichte ohne Rücksicht auf den Wert des Streitgegenstandes für Sachen des gewerblichen Rechtsschutzes ausschließlich zuständig sein zu lassen, um nur auf jede Weise die Revisibilität der Sachen zu erreichen (s. Kapitel III, § 1).

2. Können sonach die Erfahrungen, die mit der rechtsprechenden Tätigkeit der Nichtigkeitsabteilung gemacht sind, schon infolge der Verschiedenheit der Zuständigkeit, sowie der Verschiedenheit des zu beurteilenden Prozeßstoffes nicht für das Verfahren vor gemischten Gerichten maßgebend sein, so stehen der Vorbildlichkeit der Nichtigkeitsabteilung weitere praktische Bedenken entgegen, die sich aus der Verschiedenheit der beiderseitigen Verfahren ergeben.

Würde man — wie man es zuerst für wünschenswert hielt (s. Vorschläge I, S. 5—14) — einen gemischten zentralisierten Patentgerichtshof schaffen, so müßte man für ihn ein Verfahren bestimmen, das demjenigen vor der Nichtigkeitsabteilung ähnelt und nahe kommt; man würde dann für reine Privatrechtssachen ein öffentlich-rechtliches Verfahren einführen und damit einen weiteren Schritt auf der Bahn der Sonderheiten für diese Sachen tun müssen; eigentümlicherweise findet sich in der bisherigen Diskussion diese Notwendigkeit nirgends auch nur angedeutet; sie würde aber umsomehr eintreten, als eine und dieselbe Behörde nicht das eine Mal das gewöhnliche Zivilprozeßverfahren, das andere Mal das Verwaltungsrechtsverfahren anwenden könnte, zumal, wenn es sich um dasselbe Patent, vielleicht sogar um denselben Prozeß handelte! Andernfalls könnten auch, je nach der Anwendung des einen oder anderen Verfahrens, die Ergebnisse der Prozesse verschieden ausfallen!

Würde man dagegen die gemischten Patentkammern den bestehenden Landgerichten angliedern, so daß also nur die Besetzung der Gerichte geändert und ihre Kompetenz gegebenenfalls durch Überweisung der Nichtigkeits- und Zurücknahmesachen erweitert würde, so müßte das ordentliche Prozeßverfahren vor diesen Gerichten, die dann reine Justizgerichte sein würden, Platz greifen! Und nun erwäge man, ob man auf solche Gerichte, unter der Geltung der jetzigen oder auch einer revidierten Zivil-

Prozeßordnung, die Erfahrungen des geltenden Nichtigkeitsverfahrens übertragen kann. Dies ist zu verneinen:

Was dem Verfahren vor der Nichtigkeitsabteilung seinen unleugbaren Vorsprung vor dem ordentlichen Gerichtsverfahren gibt und gerade auf die öffentlich-rechtliche Natur des ersteren zwingend hinweist, ist die Untersuchungsmaxime und der Amtsbetrieb. Solange wir in Sachen des gewerblichen Rechtsschutzes die Verhandlungsmaxime und den Parteibetrieb haben, solange insbesondere, — worauf schon oben S. 341 hingewiesen ist, — der Ausübung des richterlichen Fragerechts Schranken gesetzt sind und gesetzt sein müssen, solange werden wir unter denselben Erscheinungen zu leiden haben, die das gewöhnliche Zivilprozeßverfahren so sehr erschweren.[133]) Sind im gerichtlichen Verfahren Terminsverlegungen gerade in Patentsachen an der Tagesordnung,[134]) so sind sie bei dem patentamtlichen Verfahren eine Seltenheit und werden regelmäßig nur bewilligt, wenn sie von beiden Parteien gestellt und sachlich begründet werden.[135]) Eine erhebliche Beschleunigung der Prozesse würde wohl möglich sein, falls die Gerichte, wie das Patentamt, die Termine erst dann anzuberaumen hätten, wenn sie die Sachen als genügend geklärt erachten, um in die mündliche Verhandlung einzutreten, oder wenn wenigstens die unnützen „Ladungen zur Aufmunterung" unterbleiben würden.[136]) Dies wird selbstverständlich auch bei den gemischten Gerichten nicht mehr oder weniger, als bei den ordentlichen Gerichten, zu erreichen sein. Ferner werden die Gerichte, — worauf Degen, a. a. O., S. 19 besonders hinweist, — mit sogenannten „vorbereitenden Schriftsätzen" geradezu überschwemmt, die z. T. nicht anders, denn als „verzögerliche

---

[133]) Vergl. des Verfassers Aufsatz: Beschleunigung der Patentprozesse, GewRSchutz 1907, S. 156 ff.; zustimmend: Z. Ind. R. 1907, S. 149 und Magnus, J.W. 1907, S. 665 ff., das. 667.

[134]) In der ersten preußischen Statistik über die Sachen des gewerblichen Rechtsschutzes ist auch die Zahl der stattgehabten Termine eingehend geprüft worden; dabei wurden die Vertagungen von amtswegen und auf Antrag der Parteien unterschieden; es wurde festgestellt, daß die Zahl der Termine in 6 von den ca. 900 Prozessen mehr als 14 betrug, daß aber in je einer Sache 14, 15 und mehr als 20 und in 2 Sachen 19 Vertagungen auf Antrag der Parteien stattfanden! In keiner der geprüften Sachen haben mehr als 5 mündliche Verhandlungen stattgehabt! Es konnte weiter ermittelt werden, daß sich durchschnittlich die Patent- und Gebrauchsmustersachen in 3—4 Terminen erledigen lassen. An sich ist dieses Ergebnis für das Verfahren vor den ordentlichen Gerichten als außerordentlich günstig zu bezeichnen.

[135]) Seligsohn, a. a. O., § 30, Anm. 5.

[136]) S. des Verf. Anm. 133 genannten Aufsatz, S. 158.

Schriftsätze" bezeichnet werden können. Das Verfahren vor dem Patentamt dagegen kennt keine „vorbereitenden Schriftsätze" im rechtstechnischen Sinne; es ist schriftlich, die Schriftsätze haben den Charakter prozessualer Erklärungen[137]) und werden deshalb vorsichtiger, weniger umfangreich und in geringerer Zahl abgefaßt! — Ferner kennt das Nichtigkeitsverfahren keinen Anwaltszwang und kann ihn „als Verwaltungsstreitverfahren mit seinem Zwecke, in viel stärkerem Maße, als für den Zivilprozeß geboten ist, nicht formelles, sondern materielles Recht ... zu schaffen",[138]) nicht kennen; dadurch wird das Gericht, so unentbehrlich auch sachlich der Anwaltszwang gerade hier ist, (vgl. Kap. III, § 3) in seinen Dispositionen viel abhängiger von den Rechtsberatern der Parteien, als es die Nichtigkeitsabteilung ist! — Und wenn Robolski[139]) 1890 sagen konnte, ein Rückblick auf die bisherige Praxis zeige, „daß das Verfahren vor der Abteilung VII (späteren Nichtigkeitsabteilung) im Laufe der Zeit eine Entwickelung genommen habe, welche, wie es scheine, von dem ursprünglichen Plan des Gesetzes sich entferne, indem anstelle der Offizialbehandlung des Nichtigkeitsprozesses das Bestreben hervortrete, dem freien Bestimmungsrecht der Behörde Schranken aufzuerlegen und die Entscheidung mehr und mehr allein von dem Prozeßbetrieb der Parteien abhängig zu machen", so dürfte die neuere Praxis des Patentamts sich dem Willen des Gesetzgebers wieder bedeutend genähert haben (vgl. Damme, Deutsches Patentrecht, 1906, S. 463 ff.). Nur dadurch, daß den Parteien eine Verfügung über den Prozeßstoff im Nichtigkeits- und Zurücknahmeverfahren nicht zusteht (vgl. RG. v. 9. 10. 1909, E. 71, S. 440), ist es auch ermöglicht, der objektiven Wahrheit näher zu kommen, als es im ordentlichen Zivilprozeßverfahren zu erreichen ist. Gerade hierin dürfte ein wichtiger Grund für die größere Zufriedenheit der Interessenten mit der Rechtsprechung des PA., als der der Gerichte liegen.

Die vorstehenden Ausführungen lassen erkennen, daß man die günstigen Erfahrungen, die man mit dem Verfahren vor dem Patentamt gemacht hat, nicht ohne weiteres auch für gemischte Gerichte erwarten darf, weil diese eben jenes Verfahren nicht anwenden können. Wichtiger als eine gemischte Besetzung der ordentlichen Gerichte für die einschlägigen Sachen wäre daher die Schaffung eines anderen, sich dem

---

[137]) Kohler, Handbuch, S. 832.

[138]) Vergl. Schultzenstein, Gutachten zum 28. D. J. T., II. S. 25.

[139]) Theorie und Praxis des deutschen Patentrechts, S. 160.

Nichtigkeitsverfahren anschließenden Verfahrens für sie. Jedenfalls ist bei Ungleichheit der Tätigkeiten des Patentamts und der ordentlichen Gerichte ein Vergleich unzulässig, weil irreführend.

II. Das Beispiel Österreichs und Ungarns.

Die Befürworter der Sondergerichtsbarkeit weisen mit Vorliebe auf das Beispiel des österreichischen Patentamts hin, in welchem ihrer Ansicht nach ihre Wünsche zu einem guten Teil erfüllt seien.[140]) Tatsächlich hat auch der Präsident des österreichischen Patentamts, Dr. Ritter Beck von Mannagetta-Wien, auf dem Leipziger Kongreß (Kongreßberichte, S. 83) des näheren ausgeführt, daß „auf dem gesamten Gebiete des Patentrechts im Patentamt mit den Technikern ausgezeichnete Erfahrungen gemacht worden sind" und daß das Patentamt ohne die Techniker, die er als „das Gewissen des Richters" bezeichnet hat, nicht arbeiten könnte; gleiches gelte auch für den Patentgerichtshof. Es ist deshalb zu prüfen, ob tatsächlich das österreichische Verfahren für die deutschen Verhältnisse vorbildlich sein kann; im übrigen kann wegen der Schilderung der einschlägigen Zuständigkeitsverhältnisse in Österreich auf das Gutachten des Herrn Ritter von Stahl (a. a. O. S. 218 ff., namentlich S. 222 ff.) Bezug genommen werden.

Österreich hat bekanntlich, ebenso wie Deutschland, das gemischte Vorprüfungssystem angenommen. Der Wirkungskreis des Patentamts wird durch § 33 des Patentgesetzes bestimmt, dessen Absatz I lautet:

> „Die Erteilung, die Rücknahme, Nichtigerklärung, Aberkennung und Abhängigerklärung, die Entscheidung über die relative Wirkungslosigkeit eines Patentes (§ 9), dann die Entscheidung über Feststellungsanträge (§ 111) und Lizenzeinräumung (§ 21), sowie alle Eintragungen in das Patentregister erfolgen durch das Patentamt."

Danach ist der Wirkungskreis des Patentamts in Österreich rechtlich ein bedeutend weiterer, als bei uns (der Kreis der Verwaltungsaufgaben des Amts kommt hier nicht in Betracht). Das Amt hat in seiner Nichtigkeitsabteilung nicht nur öffentlich-rechtliche Entscheidungen, sondern auch solche rein privatrechtlicher Natur zu treffen. Die Nichtigkeitsabteilung ist besetzt mit 2 rechtskundigen und 3 fachtechnischen Mitgliedern (§ 37, Abs. 2); beide Arten von Mitgliedern können ständige und nichtständige sein; der Vorsitzende ist ein Jurist. Berufungsinstanz ist der Patentgerichtshof (§ 39, Abs. 4 und § 41), der gebildet wird „aus einem Präsidenten oder einem Senatspräsidenten des Obersten Gerichts- und Kassations-

---

[140]) Vgl. u. A. v. Schütz, GewRSchutz, 1908, S. 302.

hofes als Präsidenten und Vorsitzenden, einem Rate des Handelsministeriums, 2 Hofräten des Obersten Gerichts- und Kassationshofes oder deren Stellvertretern und aus 3 fachtechnischen Mitgliedern."

Um sich ein Bild über den tatsächlichen Umfang der Geschäftstätigkeit der österreichischen Nichtigkeitsabteilung machen zu können, seien folgende Zahlen aus der Statistik des Jahrzehnts 1899—1908[141]) angeführt:

	Patentanmeldungen (ohne Privilegien)	Patenterteilungen	Am Jahresschluß in Kraft gebliebene Patente	Gestellte Anträge auf: Nichtigerklärung	Rücknahme	Aberkennung	Vorbenutzungsrecht (§ 9)	Erteilung ein. Zwangslizenz	Feststellung	Abhängigkeitserklärung	Zusammen
1899	6 491	889	889	—	—	—	—	—	—	—	—
1900	6 409	2 457	3 121	2	—	—	1	—	2	—	5
1901	6 673	3 404	5 506	4	—	—	—	—	2	—	6
1902	6 780	4 130	7 859	13	—	1	—	—	8	1	23
1903	6 726	4 440	9 738	16	—	3	1	—	6	—	26
1904	6 792	4 120	10 979	9	2	—	—	—	10	5	26
1905	6 966	4 060	12 152	18	1	3	—	—	17	1	40
1906	7 886	4 100	13 243	16	1	1	7	—	7	—	32
1907	8 258	4 500	14 680	20	6	1	1	—	20	3	51
1908	8 480	4 450	15 642	24	1	1	—	1	27	2	56
Summe	71 461	36 550	—	122	11	10	10	1	99	12	265

265

Hiernach hatte die Nichtigkeitsabteilung des österreichischen Patentamts mit ihrem erweiterten Wirkungskreis in 10 Jahren 265 Anträge zu entscheiden gegenüber 255 Nichtigkeits- und 42 Zurücknahme-, also zusammen 297 Anträgen, die im Laufe des einen Jahres 1909 bei dem deutschen Patentamt eingegangen sind! Wenn auch die Zahl der am Jahresschluß 1908 bestehenden österreichischen Patente nur 15 642, die der Ende 1909 bestehenden deutschen Patente 40 376 betragen haben mag, so ist doch auch der Prozentsatz der gegen österreichische Patente erhobenen Nichtigkeits- und Zurücknahmeklagen mit 0,153 bezw. 0,070, bedeutend geringer, als der für das deutsche Reich sich auf 0,631 bezw. 0,104 stellende![142]) Man wird die österreichischen Zahlen unschwer aus dem niedrigeren Stande der österreichischen Industrie erklären können. Bringt man jedoch, um einen richtigen Maßstab zu gewinnen, diejenigen Prozesse in Abzug,

[141]) Vergl. Österreichisches Patentblatt, 1909, S. 359 ff.

[142]) Kohler hat schon im Handbuch, S. 34 darauf hingewiesen, daß die Zahl der Patentprozesse, zu denen in diesem Sinne ja auch die Nichtigkeitsklagen zu rechnen sind, weniger auf die Mangelhaftigkeit des Patentschutzverfahrens hinweist, denn als Zeichen ungeahnten Fortschrittes und ungeahnter Rührigkeit anzusehen ist.

die auch in Deutschland von der Nichtigkeitsabteilung zu entscheiden gewesen wären, nämlich die 122 Nichtigkeits- und 11 Rücknahmeanträge, so blieben für 10 Jahre nur 133 Sachen übrig, welche in Deutschland zur Kompetenz der ordentlichen Gerichte gehört hätten, also nicht einmal so viel, als im Jahre 1908 allein von der zuständigen Patent-Zivilkammer des Landgerichts I Berlin zu erledigen waren! Schon diese Zahlen zeigen, daß das Beispiel Österreichs für Deutschland mit seiner soviel höheren Anzahl von Patentprozessen (zu denen doch auch noch die über Gebrauchsmuster kommen) nicht maßgebend sein kann.

Es kommt hinzu, daß nach österreichischem Recht die Inanspruchnahme der ordentlichen Gerichte in Patentsachen durch die obengenannten Vorschriften des Patentgesetzes nicht ausgeschaltet wird. Abgesehen davon, daß, wie in Deutschland, sämtliche Patentverletzungsklagen vor die ordentlichen, und zwar die mit der Handelsgerichtsbarkeit betrauten, Gerichte gehören (§ 96 PG.), welche ebensowenig, wie die deutschen, gemischte Gerichte sind, lassen auch die Vorschriften des Patentgesetzes eine Verhandlung anderer Patentsachen vor den ordentlichen Gerichten zu; dies gilt namentlich von den neben der Aberkennungsklage des § 29 Patentgesetzes vor den Zivilgerichten verfolgbaren kontraktlichen und deliktischen Aussprüchen auf Übertragung des Patents.[143]) Sodann gehört zwar die Abhängigkeitserklärung zur Kompetenz der Nichtigkeitsabteilung, doch können auch die ordentlichen Gerichte über diese Frage dann entscheiden, wenn der Verletzungskläger die Klage darauf stützt, daß der Beklagte, wenn er sein eigenes Patent ausübe, des Klägers Patent verletze, weil Abhängigkeit auch ohne Abhängigkeitserklärung bestehe, — sowie dann, wenn der Beklagte einwendet, sein zwar für abhängig erklärtes Patent sei unabhängig von dem des Klägers.[144]) Endlich bietet der § 111 des Patentgesetzes die Möglichkeit, daß auch die Gerichte sich mit Feststellungsanträgen zu befassen haben:[145]) Während Beck von Mannagetta[146]) aus dem Gesetzestext

[143]) Dr. Ritter Beck von Mannagetta, Das neue österreichische Patentgesetz, 1897, S. 23; Dr. L. Munk, Das österreichische Patentgesetz, 1901, S. 139.

[144]) Munk, a. a. O., S. 141; s. auch Engländer, M. & W. 1910, S. 112 ff.

[145]) § 111, der spezifisch österreichischen Ursprungs ist und für dessen gesetzgeberischen Gedanken Kohler, Handbuch, S. 371 ein entschiedenes Bedürfnis anerkennt, lautet:

„Es ist jedermann gestattet, durch Entscheidung feststellen zu lassen, daß Erzeugnisse, welche er herstellen, in Verkehr bringen oder gebrauchen will, oder ein Verfahren, welches er anzuwenden beabsichtigt, weder

folgert, daß das Betreten des gerichtlichen Weges mit Feststellungsklagen auf Grund der ZPO. überhaupt ausgeschlossen sei, vertritt Munk[147]) den Standpunkt, daß „die selbst aus meritorischen Gründen erfolgte Abweisung des Feststellungsantrages der gerichtlichen Entscheidung nicht präjudiziert.“ Schließt man sich der letzteren Ansicht an, so können auch die Gerichte in die Lage kommen, über Feststellungsklagen zu entscheiden; auch kann dem Feststellungsantrag vor dem Patentamt noch die Einrede der Rechtshängigkeit eines Eingriffsstreites entgegengesetzt werden.[148]) Das österreichische Patentamt besitzt also jedenfalls nicht die ausschließliche Kompetenz für die Auslegung von Patenten und der österreichische Gesetzgeber hat sogar, wie von Stahl, a. a. O., S. 256 dargelegt hat, „für die Entscheidung der Frage, ob ein Erzeugnis oder ein Verfahren unter den Schutzbereich eines Patentes fällt, dem Gericht den Vorrang eingeräumt.“ Dies bringt die Möglichkeit widersprechender Erkenntnisse der Gerichte und der Patentbehörden über die Grenzen der Wirksamkeit eines Patentes gegenüber derselben technischen Erscheinung[149]) in bedeutend verstärktem Maße mit sich, als es in Deutschland möglich wäre!

Nach Mitteilungen, welche der Verfasser den Herren Ministerialsekretär im K. K. Patentamt und Privatdozenten Dr. Adler-Wien und Patentanwalt Karmin-Wien verdankt, läßt sich die Zahl der bei den ordentlichen Gerichten anhängigen Patentprozesse aller Art auch nicht einigermaßen sicher feststellen; die Zahl der vor den Gerichten verhandelten Patentsachen, welche nicht Eingriffsstreitigkeiten betreffen, soll ver-

---

ganz, noch teilweise unter ein von ihm bestimmt zu bezeichnendes Patent fallen.“

Absatz 4 dieses § bestimmt:

„Die rechtskräftige Entscheidung, daß ein bestimmtes Erzeugnis oder Verfahren nicht unter ein bestimmtes Patent fällt, schließt jeden gerichtlichen Schritt des Patentinhabers gegen denjenigen, der die Feststellungsentscheidung erwirkte, wegen Eingriffes hinsichtlich des in der Entscheidung bezeichneten Erzeugnisses oder Verfahrens aus.“

[146]) a. a. O., S. 131.

[147]) a. a. O., S. 404.

[148]) S. § 111, Abs. 3; allerdings ist nach einer Entscheidung des österreichischen Patentgerichtshofes v. 30. III. 1909 ein Feststellungsantrag nur dann unzulässig, wenn vorher eine Eingriffsklage wegen Verletzung des in Betracht kommenden Patentes gegen den Feststellungswerber selbst erhoben worden ist; vergl. Österreichisches Patentblatt, 1909, S. 901.

[149]) S. österr. Patentgerichtshof, a. a. O. und Entscheidung v. 28. 10. 1909, das., S. 1108.

schwindend gering sein.[150]) Berücksichtigt man dies und erwägt man, daß bei der zweifellos größeren Zahl der Patentstreitigkeiten in Deutschland divergierende Entscheidungen bedeutend häufiger vorkommen müßten und bedeutend gefährlicher wirken würden, so wird man die Einführung des österreichischen Systems für Deutschland nicht befürworten können;[151]) umso weniger, als auch dort sich das patentamtliche Verfahren in den meisten Fällen nicht schneller abwickeln soll, als das Verfahren vor den ordentlichen Gerichten, trotzdem beim patentamtlichen Verfahren nur zwei, beim gerichtlichen Verfahren drei Instanzen vorgesehen sind; eine Statistik hierüber besteht nicht.

Das gleiche gilt von Ungarn, dessen Patentgesetz vom 7. VII. 1895 sich an das deutsche anlehnt und dem österreichischen unmittelbar vorangegangen ist: Auch das ungarische Gesetz beruht grundsätzlich auf dem Vorprüfungs- und Aufgebotssystem, so zwar, daß die Neuheit nicht von Amts wegen geprüft wird, sondern nur, wenn auf Grund eines Einspruchs die Nichtneuheit gerügt wird (§§ 33 und 35). Das ungarische Patentamt besteht aus zwei Abteilungen, der Anmelde- und der Gerichtsabteilung; letztere entscheidet unter dem Vorsitz des Präsidenten oder seines Stellvertreters in einem aus zwei zum Richteramt befähigten und zwei technischen Mitgliedern des Patentamts bestehenden Fünfersenat; sie ist für die Prozesse auf Nichtigkeitserklärung und Entziehung von Patenten, sowie ferner nach § 57 dann zuständig, wenn jemand die Einreichung irgend einer Eingriffsklage befürchtet und durch Entscheidung der Patentbe-

---

[150]) Patentanwalt Karmin hat liebenswürdigerweise umfassendste Ermittelungen bei allen Gerichten der im Reichsrate vertretenen Königreiche und Länder, bei sämtlichen in Patentsachen meist beschäftigten österreichischen Advokaten, sowie bei der statistischen Zentralkommission des K. K. Justizministeriums veranstaltet, jedoch nur feststellen können, daß bisher österreichische Zivilgerichte nur in 4 Fällen eine Entscheidung über die in Eingriffsstreitigkeiten aufgeworfene Vorfrage der Rechtsgültigkeit eines Patents entschieden haben (2 davon sind veröffentlicht im österreichischen Patentblatt 1903, S. 942 und 952, 1907, S. 152); von den Strafgerichten sind sogar nur 2 Fälle dem Patentamt mitgeteilt worden, in denen sie dieselbe Vorfrage auf Grund des § 107 österr. Pat.-Ges. zu entscheiden hatten; doch soll die effektive Zahl dieser Fälle zweifellos größer sein; mein Gewährsmann hat selbst 5 ermittelt.

[151]) Es darf auch nicht verschwiegen werden, daß in den Fällen, in denen eine konkurrierende Zuständigkeit der Gerichte und des Patentamts besteht, dem letzteren nicht deshalb der Vorzug gegeben werden soll, weil es mit Technikern besetzt ist, sondern deshalb, weil diese Techniker das Patentwesen als solches infolge ihrer Praxis besser verstehen, als die sonst damit zu befassenden Gerichte.

hörden feststellen lassen will, daß der von ihm hergestellte oder benutzte Gegenstand oder das Verfahren gegen irgend ein von ihm zu bezeichnendes Patent nicht verstößt.[152]) Die Berufung gegen die Entscheidungen der richterlichen Abteilung geht an den in der Besetzung von vier richterlichen und zwei technischen Mitgliedern unter Vorsitz des Präsidenten gebildeten „Patentsenat"; auch die Beschwerden gegen die abweisenden Beschlüsse der aus zwei technischen und einem richterlichen Mitglied bestehenden Anmeldeabteilung gehen an die Gerichtsabteilung, die sonach I. und II. Instanz zugleich ist. Im übrigen gehören die Klage auf Anerkennung des Patentrechts, auf Einstellung des Eingriffs und auf Schadenersatz wegen unbefugter Benutzung (§ 58), ferner die Feststellungsklage des Vorbenutzers (§ 12), die Klage auf Entschädigung im Falle der Enteignung des Eigentums (§ 14), die Klage auf den Gegenwert der Patentübertragung oder die Lizenzgebühr (§ 10 und 11), die Klage aus der Gemeinsamkeit des Patents (§ 11) und endlich die auf das Eigentumsrecht aus dem Patent (§ 59) vor die ordentlichen Zivilgerichte, und zwar nach § 59 vor die Landgerichte als Handelsgerichte. Hiernach ist also die Zuständigkeit des ungarischen Patentamts eine weit begrenztere, als die des österreichischen Patentamts. Die Anmeldeabteilung und richterliche Abteilung haben sich durchaus bewährt; jedoch soll nicht dasselbe von dem Patentsenat gelten, in dem nur ein einziges fachmännisches Mitglied, nämlich der Präsident selbst, tätig ist; es wird darüber geklagt, daß sich infolgedessen weder ein inniges Zusammenarbeiten, noch eine vollständige Vertiefung in die Materie des Patentrechts herausbilden könne; man geht deshalb auch in Regierungskreisen daran, den Patentsenat in seiner jetzigen Organisation zu ändern. — Nach Mitteilungen, die Herr Advokat Richard Szirmai, Budapest in Gemeinschaft mit Herrn Ministerialrat Dr. Kosá dem Verfasser zur Verfügung gestellt hat, läßt sich eine Statistik über die vor den Zivil- und Strafgerichten verhandelten Patentprozesse auch nicht annähernd aufstellen; ihre Zahl soll gering sein; auf Grund des § 57 sind in den Jahren 1896 bis 1908 Feststellungsanträge vorgebracht worden in: 5, 5, 5, 2, 8, 7, 7, 10, 10, 8, 10, 7 und 9, zusammen 93 Fällen, oder in 13 Jahren durchschnittlich jährlich etwa in 7 Fällen! Über Schwierigkeiten bei der Erhebung von Sachverständigenbeweisen sind Klagen nicht laut geworden; im allgemeinen lassen sich geeignete Sachverständige unschwer finden; jedoch haben sie, wie die genannten Herren erklären, in

---

[152]) Dieser Paragraph bildet also offensichtlich das Vorbild des österreichischen § 111.

der Regel die Neigung, über ihr Amt hinaus zu gehen und den Fall als Richter selbst entscheiden zu wollen! — Da auch das Verfahren vor dem Patentamt das ordentliche Handelsverfahren ist, so ist die Dauer der Prozesse vor dem Patentamt und vor den Gerichten im allgemeinen die gleiche; sie kann auf etwa 1—2 Jahre, je nach der Schwierigkeit des Falles, angegeben werden. Es bedarf nach dem für Österreich Gesagten keiner näheren Ausführung, daß auch das ungarische Beispiel für deutsche Verhältnisse in keiner Weise in Betracht kommen kann.

III. Die Kammern für Handelssachen.

Man hat für die Sondergerichte auch die Analogie der Kammern für Handelssachen herangezogen, in welchen ebenfalls neben Juristen sachkundige — ehrenamtliche — Laienrichter tätig sind; man hat darauf verwiesen, daß nach der vom Verfasser früher veröffentlichen Statistik die Hälfte aller Prozesse einschlägiger Art vor einem Gerichtshof verhandelt würden, der schon jetzt zum Teil aus rechtsgelehrten Richtern, zum Teil aus Kaufleuten zusammengesetzt sei.[153]) Auch diese Analogie ist durchaus unzutreffend. Zunächst handelt es sich, wie die frühere Statistik ergab, bei den vor den Kammern für Handelssachen verhandelten Sachen nur zu einem verschwindenden Teil um Patent-, zum größten Teil dagegen um Gebrauchsmuster- und Warenzeichensachen. Sodann aber werden, wie die Vorschläge II, S. 14 und 15 mit außerordentlicher Schärfe betonen, die Erfahrungen, die mit der Gerichtsbarkeit dieser Kammern in Gebrauchsmustersachen gemacht wurden, als durchweg ungünstig bezeichnet,[154]) sodaß sogar der Wunsch laut geworden ist, diese Sachen lieber den Zivilkammern zuzuweisen. Mag auch diesem abfälligen Urteil die Ansicht berufener Persönlichkeiten (z. B. Bolze, DJZ. 1907, S. 1298 und Degen, a. a. O., S. 14) gegenüber stehen, so ist doch nicht zu leugnen, daß die Handelsrichter, die über kaufmännische und geschäftliche Dinge Urteil und Erfahrung besitzen, ihre Befähigung zur Beurteilung schwieriger technischer und rechtlicher Tatbestände noch nicht erbracht haben,[155]) auch noch nicht erbringen konnten. Das, was die Anhänger der Sondergerichtsbestrebungen von den technischen Richtern verlangen, können sie bei Handelsrichtern nach dem jetzigen Stande der Dinge unmöglich finden,

---

[153]) Breslauer, GewRSchutz, 1908, S. 340.

[154]) S. auch Osterrieth, GewRSchutz, 1909, S. 422.

[155]) S. auch Seligsohn, Ztschr. f. d. gesamte Handels- und Konkursrecht, Bd. 66 (1909), S. 158/159 und Geh. JR. Polte, im „Tag" vom 16. III. 1910.

weil eben zu Handelsrichtern heutzutage nur Kaufleute ernannt werden können, von denen selten einer Techniker, noch seltener aber Techniker mit einer allgemeinen technischen Vorbildung ist. Wollte man nicht Kaufleute, sondern technisch gebildete Beisitzer zu Handelsrichtern bestellen[156], also die Kammern für Handelssachen zu technischen Gerichten ausbilden, so könnte man die Richter nur im Ehrenamt anstellen und würde damit allen Gefahren ausgesetzt sein, die mit der ehrenamtlichen Tätigkeit eines technischen Richters verknüpft sind (vgl. darüber Kapitel II, § 4). Jedoch kommt hier noch hinzu, daß man schlechterdings nicht so viel Techniker zu ehrenamtlichen „Industrierichtern" bestellen könnte, als nötig wären, um nur einigermaßen die technischen Hauptfächer vertreten zu lassen; nicht minder würde es, wie die Vorschläge II, S. 15 mit Recht betonen, für solche hauptamtliche Techniker an der nötigen Beschäftigung fehlen! Daß in dem Augenblick, in dem man — statt der Kaufleute — hauptamtliche Techniker in die „Industriekammern" berufen würde, diese Techniker nicht mehr eine den Handelsrichtern analoge Stellung einnehmen würden, liegt auf der Hand. Auch würde bei einer Besetzung des Gerichts mit zwei Technikern und nur einem Juristen die Gefahr bestehen, daß bei Meinungsverschiedenheiten der Techniker der Vorsitzende den Ausschlag gibt, also gerade das Mitglied, das angeblich am wenigsten von der Sache versteht. Daß nach der Zivilprozeßnovelle von 1909 die Kammern für Handelssachen nunmehr auch als Berufungsinstanz bestellt sind, (wegen ihrer Zuständigkeit besonders in Wettbewerbssachen vgl. Stein, im „Recht", 1910, S. 766 und Finger, M. & W. 1910, S. 216), beweist übrigens noch nicht, daß sie auch für die Spezialrechtsprechung, selbst in geänderter Besetzung, die berufenen Gerichte wären.

IV. Die Gewerbe- und Kaufmannsgerichte.

Wenn man auch allmählich davon abgekommen ist, in den Gewerbe- und Kaufmannsgerichten Vorbilder einer gemischten Patent-Gerichtsbarkeit zu sehen, so erscheint es doch notwendig, auch über sie noch einiges zu sagen: Ist es nämlich richtig (s. darüber S. 395), daß Sonder-

[156]) Vergl. Vorschläge II. S. 15 und Zeitschrift „Technik und Wirtschaft", 1908, S. 92; ferner Stöcker, daselbst 1909, S. 41 und Mitt. v. Verband Deutscher Diplom-Ingenieure 1909, S. 66; Cahn, a. a. O., S. 34 meint, „die Juristen, welche sich eine gewisse Routine in der Behandlung rein kommerzieller Angelegenheiten angeeignet haben, würden auch am sachgemäßesten den Vorsitz in der Technikerkammer führen", — m. E. hat das Eine mit dem Anderen nicht das Mindeste zu tun.

gerichte allenfalls dann Berechtigung haben, wenn sie als iudicia parium zur Ausgleichung von Interessengegensätzen dienen und wenn die Laienrichter, wie Hellwig („Tag" vom 14. X. 1909) ausführt, bei der in erster Linie stehenden Beantwortung der Tatfrage ihre Lebens- und Geschäftserfahrungen zur Geltung bringen sollen, so würde dies wohl bei den Gewerbe- und Kaufmannsgerichten, wie auch bei den schon genannten Kammern für Handelssachen zutreffen. Der Gesetzgeber hat auch den Gewerbe- und Kaufmannsgerichten nur die Entscheidung solcher Fragen übertragen wollen, die in ihr eigenstes Lebens- und Geschäftsgebiet fallen. Ganz anders verhält es sich aber bei den gemischten Patentsondergerichten; hier stehen technische Fachfragen zur Entscheidung! In voller Würdigung dieser Tatsache haben es denn auch die Vorschläge II, S. 9 abgelehnt, die Parallele mit den Gewerbe- und Kaufmannsgerichten zu ziehen, „bei deren Einrichtung und Zusammensetzung jedenfalls die Tendenz eines sozialen Ausgleichs mitbestimmend war". Ob diese Tendenz auch erreicht worden ist, oder nicht vielmehr eine einseitige, also nicht unparteiische Judikatur zu Gunsten der Arbeitnehmer Platz gegriffen hat,[157]) ist hier unerheblich: wesentlich ist, daß gerade das Moment, das zu Gunsten der genannten Gerichte angeführt zu werden pflegt, auf die Patentsondergerichte nicht anwendbar ist; die technischen Prozesse haben mit sozialer Rechtsprechung nichts zu tun; soweit etwa die Höhe des Schadenersatzes in Betracht kommt, bedarf es technischer Beisitzer wahrlich nicht! Auf die Frage der Schnelligkeit des Verfahrens braucht hier nicht eingegangen zu werden, nachdem Kapitel I, § 5 gezeigt hat, daß die Dauer der Patent- pp. Prozesse schon nach dem heutigen Verfahren eine unerwartet kurze ist. Es bliebe also die Billigkeit des Verfahrens. Es verdient betont zu werden, daß dieser Grund noch nirgends in der deutschen Diskussion, ganz im Gegensatz zu der des Auslands, für die Errichtung von Sondergerichten ins Feld geführt ist; er würde auch, wie oben S. 352 gezeigt, kaum zutreffen; eine vereinzelte Äußerung, wie die in dem schon erwähnten Rundschreiben der Siemens & Halske Aktiengesellschaft, daß sich auch wegen der geringeren Kosten das schiedsgerichtliche Verfahren empfehle, kann nicht als maßgeblich erachtet werden; denn daß es — schon wegen des Ausschlusses von Rechtsmittelinstanzen —

---

[157]) Vergl. Glücksmann, Preuß. Verw.-Blatt, 1908, 184; Göbel, D. J. Z. 1907, S. 704; Biezens, Preuß. Verw.-Blatt 1907, S. 182 und 1908, S. 577; Cahn, D. R. Z. 1909, S. 68; Oppler, das. 1910, S. 51.

billiger ist, als das gerichtliche, und zwar auf allen Gebieten der Rechtspflege, ist sicher!

Fallen sonach, — trotz der unleugbaren Popularität, deren sich die Gewerbe- und Kaufmannsgerichte in weiten Kreisen der Bevölkerung erfreuen, — die Vergleichsmomente tatsächlich aus, so ist allerdings anzuerkennen, daß, worauf schon öfters hingewiesen ist,[158]) eine ganze Reihe vereinfachter Verfahrensvorschriften des Sondergerichtsverfahrens verdient, in den allgemeinen Zivilprozeß übernommen zu werden; hat doch auch die Zivilprozeßnovelle davon einen — wenn auch zunächst nur spärlichen — Gebrauch gemacht!

Dazu kommt noch ein weiterer Gesichtspunkt, der zwar als „Angelpunkt der Erfolge dieser Sondergerichtsbarkeit" bezeichnet werden kann, aber gerade für die Patentsondergerichte völlig außer Betracht bleiben muß; wie Glücksmann[159]) ausführt, hat der Gesetzgeber sich die Sondergerichte (Gewerbe- und Kaufmannsgerichte) nur „halb als Gerichtshöfe, halb als Stellen schiedsrichterlicher Schlichtung gedacht". Sie erfüllen diese ihre Aufgabe so gut, daß sie als „riesenhafte Vergleichsmaschinen"[160]) bezeichnet werden können; nach der Reichsstatistik[161]) sind im Jahre 1907 41,74% der Kaufmannsgerichts- und 41,65% der Gewerbegerichtssachen vergleichsweise erledigt worden; die Zahl der durch kontradiktorisches Urteil erledigten Sachen stellte sich auf nur 16,5 bezw. 19,54%[162]). Diese Zahlen zeigen zwingend, daß, wenn auch die Gewerbe- und Kaufmannsgerichte staatliche Gerichte sind, sie doch eine wesentliche andere Funktion, als die der eigentlichen Rechtsprechung erfüllen; haben sie günstige Erfolge erzielt, so liegt der Grund dafür in der Tatsache, daß überhaupt Sondergerichten das Bestreben vergleichsweiser Schlichtung der Rechtsstreitigkeiten innewohnt; der psychologische Einfluß des den Parteien näher stehenden, demselben Berufsstande angehörigen Richters wirkt viel eher in der Richtung eines versöhnenden Ausgleichs, als in der einer autoritativen Entscheidung; zur Herbeiführung möglichst vieler gerichtlicher

---

[158]) Vergl. u. A. Glücksmann, Vortrag in der Jur. Gesellsch. zu Berlin v. 12. X. 1907, Jahresbericht 1907/08, S. 30 ff.; Dittenberger, Gutachten zum 29. D. J. T. Bd. IV, S. 346.

[159]) Jurist. Gesellschaft 1907/08, S. 30/31.

[160]) Biezens, Bürokraten und Lords, S. 89.

[161]) Stastisches Jahrbuch für das Deutsche Reich 1909, S. 294 und 296.

[162]) Der Prozentsatz der vor dem Berliner Kaufmannsgericht seit seinem Bestehen (1. VI. 1905) bis zum 31. XII. 1908 durch Vergleich erledigten Sachen beträgt ca. 39 und der durch kontradiktorisches Urteil entschiedenen Prozesse 14%; s. Verwaltungsbericht des Magistrats zu Berlin, 1909, Nr. 32.

Vergleiche brauchen aber gemischte Patentsondergerichte nicht errichtet zu werden!

Nach alledem dürfte der Nachweis erbracht sein, daß alle die Gründe, die für die Errichtung von Sondergerichten sprechen sollen, einer strengen Nachprüfung nicht Stich halten können. Es sind nun die Gründe zu besprechen, die gegen solche Maßnahmen eine eindringliche Sprache reden.

Kapitel II.

Nachteile der Errichtung von Patentsondergerichten.

I. Allgemeine.

§ 1.

Einfluß der Zersplitterung der Rechtspflege.

a) Im allgemeinen.

Unter den Gründen, die im allgemeinen gegen die Einrichtung von Sondergerichten für Patentsachen sprechen, steht in erster Reihe der, daß jede Einrichtung eines Sondergerichtes eine Zersplitterung der allgemeinen Rechtspflege bedeutet. Es ist richtig, daß eine starke Strömung sich dahin bemerkbar macht, der Vielgestaltigkeit des Lebens entsprechend, vielgestaltige Fachgerichte zu errichten;[1]) man fordert Handwerker-, Bau-, Schiffahrts-,[2]) Landwirtschafts-,[3]) Schriftsteller-,[4]) Verleger-, Theater-, Gesinde-,[5]) Kolonial-,[6]) Mieter-, Jugend-, Ehe- und andere Gerichte. Man vergißt dabei, daß man auf diesem Wege zu einer Atomisierung der gesamten Rechtspflege und zu einer vollständigen Parzellierung der Rechtsprechung[7]) gelangt. Die Rechtspflege ist etwas Einheitliches, historisch Gewordenes und organisch Zusammen-

---

[1]) Vergl. namentlich Fuchs, Gemeinschädlichkeit S. 151/152; Claus Wagner, Justizgesundung, S. 20/21.

[2]) Vergl., Wildhagen, Gerichtsbarkeit in Schiffahrtsprozessen, 1909 (Vortrag).

[3]) Vgl. die Mitteilung des Geh. OJR. Kübler, Leipziger Kongreßberichte, S. 57.

[4]) Victor Blüthgen, Berliner Gerichtszeitung vom 14. XII. 1907.

[5]) Vgl. DJZ. 1910, S. 240.

[6]) StA. Fuchs, DJZ. 09, S. 378; nach Zeitungsnachrichten aus dem April 1910 ist die Errichtung nines obersten Gerichtshofes für Angelegenheiten der kolonialen und konsularen Gerichtsbarkeit bereits in Vorbereitung.

[7]) Dove, Leipziger Kongreßberichte, S. 93.

hängendes! Dieser einheitliche Grund und Boden, auf dem allein die verschiedenen Zweige der Rechtspflege wachsen und gedeihen können, kann nicht ohne Schaden von den verschiedensten Stellen aus bebaut und beackert werden. Nicht nur, daß jede Absplitterung von dem Bau der Justiz, mag sie auch noch so klein sein, den Glauben an die Unparteilichkeit der Rechtsprechung erschüttert und die Wertschätzung der richterlichen Tätigkeit fühlbar vermindert, bedeutet jede neue Einengung des Umfangs des richterlichen Arbeitsfeldes eine Gefahr für die Einheitlichkeit der Rechtsprechung und eine Verminderung der Leistungsfähigkeit der Richter.[8]) Es sind wahrlich keine Gegengründe, wenn gesagt wird, daß „für den Richter die Rechtseinheit nicht viel mehr bedeute, als eine Erleichterung bei der Rechtsprechung" oder „daß eine Zersplitterung der Rechtspflege schon deshalb nicht zu befürchten sei, weil der Gedanke, im Richterkollegium Rechts- und Sachkundige zu vereinigen, um sich greifen wird und die dann vorhandenen Sondergerichte sich der allgemeinen Rechtspflege wieder einordnen werden."[9]) Es ist hier nicht der Ort, zu untersuchen, inwiefern im allgemeinen Sondergerichte Berechtigung haben; denn hier kommt es nur darauf an, ob Sondergerichte für den gewerblichen Rechtsschutz ohne Rücksicht darauf, ob später einmal die Rechtspflege für alle möglichen Arten von Rechtsstreitigkeiten atomisiert wird, gerechtfertigt sind. Nur das eine sei betont, daß, wie Kohler[10]) durchaus zutreffend ausführt, Sondergerichte, abgesehen von internationalen Ausnahmen und vorübergehenden Bedürfnisfällen, nur als judicia parium wünschenswert sind und als solche eine durchgreifende soziale Berechtigung haben. Damit deckt sich, was Oertmann[11]) zu diesem Punkte sagt: „Wie immer man über Laiengerichte denken mag, ihre Rechtfertigung finden sie, wenn

---

[8]) Aus der unabsehbaren Zahl der Gegner von Sondergerichten im Allgemeinen, die z. T. nicht speziell zur Frage der Patentsondergerichte das Wort ergriffen haben, seien hier nur genannt: Viezens, Bürokraten und Lords, S. v. 93/94; Martius, a. a. O., S. 145; Drahten, Der Rechtsschutz des bildenden Künstlers, 1908; Finger, Festgabe für Kohler, S. 62; Koffka, DJZ., XII. S. 1162; Scherling, D. J. Z., 1908, S. 870; v. Buchka, das., S. 1197; Mitteis, das., S. 1038; Dittenberger, 29. DJT., IV. S. 347; de Niehm, DRZ. 1909, S. 37, v. Pfister, das., S. 40; Leeb, das., S. 52; die bedeutsame anonyme Schrift: Der Kampf um geistig hochstehendes Reichsgericht, 1910, S. 31, Anm. 1.

[9]) So Wildhagen, Leipziger Kongreßberichte, S. 35.

[10]) „Tag" v. 19. XI. 1907 und Juristisches Literaturblatt, 1909, S. 2.

[11]) Rektoratsrede 1908, S. 57, Anm. 48 u. S. 21/22.

überhaupt, nur durch die Bedeutung, die den nicht auf formal logischer Schulung, sondern auf Kenntnis der ‚Kulturnormen‘ und gesellschaftlichen Verhältnisse beruhenden Werturteilen in der Rechtsprechung zukommt."[12]) Um solche Abwägung von Interessenkollisionen aber handelt es sich in den hier in Rede stehenden Fällen nicht; hier sind Rechtsfragen und die ihnen zugrunde liegenden technischen Probleme zu lösen. Lassen sich schon aus diesen allgemeinen Erwägungen heraus Patentsondergerichte nicht rechtfertigen, so spricht gegen ihre Absplitterung im besonderen noch folgendes: Kaum ein anderes Gebiet des Rechtes ist so wenig in sich selbst abgeschlossen, wie gerade das Patent-[13]) und überhaupt das Urheberrecht. Verdanken wir doch gerade dem von Kohler jahrzehntelang vertretenen Gedanken,[14]) „daß das Patentrecht nicht ein abgelöstes, abgetrenntes Bereich der Wissenschaft bilden dürfe, sondern aufzunehmen sei als integrierender Bestandteil des Zivilrechts," die Blüte und das Gedeihen unseres Patentrechts! Mit Recht hat Kohler[15]) auch darauf hingewiesen, daß „das Industrierecht ein Teil des bürgerlichen Rechts ist, dort eingegliedert werden muß und in Verbindung zu bleiben hat mit der ganzen Konstruktion und der ganzen Entwicklung des Systems der Rechte. Alle glücklichen Ideen des bürgerlichen Rechts sollen auch dem Industrierecht zuteil werden und umgekehrt soll das Industrierecht die allgemeine Rechtslehre befruchten und eine Menge von Fragen und Problemen in diese allgemeine Rechtslehre hineintragen, wodurch unser Blick erweitert und unsere Gesamtvorstellung des Rechts erhöht wird." Diese hohe Aufgabe des Rechts müßte notwendigerweise verkümmern, wollte man „Laien im Recht" zu der Rechtsprechung zuziehen. Was auf der einen Seite, d. h. für die Entscheidung eines Einzelfalles, unter ganz besonderen Umständen und in seltenen Fällen bestenfalls gewonnen werden könnte, nämlich vielleicht eine sachlich (technisch) zutreffendere Entscheidung eines Einzelprozesses, das würde wettgemacht werden durch den Verlust, den die Rechtspflege im allgemeinen zu erleiden hätte. Man hat demgegenüber eingewendet,[16]) daß die Zahl der Prozesse in Patentsachen, die den ordent-

[12]) Vergl. auch die trefflichen Ausführungen bei Düringer, Richter und Rechtsprechung, S. 30/31.

[13]) Einen recht gelungenen Versuch, das Patent- und Erfinderrecht in privatrechtlichem Boden fest zu verankern, hat Gülland in seinem schon genannten Werk gemacht.

[14]) Handbuch, S. 30.

[15]) „Tag" v. 17. XI. 1907.

[16]) Duisberg, Leipziger Kongreßberichte, S. 76 und Kloeppel das., S. 96.

lichen Gerichten abgenommen werden sollten, so gering sei, daß „nur ein ganz kleines winziges Splitterchen von dem großen juristischen Block sich ablösen würde" und daß „dies ein Unglück sei, das das Deutsche Reich noch ertragen könne, wenn dafür nur im übrigen die Interessen der deutschen Industrie gewahrt bleiben". Dieser Einwand ist nicht stichhaltig; es ist zwar richtig, daß nach der Statistik nur etwa 0,3 % aller bürgerlichen Rechtsstreitigkeiten der Jurisdiktion der ordentlichen Gerichte genommen werden würden, wenn man für diese Sachen Sondergerichte einführte; aber es kann eben bei diesen Patentsondergerichten nicht sein Bewenden haben: mit demselben Recht, mit dem die Industrie, oder wenigstens einige ihrer Hauptvertreter, den Ruf nach Sondergerichten erschallen lassen, erheben auch andere Berufsstände ähnliche Forderungen.[17]) Man kann eben, selbst wenn es sich um noch so große wirtschaftliche Werte bei dieser Art von Prozessen handelt, sie allein nicht herausheben. Wer, wie oben dargelegt, diese Zersplitterung als ein Unglück für unser gesamtes Rechtsleben ansieht, der muß schon aus prinzipiellen Gründen der Forderung technischer Sondergerichte sich entgegenstellen, will er sich nicht dem

[17]) Es ist interessant, zu beobachten, daß gegen die Wildhagen'sche Forderung von Schiffahrtsgerichten noch jüngst sich eine kräftige Opposition geltend gemacht hat, die ebenfalls die Bedürfnisfrage verneint; einem in der Hauptversammlung des Zentralvereins für Deutsche Binnenschiffahrt im Dezember 1909 gehaltenen, mir gütigst zur Verfügung gestellten Vortrage des J.-R. Prof. Dr. Paul Alexander-Katz sei folgendes entnommen: Nach der letzten Reichsstatistik gebe es in der Binnenschiffahrt 17 000 Betriebe mit etwa 62 800 erwerbstätigen Personen. Die Frage sei, ob es sich für einen Bevölkerungsteil von 300 000 Köpfen lohne, eine Sondergerichtsbarkeit einzuführen. Diese Gerichtsbarkeit müßte sich über das ganze Deutsche Reich erstrecken, weil es an allen Wasserläufen und auf allen Kanälen eine Binnenschiffahrt gebe. In Berlin kämen jährlich im Durchschnitt 400 Amtsgerichtssachen, die mit der Schiffahrt etwas zu tun haben, zur Verhandlung. Nun wolle man eine Sondergerichtsbarkeit für die Schiffahrt einführen, und zwar nicht nur in Berlin, sondern in ganz Deutschland. Man denke sich einen solchen Sondergerichtshof zum Beispiel in Thorn, wo 15 bis 20 Sachen im Jahre verhandelt würden! Bei so geringer Zahl der Prozesse könne von einem organisatorischen Eingreifen nicht die Rede sein. Dagegen sei zu wünschen, daß die Schiffahrtsprozesse möglichst bei einer Abteilung des betreffenden Amtsgerichts verhandelt würden! — Dieser Wunsch ist schon z. T. erfüllt: unter dem 13. I. 1910 haben sich die Aeltesten der Kaufmannschaft von Berlin an den Justizminister mit dem Ersuchen gewandt, zu Handelsrichtern bei den Berliner Landgerichten auch solche Personen zu ernennen, die dem Kreise der Schiffahrtsgewerbetreibenden entnommen sind, und Streitigkeiten aus den Rechts-

Vorwurf aussetzen, „Sondergerichte für Sonderwerte"[18]) zu schaffen, wie trotz der gegenteiligen Ausführungen Bolzes[19]) wiederholt hervorgehoben werden muß. Bedürfte wirklich unsere Rechtspflege des Ersatzes der Sachverständigen durch sachkundige Spezialrichter, so müßte dies für alle Gebiete des Rechtslebens gelten; nicht aber dürfen die allgemeinen Interessen, die an der Einheit des Rechts wie an der Einheitlichkeit der Rechtspflege bestehen, zugunsten eines einzelnen Standes beeinträchtigt werden. Nur zwingende Notwendigkeit und der unumstößliche Nachweis dafür, daß auf der einen Seite unter den gegenwärtigen Zuständen eine Besserung der Rechtsprechung nicht zu erwarten, auf der anderen Seite aber von der Zuziehung technischer Richter mit Sicherheit eine Hebung der Rechtsprechung zu gewärtigen ist, könnte die Verfolgung solcher Sonderinteressen rechtfertigen.[20]) Dieser Nachweis ist aber nicht erbracht, im Gegenteil, die für ihn angeblich sprechenden Gründe sind im ersten Kapitel widerlegt worden und die praktischen Nachteile der gewünschten Sondergerichte werden im folgenden noch näher dargelegt werden.

b) Auf die Richter.

Wie auf die Rechtspflege im allgemeinen, so würde auch auf die Richter im besonderen die Sonderstellung der Sachen des gewerblichen Rechtsschutzes in der ordentlichen Rechtspflege mit großen Nachteilen ver-

---

verhältnissen des Rechts der Binnenschiffahrt einer einzigen Kammer für Handelssachen zuzuweisen. Der Justizminister hat den Präsidenten des Landgerichts I ersucht, darauf hinzuwirken, daß diese Rechtsstreitigkeiten in erster und zweiter Instanz vom 1. April d. J. ab einer einzigen Kammer überwiesen werden, und daß eine ständige Besetzung dieser Kammer für Handelssachen mit einem schiffahrtskundigen Handelsrichter herbeigeführt wird; dies ist inzwischen geschehen. Auch bei den Landgerichten II und III sollen voraussichtlich sämtliche Berufungssachen einer einzigen Kammer für Handelssachen zugeteilt werden.

[18]) Degen, Gegen die Sondergerichte, S. 22.

[19]) Leipziger Kongreßberichte, S. 60.

[20]) Sagt doch selbst Wildhagen, Schiffahrtsprozesse, S. 1: „Die Bewegung zugunsten der Sondergerichte birgt die ernste Gefahr in sich, daß sie zum allmählichen Verfall der allgemeinen Rechtspflege führt. Es ist daher große Vorsicht und sorgsamste Prüfung jedes Schrittes auf diesem Wege dringend geboten." Deshalb bedarf auch die in der Sachverständigensitzung des Vereins Deutscher Maschinenbauanstalten (Berichte S. 67) aufgestellte Behauptung, „das Schlagwort von der Zersplitterung der Rechtspflege liege ganz neben der Sache", keiner weiteren Widerlegung; handelt es sich auch heute vielleicht nicht mehr um eine vollständige Absplitterung, so ist die Gefahr der Zersplitterung doch zweiffellos vorhanden.

bunden sein. Man macht dem Richter zum Vorwurf, er sei „weltfremd", mit anderen Worten, er sei mit den speziellen Fragen des einschlägigen Falles nicht oder nicht genügend vertraut! Um wieviel mehr muß aber diese angebliche Weltfremdheit wachsen, wenn man das Arbeitsgebiet des Richters immer mehr einengt?[21]) Worauf beruht es denn, daß man den Richtern z. B. Unkenntnis der Lehren der Buchführung, Unerfahrenheit auf kaufmännischem Gebiet, Urteilslosigkeit in künstlerischen Dingen vorwirft, wenn nicht in letzter Linie darauf, daß ihnen eine intensive Beschäftigung mit diesen Dingen nicht möglich ist? Je mehr daher der rechtsgelehrte Richter von der Behandlung gewerbeschutzrechtlicher Sachen abgeschlossen wird, desto weniger wird er sich im Einzelfall in ihnen zurechtfinden können, desto weniger wird ihm auch in anderen Rechtsstreitigkeiten, bei denen technische Fragen eine Rolle spielen, das technische Verständnis und Interesse eigen sein; man denke an Bauprozesse, Gewährleistungsklagen wegen Mängeln an Maschinen, Haftpflicht- und Unfallsachen und anderes mehr. Durchaus zutreffend sagt Wertheimer:[22]) „Unseren Gerichten würde ein Gebiet verschlossen werden, das, wie kaum ein anderes, geeignet ist, einen Einblick zu gewähren in das vibrierende, stürmisch fortschreitende industrieelle Leben unseres Volkes, in die durch das stete Streben nach Vorwärts, nach Vervollkommung der Produkte, nach Überflügelung der in- und ausländischen Konkurrenz sich ergebenden Interessenkollisionen, deren finanzielle und kulturelle Bedeutung und Wirkung". Man vergesse auch nicht, wie durch die Beschäftigung mit den Sachen des gewerblichen Rechtsschutzes bei ihrer zum Teil großen wirtschaftlichen Bedeutung das Verantwortlichkeitsgefühl des Richters aufs höchste gesteigert wird,[23]) wenn er sieht, eine wie einschneidende Bedeutung seine Entscheidungen auf ganze Industriezweige, ja Industrien haben können. Auch hier gilt das treffliche Wort eines englischen Richters: „The greater the responsability, the greater the judge"! Da man aber dem Richter als solchem nicht jedwede Beurteilung technischer Tatbestände nehmen kann, ja sogar durch die Patentsondergerichte ihm noch nicht einmal einen erheblichen Teil dieser Sachen nehmen will, — so würde der Jurisdiktion der ordentlichen Gerichte die große Zahl der gewöhnlichen Prozesse verbleiben, bei denen patentrechtliche Fragen, zum Teil als Inzident-

---

[21]) Vergl. auch Dittenberger, Gutachten zum 29. D. J. T. Bd. IV, S. 347; Biezens, a. a. O., S. 86; Finger, a. a. O., S. 62.

[22]) Leipziger Zeitschrift, 1908, S. 671/2.

[23]) Vergl. einen ähnlichen Gedankengang bei Schiefler, a. a. O., S. 93 bezüglich der Einführung der Berufung gegen Strafkammerurteile.

fragen, eine Rolle spielen. Es liegt sonach nicht etwa die Abtrennung der gewerblichen Rechtsschutzsachen von der ordentlichen Rechtspflege im Interesse einer sachgemäßen Rechtsprechung, sondern vielmehr eine möglichst weitgehende Zusammenlegung aller mit technischen Dingen zusammenhängenden Prozesse an möglichst einer oder wenigen Stellen.[24]) Es dürfte nicht bloßer Zufall sein, daß in der wissenschaftlichen Bearbeitung des Industrierechts die Richter bei weitem die letzte Stelle einnehmen; erst in der allerjüngsten Zeit scheint, angeregt durch den preußischen Ministerialerlaß vom 11. X. 1907, hier ein Wandel einzutreten, indem sich jüngere Kräfte auch diesem Felde zuwenden. Durch jede Absplitterung eines Spezialgebietes von der Rechtspflege muß die ganze Beobachtungs- und Betrachtungsweise der Richter eine lebensfremdere werden. Auch der Richterstand als Ganzes hat unter den Schlägen, die ihm durch die weitere Einengung seines Tätigkeitsgebiets beigebracht werden, schwer zu leiden: seine Arbeitsfreudigkeit m u ß gelähmt werden, wenn er sieht, daß ihm, aus Mißtrauen in seine Fähigkeiten und Kräfte, immer neue Gebiete des wirtschaftlichen und sozialen Lebens verschlossen werden; die Angehörigen dieses Standes, welche Verständnis, Lust und Liebe für die Vorgänge unseres Wirtschaftslebens haben, werden sich anderen Berufen zuwenden. Deshalb ist auch im Interesse eines modernen Richterstandes, der der Entwicklung der modernen Volkswirtschaft und der geistigen Kultur unserer Zeit gewachsen ist,[25]) jede Einrichtung von Sondergerichten, zumal von solchen, die sich mit den modernsten Errungenschaften der Naturwissenschaften zu beschäftigen haben würden, grundsätzlich abzulehnen.

Man könnte diesen Ausführungen entgegenhalten, daß, nach den Vorschlägen des Deutschen Vereins und seiner Anhänger, die Juristen ja nicht vollständig von der Mitwirkung an den Patentsondergerichten ausgeschaltet, ihnen vielmehr eine maßgebliche Stellung auch in diesen Sondergerichten eingeräumt werden sollte. Dieser Einwand wäre dann begründet, wenn die Patentsondergerichte den ordentlichen Gerichten lediglich „angegliedert" werden sollten; dann würde allerdings ein allmählicher Wechsel in der Besetzung der den Juristen vorbehaltenen Stellen möglich sein, so daß diese Richter in lebendiger Fühlung mit der übrigen Zivilrechtspflege mehr oder minder bleiben könnten. Würden dagegen besondere Patentgerichte n e b e n den ordentlichen Gerichten geschaffen,

---

[24]) Es wird unten zu zeigen sein, zu welchen Ergebnissen diese Forderung bereits hinsichtlich der Konzentration der Patentsachen geführt hat.

[25]) Es sei hier verwiesen auf die trefflichen Ausführungen von H a r m s, Kölnische Ztg. vom 14. und 16. VIII. 1909, Nr. 861 und 866.

so müßte der rechtsgelehrte Richter, der diese Stellung zweifellos nicht nebenamtlich bekleiden könnte, aus dem eigentlichen Justizdienst ausscheiden und sich ausschließlich der Rechtsprechung in Sachen des gewerblichen Rechtsschutzes widmen; die Befruchtung der übrigen Zivilrechtsfrage durch ihn wäre daher ausgeschlossen und dem ordentlichen Zivilrichter dieses Gebiet in weitem Umfange nicht mehr zugänglich.

§ 2.

Behandlung der Patentsachen im Falle der Konkurrenz mit anderen Sachen.

Schon in dem einleitenden Paragraphen ist hervorgehoben worden, daß unter dem Begriff „Rechtsstreitigkeiten aus dem Gebiete des gewerblichen Rechtschutzes" an sich auch solche Prozesse zu verstehen seien, in denen patentrechtliche Fragen nicht das Klagefundament bilden, sondern erst im Laufe des Streites auftauchen. Es entsteht die Frage, wie diese Prozesse sich in die Gerichtsorganisation einordnen ließen, wenn neben den ordentlichen Gerichten Sondergerichte für gewerblichen Rechtsschutz geschaffen würden. Selbstverständlich bestimmt sich die Zuständigkeit der verschiedenen Gerichte nach dem Inhalt der Klageschrift; demnach würde in den hier vorausgesetzten Fällen das ordentliche Gericht zuständig sein. Auf der anderen Seite würde in einer großen Zahl von Fällen, bei denen zunächst die Klage auf Verletzung des Urheberrechts gestützt ist, und bei denen auch der Kernpunkt des Rechtsstreits eine patentrechtliche Frage zu sein scheint, die Zuständigkeit der Sondergerichte gegeben sein, wenn sich später herausstellt, daß die Entscheidung lediglich von der Beurteilung rechtlicher Momente abhängt. In beiden Fällen wäre der Zweck der Sondergerichte vereitelt: die technischen Fragen wären von einem ordentlichen Gerichte, die rein rechtlichen Fragen von dem gemischten Gericht zu entscheiden. Dies wäre nur eine Folge des überall auch sonst geltenden Grundsatzes, daß die zur Entscheidung eines Rechtsstreits berufene Behörde auch befugt ist, Vorfragen oder Inzidentfragen, die für die Entscheidung des Streites gelöst werden müssen, selbst zu lösen, sofern nicht das Gesetz hiervon eine Ausnahme verfügt. Solange daher nicht alle Prozesse patentrechtlichen Inhalts der Sondergerichtsbarkeit mit unterbreitet werden können, können die Sondergerichte für gewerblichen Rechtsschutz nur als Torso angesehen werden. Wenn man auch früher daran gedacht hatte, die Sachen technischen Inhalts, die vor den ordentlichen Gerichten anhängig geworden sind, einfach an die Patentgerichte zu überweisen, so hat man angesichts der prozessualen Bedenken, die dem entgegenstehen und auf die namentlich Magnus[26]) aufmerksam gemacht hat, später davon abgesehen und statt dessen vorgeschlagen, in den genannten Fällen die sich ergebenden Patentkollisionsfragen auszuschalten und sie der Entscheidung des Sondergerichts zu überlassen.[27]) Dieser Vorschlag wäre zunächst überhaupt nur dann diskutabel, wenn für das ganze Reich ein einziger Patentgerichtshof oder doch wenigstens für verschiedene Bundesstaaten nur je ein gemischtes Gericht geschaffen würde, oder wenn zur Vermeidung unangenehmster und zeitraubendster Kompetenzkonflikte bei Schaffung von dezentralisierten gemischten Gerichten gleichzeitig bestimmt würde, daß sie auch für die Entscheidung der bei den Gerichten ihres Bezirks auftauchenden Patentinzidentfragen zuständig sein sollten. Sodann aber würden bei solcher Regelung Schwierigkeiten aus der Notwendigkeit erwachsen, den technischen Stoff sachgemäß und vollständig auszuscheiden, Schwierigkeiten, die jene der richtigen Formulierung von Beweisbeschlüssen nach jetzigem System nicht selten übertreffen würden! Weiter würde die Folge eine ganz beträchtliche Verteuerung und Verzögerung der Prozesse sein. Wenn in Österreich in gewisser Hinsicht eine Vorabentscheidung über technische Fragen gemäß den §§ 107 und 108 des Patentgesetzes dem Patentamt überlassen ist, so will dies, wie oben S. 384 ff. dargelegt, für deutsche Verhältnisse nichts bedeuten; zudem liegt ja dort diese Vorentscheidung nur dem einen Patentamt ob. Endlich aber, — und dies erscheint mir ausschlaggebend —, würde diese Ausscheidung überall da zu unhaltbaren Zuständen führen, wo außer der objektiven Seite der Patentverletzung auch die subjektive Seite zu entscheiden ist; würde man nämlich bei Schadensersatzklagen die objektive Frage der Patentverletzung dem Sondergericht zur Entscheidung, und zwar durch alle Instanzen, überlassen und dem ordentlichen Gericht nur die Frage vorlegen, ob die Verletzung eine wissentliche oder grob fahrlässige war, so wäre der ordentliche Richter garnicht in der Lage, sachgemäß eine solche Entscheidung zu treffen; wie soll er, wenn er selbst keinen Einblick in das Wesen und die Tragweite des Patentes gewonnen hat und sogar hinsichtlich der Auslegung des Patents an die Entscheidung des gemischten Gerichts gebunden ist, sich über das Vorliegen oder den Grad des subjektiven Verschuldens schlüssig machen und entscheiden können, ob der Beklagte, falls Bedeutung und Tragweite der patentierten Erfindung zweifelhaft

[26]) Reformbestrebungen, S. 50.

[27]) S. u. a. Tolksdorf, Patentgerichte, S. 53.

sind, Kenntnis von dem Umfang des Patentschutzes hatte? Wie soll er ferner über einen angeblich faktischen Irrtum des Beklagten entscheiden können, wenn er den objektiven Tatbestand garnicht oder doch nur mit gebundenen Händen berücksichtigen darf? Würde man aber den ordentlichen Richter nicht an die Vorentscheidung binden, so wäre sie zwecklos; wie würde man sich auch mit divergierenden Entscheidungen der beiden konkurrierenden Gerichte abzufinden haben? Da das Gericht nach § 287 ZPO. darüber, ob und in welcher Höhe ein Schaden entstanden ist, unter Würdigung aller Umstände des Falles nach freier Überzeugung zu entscheiden hat, so würde auch prozessual die Ausscheidung der Frage nach der objektiven Patentverletzung eine Durchbrechung allgemeiner Prozeßgrundsätze bedeuten. Alle diese Zweifelsfragen und Bedenken, für die es eine befriedigende Antwort nicht gibt, lassen erkennen, daß eine Ausscheidung des rein technichen Stoffes aus einem Prozeß praktisch undurchführbar wäre; auch von Stahl, a. a. O. S. 251 erklärt solche Trennung „nicht für zweckmäßig".[28])

Einfacher scheinen sich die Fälle zu erledigen, in denen eine sogenannte Patentsache vor den gemischten Gerichten anhängig geworden ist, die sich hinterher als reine Zivilsache „entpuppt"; man könnte diese Sachen an das zuständige ordentliche Gericht verweisen. Allein auch hier sind Verwickelungen nicht auszuschließen; z. B. wenn die Aktivlegitimation streitig wird; über solche, oft nicht zweifelsfreien Rechtsfragen müßte der ordentliche Richter entscheiden; erst im Falle ihrer rechtskräftigen Bejahung wäre dem Rechtsstreit vor dem Sondergericht Fortgang zu geben. Im gewöhnlichen Zivilprozeß können solche Komplikationen nicht eintreten, da hier der Richter mit einem Zwischenurteil nach § 303 ZPO. helfen kann, der Prozeß also keinen Aufschub erleidet! Wollte man aber dem gemischten Gericht die Entscheidung auch der Rechtsfragen überlassen,

[28]) Übrigens war schon in der Reichstagskommission zur Beratung des Patentgesetzes von 1891 ein Antrag dahin, daß, — wenn in einem bürgerlichen Rechtsstreit über Rechte aus Patenten oder in einem Strafverfahren wegen Patentverletzung Streit über den Sinn des Patents oder über das Vorhandensein einer Verletzung desselben entstehe, — unter Aussetzung des Verfahrens die Vorentscheidung dieses Streitpunktes (wenn das Urteil von seiner Entscheidung abhänge) vom Patentamt einzuholen sei, zurückgezogen worden, nachdem die Regierungsvertreter dargelegt hatten, daß die Annahme des Antrags eine wesentliche Mehrbelastung des Patentamts zur Folge haben und es „im hohen Grade bedenklich sein würde, die Entscheidung über die objektive Seite einer Patentverletzung der einen, über die subjektive aber der anderen Behörde zu übertragen".

so entsteht wieder die Gefahr zwiespältiger Rechtsprechung, ohne daß die Zusammensetzung dieses Gerichts die Gewähr für ihre sachgemäße Behandlung böte! Daß letzten Endes das Reichsgericht zuständig sein würde, beseitigt diese Gefahr nicht, oder jedenfalls nicht genügend.

Ist bei den vorstehenden Erörterungen immer noch ein einfacher Tatbestand vorausgesetzt, so verwickelt sich die Sachlage noch viel mehr in den Fällen der objektiven Klagenhäufung (ZPO. § 260); wenn auch dem Gericht die Trennungsbefugnis nach § 145 das. zusteht, so kann sie doch oft aus prozeßtechnischen Gründen unangebracht erscheinen. Der Kläger würde es deshalb in der Hand haben, durch geschickte Klagebegründung sich die Kompetenz des einen oder anderen Gerichts nach seinem Gutdünken zu schaffen!

Das Gesagte muß genügen, um darzutun, daß die gemischten Sondergerichte eben wegen ihrer Sonderstellung nur Sonderfälle treffen und das Ziel, das sie erreichen sollen, garnicht erreichen können. Es würde naturnotwendig eine große Zahl von Prozessen außerhalb des Bereiches der Sondergerichte bleiben; gerade deshalb besteht aber umsoweniger Anlaß, für eine nicht einmal erschöpfende Maßnahme so tiefgreifende Änderungen unserer Gerichtsverfassung vorzunehmen, wie sie die Errichtung von Patentsondergerichten darstellen würde.

II. Besondere.

Praktische Ausgestaltung der Sondergerichte.

Es soll nunmehr geprüft werden, ob sich nicht auch der Umsetzung des Gedankens einer besonderen Gerichtsbarkeit für Sachen des gewerblichen Rechtsschutzes in die Praxis so große Hindernisse in den Weg stellen würden, daß von gesetzgeberischen Maßnahmen dieser Art nur aufs dringendste abzuraten ist. Allerdings hat sich der Deutsche Verein auf den Standpunkt gestellt, „daß gegenüber der prinzipiellen Forderung, daß in Patentstreitigkeiten Richter mitwirken, die die technische Seite der Sache verstehen, die Ausgestaltung an Bedeutung verliert.“[29]) Dementsprechend hat der Leipziger Kongreß 1908 sich auch nur mit der prinzipiellen Frage beschäftigt, während die früheren Kongresse, deren Arbeiten

---

[29]) v. Schütz, GewRSchutz, 1908, S. 301; er gibt als hauptsächlichen Grund an, daß die vom Verfasser dieses Gutachtens seinerzeit vorgelegte Statistik zu spät eingetroffen sei, um eine Nachprüfung der Kommissionsbeschlüsse zu ermöglichen; es sollte deshalb erst abgewartet werden, ob sich die Statistik für die folgenden Jahre bestätigen werde; dann sollten „praktische Vorschläge zur Ausgestaltung der gemischten Gerichtsbarkeit gemacht werden!“

gewissermaßen die Bedeutung einer I. Lesung hatten, die Frage der Ausgestaltung der Sondergerichte ebenso in den Kreis ihrer Erörterungen gezogen hatten, wie dies noch die für den Leipziger Kongreß ausgearbeiteten „Vorschläge“ (II) taten. Verfasser muß auch heute noch den früher schon erhobenen Vorwurf[30]) aufrechterhalten, daß man absichtlich die praktische Ausgestaltung der Idee im Dunkeln gelassen hat, um so die Stimmen auch derer zu erhalten, die prinzipiell Anhänger der Sondergerichte, aber von der Möglichkeit ihrer praktischen Einführung nicht überzeugt sind. Desto notwendiger ist es hier, auch die Fragen zu beleuchten, die sich auf die Möglichkeit praktischer Ausgestaltung der gemischten Gerichte beziehen.[31])

Hier kommt hauptsächlich in Betracht, ob man einen einzigen Patentgerichtshof für das ganze Reich oder verschiedene Patentgerichte errichten will und kann; danach läßt sich erst die Frage entscheiden, ob auch ausreichendes Richtermaterial für die Besetzung der gemischten Gerichte zur Verfügung stehen würde, und ob die Zuziehung der Techniker im Hauptamt oder im Nebenamt wünschenswert und durchführbar ist; erst dann endlich kann beurteilt werden, welche Rolle der Techniker auf der Richterbank zu spielen berufen wäre. Dabei wird sich zeigen, daß fast alle Gesichtspunkte, die gegen wirkliche Sondergerichte sprechen, auch gegen die den Landgerichten nur „angegliederten“ gemischten Kammern ins Feld zu führen sind.

§ 3.

Zentralisation oder Dezentralisation?

Was zunächst die wichtige Frage der Zentralisation oder Dezentralisation der gemischten Sondergerichte anlangt, so hatte sich der Hamburger Kongreß des Deutschen Vereins 1902 — entgegen dem ihm von der damaligen Patent-Kommission unterbreiteten Vorschlage — für einen zentralen Patentgerichtshof ausgesprochen. Und in der Tat läßt sich eine große Reihe schwerwiegender Gründe für eine solche Maßnahme geltend machen: zunächst würde nur ein solcher Gerichtshof, wie die Statistik gezeigt hat, eine genügende Zahl von Sachen zu bearbeiten haben, um lebensfähig

---

[30]) Im „Recht“, 1908, S. 633.

[31]) Daß eine Diskussion bloß über die Prinzipienfrage jedes *praktischen* Wertes entbehrt, hat wohl auch *Wildhagen* empfunden, als er in seinem Schlußwort als Berichterstatter auf dem Leipziger Kongreß in erster Linie auf „den *wissenschaftlichen* Charakter des Vereins“ hinwies: Kongreßberichte, S. 123.

erhalten werden zu können,[32]) (s. S. 367). Sodann würde für einen solchen zentralen Patentgerichtshof ein viel größerer Personenkreis zur Verfügung stehen, aus dem man das technische Richtermaterial entnehmen könnte; man brauchte sich dann auch nicht auf ortsangesessene Techniker zu beschränken. Der Reiz, an einer Zentralbehörde zu wirken, würde wohl auch einen gewissen Einfluß auf diejenigen technischen Kreise ausüben, die vielleicht ihrer Zuziehung als Richter an den unterinstanzlichen Gerichten widerstreben würden. Weiter würden bei einem zentralen Gericht Techniker und Juristen sich schneller miteinander einarbeiten, als bei vereinzelten gemischten Gerichten. Nicht zuletzt würde bei Schaffung eines einheitlichen Gerichtshofs größere Gewähr für die gerade hier so wichtige Einheitlichkeit der Rechtsprechung geboten sein, als im anderen Fall! Naturgemäß muß sich auch der Geschäftsgang bei einem Zentralgerichtshof schneller abwickeln, als bei verschiedenen dezentralisierten Gerichten, die vielleicht zu gleicher Zeit über dieselben Schutzrechte zu entscheiden haben, dieselben Patentakten benutzen müssen, verschiedene Sachverständige vernehmen würden u. a. m. Ob die Errichtung eines zentralen Patentgerichtshofs geringere Kosten verursachen würde, als die Angliederung verschiedener technischer Kammern an die bestehenden Landgerichte, kann zweifelhaft sein. Endlich könnte ein zentraler Patentgerichtshof, aber auch nur ein solcher, in Kammern oder Senate eingeteilt werden, die den verschiedenen Zweigen der Technik entsprechen; in dieser Hinsicht war — unter Zugrundelegung der Verteilung der Patentklassen auf die einzelnen Anmeldeabteilungen des Patentamts — die Kommission für den Hamburger Kongreß zu folgenden Vorschlägen gelangt:[33])

„Die Patentgerichtshöfe sollen aus 5 Kammern bestehen, und zwar:

1. Kammer für Streitsachen aus dem Gebiete des Maschinenbaues.

2. Kammer für Streitsachen aus dem Gebiete der chemischen Technik.

3. Kammer für Streitsachen aus dem Gebiete des Bergbaues, Hüttenwesens, Feuerungsanlagen, Gießerei, Gasbereitung, Landwirtschaft (ausschließlich landwirtschaftlicher Maschinen).

4. Kammer für Streitsachen aus dem Gebiete der physikalischen Technik insbesondere der Elektrotechnik und der Feinmechanik.

---

[32]) S. auch die Ausführungen des Geh. Just.-Rat Dr. Mayer, Leipziger Kongreßberichte, S. 86.

[33]) Hamburger Kongreßvorschläge, S. 5—7: Vorschläge I, S. 11; eine andere Einteilung in nur 3 Kammern schlägt Tolksdorf, a. a. O., S. 79 vor.

5. Kammer für Streitsachen aus dem Gebiete des Baufaches des Bauingenieurwesens, des Schiffsbaues und der handwerksmäßigen Technik (ausschließlich Maschinenbau)."

Diese Klasseneinteilung würde nur dann Bedeutung haben, wenn die technischen Richter Spezialfachleute sein sollten und könnten. Man hat jedoch, wie gezeigt, von dieser Forderung Abstand genommen und wird deshalb auch von einer solchen Klasseneinteilung absehen müssen. Das würde natürlich nicht ausschließen, auch bei nicht zentralisierten Gerichten, nach Möglichkeit dafür zu sorgen, daß nur ein solcher Techniker im Einzelfall mitwirke, der gerade dem in Betracht kommenden technischen Gebiet nahesteht, also z. B. für chemische Sachen Chemiker, für mechanische Sachen nur Mechaniker u. s. f. Mag dies auch in den Vorschlägen I und II nicht zum Ausdruck gekommen sein, so wird es doch als die Absicht der Anhänger von Sondergerichten unterstellt werden können (s. v. Schütz, Leipziger Berichte, S. 52).

Trotz dieser etwaigen Vorzüge würden die Nachteile eines einheitlichen Patentgerichtshofs überwiegen: Abgesehen davon, daß die Grundsätze über die Zuständigkeit durchbrochen werden würden, — womit man sich aber auch dann abfinden müßte, wenn nur einzelne dezentralisierte gemischte Gerichte eingerichtet würden —, sprechen politische Erwägungen gegen solche Zentralisation.[34]) Wo sollte der gemischte zentrale Patentgerichtshof errichtet werden? Gegen Berlin würden sich voraussichtlich gewichtige Stimmen erheben. Auch das Rheinland (etwa Düsseldorf) dürfte nicht in Betracht kommen, gerade weil hier die persönlichen Beziehungen der technischen Richter zu der Industrie eine zu bedeutende Rolle spielen würden. Bayern und Württemberg haben kein Interesse an einem solchen Patentsondergerichtshof. Bliebe Sachsen, wo in Leipzig oder Dresden blühende Hochschulen und Universitäten sich befinden; vielleicht auch Braunschweig oder Darmstadt.[35]) Aber auch dagegen wird geltend zu machen sein, daß eine solche Zentralisation „tiefgehende Eingriffe in die den Bundesstaaten verfassungsmäßig zustehenden Rechte hinsichtlich der Organisation der Gerichte und der Ausübung der Rechtsprechung" enthalten würden.[36]) Unzweifelhaft würde auch der Zentral-

[34]) Vergl. v. Martius, a. a. O., S. 144.

[35]) So Herse, Mitteilungen vom Verband Deutscher Patentanwälte, 1907, S. 117.

[36]) Darauf hat besonders der Vertreter des Reichsjustizamts auf dem Leipziger Kongreß, Geh. Obergerierungsrat Degg hingewiesen: Leipziger Berichte, S. 72; vergl. auch Cahn, Techniker als Richter, S. 32/33.

gerichtshof eine bedeutende Belästigung der Parteien und sonstigen Prozeßbeteiligten infolge weiter Reisen, die sie an den Sitz des Gerichts zu machen hätten, bedeuten; denn es ist sicher, daß in viel höherem Grade, als beim Patentamt, eben wieder wegen des mündlichen Verfahrens, die Anwesenheit der Parteien oder ihrer Vertreter am Sitze des Patentgerichts erforderlich sein würde; auch wird sich hier viel öfter die Notwendigkeit umfangreicher Beweisaufnahmen (z. B. zur Feststellung des Verletzungsgegenstandes oder eines Vorbenutzungsrechts) herausstellen; daß auch damit eine Verlangsamung des Prozessierens und eine Verteuerung der Prozesse Hand in Hand gehen würde und müßte, bedarf keiner näheren Erörterung;[37]) auch die Wirkung auf die nicht am Sitze des Patentgerichtshofs ansässigen Vertreter ausländischer Patentinhaber (Patentgesetz § 12) ist — mit v. Martius — nicht außer Acht zu lassen.

Aus allen diesen Gründen dürfte ein zentraler Patentgerichtshof nach Lage der Dinge nicht empfehlenswert, auch nicht erreichbar sein. Man begnügt sich deshalb, lediglich dezentralisierte Patentgerichtshöfe zu verlangen. Dabei ist nicht verkannt worden, daß nach den Ergebnissen der Statistik die Errichtung solcher gemischter Gerichte bei allen Landgerichte ebenso wenig notwendig, als durchführbar sei. Die Statistik hat gezeigt, daß nur an einigen wenigen größeren Industriepunkten eine größere Zahl einschlägiger Sachen zusammenkommt, und daß daher auch nur hier sich eine solche Einrichtung ausbauen lassen würde; im wesentlichen kämen nur einzelne größere Orte in Betracht, die entweder Sitz einer Universität oder Hochschule oder Mittelpunkt einer besonders starken Industrie sind; daß es sich dabei empfehlen würde, größere Bezirke, etwa einzelne Provinzen oder Bundesstaaten zu einem Ganzen zusammenzufassen, ist ohne weiteres anzuerkennen. Allein, dieser Gedanke, die Sachen des gewerblichen Rechtsschutzes bei einem bestimmten Gericht, das an sich vielleicht nicht zuständig wäre, zu konzentrieren, läßt sich auch verwirklichen, ohne daß gemischte Gerichte eingerichtet würden, und kann dann allerdings außerordentlich vorteilhaft wirken (vgl. Kap. III, § 1).

§ 4.

Ständige oder nichtständige Richter?

Weiter fragt es sich, ob die technischen Richter im Hauptamt oder im Nebenamt (ehrenamtlich) angestellt werden sollten. Als Vorbild für nichtständige technische Richter ist auf die nichtständigen Mitglieder des

[37]) S. v. Martius, a. a. O.; Degen, a. a. O., S. 16.

Kaiserlichen Patentamts hingewiesen worden, die freilich nur in den Nichtigkeits- und Beschwerdeabteilungen tätig sind; daß mit diesen Mitgliedern die besten Erfahrungen gemacht worden sind, ist in der Diskussion über die Patentsondergerichte von keiner Seite angezweifelt oder bestritten worden; erst verschiedenen, in der technischen Presse jüngst erschienenen Aufsätzen ist es vorbehalten gewesen, außerordentlich heftige Angriffe gegen die nichtständigen Mitglieder des Patentamts zu erheben. Diese Angriffe können jedoch um so mehr auf sich beruhen, als die Institution der nichtständigen Mitglieder des Patentamts mit derjenigen etwaiger ehrenamtlicher technischen Mitglieder der gemischten Gerichtshöfe nicht auf eine Stufe gestellt werden kann, weil eben die Art ihrer Tätigkeit hier und dort eine verschiedene ist.

Für die Zuziehung von Richtern im Ehrenamt spricht wesentlich die Erwägung, daß der Kreis derjenigen Personen, die als Richter in Betracht kommen könnten, dadurch erheblich erweitert würde. Da diese Herren im Jahre voraussichtlich nicht allzu häufig zu Sitzungen herangezogen werden würden, so würden wohl auch wissenschaftlich und technische hervorragende Kräfte neben ihrem Berufe die Zeit finden, sich der Sache zu widmen; auch würden die nichtständigen technischen Richter in engster Berührung mit den Fortschritten der Technik und des wirtschaftlichen Lebens bleiben, und ihre praktischen, in ihrem Hauptberufe gewonnenen Erfahrungen auf der Richterbank verwerten können.[38]) — Andererseits besteht die Gefahr, daß die Heranziehung solcher nichtständigen Mitglieder eine Verlangsamung des Verfahrens und eine Erschwerung des Geschäftsganges infolge der Notwendigkeit, die Richterbank für jede einzelne Sache richtig, d. h. mit einem Fachmann zu besetzen, nach sich ziehen würde; es kann in dieser Hinsicht auf die Ausführungen Degens, a. a. O. S. 14/5 Bezug genommen werden, der eine beispielsweise Zusammenstellung der an einem Tage bei Gericht anstehenden Sachen mitteilt; da auch die nichtständigen Richter des gemischten Gerichtshofs nicht immer am Sitz des Gerichts wohnen werden, so müßte dies bei der Anberaumung von Terminen berücksichtigt werden. Man bedenke, welche Opfer man den Richtern zumuten würde, die, um vielleicht in einer Sache ihres Fachgebiets mitzuwirken, den ganzen Vormittag auf dem Gericht warten müssen, bis sie schließlich hören, daß die Sache vertagt wird! Sind diese Unannehmlichkeiten des Wartens schon für die nichtständigen Mitglieder des Patentamts

[38]) Wenn Degen a. a. O., S. 12/13 sagt, daß nur die ehrenamtlichen Richter die ihnen gestellten Aufgaben erfüllen könnten, so geht er m. E. zu weit.

lästig, so werden sie für nichtständige Richter, die im industriellen Leben stehen, geradezu unerträglich sein; die persönlichen Opfer mögen jedoch die beteiligten Kreise bringen, wenn sie sich von einer Änderung des bestehenden Zustandes Ersprießliches versprechen! Schlimmer ist, daß auch der Möglichkeit kurzer Vertagungen, die sich gerade im Zivilprozeß so zweckmäßig erweisen, sowie der Anberaumung von Publikationsterminen die Rücksicht auf die ehrenamtlichen Richter häufig entgegenstehen würde. Auch hier trifft der Vergleich mit den Handelsrichtern nicht zu, da diese für eine ganze Sitzung, die technischen Richter aber nur für einzelne Sachen einberufen werden können, es sei denn, man könnte die Termine so ansetzen daß ein Fachmann an einem Sitzungstage gleich bei mehreren Prozessen mitwirken kann; da sich dies fast kaum ermöglichen lassen wird, so müßte darunter natürlich auch die Schnelligkeit des Verfahrens leiden. Es kommt hinzu, daß die nur ehrenamtliche und gelegentliche Tätigkeit als Richter eine weniger innige Verschmelzung des juristischen und technischen Elementes zur Folge haben kann, und daß die technischen Richter wegen ihrer selteneren Heranziehung, sich weniger leicht und weniger schnell die unbedingt erforderlichen Kenntnisse des Rechts und des Rechtsganges aneignen könnten,[39]) mögen sie auch den Fortschritten der Technik, selbst auf den ihnen ferner liegenden Gebieten, folgen können. Nicht zu leugnen ist ferner, daß „sie meist unselbständig und unsicher in der Beurteilung patenttechnischer und -rechtlicher Fragen sein und bleiben, und nur zu leicht durch den Vorsitzenden und die juristischen Beisitzer beeinflußt und umgestimmt werden" werden. Durchschlagend erscheint jedoch ein anderes Moment, das gerade bei dem ehrenamtlichen Richter in bedeutend höherem Maße Geltung haben muß, als bei den nichtständigen Mitgliedern des Patentamts: von Schütz[40]) hat 1890, also vor dem Inkrafttreten der Patentgesetznovelle, die ja erst die ständigen technischen Mitglieder des Patentamts geschaffen hat, gegen die nichtständigen Mitglieder geltend gemacht, „daß ein großer Teil des Mißtrauens, welches anerkanntermaßen (!) dem Patentamt vom Publikum entgegengebracht wird, auf der irrtümlichen Annahme beruhe, die Mitglieder des Patentamts gehörten zum großen Teil dem Gewerbe an" und daß „dieses Mißtrauen noch überwuchert werde, wenn in der Tat die gewerblichen Kräfte in großer Zahl zur Tätigkeit am Patentamt herangezogen würden, da es ja in der Natur der Sache liege, daß sie in

[39]) Vergl. Tolksdorf, a. a. O., S. 90; Haeuser, Leipziger Kongreßberichte, S. 69.

[40]) Zeitschrift des V. D. J., 1890, S. 676 ff.

dem Zweige tätig sein müßten, in dem sie hervorragend sachverständig seien, daß sie also namentlich über Beschwerden ihrer eigenen Konkurrenten urteilen müßten". Diese Besorgnisse waren und sind für das Patentamt zweifellos ungerechtfertigt und übertrieben; mit weit mehr Fug und Recht wird man sie aber bezüglich der technischen Mitglieder der gemischten Gerichte hegen können. Und doch bedarf es gerade hier der absolutesten Unabhängigkeit und Unbefangenheit des Richters; er darf nicht nur nicht in eigener Sache urteilen, sondern er muß auch von der Mitwirkung in solchen technischen Prozessen ausgeschlossen sein, die auf seinen eigenen Beruf, sein eigenes Gewerbe von Einfluß sein könnten! Hier offenbart sich wieder die mehr öffentlich-rechtliche Natur und die weittragende Bedeutung der Patentprozesse, deren Wirkung über die unmittelbar Beteiligten hinausgreift, und häufig sich auf die Konkurrenz erstreckt. Dieser Konkurrenz wird aber der nichtständige, der Industrie entnommene Richter nicht selten angehören, auch wenn er nicht selbst Patente auf dem einschlägigen Gebiet besitzen sollte! Er wird in den meisten Fällen unter ihrer Herrschaft stehen oder doch groß geworden sein. Es wird daher die notwendige absolute Unbefangenheit dem technischen Richter im Ehrenamt mehr oder minder abgehen, und — noch schlimmer als dies — es wird seine Unparteilichkeit und Unbefangenheit im Publikum immer angezweifelt werden.[41]) Nicht treffender kann die Sachlage gekennzeichnet werden, als mit den Worten des Präsidenten des Kaiserl. Patentamts auf dem Leipziger Kongreß (Berichte S. 89): „Die großen Industriellen haben, wenn ich so sagen darf, keine Zeit für solche Dinge, und . . . sie sind befangen oder, — wenn sie es nicht sind, — fühlen sie sich befangen, und wenn sie sich selbst nicht befangen fühlen, dann wird nach außen doch sehr leicht die Idee entstehen, der Betreffende könnte vielleicht befangen sein; und schon die Existenz dieser Idee, auch wenn keine Spur eines tatsächlichen Anhalts ihr zu Grunde liegt, würde nach meiner Erfahrung genügen, um das Vertrauen in diese Gerichtsbarkeit zu erschüttern". Es hieße die Wucht dieser Worte abschwächen, wollte man ihnen etwas hinzufügen; selbstredend hat die Befangenheit der technischen Richter, die

[41]) Es sei hier auf die oben (S. 357) wiedergegebenen Äußerungen Duisberg's über die Sachverständigen zurückverwiesen; sein Urteil über die ehrenamtlichen Techniker hat er schon auf dem Kölner Kongreß (Kongreßberichte S. 34) dahin abgegeben: „Solche von Fall zu Fall zu berufenden Techniker, meist ohne die erforderliche Schulung in der Rechtsprechung, sind nicht genügend unparteiisch und haben auch oft von vornherein schon eine vorgefaßte Meinung."

meist unbewußt vorhanden sein wird, nichts zu tun mit ihrem Gerechtigkeitsgefühl, ihrer Loyalität und ihrem Takt. — Die Bedenken gegen die Befangenheit der ehrenamtlichen Richter würden abgeschwächt werden, wenn man sie nicht aus den Kreisen der Industrie entnähme; hier kämen in erster Reihe die Professoren und Lehrer an den Hochschulen, für die besonders warm Bolze[42]) eintritt, sowie Staatsbeamte in Betracht; gegen erstere führt Tolksdorf, a. a. O., S. 90 mit Recht aus, daß „zahlreiche Hochschulprofessoren in sehr innigem Konnex mit der Industrie stehen, derart, daß sie einer Firma ihre Erfindungen zur gewerblichen Verwertung übertragen"; auch werden bekanntlich gerade Hochschulprofessoren mit Vorliebe zur Erstattung von Privatgutachten herangezogen.[43]) Wenn man nun auch den ehrenamtlichen Richtern von Gesetzes wegen oder im Verordnungswege die Erstattung von Privatgutachten untersagen könnte,[44]) so würde man damit zweifellos eine große Reihe sonst geeigneter Persönlichkeiten davon abschrecken, ein Amt zu übernehmen, dessen jährliche Besoldung unter Umständen nicht größer sein wird, als das Honorar, das ein oder zwei Privatgutachten einbringen werden. Hat doch auch schon auf dem Leipziger Kongreß der Präsident des Kaiserl. Patentamts für die Berufung von Professoren als nichtständige Mitglieder erklärt: „Die Professoren sind anderweitig so stark in Anspruch genommen, daß sie unserem Ruf und, wenn er in ziemlich verlockende Formen sich kleidet, nur selten folgen". — Was aber die Techniker in Staatsstellungen anlangt, die vollkommen unabhängig, unbefangen und vielleicht auch infolge nicht zu starker Arbeitsüberlastung in der Lage sind, solche ehrenamtliche Richtertätigkeit nebenamtlich auszuüben, so ist zu bedenken, daß diese Herren meistenteils zu sehr Spezialisten auf einem Sondergebiet geworden sind, um einen genügenden Überblick über das nicht gerade einschlägige Gebiet zu haben; auch sind für eine ganze Reihe technischer Gebiete, — gedacht ist vornehmlich an die chemische, besonders die Farbstoff-Industrie, und die sogenannten Gewerbe des täglichen Lebens, — staatliche Techniker

---

[42]) D. J. Z. 1907, S. 1235; auch schon Entwurf einer Patentnovelle, 1890, S. 98.

[43]) Dem Verfasser ist aus seiner richterlichen Tätigkeit ein Fall bekannt, in welchem sämtliche in Betracht kommenden deutschen Hochschullehrer als gerichtliche Sachverständige nicht bestellt werden konnten, weil sie in irgendeiner Weise schon früher in der betreffenden Angelegenheit tätig geworden waren!

[44]) Ähnlich, wie den Beamten des Patentamts; vergl. § 12 des Reichsbeamtengesetzes v. 31. III. 1873 und Bekanntmachung des Patentamts v. 6. I. 1882 (Patentblatt 1882, S. 17 u. 1890, S. 9).

überhaupt nicht oder nicht in genügender Anzahl tätig; endlich wird sich bei der immer mehr zunehmenden Ausdehnung staatlicher industrieller Betriebe die Möglichkeit, staatliche Beamte zu ehrenamtlichen Richtern zu bestellen, immer weiter verringern![45]) Alles dies zeigt, daß der Heranziehung ehrenamtlicher Richter schwere prinzipielle und praktische Bedenken entgegenstehen. Diesen Bedenken hat sich auch der Deutsche Verein nicht verschlossen; wenn er sich trotzdem in seinen Vorschlägen II für die Zuziehung technischer Richter im Ehrenamt ausgesprochen hat, so ist dies offensichtlich nur geschehen, weil die ursprüngliche Forderung eines zentralen Patentgerichtshofes nicht durchführbar, für dezentralisierte Gerichte aber hauptamtliche Technikerrichter nicht erreichbar erschienen. Als fast übereinstimmende Ansicht der Industrie selbst — und sie hat hier den Ausschlag zu geben — muß es bezeichnet werden, *daß nur Techniker im Hauptamt den an sie als Richter zu stellenden Anforderungen genügen würden*. Dies ist namentlich auf dem Leipziger Kongreß mit aller Schärfe zum Ausdruck gekommen;[46]) auch sonst wird darüber in beteiligten Kreisen kein Zweifel gelassen. Dabei spielt auch noch der Gesichtspunkt eine Rolle, daß die Industrie, der durch die soziale Fürsorge, neue Steuern und die Verpflichtung zur Übernahme von Ehrenämtern immer neue Opfer auferlegt werden, sich gegen die Übernahme weiterer ehrenamtlicher Stellungen wehrt, denen sie nicht das Gewicht beimißt, um die damit verbundenen Opfer wett zu machen.[47]) Man höre nur die Stimmen aus der Industrie selbst, um beurteilen zu können, daß der Optimismus von *Bolze* unbegründet ist, der ausruft: „Die Industriellen und Sachverständigen, die Künstler, Schriftsteller und Verleger müssen nur Opfer bringen, sie müssen Mann für Mann antreten, auch die hohen Herren, sie müssen sich eintragen lassen, wie die Ingenieure ...

---

[45]) So könnten z. B. in Prozessen über drahtlose Telegraphie, über Schiffskessel, über Rohrrücklaufgeschütze, sowie die sonstigen das Heereswesen und die Marine angehende Patenten, wenn diese Prozesse gegen das Reich oder von dem Reich abhängig gemacht würden, staatliche Angestellte, z. B. Obertelegraphen-ingenieure, Militär- und Marinebeamte usw. nicht als Richter fungieren!

[46]) S. die bündige Erklärung *Haeuser's* auf dem Leipziger Kongreß, Berichte, S. 118; auch der Berliner Bezirksverein des V. D. J. verlangt *hauptamtliche* Richter.

[47]) Vergl. die beachtliche Äußerung des Dr. *Steche*, als Vertreters des Verbandes sächsischer Industriellen, Ortsgruppe Leipzig, Leipziger Kongreßberichte, S. 110. Über die sozialpolitische Belastung des deutschen Unternehmertums zu vgl. u. a. Deutsche Industrie-Zeitung, 1909, S. 631.

in die Listen, aus denen die wechselnden Beisitzer für die einzelnen Prozesse einberufen werden, um neben den ständigen Richtern das volle Stimmrecht über Tat- und Rechtsfragen auszuüben", — nach Bolzes Ansicht freilich „nicht im Hauptamt, sondern im Ehrenamt".[48]) Wenn schließlich geltend gemacht wird, daß aus einer etwaigen Befangenheit des technischen Richters sich Mißstände für die Beurteilung der Sache nicht ergeben würden, weil „im einzelnen Falle den Parteien immer noch die Möglichkeit der Ablehnung der Richter bleibe, von der — falls ein technischer Beisitzer in einer Sache befangen scheine — kein zu schüchterner Gebrauch gemacht werden werde",[49]) so zeigt dieser Einwand eigentlich schon, daß die gemischten Gerichte in praxi den Todeskeim in sich tragen; denn es kann keinem Zweifel unterliegen, daß das Verfahren vor diesen Gerichten infolge Richterablehnungen zu unerhörten Prozeßverschleppungen, vielleicht sogar zum Justizstillstand führen wird; diese Gefahr wird besonders bei dezentralisierten Gerichten bestehen, bei denen die Zahl der in Betracht kommenden technischen Richter nur eine geringe sein kann. Zu welchen unhaltbaren Zuständen dies führen muß, wenn z. B. über Anträge auf einstweilige Verfügungen zu beschließen ist, hat Wertheimer[50]) treffend dargetan. Man denke aber auch an die Fälle, in denen erst im Laufe des Verfahrens sich herausstellt, daß der oder die technischen Beisitzer irgend ein wirtschaftliches Interesse an der Sache haben, — wenn z. B. erst bei der Erörterung des Standes der Technik auf ein Schutzrecht zurückgegriffen wird, das dem Richter gehört oder gehört hat. Wer die Handhabung von Ablehnungsanträgen seitens böswilliger Prozeßparteien aus der Praxis kennt, darf nicht von vornherein die Rechtsuchenden darauf verweisen, daß sie „von diesem Recht einen nicht zu schüchternen Gebrauch machen" sollten!

Wenn auch hier wieder auf die günstigen Erfahrungen hingewiesen wird, die in Österreich mit den ehrenamtlichen Mitgliedern des Patentamts gemacht seien, so sei demgegenüber auf das verwiesen, was der Herr Präsident des österreichischen Patentamts (Leipziger Berichte, S. 84)

---

[48]) Deshalb ist auch anfechtbar, was die Vorschläge II, S. 15 sagen: „Die Auswahl kann unter den hervorragendsten Technikern des Bezirks getroffen werden und namentlich auch unter solchen, deren Persönlichkeit und Stellung Sicherheit für volle Unbefangenheit und für autoritative Beherrschung eines technischen Gebietes gewährt. In erster Linie wurde dabei an Professoren und Staatsbeamte, daneben auch an die hervorragendsten Kräfte der Industrie gedacht."

[49]) Vorschläge II, S. 13.

[50]) Wertheimer, M. & W., 1908, S. 156.

selbst ausgeführt hat: daß man nämlich, „wenn man die Techniker als Richter aus dem Kreise der Industrie nimmt, Personen bekommt, die so menschlich sind, daß sie, wenn sie einer Erfindung gegenüberstehen, die ihrem Geschäftsbetriebe nahe steht, nicht das nötige unparteiische Gewissen aufbringen“! Deshalb seien die nebenamtlichen Mitglieder des Patentamts und des Patentgerichtshofs ausschließlich aus Kreisen genommen, die nicht unmittelbar durch die Fragen der Industrie in ihren materiellen Interessen berührt würden, also aus dem Kreise der Professoren aller technischen Hochschulen Österreichs, aus Versuchs- und Lehranstalten und sonstigen staatlichen Anstalten, kurz aus einem Kreise von Personen, die vollständige Unabhängigkeit besäßen (wegen der derzeitigen Besetzung des Patentamts und Patentgerichtshofes s. österreichisches Patentblatt 1909, S. 1021 ff.). Was beweist dies nun für die deutschen Verhältnisse? Schon S. 385 ist darauf hingewiesen worden, daß die Industrie Österreichs bedeutend weniger entwickelt ist, als die unserige und daß die Zahl der einschlägigen Sachen sich auch nicht annähernd messen kann mit den deutschen Ziffern! Kann es da Wunder nehmen, daß bei der großen Zahl der zur Verfügung stehenden Kräfte die nichtständigen Mitglieder des Patentamts, da sie der Industrie nicht angehören, wohl nie in einen Gewissenskonflikt geraten können, wie er soeben als leicht möglich geschildert ist? Kann es da Wunder nehmen, daß bei einer so geringen Zahl von Prozessen, die noch dazu nicht im deutschen Zivilprozeßverfahren verhandelt werden, sich keine Schwierigkeiten bei der Terminsansetzung und Terminswahrnehmung ergeben? Im Gegenteil: Wären die Erfahrungen in Österreich ungünstige, so müßte man sogar nach einem anderen Grunde hierfür suchen! Also das österreichische Beispiel kann auch hier nicht maßgebend sein.

Es bleibt sonach nur die Möglichkeit, Techniker im Hauptamt zu Richtern der gemischten Gerichte zu bestellen; allerdings bieten solche Richter eine größere Gewähr für die notwendige Unabhängigkeit. Damit sind aber auch ihre Vorzüge im Vergleich zu ehrenamtlichen Richtern erschöpft. Zwar möchte der Befürchtung Degen's,[51]) daß denselben Gefahren, denen wir Juristen ausgesetzt sein sollen, diese Techniker in Wahrheit ausgesetzt sein würden, den Gefahren der „Einseitigkeit“ und „Verknöcherung“, nicht ausschlaggebendes Gewicht bei-

---

[51]) Gegen die Sondergerichte, S. 13; Runkel-Langsdorf, ZIndR. 1908, S. 133 ff.

zumessen sein: Die ständigen Mitglieder des Patentamts sind ein beredtes Beispiel dafür, daß ihre Beschäftigung sie nicht aus der Fühlung mit der Praxis gebracht hat; gegen diese Gefahr ließen sich auch Maßnahmen verschiedenster Art schaffen, auf die zum Teil Isay [52]) schon hingewiesen hat. — Nach dem S. 412 Gesagten kann auch das Bedenken, daß, wenn man sich für hauptamtliche Richter entscheiden würde, die Hochschullehrer von der Betätigung als technische Richter ausgeschlossen sein würden, weil „die meisten Professoren wahrscheinlich sehr gern im Nebenamt tätig sein, aber ihren Beruf nicht aufgeben würden",[53]) nicht zu schwer ins Gewicht fallen. Wichtiger ist schon, was Bolze, DJZ. 1907, S. 1234 im Hinblick auf die Unabhängigkeit der Gesinnung und des Charakters und ein durch eine jahrhundertelange Geschichte entwickeltes Standesbewußtsein des deutschen Richters in die Worte zusammengefaßt hat: „Der Richter taugt nicht zum Industriellen und Kaufmann, aber er taugt besser, als der Industrielle und Kaufmann, zum ständigen Richter". Ausschlaggebend wird aber sein, — worauf namentlich Geh. Rat Kübler auf dem Leipziger Kongreß nachdrücklich hingewiesen hat[54]) — daß die technischen Richter im Hauptamt sich nicht in die allgemeine Gerichtsorganisation einordnen lassen, weil dadurch der alte, in den §§ 2 und 4 des GVG. niedergelegte Fundamentalsatz der bestehenden Gerichtsorganisation, — daß im Hauptamt nur juristisch vorgebildete Personen zu Richtern ernannt werden könnten, — und zwar erstmalig,[55]) durchbrochen würde. Da aber die Garantien einer tunlichst einheitlichen Rechtsanwendung in einer gemeinsamen Vorbildung derer liegen, deren Lebensaufgabe die Anwendung des Rechts werden soll, und da, wie hinzuzufügen ist, den technischen Richtern nicht eine gleiche Vorbildung wie den Juristen gegeben werden **kann**, so erscheint es weder wünschenswert noch erreichbar, daß zugunsten einer kleinen, aber mächtigen Minderheit an einer der festesten Säulen unserer Gerichtsverfassung gerüttelt werden sollte, zumal jede praktische Erfahrung mit nicht juristisch vorgebildeten ständigen Richtern fehlt!

Das Ergebnis der vorstehenden Untersuchung ist also ein durchaus negatives: Ehrenamtliche technische Richter will die Industrie nicht haben und kann sie nicht gebrauchen; hauptamtliche technische Richter können

---

[52]) Gerichtsbarkeit, S. 27.

[53]) Prof Bucherer, Leipziger Kongreßberichte, S. 115.

[54]) Leipziger Kongreßberichte, S. 55.

[55]) Selbstredend kann hier die Analogie der Handelsrichter, die nur ein Ehrenamt bekleiden, nicht herangezogen werden.

und werden die Verbündeten Regierungen niemals bewilligen, weil sonst auch jeder andere Berufsstand die gleichen Forderungen stellen könnte!

Man hat nun noch daran gedacht, sogenannte „fliegende oder Reiserichter" für größere Bezirke zu bestellen, und sie je nach Artung des einzelnen Falles, zur Besetzung der zuständigen Kammern heranzuziehen (vgl. Vorschläge II, S. 15). Es soll dagegen nicht geltend gemacht werden, daß die Stellung des Reiserichters „etwas komisches" an sich hat; auch die englischen Reichsrichter sind zum Teil „Reiserichter"; auch daß diese Einrichtung unverhältnismäßig große Kosten und Umstände verursachen würde, kann nicht ausschlaggebend sein. Aber: wer soll den zuständigen Richter bestimmen? Der Vorsitzende? Er kann häufig der Sache gar nicht ansehen, welchem Gebiet der Technik sie zugehört! Ein unter Mitwirkung eines allgemein gebildeten technischen Richters gebildetes Kollegium? Auch für dieses werden sich genügend Schwierigkeiten ergeben, wenn nicht gar dieser Richter der Konkurrent einer der Parteien ist! Weiter: wie wird der Reiserichter die an verschiedenen Gerichten seines Bezirks anstehenden Termine wahrnehmen, heute hier, morgen dort, übermorgen vielleicht an drei verschiedenen Stellen tätig sein können? Man braucht sich nur die praktischen Konsequenzen dieses Vorschlags auszumalen, um ihn als völlig unannehmbar zu bezeichnen; er würde auf eine vollständige Lahmlegung unserer Justiz hinauskommen. Mit Recht hat der Präsident des Kaiserl. Patentamts (Leipziger Kongreßberichte, S. 89) noch darauf verwiesen, daß die Patentprozesse nicht in einem Termin erledigt werden können, also der Reiserichter zu jedem Termin anwesend sein müßte, — auch schon zu solchen, in denen nur über die Vertagung der Sache zu beraten wäre! Man kann wohl annehmen, daß sich zu einer so außerordentlichen Inanspruchnahme kein einigermaßen zum Richter geeigneter Techniker hergeben würde; auch das Aushilfsmittel der Aktenversendung zur Information des Richters würde nicht verfangen; denn in jedem Termin müßte eben das ganze Richterkollegium voll versammelt sein. Daß man aber nicht, ähnlich den englischen courts of assizes, nur periodische Patentgerichtssessionen einrichten kann, zu denen gewissermaßen der „technische Reiserichter" als Kommissar entsendet würde, liegt bei unserem Gerichtsverfahren auf der Hand.

Es würde sich hiernach eigentlich erübrigen, auf die Frage der Besetzung der gemischten Gerichte weiter einzugehen. Es soll jedoch auch noch darauf hingewiesen werden, welche Schwierigkeiten die Erlangung des geeigneten Richtermaterials machen würde.

In erster Linie sei auch hier wieder auf das Zeugnis des Präsidenten des Kaiserl. Patentamts Bezug genommen, der auf dem Frankfurter,[56]) Düsseldorfer[57]) und Leipziger Kongreß 1908[58]) ausdrücklich erklärt hat, daß „die Gewinnung des Personalersatzes für die ständigen Mitglieder des Patentamts die schwierigste und verantwortungsreichste Aufgabe sei und die höchste Sorgfalt erfordere". Hat sich aber schon die Besetzung des Patentamts, dessen Gehälter höher sind, als die der erstinstanzlichen einzelstaatlichen Richter, jahrelang nicht leicht erwiesen, so würde die Besetzung gemischter Gerichte, in welcher Gestalt auch immer, noch weit größere Schwierigkeiten machen; denn es würde nicht nur, wie der Herr Präsident in Frankfurt a. M. gesagt hat, das Patentamt mit in Wettbewerb treten, sondern es würden die verschiedenen erstinstanzlichen, vielleicht gar noch die zweitinstanzlichen Gerichte geeignete Kräfte für sich beanspruchen! Die Vorschläge I, S. 10 nehmen zwar an, daß es „genügend Techniker von technischem Wissen und ausreichenden Fähigkeiten gebe, welche sich durch den (im Vergleich zur Industrie) zwar geringeren, aber sicheren Gehalt, die Aussicht auf Pension und die Möglichkeit auf Erwerbung eines Titels bestimmen ließen, evtl. auch auf eine bessere Stellung in der Industrie zu verzichten"; einen gleichen Gesichtspunkt vertreten die Vorschläge II, S. 13. Wenn an beiden Stellen zur Stützung dieser Ansicht auf die Besetzung des Patentamts hingewiesen wird, so kann dies gegenüber den oben erwähnten Mitteilungen des Präsidenten des Patentamts natürlich nicht ins Gewicht fallen. Auch die Lockung mit Titeln, etwa eines Königl. Gerichtsingenieurs[59]) (vielleicht auch Ehrenzeichen), dürfte kaum verfangen. Was die Gehaltsfrage anlangt, so mag es ja richtig sein, daß eine ganze Reihe mittlerer Techniker, vielleicht auch älterer erfahrener Ingenieure, gern bereit wäre, ihre Stellung in der Industrie mit Staatsstellungen zu vertauschen, die ihnen jedenfalls eine gesetzliche Pension sichern würden; denn, während früher die Gehälter in der Industrie die staatlichen Gehälter bei weitem übertrafen, sind, wie neuere Untersuchungen dargetan haben, in den letzten Jahren nur die Gehälter der leitenden Persönlichkeiten der Industrie außerordentlich gestiegen, die der mittleren Angestellten dagegen

---

[56]) Damals noch als Vertreter des Reichsamts des Innern; Frankfurter Kongreßberichte, S. 41.

[57]) Düsseldorfer Kongreßberichte, S. 41.

[58]) Leipziger Kongreßberichte, S. 89; s. auch Fehlert, in der Sachverständigensitzung des VDMA., a. a. O., S. 86.

[59]) Vergl. Stöcker, Technik und Wirtschaft, 1909, S. 42.

nicht entsprechend gewachsen; geht doch unsere wirtschaftliche Entwickelung dahin, die frei und unter eigener Verantwortlichkeit schaffenden Individualitäten der Privatindustrie immer mehr zu beamteten Gliedern herabzudrücken, und damit ihr Einkommen und ihre soziale Stellung zu schmälern, so daß das Drängen weiter akademisch gebildeter Kreise, namentlich der Techniker, in staatliche Stellungen zu gelangen, zumal im Hinblick auf die starke Vermehrung des technischen Nachwuchses, einigermaßen erklärlich wird; deshalb erscheint es auch nicht unwahrscheinlich, daß sich mittlere Techniker nach den Richterstellen drängen würden. Eine ganz andere Frage aber ist es, ob gerade diese Techniker geeignet sein werden, das verantwortungsvolle und schwere Amt eines Richters auszufüllen, und ob die Industrie sich Rechtssprüchen, die unter Zuziehung solcher Techniker gefällt werden, beugen wird. Es liegt in der Natur der Sache, daß Herren, die in der Industrie mit solchen Gehältern zufrieden sein müßten, wie sie den vom Staate gezahlten selbst unter Berücksichtigung der vom Staat zu zahlenden Pension entsprechen, nur Anfänger oder — nach einem Worte Düringers [60]) — „Mittelmäßigkeiten" sein könnten, nämlich „solche Techniker oder Patentanwälte, die in der Praxis nicht hinreichenden Erfolg finden"; und dies in einer Zeit, in der auf allen Gebieten des Lebens die besten gerade gut genug sind, um sich durchzusetzen! Von diesem Gesichtspunkte aus kann allerdings der Befürchtung v. Stahls (a. a. O., S. 248), daß mit der Einführung technischer Richter viele wertvolle Kräfte ihren für Volkswirtschaft und Gemeinwohl wichtigen Aufgaben entzogen würden, kaum beigetreten werden; grade die volkswirtschaftlich wertvollen Kräfte werden sich aller Voraussicht nach der Tätigkeit als Technikerrichter entziehen! — Daß die Gehaltsfrage für die Techniker nicht besonders verlockend sein kann, hat Wildhagen in seinem Vortrage „Gerichtsbarkeit in Schiffahrtsprozessen", S. 11 wohl auch dadurch anerkannt, daß er — äußerst geschickt — verlangte, es sollten die Gehälter, wenn sie auf die Dauer sich als unzulänglich erweisen sollten, erhöht werden, und zwar nicht nur für die Techniker, sondern auch für die Juristen; dieses Argument steht etwa auf derselben Stufe, wie das von Wildhagen gegen die Dauer der Prozesse angeführte; hier wie dort allgemeine, keine Sonderargumente für die Sondergerichte! Wenn schließlich Wildhagen darauf hinweist, daß man ja auch trotz der niedrigen Gehälter die erforderlichen rechtsgelehrten Richter für die notwendigen Stellen

---

[60]) Düringer, Richter und Rechtsprechung, S. 34; weit schärfer lautet noch das Urteil von v. Martius, a. a. O., S. 143.

finde, so ist auch dieses Argument unschwer zu widerlegen; denn der Richter, der als Jurist großgeworden ist, muß sich eben mit den Stellen, die der Staat ihm zur Verfügung stellen kann, begnügen; er weiß von vornherein, daß seine Aussichten durch die Zahl der erlangbaren Stellen begrenzt sind; ganz anders der Techniker, der seinen einmal gewählten Beruf, in dem er schon Jahre gestanden hat, aufgeben müßte; dem Juristen winkt schließlich auch noch die Aussicht auf Vorwärtskommen; der Techniker dagegen wird auf der einen Seite den Rückweg zur Industrie mehr oder weniger verschlossen finden, auf der anderen Seite aber in der technischen Richterlaufbahn ein Weiterkommen nicht erhoffen können; denn daß Techniker auch zur Berufungsinstanz zugezogen werden sollten, erscheint, — wie alsbald näher dargelegt werden wird, — ausgeschlossen.

Aus alledem ergibt sich, daß das technische Richtermaterial für die gemischten Gerichtshöfe nicht oder mindestens nicht in den geeigneten Persönlichkeiten vorhanden sein kann und wird.

§ 5.

Der Sachverständige hinter der Barre.

Aber selbst wenn sich genügend geeignete Techniker finden würden, die neben den Juristen auf der Richterbank Platz nehmen könnten, würde es sich weiter fragen, ob sich dann nicht neue Gefahren auftun würden, denen gegenüber das bisherige System (mit den weiter unten zu besprechenden Verbesserungen) bei weitem vorzuziehen wäre! Es mag hier unterstellt werden, daß der technische Richter die ihm von den Anhängern der Sondergerichte zugedachte Stellung (s. oben Kap. I, § 3) voll und ganz ausfüllt. Da wird zunächst die Besorgnis wach, daß er der Kontrolle durch die Parteien entbehrt. Denn während diese bei ihren Vorträgen vor einem nur juristischen Kollegium davon ausgehen können, daß der Jurist, grade weil er den technischen Dingen mehr oder minder unbefangen und unvoreingenommen gegenübersteht, nur das bei der Beurteilung der Sachlage berücksichtigt, was sie ihm vorgetragen haben, müssen sie beim technischen Richter befürchten, daß er seine eigene Sach- und Fachkunde ausschlaggebend wirken lassen werde, sie also etwaige technische Irrtümer der Richter erst aus dem Urteil ersehen können.[61]) Wenn man auch nicht mit v. Martius, a. a. O., S. 143 annehmen will, „die Gefahr der Fehl-

[61]) Vergl. namentlich Magnus, Reformvorschläge, S. 53; v. Martius, a. a. O., S. 143.

sprüche wachse hierdurch in dem Maße, daß das Urteil einer technischen Behörde, wie ein Zufallsspiel anzusehen ist", so bleibt doch die Tatsache bestehen, daß mindestens Überraschungen der Parteien durch die Urteilsfällung häufiger als bisher vorkommen und die Parteien dadurch noch häufiger in die Berufungsinstanz werden gedrängt werden. Auch können von technischen Richtern noch leichter, als von sachlich ganz unbefangenen, juristischen Richtern subjektive Meinungen als ausgemachte Tatsachen behandelt werden! Auf diese Gefahren ist seit Beginn der Patentgerichtsbewegung ständig hingewiesen worden.[62]) Wenn die Vorschläge II, S. 12 sie deshalb für nicht dringlich erachten, „weil der Vorsitzende sofort wieder die Verhandlung eröffnen werde, sobald in der Beratung Gesichtspunkte auftreten, die in der mündlichen Verhandlung noch nicht erörtert worden" seien, so übersehen sie, daß es sich in vielen, wenn nicht in den meisten Fällen gar nicht um das Auftreten neuer, sondern um eine neue technische Würdigung bereits erörterter Gesichtspunkte handeln wird; ferner, daß es für den juristischen Vorsitzenden, der ja vom Standpunkt der Sondergerichtsanhänger „Dilettant", d. h. ein Mann ist, der „die wahren Schwierigkeiten, die in der Sache liegen, nicht erkennt", außerordentlich schwer ist, festzustellen, ob und welche neue Gesichtspunkte in der Beratung aufgetreten sind. Deshalb hat auch hier Wildhagen[63]) ein anderes Argument in die Debatte eingeführt; er fragt, ob denn die Heimlichkeit der Beratungen ein solcher rocher de bronze sei, daß unter allen Umständen daran festgehalten werden müßte. Es bedarf keiner näheren Darlegung, daß auch diese Frage wieder nicht das Gebiet des gewerblichen Rechtsschutzes allein, sondern das gesamte Zivilprozeßverfahren betrifft, so daß dieses Argument zur Widerlegung von Einwendungen gegen die Sondergerichte schlechterdings nicht herangezogen werden kann; mit vollem Recht hat aber auch Wertheimer ausgeführt,[64]) daß die

---

[62]) Sie waren auch der Hauptgrund, aus dem sich der Ausschuß des Internationalen Vereins gegen die Zuziehung technischer Richter erklärt hat (s. J. d. Intern. Ver., 1898, S. 393 und 1902, S. 192); auf sie hat bereits Kohler in seinem Handbuch, S. 829, hingewiesen; sie sind auch auf dem Leipziger Kongreß und noch neuestens von Düringer, „Richter und Rechtsprechung", S. 32, in helles Licht gerückt worden; auch von Stahl legt auf sie (S. 243 seines Gutachtens) maßgebliches Gewicht; vgl. endlich auch Heimann in seinem mehrerwähnten Aufsatz.

[63]) Leipziger Kongreßberichte, S. 34 und Schiffahrtsgerichte, S. 11.

[64]) Leipziger Zeitschrift, 1908, S. 673; aus dem im Text angegebenen Grunde wird man sich auch nicht mit dem Vorschlage Lobe's befreunden können (JW. 1910, S. 131), daß den Parteien zunächst ein mit Tatbestand

öffentliche Beratung nur eine fortgesetzte Verhandlung sei und die Autorität, die jedes gerichtliche Urteil für sich beanspruchen müsse, bei ihr hinfällig werden würde! Wenn man erst zu solchen Argumenten seine Zuflucht nehmen muß, die eine grundlegende Änderung unseres ganzen Zivilprozeßverfahrens zur Voraussetzung haben, so zeigt dies doch, daß eine Besserung der Zustände nicht so sehr von der Zuziehung der Techniker, als von anderen Faktoren, insbesondere einer allgemeinen Reform der Zivilprozeßordnung, erwartet wird und zu erwarten ist.

Dazu kommt, daß der technische Richter nur zu leicht geneigt sein wird, von der Erhebung von Sachverständigenbeweisen auch da abzusehen, wo der Jurist solche noch beschließen würde. Statt vieler anderer Äußerungen[65]) zu diesem Punkt sei hier nur wiedergegeben, was der Präsident des Patentamts auf dem Leipziger Kongreß gesagt hat: „Das allerbedenklichste Element ist der Halbsachverständige, der glaubt, daß er volles Sachverständnis besitzt; das ist ein Element, vor dem wir uns hüten müssen, und ich möchte beinahe sagen, dieses Element ist fast noch gefährlicher, als der ganz unschuldige, der unbefangene Richter". Es liegt eben in der menschlichen Natur, daß der Sachkenner — und das wenigstens soll der technische Richter doch sein — es nur zu leicht für ein Eingeständnis mangelnder Sachkunde halten wird, wenn er selbst noch die Zuziehung von Spezialsachverständigen für erforderlich erklärt, die ihm gegenüber doch gewisser-

---

und Gründen versehener Urteilsvorschlag unterbreitet und ihnen Gelegenheit gegeben werden sollte, die Angriffe hiergegen in sachlicher und rechtlicher Hinsicht innerhalb einer Notfrist geltend zu machen.

[65]) S. besonders auch v. Martius, a. a. O., S. 143 und Schlesinger, a. a. O., S. 248: „Ich halte die Steckenpferdchen, die ein Richter-Ingenieur haben könnte, für viel bedenklicher, als die eines autoritären Gutachters; denn letztere unterliegen der Kritik der Parteien. Ich habe gefunden, daß gut eingearbeitete Juristen viel häufiger die richtige Entfernung von der Streitfrage als ganzes bei der Urteilfindung einhielten, als der technische Sachverständige. Ich habe gefunden, daß der Ingenieur zu häufig die Lupe, ja das Mikroskop anwendet und dann den Wald vor Bäumen nicht sieht, wo der Jurist sich mit freiem Auge ohne weiteres den Gesamteindruck erhält". Zu vgl. Damme, D. J. Z. 1908, S. 398: „Auch findet man gerade bei Koryphäen vielfach Steckenpferdchen, deren Vorführung den Gutachten den Beigeschmack der Einseitigkeit zu verleihen droht". Ferner erklärte Justizrat Haeuser auf dem Kölner Kongreß, Kongreßberichte, S. 23: „Der Jurist, der nichts von der Sache versteht, ist mir lieber, als der Techniker, der nur ein Viertel oder die Hälfte versteht"; s. auch Patentanw. Heimann auf dem Leipziger Kongreß, S. 111.

maßen den Obergutachter spielen müßten, und daß er es als eine Art Zurücksetzung betrachten wird, wenn sein juristischer Kollege seinen Ausführungen auf technischem Gebiet nicht das Vertrauen schenkt, das die Zuziehung von Spezialsachverständigen überflüssig machen könnte. Ist es nicht bezeichnend, daß ein so hervorragender Sachkenner, wie Edwin Katz,[66]) gerade unter Hinweis auf die Praxis des Patentamts davor warnt, den technischen Sachverständigen nicht in zu weitem Maße auszuschalten, weil sich daraus die naheliegende Gefahr tatsächlicher Fehlsprüche ergebe? Wie würde sich dies erst gestalten, wenn nicht die erstklassigen Kräfte, die dem Patentamt in den Nichtigkeits- und Beschwerdeabteilungen zur Verfügung stehen, sondern die sogenannten „Mittelmäßigkeiten", (im Sinne Düringers) — deren Selbstbescheidung naturgemäß geringer ist, als die jener Herren, — zu Gericht sitzen würden? Zutreffend befürchtet daher Wertheimer,[67]) daß die technischen Richter infolge ihres Halbwissens auf einem Spezialgebiet den juristischen Richter auf Irrwege drängen werden, und das gemischte Gericht es eher unterlassen wird, aufklärende Fragen an die Parteien und Sachverständigen zu richten. Und sind nicht gerade auch in der Technik „die Meinungen oft nach Schulen und Richtungen so geteilt, daß, wenn man weiß, welcher Richtung der Mann angehört, man oft auch schon weiß, wie er die streitige Frage beantworten wird"?[68]) Ist im Vergleich zu solchen — im besten Sinne des Wortes — voreingenommenen Technikern der unbefangene Jurist mit technischer Vorbildung nicht „das kleinere Übel"? Und schließlich: Sind die beiden Techniker unter einander uneinig oder nicht imstande, die juristischen Mitglieder des Kollegiums aufzuklären und zu überzeugen, was nutzt dann ihre Zuziehung? Sie wird eher Verwirrung stiften!

Aus dem Gesagten ergibt sich denn auch die Antwort auf die Frage, die Wildhagen und Isay aufgeworfen haben,[69]) und die dahin geht: „wenn man schon anerkenne, daß es zweckmäßig sei, den Sachverständigen von vornherein zu allen Verhandlungen zuzuziehen und ihn in das Beratungszimmer hineinzunehmen, was hindere dann eigentlich, den weiteren Schritt zu tun und den Sachverständigen als gleichberechtigten Richter in das Kollegium zu setzen?" Diese Antwort lautet, daß

---

[66]) Leipziger Zeitschrift, 1908, S. 49 ff.

[67]) Wertheimer, M. & W., 1908, S. 156.

[68]) Max Burckhard, Der Richter, (Sammlung „Das Recht"), S. 73.

[69]) Wildhagen, Leipziger Kongreßberichte, S. 33 und 124; Isay, das., S. 48.

eben gerade dieser Schritt über die Barre von so großer und weittragender Bedeutung ist, daß derselbe Techniker, der bisher als Sachverständiger Vorzüglichstes geleistet haben mag, in demselben Augenblicke, in dem er die Richterbank betritt, aufhört, nur Sachverständiger zu sein und neue Pflichten überkommt, deren Erfüllung für die Gesamtheit mit den oben gekennzeichneten Gefahren verbunden sein muß. Das Ergebnis ist also auch hier: Der Sachverständige hinter der Barre ist abzulehnen!

§ 6.

Die Rechtsmittelinstanzen.

Wie auf dem Gebiet der Strafprozeßreform der Kampf noch um die Frage tobt, ob die Laienrichter auch zur Berufungsinstanz zugezogen werden sollen, so ist auch in der Erörterung über die Patentsondergerichte dieser Frage ein großes Gewicht beigemessen worden; hier kommt aber noch hinzu, ob man zentralisierte oder dezentralisierte II. Instanzen für die Sachen des gewerblichen Rechtsschutzes schaffen soll.

So lange man für einen zentralisierten Patentgerichtshof mit verschiedenen Kammern als I. Instanz eintrat, verstand es sich von selbst, daß man auch nur einen zentralisierten Patentgerichtshof II. Instanz ins Auge fassen konnte, der ebenfalls aus verschiedenen Senaten für die verschiedenen Gebiete der Technik bestehen sollte; es war auch nur folgerichtig, daß man für die II. Instanz ebenfalls hauptamtliche technische Richter forderte; die Senate sollten mit einem rechtskundigen Vorsitzenden, zwei rechtskundigen und zwei technischen Beisitzern besetzt sein. Dies war der Inhalt der Beschlüsse des Hamburger Kongresses 1902, der ja für die Kammern der I. Instanz nur einen Juristen (als Vorsitzenden) und zwei technische Beisitzer vorgesehen hatte.[70]) Dabei ist jedoch zu beachten, daß diesem zentralisierten Patentgerichtshof II. Instanz auch die Berufungen in Nichtigkeits- und Zurücknahmesachen übertragen werden sollten, die jetzt dem Reichsgericht obliegen. Schon im Jahre 1890 war v. Meibom[71]) für eine Lostrennung der Berufungen in Nichtigkeits- und Zurücknahmesachen von dem Reichsgericht eingetreten, vornehmlich weil er für sie „wegen ihres öffentlich-rechtlichen Charakters eine den Verwaltungsgerichten entsprechende Behörde und ein dem verwaltungsgerichtlichen entsprechendes Verfahren“ für geeignet hielt, bei dem aller-

[70]) Hamburger Kongreßberichte, S. 12.

[71]) Bemerkungen zum Entwurf eines Gesetzes zur Abänderung des Patentgesetzes, S. 16.

dings Techniker und Juristen zusammenwirken sollten. Die Anhänger der Sondergerichte zielen jedoch, wie schon erwähnt, auf eine prinzipielle Einheitlichkeit der Rechtsprechung in allen Patentsachen ab, die sie nur dann als gewahrt ansehen, wenn der gemischte Gerichtshof auch über die Berufungen in Nichtigkeits- und Zurücknahmesachen zu entscheiden haben würde. Von noch anderem Standpunkt gehen diejenigen aus, die nur das Reichsgericht zu entlasten beabsichtigen; da jedoch nach Spring[72]) und der Begründung des Entwurfs eines Gesetzes betr. die Zuständigkeit des Reichsgerichts in den Jahren 1900—1908 nur 32, 33, 34, 50, 54, 49, 67, 69 und 88 Patentberufungssachen neu eingingen, deren Bearbeitung allerdings „einen bedeutenden Aufwand an Zeit und Mühe" für den zuständigen I. Zivilsenat erforderte, so wird die Beseitigung der Zuständigkeit des RG. umsoweniger zu empfehlen sein, als nicht nur die beteiligten industriellen Kreise mit der Rechtsprechung des Reichsgerichts fast ausnahmslos einverstanden sind, sondern als auch, wie ein Mitglied gerade dieses I. Senats, Reichsgerichtsrat Dr. Hagens, noch neuerdings ausgesprochen hat, „die völlige Ausschaltung des Reichsgerichts in Patentsachen eine capitis deminutio des ersteren sein würde, von der großen Menge der Interessenten aber auch nicht gewünscht werde."[73]) Man wird deshalb den Ausführungen der oben genannten „Begründung" nur beipflichten können: „Für die Handhabung und Entwickelung des Patentrechts wird es nach allgemeiner Ansicht ersprießlicher sein, wenn wichtige Rechtsfragen von einem Gericht nachgeprüft werden, das gegenüber dem Patentamt eine unzweifelhafte Autorität besitzt. Dazu kommt, daß die Revisionen, die Verletzungen des Patentrechts zum Gegenstande haben, dem Reichsgericht unter keinen Umständen abgenommen werden können; die Entscheidung dieser Sachen erfordert aber Bekanntschaft mit dem Patentrecht und diese wird am besten durch die Beschäftigung mit den eigentlichen Patentstreitigkeiten erworben." Es verdient hier besonders betont zu werden, daß gerade der Deutsche Verein in einer Eingabe vom 18. III. 1910 an den Reichstag betr. den vorgenannten Gesetzentwurf (GewRSchutz, 1910, S. 65 ff.) ausdrücklich hervorhebt, daß die Nichtigkeitsklagen in letzter Instanz unbedingt bei

[72]) Gutachten zum 29. Deutschen Juristentag, III, S. 170/1.

[73]) DJZ., 1909, S. 1108; übereinstimmend damit schon Robolski, Theorie und Praxis, S. 180.

dem RG. verbleiben müssen und daß gerade deshalb die „gleiche Zentralinstanz auch für die Verletzungsklagen erforderlich sei"! Diese Notwendigkeit des vollen Zusammenhangs der gewerblichen Rechtsschutzsachen untereinander und mit dem Ganzen des Reichsgerichts spricht auch gegen den Vorschlag, den J.-R. Zelter in der DJZ. 1910, S. 49 zur Entlastung des Reichsgerichts gemacht hat, nämlich einen mit nur fünf Mitgliedern besetzten Senat „für gewerblichen Rechtsschutz" einzurichten, der für das Plenum nicht als Zivilsenat gelten sollte; auch ein solcher Senat würde nicht — wie Zelter annimmt — eines fortdauernden formalen Zusammenhangs mit dem Plenum entraten können; läßt man die gewerblichen Rechtsschutzsachen überhaupt dem Reichsgericht, so darf man auch dessen Organisation nicht antasten. Daß nach dem Vorschlage Zelters materiell die Rechtsprechung im Patentrecht dem Reichsgericht erhalten bliebe, ist nur ein Scheingrund! Auch R.-G.-R. Dr. Düringer hat (DJZ. 1910, S. 334 [3]) diesen Vorschlag abgelehnt. Man kann in ihm auch nicht etwa (vgl. ZJudR. 1910, S. 19) „den Kern zur weiteren Entwicklung des Sondergerichts" erblicken, da Zelter ebenso eine nur juristische Besetzung dieses kleinen Senates ins Auge gefaßt hat, wie der Abg. Dr. Junck, der im Reichstag am 14. IV. 1910 die Schaffung eines neuen Zivilsenats für das ganze gewerbliche Schutzrecht angeregt hat. — Da andererseits (vgl. S. 379) im Interesse des Patentamts diesem die erstinstanzliche Zuständigkeit in Nichtigkeits- und Zurücknahmesachen belassen werden muß, könnte die Entscheidung II. Instanz nur einer Behörde übertragen werden, die dem Patentamt im Instanzenzug des Reichs übergeordnet wäre, so daß auch für die Durchführbarkeit eines einheitlichen Berufungsgerichts für Patentverletzungs- und Nichtigkeitssachen ein zentraler Reichs-Patentgerichtshof Voraussetzung sein würde. Wenn Thoma (Bd. I dieser Gutachten, S. 104) die Zurücknahme- und Nichtigkeitssachen in II. Instanz einem zu schaffenden Reichsverwaltungsgericht, „dessen Senat dabei mit technisch gebildeten Beisitzern zu besetzen wäre", übertragen will, so spricht, von allem anderen abgesehen, dagegen wiederum (s. S. 378) die Erwägung, daß es sich bei den genannten Sachen nicht um die „Anfechtung eines Verwaltungsaktes" handelt und daß ein Verwaltungsgericht, das weder mit dem P.A., noch mit dem R.G. in Konnex steht, am wenigsten geeignet zur Entscheidung dieser auf technischem Boden erwachsenen Rechtsfragen erscheint. Lediglich für Zurücknahmesachen, die noch am ehesten zur Verwaltungsrechtspflege gezählt werden könnten, kann aber wegen ihrer verschwindenden Zahl und, weil auch bei ihnen die Auslegung des Patents meist die Hauptrolle spielt, der Vorschlag Thoma's nicht als empfehlenswert bezeichnet werden. Man wird also unter allen Umständen dem Reichsgericht die Berufungen in Patent- und Zurücknahmesachen belassen müssen.

Wenn nun die Anhänger der Patentsondergerichte, weil ein zentralisierter Patentgerichtshof I. Instanz nicht zu erreichen ist, für eine zentralisierte II. Instanz eintreten, so ist der Hauptgrund der (vgl. Vorschläge II, S. 17), daß die endgültigen tatsächlichen Feststellungen über ein gewerbliches Schutzrecht, namentlich über die Auslegung eines Patentes, einheitlich erfolgen müßten, solle nicht der Wert eines Patentes illusorisch werden.

Auch gegen ein solches zentralisiertes Gericht II. Instanz sind aber die oben schon hervorgehobenen Bedenken politischer Natur geltend zu machen; ja es erscheint noch mehr den herrschenden Grundsätzen über die Gerichtshoheit zu widersprechen, daß die tatsächlichen Feststellungen, die von den Untergerichten eines Bundesstaats getroffen worden sind, von einem zentralen deutschen Gericht sollten nachgeprüft werden können; eine solche Erscheinung wäre einzig in ihrer Art. Weiter würde ein zentrales Berufungsgericht die Parteien und sonstigen Prozeßbeteiligten durch die Notwendigkeit, nach dem Sitz des Gerichts zu reisen, erheblich belästigen. Demgegenüber kann der Gewinn, der in der Erzielung einer möglichst einheitlichen Rechtsprechung liegt, jedenfalls so lange nicht ausschlaggebend sein, als eine dritte Instanz bestehen bleiben soll. — Mag auch, ähnlich wie früher Werner v. Siemens (s. S. 314) Justizrat Haeuser (Leipziger Kongreßberichte, S. 69) erklärt haben, daß die Industrie, wenn man gemischte Gerichte erreichte und die II. Instanz zentralisiert würde, in diesen Fällen auf die III. Instanz verzichten könnte, so ist doch recht zweifelhaft, ob dies zweckmäßig sein und tatsächlich den Anschauungen aller Beteiligten entsprechen würde: denn eine Instanz, die noch das Tatsachenmaterial nachzuprüfen und infolge des beneficium novorum teilweise erst zu sammeln hat, kann nicht gleichzeitig auch für die Rechtseinheit Sorge tragen! Auch die genannte Eingabe des Deutschen Vereins vom 18. III. 1910 weist mit aller wünschenswerten Schärfe auf die Notwendigkeit hin, gerade für die Sachen des gewerblichen Rechtsschutzes die „mit bewundernswertem Verständnis" erfließende Rechtsprechung die RG. unbeschränkt aufrecht zu erhalten; besonders hierauf stützt sie ihren Haupteinwand gegen die Einführung des Difformitätsprinzips! Mit Recht weist sie übrigens darauf hin, daß es bedenklich ist, die

Revision gegen Urteile auszuschließen, durch die über eine einstweilige Verfügung entschieden ist, wie es § 545, Abs. II des gen. Gesetzentwurfs vorschlägt; denn es lassen sich nicht nur Prozesse über gewerbliche Schutzrechte derat in die Länge ziehen, daß bei der kurzen Schutzdauer — namentlich in Gebrauchsmustersachen — eine einstweilige Verfügung vielfach allein eine Sicherung gegen Rechtsverletzungen ermöglicht, sondern es werden auch, wenn das RG. erst in einer einstweiligen Verfügungssache gesprochen hat, dadurch oft tatsächlich die Hauptklagen erledigt, weil es sich häufig nur um eine Auslegungsfrage handelt. Es besteht also auch von diesem Gesichtspunkt aus die Notwendigkeit der Aufrechterhaltung einer Revisionsinstanz, wenn auch einer Heraushebung dieser Sachen aus dem § 545, II des Entwurfs hier nicht das Wort geredet werden soll. Kann sonach ernstlich nicht von einer Revisionsinstanz abgesehen werden, so entfällt auch die letzte Stütze für die Errichtung einer zentralen II. Instanz.

Was sodann die Frage der Zuziehung von Technikern überhaupt anlangt, so gelten für die II. Instanz, eben als Tatsacheninstanz, dieselben Gründe für und wider; auch von Stahl führt a. a. O., S. 246 aus, daß die Beibehaltung einer ausschließlich rechtskundigen Besetzung in den höheren Instanzen mit dem Wesen der vorgeschlagenen Neuerung nicht vereinbar sei. Die Sachlage ist nur hier insofern noch bedenklicher, als der zweitinstanzliche technische Berufsrichter leicht in die Lage kommen kann, über die technischen Ausführungen nicht nur seiner erstinstanzlichen Berufsgenossen, sondern auch unter Umständen eines in I. Instanz vernommenen Spezialsachverständigen urteilen zu müssen; er wird also auch vom Fachstandpunkt aus der Sache noch befangener gegenüberstehen, als der erstinstanzliche Techniker! Wenn ähnliches auch heute schon, z. B. im Verhältnisse der Beschwerdeabteilungen zu den Anmeldeabteilungen des PA. vorkommt, so liegt dieser Fall doch anders, weil im patentamtlichen Erteilungsverfahren andere Fragen zu prüfen, die Techniker im Kollegium in der Mehrzahl sind, und die Vernehmung von Spezialsachverständigen in den Anmeldeabteilungen eine Seltenheit bildet.

Würde man für die II. Instanz technische Richter zulassen, so könnten wohl nur hauptamtliche Richter in Frage kommen; dies würde auch mit Rücksicht auf die höheren Gehälter, den höheren Rang und die geringere Zahl der erforderlichen Kräfte, sowie im Hinblick darauf durchführbar erscheinen, daß am Sitz oder in nächster Nähe der meisten Oberlandesgerichte sich Universitäten, Hochschulen, sonstige staatliche Anstalten und Industriezentren befinden. Allein auch hier gilt, daß unsere Gerichtsverfassung Berufsrichter nur mit der nach GVG. §§ 2 und 4 erforderlichen Vorbildung kennt! — Wollte man die Richter I. Instanz in die II. Instanz aufrücken lassen, so bestünde hier noch mehr, als bezüglich der erstinstanzlichen Richter die Gefahr, daß sie durch die längere Beschäftigung mit den Patentsachen die Fühlung mit den Fortschritten der Praxis verlieren würden; verfehlt ist die Gegenbehauptung, daß dieser Vorwurf der „Verknöcherung" viel mehr Berechtigung in Beziehung auf den juristischen Richter habe; denn er lernt die Fortschritte seines Faches eben durch die Tätigkeit in seinem Beruf, während der Techniker, der den Richterberuf ergreift, aufhört, nur noch Techniker zu sein, sich vielmehr bemühen wird, „Richter" zu werden! Auch ist nicht zu vergessen, daß, wenn man mit den Vorschlägen II, S. 17 nur die Qualität der Richter für die Besetzung der II. Instanz maßgebend sein ließe, man das Ansehen der erstinstanzlichen Richter herabdrücken würde.

Trotz aller dieser Bedenken ist in Leipzig ausdrücklich erklärt worden, daß die Zuziehung von Technikern im Ehrenamt für die I. Instanz nur unter dem ausdrücklichen Vorbehalt gutgeheißen werde, daß eine zentralisierte II. Instanz mit Technikern im Hauptamt geschaffen werde. Man hat also offensichtlich undurchführbare Vorschläge gemacht! Im einzelnen hat die Patentkommission des Deutschen Vereins für die Besetzung der Senate dieselbe Anzahl technischer und juristischer Richter (3 Juristen zu 2 Technikern) für genügend erachtet, wie für die I. Instanz.[74]) Hiergegen spricht, daß nach deutschem Recht grundsätzlich die Zahl der Richter höherer Instanz größer ist, als die der unteren Instanz.

Sofern man nicht die Notwendigkeit eines Revisionsgerichts überhaupt leugnet, sieht man hier von der Zuziehung technisches Richter ab, im wesentlichen wohl deshalb (vgl. die Vorschläge I, S. 13 und II, S. 17), weil das Reichsgericht lediglich Rechtsfragen nachzuprüfen habe. Man gibt also damit stillschweigend zu, daß eine Trennung der Rechts- von der Tatfrage möglich sei, ja man wünscht sogar ausdrücklich (Vorschläge II, S. 17), daß das Reichsgericht den technischen Tatbestand

---

[74]) Auch Tolksdorf, a. a. O., S. 96/7, der sich wohl am eingehendsten mit dieser Frage beschäftigt hat, verlangt für die II. Instanz nur 3 Juristen und 2 Techniker, während er für die I. Instanz 2 Juristen und 3 Techniker fordert, weil das Schwergericht bei der Behandlung der Streitigkeiten in II. Instanz auf die rechtliche Beurteilung der Fälle zu legen sei, — eine Begründung, die sich schwer mit seiner Ansicht vereinen läßt, daß sich die Rechts- und Tatfragen in Patentstreitigkeiten überhaupt nicht trennen lassen!

nicht nachprüfen solle! Man verzichtet damit gerade auf die Art der Auslegung von Patenten, die — unabhängig von dem Wortlaut des Patentanspruchs und dem Inhalt der Erteilungsakten — vornehmlich den Stand der Technik zur Zeit der Anmeldung als Auslegungsbehelf berücksichtigen will! Vom Standpunkt der Weiterentwicklung des Patentrechts und der Förderung der Rechtseinheit kann dieser Wunsch jedenfalls nicht als berechtigt anerkannt werden.

§ 7.

Patentstrafsachen.

Geht man an die Erörterung der Frage, ob sich für Patentstrafsachen aus dem Gebiet des gewerblichen Rechtsschutzes Sondergerichte empfehlen, so müssen alle die Argumente ausscheiden, die für die Zuziehung von Laienrichtern zur Strafrechtspflege im allgemeinen geltend gemacht werden; denn es handelt sich hier nicht um den Wert oder Unwert der Laienrichter überhaupt, sondern um die besondere Frage, ob besonders geeigenschaftete Laienrichter zu besonders gearteten Prozessen als Richter zugezogen werden sollen. Zieht man auch hier in erster Linie die Statistik zu Rate, um ein ungefähres Bild über die Bedürfnisfrage zu gewinnen, so wird auch sie große Überraschungen bieten. Allerdings berücksichtigt die deutsche Reichskriminalstatistik, die im folgenden allein zugrunde gelegt werden kann, nur diejenigen strafbaren Handlungen, die durch rechtskräftige richterliche Entscheidung erledigt sind, also nicht diejenigen Fälle, bei denen zwar ein Vorverfahren oder eine Voruntersuchung stattfand, das Hauptverfahren aber nicht eröffnet wurde. Es unterliegt keinem Zweifel, daß die letztgenannten Sachen bei weitem die Zahl der Sachen, die zu einer Hauptverhandlung führten, übersteigen; z. B. schwebten 1909 bei dem Landgericht Berlin II 86 Ermittelungsverfahren wegen Verletzungen gewerblicher Schutzrechte, während nur 7 zur Aburteilung gelangten; für das Landgericht Potsdam stellten sich die Ziffern auf 10 zu 0![75]) Da aber die Sondergerichtsbewegung sich ausschließlich mit

---

[75]) Amtlichen Quellen sind folgende Angaben entnommen: keine einschlägigen Ermittelungssachen kamen 1908 und 1909 vor in: Aurich, Göttingen, Hildesheim, Lüneburg, Verden, Limburg, Hechingen; seit 15. XI. 1907 bis Ende 1909 bearbeiteten die Staatsanwaltschaften bei den Landgerichten:
Cassel 6 P.-, 2 GM.-, 3 Wz.-sachen;
Aachen 20 „ 11 „ 16 „
Hannover 34 P.-, GM.- und damit zusammenhängende Wettbewerbssachen;
Saarbrücken 30 P.-, GM.- und damit zusammenhängende Wettbewerbssachen;

der Organisation der Gerichte, nicht mit der der Staatsanwaltschaften befaßt, so reicht für die hier zu untersuchende Frage das vorhandene Zahlenmaterial aus, welches daher nur die strafbaren Handlungen gegen § 36 PG. und § 10 GMG., beides für das Jahr 1907, umfaßt, soweit ein Hauptverfahren stattfand.[76]) Es ergibt sich nun, daß von den 29 Oberlandesgerichtsbezirken des Deutschen Reiches in 14 keine Strafsache wegen der beiden vorgenannten Delikte gezählt wurde, nämlich im Bezirk der Oberlandesgerichte Augsburg, Braunschweig, Cassel, Colmar, Darmstadt, Hamburg, Jena, Kiel, Königsberg, Marienwerder, Oldenburg, Posen, Rostock und Stettin. Im übrigen zählt die Statistik auf:

Im Oberlandesgerichtsbezirk	Strafbare Handlungen gegen	
	§ 36 PG.	§ 10 GMG.
Bamberg	1 (1)	—
Berlin	1 (1)	8 (0)
Breslau	2 (2)	—
Celle	2 (1)	—
Cöln	3 (1)	3 (0)
Dresden	—	2 (0)
Düsseldorf	—	4 (0)
Frankfurt a. M.	—	3 (0)
Hamm	—	1 (1)
Karlsruhe	1 (1)	—
München	—	1 (0)
Naumburg	2 (0)	1 (0)
Nürnberg	2 (0)	—
Stuttgart	1 (1)	3 (1)
Zweibrücken	—	1 (1)
zusammen	15 (8)	27 (2)

Die eingeklammerten Zahlen betreffen die Verurteilungen.

Cleve 2 P.-, GM.- und damit zusammenhängende Wettbewerbssachen;
Altona 12 P.-, GM.- und damit zusammenhängende Wettbewerbssachen;
Osnabrück 5 gewerbliche Rechtsschutzsachen;
Stade 3 " "
Neuwied 7 " "
Coblenz 4 " "
Wiesbaden 1 P.- und mehrere Wz.-sachen.

[76]) Auch hier ist das Gebiet des Warenzeichenrechts nicht berücksichtigt worden, und zwar weder hinsichtlich der Verletzungen der §§ 14, 15 und 16 des

Aus der Kriminalstatistik ergibt sich weiter, daß die Zahl[77]) der wegen Verletzung des Wbezgeſ. §§ 14, 15 und 16, des PG. § 36 und § 40, des GMG. § 10 und des Gesetzes betreffend das Urheberrecht an Mustern und Modellen vom 11. Januar 1876, § 14 verurteilten Personen, berechnet auf 100 000 Personen der strafmündigen Zivilbevölkerung, in dem Jahrzehnt 1898 bis 1908: 0,40, 0,41, 0,41, 0,36, 0,43, 0,49, 0,50, 0,61, 0,64 und 0,56 betrug. Die absolute Zahl der wegen der genannten Delikte im Jahre 1907 rechtskräftig verurteilten Handlungen stellte sich: in Preußen auf 162, in Bayern auf 20, in Sachsen auf 16, in Württemberg auf 10, in Baden auf 9, in Braunschweig auf 5, in Sachsen-Altenburg, Schwarzburg-Rudolstadt, Reuß ä. L., Lübeck und Bremen auf je 1, in Hamburg und Elsaß-Lothringen auf je 3, zusammen also für das ganze deutsche Reich auf 233, von denen jedenfalls die große Mehrzahl auf Warenzeichenverletzungen kommt.

Es ist klar, daß bei einer so außerordentlich geringen Zahl vorkommender strafbarer Handlungen gegen das Patent- oder Gebrauchsmustergesetz, von denen keine einzige anders als mit Geldstrafe belegt wurde, die Frage des B e d ü r f n i s s e s einer besonderen Gestaltung der Gerichte uneingeschränkt zu v e r n e i n e n ist; während aber gegenüber der geringen Zahl der zivilrechtlichen Patentprozesse geltend gemacht wird, daß sie aufgewogen werde durch die Bedeutung und den Wert der verletzten Rechtsgüter, kann dies für den Strafprozeß nicht behauptet werden: es ist bekannt, daß die Hilfe der Staatsanwaltschaft fast niemals in den Fällen angerufen wird, in denen es sich um wertvolle Patente und hohe materielle Interessen handelt. Unsere Industrie hat, von ganz verschwindenden Ausnahmen abgesehen, an der Bestrafung eines armen Sünders und günstigstenfalls an einer Buße bis zum Betrage von 10 000 Mark kein Interesse! — Aber auch aus inneren Gründen ist die Bedürfnisfrage für eine besondere Gestaltung der Strafgerichte für Patent- usw. Sachen zu verneinen: Zwar hatte die Kommission für die Reform des Strafprozesses einen Antrag, die Privatklage auf die Fälle der §§ 36, 40 PG., § 10 GMG., §§ 14, 15, 16 Wbzgeſ. und § 14 des Geschmacksmuster-

---

Warenbezeichnungsgesetzes, noch auch hinsichtlich der strafbaren Handlungen, die durch Anwendung von Warenbezeichnungen den Anschein eines Patentschutzes hervorrufen (§ 40 des Patentgesetzes).

[77]) Sie ist in der Reichskriminalstatistik nicht getrennt angegeben für die Vergehen gegen das Patent- und Gebrauchsmustergesetz und die sonstigen Vergehen gegen die Gesetze zum Schutz des geistigen Eigentums.

gesetzes auszudehnen, mit 17 gegen 4 Stimmen abgelehnt,[78]) Demnächst ist aber Reichsanwalt Dietz[79]) in seinem Gutachten zum 29. Deutschen Juristentag für eine Einschränkung des Legalitätsprinzips hinsichtlich der oben genannten Sachen eingetreten, und zwar namentlich mit Rücksicht darauf, daß, „wie die tägliche Erfahrung der Gerichte lehre, Strafanträge wegen Patent- und Gebrauchsmusterverletzung zu einem sehr großen Teile nur gestellt würden, um durch die Staatsanwaltschaft kostspielige Gutachten von Sachverständigen einholen zu lassen, oder es zu einem Vergleich mit dem Beschuldigten zu bringen, um dann nach Erreichung dieses Zweckes den Strafantrag oft wieder zurückzunehmen." Ja, man kann sogar behaupten, daß mitunter diese Strafanträge in fast erpresserischer Absicht gestellt werden. Denselben Standpunkt, wie Dietz haben Exzellenz Hamm und Staatsanwalt Feisenberger auf dem 29. Deutschen Juristentag eingenommen;[80]) auf Antrag Hamm hatte die III. Abteil. des Juristentages sich auch ausdrücklich für eine Einschränkung des Legalitätsprinzips mit Bezug auf Verletzungen des Urheberrechts, der Patente und Gebrauchsmuster ausgesprochen, das Plenum jedoch diesen Antrag abgelehnt. Erst die dem Reichstag jetzt vorliegende Neufassung des Entwurfs einer Strafprozeßordnung dehnt wieder die Privatklage auf alle Verletzungen des literarischen, künstlerischen und gewerblichen Urheberrechts, soweit sie als Vergehen strafbar sind, aus (§ 377, Nr. 5 und 8). Dieser Vorschlag wird hoffentlich zum Gesetz erhoben werden. Es fragt sich jedoch, ob so den bestehenden Mißständen genügend abgeholfen werden kann. Da nämlich, wie gesagt, der Strafrechtsschutz in der überwiegenden Mehrzahl der Fälle, namentlich bei Patent- und Gebrauchsmusterverletzungen, gemißbraucht wird, in den übrigen Fällen ein sofort zugreifender Schutz jedoch nicht erforderlich ist, so muß in erster Reihe diesem Mißbrauch gesteuert werden: man sollte daher die Strafverfolgung wegen dieser Delikte überhaupt erst nach rechtskräftiger Verurteilung wegen objektiver Patent- oder Gebrauchsmusterverletzung zulassen. So würde man verhindern, daß die staatlichen Strafbehörden nur zu dem Zwecke in Anspruch genommen werden, um dem angeblich Verletzten für ihn kostenlose Gutachten zu verschaffen, ihm womöglich Material zu Nichtigkeits- und Löschungsklagen zu besorgen oder irgendwie Zivilprozesse aus dem Wege zu räumen. Sache dessen, der einen Strafantrag stellen will, wäre

[78]) Protokolle der Strafprozeßkommission II, S. 47/8.

[79]) Gutachten zum 29. Deutschen Juristentag, Bd. III, S. 71 ff., 84/5.

[80]) Verhandlungen des 29. Deutschen Juristentags, Bd. V, S. 467 und 488.

es daher, zunächst durch Durchführung des Zivilprozesses den Beweis für sein ernsthaftes Interesse grade an der Bestrafung des Täters und für das Vorliegen einer objektiven Patentverletzung zu erbringen. Hiergegen kann nicht geltend gemacht werden,[81]) daß dadurch etwa der kleine Gewerbetreibende geschädigt werden würde, für den seine Erfindungen von großer wirtschaftlicher Bedeutung sein könnten und der nicht in der Lage sei, die Kosten eines langwierigen und kostspieligen Patentprozesses zu tragen; denn der Strafprozeß hat nicht die Aufgabe, den Rechtsuchenden billigen Zivilrechtsschutz zu gewähren oder ihn vorzubereiten; ist die Rechtsverfolgung im Wege des Zivilprozesses für kleine Gewerbetreibende wegen der damit verbundenen Kosten erschwert, so erleichtere man ihnen die Erlangung des Armenrechts! Auch der Einwand, daß die Sammlung des erforderlichen Beweismaterials für den Privatmann mit großen Schwierigkeiten verknüpft sei, schlägt nicht durch, weil dasselbe für alle die Fälle gelten müßte, in denen der Verletzte von der Anrufung der Strafgerichte überhaupt absieht. — Würde man dagegen die Zulässigkeit der Strafrechtsverfolgung abhängig machen von der vorhergehenden Verurteilung des Beschuldigten wegen objektiver Patentverletzung, so würde man auch auf diesem Gebiete eine einheitlichere und bessere Rechtsprechung erreichen; hat doch die Judikatur in Patentstrafsachen im allgemeinen unter der in Patentzivilsachen gestanden;[82]) wenn hier in letzter Zeit eine Besserung eingetreten ist, so ist dies auf die unten noch zu besprechenden Maßnahmen der Justizverwaltungen zurückzuführen. Weiter würde die Gefahr divergierender Entscheidungen der Zivilgerichte und der Strafgerichte auf ein Mindestmaß eingeschränkt werden. Man brauchte deshalb noch nicht die Strafgerichte an die Entscheidungen der Zivilgerichte zu binden; vielmehr sollte die Entscheidung des Zivilgerichts gewissermaßen nur eine Prozeßvoraussetzung für die strafrechtliche Verfolgung sein, ähnlich den Fällen, in denen die Verfolgung von einzelstaatlichen Verwaltungsbeamten — nach landesgesetzlichen Vorschriften — an die Vorentscheidung einer besonderen Behörde gebunden ist (vgl. EG. zum GVG. § 13)[83]). Der Strafrichter hätte also auch die Frage der objektiven Patentverletzung

---

[81]) Protokolle der Strafprozeßkommission II, S. 48.

[82]) Vgl. u. a. Magnus, J. W., 1907, S. 666.

[83]) Die Analogie des § 172 des StrGB., nach welchem der Ehebruch nur dann bestraft wird, wenn wegen dieses selben Ehebruchs die Ehe geschieden ist, kann nicht gut herangezogen werden, weil die Ehescheidung hier nicht Prozeßvoraussetzung, sondern Tatbestandsmerkmal ist.

selbständig zu prüfen, etwa so, „wie der ordentliche Zivilrichter über präjudizielle Rechtsverhältnisse, über privatrechtliche, wie selbst über öffentlich-rechtliche Fragen, soweit diese sein Urteil über den Streitgegenstand bedingen, auch dann zu befinden hat, wenn zur selbständigen Entscheidung hierüber ein anderer Richter zuständig wäre" (RG. i. ZivS., Bd. 71, S. 59). Für seine Entscheidung böte das Zivilurteil einen schätzenswerten Anhalt; weil er aber nicht an dieses Zivilurteil gebunden sein soll, würde das oben (S. 402) gegen eine Trennung der objektiven und der subjektiven Seite der Patentverletzungen geltend gemachte Bedenken hinfällig werden. Zweifellos würde ferner bei einer solchen Gestaltung der Strafrechtsverfolgung die Zahl der zur Anzeige bei den Staatsanwaltschaften kommenden einschlägigen Strafrechtsfälle bedeutend abnehmen. Ob man man nicht bei Annahme meines Vorschlags sogar das Legalitätsprinzip für diese Sachen unangetastet lassen könnte, bleibe hier dahingestellt.

Die Patentkommission des Deutschen Vereins hatte in ihrem Bericht für den Hamburger Kongreß davon Abstand genommen, eine besondere Behandlung der Patentstrafsachen vorzuschlagen und auch die Vorschläge I hatten diese Frage nicht erörtert; dagegen haben die Vorschläge II, S. 14 sich dahin ausgesprochen, daß die dezentralisierten gemischten Gerichte I. Instanz auch für die Entscheidung der Strafsachen zuständig sein sollten; sie erkennen ohne weiteres an, daß die Schaffung eines zentralen Patentgerichtshofs die Zuweisung der Strafsachen an die Sondergerichtsbarkeit ausschließen würde, erachten jedoch ihre Zuweisung an die dezentralisierten gemischten Gerichte für möglich, da auch hier die tatsächlichen Fragen eine ausschlaggebende Rolle spielten und es namentlich auch erforderlich erscheine, widersprechende Entscheidungen in denselben Sachen zu vermeiden. Unklar bleibt, wie es gehandhabt werden sollte, wenn mit den Vergehen der Patent- und Gebrauchsmusterverletzung ein anderes Delikt reell oder ideell konkurriert. Daß für das Gebiet des Strafprozesses ein Hin- und Herschieben der Sachen von einem Gericht zum anderen völlig ausgeschlossen ist, ist sicher. — Schon jetzt kann man übrigens, namentlich bei kleineren Gerichten, im Verwaltungswege Vorsorge treffen,[84]) daß dieselben Richter sowohl über die einschlägigen Zivil-, wie über die Strafsachen zu entscheiden haben.[85]) Ob man überall oder

[84]) Der Herr Staatssekretär des RJA. hat in der Sitzung des Reichstags v. 15. I. 1910 einen solchen Austausch als wünschenswert erklärt!

[85]) Vgl. Degen, a. a. O., S. 18; bemerkt sei, daß Guyer, Schweizer Juristen-Zeitung III, 50, sich gegen die Ausdehnung der Fachgerichte auf Strafsachen ausspricht!

auch nur an den meisten Orten die nötigen technisch vorgebildeten Schöffen zur Verfügung haben wird, ist äußerst zweifelhaft.

Alle diese Erwägungen sprechen zwingend gegen die Notwendigkeit und Durchführbarkeit der Errichtung von Patentsonderstrafgerichten.

Kapitel III.

Besserungsvorschläge.

Ist sonach im vorstehenden dargelegt worden, daß für Sondergerichte auf dem Gebiete des gewerblichen Rechtsschutzes kein Bedürfnis vorhanden ist, und daß befürchtet werden muß, sie würden statt der erwarteten Vorteile Nachteile mit sich bringen, so soll damit nicht gesagt sein, daß sich nicht auf diesem Gebiete im Rahmen der bestehenden Gerichtsorganisation Reformen empfehlen und durchführen ließen; statt „Revolution" heißt es auch hier „Reformation"! Diese Reformen werden sich in drei verschiedenen Richtungen zu bewegen haben, nämlich im Hinblick auf die Zuständigkeit der Gerichte, auf ihre Besetzung und die Ausbildung ihrer Mitglieder, sowie endlich auf das vor ihnen zu beobachtende Verfahren. Vorbildlich kann hier der schon oft genannte preußische Runderlaß vom 11. X. 1907 sein, dem sich die Justizverwaltungen der meisten übrigen Bundesstaaten angeschlossen haben, nachdem das Reichsjustizamt das Vorgehen Preußens zur Nachahmung empfohlen hatte. Wenn Anhänger der Sondergerichte versucht haben, den Wert dieser Verwaltungsmaßnahmen, und besonders des preußischen Erlasses dadurch herabzusetzen, daß sie sie als „Palliativmittel" oder „Mittelchen" bezeichneten,[1]) so steht dem entgegen, daß sogar von anderer gegnerischer Seite zugegeben worden ist, „es werde tatsächlich die Befolgung der von diesen Erlassen gegebenen Weisungen eine Besserung des bisherigen Verfahrens nach sich ziehen".[2]) Es sei auch besonders hervorgehoben, daß v. Stahl, a. a. O., S. 264 dem preußischen Erlaß das Zeugnis nicht versagt, er habe „Maßnahmen empfohlen, die nach den geltenden Gesetzen durchführbar und ihrem Zweck zu dienen vorzüglich geeignet sind, und er verdiene auch außerhalb des Staatsterritoriums, für das er ergangen ist, volle

[1]) Vorschläge II, S. 10; Fuchs, Recht und Wahrheit, S. 167.

[2]) Tolksdorf, Patentgerichte, S. 15; Wildhagen, Leipziger Kongreßberichte, S. 123.

Beachtung seiner nachahmenswerten Vorschläge." Wenn die Justizverwaltungen alsbald, nachdem der Ruf nach Patentsondergerichten einigermaßen substantiiert erklungen war, besondere Maßnahmen ergriffen haben, so müssen zum mindesten deren Wirkungen einige Zeit abgewartet werden. Tatsächlich sind mit ihnen schon vorzügliche Ergebnisse erzielt worden und es besagt deshalb wenig, wenn wiederum völlig beweislos in der erwähnten Sachverständigensitzung des Vereins deutscher Maschinenbauanstalten vom 7./8. XII. 1909 (Verhandlungsberichte, S. 67) behauptet worden ist, auch die seit dem Leipziger Kongreß mit der Rechtsprechung der ordentlichen Gerichte in Patentsachen gemachten Erfahrungen hätten „eine sichtbare Besserung der Zustände bisher nicht gezeitigt, und die Verwaltungsmaßnahmen seien als geeignet und ausreichend nicht anzuerkennen."

§ 1.

Die Konzentration der Sachen bei bestimmten Gerichten.

Schon in den Berichten zu dem Londoner internationalen Kongreß für gewerblichen Rechtsschutz war darauf hingewiesen worden, daß es sich empfehlen würde, die Streitigkeiten des gewerblichen Rechtsschutzes bei größeren Landgerichten bestimmten Kammern zu überweisen.[3]) Diesen Gedanken hatte zunächst Magnus in seiner mehrerwähnten Schrift „Reformbestrebungen" S. 54 propagiert; er verlangte zugleich, daß auch die Bearbeitung der betreffenden Strafsachen bestimmten Staatsanwälten übertragen würde. Auch der Frankfurter und Kölner Kongreß des Deutschen Vereins beschäftigten sich mit der Frage der Konzentration der Sachen des gewerblichen Rechtsschutzes bei einer bestimmten Kammer bezw. einem bestimmten Senat und nahmen entsprechende Beschlüsse an.[4]) Nicht minder fand dieser Gedanke in der Literatur Anklang und ein preußischer Justizministerialerlaß vom 25. XI. 1904 — I. 3789 — suchte ihm Eingang in die Praxis zu verschaffen; eine entsprechende Geschäftsverteilung fand sich schon seit Jahren bei dem Reichsgericht und den Oberlandesgerichten. Wenn man nun auch bei den erstinstanzlichen Gerichten solche Sonderkammern schuf, so ging man mit Recht davon aus, daß durch die

---

[3]) J. der Intern. Verein., Bd. II, S. 396; s. auch für England, das., S. 404.

[4]) Vgl. Kölner Kongreßberichte, S. 45; schließlich stellte auch der Pariser Kongreß des Internationalen Vereins eine entsprechende Forderung auf.

Konzentration und Häufung der Sachen an einer bestimmten Stelle sich die Richter eine größere Übung in der Bearbeitung dieser Sachen aneignen und gerade durch die häufigere Beschäftigung mit diesem Gebiete der Rechtspflege größeres Interesse, mehr Lust und Liebe für dasselbe gewinnen werden. Die Gerichte werden sich naturgemäß auch besser und leichter in die verwickelten wissenschaftlichen Fragen des Patentrechts vertiefen, die Bearbeitung der Sachen richtiger und geschickter anfassen und sich in die rein technischen, häufiger wiederkehrenden Grundfragen einarbeiten können; sie werden sich allmählich einen Überblick über die in Betracht kommenden Sachverständigen und Auskunftsstellen für Sachverständige verschaffen und in ganz anderer Weise, als wenn sie alle paar Jahre einmal mit solchen Dingen zu tun hätten, die einschlägige Literatur und Judikatur beherrschen lernen; dies alles muß — wie Erfahrung und Statistik bestätigen — eine größere Beschleunigung und sachgemäßere Erledigung dieser Prozesse zur Folge haben. Ferner wird auch dadurch, daß sich erfahrungsgemäß an wichtige Patente eine ganze Reihe von Prozessen anzuschließen pflegt, eine nicht geringe Ersparnis an Arbeit und Zeit eintreten, und sich eine einheitlichere Rechtsprechung erzielen lassen. Endlich wird durch die Zentralisation der Niederlassung von Spezialanwälten, die sich dieser Sachen mit Verständnis annehmen[6]), Vorschub geleistet werden. Alle diese Vorteile, die die Anhänger der Sondergerichte nur durch Errichtung eines einheitlichen gemischten Patentgerichtshofes glauben erzielen zu können, liegen offen zu Tage; wenn trotzdem nicht überall und nicht schon seit langem solche Maßnahmen getroffen worden sind, so erklärt sich dies daraus, daß, — wie ja die Statistik beweist —, an vielen Orten die Zahl der einschlägigen Prozesse so verschwindend klein ist, daß sich tatsächlich irgend welche Sondermaßnahmen nicht lohnen; auch darf nicht übersehen werden, daß es sich bei der Frage der Bildung von Sonderkammern bezw. Sondersenaten lediglich um eine Frage der richterlichen Geschäftsverteilung handelt, für die ausschließlich die Präsidien der Landgerichte bezw. der Oberlandesgerichte zuständig sind (§§ 62, 63, 121 GVG.), so daß die Justizverwaltungen eine solche Konzentration nicht unmittelbar

[6]) Vgl. auch Hüfner, im „Recht" 1910 S. 97ff., der noch besonders darauf verweist, daß die Beschäftigung bei einem mit gediegenen juristischen Kenntnissen ausgerüsteten und auch auf dem Gebiet der Technik erfahrenen Patentanwalt für Juristen, die später in Patentrechtsstreitigkeiten als Richter zu wirken haben, die beste Schule sei; ob dieser Ansicht unbedingt beizupflichten sei, kann zweifelhaft sein; wegen der Ausbildung der Juristen f. S. 445ff.

anordnen können.[6]) Die Vorzüge einer bei einzelnen Landgerichten und bei den Oberlandesgerichten durchgeführten Konzentration haben sich in der Praxis jedoch so sehr durchgerungen, daß nunmehr bei folgenden Landgerichten Sonderkammern für die Bearbeitung des gewerblichen Rechtsschutzes eingerichtet worden sind[7]): I. Preußen: 1. bei sämtlichen Landgerichten des Kammergerichtsbezirk; 2. Oberlandesgerichtsbezirk Breslau: Beuthen, Breslau, Brieg, Glatz, Gleiwitz, Glogau, Görlitz, Liegnitz, Neiße, Oppeln, Ratibor, Schweidnitz. 3. Oberlandesgerichtsbezirk Kassel: bei sämtlichen Landgerichten. 4. Oberlandesgerichtsbezirk Celle: Hannover, Göttingen, Osnabrück. 5. Oberlandesgerichtsbezirk Cöln: Aachen, Cöln, Saarbrücken. 6. Oberlandesgerichtsbezirk Düsseldorf: Crefeld (vom 1. 1. 1910), Düsseldorf, Duisburg, Elberfeld. 7. Oberlandesgerichtsbezirk Frankfurt a. M.: Frankfurt a. M., Wiesbaden, 8. Oberlandesgerichtsbezirk Hamm: Arnsberg, Bochum, Dortmund, Essen, Hagen, Münster. 9. Oberlandesgerichtsbezirk Kiel: Altona, Flensburg, Kiel. 10. Oberlandesgerichtsbezirk Königsberg i. Pr.: Königsberg i. Pr. 11. Oberlandesgerichtsbezirk Marienwerder: Danzig, Elbing, Thorn. 12. Oberlandesgerichtsbezirk Naumburg a. S.: Erfurt, Halle a. S., Magdeburg, Naumburg, Nordhausen, Torgau. 13. Oberlandesgerichtsbezirk Posen: Bromberg, Posen. 14. Oberlandesgerichtsbezirk Stettin: bei sämtlichen Landgerichten. — II. Bayern[8]): München I, Nürnberg, Frankenthal, Augsburg, Würzburg. — III. Sachsen: Dresden (hier sind die Sachen des gewerblichen Rechtsschutzes auch bei einer Kammer für Handelssachen zentralisiert), Plauen, Leipzig, Zwickau, Freiberg, Bautzen, Chemnitz. — IV. Baden: Karlsruhe, Pforzheim, Mannheim. — V. Hessen: Darmstadt, Mainz, Gießen. — VI. Hamburg: Hamburg. — VII. Elsaß-Lothringen: Metz, Straßburg. — Bei sämtlichen Oberlandesgerichten von Preußen, Bayern, Sachsen, Baden, Hessen, Hamburg und Elsaß-Lothringen sind auch in der Berufungsinstanz die Sachen des gewerblichen Rechtsschutzes einem besonderen Senat zugeteilt.

---

[6]) Deshalb können auch die entsprechenden Ausführungen des preußischen Ministerialerlasses, soweit sie sich auf diese Fragen erstrecken, nicht anders, denn als beachtenswerte Ratschläge an die Gerichtspräsidien aufgefaßt werden.

[7]) Handel und Gewerbe, 1909, Nr. 26. Baden hat sich erst nach mehrfachen Eingaben der Mannheimer Handelskammer im Jahre 1910 diesem Vorgehen angeschlossen.

[8]) Für Bayern vgl. Handel und Gewerbe, XIV, 355.

Allerdings darf die Bedeutung dieser Einrichtung nicht überschätzt werden; denn sie besagt zunächst nur, daß bei den genannten Gerichten Sonderkammern bezw. -senate zur Verfügung stehen, die sich speziell — wenn auch nicht ausschließlich — mit der Bearbeitung der einschlägigen Sachen befassen. Ob diese Einrichtung die erhoffte und nachhaltige Wirkung haben wird, hängt ausschließlich davon ab, ob — wie der preußische Ministerialerlaß ausführt — „sie durch Vereinbarung des Gerichtsstandes in wichtigeren Sachen unterstützt" wird. Der Erlaß nahm an, daß, wenn auch die Parteien sich zum Teil der Jurisdiktion dieser Sonderkammern zu entziehen versuchen würden, sich doch der Gedanke durchringen wird, daß diese Sachen jedenfalls in zweiter Instanz an einen besonders sachkundigen Senat kommen würden.[9] Allein die Erfahrung lehrt, daß nicht nur dolose Patentverletzer der Sonderzuständigkeit widerstreben, sondern daß, trotz vielfacher entsprechender eindringlicher Hinweise der Gerichtsbehörden (z. B. Celle, Köln, Frankfurt a. M., Hamm, Königsberg, Marienwerder), der Mehrzahl der Vorstände der Anwaltskammern und der Handelsvertretungen, von den Parteien, wie ihren Rechtsberatern häufig andere, als diese besonders bestimmten und besonders sachkundigen Gerichte bevorzugt werden, sei es, weil letztere zu weit entfernt und zu unbequem zu erreichen sind, sei es, weil die Zuziehung eines besonderen Anwalts erhöhte Kosten verursacht, sei es, weil die anderweitigen geschäftlichen Beziehungen der Handel- und Gewerbetreibenden nicht dorthin gravitieren, sei es, weil die Anwälte aus sonstigen Gründen nicht leicht geneigt sind, diese Sachen dem Landgerichte, bei dem sie zugelassen sind, zu entziehen, sei es endlich, weil die Parteien, für deren Prozeßinteresse nachteilige Vorentscheidungen ergangen sind, schwerlich bereit sind, auf diese Gerichte zu prorogieren; endlich haben sich in einigen Oberlandesgerichtsbezirken die in Betracht kommenden Landgerichte infolge der geringen Zahl der Sachen noch nicht solche Vertrauensstellung in den beteiligten Kreisen erringen können, daß sie eine Prorogation als besonders vorteilhaft erscheinen ließen. Häufig läßt sich auch die Zuständigkeit der Sonderkammern garnicht oder doch nur mit recht gewagten Rechtsdeduktionen oder sonstigen prozessualen Kunststücken begründen. Die praktischen Schwierigkeiten der Durchführbarkeit der Prorogation erkennen denn auch die Vorschläge II, Seite 11 und besonders Seligsohn, DJZ., 1909, S. 58 an. In der Praxis sind auch solche Prorogationen nach zuverlässigen Mitteilungen fast kaum

[9]) Geh. OJR. Kübler, Leipziger Kongreßberichte, S. 55.

vorgekommen. Es erscheint deshalb notwendig, die Benutzung der in Rede stehenden Einrichtung von dem guten Willen der Parteien unabhängig zu machen, d. h. sie zu zwingen, ihre Prozesse aus dem Gebiet des gewerblichen Rechtsschutzes vor bestimmten Kammern zur Erledigung zu bringen. Wenn auch die Entscheidung der Vereinigten Zivilsenate des RG. vom 18. 10. 1909, E. 72, S. 41 ff. in diesem Sinne günstig wirken mag, so genügt dies doch nicht; vielmehr ist dem oben S. 327 bereits mitgeteilten, von Reichsgerichtsrat Dr. Hagens auf dem Leipziger Kongreß gestellten und mit großer Mehrheit angenommenen Antrag[10]) der Vorzug zu geben.

Es sollte also für die in Betracht kommenden Streitigkeiten nur eine bestimmte Zahl von Landgerichten für zuständig erklärt werden; ob dies auf Grund eines Reichsgesetzes oder reichsgesetzlicher Ermächtigung durch Verwaltungsanordnungen der Bundesstaaten geschieht, ist unerheblich; wegen des möglichen Wechsels des Bedürfnisses dürfte der zweitgenannte Weg zu empfehlen sein.

Die Befürchtung,[11]) daß wohl kein Bundesstaat auch nur diesen kleinen, aber nicht unwichtigen Teil seiner Hoheitsrechte aufgeben werde, erscheint grundlos, weil die Bundesstaaten, soweit sie nicht eigene Oberlandesgerichte haben, sich bereits eines Teiles ihrer Hoheitsrechte begeben haben. Daß ferner dieser Vorschlag eine geringfügige Änderung des GVG. zur Folge haben müßte, kann ihn ebensowenig unannehmbar machen, wie der Umstand, daß er eine gewisse Erschwerung und Verteuerung der Prozeßführung zur Folge haben würde.[12]) Ohne gesetzliche Bestimmung der Zuständigkeit haben die Sonderkammern nur bedingten Wert!

Es ist weiter zu erstreben, daß die so gebildeten Kammern nicht nur die Streitigkeiten aus dem Gebiete des Patent- und Gebrauchsmusterrechts, sondern, soweit möglich, auch die Sachen des Warenzeichen- und Geschmacksmusterrechts, des unlauteren Wettbewerbs, soweit sie mit jenen in Zusammenhang stehen, sowie die Prozesse aus dem Gebiet des künstlerischen und geistigen Urheberrechts zu bearbeiten haben. Haben

[10]) Leipziger Kongreßberichte, S. 122 und 125; der Antrag wurde nicht begründet. Einen entsprechenden Vorschlag hatte der Verfasser bereits in seiner Schrift „Das Sachverständigenwesen", S. 58, Nr. 12, gemacht, indem er für Bildung besonderer Patentkammern bei den Landgerichten, die ihren Sitz am Sitz eines Oberlandesgerichts haben, eintrat.

[11]) Wertheimer, Leipziger Zeitschrift, 1908, S. 677.

[12]) S. d. Verf. Sachverständigenwesen, S. 48 u. Hüfner, a. a. O., S. 101.

diese Sachen doch alle mehr oder minder eine gemeinsame Wurzel, oft auch gemeinsame wirtschaftliche Beziehungen und werden sie doch zum Teil auch von denselben Rechtsgrundsätzen beherrscht. Auf der anderen Seite dürfen die so gebildeten Kammern nicht ausschließlich mit diesen Sachen betraut werden; dies könnte leicht eine gewisse Einseitigkeit der Mitglieder zur Folge haben, auch den Zusammenhang mit der übrigen Zivilrechtsprechung zerstören, ganz zu schweigen davon, daß dies auch aus naheliegenden Gründen für das Vorwärtskommen der Mitglieder dieser Kammern unzuträglich wäre; mit Recht hat daher der preußische Ministerialerlaß zu I. 3 darauf Gewicht gelegt, daß diesen Kammern auch noch gewöhnliche Rechtsstreitigkeiten zur Erledigung zuzuweisen seien. Sache einer geschickten Geschäftsverteilung ist es, keine Überlastung der Mitglieder dieser Kammern eintreten zu lassen; behaupteten doch früher die Sondergerichtsanhänger häufig, daß die Richter infolge ihrer Arbeitsüberlastung nicht in der Lage seien, sich so in die Sachen des gewerblichen Rechtsschutzes zu vertiefen, wie es für diese erforderlich sei (vgl. Vorschläge I, S. 6); bezeichnend ist, daß man auf dieses Argument, das noch auf dem Düsseldorfer Kongreß eine Rolle gespielt hat, nach dem preußischen Erlaß nicht mehr zurückgekommen ist. Um ein möglichst gründliches Einarbeiten der Richter in die ganze Materie zu ermöglichen, ist — wie der preußische Erlaß auch anerkennt — ein Wechsel der Mitglieder dieser Sonderkammern tunlichst zu vermeiden.[13])

Schließlich müssen erforderlichenfalls auch Kammern für Handelssachen zu Sonderkammern bestimmt werden; denn selbst, wenn man die Gebrauchsmustersachen, wie zu erhoffen und wie dies auch in der Sachverständigensitzung des VDMA. vom 7./8. XII. 1909 für wünschenswert erklärt ist, bei der Revision des Patentgesetzes der Zuständigkeit der Kammern für Handelssachen entziehen wird, bleibt ihnen doch noch die große Zahl der Warenzeichen- und Geschmacksmustersachen. Es versteht sich endlich von selbst, daß den Sonderkammern auch die Berufungen in den von den Amtsgerichten entschiedenen Sachen des gewerblichen Rechtsschutzes zu überweisen sind.

In diesem Zusammenhange sei erwähnt, daß der preußische Ministerialerlaß auch für die Behandlung der Strafsachen durch bestimmte Dezernenten der Staatsanwaltschaften und besondere Strafkammern Fingerzeige gegeben hat; dement-

---

[13]) S. auch Degen, a. a. O.. S. 18.

sprechend gibt es besondere ständige Dezernenten, die auch die Anklage im Hauptverhandlungstermin zu vertreten haben, bei den Oberstaatsanwaltschaften des Kammergerichts und denen in Köln und Düsseldorf, sowie bei den Staatsanwaltschaften der 3 Berliner und der meisten Landgerichte der Oberlandesgerichtsbezirke Breslau, Cassel, Celle, Cöln, Düsseldorf, Frankfurt a. M., Hamm, Kiel, Naumburg, Posen und Stettin, sowie bei den Landgerichten Insterburg und Memel. Sonderstrafkammern in dem Sinne, daß die einschlägigen Sachen vor eine bestimmte Strafkammer gehören, bestehen bei den 3 Berliner Landgerichten, ferner bei den Landgerichten in Altona, Breslau, Elberfeld, Duisburg (vom 1. 1. 1910), Düsseldorf, Essen, Hagen, Magdeburg, Frankfurt a. M., Wiesbaden, Cöln, Aachen, Saarbrücken, den Landgerichten des Oberlandesgerichtsbezirks Cassel und den meisten Landgerichten des Oberlandesgerichtsbezirks Breslau. Endlich liegen die Voruntersuchungen in den einschlägigen Sachen in der Hand eines bestimmten Untersuchungsrichters bei den Berliner Landgerichten, in Cöln, Aachen und Saarbrücken.

Bei der Frage der Zuständigkeit der Gerichte läßt es sich nicht umgehen, zu erörtern, ob man nicht die Landgerichte als ausschließlich zuständig für die einschlägigen Sachen erklären, und damit die Zuständigkeit der Amtsgerichte ganz ausschalten soll. Mit dieser Frage hat sich namentlich der Stettiner Kongreß des Deutschen Vereins beschäftigt; den Beratungen lag ein Referat des Rechtsanwalts Julius Magnus-Berlin zugrunde, der schon früher dieselbe Forderung vertreten hatte.[14]) Nachdem die Kompetenz der Amtsgerichte durch die Zivilprozeßnovelle vom 1. VI. 1909 von 300 auf 600 Mk. erhöht worden ist, ist sicherlich für einen Teil der Sachen des gewerblichen Rechtsschutzes, namentlich der Warenzeichen- und Gebrauchsmuster-Löschungs-, sowie der Geschmacksmustersachen nur mehr die Zuständigkeit der Amtsgerichte begründet und damit die des Reichsgerichts und der Oberlandesgerichte ausgeschaltet. Sicherlich bedeutet dies eine Gefahr für die Rechtseinheit, wie für die Inhaber von Schutzrechten, worauf namentlich auch in der erwähnten Eingabe des Deutschen Vereins vom 18. III. 1910 hingewiesen ist. Cantor[15]) nennt diesen Zustand einen solchen, der „dem Rechtsbewußtsein des zivilprozessualen Laien glatt ins Gesicht

---

[14]) Magnus, JW. 1907, S. 668, und besonders GewRSchutz 1908, S. 109 ff.; ferner Vorschläge III, S. 31 und Stettiner Kongreßberichte, S. 133; s. auch Wertheimer, JW. 1909, S. 639 ff.

[15]) ZIndR., 1909 S. 138.

schlägt"; daß eine Besserung dieses Zustandes durch Änderung der jetzigen Rechtsprechung über die Streitwertfestsetzung eintreten werde,[16]) ist kaum zu erwarteu. Nichtsdestoweniger schießt das Verlangen, die Landgerichte ohne Rücksicht auf den Wert des Streitgegenstandes in I. Instanz als ausschließlich zuständig zu erklären, über das Ziel: Zunächst erscheint es durchaus aussichtslos, daß unmittelbar nach der Verabschiedung der Zivilprozeßnovelle eine Änderung über die Zuständigkeit der Amtsgerichte zu erreichen sein sollte. Ganz ausgeschlossen aber ist es nach Lage der Sache, auf diese Weise das Reichsgericht zum Revisionsgericht auf Grund des § 547, Nr. 2 ZPO. zu machen, in einer Zeit, wo alle möglichen Versuche angestellt werden, das Reichsgericht zu entlasten. Zu diesen mehr äußerlichen Gründen kommt aber noch der innere, auf den namentlich Degen, a. a. O. S. 18 treffend hingewiesen hat, daß gerade wegen des plutokratischen Charakters der Erhöhung der Revisionssumme die Entziehung der Revisionsinstanz eine möglichst ausnahmslose sein muß; mit demselben Fug und Recht, mit dem für die Sachen des geistigen Eigentums solche Sonderwünsche geltend gemacht werden könnten, könnten sie auch für andere Sachen erhoben werden. Übrigens wird man sich in den sicherlich doch nicht zahlreichen Fällen meist durch Erhebung einer Widerklage oder Verbindung der Unterlassungsklage mit einer Schadenersatzklage helfen können, mögen auch Anwälte und Parteien von diesem Aushilfsmittel bisher nicht gern Gebrauch machen.[17]) Auch die verschiedentlich in den Vordergrund gerückte Tatsache, daß den gewerblichen Schutzrechten Tragweite für das ganze Deutsche Reich innewohnt, also die Gefahr verschiedener Rechtsprechung durch die Amtsgerichte besonders groß wird, kann m. E. die erstrebte ausschließliche Zuständigkeitsbestimmung nicht rechtfertigen;[18]) denn auch andere Rechtsverhältnisse hätten sonst den Anspruch auf gleichmäßige Behandlung. — Anders läge es mit dem, auch von Degen gemachten Vorschlage, diese Sachen wenigstens der Kompetenz der Amtsgerichte zu entziehen und sie den Landgerichten zur erstinstanzlichen Entscheidung zu überweisen, auch wenn sie 600 Mk. und weniger Streitwert haben; einerseits würde dadurch die Zulässigkeit der Revision an das Reichsgericht vermieden, andererseits aber diesen Sachen die Wohltat der landgerichtlichen Sonderkammern zugängig gemacht werden; eine Überlastung der Landgerichte würde davon

---

[16]) Cantor, a. a. O. und Magnus, Stettiner Kongreßberichte, S. 134.

[17]) Magnus, GewRSchutz 1908, S. 111.

[18]) S. besonders Exzellenz Hamm, Stettiner Kongreßberichte, S. 136.

nicht zu befürchten sein. In diesem Sinne wäre gegen den Beschluß des Stettiner Kongresses: „Es ist wünschenswert, daß im GVG. Streitigkeiten aus dem Gebiete des gewerblichen Rechtsschutzes ohne Rücksicht auf den Streitwert in erster Instanz den Landgerichten zugewiesen werden", nichts einzuwenden;[19]) eine Notwendigkeit für solche Regelung ist aber zu verneinen, wenn man die Berufungen ebenfalls vor die Sonderkammern der Landgerichte bringt.

§ 2.

Vor- und Ausbildung der Richter.

Fast noch wichtiger, als die vorerwähnten Maßnahmen der Justizverwaltungen bezüglich der Einrichtung von Sonderkammern erscheint die Besetzung der Gerichte mit den geeigneten Kräften; gilt doch hier, vielleicht noch mehr als auf sonstigen Gebieten der Rechtspflege, das Wort: „Men, not measures". Ist im ersten Kapitel, § 2 eingehend dargelegt worden, welche Anforderungen an einen juristischen Richter zu stellen sind, der dazu berufen ist, in Sachen des gewerblichen Rechtsschutzes Recht zu sprechen, so ist hier zu untersuchen, wie man am besten und zweckmäßigsten so befähigte Richter ausbilden kann.

Wenn es auch zu weit geht, zu behaupten,[20]) „die Frage der Gerichtsbarkeit in Patentsachen sei im wesentlichen gar nicht eine Frage der Gerichtsverfassung, sondern eine solche der richterlichen Vorbildung," — so kann sie doch nicht gelöst werden, ohne daß Klarheit darüber geschaffen ist, ob bei der jetzigen Ausbildung der Juristen sich das vorerwähnte Ziel wird erreichen lassen.[21]) Es kann hier natürlich nicht die Frage der Vorbildung der Juristen im allgemeinen oder auch nur die Frage, ob die humanistische Vorbildung für die heutige Juristenwelt die geeignete oder einer mehr realistischen Vorbildung der Vorzug zu geben ist, andeutungsweise erörtert werden. Es kommt hier vielmehr nur darauf an, zu zeigen, wie denjenigen Juristen, die zur Rechtsprechung in Sachen des gewerblichen Rechtsschutzes berufen sind, die dazu erforderliche Vorbildung vermittelt werden kann. Hierbei wird zu beachten sein, daß die starke Strömung, die sich in unserem öffentlichen Leben gegen die Juristen geltend macht, und die namentlich von technischer Seite genährt wird, gerade von der angeblich unzureichenden

---

[19]) S. Stettiner Kongreßberichte, S. 132 ff.

[20]) Isay, Gerichtsbarkeit, S. 5, ders., Leipz. Kongreßber., S. 44 u. 107.

[21]) S. auch Apt, Leipziger Kongreßberichte, S. 103.

Ausbildung der Juristen und ihrem angeblich mangelnden Fleiß ausgeht; wird doch auch von hervorragenden Juristen — erinnert sei an Zitelmann's Vorschläge — über die unzweckmäßige Art des theoretischen juristischen Universitätsstudiums geklagt. Eine Änderung des juristischen Universitätsstudiums wird kommen, weil sie kommen muß; und sie wird bald kommen müssen.

Diese Reform des Universitätsstudiums berührt aber unsere Frage nicht; denn weder während seines Studiums, noch während der Vorbereitungszeit — mag nun diese oder jene verlängert oder verkürzt werden — hat der junge Jurist genügend Zeit,[22]) um sich die notwendige technische Vorbildung einigermaßen zu erwerben. Wir können aber auch nicht einmal wünschen, daß unser gesamter juristischer Nachwuchs gewissermaßen mit „technischem Öle“ gesalbt wird; denn so hochbedeutsam auch unsere Technik und Industrie heutzutage dasteht, so nimmt sie doch nur einen geringen Teil des großen Organismus der Rechtspflege in Anspruch; es wird es auch in absehbarer Zeit so bleiben. Die Anhänger der Patent-Sondergerichte überschätzen eben die Bedeutung der einschlägigen Prozesse für die Gesamtheit; wer daran noch den geringsten Zweifel haben sollte, müßte durch die vorn gegebenen statistischen Nachweise überzeugt werden. Nicht technisches Wissen allein, oder auch nur in erster Linie, ist heute für den Richter neben seiner Fachkunde erforderlich, sondern in weit höherem Grade noch Kenntnis des kaufmännischen Getriebes, Kenntnis der Buchführung, der Warenkunde, des Börsenverkehrs, der nationalen und internationalen Handelsbeziehungen; im Osten des Reichs werden für den Richter in weit höherem Grade Kenntnisse des Agrarrechts und solche landwirtschaftlicher Verhältnisse nötig sein, als in unserem industriereichen Westen. Es hieße Übermenschliches verlangen und Dilettanten züchten, wollte man den jungen Juristen auf allen diesen Gebieten ausbilden. Viel wichtiger ist es, in ihn einen Grundstock gediegener allgemeiner Rechtskenntnisse, schneller Auffassungs- und Beobachtungsgabe, logischen Denkens und Erkennens, gerechten Fühlens und unabhängiger Gesinnung, sowie einen offenen Blick für die Bedürfnisse des Lebens zu pflanzen. Erst auf diesem Boden wird man weiter arbeiten

[22]) Wird neuerdings doch, — und m. E. mit mindestens dem gleichen Recht, wie die Sonderausbildung auf dem Gebiet des gewerblichen Rechtsschutzes — noch die Einrichtung obligatorischer seminaristischer Übungen auf dem Gebiet des Strafrechts, und dem der forensischen Psychologie verlangt; s. StAR. Schwiderath, DJZ. 1910, S. 192, und Prof. Dr. Reichel in einem Vortrage in der Juristischen Gesellschaft zu Berlin vom 12. II. 1910.

können, um dem jungen Juristen zu einem brauchbaren Praktiker zu machen; mit anderen Worten: die Ausbildung des Juristen für ein Sonderfach darf nicht in die Universitätszeit, auch nicht schon in den Vorbereitungsdienst verlegt werden, sondern erst später einsetzen. Darüber, daß auch unter den Richtern eine Arbeitsteilung und infolgedessen für sie eine Spezialausbildung erfolgen muß, kann ein Zweifel nicht obwalten. Haben wir doch auch schon unter den Rechtsanwälten Spezialisten für Handels-, Erbrechts-, Liegenschafts-, Patentsachen! Und glänzen nicht auch unter unseren höchsten Richtern Koryphäen der Wissenschaft auf Sondergebieten? Diese Spezialisierung muß bei den jungen Richtern gepflegt werden; denn „in der Beschränkung zeigt sich erst der Meister"! Je nach der Bedeutung der Sondergebiete wird dann auch das zu ihrer Pflege erforderliche Richtermaterial zur Verfügung stehen. Da nach allem Vorhergesagten der Bedarf an technisch vorgebildeten Richtern nur ein geringer sein wird, so wäre es auch schon aus diesem Grunde verfehlt, das Hauptgewicht der nicht-juristischen Vorbildung der Juristen allgemein auf das technische Gebiet zu verlegen; denn nur ein geringer Teil der Juristen würde diese Kenntnisse praktisch verwerten können. Es wird mit Sicherheit angenommen werden können, daß der Bedarf an solchen Richtern bei weitem überdeckt werden wird, wie dies Geheimrat Kübler auf dem Leipziger Kongreß[23]) ausdrücklich betont hat; mit 15—20 Richtern würde der Ersatz für das ganze Reich jährlich vollauf gedeckt sein! Mit Recht ist darauf hingewiesen worden,[24]) daß auch die Militärverwaltung nur ihre Offiziere, nicht schon die Offiziersaspiranten zu mehrjährigem Studium auf die Militär-technische Akademie schickt, und daß in großen industriellen Betrieben auch erst die angestellten Juristen häufig eine Ausbildung in dem Zweige der Technik erfahren, zu dem das Unternehmen gehört. Von denselben Gesichtspunkten sollten die Justizverwaltungen ausgehen. Der Jurist, der das zweite Staatsexamen bestanden hat und sich diesem Zweige der Rechtswissenschaft zuwenden will, wird auch nicht mehr nur gezwungen und widerwillig den Mysterien der Technik und der Patentrechtswissenschaft gegenübertreten; er wird daher ein ganz anderes Streben, ganz anderen Ernst und eine andere Auffassungsgabe an den Tag legen, als der junge Jurist, der nicht einmal weiß, ob er die erworbenen

[23]) Leipziger Kongreßberichte, S. 53.

[24]) Kölnische Zeitung v. 15. VI. 1908, Nr. 636.

Rechtskenntnisse später einmal wird verwerten können, sei es, daß er die Klippe des Examens nicht wird umsegeln können, sei es, daß er sich einem anderen, als dem richterlichen Berufe zuwenden wird. Deshalb erscheint es zweckdienlich, daß erst der zum Richteramt für fähig befundene Jurist sich technischen Spezialstudien zuwendet, falls er die dazu erforderliche Neigung und Befähigung in sich fühlt; denn ohne diese beiden Postulate wird er, — wie nicht oft genug betont werden kann, — selbst wenn er theoretisch noch so gut vorgebildet ist, nichts Ersprießliches leisten können! Zeit dazu hätte der Assessor in der Spanne zwischen bestandenem Examen und der Anstellung. Praktisch ließe sich dieser Vorschlag so durchführen, daß man den Assessoren etwa einen zweijährigen Urlaub zum Studium technischer Wissenschaften gewährte. Allerdings würden sich für ihn die Fachvorlesungen, wie sie jetzt an den Hochschulen und Universitäten gehalten werden, nicht eignen, da sie auf eine Vollausbildung technischer Kräfte berechnet sind, eine solche aber für den Patentjuristen weder erforderlich, noch auch nur wünschenswert ist; der Jurist soll und kann sich nicht zum Techniker ausbilden, — (welchem Spezialgebiet sollte er sich auch zuwenden?) — sondern nur die Grundzüge der Physik, Chemie, Mechanik, Elektrizität und Wärmelehre in sich aufnehmen. Es werden deshalb, wenn auch nicht an allen, so doch an einzelnen Hochschulen, etwa Berlin, Dresden, München, Darmstadt, Danzig, Breslau entsprechende Vorlesungen, speziell für Juristen, eingerichtet werden müssen, ähnlich denen, die z. B. in der Vereinigung für staatswissenschaftliche Fortbildung in Berlin gehalten werden. Spezialvorschläge nach dieser Richtung zu machen, ist hier nicht der Ort; es sei jedoch erwähnt, daß auch von technischer Seite[25]) zugegeben wird, der Jurist könne sich die für diese Sachen erforderliche technologische Allgemeinbildung in etwa 1—2 Jahren vollkommen aneignen. Die Zeit, die der Assessor — dasselbe muß auch für den bereits angestellten Richter gelten — auf dieses Studium verwendet hat, wäre ihm auf sein Dienstalter anzurechnen. Selbstredend dürfte und könnte ein solches Studium keine Anwartschaft auf feste Anstellung oder auf die Berufung in eine der Spezialkammern begründen. Trotzdem wird die auf dieses Studium verwendete Zeit auf keinen Fall für den so ausgebildeten Juristen verloren sein, da er leicht in der Privatindustrie, im Kommunaldienst oder sonstigen staatlichen Stellungen Unterkommen finden wird;

---

[25]) So in verschiedenen Unterredungen, die Verf. über diesen Punkt mit hervorragenden Hochschullehrern hatte; vgl. auch Ephraim, ZIndR. 1907, S. 196 ff.

auch würde man sicherlich einem so ausgebildeten Juristen in der Verwaltung den Vorzug geben vor einem sogenannten „Verwaltungs-Ingenieur" im Sinne des Professors Franz, oder „Technokameralisten", der weder ein voller Ingenieur noch ein voller Jurist ist, während man es hier mit einem durchgebildeten Juristen zu tun hätte, der sich die auch für die Verwaltung wünschenswerten technischen Kenntnisse angeeignet hätte. Neben diesem Studium müßte und könnte eine Beschäftigung in technischen oder gewerblichen Betrieben einhergehen. In dieser Richtung kann namentlich der Erlaß des Bayerischen Staatsministeriums vom 5. XI. 1907 zur Nachahmung empfohlen werden, der darauf hinzielt, daß die Rechtspraktikanten vor ihrer Anstellung im Staatsdienst sich in derartigen Betrieben beschäftigen lassen. Um auch minderbemittelten, tüchtigen Kräften die Möglichkeit einer solchen gewerblichen Ausbildung zu eröffnen, könnte, wie dies in der Kölnischen Zeitung vom 15. VI. 1908 vorgeschlagen ist, die auf das Dienstalter anzurechnende Ausbildungszeit als Kommissorium remuneriert werden; sollten sich Staatsmittel dazu nicht finden lassen, so würde wohl die Industrie selbst bereit sein, einen Fond hierfür zur Verfügung zu stellen. — Als sehr sachdienlich hat sich endlich eine Beschäftigung der Assessoren im Patentamt erwiesen;[26]) hier haben sie in den Nichtigkeits- und Warenzeichenabteilungen Gelegenheit, sich mit der praktischen Anwendung des Patentrechts und dem inneren Dienst der patenterteilenden Behörde vertraut zu machen, sowie Übung und Erfahrung auf patentrechtlichem Gebiet zu erlangen. Man könnte vielleicht die Gesamtzeit der wissenschaftlichen Ausbildung auf der Hochschule und der mehr praktischen auf dem Patentamt auf drei Jahre erstrecken; zwei Jahre kämen auf das Studium, das letzte Halbjahr und dann noch ein volles Jahr auf die Beschäftigung als Hilfsarbeiter im Patentamt, dem diese Kräfte ebenfalls wertvolle Dienste leisten können.

Alle diese Vorschläge schließen natürlich nicht aus, daß auch schon in der Vorbereitungszeit für die Ausbildung geeigneter Kräfte das Erforderliche getan wird. Geht man davon aus, daß diese Maßnahmen dazu bestimmt und geeignet sind, das Interesse der jungen Juristen für dieses Gebiet der Rechtspflege zu beleben und ihnen, wie der Vertreter des Sächsischen Justizministers auf dem Leipziger Kongreß[27]) zutreffend dargelegt hat, „die methodische Behandlung des Rechtsfalles zu zeigen", so kann ihr Wert nicht hoch genug veranschlagt werden. In dieser

---

[26]) Vgl. auch Hüfner, a. a. O., S. 101.

[27]) Leipziger Kongreßberichte, S. 21.

Beziehung ist nun schon an verschiedenen Orten Vorzügliches durch Abhaltung von Ausbildungskursen auf dem Gebiete des gewerblichen Rechtsschutzes geleistet worden.[28]) Eine technische Ausbildung können und sollen sie natürlich nicht geben; viel eher läßt sich schon auf dem rein patentrechtlichen Gebiet eine gewisse Vollständigkeit erreichen. Werden sie aber mit Besichtigungen industrieller Unternehmen unter sachkundiger Führung verbunden, knüpft sich womöglich an die Vorträge eine Diskussion, werden vielleicht auch einfachere Fälle schriftlich bearbeitet, so können sie außerordentlich segensreich wirken. Wenn erst die Notwendigkeit technischen allgemeinen Wissens in immer weitere Kreise der Juristen gedrungen ist, so werden sich diese auch in ihrem eigenen Interesse an den in fast allen größeren Städten stattfindenden Vorträgen und Kursen technisch-wissenschaftlicher Art beteiligen und auch auf diese Weise an ihrer Fortbildung weiter arbeiten.

Bei der großen wirtschaftlichen Bedeutung und der Fülle moderner Rechtsideen, die das gesamte Gebiet des gewerblichen Rechtsschutzes, wie des Urheberrechts überhaupt, in sich birgt, wäre es aber zu wünschen,

---

[28]) Derartige Kurse werden bei dem Landgericht I Berlin seit Jahren von Justizrat Dr. Edwin Katz, mit Erläuterung der technischen Fragen durch den Professor Hartmann von der Technischen Hochschule, abgehalten; die Teilnehmerzahl belief sich im Winter 1909/10 auf etwa 350. So hat auf Veranlassung des Landgerichtspräsidenten zu Elberfeld Dr. jur. et phil. Kloeppel eine Reihe von Vorträgen über Patent- und Gebrauchsmusterrecht gehalten, an denen nicht nur die dem Gerichtsbezirk angehörenden Referendare, sondern auch eine größere Zahl von Richtern und Anwälten teilgenommen haben; diese Vorträge sind in dem ansprechenden Handbuch „Patentrecht und Gebrauchsmusterrecht" gesammelt herausgegeben; so hat ferner im Auftrage des Landgerichtspräsidenten zu Magdeburg der Landrichter Dr. Gülland ebenfalls technische und rechtliche Vorträge über gewerblichen Rechtsschutz gehalten, aus denen das bereits mehrerwähnte, ausgezeichnete Buch „Einführung in die zivilistische Praxis in Erfindungs- und Patentsachen" hervorgegangen ist; weiter haben Patentanwalt Dr. Wirth in Frankfurt a. M. und Rechtsanwalt Dr. Wassermann in Hamburg (auf Veranlassung der Hamburger Oberschulbehörde) vor jüngeren Juristen, und auch Gewerbetreibenden, eine Reihe einschlägiger Vorträge gehalten, welche letzteren unter dem Titel „Die Grundzüge des deutschen Patentrechts" im Erscheinen begriffen sind. In einer Reihe anderer preußischer Gerichte sind ähnliche Maßnahmen getroffen (z. B. in Hannover, Cöln, Aachen, Düsseldorf [für die am Oberlandesgericht beschäftigten Referendare], Kiel) oder beabsichtigt. Wo dies zurzeit noch nicht der Fall ist, ist entweder die Zahl der Referendare zu gering oder es mangelt an geeigneten Lehrkräften. Auch in Leipzig, Gießen und sonstigen außerpreußischen Industriezentren sind ähnliche Kurse eingerichtet.

daß, — wie der preußische Ministerialerlaß besonders hervorhebt, — dieses Gebiet bei den juristischen Prüfungen nicht unberücksichtigt bliebe; Voraussetzung dafür ist, daß auch an allen oder doch den wichtigsten deutschen Universitäten mehr, als bisher Vorlesungen über dieses Gebiet gehalten werden, das doch gerade, wie kaum ein anderes geeignet ist, den mehr oder minder trockenen theoretischen Stoff des sonstigen Zivilrechts zu beleben und abwechselnd zu gestalten! Leider liegt dieser Zweig der juristischen Ausbildung noch sehr im Argen, so daß auch erst in vereinzelten Fällen in den Staatsprüfungen auf dieses Gebiet eingegangen werden kann. — Wesentlich ist ferner — wie nachdrücklichst betont sei — gerade für diese Sachen die Kenntnis der modernen Verkehrssprachen, nicht nur wegen der internationalen Bedeutung dieses Rechtsgebietes, sondern auch wegen der häufigen Heranziehung ausländischer, namentlich englischer und amerikanischer, Patentschriften in deutschen Patentstreitigkeiten; eine Kenntnis aller Fachausdrücke ist selbstverständlich nicht erforderlich; der Richter soll aber nicht, wenn ihm in der mündlichen Verhandlung eine Stelle aus einer ausländischen Patentschrift vorgelegt wird, dieser hilfslos gegenüberstehen. — Weiter müssen die Büchereien wenigstens derjenigen Gerichte, die Sonderkammern haben, die einschlägigen Werke der deutschen und der hauptsächlichsten ausländischen, d. h. der österreichischen, englischen, amerikanischen und französischen Literatur aufweisen. Die großen Fachzeitschriften und Sammelwerke sollten nicht nur von den Bibliotheken gehalten werden, sondern auch bei den Mitgliedern der Sonderkammern zur Einsicht umlaufen, wie dies z. B. beim Patentamt üblich ist Da im allgemeinen die den Gerichten für diese Zwecke zur Verfügung stehenden Geldmittel recht geringfügig sind, und kaum zur Anschaffung der notwendigsten juristischen Werke hinreichen, andererseits aber die technischen Werke meist kostspielig sind, so könnte auch hier die Industrie durch Gründung eines Bibliotheksfonds in ihrem eigenen Interesse Wertvolles leisten; eine jährliche Ausstattung mit 2000—3000 Mark würde sicherlich dazu genügen.

Das Gesagte zeigt, daß bei energischem Angreifen ein Stamm von Richtern geschaffen werden kann, der bei vollkommenster juristischer Durchbildung allen Erfordernissen genügt, die selbst die Anhänger der Sondergerichte an die Richter für diese Sachen stellen zu können glauben. Diese Juristen werden imstande sein, das zu leisten, was für eine ersprießliche Rechtsprechung erforderlich ist, ohne daß man es nötig hätte, unter Durchbrechung grundlegender Prinzipien sie zum Teil durch Techniker auf der

Richterbank zu ersetzen. Dann wird es nur noch Sache der Justizverwaltungen sein, die richtigen Männer an den richtigen Platz zu stellen. Dies wird aber, wenn erst das geeignete Richtermaterial zur Verfügung steht, unschwer zu erreichen sein.

§ 3.

Das Verfahren, insbesondere der Sachverständigenbeweis und die technischen Beistände.

I. Zu der Konzentration der Gerichte und zu ihrer richtigen Besetzung muß als drittes ein der Eigenart der gewerblichen Rechtsschutzsachen möglichst angepaßtes Verfahren treten. Allerdings kann im Rahmen dieses Gutachtens nicht auseinandergesetzt werden, wie für diese Sachen im allgemeinen das Verfahren gestaltet werden sollte; vielmehr kann es nur Zweck der nachstehenden Skizzierung sein, die Ausgestaltung des Verfahrens in Patentsachen unter dem Gesichtspunkt zu untersuchen, ob nicht Wünsche, deren Erfüllung die Sondergerichtsanhänger nur von gemischten Gerichten erwarten, sich auch schon bei den jetzt bestehenden Gerichten durchführen lassen, so daß die Notwendigkeit der Errichtung von Sondergerichten noch mehr entfällt.

Wie oben Seite 382 erwähnt, wäre es wegen des mehr öffentlichen Charakters der in Rede stehenden Prozesse an sich wünschenswert, den Parteibetrieb und die Verhandlungsmaxime zugunsten eines Offizialbetriebs und Untersuchungsverfahrens möglichst einzuschränken. Nach dem in dieser Arbeit eingenommenen Standpunkt, daß für die Patentstreitsachen nach Möglichkeit keine anderen Grundsätze Anwendung finden sollen, als für die anderen Prozesse, ist allerdings eine Durchbrechung der allgemeinen Verfahrensgrundsätze nicht zu empfehlen, zumal hoffentlich eine allgemeine Reform unseres Zivilprozesses eine straffere Struktur des Verfahrens nach österreichischem Muster mit sich bringen wird, und sich auch innerhalb des geltenden Rechts Mittel und Wege werden finden lassen, um dem genannten Ziel möglichst nahe zu kommen. Sie zu weisen, war eine der Hauptzwecke der preußischen Rundverfügung vom 11. X. 1907; auch der Verfasser hat bereits an anderer Stelle eingehend erörtert,[29]) in welcher Richtung sich solche Maßnahmen zu bewegen hätten. Hierher gehört in erster Linie eine gehörige Vorbereitung der Sachen durch die Parteien in vorbereitenden

[29]) GewRSchutz 1907, S. 155 ff.

Schriftsätzen, die den Streitstoff in rechtlicher und technischer Beziehung voll erschöpfen, ohne zu langatmig und zu breit zu sein. Hierher gehören die Vermeidung nutzloser Ladungen, die Ausgestaltung des ersten Termins zu einer Art Vortermin, in welchem das Gericht mit den Parteien über etwaige noch unklare Punkte verhandelt, auf Zweifelsfragen aufmerksam macht, die prozessualen Nebenpunkte erledigt werden usw.; ferner prozeßleitende Verfügungen des Gerichts zur Heranschaffung der erforderlichen Akten und Urkunden, namentlich der unentbehrlichen Patenterteilungsakten, die übrigens der Kläger sich vor Anstrengung eines Prozesses immer in beglaubigter Abschrift beschaffen und dem Gericht alsbald mit der Erhebung der Klage überreichen sollte;[30]) natürlich müssen auch die in Betracht kommenden Patentschriften, am besten in einer der Besetzung des Gerichts entsprechenden Anzahl, eingereicht werden. Wünschenswert ist ferner, daß auch Modelle der in Betracht kommenden Patente und angeblichen Nachahmungen auf der Gerichtsschreiberei niedergelegt werden, über deren Identität sich der Gegner vor dem Termin zu erklären hat. Schon diese kleinen Hilfsmittel werden dazu dienen, die Verhandlung als solche genügend vorzubereiten. Notwendig ist sodann eine sachgemäße Formulierung des Klageantrags, welcher die konkrete Rechtsfolge enthalten muß;[31]) denn nur auf Grund eines konkreten Klageantrages kann das Gericht einen Urteilstenor erlassen, in welchem die konkrete Erfindungsbenutzung verboten wird.

Soweit schwierige technische Fragen in Betracht kommen, wird es unumgänglich nötig sein, schon zur ersten mündlichen Verhandlung einen Sachverständigen zuzuziehen, dem gemäß § 144 ZPO. die Aufgabe zufällt, bei Aufsuchung und Feststellung der Streitpunkte dem Gericht behilflich zu sein; auf die Zweckmäßigkeit einer solchen Zuziehung hat ebenfalls schon der preußische Justizministerialerlaß hingewiesen;[32]) ein solcher — erstklassiger — Sachverständiger würde natürlich auch dem technischen Richter mit seiner allgemeinen technischen Vollbildung weit überlegen

[30]) S. meinen genannten Aufsatz, S. 159.

[31]) S. den preußischen Justizministerialerlaß und Gülland, a. a. O., S. 289, sowie dort zitierte.

[32]) Vergl. u. a. auch Degen, a. a. O., S. 19; Düringer, DRZ., 1909, S. 50. Was Isay, Gerichtsbarkeit, S. 23, dagegen einwendet, ist nicht stichhaltig; denn der so zugezogene Sachverständige soll ja eben mit der Auslegung des Patents gar nicht befaßt werden, sondern nur die dem Richter erforderlich scheinenden technischen Aufklärungen geben; insbesondere soll er vor Fassung der Beweisbeschlüsse schon in Tätigkeit treten.

sein! Man könnte daran denken, den Sachverständigen, den das Gericht aus § 144 ZPO. zuzieht, auch an der Beratung teilnehmen zu lassen; ein Vorbild hierfür wäre der § 9 der Kaiserlichen Verordnung vom 6. Dezember 1891, betreffend das Berufungsverfahren beim Reichsgericht in Patentsachen, nach welchem das Reichsgericht zu der Beratung Sachverständige zuziehen kann, diese aber an der Abstimmung nicht teilnehmen dürfen.[33]) Während Degen, a. a. O., S. 20 eine dem gen. § 9 entsprechende Bestimmung ganz allgemein für die Streitigkeiten des gewerblichen Rechtsschutzes, ja vielleicht sogar für alle sogenannten Sachverständigen-Prozesse vorschlägt, bin ich der Ansicht, daß auch der Zuziehung eines Sachverständigen mit nur beratender Stimme dieselben Bedenken entgegenstehen, wie der Mitnahme des technischen Richters in das Beratungszimmer: den Parteien würde die Kontrolle über das fehlen, was dort an technischem Wissen dem juristischen Richter mitgeteilt wird. Auch hier muß der Satz gelten: Der Sachverständige muß an der Schwelle des Beratungszimmers Halt machen!

Die einzelnen Sitzungstage, — es empfiehlt sich, die einschlägigen Sachen immer auf einen Tag anzuberaumen —, dürfen nicht zu stark belastet sein, um einen ruhigen, erschöpfenden mündlichen Vortrag der Parteien, Augenscheinseinnahmen, Besichtigungen und Erklärungen der Modelle, Vorführungen der in Frage kommenden Maschinen und Einrichtungen zu ermöglichen; vielleicht auf keinem anderen Gebiete der Rechtspflege ist das Bedürfnis eines eingehenden, durch Vorführungen, Zeichnungen usw. unterstützten Vortrags so groß, wie gerade hier: denn hier kommt es, in tatsächlicher Beziehung, in erster Linie auf Anschaulichkeit und Anschauung an;[34]) vielleicht ist sogar der den Richtern gemachte Vorwurf des mangelnden anschaulichen Denkens darauf zurückzuführen, daß sie, z. T. in fast „unüberwindlicher Abneigung" gegen diese Art Sachen befangen, sich oft nicht die Zeit nahmen, wegen Arbeitsüberlastung wohl auch nicht nehmen konnten, sich Modelle, Zeichnungen, Maschinen usw. vorführen und erklären zu lassen; sie konnten nicht anschaulich denken, weil sie nicht anschaulich sahen! Diese Anschauungstätigkeit

---

[33]) Eine entsprechende Bestimmung enthält das PG. § 14, Abs. 6 für alle Verfahren vor dem Patentamt: „Zu den Beratungen können Sachverständige, welche nicht Mitglieder sind, zugezogen werden; dieselben dürfen an den Abstimmungen nicht teilnehmen"; von dieser Bestimmung wird jedoch kaum jemals Gebrauch gemacht.

[34]) S. hierzu die treffenden Ausführungen des Patentanwalt Weihe, GewRSchutz 1910 S. 12 ff. u. bes. S. 17.

muß unterstützt werden durch Besichtigungen der streitigen Maschinen oder Verfahren im Betriebe; die dafür aufgewendete Zeit wird durch Abkürzung der mündlichen Verhandlungen und Vermeidung unnötigen Schriftwerks in den Schriftsätzen reichlich wieder eingebracht werden!

II. Daß die Erhebung des Sachverständigenbeweises, soweit die Stellung der Beweisfrage in Betracht kommt, eine der Hauptquellen der herrschenden Unzufriedenheit ist, ist im Kapitel I, § 4 eingehend dargelegt worden; aber auch die falsche Auswahl der in Betracht kommenden Sachverständigen bietet Anlaß zur Klage. Der Verfasser hat in seiner mehrerwähnten Schrift „Das Sachverständigenwesen" die hier einschlägigen Punkte näher beleuchtet; er kann deshalb jetzt umso eher darauf verweisen, als auch der preußische Ministerialerlaß unter IV zu denselben Ergebnissen gelangt. Die richtige Auswahl geeigneter Sachverständiger ist einer der schwierigsten, aber für die Entscheidung des Prozesses wichtigsten Punkte. Wenn auch nicht immer Autoritäten als Spezialsachverständige zugezogen werden können, so sind doch an die Sachkunde, Zuverlässigkeit und Unparteilichkeit des Sachverständigen die höchsten Anforderungen zu stellen, — bei den ordentlichen Gerichten nicht minder, wie bei etwaigen gemischten Gerichten. Die Inanspruchnahme von Sachverständigenkammern oder -vereinen empfiehlt sich aus Gründen, die hier nicht zu erörtern sind, nicht.[35]) — Das Sachverständigenwesen wird so lange Schwierigkeiten bereiten, als nicht die Gebührenordnung für Zeugen und Sachverständige in einer den neuzeitlichen Anforderungen auch nur einigermaßen gerecht werdenden Weise geändert wird; die Gerichte werden mit umso größeren Ungelegenheiten bei der Auffindung geeigneter Sachverständiger zu kämpfen haben, je kleinlicher sie sich den Honorarforderungen der Sachverständigen, namentlich auch mit Bezug auf die für das Aktenstudium verwendete Zeit, gegenüberstellen.[36]) Es ist deshalb zu bedauern, daß der Herr Staatssekretär des Reichsjustizamts am 20. I. 1910 im Reichstag erklären mußte, der eine wesentliche Erhöhung der Zeugen- und Sachverständigengebühren vorsehende Gesetzentwurf habe wegen finanzieller Bedenken nicht zur Vorlage gelangen können, und daß auch der preußische Herr Justizminister im Abgeordnetenhaus am

---

[35]) S. mein „Sachverständigenwesen", S. 41, sowie Kohler, Urheber- und Verlagsrecht, S. 389/390; Munk, Der Herr Sachverständige, S. 20; a. A. ohne Begründung Finger, Festgabe für Kohler, S. 61.

[36]) Ein Beispiel für solche Kleinlichkeit bietet der in den Mitteilungen des Verbandes deutscher Patentanwälte 1909, S. 126 mitgeteilte Fall; s. auch Wassermann, Patentrecht, S. 108.

5. II. 1910 ausführte, die Erhöhung der Sachverständigengebühren entspreche zwar den Wünschen auch der Justizverwaltung, sei aber z. Z. nicht durchführbar.

Was nun die Ermittelung geeigneter Sachverständiger anlangt, so werden allerdings die Gerichte, besonders wenn sie mit einschlägigen Sachen nicht allzu häufig zu tun haben oder es sich um Gebiete handelt, welche seltener Anlaß zu Streitigkeiten bieten, oft in Verlegenheit sein, wen sie als Spezialsachverständigen zuziehen könnten. Daß die Parteien sich auf einen Sachverständigen einigen, kommt ja leider kaum vor. Es entspricht einer weitgeübten Praxis, sich in solchen Fällen wegen Benennung von Sachverständigen an gewisse Auskunftsstellen, z. B. das Kaiserliche Patentamt, die Dekane der Universitäten, die Rektoren der Technischen,[37]) landwirtschaftlichen, wohl auch Handels-Hochschulen, das Reichspostamt, das Reichsmarineamt oder sonstige staatliche Behörden, sowie an eine Reihe bedeutenderer Handelsvertretungen oder Interessentenverbände zu wenden.[38]) Im allgemeinen erteilen diese Stellen bereitwilligst Auskunft; da sie hierzu aber nicht verpflichtet sind, werden die Verwaltungen selbst eingreifen und den nachgeordneten Behörden die Pflicht zur Erteilung solcher Auskünfte auferlegen müssen.[39])

---

[37]) Es erscheint zweckmäßig, die Anfragen an die Hochschulen nicht an den Rektor, sondern die zuständigen Abteilungsvorsteher zu richten; auch empfiehlt es sich, bei den Hochschulen einen ständigen Professorenausschuß zu bilden, der einen besseren Überblick über die in Betracht kommenden Lehrkräfte hat, als der jährlich wechselnde Rektor, der doch meist nur seine eigenen Fachgenossen kennt.

[38]) Z. B. den Verein Deutscher Chemiker (Sitz Elberfeld), den Verein Deutscher Ingenieure, den Verein zur Wahrung der Interessen der chemischen Industrie Deutschlands, den Verein zur Wahrung gemeinsamer Wirtschaftsinteressen der deutschen Elektrotechnik u. a. m.

[39]) S. mein Sachverständigenwesen, S. 16. Soweit bekannt geworden, haben bereits einige Reichs- und Staatsbehörden solche Weisungen ergehen lassen. So hat z. B. der preußische Handelsminister im Dezember 1907 an die Oberbergämter, Bergakademien, Landesgewerbeamt, Geologische Landesanstalt und Technische Deputation für Gewerbe folgende Verfügung gerichtet:

„Aus den Kreisen der Industrie sind in immer stärkerem Maße Klagen darüber laut geworden, daß in bürgerlichen Rechtsstreitigkeiten und Strafsachen aus dem Gebiete des gewerblichen Rechtsschutzes die Gerichte und Staatsanwaltschaften keinen genügenden Überblick über den Kreis derjenigen Personen hätten, welche als Sachverständige zur Begutachtung technischer Fragen vernommen werden könnten. Die bei den einzelnen Gerichten geführten Listen der gerichtlichen Sachverständigen können hier nicht genügen, weil sie regelmäßig nur solche Sachverständige aufführen, die in dem Bezirke des Gerichts wohnhaft

Freilich können alle diese Spezialauskunftsstellen vornehmlich, wenn nicht ausschließlich, nur solche Personen in Vorschlag bringen, die ihnen unter- oder nahestehen, über deren Qualifikation sie also selbst ein Urteil haben. Schon deshalb erscheint es notwendig, daß nicht nur eine, sondern gleich mehrere Auskunftsstellen um Benennung geeigneter Sachverständiger angegangen werden.[40]) Man könnte auch daran denken, eine Zentral-Auskunftsstelle für die Benennung von Sachverständigen zu schaffen; allein, sie wäre doch nicht imstande, von sich aus die geeignetsten Sachverständigen für die verschiedensten Gebiete der Technik und — was nicht zu vergessen — auch für die verschiedensten Gegenden des Landes zu benennen, da sie unmöglich Kenntnis aller in Betracht kommenden Faktoren haben kann; auch ohne solche Zentralstelle werden die Gerichte, je mehr die Zentralisation Platz greift, um so größere Übung in der Ermittelung der geeigneten Sachverständigen erlangen. Abgesehen davon, daß die Gerichte nicht gezwungen werden können, sich um Auskunft an eine solche Zentralstelle zu wenden, würde die Benennung von Sachverständigen für die höheren Instanzen dadurch erschwert werden, weil man in der Benennung eines Sachverständigen für die I. Instanz leicht eine Zensur über seine Befähigung erblicken könnte![41]) Vielleicht könnten die Gerichte nach rechtskräftiger Erledigung eines einschlägigen Prozesses mit der ihnen zur Pflicht

---

sind, es aber nicht möglich ist, für jeden einzelnen Gerichtsbezirk Sachverständige für alle hier in Betracht kommende Gebiete der Technik und Industrie, für welche eine besondere Spezialkenntnis unerläßlich ist, als gerichtliche Sachverständige zu bestellen. Eine den Bedürfnissen des gewerblichen Lebens entsprechende Rechtsprechung setzt aber voraus, daß den Gerichten und Staatsanwaltschaften stets die jeweils geeignetsten, erfahrensten und zuverlässigsten Sachverständigen zu Gebote stehen. Ich muß daher besonderen Wert darauf legen, daß die zu meinem Ressort gehörigen Fachbehörden den Gerichten und Staatsanwaltschaften bei der Auswahl geeigneter Sachverständigen die weitestgehende Unterstützung gewähren. Bei der Erledigung der ergehenden Anfragen ist gleichzeitig auf möglichste Beschleunigung Bedacht zu nehmen."

[40]) Dabei ist Gewicht darauf zu legen, daß den angefragten Stellen nach Möglichkeit die Prozeßakten mit übersendet werden, damit sie sich über die Art des Rechtsstreites und das für das Gutachten in Betracht kommende technische Gebiet selbst informieren können und Rückfragen vermieden werden; ist dies aus irgend welchen Gründen untunlich oder müssen gleichzeitig mehrere Stellen angefragt werden, so muß die Anfrage nicht nur den Beweisbeschluß, sondern einen kurzen Überblick über den Prozeßstand enthalten und die Parteien, sowie das streitige Patent genau angeben.

[41]) S. des Verf. „Sachverständigenwesen", S. 18.

gemachten Mitteilung des Urteils an das Patentamt diesem anzeigen, wer in dem betreffenden Prozeß als Sachverständiger tätig gewesen ist; das Patentamt könnte eine Liste dieser Sachverständigen führen und auf Grund derselben spätere Anfragen beantworten. Zweckmäßiger dürfte es allerdings sein, wenn die einzelnen Gerichte sich selbst eine Liste über die vernommenen oder benannten Sachverständigen anlegen würden.

Wenn nun auch gelegentlich einmal der technische Richter einen größeren Überblick über die in Betracht kommenden Persönlichkeiten haben wird, so wird doch, nach dem Gesagten, auch ein nur juristisch zusammengesetztes Gericht mit Unterstützung der Verwaltungen und der Privatindustrie imstande sein, die richtigen Sachverständigen auszuwählen.

Auch die Ausführung des Beweisbeschlusses wird sich bei gemischten Gerichten nicht anders vollziehen können, als bei Juristengerichten; hier wie dort muß das Prinzip der Mündlichkeit und Unmittelbarkeit streng durchgeführt werden; die Erstattung des Gutachtens sollte, worauf schon der preußische Erlaß hingewiesen hat, nur in Ausnahmefällen bloß schriftlich, sonst immer mündlich und schriftlich, niemals durch ersuchten Richter,[42]) erfolgen. Nicht empfehlenswert erscheint dagegen, einen so richtigen Kern er auch in sich bergen mag, der Vorschlag von Katz, entsprechend der in England geübten, aber ganz anders liegenden (s. S. 467) Praxis, von schriftlichen Gutachten überhaupt abzusehen und nur mündliche Gutachten erstatten zu lassen; dies setzt voraus, daß — wie in England — für die Verhandlung einer einzigen Sache unter Umständen Tage zur Verfügung stehen! Dies wäre bei uns auch dann undurchführbar, wenn in dem Richterkollegium Techniker säßen. Bei auswärtigen Beweisaufnahmen, die doch auch bei gemischten Gerichten den juristischen Mitgliedern zu überlassen wären, wird der Richter versuchen müssen, durch Augenscheinnahme, Vorlegung von Zeichnungen und Vorführung von Modellen weitgehendste tatsächliche Aufklärung zu schaffen, wie überhaupt sein Augenmerk auf Klärung der tatsächlichen Verhältnisse in erster Linie zu richten ist; nötigenfalls ist schon hier die Zuziehung von Sachverständigen aus § 144 ZPO. anzuordnen.

III. Es ist schließlich noch auf die, fast vom Anfang der Sondergerichtsbestrebungen an erörterte und streitige Frage der Zuziehung technischer Beistände der Parteien kurz einzugehen. Schon der Hamburger Kongreß für gewerblichen Rechtsschutz 1902 hatte einen Be-

---

[42]) S. die treffenden Darlegungen bei Gülland, a. a. O., S. 308.

schluß gefaßt,[43]) daß in allen vor den gemischten Gerichten zu verhandelnden Streitsachen auf Verlangen sowohl der Partei, als auch ihrem Beistande das Wort zu verstatten sei, unbeschadet der Vorschrift des § 157 ZPO. und des § 18 des Patentanwaltsgesetzes; werde diese Praxis auch tatsächlich häufig gehandhabt, so erscheine es doch wünschenswert, eine entsprechende Vorschrift in das Gesetz aufzunehmen. Später trat immer mehr das Bestreben der Patentanwälte hervor, neben den Rechtsanwälten zur selbständigen Vertretung vor Gericht zugelassen zu werden; es wurde durch die Autorität Bolze's unterstützt, der in einem Schreiben vom 10. November 1907 an den Deutschen Verein ausführte:[44])

„Daß den Patentanwälten der Zutritt zu den ordentlichen Gerichten bis in die höchste Instanz eröffnet wird, halte ich für ganz selbstverständlich. Das sind die Herren, welche auch den Richtern die technischen Fragen, die zu beantworten sind, klar zu machen haben. Sie haben den Trumpf in der Hand, wenn Sie betonen, daß die mancherlei Unklarheiten, welche zuweilen in den Verhandlungen zurückgeblieben sein mögen, zum großen Teil darauf zurückzuführen seien, daß man die technisch gebildeten Vertreter der Parteien nicht hat hören können. Die Sachverständigenfragen würden dann in vielen Fällen gar nicht aufgerollt werden."

Hier, wie in den sonstigen Erörterungen zu diesem Punkte scheint übersehen zu sein, daß, wenn auch gelegentlich die Patentanwälte ebenso, wie technische Beamte industrieller Unternehmungen wertvolle tatsächliche Aufklärungen werden geben können, ihre Ausführungen doch nur als Parteivorbringen gewertet werden, also nicht das Gewicht eines Sachverständigengutachtens haben können. Übrigens wären damit die technischen Beistände zu einer dritten Art von Vermittlern technischen Wissens für die Richter gestempelt: Technische Richter, Spezialsachverständige und technische Beistände! Heißsporne[45]) gehen sogar soweit, für die in Rede stehenden Sachen völlige Aufhebung des Anwaltszwanges zu verlangen; sie glauben, daß besonders die Patentanwälte sich ohne irgend welche Schwierigkeiten die Beherrschung der bei der Prozeßführung notwendigen Formalitäten aneignen würden; als ob es für die Prozeß-

[43]) Vgl. Hamburger Kongreßberichte, S. 18, Vorschläge I, S. 13/4, II, S. 19 und III, S. 32.

[44]) Leider nur unvollständig veröffentlicht in den Mitteilungen vom Verband Deutscher Patentanwälte, 1908, S. 11.

[45]) Z. B. Tolksdorf, Patentgerichte, S. 97 ff.

führung nur auf die Beobachtung prozessualer Vorschriften ankäme und nicht mindestens ebenso wichtig eine durchdringende Kenntnis des allgemeinen materiellen Rechts wäre! Es würde geradezu eine Gefahr für die Rechtsuchenden bedeuten, wenn die Wahrnehmung ihrer Interessen vor Gericht Personen anvertraut wäre, die, — wenn sie auch ein gewisses patentrechtliches Wissen sich angeeignet haben mögen, — doch unmöglich die zum selbständigen Auftreten vor Gericht erforderlichen anderen Rechtskenntnisse besitzen können; in dieser Hinsicht kann das auf über die Eignung der technischen Richter S. 342 ff. Gesagte Bezug genommen werden. Wenn man dagegen einwendet, es sei mit Bestimmtheit zu erwarten, daß der Patentanwalt die Behandlung rein juristischer Fragen vor dem Prozeßgericht „vorsichtigerweise dem Rechtsanwalt überlassen werde, schon um die Verantwortung von sich abzuwälzen," so zeugt dies wahrlich nicht von tiefem Verständnis für das verantwortungsvolle und schwierige Amt eines Sachwalters vor Gericht! Die Vorschläge II, S. 19 haben denn auch in Erkenntnis dieser Tatsache sich nicht entschließen können, die Aufhebung des Anwaltszwanges zu befürworten.[46]) Der Leipziger Kongreß hatte sich dahin ausgesprochen:

> „Außer den Parteien müssen auch deren technische Angestellte und die Patentanwälte in der mündlichen Verhandlung zum Worte verstattet werden."

Eine Beratung dieses Antrages fand in Leipzig nicht statt; die Frage wurde erst wieder auf dem Stettiner Kongreß des Jahres 1909 Gegenstand eingehender Verhandlungen, deren Ergebnis, soweit die Zivilrechtspflege in Betracht kommt, in folgendem Beschluß niederlegt ist:

„Es ist erstrebenswert:

a) daß in Sachen, die den gewerblichen Rechtsschutz betreffen, außer den Parteien auch deren technischen Angestellten und Patentanwälten in der mündlichen Verhandlung das Wort zu gestatten ist;

b) daß die technischen Angestellten industrieller Betriebe und die Patentanwälte von der Vorschrift des § 157, Abs. 2 ZPO. auszunehmen sind."[47])

Ohne auf eine nähere Würdigung dieser Beschlüsse einzugehen, kann ohne weiteres zugegeben werden, daß schwerwiegende Bedenken gegen sie dann kaum bestehen, wenn der Rechtsanwaltszwang, der für die einschlägigen Sachen durchaus notwendig erscheint, unangetastet bleibt;

---

[46]) S. auch Rauter, Deutsche Wirtschaftszeitung 1908, S. 444.

[47]) Näheres s. Stettiner Kongreßberichte, S. 114 ff.

unter dieser Voraussetzung wäre auch gegen eine generelle Anweisung der Justizverwaltungen an die Gerichte dahin, daß die Patentanwälte von der Vorschrift des § 157, Abs. 2 ZPO. ausgenommen sein sollen,[48]) nichts einzuwenden; ein Bedürfnis, sie allgemein zur Verhandlung zuzulassen, ist jedoch zu verneinen.

Wie man im einzelnen die Zuziehung technischer Beistände und Patentanwälte gestalten mag, das eine ist unzweifelhaft: Jedes Sondergericht bedeutet eine mehr oder minder große Einschränkung des Prinzips des Anwaltszwanges; sind für Gewerbe- und Kaufmannsgerichte die Rechtsanwälte bereits gesetzlich ausgeschaltet, so sollen sie auch für die Patentgerichte, gemischte Gerichte sowohl, wie ordentliche Sonderkammern, nach Möglichkeit zurückgedrängt werden. Wie der technische Richter dem juristischen Richter, so soll dem Rechtsanwalt der Patentanwalt gleichgestellt werden; er soll nicht mehr bloß Parteibeistand, sondern auch Parteivertreter sein! Diese Forderung erscheint unberechtigt; gerade sie legt die Annahme nahe, daß besonders die Patentanwälte die Sondergerichtsbewegung in technischen Kreisen schüren.[49]) Es ist ein eigenartiges Zusammentreffen, daß das Geburtsjahr der heutigen Patentanwaltschaft zusammenfällt mit

[48]) S. Vorschläge III, S. 33 und Cantor, ZIndR. 1909, S. 139; im übrigen s. hierzu die Stettiner Kongreßberichte. Eine andere Frage ist es, ob nicht auch schon nach geltendem Recht die Möglichkeit besteht, daß die technischen Angestellten und Patentanwälte in der mündlichen Verhandlung selbst das Wort ergreifen; der Verfasser kann aus seiner eigenen Praxis mitteilen, daß bei dem Landgericht I Berlin in liberalster Weise im Sinne der genannten Vorschläge verfahren wird; Degen, a. a. O., S. 21 hat dies für die sächsischen, Cahn, Techniker als Richter, S. 35 für die Bayerischen Gerichte bestätigt; wenn trotzdem hin und wieder anders gehandelt wird, so kann dies eine gesetzliche Ausnahme für diese Sachen nicht begründen, weil auch hier allmählich sich die richtige Praxis durchringen wird.

[49]) So Degen, a. a. O., S. 22; a. A. aus sachlichen Gründen Patentanwalt Hans Heimann, a. a. O., und besonders Tolksdorf, der in ZIndR., 1908, S. 158 aus der Geschichte der Patentsondergerichtsbewegung darzulegen versucht, daß es in ihren Anfängen Patentanwälte noch gar nicht gegeben habe, sie also einen bestimmenden Einfluß auf die Bewegung nicht hätten ausüben können; dies widerlegt jedoch obige Behauptung nicht: denn die eingangs gegebene Darstellung der Sonderbewegung hat dargetan, daß zwischen der Strömung, die in den 70er und 80er Jahren des vorigen Jahrhunderts einen Patentgerichtshof einrichten wollte, und der heutigen Sondergerichtsbewegung ebenso tiefgreifende Unterschiede bestehen, wie zwischen den Ingenieuren, die sich damals mit dem gewerblichen Rechtsschutz beschäftigten, und der heutigen Patentanwaltschaft!

dem Jahr, in dem der deutsche Verein für gewerblichen Rechtsschutz sich auf seinem Kongreß in Frankfurt a. M. zum erstenmal mit der Frage der Sondergerichte beschäftigt hat! — Eine Ausdehnung des § 14 der Kaiserlichen Verordnung, betr. das Berufungsverfahren vor dem Reichsgericht, nach welchem den Parteien und ihren Vertretern gestattet ist, mit einem technischen Beistand zu erscheinen, auf das Verfahren vor Gericht dürfte ebenfalls nicht zu befürworten sein; diese Vorschrift betrifft doch nur das hauptsächlich unter technischen Gesichtspunkten stattfindende Berufungsverfahren gegen die Entscheidungen des Patentamts und rechtfertigt sich daraus, daß im patentamtlichen Nichtigkeits- und Zurücknahmeverfahren eine Vertretung nicht erforderlich und allein durch Patentanwälte zulässig ist.

So ergibt sich, daß — soweit die Forderungen der Patentanwälte auf Zulassung vor Gericht berechtigt sind — sie auch bei dem Verfahren vor den ordentlichen Gerichten anerkannt werden können, daß aber, soweit sie darüber hinausgehen, ihnen auch nach Errichtung gemischter Gerichte Widerstand entgegenzusetzen wäre.

Anhang:

Die Patentsondergerichte im Deutschen Reichstag und bei den Regierungen.

Anhangsweise sei noch kurz auf die Stellung der Parteien des deutschen Reichstages zur Frage der Patent-Sondergerichte hingewiesen. In der Sitzung vom 21. September 1908 erklärte sich namentlich der Vertreter der Freisinnigen Volkspartei gegen die Errichtung dieser Sondergerichte; am 18. Januar 1909 wendete sich der Zentrumsabgeordnete Dr. Belzer und der Nationalliberale Dr. Heinze ganz entschieden gegen die Bildung weiterer Sondergerichte.[50]) Am 13. Februar 1909 führte als Vertreter der Nationalliberalen Partei der Abgeordnete Dr. Junck, dem eine reiche Erfahrung in der Vertretung von Patentsachen vor dem Reichsgericht zur Seite steht, aus:[51]) „Nach meiner Überzeugung besteht ein nationales Interesse daran, daß die Rechtsprechung auf allen Gebieten in den Händen eines Standes liegt, der auch die spezifische Technik beherrscht, die zur Rechtsprechung nun einmal erforderlich ist (Sehr wahr!)

---

[50]) Stenographische Reichstagsberichte, 12. Legislaturperiode, I. Session 1907/9, 187. Sitzung, S. 6338 C und S. 6346 B.

[51]) Daselbst, 209. Sitzung, S. 6933 C.

und ich glaube nicht, daß die Abzweigungen von Sondergerichten unserem Volksleben förderlich gewesen ist. An den jetzt bestehenden Sondergerichten braucht ja nichts geändert zu werden. Aber weitere Sondergerichte einzuführen, davor möchte ich dringend warnen. Wir bringen unsere Richter immer mehr auf den Isolierschemel, und es wäre bedauerlich, wenn sie schließlich nur noch über Grundbuchsachen und Erbrechte zu urteilen hätten, während ihnen alles, was das Leben bewegt, mehr und mehr entzogen würde." Dagegen begrüßte Junck die Maßnahmen der Justizverwaltungen, die auf eine Konzentration der Sachen und eine bessere Ausbildung der jungen Juristen hinzielen, als dankenswert; (s. auch seinen S. 426 erwähnten Vorschlag in der Reichstagssitzung vom 14. IV. 1910). Ganz ähnlich äußerte sich in derselben Sitzung der Abgeordnete Dr. Dove von der Freisinnigen Volkspartei.[52]) Endlich hat auch der Zentrumsabgeordnete Dr. Erzberger[53]) die Sondergerichte für eine Gefahr, einen Rückschritt bezeichnet, der nur als Notbehelf gemacht werden könne. — So darf man wohl der zuversichtlichen Hoffnung Ausdruck geben, daß der deutsche Reichstag diesen Sondergerichtsbestrebungen kein Gehör schenken wird. Dies umsomehr, als auch das Preußische Justizministerium auf den Kongressen in Düsseldorf und Leipzig eine entschieden ablehnende Haltung eingenommen und der Vertreter des Sächsischen Justizministeriums eine entsprechende Erklärung für Sachsen abgegeben hat; nach dem Erlaß des Bayerischen Staatsministeriums vom 8. November 1907 dürfte es wohl kaum zweifelhaft sein, daß auch Bayern sich dem Standpunkt Preußens und Sachsens anschließt.

Kapitel IV.

Ausländisches Recht.

Hat sich die bisherige Darstellung über die Sondergerichtsbewegung auf das deutsche Recht beschränkt, und nur einmal einen Abstecher in das Ausland unternommen, um zu zeigen, daß das österreichische Beispiel für die deutschen Verhältnisse nicht maßgebend sein kann, so soll schließlich noch ein Blick auf verschiedene andere Kulturländer geworfen werden. Hierbei ist aber zu beachten, daß, da sich die Technik in den verschiedenen Ländern verschieden entwickelt hat, auch die gerichtlichen Institutionen und die bestehenden Gesetzgebungen in den einzelnen

[52]) Daselbst, S. 6936 C.

[53]) Im Archiv f. Rechts- und Wirtschaftsphilosophie, 1909, S. 510.

Ländern verschieden geartet sind, es sich bei der Frage der Sondergerichtshöfe für Streitsachen des gewerblichen Rechtsschutzes nicht um eine internationale, sondern nur um eine Frage der vergleichenden Rechtswissenschaft[1]) handeln kann. Umsoweniger kann ein maßgeblicher Vergleich zwischen den Institutionen der einzelnen Länder gezogen werden, als schon die Verschiedenheit der Patenterteilungssysteme eine Verschiedenheit in der Ausgestaltung der Verfahren in Patentsachen zur Folge haben muß. Denn es ist klar, daß unter der Herrschaft des Anmeldesystems, bei welchem auf jede formgerechte Anmeldung ein Patent erteilt wird, über die Gültigkeit des Patentes nicht die patenterteilende Behörde befinden, vielmehr die Prüfung auf die Schutzfähigkeit der Erfindung und die Wirksamkeit des Patentes erst im Verletzungs- oder Nichtigkeitsstreit erfolgen kann; auf diesem Standpunkte steht auch die französisch-belgische Praxis. Auf der anderen Seite läge es nahe, zu verlangen, daß wenigstens im Streitfall die Prüfung des Patents auf seine Gültigkeit und seinen Umfang einem aus Juristen und Technikern gemischten Gericht übertragen würde.[2]) Dem ist jedoch nicht so: Ein Überblick über die Gestaltung der Behördenorganisation in den wichtigsten Kulturländern zeigt, daß in keinem einzigen Lande des Anmeldesystems sich die zu erwartende Teilung der Kompetenzen und eine gemischte Besetzung der Gerichte findet.

---

[1]) Vgl. Maillard, J. der Intern. Verein., 1902, S. 168 und 320, Osterrieth, Kölner Kongreßberichte 1901, S. 15, sowie die noch unten eingehender zu erwähnende Schrift von Armengaud jeune, Projet de réforme dans la jurisdiction en matière de brevet d'invention, Paris 1909, S. 12.

[2]) Aus diesem Grunde wäre auch die jetzt viel erörterte Frage, ob sich für das deutsche Reich die Abschaffung des Vorprüfungssystems und die Einführung des Anmeldesystems empfiehlt, von gewisser Bedeutung für die Frage der Patentsondergerichte, da dann wenigstens die Freunde dieser Sondergerichte für sich anführen könnten, daß die ungeprüften Patente nicht einmal im Verletzungsstreit durch Techniker beurteilt würden! Wenn trotzdem das gestellte Thema nicht auch unter diesem Gesichtspunkt behandelt worden ist, so geschah es deshalb, weil die Einführung des reinen Anmeldesystems für Deutschland als ausgeschlossen gelten kann; es würde die Abschaffung des Vorprüfungssystems eine solche Erschütterung unseres Patentwesens und solche Entwertung der deutschen Patente bedeuten, daß kaum anzunehmen ist, die gesetzgebenden Körperschaften könnten sich im Interesse der deutschen Industrie damit einverstanden erklären. Übrigens ist auch in der Sachverständigensitzung des VDMA. vom 7./8. XII. 1909 unzweideutig zum Ausdruck gelangt, daß diese Industrie mit der Abschaffung des Vorprüfungssystems nicht einverstanden wäre

Dem Anmeldesystem huldigen Frankreich und die anderen romanischen Staaten, nämlich Belgien, Italien, Spanien, Portugal, ferner die Türkei, Rumänien, Mexiko, die meisten englischen Kolonien, sowie die Schweiz (Gesetz vom Jahre 1907). Das Vorprüfungssystem haben außer Deutschland und Österreich noch angenommen Ungarn (in beschränktem Umfange, vergl. Ges. v. 7. Juli 1895, §§ 33 und 35), Rußland (Ges. v. 20. Mai 1896), Finland (Ges. v. 21. August 1898), Schweden (Ges. v. 14. April 1884), Norwegen (Ges. v. 16. Juni 1885), Dänemark (Ges. v. 13. April 1894), die Vereinigten Staaten von Amerika (Ges. v. 5. August 1900), Australien (Commonwealth, Ges. v. 22. Oktober 1903), das neue englische Gesetz v. 28. August 1907, sowie endlich — wenn auch in beschränktem Umfange — das neue Gesetz von Japan v. 2. April 1909.[3])

Abgesehen nun von Österreich und Ungarn hat keines der Länder des Vorprüfungs- oder Anmeldesystems die Entscheidung über die Patent-Zivilrechtsklagen anderen Behörden übertragen, als den ordentlichen Gerichten: z. T. enthalten die betreffenden Patentgesetze überhaupt keine besonderen Bestimmungen über die Zuständigkeit, z. T. werden die ordentlichen Gerichte ausdrücklich als zuständig bezeichnet; nirgends in der ganzen Welt — außer eben in Österreich und Ungarn, sowie in Japan (hinsichtlich der Feststellung der Grenzen eines Patentrechts) — bestehen für diese Streitigkeiten gemischte Gerichte!

Ebenso wenig schreiben die genannten Gesetze eine besondere Zusammensetzung der über die Nichtigkeitsklagen entscheidenden Gerichte vor (wobei unter „Nichtigkeitsklagen" auch die Zurücknahme- und die Klagen verstanden werden, welche die Beendigung des Patentschutzes durch Richterspruch dann zum Ziele haben, wenn schon die Erteilung des Patents nicht hätte erfolgen dürfen). Im einzelnen haben darüber die ordentlichen Gerichte zu befinden: in den Vereinigten Staaten von Amerika,[4]) in der Schweiz, in Frankreich (die tribunaux correctionels können nur mit Wirkung inter partes über den Nichtigkeitseinwand entscheiden, während die tribunaux de commerce hierzu unzuständig sind), in Rußland, Dänemark, Italien, Spanien, Luxemburg, Belgien (unter Ausschluß der tribunaux de commerce und der juges de paix), Rumänien, Australien, Canada; in England entscheiden ebenfalls die ordentlichen Gerichte, — jedoch der Comptroller dann, wenn die Nichtigkeitsklage auf

---

[3]) Keine Patentgesetze besitzen bisher von den europäischen Staaten Griechenland, Serbien und die Niederlande.

[4]) Nach amerikanischem Recht wird meist die Nichtigkeit eines Patents im Verletzungsprozeß — und nur mit Wirkung inter partes — ausgesprochen.

die gesetzlichen Einspruchsgründe gestützt wird. In einigen Ländern sind für die Entscheidung der Nichtigkeitsklagen einzelne Gerichte besonders für zuständig erklärt worden, so in Schweden das Staatsgericht in Stockholm (§ 19 des Ges. v. 9. Mai 1902), in Norwegen das Stadtgericht zu Christiania, in Portugal das Handelsgericht zu Lissabon, in Finland das Ratsgericht zu Helsingfors, in Brasilien (Ges. v. 24. Februar 1891 und 15. November 1898) das tribunal de commerce de la capitale und endlich in Mexiko das tribunal de district de la capitale. Außer Österreich und Ungarn hat also kein Land Sondergerichte mit gemischter Besetzung mit der Entscheidung über Nichtigkeitsklagen oder über zivilrechtliche Streitigkeiten betraut; schon dies sollte den Anhängern der Sondergerichtsidee zu denken geben! Wenn Länder mit so hoch ausgebildetem Patentwesen, wie England und Amerika, es nicht für nötig halten, den Juristen zur Entscheidung der in Rede stehenden Streitigkeiten Techniker zur Seite zu setzen, so werden sie dafür ihre guten Gründe haben! Ein Vorgehen Deutschlands nach dieser Richtung hin würde also einen Sprung ins Dunkle bedeuten.

Bestehen sonach tatsächlich zurzeit in keinem Lande Patentsondergerichte, so sind doch in einigen Ländern[5]) Klagen über die Rechtspflege in gewerblichen Rechtsschutzsachen laut geworden. Es soll daher im folgenden kurz versucht werden, zum größten Teil nach eingehenden Mitteilungen, die dem Verfasser von hervorragenden Sachkennern aus den hauptsächlich in Betracht kommenden Ländern zugekommen sind, und für die er auch an dieser Stelle seinen besonderen Dank ausspricht, zu erörtern, ob etwa diesen Klagen das Bedürfnis nach sachverständigen Richtern eigen ist, und ob die in einzelnen Ländern gemachten einschlägigen Vorschläge einen für Deutschland beachtenswerten Kern enthalten. Auch diese Untersuchung wird durchaus negativ ausfallen.

I. England.

Nach übereinstimmenden Angaben erfahrener Juristen und Patentanwälte[6]) besteht in England eine Bewegung, technische Sachverständige als

---

[5]) Wenn Maillard, J. der Intern. Verein. IV, S. 168 sagt, das Bedürfnis nach Sondergerichten sei in allen Ländern das gleiche, so irrt er.

[6]) Eingehende Auskünfte erteilten mir die Herren Dr. Ernst Schuster, barrister-at-law; J. F. Iselin, barrister-at-law, Dr. Lunge, barrister-at-law und Patentanwalt Joseph Hubers, sämtlich in London. Mit obiger Auffassung steht durchaus in Einklang, was Patentanwalt Heimann a. a. O. über die ihm gewordenen Informationen berichtet.

Richter in Sachen des gewerblichen Rechtsschutzes zuzuziehen, nicht. Die Achtung vor dem englischen Richterstand ist bekanntlich eine außerordentlich große; das Vertrauen in die Juristen ist noch gestiegen, seitdem man angefangen hat, die Unzulänglichkeit der Jury für Zivilsachen einzusehen. Patentsachen werden gewöhnlich vor der Chancery-Division des High Court of Justice — und zwar ohne Jury — entschieden; wenn die Sache unter Zuziehung der Geschworenen verhandelt werden soll, geschieht dies vor der King's Bench-Division; gleiches gilt für die Zurücknahme- und Nichtigkeitssachen, soweit sie nicht vor dem Comptroller anhängig werden.[7]) Nach übereinstimmendem Urteil sitzen in dem die Patentsachen bearbeitendem Gericht erster Instanz so vorzügliche Richter, daß der etwaige Mangel an technischen Kenntnissen nicht in Betracht kommt; dies um so weniger, als das technische Material dem Richter von den Parteien in einer Weise vorgelegt wird, die es einem intelligenten Manne leicht macht, den Kern auch der schwierigsten Sache zu erfassen; zudem ist der englische Zivilprozeß auf einen gewaltigen Apparat von Rechtsregeln über die Beschränkung des Beweismaterials aufgebaut, der darauf abzielt, dem erkennenden Richter das Prozeßmaterial — von allem Nebensächlichen völlig gereinigt — mundgerecht und verständlich zu unterbreiten. Daher werden die Verhandlungen vor den Gerichten in ausgedehntester Mündlichkeit, nach allen Regeln des strengen evidence-Verfahrens geführt, so daß die Verhandlungen mitunter Tage, ja Wochen in Anspruch nehmen. Jede Partei ist bestrebt, die besten Anwälte und die besten Sachverständigen zu verwenden. Die Sachverständigen geben auf Grund des englischen Beweisrechts fast nie schriftliche, sondern ausschließlich mündliche Gutachten ab; letztere nicht in zusammenhängender Rede, sondern nur in Antwort auf die an sie gestellten, äußerst eingehenden Fragen. Auch werden die Sachverständigen im Prinzipe von den Parteien, nicht vom Gericht, als Zeugen — als expert-witnesses, die einen besonderen Berufsstand bilden — bestellt; sie können somit, wie gewöhnliche Zeugen, dem Kreuzverhör (cross-examination) durch die Anwälte der Gegenpartei, das die Grundlage des englischen Prozeßrechts bildet, unterworfen werden; darauf wird auch in der Praxis das größte Gewicht gelegt. Der einzige Unterschied zwischen ihnen und den Zeugen besteht darin, daß sie auch über ihre Meinung, also nicht bloß über Tatsachen befragt werden können. Etwas anders verläuft die Sachverständigenvernehmung vor dem Patentamt

[7]) Vgl. Dunkhase, Englisches Patent- und Mustergesetz v. 1907, 1909, S. 92 und 93 ff.; Hubers & Mond, Das englische Patentrecht, 1909, S. 28/9, wo auch die einzelnen Nichtigkeitsgründe angegeben sind.

(bei der opposition gegen Patenterteilungen und in Rücknahmesachen), wo schriftliche Sachverständigengutachten verwendet werden, die als „Statutory Declarations" beschworen werden; sie sind nur Beweismaterial, wenn sie unbestritten bleiben, was zu vielfach beklagten Verschleppungen führt! In den Verhandlungen selbst werden wirklich arbeitsfähige, in vielen Fällen sogar in vergrößertem Maßstabe hergestellte Modelle vorgeführt[8]). Als wichtig für die richtige Beurteilung der englischen Gerichtszustände, gerade auch in Patentsachen, wird es bezeichnet, daß der englische Richter in ganz anderer Weise vorgebildet ist, als der deutsche Richter; es ist bekannt, daß die englischen Reichsrichter sämtlich aus der Praxis entnommen und ausnahmslos barristers gewesen sind.[9]) Schon der englische Student der Rechtswissenschaft hat gewöhnlich auf der Universität außer Jurisprudenz noch Mathematik, Philologie oder allgemeine Naturwissenschaft studiert; auch in seinem späteren Leben setzt der Jurist seine allgemeine Bildung fort und vermeidet es so, einseitig zu werden; durch seine Berufstätigkeit als Anwalt erhält er einen ganz anderen Einblick in die Lebensverhältnisse, als unsere jungen Juristen; zum großen Teil sind die Anwälte auch Berater industrieller Unternehmungen, so daß ihnen auch technische Dinge nicht ganz fremd sind. — Das englische Patentgesetz sieht nun allerdings in Artikel 31 die Möglichkeit vor, einen sachverständigen Beisitzer zuzuziehen; jedoch hat dieser sogenannte assessor nur eine beratende Stimme: „It is his duty, to explain any technical matters to the Judge, but it is no part of his duty to deliver a judgement." Von dieser gesetzlichen Befugnis, die auch schon in Art. 28 des älteren englischen Gesetzes von 1883 ausgesprochen war, wird jedoch nie oder fast nie Gebrauch gemacht;[10]) in neuerer Zeit ist

[8]) Vgl. Hubers & Mond, a. a. O., S. 18.

[9]) Es sei auch an dieser Stelle das Augenmerk auf die Lebensbeschreibungen englischer Richter gelenkt, die — wie Mendelssohn-Bartholdy in der Neuen Deutschen Rundschau 1909, S. 1685 mit Recht ausführt, — „für das Eindringen in den Geist des englischen Rechts mehr nützen, als 100 Bände Reports, die man durchstudiert und 100 Gerichtsverhandlungen, denen man zugehört hat"; außer den von Mendelssohn-Bartholdy genannten Lebensbeschreibungen von Lord Brampton, Sir James Stephen und A. C. Plowden, sei noch auf die des berühmten Lord Russell of Killowen (von R. Barry O'Brien, London 1909) verwiesen; alle diese großen Richter waren, ehe sie in die höchsten oder einflußreichsten Richterstellen gelangten, Anwälte!

[10]) Vgl. auch Huard in seinem unten zu nennenden Werk, S. 339; dies sei besonders mit Rücksicht auf die Empfehlung Bolzes, Entwurf einer Patentnovelle, S. 97 bemerkt.

nur ein einziger solcher Fall vorgekommen;[11]) die Ernennung eines Beisitzers schließt übrigens die übliche Verhörung von Spezialsachverständigen nicht aus. — Neben dieser Möglichkeit des „hearing with assessor" hat das englische Recht einen Versuch mit der Schaffung einer Art von Sondergerichtsbarkeit für Patentsachen gemacht. Schon in seinem Berichte über die Patentgerichtshöfe für den Londoner Internationalen Kongreß 1898 hatte der K. C. Lewis Edmunds[12]) sich gegen Schaffung technischer Gerichtshöfe ausgesprochen; er gelangte dabei zu dem Ergebnis, daß die Richter der High Court jedenfalls über ihr Talent und ihre Erfahrung in Patentprozessen eine glänzende Probe ihrer Fähigkeiten abgelegt hätten, den ihnen vorgelegten Gegenstand zu begreifen; freilich gäbe es Richter, welche über geringere technische Kenntnisse verfügten und nur um den Preis großer Zeit- und Geldaufwendungen zu einer sehr genauen Würdigung der streitigen Fragen gelangen könnten, die es ihnen aber ermöglichte, ein vorzüglich motiviertes Urteil abzugeben. Man habe oft vorgeschlagen, die Patentsachen durch einen technischen Sachverständigen oder einen Richter unter dem Beisitz eines Sachverständigen entscheiden zu lassen. „Das erstere System, so fährt Edmunds fort, würde nicht zum Ziele führen, da juristische Erfahrung und juristische Schulung ebenso notwendig sind, als technische Kenntnisse; was das zweite System betrifft, so kann man es heute schon praktisch machen, aber in der Tat verlangten weder das Gericht noch die Parteien jedesmal einen Beisitzer. Der entscheidende Richter muß eben, um ein rechtes Urteil abgeben zu können, selbst alle tatsächlichen Fragen beherrschen. Wenn es sich nur darum handelte, zwischen Richtern und Sachverständigen zu entscheiden, so würde es m. E. zweckmäßiger sein, durch einen Richter entschieden zu werden, der nicht sachverständig ist, als durch einen Sachverständigen, der nicht Richter ist." Trotzdem würde es sich empfehlen, daß der Richter in Patentsachen selbst mehr oder weniger sachverständig sei oder über die elementarsten Kenntnisse der Mechanik, der Chemie und Elektrizität verfüge; auf solche Weise könnte ein juristisches Sondergericht für Patentsachen gebildet werden. Diesem Gedanken, der sich mit den Ausführungen des vor-

---

[11]) Es ist dies der im High Court of Justice vom 13. bis 15. Dezember 1904, und im Court of Appeal vom 11. und 12. Januar 1905 verhandelte Fall Hattersley & Sons Ld. v. Hogdson Ld., Reports pp., Bd. XXII, S. 229 ff.

[12]) J. der Intern. Verein. II, S. 404.

stehenden Gutachtens fast ganz deckt,[13]) ist denn auch das neue Gesetz von 1907 gerecht geworden, nach dessen § 92 in den Fällen, in denen kraft Gesetzes gegen eine Entscheidung des Comptrollers in Richtigkeitssachen die Berufung an das Gericht zulässig ist oder ein Gesuch dem Gericht überwiesen oder vorgelegt werden kann, diese Berufung bezw. dieses Gesuch demjenigen Richter des High Court zu überweisen ist, den der Lord-Kanzler für diesen Zweck auswählt. Es ist also hier, ähnlich den deutschen Sonderkammern, für Patentsachen in beschränktem Umfange ein Sonderrichter — aber ein Jurist! — bestellt; nach den mir vorliegenden Mitteilungen hat jedoch diese Einrichtung, bei aller persönlichen Anerkennung des betr. Richters,[14]) aus rein sachlichen Gründen nicht die erwartete Zustimmung der beteiligten Kreise gefunden. — Die Zahl der in England vorkommenden Patentstreitigkeiten läßt sich auch nicht annähernd ermitteln, weil die von der Regierung herausgegebenen „Civil Judicial Statistics" die vor der Chancery-Division verhandelten Sachen nicht besonders unterscheidet; die Zahl dürfte aber erheblich geringer sein, als in Deutschland, obgleich das englische Patentamt nur auf Neuheit, nicht auch auf Patentfähigkeit prüft, letztere Prüfung vielmehr den Gerichten überlassen ist. Der Grund für die geringe Anzahl einschlägiger Prozesse liegt wohl darin, daß die Durchführung eines Patentprozesses in England mit außerordentlichen Kosten verknüpft[15]) und daß die Einrede der Nichtigkeit des Patentes im Zivilprozeß zulässig ist; vielleicht spricht auch der Umstand mit, daß der englische Fabrikant im allgemeinen der Anrufung der Gerichte abgeneigter ist; das veranlaßt ihn aber — wie in mehreren mir zugegangenen Äußerungen ausdrücklich hervorgehoben wird — nicht etwa, häufiger Schiedsgerichte in Patentstreitigkeiten anzugehen, weil er sich lieber die Möglichkeit der Berufung vorbehält, auch „der Kläger meist sein Recht vor der Öffentlichkeit wahren will" und weil endlich trotz des Schiedsvertrages nach englischem Recht immer noch die Möglichkeit besteht, den Appelationsgerichtshof anzurufen. Sondergerichte kommen in England, von Ausnahmefällen abgesehen[16]) überhaupt

[13]) Er wird auch mit trefflichen Gründen von Kenneth R. Swan, B. A. in seinem Werke: „The Law and commercial usage of Patents, Designs and Trade Marks" 1908, S. 145 vertreten; es heißt dort: „this reform ... should do much to reduce the length and consequently the expence of patent actions".

[14]) Z. Z. der bekannte Mr. Justice Parker.

[15]) S. auch Dunkhase, a. a. O., S. 92.

[16]) Eine Besonderheit des englischen Rechts ist es, daß der Richter der Probate, Divorce & Admiralty Division in Seerechtsfragen (Streitigkeiten über Haftung im Falle von Schiffskollisionen oder über Ansprüche wegen

mehr für solche Streitigkeiten vor, in denen es sich um Arbeits- oder Lohnbedingungen handelt, also mehr ökonomische als juristische Momente ausschlaggebend sind. — Dieser kurze Überblick zeigt demnach, daß in England, dem Heimatlande des Patentrechts, keine Bestrebungen, gemischte Sondergerichte für Patentsachen einzuführen, am Werke sind, daß hier vielmehr das Richtermaterial und die Art des Prozessierens genügende Gewähr für eine sachgemäße Entscheidung der schwierigen Patentprozesse bieten! Gerade in diesen beiden Richtungen aber, Reform der Ausbildung der in diesen Sachen tätigen Richter und Reform des in ihnen zu beobachtenden Verfahrens, verbunden mit einer Konzentration der zuständigen Gerichte, bewegen sich auch die Vorschläge des Verfassers für das deutsche Recht!

II. Vereinigte Staaten von Amerika.

Auch in den Vereinigten Staaten von Amerika haben, wie gezeigt, die ordentlichen Gerichte alle auf das Patent bezüglichen Klagen zu entscheiden.[17]) Eine Sondergerichtsbewegung im Sinne der deutschen hat sich auch in Amerika bisher kaum bemerkbar gemacht. Man scheint vielmehr, nach meinen Informationen, die sich mit denen des Patentanwalts Heimann, a. a. O. decken, an der Rechtsprechung durch die Juristen nichts auszusetzen zu haben. Allerdings wird auch in den Vereinigten Staaten über die lange Dauer der Patentprozesse in Verletzungs- und Inter-

---

Bergung und Hilfeleistung) häufig mit zwei sachkundigen Beisitzern sitzt, welche als sogen. „Masters of the Trinity House" gewöhnlich alte Offiziere der Handelsmarine sind. Eine Art Sondergericht besteht weiter für Streitigkeiten zwischen Eisenbahnkompagnien unter sich oder solchen und dem Publikum über Tariffragen und anderen Fragen des Eisenbahnrechts; hier entscheidet ein Richter mit zwei Hilfsrichtern, die aus dem Kreise der Sachverständigen ernannt sind. Ferner kann seit 1908 das Judicial Committee in „ecclesiastical cases" Bischöfe als „assessors" zuziehen; endlich erstrebt man für das Judicial Committee — als höchsten Appelationsgerichtshof für die Kolonien — die Möglichkeit, sachverständige Beisitzer (nur Juristen) „with respect to local law and conditions" zuzuziehen: vgl. Journal of the society of comparative legislation, vol. XXI (1909), p. 193.

[17]) Auch bezgl. der Abhängigkeitsklagen hat der Court of Appeals of the District of Columbia noch neuestens entschieden (2. XI. 1919): „The Commissioner of patents in passing upon applications or deciding controversies between rival applicant for patent of the same invention exercises power that is essentially judicial. For that reason congress has the power to provide for a review of his decisions by appeal of the courts." Official Gazette of the U. St. Patent Office, vol. 149, p. 310.

ferenzes[18])-Sachen geklagt; auch die hohen Kosten der Prozesse, die oft außer jedem Verhältnis zu der Wichtigkeit der Erfindung stehen, machen es oft minderbemittelten Klassen unmöglich, Patentprozesse zu führen; die ungeheuren Kosten für Anwälte und Sachverständige, die Ausgaben für Anfertigung von Modellen, für den Druck der umfangreichen Informationen und Schriftsätze verschlingen oft das, was höchstens als Schadenersatz aus einem solchen Prozeß herausspringt. Der bekannte Attorney-at-law Robert Fletcher Rogers in New York schreibt dem Verfasser:

> „The delay, uncertainty and expense of patent litigation in this country are so burdensome that only the well-to-do corporations and firms ordinarily indulge in it. The poor man is practically without redress unless he is able to secure assistance from some one richer than himself."

Wenn in Amerika von einer Sondergerichtsbewegung die Rede ist, so gründet sie sich auf ganz andere Unterlagen, als in Deutschland: man wünscht nämlich nicht etwa gemischte Gerichte, sondern die Bildung eines einheitlichen Obergerichts, ausschließlich aus Juristen, für alle Patentsachen des ganzen Landes; das Gericht soll Berufungsgericht gegen die Entscheidungen des Patent-Office und der Distriktsgerichte sein. Diese Bestrebungen reichen bereits zehn Jahre zurück; ein entsprechender Gesetzentwurf ist von dem Kongreß bis jetzt nicht angenommen worden, soll ihn aber von neuem beschäftigen; er wird von dem Commissioner of Patents lebhaft unterstützt (vgl. Official Gazette, 1910, p. 790). Auch hier hat man zwei Richtungen zu unterscheiden: die eine, die sog. Johnston Bill, bezweckt die Errichtung eines ständigen Patentberufungsgerichts; die andere, die sog. Bar Association Bill, will ein aus Richtern der Circuit Courts zusammengesetztes Patentberufungsgericht schaffen, das nur zu bestimmten Zeiten in Patentsachen Sitzungen abhält; beide Vorschläge — der letztgenannte ist in verschiedenen Broschüren der Patent Law Association of Washington vom 1. Dezember 1903 und 5. Januar 1904 enthalten und näher begründet — gehen davon aus, daß ein Patent territoriale Geltung über die ganzen Vereinigten Staaten genieße, daß aber das Urteil eines der 9 Berufungsgerichte oft ohne tatsächliche Bedeutung

[18]) Letzteres hängt damit zusammen, daß auch in Interferences cases drei verschiedene Berufungen gegeben sind; für die Abschaffung einer derselben sprechen sich mit schlagenden Gründen (Verteuerung des Verfahrens, Zeitverlust, sowie differierende Entscheidungen) die Reports of the Commissioner of Patents v. 6. IX. 1909 u. 31. I. 1910 aus; s. Off Gaz. vol. 148, p. 1037 u. vol. 151, p. 737.

für den Bezirk eines anderen sei, oft auch verschiedene Berufungsurteile ergingen, was wieder eine große Unsicherheit des Patentschutzes zur Folge habe. Der Vorschlag der Bar Association stützt sich im besonderen noch darauf, daß die Richter, wenn sie in dem Berufungsgericht die nötige Erfahrung in Patentsachen gesammelt haben und demnächst wieder in ihre Distriktsgerichte zurückkehren, diesen Sachen ein ganz anderes Interesse und Verständnis entgegenbringen werden, als jetzt, wo sie doch z. T. nur selten Patentsachen verhandeln hören! Das Gericht soll aus einem Präsidenten und vier Beisitzern bestehen; „they shall be learned in the law and in the practice and rules of decision of the patent law and the law of copyright." Weiter heißt es: „it is thought by many that a patent court should be composed of man who are first of all strong lawyers, accustomed to weighing evidence and familiar with the general law of equity jurisprudence!" Also auch diese Patentrichter sollen nicht etwa Techniker sein! Diese Vorschläge bezwecken vielmehr etwas ganz anderes, als die Einführung gemischter Gerichte;[19]) sie sind umso bedeutungsvoller, wenn man erwägt, daß die Zahl der Patentprozesse in den Vereinigten Staaten, zu denen auch die von dem Patentamt zu entscheidenden Interferenzes-Sachen gehören, viele Tausende beträgt!

Hat sich also in einem Lande, dessen Patentgesetz nach Kohler[20]) „zu den durchdachtetsten und zu gleicher Zeit zu den liberalsten Patentgesetzen der Erde gehört und sich durch feines Interesse für die Erfinder und starke Betonung des materiellen Rechts gegenüber dem formellen auszeichnet", die Jurisdiktion der ordentlichen Richter bewährt, so muß dies ganz besonders vor Maßnahmen warnen, wie sie die deutsche Sondergerichtsbewegung erstrebt.[21])

---

[19]) Auch der vom Präsidenten Taft in seiner Botschaft vom Januar 1910 in Aussicht genommene U. St. court of Commerce zur Entscheidung aller Eisenbahnstreitsachen soll nur aus Juristen, nämlich fünf hierzu ernannten Richtern der Bundeskreisgerichte bestehen und gegen seine Entscheidungen die Berufung an den obersten Gerichtshof der U. St. gegeben sein.

[20]) Kohler in Kohler und Mintz, Patentgesetze aller Völker, Bd. II, S. 8.

[21]) Nach der obigen Darstellung muß es zum mindesten als irreführend bezeichnet werden, wenn in der ZIndR., 1908, S. 138 — allerdings auf Grund eines angeblichen Zeitungsberichts aus der „Westlichen Post" in St Louis — gesagt wird, man habe in den Vereinigten Staaten von Amerika augenscheinlich dieselben Erfahrungen mit den rechtsgelehrten Richtern gemacht und wolle nun einen ähnlichen Weg einschlagen, wie er in Deutschland in Vorschlag gebracht sei!

III. Frankreich.

Frankreich ist dasjenige Land, in welchem noch am ehesten von einer der deutschen Sondergerichtsbewegung ähnlichen Bewegung gesprochen werden kann.[22]) Dort hatte Armengaud père unmittelbar nach dem Inkrafttreten des jetzt geltenden Patentgesetzes das Verlangen nach gewerblichen Gerichten gestellt. Der Internationale Kongreß von 1889 hatte sodann auf Antrag von Armengaud jeune den Beschluß gefaßt:

> „Die Streitsachen auf dem Gebiet des gewerblichen Rechtsschutzes sind vor die ordentlichen Gerichte zu bringen. Indessen haben den Verhandlungen beizuwohnen ein Sachverständiger, der die Sachen von Anfang an instruiert und eine gewerbliche Jury, welche die Tatfrage zu entscheiden hat."

In seinem Bericht für den Londoner Kongreß hatte Armengaud jeune denselben Gedanken — jedoch nur für die Länder ohne Vorprüfungsverfahren[23]) — in folgender Fassung wieder aufgenommen:

> „Es ist der Versuch zu machen, die Frage einer Sondergerichtsbarkeit zu lösen, entweder durch Schaffung besonderer Gerichte, oder durch entsprechende Erweiterung der Zuständigkeit der Gerichte für Handelssachen, oder durch Bestellung einer Industrie-Jury, die den ordentlichen Gerichten beigegeben wird und die Tatfrage zu entscheiden hat."

Der Londoner Kongreß beschloß jedoch nach Erstattung der Berichte aus den verschiedenen Ländern nur, eine Kommission zur Beratung dieser Frage einzusetzen. Demnächst hatte für den Pariser Kongreß 1900 Georges Maillard folgende Anträge gestellt:

> „Es ist angebracht, Sondergerichte für Streitsachen des gewerblichen Rechtsschutzes zu bestellen.
>
> Es ist aber wünschenswert, daß in den Hauptpunkten Streitigkeiten dieser Art an eine Kammer verwiesen werden, und daß die in dieser Kammer verwendeten Richter technische Kenntnisse besitzen.

---

[22]) Die folgende Darstellung lehnt sich in ihrem historischen Teil an die Berichte von Armengaud jeune für den Londoner und von Maillard für den Pariser Internationalen Kongreß an; s. J. der Intern. Verein. II, S. 397 ff. und IV, S. 168 ff.

[23]) Daselbst, II, 402.

Es ist ebenfalls wünschenswert, daß im Falle der Zuziehung von Sachverständigen auf Verlangen der Partei die Sachverständigen in öffentlicher Verhandlung gehört werden."

In der über diese Anträge stattgehabten Diskussion auf dem Pariser Kongreß wurde von den verschiedenen Seiten die Notwendigkeit der Beibehaltung ausschließlich juristischer Richter, allerdings mit technischer Vorbildung, scharf betont; die Anträge Maillards wurden angenommen.

Schon vorher, jedoch in demselben Jahre hatte Huard, Avocat à la Cour d'appel in einer Studie für die Société de la législation comparée (vergl. d. Bulletin dieser Gesellschaft 1900, S. 80) gegen das gegenwärtige System dieselben Beschwerden vorgebracht, wie Rechtsanwalt Schmid in seinem Bericht für den deutschen Kongreß für gewerblichen Rechtsschutz in Frankfurt a. M. 1900. Auch Huard hatte die Hinzuziehung technischer (Reise-)Richter vorgeschlagen, die für das ganze Land angestellt, in regelmäßigen Perioden zu den einzelnen Gerichten entsandt werden sollten, um zusammen mit den Gerichtspräsidenten eine Sonderkammer zu bilden; in der Société stieß der Huardsche Vorschlag auf heftigen Widerspruch, namentlich auch seitens des bekannten Professors Lyon-Caën (Paris) und Georges Maillard's (Paris); im wesentlichen wurden dieselben Gründe für und gegen die Sondergerichte, wie bei uns, vorgebracht; Beschlüsse wurden nicht gefaßt. Demnächst hat Huard, der als einer der Hauptträger der Idee der gemischten Patentgerichte unter den französischen Juristen gelten kann, in seinem hervorragenden Werk Traité de la propriété intellectuelle, Band II, (1906) Nr. 334 diesen Gedanken mit teilweise identischer Begründung, wie in genanntem Berichte, weiter ausgesponnen: er geht von der freilich unbewiesenen Voraussetzung aus, daß die Richter den technischen Fragen oft nicht gewachsen seien, und ihre Unzulänglichkeit fühlten; „pour mettre leur responsabilité à couvert, ils ordonnent une expertise. Ce parti est le plus sage qu'ils puissent prendre ... L'expertise elle-même n'est qu'un expédient ... elle offre divers inconvénients qui lui sont propres ..." Nach eingehender Darlegung dieser Nachteile befürwortet Huard, um eine Verbilligung des Sachverständigenbeweises zu erzielen, die Anstellung staatlich sanktionierter Sachverständigenkörperschaften; die Gerichte sollten, um eine Verzögerung in der Erstattung der Gutachten zu vermeiden, den Sachverständigen Fristen mit Strafandrohung setzen. Beide Maßnahmen erkennt Huard jedoch selbst als nicht ausreichend an; er spricht sich aber auch gegen die Übertragung der Rechtsprechung in Patentsachen an die tribunaux de commerce oder an Industriejurys aus, da die technischen Fragen Geschworenen selten klar gemacht werden können — „la distinction à faire entre le fait et le droit est toujours délicate" (!) — und da es sehr schwer halten werde, eine geeignete Jury zu bilden. Dagegen schlägt er vor, Beamte mit technischer Vorbildung zu Richtern zu bestellen; er weist dafür auf das deutsche, österreichische und ungarische Patentamt hin, ohne zu verhehlen, daß kein Land mit Vorprüfungssystem (er hätte sagen müssen: überhaupt kein Land) diese Beispiele nachgeahmt habe! Mehr als die Länder des Vorprüfungssystems müßten sich aber — er folgt damit dem oben S. 464 gegebenen Gedankengang — Länder des Anmeldesystems die Mitwirkung von Technikern bei Entscheidung technischer Fragen zunutze machen: es sollte also ein „corps de juges techniciens" geschaffen werden, was nicht schwer halten werde, da „chez les Français le goût des fonctions publiques, quelles qu'elles soient, n'est que trop répandu" (ein Argument, das nach den Darlegungen S. 418 für Deutschland nicht zutrifft!); die Techniker sollten mit den Juristen, unter Vorsitz eines Juristen, zusammenwirken und das Gericht in Paris seinen Sitz haben! Da Paris in höherem Grade der Mittelpunkt Frankreichs, als Berlin der des Deutschen Reiches, Frankreich auch ein Einheitsstaat, das Deutsche Reich aber ein Bundesstaat ist, so würden die gegen die Zentralisation für Deutschland geltend gemachten Bedenken (s. S. 407) für Frankreich natürlich weniger zutreffen! — Die II. Instanz sollte ausschließlich mit Juristen besetzt sein, da dann die Sache schon so geklärt sei, „que de simples juristes (!) seront à ce moment capables de la juger!" Huard erhofft von seinen Vorschlägen, daß der Sachverständigenbeweis seltener werden, die Patentprozesse also kürzere Zeit dauern und weniger kostspielig sein würden. Alle seine Argumente sind für die deutschen Verhältnisse vorn widerlegt worden; Huard verkennt nicht die Gefahren der Einrichtung neuer Sondergerichte, glaubt aber, daß „la division du travail n'est pas une règle à rejeter quand il s'agit de l'art de juger"; wie die Anwälte schon jetzt sich zu Spezialisten ausbildeten, so müßten es auch die Richter tun! Hier übersieht Huard, daß eine Arbeitsteilung auch möglich ist, ohne daß Techniker zu Richtern gemacht werden müßten! Dem Einwand, daß auch für andere Prozesse, in denen es sich um Fachkunde handele, dieselben Forderungen gestellt werden könnten, glaubt er mit der auch bei uns bekannten Behauptung zu begegnen, daß die Unzuträglichkeiten gerade in Patentprozessen besonders schwer empfunden würden, da die Schutzrechte von beschränkter Dauer seien. Spezialtechniker verlangt auch Huard nicht, „il suffit qu'on soit à même de comprendre la question à résoudre et les arguments présentés de part et d'autre!" Schließlich meint er, daß, wenn auch zurzeit die Zahl der Patentprozesse in Frankreich noch sehr gering sei, sie wachsen würde, wenn erst solche technischen Gerichte geschaffen wären, eine Annahme, deren Unhaltbarkeit oben dargetan ist.

Diese Huardschen Ausführungen sind deshalb so eingehend wiedergegeben worden, um zu zeigen, daß eine große Reihe von Argumenten der deutschen Sondergerichtsbewegung sich auch bei ihm wiederfindet, wie gefährlich es aber ist, Vorbilder aus anderen Ländern (hier Deutschland, Österreich und Ungarn) ohne nähere Prüfung übernehmen zu wollen. Übrigens hat Mr. Huard die große Güte gehabt, dem Verfasser persönlich mitzuteilen, daß die Anhänger seiner Idee sich selbst noch nicht über die Art ihrer Ausführung einig seien, und daß namentlich auch die französischen Juristen[24]) seinem Vorschlage Widerstand leisteten, „parce qu'il faut maintenir à tout prix l'unité de jurisdiction, principe fondamental de notre procédure"! Demgemäß enthalte auch der neue, dem Parlament vorliegende Patentgesetzentwurf keine entsprechende Vorschrift; eine Änderung der Jurisdiktion werde sich auch erst dann rechtfertigen lassen, wenn die Patentprozesse zahlreich genug seien, um sie notwendig zu machen. Damit gibt Huard zu, daß um verhältnismäßig wenige, wenn auch wirtschaftliche bedeutsame Prozesse die einheitliche Gerichtsorganisation nicht geändert werden darf und kann.

Ein dem Huardschen Vorschlag ähnliches Projekt hat Mr. Armengaud jeune, — ein Ingenieur — entworfen;[25]) auch er geht davon aus, daß „le mode de juridiction de la loi de 1844 n'a laissé qu'une jurisprudence incertaine, boiteuse, pleine de contrariétés, décourageant les inventeurs par la longeur et les frais des procès"; er schiebt die Hauptschuld hieran auf die Tätigkeit oder vielmehr Untätigkeit der Sachverständigen, denen er auf Grund seiner reichen Erfahrung ein staunenerregendes Sündenregister vorhält. Mit keinem einzigen Worte, — das verdient besonders hervorgehoben zu werden, — wendet sich dieser Techniker gegen die angebliche Unfähigkeit der Juristen zur Erfassung technischer Probleme; seine Vorschläge bewegen sich deshalb auch in ganz anderer Richtung, als die Huard's; er schlägt, „loin de créer une jurisdiction

[24]) Pouillet, traité théorique et pratique des brevets d'invention, 5. Aufl., 1909, Nr. 584[1], erwähnt den Huardschen Vorschlag, ohne ihn zu kritisieren.

[25]) In der S. 464, Anm. 1 genannten Schrift; es handelt sich hier um die Wiederaufnahme eines 1904 dem französischen Kongreß f. gewerblichen Rechtsschutz gemachten Vorschlags.

spéciale" (p. 8) einen Conseil technique des brevets vor, der „rendra, sur les questions de fait, des décisions sous forme de verdicts, qui liéront le Tribunal comme le verdict du jury en matière criminelle ou pour les affaires d'expropriation." Dieser Conseil soll ebenfalls in Paris seinen Sitz haben und aus etwa 1000 Mitgliedern bestehen; die für die einzelnen Prozesse jeweilig zugezogenen Sachverständigen sollen also durch die „experts jurés" ersetzt werden! Armengaud nimmt damit den Vorschlag seines Vaters aus dem Jahre 1845 auf, eine Industriejury zu schaffen; denn sie sei „la sauvegarde absolue des droits de l'inventeur ainsi que ceux de la société"; völlige Unabhängigkeit der Sachverständigen, Zeitgewinn und bedeutende Kostenersparnis heißen die Richtlinien dieses Vorschlags, auf den hier leider nicht näher eingegangen werden kann, der aber zweifellos auf deutsche Verhältnisse keine Anwendung finden könnte.

Also auch die französische sogenannte Patentsondergerichtsbewegung geht von ganz anderen Voraussetzungen aus, als die deutsche; sie will andere Mißstände heilen als angeblich in Deutschland zu beklagen sind, und schlägt Wege ein, die für Deutschland nicht gangbar erscheinen!

IV. Die Schweiz.

Die Schweiz hat erst durch das Patentgesetz vom 21. Juni 1907 ihr Patentwesen neu geregelt. Bei der Neuheit des Stoffes und der Abneigung weiter Kreise der Schweiz gegen das Patentwesen kann hier noch nicht von einer ausgebildeten Praxis der Gerichte in Patentsachen gesprochen werden. — Sowohl über die gewöhnlichen Patent-Zivilstreitigkeiten, wie auch über die Nichtigkeitsklagen entscheiden die ordentlichen Gerichte; übereinstimmend mit dem älteren Gesetz Art. 30 bestimmt Art. 49: „Die Kantone haben zur Behandlung der zivilrechtlichen Streitigkeiten betreffend die Erfindungspatente eine Gerichtsstelle zu bezeichnen, die als einzige kantonale Instanz entscheidet. Die Berufung an das Bundesgericht ist ohne Rücksicht auf den Wertbetrag der Streitsache zulässig."

Hauptsächlich diese Gesetzesbestimmung läßt nach einer Mitteilung Prof. Meili's den gegenwärtigen Stand der Dinge auf dem Gebiet des Patentrechts nicht befriedigend erscheinen, da die Berufung an das Bundesgericht sich nur auf die revisio in jure bezieht (Art. 57 des Bundesgesetzes über die Organisation der Bundesrechtspflege vom 22. März 1893); auf die daraus entstehenden bedenklichen Folgen hat

Meili schon in seinen Prinzipien des Schweizer Patentgesetzes 1890, S. 94 bis 96 hingewiesen. Andererseits bezweckt Art. 49 gerade eine Abkürzung der Patentprozesse und eine möglichst einheitliche Rechtsprechung in diesen Sachen.[26]) — Bereits vor der Emanation des Gesetzes von 1907 ist Rechtsanwalt Dr. Guyer in der Schweiz. Juristenzeitung 1906, Heft 3, 4, 5 und 12 für die Errichtung eines schweizerischen Fachgerichtes für Patent-, Muster-, Modell- und Markenprozesse mit Wärme eingetreten;[27]) er hat dort so ziemlich alle die Argumente vorgebracht, die auch die deutschen Anhänger von Sondergerichten ins Feld führen. Seine Beweisführung kann hier nicht im einzelnen verfolgt werden, zumal in obigen Erörterungen öfters auf sie Bezug genommen ist. Guyer gelangt zu dem Schlusse, daß — da auch das Sachverständigenwesen versage — Abhülfe einzig und allein durch Fachgerichte erreicht werden könne, d. h. solche Gerichte, in denen Fachleute sitzen, die die Streitigkeiten des gewerblichen Eigentums aus eigenen Kenntnissen zu beurteilen vermögen und nicht ausschließlich auf fremde Ansichten angewiesen seien; er verspricht sich von solchen gemischten Gerichten namentlich eine größere Selbständigkeit des Urteils, sowie eine einfachere, sachlichere und raschere Erledigung der Sachen; wie weit diese Hoffnung berechtigt erscheint, ist oben eingehend erörtert worden. Wenn Guyer meint, daß die Funktion des technischen Richters dann aufhöre, wenn er die fachtechnischen Fragen beantwortet habe, so ist schon S. 345 gezeigt worden, daß sowohl der technische, wie der juristische Richter, im vollen Umfange für die Entscheidung des ganzen Rechtsstreites verantwortlich ist. Leider hat Guyer die Frage nicht näher geprüft, ob nicht etwa die Richter auf Grund besserer Vorbildung und die Gerichte auf Grund häufigerer Beschäftigung mit diesen Sachen doch geeignet sein möchten, die an sie gestellten Aufgaben voll und ganz zu erfüllen. Ist doch gerade das schweizerische Gesetz in der Ermöglichung der Konzentration der Sachen schon einen großen Schritt vorwärts gegangen; so bestimmt z. B. für den Kanton Zürich ein neues, von dem Kantonsrat unbeanstandet angenommenes Gesetz, betreffend das Gerichtswesen in § 81 b, daß in Zukunft alle Patent-, Muster- und Markenzivilprozesse allein von dem Handelsgericht zu entscheiden sind, so daß die bis dahin auch zuständigen

---

[26]) Auf die vielfachen Zweifel, die sich bei Auslegung dieses Artikels ergeben, kann hier natürlich nicht eingegangen werden; vgl. Guyer, Kommentar z. Schweizer Bundesgesetz betr. d. Erfindungspatente, 1909, S. 107.

[27]) Auch in seinem vorgenannten Kommentar hat er sich nochmals dieser Frage zugewendet.

Bezirksgerichte,[28]) für diese Sachen ausgeschaltet werden! Guyer gibt in einem Schreiben an den Verfasser selbst zu, daß es sich jetzt nur noch darum handele, für die Patent- und Musterprozesse aus der Zahl der jährlich zu bestimmenden 500 Handelsrichter die wirklichen Fachleute zuzuziehen; aber von allem anderen abgesehen, wird gerade diese Auswahl die größten Schwierigkeiten bereiten, solange nicht etwa nach dem Wunsche Guyers nur ein einziger Patentgerichtshof für die ganze Schweiz gebildet würde; und gerade gegen einen solchen haben sich die gewichtigsten staatsrechtlichen Bedenken geltend gemacht.[29]) Es hängt also, wie bei uns, die Durchführbarkeit der Patentsondergerichte in der Schweiz wesentlich von der Möglichkeit ab, ein einziges Patentgericht für das ganze Gebiet zu schaffen! — Guyers Bestrebungen haben auch in der Schweiz noch keine öffentliche Zustimmung gefunden; Mitglieder des Eidgenössischen Amtes für geistiges Eigentum in Bern sollen ihnen recht skeptisch gegenüberstehen und die Ansicht teilen, daß die Frage der Patentsondergerichte, sofern man sie nicht grundsätzlich verneint, jedenfalls nur dann gelöst werden kann, wenn man Mittel und Wege zu ihrer praktischen Durchführung anzugeben vermag. — Könnte man aber selbst für die Schweiz ein einheitliches Patentgericht mit der genügenden Zahl geeigneter Richter schaffen, so würde dies für deutsche Verhältnisse schlechterdings nichts beweisen; beträgt doch die Zahl der Patentprozesse, die von sämtlichen kantonalen Gerichten zurzeit zu beurteilen sind, kaum 40! Selbst wenn das schweizerische Patentwesen erst in den letzten Jahren einen richtigen Aufschwung genommen haben und sich weiter entwickeln mag, da erst jetzt die ganze chemische Industrie dem Patentschutze unterstellt worden ist, und selbst wenn mit diesem Aufschwunge die Zahl der Patentprozesse wachsen mag, so bleiben doch immer noch in dieser Hinsicht die Schweiz und das Deutsche Reich unvergleichbar!

V. Italien, Spanien, Belgien.

1. Italien: Auch in Italien sind die ordentlichen Gerichte für die Entscheidung der Patentstreitsachen, sowie der Fabrikmarkensachen zuständig;

---

[28]) In Zürich bestehen 11 Bezirksgerichte, die nach dem jetzigen Zustande sämtlich in die Lage kommen könnten, über Patent- und Musterprozesse zu entscheiden; vgl. Guyer, Kommentar zum Mustergesetz 1905, S. 18; wie in Zürich, so kann in jedem anderen Kanton das Bezirks- bezw. Handelsgericht mit Patent- usw. -Sachen befaßt werden.

[29]) Weiß, Schweiz. Juristenzeitung, 1906, Nr. 9.

früher gehörten diese Sachen zur Zuständigkeit der Handelsgerichte, deren Abschaffung von niemandem beklagt worden ist. Die Zivilgerichte ziehen nach eigener Wahl oder im Einverständnis der Parteien, meist 3, Sachverständige zu diesen Prozessen hinzu; auf Antrag einer der Parteien muß sogar bei Fragen bezüglich der Gültigkeit von Patenten ein Gutachten eingeholt werden, das als Grundlage der Verhandlung dient und das — auf Antrag einer Partei — in der Berufungsinstanz angefochten werden kann. Nach den Mitteilungen des Herrn Advokat M. Amar-Turin dauern gerade wegen dieser Einholung von Sachverständigengutachten die Patentprozesse ziemlich lange; doch soll die Dauer auch von dem größeren oder geringeren Eifer der Parteien in der Prozeßführung und von der Tüchtigkeit der Sachverständigen abhängen, die nicht selten Aufschub verlangten. Gewöhnlich fielen bei solcher Vorbereitung die Urteile der Zivilgerichte sachgemäß aus. Die Zahl der einschlägigen Prozesse läßt sich nicht feststellen, soll aber infolge des industriellen Aufschwungs sich immer mehr steigern. — Ende 1906 ist eine Königliche Kommission eingesetzt worden, die über Reformen in der Gesetzgebung des Patentrechts zu beraten und solche vorzuschlagen hatte; diese Kommission hat Anfang 1909 ihre Arbeiten beendet und einen Gesetzentwurf mit einem von genannten Herrn Amar verfaßten Bericht vorgelegt; sie hat auch die Frage geprüft, ob in dieser Materie besondere Gerichtshöfe eingesetzt werden sollten oder wenigstens Sachverständigenkollegien. Sie hat sich jedoch dagegen entschieden, „teils weil — ich folge der Mitteilung Amar's — manchmal in solchen Kollegien überlieferte Auffassungen herrschen, die manchmal gefährlich sind, teils weil die Parteien durch ihre Erörterungen die Sachverständigen und die Richter ausreichend aufklären können". Wenn es sich darum handelt, ein Patent zu erteilen und Streitfragen entstehen, weil das Patentamt dasselbe verweigert, so ist sowohl im jetzigen Gesetz, wie in dem neuen Entwurf eine Bestimmung getroffen, nach der eine aus Technikern (meist Universitätsprofessoren) und Richtern bestehende Beschwerdekommission über diese Beschwerde entscheidet; diese Entscheidung kann sich jedoch nicht auf die Frage der Neuheit und industriellen Brauchbarkeit erstrecken, da dies einer Vorprüfung gleichkommen würde, die das Gesetz verwirft! Diese Kommission hat sonach etwa die Stellung einer Sachverständigenkammer mit sachlich beschränktem Wirkungskreis! Also auch die neuesten Gesetzgebungsarbeiten Italiens, eines aufblühenden Industriestaates, wollen von einer Zuziehung technischer Richter zu Patentprozessen nichts wissen!

2. Spanien ist das einzige Land, in welchem sich Vorschläge zur Errichtung wirklich gemischter Patentsondergerichtshöfe bereits zu Gesetzentwürfen verdichtet haben. Nach einem den Kortes vom Ministerium der Landwirtschaft, der Industrie und des Handels im Jahre 1904 vorgelegten, von ihnen aber abgelehnten Gesetzentwurf[30]; sollten sogenannte Industriejurys eingerichtet werden, und zwar in jeder Stadt, die Sitz eines Berufungsgerichts ist; sie sollten zuständig sein „en matière criminelle, sur les faits constitutifs de contrefaçon, d'usurpation, d'imitation et de concurrence illicites, et de fausse indication d'origine," ferner en matière civile „sur les actions decoulant des faits ci-dessus et les actions en nullité et en déchéance relatives aux brevets, marques, dessins et modèles de fabrique, au nom commercial et aux recompenses industrielles", also in weitgehendstem Umfange, etwa so, wie es für Deutschland in den ersten Anfängen der Bewegung gefordert wurde. Die Jury sollte bestehen aus vier „des plus fort contribuables appartenant à l'industrie qui est mise en cause, ou à une industrie similaire, ou, en cas d'impossibilité, à une industrie quelconque" und drei Industriellen; den Vorsitz sollte der älteste der „ingénieurs industriels" führen; wären nicht genügend „ingénieurs industriels" vorhanden, so sollten sie durch Brücken-, Straßen- oder Minenbauingenieure, Militäringenieure, Genieoffiziere oder Architekten ersetzt werden; diese Jury sollte zusammen mit einem richterlichen Kollegium, bestehend aus drei Richtern des Appelationsgerichts unter Vorsitz des ältesten Richters, entscheiden; aus der alljährlich aufzustellenden Liste der Geschworenen sollten die Geschworenen ausgelost werden und die Parteien ein Ablehnungsrecht haben; auch das Verfahren vor diesen Gerichten war besonders geregelt. Wie mir Herr Advokat José Pella y Forgas in Barcelona mitteilt, ist jedoch in Spanien die Strömung für solche Sondergerichte nicht günstig. Für deutsche Verhältnisse würde sich diese Einrichtung einer Industriejury jedenfalls nicht eignen; schon die Auswahl geeigneter Geschworenen würde auf unübersteigbare Schwierigkeiten stoßen und unsere Industriekapitäne würden wohl kaum geneigt sein, das Amt solcher Geschworenen zu übernehmen. Nach der genannten Quelle ist übrigens die Zahl der Patentverletzungsprozesse nur in Barcelona mit seiner großen Industrie einigermaßen erheblich.

3. Belgien: In Belgien scheint eine Sondergerichtsbewegung nach der Mitteilung, die Verfasser Herrn Advokat Georges de Ro - Brüssel

---

[30]) Die folgende Darstellung ist einem Bericht der Propriété industrielle 1904, S. 69 entnommen.

verdankt, weder zu bestehen, noch die geringste Aussicht auf Verwirklichung zu haben; die belgischen Sitten und Überlieferungen erkennen keine andere Kompetenz, als die der ordentlichen Gerichte an; auch das Parlament würde einer solchen Maßnahme abgeneigt sein, zumal Belgien kein Patentamt besitzt, die Patente vielmehr „sans examen, aux risques et périls des demandeurs, sans garantie (art. 2)" durch Vermittelung der Provinzialregierungen oder der Arrondissements-Kommissariate (art. 17) von dem Ministerium für Industrie und Arbeit verliehen werden. Eine strafrechtliche Verfolgung wegen Patentverletzung ist in Belgien ausgeschlossen;[31] Zivilklagen und Nichtigkeitsklagen werden ausschließlich durch die tribunaux civils entschieden.[32] Das belgische Patentrecht lehnt sich im übrigen an das französische an, jedoch beabsichtigt man, die Vorschriften über den Sachverständigenbeweis demnächst dem englischen Recht mehr anzupassen.

VI. Die Nordischen Reiche.

1. Rußland: Es versteht sich von selbst, daß das russische Patentwesen noch ziemlich unentwickelt ist, wenn Rußland auch ein neueres Patentgesetz (von 1896) besitzt. Dieses hat ein beschränktes Vorprüfungsverfahren angenommen. Die Patenterteilung erfolgt durch das bei der Gewerbeabteilung bestehende, nur aus Technikern zusammengesetzte Komité für technische Angelegenheiten ohne einen einzigen Juristen[33]) und die Entscheidung der Streitsachen allein durch Juristen ohne Techniker. Die Verfolgung der der Nachahmung Beschuldigten nach den allgemeinen Prozeßvorschriften erfolgt auf zivil- oder strafrechtlichem Wege. Unter den russischen Autoren hat besonders Pilenko in seinem ausgezeichneten Werk „Das Recht des Erfinders" die Idee der gemischten Gerichte mit den Worten verteidigt: „Aus der weiteren Entwicklung des Patentrechts werden die Gerichte von selbst dazu kommen, entweder Spezialabteilungen zu bilden, in denen ausschließlich die Nachahmungssachen abgeurteilt werden, oder sich zu besonderen Behörden, mit Technikern als Beisitzern, nach Art der Schöffen zu entwickeln. Das Zusammenwirken der beiden

---

[31]) André, Traité des brevets d'invention, I, § 929, II, §§ 1649/50 u. 1742.

[32]) Ein neuer Gesetzentwurf sieht ein Patentamt mit zwei Instanzen und eine kriminelle Ahndung der Patentverletzung durch die Strafgerichte vor, beläßt aber die Zuständigkeit der ordentl. Gerichte für Verletzungs- und Nichtigkeitsklagen.

[33]) Was Pilenko, Recht des Erfinders, Berlin, 1907, § 133 für durchaus unzweckmäßig erachtet.

Elemente (Juristen und Techniker) ist in beiden Stadien: vor und nach Erteilung des Patents erforderlich." Pilenko glaubt, zum mindesten Sachverständigenkammern nach Art der deutschen literarischen Sachverständigenkammern oder doch eine Heranziehung des Komites für technische Angelegenheiten, zur Abgabe von Gutachten vorschlagen zu sollen, die aber das Gericht nur imperio rationis binden sollen; er spricht sich gegen die obligatorische Überweisung aller Sachen zur Begutachtung an das Komité aus, wie dies ein älterer Gesetzentwurf beabsichtigt hatte; er verkennt schließlich nicht, daß die Möglichkeit difformer Entscheidungen in Zivil- und Strafsachen praktisch schwerlich zu vermeiden sein wird. — Wie schon näher dargelegt ist, entspricht die Errichtung von Sachverständigenvereinen weder den Wünschen der deutschen Sondergerichtsanhänger, noch auch den Zwecken einer sachgemäßen Rechtsprechung, weil dabei das Moment der Verantwortlichkeit zu stark in den Hintergrund tritt. Irgendwelche praktische Ergebnisse sind also hier nicht zu gewinnen.

2. Schweden: Auch Schweden hat, dem deutschen Recht folgend, das vereinigte Vorprüfungs- und Aufgebotssystem angenommen;[34]) die Verhältnisse auf dem Gebiet des gewerblichen Rechtsschutzes sind noch ziemlich unentwickelt, wie im allgemeinen die heimische Industrie noch in ihren Anfängen begriffen ist. Für alle ein erteiltes Patent betreffenden Rechtsfragen sind nur die ordentlichen Gerichte zuständig; das über die Nichtigkeitsklagen entscheidende Stadtgericht in Stockholm, urteilt auch über die Erteilung von Zwangslizenzen; es sollen in solchem Falle nach dem, erst durch Gesetz vom 9. Mai 1902 auf eigene Initiative des Justizministeriums geschaffenenen § 20 „außer der beschlußfähigen Anzahl von Mitgliedern des Gerichts, noch drei in industriellen Dingen sachverständige Männer im Gericht Sitz und Stimme haben." Mag man dieses Gericht auch als wirkliches Sondergericht bezeichnen, so haben hier die Industriellen doch weniger über technische, als über kaufmännische Fragen zu entscheiden (Höhe der Lizenz usw). Wie Herr Oberingenieur Nils Rahm vom Schwedischen Patentamt dem Verfasser freundlichst mitgeteilt hat, ist „seit dem Zustandekommen dieses Gesetzes bis jetzt erst eine einzige solche Lizenzfrage vorgekommen und bis November 1909 noch nicht entschieden gewesen!" Wenn man in Schweden mit der Rechtsprechung der ordentlichen Gerichte auf dem Gebiet

[34]) Ein wesentlicher Unterschied von dem deutschen Recht besteht darin, daß das Patent nicht wegen Nichtausübung für verfallen erklärt werden kann, sondern deswegen nur Zwangslizenzen erteilt werden können.

des gewerblichen Rechtsschutzes nicht so sehr zufrieden sei, so habe dies seinen Grund in der allgemeinen, veralteten und reformbedürftigen schwedischen Justizpflege und Gerichtsorganisation! Besonders werde über die lange Dauer der Prozesse geklagt, so daß man schon verlange, das Verfahren in Zwangslizenzsachen weiter auszudehnen; irgend eine greifbare Gestalt hätten aber diese Wünsche bisher nicht angenommen. Also auch in Schweden jedenfalls kein Bestreben, Techniker als solche zu Patentrichtern zu machen!

3. Auch in Dänemark hat man nach Mitteilung des Herrn Kontorchef im Ministerium für Handel und Schifffahrt, Kreuchel, schon während der Reichstagsverhandlungen 1894 erwogen, ob nicht die Patentsachen für das ganze Land an das Landes-Obergericht in Kopenhagen, das I. Instanz für Kopenhagen ist, oder an das See- und Handelsgericht in Kopenhagen, ergänzt durch technische Mitrichter, zu überweisen seien; dies sei aber nicht durchzuführen gewesen. Die Frage der Errichtung eines gemischten Gerichts sei später nicht wieder öffentlich berührt worden, es sei auch nicht bekannt, ob überhaupt besondere Stimmung jetzt dafür vorhanden sei. Die Auswahl der Sachverständigen bereite auch in Dänemark Schwierigkeiten, da sie oft aus anderen Gerichtsbezirken herangezogen werden müßten, wodurch ein großer Zeitverlust entstehe.

Zusammenfassung.

Wir stehen am Ende einer langen Wanderung; es geziemt sich daher, einen kurzen Überblick zu halten.

Wir sahen, daß die heutige deutsche Sondergerichtsbewegung mit derjenigen der 70er Jahre des vergangenen Jahrhunderts keinen organischen Zusammenhang hat. Wir haben die Frage des Bedürfnisses nach gemischten Gerichten eingehend geprüft und die zu ihren Gunsten angeführten Gründe sämtlich als nicht stichhaltig erkannt: Das Mißtrauen gegen die Gerichte ist zum Teil künstlich genährt, zum Teil unter anderen Voraussetzungen aufgewachsen, als sie heute vorliegen, zum Teil nicht durch Tatsachen begründet. Der juristische Richter als solcher ist seiner Befähigung nach sehr wohl in der Lage, auch in technischen Prozessen ohne Zuziehung technischer Richter Recht zu sprechen; dagegen würde dem Techniker die Ausbildung, Erfahrung und Kenntnis des Rechtszusammenhanges mangeln, die für einen Richter unbedingt erforderlich sind; auch wird der technische Richter um nichts besser, wahrscheinlich um vieles schlechter als ein guter Sachverständiger dem juristischen Richter das Verständnis der technischen Probleme vermitteln können. Auch zur Erhebung des Sachverständigenbeweises ist der juristische Richter, der seinen Platz ausfüllt, in Patent- und Gebrauchsmustersachen nicht minder befähigt, als in anderen Sachen, in denen Sachverständigenbeweise zu erheben sind. Durch die Zuziehung technischer Richter wird für die Erhebung des Sachverständigenbeweises nichts gewonnen, — solange nicht die Juristen überhaupt aus diesem Teil der Rechtsprechung ausgeschaltet werden! Die Statistik lehrt unzweideutig, daß die Zahl der einschlägigen Sachen so gering ist, daß sich Sondergerichte nicht rechtfertigen lassen; diese Zahl ist unabhängig von der Gestaltung der Gerichtsverfassung, und wird allein durch wirtschaftliche Faktoren bestimmt; sie beträgt sicherlich nicht mehr, als 1/3 % aller landgerichtlichen Prozesse im Reich. Die Dauer der Prozesse ist jedenfalls in I. Instanz eine kürzere, als der Reichsdurchschnitt beträgt, und umso kürzer, je mehr diese Prozesse an einer Stelle konzentriert sind. Als Vorbilder einer einzuführenden gemischten Gerichtsbarkeit können weder die Nichtigkeitsabteilung des Patentamts wegen der Verschiedenartigkeit der Aufgaben und der Verfahrensarten, noch die Kammern für Handelssachen mit ihren ehrenamtlichen Richtern, die für technische Zwecke noch keinen Befähigungsnachweis erbracht haben, noch die Gewerbe- und Kaufmannsgerichte, die dem sozialen Ausgleich dienen sollen, noch endlich die Gerichtsbarkeit des österreichischen und des ungarischen Patentamts, mit der unvergleichlich geringeren Beschäftigung und der großen Gefahr divergierender Entscheidungen, herangezogen werden. Ist sonach aus inneren, wie aus Gründen der Statistik die Notwendigkeit, gemischte Gerichte einzuführen, zu verneinen und läßt sich eine analoge Erscheinung nicht nachweisen, so spricht auch gegen sie eine große Reihe unausbleiblicher Nachteile. Die Einrichtung gemischter Patentgerichte würde die entsprechende Forderung weiterer Fach- und Berufsgerichte nach sich ziehen und somit zu einer Atomisierung der Rechtspflege führen; der Zusammenhang des gewerblichen Urheberrechts mit dem großen Ganzen des Rechts würde aufgehoben, jedenfalls gelockert werden. Die angebliche Weltfremdheit der Richter muß in dem Maße wachsen, in dem sein Betätigungsgebiet eingeschränkt wird. Die Sondergerichtsbarkeit würde aber auch Stückwerk bleiben, weil nur ein geringer Bruchteil der Sachen, in denen patenttechnische Fragen zur Erörterung gelangen, von ihr getroffen werden können. — Die praktische Ausgestaltung der Sondergerichte erscheint ohne grundstürzende Änderungen des geltenden Rechts ausgeschlossen: ein zentraler Patentgerichtshof ist aus politischen Gründen, sowie wegen der Belästigung der Prozeßbeteiligten und mit Rücksicht auf die Verteuerung und Verlangsamung der Prozesse nicht zu empfehlen; dezentralisierte Gerichte sind wohl einzurichten, — allein, der Zweck, der mit ihnen erstrebt wird, läßt sich auch bei nur juristischer Besetzung erreichen. Nichtständige technische Richter lehnt die Industrie, hauptsächlich wegen Besorgnis der Befangenheit, ab; sie würden auch nicht in ausreichender Anzahl und genügender Qualität zur Verfügung stehen; ständige technische Richter lassen sich nicht in den Organismus unserer Gerichtsverfassung einfügen, auch würden nur „Mittelmäßigkeiten" für diese Stellen zu erlangen sein. — Der Sachverständige hinter der Barre bedeutet entweder eine Gefahr für die Rechtsprechung, weil seine gutachtliche Äußerung der Kontrolle der Parteien entrückt ist und er schwerer, als der unbefangene Jurist, sich zur Erhebung von Sachverständigenbeweisen verstehen wird, oder eine Hemmung des ordentlichen Rechtsganges, da er in starkem Maße der Ablehnung durch die Parteien ausgesetzt ist. — Das Rechtsmittelsystem würde ebenfalls von Grund auf geändert werden müssen und die Personalfrage für die II. Instanz nur schwer gelöst werden können. — Für das Patentstrafrecht ist zahlenmäßig jedwedes Bedürfnis nach Sondergerichten abzulehnen; um Mißbräuchen durch Anrufung der Staatsanwaltschaft vorzubeugen, erscheint nicht so sehr eine Einschränkung des Legalitätsprinzips, als eine Vorschrift des Inhalts erforderlich, daß Voraussetzung der Strafverfolgung eine rechtskräftige zivilrechtliche Verurteilung wegen objektiver Patentverletzung sein soll. — Die Ablehnung der gemischten Sondergerichte schließt nicht aus, daß bessernde Hand an die heutigen Zustände gelegt wird: Dahin gehört eine g e s e t z l i c h e Konzentration der Sachen bei bestimmten Landgerichten, während die ausschließliche Kompetenz der Landgerichte nicht notwendig erscheint; dahin gehört weiter und vor allem eine Spezialausbildung der in den Sonderkammern beschäftigten Richter, n a c h bestandener großer Staatsprüfung, auf Hochschulen und im Patentamt; die Ausbildungskurse für Referendare sind ein ausgezeichnetes Mittel zur Belebung des Interesses des juristischen Nachwuchses für diese Spezialmaterie. Endlich wird das Verfahren vor den Gerichten straffer zu handhaben und mehr nach der Seite des Offizialverfahrens auszubilden, sowie den Gerichten die Erlangung geeigneter Sachverständiger zu erleichtern sein, ohne daß die Schaffung einer Zentralauskunftsstelle zu empfehlen wäre; die Anhörung technischer Beistände sollte gesetzlich nur dann in weiterem Umfange, als bisher, vorgeschrieben werden, wenn dadurch der Anwaltszwang in keiner Weise berührt würde. — Endlich ist durch eingehendere Schilderung der ausländischen einschlägigen Verhältnisse dargetan worden, daß die Schaffung von Patentsondergerichten beispiellos (von Österreich und Ungarn abgesehen) dastehen würde, und daß gerade in den Ländern, die sich der entwickeltsten Patentwesen erfreuen, solche Sonderbestrebungen keinen Boden haben.

Nach alledem gelange ich zu dem Ergebnis:

Sondergerichte in Streitigkeiten aus dem Gebiete des gewerblichen Rechtsschutzes empfehlen sich nicht!

IX.

Gutachten des Herrn Dr. Gerhard Anschütz, ordentlicher Professor des öffentlichen Rechts an der Universität Berlin,

über die Frage:

Liegt ein Bedürfnis eines deutschen Reichsverwaltungsgerichts vor?

Die zu begutachtende Frage war bereits für den 29. deutschen Juristentag gestellt und darüber ein Gutachten von dem Senatspräsidenten Dr. Schultzenstein erstattet worden (siehe Verhandl. des 29. deutschen Juristentages, Gutachten, 2. Band, Seite 4 ff).[1]) Eine Verhandlung darüber hat indessen nicht stattgefunden. Nunmehr ist sie abermals auf die Tagesordnung gesetzt und zu diesem Zweck einer neuerlichen Begutachtung durch Professor Richard Thoma unterzogen worden (vgl. Verhandl. des 30. deutschen Juristentages, Gutachten, Band 1, Seite 51 ff.).[2])

Angesichts der ungemeinen Sorgfalt und Gründlichkeit dieser Vorarbeiten sowie der Tatsache, daß die beiden Gutachten von sehr verschiedenen Anschauungen geleitet sind, — wie sie denn auch zu entgegengesetzten Vorschlägen gelangen — und infolgedessen die Beleuchtung, welche der Frage dadurch zuteil wird, eine sehr vielseitige und vollständige ist, darf sich der nun noch zu Worte kommende Dritte kürzer fassen, als es sonst angängig gewesen wäre. Insbesondere braucht er nicht auf eine Schilderung der zur Zeit in Deuschland bestehenden Verwaltungsrechtspflege-Einrichtungen einschließlich der als Spezial-Verwaltungsgerichte anzusehenden Reichsbehörden (siehe darüber Sch. S. 4 ff., auch Th. S. 52 ff., 84 ff.) und auf die Frage, welche Gestaltung dem evtl. zu befürwortenden RVG[3]) in bezug auf Organisation, Besetzung, Unab-

---

[1]) Dieses Gutachten ist im Folgenden mit „Sch." zitiert.

[2]) Im Folgenden zitiert: „Th".

[3]) Diese Abkürzung bedeutet hier und im Folgenden: „Reichsverwaltungsgericht".

hängigkeitsgarantien zu geben sein würde, (Sch. S. 50 ff., 20 ff.; Th. S. 54) und ebensowenig auf die Behandlung des Problems in der Literatur (Th. S. 50 ff.) nochmals einzugehen.

Wenn ich vor einigen Jahren (Systematische Rechtswissenschaft in dem Sammelwerk „Kultur der Gegenwart", S. 363) jenes Problem als eine noch kaum aufgeworfene Frage bezeichnete, so ist dieses Urteil, wie Sch. (S. 12) mit Recht bemerkt, jetzt nicht mehr zutreffend. Die Frage ist in der neuesten Literatur (Th. S. 56 ff.) mehrfach erörtert, sie ist auch im Reichstage zur Sprache gebracht worden (Th. 58 Nr. 12.) und scheint sich demnächst zu einer Reformfrage ersten Ranges auswachsen zu wollen. Es ist deshalb zu billigen und lebhaft zu begrüßen, wenn sie der deutsche Juristentag einer gründlichen Untersuchung und Diskussion für würdig erachtet hat.

I.

Unter einem deutschen RVG kann man sich verschiedene Dinge vorstellen.

1. Die schmalste, sozusagen bescheidenste Verkörperung des Gedankens wäre eine Verschmelzung derjenigen jetzt schon bestehenden Reichsbehörden, welche den Charakter von Spezial-Verwaltungsgerichten besitzen (des Bundesamts für das Heimatswesen, der Reichs-Rayon-Kommission, des verstärkten Reichseisenbahnamts, des Reichsversicherungsamts, des Reichspatentamts, des Oberseeamts, des verstärkten Aufsichtsamts für Privatversicherung), sei es ihrer aller oder der meisten von ihnen, zu einer einheitlichen Behörde, ohne daß dadurch die Zulässigkeit des Verwaltungsrechtsweges und insbesondere der Umfang der eigenen Gerichtsbarkeit des Reichs den Einzelstaaten gegenüber erweitert würde.

2. In starker Vergrößerung erscheint derselbe Gedanke, wenn man das RVG nicht nur mit den Funktionen der jetzt bestehenden Sondergerichte, sondern auch noch mit der Kompetenz ausstattet, höchstinstanzlich über die Anwendung der Reichsgesetze verwaltungsrechtlichen Inhalts, also des gesamten Reichs-Verwaltungsrechts durch die Verwaltungsbehörden und Verwaltungsgerichte der Einzelstaaten zu richten. Eine Kompetenz, deren Umfang man sich dann wieder verschieden groß vorstellen könnte; so beispielsweise, daß das RVG entweder nur in ganz bestimmt bezeichneten Streitsachen angerufen werden kann (Enumerationsmethode) oder überall, wo die Verletzung eines Reichsgesetzes behauptet wird (Generalklausel), — daß das RVG nur als Revisions- bezw. Kassationsinstanz gestaltet oder mit den breiteren Befugnissen eines

Berufungsgerichts oder sogar eines Gerichtes erster Instanz ausgestattet wird, — daß das RVG nur für die Einzelstaaten, welche Verwaltungsgerichte besitzen als oberste Instanz über diese Verwaltungsgerichte eingesetzt wird, in den Staaten ohne Verwaltungsgerichtsbarkeit dagegen unzuständig ist — und was derartiger Möglichkeiten und Auffassungen mehr sind.

3. Endlich ist ein RVG denkbar, welches — sei es als Spitze eines von Reichswegen einheitlich geregelten Aufbaues von einzelstaatlichen Verwaltungsgerichten, also in der Stellung des Reichsgerichts, sei es als höchste Instanz über den in ihrer Organisation unverändert bleibenden Verwaltungsgerichten und Verwaltungsbehörden der Einzelstaaten — nicht nur über die nach Reichsrecht, sondern auch über die nach Landesrecht zu entscheidenden Verwaltungs-Streitsachen judiziert.

Von diesen drei Möglichkeiten der Ausgestaltung eines RVG ist die erste und die dritte von vornherein abzuweisen; jene, weil sie hinter dem vernünftigerweise anzustrebenden Ziel zurückbleibt, diese, weil sie das Ziel überfliegt. Die Zusammenziehung des Reichsversicherungsamts, des Bundesamts für das Heimatswesen, des Oberseeamts und der anderen oben genannten Behörden zu einem einheitlichen RVG wäre ein lediglich formaler Gewinn; eine (vielleicht auch von einer nicht ganz unerheblichen Kostenersparnis begleitete) organisatorische Vereinfachung, aber nicht mehr. Das, worauf es bei der auf Schaffung eines RVG gerichteten Aktion in erster Linie ankommt, die Sorge für die Einheitlichkeit der Anwendung des Reichsrechts in einem weiteren als dem jetzt bestehenden Umfange, wird durch eine solche Vereinfachung nicht einmal erstrebt, geschweige denn erreicht.

Ich kann mich dem Urteil Thomas (S. 78):

> „Eine Neuschaffung eines RVG lediglich zu dem Zweck, um den Vereinigungspunkt der heute zersplitterten Reichs-Verwaltungs-Judikatur zu bilden ohne ihm sofort neue allgemeine Kompetenzen zuzuweisen, wäre zwar wertvoll, würde indes doch die Mühe nicht recht lohnen, welche die Ausarbeitung eines solchen Gesetzes immerhin verursachen müßte;"

und der Meinung Schultzensteins (S. 15):

> „Für die große Masse des Reichsverwaltungsrechts muß unter allen Umständen das RVG zuständig werden; es ist völlig undenkbar, ihm z. B. das Sozial-Versicherungsrecht, das Heimatswesen oder das Gewerberecht nicht zuzuweisen."

nur anschließen. Geht die vorbezeichnete einfache Verschmelzungsmaßregel nicht weit genug, so geht der oben zu 3 skizzierte Gedanke einer Erstreckung der Kompetenz des Reichsverwaltungsgerichts auf Sachen, die nach Landesrecht zu entscheiden sind, zu weit. Dies dürfte so unzweifelhaft sein, daß sich eine weitere Erörterung erübrigt. Es entspricht weder den Bedürfnissen noch einem Vernunftgebot, den Einzelstaaten auf denjenigen Gebieten, wo ihnen die Freiheit der Gesetzgebung, also der Fortbildung des Rechtes gewährt ist, die Gerichtsbarkeit, d. h. die Pflege des Rechts zu nehmen. Ein so weitgehender Eingriff in die Autonomie der Einzelstaaten würde gegen den Grundsatz verstoßen, daß in einem Bundesstaate, wie das Deutsche Reich einer ist, die Einheit nicht soweit als möglich, sondern nur soweit als nötig herzustellen ist: in necessariis unitas.

Danach bleibt der näheren Prüfung und Erörterung nur die oben zu 2. gekennzeichnete Möglichkeit vorbehalten. Ein RVG ist, wenn überhaupt, so jedenfalls in der Gestalt zu errichten, daß es eben den Funktionen aller oder doch der meisten jetzt bestehenden Reichs-Spezial-Verwaltungsgerichte die Aufgabe zu übernehmen hätte, für die Wahrung der Einheit auf dem Gebiete des Reichs-Verwaltungsrechts und für den Schutz der in den Verwaltungsgesetzen des Reiches begründeten Rechte zu sorgen.

II.

Mit Recht hat Haenel (Deutsches Staatsrecht, Bd. I, S. 760) es als einen dem allgemeinen Wesen des Bundesstaats entsprechenden Grundsatz bezeichnet, daß die in der Verfassung und den Gesetzen des Bundes gewährleisteten öffentlichen Rechte des Bürgers auch in einer eigenen Gerichtsbarkeit des Bundes einen selbständigen Schutz finden müssen. Es wird überhaupt als Regel und als erstrebenswertes Ziel hingestellt werden dürfen, daß das Reich, soweit es Gesetzgeber ist, auch oberster Richter sein muß. Im Vordergrunde steht dabei das Interesse, welches das Reich selbst an der Pflege seines Rechts und an der Aufrechterhaltung der Einheit dieses Rechts zu nehmen hat. Einheit und Autorität des von der Zentralgewalt ausgehenden gemeinen Rechts lassen sich in einem zusammengesetzten Staatswesen, wie es unser Vaterland ist, nur gewährleisten durch eine von eben jener Zentralgewalt gehandhabten obersten Gerichtsbarkeit. Für die Gebiete des Privat-, Straf- und Prozeßrechts ist dies im Deutschen Reiche auch längst unumwunden anerkannt: schon in Gestalt des in seiner Art glänzenden Provisoriums des Bundes-, nachmaligen Reichs-Oberhandelsgerichts, dann des Reichsgerichts, ferner des Reichs-Militärgerichts. Was man aber dem Privat-, Straf-

und Prozeßrecht gewährt hat, wird man dem Verwaltungsrecht nicht versagen wollen, — oder soll das Interesse des Reichs an der Verhütung partikularistischer Zersplitterung seines Rechts durch eine uneinige Judikatur der Landesgerichte hier ein geringeres sein als das analoge Interesse auf dem Gebiete des Privat-, Straf- und Prozeßrechts?

Die Furcht vor einer solchen Zersplitterung ist keineswegs unbegründet oder übertrieben. Vielfach ist die Zersplitterung schon eingetreten. An mehr oder minder tiefgreifenden Meinungsverschiedenheiten der obersten Landesinstanzen, welche in Ermangelung eines über ihnen stehenden Reichsgerichtshofes die Verwaltungsgesetze des Reichs vollkommen souverän auslegen und handhaben können, fehlt es nicht. Eine Reihe von einschlägigen Fällen hat schon Fleischmann (Deutsche Juristenzeitung 1908, S. 97) angegeben, Beispiele die jeder, der die Judikatur kennt, vermehren kann. Belehrung hierüber liefert namentlich die Anwendung der Gewerbeordnung (Beispiele bei Landmann, Kommentar zur Gewerbeordnung Bd. 1, S. 77, 272, 326, 360, 477). Ähnlich ist es mit dem Krankenversicherungsgesetz, dessen Handhabung bekanntlich — in einem ganz irrationellen Gegensatz zu den anderen Arbeiter-Versicherungsgesetzen des Reichs — der Rechtskontrolle einer obersten Reichsinstanz (bei der Unfall- und Invalidenversicherung durch das Reichs-Versicherungsamt dargestellt) entbehrt. Auch der noch jungen Rechtseinheit auf dem Gebiete des Vereins- und Versammlungsrechts (Reichs-Vereinsgesetz vom 19. April 1908) droht schon Beeinträchtigung durch dissentierende Entscheidungen der einzelstaatlichen Verwaltungs- und Strafgerichte.[4]) Eines der unerfreulichsten Kapitel aber — vielleicht das unerfreulichste von allen, die hierher gehören — ist die (auch von Th. 67 Anm. 30) herangezogene Tatsache, daß es in mehr als 40jähriger Verwaltungspraxis bisher noch nicht gelungen ist, die einheitliche Handhabung einer der wichtigsten verwaltungsrechtlichen Vorschriften des Reichs, des die Landesverweisung bestrafter Personen regelnden § 3 Abs. 2 des Freizügigkeitsgesetzes vom 1. November 1867 herbeizuführen. Während die preußische Staatsregierung die dem Wortlaut und Sinne dieses § 3 Abs. 2[5]) allein entsprechende Auffassung vertritt, wo-

[4]) Vgl. die Reichstagsverhandlungen über die diesen Punkt betreffende Interpellation Dr. Ablaß, 19. Jan. 1910 (Sten. Ber. 657 ff.).

[5]) Die beiden ersten Absätze des § 3 Freiz.-Ges. lauten:

Insoweit bestrafte Personen nach den Landesgesetzen Aufenthaltsbeschränkungen durch die Polizeibehörden unterworfen werden können, behält es dabei sein Bewenden.

Solchen Personen, welche derartigen Aufenthaltsbeschränkungen in einem

nach auf Grund dieser Bestimmung nur noch Reichsangehörige des Landes verwiesen werden können, welche in einem anderen Bundesstaate entweder Aufenthaltsbeschränkungen unterliegen oder wegen wiederholter Bettelei oder Landstreicherei bestraft worden sind, bestreiten die Regierungen von Bayern, Württemberg und Baden das Erfordernis der in einem anderen als dem Aufenthaltsstaate verhängten Strafe oder Aufenthaltsbeschränkung und halten sich auch ohne diese Voraussetzung zur Ausweisung für befugt. Diese Streitfrage, die bei der klaren Fassung des § 3 Abs. 2 des Freizügigkeitsgesetzes eigentlich keine sein sollte, schleppt sich, da man es bisher noch nicht für nötig befunden hat, sie durch eine authentische Interpretation aus der Welt zu schaffen, immer weiter fort, mit der praktischen Wirkung, daß z. B. ein in Bayern wegen wiederholten Bettelns verurteilter Preuße aus Bayern — im Widerspruch mit § 3 Abs. 2 — ausgewiesen wird und die preußische Regierung ihrer eigenen und richtigen Auffassung des § 3 Abs. 2 entgegen, nur um gleiches mit gleichem zu vergelten, in dem entsprechenden Falle bayerische Staatsangehörige ebenfalls des Landes verweist. Im Bundesrate ist es (vgl. den Erlaß des preußischen Ministers des Innern vom 28. Juli 1894; bei Genzmer 1, die Polizei, S. 338 ff.) nicht gelungen, über diese Verhältnisse eine Vereinbarung zustande zu bringen (wobei man doch dort das Recht hatte, die Frage einfach durch Mehrheitsbeschluß nach Art. 7 Ziffer 3 der Reichsverfassung zu entscheiden); es ist, als bestände über den deutschen Staaten keine Reichsgewalt und als müßte über das, was das Reichsgesetz will und sagt, zwischen den deutschen Einzelstaaaten jedesmal verhandelt werden wie von Macht zu Macht.

Aber nicht nur im Interesse der Reichsrechtsordnung und ihrer Einheit als solcher, auch im Interesse des Schutzes der auf den Reichsgesetzen beruhenden subjektiven Rechte ist die Ausdehnung der richterlichen Kompetenz des Reiches erwünscht; denn wie bekannt, ist es mit dem Schutze der subjektiven öffentlichen Rechte nicht in allen deutschen Einzelstaaten gleich gut bestellt; nur die größeren Staaten besitzen Verwaltungsgerichtsbarkeit, in den kleineren (darunter aber auch ansehnliche wie Mecklenburg-Schwerin und Sachsen-Weimar) fehlt es hieran. Das für manche Streitigkeiten des Reichsverwaltungsrechts vorgeschriebene Rekursverfahren

Bundesstaat unterliegen oder welche in einem Bundesstaat innerhalb der letzten 12 Monate wegen wiederholten Bettelns oder wegen wiederholter Landstreicherei bestraft worden sind, kann der Aufenthalt in jedem anderen Bundesstaate von der Landes-Polizeibehörde verweigert werden.

nach § 20 und 21 der Gewerbeordnung (Th. 76, 77) ist doch nur ein unvollkommenes Surrogat des verwaltungsgerichtlichen Verfahrens; unvollkommen namentlich auch wegen der mangelnden Garantie für die richterliche Unabhängigkeit der Entscheidung.

Es könnte versucht werden, das Bedürfnis einer einheitlichen obersten Gerichtsbarkeit des Reichs in streitigen Sachen seines Verwaltungsrechts mit dem Hinweis darauf in Abrede zu stellen, daß der Bundesrat mit seiner Kompetenz, über Mängel zu beschließen, welche bei der Ausführung der Reichsgesetze hervortreten (Art. 7 Ziffer 3 der Reichsverfassung), schon jetzt dasjenige leiste, was von einem RVG zu erwarten und zu verlangen sei. Dieser Einwand wäre indessen völlig unbegründet und ohne überzeugende Kraft. Die bundesrätliche Kompetenz der „Mängelrüge" nach Art. 7 Ziffer 3 bildet ein integrierendes Stück, und zwar den obersten Abschluß des dem Reiche dem Einzelstaate gegenüber zustehenden Beaufsichtigungsrechts (Art. 4 der Reichsverf.; vgl. Anschütz, Deutsches Staatsrecht, im v. Holtzendorff-Kohlers Enzykl. der Rechtswiss. 2, 613). Gewiß ist diese Reichsaufsicht nicht ausschließlich, aber doch in erster Linie dazu bestimmt, die richtige Anwendung und Durchführung der Reichsgesetze durch die Einzelstaaten; überhaupt eine den Reichsgesetzen entsprechende Gebarung der Staaten, insbesondere ihrer Verwaltungsorgane zu sichern. Es steckt etwas von Verwaltungsgerichtsbarkeit in der auf Art. 7 Ziffer 3 beruhenden Zuständigkeit des über Mängel beschließenden Bundesrats und ist der Bundesrat auch insofern schon mit einem obersten Verwaltungsgericht verglichen worden. (Laband, Reichs-Staatsrecht 1, 239.) Indessen ist das doch eben nur ein Gleichnis. Davon, daß die Beaufsichtigung der Einzelstaaten durch das Reich im allgemeinen und der über mangelhafte Ausführung der Reichsgesetze beschließende Bundesrat im besonderen dasselbe, oder auch nur annähernd das gewährleisten, was man von einem wirklichen, in voller Unabhängigkeit und mit einer, der des Reichsgerichts gleichen Autorität seines Amts waltenden RVG zu erwarten berechtigt ist, kann keine Rede sein. Das ist schon von Thoma (S. 66 ff.) in überzeugender Weise dargetan worden. Die Reichsaufsicht bleibt sowohl in ihrer organisatorischen wie in ihrer funktionellen Struktur weit hinter den Anforderungen zurück, welche man an ein modernes oberstes Verwaltungsgericht stellen darf und muß. Es mag genügen, hier nur die wesentlichsten Punkte, in denen dieses Zurückbleiben offenbar wird, hervorzuheben. Es besteht zunächst kein subjektives Recht des Einzelnen, welcher sich durch eine im Sinne des Art. 7 Ziffer 3 mangelhafte, d. h. unrichtige Anwendung oder Nichtanwendung eines

Reichsgesetzes in seinen Rechten verletzt sieht, den Apparat der Reichsaufsicht in Bewegung zu setzen; es ist ein Rechtsschutzanspruch in diesem Sinne weder gegen den mit der Überwachung der Ausführung der Reichsgesetze betrauten Kaiser (Art. 17 der Reichsverf.), noch gegen den Bundesrat anerkannt, der Verletzte vielmehr darauf angewiesen, im Wege der formlosen Beschwerde oder Petition den Versuch zu wagen, die obersten Reichsorgane zur Handhabung ihrer Aufsichtsgewalt zu bewegen. Der Bundesrat wird nach Art. 7 Ziffer 3 in der Regel nur dann beschließen, wenn die Kaiserliche Regierung einen einzelstaatlichen Verwaltungsakt als reichsgesetzwidrig gemäß Art. 17 beanstandet hat und der betreffende Einzelstaat sich dieser Beanstandung nicht fügen will. Die Geltendmachung dieses Kaiserlichen Beanstandungsrechts wird von politischen Rücksichten nicht immer unabhängig sein, sie wird ferner, was besonders wichtig ist, Preußen gegenüber nie erfolgen: es ist nach Lage der Verhältnisse praktisch ausgeschlossen, daß die Kaiserliche die Königlich Preußische Regierung eines Verstoßes gegen die Reichsgesetze bezichtigt. Preußen gegenüber versagt also das Beaufsichtigungsrecht von vornherein und schlechthin. Weiter: der Bundesrat ist nach seiner ganzen Natur und Formation das gerade Gegenteil eines Gerichtshofes, zu dessen Elementareigenschaften nach modernen Begriffen vor allem Neutralität und Unabhängigkeit gehören. Er ist eine Versammlung, deren Mitglieder wie stets, so auch bei Beschlußfassungen im Sinne des Art. 7 Ziffer 3 nicht nach freier Überzeugung, sondern nach Instruktion abstimmen, in der die Parteien, d. h. die „beanstandete" Landesregierung und unter den preußischen Bundesratsmitgliedern der ganze Körper der „beanstandenden" Kaiserlichen Regierung, Reichskanzler und Staatssekretäre, mit zu Gericht sitzen. Das Urteil wird ohne Prozeßverfahren gefunden, es ist de facto in der Regel unvollstreckbar, denn das einzige zur Verfügung stehende Vollstreckungsmittel, die Reichsexekution gemäß Art. 19 der Reichsverf. „ist nicht für Meinungsverschiedenheiten bei der Gesetzesauslegung und -durchführung da, sondern für schwere Konflikte, wie sie dem Reiche hoffentlich für alle Zukunft erspart bleiben" (so sehr richtig Th. S. 67) und fällt überdies wiederum Preußen gegenüber von selbst außer Betracht. Schließlich ist die bundesrätliche Mängelrüge auch nur den Verwaltungsbehörden, nicht den Gerichten (ordentlichen und Verwaltungsgerichten) der Einzelstaaten gegenüber wirksam, denn die einem auf Grund des Art. 7 Ziffer 3 gefaßten bundesrätlichen Beschlusse sich fügende Regierung könnte immer nur ihre Verwaltungsbehörden, niemals aber ihre Gerichte anweisen, dem Beschlusse gemäß zu verfahren.

Wie wenig der Bundesrat des Art. 7 Ziffer 3 RV. der Rolle einer kräftig wirksamen obersten Rechtskontrollinstanz gewachsen ist, zeigt am besten sein Verfahren in der oben erwähnten Streitfrage der Landesverweisung bestrafter Personen. Der Bundesrat leistet mit nichten das, was nur ein wirkliches RVG leisten kann. Der Einwand, daß wir in Gestalt eines Bundesrats ein RVG schon hätten, zieht also nicht.

Vielleicht, daß gegen die Errichtung eines RVG politische, nämlich „föderalistische" Einwände erhoben werden, etwa auf den Ton gestimmt, den man schon öfters bei geplanten Erweiterungen der Reichskompetenz, insbesondere bei der Errichtung neuer Reichsbehörden, so z. B. des Reichsversicherungsamts, am lautesten aber bei der Erörterung des Gedankens von Reichsministerien (Seydel, Kommentar zur Reichsverfassung S. 181 ff.) vernommen hat. Dadurch dürfte man sich nicht irre machen lassen. Höher als der Föderalismus (eine Bezeichnung, mit der sich oft höchst unberechtigter Weise eine Richtung schmückt, die nichts anderes ist, als unverhüllter Partikularismus) steht die Autorität und Einheit des Reichsrechts. Wenn zum Schutze dieses Guts die föderalistischen Einrichtungen nicht ausreichen, muß eben zu unitarischen gegriffen werden. Abgesehen hiervon wäre das RVG doch nur ein Weiterschreiten auf bereits betretener Bahn. Wir haben ja schon eine ganze Serie von Spezialverwaltungsgerichten des Reiches (oben S. 490), wir haben vor allem das Reichsgericht und das Reichsmilitärgericht. Sind diese eigenen Gerichtshöfe des Reichs mit den föderalistischen Grundlagen der Reichsverfassung vereinbar, so wird es auch das RVG sein; die Bedenken, welche gegen eine Zentralisation der obersten Rechtsprechung in Verwaltungssachen streiten, können keinesfalls stärker sein als die, welche gegen die analoge Maßregel auf dem Gebiete der Zivil- und Strafsachen, mit anderen Worten gegen das Reichsgericht und das Reichsmilitärgericht erhoben werden mochten und überwunden worden sind.

Daß die Einsetzung des RVG wegen der darin liegenden Erweiterung der formellen Reichskompetenz (Schaffung einer in der Reichsverfassung nicht vorgesehenen eigenen und unmittelbaren Gerichtsbarkeit des Reiches) eine Änderung der Reichsverfassung erfordern würde, wird von den beiden vorliegenden Gutachten (Sch. S. 33, Th. S. 72) hervorgehoben; und mit Recht. Selbstverständlich dürfte auch dieser Umstand allein kein Hindernis bilden, die Maßregel vorzunehmen.

Um nun zu denjenigen Bedenken überzugehen, welche mehr technischer als politischer Natur sind, so ist von Schultzenstein (S. 30 ff.) besonders stark betont worden, daß es dem zu schaffenden RVG an dem erforderlichen „Unterbau" — sei es reichseigener, sei es partikularer, jedoch gleichmäßig organisierter Vorinstanzen — fehlen würde, wodurch das RVG wie er meint von vornherein zur Leistungsunfähigkeit und Unfruchtbarkeit verurteilt wäre. „Ein solches Gericht höchster Instanz bedarf notwendig eines Unterbaues, und dieser Unterbau muß, wenn auch nicht ein unbedingt gleicher, so doch mindestens ein in der Hauptsache gleichmäßiger sein; bloße Gleichheit des anzuwendenden materiellen Rechts genügt nicht. Die Gleichmäßigkeit des Unterbaues hat sich ebenso auf die Organisation der Vorinstanz oder der Vorinstanzen, wie auf das Verfahren bei ihr oder bei ihnen zu erstrecken. Ohne diese Gleichmäßigkeit, an der es zurzeit gänzlich fehlt, würde eine gedeihliche Wirksamkeit des RVG nicht minder ausgeschlossen sein, als es die des Reichsgerichts, ohne die durch die sogenannten Reichsjustizgesetze begründete Übereinstimmung ist" (so Sch. S. 30). Dagegen hält Thoma (S. 54) einen solchen Unterbau nicht für ein conditio sine qua non umfassender oberster Reichsverwaltungsgerichtsbarkeit.

Ich stimme Thoma gegen Schultzenstein zu.

Hält man den gedachten Unterbau mit Schultzenstein für notwendig und wollte man ihn von Reichs wegen schaffen, so hieße das allerdings die hier erörterte Reform mit großen organisatorischen Schwierigkeiten bepacken.

Aber, zunächst ihre Größe bereitwillig zugegeben, sind diese Schwierigkeiten so ganz unüberwindlich? Ich meine nicht. Warum soll es außerhalb des Bereiches der Möglichkeit liegen, den Einzelstaaten die Einführung von Verwaltungsgerichten, welche gewissen minimalen Erfordernissen genügen, reichsgesetzlich vorzuschreiben? Wenn dieses Reichsgesetz sich jeder unnötigen Detaillierung enthält, und nur wenige, weitgefaßte, der einzelstaatlichen Autonomie jeden erträglichen Spielraum lassende Normativbestimmungen gibt, so wäre es (in seiner Art ein verwaltungsrechtliches Seitenstück zum Reichs-Gerichtsverfassungsgesetz!) wohl denkbar und auch durchführbar. Auch ist ein Anfang schon gemacht: in Gestalt der erwähnten Normativbestimmungen für die Behandlung gewerbepolizeilicher Rekurse, § 20,21 der Gewerbeordnung (Th. S. 76, 77). Man braucht diese Vorschriften nur in organisatorischer und prozessualer Hinsicht etwas weiter auszubauen und ihren Anwendungsbereich auf alle Fälle auszudehnen, in denen jemand behauptet, durch eine den Reichsgesetzen zuwiderlaufende Verfügung oder Entscheidung der Verwaltungsbehörde in seinen Rechten verletzt zu sein, so wäre die Grundlage einer einheitlichen deutschen Verwaltungsgerichtsorganisation schon gelegt.

Indessen wird es solcher, nicht unmöglicher aber immerhin weit ausschauender Reformen nicht bedürfen, denn es kann nicht zugestanden werden, daß der Gedanke des RVG mit ihnen steht und fällt. Gewiß ist ein RVG mit dem von Sch. geforderten Unterbau besser als eines ohne solchen. Aber das leichter erreichbare Gute wäre hier nicht der Feind des schwerer zu erreichenden Besseren; deshalb nicht, weil das, was in diesem Falle das Bessere von dem Guten unterscheidet, der gleichmäßige reichsgesetzlich geordnete Unterbau, unbesorgt der Zukunft vorbehalten bleiben kann. Das Gute würde dem Besseren weder präjudizieren noch ihm, wenn seine Zeit gekommen, Hindernisse in den Weg legen. Setze man sich doch einmal über das Prinzip, den Bau bei den Fundamenten anzufangen, kühn hinweg und beginne mit dem Dach; es wird auch so gehen. Ein RVG, welches man anrufen kann wegen Verletzung eines Reichsgesetzes durch Verfügungen und Entscheidungen der einzelstaatlichen Verwaltungsbehörden und Verwaltungsgerichte wäre auch ohne den besprochenen Unterbau ein großer Fortschritt und Gewinn. Es wäre dabei, mit Bismarck zu sprechen (vgl. v. Sybel, Begründung des Deutschen Reiches IV. S. 426) wiederum ein gutes Stück der Aufgabe, das historische Grenznetz, welches Deutschland durchzieht, unschädlich zu machen, erreicht und „unsere Kinder und Enkel mögen den Block handlicher ausdrechseln und polieren." —

Schultzenstein ist ein viel zu guter Sachkenner, um nicht zu wissen, daß es Beispiele von Reichsgerichten gibt, welche ohne gleichmäßigen Unterbau, als obere Instanz eines Systems ganz verschieden eingerichteter Landesinstanzen funktioniert und zwar befriedigend funktioniert haben und noch funktionieren. Er führt diese Beispiele auch selbst an (S. 33 ff.): das Bundesamt für Heimatswesen und das ehemalige Bundes- (Reichs-) Oberhandelsgericht. Beide Vorgänge wiegen aber als Argumente gegen die Behauptung der Notwendigkeit des gleichmäßigen Unterbaues nicht so leicht, wie Schultzenstein annimmt (vgl. auch Fleischmann, Deutsche Juristenzeitung 1908 S. 958). Das Reichs-Oberhandelsgericht hat gezeigt und das Bundesamt zeigt heutzutage noch, daß die Tätigkeit einer, sei es als Revisions- oder Kassations-, sei es auch als Berufungsgericht eingerichteten obersten Instanz selbst dann durchaus zweckentsprechend und ersprießlich sein kann, wenn die Unterinstanzen nach Organisation und Verfahren verschiedenartig gestaltet sind.

Es fehlt nicht an Beispielen für Gerichtshöfe des öffentlichen Rechts ohne jeden „Unterbau" (d. h. von verwaltungsgerichtlichen Unter- und Mittelinstanzen). Von dieser Art ist das schweizerische Bundesgericht (schweizerische Bundesverfassung vom 29. Mai 1874 Art. 113), vor allem aber der österreichische Verwaltungsgerichtshof (österreichisches Gesetz betr. die Errichtung eines Verwaltungsgerichtshofes vom 22. Oktober 1875). Letzterer bildet (siehe meine Ausführungen in der Kultur der Gegenwart a. a. O. S. 370 ff., 372) nicht die Spitze eines Aufbaues von Verwaltungsgerichten, die zugleich Verwaltungsbehörden sind, sondern steht der gesamten Verwaltung gegenüber in der Stellung einer isolierten Kassationsinstanz; es scheint freilich, daß eben wegen dieser isolierten Stellung die Einwirkung dieses Verwaltungsgerichtshofes auf die tätige Verwaltung nicht so intensiv ist, wie in den deutschen Einzelstaaten. Aber auch hier wieder tritt der Satz in Kraft, daß das Gute zwar schlechter ist als das Beste, aber besser als garnichts. Besser ein RVG von der Art des österreichischen Verwaltungsgerichtshofes als gar keines.

Ein weiteres Bedenken entspringt aus der Frage, ob nicht dadurch, daß man den bestehenden Aufbau der einzelstaatlichen Verwaltungsgerichtsorganisation durch ein RVG krönt, eine zu große Komplikation der Einrichtungen, namentlich eine zu große Zahl der Instanzen entsteht. Daß dergleichen Mißstände möglich wären, ist zuzugeben, nicht aber, daß sie unausweichlich sind. Siehe hierüber unten Seite 505 ff.

Keinen Grund sehe ich, warum man mit dem RVG unbedingt warten müßte, bis die gegenwärtig in Preußen verhandelte Verwaltungsreform und in und mit dieser vielleicht auch eine Reform der preußischen Verwaltungsgerichtsbarkeit zum Abschluß gebracht ist (Sch. S. 35). Ich kann Thoma (S. 92) nur beipflichten, wenn er diesen Gedanken eine Vertagung ad calendas graecas nennt.

Die bisherigen Erörterungen führen zu dem Ergebnis:

1. Ein Bedürfnis eines deutschen Verwaltungsgerichts liegt vor;
2. die Hindernisse und Schwierigkeiten, welche der Schaffung eines solchen RVG entgegenstehen, sind beträchtlich, aber nicht unüberwindlich;
3. es empfiehlt sich nicht, die Einsetzung eines RVG abhängig zu stellen von dem Zustandekommen und den Ergebnissen der künftigen Reform der allgemeinen Staatsverwaltung in Preußen.

III.

Immer ist vorausgesetzt und daran festzuhalten, daß das künftige RVG jedenfalls die Kompetenz aller oder möglichst aller jetzigen Spezial-Reichsverwaltungsgerichte (siehe oben S. 490) in sich aufzunehmen hätte.

Dieses Nebeneinander von sieben oder acht selbständigen Sondergerichten ist ein Notbehelf, der nur solange verständlich und erträglich ist, als ein einheitliches RVG, von dessen natürlichem Wirkungskreise jene Sonderjuristiktionen doch nur einen Ausschnitt bilden, nicht besteht. Außer und neben diesen schon jetzt einer eigenen Reichsverwaltungsgerichtsbarkeit anvertrauten Streitsachen würde das RVG eine möglichst weitgreifende Zuständigkeit erhalten, in solchen Streitigkeiten zu entscheiden, wo der Einzelne durch eine Verfügung oder Entscheidung einer Verwaltungsbehörde, durch Nichtanwendung oder durch unrichtige Anwendung des Reichsgesetzes verletzt zu sein behauptet.

Zur Erreichung des hiermit gesteckten Zieles bieten sich verschiedene Wege dar:

1. Als eine in sehr engen Grenzen gehaltene Verwirklichung des RVG-Gedankens würde ein Gerichtshof erscheinen, dessen Funktionen lediglich in der Entscheidung derjenigen Rechtsfragen bestünden, welche sich bei der Anwendung der Reichsverwaltungsgesetze durch die Verwaltungsgerichte der Einzelstaaten ergeben. Zu denken ist hierbei an eine Jurisdiktion nur über objektives, nicht über subjektives Recht. Das RVG würde nicht nur nichts mit Tatfragen und Beweiserhebungen zu tun haben, seines Amtes würde es nicht einmal sein, den von ihm gefundenen und klargestellten Reichsrechtssatz auf den von den Vorinstanzen erhobenen Tatbestand anzuwenden; es würde sich vielmehr zu beschränken haben auf die Beantwortung der ihm von der höchsten Landesinstanz in abstrakter Formulierung vorzulegenden Rechtsfragen.

Die Stellung und Aufgabe eines solchen RVG ließe sich etwa in folgendem Satze zusammenfassen:

> Ist in einer zur Zuständigkeit der Verwaltungsgerichte gehörigen Sache (Verwaltungsstreitsache) die Auslegung eines Reichsgesetzes streitig und die Entscheidung der Sache von dieser Auslegung abhängig, so hat die nach den Landesgesetzen letzte verwaltungsgerichtliche Instanz (Oberverwaltungsgericht, Verwaltungsgerichtshof) die Streitfrage auf Antrag dem Reichsverwaltungsgericht vorzulegen und das Streitverfahren bis zur Entscheidung des RVG auszusetzen. Der Antrag kann von den bei dem Verfahren beteiligten Parteien und von der obersten Reichsbehörde gestellt werden.

Die von dem RVG ausgehenden Entscheidungen wären hiernach niemals Erkenntnisse in der Sache selbst, sondern nur — selbstverständlich inappellable und unbedingt maßgebende — Direktiven, auf Grund deren die Entscheidung in der Sache seitens der obersten landesrechtlichen Instanz erfolgt. Das RVG erkennt was an sich, nicht was im konkreten Falle Rechtens ist. Es liefert nicht eigentliche Urteile im prozeßrechtlichen Sinne, streiterledigende Entscheidungen, sondern Weistümer, Wahrsprüche über Dasein und Inhalt eines Rechtssatzes, nach denen sich die Organe der Verwaltungsgerichtsbarkeit in den Einzelstaaten zu richten haben.

Eine Einrichtung so, wie sie vorstehend skizziert ist, würde immerhin schon einen beträchtlichen Fortschritt bedeuten. Durch die Zentralisation der Auslegung der Reichsverwaltungsgesetze wäre die Hauptsache, um die es sich handelt, erreicht: die Gewähr der Einheitlichkeit in der Anwendung des Reichsverwaltungsrechts. Die Einrichtung wäre ohne besondere Schwierigkeiten ins Leben zu rufen, insbesondere deshalb, weil sie keinerlei organisatorische Änderungen in den Einzelstaaten nötig machen würde. Die Stellung der obersten Landesverwaltungsgerichte als Spitze der partikularen Verwaltungsrechtspflege bliebe nach außen, im Verhältnis zu den Behörden des Landes und zu dem rechtsuchenden Publikum vollkommen intakt, ein Umstand, der den berechtigtermaßen auf die Selbständigkeit und Autorität ihres Behördensystems bedachten einzelstaatlichen Regierungen die Zustimmung zu der Errichtung eines RVG erleichtern würde.

Indessen überwiegen doch die Bedenken. Eine Jurisdiktion, die wie die eben geschilderte, lediglich Rechtsfragen, und zwar von dem Tatbestande des konkreten Streitfalles losgelöste Rechtsfragen zu beantworten, sich sozusagen immer nur rein theoretisch, nie praktisch, nie mit dem Ziel auf Befriedigung oder Abweisung eines bestimmten Anspruches zu betätigen hat, würde über kurz oder lang der Unfruchtbarkeit verfallen. Die (in einem anderen Zusammenhang geäußerte) Befürchtung Schultzensteins (S. 28), daß eine so vom Tatsächlichen der zu entscheidenden Streitigkeit noch mehr wie bei der Revision losgelöste Rechtsprechung schnell verknöchert und unpraktisch wird, würde bei einem RVG, welches immer nur objektives, nie subjektives Recht zu finden, die Gesetze zwar auszulegen, aber nicht anzuwenden hat, in erhöhtem Maße zutreffen; deshalb kann ein so konstruiertes RVG nicht empfohlen werden.

2. Das RVG tritt in der Stellung eines obersten Gerichtshofes und mit allen Befugnissen eines solchen an die Spitze der einzelstaatlichen Verwaltungsgerichtsorganisation, dergestalt, daß in allen Verwaltungsstreitsachen ,in denen es sich um die Anwendung eines Reichsgesetzes handelt, gegen die Entscheidung der nach den Landesgesetzen letzten verwaltungsgerichtlichen Instanz noch das RVG angerufen werden kann,

und zwar mit der Behauptung, daß der Anrufende durch Nicht- oder unrichtige Anwendung des Reichsgesetzes in seinen Rechten verletzt sei.

Das RVG würde hiernach in den Streitsachen des Reichsverwaltungsrechts als Revisions- bezw. Kassationsinstanz den obersten Landesverwaltungsgerichten übergeordnet sein. Es ist dies der führende Gedanke des Thoma'schen Gutachtens (vgl. insbesondere Seite 80 ff. und S. 109 Satz 1 daselbst).

Dieser Gedanke vermeidet die Mißstände, denen ein lediglich in abstrakt-theoretischer Rechtsweisung sich betätigendes RVG (siehe oben zu 1, S. 501 ff.) voraussichtlich verfallen würde, indessen unterliegt er anderweiten Bedenken:

a) Das RVG soll an die Spitze der einzelstaatlichen Verwaltungsgerichte treten. Darnach könnten also nur solche Sachen an das RVG gelangen, die nach den Vorschriften der Landesgesetze vor die Verwaltungsgerichte gehören, die im Verwaltungsstreitverfahren zu behandeln sind, während der Ausschluß des Verwaltungsstreitverfahrens durch die Landesgesetze zugleich den Ausschluß der Zuständigkeit des RVG bedeuten würde. Daraus folgt, daß die Verwaltung der Staaten, welche keine Verwaltungsgerichte besitzen (ein reichsgesetzlicher Zwang zur Einführung der Verwaltungsgerichtsbarkeit besteht ja bekanntlich nicht), von der Kontrolle des RVG befreit sein würde. Darin liegt eine Bevorzugung, welche umsoweniger zu rechtfertigen ist, als das Fehlen verwaltungsgerichtlicher Instruktionen doch wahrlich nicht als ein Zeichen vorgeschrittener Rechtskultur, sondern vielmehr im gegenteiligen Sinne aufzufassen ist. Es wäre geradezu eine Prämie auf die Wiederabschaffung der Verwaltungsgerichtsbarkeit gesetzt.

Dem hiermit bezeichneten Gedanken müßte irgendwie Rechnung getragen werden. Am einfachsten und zugleich am wirksamsten würde das geschehen durch die Zulassung der Anrufung des RVG in allen Fällen, wo jemand durch eine reichsgesetzwidrige Verfügung oder Entscheidung einer Verwaltungsgesetzbehörde in seinen Rechten verletzt zu sein behauptet. Thoma erörtert die Möglichkeit einer solchen „allgemeinen Anfechtungsklage beim RVG" (S. 81 ff.), spricht sich aber dagegen aus, wesentlich aus dem Grunde, weil es nicht möglich sei, „das RVG auf bloße Revisionsentscheidungen zu beschränken, wenn die Vorinstanz lediglich im Verwaltungswege und nicht mit allen Kautelen eines echten Verwaltungsstreitverfahrens (volles Gehör mit Beschluß über Beweisanträge, öffentlich-mündliche Verhandlung usw.) prozediert hat, vielmehr müßte

Anfechtungsklage, d. h. Aufrollen des ganzen Sach- und Streitfalles gewährt werden; dazu wäre das RVG nicht geeignet." (S. 82.)

Indessen scheint dies Bedenken nicht unüberwindlich. Mit Tatfragen und Beweisaufnahmen dürfte ein Gerichtshof wie das RVG, dessen Aufgabe — hierin stimmen alle bisherigen Beurteiler überein — lediglich in der rechtlichen Nachprüfung von Verwaltungsakten zu bestehen hätte, allerdings nicht befaßt werden. Von dieser Regel braucht aber auch bei Einführung dessen, was Thoma eine allgemeine Anfechtungsklage beim RVG nennt, keineswegs abgewichen zu werden. Um das RVG auch in Sachen, die vorher nicht im Verwaltungsstreitverfahren, sondern im einfachen Verwaltungswege behandelt worden sind, auf die revisio in jure zu beschränken, wäre nur nötig anzuordnen, daß das RVG auf Grund des in der letzten Landesinstanz angenommenen Tatbestandes zu entscheiden hat, vorausgesetzt, daß diese Annahme nicht auf einen Verstoß wider den klaren Inhalt der Akten beruht. Ein Vorbild für eine derartige Satzung gibt § 6 des österreichischen Gesetzes über den Verwaltungsgerichtshof vom 22. Oktober 1875:

> „Der Verwaltungsgerichtshof hat in der Regel auf Grund des in der letzten administrativen Instanz angenommenen Tatbestandes zu erkennen. Findet jedoch der Verwaltungsgerichtshof, daß der Tatbestand aktenwidrig angenommen wurde, oder daß derselbe in wesentlichen Punkten einer Ergänzung bedarf ..., so hat er die angefochtene Entscheidung oder Verfügung wegen mangelhaften Verfahrens aufzuheben und die Sache an die Verwaltungsbehörde zurückzuleiten, welche die Mängel zu beheben und hierauf eine neue Entscheidung oder Verfügung zu treffen hat."

Übrigens will auch Thoma von der Regel, daß nur von verwaltungsgerichtlichen Entscheidungen der Rechtszug an das RVG gehen kann, eine Ausnahme zulassen und zwar betreffs derjenigen Sachen, welche nach reichsgesetzlicher Vorschrift in dem durch § 20, 21 der Gewerbeordnung geregelten administrativen Rekursverfahren angefochten werden können. (Th. S. 83, 110 Satz 4). Ich bin der Meinung, daß man sich hiermit nicht begnügen, sondern einen allgemeinen Satz folgenden Inhalts aufstellen soll:

> „Verfügungen und Entscheidungen der Verwaltungsbehörden, gegen welche ein verwaltungsgerichtliches Verfahren nicht stattfindet, können durch Klage bei dem RVG angefochten werden. Die Klage kann nur erhoben werden, wenn gegen die anzufechtende Verfügung oder Entscheidung eine Beschwerde

im Verwaltungswege nicht zulässig oder der zugelassene Beschwerdezug erschöpft ist. Sie kann nur darauf gestützt werden, daß die angefochtene Verfügung oder Entscheidung durch Nichtanwendung oder unrichtige Anwendung eines Reichsgesetzes den Kläger in seinen Rechten verletze."

Zu erwägen bliebe, ob das Recht der Klageerhebung auch — im Interesse des Gesetzes — der ressortmäßig zuständigen obersten Reichsbehörde zuzugestehen sei. Ich stehe nicht an, diese Frage zu bejahen.

b) Bedenklicher noch als der Ausschluß seiner Zuständigkeit in allen nicht im verwaltungsgerichtlichen Verfahren behandelten Sachen wäre die Überordnung des RVG über die obersten Landesverwaltungsgerichte. Gegen eine solche Überordnung spricht zunächst ein Grund politischer Natur. Wie auch Thoma (S. 92) zugibt, heißt es der Reichsfreudigkeit — insbesondere der größeren Einzelstaaten, Preußen voran — viel zumuten, wenn man von ihnen verlangt, ihre höchsten Verwaltungsgerichte einem RVG. zu subordinieren. Die Aussichten dafür, daß die Regierungen im Bundesrat einer solchen Subordination zustimmen, sind für jetzt und absehbare Zeit recht gering. Aber sollte es selbst gelingen, diese in dem Selbstbewußtsein der Staaten wurzelnden föderalistischen Widerstände zu überwinden, so wäre weiter zu fragen, ob die in Rede stehende Aufpfropfung einer Reichsinstanz auf der bestehenden Instanzenbau der partikularen Verwaltungsgerichte zweckmäßig wäre. Das Gewicht dieser Frage wird von dem Vertreter der „Aufpfropfung" keineswegs verkannt. Mit Recht weist Th. (S. 84 ff.) darauf hin, wie durch die Einsetzung des RVG als Revisionsinstanz über die obersten Landesverwaltungsgerichte eine höchst unliebsame Häufung der Instanzenzahl herbeigeführt werden würde und untersucht sodann eingehend die Möglichkeiten, welche zur Beseitigung dieses Übelstandes gegeben sind. Die eine Möglichkeit wäre, den Einzelstaaten die Vereinfachung ihrer verwaltungsgerichtlichen Einrichtungen, insbesondere eine Verminderung ihrer Instanzenzahl soweit erforderlich durch Reichsgesetz vorzuschreiben; die andere besteht darin, für solche Fälle, wo ausnahmsweise eine Verminderung der Zahl der Landesinstanzen nicht angängig erscheint, die Zuständigkeit des RVG auszuschließen. Th. erklärt sich dafür, beide Möglichkeiten zu benutzen. Er schlägt folgende Leitsätze vor:

1. Die Gliedstaaten sind verpflichtet, ihre Bestimmungen über das Verwaltungs- und Verwaltungsgerichtsverfahren derart zu gestalten, daß der Verwaltungsrechtsweg, soweit er gegen Entschei-

dungen und Verfügungen der Verwaltungsbehörden überhaupt zulässig sein soll, spätestens nach Entschließung der zweiten mit der Sache befaßten Behörde beschritten werden kann, unbeschadet der Möglichkeit, daneben den reinen Verwaltungs-Beschwerdeweg weiter zu verfolgen (S. 89).

2. Insoweit das RVG unter Einrechnung der im vorangehenden Verwaltungsverfahren beschließenden staatlichen Behörde die fünfte Instanz, oder in den Fällen, in denen Parteistreitigkeiten (im materiellen Sinne) zur Entscheidung stehen, die vierte, im Verwaltungsstreitverfahren prozedierende Instanz wäre, findet das Rechtsmittel der Revision beim RVG. nicht statt (S. 93).

Darin, daß drei verwaltungsgerichtliche Instanzen, allenfalls noch ungerechnet eine im einfachen Verwaltungsverfahren beschließende Vorinstanz (wie z. B. der auf Einspruch des Steuerpflichtigen in Kommunal-Steuersachen beschließende Gemeindevorstand (preußisches Kommunalabgabengesetz vom 14. Juli 1893 § 70, ferner die Wege- bezw. Wasserpolizeibehörde nach § 56, 66 des preuß. Zuständigkeitsgesetzes vom 1. Juli 1883) das äußerste Maß dessen darstellen, was verwaltungstechnisch und vom Standpunkte der Partei aus erträglich ist, muß Thoma ganz gewiß zugestimmt werden. Nur fragt sich, ob die von ihm vorgeschlagenen Abhilfemittel annehmbar sind. Diese Frage vermag ich nicht zu bejahen. Mit dem ersten seiner beiden Sätze könnte man sich allenfalls einverstanden erklären, obwohl er einen ziemlich tiefen und daher bedenklichen Eingriff in die Organisationsgewalt der Einzelstaaten in sich schließt, jedoch nicht mit dem zweiten. Dieser zweite Satz bedeutet einen viel zu weit gehenden und daher nicht zu rechtfertigenden Verzicht des Reiches. Schneidet man in den von Thoma bezeichneten Fällen, insbesondere da, wo das Landesrecht drei aufeinanderfolgende verwaltungsgerichtliche Instanzen zur Verfügung stellt, den Rechtszug zum RVG ab, so würde dabei eine quantitativ wie qualitativ ganz bedeutende Masse von Streitsachen dem RVG verloren gehen. In Preußen z. B. (über Bayern siehe Th. S. 93 ff.) wäre dies der Fall bei allen Sachen, in denen der Kreisausschuß erste Instanz, normalerweise also der Bezirksausschuß zweite (Berufungs) das Oberverwaltungsgericht dritte (Revisions)-Instanz ist.

Der zweite Satz Thoma's würde die gesamte Gebarung der ländlichen Polizei- und Gemeindebehörden Preußens (der Amtsvorsteher, Gemeinde- und Gutsvorsteher), deren verwaltungsgerichtliches forum ordinarium ja der Kreisausschuß ist, der Reichskontrolle entziehen; eine

Vergünstigung, welche die das flache Land unseres Ostens sozial und politisch beherrschenden Kreise gewiß gern entgegennehmen und „zu dem übrigen legen" würden, welche aber eben wegen ihrer hiermit angedeuteten Wirkung in einem unparteiischen Gutachten unmöglich befürwortet werden kann.

Der Thoma'sche Vorschlag läßt, wenn man, wie notwendig, eine unzulässige Instanzenhäufung vermeiden will, nur die Wahl zwischen reichsgesetzlich anzuordnender Vereinfachung der einzelstaatlichen Verwaltungsgerichtsorganisation oder einer weitgehenden Beschränkung der Kompetenz des RVG. Das eine wie das andere, namentlich die zweite Alternative, ist bedenklich. Beide Bedenklichkeiten lassen sich indessen umgehen, und zwar dadurch, daß man den Gedanken der Überordnung des RVG über die obersten Landesverwaltungsgerichte aufgibt. Dies führt zu dem dritten und letzten der in Betracht kommenden Wege.

3. Das RVG wird den obersten Landes-Verwaltungsgerichten nicht instanziell übergeordnet, sondern tritt in den ihm zuzuweisenden Streitsachen an ihre Stelle. Nur so kann der in der Einführung des RVG liegende Fortschritt erzielt werden, ohne daß man genötigt ist, diesen Fortschritt mit dem allzuhohen Preise einer übertriebenen Instanzenhäufung zu bezahlen.

Der hiermit angeregte Gedanke ist nicht völlig neu. Er lehnt sich an das durch das Bundesgesetz vom 12. Juni 1869 geschaffene Bundes-Oberhandelsgericht, später Reichs-Oberhandelsgericht an. Daß dieser, nachmals im Reichsgericht aufgegangene Gerichtshof, welcher dazu berufen war, bei noch mangelnder Einheit der Gerichtsverfassung und des Prozesses die auf dem Gebiete des Handels- und Wechselrechts schon vorhandene Einheit des materiellen Rechts aufrecht zu erhalten, sich in einer ganz ähnlichen Lage befand, wie das jetzt projektierte Reichsverwaltungsgericht, ist nicht unbemerkt geblieben (vergl. Sch. S. 34, Fleischmann, Deutsche Juristenzeitung 1908, S. 958) und im Zusammenhang hiermit die Möglichkeit, das RVG dem Ober-Handelsgericht nachzubilden, ausdrücklich anerkannt oder doch angedeutet worden.

Folgt man diesem Gedanken, so würde sich die Stellung und Zuständigkeit des RVG — unter der Annahme, daß letztere sich grundsätzlich auf alle nach Reichsrecht zu entscheidenden Verwaltungsstreitsachen zu erstrecken haben wird — in Anlehnung an das Bundesgesetz vom 12. Juni 1869 § 12 folgendermaßen formulieren lassen:

Wenn und soweit in einer zur Zuständigkeit der Verwaltungsgerichte gehörenden Sache die Auslegung eines Reichsgesetzes den Streitpunkt bildet, tritt an Stelle des nach den Landesgesetzen bestehenden obersten Verwaltungsgerichts (Oberverwaltungsgerichts, Verwaltungsgerichtshofs) das RVG mit denjenigen Rechten und Pflichten, welche jenem Gerichte nach den Landesgesetzen gebühren bezw. obliegen.

Oder, in einer anderen, die Einzelheiten schärfer erfassenden Formulierung:

Über Rechtsmittel, durch welche nach den Landesgesetzen das oberste Landesverwaltungsgericht (Oberverwaltungsgericht, Verwaltungsgerichtshof) angerufen werden kann (Revision, Berufung, Beschwerde, Rechtsbeschwerde, Anfechtungsklage), entscheidet, wenn und soweit das Rechtsmittel sich auf die behauptete Verletzung eines Reichsgesetzes (die Nichtanwendung oder unrichtige Anwendung einer Rechtsnorm des Reichs) stützt, an Stelle des obersten Landesverwaltungsgerichts das RVG.

Dieser Satz beläßt trotz der Einheitlichkeit des Gerichtshofes und um der Einheit des materiellen Rechts willen „die Normen über die Rechtsmittel und das Verfahren in ihrer partikularistischen Zersplitterung". (So Hänel, Staatsrecht I S. 744, 745, mit Bezug auf das Bundes-Ober-Handelsgericht). Ein, wie Hänel, a. a. O. meint, „merkwürdiges und vom technisch-juristischen Standpunkte immerhin bedenkliches Auskunftsmittel". Ein Auskunftsmittel jedenfalls, das sich in Gestalt des Ober-Handelsgerichts anerkanntermaßen praktisch bewährt hat, dessen wiederholte Anwendung man also nicht zu scheuen hätte. Die nähere Ausgestaltung der Stellung des Reichs-Verwaltungsgerichts würde nach Maßgabe folgender Sätze zu erfolgen haben:

Das Urteil des RVG würde sich stets darauf zu beschränken haben, ob die angefochtene Entscheidung oder Verfügung ein Reichsgesetz verletzt, d. h. auf der Nichtanwendung oder unrichtigen Anwendung einer Rechtsnorm des Reichs beruht. Soweit dies der Fall, hat das RVG die angefochtene Entscheidung oder Verfügung aufzuheben; soweit die Sache durch die Entscheidung des RVG nicht erledigt ist, insbesondere soweit noch die Verletzung einer landesrechtlichen Norm behauptet wird, hat das RVG sie dem obersten Landes-Verwaltungsgericht zu überweisen. Name, Form und Frist des die Sache zum RVG. führenden Rechtsmittels bestimmen sich nach den Landesgesetzen.

Die Einlegung des Rechtsmittels steht außer den nach Maßgabe des Landesgesetzes hierzu Berechtigten (Parteien, Vertreter des öffentlichen Interesses, Gerichtsvorsitzender) auch der obersten Reichsbehörde zu. (Welche Behörden hierunter zu verstehen sind, wäre durch kaiserliche Verordnung zu bestimmen, nach Analogie des Reichsbeamtengesetzes § 159). Letztere kann, auch wenn sie das Rechtsmittel nicht eingelegt hat, einen Vertreter zur Wahrnehmung des Reichsinteresses, insbesondere für die vor dem RVG etwa stattfindende mündliche Verhandlung bestellen, welcher vor Erlaß des Urteils des RVG. mit seinen Ausführungen und Anträgen zu hören ist.

Noch ist zu erwägen, wie Kompetenzstreitigkeiten zwischen dem RVG und dem obersten Landesverwaltungsgerichte entschieden werden sollen. Die Entscheidung einer besonderen neutralen Instanz zur Schlichtung solcher Kompetenzkonflikte (die natürlich als positive wie als negative denkbar sind) wäre eine allzugroße Komplikation und daher untunlich. Den einfachsten Ausweg zeigt auch hier wieder das Gesetz über das Bundes-Oberhandelsgericht vom 12. Juni 1869. Im Anschluß an den § 21 dieses Gesetzes schlage ich folgenden Satz vor:

Ein Urteil des obersten Landes-Verwaltungsgerichts, durch welches dieses sich für zuständig oder deshalb für unzuständig erklärt, weil das RVG zuständig sei und ein Urteil des RVG, durch welches dieses sich für zuständig oder deshalb für unzuständig erklärt, weil das oberste Landes-Verwaltungsgericht zuständig sei, unterliegen keiner Anfechtung und sind für das andere Gericht bindend.

IV.

Die zuletzt III, 3 (Seite 507 ff.) beschriebene Aufgabe des RVG in einer dem ehemaligen Ober-Handelsgericht ähnlichen Position an Stelle der obersten Landes-Verwaltungsgerichte in reichsrechtlichen Verwaltungsstreitsachen letztinstanzlich zu entscheiden, würde nicht seine einzige Funktion sein. Neben sie tritt:

zweitens die Zulässigkeit zur Entscheidung in erster und einziger Instanz über Klagen, durch welche Verfügungen und Entscheidungen der Verwaltungsbehörden, gegen welche ein Verwaltungsstreitverfahren nicht stattfindet, wegen Verletzung eines Reichsgesetzes angefochten werden. Hierüber ist oben Seite 503—505 das Erforderliche gesagt worden;

drittens die Übernahme der von den jetzt bestehenden Spezial-Verwaltungsgerichten des Reichs ausgeübten Jurisdiktionen (siehe oben Seite 490, 500).

Über die Frage, welche dieser Spezial-Verwaltungsgerichte von der Übernahme ihrer Zuständigkeit durch das RVG anszunehmen und demgemäß aufrecht zu erhalten seien, kann man verschiedener Meinung sein. Indessen sind das Ausführungsfragen, deren Einzelerörterung jetzt, wo es sich nur erst um die Diskussion des Prinzips handelt, verfrüht sein würde. Ich trete dem Vorschlage Thomas bei, soweit dieser die Übertragung der dem Reichs-Versicherungsamt, dem Bundesamt für Heimatswesen, dem verstärkten Reichs-Eisenbahnamt, ferner dem Reichsgericht (§ 33 des Reichs-Patentgesetzes vom 7. April 1891, § 11 Abs. 2 des Einführungsgesetzes zum Gerichtsverfassungsgesetz vom 7. Januar 1877, Reichsgesetz vom 14. März 1881, betreffend die Entscheidung von Streitigkeiten zwischen Senat und Bürgerschaft der freien und Hansestadt Hamburg), sowie dem Bundesrat durch § 23 des Reichsgesetzes über die Konsulargerichtsbarkeit vom 7. April 1900 übertragene Verwaltungsgerichtsbarkeit auf das RVG befürwortet und bin mit ihm einverstanden, wenn er die Zuständigkeit der Reichs-Rayon-Kommission unberührt lassen will, gehe jedoch weiter als er, indem ich keinen Grund sehe, warum das RVG nicht auch die Jurisdiktion des Ober-Seeamts sowie des Aufsichtsamts für Privatversicherung in Rekurssachen (Reichsgesetz über die privaten Versicherungsunternehmungen vom 12. Mai 1901, § 74 ff.) soll aufnehmen können. Gegen den zuerst von Friedrichs vorgeschlagenen und von Thoma S. 107 übernommenen Satz:

> Das RVG ist berufen zur Entscheidung von Kompetenzkonflikten zwischen Verwaltungsgericht und Verwaltungsbehörden, wenn die streitenden Behörden keine gemeinsame Oberinstanz haben,

liegt auch meines Erachtens kein Bedenken vor.

V.

Zusammenstellung der vorgeschlagenen Leitsätze.

1. Wenn und soweit in einer zur Zuständigkeit der Verwaltungsgerichte gehörigen Sache die Auslegung eines Reichsgesetzes den Streitpunkt bildet, tritt an Stelle des nach den Landesgesetzen bestehenden obersten Verwaltungsgerichtshofes (Oberverwaltungsgerichts, Verwaltungsgerichtshofes) das RVG mit denjenigen Rechten und Pflichten, welche jenem Gericht nach den Landesgesetzen gebühren bezw. obliegen.

(Oder, statt des vorstehenden Satzes, als gleichinhaltlicher Alternativvorschlag:

1a. Über Rechtsmittel, durch welche nach den Landesgesetzen das oberste Landesverwaltungsgericht (Oberverwaltungsgericht, Verwaltungsgerichtshof) angerufen werden kann (Revision, Berufung, Beschwerde, Rechtsbeschwerde, Anfechtungsklage), entscheidet, wenn und soweit das Rechtsmittel sich auf die behauptete Verletzung eines Reichsgesetzes (die Nichtanwendung oder unrichtige Anwendung einer Rechtsnorm des Reichs) stützt, an Stelle des obersten Landesverwaltungsgerichts das RVG).

2. Die Entscheidung des RVG hat sich darauf zu beschränken, ob die angefochtene Entscheidung oder Verfügung auf der Nichtanwendung oder unrichtigen Anwendung einer Rechtsnorm des Reiches beruht. Soweit dies der Fall ist, hat das RVG die angefochtene Entscheidung oder Verfügung aufzuheben.

3. Soweit die Sache durch die Entscheidung des RVG nicht erledigt ist, insbesondere soweit noch die Verletzung landesrechtlicher Normen behauptet wird, hat das RVG sie dem obersten Landesverwaltungsgericht zu überweisen.

4. Die Form und Frist der Einlegung des die Sache zum RVG führenden Rechtsmittels bestimmen sich nach den Landesgesetzen. Die Einlegung des Rechtsmittels steht außer den nach den Landesgesetzen hierzu Berechtigten auch der obersten Reichsbehörde zu. Letztere kann, auch wenn sie das Rechtsmittel nicht eingelegt hat, einen Vertreter zur Wahrnehmung des Reichsinteresses, insbesondere für die vor dem RVG etwa stattfindende mündliche Verhandlung bestellen, welcher vor Erlaß des Urteils mit seinen Ausführungen und Anträgen zu hören ist.

5. Ein Urteil des obersten Landesverwaltungsgerichts, durch welches dieses sich für zuständig oder deshalb für unzuständig erklärt, weil das RVG zuständig sei, und ein Urteil des RVG, durch welches dieses sich für zuständig oder deshalb für unzuständig erklärt, weil das oberste Landesverwaltungsgericht zuständig sei, unterliegen keiner Anfechtung und sind für das andere Gericht bindend.

6. Verfügungen und Entscheidungen der Verwaltungsbehörden, gegen welche ein verwaltungsgerichtliches Verfahren nicht stattfindet, können durch Klage bei dem RVG angefochten werden. Die Klage kann nur erhoben werden, wenn gegen die anzufechtende Verfügung oder Entscheidung eine Beschwerde im Verwaltungswege nicht zulässig oder der zulassene Beschwerdezug erschöpft ist. Sie kann nur darauf gestützt werden,

daß die angefochtene Verfügung oder Entscheidung durch Nichtanwendung oder unrichtige Anwendung eines Reichsgesetzes (einer Rechtsnorm des Reichs) den Kläger in seinen Rechten verletze.

Die Erhebung der Klage steht, unter der Behauptung, daß die angefochtene Verfügung oder Entscheidung auf der Verletzung eines Reichsgesetzes beruhe, auch der obersten Reichsbehörde zu. Letztere kann, auch wenn sie die Klage nicht erhoben hat, einen Vertreter zur Wahrnehmung des Reichsinteresses, insbesondere für die vor dem RVG etwa stattfindende mündliche Verhandlung bestellen, welcher vor Erlaß des Urteils mit seinen Ausführungen und Anträgen zu hören ist.

7. Welche Behörden unter der obersten Reichsbehörde im Sinne des vierten und sechsten Satzes zu verstehen sind, wird durch Kaiserliche Verordnung bestimmt.

8. Das RVG tritt an die Stelle des Bundesamts für das Heimatwesen, des verstärkten Reichseisenbahnamts und des Oberseeamts.

Die Zuständigkeit der Reichs-Rayonkommission bleibt unberührt.

9. Auf das RVG geht über:

die dem Reichsversicherungsamt übertragene Gerichtsbarkeit,

die Zuständigkeit des Aufsichtsamts für Privatversicherung zur Entscheidung von Rekursen (Gesetz über die privaten Versicherungsunternehmungen vom 12. Mai 1901, §§ 74 ff.),

die Zuständigkeit des Reichsgerichts, insoweit sie beruht auf § 33 des Patentgesetzes vom 7. April 1891, § 11 Abs. 2 des Einführungsgesetzes zum Gerichtsverfassungsgesetz vom 27. Januar 1877 und auf dem Reichsgesetz vom 14. März 1881 betreffend die Entscheidung von Streitigkeiten zwischen Senat und Bürgerschaft der Freien und Hansestadt Hamburg,

die Zuständigkeit des Bundesrates nach § 23 Abs. 2 des Reichsgesetzes über die Konsulargerichtsbarkeit vom 7. April 1900.

10. Das RVG ist zuständig für Entscheidung von Kompetenzkonflikten zwischen Verwaltungsgerichten und Verwaltungsbehörden, wenn die streitenden Behörden keine gemeinsame Oberinstanz haben.

Druck von Leonhard Simion Nf. in Berlin SW. 48.

X.

Gutachten des Herrn Rechtsanwalt Dr. Hugo Cahn-Nürnberg

über die Frage:

Empfehlen sich Sondergerichtshöfe in Streitigkeiten aus dem Gebiete des gewerblichen Rechtsschutzes?

„Ich gehöre nicht zu den Freunden einer Äquitätsjurisprudenz, die uns am Ende mit dem letzten Dorfschöppen auf eine Stufe stellt. Ich will nichts wissen von der Freirechtsschule, die in hochentwickelten Verhältnissen, wie wir sie haben, zur Barbarei führen müßte. Was ich will, das ist das: Wir müssen das Recht studieren, mit Eifer studieren, gründlich studieren, fort und fort studieren. Aber wir dürfen in den Paragraphen der Gesetze nicht stecken bleiben. Wir dürfen uns den Kopf mit ihnen nicht so anfüllen, daß für anderes kein Raum mehr übrig bleibt. Wir müssen durch die Theorie hindurch auf eine ragende Höhe. Da müssen wir Stellung nehmen, da müssen wir Umschau halten. Unter uns liegen dann die goldenen, schimmernden, feinen Fäden der Rechtstheorie und dicht unter diesen, von ihnen hellbestrahlt, das kraftvoll sprossende, grüne Leben."

Oberlandesgerichtspräsident Dr. Börngen am 31. XII. 1909. Blätter für Rechtspflege in Thüringen, 57. Bd., 1. und 2. Heft.

Der Leipziger Kongreß vom vorletzten Jahre bot — im Gegensatz zu dem künftigen Danziger Juristentag — das Bild einer gemischten Korona. Industrielle, Ingenieure und Juristen waren bei jenem Kongreß für gewerblichen Rechtsschutz vertreten. Der einberufende Deutsche Verein für den Schutz des gewerblichen Eigentums in Berlin mußte daher schon programmatisch dieser Zusammensetzung der Tagung entsprechen. An die Spitze seiner Vorschläge, betreffend die Gerichtsbarkeit in Sachen des gewerblichen Rechtsschutzes, hatte er folgerichtig den Satz gestellt, das Problem der Sondergerichtsbarkeit sei aus der Praxis geboren und auf praktische Ziele gerichtet. Persönliche Erwägungen sowie Rücksichten auf einzelne Interessentengruppen hätten in dieser Frage keine Rolle gespielt, namentlich fehle vollständig jede sozialpolitische Tendenz. Diese Behauptung mag ihre Richtigkeit haben, soweit sie sich auf die zweifellose Objektivität der Verwaltung des Deutschen Vereins für den Schutz des gewerblichen Eigentums bezieht. Unrichtig ist aber von vornherein dieser stolze Leitsatz, wenn mit ihm die Genesis der ganzen Bewegung gekennzeichnet werden soll. Hat doch das Streben nach diesem Sondergericht zweifellos den nämlichen inneren Entstehungsgrund, wie sämtliche Sondergerichtstendenzen. Stände, die sich inferior behandelt fühlen, drängen vorwärts. Sie kämpfen gegen denjenigen Stand an, welchen sie von Gesetz oder Brauch protegiert glauben. Es mag Zeitepochen gegeben haben, in welchen die Juristen Bevorzugung seitens der Staatsorgane fanden. Diese Empfindung löste allmählich ein unfreundliches Gefühl der Zurücksetzung, Erbitterung und Mißgunst aus.[1]) Jede Reaktion erzeugt Revolution.

Mit besonderem Nachdruck sprechen — unter anderen bislang sich zurückgesetzt fühlenden Klassen — die Techniker höherer Ordnung heute eine Reform ihrer staatlichen Mitarbeit an. Charakteristisch ist in dieser Hinsicht bereits ihre heutige Vorschulung. Wenn man die Kataloge ihrer Hochschulen zur Hand nimmt, so findet man die Behandlung von Fächern, die noch vor einem Jahrzehnt ausgeschlossen waren.[2]) Spezialkollegien werden angekündigt über Fabrik-

---

[1]) Siehe Dove, „Die Unpopularität des Juristenstandes in Deutschland," Deutsche Juristenzeitung, 1902, S. 12. — Zitelmann, „Was not tut." 1. Mai 1909, S. 504, Deutsche Juristenzeitung. — Fleischmann, „Neue Aufgaben des Rechtsunterrichts," S. 1354, Deutsche Juristenzeitung 1909, Nr. 22. — Rathenau, Gutachten, S. 332. — Landgerichtsrat von Pfister, Darmstadt, „Berufsrichter und Laienrichter," Deutsche Richterzeitung vom 15. Februar 1909, S. 40.

[2]) Riedler, „Die technischen Hochschulen und ihre wissenschaftlichen Bestrebungen", Rektoratsrede, Berlin 1898. — Claus, „Über die Mitwirkung der technischen Hochschulen bei der Reform usw. usw." (Technik und Wirtschaft), August 1909, S. 350. — Kollmann, „Eine Lücke in der Ausbildung der Ingenieure," (Technik und Wirtschaft), September 1909, S. 385. — Walther: „Das volkswirtschaftliche Seminar der kgl. technischen Hochschule zu Berlin." Ebenda, Juni 1910, S. 326.

anlagen, Kolonial-, Zoll- und Handelspolitik, Märkte der Industrie, die Bedeutung der Syndikate, Gütererzeugung, -austausch, Organisation des Weltverkehrs, Börse und Bilanzwesen. Mit gleichwertigen Stoffen und Kursen haben sich in Industriezentren die Bezirksvereine Deutscher Ingenieure abgegeben.[3]) In den letzten Jahren arrangieren technisch-wissenschaftliche Vereine Vorlesungen über Fabrikgesetzgebung und -organisation, kaufmännische Einrichtungen, Betriebsbureaus, Gewerkschaftswesen und Sozialpolitik. So wollen technische Vereinigungen und Hochschulen den alljährlich gesteigerten volkswirtschaftlichen Aufgaben der deutschen Technik gerecht werden.[4]) Die leitenden Technikerkreise haben die hohe Pflicht auch dieses Standes erkannt, gut ausgerüstet und mit wohlberechtigtem Selbstbewußtsein, mitzuarbeiten an der Konstruierung einer Brücke zwischen Industrie, Verwaltung, Technik und Recht.[5])

„Die Fortschritte der deutschen Technik rückhaltlos anzuerkennen — meint A. Kloeß-Dresden — weigert sich kein gebildeter Mensch.[6]) Beobachtet man aber, daß die Vertreter jener Wissenschaften nach einer Seite expandieren wollen, die als ein Überschreiten der Schranken ihres Bereiches und ein Einbruch in fremdes Gebiet anzusehen ist, so ist es Pflicht der angegriffenen Partei, sie auf die Gefahr jener Betätigung hinzuweisen und das eigene Feld zu verteidigen."

Vereint mit den theoretischen Reformplänen, geht nämlich der Wettbewerb mit anderen Berufsständen, vor allem den Juristen, in sozialer und praktischer Hinsicht.[7])

---

[3]) Technik und Wirtschaft, Februar 1910, S. 117; „Der Unterricht an den technischen Hochschulen." April 1910, S. 246: „Wirtschaftliche Ausbildungskurse für Ingenieure."

[4]) Siehe meinen Aufsatz: „Reformpläne des Technikers," Zeitschrift des Vereins Deutscher Ingenieure, Berlin 1909, Nr. 34.

[5]) Siehe Dr. Hermann Becks mehrfache Artikel in der Zeitschrift des Vereins Deutscher Ingenieure. — Bornhak, „Rechtswissenschaft und Technik" (Technik und Wirtschaft, Monatsschrift des Vereins Deutscher Ingenieure, 1909, S. 55). — Franz: „Die Wertung der technischen Intelligenz und die Verwertung des technischen Könnens" (Technik und Wirtschaft), April 1910, S. 193.

[6]) „Technische Juristen oder Justizingenieure," Zeitschrift für Industrierecht, 15. August 1908, Nr. 16.

[7]) Siehe Herkner, „Ingenieure als Verwaltungsbeamte," Deutsche Revue, 1909. — Dr. ing. Ritzmann: „Zur Frage der Erziehung der Architekten und Ingenieure zu Verwaltungsbeamten," Verlag von Julius

Der eifrigste Vorkämpfer, Professor Franz-Charlottenburg, welcher „in Technik und Wirtschaft", in der Deutschen Ingenieurzeitung, im Berliner Tageblatt, im Tag, in der Leipziger Illustrierten Zeitung, in der Nationalzeitung[8]) und in zahlreichen Wandervorträgen Propaganda für seine Reformideen machte und macht, normiert — in Entgegnung meiner jüngsten Schrift[9]) — seine Ansprüche, wie folgt:

„1. Das Ansehen der Technik (des Technikers, der technischen Intelligenz, der technischen Wissenschaften usw.) wird in Deutschland erst dann ein allgemeines und dauernd gesichertes sein, wenn die Technischen Hochschulen zu Hochschulen der höheren Verwaltung werden. Die deutsche Technikerfrage ist eine Frage der Erziehung des Nachwuchses in den Führerstellen der Nation.

2. Denn erst dann kann der Geist der Technik an den maßgebenden Stellen zur Geltung kommen, wenn diejenigen, welche unser Land regieren, ihre Berufsbildung auf der Grundlage der Naturerkenntnis erhalten haben. Mir geht es nicht darum, dem einzelnen Techniker ein höheres Ansehen, höhere Stellung, Titel usw. zu erringen, sondern darum, den inneren Wert der angewandten Naturwissenschaften für die ganze Volksgemeinschaft nutzbar zu machen.

3. Ich halte den Beruf und die Tätigkeit der Verwaltung für ebenso nützlich, wie den Beruf eines Richters oder eines Ingenieurs. Ich unterscheide aber auch zwischen Verwalten, Rechtsprechen und Konstruieren. Für diese verschiedenen Betätigungsgebiete ist im allgemeinen derjenige am besten geeignet, der sich die für den einzelnen Beruf notwendigen wissenschaftlichen Grundlagen angeeignet und sich praktisch geschult hat. Wer in der Rechtspflege geschult ist, bleibe dabei. Wer Begabung zum Konstruieren hat und Ingenieur geworden ist, soll nicht streben, Verwaltungsbeamter zu werden.

4. Ich will keine Mischung der Berufe; ich will auch nicht, daß die höhere Verwaltung der Staaten, die Diplomatie, die Führung der Selbst-

---

Springer, Berlin, 1908, zum Teil bekämpft von Alexander Lang, Glasers Annalen für Gewerbe- und Bauwesen, 15. März 1909.

[8]) Z. B. 30. Juni 1909, Morgen- und Abendblatt (siehe hierüber: Matschoß, Technik und Wirtschaft, 1909, S. 376; ferner Matschoß, ebenda, S. 564).

[9]) (Siehe beides, Nr. 7 bis 9 der Mitteilungen des Fränkisch-Oberpfälzischen Bezirksvereins Deutscher Ingenieure, 1909. Ferner Alexander Katz, über den Vortrag von Franz im obigen Bezirksverein, Zeitschr. f. Ind. R., 1909, S. 107.)

verwaltungen sich aus Männern verschiedener Berufe zusammensetze. Bezirksamtmann, Gesandter, Bürgermeister soll nur derjenige werden, der das gelernt hat, was für das Amt eines Bezirksamtmannes, eines Gesandten, eines Bürgermeisters notwendig ist.

5. Ich wende mich gegen die Behauptung, daß nur derjenige sich für die genannten Ämter (und viele andere Ämter) praktisch schulen könne, der die erste juristische Prüfung bestanden hat. Ich wende mich gegen das Monopol der Juristenschule.

6. Wir lassen die gesamte Leitung unserer Staaten, Städte usw. einseitig werden, wenn wir nicht dafür sorgen, daß auch die technische Intelligenz bei dieser Leitung beteiligt wird. Es ist keine Forderung des Standesinteresses, das mich leitet. Ich möchte nur dazu beitragen, daß die Führer unserer Nation das lernen — und zwar rechtzeitig lernen — was sie fähig macht, ihre Aufgaben in der Zukunft gut zu lösen.

7. Die Universität kann die Schulung der gesamten Führerschaft nicht mehr allein bewirken; es müssen auch die anderen Hochschulen für die Aufgabe nutzbar gemacht werden. Wie dies im einzelnen durchgeführt werden kann — das ist das Problem, das Primäre. Die Gleichstellung des Technikers mit dem Juristen ist das Sekundäre."

Ein andermal ruft er aus:

„Die Erweiterung der Interessensphäre des jungen Ingenieurs sollten wir mit allen Mitteln versuchen. Und zwar schon auf der Hochschule.. Die philosophischen und historischen Disziplinen haben in den Prüfungsordnungen ihren Platz gefunden... Der junge Nachwuchs, der die Hochschulen durchläuft, hat viel stärkere Anregungen zu umfassender Allgemeinbildung, als wir sie hatten... Aber damit ist nicht genug geschehen. Wenn wir eine durchgreifende Änderung erreichen wollen, so müssen wir auch bei dem zweiten Hindernis einsetzen, bei der Monopolstellung der juristischen Schule." [10])

Hier haben wir die echte Prägung. Franz befleißigt sich anerkennenswerter Offenheit. Dem Juristenmonopol gilt der Ansturm.

Ein ehrgeiziges Ringen um die Superiorität in Ämtern und Würden, ein Stück Existenzkampf — das ist das wahre Gesicht.[11]) Den Männern

---

[10]) Gegen Franz: Freund im „Tag", 20. Oktober 1909. — Alexander Katz, Zeitschr. f. Industr. R., 1909, Nr. 9. Entgegnung von Franz: Ebenda, 1909, S. 179.

[11]) Dove, Deutsche Juristenzeitung, S. 16, 7. Jahrgang.

des Handels und Gewerbes, die in der großen Stände-Familie den Juristen, den älteren Bruder, um die vermeintlich besseren Portionen beneideten,[12]) schloß und schließt mit fanatischer Energie der Techniker sich an, mit dem Rufe der Unzufriedenen: „Nicht einem alles! Wir sind gerade so gut und verstehen mindestens ebensoviel! Hilf, Vater Staat, und schmälere deine Jüngsten nicht!"

Freilich die Verfechter unserer Spezial-Gerichtsbarkeit haben bei Vorbereitung des 1908-Kongresses entrüstet gegen solche subjektive Kennzeichnung sich verwahrt. „Das Stigma eines Einbruchs in die Fundamente unseres Gerichtswesens" wollte man laut ausdrücklicher Zusicherung unserer heutigen Bewegung nicht aufdrücken. Man mußte daher wohl oder übel der neuen Bestrebung das Merkmal eines dringenden Bedürfnisses verleihen und als Ziel die Sicherung einer besseren Rechtsprechung bezeichnen.

Immerhin bekannten einzelne Sondergerichtsfreunde etwas mehr Farbe. Der leider im Laufe dieses Jahres verstorbene Vorsitzende des Deutschen Vereins, v. Schütz, leitete die Leipziger Eröffnungssitzung vom 16. Juni 1908 mit den Worten ein: „Der Boden, auf dem sich der Aufschwung der Technik vollzog, war die Teilung der Arbeit; und die Frage, die uns hier beschäftigen wird, ist die, ob nicht auch auf dem Gebiete der Rechtsprechung in technischen Streitsachen durch die Teilung der Arbeit neue Antriebe zu erwarten sein dürften."

Auch Tolksdorf[13]) gesteht die innere Grundursache ruhig ein: „Im Gegensatz zu dem Wehgeschrei der Verteidiger der jetzigen Rechtspflege wird man in dem steigenden Verlangen nach Sondergerichten das unaufhaltsame Vordringen des Gesetzes der Arbeitsteilung auf dem Gebiete der Rechtspflege zu erkennen haben."

Dieses wohltuende Bekenntnis beweist,[14]) daß die revolutionäre Bewegung, die aus einem „unaufhaltsamen Vordringen des Bestrebens der Arbeitsteilung" entstanden ist, sehr wohl in Parallele zu setzen ist mit denjenigen Sondergerichten, bei deren

---

[12]) Leeb, Augsburg, Deutsche Richterzeitung vom 15. Januar 1909.

[13]) „Ein Beitrag zur Besserung der Rechtsprechung in Patent-, Muster- und Warenzeichensachen" von B. Tolksdorf, Patentanwalt in Berlin, Hannover 1908, Helwingsche Verlagsbuchhandlung.

[14]) im Gegensatz zu den Argumenten der Kommission des Leipz. Kongresses, S. 9, I.

Einrichtung und Zusammensetzung zugestandenermaßen die Tendenz eines sozialen Ausgleiches mitbestimmend war.[15]) „Der altgermanische Trieb der Sonderbildungen und des genossenschaftlichen Zusammenschlusses ist überhaupt wieder außerordentlich rege."[16])

Psychologisch ist die Polemik gegen vermeintliche Juristenvorrechte und das Vertrauensvotum für die Techniker demjenigen nicht verwunderlich, welcher die Zusammensetzung des Ausschusses des führenden Vereins[17]) nachprüft. Sicherlich etwa 50 unter etwa 80 Kommissionsmitgliedern sind Ingenieure bzw. diesen nahestehende Industrielle. Die Folgerung aus dieser statistischen — von Düringer[18]) ebenfalls betonten — Tatsache ist naheliegend, wenn auch Schütz[19]) — was bezeichnend ist — sich gegen solche verwahrte: „Es würde ja ein leichtes für uns sein, einen Kongreß von Industriellen und Technikern zusammenzuberufen, von dem wir mit absoluter Sicherheit erwarten könnten, daß er sich für die Zuziehung von Technikern zur technischen Gerichtsbarkeit mit erdrückender Majorität entscheiden würde."[20])

Ein Teil der Reformatoren kämpft also mit offenen Waffen. Auch die Bezirksvereine Deutscher Ingenieure haben eigentlich niemals ein Hehl daraus gemacht, daß die Sondergerichtsbestrebungen als Niederschlag der grundsätzlichen Standesauffassungen über künftige Koordination mit den Juristen aufzufassen seien.[21]) Selbst in den früheren Kongressen

---

[15]) Siehe meine Monographie: „Laien- und Sondergerichte," Deutsche Richterzeitung, 1909 (abgedruckt auch in der Eingabe des Deutschen Richterbundes an den Deutschen Reichstag, Januar 1910).

[16]) So Dove, S. 93 des Leipziger Berichts.

[17]) S. 5 des Berichts.

[18]) „Richter und Rechtsprechung," S. 32.

[19]) S. 19 des Leipziger Berichts.

[20]) Wenn Rathenau (Seite 309 seines Gutachtens) den Deutschen Verein als Bannerträger der Sondergerichtsbewegung im Reich charakterisiert, so muß immerhin anerkannt werden, daß die eigentliche Vereinsleitung — im Gegensatz zu den im Ausschuß prävalierenden Interessenverbänden — sachlich und objektiv vorgegangen und z. B. der II. Vorstand, Justizrat Edwin Katz, unerschrocken und unbehelligt alle Zeit gegen die Sondergerichte rührig gewesen ist.

[21]) (So z. B. Bericht des Ausschusses des Fränkisch-Oberpfälzischen Bezirksvereins Deutscher Ingenieure über die Beschlüsse des Leipziger Kongresses, S. 11 und 12, Nürnberg, den 16. April 1909. Bericht des Deutschen Vereins über den Stettiner Kongreß, 1909 und die Ausführungen des Patentanwaltes Neumann, Berlin, S. 129.)

des Deutschen Vereins, welche allmählich den Staatsbehörden das Verlangen nach Gleichstellung mundgerecht machen wollten, ist von den Nichtjuristen unumwunden der wirkliche Beweggrund des Strebens nach Sondergerichtsbarkeit enthüllt worden.[22])

So geht es mit allen derartigen Reformideen.[23]) Zunächst wagt sich schüchtern der direkt Interessierte, welcher sich benachteiligt wähnt, in die Öffentlichkeit. Immer wieder von Gelegenheit zu Gelegenheit bringt er sein Lamento. Mit der Zeit weiß er sein Programm als ein Tagesbedürfnis hinzustellen, indem er die abzuändernden Normen als veraltet und unbrauchbar hinstellt. Er redet sich schließlich selbst ein, daß nur der ethische Trieb, zu bessern, ihn anstachelte.[24]) Dann gibt er nicht mehr zu — vielleicht unabsichtlich —, daß einst ganz egoistische Triebfedern in Betracht kamen.[25]) Dann stellt man die angeblichen Mißstände in den Vordergrund und expliziert, daß der Mangel des Bisherigen fundamental, der Notstand von der Wurzel aus, zu heilen sei. (Mit dieser Ursprünglichkeit und schier selbstverständlichen Art beginnt die Kommission des Deutschen Vereins ihre Vorschläge.)

Zur Beleuchtung dieser meiner Behauptung, die vielleicht bis jetzt in solcher Nacktheit nicht aufgestellt wurde, ist es unumgänglich, die maß-

---

[22]) Noch Duisberg räumt (S. 76 des Leipz. Berichtes) ein: „Wir kämpfen gegen bestehende Einrichtungen, gegen Vorurteile, gegen politische Parteien."

[23]) Siehe Biezens a) „Bureaukraten und Lords", Berlin, 1908, b) „Sondergerichtssegen," Preußisches Verwaltungsblatt, Berlin, 18. April 1908, Nr. 29, S. 576 ff.

[24]) Man begreift so Stahls Resumé (S. 235 des Gutachtens), die Äußerungen der Unzufriedenheit und des Tadels seien trotz Häufigkeit und Schärfe kein vollgültiger Beweis für die Mangelhaftigkeit der bisherigen Gerichtsformation.

[25]) Rathenau nimmt sich in seiner Broschüre: Das Sachverständigenwesen in Patentprozessen" kein Blatt vor den Mund, wenn er mit ehrlicher Entrüstung ausruft: Vergegenwärtigt man sich alles dies, so wird man unschwer dazu gelangen müssen, die Bedürfnisfrage bezüglich der Errichtung von gemischten Sondergerichtshöfen zu verneinen, mag auch eine mächtige Gruppe von Interessenten der chemischen Industrie, die, wie sie selbst zugeben, allüberall auf dem Gebiete des gewerblichen Rechtsschutzes eine Sonderstellung beanspruchen — es sei an den Kampf um die Wortzeichen für pharmazeutische Produkte erinnert — ihren Sonderbestrebungen in Kurzsichtigkeit nachhängen." — Duisberg greift ihn für dieses offene Wort — S. 75 des Leipziger Berichtes — begreiflicherweise scharf an.

gebenden Kongresse des führenden Berliner Vereins chronologisch zu verfolgen.

Daß bereits vor vier Dezennien der Patentschutzverein sich mit der Frage der Sondergerichtshöfe abgegeben und daß bei Vorberatung des Patentgesetzes in seinen verschiedenen Stadien von Spezialgerichtshöfen die Rede war, ist von Regierungsrat Dr. Rathenau[26]) im einzelnen dargelegt. Im Jahre 1886 fand eine Patentenquête statt, welche sich pro Sondergerichte in Sachen des gewerblichen Rechtsschutzes aussprach.[27]) Vor 12 Jahren hat der Internationale Kongreß für gewerblichen Rechtsschutz in London die Frage in großen Zügen diskutiert. 1900 wurde dem Frankfurter Kongreß der nachfolgende Vorschlag unterbreitet: „Die Industrie wünscht, daß die bei Patentverletzungsklagen auftretenden Fragen technischer Natur von einem aus Juristen und Technikern zusammengesetzten Patentgerichtshof entschieden werden". Der Vorschlag gelangte nicht zur Abstimmung. Vor 9 Jahren hat der Kölner Kongreß — mit 44 unter 60 Stimmen — für die gemischten Technikerkammern votiert.

Der Hamburger Kongreß modelte die Kölner Thesen in eine spezifizierte Resolution um. Sie läuft darauf hinaus, daß Techniker als Richter im Hauptamte figurieren, durch diese jedoch die Sachverständigen nicht bei Seite geschoben und die zwei ersten Instanzen in einem Patentgerichtshof zentralisiert werden. Es sollten die Patentgerichtshöfe aus 5 Kammern (Maschinenbau, Chemie, Hüttenwesen, physikalischer Technik und Bauingenieurwesen) zusammengesetzt sein. In prima sollte ein Berufsjurist den Vorsitz führen, während zwei Techniker seine Beisitzer abgeben. Im zweiten Rechtszuge sollte ein Jurist als Präsident fungieren, zwei weitere Juristen, auch zwei Techniker, sollten das Fünfmännerkollegium ergänzen. Das Reichsgericht sollte — unabhängig vom Streitgegenstande — die dritte Instanz bilden.

Es mag auffallen, daß trotz der eminenten Bestimmtheit dieser Resolutionen die Kommission des Deutschen Vereins für den Leipziger

---

[26]) S. 312 bis 321 seines glänzenden Gutachtens (erster Band, zweite Lieferung für den Deutschen Juristentag).

[27]) Das Argument Rathenaus — S. 322 seiner chronologischen Betrachtung — die Entscheidung des Reichsgerichts in Zivilsachen (1894, 33. Band, vom 7. Juli) zeige einen sondergerichtsgegnerischen Geist, kann ich nicht unterschreiben. Bei der Begründung (S. 161 der Entscheidung) nimmt der höchste Gerichtshof Stellung zur Abgrenzung von ordentlichen Gerichten und Patentamt, ohne Gelegenheit und Anlaß zur Anschneidung unserer heutigen Frage zu haben.

Kongreß allen diesen eigenen Arbeiten bloß die Bedeutung einer ersten Lesung beimessen will. Die Kommission referiert über diese Vorschläge der Frankfurter, Kölner und Hamburger Kongresse,[28]) mit dem Anfügen, sie seien in einer besonderen Denkschrift veröffentlicht worden, die zum Zwecke einer umfassenden Enquête an die weitesten Kreise der Interessenten, namentlich an sämtliche Fachverbände, versandt worden seien.

Als ich diese höchst bescheidene Charakterisierung der doch sehr lebhaft in die Welt gesetzten Beschlüsse der 3 früheren Tagungen las, hatte ich den Eindruck, daß man die Geister, die man gerufen, schwer, aber gern, losbekomme. Mit anderen Worten: daß man in der Praxis herausgefühlt habe, daß die Kongreßbeschlüsse von Hamburg und Köln einen etwas heftigen Anlauf nehmen und auf Sympathie der gesetzgebenden Körperschaften in diesem Umfange gewiß nicht rechnen dürften. Man mied daher wohlweislich, das Kind mit dem Bade auszuschütten.

Mitbestimmend für die vorsichtige Ankündigung des Kongreßstoffes mag der nicht zu unterschätzende Umstand gewesen sein, daß das Ergebnis der umfangreichen Enquête in den Fachkreisen, und vor allem bei den ausschlaggebenden Handels-Gremien, eigentlich etwas ernüchternd war. Zum Beispiel der Bayerische Bezirksverein Deutscher Ingenieure hat für die erste Instanz eine beschränkte Dezentralisation für erforderlich gehalten, während der Fränkisch-Oberpfälzische Bezirksverein in Nürnberg mitteilen ließ, daß zu der Frage der Zentralisierung die Ansichten der Kommission des Bezirksvereins geteilte gewesen seien. Der Schleswig-Holsteinsche Bezirksverein hatte die Schwierigkeit der Bildung eines Sondergerichts ausdrücklich hervorgehoben. Der Bezirksverein Lenne begnügte sich mit dem Vorschlag, die Entscheidungen den Handelsgerichten zu übertragen. Der Thüringer Bezirksverein schlug ebenfalls für die erste Instanz Überweisung an die Kammern für Handelssachen vor. „Wie viele aber der zahlreichen von dem Verein befragten gewerblichen Verbände und großen Firmen die Frage unbeantwortet gelassen haben, das haben wir nicht erfahren!“ [29]) Bereits diese kleine Auslese zeigt, daß nicht unwichtigen Bezirksvereinen das Problem der neuzuschaffenden Technikergerichte zuweit zu gehen schien. Auch im übrigen ist das Resultat der Umfrage durchaus kein schlechthin für die technische Sondergerichtsbarkeit günstiges. Insbesondere ist zu betonen, daß der Ausschuß des Deutschen Handelstages den Vor-

---

[28]) S. 7 der Kommissionsvorschläge der Leipziger Kongreßtagung.

[29]) Edwin Katz, S. 38 des Leipziger Berichtes.

schlag, daß in allen Patentsachen die Gerichtsbarkeit durch ein aus Juristen und Technikern gemischtes Gericht ausgeübt werde, in der Sitzung vom 15. und 16. Mai 1907 gegen wenige Stimmen abgelehnt hat.[30]) Der namhafte Fabrikantenverein für Hannover-Linden und die benachbarten Kreise hat einstimmig beschlossen, die von dem Deutschen Verein vorgeschlagene Sondergerichtsbarkeit nicht zu befürworten und zwar, da es außerordentlich selten sein werde, Techniker von hervorragender Qualifikation als Richter zu gewinnen. Der Verband keramischer Gewerke vermochte ein Bedürfnis für Einrichtung einer Sondergerichtsbarkeit in Patentsachen nicht zu erkennen. Er hielt es für geradezu gefährlich, immer weitere Gebiete unseres wirtschaftlichen Lebens der ordentlichen Gerichtsbarkeit zu entziehen und dadurch immer mehr den Richterstand den Anschauungen und dem Empfinden des praktischen Lebens zu entfremden.[31])

Es ist hier einzuschalten, daß das königlich preußische Justizministerium bereits auf dem Düsseldorfer Kongreß vom 3. bis 8. September 1907 die Erklärung abgeben ließ, daß die königlich preußische Justizverwaltung gegenüber der Forderung einer Sondergerichtsbarkeit einen ablehnenden Standpunkt einnehme, daß sie sich von der Abtrennung dieser wichtigen Sachen von der Rechtsprechung der ordentlichen Gerichte eine bessere sachliche Behandlung nicht versprechen könne und die Maßregel als eine schwere Schädigung der allgemeinen Rechtspflege betrachten müsse.[32])

Auf diese Erklärung hatte der Präsident des Düsseldorfer Kongresses würdevoll entgegnet, es sei die Pflicht des Vereins, als der berufenen Vertretung der Deutschen Interessenten, diejenigen Vorschläge zu machen,

---

[30]) Dr. Soetbeer, Vertreter und Generalsekretär des Deutschen Handelstages, hat — S. 104 des Leipziger Berichtes — „mangels Nachweises eines hinreichenden Bedürfnisses und mangels jedes konkreten Materials" den Sonderrichter-Bestrebungen seine Zustimmung ausdrücklich versagt.

[31]) Der Zentralverband Deutscher Industrieller lehnte am 9. März 1908 „im Interesse der Industrie" die Patentsondergerichte ab. Technik und Wirtschaft S. 137.

[32]) (Geheimer Oberjustizrat Kübler, S. 47 und 48 des Düsseldorfer Kongresses.)

die ihm auf Grund des vorliegenden Materials nach nochmaliger gewissenhafter Prüfung der Frage notwendig erscheinen, auch wenn diese Vorschläge sich mit der Stellungnahme der Preußischen Justizverwaltung nicht decken.[33]) Diesem kräftiges Selbstbewußtsein und unentwegte Entschlossenheit atmenden Standpunkt hat sich die Kommission des folgenden Jahres 1908 durchaus angeschlossen. Sie glaubte sich über die Tatsache hinwegsetzen zu können, daß einerseits von den durch den Deutschen Handelstag befragten Handelskammern 27 pro und 11 contra technische Sondergerichte gestimmt, andererseits die preußische Justizverwaltung und namhafte Verbände die Maßnahme als eine Beeinträchtigung und Zersplitterung der allgemeinen Rechtspflege bezeichnet hatten.[34])

Das königlich bayerische Justizministerium ist an der[35]) Bewegung ebenfalls nicht vorübergegangen, sondern hat am 8. November 1907[36]) folgenden Ministerialerlaß veröffentlicht, den ich wörtlich wiedergebe, um die freimütige Stellung Bayerns hinsichtlich moderner Gerichtspflege, zwischen den Zeilen aber die Verwahrung gegen weitere Extragerichte, festzustellen:

„Die Erfahrung zeigt, daß es sehr nützlich wäre, wenn die Bewerber um Anstellung im Richteramt oder im staatsanwaltschaftlichen Dienst auch auf dem Gebiete des wirtschaftlichen Lebens eine Zeit der praktischen Ausbildung durchmachten. Erst dadurch würden ihre theoretischen Kenntnisse auf diesem Gebiete zu fruchtbringender Entfaltung gelangen, und die Folge davon wäre, daß ihre Vertrautheit mit dem Getriebe des wirtschaftlichen Lebens der Rechtspflege zugute kommen müßte.

In dem § 2 der Verordnung vom 4. Januar 1901 (Ges. und Verordn. Bl. S. 31, JMBl. S. 50) ist zwar schon bestimmt, daß sich die geprüften

---

[33]) S. 48 des Düsseldorfer Berichtes.

[34]) Gegen die Zersplitterung auch: Kohler, in der Zeitschrift: Der Tag, am 17. November 1907. — Degen, S. 101 des Leipziger Berichtes. — Die Ältesten der Kaufmannschaft in Berlin traten dem Vorschlag des preußischen Justizministers bei. — Apt, S. 102 des Leipziger Berichts.

[35]) vom Großherzogtum Sachsen bereits mit Ministerialentschlüssen vom 27. Juni 1901 und 3. September 1902 begonnenen und mit zwei Verfügungen des Thüringer Oberlandesgerichts vom 25. Februar 1910 und 5. Mai 1910 fortgesetzten.

[36]) Justizministerialblatt für das Königreich Bayern, amtlich herausgegeben vom k. Staatsministerium der Justiz, 16. März 1907, S. 393 ff.

Rechtspraktikanten auch bei öffentlichen oder privaten Anstalten oder Unternehmungen beschäftigen können. Die Erwartungen, die sich an die Erlassung dieser Vorschrift knüpften, haben sich aber nicht erfüllt.

Um ihren Zweck zu fördern, wurden Ermittelungen darüber angestellt, inwieweit die Bereitwilligkeit besteht, geprüfte Rechtspraktikanten zur Ausbildung auf dem kommerziellen und industriellen Gebiet aufzunehmen. Erfreulicherweise war die angestellte Umfrage von Erfolg. Das beigefügte Verzeichnis enthält die Namen der Institute, Anstalten, Unternehmungen und Firmen, die ihre Bereitwilligkeit erklärten.

Die Vorstände der Justizbehörden werden den geprüften Rechtspraktikanten bekanntgeben, daß das Staatsministerium der Justiz großen Wert darauf legt, daß die Bewerber um Anstellung im Justizstaatsdienst ihre Ausbildung auf dem Gebiete des wirtschaftlichen Lebens durch praktische Betätigung bei einer öffentlichen oder privaten Anstalt oder Unternehmung, also namentlich bei Banken, größeren Firmen oder in Fabriken, bei Handels- und Gewerbekammern, in Berufsgenossenschaften, Versicherungsanstalten usw. fördern. Zu diesem Zwecke sollen die Rechtspraktikanten darauf bedacht sein, eine Beschäftigung nach § 2 der Verordnung zu erlangen, sie sollen insbesondere von der Bereitwilligkeit der in dem Verzeichnis aufgeführten Institute, Anstalten, Unternehmungen und Firmen Gebrauch machen.

Zur Beschäftigung bei dem in dem Verzeichnis aufgeführten Stellen bedürfen die Rechtspraktikanten keiner besonderen Genehmigung. Den Eintritt in die Beschäftigung haben sie gemäß § 28 Absatz I, Nr. 2 der Bekanntmachung vom 7. Januar 1901 (JMBl. S. 54) anzuzeigen. Beim Austritt aus der Beschäftigung haben sie sich ein verschlossenes Zeugnis über ihre Tätigkeit zu erbitten; das Zeugnis ist der zunächst vorgesetzten Aufsichtsbehörde (§ 9 Absatz I der Verordnung vom 4. Januar 1901) und von dieser dem Staatsministerium der Justiz einzusenden.

Die Bereitwilligkeit zur Aufnahme von Rechtspraktikanten wurde überall nur unter der Bedingung erklärt, daß die Rechtspratikanten den ihnen zugewiesenen Arbeiten ihre ganze Kraft widmen, die Geschäfts- und Bureaustunden einhalten, sich den Anordnungen der Vorstände fügen, Verschwiegenheit beobachten und eine gewisse Zeit bleiben.

Das Verzeichnis wird von Zeit zu Zeit ergänzt werden." —

Dieser Ministerialerlaß[37]) schließt sich insofern eng an den Preußischen vom 25. November 1904 und 11. Oktober 1907 an, als er das Heil offensichtlich nicht in einer neuen Gerichtsorganisation, sondern vielmehr mit Fug und Recht in einer möglichst zeitgemäßen Ausbildung des Juristennachwuchses in gewerblichen Instituten erblickt.[38])

Ich glaube nun zwar nicht mit Rathenau,[39]) daß die Absage der Regierungen die Sondergerichtsanhänger zu erhöhten Bemühungen angestachelt hat, denn die Vorarbeiten der Kommission für den Kongreß liegen viel weiter zurück, als die Ministerialerlässe der größten Bundesstaaten. Ich glaube es auch deshalb nicht, weil der deutsche Verein seine vorhin bereits historisch gekennzeichneten Bestrebungen in einzelnen Punkten zu und auf dem Leipziger Kongreß eher gemildert, wie verschärft hat. Ich glaube es endlich deshalb nicht, weil das Vorgehen des deutschen Vereins — wie jeder Gegner der Sondergerichtsbestrebungen anerkennen muß — ein sozusagen organisches und konsequentes gewesen ist.[40])

Allein der Anschauung war[41]) und bin ich, daß die Kommission und Verwaltung des deutschen Vereins ernsthaft einen Erfolg für die Thesen 2 bis 15[42]) nicht erhofft, dementsprechend auch eigentlich nur die These 1 („es ist wünschenswert, daß in Sachen des gewerblichen Rechtsschutzes aus Rechtsgelehrten und technischen Richtern zusammengesetzte

---

[37]) Siehe für Königreich Sachsen: Ministerialerlaß vom 29. November 1907.

[38]) Siehe Dove, Deutsche Juristenzeitung, VII. Jahrgang, S. 15 über die Kurse der Handels- und Sozialakademie in Frankfurt am Main. Hier ist auch an die Ausbildung der jüngeren Juristen in Bearbeitung von Patentprozessen durch die Kurse von Edwin Katz, Prof. Hartmann-Charlottenburg usw. und an die ministerieller Anregung folgenden, vorzüglichen Vorlesungen der k. b. Landesgewerbeanstalt in Nürnberg für praktische Juristen zu erinnern. Diese Vorträge, an welchen sich im Wintersemester 1908/1909 364 Herren aus dem Richter-, Anwalts- und Praktikantenstande beteiligten, behandelten 1. die wirtschaftliche Bedeutung der Technik, 2. die verschiedenen Kraftmaschinen, 3. allgemeine und technische Chemie, 4. Elektrotechnik, 5. Kraftmaschinen.

[39]) S. 325 seines Gutachtens für den diesmaligen Juristentag.

[40]) Was schon aus der beinahe demonstrativen Haltung des Vorsitzenden Schütz gegen Kübler in Düsseldorf — S. 48 des Berichts — hervorgeht.

[41]) Siehe meine Schrift: „Techniker als Richter", Nürnberg 1908, Carl Kochs Verlagsbuchhandlung, Seite 10.

[42]) (abgedruckt S. 325 und 326 im Rathenauschen Gutachten.)

Gerichte eingerichtet werden) verteidigt und — freilich unter Verschärfung des Wortes „wünschenswert" in „erforderlich" — zur Annahme gebracht hat.

Außer der Hauptthese wurden noch folgende Anträge angenommen: Derjenige von Seligsohn.[43])

„Der Kongreß hält die in einzelnen Bundesstaaten erfolgte Konzentrierung der Patentstreitigkeiten bei einzelnen Kammern und Senaten der Gerichte für zweckmäßig und wünscht eine weitere Durchführung dieser Konzentration mit folgender Maßgabe:

1. Bei Besetzung der Patentkammern und Patentsenate ist auf die Ausbildung und Neigung der betreffenden Richter Rücksicht zu nehmen.

2. Außer den Parteien müssen auch deren technische Angestellte und die Patentanwälte in der mündlichen Verhandlung zum Worte verstattet werden."[44])

Endlich der von Reichsgerichtsrat Dr. Hagens:[45])

„Die Anordnung einzelner deutscher Justizverwaltungen, wonach die Streitigkeiten aus dem Gebiete des gewerblichen Rechtsschutzes bestimmten Zivilkammern von Landgerichten ausschließlich zugewiesen werden, sind zu begrüßen. Zur weiteren Verfolgung des damit angestrebten Zweckes ist es erwünscht, daß im Wege der Gesetzgebung das ganze Reichsgebiet in große Bezirke eingeteilt wird, für welche je ein bestimmtes Land- und Oberlandesgericht für ausschließlich zuständig erklärt wird." —

Jedem, der die Leipziger Kommissions- und Kongreß-Beschlüsse vergleicht, fällt sofort die Schmalheit der letzteren auf. In der Tat hat, wie gesagt, keiner der Redner die Thesen 2 bis 15 der Kommission verteidigt.

Wohl hat Wildhagen[46]) — ohne Rathenaus gegenteiliges statistisches Material zu unterschätzen — die ungebührliche Länge der Patentprozesse im Verhältnis zur nur 15jährigen Schutzfrist gegeißelt.[47]) Wohl hat Wildhagen die zum Ausgleich gegen die Prozeßdauer

---

[43]) S. 92 des Leipziger Berichtes.

[44]) Gründlichst behandelt bei dem 1909-Kongreß in Stettin, s. S. 114 ff. des Stettiner Berichtes.

[45]) S. 122 des Leipziger Berichtes.

[46]) S. 28 des Leipziger Berichtes.

[47]) Freilich wurde demgegenüber (insbesondere auch von Seligsohn) festgestellt, daß 60 % aller Fälle in Berlin binnen 1/2 Jahr im ersten Rechtszug entschieden werden und innerhalb des ganzen Deutschen Reiches 50 % innerhalb der nämlichen Frist.)

möglichen Schadensansprüche in Patentstreitigkeiten als bedeutungslos und auf dem Papier stehend bezeichnet. Wohl hat er die Hauptthese derjenigen verfochten, welche dem Juristenrichter den höheren technischen Intellekt absprechen.[48]) Wohl hat er die Figur des Sachverständigen als solchen bekämpft, der auf das ihn nichts angehende Rechtsgebiet mit Vorliebe hinübergreife.[49]) Allein zur Frage des Haupt- oder Ehrenamtes, der Zentralisierung oder beschränkten bezw. unbeschränkten Dezentralisierung, zur Frage der Zusammensetzung des zweit- und drittinstanziellen Kollegiums, zur Zahl und Provenienz der technischen Richter, sprach sich Wildhagen nicht aus.

Duisberg[50]) machte sich Wildhagens Einwand der langen Dauer der Rechtsschutzprozesse zu eigen und erklärte, es passe nicht in das Erfindergebiet, zehn Jahre zu prozessieren und nur fünf Jahre Nutzen vom Schutzrecht zu haben.[51])

Auch Bolze[52]) verbreitete sich nur allgemein über das Bedürfnis der Technikerrichter, die er, der Hamburger Resolution entgegen, wie Martius, nur ehrenamtlich angestellt sehen will.

Isay sprach seinen Kollegen die Fähigkeit ab, ein Patent ohne Techniker auszulegen, und verlangte nach dem Sachverständigen hinter, nicht bloß vor der Barre. Meinhardt verwies auf zahlreiche Einzelfälle von Fehlschlüssen auf dem Rechtsschutzgebiete (die freilich unbegreiflicherweise dem Kongreß nicht zur Verfügung standen und demnach vielleicht zum Teil mehr in der Phantasie der Reformationslustigen existierten[53]).

Bucherer[54]) ging auf die Frage der Art der Anstellung der technischen Richter ein, und begutachtete sie bloß im Ehrenamt, weil im Hauptamt Dozenten nicht, bezw. nicht genügend, zu finden seien, während

---

[48]) Famos bekämpft von Klöppel-Dresden (S. 99 des Berichtes).

[49]) S. 33 bis 35 des Berichtes.

[50]) S. 76 des Berichtes.

[51]) Verwandte Ideen siehe bei Jürgensohn, 1906, „Die wirkliche Lebensdauer der Patente," 39 bis 86.

[52]) S. 60 ff.

[53]) Abgesehen von den Kongreßrednern, zumal Geheimrat Kübler und Soetbeer (S. 104), gerügt von Alexander Katz, „Über Sondergerichte für den gewerblichen Rechtsschutz," 15. Dezember 1908, Zeitschr. f. Industrie-Recht, 254, von Philipp Ritter von Stahl, Gutachten zum Juristentag, S. 232 und Rathenau, S. 333 und 334.

[54]) Seite 114.

Häuser[55]) umgekehrt den Techniker im Hauptamte wirken lassen will und die Anschauung begründete, daß zu technischen Richtern es keiner Koryphäen bedürfe. Diese könne man sich für die Spezialsachverständigen, welche trotz der Technikerrichter nicht zu entbehren seien, aufbewahren. Häuser[56]) erklärte schlankweg, daß die Juristenrichter den Kern der Streitfragen des gewerblichen Rechtsschutzes nicht kapierten, weil ihnen die erforderlichen Vorkenntnisse fehlten.

Die vorstehende Blütenlese ist absichtlich ganz kurz gehalten, da für den gründlichen Beurteiler die Lektüre der Seiten 19 bis 126 des Leipziger stenographischen Berichtes unumgänglich ist. Allein so viel läßt schon der Auszug ersehen, daß man auf die Details der Kommissionsbeschlüsse in Leipzig nicht eingegangen ist. Es schien Vereinbarung unter den Reformfreunden vorzuherrschen, wenigstens das Prinzip des Technikerrichters unter Dach und Fach zu bringen.

Ich bin daher, wenn ich zur Frage der geplanten Sondergerichte mich äußern soll, zum Teil darauf angewiesen, die offizielle Kommissionsbegründung als einzige sedes materiae etwas näher ins Auge zu fassen.

Der Deutsche Verein argumentiert in bezug auf die Bedürfnisfrage vor allem damit, daß die auch seitens des Ministeriums als notwendig erkannte Heilung des Notstandes nicht mit Palliativmitteln zu betreiben, vielmehr das Übel an der Wurzel anzufassen sei. Dieses Übel ist — so sagen die Gründe der Kommission — die Unmöglichkeit für Nichttechniker, komplizierte technische Probleme[57]) auf dem Gebiete der Mechanik oder Chemie oder Elektrotechnik zu verstehen.[58])

Und das ist — ich darf mich wohl selbst zitieren — das Ja und Amen jedes Plaidoyers für merkantile oder technische Sondergerichte. Alle anderen Berufszweige sind des gesunden Menschenverstandes teilhaftig, nur der Jurist geht ohne dieses notwendige geistige Organ durch die Welt.[59])

---

[55]) Seite 66 ff.

[56]) Siehe Seite 68.

[57]) Katz — S. 38 des Leipziger Berichtes — greift mit Recht schon diesen Ausdruck an und legt dar, daß ein Patentverletzungsprozeß usw. durchaus nicht die Lösung und auch nicht das Verständnis komplizierter technischer Probleme verlangt.

[58]) Duisberg, S. 77 des Berichtes. — Dr. Hahn, Vortrag in Jena in der Farbgruppe für gewerblichen Rechtsschutz des Vereins Deutscher Chemiker, 1908; der nämliche als Kongreßredner, S. 103 des Berichtes.

[59]) „Die Weltfremdheit der Richter,“ Riß, Deutsche Richterzeitung, 15. Mai 1909, Nr. 5. S. 114.

Es wird übersehen, daß der praktische Jurist von dem Moment an, wo er die humanistischen Kinderschuhe ausgezogen hat, Anschauungsunterricht zu treiben gewohnt ist. Ganz abgesehen davon, daß heute schon die Gymnasien den veränderten industriellen Verhältnissen Deutschlands reichlich Rechnung tragen und, seitdem sich die wirtschaftlichen Verhältnisse erheblich gewandelt haben, alle akademischen Kreise mit dem früheren rein doktrinären Lehrgang aufgeräumt, die naturwissenschaftlichen sowie technischen Kenntnisse dem Oberrealschüler, Gymnasiasten und Studenten zur Pflicht gemacht haben, „das Turngerät der heutigen humanistischen Bildung, um mit unserem Gegner Duisberg[60]) zu reden, also mindestens so gut ist, wie das der modernen Bildung“, steht heute — zumal in den größeren Städten — der Jurist gewöhnlich in konstantem geistigen und sozialen Konnex mit Männern des Handelsstandes und der Industrie. Er wird durch Zeitschriften und Tagesblätter, durch Vorgänge des täglichen Lebens, durch Umgang und Klientel, Tag für Tag mit Vorgängen des Verkehrs und technischen Lebens vertraut gemacht.[61]) Die Rechtsanwälte beschränken sich nicht auf begriffliche und methodische Darlegungen des Falls. Sie sind bestrebt, plastisch und praktisch ihren Anschauungsunterricht von Fall zu Fall zu erweitern. Heute lassen sie sich von einem Bankier, morgen von einem Mandanten der Soda- oder Leimbranche und ein andermal über Fragen der Elektrizität informieren. Das Interesse aber des weitaus größten Teils der Berufsrichter, die, wie Stahl[62]) trefflich ausführt, „auch sonst mit allen Lebensverhältnissen, mit jedem Zweig der Wissenschaft, jeder Form der Berufsausübung und des Erwerbes, jedem Gebiet künstlerischen Schaffens, in Berührung kommen,“ für die, zumal in größeren Gerichtssprengeln, häufig behandelten technischen Disziplinen ist nicht geringer, wie das Interesse der Anwälte.[63]) Mit offensichtlicher Befriedigung läßt sich das Kollegium Zeichnungen sowie Modelle vorlegen und vorführen.

„Wissen Sie, wie wir es in Dresden machen? (sagt in frischer, überzeugender Form Oberlandesgerichtsrat Lobe).[64]) Da wird in der ersten

[60]) S. 77 des Berichtes.

[61]) Die Auswüchse dieses neuen Systems beleuchtet Baath-Stargard, Deutsche Richterzeitung, 1. Oktober 1909, S. 222: „jedes Gewerbe verlangt, daß der Richter sich in ihm praktisch betätigen soll. Da aber kein Richter sämtliche Gewerbe durchlaufen kann, so verlangt jedes Gewerbe besondere Standesrichter.“

[62]) S. 236 seines Gutachtens.

[63]) Ephraim, Zeitschrift für Industrierecht 1907, S. 196.

[64]) S. 73 des Berichtes.

Verhandlung Beschluß gefaßt: Besichtigung der Maschinen ....
Da gehen wir mit den Parteien hin, die Sache wird besprochen, demonstriert und herausgeschält. ....
Wir wollen doch mal erst die vorhandenen Mittel ordentlich anwenden. Daß das gemacht wird, das ist das große Verdienst der Justizverwaltung, daß sie mal ordentlich den Daumen darauf drückt, wo es falsch gemacht worden ist."

Unter dem Eindruck derartigen Willens und Wissens seiner Spezialkollegen, unter dem Eindruck dieses wohlberechtigten Selbstbewußtseins eines leistungsfähigen Praktikers, schreibt Wertheimer kurz nach dem Leipziger Kongreß in der Leipziger Zeitschrift[65]): „Daß dem Juristen als solchem überhaupt die Fähigkeit zum anschaulichen Denken fehlt, ist eine fable convenue, die man umsoweniger zum Axiom zu stempeln suchen sollte, als die Fälle recht zahlreich sind, in denen der Jurist den Sachverständigen ad absurdum führte. Die tägliche Praxis zeigt denn auch, daß die sogen. analysierende Denkweise, unterstützt freilich von praktischer Lebenserfahrung und einer gewissen Summe außerjuristischer Kenntnisse, dem bloß „anschaulichen" Denken überlegen ist."

Wertheimer hatte überdies schon in seinem ersten Aufsatz im „Markenschutz und Wettbewerb" vom 15. Juni 1908 darauf hingewiesen, daß der geradezu schöpferischen Judikatur des Reichsgerichtes auch die Techniker ihre Anerkennung nicht versagen könnten und daß diejenigen, denen in erster Linie die Ausgestaltung des gewerblichen Rechtsschutzes zu danken sei: Allfeld, Bolze, Damme, Finger, Isay, Kaiser, Kent, Lobe, Osterrieth, Rhenius, Robolski, Paul Schmid, Seligsohn, Pouillet, und Altmeister Kohler nichts — wie Juristen seien.

Sehen wir uns nun die gegenteilige Kritik der eigenen Kollegen[66]) etwas näher an:

Zunächst unser gemäßigter Gegner Dr. Klöppel-Dresden. Er schreibt in der heurigen Aprilnummer 4 der grünen Hefte:

„Der Wunsch, bei Erörterung technischer Fragen die juristisch gebildeten Richterkollegien durch sachverständige Richter zu ergänzen, ist so begreiflich und so ohne weiteres berechtigt, daß es wirklich nicht notwendig war, zum Zwecke seiner Durchsetzung die Juristen der gänzlichen Unfähigkeit zum Verständnis technischer Schwierigkeiten zu bezichtigen. Nach

---

[65]) S. 671 ff.

[66]) Vor allem: Isay, Wildhagen, Klöppel.

meiner Erfahrung ist der Jurist sehr wohl befähigt, sich auch in schwierigere technische Probleme hineinzuarbeiten; das übersteigt keineswegs die Schwierigkeiten, die auch sonst zu überwinden seinen eigentlichen Beruf ausmachen. Aber, daß diese Überwindung der Schwierigkeit viel rascher, sicherer und leichter vor sich geht, wenn dem Richter von vornherein ein technischer Helfer zur Seite steht, das zeigen die leider noch viel zu seltenen Verhandlungen, in denen das Gericht von Anfang an einen Sachverständigen zuzieht."

Und Wildhagen, der enragiertere Reformator, schreibt schon vor dem Leipziger Kongreß: „Unsere Ausbildung, die wir genossen haben, läßt uns bei dem Verständnis für technische Fragen schmählich im Stich. Nur heiße, mühselige Arbeit kann im einzelnen Falle eine notdürftige Aushilfe schaffen, und meist auch nur dann, wenn zufällig ein gewisses Maß natürlicher Veranlagung vorhanden ist."

Nun zu Isay, dem feurigsten Beistand der Technik und Industrie! „Kann der Richter durch Interpretation des Patentes oder Gebrauchsmusters die wesentlichen Merkmale des Schutzes aufstellen? Nein, das kann er nicht. Denn um ein Patent auszulegen, dazu gehört in den meisten Fällen die Kenntnis des Standes der Technik; aber nicht bloß die rein wissenschaftliche .... Was wir Juristen nicht lernen, ist anschauliches Denken. ....
Die Ausbildung auf der Universität gibt nur eine unheimliche Schulung des rein abstrakten Scharfsinns." ....

Gewiß wird jeder nicht unbescheidene Jurist dieser Selbstkritik einigermaßen im Prinzip zustimmen.

In der Tat mag — wie Professor Apt-Berlin zugesteht — „unserem Juristenstand in vielen Fällen diejenige wirtschaftliche und technische Vorbildung noch fehlen, die eigentlich zur Entscheidung sehr vieler Streitigkeiten notwendig ist, diejenige Vorbildung, wie sie durch die Entwicklung unserer Zeit, die ja durch die Worte Wirtschaft und Technik charakterisiert wird, bedingt wird."

Allein wollten wir die Folgerung aus den Argumenten der Herren Isay, Wildhagen und Klöppel verallgemeinern, so müßte der Richter in landwirtschaftlichen Fragen Landwirte,[68]) in den Fragen des Urheberrechts Verleger oder Literaturkenner oder Fachschriftsteller oder Fachzeichner, bei Unfallprozessen Mediziner oder Versicherungs-

[67]) S. 103 des Kongreßberichtes.

[68]) Ebenso Degen, S. 101, Leipziger Bericht.

beamte, kurz bei allen Rechtsstreiten jeweils Branche- und Fachrichter, als Mitglieder des Kollegiums herbeirufen. Wohin in aller Welt soll die einfache logische Konsequenz dieses Wildhagenschen Selbsttadels führen?

Diplomingenieur Dr. jur. Runkel-Langsdorf (Ingenieur und Jurist, also ein gewiß nicht einseitiger Kritiker) gibt in seinem Artikel[69]) eine zutreffende Entgegnung: „Es darf nicht außer Betracht bleiben, daß das Gebiet der menschlichen Tätigkeit und Wissenschaft ein so umfassendes ist, daß ein unendlich großer Apparat von Beisitzern aufgeboten werden müßte, sollten auch nur die hauptsächlichsten Gebiete, in denen Streitigkeiten zu entstehen pflegen, bei Gericht vertreten sein. Es sei hier nur an das große Gebiet der Technik erinnert, das allein mehrere Vertreter erfordert: ein Chemiker wird trotz seiner Vorbildung nicht imstande sein, über Brückenbaukonstruktionen auch nur mitzureden, geschweige denn ein Gutachten abzugeben. Ebensowenig wird ein Ingenieur, der sich mit elektrischen Leitungsanlagen oder mit Turbinenbau beschäftigt, sich über bergmännisches Hüttenwesen äußern können."

Dann fährt Runkel-Langsdorf fort:

„Dieser kurze Überblick mag genügen, um zu zeigen, wie vielgestaltig die Aufgabe sein kann, die mit Hilfe des Sachverständigen gelöst werden soll. Er zeigt ferner, daß es unmöglich ist, Sachverständige als richterliche Beamte in der nötigen Zahl zu beschaffen. Von vornherein ist also die Ansicht auszuschalten, als könnten die angestellten Betrachtungen die Sachverständigenfrage im allgemeinen lösen; im Gegenteil, es beziehen sich, wie auch meist ausgesprochen wird, die Erörterungen immer auf einen Ausschnitt aus dem großen Gebiet der Technik."

M. a. W.: die klare und erschöpfende Sachkunde, die Wildhagen und seine Anhänger begehren,[70]) wird bestenfalls dann dem Richterkollegium verliehen werden können, wenn jeweils der speziellste Spezialist Fall für Fall als Richter ausersehen wird. Da dies aber nach den Verhältnissen der Praxis eine Utopie und die Ausbildung eines Laienrichtertums für jede Sparte der großen, mächtigen Technik eine nicht lösbare Aufgabe ist,[71]) so ist auch die Idee einer im Falle der Neueinführung

---

[69]) „Der sachverständige Richter," Zeitschrift für Industrierecht, 15. Juni 1908, Nr. 12, S. 133.

[70]) Auch S. 34 und 35 des Kongreßberichts.

[71]) So auch Professor Schlesinger.

nicht mehr mangelnden Sachkunde des Richterkörpers im Prinzip utopistisch. Wird aber das von Schütz[72]) in Aussicht gestellte System des jeweiligen Spezial-Technikerrichters verlassen, so ist den Intentionen Wildhagens gewiß nicht mehr gedient. Denn was der Nahrungsmittelchemiker von einem Rußofen, was der Wasserleitungsingenieur von einem Feueranzünder, oder[73]) der Telephonspezialist vom Dynamomaschinenbau, der Farbenchemiker von Glühkörpern, versteht, das verstehen verständige, scharfsinnige, fleißige, sorgfältige und gewissenhafte Juristenrichter — die in allen möglichen anderen technischen Streitfällen doch ebensowenig versagen[74]) — ebenfalls von diesen Materien.

Wildhagen gibt ja auch zu, daß von solchem Normal-Richtermaterial[75]) eine gesunde Urteilsfähigkeit verlangt werden muß.

Professor Dr. Paul Alexander Katz hat namens des Vereins zur Beförderung des Gewerbfleißes in Deutschland erklärt, es bestehe kein Bedürfnis für eine Änderung der Gerichtsverfassung, sondern nur ein Bedürfnis für eine Verbesserung unseres Richtermaterials, indem dieses mit den Bedürfnissen unserer Zeit in Einklang gebracht werde.[76])

Die ministeriellen und präsidiellen Geschäftseinteilungen sollen naturgemäß der individuellen Vertrauenswürdigkeit Rechnung tragen. Sie sollen durch Vermeidung der culpa in eligendo die Mißstimmung der Industrie nicht mehren. So gut große industrielle Etablissements Berufsjuristen mit Erfolg an ihre Spitze stellen, so gut wird mit seinem höheren Zwecke auch der mit der Rechtsschutzmaterie betraute Richter wachsen.[77])

Allein angenommen, der Richter von ehedem sei zum alten Eisen zu werfen und es könne auch der „moderne Richter", von dem der Präsident des gemeinschaftlichen Thüringischen Oberlandesgerichts Börngen

---

[72]) Oktober 1901, Gewerblicher Rechtsschutz „Sondergerichte," Nr. 10, S. 284; Leipziger Bericht, S. 52, Rathenau, S. 407.

[73]) Wie Stahl — S. 246 — exemplifiziert.

[74]) Riß, „Die Vorbildung der Richter," Deutsche Richterzeitung, 15. April 1910 und 15. Mai 1910.

[75]) „Das im Kollegium die Richtigkeit seiner Ansicht im Kampfe mit der Gegenmeinung erprobt" Düringer, Richter und Rechtsprechung, 1910, S. 47.

[76]) So auch Lobe, S. 73 des Kongreßberichtes.

[77]) „Die Laienrechtsprechung" von Jacobson, Zeitschrift f. Industrierecht, 1908, S. 204.

bei Einführung in sein Amt am 31. Dezember 1909 schwärmte,[78]) den Techniker als Beisitzer nicht entbehren, so ist immer noch mit Lobe[79]) den Reformern vorzuhalten: „Wenn Sie nun vollends Gerichte haben, in denen Juristen die Unbegrifflichkeit besitzen, da weiß ich eigentlich nicht, was die technischen Beiräte bei der Sache sollen. Besteht diese Unbegrifflichkeit, können die technischen Beiräte die Juristenkollegen in die technischen Probleme nicht einführen, da wird immer der Fall entstehen, daß die Sachen von Leuten entschieden werden, die zum Teil die Sachen nicht verstehen."

Nun war und ist es überhaupt nicht so, daß am Richtertisch ein Greis sitze, der sich nicht zu helfen wisse, der allein, hilflos und weltfremd sei, den niemand aufkläre und der in der Industrie mit täppischen Händen Schaden über Schaden anrichte.

Der Patentrichter stand und steht fürderhin erst recht keineswegs allein. Er hatte und hat ja den Sachverständigen als Gehilfen. Wählt er den wahrhaft Sachkundigen und Unbefangenen[80]) aus, so wird ihm auch künftig unter seiner Anleitung die Wahrheitsforschung im technischen Betreff nicht schwer fallen.[81]) Verstünde indes der Juristenrichter die Sprache der Sachverständigen so wenig, wie die Anhänger der Technikergerichte behaupten, so würde er auch die die Sprache der Sachverständigen sprechenden Technikerrichter innerhalb und außerhalb des Beratungszimmers nicht verstehen.

Allein der von den Gegnern[82]) aufgestellte Satz, daß der Rechtsgelehrte den Sachverständigen nicht verstehe, sonach des Beirates als Dolmetschers bedürfe, ist falsch, mindestens furchtbar übertrieben. „Das soll Schwierigkeiten machen — sagt der Praktiker Edwin Katz[83]) —

[78]) Siehe seine sympathischen Ausführungen auch im 57. Band der Blätter für Rechtspflege in Thüringen, dann den Artikel „die Aufgaben des modernen Richters," von R. A. Dr. Böckel-Jena, Frankfurter Zeitung, Freitag, 3. Juni 1910, I. Morgenblatt.

[79]) Leipziger Bericht, S. 114.

[80]) Duisberg widerspricht sich. Erst sagt er erstaunlicherweise: „Die Sachverständigen aus der Industrie werden abgelehnt, weil sie parteiisch sind" (S. 78 des Leipziger Berichtes) und wenige Zeilen weiter unten: „in England gibt es keinen unparteiischen Sachverständigen, wie bei uns". Letzteres dürfte das richtigere sein, wenigstens in Normalfällen, mit welchen wir allemal rechnen müssen.

[81]) Siehe Mintz, „Das Sachverständigenwesen," gewerblicher Rechtsschutz S. 65, März 1905.

[82]) Z. B. Häuser, S. 68 des Leipziger Berichtes.

[83]) S. 39 des Leipziger Berichtes.

für einen Richter, einen Sachverständigen darüber zu befragen, welche Bedeutung einem Ausdrucke X oder Y zukomme? Dazu sollte er noch einer besonderen Beihilfe bedürfen? .... Der Richter weiß, was ihm für sein richterliches Denken zur Entscheidung fehlt und stellt die technische Frage dem Sachverständigen. Das ist die Grenzlinie, die dem Sachverständigen gezogen ist; das heißt nicht dem Sachverständigen die Entscheidung des Rechtsstreites übertragen, sondern nur den Gehilfen heranziehen, den der Richter braucht, um das Tatsächliche zur Ergänzung des Tatbestandes hervorzuholen."[84])

Nun zum Rechtsschutzprozesse selbst! Rathenau hat dargetan, daß der 4. Teil aller Rechtsschutzsachen bloß Rechtsfragen betrifft. Es ist nicht zu vergessen, daß in manchen Fällen vorab die Rechtsfrage, und hernach erst die Tatfrage, zu entscheiden ist. Angenommen, es liege eine Verjährung vor, oder es sei ein Unzuständigkeitseinwand gebracht, oder es sei eine Klage unrichtig gestellt bezw. geändert, oder es sei eine Aktiv- bezw. Passivlegitimation nicht gegeben, kommt die Tatfrage unter Umständen gar nicht zur Erörterung. In solchen Fällen, bei denen rein rechtliche Fragen in Betracht kommen, könnte unter Umständen der Techniker die Rechthaberei oder Kurzsichtigkeit, welche dem Berufsjuristen zum Teil vorgeworfen wird, anwenden. Oder man müßte dem technischen Richter, welcher ein ausreichendes Maß mindestens prozessualer Rechtskenntnisse besitzen müßte, eine Vertiefung in diese zumuten.

Es ließe sich noch eine Reihe von Situationen anführen, in welchen die Rechtsfrage von der Tatfrage vollständig getrennt liegt, wie es auch eine große Übertreibung ist, die Antwort auf technische Fragen mit der Entscheidung des Streites zu identifizieren. Die Prämisse dreier Hauptverteidiger der Technikerrichter, Tolksdorf,[86]) Damme[87]) und Isay,[88]) eine Trennung beider Fragen sei unmöglich, ist leicht zurückzuweisen.[89]) Ich erinnere an die rein rechtlichen Theorien von Abhängigkeit und Identität, die sehr leicht zu einer Vorabentscheidung führen

---

[84]) Der nämliche Autor: „Das Sachverständigenwesen auf dem Gebiete des gewerblichen Rechtsschutzes," S. 71, Gewerblicher Rechtsschutz, März 1905.

[85]) S. 82 des Leipziger Berichtes.

[86]) Tolksdorf, „Patentgerichte," S. 18 ff.

[87]) Damme, „Sachverständige Gerichte oder gerichtliche Sachverständige", S. 394, Deutsche Juristenzeitung, 1908, Nr. 7.

[88]) Isay, „Gerichtsbarkeit in Patentprozessen," S. 14.

[89]) Lobe, S. 73 ff. Leipziger Bericht.

können. Ich erinnere an den Umfang des zivilrechtlichen Schutzes eines Patentes gegenüber Verbalstörungen, an die rein juristischen Begriffe der Feststellungs- bezw. Untersagungsklagen. In solchen Fällen tut sich der Berufsrichter wahrlich gegenüber seinem Spezialkollegen leichter.

Eine große Bedeutung nimmt bei den Motiven der Kommission die Frage der Formulierung von Beweisbeschlüssen bei Patentstörungen, sowie die Frage über die Auslegung des Patentumfanges ein. Man hat hierbei die vielfach beklagten Mängel der Beweisbeschlüsse im Auge. Ganz zweifellos ist gerade dieser Punkt von größter Wichtigkeit.[90]) Die mit Recht seitens der verschiedenen Obergerichte[91]) und Kommentare[92]) gerügte Fassung der Beweisbeschlüsse: „Es soll Beweis darüber erhoben werden, ob der Beklagte das klägerische Patent verletzt hat", dokumentiert ein nicht allzu hohes Verständnis für die Aufgabe der Patentprozeßleitung. Allein wenn die Gerichte den Experten geeignet ausholen (somit den Sachverständigen z. B. zur Äußerung beauftragen, ob die Konstruktion des Gebrauchsmusters nicht hergestellt oder in Benutzung genommen werden kann, ohne die wesentlichen Gedanken des Patentes dabei mit zu benutzen oder zu verwenden)[93]), so wird der Wunsch Tolksdorfs und seiner Freunde auch ohne die Technikerrichter in Erfüllung gehen, daß das Gericht schon bei Fixierung der Beweisthemata die technischen Pointen festlegt, die Patente nicht nach Laut und Etymologie der Worte, sondern nach Sinn und Zweck der Erfinderidee, auslegt, auch nicht gedankenlos, pro stylo, die Ausführungen des Sachverständigen in sein Urteil aufnimmt. Die §§ 402, 404 der Prozeßordnung, auch § 73 StPO., bieten in der Hand eines einigermaßen fähigen Juristen als Richters ausreichende Handhabe gegen mangelhafte Beweisbeschlüsse.

Hier setzt der Preußische Erlaß vom 11. Oktober 1907 ein: „Sehr zweckmäßig wird es ferner sein, wenn die Gerichte mehr, als bisher, von der Befugnis des § 144 ZPO. Gebrauch machen, die Einnahme des Augenscheins anzuordnen, falls nicht die Parteien ohnedies schon Originale oder Modelle der angeblich verletzenden Gegenstände auf der Gerichtsschreiberei niedergelegt haben. Die Vorschrift des § 144 ist — namentlich

---

[90]) Edwin Katz, Gewerbl. Rechtsschutz, März 1905, „Vorschläge über die Grundsätze betr. Fassung von Beweisbeschlüssen," S. 77.

[91]) Jur. Wochenschrift 1892, S. 430 (RG. vom 21. Oktober 1892).

[92]) Kohler, Handbuch des deutschen Patentrechts, S. 864. — Tolksdorf, S. 15ff.

[93]) Mintz, 1905, Gewerblicher Rechtsschutz, S. 66.

in Verbindung mit der des § 372 Absatz I daselbst — auch nach anderer Richtung von besonderem Werte. Sie bietet dem Gerichte die, soweit ersichtlich, bisher zu wenig benutzte Handhabe, unabhängig von den Parteien zu seiner eigenen Information, etwa zur Aufklärung bestimmter technischer Ausdrücke der Patentschrift oder zur Einführung in das betreffende Gebiet der Technik überhaupt, Sachverständige zur mündlichen Verhandlung heranzuziehen."

An anderer Stelle heißt es:

„Wünschenswert erscheint es dagegen, gleichzeitig mit der Beeidigung, also vor Abgabe des schriftlichen Gutachtens, den Sachverständigen von dem Kollegium selbst oder wenigstens durch den beauftragten Richter instruieren zu lassen; hierbei können tatsächliche Zweifelspunkte geklärt, es kann der Sachverständige auf die nach Ansicht des Gerichts besonders wesentlichen Gesichtspunkte hingewiesen und ersucht werden, im Falle auftauchender Zweifel dem Gerichte hiervon Kenntnis zu geben; auch werden nicht selten in diesen Instruktionsterminen die Parteien selbst dem Sachverständigen wichtige tatsächliche Aufschlüsse erteilen, die ihm die Arbeit erleichtern und manche Rückfragen überflüssig machen."

„Das bedeutet: schon vor Verkündung des Beweisbeschlusses soll sich nach Ansicht des Ministeriums der Richter über den technischen Inhalt des Patentes Klarheit verschaffen und in den Stand setzen, den Beweisbeschluß brauchbar zu fassen, die Beweisfrage sachgemäß zu stellen. Der oben skizzierte „übliche Beweisbeschluß" des Rechtsgelehrten, über den Wildhagen[94]) spottet, wird bei Beachtung dieser Instruktion für die Zukunft ausgeschaltet.

Katz entgegnet[95]) den den Durchschnittsbeweisbeschluß Ironisierenden: „Diese Beweisbeschlüsse datieren noch aus alter Zeit und selbst wenn sie in der Jetztzeit liegen, betreffen sie ein Gesetz, das erst allmählich in die juristischen Kreise hereingekommen ist.[96]) La verite est en marche. Die Ausbildung der Jurisprudenz ist im Vormarsch ...."

La verité est en marche. Die Ausbildung der Sachverständigen ist ebenfalls im Vormarsch. Schon eingangs streifte ich die heutigen Ge-

[94]) S. 33 des Leipziger Berichtes.

[95]) S. 39 des Leipziger Berichtes.

[96]) von Hinüber-Hamburg, I. Rat und Vertreter der Senatskommission für die Justizverwaltung, konstatierte in Stettin 1909 — S. 18 des Stettiner Berichts — das Interesse der Richter sei gewachsen mit der intensiveren Beschäftigung auf dem Rechtsschutzgebiete. Soweit er jetzt die Urteile durchgesehen habe, komme der „übliche Beweisbeschluß" in Hamburg nicht mehr vor.

legenheiten ernstlicher und gründlicher Vorschulung. Zweifellos ist aber auch das Sachverständigeninstitut als solches möglichst auszubauen und modernisieren. Nach dieser Richtung sind die verschiedensten Wege beschritten bezw. vorgeschlagen, z. B. eine sachverständige Zentralstelle für Nominierung wohlgeeigneter Kräfte,[97]) Anlegung eines Verzeichnisses, das von den Interessenverbänden und Gerichtsvorständen gemeinsam hergestellt und der Öffentlichkeit zugänglich gemacht wird.[98])

Es ist ein berechtigtes Erfordernis der Zeitlage, daß Universitäten, Rektoren,[99]) Technische- und Handelshochschulen, Fachbehörden, Handelskammern und Gewerbemuseen, Ingenieur-Bezirksvereine und Gewerbe-Verbände[100]) um Nominierung wirklich geeigneter Sachkundiger[101]) ersucht und daß dementsprechend materiell die antiquierten Sachverständigengebühren, entgegen der früheren schablonenhaften Abgeltung, beträchtlich reformiert werden.

Die Gebührenordnung für Sachverständige in der seit 1900 bestehenden Fassung der Bekanntmachung des Reichskanzlers vom 20. Mai 1898 (RGBl. S. 369), insbesondere mit den für heutige Verhältnisse recht veralteten §§ 3 und 4, paßt nicht in eine Zeit, in welcher die Ministerien selbst in unseren Streitfragen ausschlaggebendes Gewicht auf die Sachverständigen[102]) legen und der tadellose Satz geprägt wurde, ein überzeugendes Gutachten vermittle am besten den Rechtsfrieden.[103]) Die Ältesten der Berliner Kaufmannschaft haben am 4. April 1907 eine Eingabe

---

[97]) Nach Vorschlag von Martius dem Reichsamt des Innern anzugliedern. („Über die Errichtung eines selbständigen, gemischten Patentgerichtshofes," Sonderabdruck aus der „Chemischen Industrie," 1907, S. 6.)

[98]) So Baden, laut Justizministerialerlaß 1910. — Schon 1907 (29. Juni) von dem Sekretär der Nürnberger Handels- und Gewerbekammer, Gunz, im „Tag", Nr. 324 im Aufsatz „Technische Prozesse" empfohlen.

[99]) Mintz, S. 67, 1905, Gewerblicher Rechtsschutz.

[100]) Ernst Stöcker, Köln-Deutz, Technik und Wirtschaft, 1. Jahrgang. 1. Heft, 1908, S. 28.

[101]) Siehe: Mintz, März 1905, S. 65 Gewerblicher Rechtsschutz. — Katz, S. 71, ebenda. — Wirth, Grüne Hefte, 1908, S. 206 ff. Reichsgerichts-Entsch. vom 5. Juni 1909 (Markenschutz und Wettbewerb 1909/1910, S. 91/2).

[102]) Siehe Verfügung des k. bayr. Justizministeriums vom 31. Januar 1909!

[103]) Rathenau, „Das Sachverständigenwesen in Patentprozessen," S. 37; Gutachten desselben, S. 352.

an den Reichskanzler gerichtet, in welcher eine Reform der Gebührenordnung als dringend wünschenswert bezeichnet wurde.[104])

Ceterum censeo: bessere und besser honorierte Sachverständige!

Doch die Vorzüge des Technikers vor der Barre und die Nachteile desjenigen hinter derselben sind noch nicht aufgezählt.

Die erste Zierde des Richters ist seine totale Unabhängigkeit,[105]) seine Objektivität und Parteilosigkeit, deren Mangel bei Laienrichtern nur zu oft seitens der eigenen engeren Berufsgenossen Beanstandung fände.[106]) Die Erfahrungen mit den Kaufmanns- und Gewerbegerichten sind wahrlich nicht verlockend.[107]) Vestigia terrent.

Die konsequente und gemeinsame Schulung der Berufsjuristen, deren tägliche Aufgabe die Rechtsanwendung, die juridische Destillierung,[108]) und das Richten ist,[109]) ist auch kein leerer Wahn. Kohler verlangt folgerichtig, daß jeder einzelne Rechtszweig mit dem Nährboden des allgemeinen Rechts im Zusammenhang bleibe.

Hier wenden die Sondergerichtsfreunde gewöhnlich ein, es sei selbstredend, daß Landgerichtsräte und -Anwälte so urteilen, jeder lobe seine Kappe.[110]) Solchem kleinzügigen Einwand halte ich aber die konsequent

---

[104]) Aufsatz von Friedrichs, Deutsche Juristenzeitung 1907, S. 1002. Ferner: Zeitschrift für Industrierecht, 1907, Sprechsaal, „Das Sachverständigenwesen auf dem Gebiete des gewerblichen Rechtsschutzes," S. 251.

[105]) „Der Richter und die öffentliche Meinung," Ortel-Leipzig, Deutsche Richterzeitung, 15. Oktober 1909, S. 267.

[106]) Albert Träger, im „Recht," 1910, S. 62. — Katz, S. 36 des Berichts. — Kübler, S. 56 des Berichts.

[107]) Siehe meine „Laien- und Sondergerichte," Deutsche Richterzeitung 1909.

[108]) Bericht des Kölner Kongresses, S. 19.

[109]) Landenberger, Z. Ind. R., S. 99, 1908. — Ernst Fuchs-Karlsruhe, dessen Anwürfe von Düringer in verschiedenen Aufsätzen zurückgewiesen werden und der sonst nicht gerade für die Juristen der bisherigen Methode schwärmt, räumt in seiner Schrift „Gemeinschädlichkeit der konstruktiven Begriffsjurisprudenz," S. 155, ein, es könne auf sich beruhen, ob die Ingenieure als Richter von gewerberechtlichen Fragen etwas verstehen würden.

[110]) Siehe übrigens als Sondergerichtsgegner: Patentanwalt Georg Neumann („Sondergerichte für Streitsachen aus dem Gebiete des gewerblichen Rechtsschutzes"), Technik und Wirtschaft, 1908, S. 520. Siehe ferner als Sondergerichtsgegner: Patentanwalt Hans Heimann („Zur Frage der technischen Gerichtshöfe, Juli 1910, Nr. 7 der grünen Hefte).

die Sonderrichter ablehnende Haltung des Patentamts — dem ja jetzt Rathenau ebenfalls angehört — und seiner Leitung entgegen.

Präsident Hauß hat sich nämlich in Leipzig energisch gegen die Neuerung ausgesprochen. Er ließ sich dahin aus, „daß beim Patentamt freilich Techniker und Juristen in allen Rechtszügen Hand in Hand arbeiten, er gebe auch zu, daß die gegenseitige geistige Befruchtung von Juristen und Technikern ausgezeichnete Resultate zeitigte. Das Patentamt sei aber kein Gericht, sondern habe sich mit der Rechtsverwaltung zu befassen.[111]) Man müsse deshalb sehr vorsichtig sein, das Verfahren des Patentamtes ohne weiteres auf das der ordentlichen Gerichte übertragen zu wollen. Die Bedürfnisfrage für Sondergerichte müsse sehr sorgfältig erwogen werden, um so mehr, als die gegen die ordentlichen Gerichtshöfe erhobenen Vorwürfe auf dem Kongreß nicht begründet worden seien."

Wir sehen: die prominentesten Persönlichkeiten lassen es nicht gelten, daß der Jurist seine Berechtigung und Fähigkeit, ohne technische Beisitzer zu richten, verwirkt und verloren habe.

Auf der anderen Seite spricht vieles gegen die Zulassung des neuen Laieninstituts.

Dem technikerfreien Gericht wirft man die Prozeßdauer vor. Darf man von dem gemischten Gericht etwa größere Promptheit erwarten?[112]) Vielleicht angesichts der Tatsache, daß uns die Techniker in Patentsachen unheimlich lange mit ihren Gutachten warten lassen? Wissen wir nicht alle, daß diejenigen Prozesse überhaupt kaum ein Ende nehmen, in denen die Techniker den Kollegialgerichten ihre Expertisen „für demnächst" versprachen?[113]) Ich warte nun seit $1^1/_2$ Jahren auf ein Gutachten, das im Dezember 1908 durch Beweisbeschluß des Landgerichts Nürnberg angeordnet wurde. Es handelt sich um eine wichtige Patentsache. Ich

---

[111]) Auch Stahl unterscheidet — S. 253 — sehr wohl zwischen dem System, das der Nichtigkeitsabteilung des Patentamtes und demjenigen, das den gewollten Laiengerichten zugrunde liege.

[112]) Simon, S. 108, 109 des Leipziger Berichts.

[113]) Ernst Stöcker, Köln (selbst Zivilingenieur und gerichtlicher Sachverständiger) schreibt in „Technik und Wirtschaft", S. 42, ehrlichst: „daß das monatelange Hinausziehen der Gutachten „erster Sachverständiger" sich bereits zu einer wahren Not gestaltet und auch mit die Ursache so vieler Prozeßverschleppungen ist, kann ich aus eigner Wahrnehmung bestätigen." — Das komischste ist, daß es Sachverständige gibt, die die Geduld der Parteien und Richter aufs äußerste in Anspruch nehmen und nach vielmonatlichem Hinziehen im letzten Moment ihr Gutachten niederschreiben! —

vertrete den Kläger. Der Beklagte kann aber inzwischen ruhig weiter das Patent meines Mandanten stören ....

Oder geht es gar so rasch mit der Patenterteilung seitens der gemischten Abteilungen des Patentamtes? Arbeiten etwa die Schiedsgerichte, in welchen Techniker sitzen, besonders beschleunigt?

Allein auch weitere prinzipielle Mängel haften der Neueinrichtung an. Degen, Vorsitzender der beim Landgericht Leipzig bestehenden Kammer auf dem Gebiete des Urheberrechts, prognostizierte schon am 29. April 1908 in der juristischen Gesellschaft zu Leipzig, daß der Laienrichter entweder die Neigung haben werde, den Sachverständigen zu korrigieren oder nur dekorativ wirken werde.[114])

Der dem juridischen, objektiven Empfinden abholde Durchschnittstechniker[115]) erscheint nach seiner Denkweise und seiner üblichen — mindestens bisherigen — Vorbildung[116]) zur Bewältigung der Mitarbeit an einem gemischten Patentgerichtshof keineswegs befähigt.

Das ist aber noch nicht einmal ein Vorwurf.

Denn nur besonderen Genies glückt es, auf einem ihnen an sich fern liegenden Berufsgebiet über mittelmäßigen Dilettantismus, über Halbbildung, hinauszukommen.

---

[114]) Mit gerechter Leidenschaft geht Degen gegen die gesamte — ich darf wohl sagen: künstliche — Sonderrichter-Bewegung vor: „Laienrichter im Hauptamte wären Techniker nicht mehr und Richter noch nicht; sie wären eine Halbheit und, wie jede Halbheit, ein Unglück.“ („Gegen die Sondergerichte für Sachen des gewerblichen Rechtsschutzes“, Vortrag gehalten auf den Bezirkstagen am 26. und 29. Mai 1908, S. 14.)

[115]) Edwin Katz, Leipziger Zeitschrift, 1. Januar 1908, Nr. 1. — Prof. Schlesinger, Annalen des Deutschen Reichs, S. 247, 1909. — Rathenau, „Sachverständigenwesen,“ Berlin, 1908. Gutachten S. 344.

[116]) Freilich der von Rathenau den Technikern gemachte Vorwurf (S. 349 unten), die klare, verständliche und anschauliche Ausdrucksweise, falle ihnen schwer, muß ich nach wie vor (siehe „Techniker als Richter,“ S. 29) als einen zuweitgehenden Superlativ erklären. „Juristen-deutsch — Techniker-deutsch.“ — Haust du meinen ..., haue ich deinen ... Auf dieses Niveau brauchen wir uns m. E. nicht zu begeben. Wir dürfen und müssen eben hier wie dort mit Durchschnittselementen rechnen. In diesem Betreff ist also Ernst Herse — Mitteilungen vom Verband Deutscher Patentanwälte, 1907, S. 113 — beizupflichten, der die Übertreibung der Rathenauschen Rügen zurückweist.

Wichenbach-Leipzig wies in der vorhin erwähnten Sitzung der juristischen Gesellschaft zu Leipzig vom 29. April 1908 auf die Schwierigkeit hin, die erforderliche Anzahl von erfahrenen, überdies der Anforderung der Unparteilichkeit genügenden Beisitzern zu finden.

Bolze äußerte schon 1907[117]) das Bedenken, daß „die Techniker erster Ordnung an der Spitze von Etablissements stehen oder eine sonstige feste Lebensstellung haben, während die Techniker zweiter Ordnung, denen auf dem Gebiete des Erwerbes kein glückliches Los beschieden war und die deshalb ihr Leben hinbringen als die Diener der Industrie und die Angestellten zweiter Ordnung, vielleicht nicht einmal auf Lebenszeit Angestellten, neben die bisherigen Berufsrichter als ständige Richter gestellt, zur glücklichen Entwicklung der Sondergerichte nicht beitragen könnten."

Bolze, der 1908 so warm für die Mitwirkung der technischen Herren in Leipzig eintrat, hat noch ein Jahr zuvor in längerer Einleitung seiner eben erwähnten Abhandlung den bisherigen Berufskollegen die erfreulichsten Resultate nachgesagt[118]) und dann lediglich mit der Begründung geschwenkt, daß die Industriellen auf die Dauer von einer Mitarbeit bei der Justiz sich nicht ausschließen lassen werden. Aber — sagt er — mit den dii minorum gentium ist uns nicht gedient:

„Die Industriellen und Sachverständigen, die Künstler, Schriftsteller und Verleger müssen nur Opfer bringen, sie müssen Mann für Mann antreten, auch die hohen Herren, sie müssen sich eintragen lassen, wie die Ingenieure und außer ihnen die Professoren und Lehrer an den Hochschulen usw. in die Listen, aus denen die wechselnden Beisitzer für die einzelnen Prozesse einberufen werden, um neben den ständigen Richtern das volle Stimmrecht über Tat- und Rechtsfrage auszuüben."

Mit diesem idealen Ausblick und mit Segenswünschen für die forensische Technik erntete Bolze auch in Leipzig begreiflicherweise lebhaftes Beifallklatschen.

Theorie und Praxis!

---

[117]) „Technische Sondergerichte," Deutsche Juristenzeitung, Nr. 22, XII. Jahrgang, S. 1234.

[118]) Bolzes frühere entschieden sondergerichtsgegnerische Haltung hat Rathenau (S. 318—320 seines Gutachtens) ihm nicht vergessen. Es ist festzustellen, daß Bolze (wie Hamm) erst im Laufe der letzten Jahre mehr und mehr den Laienfreunden sich anschloß.

Ein bayerischer und ein rheinischer Patentanwalt haben mir unmittelbar nach dem Leipziger Kongreß von dem Vorsitzenden eines reichsgerichtlichen Senates übereinstimmend folgendes erzählt. Wenn die Rechtsanwälte gesprochen hatten und ein Patentanwalt wollte eben den Mund aufmachen, da unterbrach er ihn eilig mit den Worten: „Was wollen denn Sie? Dazu brauchen wir Sie nicht! Was Sie sagen wollen, verstehen wir schon lange.“

Theorie und Praxis! Welchem Kongreßbesucher, der den begeisterten Applaus einer — ich möchte sagen — festfrohen Korona schon öfter erlebt hat, ist nicht dieser Gegensatz häufig aufgefallen, wenn er für sich und nüchtern an heimische, lokale und persönliche Verhältnisse gedacht hat? Erstklassige Techniker! Wie sehen sie manchmal in der Praxis aus? Ich habe gewiß die größte Hochachtung vor den realen Berufen. Allein man muß der Wahrheit die Ehre geben und das Mittelmaß der wählbaren Persönlichkeiten ins Auge fassen. Man muß an die tausend und eine subjektiven Verhältnisse, Rücksichten, Abhängigkeiten, Abhaltungen, Einseitigkeiten denken, die wir alle Schritt für Schritt im Werktagsleben beobachten.[119]) Oder erstklassige Handelsrichter![120]) Wie sehen sie manchmal in der Praxis[121]) aus? Man erkläre mir, warum — mindestens in der Provinz — beinahe jeder Mandant vor einer wichtigen Sitzung der Kammer für Handelssachen von uns die Namen der Handelsrichter wissen will! Man erkläre mir, warum gar manche wichtigere Handelssachen in intimen Zirkeln bekannt sind! Fällt es einem Berufsjuristen ein, Parteien aufzusuchen und ihnen Vermittlungsvorschläge zu machen? Wie aber steht es mit der eigentlichen Arbeitstätigkeit des Handelsrichters? Ist sie so unentbehrlich, daß das neue und gewagte Experiment mit dem Technikerrichter sich lohnt? Wer schafft in Wirklichkeit, der Jurist oder der Beisitzer? Es sieht ja recht gut aus, wenn ein würdiger Mann aus dem Handelsstande, mit Robe und Barett bekleidet, die Geschäftsbücher und Wechsel interessevoll durchblättert, wenn er hier und da praktische Randglossen in die Debatte wirft, wenn er mit Salbung und Bonhommie einen

---

119) Privatdozent Dr. phil. et med. Helpach eifert mit Recht in der Frankfurter Zeitung vom 19. März 1910 gegen die „Irradiation“ der Laienrichter, d. h. deren Neigung, die „Stimmung“ auf Gebiete zu verbreiten, denen sie ursprünglich nicht anhaftete.

120) Düringer, Richter und Rechtsprechung, 1909, S. 31.

121) Details und Vorschläge in meinem Aufsatz: „Laien- und Sondergerichte,“ Deutsche Richterzeitung, 1909, Nr. 3. Andere Vorschläge hinsichtlich der Kammern für Handelssachen: Zeitschrift für Industrierecht 1909, S. 41.

Ausgleich wärmstens empfiehlt. Ja es kommt hierzulande, am Sitze eines tüchtigen Kaufmannsstandes, nicht gar so selten vor, daß solch ein wohlmeinender Ratgeber von dem eigentlichen Prozeßthema etwas versteht und sogar erkennt, worauf es ankommt. So mag es sich auch erklären, daß südlich der Mainlinie die Kammern für Handelssachen besser beleumundet sind, wie nördlich derselben (verriet doch die Leipziger Debatte von neuem die große Abneigung der norddeutschen Praktiker gegen dieses Institut). Allein im großen und ganzen muß der Beisitzer — wozu er ja gar nichts kann — schon deshalb an Bedeutung verlieren, weil er meist die Akten nicht kennt, also die vorausgegangenen Schriftsätze, Briefe und übrigen Beweisstücke nicht gelesen hat, weil hingegen der Vorsitzende alle diese Schriftstücke tatsächlich und rechtlich studiert, geprüft und gewürdigt, in der Sitzung aber wahrlich keine Zeit hat, alle diese Dinge zu reproduzieren. Infolgedessen ist das Plaidoyer der Parteianwälte gar häufig für die Handelsherren ein Tohuwabohu. Wenn sie dann gefragt werden, ob sie mit dem Beweisbeschluß einverstanden sind oder ob sie den Streit für entscheidungsreif halten, nicken sie verständnisinnig dem Kollegen von der anderen Fakultät zu. Dieser präsidiert, dieser verkündet, dieser judiziert. Unter dem Urteil aber stehen drei Unterschriften. Die der Kaufleute sind freilich meist kalligraphischer. —

Noch schlimmer sind die bisherigen Erfahrungen hinsichtlich der Kaufmanns- und Gewerbegerichte. Sie sind das reine Produkt der sogenannten Soziologie. Darunter versteht man das System einer schnellen, billigen, sachkundigen, vergleichsfreudigen und für Arbeitnehmer sowie Handlungsgehilfen zweiffellos sehr bequemen und angenehmen Rechtsprechung bezw. Unrechtsprechung. In der Tat: welch haarsträubende Vergleichsdrückereien gegen die wirtschaftlich Stärkeren werden uns beinahe täglich aus den Sitzungssälen der Gewerbe- und Kaufmannsgerichte mitgeteilt! Ich erinnere an die Schilderungen von Stadtrat Glücksmann-Rixdorf,[122]) Göbel-Stuttgart,[123]) Viezens[124]) und Blobel,[125]) vor allem an die zugestandene Parteilichkeit der norddeutschen politischen Zentralstellen für Besitzer des Gewerbegerichts.

[122]) Preuß. Verwaltungsblatt 1907, S. 132. — Jastrow (Sozialpolitik, S. 460 ff.).

[123]) Deutsche Juristenzeitung 1907, S. 704, Nr. 12.

[124]) a) „Bureaukraten und Lords," Berlin, 1908. b) „Sondergerichtssegen." Preuß. Verwaltungsblatt, 18. April 1908, Nr. 29, S. 576 ff.

[125]) Preuß. Verwaltungsblatt 1908, S. 20.

So sieht es vorläufig in den Laiengerichtssälen aus. So wird es erst recht in der Zukunft aussehen, wenn jeder Stand gar sein Richterstühlchen haben,[126]) wenn der Justizpalast die diversen Gewerbe-, Alters-, Status- und Patienten-Extrasitzungssäle kaum fassen und wenn jede Zunft nur noch bei ihren Zunftgenossen Recht nehmen wird.

Wenn ich unter solchen Umständen noch einräume, daß es Ausnahmen von der Regel gibt und daß zumal in den Industriezentren vielfach berechtigterweise Laienrichter aus dem Handelsstande vertrauenswürdig erscheinen, ja sogar in manchen Sparten Kapazitäten sind, so sind doch die gerügten Schwächen für einen in der Sphäre des deutschen Richters und Anwalts Aufgewachsenen so unleidlich, so ist doch die uns in den Gewerbegerichtssälen zugemutete Atmosphäre für denjenigen, dem iustitia fundamentum regnorum als oberster Richt- und Leitsatz eingeprägt ist, so unerträglich, daß man sich gewaltsam von den Eindrücken solcher Feststellung losreißen muß, um nicht in Affekt zu geraten oder wie es Degen[127]) trefflich verstand, Raisonnements über die „Sondergerichte für Zeitgenossen" anzustellen. Drum zurück zu den Tatsachen der Leipziger Beschlüsse!

Nach den sehr allgemein gehaltenen Zusatzresolutionen könnte ich mir ersparen, auf die Frage der Instanzen, des jeweiligen Zahlenverhältnisses in den Kollegien,[128]) der Zentralisation usw., näher einzugehen. Ich brauchte auch die Frage der Verwendung der Technikerrichter im Haupt- oder Nebenamte[129]) angesichts der lakonischen Leipziger Beschlüsse hier nicht zu würdigen. Allein ich kann mir doch nicht versagen, insbesondere bezüglich der vom Hamburger Kongreß beschlossenen hauptamtlichen Richtertätigkeit, an die sehr zutreffende Darlegung von Kübler[130]) in der Kongreßdebatte zu erinnern, daß als Prämisse dieses Beschlusses eine vollständige Umwälzung der bisherigen deutschen Examenvorschriften und Gerichtsverfassung (§§ 2 und 4 GVG.) Platz greifen und daß der Grundsatz der richterlichen Vorbildung allgemein geändert werden müßte. Kübler reiht diesem schmerzlich empfundenen Gedanken die sympathisch-

[126]) Biezens (S. 579 des Preuß. Verwaltungsblattes vom 18. April 1908).

[127]) S. 101 des Berichts.

[128]) Am radikalsten in numerischer Hinsicht: Rauter, „Markenschutz und Wettbewerb," Nr. 8, vom 1. Mai 1908.

[129]) Hierüber s. Rauter, Herse pro Hauptamt; Bolze, Martius pro Ehrenamt.

[130]) S. 55.

sten sozialethischen Betrachtungen an. Die eigentliche Aufgabe des Rechts sei die Ordnung der Lebensverhältnisse und solche sei bei dem steten Ineinandergreifen der Lebensverhältnisse nur durch Festhalten gleichmäßig geltender Regeln erreichbar. Hierin ruhe die Grundlage der Rechtseinheit. Solche Regeln müßten einheitlich verstanden werden, die Rechtsanwendung müsse eine einheitliche sein.

Ein Krebsschaden aber — so fahre ich fort — aller der in unser forensisches Leben seit Jahr und Tag hereingeflickten Interessen- und Laienkammern ist die Zerrissenheit, der Mangel jeder Einheitlichkeit, die Verständnislosigkeit gegenüber altbewährten Rechtsbegriffen, die Rechtsanwendung nach Gutdünken, nach der Volksanschauung,[131]) nach Opportunität,[132]) nach dem guten Eindruck, nach Mitleid und nach dem Portemonnaie.

Gegen die technischen Richterstellen im Hauptamt spricht übrigens außerdem, daß die diese bekleidenden Personen die Fühlung mit ihrer eigentlichen Praxis dann erst recht einbüßen und sozusagen ihrerseits weltfremd würden.[133]) Die Zentralisierung, zumal aber die volle Zentralisierung, d. h. die Verlegung aller Patentstreitigkeiten nach Berlin, oder in eine sonstige industrielle bezw. kulturelle Metropole — man hat von Darmstadt, Braunschweig usw. gesprochen[134]) — würde infolge der Reisen und Beiziehung mehrerer Bevollmächtigter und Vernehmungspersonen[135]) eine übermäßige Verteuerung und Erschwerung des normalen Rechtsweges[136]) bedeuten und die nicht nur partikularistischen Bestrebungen zuzuschreibende Mißstimmung, die in einzelnen Teilen des Reiches gegen Mißgriffe des Patentamtes auftaucht, auf den Patentgerichtshof in spe verpflanzen.

Auch Rathenau verkennt die Schwierigkeiten der Auswahl der Zentralstätte nicht. Seine Bemerkung aber: „Bayern hat kein Interesse an einem solchen Patentsondergerichtshof“, ist nicht zu billigen.

---

[131]) Danz, „Laienverstand und Rechtsprechung,“ Jena, 1898. — Danz, „die Auslegung der Rechtsgeschäfte,“ Jena, 1906. — Danz, „Rechtsprechung nach der Volksanschauung und nach dem Gesetz,“ Jena, 1908.

[132]) Düringer, 1909, „Richter und Rechtsprechung.“

[133]) Über die diesbezüglichen sozialen und finanziellen Fragen cf. Rathenau, Martius, Rauter, Herse.

[134]) Ernst Herse, S. 117.

[135]) Siehe Dr. Gunz, Sekretär der Handels- und Gewerbekammer in Nürnberg, S. 31 d. Zeitschrift für Rechtspflege in Bayern 1907, Nr. 2.

[136]) Unser Landsmann, Geheimer Oberregierungsrat Oegg-Berlin, Leipzig. Berichte, S. 72.

Bei uns in Bayern, das jetzt 6 660 000 Einwohner aufweist,[137]) ist ebenfalls manch blühende Hochschule und Universität; in unserer Residenz beides in trefflicher Vereinigung. Vorzug und Eigenart der bayerischen, vor allem aber — in Nürnberg konzentrierten — mittelfränkischen Industrie, sind gewiß dem tüchtigen Mitgliede des Patentamtes nicht unbekannt.

In Bayern wurden Patente erteilt:

1905:	430,
1906:	661,
1907:	675,
1908:	568,
1909:	630,
1877—1909:	10 655.

Warenzeichen wurden eingetragen:

1905:	586
1906:	649
1907:	682
1908:	660,
1909:	736,
1894—1909:	9327.

Gebrauchsmuster[138]) wurden angemeldet:

1905:	2 529,
1906:	2 609,
1907:	2 733,
1908:	3 378,
1909:	4 187,
1891—1909:	37 546.

---

[137]) Bayer. Justizstatistik, bearbeitet im bayer. Justizministerium. Siehe Ungewitter, S. 1479, Deutsche Juristenzeitung, 1909, Nr. 24.

[138]) Das Gebrauchsmuster (das „kleine Patent") spielt in Bayern, zumal in Nürnberg, Fürth, Schwabach-Roth, eine weit größere Rolle, wie in Norddeutschland. Das hängt mit unserer eigenartigen, aber äußerst wichtigen mittel- und oberfränkischen Industrie, vor allem der sog. Kleinindustrie (den Bleistift-, Fahrrad-, Glasfabriken, Spiel-, Kurzwaren, Papiererzeugnissen, Schreib-, Zeichen-, Malgeräten, Metallbearbeitung, Blech- und Drahterzeugung, Schlossereierzeugnissen, Zelluloidwaren, Galanterie-, Reißzeugwaren, mechanisch-optischen Fabrikaten, Chromolithographie, Blattgold-, Nadel-, Leonischen Draht- und Lamettafabriken, Wachswaren, Pinselfabriken, Gummifabriken usw. usw.), die prozentual mit den eigentlichen Patenten weniger zu tun hat, zusammen. Insofern erschien uns auch im Bayerischen Verein

Diese dem Blatt für Patent-, Muster- und Zeichenwesen, 30. März 1910, Nr. 3, S. 98 und 99, entnommenen Ziffern sprechen bereits gegen eine Unbedeutendheit der bayerischen Rechtsschutzinteressen.

Aufschluß über letztere gibt überdies einigermaßen folgende mir von der kgl. bayer. Landesgewerbeanstalt in Nürnberg und deren Herrn Patentingenieur Zacher freundlichst überlassene Aufstellung:

Zur Erteilung von Auskünften und Ratschlägen auf dem Gebiete des gewerblichen Rechtsschutzes, sowie zur Prüfung von Erfindungen auf ihre Neuheit, auch ihr Verhältnis zu anderen Schutzrechten, sowie zur Ausfertigung von Eingaben an das Patentamt, wurde die Landesgewerbeanstalt, wie folgt, beansprucht:

Jahr	Arbeitsnummern
1905	1000
1906	1150
1907	1300
1908	1500
1909	1850.

(Bei allen diesen Ziffern ist übrigens Nürnberg selbst weitaus am meisten vertreten.)

Auch dem gerechten Ausgleich bezüglich ähnlicher Institute entspräche eine Berücksichtigung Bayerns. Sachsen z. B. ist die Stätte des Reichsgerichtes. Wenn daher eine Vollzentralisation geschaffen würde, so müßte das Interesse unseres engeren Vaterlandes für den Sitz des Sondergerichtshofes sehr wohl gewürdigt werden.

Indem ich nun von dem vaterländischen Seitenweg, zu dem mich Rathenaus Glosse verlockte, auf die Hauptstraße der Kongreßvorschläge zurückkehre, muß ich vor allem konstatieren, daß dem Vorschlag der Zentralisierung Mängel verschiedenster Art anhaften. Ich

---

für gewerblichen Rechtsschutz in Nürnberg die Stellungnahme der 1909 in Berlin tagenden Kommission des Deutschen Vereins zum Schutze des gewerblichen Eigentums für Abänderung des Gebrauchsmustergesetzes, teils wegen seiner dieses Gesetz überhaupt perhorreszierenden, teils wegen seiner zu kasuistischen Auffassung verfehlt, was ich für den Bayerischen Verein Herrn Professor Dr. Osterrieth, dem verdienstvollen Generalsekretär des Deutschen Vereins, jüngst in Nürnberg zur Kenntnis brachte. Aus alledem folgt: die Behandlung der Gebrauchsmusterstreitigkeiten steht in Bayern im Vordergrund (im Gegensatz zur Wichtigkeit des Patentwesens für die rheinische und schlesische Großindustrie) und es wird daher für diese, z. B. in Nürnberg, besonders geeignetes Richtermaterial ins Auge gefaßt.

will nur herausgreifen, daß Kompetenzschwierigkeiten mitten im Schriftsatzwechsel dadurch entstehen können, daß ein Teil der in die künftige Kompetenz rangierenden Angelegenheiten keine reinen Patent- und Mustersachen sind, vielmehr erst inzident sich zu Sachen des gewerblichen Rechtsschutzes gestalten.[139])

Beispielsweise klagte ich vor einiger Zeit eine Lizenzgebühr ein und erst durch den gegnerischen Einwand, der Lizenzvertrag bezüglich des zugrunde liegenden Gebrauchsmusters sei nichtig, folglich die Lizenzgebühr nicht zu bezahlen, spitzte sich der Streit auf ein rechtsschutztechnisches Thema zu. Wohin würde nun solch eine Klagesache künftighin gehören?

Zur Vermeidung allzugroßer Ungelegenheiten, die die totale oder auch nur wenige Gerichtssitze ausersehende Zentralisation[140]) im Gefolge haben könnte, hat man, wie der dritte Leipziger Beschluß zeigt, für die bei etwaiger Einführung der Technikergerichte zu schaffende Gestaltung[141]) die etwas plausiblere Idee der teilweisen Zentralisierung auf Industriezentren, wie Berlin, Hamburg, Leipzig, Breslau, Nürnberg, Frankfurt, Düsseldorf, Karlsruhe, ins Auge gefaßt.[142])

In Verfolgung dieser Idee richtete der Bayerische Industriellenverband (welcher somit ein entschiedener Gegner der Sondergerichte ist) 1908 folgende Eingabe[142a]) an das kgl. bayer. Staatsministerium der Justiz:

---

[139]) Siehe hierüber Magnus „Reformbestrebungen auf dem Gebiete des gewerblichen Rechtsschutzes," Berlin, 1900, S. 49, Juristische Wochenschrift Nr. 19, 1908, S. 666.

[140]) Drucker betonte am 29. April 1908 bei der mehrfach erwähnten Sitzung der juristischen Gesellschaft zu Leipzig, daß im Falle einer knappen Anzahl von Patentgerichten die Reisekosten entweder zu bedeutend würden oder mit ununterrichteten Richtern zu rechnen sei.

[141]) Rauter, Markenschutz und Wettbewerb, 1. Mai 1908, Nr. 8.

[142]) Das Königreich Sachsen weist heute folgende Kammern für die Entscheidung von Rechtsschutzstreitigkeiten auf: Bautzen, Chemnitz, Dresden, Freiberg, Leipzig, Zwickau. Das Großherzogtum Hessen: Darmstadt, Gießen, Mainz. Reichslande: Metz, Straßburg. Ferner sind an sämtlichen Oberlandesgerichten von Preußen, Hessen, Hamburg und Elsaß-Lothringen auch in der Berufungsinstanz die Sachen des gewerblichen Rechtsschutzes besonderen Senaten zugeteilt.

[142a]) Jahresberichte des Bayr. Industriellenverbandes für das Geschäftsjahr 1907/1908, herausgegeben vom Syndikus Dr. Alfred Kuhlo (dessen Entgegenkommen ich diese Materien verdanke).

„Um den aus den Kreisen der Industrie und des Gewerbes geäußerten Wünschen entgegenzukommen, hat der preußische Justizminister durch Erlaß vom 25. November 1904 angeregt, daß bei den Landgerichten — ähnlich wie die Kammern für Handelssachen — besondere Kammern für die Entscheidung der Sachen des gewerblichen Rechtsschutzes, sowie technischer Streitigkeiten eingerichtet werden.[143]) Diese Kammern sollen ausschließlich mit ordentlichen Richtern ohne Hinzuziehung von Laienrichtern besetzt werden; den Richtern dieser Kammern soll jedoch durch ausschließliche Beschäftigung mit diesen Fragen ermöglicht werden, sich mit diesem Stoffe mehr und mehr vertraut zu machen; auch soll, wo tunlich, schon bei der Vorbildung dieser Richter durch vorherige Studien in industriellen und technischen Betrieben möglichst auf deren zukünftige Tätigkeit Rücksicht genommen werden, d. h. in erster Linie solche Richter den Kammern zugeteilt werden, deren Vorbildung sie für die Beurteilung technischer Rechtsstreitigkeiten besonders geeignet erscheinen läßt. Durch die Errichtung solcher Kammern würde der Nachteil beseitigt werden, daß derartige Streitfälle bald da, bald dort erledigt werden von Richtern, die bei ihrer Rechtsprechung mehr oder weniger auf die Gutachten der Sachverständigen angewiesen sind, ohne in der Lage zu sein, sich in einzelnen Fällen über den Tatbestand selbst ein erschöpfendes Urteil zu bilden.

Durch Erlaß vom 11. Oktober 1907 hat der preußische Justizminister in dieser Frage eine eingehende Rundverfügung an die Oberlandesgerichtspräsidenten und Oberstaatsanwälte gerichtet, worin, davon ausgehend, daß bei der Mehrzahl der Landgerichte die Zahl der in Betracht kommenden Prozesse sich nicht als ausreichend erwiesen hat, um den Mitgliedern der betreffenden Kammern ein durch praktische Anwendung unterstütztes Eindringen in dieses Rechtsgebiet zu ermöglichen, Wert darauf gelegt wird, daß nicht sowohl bei allen Landgerichten, als vielmehr nur bei einigen, nach der örtlichen Lage ihres Sitzes besonders geeigneten, so bei solchen, die ihren Sitz am Sitze eines Oberlandesgerichts oder in großen Industriezentren haben, die in Rede stehenden Sachen besonderen Kammern zugewiesen werden. Wie die Erfahrung, die z. B. bei der Patentkammer des Landgerichts I in Berlin gemacht ist, lehrt, wird auch da, wo die Zuständigkeit dieser Landgerichte sich nicht schon von selbst ergibt, diese Zuständigkeit von den Parteien vielfach vereinbart werden. Es erscheint demnach ausgeschlossen, sagt der Erlaß weiter, daß hier die Mitglieder solcher besonderer Kammern nicht imstande sein werden,

[143]) Zeitschrift für Industrierecht, 1907, S. 245.

sich dasjenige Maß praktischer Kenntnisse und Fähigkeiten anzueignen, das zu einem Eindringen in die bei den Prozessen aus dem Gebiete der gewerblichen Streitigkeiten vorkommenden eigenartigen Fragen erforderlich ist, zumal wenn, wie angeregt, tunlichst von einem Wechsel in der Besetzung der Kammern abgesehen, die Überlastung ihrer Mitglieder vermieden und bei ihrer Auswahl Neigung und Befähigung für technische Dinge, sowie eine etwaige frühere Beschäftigung bei technischen Behörden oder industriellen Unternehmungen, wie sie immer häufiger vorkommt, berücksichtigt wird.

Die Gesamtvorstandschaft des Bayerischen Industriellen Verbandes hat in ihrer Sitzung vom 26. September dieses Jahres beschlossen, an das königlich bayerische Staatsministerium der Justiz die ergebene Bitte zu richten, auch in Bayern mit der Errichtung besonderer Kammern zur Erledigung gewerblicher und technischer Rechtsstreitigkeiten einen Versuch zu machen und vielleicht vorläufig die Einrichtung solcher Kammern bei den Landgerichten München, Nürnberg und Augsburg in Aussicht zu nehmen.“ —

Am 31. Januar 1909 lief folgende Antwort Sr. Exzellenz des Herrn Justizministers von Miltner ein:

„Auf meine Anregung ist bei den bayerischen Gerichten die Rechtsprechung auf dem Gebiete des gewerblichen Rechtsschutzes und den verwandten Gebieten in der Weise vereinigt (zentralisiert) worden, daß sämtliche bürgerliche Rechtsstreitigkeiten aus diesen Gebieten im Wege der Geschäftsverteilung bei den Oberlandesgerichten je einem Zivilsenat und bei solchen Landgerichten, bei denen derartige Rechtsstreitigkeiten in größerer Zahl anfallen, je einer Zivilkammer überwiesen worden sind. Derartige Spezialkammern sind bei den Landgerichten München I, Nürnberg, Frankenthal, Augsburg und Würzburg gebildet worden. Es ist Sorge getragen, daß die Spezialkammern mit Richtern besetzt werden, die durch ihre Vorbildung bereits Erfahrungen auf dem Gebiete des gewerblichen Rechtsschutzes gewonnen haben, und von denen auch nach ihren Neigungen erwartet werden darf, daß sie sich das Maß praktischer Kenntnisse und Fähigkeiten aneignen, das die Entscheidung von Rechtsstreitigkeiten aus dem Gebiete des gewerblichen Rechtsschutzes nicht selten erfordert. Auch wird darauf Bedacht genommen werden, daß ein möglichst geringer Wechsel in der Besetzung eintritt. Ich habe ferner die Bibliotheken dieser Kammern mit den wichtigeren der in Betracht kommenden literarischen Werke ausgestattet. Für die Heranbildung geeigneter Kräfte wird die durch die Bekanntmachung vom 5. November 1907 (JMBl. S. 393) den geprüften Rechtspraktikanten gestattete und empfohlene Beschäftigung bei kommerziellen und industriellen Unternehmungen und das dankenswerte Entgegenkommen, das ich bei einer Reihe dieser Unternehmungen hinsichtlich der Aufnahme von Rechtspraktikanten gefunden habe, nicht ohne Bedeutung sein.

Eine nachhaltige Wirkung ist aber von dieser Vereinigung der Rechtsprechung auf dem Gebiete des gewerblichen Rechtsschutzes nur dann zu erwarten, wenn sie von den gewerblichen und industriellen Kreisen durch Vereinbarung des Gerichtsstandes unterstützt wird.

Ich würde es daher mit Dank begrüßen, wenn Sie die Ihnen nahestehenden Kreise noch besonders auf die getroffenen Maßregeln hinweisen und ihnen empfehlen würden, bei entstehenden Streitigkeiten die Zuständigkeit eines Landgerichtes zu vereinbaren, bei dem eine Spezialkammer gebildet ist." —

Die Entschließung des kgl. bayr. Justizministeriums vom 20. November 1908 lautet:

Nr. 38 656.

„In Preußen ist neuerdings, um den Bestrebungen nach Errichtung von Sondergerichten für Patent- und ähnliche Sachen entgegenzutreten, auf Anregung der Justizverwaltung die Rechtsprechung auf dem Gebiete des gewerblichen Rechtsschutzes in der Weise vereinigt (zentralisiert) worden, daß sämtliche bürgerliche Rechtsstreitigkeiten aus dem Gebiet im Weg der Geschäftsverteilung bei den Oberlandesgerichten je einem Zivilsenat und bei solchen Landgerichten, bei denen derartige Rechtsstreitigkeiten in größerer Zahl anfallen, je einer Zivilkammer überwiesen werden. Dabei wird Bedacht genommen, daß die betreffenden Senate und Kammern möglichst mit Richtern besetzt werden, die durch ihre Vorbildung bereits Erfahrungen auf dem Gebiete des gewerblichen Rechtsschutzes gewonnen haben und daß ein möglichst geringer Wechsel in der Besetzung eintritt. Die Einrichtung hat sich bewährt und den Beifall der Interessenten gefunden, wie mehrfache Kundgebungen aus den beteiligten Kreisen bestätigen, insbesondere empfehlen die Ältesten der Kaufmannschaft in Berlin den an Handel und Industrie beteiligten Kreisen, bei entstehenden Streitigkeiten die Zuständigkeit eines Landgerichts zu vereinbaren, bei denen eine solche Spezialkammer gebildet ist.

Der bayerische Industriellenverband hat in einer Eingabe vom 2. dieses Monats angeregt, die erwähnte Einrichtung in Bayern nachzuahmen.

Ich habe schon in der Entschließung vom 7. März dieses Jahres Nr. 42 556 darauf hingewiesen, daß es dringend geboten ist, die Rechtssachen aus dem Gebiete des gewerblichen Rechtsschutzes und aus den verwandten Gebieten möglichst vor einigen wenigen Gerichtshöfen zu vereinigen. Die Vereinigung kann naturgemäß nur bei solchen Gerichtshöfen eintreten, deren Mitglieder durch eine wenigstens einigermaßen umfassendere praktische Betätigung in der Lage sind, sich in diese Rechtssachen einzuarbeiten. Nur auf solche Gerichtshöfe werden sich die Parteien vereinbaren, eine nachhaltige Wirkung ist aber von der Vereinigung nicht zu erwarten, wenn sie nicht durch Vereinbarung des Gerichtsstandes unterstützt wird. Wie die auf die Entschließung vom 7. März dieses Jahres Nr. 42 556 erstatteten Berichte ersehen lassen, ist bei den meisten Gerichten die Zahl der bürgerlichen Rechtsstreitigkeiten aus dem Gebiete des gewerblichen Rechtsschutzes und aus den verwandten Gebieten gering. Hiernach wird die Vereinigung wohl nur bei je einem Landgericht eines jeden Oberlandesgerichtsbezirkes einzutreten haben.

Der Geschäftskreis der Spezialkammern ließe sich dahin abgrenzen, daß die bürgerlichen Rechtsstreitigkeiten, welche sich auf Patente, Gebrauchsmuster oder Warenbezeichnungen beziehen (z. B. Unterlassungs-, Schadensersatz-, Bereicherungs-, Abhängigkeitsklagen, Klagen auf Löschung eines Musters oder Warenzeichens) ferner die Rechtsstreitigkeiten, welche Rechtsgeschäfte über Patente, insbesondere die Lizenzverträge, die Bekämpfung des unlauteren Wettbewerbes, das Urheberrecht an Mustern, Modellen und Werken der Literatur, der Tonkunst, der bildenden Künste oder der Photographie oder das Verlagsrecht betreffen, nur einem Senate und nur einer Spezialkammer und, soweit sie vor die Kammer für Handelssachen gehören, nur einer Kammer dieser Art zugewiesen werden. Erscheint es nicht angängig, alle Rechtsstreitigkeiten, die sich auf die Bekämpfung des unlauteren Wettbewerbes beziehen, zu vereinigen, so sollten doch diejenigen in die Vereinigung einbezogen werden, bei denen sich der unlautere Wettbewerb auf Patente, Gebrauchsmuster oder Warenzeichen bezieht, z. B. wenn eine Warnung des Patentinhabers oder Verletzung seines Patentrechts den Gegenstand des Rechtsstreites bildet.

Die demnächst stattfindende Verteilung der Geschäfte unter die Senate und Kammern bietet die Gelegenheit, die Vereinigung jetzt durchzuführen.

Als zweckmäßig würde ich es übrigens erachten, wenn auch die Strafsachen, welche Zuwiderhandlungen gegen die Gesetze jener Rechtsgebiete zum Gegenstand haben, nur einer Strafkammer bei jedem Landgerichte zugewiesen werden.

Ich ersuche hiernach das weitere zu veranlassen.

Erforderlich wird es sein, die Bibliotheken der Spezialkammern mit den wichtigsten Werken und Zeitschriften der in Betracht kommenden Literatur auszustatten. Ich bin gerne bereit, die Bibliotheken dieser Landgerichte in dieser Richtung zu unterstützen.

Ihrem Berichte darüber, inwieweit bei der Verteilung der Geschäfte für das Jahr 1909 seitens der Senate und Kammern des Oberlandesgerichtsbezirkes den vorstehenden Anregungen entsprochen worden ist, sehe ich bis zum 10. Januar 1909 entgegen." —

An die Herren Präsidenten der Oberlandesgerichte des Königreichs Bayern gelangte am 31. Januar 1909 folgende weitere Entschließung des kgl. bayer. Staatsministeriums der Justiz:

Betreff:

Die Rechtsprechung auf dem Gebiete des gewerblichen Rechtsschutzes und den verwandten Gebieten.

Im Verfolge meiner Entschließung vom 20. November 1908 Nr. 38 656 sind bei den Landgerichten München I, Nürnberg, Frankenthal, Augsburg und Würzburg Spezialkammern für Rechtsstreitigkeiten auf dem Gebiete des gewerblichen Rechtsschutzes und den verwandten Gebieten gebildet worden. Ich habe den größeren der in Betracht kommenden bayerischen privaten Interessentenvereinigungen hiervon Kenntnis gegeben und sie ersucht, die an Handel und Industrie beteiligten Kreise auf die getroffenen Maßnahmen hinzuweisen und ihnen zu empfehlen, bei entstehenden Streitigkeiten die Zuständigkeit eines Landgerichts zu vereinbaren, bei dem eine Spezialkammer gebildet ist. Es ist Sorge getragen, daß von der Einrichtung die beteiligten Kreise auch außerhalb Bayerns Kenntnis erhalten.

Wegen der Ausstattung der Bibliotheken dieser Gerichte mit der erforderlichen Literatur wird besondere Entschließung folgen.

Die Erfahrung lehrt, daß die Gerichte in Sachen des gewerblichen Rechtsschutzes bei der Auswahl der Sachverständigen häufig mit Schwierigkeiten zu kämpfen haben. Ich nehme deshalb Veranlassung, darauf aufmerksam zu machen, daß die Gerichte sich die erforderliche Auskunft darüber, welche Personen auf einem bestimmten Gebiete der Technik einen hervorragenden Ruf genießen, durch Befragung der in Betracht kommenden Behörden, öffentlichen Körperschaften und privaten Interessenverbände erholen können. In Betracht kommen insbesondere das Kaiserliche Patentamt in Berlin, die Dekane der Universitäten, der Rektor der Technischen Hochschule, die Akademie für Landwirtschaft und Brauerei in Weihenstephan, das Gewerbemuseum in Nürnberg, der Polytechnische Verein in München, die Handelskammern, der Verein Deutscher Chemiker in Elberfeld, der Verein Deutscher Ingenieure in Berlin, der Verein zur Wahrung der Interessen der chemischen Industrie Deutschlands in Berlin, der Verein zur Wahrung gemeinsamer Wirtschaftsinteressen der deutschen Elektrotechnik in Berlin, der bayerische Industriellenverband in München, der bayerische Architekten- und Ingenieurverein in München.

Ich möchte hierbei betonen, daß gerade auf dem Gebiete des gewerblichen Rechtsschutzes für die Auswahl der Sachverständigen der Kostenpunkt möglichst in den Hintergrund treten sollte sowie daß es sich empfiehlt, bei schwierigen Untersuchungen und Sachprüfungen von der Befugnis des § 4 der Gebührenordnung für Zeugen und Sachverständige Gebrauch zu machen und die Vergütung des Sachverständigen nach dem üblichen Preise zu berechnen. Dabei soll von einer ins einzelne gehenden Berechnung und Beschreibung der Tätigkeit des Sachverständigen abgesehen werden, da sie meist entbehrlich ist, von dem Sachverständigen aber häufig mit Recht als lästig und seiner sozialen und wissenschaftlichen Stellung unangemessen empfunden wird.

Die Sachverständigenkammern und der gewerbliche Sachverständigenverein (Vergl. Bek. v. 5. Mai 1902 JMBl., S. 568 und v. 13. Oktober 1907 JMBl., S. 375, 377) haben auf Ersuchen der Gerichte Gutachten abzugeben; jedoch nur, wenn in dem Ersuchsschreiben die zu begutachtenden Fragen einzeln aufgeführt und die Akten sowie das zur Abgabe des Gutachtens erforderliche Material oder die zu vergleichenden Gegenstände übersandt werden. Das Kaiserliche Patentamt ist gemäß § 18 des Patentgesetzes vom 7. April 1891 und § 11 des Gesetzes zum Schutze der Warenbezeichnungen vom 12. Mai 1904 nur dann berechtigt und verpflichtet, auf Ersuchen der Gerichte über Fragen, welche Patente, Gebrauchsmuster oder eingetragene Warenzeichen betreffen, Gutachten abzugeben, wenn in dem gerichtlichen Verfahren voneinander abweichende Gutachten mehrerer gerichtlich vernommener Sachverständigen vorliegen.

Ich ersuche von dieser Entschließung den Landgerichten des Oberlandesgerichtsbezirkes Kenntnis zu geben.

gez. von Miltner."

(Hier ist einzuflechten, daß zur Vervollständigung des S. 362, 363, 370, 371 ff. im Rathenauschen Gutachten gegebenen Bildes ich Sr. Exzellenz Herrn Justizminister Dr. von Miltner um hohe Genehmigung der Überlassung und Veröffentlichung diesbezüglicher bayerischer Statistik, im Hinblick auf mein gegenwärtiges Gutachten, gebeten habe, worauf Sr. Exzellenz mir solche Mitte August bekannt geben zu lassen gütigst in Aussicht gestellt hat. Durch diese hohe Erlaubnis, für welche ich hier ebenfalls ehrerbietigsten Dank bekunde, werde ich rechtzeitig in die angenehme Lage versetzt sein, dem deutschen Juristentage das einschlägige neueste bayerische Zahlenmaterial zu unterbreiten.)

Nach alledem sind gewisse lokal und industriell begünstigte Landgerichte als zur Prorogierung geeignet empfohlen und es ist diesen ein deutlicher Wink gegeben, wie sich die höchste Justizbehörde den modernen Verkehr mit den Sachverständigen vorstellt. Die ruhige Sicherheit, mit der ungemein prompt auf die wohlberechtigte Anregung des bayer. Industriellenverbandes seitens der obersten bayer. Justizbehörde reagiert und mit der ein Stück gewerblich moderner Gerichtseinteilung mehr geschaffen wurde, hebt sich angenehm von der unruhigen Hast ab, mit der die Neuerer die Axt an die Wurzel legen und sich für eine technische Justizreform einsetzen wollen.[144])

Das Unsystematische und Unegale der Kundgebung der Kommission z. B. wird am besten dadurch beleuchtet, daß man zeigt, wie manch ein Vorschlag nicht zum andern paßt, insbesondere auch, wie kunterbunt das Gerichtsbild aussehen würde, wenn die vollen Kommissionsbeschlüsse jemals Gesetz würden.

Ich führe hier den charakteristischen Umstand an, daß man die Warenzeichenprozesse, weil mehr kommerzieller Natur, den bisherigen Kammern belassen will,[145]) wovon allerdings die allgemeine Fassung

---

144) Die Verbesserungsversuche der Regierungen wurden auch anerkannt in der Denkschrift des Vereins Deutscher Maschinenbauanstalten 1909, S. 14.

145) Isay, „Die Gerichtsbarkeit in Patentprozessen," S. 27 ff. — Was die Warenzeichen betrifft, so gingen die Ansichten der Kommission sehr auseinander. Die Mehrheit derselben war der Anschauung, hier hätten die Kaufleute sicher

der Leipziger Resolution („Sachen des gewerblichen Rechtsschutzes") nichts merken läßt.

Seite 15 und 16 der Kommissionsvorschläge ist im einzelnen dargelegt, welche Momente für und gegen eine Angliederung der Technikerkammern an die bisherigen Handelskammern der Landgerichte sprechen würden.

Nach unseren bayerischen Verhältnissen erscheint mir die Angliederung der etwa später einmal Gesetz werdenden Gerichtsbarkeit in Patent- und Gebrauchsmustersachen an die Kammern für Handelssachen der sympathischere Vorschlag,[146]) wobei ich ausdrücklich betonen will: hauptsächlich deshalb, weil die den Handelskammern vorstehenden Juristen meist besonders vertrauenswürdige und erfahrene Persönlichkeiten sind.[147]) Meine Behauptung,[148]) daß diese Vorsitzenden, welche eine gewisse Routine in der Behandlung rein kommerzieller Angelegenheiten sich angeeignet haben, auch am sachgemäßesten den Vorsitz in den Technikerkammern führen werden, wird von Rathenau [149]) nicht gutgeheißen. Rathenau meint, das eine habe mit dem andern nicht das mindeste zu tun. Er scheint mir aber zu übersehen, daß — mindestens nach meinen Erfahrungen in den bayerischen landgerichtlichen Sitzungssälen — das tertium comparationis in der von der einseitigen Juristenkammer sich abhebenden, fortwährend realen, rechnerischen und praktischen Resultaten zusteuernden und Branchefragen prompt erfassenden

---

größere Erfahrung und Übung. Konsequenter ist die Darlegung von Gunz („Sondergerichtsbarkeit für Patentsachen"), Zeitschrift für Rechtspflege in Bayern, 1906, S. 31: „Es ist schwer zu verstehen, warum gerade Patent- und Gebrauchsmusterprozesse einer Sondergerichtsbarkeit unterstellt werden sollen, da doch zweifellos technische Fragen nicht minder schwieriger Art ebensogut und oft auch in anderen Prozessen auftauchen. Diese willkürliche Art der Grenzziehung schafft technische Rechtsstreitigkeiten erster und zweiter Klasse, ein Zustand, mit dem man sich nicht befreunden kann."

[146]) S. 112 und 113 des Leipziger Berichts: Magnus, Bondi, Waldschmidt, Dove, Degen, Hillig, Keil, Wassermann, Drucker, Ganz, Lobe, Anger, Düringer, Klöppel-Dresden hatten in Leipzig u. a. vorgeschlagen, daß bei der Auswahl der Handelsrichter auf Interesse und Verständnis für technische Fragen Rücksicht genommen werde, daß insbesondere in die Kammern, die die Gebrauchsmustersachen bearbeiten, Handelsrichter mit technischer Vorbildung genommen werden.

[147]) Anders: „Der Entwurf über die Justizreform" von Ephraim, Zeitschrift f. Industrierecht, 1907, S. 267.

[148]) Techniker als Richter, S. 34.

[149]) S. 391 des Gutachtens.

Versiertheit gewisser besonders gewandter und qualifizierter Präsiden besteht.[150]) Faktisch sind z. B. in Nürnberg bei der III. Kammer für Handelssachen die sämtlichen Gebrauchs-, Geschmacks-, Kunstschutz-, Warenzeichen- und Wettbewerbsstreite konzentriert.[151]) Wenn schon einmal Industriegerichte sein sollen, so reiße man nicht auch diese noch unnötig auseinander! Mögen die Beisitzer (je nach Handel oder Technik) wechseln[152]). Der Vorsitzende mit seiner angesammelten Industriepraxis wenigstens sei der ruhende Pol in der Erscheinungen Flucht! —

Was den zweiten Rechtszug anlangt, so liegt sicherlich kein Grund vor, so lange nicht Handelssenate des Oberlandesgerichts eingeführt werden, inkonsequenterweise technische Senate in Einführung zu bringen. Dagegen sind auch hier Sondersenate mit Juristenbesetzung für das Rechtsschutzgebiet durch oben erwähnte Ministerialentschließungen eingerichtet; in Nürnberg z. B. der I. Senat.

Für das Reichsgericht schlug die Hamburger Kongreßtagung keine Techniker vor. Rauter nennt dies einen „Fehler im Hamburger System" und spricht auch für den betreffenden drittinstanziellen Senat technische Beirichter an. Freilich nur für den Fall, daß die dritte Instanz sich auch mit der Auslegung der Patentschrift, und nicht bloß mit Rechtsfragen, zu befassen hätte. Da aber letzteres nach dem ganzen Prozeß- und Gerichtsverfassungsbegriff selbstverständlich, somit die technische Tatfrage nie aktuell ist, scheint mir „der Fehler im System" mehr in dem Rauterschen, wie in dem Hamburger Vorschlag, zu stecken.

---

[150]) Das Begehren in Nr. 4 der Zeitschr. f. Industrierecht, 1909, S. 41, man möge doch gemäß § 61 GVG. die Kammern f. Handelssachen sämtlich mit Präsidenten oder wenigstens Direktoren, und nicht mit Räten, besetzen, entspräche in einer großen Zahl von Fällen bei uns in Bayern keinem aktuellen Bedürfnis, denn die häufig etwas jüngeren, aber mit den modernen Verkehrsverhältnissen vertrauten Landgerichtsräte haben sich gut eingelebt und verstehen mit ihren Beisitzern meist tadellos umzugehen.

[151]) In Berlin 2 Kammern für Handelssachen, darunter die 19., S. 80, Leipziger Kongreßberichte.

[152]) Würden die Techniker als Beisitzer durch den Gesetzgeber berufen, so gäbe es zwei Methoden. Einmal die: Kammern für technische Sachen, losgelöst von den Kammern für Handelssachen, einzurichten. (Rathenaus subsidiärer Vorschlag). Oder die: Kammern für technische Sachen den Kammern für Handelssachen zu aptieren (mein subsidiärer Vorschlag), indem je nach Bedürfnis, Größe des Gerichts und Zahl der Fälle, an verschiedenen Sitzungstagen oder an ein und demselben Sitzungstage, Handelsrichter und technische Richter eintreten.

Daß in technischen Sachen[153]) ohne Rücksicht auf den Streitwert das Reichsgericht Revisionsinstanz sein soll, während sonst der Gesetzgeber alles dafür getan hat, um den Kreis der revisiblen Sachen einzuengen und die Zivilsenate zu entlasten, vermag vom Gesichtspunkte einer methodischen Gerichtsgestaltung nicht anerkannt zu werden. Freilich würde eine einheitliche Judikatur nottun. Für die Rechtspflege überhaupt, nicht nur für diese einzelne Materie. Das Mißliche ist nun allerdings, daß das Reichsgericht oft ein höheres Streitinteresse des Klägers negiert bezw. den Nachweis desselben genau nimmt. Hier wäre ein Verlassen des starren Standpunktes im Interesse der Einheitlichkeit, zumal nach Erhöhung der Revisionssumme auf 4000 Mark leider die Tätigkeit des Reichsgerichtes auf dem Gebiete der gewerblichen Schutzrechte — abgesehen höchstens von dem Patentrechte — in bedeutendem Umfange ausgeschaltet wird. Die Rechtsstreitigkeiten über Gebrauchsmuster, Geschmacksmuster, Warenzeichen oder gar unlauteren Wettbewerb, welche ein Objekt von 4000 Mark übersteigen, werden — wenigstens nach der bisherigen drittinstanziellen Festsetzung — seltene sein.[154]) —

Die Zulassung technischer Parteibeistände, welche die letzte Position der Kongreßkommission[155]) bildete, begegnet[156]) an unseren derlei Fragen

---

[153]) — die doch zum Teil auch recht geringfügiger Natur sind —

[154]) „Revisionssumme und gewerbliche Schutzrechte." Frankfurter Zeitung. I. Morgenblatt, Mittwoch, 27. April 1910.

[155]) Der von Seligsohn gestellte Antrag ist von zahlreichen Juristen und Technikern (Lobe, Düringer, Simon, Goldschmidt-Essen und Haßlacher mitunterzeichnet). In Stettin (1909) wurde folgender Vorschlag zu der Zivilprozeßordnung und Strafprozeßordnung beschlossen: II. 1. Es ist zu erstreben: a) daß in Sachen, die den gewerblichen Rechtsschutz betreffen, außer den Parteien auch deren technischen Angestellten und Patentanwälten in der mündlichen Verhandlung das Wort zu gestatten ist, b) daß die technischen Angestellten industrieller Betriebe und die Patentanwälte von der Vorschrift des § 157 Absatz 2 der Zivilprozeßordnung auszunehmen sind. 2. In Strafsachen, welche den gewerblichen Rechtsschutz betreffen, sind neben den Rechtsanwälten und den diesen gleichgestellten Personen auch Patentanwälte zuzulassen.

[156]) Im Gegensatz zu zahlreichen norddeutschen Gerichtsstätten, s. z. B. Rechtsanwalt Paul Schmid-Berlin, Leipziger Bericht S. 102 (auch Stettiner Bericht, S. 118); Patentanwalt Rauter, Mitteilungen des Verbandes der Deutschen Patentanwälte, 8. Jahrgang, Nr. 10. Stettiner Bericht, S. 119, Oberstaatsanwalt Lang, Stettiner Bericht, S. 121, Wirth, S. 125. — Dagegen besteht die Praxis bereits bei der Patentkammer des Landgerichts I in Berlin und bei den Patentsenaten des Kammer- und Reichsgerichts (s. Magnus beim Stettiner Kongreß, S. 115 des Berichts).

überhaupt höchst liberal behandelnden bayerischen Handels- und Zivilkammern[157]) nach meinen Erfahrungen keinen Schwierigkeiten, und es ist wohlberechtigt, immer wieder hervorzuheben, daß die Vorprüfung technischer Probleme durch Sachkenner sowie die Wahrnehmung der Beweiserhebungen[158]) eine ausschlaggebende Rolle bei den gewerblichen Rechtsschutzstreitigkeiten spielen soll, Probleme, die durch die Zuziehung von Patentanwälten usw.[159]) gewiß eine zufriedenstellendere Erledigung finden.

Rechtsfragen können, wie insbesondere der Hauptsekundant der Patentanwaltschaft, Rauter,[160]) betont, in Patentstreitigkeiten oft nur angewendet werden, wenn vorher die technische Grundlage der Rechtsfragen klar gelegt ist, welche — ich füge ein: manchmal — von lediglich juristisch vorgebildeten Richtern und Anwälten ohne weiteres nicht verstanden werden können.[161])

Meine letzte Bemerkung wird hoffentlich von neuem beweisen, daß ich keineswegs einseitig bin. Ich verstehe sogar sehr wohl diejenigen, welche — wie Neumann in Stettin hervorhob — gegen die Sondergerichte unter der Voraussetzung der Zulassung der Beistände stimmten.

Daß ich aber hinsichtlich der Hauptthese, als Vertreter des Bayerischen Vereins für gewerblichen Rechtsschutz in Nürnberg, in Leipzig die 100. Sondergerichtsstimme nicht erreichen half, vielmehr den 53 Ablehnenden angehörte, und daß ich die Abstimmung der 99 Modernisten nicht billige, brauchte ich kaum förmlich mitzuteilen. Sind doch die Ergebnisse der

---

[157]) Die liberale Praxis auch für Baden bejaht von Cantor-Karlsruhe (S. 127 Stettiner Bericht).

[158]) Magnus, S. 116, Stettiner Bericht.

[159]) Daß es dagegen zuweit geht, technische Angestellte der Partei als solche zuzulassen, wie die Stettiner Kommissionsbeschlüsse wollen, hat in Stettin Hamm (S. 121) und Kübler (S. 118) für die Regierung betont. Gegen diese Ausführung wendeten sich u. a. Dr. Hamburger (S. 120) und Doermer.

[160]) Z. B.: Stettiner Bericht, S. 119. (Siehe auch Rosenberg, „Stellvertretung im Prozeß", 1908, und Zeitschrift für Industrierecht, 1. Februar 1909, S. 25. Anderer Meinung: Meyer, Jurist. Literaturblatt, Bd. 20, S. 65; Hellwig, Lehrbuch des Deutschen Zivilprozeßrechts, Bd. II, 1907, S. 474.)

[161]) Ähnlich: Guyer, Schweizerische Juristenzeitung, 1906, S. 36. — Wendtland (Stettiner Bericht, S. 126).

Feststellungen, die heute auf Grund der Monographien, Enqueten, Kommissionsbeschlüsse, Anträge, Referate, Diskussionen und Abstimmungen vorgenommen worden sind, größtenteils negative und den geplanten Rechtsschutzgerichten gegnerische. Der in Leipzig nach mächtiger Propaganda[162]) angenommene Hauptantrag der Kommission hat die Billigung der weitesten industriellen Kreise nicht gefunden. Handelstag, Handelskammern, Älteste der Kaufmannschaft und wichtige Verbände sind für die Sondergerichte nicht eingetreten. Seit Sommer 1908 ist die Debatte wider das neue Institut nicht verstummt. Im Gegenteil: sie ist in diesen letzten zwei Jahren lebhaft und von Auserlesenen geführt worden. Der Deutsche Juristentag trifft ein reichliches und treffliches Material an.

Auch die Ministerien der führenden Staaten zogen einen Ausbau des Bestehenden, die Einrichtung zentralisierter Spezialkammern, besetzt mit begabten Praktikern, und die Weisungen zur Heranziehung der Epigonen zu wirtschaftlich verständiger Mitarbeit vor.[163]) Die projektierten Sondergerichte, für welche ausreichende Qualität und Quantität auserlesener Techniker als Richter benötigt, aber unerreichbar wäre, schienen den Justizbehörden keine ausreichende Gewähr für Leistung, Unbefangenheit, Unabhängigkeit und Unparteilichkeit zu bieten. Sie wollen — auf Grund minder günstiger Erfahrungen hinsichtlich anderer gewerblicher Laien- und Sondergerichte — den Zusammenhang des gewerblichen Rechtsschutzes mit den übrigen Materien nicht lockern, und lehnten daher das weitere Absplittern von den ordentlichen Gerichten ab. Der Instanzenweg müßte für die Technikergerichte umgemodelt werden, auch hier wäre Zahl und Beschaffenheit der Technikerrichter kaum zu erlangen.

Und das Positive? Wie gesagt, die Schulung des Nachwuchses, die Schulung der Richter der Spezialkammer, die Schulung, Schaffung, Auswahl und zeitgemäße Honorierung der Sachverständigen. Darum Zulassung der Techniker als Beistände! Last not least moderne Sachbehandlung, Informierung, Beweiserhebung! No manners, but men, meinte Dr. Jacobson-Leipzig[164]) gegen Schluß des Leipziger Kongresses. Nicht Maßnahmen, sondern die richtigen Männer!

Im Rahmen der bisherigen Organisierung, belehrt durch die von unseren Widersachern uns vorgehaltenen Mißbräuche und Mißstände,

[162]) Düringer, „Richter und Rechtsprechung," S. 32.

[163]) Siehe Woerner über die bayerischen Rechtspraktikanten-Vereine, S. 480, Deutsche Juristenzeitung vom 15. April 1910. — Kitz, S. 577, Deutsche Juristenzeitung vom 15. Mai 1910.

[164]) S. 115.

ohne bureaukratischen Zopf und ohne bureaukratische Langsamkeit, gebe man dem Techniker, was des Technikers ist, und ordne sich seinen informatorischen Winken richtig und rechtzeitig unter! Man vermeide die uns nachgesagte isolierte Stellung,[165]) passe sich den wirtschaftlichen Lebensverhältnissen an, halte die Augen offen gegenüber den Tageserscheinungen sowie technisch-wissenschaftlichen Bewegungen und nütze aus, was unser Gehilfe, unser Rechtsfreund, der — nach seinem Kennen und Können uns heute koordinierte — Techniker uns rät, uns weist, uns vorschlägt. — Aber er mache vor der Barre halt!

Die Frage, ob sich Sondergerichtshöfe in Streitigkeiten aus dem Gebiete des gewerblichen Rechtsschutzes empfehlen, verneine ich.

---

[165]) Beseler (nach Isay, S. 107 des Leipziger Berichtes).

XI.

Gutachten des Herrn Dr. Emil Seckel, Geheimen Justizrats, ord. Professors der Rechte an der Universität Berlin,

über die Frage:

Empfehlen sich gesetzliche Vorschriften über die rechtliche Stellung des Sammelvermögens?

Literatur.

Altmann, P., Handbuch des deutschen Vereinsrechts (1905), 65 ff.

Bartsch, R., Gutachten, oben Band 1 (1910), S. 154—217.

— Die Uneigennützigkeit im Privatrecht (1910).

Baum, Das schwebende und das widerrufliche Eigentum. (Berliner Dissertation 1896), 29 f.

Bekker, E. J., Pandekten 2 (1889) 281, 283—285.

Beyer, Die Surrogation bei Vermögen im BGB. (1905) 333 f.

Biermann, J., Bürgerliches Recht 1 (1908) 510.

Binder, Das Problem der juristischen Persönlichkeit (1907) 140—144, vgl. 29, 126 ff.

v. Blume, Das Familienrecht des BGB., Abschn. III (1904) zu § 1914.

Boethke in Gruchots Beitr. 48 (1904) 154—156 (Besprechung von Kiepert), 50 (1906) 703 (Besprechung von Hölder, Personen).

Bolchini, F., Le pubbliche sottoscrizioni nel diritto privato (1905).

Bondi, Die Steuerpflicht der Zeppelinspende, DJZ. 13 (1908) 1154.

— ZBlFG. 8 (1908) 514 (Besprechung von Fischbach).

Brinz, A., Lehrbuch der Pandekten[1] (1868) 1020 f., 1062, 1077f.; 3, 2[2] (1888) 477, 508, 583 f.

Brückmann, Die Rechtsnatur der Zeppelinspenden, Gesetz und Recht 08. 481 f.

Cosack, Lehrbuch des bürg. Rechts[4] 2 669 f., 671, 674, Anm. 1.

Crome, System des bürg. Rechts 1 (1900) 269 f., 4 (1908) 680 f.

Dernburg, H., Pandekten 1[7] § 62 Anm. 7.

— Das bürg. Recht 1[3] (1906) 321 f., 4[3] (1907) 453.

Eck, Vorträge über das Recht des BGB. 1 (1898) 92 f., 2 (1904) 560 f.

Endemann, Lehrbuch des bürg. Rechts 2 2[3] (1908) 865—868.
Enneccerus, Lehrbuch des bürg. Rechts 1[4] (1909) 263 f.
Fischbach, O., Das Sammelvermögen. (Zivilrechtliche und prozeßrechtliche Abhandlungen, herausg. von Kisch, Heft 1, 1907). (Hervorgegangen aus einer Straßburger Diss.).
— DJZ. 14 (1909) 261 f.
Fischer, O., Jherings J. 38 (1898), 362.
Fuchs, A., Familienrecht, Abschn. III (im Hölderschen Kommentar zum BGB., 1909) zu § 1914.
Gaupp-Stein, ZPO. 1[8] (1906) 134, Vorbem. vor § 50, Ziff. I o.
Geigel, Die Sammlungen zu wohltätigen oder gemeinnützigen Unternehmungen, Puchelts Z. 35 (1904) 105—108.
Gierke, O., Deutsches Privatrecht 1 (1895) 672.
— Vereine ohne Rechtsfähigkeit[2] (1902) 46 Anm. 82.
Goldschmidt, H., Die Nachlaßpflegschaft des BGB., eine Pflegschaft über ein selbständiges Sondervermögen, zugleich der Versuch einer Grundlegung für eine Lehre von den Quasipersonen (1905) 79 f., 171, Anm. 9, 181, Anm. 24.
Hartung, Joh., Das durch öffentliche Sammlung für einen vorübergehenden Zweck zusammengebrachte Vermögen (Leipziger Diss. 1908).
Haymann, F., Grenzziehung zwischen Schenkung und entgeltlichem Geschäft, Jherings J. 56 (1909) 120 f., 122 f.
Hedemann, J. W., im ArchBürgR. 31 (1908) 320—322 (Besprechung von Fischbach und König).
Heinsheimer, DJZ. 14 (1909) 422—424.
Hellwig, K., Verträge auf Leistung an Dritte (1899) 238—241.
— Anspruch und Klagrecht (1900) 297 f.
— Lehrbuch des deutschen Zivilprozeßrechts 1 (1903) 293 f., 306 f.
Heymann, E., Geschäftsanwälte und Treuhandgesellschaften als Vermögensverwalter nach engl. und deutschem Recht (SA. aus der Festg. f. Güterbock, 1910) 566.
Hölder, E., Kommentar zum Allg. Teil (1900) 126 f.
— Natürliche und juristische Personen (1905) 320 ff.
— DJZ. 12 (1907) 1385 (Besprechung von Fischbach und Luther).
— Amt, Selbstverwaltung und juristische Person, ArchÖffR. 21 (1907) 335, 340.
— Jherings J. 53 (1908) 78 ff., insbes. 91—99.
Huber, A., Die Sammlung im BGB. (Jenaer Diss. 1909).
Jacubezky, Bemerkungen zu dem Entw. eines BGB. (1892) 103 f.
Jäger, E., Konkursordnung[2] (1904), Anm. 25 zu § 43.
v. Jhering, R., Ein Rechtsgutachten betr. die Gäubahn, Jherings J. 18 (1880) 1 ff., insbes. 18 f.
Joerges, R., Spendungsgeschäft und Sammelvermögen bei der Sammlung von Vermögen für einen vorübergehenden Zweck (1910).
Isay, H., Zur Lehre von den Sammelgeschäften, Jherings J. 36 (1896) 409 ff., insbes. 431 ff.

Kiepert, M., Die Sammlungen zu wohltätigen oder gemeinnützigen Zwecken nach dem BGB. (Diss. von Freiburg i. B., 1903).

Kipp-Windscheid, Pandekten 3⁹ (1906) 181 f.

Kisch, W., JLBl. 18 (1906) 221 (Besprechung von Blume).

Klauß, W., Die öffentlichen Sammlungen nach bürg. Recht (Greifswalder Diss. 1907).

Kleemann, J., Die Pflegschaft für ein Sammelvermögen (§ 1914 BGB). (Erlanger Diss. 1902.)

Kohler, J., Lehrbuch des bürg. Rechts 1 (1906) 147, 354 f., 356 f.

König, C. E., Die öffentliche Sammlung von Vermögen für einen vorübergehenden Zweck (Hallesche Diss. 1907).

Krey, E., Die Lehre vom Sammelunternehmen nach gem. R. und nach dem Recht des BGB. (Greifswalder Diss. 1907).

Krückmann, Kommissionen, Komitees, Ausschüsse, ArchBürgR. 8 (1894) 67—170.

— JLBl. 16 (1904) 15 f. (Besprechung von Kiepert).

— ArchZivPrax. 103 (1908) 300 f.

— Deutsche LitZ. 1909 Sp. 243 (Besprechung von König).

Kuhlenbeck, L., Von den Pandekten zum BGB. 1 (1898) 246.

— Das BGB. 2 (1900) zu § 1914.

Kuntze, J., Der Gesamtakt, ein neuer Rechtsbegriff (1892) 66.

Landsberg, E., Das Recht des BGB. 2 (1904) 1032 f.

Leonhard, R., Der Allgemeine Teil des BGB. (1900) 110 f.

Leske, Vergleichende Darstellung des BGB. und des preußischen ALR. 2 (1903) 995.

Luther, R., Das Sammelunternehmen, ein Beitrag zu der Lehre von den öffentlichen Sammlungen für vorübergehende Zwecke (Leipziger Diss. 1907).

Matthiaß, Lehrbuch des bürg. Rechts⁵ (1910) 67 f.

Münch, H., Das Sammelvermögen (Münstersche Diss. 1908).

Nebelsieck, O., Die rechtliche Natur der Sammlungen für einen vorübergehenden wohltätigen Zweck nach deutschem Privatrecht (Leipziger Diss. 1909).

Neumann, H., Jahrbuch des deutschen Rechts 1 ff. (1904 ff.).

Nolte, J., Über öffentliche Sammelvermögen, ein Beitrag zur Frage nach ihrer juristischen Konstruktion (Leipziger Diss. 1908).

Oertmann, P., BGB. Allgemeiner Teil (1908) 209 f.

Oppenheimer, A., Die fiduziarische Eigentumsübertragung, insbesondere das Aussonderungsrecht an den zu fiduziarischem Eigentum übertragenen Gegenständen (Marburger Diss. 1903) 41—44.

Planck, G., BGB.³ 1 146, 4 815 f., 5 337.

Predari, C., Die GBO. (1907) 339.

Puchta, W., Über Sammlungen zu öffentlichen Zwecken nach gemeinem Recht, Hinschius' Zeitschr. f. Gesetzgebung und Rechtspflege in Preußen 2 (1868) 473—481.

Regelsberger, F., Streifzüge im Gebiet des Zivilrechts (Göttinger Festgabe für Jhering 1892) 70 ff. (SA. 28—36).
— Pandekten 1 (1893) 343.
— Jherings J. 36 (1896) 469—472 (Zusatz zu Isay).
Rehme, KrVJSchr. 46 (1905) 246—251 (Besprechung von A. Schultze).
Schlichtherle, H., Die rechtliche Stellung der sog. Komitees nach gem. R. und dem BGB. (Leipziger Diss. 1904).
Schmidt, Rich., Lehrb. des deutschen Zivilprozeßrechts² (1906) 322 Anm. 3.
Schott, R., Das Armenrecht der deutschen ZPO. (1900) 64, 92.
Schultze, A., Treuhänder im geltenden bürgerlichen Recht, Jherings J. 43 (1901) 35—45.
Schulze, Fr., Die Aufgabe des Grundeigentums (§ 928 BGB.). (Berliner Diss. 1909) 89—176.
Schwarz, G., Rechtssubjekt und Rechtszweck, eine Revision der Lehre von den Personen, ArchBürgR. 32 (1908) 12 ff., insbes. 56 ff., 137.
— Kritisches über Rechtssubjekt und Rechtszweck, ArchBürgR. 35 (1910) 10 ff., insbes. 31, 41, 47, 67, 75, 90.
Seckel, E., Gestaltungsrechte (Festgabe für R. Koch 1903) 206, Anm. 2.
Stammler, R., Unbestimmtheit des Rechtssubjekts (SA. aus der Festschrift für Gießen 1907) 37.
Staudinger, Komm. zum BGB. 4⁴ (Engelmann), 1393—1396 zu § 1914.
Stintzing, W., KrVJSchr. 47 (1907), 232—282 (Besprechung von Hölder, Personen).
Storck, G. F., Die öffentlichen Sammlungen zu vorübergehenden Zwecken (1907) = Storck, G. F., Die rechtliche Behandlung der durch öffentliche Sammlungen zu vorübergehenden Zwecken zusammengebrachten Vermögen (Gießener Diss. 1907.)
Stranz, Die Steuerpflichtigkeit der Zeppelin-Spende, DJZ. 15 (1908) 1017.
Strohal, E., Bemerkungen zum Entw. eines BGB., Jherings J. 34 (1895) 336 f.
Thimm, E., Die Rechtsverhältnisse bei Sammelunternehmen (Greifswalder Diss. 1907).
v. Tuhr, A., Der Allgemeine Teil des deutschen bürg. Rechts 1 (1910) 617—620.
Unger, J., Das Versprechen als Verpflichtungsgrund im heutigen Recht, Grünhuts Z. 1 (1874) 373 f.
Wolters, H., Die Sammlungen zu wohltätigen oder gemeinnützigen Zwecken (Rostocker Diss. 1906). (War mir unzugänglich.)
Zitelmann, E., Das Recht des BGB., Allgemeiner Teil (1900) 70.
Zoellner, Zum Begriffe der Sammlung in straf- und zivilrechtlicher Hinsicht, SeuffBl. 72 (1907) 717—723.

Materialien.

Protokolle 2 4, 6 313 f.
Berichte der Reichstags-Kommission über den Entwurf eines BGB. (9. Legislatur-Periode, IV. Session 1895/6, Nr. 440 b) 175 f.

Judikatur.

LG. Rostock 12. X. 1880, betr. ein Komitee, erwähnt bei Krückmann, ArchBürgR. 8 82.

Hanseatisches OLG. 3. III. 1898, abgedruckt bei Joerges 80—86.

OLG. Breslau 10. II. 1903 (nach preuß. ALR.), abgedruckt ZAK. im OLGBez. Breslau **16** (1903) 19 f.

LG. Düsseldorf 29. IV. 1903, abgedruckt RheinARB. **21** (1903) 61—64 und RheinNotZ. **49** (1904) 34—37.

OLG. Karlsruhe 5. I. 1905, abgedruckt Puchelts Z. **37** (1906) 484—493.

OLG. Nürnberg 1905, abgedruckt BayZ. **1** (1905) 111.

LG. Dortmund 12. V. 1909, abgedruckt bei Joerges 87—98.

---

§ 1.

Einleitung.

Die Begrenzung der Aufgabe.

Das erste Gutachten über die vorgelegte Frage (oben **1** 154 ff.) kommt zu dem Ergebnis (S. 168), daß besondere Vorschriften für das Sammelvermögen weder nötig noch empfehlenswert seien, weil das durch öffentliche Sammlung erworbene Vermögen keine derartigen spezifischen Eigentümlichkeiten aufweise, die seine Sonderbehandlung rechtfertigen würden. Der Herr Vorgutachter erweitert demnach die gestellte Frage dahin (S. 169), ob sich gesetzliche Vorschriften empfehlen (d. h. notwendig sind, S. 162/63) über die rechtliche Stellung von Vermögen, die ohne Rücksicht auf die Herkunft zu uneigennützigen Zwecken bestimmt sind. Die so erweiterte Frage wird bejaht; daraus ergibt sich auch für die Rechtsstellung des Sammelvermögens eine Reihe von Anforderungen an die Gesetzgebung (S. 215—217).

Im Gegensatz zu dem Vorgutachten glaube ich mich streng an die gestellte Frage halten zu können, also auch zu müssen. Freilich dürfte es unmöglich sein, die Frage durchweg so, wie sie lautet, ersprießlich zu beantworten. Wird sie aber präzisiert, so, wie sie in erster Linie gemeint ist, so duldet sie eine juristisch faßbare Beantwortung und zwar, wie sich zeigen wird, für die deutsche Gesetzgebung ein glattes Nein. Der Präzisierung bedarf die Frage nach vier Hauptrichtungen:

I. Empfehlen sich gesetzliche Vorschriften über die rechtliche Stellung des Sammelvermögens?

1. Sammlung von Vermögen zu eigennützigen und zu fremdnützigen Zwecken. — Versteht man unter Vermögen nichts weiter als einen durch die Einheit eines Zwecks zusammengehaltenen Komplex geldwerter Rechte, so bedeutet Sammelvermögen dem Wortsinne nach jedes Vermögen, das ganz oder zum Teil durch Sammeltätigkeit [1]) infolge der provozierten Zuwendungen mehrerer Andern zu einem beliebigen Zwecke zusammengebracht worden ist. In dieser weiten Ausdehnung ist der Begriff juristisch unbrauchbar; er bedarf also der Einengung. Unter Sammelvermögen darf juristisch nur solches Vermögen verstanden werden, das gesammelt ist zu einem dem Sammler fremden, uneigennützigen Zweck [1a]).

2. Private und öffentliche Sammlung von Vermögen. — Sammelvermögen zu fremdnützigem Zweck kann zusammengebracht werden entweder durch private oder durch öffentliche Sammlung.[2]) Auf die privaten Sammlungen, und nur auf diese, trifft zu, was seinerzeit in der Kommission für die zweite Lesung des Entwurfs eines BGB.[3]) mit Unrecht in bezug auf die öffentlichen Sammlungen geäußert wurde: die Gestaltungen des Lebens seien so verschiedenartig, daß sie der einheitlichen rechtlichen Erfassung spotten. Um der privaten Sammlungen Herr zu werden, bedarf es der Heranziehung einer ganzen Reihe von Rechtsinstituten: Gesellschaft, nicht rechtsfähiger Verein, Schenkung, Auflageschenkung, Fiduzia, Auftrag, Geschäftsführung, Verträge zugunsten Dritter, Offerte, Stellvertretung usw. Ein Gutachten über die gesetzgeberische Regelung der verschiedenartigen privaten Sammlungen kann der Juristentag nicht gewünscht haben; er kann nur eine Frage gestellt haben, deren Verneinung nicht selbstverständlich oder deren Behandlung nicht uferlos ist. Einen faßbaren typischen Tatbestand bietet nur das öffentliche Sammelunternehmen. Nur bei diesem ist die Frage nach der Erlassung neuer gesetzlicher Vorschriften diskutierbar.

3. Sammlungen für einen dauernden und für einen vorübergehenden Zweck. — Durch Anrufung der Öffentlichkeit kann

---

[1]) Über den Begriff des Sammelns vgl. Bartsch, Gutachten 164 f. nebst Zitaten.

[1a]) Daß nicht jede Sammlung zu fremdnützigen Zwecken ein Sammelvermögen im technischen Sinne erzeugt, wird sich unten, Anm. 300, ergeben.

[2]) Über den Begriff der öffentlichen Sammlung und seinen Gegensatz vgl. die gesamte Literatur zu BGB. § 1914. Die Begriffsbestimmung macht keine unüberwindlichen Schwierigkeiten.

[3]) Protokolle 6 314.

gesammelt werden entweder für einen dauernden oder für einen vorübergehenden Zweck.[4]) Die Sammlungen für dauernde Zwecke bedürfen als solche neuer gesetzlicher Vorschriften nicht. Sie stehen unter dem Recht der selbständigen oder unselbständigen Stiftung, des rechtsfähigen oder nicht rechtsfähigen Vereins. Das für die Dauersammlungen zurzeit geltende Recht kritisch nachprüfen, hieße eine Kritik des Vereins- und Stiftungsrechts schreiben. Eine solche Kritik, für die unser Recht allerdings manche Angriffsflächen bieten würde, wird offensichtlich von dem Gutachter nicht verlangt. Demnach hat er sich auf die Sammlung zu vorübergehendem Zweck zu beschränken.

Sammelvermögen im Sinne des vorliegenden Gutachtens ist also ein durch öffentliche Sammlung [5]) für einen vorübergehenden dem Sammler [5a]) fremden Zweck zusammengebrachtes Vermögen.[6]) Mit dieser Begriffsbestimmung landen wir bei demselben Begriffe, der in unserm positiven Rechte dem § 1914 BGB. (vgl. § 42 FGG.) zugrunde liegt.

II. Empfehlen sich gesetzliche Vorschriften über die rechtliche Stellung des Sammelvermögens?

Das Gutachten hat es nach dem Wortlaut und nach dem Sinn der Frage nur mit dem entstandenen Sammelvermögen zu tun, nicht mit seiner Entstehung.[7]) Die Rechtssätze über das Sammelgeschäft — Handspende und Zeichnung — liegen also außerhalb seines kritischen Horizonts.[8])

---

[4]) Wegen der begrifflichen Scheidung ist das oben Anm. 2 Gesagte zu wiederholen.

[5]) Und nur durch Sammlung.

[5a]) Wer beim Sammelunternehmen im technischen Sinn als Sammler zu denken ist (nämlich das rechtsfähige Unternehmen selbst), kann erst unten, Anm. 300, dargetan werden.

[6]) Die Vermögenszuwendung kann die verschiedensten Formen annehmen. Tritt eine Anzahl von Künstlern unentgeltlich für einen wohltätigen Zweck auf und sind die Preise der Plätze nicht höher als bei andern Konzerten derselben Künstler (Bartsch, Gutachten 165 nebst Zitaten), so ist das Sammelvermögen allerdings aus einer Spendensammlung entstanden (a. M. Bartsch a. a. O.). Spender sind m. E. die Künstler; die Spende besteht in dem unentgeltlichen Facere, das vom Komitee in Geld umgesetzt wird.

[7]) So hat auch das Vorgutachten (oben I 157) mit Recht die Frage aufgefaßt.

[8]) Steht freilich — de lege lata oder de lege ferenda — das Wesen des Sammelvermögens fest, so ergeben sich ohne weiteres gewisse Folgesätze für die

III. Empfehlen sich gesetzliche Vorschriften über die rechtliche Stellung des Sammelvermögens?

Das Gutachten soll sich äußern über die Anforderungen, die dem geltenden Rechte gegenüber an die Gesetzgebung zu stellen oder nicht zu stellen sind. In erster Linie meint die Frage zweifellos die Gesetzgebung des Deutschen Reichs. Was die Gesetzgebung Österreichs und der Schweiz angeht, so decken sich die Desiderien de lege ferenda natürlich mit den unsern. Das Urteil darüber, inwieweit diesen Desiderien die österreichische und schweizerische lex lata genügt, glaubt nachstehendes Gutachten des befragten reichsdeutschen Juristen besseren Kennern der österreichischen und schweizerischen Gesetzgebung und Praxis überlassen zu müssen.

IV. Empfehlen sich gesetzliche Vorschriften über die rechtliche Stellung des Sammelvermögens? Soll der Juristentag von der Gesetzgebung des Deutschen Reichs den Erlaß eines Gesetzes betr. die Abänderung oder Ergänzung des BGB.[9]) in Richtung auf das Sammelvermögen verlangen?

Die Geneigtheit, diese Sonderfrage zu bejahen, hängt ab von der grundsätzlichen Stellung, die man der Novellengesetzgebung gegenüber einnimmt.

Wir haben das erst zehn Jahre alte BGB.[10]) Stünden wir noch dem Entwurf eines BGB. gegenüber, so fiele m. E. dem Gutachter eine ganz andere Aufgabe zu als am heutigen Tage, wo nicht mehr res integra ist. Einem Entwurf gegenüber kann, darf und muß die Kritik schon das bloß Wünschenswerte als kategorische Forderung aufstellen. Ebenso würden die Dinge liegen, wenn es, hoffentlich erst nach recht langer Zeit, zu einer allgemeinen Revision des BGB. kommen sollte.

Zurzeit jedoch stellt sich das BGB. zwar nicht als ein Noli me tangere dar, wohl aber — nach einer weitverbreiteten Grundstimmung, die

---

Art seiner Entstehung. Umgekehrt würden feststehende Sätze über die Entstehung des Sammelvermögens unter Umständen auf seine rechtliche Natur Schlüsse zulassen. In einer durch positive Normen nicht gebundenen wissenschaftlichen Untersuchung bedeutet es m. E. ein Hysteron proteron, wenn man, wie vielfach geschieht, zuerst die Natur des Spendungsgeschäfts und dann das Wesen des Sammelvermögens prüft. Vgl. auch Bartsch, Gutachten 163 ff.

[9]) Für die Abänderung des öffentlichen Rechts der Einzelstaaten (vgl. unten S. 577 f. und § 9 Ziff. II. 7) ist das Reich im allgemeinen nicht zuständig.

[10]) Und die Schweiz ihr erst 1912 in Kraft tretendes ZGB. Anders liegen die Verhältnisse in Österreich.

ja auch den Juristentag in der Tierhalterfrage (leider ohne Erfolg) geleitet hat — jedenfalls als ein möglichst konservativ zu behandelndes Hauptstück unseres Gesamtrechts. Da nun eine Neuregelung des Rechtes der Sammelvermögen ohne Eingriffe in das Recht des BGB. sich reichsrechtlich nicht bewerkstelligen ließe, würden sich neue Vorschriften empfehlen nicht schon dann, wenn sie als wünschenswert, sondern erst dann, wenn sie als unbedingt **notwendig** erscheinen.

Erster Abschnitt.

§ 2.

Die legislativpolitischen Anforderungen.

Welchen Postulaten eine befriedigende Regelung der Rechtsstellung des Sammelvermögens Genüge tun muß, ergibt sich für den orientierten Laien und vollends für den theoretisch unbefangenen Fachmann zum großen Teil beinahe von selbst. Daher glaube ich die meisten der nachstehenden Leitsätze aufstellen zu dürfen ohne weitausholende Begründung mit einem bloßen Appell an den bon sens des Lesers, an sein Gefühl für unabweisbare praktische Bedürfnisse. Eine wissenschaftlich zwingende Begründung ihrer Sätze vom richtigen Recht vermag die Gesetzgebungspolitik ja doch nicht zu liefern. Sie kann überreden und überzeugen, aber nicht beweisen. Und **soweit** die trefflichen Ausführungen des Vorgutachtens überzeugen, widerstrebt es mir, sie auszuschreiben und zu wiederholen.

I. **Rechtsfähigkeit**, d. h. Vermögensfähigkeit und Namensfähigkeit, des Sammelvermögens.

1. Das Sammelvermögen muß unter seinem Namen Rechte erwerben können, einschließlich des Eigentums und anderer dinglichen Rechte an Grundstücken. Die Aktiva des Sammelvermögens müssen ein rechtlich **selbständiges Vermögen** bilden, das vom Vermögen sowohl der Spender als der Sammler **vollkommen** getrennt ist.[11])

2. Daraus ergeben sich ohne weiteres die erwünschten Folgesätze für das formelle Recht und für das Strafrecht.

---

[11]) Warum man sich begnügen soll mit dem Verlangen: das Sammelvermögen sei für Sammler wie Spender „als **fremdes anzusehen**" (**Bartsch**, Gutachten 216), nur um keiner theoretischen Auffassung zu präjudizieren, sehe ich nicht ein. Fiktionenfreie zivilistische Klarheit ist ein überall anzustrebender Vorzug auch der lex ferenda.

a) In Konsequenz seiner Rechtsfähigkeit kommt dem Sammelvermögen als solchem die aktive Parteifähigkeit[12]) und die Grundbuchfähigkeit zu. Es kann in seinem Namen geklagt und es können unter seinem Namen Rechte im Grundbuch eingetragen werden.

b) Die Sachen des Sammelvermögens sind für Spender wie Sammler fremde Sachen. Nimmt der Spender seine (noch in natura vorhandene) Spende aus dem Gewahrsam des Sammlers weg, um sie sich rechtswidrig anzueignen, so ist er wegen Diebstahls strafbar. Eignet sich der (Einzel-) Sammler oder die Gesamtheit der mehreren Sammler eine Sache des Sammelvermögens rechtswidrig an, so ist der Tatbestand der Unterschlagung gegeben.

II. Rechte der Gläubiger in Beziehung auf das Sammelvermögen.

1. Kraft seiner Rechtsfähigkeit kann das Sammelvermögen als solches eigene Schulden haben und als Haftungsmasse für seine Schulden dienen. Demgemäß kommt dem Sammelvermögen im Interesse seiner Gläubiger passive Parteifähigkeit und Konkursfähigkeit zu. Zur Zwangsvollstreckung in das Sammelvermögen ist ein gegen das Sammelvermögen gerichteter vollstreckbarer Schuldtitel erforderlich und genügend.

2. Für die Schulden, die zu Lasten des Sammelvermögens als solchen entstanden sind,[13]) haftet nur das Sammelvermögen.

a) Der Sammler haftet mit seinem Vermögen für die Schulden des Sammelvermögens nicht,[14]) insbesondere nicht aus Rechtsgeschäften, die er im Namen des Sammelvermögens einem Dritten gegenüber vorgenommen hat.

b) Auch die Spender gehen die Schulden des Sammelvermögens nichts an.[15]) Sie haften für diese Schulden weder persönlich

---

[12]) Ausführlich darüber Bartsch, Gutachten 170—179 (mit Literaturnachweisen). Bartsch (S. 171) verlangt gesetzliche Regelung der Frage.

[13]) Über die Schuldenhaftung des Sammelvermögens und die Haftung für Schulden des Sammelvermögens handelt eingehend Bartsch, Gutachten 179—185. Mit vereinzelten Vorbehalten wird jeder seine Ergebnisse (S. 185) unterschreiben.

[14]) Vgl. Bartsch a. a. O., 186—193.

[15]) Vgl. Bartsch, a. a. O., 190.

noch mit ihrer Spende. Ist das Sammelvermögen überschuldet, so trifft die Spender keine Nachschußpflicht.[16])

3. Das Sammelvermögen haftet nur für seine eigenen Schulden. Es dient wie jedes vollkommen selbständige Vermögen nur seinen Gläubigern als Befriedigungsobjekt. Den Gläubigern sowohl der Spender [17]) als der Sammler ist der Zugriff auf das Sammelvermögen verschlossen.

III. Surrogationsfähigkeit des Sammelvermögens.

Wie jedes Vermögen, bleibt das Sammelvermögen identisch im Wechsel seiner Bestandteile.[18])

Die Erträgnisse, die es abwirft (Nutzungen, Schatzhälfte), fließen ihm selbst zu.

IV. Zweckgebundenheit des Sammelvermögens.[19])

1. Solange der im Sammelaufruf festgelegte [20]) Zweck des Sammelunternehmens erreichbar und nicht erreicht ist, muß jede Änderung der Zwecksatzung unzulässig sein. Damit ist der Sammelzweck der Spenderwillkür wie der Sammlerwillkür entzogen.

2. Ergibt sich nach Erreichung des Zwecks ein Überschuß oder stellt sich die Zweckerfüllung als endgültig unmöglich oder als das Gemeinwohl gefährdend oder als nicht mehr zeitgemäß [21]) heraus, so muß irgend eine Instanz (m. E. der unter Kontrolle [22]) stehende Sammler [23]))

---

[16]) Dies gilt auch für die Aufwendungen, die der Sammler im Interesse des Sammelvermögens gemacht hat und den Umständen nach für erforderlich halten durfte. Wegen dieser Aufwendungen kann der Sammler sich nur an das SV. halten.

[17]) Vorbehältlich der Sätze über das Gläubigeranfechtungsrecht.

[18]) Vgl. Bartsch, a. a. O., 200 f.

[19]) Die unter IV erwogenen Probleme läßt das erste Gutachten in den Hintergrund treten.

[20]) Bei Erlaß des Aufrufs muß der Aufrufende (der Sammler) Zwecksatzungsfreiheit genießen. Zu jedem rechtlich und sittlich erlaubten und durch Sammlung erreichbaren Zweck muß gesammelt werden dürfen. Das Konzessionserfordernis ist zu verwerfen.

[21]) Vgl. die Sätze, die Grabenwitz, Zur Erinnerung an J. Kant (1904), 179 ff., für das Stiftungsrecht aufgestellt hat. Beispiel für das Sammelrecht: der Politiker, zu dessen Ehrung gesammelt worden ist, hat sich moralisch und damit politisch unmöglich gemacht.

[22]) Vgl. unten Ziff. VII.

[23]) Ähnlich schon Puchta 479. Auch die Praxis der Sammler scheint durchweg dem im Text empfohlenen Verfahren zu huldigen, vgl. Fischbach 107, 133, je Anm. 1; Joerges 55; OLG. Breslau.

befugt sein, das zweckverwaiste Rest- oder Vollvermögen einem dem Sammelzweck möglichst nahe verwandten Zwecke zuzuführen.[24]) — Die Rückzahlung an die Spender ist ausgeschlossen, außer wenn bereits im Aufruf ausdrücklich oder stillschweigend (d. h. nach einer sämtliche Umstände des Falles[25]) würdigenden Auslegung des Aufrufs) die eventuelle Rückzahlung in Aussicht gestellt worden ist.[26])

V. Die Rechte der Verwalter des Sammelvermögens (Sammler, Pfleger).

1. Der Verwalter vertritt das selbständige Sammelvermögen gerichtlich und außergerichtlich; er hat die Stellung eines gesetzlichen Vertreters.[27]) Der Umfang seiner Vertretungsmacht findet seine Schranke mit Wirkung gegen Dritte in dem durch den veröffentlichten Aufruf kundgegebenen Sammelzweck. An Weisungen der Spender — sei es einzelner, sei es aller, sei es ihrer Majorität — ist der Verwalter nicht gebunden.

2. Zur Verwaltung und Verwendung berufen ist der Sammler bzw. das Komitee. Der Einzelsammler hat die Substitutions- und Kooptations-, das Komitee hat die Kooptationsbefugnis. Die Spender können den einzelnen Verwalter weder absetzen noch ersetzen.

3. Fällt der Sammler oder das letzte Komiteemitglied weg, so ist von Amtswegen — sei es durch die Verwaltungsbehörde, sei es durch das Gericht — dem verwaisten Sammelvermögen ein neuer Verwalter zu bestellen.[28]) Die Spender sind nach Wegfall der kraft des Aufrufs berufenen Verwalter nicht befugt, die Verwaltung des Sammelvermögens selbst in die Hand zu nehmen oder einen neuen Verwalter zu wählen.[29])

---

[24]) Und zwar ohne die praktisch doch nicht durchführbare Befragung der Spender.

[25]) Z. B. die Höhe der Beiträge, die Schwierigkeit, einen verwandten Zweck ausfindig zu machen, die Zahl der Spender. Vgl. Klauß 38.

[26]) Ganz unzweckmäßig will es mir scheinen, etwa durch öffentliche Aufforderung der Sammler an die Spender mit Präklusionsfolge, eine nachträgliche Willensäußerung der Spender zu provozieren und diese darüber entscheiden zu lassen, ob Zweckkonversion oder Rückzahlung einzutreten habe.

[27]) Will der Verwalter einen Schuldvertrag schließen, der nach den Grundsätzen der direkten Stellvertretung nur das Sammelvermögen und nicht den Verwalter persönlich haftbar machen soll, so muß er erkennbar in seiner Eigenschaft als Verwalter namens des Sammelvermögens kontrahieren (vgl. § 164 BGB.).

[28]) Vgl. unten Ziff. VII. 3.

[29]) Anders de lege lata Hellwig, Anspruch 297, Storck 41 ff. Vgl. dazu unten S. 599 und § 9 Ziff. II. 5.

4. Honorar erhält der freiwillige Verwalter (d. h. der Sammler) nicht.

VI. Die Pflichten der Verwalter des Sammelvermögens.

1. Der Sammler stellt seinen Namen und seine Arbeitskraft freiwillig und unentgeltlich in den Dienst des Sammelunternehmens. Es muß ihm jederzeit freistehen, von seiner Verwaltungstätigkeit zurückzutreten. Zum Ausharren ist er nicht verpflichtet.

2. Solange er im Ehrenamte bleibt, haftet er dem Sammelvermögen für jede Fahrlässigkeit,[30]) nicht nur für diejenige Sorgfalt, die er in eigenen Angelegenheiten anzuwenden pflegt.

3. Über seine Verwaltung hat der Sammler Rechnung zu legen, aber nur in der Art und in dem Maße, wie dies bei soliden Sammelunternehmen üblich ist.[31]) Insbesondere wird er also Akten zu führen haben, die eine geordnete Zusammenstellung der Einnahmen und der Ausgaben enthalten.

4. Die privatrechtlichen Verwalterpflichten bestehen nicht den Spendern gegenüber, sondern lediglich dem Sammelvermögen gegenüber.[32])

---

[30]) Er hat also z. B. die Verwaltungsspesen möglichst niedrig zu halten; die Sachen des Sammelvermögens bestens zu verwahren; falls eine Anlegung des SV. erforderlich wird, die sicherste und zugleich ertragreichste Anlegung zu wählen. Bei der Verwendung hat er sich genau an die Zweckbestimmung des Aufrufs zu halten (soweit sie ausführbar ist, vgl. oben S. 574 f.), jede eigennützige Verwendung zu meiden, bei Auswahl der Bedachten und bei Zumessung der Unterstützungen nach bestem Wissen und Gewissen zu verfahren, bei der Auswahl des Entwurfs für ein Denkmal möglichst im Sinne des Aufrufs zu handeln, mit dem ausführenden Künstler unter möglichst vorteilhaften Bedingungen abzuschließen usw.

[31]) Sammeln Zeitungen, so ist Quittierung in der Zeitung üblich. Im übrigen pflegen sich die Spender mit der Postquittung u. dgl. zu begnügen. Eine öffentliche Rechnungslegung in den Zeitungen über die Verwendung (im Sinne des § 259 BGB.) ist nicht üblich und wäre regelmäßig, wenn auch noch so summarisch, eine Kraft- und Geldvergeudung. Die Sammler können regelmäßig erwarten, daß man ihnen auch ohne Zeitungsannonce glaubt, sie haben das in sie gesetzte Vertrauen gerechtfertigt.

[32]) Wenn in der Literatur (de lege lata) nicht selten behauptet wird, jeder Spender könne auf Rechnungslegung an sich selbst oder wenigstens an die Gesamtheit der Spender klagen, so machen sich die Vertreter dieser Behauptung schwerlich klar, welchen Beitrag zur Sammlung der juristischen Kuriositäten sie unfreiwillig liefern. Ein Spender, der als Gymnasiast 50 Pfennig zu einem in die Hunderttausende gehenden Sammelfonds beigesteuert hat, soll noch nach 29 Jahren im ordentlichen Prozeßweg auf Rechnungslegung klagen können?

VII. Die Kontrolle der Pflichterfüllung.

1. Unter normalen Verhältnissen braucht eine Kontrolle nicht einzugreifen und soll sie nicht eingreifen. Die Komitees, die aus hochangesehenen Männern zu bestehen pflegen, haben wahrlich durch ihre aufopfernde Sammeltätigkeit ein besseres Schicksal verdient als dasjenige, welches ihnen extreme Vertreter des Kontrollgedankens bereiten möchten.[33])

2. Besteht Grund zu der Annahme, daß die Verwalterpflichten (oben VI. 2, 3) wegen Unredlichkeit oder Unfähigkeit nicht mit der erforderlichen Sorgfalt erfüllt worden sind, werden also, wie sich Puchta 481 ausdrückt, „pikante Vorkommnisse" ruchbar, so muß irgend eine Instanz (unten Ziff. 3) befugt sein, Remedur zu schaffen und äußerstenfalls zum wirksamen Schutz des Sammelvermögens die Entfernung des Sammlers von seinem Amte[34]) zu verfügen.

3. Ein geeignetes Subjekt des Kontrollrechts kann nicht auf privatrechtlichem, sondern nur auf verwaltungsrechtlichem Wege beschafft werden.

a) Die Spender sind die denkbar untauglichsten Träger der Kontrolle. Verlangt man, daß sie in ihrer Gesamtheit eingreifen sollen, so vergißt man, daß diese Gesamtheit nichts ist als eine hilflose, aktionsunfähige und meist auch interesselose Masse. Denkt man sich die Majorität der Spenderversammlung als die maßgebende Instanz, so liefert man das Schicksal eines unredlichen oder unfähigen Komitees (Sammlers) dem Zufall aus,[35]) der darüber entscheidet, ob sich einige energische Spender zur Einleitung der Kontrolltätigkeit aufraffen und ob in der Versammlung die richtigen Elemente in genügender Stärke erscheinen. Legte man endlich die Kontrolle in die Hand jedes einzelnen Spenders, so verfiele man in die oben (Anm. 32) gegeißelte Lächerlichkeit; auch bliebe es wieder dem Zufall überlassen, ob einer der Spender sich der nicht angenehmen Aufgabe des Kontrolleurs aus freien Stücken unterziehen will. — Da das Kontrollrecht in den Händen der Spender praktisch wertlos

---

[33]) Viel zu weit geht m. E. Bartsch, Gutachten 213. — Auch wer eine unverdächtige Rechnung oder ein unverdächtiges Bestandsverzeichnis aufgestellt hat, kann (BGB. § 259, 260) verlangen, mit dem Kontrollmittel des Offenbarungseids verschont zu werden.

[34]) Dann ist der Sammler weggefallen (nicht notwendig im Sinn des § 1914 BGB.; vgl. unten S. 629) und gemäß V. 3 (oben S. 575) zu verfahren.

[35]) Vgl. unten S. 598 ff.

ist, so verbietet es sich von selbst, ihnen eine Kontroll**pflicht** aufzuerlegen.[36])

b) Man hat daher die Forderung erhoben, zum Schutze des Sammelvermögens solle von Staatsaufsichts wegen ein **Spendervertreter** bestellt werden nach dem Vorbilde des Reichsgesetzes betr. die gemeinsamen Rechte der Besitzer von Schuldverschreibungen vom 4. Dezember 1899 (RGBl. 691).[37]) **Jedem** Sammelunternehmen müsse **von Haus aus** ein „Gläubigervertreter" als amtlich bestellter Pfleger zur Seite gestellt werden. — Dieser Vorschlag hat den Vorzug, die Kontrolle wirksam zu gestalten und das Kontrollrecht mit einer Kontrollpflicht zu verbinden. Trotzdem glaube ich, die Annahme des Vorschlags entschieden widerraten zu müssen. Die Maßregel hat unter normalen Verhältnissen (oben Ziff. 1) etwas Gehässiges; sie ist der unverhohlene Ausdruck des Mißtrauens gegen den Sammler (das Komitee) und sie wird nur zu oft dazu führen, daß die im sozialen Interesse zu fördernde Sammelfreudigkeit zum Schaden der guten Sache gedämpft wird. — Diesen Einwendungen entginge der Vorschlag, wenn die Einsetzung des Spendervertreters auf die Fälle der Mißwirtschaft mit dem Sammelvermögen (oben Ziff. 2) beschränkt würde. Dem also modifizierten Vorschlag würde aber entgegenzuhalten sein, daß es der Umständlichkeiten eines ad hoc zu ernennenden und ad hoc mit genau umgrenzten Befugnissen auszustattenden Kontrollorgans gar nicht bedarf. Denn

c) wie bei den regelmäßig auf die **Dauer** angelegten selbständigen Zweckvermögen, d. h. bei den Stiftungen, die Kontrolle der zuständigen **Verwaltungsbehörden** dem Bedürfnis vollauf genügt, so wird sie erst recht bei den **vorübergehenden** selbständigen Zweckvermögen, d. h. bei den Sammelunternehmen in befriedigender Weise funktionieren.[38])

4. Grundsätze für die **Ausübung des Kontrollrechts** durch die Verwaltungsbehörden.

---

[36]) Mit Recht erklärt es **Endemann** 2 867 für praktisch undurchführbar, wenn man verlangen wollte, daß jeder von ungezählten Tausenden kritisch prüfend mitwirken und durch seine Klage eine vermeintliche zweckwidrige Geldverwendung angreifen könnte.

[37]) Auf dieses Vorbild beruft sich **Endemann** 2 867. Vgl. auch Hypothekenbankgesetz vom 13. Juli 1899 (RGBl. 375) § 29 ff. und BGB. § 1189.

[38]) Daß Recht und Pflicht der Aufsicht den staatlichen Verwaltungsbehörden übertragen werde, ist auch in der Literatur schon mehrfach gefordert worden; vgl. **Nolte** 29/30, **Hölder**, Personen 321, **Bartsch**, Gutachten 205, 213 f.

An den Takt, die Unparteilichkeit und die Energie der Verwaltungsbehörden stellt die Aufsicht über die Sammelvermögen hohe Anforderungen, höhere als die Aufsicht über die Stiftungen. Unbequeme Stiftungen kann sich der Staat durch Versagung der Staatsgenehmigung (BGB. § 80) vom Leibe halten, unbequeme Sammelvermögen[39]) nicht (oben Anm. 20). Unter keinen Umständen darf der Staat sein Aufsichtsrecht dazu mißbrauchen, um die Durchführung solcher Sammelunternehmen zu unterbinden, die weder gegen das Gesetz noch gegen die guten Sitten verstoßen. Hat z. B. der Staat eine Ersatzverwaltung zu beschaffen (oben V. 3; VII. 2), so hat er bei der Auswahl des neuen Verwalters auf die Konfession, die Parteizugehörigkeit usw. Rücksicht zu nehmen, wenn der im Aufruf festgelegte Zweck des Sammelunternehmens die gedachten Qualitäten bei den Sammlern voraussetzt. Die Kontrolle der Verwendung (oben VI. 2; oben Anm. 30) ist unter voller Respektierung des Sammelzwecks auszuüben; bedarf die Zwecksatzung der Änderung oder Ergänzung (oben IV. 2), so ist von Aufsichts wegen nur einzugreifen, wenn der die Satzung umwandelnde Sammler gröblich gegen den Sinn des Aufrufs verstößt.

Die Verwaltungsbehörden werden ihrerseits kontrolliert entweder im Dienstaufsichtsweg (Verwaltungsbeschwerde) oder durch die Verwaltungsgerichte oder durch die Volksvertretung.

Zweiter Abschnitt.

Das geltende Recht, gemessen am Maßstabe der legislativpolitischen Anforderungen.

§ 3.

Sammelvermögen im BGB. Die im geltenden Recht unmittelbar oder mittelbar entschiedenen Fragen.

Das Sammelvermögen ist „ebenso ein Liebling des täglichen Lebens wie ein Stiefkind der Gesetzgebung".[40]) Das BGB.[41]) normiert das Recht

[39]) Man denke z. B. an sozialdemokratische Agitations- und Wahlfonds.

[40]) Binder 140.

[41]) Keine Vorschriften über das Sammelvermögen enthalten sämtliche früheren deutschen und alle geltenden außerdeutschen Gesetzbücher. Auch das neueste noch nicht in Kraft getretene außerdeutsche ZGB., das Schweizerische, unterläßt jede positive Bestimmung.

des Sammelvermögens bekanntlich nur in einem einzigen, dem Recht der Vormundschaft (Pflegschaft) eingegliederten Paragraphen. Die Vorschrift lautet:

§ 1914. Ist durch öffentliche Sammlung Vermögen für einen vorübergehenden Zweck zusammengebracht worden, so kann zum Zwecke der Verwaltung und Verwendung des Vermögens ein Pfleger bestellt werden, wenn die zu der Verwaltung und Verwendung berufenen Personen weggefallen sind.

Inhalt und Tragweite dieser ungemein wertvollen, Strohals Anregung zu verdankenden Vorschrift sind bisher von der Auslegung, trotzdem sie bereits zu gewaltigem Umfang angeschwollen ist, kaum im vollen Umfang gewürdigt worden [42]) (unten S. 583 f., 632 f.).

Ganz abgesehen von der für einen bestimmten Ausnahmefall ausdrücklich geregelten Ersatzverwaltung, ergeben sich aus § 1914 zunächst folgende, über den unmittelbaren Wortlaut der Sondervorschrift hinausgehende Konsequenzen für das Gesamtrecht des Sammelvermögens, die zwar nicht immer als solche anerkannt, aber doch durchweg oder wenigstens vom weitaus überwiegenden Teil der Schriftsteller als geltende Sätze unseres positiven Rechts vorgetragen werden.

1. Das Sammelvermögen ist als eigenartiges rechtliches Gebilde anerkannt.

---

[42]) Die Schuld daran tragen zwei mehr als vorsichtige, beinahe ängstliche Bemerkungen in den Protokollen 6 314: man werde sich jedenfalls im BGB. einer Entscheidung der theoretischen Fragen zu enthalten haben; der Frage nach der Natur des Rechtsverhältnisses, welches durch die Sammlungen seitens des Komitees begründet würde, werde durch die Aufnahme der Vorschrift nicht präjudiziert. — Den Protokollen gegenüber betont mit Recht Storck 8 f. die von den Materialien unabhängige Stellung der Wissenschaft und Praxis: von denen, die aus dem Mangel einer direkten Bestimmung über das Regelrecht des SV. den Schluß ziehen, daß die Rechtsverhältnisse des Sammelunternehmens, so lange die Verwaltung in den Händen der Sammler liegt, durch die Bestimmung des § 1914 nicht berührt werden, werde die Bedeutung dieser Vorschrift verkannt; vielmehr bleibe trotz der Äußerung der Kommission in den Protokollen die Frage offen, ob nicht jeder Streit der Theorien durch eine im § 1914 enthaltene positive Entscheidung erledigt wird. — Storck (S. 14) selbst gelangt freilich zu dem Ergebnis, daß sich nur einzelne Fragen aus § 1914 beantworten lassen, nicht dagegen die Frage nach der rechtlichen Behandlung des Sammelvermögens, insbesondere nicht die Frage nach der Vermögensträgerschaft.

Daraus muß nun weiter die Anerkennung aller derjenigen Rechtssätze abgeleitet werden, ohne welche das Sammelvermögen nicht zur Existenz gelangen und nicht zweckgemäß funktionieren kann.

2. Würden für die Bewidmung des Sammelunternehmens die Sätze über das Stiftungsgeschäft bzw. über die Schenkung gelten, so bedürfte jedes Spendungsgeschäft (Handspende und Zeichnung) der schriftlichen Form, bzw. die Zeichnung der gerichtlichen oder notariellen Beurkundung. Im praktischen Leben wird, abgesehen höchstens von schriftlichen Zeichnungen, eine Form nicht beobachtet. Wollte sich das Gesetz dem tatsächlichen Brauch entgegenstemmen, wären also die formlosen Spendungsgeschäfte rechtlich unwirksam, so könnte praktisch genommen ein Sammelvermögen niemals „zusammengebracht" werden. Da aber § 1914 voraussetzt, daß Sammelvermögen zusammengebracht werden können und zwar selbstverständlich auf dem typischen, im Leben seit langem üblichen, nicht auf einem bisher ganz unerhörten Wege, so hat § 1914 die Wirksamkeit des formfreien Spendungsgeschäftes anerkannt. — Aus analogen Gründen ist dem positiven Rechte, welches die Lebensvorgänge in ihrer typischen Erscheinungsform sanktioniert, zu entnehmen, daß das Sammelvermögen zu seiner Entstehung keiner Staatsgenehmigung bedarf.[43]) Im übrigen liegt Recht und Theorie des Spendungsgeschäfts außerhalb der diesem Gutachten gezogenen Grenzen.[44])

[43]) Die von Strohal 337 empfohlene Bestimmung, daß die die Entstehung einer Stiftung erschwerenden Normen für das Sammelunternehmen nicht Platz greifen sollen, steht zwar nicht mit diesen Worten in den Zeilen des Gesetzes, wohl aber ist sie unzweifelhaft zwischen den Zeilen zu lesen.

[44]) Siehe oben S. 570. Nur soviel mag bemerkt werden. Das Spendungsgeschäft ist (ähnlich wie das Stiftungsgeschäft) eine unentgeltliche Zuwendung, aber keine Schenkung. Das Sammelvermögen bildet eine bloße Durchgangsstation, auf der die Zuwendungen der Spender nur kurze Zeit verweilen, um dann ihrem Zwecke zugeführt zu werden. Kommt das Sammelvermögen auf diesem seinem Wege schließlich an bestimmte Destinatäre (die Abgebrannten, den zu ehrenden Dichter), so ist allerdings eine gestreckte Schenkung bewirkt und zwar eine Schenkung der Spender an den oder die Bedachten. — Eine Übertreibung des Gedankens, daß das Sammelvermögen eine neutrale Durchgangsstation innerhalb des ganzen, eine Zeitlang gehemmten Schenkungsvorgangs bildet, ist die Offertentheorie von Jacubezky 103 f. (vgl. Prot. 6 313 f.), wonach das Sammelvermögen nicht das Eigentum an den Spenden erwirbt, sondern aus lauter Offerten (genauer: aus lauter Gestaltungsrechten) besteht. Diese Theorie hat erfreulicherweise nirgends Anklang gefunden.

3. Der Bewidmung des Sammelunternehmens durch die Spender geht die Zwecksatzung im Aufruf voran. Das Zwecksatzungsgeschäft des Sammlers, das die öffentliche Sammlung einleitet, bedarf zu seiner rechtlichen Wirksamkeit ebensowenig wie die Spendungsgeschäfte der Form oder der Staatsgenehmigung. Auch dieser Rechtssatz ist mittelbar in § 1914 enthalten, wie die oben Ziff. 2 dargelegten Gründe mutatis mutandis ergeben.

4. Aus § 1914 folgt ferner, daß das durch öffentliche Sammlung zusammengebrachte Vermögen eine rechtlich selbständige Stellung einnimmt. Als selbständiges Vermögen ist das Sammelvermögen rechtlich irgendwie vom Vermögen der Spender und des Sammlers geschieden. Flösse das Sammelvermögen unterschiedslos mit dem Vermögen des Sammlers zusammen, so könnte § 1914 nicht bestimmen, daß es z. B. beim Tode des Sammlers ein anderes Rechtsschicksal erfährt als der Nachlaß des Sammlers.

5. BGB. § 1914 setzt voraus, daß das Sammelvermögen durch die Zwecksatzung als einheitliche Masse für den kundgegebenen Zweck rechtlich wirksam gebunden wird und gebunden bleibt, also die Verwalter zu satzungsmäßiger Verwaltung und Verwendung verpflichtet, die Spender zur willkürlichen Zweckänderung nicht befugt sind.

6. BGB. § 1914 setzt endlich voraus, daß den „zu der Verwaltung und Verwendung berufenen Personen" (den Sammlern) das (unvererbliche) Recht zur Verwaltung und Verwendung zusteht, daß sie also z. B. bei Unbestimmtheit der Bedachten in den Grenzen des Aufrufs zur Bestimmung der Bedachten befugt sind. —

Besteht über diese Folgerungen aus § 1914 BGB. Einigkeit, so tobt in der Literatur um so lebhafter der Streit über die Kardinalfrage, ob im Gesetz auch über die Rechtsträgerschaft des Sammelvermögens (und die aus der Rechtsträgerschaft abzuleitenden Folgesätze) eine Entscheidung getroffen sei. Daß dem in der Tat so ist, daß § 1914 zu der Kernfrage der Rechtsträgerschaft sich nicht neutral verhält, sondern daß § 1914 auch diese Frage zugunsten einer bestimmten Theorie und zwar der Theorie der juristischen Person mittelbar beantwortet, muß entgegen einem großen Teil der Literatur[45]) allerdings behauptet werden.

---

[45]) Vgl. z. B. Oertmann 209: fast völliges Schweigen des positiven Rechts.

Dem Nachweise dieser Behauptung sind § 4—9 dieses Gutachtens gewidmet.

Methodisch wird so vorgegangen werden, daß sämtliche de lege lata vertretenen Theorien über die Rechtsstellung des Sammelvermögens Revue zu passieren und dabei die sachliche und technische Feuerprobe zu bestehen haben.[46])

Den Prüfungsmaßstab liefern das geltende Recht und die Grundsätze seiner Auslegung.

Eine gesunde Auslegung hat sich von einem doppelten Gesichtspunkt leiten zu lassen:

1. Sachlich ist nur diejenige Auslegung des § 1914 BGB. brauchbar, die auf dem Boden des Gesetzes zu vernünftigen Ergebnissen führt. Die Auslegung ist die Kunst, das Leben in die vernünftigste juristische Form zu gießen, die das Gesetz zuläßt.

2. Technisch bleibt nur diejenige Auslegung auf gesetzlichem Boden, die den Einklang mit der Technik des unmittelbaren Gesetzesinhalts wahrt. Nach BGB. § 1914, 1915, 1793 ist aber der dem Sammelvermögen vom Vormundschaftsgericht bestellte Pfleger gesetzlicher Vertreter. Er verwaltet das Sammelvermögen nicht in eigenem, sondern in fremdem Namen, er vertritt es gerichtlich und außergerichtlich. Vertreten werden können nur Rechtssubjekte und wer ihnen gleichsteht, nur Personen und Quasipersonen. [46a])

Daß bei der Prüfung unter diesem doppelten Gesichtspunkte alle Theorien über das Sammelvermögen durchfallen, befürchte ich nicht. Insbesondere melde ich den entschiedensten Widerspruch an gegen die Behauptung, alle bisher aufgestellten Theorien hätten, streng folgerichtig durchgeführt, zu praktisch unerwünschten Konsequenzen ge-

[46]) Bartsch, der die Aufgabe des Gutachtens grundsätzlich ganz anders auffaßt als sie oben S. 571 unter IV bestimmt worden ist, meint (Gutachten 159), als Gutachter darauf verzichten zu müssen, die bestehenden Konstruktionen auf ihre Begründung zu prüfen. Ich meine das Gegenteil, von dem Standpunkt aus, daß wir im Deutschen Reich wenn irgend möglich uns mit dem bestehenden Recht einzurichten haben.

[46a]) Die Realpflegschaft ist m. E. ein Widerspruch im Beisatz, wenigstens auf dem Boden der herrschenden, auch vom BGB. angenommenen Personifikation des „vertretenen" Sammelvermögens, Grundstücks (vgl. Fr. Schulze 141), noch nicht erzeugten Nacherben (§ 1913 BGB.). Wer hier (und ferner bei der Stiftung, vgl. BGB. § 86, 26 Abs. 2) überall subjektlose Rechte (Vermögen) sieht, muß natürlich statt von Personenvertretung immer von Realverwaltung, Güterpflege usw. sprechen.

führt.[47]) Ich trete dieser Behauptung für alle Theorien bei außer für die Theorie von der juristischen Persönlichkeit des Sammelunternehmens. Zugunsten dieser Theorie läßt sich negativ m. E. durch begründete Verwerfung aller übrigen ein Ausschlußbeweis führen. Und positiv kann das richtig interpretierte Gesetz nur diese Theorie sanktioniert haben, da nur sie allen Ansprüchen in sachlicher und technischer Hinsicht genügt.

§ 4.

Die rein privatrechtlichen Theorien im allgemeinen.

Zahlreiche Schriftsteller (unten § 5—7) weisen die Rechtsträgerschaft des Sammelvermögens (das sog. Eigentum am Sammelvermögen) entweder dem Sammler (Komitee) oder den Spendern oder dem Sammler und den Spendern zu und versuchen es, mit rein privatrechtlichen Mitteln, d. h. unter Heranziehung nur privatrechtlicher Begriffe (Gesellschaft, nicht rechtsfähiger Verein, Treuhänderschaft, dingliches Verwaltungsrecht usw.), das Recht des Sammelvermögens theoretisch zu konstruieren und praktisch auszugestalten.

Alle diese rein privatrechtlichen Theorien leiden an dem gemeinsamen Mangel, daß sie es nicht vermögen, die für gewisse Situationen praktisch unentbehrliche Kontrolle der Sammler [48]) in wirksamer Weise zu beschaffen. Sie wissen für das Kontroll recht kein anderes Subjekt ausfindig zu machen als die hiezu durchaus untauglichen Spender,[49]) und eine Kontroll pflicht können sie überhaupt de lege lata nicht konstruieren. Daher der Ruf nach einem gesetzgeberischen Eingriff, der das öffentliche Recht, d. h. das Verwaltungsrecht in Bewegung setzen soll, damit die Aufsichtsbehörden berechtigt und verpflichtet werden, in der Person des Spendervertreters ein Kontrollorgan ins Leben zu rufen.[50])

Des weiteren führen sämtliche genannten Theorien auch sonst zu sachlich bedenklichen Konsequenzen, und keine von ihnen bewegt sich technisch in einem Vorstellungskreis, der sie nicht in Zwiespalt brächte mit der Gesetzestechnik des § 1914.

---

[47]) So Bartsch, Gutachten 160.

[48]) Oben S. 577 ff., Ziff. VII.

[49]) Vgl. oben S. 577.

[50]) Siehe oben S. 578.

§ 5.

Das Sammelvermögen im privaten Eigentum der Sammler.

Dem Einzelsammler oder dem Komitee wird das sog. Eigentum am Sammelvermögen zugeschrieben zuerst[51]) von Regelsberger 1892, dann in langer Reihe von Krückmann 1894,[52]) Eck (nicht schlechtweg, sondern nur unter Umständen), Kuhlenbeck 1898, Crome 1900 (u. U.), A. Schultze 1901, Kleemann 1902, Kiepert, Leske, Oppenheimer 1903, v. Blume, Schlichtherle 1904, Altmann, OLG. Karlsruhe und Nürnberg 1905, Wolters 1906, König, Klauß, Krey, Luther, Zöllner 1907, Endemann, zuletzt 1908, Oertmann 1908, Huber 1909, Enneccerus, zuletzt 1909 (u. U.), Heymann, Matthiaß (u. U.), v. Tuhr 1910. — Das Komitee wird dann bald als Gesellschaft im Sinn von BGB. § 705 ff.,[53]) bald als nicht rechtsfähiger Verein im Sinn von BGB. § 54[54]), bald als schlichte Gemeinschaft im Sinn von BGB. § 1008[55]) aufgefaßt.

Das Eigentum der Sammler ist nach dieser Theorie Eigentum zu treuer Hand, sei es im Stil der römischen Fiduzia[56]) mit nur obligatorischer Gebundenheit den einzelnen Spendern (!) gegenüber, sei es im Stil der deutschrechtlichen Treuhand[57]) mit (soweit möglich) dinglicher Gebundenheit, wiederum im Verhältnis zu den einzelnen Spendern. Die dingliche Gebundenheit wird herbeigeführt durch eine in das Spendungsgeschäft hineininterpretierte Resolutivbedingung, kraft welcher das übertragene Eigentum an den Spender zurückfällt, falls der Sammeltreuhänder in Konkurs gerät[57a]), ausgepfändet wird, zweckwidrig oder eigennützig verfügt, ferner falls der Zweck des Sammelvermögens

---

[51]) Vgl. übrigens schon Puchta 478.

[52]) Vgl. aber unten S. 602, Anm. 151.

[53]) Z. B. von Luther, König, Oertmann, v. Tuhr, Bartsch.

[54]) Z. B. von Schultze (u. U.), Kiepert.

[55]) Von Schlichtherle.

[56]) So z. B. Regelsberger, Kleemann, Kiepert, Klauß, Krey, Luther, Endemann, Oertmann, Enneccerus (u. U.).

[57]) So z. B. A. Schultze als Hauptvertreter der Ansicht und bereits vor ihm Krückmann; vgl. auch v. Blume, Schlichtherle, König (mit Unterscheidungen), Heymann, Bartsch (Uneigennützigkeit 30 f.).

[57a]) Und der Konkursverwalter das Sammelgut in die Masse zieht.

unerreichbar wird, endlich wenn der Sammler wegfällt, d. h. stirbt oder geschäftsunfähig wird.[58])

Daß das BGB. eine schuldrechtliche Treuhänderschaft nach dem Vorbilde der römischen Fiduzia zuläßt, kann nicht bezweifelt werden. Bedenklicher steht es mit der positivrechtlichen Anerkennung der dinglichen Gebundenheit des Treuhändereigentums, da es keineswegs fraglos sein dürfte, ob § 137, Satz 1 BGB. durch die Vereinbarung einer Resolutivbedingung umgangen werden kann.[59]) Doch soll diesem Bedenken hier nicht weiter nachgegangen werden.

I. Gegen das treuhänderische Eigentum der Sammler in jeder Form spricht — und zwar m. E. entscheidend — schon allein der Umstand, daß es der Treuhändertheorie nicht gelungen ist und bei konsequentem Denken nicht gelingen kann, den technischen Anschluß an § 1914 BGB. zu gewinnen.

1. Schultze, der Hauptvertreter des germanistischen Zweiges der Treuhändertheorie, läßt, im Widerspruch mit seiner eigenen Grundauffassung,[60]) nach dem Wegfalle des Einzelsammlers oder des letzten Komiteemitgliedes den gemäß § 1914 bestellten Pfleger in das Eigentum am Sammelgute ipso iure sukzedieren, und zwar nach einem Übergangsstadium, in welchem der Komplex von Sammelrechten subjektlos sich erhalten hat.[61]) Wie diese höchst eigenartige Universalsukzession in ein Sondervermögen — und zwar nach geltendem bürgerlichen Recht — vor sich gehen soll, ist dunkel. Bei konsequenter Durchführung der nicht willkürlich, dem § 1914 zuliebe, umgebogenen germanistischen Treuhändertheorie müßte vielmehr angenommen werden, daß beim Tod, Rücktritt usw. des Sammlers die Resolutivbedingung eintrete und kraft dieses Eintritts die Sammelsache in das unbeschränkte, vom Sammelzweck freie Eigentum des einzelnen Spenders oder seiner Konkursmasse oder seines Erben zurückfalle. Und wenn man schon die Inkonsequenz in den Kauf nimmt, daß die Resolutivbedingung bei der Bestellung eines Pflegers nicht eintrete, so müßte klares Denken im Sinn der Theorie zu dem

---

[58]) Schultze 20 f., 22. Für den Fall freilich, daß alle Sammler wegfallen, „ändert“ Schultze 44 den Inhalt der Resolutivbedingung dahin, daß die Bedingung nur eintritt, wenn kein Pfleger bestellt wird. Durch die Pflegerbestellung werde der Rückfall des Sammelguts an die Spender verhindert und damit das Sammelgut seinem Zwecke erhalten. Vgl. unten Ziff. I. 1.

[59]) Vgl. Oertmann, Allgemeiner Teil 351 f., 422, 507.

[60]) Vgl. oben Anm. 58.

[61]) Schultze 45.

Satze führen, daß wegen Nichteintritts der Bedingung das Eigentum sich nicht bewegt, sondern bei dem zurücktretenden Sammler oder bei dem Erben des Sammlers[62]) bleibt. Das Eigentum soll aber nach Schultzes Behauptung bei Bestellung eines Pflegers weder dem Sammler noch dem Spender zustehen, sondern dem Pfleger zufallen.[63]) Bei solchem Anfall an den Pfleger sehen wir uns nun einer dem BGB. gänzlich unbekannten Pflegerstellung gegenüber: der Pfleger Schultzes wird Eigentümer zu treuer Hand[64]) — dem Pfleger des BGB. als gesetzlichem Vertreter ist das Eigentum fremd; der Pfleger Schultzes klagt das Eigentum an der Sammelsache und die Forderung aus der Zeichnung in eigenem Namen als Partei ein[65]) — der Pfleger des BGB. klagt in fremdem Namen.

2. Nicht besser wahren den Anschluß an § 1914 die Vertreter der romanistischen Spielart der Treuhändertheorie.

Nach der folgerichtig angewandten Lehre von der Fiduzia würde folgendes gelten. Das Sammelvermögen bildet in der Hand des Sammlers kein Sondervermögen; es geht unterschiedslos im Vermögen des Sammlers auf. Also muß beim Wegfalle des Sammlers das Eigentum der Sammelsachen dem Sammler verbleiben (so beim Rücktritt[66]) und beim Eintritt der Geschäftsunfähigkeit) oder an seinen Erben fallen (beim Tode des Sammlers). Das absolute Verwaltungsrecht ist nach wie vor mit dem Eigentum verbunden. Die Verwaltungspflicht des Fiduziars verwandelt sich in eine Herausgabepflicht. Subjekt des Herausgabeanspruchs sind die Fiduzianten, d. h. die Spender, ihre Erben oder ihre Konkursmassen, die an den zurückübereigneten Sachen völlig freies Eigentum erlangen. Sie sind in keiner Weise an die hinfällig gewordene Zwecksatzung gebunden. Wird nunmehr ein Pfleger gemäß § 1914 bestellt, so sieht er sich vis-à-vis de rien: klagt er gegen die einzelnen Spender auf Herausgabe ihrer Spende,

---

[62]) Oder soll beim Tode des Sammlers die Resolutivbedingung doch eintreten? Dann fiele das Eigentum an den Sammelsachen wiederum an die einzelnen Spender zurück.

[63]) Begründet werden könnte letzteres nur dadurch, daß in das Spendungsgeschäft statt des suspensiv bedingten Rückfallrechts der Spender ein suspensiv bedingtes Anfallrecht des Pflegers hineininterpretiert würde.

[64]) So ausdrücklich Schultze 45.

[65]) Schultze, a. a. O., Note 17.

[66]) Trotzdem sich der abtretende Sammler (falls er ahnte, daß er Eigentümer sei) mit dem Verwaltungsrecht gewiß auch des Eigentums entschlagen möchte.

so werden sie ihm antworten können, daß sein Herausgabeanspruch jedes rechtlichen Fundamentes entbehre.

Diesen natürlich sinnlosen Konsequenzen ihrer Theorie suchen deren Anhänger mit verzweifelten Mitteln zu entgehen. Sie geben zwar zu, daß das Eigentum beim Sammler[67]) bleibe bezw. an seinen Erben[67]) falle.[68]) Nach dem Tode oder sonstigen Wegfall des (letzten) Sammlers soll aber, um zunächst Oertmann[69]) das Wort zu geben, plötzlich das Sammelvermögen zu einem Sondervermögen avanzieren, und soll vom Eigentum des gewesenen Sammlers an diesem Sondervermögen ein absolutes Verwaltungsrecht[70]) sich abspalten.[71]) Dieses Verwaltungsrecht, das, sobald es besteht, zweckwidrige Verfügungen des Ex-Sammlers oder seines Vormunds oder seines Erben hindert, gelangt zur Entstehung mit der Bestellung des Pflegers, der kraft seines absoluten Rechts[72]) die Sammelsachen von jedem Besitzer (z. B. vom Erben des Sammlers) vindiziert. Das Verwaltungsrecht des Pflegers ist mit einer Verwaltungspflicht kombiniert, die sich mit der erloschenen Verwaltungspflicht des Fiduziars nicht deckt. — Das Sammelvermögen hat also nach dem Wegfall des Sammlers eine andere Rechtstellung als vor dem Wegfall; z. B. haftet es den Gläubigern des Sammlers, aber nicht den Gläubigern des Pflegers. Der Pfleger mit seinem absoluten Verwaltungsrecht „ähnlich dem eines Nachlaßverwalters" steht zum Sammelvermögen anders als der Sammler mit seinem unbeschränkten Eigentum.[73])

Auch eine andere Schattierung der romanistischen Treuhändertheorie, die neuestens v. Tuhr[74]) in die Debatte geworfen hat, vermag eine Brücke zwischen dem Sammlereigentum und der Stellung des Pflegers nur auf die künstlichste Weise zu schlagen. Ihr Vertreter läßt das Eigentum,

---

[67]) Oder seine(r) Konkursmasse.

[68]) So Endemann (wenn ich ihn recht verstehe), Oertmann, v. Tuhr.

[69]) Oertmann 210.

[70]) Das bisher mit dem Sammlereigentum verknüpft war und nunmehr erloschen ist.

[71]) Das Verwaltungsrecht belastet das Eigentum und degradiert es zu einem nudum ius.

[72]) Als gesetzlicher Vertreter des Sammlers oder seines Erben; vgl. Oertmann 503.

[73]) Im vorstehenden hoffe ich, die Gedanken von Oertmann 210 konsequent zu Ende gedacht zu haben.

[74]) v. Tuhr 619 f.

das zunächst beim Sammler (oder dessen Erben) verblieben ist, an die Spender zurückgelangen.[75]) Der Sammler (oder sein Erbe) sei verpflichtet, das Eigentum durch Tradition auf die Spender zurückzuübertragen. Der Pfleger, als gesetzlicher Vertreter der Spender, erhebe beim letzten Sammler (oder dessen Erben) das Geld, welches dieser den Spendern nach § 667 herauszugeben habe. Als Spendervertreter erwerbe er an den ihm ausgezahlten Geldstücken schlichtes Miteigentum für die Spender, das aber nicht der Verfügung des einzelnen Spenders und nicht dem Zugriffe seiner Gläubiger ausgesetzt sei, „weil es der exklusiven Vertretungsmacht des Pflegers unterstehe." — Während also Oertmann das Sammlereigentum, freilich nur in der verkümmerten Gestalt eines nudum ius proprietatis, zu halten sucht, gibt v. Tuhr das Sammlereigentum preis. Gleich Oertmann läßt aber auch v. Tuhr das Sammelvermögen mit der Pflegerbestellung oder vielmehr mit der Ausfolge des Vermögens an den Pfleger zum Range eines Sondervermögens mit eigenen Schulden usw. aufsteigen, und gleich Oertmann trennt auch er Eigentum und „exklusive Vertretungsmacht".

Für beide Autoren bedeutet also die Bestellung eines Pflegers nicht die juristische Weiterentwicklung des in seinem Wesen unveränderten Sammelvermögens, sondern eine tief einschneidende Umgestaltung seiner ganzen Rechtsstellung. Im Lichte einer folgerichtigen, logisch einheitlichen Theorie bedeutet aber diese Umgestaltung einen inneren Widerspruch. Die Pflegerbestellung kann im Sinn des Gesetzes nichts anderes sein sollen als eine Verwalterersetzung. Schon nach dem Wortlaute des § 1914 sind die (weggefallenen) Sammler „zu der Verwaltung und Verwendung berufen" (gewesen). Zu dieser ihrer Funktion bedürfen die Sammler nur eines Verwaltungsrechts, nicht des Eigentums. Warum und wozu soll ihnen, wie es bei jeder Treuhänderschaft begriffsnotwendig der Fall ist, mehr Recht gegeben werden, als sie zur Durchführung ihrer Aufgabe brauchen? Wozu das Mißverhältnis zwischen Mittel und Zweck, wenn man ohne juristische Kraftvergeudung auskommen kann? Der Pfleger des § 1914 erhält ja auch nur dasjenige Maß von Rechten, das zur Erfüllung seines Berufs erforderlich und ausreichend ist.

II. Die Treuhänder-Theorie führt aber weiter auch zu sachlich durchaus unbefriedigenden Ergebnissen.

---

[75]) Trotzdem sie seinerzeit das Eigentum ein für alle Mal durch Übereignung an den Sammler aufgegeben hatten.

1. Dies gilt in besonderem Maße von der Theorie des Sammlereigentums unter nur persönlicher Verpflichtung des Sammlers den einzelnen Spendern gegenüber.

Das Sammelvermögen bildet kein Sondervermögen, es entbehrt der Selbständigkeit[76]) und fließt mit dem Vermögen des Sammlers zu einer Einheit zusammen. Die Sachen des Sammelvermögens sind untaugliches Objekt der Unterschlagung durch den Sammler.[77]) Die Sachen und Rechte des Sammelvermögens sind dem Zugriff der Privatgläubiger des Sammlers preisgegeben[78]). Zwar wird von zahlreichen Schriftstellern[79]) — auf nicht einwandfreier juristischer Grundlage — behauptet, daß dem Fiduzianten im Konkurse des Fiduziars ein Aussonderungsrecht und bei der Pfändung durch einen Gläubiger des Fiduziars ein Interventionsrecht zustehe. Allein andere nicht minder beachtenswerte Stimmen[80]) widersprechen dieser regelwidrigen, die Scheidung von Sachenrecht und Schuldrecht verkennenden, mit der rei vindicatio utilis der Byzantiner auf einer Stufe stehenden Begünstigung des Treuhandgläubigers vor den übrigen Gläubigern des Fiduziars, und ein Gewohnheitsrecht zugunsten des Fiduzianten hat sich zweifellos noch nicht gebildet. Gesetzt aber auch, dem Fiduzianten, d. h. hier dem Spender[81]) stehe wegen seiner nachweislich noch individuell vorhandenen Spende (oder wegen seines überaus schwierig festzustellenden Anteils an vermischten Spenden) ein in vielen Fällen illusorisches Aussonderungsrecht zu — was hülfe dem Zweckvermögen und dem Vermögenszweck dieses Aussonderungsrecht? Der Spender würde durch Rückübereignung aus der Konkursmasse des Sammlers unbeschränktes Eigentum an der Sache wiedergewinnen; die Sache wäre also für den Sammelzweck verloren. An Stelle des einzelnen Spenders den Pfleger des § 1914 in die Rolle des Fiduzianten zu bringen,[82]) ist um deswillen unmöglich, weil der in Konkurs gefallene Sammler gar nicht „weggefallen" ist.

---

[76]) Vgl. oben S. 572.

[77]) Vgl. oben S. 573.

[78]) Vgl. oben S. 574.

[79]) Regelsberger, Dernburg, Kohler, Dungs, Jäger und anderen.

[80]) Seuffert, Lang, Hellwig, Endemann, v. Tuhr u. a.; vgl. auch Storck, Münch.

[81]) Die Destinatäre als „Geschäftsherren" anzusehen ist m. E. völlig ausgeschlossen.

[82]) So Jäger, KO. § 43 Anm. 25.

Steht nicht ein einzelner, sondern wie gewöhnlich ein Komitee an der Spitze des Sammelunternehmens, so ist die Gefahr des Zugriffs der Privatgläubiger[83]) vermindert, aber keineswegs beseitigt. Denn einmal kann jedes Komitee auf einen Sammler zusammenschrumpfen, und in diesem Falle ist das nunmehr besonders schutzbedürftige Sammelgut durch die Insolvenz[84]) des letzten Sammlers bedroht. Sodann haftet das Komiteevermögen, mag man im Komitee eine Gesellschaft oder einen nicht rechtsfähigen Verein sehen,[85]) aus ZPO. § 736 für zufällig gemeinschaftliche Schulden aller Komiteemitglieder, die nicht Schulden des Sammelvermögens (nicht Gesellschafts- bezw. Vereinsschulden) sind.[86])

2. Die Theorie des „deutsch-zweckbeschränkten", resolutiv bedingten Eigentums vermeidet zwar einzelne praktische Schattenseiten der nur obligatorischen Treuhand, ruft aber ihrerseits eine Reihe praktischer Bedenken wach.

a) Im Falle der Untreue oder des Konkurses des Sammlers oder wenn er über das Sammelvermögen entgegen seiner Zweckbestimmung verfügt, soll das Eigentum kraft der Resolutivbedingung an den (die) Spender zurückfallen. Ist einem Spender seine Gabe leid geworden, so kann ihm nichts angenehmeres passieren, als daß der Sammler in Konkurs fällt, die gespendete Sache unterschlägt usw. Dann erlangt er[87]) nämlich ohne weiteres freies Eigentum an seiner Spende und die Destinatäre gehen leer aus. Auch wenn die Spender es nicht wünschen, entzieht der dingliche Rückfall ihre Zweckgabe dem Sammelzweck. Schultze leitet eben das unterschlagene oder zur Konkursmasse gezogene Sammelgut in die falsche Kasse.

b) Das dingliche Anfallrecht der Spender versagt vollkommen bei den praktisch wichtigsten Spenden, den Geldspenden. Der Sammler darf die gesammelten Geldstücke umwechseln oder mit ihnen Wertpapiere

---

83) Ebenso die Gefahr der Zweckentfremdung.

84) Oder durch die Unehrlichkeit.

85) Auch bei Komitees kann es vorkommen, daß sie einstimmig oder per maiora eine zweckwidrige oder eine den Grundsätzen ordentlicher Verwaltung widerstreitende Verfügung beschließen.

86) Vgl. Gierke, Vereine 36 f.

87) Denn die oft unbestimmte Vielheit der Destinatäre kann kein Anfallrecht haben.

kaufen — an der erworbenen Spezies hat er freies, nicht resolutiv bedingtes Eigentum.[88]) Der Sammler darf die eingelaufenen Sammelgelder bei der Bank auf seinen Namen irregulär deponieren — an der erworbenen Forderung gegen die Bank hat er freies, nicht resolutiv bedingtes Gläubigerrecht. Die Surrogate der Spenden fallen aus dem Treuhänder-Sondervermögen heraus. Im Ergebnis schneidet also bei den im Leben häufigsten Spenden die germanistische Theorie nicht besser ab als die romanistische. Sie vermöchte sich über ihre Konkurrentin nur zu erheben, wenn ihre Resolutivbedingung nicht bloß die gespendete Speziessache, sondern auch ihre Surrogate erfaßte. Den Gedanken der dinglichen Surrogation des Treuhänderguts hat aber bisher für das Sammelvermögen, soweit ich sehe, de lege lata niemand auch nur zu äußern, geschweige denn zu begründen gewagt.

c) Durch die Vermengung der eingezahlten Geldstücke wird das Anfallrecht der Spender entweder zu einem Nichts oder zu einer stark problematischen Größe. Zu einem Nichts, wenn das gespendete Geld mit einer so großen Quantität von Geldstücken vermengt wird, daß diese Quantität als die Hauptsache anzusehen ist (§ 948, 947, Abs. 2 BGB.). Zu einer kaum je feststellbaren Größe, wenn die Quantität, mit welcher die Spende vermengt wird, nicht als die Hauptsache anzusehen ist. Denn letztere Quantität ist nicht etwa identisch mit dem Geldwert des ganzen in Geld gespendeten Vermögens, sondern mit der Summe von gespendeten Geldstücken, die zufällig im Zeitpunkt der Vermengung vorhanden[89]) waren. Kommen zu dieser Summe neugespendete Geldstücke hinzu, so verschiebt sich fortwährend die Mengesache und der Miteigentumsanteil der Spender an ihr. — Unterschlägt der Sammler einen Teil der gerade in seinem Gewahrsam befindlichen vermengten Bargeldstücke, so fällt eine schwer zu ermittelnde Unterschlagungsquote von der schwer zu ermittelnden Mengequote an den Spender zurück usw.

3. Die Treuhändertheorie jeglicher Färbung liefert endlich die Zweckbestimmung, die durch den Aufruf jedem Sammelvermögen unwiderruflich aufgeprägt sein sollte,[90]) der Sammler- und Spenderwillkür aus. Denn welcher Rechtssatz hindert den Sammler, die noch in natura vor-

---

[88]) Mit Recht betont von Oertmann 210, weil die Theorie vom auflösend bedingten Eigentum immer an der gespendeten Spezies hafte und man dem Sammler die Konsumption der Geldstücke nicht verwehren könne.

[89]) Und nicht etwa bereits konsumiert; vgl. oben litt. b.

[90]) Oben S. 574.

handene Spende[91]) dem Spender zurückzugeben? Welcher Rechtssatz den Spender, seinen Beitrag, der ihm vom Sammler angeboten wird, zurückzunehmen? Also können Sammler und Spender in edlem Verein jederzeit durch Vertrag das Sammelvermögen vernichten.[92])

Die Treuhändertheorie gefährdet also den Sammelzweck[93]) und das Sammelvermögen[94,95]); sie bricht, mag sie auch vielleicht die herrschende Theorie sein, zusammen unter den gegen sie angehäuften Bedenken, nicht nur weil sie gesetzwidrig,[96]) sondern auch weil sie praktisch unbrauchbar ist.

§ 6.

Das Sammelvermögen im privaten Eigentum der Spender. Die Sammler bloße Geschäftsführer.

Mehrere Schriftsteller[97]) glauben das Wesen des Sammelvermögens am besten dadurch zu treffen, daß sie die Spende nicht oder nicht völlig aus dem Eigentum des Spenders oder der Spender heraustreten lassen.

Also behalten die Spender das Eigentum an den gespendeten Sammelsachen. Das ist freilich nicht so zu denken, daß Objekt des Eigentums des einzelnen Spenders gerade und nur die individuelle von ihm gespendete Sache bliebe.

Nach den einen verwandelt sich das Eigentum mit der Vermengung der Geldstücke und dergl. in schlichtes Miteigentum aller Spender nach Bruchteilen; vgl. unten § 7.

Nach den anderen[98]) treten die Spender, sobald nur zu dem ersten ein zweiter hinzugetreten ist, zueinander in eine schuld- und personen-

---

[91]) Oder die bei Kommixtion sich ergebende Quote oder das tantundem eiusdem generis.

[92]) Auch die Annahme eines Treuhandvertrags zugunsten der Bedachten würde nur in den wenigsten Fällen (bei Bestimmtheit des Dritten) den „Vertragschließenden“ die Hände binden (§ 328, Abs. 2 BGB.).

[93]) Vgl. auch oben S. 590 unten.

[94]) Vgl. oben S. 590, 591, Ziff. 2a.

[95]) Vgl. ferner oben § 4, S. 584.

[96]) Oben S. 586 ff., Ziff. I.

[97]) Vgl. die Zitate in diesem und im folgenden Paragraphen.

[98]) Gierke 1895 und zuletzt 1902, Hellwig 1899, 1900, 1903, Geigel 1900, Beyer 1905, Storck 1907, Münch, Hartung 1908, Fuchs, Nebelsieck 1909.

rechtliche Verbindung; sie bilden eine Gesamthand. — Manche wollen auch den oder die Sammler als Gesellschafter an dem gesamthänderischen Eigentum beteiligen, indem sie die vom Sammler als Entgelt (!) für die Spende geleistete Verwalterarbeit als Gesellschaftsbeitrag auffassen.[99])

Weiter wird die Spendergemeinschaft bald als eine Gesellschaft im Sinne von § 705 ff. BGB.,[100]) bald als ein nicht rechtsfähiger Verein (Spenderverein, Beitragsverein) im Sinne des § 54 BGB.[101]) konstruiert. In letzter Zeit hat von diesen beiden Konstruktionen die zweite so sehr das Übergewicht erlangt,[102]) daß im folgenden nur vom nicht rechtsfähigen Spenderverein gehandelt zu werden braucht.

I. Unzweifelhaft kann ein nicht rechtsfähiger[103]) Verein zusammentreten, nur um für einen vorübergehenden nicht eigennützigen Zweck Vermögen zu sammeln. Dann haben wir es mit einem wahren, nicht mit einem fiktiven Sammelverein zu tun. Der Verein ist ein Beitragsverein,[104]) wenn er auch von seinen Mitgliedern Beiträge erhebt, sich also nicht bloß aufs Kollektieren verlegt.[105]) Jede Spende, die infolge öffentlichen Aufrufs ein Nichtmitglied, z. B. Ungenannt, dem Vereine zuwendet,

---

99) Joerges, Hartung, Storck 46 unten, 48.

100) So von Beyer 1905, Münch 1908, Joerges 1910, und in ihren ersten Äußerungen über das Sammelvermögen von Gierke 1895, Hellwig 1899.

101) So zuerst von Hellwig 1900 (wiederholt 1903); dann von Gierke 1902, Storck 1907, Hartung 1908, Fuchs 1909, Nebelsieck (wenn nur durch die Spenden in ihrer Gesamtheit ein Erfolg herbeigeführt werden kann) 1909. — Bei Storck 37 erscheint die Theorie in interessanter Abwandlung: die Sammlergemeinschaft sei nicht ein rechtsunfähiger Verein, sondern nur nach dessen Analogie zu behandeln; aus § 54 ergebe sich eine Normierung für alle formlosen Zwecksatzungen.

102) Wegen der Schwächen der Gesellschaftstheorie (Mangel der passiven Parteifähigkeit usw.).

103) Übrigens auch ein rechtsfähiger Idealverein. Doch ist die theoretisch mögliche Bildung dem Leben fremd, braucht also hier nicht berücksichtigt zu werden. — Sammelt ein rechtsfähiger Verein öffentlich nicht für seinen (egoistischen oder altruistischen) Zweck, sondern für einen fremden vorübergehenden Zweck (wie z. B. zurzeit die Berliner Juristische Gesellschaft für ein Savignydenkmal), so ist die juristische Person nichts anderes als ein Einzelsammler.

104) Er konstituiert sich wie andere nicht rechtsfähige Vereine auch. Die Gründer — die künftigen Beitragenden — stellen die Vereinssatzung auf.

105) Tut er letzteres, so handelt es sich um einen Sammlerverein; vgl. oben S. 591.

ist Schenkung.[106]) Werden Spenden nur von solchen angenommen, die gleichzeitig ihren Beitritt zum Verein erklären, so haben alle Spenden Beitragscharakter, kann man aber wohl nicht mehr von ihnen sagen, daß sie öffentlich gesammelt seien. Der Sammelverein steht unter den Vorschriften, die für nicht rechtsfähige Vereine gelten.[107]) Von diesen Rechtssätzen interessieren hier namentlich folgende.

1. Die durch § 54 BGB. gebotene Anwendung der Vorschriften über die Gesellschaft, BGB. § 705 ff., hat so zu erfolgen, wie sie sich am besten mit dem in Wahrheit körperschaftlichen Wesen des Vereins verträgt.[108]) Die Stellung des Vereins ohne Rechtsfähigkeit kann — und wird im Zweifel — durch die formlose, also auch stillschweigende Satzung in solcher Art bestimmt werden, daß eine wesentliche Verschiedenheit von der Stellung eines Vereines mit Rechtsfähigkeit nur in wenigen Punkten besteht.[109])

a) Insbesondere teilt der rechtsunfähige Verein mit dem rechtsfähigen die Souveränität der Mitgliederversammlung: die oberste Entscheidung in den Vereinsangelegenheiten bleibt dem Mehrheitsbeschlusse der Mitglieder vorbehalten;[110]) „daß der Versammlungsbeschluß auch mit der Macht zur Abänderung der Satzung und sogar des Zweckes und zur Verfügung über den Bestand des Vereins ausgerüstet werden kann, unterliegt keinem Zweifel".[111]) Die Auslegung einer unbestimmten Satzung wird in aller Regel zu dem Ergebnis gelangen, daß die Mitgliederversammlung mit solcher Vollgewalt ausgerüstet sein soll.

b) „Als eine für die Satzung unabänderliche Vorschrift ist die Bestimmung aufzufassen, daß die Geschäftsführung aus einem wichtigen Grunde, insbesondere wegen grober Pflichtverletzung oder wegen Unfähigkeit zur ordnungsmäßigen Geschäftsführung, jedem Vorstandsmitgliede durch Beschluß entzogen werden kann (§ 712)." Im

---

[106]) Aus gutem Grunde; denn ein Verein ist als solcher niemals eine bloße Durchgangsstation; er ist Herr seines Zwecks, seiner Existenz und seines Vermögens; vgl. unten S. 597 ff. und andererseits oben Anm. 44.

[107]) Vgl. über diese Grundsätze vor allem Gierke, Vereine ohne Rechtsfähigkeit. Freilich sind wichtige Fragen bestritten.

[109]) Gierke, Vereine 13.

[108]) Planck[3] zu § 54, Bem. 4; Oertmann zu § 54, Bem. 6.

[110]) Gierke, a. a. O., 17.

[111]) Gierke, a. a. O., 18. Vgl. übrigens unten S. 597.

Zweifel ist die Bestellung des Vorstandes sogar jederzeit widerruflich (arg. § 27, Abs. 2).[112])

c) Fällt der Vorstand weg, so ist es zweifelhaft, ob (arg. § 29) in dringenden Fällen ein interimistischer Vorstand vom Amtsgericht bestellt werden kann.[113]) Greift der Staat nicht ein, so bleibt es eben der Mitgliederversammlung überlassen, den vakanten Posten zu besetzen.

2. a) Dem Verein ohne Rechtsfähigkeit kommt zwar die passive Parteifähigkeit (§ 50, Abs. 2, vgl. § 735 ZPO.) und die Konkursfähigkeit (§ 213 KO.) zu; dagegen ist ihm die aktive Parteifähigkeit versagt. Die Sirenenstimmen aus der Theorie, die die Praxis zur gewohnheitsrechtlichen Ausgestaltung der halben in eine ganze Parteifähigkeit locken wollten, haben in der Praxis taube Ohren gefunden.[114]) Eine Klage ist also im Namen sämtlicher Vereinsmitglieder anzustellen; der jeweilige Vorstand muß von allen Mitgliedern bevollmächtigt werden und nach § 80 ZPO. die Bevollmächtigung durch eine schriftliche[115]) Vollmacht nachweisen.

b) Dem nicht rechtsfähigen Verein geht die Grundbuchfähigkeit ab.[116])

II. Sehen wir nun zu, wie sich die Rechtsstellung des Sammelvermögens gestaltet, wenn man das Sammelunternehmen in die Rechtsform des rechtsunfähigen Spendervereins preßt.

Auf die Unnatürlichkeiten der Konstruktion, auf die bloße inelegantia iuris, soll hier keineswegs das Hauptgewicht gelegt werden. Daher nur zwei Worte. Als Gründer des Vereins, die miteinander zwecks Abschließung des Gesellschaftsvertrags in Verbindung treten, muß die hier zu kritisierende Theorie die zwei[117]) ersten Spender betrachten; als Gründer des Sammelunternehmens wird jedem gesunden Empfinden der Sammler (das Komitee) erscheinen, in dem der Gedanke des Unternehmens zündet und der — in einem mehr als nur laienhaften Sinne[118]) — dem Sammelvermögen die Seele einhaucht. Und wie treten die zwei ersten Spender, die sich häufig gar nicht kennen, miteinander in Verbin-

---

[112]) Gierke, a. a. O.

[113]) Dagegen Gierke 18, Anm. 28.

[114]) Nachweise z. B. bei Gaupp-Stein 1[8] 141, Anm. 49, v. Tuhr 591, Anm. 82.

[115]) Über den Begriff Gaupp-Stein 1[8] 232.

[116]) Vgl. z. B. Gierke, Vereine 22.

[117]) Wem die Zahl nicht genügt (vgl. zu der Frage Stock 34, Anm. 1), der setze eine höhere ein.

[118]) Vgl. unten S. 627, oben S. 574.

dung? Man kann sich dies nur so zurecht legen,[119]) daß der erste Spender durch Zeichnung oder Hingabe seines Beitrags[120]) stillschweigend den Sammler bevollmächtigt, die Vereinbarung mit dem hinzutretenden zweiten Spender namens des ersten zu treffen.[121]) — Die Theorie vom Spenderverein verfällt noch in ein zweites Hysteron proteron. Nach ihr[122]) bestellen die (zwei ersten?) Beitragenden das sich bildende (? bereits gebildete) Komitee zum Vorstand bezw. Geschäftsführer. In Wahrheit üben sie auf die Bildung des Komitees nicht den geringsten Einfluß aus.

Unsere Hauptaufgabe besteht darin, auf die Unzuträglichkeiten praktischer Art hinzuweisen, die mit der Theorie des Spendereigentums unausweichlich verknüpft sind. Die Theorie verleiht der Spenderschaft viel zu weit gehende, dem Sammelunternehmen höchst gefährliche Befugnisse (Ziff. 1) und sie beraubt auf der anderen Seite das Sammelunternehmen wichtiger rechtlicher Vorteile (Ziff. 2).

1. Die Souveränität der Spenderversammlung bedeutet unter anderem den Tod des Sammelunternehmens.

Dies hat ein Zweig der Theorie von der Spendergemeinschaft ganz richtig herausgefühlt. Deshalb behauptet der Vertreter dieser Spielart,[123]) das „Statut" des nicht rechtsfähigen Vereins könne von der Mehrheit der Mitglieder nicht ohne Zustimmung der Minderheit abgeändert werden.

Die mit Recht herrschende Auffassung legt dem nicht rechtsfähigen Vereine Beschlußgewalt bei. Beim Spenderverein[124]) führt die

---

[119]) Vgl. v. Tuhr 619.

[120]) Das Spendungsgeschäft des ersten Beitragenden bliebe dann bis zur Vornahme des zweiten Spendungsgeschäfts im Stadium der (wie lange annahmefähigen und bindenden?) Offerte stecken. Der erste Geber beginge keinen Diebstahl, wenn er die von ihm übergebene Spende in Aneignungsabsicht dem Gewahrsam des Sammlers entzieht.

[121]) Nebenbei eine Warnung: achte doch jeder Vorstand eines politischen Spendervereins, d. h. jeder, der außer der Wahlzeit öffentlich für politische Zwecke sammelt(!), darauf, daß er die zweiwöchige, vom Beitritt des zweiten Spenders ab laufende Anzeigefrist nicht versäume, und hüte er sich durch genaue Nachfrage nach dem Alter, von einer noch nicht 18jährigen Person eine Gabe anzunehmen; sonst wird er bestraft (Vereins G. v. 19. April 1908, § 3, 4, 17, 18).

[122]) Hellwig, Lehrbuch 1 306.

[123]) So Storck 38.

[124]) Leider äußern sich die Vertreter der Spendervereins-Theorie zumeist nicht näher darüber, wie sie sich die Anwendung des § 54 auf die Sammelunter-

Beschlußgewalt[125]) der Mitgliederversammlung[126]) zu folgenden Ergebnissen.

a) Durch einstimmigen Beschluß aller Mitglieder (arg. § 33, Abs. 1, Satz 2 BGB.) kann der Vereinszweck geändert werden.[127]) Will dies praktisch nicht viel bedeuten, wenn bereits eine erhebliche Zahl von Spendern dem Vereine beigetreten ist, so kann auch bei zahlreicher Spenderschaft eine andere Äußerung der Beschlußgewalt dem Sammelzweck gefährlich werden. Es kann nämlich durch Beschluß der Mitgliederversammlung mit Dreiviertelmehrheit der Erschienenen (arg. § 41 BGB.)[128]) die Auflösung des Vereins beschlossen und mit derselben Majorität (arg. § 33, Abs. 1, Satz 1 BGB.) zuvor die Satzung zum Beispiel dahin geändert werden, daß das gesammelte Vereinsvermögen an die derzeitigen oder an die erschienenen Mitglieder fällt (vgl. § 45, Abs. 1 BGB.) Die egoistische Annexion des Sammelvermögens durch einen Teil der Spender ist die gerade Umkehrung des Postulats, daß der (noch) erreich-

---

nehmungen im einzelnen denken. Hartung 37 handelt von der Satzungsgewalt; er spricht sie den Vereinsmitgliedern ab und dem Komitee zu; der Vorstand sei zur Vornahme einer Satzungsänderung befugt, aber nicht schlechthin, sondern nur soweit die Satzungsänderung dem Sammelzwecke dient. Der Vorstand erhält also nur einen Teil der Satzungsgewalt; wo bleibt der Rest? Konsequenterweise müßte er in die Hand der Mitgliederversammlung gelegt werden. Ihn einfach verschwinden zu lassen, widerspricht dem Wesen des privaten Vereins, dem das anstaltliche Element fehlt. Der Privatverein kann eine Selbstentmündigung ebensowenig vornehmen wie die physische Person. Er kann das Handeln seiner Organe erschweren (Erfordernis der Einstimmigkeit u. dergl.), aber nicht völlig unterbinden.

[125]) Gierke, DPR. I 673, Anm. 43, gibt ausdrücklich der Versammlung der Beitragsspender eine Beschlußgewalt, insbesondere zur Abänderung des Verwendungsplanes.

[126]) Auch beim nicht rechtsfähigen Verein kann die Mitgliederversammlung durch einen Ausschuß ersetzt werden (Gierke, Vereine 18). Andere Ausschüsse als die Komitees kennen die Sammelunternehmungen nicht. Der Vorstand aber kann nicht zugleich oberstes Organ des Vereins sein sollen; wenigstens hieße dies, den Bock zum Gärtner machen.

[127]) Mit diesem Satz dürfte auch Hellwig einverstanden sein, der, als er noch Anhänger der Gesellschaftstheorie war, folgendes (Verträge 241) schrieb: Es gilt Gesellschaftsrecht und so auch der Grundsatz, daß die Gesellschafter freie Hand haben, den in das Auge gefaßten Zweck fallen zu lassen oder sonstwie zu ändern.

[128]) Also mit einer Zufallsmajorität, namentlich wenn viele Spender nicht an dem Orte wohnen, wo die Verwaltung des Sammelvermögens ihren Sitz hat.

bare) Sammelzweck jedem Akte der Privatwillkür entzogen sein muß. Man wende nicht ein, daß man bei Sammelunternehmen noch niemals von einer Generalversammlung der Spender etwas gehört habe. Ganz richtig[129]) — das Leben und die in ihm waltende praktische Vernunft sträubt sich gegen eine utopische Einrichtung, die zum Sammelunternehmen paßt wie die Faust aufs Auge; ein Gebahren der Spender wie das soeben geschilderte, das sich aus der Theorie des nicht rechtsfähigen Vereins heraus als durchweg einwandsfrei ergibt, würde von jedem feineren Rechtsgefühl als das empfunden, was es ist: als Anmaßung und Rechtsbruch. Aber die Spendervereinstheorie könnte sich am wenigsten wundern, wenn das Leben einmal die unerwarteten Befugnisse gebrauchte, die gerade sie selbst ihm entgegenträgt.[130])

b) Da die Spender und nicht die Sammler die Herren des Sammelunternehmens sind, so hat das Komitee, dem das Sammelvermögen seine Existenz verdankt, auf Verlangen der Spenderversammlung lautlos zu verschwinden und den Kreaturen der Spenderversammlung seinen Platz abzutreten (arg. § 27, Abs. 2 BGB.).[131]) Das Bewußtsein, ad nutum amovibel zu sein, wird die Bereitwilligkeit, einem Sammelkomitee beizutreten, nicht gerade erhöhen.

c) Fallen die Sammler weg, so wird nach der von der Spendervereinstheorie vertretenen Annahme[132]) ein doppeltes, konkurrierendes Recht zur Verwaltererſetzung ausgelöst. Einmal können die Spender einen neuen Vorstand (Komitee) wählen; sodann kann das Vormundschaftsgericht einen Pfleger zum Zweck der Verwaltung und Verwendung des Sammelvermögens bestellen. Zunächst entscheidet die Prävention darüber, ob das Verwaltungsrecht an den neugewählten Vorstand oder an den Pfleger

---

[129]) Vgl. Fischbach 64, 69.

[130]) Am nächsten läge der Mißbrauch bei einem lange liegen gebliebenen, halb vergessenen Sammelunternehmen.

[131]) Oben S. 596 Ziff. 1 b am Ende. Diese Konsequenz der Theorie wird ausdrücklich gezogen von Hellwig, Lehrbuch 1 306: die Beitragenden können dem Komitee die Vorstandschaft belassen, aber auch „hierüber einen besonderen Beschluß fassen", d. h. das Komitee verdrängen. Erleiden also z. B. die an Zahl noch geringen ersten Spender eine Anwandlung von Herrschsucht oder Mißtrauen, so können sie nach Belieben einen der ihren zum Vorstand bestellen, nachdem sie die Berufung einer Mitgliederversammlung erzwungen haben.

[132]) Hellwig, Anspruch 297, Lehrbuch 1 307, Anm. 27, Stock 49 (mit Einschränkungen), Fuchs 469, 470.

gelangt. Doch hilft die Prävention des Vormundschaftsgerichts dem Pfleger nicht viel. Der Pfleger ist bloßer Platzhalter für den nach der Pflegerbestellung neugewählten Vorstand; die Pflegschaft ist aufzuheben (§ 1919 BGB.), wenn der Grund für ihre Anordnung, d. h. hier der Mangel eines Vorstands, durch die Neuwahl weggefallen ist.[133])

Daß es vom freien Belieben der Spender abhängen soll, ob der staatlich ernannte Pfleger im Amte bleibt oder nicht, will mir nicht einleuchten. Legt das neugewählte Komitee die Vorstandschaft nieder, so kann es nach der hier abgelehnten Theorie von neuem zur Pflegerbestellung kommen, und das alte Spiel: Pfleger, Sammler, Pfleger, Sammler kann von neuem beginnen. Ist es des Staates würdig, daß er vom Privatwillen gezwungen werden kann, sein Recht zur Zwangsaushebung des Pflegers (§ 1915 mit § 1785 BGB.) wiederholt auszuüben?[134])

d) Daß es nicht angemessen ist, wenn der Spendermajorität oder gar den einzelnen Spendern[135]) irgend welche Kontrollrechte[136]) den Sammlern gegenüber eingeräumt werden, wurde bereits[137]) ausgeführt.

2. Die Theorie vom nicht rechtsfähigen Spenderverein vermag dem Sammelvermögen weder die aktive Parteifähigkeit noch die Grundbuchfähigkeit zu verschaffen.[138]) Dies, und zwar namentlich die ersterwähnte Lücke, ist der Hauptgrund, warum die Vereinstheorie eine so geringe Werbekraft entfaltet.[139]) Um gezeichnete Beiträge einzuklagen oder um aus Verträgen, die zur Ausführung des Sammlungszweckes geschlossen sind, zu klagen, müßte[140]) das Komitee entweder abdanken, um den Pflegschaftsfall des § 1914 zu schaffen, oder eine auf die derzeitigen Komiteemitglieder lautende schriftliche[141]) Voll-

---

[133]) Hellwig, Lehrbuch 1 307, Fuchs 483.

[134]) Vgl. auch unten S. 629 f.

[135]) Wie Storck 48 bei Anm. 3 will.

[136]) Einschließlich des Absetzungsrechts (oben S. 595 f. litt. b).

[137]) Oben S. 577.

[138]) Vgl. oben S. 596.

[139]) Vgl. neuestens v. Tuhr 619 f.

[140]) v. Tuhr, a. a. O.; Hellwig, Anspruch 298, Anm. 21; Hartung 55.

[141]) Stellt das Komitee Sammelbüchsen auf, so wird auch die liberalste Auslegung von § 80 ZPO. in der Aktennotiz des Sammlers, daß aus der Büchse so und so viel entnommen sei, den Schriftnachweis der Vollmacht nicht finden können.

macht sämtlicher Spender beibringen, was nach Lage der Umstände unmöglich ist und das Sammelvermögen zur Hilflosigkeit verdammt. —

Weiter bringt der Mangel der aktiven Partei- und der Grundbuchfähigkeit die Vereinstheorie in Widerspruch mit § 1914 BGB. Die Vertreter dieser Theorie[142]) gehen von dem richtigen Grundsatz aus, daß durch die Bestellung eines Pflegers zwar das Verwaltungsrecht seinen Träger, nicht aber das Sammelvermögen seine Rechtsstellung ändert. Wenn sie nun aber aus diesem Grundsatz die Folgerung ziehen, daß dem Sammelvermögen schon vor dem Wegfall der Sammler die aktive Parteifähigkeit (und die Grundbuchfähigkeit) ebensogut zustehen müsse, wie sie ihm nach dem Wegfall zustehen,[143]) — so wahren sie zwar die Konsequenz,[144]) aber nicht den Zusammenhang mit dem geltenden Recht. Die Vereinstheorie stellt sich als gesetzwidrig heraus. Das Gesetz kann nicht, im Widerspruch mit sich selbst, als Subjekt des aktiv parteifähigen Sammelvermögens den aktiv nicht parteifähigen Spenderverein anerkannt haben. Aus der aktiven Parteifähigkeit usw. des Sammelvermögens im Pflegschaftsstadium folgt vielmehr, daß nur diejenige Konstruktion des Sammelvermögens die richtige sein, d. h. den Einklang mit dem Gesetz wahren kann, die konsequent und auf gesetzlichem Boden zu dem Satze führt: das Sammelvermögen ist als solches aktiv parteifähig und grundbuchfähig, es wird von seinem Verwalter — gleichgiltig ob Sammler oder Pfleger — gerichtlich und außergerichtlich, z. B. beim Erwerb grundbuchmäßiger Rechte, vertreten.

So zerschellt auch die Vereinstheorie, abgesehen von ihren sachlichen Mängeln, allein schon am § 1914 BGB.[145])

---

[142]) Hellwig, Anspruch 297 f., Lehrbuch 1 307; Storck 39, 42; Hartung 55 f.

[143]) Der Pfleger kann unbestrittenermaßen namens des Sammelvermögens klagen. Daß er auch Rechte auf den Namen des Sammelvermögens in das Grundbuch eintragen lassen kann, hat das Landgericht Düsseldorf angenommen. Vgl. Hartung 56 f.; zögernd Storck 42.

[144]) Denn es ist ausgeschlossen, daß erst der Pfleger die aktive Parteifähigkeit usw. dem Spenderverein als Morgengabe zubringe.

[145]) Geringes Gewicht lege ich auf die Unstimmigkeit, die sich zunächst zu ergeben scheint, wenn einerseits der Sammler, andererseits der Pfleger im Namen des Spendervereins kontrahiert. Der Sammler haftet nach BGB. § 54 Satz 2 persönlich, der Pfleger nicht. Nun kann jedoch der Sammler seine persönliche Haftung durch Nebenabrede ausdrücklich oder stillschweigend wegbedingen, und stillschweigende Wegbedingung wird in der Regel anzunehmen sein, so daß dann wieder Pfleger und Sammler auf einer Stufe stehen.

§ 7.
Das Sammelvermögen im privaten Eigentum der Spender (Fortsetzung). Die Sammler, Träger eines privaten dinglichen Verwaltungsrechts.

Vor kurzem (1907) hat Fischbach[146]) den Versuch unternommen, das Sammelvermögen in der Weise zu konstruieren, daß zwar das Eigentum, übrigens als ein wirtschaftlich fast inhaltleeres Recht, beinahe als nudum ius proprietatis[147]) bei den Spendern verbleibt,[148]) den Sammlern hingegen ein privates dingliches Verwaltungsrecht als unvererbliches, unübertragbares und unpfändbares Recht[149]) zugewiesen wird. Das Verwaltungsrecht hat weitgehenden Inhalt, ist jedoch beschränkt durch den Sammelzweck: es kann nur zur Verwirklichung des Sammelzwecks ausgeübt werden.[150]) Die Theorie Fischbachs hat vereinzelt Anklang gefunden,[151]) kann aber nicht als befriedigende Lösung des Sammelvermögens-Problems anerkannt werden, weder de lege lata[152]) noch de lege ferenda.

I. Das Eigentum der Spender als solches bleibt nach Fischbach vom Spendungsgeschäft unberührt.

Solange die gespendete Sache in natura vorhanden ist, bleibt sie im Alleineigentum des einzelnen Spenders. Die bewegliche Naturalspende ist also, was Fischbach zu bemerken unterläßt, untaugliches Objekt des Diebstahls durch den Spender, der sie straflos dem Gewahrsam des Sammlers entziehen kann.

Was von gespendeten Mobilien gilt, gilt auch von gespendeten Grundstücken, z. B. vom Platz für ein Denkmal. Der Spender gibt das Eigentum nicht auf;[153]) der Sammler wird nicht als Eigentümer in

---

[146]) Fischbach 100—107 und passim. Kurz zuvor (Dezember 1906) hatte schon Kisch, der Lehrer Fischbachs, die Grundzüge der Theorie mit einigen Worten dargelegt.

[147]) S. 84.

[148]) S. 83—88, 145.

[149]) S. 85, 111—113.

[150]) S. 84 f., 98, 110.

[151]) Bei Kisch, Krückmann.

[152]) In dieser Hinsicht verstößt sie an allen Ecken und Enden gegen feststehende oder wenigstens fast einstimmig anerkannte Sätze des geltenden Rechts.

[153]) Fischbach 84.

das Grundbuch eingetragen.[154]) Also bleibt der Spender-Eigentümer eingetragen; er kann über das Eigentum am Grundstück zugunsten Gutgläubiger[155]) verfügen — nicht zum Vorteil der Theorie, von der vielmehr zu verlangen wäre, daß sie für das Sammelvermögen die Grundbuchfähigkeit auch gegenüber dem Spender und damit die Sicherheit des Sammeleigentums auch an der Grundstücksspende beschafft. Und wie ist es zu halten, wenn im entscheidenden Moment, d. h. wenn das Denkmal an die Gemeinde übergeben werden soll,[156]) der Grundstücksspender[157]) die Auflassung[158]) nicht vornimmt? Zur Auflassung könnte er doch nur auf Grund eines formellen obligatorischen Vertrags[159]) (§ 313 BGB.), der zu der Zeichnung (s. unten) hinzutreten müßte, gezwungen werden.[160]) Er hat seinerzeit das Grundstück möglicherweise nicht versprechen, sondern geben, d. h. ohne weiteres auflassen wollen; die Verwirklichung seiner guten Absicht hinderte nichts als — die Theorie vom Spender-Individualeigentum. Sie ist, was die seltenen aber um so gewichtigeren Grundstücksspenden angeht, eine Gefahr für die Rechtsstellung des Sammelvermögens.

Keine wesentliche Veränderung geht mit Mobiliarspenden vor sich, wenn[161]) die Spendesachen in Geldstücken bestehen und diese vermischt werden. Das Alleineigentum an den vom Spender hingegebenen Geldstücken verwandelt sich in Miteigentum „aller" Spender an den in der Hand des Sammlers zusammenlaufenden[162]) Geldspenden; es entsteht eine Gemeinschaft[163]) der Spender nach Bruchteilen an dem durch die

---

[154]) S. 109. Würde er es, so hätte dies keinen Rechtseffekt. Kraft des Surrogationsprinzips müßte das Eigentum vom Sammler wieder auf den Spender zurückprallen; s. unten S. 607 f.

[155]) Die das Verwaltungsrecht nicht kennen; vgl. Fischbach 103.

[156]) Fischbach 84.

[157]) Ihn (und nicht den Sammler) bezeichnet Fischbach 84 ausdrücklich als den Auflassenden. Wäre aber Fischbach konsequent, so müßte er behaupten, die Auflassung nehme der Sammler vor kraft seines dinglichen Verwaltungsrechts am gespendeten Grundstück.

[158]) Wem ist aufzulassen? dem Sammler oder der Gemeinde?

[159]) Wer wäre der Gegenkontrahent? Vertrag zugunsten Dritter?

[160]) Auch eine sichernde Vormerkung hätte einen solchen Vertrag zur Voraussetzung.

[161]) Fischbach 84, 100, 146 f.

[162]) Hier läuft eine Unklarheit unter. Zur Klärung vgl. oben S. 592.

[163]) Auch Thimm spricht das Sammelvermögen der Spendergemeinschaft zu. Auch sieht Thimm gleich Fischbach im Komitee eine Gesellschaft; doch weicht er ab, wenn er (S. 66) diese „Gesellschaft" ohne Gesellschafts-

Gesamtheit (?) der Geldgaben gebildeten Inbegriff. — Welche Schwierigkeiten der Feststellung der Quote entgegenstehen, ist oben S. 592 gezeigt worden. Und doch hängt von der Höhe der Quote die Quotenvindikation im Falle der Unmöglichkeit des Sammelzwecks ab.

Die von Fischbach dem Sammler[164]) zugeschriebene Forderung aus der Zeichnung[165]) geht, im Sinne seiner Theorie, nicht auf Übereignung, sondern nur auf Bestellung des dinglichen Verwaltungsrechts an der zugesagten Spendesache. Wenn nun Fischbach[166]) lehrt, daß der Zeichnungsvertrag zur Erfüllung gelange mit der Zahlung[167]) des gezeichneten Betrags an den Sammler — so ist diese Entgleisung eine Bestätigung der alten Wahrheit "Naturam expelles furca, tamen usque recurret."

II. An den gespendeten Sachen — und nur an ihnen — soll nach Fischbach ein zweckbegrenztes dingliches Verwaltungsrecht des Sammlers bestehen. Dieses Recht komme an der konkreten Spendesache zur Entstehung mit der Einigung des Spenders und des Sammlers über den Übergang des Verwaltungsrechts und mit der darauf erfolgenden Tradition[168]) der Spende, mag sie in einer Mobilie oder in einem Grundstück bestehen.[169]) Das Verwaltungsrecht sei bei beiderlei Objekten an den Besitz der Sache geknüpft.[170]) Seiner juristischen Natur nach stelle es sich als ein begrenztes dingliches Recht dar, das sich unter keine der im BGB. geregelten Kategorien unterordnen lasse.[171])

1. Daß die letztere von Fischbach selbst hervorgehobene Tatsache seiner Theorie nicht zur Empfehlung gereicht, daß ihr vielmehr der Grundsatz der geschlossenen Zahl der dinglichen (überhaupt der absoluten) Rechte im BGB. entgegenstehe, ist bereits mehrfach und mit

---

vermögen bestehen läßt und wenn er (S. 59, 67) dem Komitee nicht ein dingliches Verwaltungsrecht, sondern (wohl unwiderrufliche) Vollmacht zuschreibt. Durchführbar und annehmbar ist Thimms Konstruktion nicht.

[164]) Vgl. unten S. 607.

[165]) Fischbach 91—94, 123, 125.

[166]) S. 94 und nochmals S. 129.

[167]) Zahlung ist bekanntlich Übereignung von Geldstücken zwecks Erfüllung einer Geldforderung.

[168]) D. h. Besitzübergabe.

[169]) Fischbach 88.

[170]) S. 110, vgl. S. 85.

[171]) S. 110.

Recht in der jüngsten Literatur gegen Fischbach betont worden.[172]) Schon aus diesem Grunde[173]) ist seine Theorie gesetzwidrig.

2. Das Verwaltungsrecht des Sammlers belastet das Eigentum des Spenders an der dem Sammler übergebenen Sache[174]) fast bis zur Aushöhlung des Eigentums. Durch den Vertrag, in dem der Spender dem Sammler das begrenzte Verwaltungsrecht einräumt, begibt sich der Spender des vollen Verwaltungsrechts,[175]) insbesondere des Verfügungsrechts über die Sache,[176]) mit dinglicher Wirkung. Mit keinem Wort bannt Fischbach das eigentümliche Dissonanzgefühl des Lesers, der in § 137 BGB. gelesen zu haben glaubt, daß die Befugnis zur Verfügung über ein veräußerliches Recht nicht durch Rechtsgeschäft ausgeschlossen werden könne. Und einen Rechtssatz, der die Verfügungsbefugnis ausschlösse,[177]) vermag der Vertreter der Theorie zu ihren Gunsten natürlich nicht beizubringen.

3. Objekt des Verwaltungsrechts, in dem ein weitgehendes Verfügungsrecht beschlossen ist, sind, wie gesagt, alle Sachen,[178]) aber auch nur Sachen.[179]) An Forderungen, die aus der Zeichnung des Spenders,[180]) aus den auf das Sammelvermögen bezüglichen Rechtsgeschäften des Sammlers[181]) oder durch Verletzung des Sammelvermögens (?)[182]) entstanden

---

[172]) Vgl. z. B. Hölder in Iherings J. 53 93.

[173]) Vgl. ferner das folgende und unten S. 610.

[174]) Und an der Mengequote, wenn Geldstücke vermischt worden sind.

[175]) Spendet der Sammler selbst eine Sache, so beschränkt sich die Wirkung seines Kontrahierens mit sich selbst auf den Verlust des vollen Verwaltungsrechts.

[176]) Und des Nutzungsrechts an der Sache, was hier nicht interessiert.

[177]) Wie z. B. in gewissen Fällen der Gesamthand, im Konkursfall, bei der Unterstellung eines Nachlasses unter die Verfügungsmacht des Nachlaßverwalters oder Testamentsvollstreckers.

[178]) Daher unsere kritische Anmerkung oben Note 157.

[179]) Fischbach hätte hinzufügen müssen: ferner Forderungen, die dem Spender gegen Dritte zustehen und die er spendungshalber zediert hat.

[180]) Oben S. 604.

[181]) Fischbach 111.

[182]) Dies sagt Fischbach nicht ausdrücklich. S. 105 schweigt er von der Ersatzforderung und S. 111 ist nur von der Geltendmachung der Ersatzforderung (deren Subjekt ja auch die Spender sein könnten) die Rede. S. 125 (vgl. S. 102) freilich wird gesagt, daß der Sammler (im eigenen Namen) vom Spender Schadensersatz „zum Sammelvermögen" verlange; aber dem SV. fehlt doch das Organ für unmittelbaren Eigenerwerb (vgl. Fischbach selbst, S. 123).

sind, steht dem Sammler nicht ein dinglich begrenztes Verwaltungsrecht, sondern das Gläubigerrecht zu. Die Geschäftsforderungen und die Ersatzforderungen gehen auf Leistung an den Sammler, der jedoch an der geleisteten Sache Eigentum nicht erwirbt (wegen des Surrogationsprinzips, s. unten S. 607 f.).[183] Aus diesem Grunde mag vorbehältlich der Einwendungen gegen die behauptete dingliche Surrogation zugegeben werden, daß das Gläubigerrecht des Sammlers nicht der Pfändung seiner Privatgläubiger unterliegt,[184] daß es also das Sammelvermögen nicht gefährdet. Wäre es aber nicht konsequent, wenn dem Sammler an allen Forderungen des Sammelvermögens ein Verwaltungsrecht zustände? Die Möglichkeit dieser Annahme verschließt sich der Vertreter der Verwaltungsrechtstheorie dadurch, daß er dem Sammelvermögen trotz seiner eigenen gegenteiligen Behauptung[185] die Selbständigkeit[186] versagt. Sonst könnte er nicht leugnen, daß dem Sondervermögen z. B. aus der Zeichnung eine Forderung auf Übereignung erwächst,[187] und könnte er insbesondere nicht behaupten, daß der Sammler sein Verwaltungsrecht gerichtlich und außergerichtlich, gleich dem Ehemanne bei der Verwaltungsgemeinschaft, im eigenen Namen ausübe.

4. Diese Behauptung stellt Fischbach[188] in der Tat auf; der Sammler sei „zweifellos“ nicht Vertreter der Spender.[189] Also verfügt, erwirbt, verpflichtet sich und prozessiert der Sammler im eigenen Namen, aber mit dinglicher Wirkung nicht für seine eigene Privatrechtssphäre, sondern nur für die Rechtssphäre des Sammel-

[183] Vorstehender Satz mit dem Vorbehalt, daß ich Fischbach recht verstanden habe.

[184] Fischbach behandelt den wichtigen Punkt nicht.

[185] Fischbach 101, 103. Beliebige Schaffung von selbständigen Sondervermögen liegt übrigens nicht in den Grenzen der Privatautonomie. Dies hängt zusammen mit der geschlossenen Zahl der absoluten Rechte im BGB. (oben S. 604).

[186] Über den Begriff vgl. Hellwig, Lehrbuch **1** 295.

[187] Können doch auch dem Nachlaß, der vom Eigenvermögen des Erben separiert ist, Forderungen gegen den Erben zustehen; vgl. BGB. § 1976 und Strohal, Erbrecht **1**³ 286.

[188] S. 110 f., 119.

[189] Fischbach 121, und nicht (S. 104) Vertreter der Masse; letzteres sei ein ungenauer Ausdruck. Mit welcher Naturgewalt die richtige Auffassung sich geltend macht, sieht man daran, daß Fischbach selbst (S. 102) den „ungenauen“ Ausdruck nicht zu meiden vermag.

vermögens. Diese Aufstellungen verstricken ihren Urheber in die größten zivilistischen Schwierigkeiten, um nicht zu sagen Unmöglichkeiten.

Vor allem kann ein im eigenen Namen auszuübendes absolutes Verwaltungsrecht an fremden Rechten von den Privaten nicht beliebig erzeugt werden; es findet sich nur in bestimmten, vom Gesetz geordneten Fällen,[190]) zu denen der Fall des Sammelvermögens nicht gehört.

Abgesehen hiervon, gelingt es Fischbach nur mit den bedenklichsten Mitteln, das im eigenen Namen auszuübende Verwaltungsrecht für das Sammelvermögen unschädlich zu machen.

a) Der Sammler nimmt die Erwerbsgeschäfte für Rechnung des Sammelvermögens im eigenen Namen vor. Er ist also indirekter Stellvertreter. Nach dem Rechte der indirekten Vertretung fällt aller Erwerb in das Vermögen des Vertreters, allein ausgenommen die Fälle der sog. dinglichen Surrogation.

Fischbach schreibt den Erwerbsgeschäften des Sammlers, wenn ich ihn recht verstehe, verschiedene Wirkung zu. Handelt es sich um den Erwerb von Forderungen, so hat es beim Recht der indirekten Vertretung sein Bewenden.[191]) Der Sammler wird Gläubiger; er hat Leistung an sich selbst zu beanspruchen; er klagt im eigenen Namen auf Leistung an sich selbst. — Erwirbt dagegen[192]) der Sammler dingliche Rechte, sei es auf Grund der ihm zustehenden Forderung, sei es auf Grund eines Handkaufs und dergl., so wird das Regelrecht der indirekten Vertretung durch das Ausnahmerecht einer möglichst weit gespannten dinglichen Surrogation[193]) aus dem Felde geschlagen. Das Eigentum wird nicht vom Sammler erworben, sondern entweder von allen Spendern[194]) oder, falls der Erwerb mit Mitteln nur eines oder einiger Spender gemacht wird, von dem einen Spender oder von dem engeren Spenderkreis.

Daß auf das Sammelvermögen das Ausnahmerecht der dinglichen Surrogation Anwendung zu finden habe, hat Fischbach[195]) zu be-

---

[190]) Hellwig, Lehrbuch 1 323.

[191]) Fischbach 111: wenn beispielsweise der Sammler die eingelaufenen Gelder bei einer Bank hinterlegt, so erwerbe er aus dem Verwahrungsvertrag einen eigenen Anspruch auf Rückgabe.

[192]) Ein Grund für die Unterscheidung erhellt nicht. Dem Gesetz ist in ähnlichen Fällen die Unterscheidung fremd (BGB. § 1381 Abs. 2).

[193]) Fischbach 105.

[194]) Die zurzeit des Erwerbes bereits ihre Naturalspenden übergeben haben?

[195]) S. 105.

gründen nicht einmal versucht. Der Versuch hätte auch mißlingen müssen.

Wenn man aber schon einmal die Anwendung der Surrogationsvorschriften dekretiert, warum soll man dann bei den Sachen stehen bleiben und vor den Forderungen halt machen?

Ist die Einschränkung auf Sachen schwer zu verstehen, so klingt andererseits die Ausdehnung der Surrogation auf alle Sachen[196]) verwunderlich. Beispiel: der Sammler, der für einen Bismarckturm sammelt und schon reiche Mittel beieinander hat, kauft für das Sammelvermögen im eigenen Namen ein Grundstück, auf dem der Bau errichtet werden soll. Das Grundstück wird, wie es nach Fischbach anscheinend geschehen soll,[197]) an den Sammler aufgelassen.[198]) Der Sammler erwirbt (kraft des Surrogationsprinzips) das Eigentum nicht, obgleich er unrichtigerweise als Eigentümer im Grundbuch eingetragen ist und der öffentliche Glaube des Grundbuchs eine Gefahr für das Sammelvermögen bedeutet. Eigentümer sind vielmehr zu Tausendstelquoten diejenigen Spender geworden, die ihre Beiträge zurzeit der Bezahlung des Kaufpreises bereits eingezahlt hatten.[199]) Nun mögen die Tausende von Spendern ihre Quoten ausrechnen, um ihre Ansprüche auf aliquote Berichtigung des Grundbuchs gegen den Sammler geltend zu machen.

b) Schließt der Sammler unter Offenlegung seiner Sammlereigenschaft einen Schuldvertrag ab, so verpflichtet er sich im eigenen Namen, also als indirekter Vertreter. Für seine Schuld haftet nicht sein persönliches Vermögen, sondern nur das Sammelvermögen,[200]) d. h. jeder Spender mit seiner Spende oder mit seinem Spendenanteil.[201]) Wie der Sammler dazu kommt, für eigene Schuld nicht mit eigenem Vermögen zu haften, und wie das Sammelvermögen (d. h. Vermögen der Spender) dazu kommt, für die fremde Schuld zu haften, erhellt nicht.

---

196) Fischbach 105: Zu dem Sammelvermögen gehöre alles (nach dem Zusammenhang sind Sachen gemeint), was der Sammler mit Mitteln des Sammelvermögens oder durch ein auf das Sammelvermögen bezügliches Rechtsgeschäft erwirbt.

197) Alle Verwaltungshandlungen sind ja im eigenen Namen vorzunehmen; Erfüllungsannahme ist Verwaltungshandlung.

198) Also andere Behandlung als bei der Grundstücksspende, oben S. 602 f.

199) Spätere Spender erlangen keinen Anteil.

200) Fischbach 104.

201) Dazu treten wohl noch die Forderungen des Sammlers aus Zeichnungen, aus Geschäften mit Dritten usw. als Haftungsobjekte hinzu.

Fischbach beschränkt sich in letzterer Hinsicht auf Behauptung und Exemplifizierung; ein juristisches Argument bringt er nicht vor.[202])

c) Steht an der Spitze des Sammelunternehmens ein Komitee,[203]) so muß der Gläubiger sämtliche Komiteemitglieder belangen[204]) — eine Anforderung, die zu den größten praktischen Unzuträglichkeiten führt, wenn das Komitee aus Hunderten von Mitgliedern besteht.[205])

III. Das Verwaltungsrecht[206]) dauert nicht notwendig bis zur Erreichung des Zweckes des Sammelvermögens; es kann schon vorher erlöschen. So erlischt es, weil unvererblich, mit dem Tode des Sammlers; ferner erlischt es, wenn der Sammler geschäftsunfähig wird.[207]) Endlich kann es offenbar erlöschen dadurch, daß der Sammler, wie er das Verwaltungsrecht nur dem Vertrage mit den Spendern verdankt, das Verwaltungsrecht durch Vertrag mit den Spendern wiederaufhebt. Pflichten bestehen ja nach Fischbach nur zwischen Spendern und Sammler,[208]) nicht zwischen Sammler und Dritten (Bedachten).[209]) Irgend eine Zwecksatzung, an welche beide Parteien, Spender und Sammler, gebunden wären, enthält der das Sammelvermögen begründende Vertrag nicht.[210]) Alle vertragsmäßigen Zwecksatzungen können ja contrario consensu wieder aufgehoben werden,[211]) wenn nicht Dritte aus dem Vertrag ein

---

[202]) S. 103 f. In ersterer Hinsicht (Ausschluß der persönlichen Haftung des Sammlers) beruft sich Fischbach 104 auf die Analogie des Konkursverwalters, Nachlaßverwalters, Testamentsvollstreckers. Haben aber diese ein dingliches Recht an der von ihnen verwalteten Masse? Sind sie Gläubiger der Masseforderungen? Also verfängt die weit hergeholte Analogie nicht.

[203]) Im Komitee sieht Fischbach 138 eine Gesellschaft im Sinn von BGB. § 705 ff. Das Gesellschaftsvermögen soll aus dem Inbegriff der Sammlerrechte bestehen!

[204]) Fischbach 143.

[205]) Daß dies vorkommt, berichtet Bartsch, Gutachten 178 Anm. 24.

[206]) Nicht etwa bloß das Amt des Verwalters.

[207]) Fischbach 112.

[208]) S. 126 ff. Und zwar soll der Sammler zu ordnungsmäßiger Verwaltung usw. jedem einzelnen Spender verpflichtet sein nicht nur hinsichtlich seiner Gabe, sondern bezüglich der gesamten aufgebrachten Mittel. Vgl. aber auch Fischbach 127 Ziff. 3.

[209]) S. 153.

[210]) Von bindender Zwecksatzung redet Fischbach nirgends in seiner Lehre vom Spendungsgeschäft. Die Berufung auf die Zweckgebundenheit taucht nur nebenbei (S. 147) einmal auf, um sofort wieder unterzutauchen.

[211]) Ebenso körperschaftliche Zwecksatzungen durch actus contrarius der privatrechtlichen Körperschaft, vgl. oben S. 595, 597 ff.

Recht erlangt haben. Nur die einseitige, nicht körperschaftliche Zwecksatzung ist der Willkür ihrer Urheber schlechthin entzogen, und auch sie natürlich nur, wenn sie im Gesetze unmittelbar oder mittelbar anerkannt ist.

Der Untergang des Verwaltungsrechts muß nun logischerweise das bisher dem Spender und seinen Gläubigern gegenüber gebundene Spendereigentum entfesseln, wenn der einzige Grund, aus dem dieses Eigentum gebunden ist, in der Belastung mit dem Verwaltungsrechte des Sammlers gesehen wird. In der Tat und ganz konsequent erblicken Kisch[212]) und Fischbach[213]) in dem Verwaltungsrecht des Sammlers den einzigen Grund der Zweckgebundenheit des Spendereigentums; und Kisch bestätigt uns mit dürren Worten, was sich auf dem Wege der Konsequenz ohnehin ergäbe: wenn der Sammler wegfällt oder zur Ausübung seines Verwaltungsrechts unfähig wird, trete die Befreiung des Spendereigentums von dem darauf lastenden fremden Verwaltungsrecht ein.

Damit hat sich die Theorie des dinglichen Verwaltungsrechts aus doppeltem Grund ihr Verdammungsurteil selbst gesprochen:

1. Von Leben oder Tod des Sammlers,[214]) also vom blinden Zufall hängt es ab, ob die Zweckbestimmung des Sammelvermögens[214a]) aufrecht bleibt oder zusammenfällt.[215])

2. BGB. § 1914 setzt voraus, daß die Zweckbestimmung des Sammelvermögens mit dem Wegfall des Sammlers nicht erlischt. Also steht die Theorie vom dinglichen Verwaltungsrecht auch in dieser Hinsicht[216]) mit dem Gesetz im Widerspruch. Der nach dem Sammlerwegfall ernannte Pfleger hat gegen die Spender (oder die Erben des

---

212) Kisch, JLBl. 18 (1906) 221 b.

213) S. 147: Das umfassende Verwaltungsrecht des Sammlers drücke das dem Spender verbliebene Allein- oder Quoteneigentum zu einem wirtschaftlich fast wertlosen Recht ohne Verfügungsbefugnis und ohne Teilungsanspruch herunter.

214) Und von den anderen vorhin (S. 609) erwähnten teils zufälligen, teils willkürlich herbeizuführenden Tatsachen.

214a) Geringe Rücksichtnahme auf den Sammelzweck verrät es auch, wenn Fischbach 49, 84 den Spender die Gabe im Fall mißbräuchlicher Verwendung durch den Sammler zurückfordern läßt.

215) Diese Folge ließe sich nur vermeiden, wenn das dingliche Verwaltungsrecht des Sammlers nach seinem Tode subjektlos fortbestünde und somit auch die Spender die freie Verfügung über ihr Eigentum nicht zurückgewönnen. Wie sich diese die Theorie Fischbachs erheblich bessernde Annahme aus dem positiven Recht begründen ließe, weiß ich nicht.

216) Vgl. oben S. 604 f., 606 (Anm. 185), 607/8.

Sammlers usw.) keinen dinglichen Anspruch, und auch ein obligatorisches Recht gegen die Spender auf erneute Unterstellung der Gaben unter sein Verwaltungsrecht vermag die hier abgelehnte Theorie nicht zu begründen. Trotzdem meint Fischbach[217]) ganz unvermittelt, der Pfleger habe von der Übernahme der Pflegschaft an das Verwaltungsrecht eines Sammlers. Aber wodurch entsteht dieses Verwaltungsrecht, wodurch wird die Konfusion von Eigentum und Verwaltungsrecht wieder aufgehoben? Soll etwa die Übernahme der Pflegschaft[218]) der innere Grund dafür sein, daß das zuvor wieder unbeschränkte Eigentum des Spenders sich in belastetes Eigentum zurückverwandelt? Woher gewinnt das Sammelvermögen in der verwalterlosen Zwischenzeit einen Schutz gegen willkürliche Verfügungen des Spenders oder seines Konkursverwalters? Lauter ungelöste und wohl auch unlösbare Fragen. Und selbst wenn sie sich lösen ließen, bleibt immer noch ein Widerspruch gegen das Gesetz; denn der Pfleger des § 1914 hat kein dingliches Verwaltungsrecht, sondern ein Vertretungsrecht.[219])

IV. Nimmt man zu all diesen theoretischen und praktischen Einwendungen[220]) noch die allgemeinen Bedenken gegen jede nur mit dem Handwerkszeug des Privatrechts arbeitende Konstruktion des Sammelvermögens (oben § 4)[221]) hinzu, so dürfte sich die Wagschale tief zu ungunsten der Theorie vom dinglichen Verwaltungsrechte des Sammlers senken.

§ 8.

Das Sammelvermögen ein öffentlichrechtliches Amtsvermögen.

Mit der Theorie vom Sammelvermögen als dem Objekte einer öffentlichrechtlichen Amtsmacht, die Hölder[222]) auf-

[217]) S. 165.

[218]) Die doch nur Verwalterersatz sein will.

[219]) Vgl. oben S. 583.

[220]) Fernere Polemik gegen Fischbach bei Hölder, Iherings J. **53** 93—98, dessen Ausführungen ich größtenteils unterschreibe.

[221]) Vgl. z. B. Fischbach 118, 126, 128: die Sammlerpflichten bestehen jedem einzelnen Spender gegenüber (dagegen treffend Hölder, Iherings J. **53** 94, 96); 120: einer Aufsicht öffentlicher Behörden unterstehe der Sammler nicht, wegen grober Pflichtverletzung und wegen Unfähigkeit könne der Einzelsammler niemals entfernt werden, sondern nur (in dem weit weniger dringenden Falle!) ein Komiteemitglied (S. 140).

[222]) Hölder, Personen 319—324 und in Iherings J. **53** 91—99. Noltes schwache Dissertation braucht nicht verglichen zu werden.

gestellt hat, steigen wir aus den Niederungen des Privatrechts in die Höhenluft des öffentlichen Rechts. Halten wir mit Hölder bis zum Ende seines kühnen Aufstiegs aus, so entschwindet das Privatrecht völlig aus unsern Augen und sehen wir nur noch die Höhengipfel des öffentlichen Rechts. Wir befinden uns in der Region des privatrechtsleeren Raumes. — Wir können aber Hölder nicht bis zum Ende folgen; der privatrechtliche Nihilismus, dem er für das Sammelvermögen huldigt, bringt ihn in Widerstreit nicht nur mit dem geltenden Recht, sondern auch mit gewissen Anforderungen gesunder Vernunft. Seine Theorie[223]) steht zwar hoch über den zweckfeindlichen, rein privatrechtlichen Theorien, genügt aber doch nicht einzelnen[224]) *praktischen* Anforderungen, auf die eine befriedigende rechtliche Gestaltung des Sammelvermögens nicht verzichten kann. —

I. Nach Hölder ist Privatrechtssubjekt nur der handlungsfähige Mensch.[225]) Alle anderen Privatrechtssubjekte sind nur nominelle (uneigentliche, kraft einer Fiktion bestehende) Privatrechtssubjekte. Dies gilt sowohl von den rechtlich unselbständigen Personen[226]) als von sämt-

---

[223]) Ihre Hauptstärke liegt darin, daß sie eine wirksame Kontroll*pflicht* und einen geeigneten Träger des Kontroll*rechts* beschafft (in diesen Vorzug muß sie sich freilich mit der unten, § 9, akzeptierten Theorie teilen); vgl. über die Staatsaufsicht z. B. Hölder, Personen 292, 323; Iherings J. 53 93, wo Hölder seine frühere unrichtige Ansicht (Personen 322 f.), daß die Sammler aus dem Grunde der Unfähigkeit oder Untreue ipso iure wegfallen, aufgibt zugunsten der richtigen Meinung, daß die obrigkeitliche Aufsichtsinstanz sie gegebenenfalls aus ihrem Amte entfernen kann und soll. Die Begründung seiner richtigen Meinung aus dem *positiven* Verwaltungsrecht hat Hölder dem Leser überlassen; vgl. unten S. 631.

[224]) Unten S. 617 ff.

[225]) Eine Kritik dieses Standpunkts, den ich nicht teile, verbietet sich an diesem Ort. Vgl. gegen Hölder z. B. Oertmann, Allg. Teil 3, 75, 205; v. Tuhr 347 (Anm. 45), 370 f.; Schwarz ArchBürgR. 35 10 ff. und im Grunde genommen auch alles, was zur Lehre von den juristischen Personen gegen die Fiktionstheorie Savignys geschrieben worden ist.

[226]) D. h. von den geschäftsunfähigen und zum Teil von den geschäftsbeschränkten Menschen. Vgl. Hölder, Personen 111—134, 189 f., 310 f. u. ö. Die rechtlich unselbständige Person *ist* rechtlich keine Person; sie hat keine *Privatrechte*. „Beruht das Wesen des Privatrechts auf der dem *Willen* des Berechtigten zukommenden Bedeutung, so kann Subjekt eines solchen nicht in derselben Weise wie ein anderer sein, wessen Wille von Rechtswegen keine Bedeutung hat" (S. 123).

lichen juristischen Personen.[227]) In Wahrheit bestehen hier überall nur amtliche Machtbefugnisse handlungsfähiger Menschen,[228]) die zur zwecktreuen Ausübung ihrer öffentlichrechtlichen Amtsmacht im Interesse ihrer Schützlinge (der von ihnen „Vertretenen"; „der Objekte ihrer amtlichen Macht und Fürsorge") verpflichtet sind.[229]) Die amtliche Zuständigkeit der sog. Privatrechte, die nicht erlischt mit dem Wegfall des derzeitigen Amtsträgers,[230]) hat den Zweck, die privatrechtliche Zuständigkeit, die wegen der Handlungsunfähigkeit des bestimmten Menschen usw. für ihn nicht bestehen kann, soweit möglich zu ersetzen.[231])

Wo ein besonderes Amt besteht, kann eine juristische Person „existieren", aber sie muß es nicht,[232]) denn es kann auch eine natürliche unselbständige Person „existieren"; oder aber — weil tertium non datur — bleibt es bei dem bloßen Amte, weil dem Amt ein Nichts gegenübersteht. — Besteht eine juristische oder eine unselbständige Person, so wird sie als Privatrechtssubjekt fingiert; es wird in gewissen Richtungen (insbesondere was die Vermögens-

---

[227]) Hölder, Personen 184—203, 218—223, 241—265 usw. „Das Staatsvermögen ist kein Privatvermögen" (Iherings J. **53** 63). „Einen Eigentümer haben diese Sachen" (die zum Staatsvermögen gehören) „nicht" (Personen 186). „Daß durch die Existenz einer Stiftung keine" privaten „Rechte und Pflichten existieren, kann nicht bestreiten, wer als wirkliche Subjekte solcher nur Menschen kennt" (S. 241).

[228]) Vgl. für die Korporationen Hölder, Iherings J. **53** 73 („die sogenannten privaten Rechte und Verbindlichkeiten" aller Körperschaften sind „amtliche Rechte und Verbindlichkeiten der in ihren Angelegenheiten zuständigen Menschen"); — für die Stiftungen Hölder, Personen 265 („Ihre sogenannten privaten Rechte und Verbindlichkeiten sind amtliche Rechte und Verbindlichkeiten der Stiftungsverwaltung, d. h. aller an ihr beteiligten Menschen, soweit diese bezüglich derselben zuständig sind"); — für die unselbständigen Personen Hölder, Personen 124 („das Recht des gesetzlichen Vertreters" eines handlungsunfähigen Eigentümers „ist ein öffentliches Recht"), Iherings J. **53** 52.

[229]) Vgl. Hölder, Personen 124, 127, 186 u. ö. Die Destinatäre der Amtspflicht haben einen öffentlichrechtlichen Anspruch auf die amtliche Fürsorge, gelten (vgl. Anm. 233) aber nicht deshalb als Privatrechtssubjekte (Iherings J. **53** 52).

[230]) Vgl. Hölder, Personen 139, 203, 221 f., 246, 304. Bis zur Wiederbesetzung des Amts besteht die Amtsmacht interimistisch in Wirklichkeit allerdings nicht. Das Zwischenstadium sucht Hölder aber nach bekannten Vorbildern durch eine Fiktion zu überbrücken.

[231]) Hölder, Personen 125 f., Iherings J. **53** 52 (die amtliche Macht ist ein Surrogat der fehlenden privaten Macht).

[232]) Hölder, Personen 306, Abs. 1 und 2.

rechte angeht) so gehalten, als ob die Amtsbefugnisse (insbesondere das Amtsvermögen) einem von allen anderen Personen verschiedenen handlungsfähigen Menschen als Privatrechte zustünden.[233]) Besteht ein privatrechtliches Vakuum, so unterbleibt die Fiktion jenes Menschen als Trägers privater Rechte und Verbindlichkeiten.[234])

Überall, wo eine nominelle, juristische oder unselbständige Person „existiert", muß ein Gebiet amtlicher Verwaltung vorhanden und die Möglichkeit der soeben erwähnten Grundfiktion gegeben sein. Aber auch, wo eine Fiktionsbasis (d. h. eine der genannten Nominalpersonen) nicht existiert, wo also die öffentlichrechtlichen Amtsbefugnisse in privatrechtliche Zuständigkeiten, die öffentlichrechtlichen Rechtsgeschäfte in Privatrechtsgeschäfte nicht umfingiert werden können, kann immer noch ein besonderes öffentlich rechtliches Amt mit seinen Zuständigkeiten und seiner Geschäftsfähigkeit bestehen.[235]) Dies ist mindestens in einem Falle möglich. Und dieser Fall ist der Fall des — Sammelvermögens.[236])

---

[233]) Diese aus Savignys Lehre von den juristischen Personen entnommene, aber weiter ausgesponnene Grundfiktion durchzieht (neben anderen Fiktionen) Hölders gesamte Theorie; vgl. Personen 126 („Daß die private Zuständigkeit" des Mündels „trotz des Ausschlusses ihrer Existenz durch die Handlungsunfähigkeit der Person, deren Zuständigkeit sie sonst wäre, als existent bezeichnet wird, bedeutet, daß in jeder Beziehung dasselbe gilt, wie wenn sie existierte, soweit dies nicht ausgeschlossen ist durch die anstatt der privaten Zuständigkeit der bestimmten Person bestehende amtliche Zuständigkeit ihres Vertreters"), 129, 219 („Private Rechte und Verbindlichkeiten schreiben wir dem Staate insofern zu, als für die Beziehungen staatlicher Organe zu Privaten, soweit sie auf Tatsachen beruhen, die im gegenseitigen Verhältnisse solcher private Rechte und Verbindlichkeiten begründen, dieselben Bestimmungen gelten wie für die durch die gleichen Tatsachen gegebenen Beziehungen Privater"), 256, 261 („Existenz und Vermögen" der Stiftung „bedeutet ausschließlich amtliche Zuständigkeiten und Obliegenheiten der Menschen, denen ihre Verwaltung zukommt, wofür aber vermöge der sog. Privatrechtsfähigkeit der Stiftung in bestimmtem Umfange dasselbe gilt wie für private Rechte und Verbindlichkeiten"), 306, 315, 319, 331, 337, 340 f.

[234]) Das sagt Hölder nicht mit diesen Worten; es ergibt sich aber aus seiner Theorie und erklärt seine praktischen Konsequenzen (unten S. 617 f., 618 f.).

[235]) Als reines Amtsvermögen, von dem in keiner Weise die Fiktion gilt, kraft deren seine Rechtsbeziehungen nach den Normen des Privatrechts beurteilt werden.

[236]) Hölder, Personen 319 f., 323 unten. Das Sammelvermögen muß nach Hölder Amtsvermögen sein, weil der Spender sich des Eigentums

Fragt man, warum im Falle des Sammelvermögens die „Existenz" einer juristischen Person geleugnet wird, so antwortet Hölder:[237]) „weil das bestimmte Amtsvermögen nur ein interimistisches ist". Diese Antwort befriedigt aus doppeltem Grunde nicht.

Einmal wird Hölder selbst am wenigsten bestreiten können, daß es interimistische Stiftungen gibt. Denn er läßt Stiftungen als durchaus möglich zu, deren Zweck die Förderung des Wohles eines bestimmten Menschen ist,[238]) z. B. die Ausbildung eines talentierten Knaben,[239]) dessen Ausbildungsfähigkeit natürlich nur eine kurze Zeitspanne hindurch andauert.[240]) Da das Stiftungsvermögen in Hölders Beispiel interimistisches Amtsvermögen[241]) und trotzdem die Stiftung juristische Person ist, so ergibt sich, daß der bloß interimistische Bestand des Amtsvermögens kein Grund ist, die Existenz einer juristischen Person zu verneinen.

Sodann gewinnt Hölder seinen Satz, daß beim Vorliegen eines nur interimistischen Amtsvermögens die Annahme einer juristischen Person ausgeschlossen sei, auf logisch anfechtbarem Wege. Aus der Prämisse:

> nicht überall, wo[242]) ein Vermögen ein Gegenstand amtlicher Verwaltung in der Weise ist, daß Rechte und mit seinen Mitteln zu erfüllende Verbindlichkeiten seines Verwalters bestehen, die[243])

---

an der Spendesache endgiltig entschlagen hat (S. 320), also weder wirkliches noch nominelles Subjekt des Privatrechts geblieben ist, 2. der Sammler nicht Privateigentümer wird, auch nicht etwa so, daß er die Übertragung an Dritte dem Spender schuldete (S. 320/1) und 3. der Bedachte nicht einmal gegen den Sammler einen klagbaren privatrechtlichen Anspruch auf Zuwendung, geschweige denn das Eigentum hat (S. 321). Vgl. auch Iherings J. 53 91 f.

[237]) Personen 323 unten.

[238]) Hölder, Personen 126. Als Erlöschungsgrund denke man sich die Erreichung oder Unerreichbarkeit des Zwecks, als in der Verfassung bestimmten Anfallberechtigten den Stifter oder seinen Erben.

[239]) Hölder, Iherings J. 53 89 f.

[240]) Eine kürzere als viele anderen interimistischen Amtsvermögen.

[241]) Denn es soll nur auf so lange, als sein Grund und Zweck zutrifft, dem Privatrecht entzogenes Vermögen sein; vgl. die Definition bei Hölder, Personen 315.

[242]) Hölder, Personen 319, vgl. 306.

[243]) Kraft der Grundfiktion.

nach den Normen des Privatrechts beurteilt werden, existiert eine juristische Person,[244])

folgert Hölder[245]) das Ergebnis:

wo nur ein interimistisches Amtsvermögen existiert, liegt eine juristische Person überall nicht vor.

Diese Folgerung ist aber logisch nicht zwingend. Es könnte ja sein, daß neben den zahlreichen Fällen interimistischer Amtsvermögen für unselbständige natürliche Personen, die Hölder gesehen hat, auch interimistische Amtsvermögen für juristische Personen stünden, die Hölder übersehen hat. Dies wäre unbestreitbar der Fall, wenn in § 1914 BGB. mit dürren Worten stünde: das Sammelvermögen ist rechtsfähig. Und dies ist nach Hölder selbst der Fall, da es interimistische Stiftungen gibt.

II. Hätte sich Hölder den Weg offen gehalten für die Anerkennung interimistischen Amtsvermögens bei sogenannten juristischen Personen und hätte er dann wirklich[246]) das Sammelvermögen als sogenannte juristische Person — und nicht bloß als einen der juristischen Person, insbesondere der Stiftung, nahe verwandten Fall[247]) — anerkannt,[248]) so würde sich, abgesehen von der hier gleichgiltigen theoretischen Einkleidung, seine Theorie decken mit der unten § 9 akzeptierten. So aber gerät Hölder in eine eigentümliche Schwierigkeit (unten Ziff. 1), zu mehreren praktisch anstößigen Resultaten (unten Ziff. 2, 3) und überdies in Konflikt mit der lex lata.

1. In eine eigentümliche Schwierigkeit. Diese Schwierigkeit sehe ich weniger darin, „daß nicht amtliche Macht und Pflicht durch Privatrechtsgeschäft pflegt begründet werden zu können;“[249]) denn stünde überhaupt die Theorie Hölders mit dem Rechte unseres Gesetzbuchs im Einklang, so dürfte Hölder mit gutem Grunde die mittelbare Anerkennung, daß auch einmal Amtsmacht durch bloßen Privatakt begründet werde,[250]) in § 1914 BGB. finden.[251]) Ich sehe die Schwierig-

---

[244]) Die Richtigkeit dieser Prämisse ergibt sich unschwer aus Erscheinungen wie Mündelvermögen, Konkursmasse, Nachlaß unter amtlicher Verwaltung — alles Fälle interimistischen Amtsvermögens.

[245]) Hölder, Personen 320.

[246]) Gleich Binder (unten S. 622).

[247]) So schon jetzt Hölder, Personen 320, 323 unten.

[248]) Auf Grund des § 1914 BGB.

[249]) Hölder, Personen 322; Jherings J. 53 93.

[250]) Wie sie überall begründet wurde, wo Stiftungsfreiheit herrschte.

[251]) Wie Hölder, Personen 322 sagt: „Daß sie“ (die amtliche Macht und Pflicht) „begründet wird durch die Veranstaltung einer öffentlichen Samm-

keit anderswo. Hätte Hölder recht mit seiner Hauptthese, daß das Sammelvermögen nach dem BGB. lediglich Objekt amtlicher Macht und Pflicht und, weil nicht juristische Person, in keiner Weise Objekt des Privatrechts sei, so hätte das Gesetzbuch allen Anlaß gehabt, nichts geringeres als eine Gesamtordnung der öffentlich-rechtlichen Rechtsverhältnisse des Sammel-Amtsvermögens aufzustellen, so z. B. Normen über Erwerb, Änderung, Untergang seiner sämtlichen Bestandteile.[252]) Da das Gesetzbuch dies nicht tut, auch mangels der juristischen Persönlichkeit des Hölderschen Sammelvermögens, angesichts des privatrechtlichen Nihilismus der Hölderschen Sammelvermögenstheorie sich nicht mit der bekannten Grundfiktion[253]) behelfen konnte, so sieht sich Hölder genötigt, das mangelnde publizistische Vermögensrecht des Sammelunternehmens (mit Hilfe der Analogie) zu supplieren.

2. Bei dieser Tätigkeit supplendi iuris civilis gratia propter utilitatem publicam ist nun wohl nicht gerade mit dem praktischen Takte des römischen Prätors verfahren worden. Um gleich das einschlagende moderne edictum perpetuum zu formulieren, so sagt sein Prätor: Was das Sammelvermögen erwirbt an Mobiliarsachenrechten[254]) oder an Forderungen (aus Zeichnungen)[255]), ratum habebo; was es erwirbt an Immobiliar-

lung und Entgegennahme der eingesammelten Gaben ..., hätte ... das Gesetz ausdrücklich bestimmen sollen. Anstatt dieser Bestimmung enthält es nur eine indirekte Anerkennung jenes Rechtsverhältnisses" (bloß?, vgl. unten § 9) „durch die Bestimmung, daß „zum Zwecke der Verwaltung des Vermögens ein Pfleger bestellt werden" kann, „wenn die zu der Verwaltung und Verwendung berufenen Personen weggefallen sind". Gibt es Personen, die dazu „berufen" sind und durch deren Wegfall die „Verwaltung und Verwendung", zu der sie berufen waren, nicht wegfällt, sondern vielmehr eine solche ist, für die das Gemeinwesen durch Bestellung eines Pflegers sorgen kann, so ist damit gegeben, daß die Verwaltung und Verwendung des Vermögens zu bestimmtem Zwecke nicht eine solche war, wozu jene Personen als seine Eigentümer verpflichtet waren, daß vielmehr gleich der Pflicht derselben die Macht derselben ihnen als ein Amt zukam, dessen erneute Besetzung das Gemeinwesen nach dem Wegfall seiner bisherigen Träger vollzieht."

[252]) Ob sich ohne weiteres die Parteifähigkeit des öffentlichen Amtsträgers (zunächst die aktive; wegen der passiven s. unten S. 619) ergäbe, lasse ich dahingestellt.

[253]) Oben Anm. 233.

[254]) Und sonstigen nichtimmobiliaren absoluten Rechten?

[255]) Und sonstige Forderungen? Aber nicht Forderungen, die auf Verschaffung von Rechten an Grundstücken gehen (vgl. nächste Anm.)

sachenrechten[256]), ratum non habebo. Denn Hölder stellt folgende Lehre vom Erwerb zum Sammelvermögen auf:

Im Falle der Spende durch promissio entsteht ein klagbarer Anspruch des Sammlers[257]) gegen den Zeichner.[258]) Im Fall der Spende durch datio von Mobilien wird das Eigentum des Spenders abgelöst durch die lediglich amtliche Macht des Sammlers.

Dagegen kann in Beziehung auf Grundstücke die Spende nicht durch datio erfolgen, weil die amtliche Macht des Sammlers kein möglicher Gegenstand der Eintragung in das Grundbuch ist.[259])

Woher Hölder diese Unterscheidung nimmt, weiß ich nicht.[260]) Entweder schlägt die Analogie vom privaten auf das öffentliche Recht nirgends durch — dann gibt es überhaupt kein Sammelververmögen, dessen Existenz doch § 1914 BGB. voraussetzt. Oder schlägt sie überall durch — dann erstreckt sich die Rechtsfähigkeit des Sammelvermögens bezw. des Amtsträgers auch auf Immobiliarsachenrechte und bleibt § 1914/15 in Harmonie mit dem allgemeinen Recht der gesetzlichen Vertretung, wonach der Bestand einer Vertretung den Schützling nicht eines Teils der Rechtsfähigkeit beraubt. Die Fähigkeit zum Erwerb von Grundeigentum ist aber in gewissen, freilich selteneren Situationen im Interesse des Sammelzwecks beinahe unentbehrlich.

3. Einen weiteren praktischen Mißstand zeitigt der privatrechtliche Nihilismus für die Schulden des Sammelvermögens. Weil, privatrechtlich betrachtet, ein Nichts vorliegt, so kann dieses Nichts auch

---

256) Und Forderungen, die auf Verschaffung solcher Rechte an das Sammelvermögen (als auf etwas rechtlich Unmögliches) gerichtet sind. Möglich wäre dagegen eine Immobiliarzeichnung zugunsten Dritter, z. B. der zu gründenden Hospitalstiftung; diese Immobilarzeichnung bedürfte wohl nicht der Form des § 313 BGB. (arg. § 1914?, vgl. auch § 81 BGB.) oder einer sonstigen Form. Aber wozu die bedingte und betagte Forderung, wenn der Geber das dingliche Recht sofort zu spenden bereit ist?

257) Was gegen BGB. § 1914/15 mit 1793 verstößt.

258) Hölder, IheringsJ. 53 96. Also besteht die „fatale Konsequenz" nicht, die Hölder früher (Personen 260) bei der Betrachtung lediglich des Stiftungsrechts entgegentrat.

259) IheringsJ. a. a. O. — Also kann der Sammler auch nicht Grundstücke für das Sammelvermögen kaufen bezw. auf Grund des Kaufs durch Auflassung erwerben, während dies der Stiftungsverwalter für das Stiftungsvermögen natürlich (kraft der Grundfiktion) kann.

260) Seine Theorie als solche enthält keinerlei Zwang zur Vornahme der Unterscheidung.

nicht vertreten werden, eben so wenig wie[261]) die Gesellschaft ohne Gesellschaftsvermögen oder der nicht rechtsfähige Verein, dessen Vorstand im Namen der Vereinsmitglieder zu kontrahieren nicht ermächtigt ist. Mit andern Worten: Schulden des Sammelvermögens können nur durch indirekte Vertretung begründet werden, und zwar in der Weise, daß der Sammler Schuldner wird und daß für die Sammlerschuld der Sammler haftet nicht nur mit dem bestimmten Amtsvermögen — das er zur Erfüllung der in den Angelegenheiten des bestimmten Amts eingegangenen Verbindlichkeiten verwenden darf[262]) —, sondern auch notwendig mit seinem ganzen Privatvermögen.[263]) Das Sammelvermögen kann also keine eigenen Sonderschulden haben; es besteht, im Gegensatz zum Stiftungsvermögen, nur aus Aktiven.[264])

Mit der persönlichen Haftung des Sammlers gewährt Hölder den Gläubigern des Sammelvermögens einen Rechtsüberschuß, den sie nicht verdienen[265]), bürdet er dem Sammler die unentrinnbare Gefahr des Untergangs des Sammelvermögens zum besten seiner Gläubiger[266]) auf und gerät er in Konflikt mit § 1914/15. Denn ein natürlich auch von Hölder[267]) anerkannter Satz des Vormundschaftsrechts besagt, daß[268]) der Vormund zu leisten hat nicht aus seinem Privatvermögen, sondern aus dem Mündelvermögen als dem Objekt seiner amtlichen Macht. Was in dieser Hinsicht vom Vormund gilt, gilt nach § 1915 von jedem Pfleger, auch vom Pfleger des § 1914: nicht das Vermögen des Pflegers haftet, sondern nur das Pflegschaftsvermögen.

Was vom Pfleger des § 1914 gilt, gilt endlich auch vom Sammler; denn beider Rechtsstellung ist wesensgleich. Also haftet nach dem

---

[261]) Nach Hölder, Personen 280/1, 292 f., 285 (ein im Namen eines nicht rechtsfähigen Vereines Handelnder habe stets im eigenen Namen gehandelt. Sei ich zur Vertretung anderer nur in dem Sinne ermächtigt, daß der dritte Kontrahent sich ... nur an mich als einen solchen halten kann, der ermächtigt ist, Vermögen des Vertretenen zur Erfüllung der Verbindlichkeit zu verwenden, so hafte ich, wenn ich kein gesetzlicher Vertreter bin, auch mit meinem Vermögen).

[262]) Hölder, Personen 324.

[263]) Hölder 323/4.

[264]) Hölder, Allg. Teil 127 (was vielleicht überscharf formuliert ist).

[265]) Oben S. 573.

[266]) Während die Gläubiger sich durch verschiedene Mittel (z. B. Retentionsrecht) decken können.

[267]) IheringsJ. 53 63.

[268]) Um mit Hölder a. a. O. zu reden.

Gesetz für Schulden des Sammelvermögens nicht das Vermögen des Sammlers, sondern nur das Sammelvermögen.

§ 9.
Das Sammelvermögen eine juristische Person des Privatrechts unter staatlicher oder kirchlicher Kontrolle.

Wird weder den Spendern (oben § 6, 7) noch dem Sammler (§ 5) noch den Bedachten privates Eigentum an den Sammelsachen, privates Gläubigerrecht an den Sammelforderungen usw. zugeschrieben, wird andererseits anerkannt, daß das Sammelvermögen nicht im rein öffentlichrechtlichen Amtseigentum des Sammlers steht (§ 8), sondern aus Privatrechten besteht, so drücken wir das so aus: das Sammelvermögen ist eine juristische Person. Wenn wir uns so ausdrücken, so gebrauchen wir für die juristisch schwierig zu fassende Lebenserscheinung die eingebürgerte, vulgäre Benennung, ohne hier, wo es sich um die Frage: Gesetzgebungseingriff oder nicht Gesetzgebungseingriff? handelt, auf die Benennungsfrage und auf die theoretischen Anschauungsformen auch nur das geringste Gewicht zu legen.

I. Die Theorie der juristischen Person[269]) ist für das Sammelvermögen in etwa fünffacher, nicht wesensverschiedener Nüance vertreten worden.

1. Nach der Zweckvermögenstheorie von Brinz[270]) besteht das Wesen des Sammelvermögens darin, daß das Vermögen nicht einer bestimmten Person, sondern lediglich für den Sammelzweck „gehört". Sammelvermögen und Stiftung sind Zwillingsgeschwister. „Auch das bloß gesammelte Geld ist vom Augenblicke seiner Vereinnahmung an res nullius,[271]) aber für die Unterstützung der Abbrändler (usw.) gehörig[272])". Einen Rechtskomplex ohne physischen Herrn, der weder den

---

[269]) Chronologische Aufzählung ihrer Vertreter: Brinz 1868, zuletzt 1888; Bekker 1889; Isay 1896; Leonhard 1900; Seckel 1903; Kohler 1906; Binder (?) 1907; Dernburg, zuletzt 1907; Biermann 1908; Schwarz 1908 und 1910.

[270]) a. a. O. (oben S. 564); Brinz hat sich mit dem Sammelvermögen nur im Vorbeigehen ganz kurz beschäftigt.

[271]) Natürlich nicht im Sinn des Satzes: res nullius cedit occupanti. Denn das subjektlose Recht ist zweckgebunden.

[272]) Pandekten 3 [2] 508.

Gebern noch den Bedachten noch den Sammlern gehört, der unter der von den Sammlern aufgestellten und von den Gebern akzeptierten (?) Satzungsnorm steht, für den seine Verwalter erwerben, Schulden kontrahieren usw. können, an dessen voller Rechts- und Parteifähigkeit aber noch Zweifel obwalten, nimmt Bekker[273]) an. Dagegen betrachtet Isay[274]) ohne Einschränkung in eingehenden und zumeist beifallswerten Darlegungen den Sammelfonds als rechtsfähiges subjektloses Zweckvermögen[275]) (vulgo als juristische Person mit der vollen Rechtsstellung einer solchen). Jüngstens hat die Zweckvermögenstheorie in Schwarz[276]) einen tiefgründigen Verfechter gefunden. Nach diesem neuesten Schriftsteller über das Zweckvermögen ist alles Vermögen Zweckvermögen, jedes Recht ein Zweckrecht, mag es (im Sinn der herrschenden Terminologie) einer physischen oder juristischen Person zustehen.[277]) Das Sammelvermögen gehört dem Sammlungs-

---

[273]) a. a. O. (oben S. 564). Den Zweifel an der Parteifähigkeit glaubt Bekker nur dadurch beschwichtigen zu können, daß er ihr Vorhandensein abhängig macht von der Erfüllung der Stiftungsförmlichkeiten. Das bedeutet aber die Schutzlosigkeit sowohl des Sammelvermögens als seiner Gläubiger. In der 1889 geschaffenen unvollkommenen Gestalt würde wohl Bekker die Zweckvermögenstheorie kaum mehr aufrechterhalten.

[274]) a. a. O. (oben S. 565).

[275]) Ich habe mich schon früher gelegentlich (a. a. O., oben S. 567) als Anhänger dieser Auffassung bekannt. (Was ich a. a. O. über die Zeichnung bemerkt habe, nehme ich zurück; s. oben S. 581). — Nach Biermann 510 liegen zwei Auffassungen am nächsten: die der Sammler als fiduziarischer Eigentümer oder die des Sammelvermögens als eines niemandem gehörigen, durch den Zweck zusammengehaltenen und geschützten Vermögens, ähnlich der einem nasciturus angefallenen Erbschaft oder der hereditas iacens des römischen Rechts. Dagegen sei das Sammelvermögen weder eine Stiftung noch auch — was ich mit dem Zugeständnis eines selbständigen subjektlosen Zweckvermögens nicht in Einklang bringen kann — eine besondere, der selbständigen Stiftung ähnliche juristische Person. — Eine der Theorie vom Zweckvermögen zum mindesten nahe kommende Konstruktion enthält die Lehre Baums von dem schwebenden Eigentum, das zwischen Hergabe seitens des Spenders und Hingabe an den Bedachten niemandem zusteht; wenn Baum hinzufügt, durch die Tradition an die Bedachten entscheide sich, daß die Bedachten von dem Moment an Eigentümer waren, wo die Stücke von den Spendern hergegeben wurden — so bedeutet diese Fiktion eine überflüssige Verschnörkelung.

[276]) a. a. O. (oben S. 567).

[277]) Auf die Prüfung dieser Hauptthese braucht hier umsoweniger eingegangen zu werden, als die versuchte Ausdehnung des Zweckvermögensbegriffs sich auf ein ganz anderes Gebiet erstreckt als das des Sammelvermögens.

zweck, es ist im vulgären Sinne eine der Stiftung verwandte juristische Person.

2. Nur eine leichte Abwandlung der Zweckvermögenstheorie bringt Dernburg[278]) mit seiner Unternehmenstheorie. Die eingezahlten Beiträge gehören dem Sammelunternehmen. Sie gehen aus dem Eigentum der Beisteuernden heraus und werden gleichwohl nicht Eigentum der Sammler, so daß diese sie ungestraft unterschlagen dürften. Sie sind noch viel weniger herrenlos und damit gegen jeden Zugriff vogelfrei. All das ergibt sich aus § 1914 BGB. In weiterer Ausführung der dem § 1914 zugrunde liegenden Gedanken ist zu folgern, daß das Unternehmen als das Rechtssubjekt anzusehen ist. Für das Rechtssubjekt schließen die Sammler Verträge, durch welche sie das Unternehmen, nicht aber sich persönlich verpflichten. Sie können auch für dasselbe klagen und verklagt werden. Demgemäß sind solche Sammelvermögen den Stiftungen analog zu behandeln. Einer staatlichen Genehmigung jedoch bedürfen sie nicht.[279])

3. Sogar die Theorie vom öffentlichrechtlichen Amtsvermögen (oben § 8) darf und muß[280]) in diesem Zusammenhang dann erwähnt werden, wenn sie die Verbindung mit dem Privatrecht wiederherstellt durch die Grundfiktion, daß das Sammelvermögen, obwohl es öffentliches Amtsvermögen ist, doch in vermögensrechtlicher Hinsicht durchweg so behandelt wird,[281]) als ob seine Rechte und Verbindlichkeiten solche des Privatrechts wären. Binder[282]) ist geneigt, obwohl er im übrigen Hölders Auffassung vom Sammelvermögen in den Hauptpunkten teilt, an dem Sammelvermögen diese Rückbildung zum Privatrecht hin vorzunehmen. Zwar erklärt er die Frage, ob die von Hölder verneinte juristische Persönlichkeit vielmehr zu bejahen sei, für eine bloße Denominativfrage von der untergeordnetsten Bedeutung und ist er sich also der Tragweite seiner Subsumtion des Sammelvermögens unter den Begriff der juristischen Person nicht voll bewußt. Unsere früheren Ausführungen[283]) dürften aber wenn nichts anderes,

---

[278]) a. a. O. (oben S. 564).

[279]) Dernburgs Theorie hat ein Urteil des Senats des Wiener Landesgerichts akzeptiert, siehe Bartsch, Gutachten 162, 170.

[280]) Oben S. 616.

[281]) Vgl. über die Wendung Schwarz, ArchBürgR. 35 66.

[282]) a. a. O. (oben S. 564).

[283]) Oben S. 614—619.

so doch soviel gezeigt haben, daß weit mehr als eine „Denominativfrage"[284]) auf dem Spiele steht, nämlich eine Frage von großer theoretischer und nicht geringer praktischer[285]) Bedeutung. — Subsumiert man also das Sammelvermögen unter die Kategorie der juristischen Person,[286]) so legt man ihm fiktive juristische Persönlichkeit des Privatrechts bei, was vollständig genügt für unsere Zwecke, d. h. zur Vermeidung von Hölders unpraktischer Konsequenz der persönlichen Haftung der Sammler und zur Ausschließung der nicht als Konsequenz, aber immerhin als mögliche Nebenerscheinung mit Hölders Theorie verbundenen Beschränkung der Sammelvermögens-Rechtsfähigkeit auf mobiliare Rechte.

4. Im Gedankenkreise der juristischen Person bewegt sich auch die eigentümliche Erfassung des Sammelvermögens bei Kohler.[287]) Jedes subjektive Recht verlangt ein Subjekt. Also gibt es keine subjektlosen Rechte. Wo dies scheinbar[288]) der Fall ist, verlangt die Rechtskonkonstruktion[289]) die Annahme eines Rechtssubjektes, so im Fall des Sammlungskomitees. In diesem Falle (und in einigen anderen Fällen) kennt nämlich das BGB. eine stillschweigende oder, richtiger gesagt, konstruktive juristische Person, d. h. eine solche, die nicht besonders begründet wird, sondern von selber durch die Entwicklung der Verhältnisse[290]) entsteht, und zwar darum, weil die Ausführung der Ge-

---

[284]) Wie sollte auch ein sonst so scharfer und konsequenter Denker wie Hölder dazu kommen, auf eine bloße Wortfrage soviel Mühe und Worte zu verschwenden?

[285]) Daß Binder 142 nicht Recht haben kann mit seiner Behauptung, das Problem des Sammelvermögens sei weniger ein positivrechtliches als vielmehr ein begriffliches Problem, zeigt einerseits die Verschiedenheit der praktischen (oder unpraktischen) Ergebnisse, zu denen die einzelnen Theorien gelangen, andererseits die Tatsache, daß jedes positive Recht, wie es die Auswahl unter den Theorien hat, so auch notwendig eine bestimmte Wahl treffen muß, falls es nicht vorzieht, überhaupt eine Gesetzeslücke offen zu lassen.

[286]) Mit Binder 144 unten, der solche Subsumtion wenigstens für möglich erklärt.

[287]) a. a. O. (oben S. 566).

[288]) Bloß scheinbar?

[289]) Als ob dadurch an der subjektiv unbequemen Wirklichkeit der Dinge das geringste geändert würde.

[290]) Soll wohl einfach heißen: wenn der Tatbestand der Entstehung des Sammelunternehmens verwirklicht ist. Denn die Rechtsfolge ergibt sich nie von selber, sondern immer aus der Rechtsordnung. In der Literatur ist Kohlers Äußerung mißverstanden worden.

danken der Rechtsordnung nur durch Vermittlung einer juristischen Person erfolgen kann, so daß die juristische Person ein notwendiges Hülfsmittel ist zur Erreichung rechtlicher Ziele. Organ der juristischen Person ist das Sammlungskomitee oder der an seiner Stelle ernannte Pfleger. Auch hier handelt es sich um einen nasciturus,[291]) denn das Vermögen[292]) soll, sobald es zusammengebracht ist, das Vermögen einer bestimmten dritten, leiblichen oder juristischen, Person werden.

5. Für eine juristische Person[293]) erklärt das Sammelvermögen endlich noch Leonhard,[294]) aber für eine verkannte.[295]) Einige vom BGB. geordnete Rechtsverhältnisse werden den juristischen Personen nicht beigezählt, obwohl sie die Begriffsmerkmale dieser Gebilde an sich tragen. Auch das mit einer Zweckverwaltung ausgestattete sog. Sammelvermögen (§ 1914) trägt die Merkmale der juristischen Person an sich. Die logische Beziehung jener Rechtsverhältnisse zu dem Begriffe der juristischen Person vermag kein Gesetzgeber abzuändern. Allein obwohl ihre Ausschließung von den juristischen Personen auf einer Ansicht beruhte, nicht auf einer Absicht, so steht doch fest, daß die Verfasser des Textes eine Zurechnung der genannten Verhältnisse zu den Stiftungen, die übrigens auch höchst zweckwidrig sein würde, nicht billigten. Da nun allgemeine Vorschriften für alle Arten juristischer Personen nicht bestehen, so ist die Frage, ob man jene Erscheinungen den juristischen Per-

---

[291]) Dieser Satz wird mit Recht beanstandet (Oertmann, Allg. Teil 209). Einen nasciturus im buchstäblichen Sinne kann Kohler natürlich trotz seiner Ausdrucksweise nicht gemeint haben; daß der nasciturus im figürlichen Sinne sich zu einem mehr als bloß hinkenden Vergleiche hergeben muß, zeigt die feine Bemerkung von Brinz, Pandekten 3^2, 477 über den Gegensatz von custodiendum und impendendum. Vgl. nächste Anm.

[292]) Aber das Vermögen (d. h. das ganze Vermögen) nur in gewissen Fällen, niemals ipso iure (anders beim nasciturus) und niemals uno actu.

[293]) Das ist nach Leonhard 103 eine durch Rechtssatz anerkannte Verwaltung eines fremden Vermögens, das nicht der Willkür eines einzelnen Menschen oder seines Vertreters, sondern einem bestimmten Zwecke dienstbar sein soll (?). Die juristischen Personen können als fingierte Menschen gedacht werden, weil ihr Zweckvermögen im Zweifel ebenso behandelt werden soll wie ein Menschenvermögen; doch ist diese unklare und entbehrliche Fiktion besser zu vermeiden (Leonhard 104).

[294]) a. a. O. (oben S. 566).

[295]) Verkannt von den Gesetzesverfassern, aber, nachdem sie als solche erkannt ist, nicht vom Gesetz. Richtiger wäre es, von solchen juristischen Personen zu reden, die im BGB. nicht so genannt sind.

sonen zuzählen soll,[296]) ohne praktische Bedeutung (?). Auf alle Fälle ist jede von ihnen nach ihrem besondern Rechte zu behandeln.[297]) [298]).

Den ohne Umständlichkeit nicht zu führenden Nachweis, daß diese fünf Theorien sich nur in der Anschauungsweise unterscheiden und nicht in den angeschauten Rechtssätzen oder Rechtserscheinungen, wird der Leser dem Gutachter vermutlich gerne erlassen.

II. Die Theorie vom Sammelvermögen als juristischer Person entspricht allen Anforderungen, die[299]) vom praktischen Standpunkt aus berechtigterweise überhaupt erhoben werden können, und sie kommt technisch[300]) nicht in Disharmonie mit § 1914 BGB.

Ein allgemeines Recht für alle juristischen Personen des Privatrechts stellt das BGB. nicht auf. Die Lücken des Gesetzes sind durch Analogie auszufüllen, für die hereditas iacens usw.[300a]) und nicht minder für das Sammelvermögen (das selbstverständlich keine Stiftung ist). Die Analogie hat ihre Grenze da, wo sie auf Sondersätze stößt, die für das im allgemeinen analoger Behandlung zu unterwerfende Rechtsgebilde gelten. Ein solcher Sondersatz ist z. B. der fast zweifellose und nur von den

[296]) Das ist aber nach dem bisherigen für Leonhard gar keine offene Frage mehr.

[297]) Und wie ist es zu halten, wenn und soweit es im BGB. und im Verwaltungsrecht an besonderen Sätzen über das Sammelvermögen fehlt?

[298]) Merkwürdigerweise hat sich die Theorie vom Anstaltsorganismus noch nicht des Sammelvermögens bemächtigt. Und doch wäre es ein leichtes, ihre Vorstellungsform, so wie sie sich etwa bei den Stiftungen ausgebildet hat (Gierke, DPR. 1 474, 645 ff.), auf das SV. entsprechend zu übertragen, m. a. W. auch im Sammelvermögen einen selbständigen, belebten, willensfähigen, gesellschaftlichen, als Verbandsperson anerkannten Organismus zu erblicken. Daß der Organismus kurzlebig ist, würde nichts schaden; denn auch die Eintagsfliege ist eine Fliege.

[299]) Oben § 2 (S. 572—579); vgl. Bartsch, Gutachten 215 f. und dazu die kritischen Bemerkungen in den folgenden Noten 310, 339.

[300]) Daraus ergibt sich eine nähere Bestimmung des Begriffs des Sammelvermögens. Nur dann liegt ein Sammelvermögen vor, wenn ein rechtsfähiges Sammelunternehmen für seinen Zweck sammelt. Sammeln dagegen fremdnützige Vereine oder Stiftungen für ihre eigenen altruistischen Zwecke, so liegt Sammelvermögen im technischen Sinn nicht vor; § 1914 BGB. erfaßt auch nicht etwa den Teil des Vereins- oder Stiftungsvermögens, der aus Sammlungen herrührt.

[300a]) Vgl. unten Anm. 357.

wenigsten[301]) bezweifelte Rechtssatz, daß das Spendungsgeschäft keiner Form, weder der Stiftungs- noch der Schenkungsform, und keiner Staatsgenehmigung bedarf.[302]) Dieser Rechtssatz folgt m. E. aus § 1914.[303]) Wer ihn daraus nicht folgern mag, könnte und müßte auf ein Reichsgewohnheitsrecht (das Teil eines allgemeinen Weltgewohnheitsrechts sein dürfte) rekurrieren; er könnte sich auf die einhellige Übung aller Rechtsgenossen und zum Teil auf die Praxis der Gerichte[304]) berufen, die natürlich niemals daran einen Anstoß nahmen, daß das vor ihr Forum gebrachte Sammelvermögen nicht in Stiftungsform zusammengebracht und nicht vom Staat genehmigt war.

Ihre Basis sucht und findet die Analogie, welche fehlende Rechtssätze für das Sammelvermögen gewinnen will, im Recht der Stiftung. Dies ist richtig schon von Dernburg[305]) erkannt worden. Doch ist die Analogie mit äußerster Vorsicht zu handhaben.[306])

Die Annahme der juristischen Persönlichkeit entspricht, wie gesagt, allen praktischen Postulaten.

1. Das Sammelunternehmen als rechtsfähiges Gebilde hat ein vollkommen selbständiges Vermögen.[307]) Es ist erwerbsfähig,[308]) grundbuchfähig,[309]) aktiv parteifähig.[310]) Vgl. § 1914 BGB. Das Sammel-

---

[301]) Schultze 42 hält das Beitragsversprechen für ein Schenkungsversprechen und verlangt demgemäß für seine Giltigkeit gerichtliche oder notarielle Beurkundung.

[302]) Vgl. oben S. 581.

[303]) Vgl. oben S. 580.

[304]) Oben S. 568.

[305]) Oben S. 622.

[306]) So würde ich z. B. annehmen, daß sich die Vorschriften über die Beschränkungen des Vermögenserwerbs juristischer Personen (EG. BGB. Art. 86 usw.) nur auf diejenigen „juristischen Personen" beschränkt, welche das BGB. als solche bezeichnet. Die ratio jener Vorschriften entfällt beim Sammelvermögen. So schon Kohler, Lehrbuch 1 356 f.; vgl. Bartsch, Gutachten 198. — Die Übertragbarkeit von § 86 mit § 31 ist zweifelhaft, aber wohl zu bejahen.

[307]) Was keines besonderen Nachweises bedarf.

[308]) Oben S. 572 Ziff. I 1.

[309]) [310]) Oben S. 573 Ziff. I 2a; Bartsch a. a. O., 215 Ziff. II 1. Die Form, in der Bartsch das Postulat der Grundbuchfähigkeit und der aktiven Parteifähigkeit aufstellt, würde zu dem Ergebnis führen, daß die gedachten Fähigkeiten einem Teil der nicht rechtsfähigen Vereine und der Gesellschaften zukäme, dem anderen Teile nicht. Sie käme zu demjenigen Teil, der sich mit „Unternehmen zu uneigennützigen Zwecken unter

vermögen ist sowohl für die Unternehmer als auch für die Spender fremdes Vermögen; die Aneignung von Sammelsachen ist beim Sammler Unterschlagung, beim Spender Diebstahl; der Sammler wird (gleichgültig ob als „Kurator" oder „Güterpfleger" oder „Massenverwalter") wegen Untreue bestraft, wenn er absichtlich zum Nachteil der seiner Aufsicht anvertrauten „Person oder Sache" handelt.[311])

2. Die Haftungsfrage und die passive Parteifähigkeit[312]) regeln sich ganz von selbst auf befriedigende Weise. Was speziell die Haftung angeht, so ergibt sich aus dem Begriff der juristischen Person des bürgerlichen Rechts, und gemäß der Analogie von BGB. § 21 ff., 80 ff. oder vielmehr direkt aus § 1914/15 mit § 1793 BGB.:

a) daß das Sammelvermögen eigene Schulden haben kann,

b) daß für die Schulden des SV. nur dieses haftet, also weder der Sammler persönlich noch der Spender persönlich,[313])

c) daß das Sammelvermögen nur für seine eigenen Schulden haftet, also weder für die Schulden des Sammlers noch für die Schulden des Spenders.[314])

3. Das Sammelvermögen besitzt juristische Entwicklungsfähigkeit. Es ist surrogationsfähig; seine Nutzungen fließen ihm selbst zu.[315]) Vgl. § 1914 BGB.

4. Das Sammelvermögen steht, analog der Stiftung, unter grundsätzlich unwandelbarer Zwecksatzung.[316]) Dem Aufruf kommt beim Sammelvermögen dieselbe Bedeutung zu wie der sog. Satzung bei der Stiftung. Ausnahmsweise greift ein Zweckänderungsrecht ein,[317]) arg. § 87 BGB.

---

einem ausschließlich vom Zweck des Unternehmens hergenommenen Namen" (dazu Bartsch, a. a. O., 193 bis 204) befaßt. Zu einer so einschneidenden Reform unseres Privatrechts liegt kein Anlaß vor, am wenigsten im Hinblick darauf, dem Sammelvermögen eine angemessene Rechtsstellung zu geben. Denn diese hat es bereits.

311) Oben S. 573, Ziff. I 2 b; Bartsch 216, Ziff. II 2 b.

312) Oben S. 573, Ziff. II 1; Bartsch 215, Ziff. II 1.

313) Oben S. 573, Ziff. II 2 a; Bartsch 216, Ziff. II 2 b. Natürlich steht nichts im Wege, daß der Sammler die persönliche Haftung auf irgend eine Weise (als Bürge, Gesamtschuldner, indirekter Vertreter) übernimmt; vgl. Bartsch, a. a. O.

314) Oben S. 574, Ziff. II 3; Bartsch 216, Ziff. II 2 a.

315) Oben S. 574, Ziff. III; Bartsch 201.

316) Oben S. 574, Ziff. IV 1.

317) Oben S. 574 f., Ziff. IV 2.

Subjekt des Zweckänderungsrechts ist nach dem Rechte der Stiftung regelmäßig[318]) der Staat. Das Zweckänderungsrecht des Staates hat seinen Grund darin, daß eine so folgenschwere Maßregel wie die Zweckänderung, die meist auf unabsehbare Zeit hinaus das Stiftungsvermögen für den neuen Zweck festlegt, unmöglich dem Belieben oder auch nur dem (kontrollierten) Ermessen des Stiftungsvorstands überlassen bleiben kann. Die Zweckänderung weist eine gewisse Verwandtschaft mit der (Aufhebung und) Neubegründung einer Stiftung auf. Das Zweckänderungsrecht des Staates hängt also mit seinem Recht der Genehmigung des Stiftungsgeschäfts zusammen.[319]) Da das Sammelunternehmen der Staatsgenehmigung nicht bedarf, so braucht auch der Staat nicht Träger des Zweckänderungsrechtes zu sein. Daher kann das weit weniger einschneidende Recht und die Pflicht, den Überschuß oder das anderswie zweckfrei gewordene Sammelvermögen einem verwandten Zwecke zuzuführen, dem Unternehmen selbst, d. h. dem an seiner Spitze stehenden Sammler überlassen bleiben.[320]) Auch in praxi wird anscheinend ausnahmslos nach diesem Grundsatz verfahren.[321]) Wer will, mag die Befugnis des Sammlers auf eine „stillschweigende" Bestimmung der Sammelsatzung, d. h. des Aufrufs zurückführen. — Nur ausnahmsweise wird der Aufruf in dem Sinne zu interpretieren sein, daß zweckverwaistes Sammelgut an die Spender zurückgelangen soll.[322])

5. Die Verwalterrechte[323]) ergeben sich teils aus dem Wesen der juristischen Person, teils durch Interpretation (§ 133, 157 BGB.) des Aufrufs, teils aus § 1914 BGB. Daß Sammler und Pfleger dieselben Befugnisse haben, folgt aus dem Zweck des § 1914 BGB., der in der Person des Pflegers einen Ersatz für den weggefallenen Sammler schaffen will.[324])

---

[318]) Ausnahmsweise kann kraft der Stiftungsverfassung das Recht einer anderen Behörde (so in Württemberg der Kirche, vgl. Staudinger 1^5, 287) oder Privaten zukommen.

[319]) Daher lehren die Kommentare zu § 87, daß, wenn die Stiftung von dem Bundesrat genehmigt ist (§ 80 Satz 2), der Bundesrat zuständig sei.

[320]) Vgl. oben S. 574, Ziff. IV 2.

[321]) Vgl. oben Anm. 23.

[322]) Vgl. Fischbach 106 f., 132 f.; Bartsch, Uneigennützigkeit 60 f.

[323]) Oben S. 575, Ziff. V.

[324]) Warum dem Pfleger, wie mehrfach in der Literatur behauptet wird, nur die Rolle eines Liquidators zufallen, er also zur Fortsetzung einer begonnenen, vielleicht nahe vor ihrem Abschluß stehenden Sammlung nicht befugt (und verpflichtet) sein soll, sehe ich nicht ein. Auch nach dem Wortlaut des § 1914 ist die Aufgabe des Pflegers genau dieselbe wie die des (weggefallenen) Sammlers, nämlich „Verwaltung und Verwendung des Vermögens".

Der Verwalter vertritt das Sammelvermögen, vulgo die juristische Person[325]) ganz im technischen Einklang mit BGB. § 1914/15 iunct. 1793. Das Komitee ist natürlich nicht, wie oft behauptet wird, eine Gesellschaft oder ein nichtrechtsfähiger Verein, sondern ein Kollegium. Was oben[326]) über die Kooptationsbefugnis und dergleichen gesagt wurde, dürfte sich aus einer auf die Verkehrssitte gestützten Auslegung des Aufrufs unschwer ergeben.

Bei Wegfall des Sammlers[327]) ist zur Beschaffung einer Ersatzperson nicht die Spenderschaft befugt,[328]) sondern in erster Linie[329]) die Verwaltungsbehörde, in zweiter das Gericht. Beschafft die Verwaltungsbehörde eine Ersatzperson, so sind „die zur Verwaltung und Verwendung berufenen Personen" nicht im Sinne des § 1914 BGB. weggefallen. Erst wenn es der Aufsichtsbehörde, der nach den partikulären verwaltungsrechtlichen Normen ein Aushebungsrecht kaum jemals zustehen wird, nicht gelungen ist, jemanden zur freiwilligen Übernahme des Sammleramtes zu bewegen, tritt das Aushebungsrecht[330]) des Vormundschaftsgerichts in kraft. Das Zwangsrecht des Vormundschaftsgerichts gegenüber allen Deutschen zugunsten der Sammelvermögen ist so exorbitant,[331]) daß man seine Anwendung nur im äußersten Notfalle zulassen kann; dies ist der gesunde Gedanke in dem im übrigen zu verwerfenden[332]) Recht der Spender zu einer Neuwahl. Wenn es zur Ausübung der gerichtlichen Notersetzungsgewalt kommt,[333]) so erlischt wohl definitiv das Recht der Verwaltungsinstanz zur Ersetzung; ließe man es fortbestehen, so stellten sich die oben geschilderten Unzuträglichkeiten ein. Immerhin wäre eine Konkurrenz zweier Behörden eher

---

[325]) Wenn Hellwig, Lehrbuch I 294, 2 371, Anm. 13 in dem Vertreter einer Vermögensmasse keinen Personenvertreter sehen will, so habe ich am wenigsten etwas einzuwenden; ob man das Zweckvermögen eine juristische Person nennt oder nicht nennt, ist eine rein theoretische Frage. Vgl. oben Anm. 46 a.

[326]) S. 575, Ziff. V 2.

[327]) Oben S. 575, Ziff. V 3.

[328]) Sowenig wie beim Wegfall des Stiftungsvorstandes der Stifter oder seine Erben.

[329]) Nach Analogie des Stiftungsrechts.

[330]) BGB. § 1914/15 mit § 1785.

[331]) Das Privileg des § 1914 gilt nicht einmal für Stiftungen.

[332]) Zufallsmajorität! Vgl. oben S. 598 (Anm. 128), 599 f.

[333]) Durch Anordnung (§ 1774) der Pflegschaft.

erträglich als die oben[334]) verworfene Konkurrenz von Behörde und Privaten.

6. Verwalterpflichten. Gleich dem privaten Stiftungsverwalter kommt dem Sammler das Recht zu, sein Amt niederzulegen.[335]) Gleich jedem Stiftungsverwalter ist der Sammler zu omnis diligentia verpflichtet; verletzt er seine Pflicht zu ordentlicher Wirtschaft (§ 1914/15 mit § 1833, § 276 Abs. 1 BGB.), so wird er der Masse ersatzpflichtig.[336]) Gleich jedem Stiftungsverwalter[337]) hat er[338]) Rechnung zu legen, so wie Treu und Glauben mit Rücksicht auf die Verkehrssitte (§ 157, 242 BGB.) es erfordern.[339])

7. Die Kontrolle der Pflichterfüllung.[340]) Hier ist die Möglichkeit, das Recht der Stiftung auf das lückenhafte Recht des Sammelvermögens im Wege der Analogie zu übertragen, in besonders hohem Maße willkommen. Mit dem Privatrecht allein läßt sich ein befriedigendes Recht des Sammelvermögens nicht aufbauen (oben § 4—7);

---

[334]) S. 600.

[335]) Oben S. 576, Ziff. VI 1.

[336]) Oben S. 576, Ziff. VI 2; Bartsch 216, Ziff. II 2c.

[337]) BGB. § 86 mit § 27, Abs. 3, § 666.

[338]) Vgl. auch BGB. § 1914/15 mit § 1840 f., 1890.

[339]) Oben S. 576, Ziff. VI 3; vgl. Bartsch 216, Ziff. II 3a. Warum die Rechenschaftsablegung immer gerade in der „Erstattung wahrheitsgetreuer öffentlicher Berichte über die Gebahrung der Unternehmer" bestehen soll, leuchtet nicht ein. Manche öffentliche Sammlung für bedürftige Einzelpersonen usw. bringt so wenig ein, daß der kleinen Masse die Kosten öffentlicher Berichterstattung nicht aufgebürdet werden dürfen. Andererseits genügt öffentliche Berichterstattung, die sich doch niemals auf die Verwaltungseinzelheiten einlassen kann, in keinem Falle; jeder Sammler hat über Einnahmen und Ausgaben Buch zu führen und die Belege aufzubewahren, damit er, wenn ein Verdacht sich zusammenballt, der Aufsichtsbehörde gegenüber (s. u.) sich rechtfertigen kann. — Nach Bartsch, a. a. O., erstreckt sich übrigens die Pflicht zu öffentlicher Berichterstattung auch auf uneigennützige Gesellschaften (rechtsunfähige Vereine) und auf private Sammelvermögen, wenn der Betrieb unter der Firma des uneigennützigen Unternehmens vor sich geht. Dieser Vorschlag schießt weit über das Ziel hinaus. Beispiel: An der Universität X. feiern in demselben Monat zwei berühmte Professoren derselben Spezialdisziplin ihren siebzigsten Geburtstag. Zur Ehrung beider wird in Gelehrtenkreisen gesammelt. Soll es nun an die große Glocke der Öffentlichkeit gehängt werden, wenn für den einen Kollegen viel weniger einginge als für den andern?

[340]) Oben S. 577—579, Ziff. VII.

mit dem öffentlichen Recht allein auch nicht (oben § 8). Die Lösung des Problems liegt in der Verbindung von Privatrecht und Verwaltungsrecht. Für Stiftungen hat nun das partikuläre Verwaltungsrecht aller Bundesstaaten das Aufsichtsrecht des Staates[341]) über die Stiftungsverwalter entwickelt.[342]) Was aber für die Dauerstiftung gilt, hat für die (in gewissen Fällen von ihr funktionell[343]) kaum zu unterscheidende) vorübergehende Quasi-Stiftung, d. h. für das Sammelvermögen ebenfalls zu gelten.[344]) Wenn irgendwo, so ist hier die eadem ratio gegeben. In welchem Geiste das fast völlig diskretionäre

---

[341]) Daneben oder anstatt dessen (Lippe AG. BGB. § 8 Abs. 2; Mecklenburg AV. § 17, Abs. 1) auch ein Aufsichtsrecht der Kirche. Vgl. Friedberg, Kirchenrecht § 182.

[342]) Baden Stiftungsgesetz; Bayern AG. BGB. Art. 6, dazu Staudinger 1^5 268; Braunschweig AG. § 13 (Absetzungsrecht der Aufsichtsbehörde nach dem Vorbild von § 27, Abs. 2 BGB.); Hamburg AG. § 14 (Entlassung aus wichtigen Gründen (grobe Pflichtverletzung, Unfähigkeit zur ordnungsmäßigen Geschäftsführung) durch den Senat), § 15 (Pflicht der Aufsichtsbehörde zur Anzeige an den Senat); Lippe AG. § 8, 10 (Absetzungsrecht der Regierung wie nach BGB. § 27, Abs. 2); beide Mecklenburg AV. § 17, 19 (Entlassung aus wichtigem Grunde seitens der Aufsichtsbehörde); Preußen vgl. Förster-Eccius 4^6, 701, Staudinger 1^5, 268; Crusen-Müller 41 ff.; Reuß j. L. AG. § 10 Nr. 3, 4 (jederzeitige Absetzung durch die Aufsichtsbehörde); Sachsen AV. § 7; Sachsen-Meiningen AG. Art. 1 § 5, Abs. 3; Schwarzburg-Rud. AG. Art. 12; Schwarzburg-Sond. AG. Art. 5 § 3. Wo das Aufsichtsrecht nicht, wie in Hamburg und Mecklenburg, limitiert ist, entscheidet pflichtmäßiges Ermessen.

[343]) Gegensatz: genetisch; vgl. oben Ziff. 4. Die Sammlungsfreiheit (im Gegensatz zur Unfreiheit der Stiftungsgründung) erklärt sich aus der transitorischen Natur des Sammelvermögens; dagegen hat die Frage der Aufsicht mit der dauernden oder transitorischen Natur des Zweckvermögens nichts zu schaffen.

[344]) Dieses Ergebnis wird durch eine starke Strömung in der Literatur unterstützt; vgl. de lege ferenda Bartsch 213. Längst verflossen sind die Zeiten des Manchestertums, da Puchta (1868) sich bemühte, nur ja zwischen Sammelvermögen und Staatsgewalt eine möglichst tiefe Kluft zu legen. Andrerseits entbehrt, wie die Erfahrung lehrt, die Furcht vor der Bureaukratie des zureichenden Grundes; nicht zu viel (vgl. unten Anm. 347), sondern zu wenig (vgl. unten § 10 Ziff. II 2 b) haben sich die Regierungsorgane um die Sammelvermögen gekümmert. — Der Spendervertreter, den Endemann (oben S. 578) von der lex ferenda verlangt, ist bereits vorhanden in der Person des — Regierungspräsidenten.

Aufsichtsrecht des Staates[345]) ausgeübt werden sollte, davon ist bereits[346]) die Rede gewesen. Die Möglichkeit, den Sammler kraft des Aufsichtsrechts wegen Pflichtwidrigkeit oder Unfähigkeit zu entfernen, steht also seit langem dem Staate zu;[347]) und wenn der Versuch der Reichsregierung, ein limitiertes staatliches[348]) Entfernungsrecht durch Entwurf III BGB. § 1890 in das bürgerliche Reichsrecht hineinzubringen, an dem politischen Mißtrauen des Reichstags[349]) gescheitert ist, so ist der Schade nicht allzugroß: das ohne Bedenken analog übertragbare partikuläre Verwaltungsrecht gibt dem Staat ein vollkommen ausreichendes Aufsichtsrecht in die Hand.

8. Die Rechte der Bedachten bestimmen sich nach Analogie des Rechts der Stiftlinge. Danach besteht nur in den seltensten Fällen ein privatrechtlicher klagbarer Anspruch des Bedachten gegen das Sammelvermögen. Für die Regel hat es bei den einschlagenden Sätzen des Verwaltungsrechts sein Bewenden.

III. Da nach den Ausführungen unter II die Theorie von der juristischen Persönlichkeit des Sammelvermögens allen billigen Anforderungen an gesetzmäßige Haltung der Technik, sowie an Praktikabilität und gute Treue in vollem Maße Genüge leistet, da auf der anderen Seite die vier übrigen Haupttheorien in Hinsicht auf die praktische Vernunft und auf den technischen Einklang mit dem Gesetz mehr oder weniger versagen (oben § 4—8), da endlich das Gesetz nach einem nicht erschütterten Auslegungsgrundsatz immer das will, was im Rahmen seiner Vorschriften dem erstrebten praktischen und ethischen Gesetzeszweck am besten und sichersten dient,[350]) so kann das BGB. durch

[345]) Wegen der Ersetzung des vertrauensunwürdigen Sammlers durch ein öffentliches (?) Organ vgl. Bartsch 216, Ziff. II 3 b β; dazu oben S. 577 Ziff. VII 2.

[346]) Oben S. 577, 579, Ziff. VII 1, 2, 4.

[347]) Im Urteil des OLG. Nürnberg 1905 (oben S. 568) ist davon die Rede, daß einem Sammelunternehmen gegenüber das K. Bezirksamt als Aufsichtsbehörde tätig geworden ist. Also ein Zeugnis für praktische Existenz des hier gelehrten Aufsichtsrechts.

[348]) Es sollte dem unabhängigen Vormundschaftsgericht übertragen werden.

[349]) Weil die (in Wirklichkeit sehr gemäßigte) Fassung des Paragraphen der Willkür (?) Tür und Tor öffne und weil sie ihre Spitze gegen Vermögen richte, welche für sozialdemokratische Zwecke gesammelt worden seien; siehe RTKomm. Ber., IV. Sess. 1895/96, Nr. 440 b, S. 175.

[350]) Vgl. oben S. 583.

seinen § 1914 keine andere Auffassung des Sammelvermögens sanktioniert haben als die der juristischen Persönlichkeit (oder die des Zweckvermögens, der rechtsfähigen Vermögensmasse oder wie man formulieren will). Auf die vielumstrittene Frage nach dem Rechtsträger des Sammelvermögens[351]) gibt also das BGB. in der Tat eine Antwort, trotz der vorsichtigen, fast ängstlichen Haltung seiner Verfasser,[352]) die „der Frage nach der Natur des Rechtsverhältnisses, welches durch die Sammlungen seitens des Komitees begründet wird, durch die Aufnahme der Vorschrift (§ 1914 BGB.) nicht präjudizieren" wollten. Der Wille des Gesetzes ist nicht der Wille seiner Urheber.

IV. Die Theorie der juristischen Persönlichkeit des Sammelvermögens ist von den Vertretern aller Gegentheorien bekämpft worden, eine Zeitlang mit großer Siegesgewißheit,[353]) aber bisher noch nie mit tödlichen Waffen.[354])

In eine ausführliche Polemik gegen die vorgebrachten Einwendungen einzutreten[355]) ist hier nicht der Ort. Zum Teil stellen sie sich als bloße Mißverständnisse dar.[356]) Häufig bekommt man zu hören, die Zahl der privatrechtlichen juristischen Personen sei im BGB. eine geschlossene: Vereine, Stiftungen, Punktum; sieht man aber nicht auf das Wort, sondern auf die Sache, so finden sich im BGB. außer dem Sammelvermögen noch eine Reihe unbenannter juristischer Personen.[357]) Manche vermissen am Sammelvermögen die Organisation; als ob nicht manches

[351]) Oben S. 582.

[352]) Protokolle 6 314, vgl. oben Anm. 42.

[353]) Crome 1 270, Anm. 31 („schlechthin unverständlich"); Schultze 37 („ganz unhaltbar").

[354]) Manche unter den Gegnern können nicht umhin, ihre unglückliche Liebe zur juristischen Person dem Papier anzuvertrauen, daran verzweifelnd den Gegenstand ihrer Sehnsucht schon in geltendem Rechte anerkannt zu finden. So stehen de lege ferenda der juristischen Person sympathisch gegenüber Oertmann 209/10, Fischbach 71, Huber 47, Münch 17, Stork 21 usw.

[355]) Auch soweit sie es verdienen; was von den bodenlosen Behauptungen in manchen Dissertationen nicht gilt.

[356]) So alles, was vorgebracht wird gegen den Satz, daß das Sammelvermögen Stiftung sei, mit der Stiftung auf einer Linie stehe. Das hat nur Windscheid I § 60 Anm. 1 für das gemeine Recht behauptet, niemand aber für das BGB.

[357]) Hellwig, Lehrbuch 1 293 f., 2 378, Anspruch 45, Anm. 1; Seckel a. a. O.; Fr. Schulze a. a. O.

grandiose Sammelunternehmen, mit hunderten von Tochterkomitees und wohlgegliederter Arbeitsteilung an der Zentralstelle, beseelt von einer zündenden, im Aufruf niedergelegten Idee besser organisiert wäre als manche ärmliche Stiftung. Nach anderen ist das Sammelvermögen überorganisiert, da ihm (die Analogie aus) § 86 und 29 BGB. ein überschüssiges Organ verschaffe; es kann aber sehr wohl vorkommen, daß dem Sammelvermögen der Verwalter fehlt, ohne daß er bereits im Sinne des § 1914 weggefallen wäre,[358]) und auch wer dies nicht zugibt, hat zu beachten, daß in dringenden Fällen der Einzelrichter leichter mobil zu machen ist als das zum Teil kollegial gebildete Vormundschaftsgericht (EG. BGB. Art. 147, Abs. 1) und daß ein geeigneter Interimsverwalter leichter zu finden ist als ein Vollersatz für den Sammler. Ein Schriftsteller sieht ein „entscheidendes" Gegenargument wider die juristische Person in dem Umstande, daß es sich beim SV. nur um vorübergehende Zwecke handle, während die Dauer des Zwecks gerade ein Charakteristikum der juristischen Person bilde. Ein Charakteristikum wohl — aber kein Kriterium;[359]) das Erfordernis der Zweckdauer ist dem BGB. weder bei Vereinen noch bei Stiftungen bekannt, und bei Vereinen dauert nicht *der* Zweck (§ 33 BGB.), sondern *ein* Zweck. Endlich mag noch der Einwand zu Worte kommen, daß die Theorie der juristischen Person den Einfluß der Spender ungebührlich zurückdränge. Dies kann nicht zugegeben werden. Die Spender in ihrer aktionsunfähigen Gesamtheit oder in ihrer zufälligen Vereinigung zur Mitgliederversammlung verdienen keinen Einfluß;[360]) der einzelne Spender aber ist genug bedacht[361]) mit seinem freilich ziemlich unpraktischen Rückforderungsrecht[362]) und mit dem Recht, bei der Aufsichtsinstanz vorstellig zu werden.

§ 10.
Ergebnis.

I. Wäre die *Bestrittenheit* einer Rechtsmaterie schon *für sich* ein ausreichender Grund zum Eingreifen der Gesetzgebung,[363])

---

[358]) Oben S. 629.

[359]) *Isay* 443.

[360]) Vgl. oben S. 577.

[361]) Namentlich wenn man danebenhält, daß der Stifter als solcher und sein Erbe keinerlei Rechte zurückbehält, insbesondere nicht das Recht, in die Verwaltung und Verwendung dreinzureden.

[362]) Oben S. 628.

[363]) Auf diesem m. E. unrichtigen Satze fußt *Bartsch*, Gutachten 216, Ziff. III a. E.

so müßte jedes BGB. der Welt kurze Zeit nach seinem Erscheinen revidiert und die Revision bald wieder revidiert werden.[364]) Vergegenwärtigt man sich den Kontroversenreichtum unseres bürgerlichen Rechts, so wüßte man nicht, wo man mit Abänderungen des BGB. anfangen und wo man aufhören sollte. Ob man bei einer Auswahl unter den bestrittenen Materien gerade mit dem Sammelvermögen den Anfang zu machen hätte, darf billig bezweifelt werden, zumal der praktische Gesetzgebungskünstler beim Sammelvermögen damit rechnen muß, daß dieses Ding seine politischen Stacheln hat.[365])

II. Einer Festlegung des ius incertum könnte nur dann das Wort geredet werden, wenn die Rechtskunst, der seine Ausgestaltung obliegt, entweder wegen mangelnden Spielraums innerhalb der Pfähle der Gesetzesparagraphen oder wegen erwiesener eigener Impotenz ihrer schönen und notwendigen Aufgabe nicht gerecht werden könnte.

Keiner der beiden Hinderungsgründe liegt beim Sammelvermögen vor.

1. Wenn man[366]) behauptet, das geltende Recht stelle großenteils Rechtssätze auf, die einer vernunftgemäßen Ausgestaltung des Rechts (der uneigennützigen Unternehmungen und damit auch) des Sammelvermögens entgegenstehen, so dürfte die Unrichtigkeit dieser Behauptung[367]) durch den Hauptteil des vorliegenden Gutachtens (§ 5—9, insbesondere § 9) zur Genüge dargetan sein.

2. Ferner kann nicht eingewendet werden, daß Theorie oder Praxis ihrer Aufgabe gegenüber sich unfähig erwiesen hätte oder daß für die nächste Zukunft ein Versagen zu befürchten sei.

---

[364]) Ein Satz, der in dem Elementarlehrbuch der Gesetzgebungskunst sich finden müßte, wenn wir ein solches hätten.

[365]) Und daß, wo der politische Kampf hereinspielt, von unserem Gesetzgebungsapparat nicht gerade immer Kunstwerke produziert werden, z. B. Vereinsgesetz v. 19. IV 1908, § 1 Abs. 1: Alle Reichsangehörigen haben das Recht, zu Zwecken, die den Strafgesetzen nicht zuwiderlaufen, Vereine zu bilden, und § 2 Abs. 1: Ein Verein, dessen Zweck den Strafgesetzen zuwiderläuft, kann aufgelöst werden. Vgl. dazu die drastische Kritik des Altmeisters Bekker, Grundbegriffe des Rechts und Mißgriffe der Gesetzgebung (1910) 325, der den horrenden Inhalt dieser Bestimmungen soeben der Aufmerksamkeit nachdenklicher Politiker und Vaterlandsfreunde empfohlen hat.

[366]) Bartsch 216, Ziff. III.

[367]) Gerade auch im Hinblick auf sämtliche Grundsätze, in deren Sinn zu beschließen Bartsch 216 Ziff. II dem Juristentag empfiehlt.

a) Die Theorie stellt der Praxis der Zivilgerichte und der Verwaltungsbehörden ein vollkommen brauchbares Handwerkszeug zur Verfügung (oben § 9). An der Wissenschaft liegt es nicht, wenn die Rechtsanwendung den richtigen Weg nicht finden sollte. Durch die Buntscheckigkeit der Theorien darf sie sich in ihren Entscheidungen — die Urteilsgründe sind unschädlich — nicht beirren lassen.

b) Die Kräfte der Praxis sind bisher vom Rechtsleben nur wenig in Tätigkeit gesetzt worden.[368]) Die Kräfte der Verwaltungsbehörden vielleicht zu wenig; denn in den von Endemann[369]) berichteten Fällen wäre statt ohnmächtiger Resignation ein energisches Eingreifen der Staatsverwaltung am Platze gewesen. Im übrigen hört man von praktischen Mißständen im deutschen[370]) Sammelwesen nur wenig; unsere großen Sammlungen der letzten Jahre sind abgelaufen ohne Klagerufe, zu deren Sprachrohr sich das nicht zu unterschätzende Organ faktischer Kontrolle, die Presse, ohne Zweifel hergegeben hätte.

Die Gerichtspraxis hat sich ihrer Mission bei den wenigen ihr gegebenen Gelegenheiten gewachsen gezeigt. Was will man mehr verlangen, als daß das eine Gericht die Grundbuchfähigkeit des Sammelvermögens anerkannte,[371]) das andere den überspannten Ansprüchen der Bedachten, die aus Anlaß der Sammlung bei dem Grubenunglück auf der Zeche Radbod erhoben wurden, entgegentrat,[372]) ein drittes die persönliche

---

[368]) Oben S. 568.

[369]) Endemann 2 867, Anm. 46, 47.

[370]) Die Sorgen, die z. B. die Italiener haben mögen, sind nicht unsere Sorgen.

[371]) LG. Düsseldorf, oben S. 568. Das Landgericht sagt in seinem Beschlusse (unter Berufung auf Förster, Handbuch des formellen Grundbuchrechts 135) wörtlich, es müsse „angenommen werden, daß auch die durch öffentliche Sammlungen . . . zusammengebrachte Vermögensmasse, wenn sie durch eine dazu berufene Person oder einen Pfleger vertreten wird“ (also unter allen Umständen), „als Berechtigte im Grundbuch eingetragen werden kann“. Als Analogie zieht das LG. den § 1913 BGB. und die (subjektlosen!) Rechte noch nicht erzeugter Nacherben heran. Wenn das LG. demgegenüber erklärt, die Vermögensmasse des § 1914 sei keine juristische Person, so kann dies, neben ihrer Anerkennung als „eigentlich Berechtigter“, damit als rechtsfähigen Zweckvermögens, nur bedeuten, daß die Sammelmasse nicht unter die benannten (oben Anm. 295, 357) juristischen Personen falle. — Vgl. auch Prebari a. a. O.

[372]) LG. Dortmund, oben a. a. O.

Haftung des Sammlers für eine Schuld des Sammelvermögens ablehnte.[373])

Auch für die Zukunft könnte nur ein mutloser Pessimismus befürchten, daß die Strafgerichte einen Sammler, der Sammelgut unterschlägt, laufen lassen, weil er sich auf die Theorie vom fiduziarischen Sammlereigentum (oben § 5) beruft; daß einem Privatgläubiger des Sammlers, der dem Druck der öffentlichen Meinung trotzend es wagen würde, sich an das Sammelgut zu halten, die Zivilgerichte den Zugriff auf dieses Gut gestatten, oder daß sie dem Sammelvermögen, das des Gerichtsschutzes bedarf, das Klagerecht versagen;[374]) daß endlich die Verwaltungsbehörden zögern, gegen Skandalosa auf dem Gebiete des Sammelwesens bei der ersten sich bietenden Gelegenheit, gestützt von der maior et sanior pars civium, mit starker Hand einzugreifen.

III. Da unser Recht trotz der Wortkargheit des Gesetzes sich in einem nicht bloß erträglichen, sondern zufriedenstellenden Zustand befindet, und da es heute nicht die Aufgabe unserer Gesetzgebung sein kann, nur um der Ruhe willen den laut streitenden wissenschaftlichen Meinungen den Mund zu schließen und nur um der ästhetischen Abrundung willen den latenten Gesetzesinhalt in mehr oder weniger gelungene Paragraphen zu fassen, so schweige der Gesetzgeber. Der Spruch Superflua non nocent gilt für die Novellengesetzgebung nicht. Wir brauchen dem Ausland, das ohne jede Gesetzesbestimmung auskommt, nicht das Schauspiel zu bieten, wieder einmal ängstlicher und pedantischer zu sein als unsere Nachbarn. Das Lieblingskind der Doktoranden mag einstweilen ruhig das Stiefkind der Gesetzgebung bleiben.

So ergibt sich der Schluß:

Gesetzliche Vorschriften über die rechtliche Stellung des Sammelvermögens empfehlen sich nicht.

---

373) OLG. Karlsruhe.

374) Es wäre doch noch schöner, wenn das Komitee erst sein Amt niederlegen müßte, um dem Sammelvermögen auf dem Wege der Pflegschaftsanordnung das dem Pfleger namens des Sammelvermögens unbestritten zustehende Klagerecht zu verschaffen. Vgl. oben S. 600.

Bericht über die Rechtsentwicklung in Deutschland und Österreich in den letzten beiden Jahren.*)

Von Landrichter **O. Vormbaum** in Charlottenburg.

Der Bericht, welcher zum fünfzigjährigen Gedenktag des Deutschen Juristentages zu erstatten ist, muß das Fortschreiten des letzten halben Jahrhunderts zu einheitlichem Deutschem Recht freudig begrüßen. In diesem Zeitraum ist ein gemeinsames öffentliches und Privatrecht entstanden. Nicht ohne Kampf, nicht ohne schwere Arbeit. Nachdem das Deutsche Reich politisch gegründet war, mußte sein Recht geeint und das geeinte weiter entwickelt werden. Das Bürgerliche Gesetzbuch schloß einstweilen die lange Reihe der Gesetze, welche Nord und Süd unter denselben Rechtsvorschriften zusammengefaßt haben. Aber die Rechtsgeschichte der letzten zehn Jahre zeigt, daß das Deutsche Recht nicht stehen bleiben konnte. Unaufhaltsam drängt das Wirtschaftsleben; es zwingt dazu, die Rechtsformen, welche es umfassen, wieder neu zu gestalten, soll das Recht nicht verrosten und dem Rechtsgelehrten erschweren oder unmöglich machen, es anzuwenden. Reichs- und Landesrecht sind auch während der letzten zwei Jahre nicht unverändert geblieben. Die im vorigen Bericht erwähnte Reform des Strafrechtes und Strafprozesses ist noch nicht zu Ende geführt. Jedoch ist der Entwurf des Strafprozesses in der Kommission des Reichstages; der Entwurf des Strafgesetzbuchs liegt vor und wird eifrig besprochen; dem Parlament ist er noch nicht unterbreitet. Der Zivilprozeß ist soeben durch die Novellen über die Zuständigkeit des Reichsgerichts und das amtsgerichtliche Verfahren tief berührt worden. Man wird erst die Wirkung dieser Gesetze abwarten und ihn dann den veränderten Verhältnissen gemäß ganz umgestalten müssen.

---

*) Der Bericht umfaßt die Zeit bis zum 1. Mai 1910, doch sind die Reichsgesetzgebung und einzelnen Landesgesetzgebungen bis zum 1. Juni 1910 berücksichtigt.

Durch die der Landesgesetzgebung vorbehaltenen Gebiete geht ein Zug zu mehr Einheit. Die letzten zehn Jahre lassen dies deutlich hervortreten, wenn auch die zahlreichen Gesetze der Einzelstaaten oft die Übersicht über gemeinsame Grundzüge trüben. Trotz alles Reichtums an Gesetzen ist aber hier zu wünschen, daß die Quellen der Gesetzgebung einmal langsamer fließen.

I. Reichsgesetzgebung.

1. Das Privatrecht hat sich um mehrere wichtige Reichsgesetze vermehrt.

Die Bedeutung der Kraftfahrzeuge für den modernen Personen- und Güterverkehr hat das Gesetz über den Verkehr mit Kraftfahrzeugen vom 3. Mai 1909 ins Leben gerufen. Am 3. Februar 1910 ist eine Bekanntmachung des Bundesrates hierzu ergangen, worauf sich zahlreiche weitere Ausführungsvorschriften der einzelnen Bundesstaaten beziehen. Das Gesetz zerfällt in drei Teile, die Verkehrs- und die Strafvorschriften und die Haftpflicht. Fahrzeug und Führer müssen von der höheren Verwaltungsbehörde zum Verkehr zugelassen sein. Der Führer muß außerdem geprüft sein und einen Fahrschein besitzen, der für das ganze Reich gilt, aber ihm wieder dauernd oder auf bestimmte Zeit entzogen werden kann, wenn er sich als ungeeignet erweist. Die Strafvorschriften drohen sogar Gefängnis bis zu sechs Monaten dem Kraftfahrzeugführer an, wenn er die von ihm überfahrene Person hilflos zurückläßt. Das Gesetz bestraft auch die Zuwiderhandlungen gegen die Vorschriften über die Zulassung des Führers und des Fahrzeuges mit Gefängnis oder Geldstrafe bis zu fünfhundert Mark.

Sehr wichtig sind die Vorschriften des Gesetzes über die zivilrechtliche Haftpflicht des Fahrzeughalters und des Fahrzeugführers für Personen- und Sachschaden. Dieser ist nur im Falle des Verschuldens, jener schlechtweg haftbar. Die Ersatzpflicht wird ausgeschlossen durch unabwendbare Ereignisse — nicht aber Konstruktionsfehler am Fahrzeug — und eigenes Verschulden des Verletzten. Die Einzelheiten des Gesetzes entsprechen vielfach denjenigen des Bürgerlichen Gesetzbuchs über den Schadensersatz bei unerlaubten Handlungen. Eigenartig ist jedoch, daß die Haftsumme, außer im Falle des Verschuldens des Fahrzeughalters auf einen Kapitalbetrag von fünfzigtausend Mark oder eine jährliche Rente von dreitausend Mark bei Tötung und Verletzung einer Person, bei derjenigen mehrerer Personen auf die Beträge von einhundertundfünfzigtausend Mark und neuntausend Mark, im Falle der Sachbeschädigung auf zehntausend

Mark beschränkt ist. Der Schadensersatzberechtigte muß aber dem Verpflichteten den Unfall innerhalb einer Frist von zwei Monaten von dem Tage an, an welchem er von dem Schaden und der Person des Ersatzpflichtigen Kenntnis erhalten hat, anzeigen. Von demselben Zeitpunkt an verjähren die Ersatzansprüche in zwei Jahren, ohne Rücksicht auf die Kenntnis in dreißig Jahren.

Das Gesetz ist wegen seiner Normen über die Haftpflicht viel umstritten worden. Noch mehr gilt dies von dem Gesetze über die Sicherung der Bauforderungen vom 1. Juni 1909. Es entspricht den Wünschen des Baugewerbes, unlauteren Bauschwindel auszurotten und geht hierin so weit, daß es die Rechte, welche es gewährt, im allgemeinen für unverzichtbar erklärt. Die Gesetzgebung hat deshalb auch zunächst nur den ersten Teil, die allgemeinen Sicherungsmaßregeln in Kraft gesetzt, die Einführung des zweiten Teils jedoch landesherrlicher Verordnung für bestimmte Gemeinden vorbehalten. Diese sind noch nicht ergangen. Der erste Teil verlangt die Sicherungsmaßregeln für Neubauten. Baugeld muß von den Bauunternehmern bei Strafandrohung von Gefängnis oder Geldstrafe im Falle der Zahlungseinstellung oder des Konkurses dazu verwendet werden, um die Baugläubiger zu befriedigen. Ähnliche Strafen treffen den Baugewerbetreibenden, welcher sich für einen Neubau Baugeld gewähren läßt, aber das gesetzlich genau vorgeschriebene Baubuch nicht führt. Der Bauleiter eines Neubaus muß bei Meidung von Geldstrafe bis zu einhundertundfünfzig Mark oder Haft bis zu vier Wochen den Eigentümer oder etwaigen Unternehmer des Neubaus an leicht sichtbarer Stelle durch Anschlag kenntlich machen.

Der zweite Abschnitt des Gesetzes richtet sich gegen den Bauschwindel und will in der Hauptsache den Baugläubigern das Recht auf sichere Bau- und Baugeldhypotheken verschaffen. Auf Ersuchen der Baupolizeibehörde soll deshalb im Grundbuch ein Bauvermerk eingetragen werden. Die Einzelheiten dieses Teils sind sehr verwickelt und weniger interessant. Es sind durch das Gesetz sogenannte Bauschöffenämter eingerichtet worden, welche die Gemeinden durch Ortsstatut ins Leben rufen können.

Der Wechselprotest der Allgemeinen Deutschen Wechselordnung war zu schwerfällig und genügte modernen Anschauungen nicht mehr. Das Gesetz, betreffend die Erleichterung des Wechselprotestes vom 30. Mai 1908 erfüllte die Wünsche des Handelsstandes und führte den Postprotest ein. Der ältere Protest ist sehr vereinfacht und kann auch von einem Postbeamten, an Stelle eines Gerichtsbeamten oder Notars aufgenommen werden. Der Wechselschuldner darf an ihn zahlen und dieses Recht kann nicht ausgeschlossen werden. Die Novelle regelt auch im einzelnen Ort und Zeit der Protesterhebung. Aus ihrem sonstigen Inhalt sei erwähnt, daß von nun an ein Domizilwechsel bei dem Domizilierten zur Zahlung zu präsentieren und, wenn er nicht zahlt, dort zu protestieren ist. Desgleichen ein eigener Wechsel, der am Wohnorte des Ausstellers durch eine andere Person gezahlt werden soll, bei dieser. Um das Wechselrecht gegen den Akzeptanten eines gezogenen und gegen den Aussteller eines eigenen Wechsels zu erhalten, ist weder Präsentation am Zahlungstage, noch Protesterhebung notwendig (Artikel 43, 99).

Der Text der früheren Allgemeinen Wechselordnung, der durch diese Novelle und schon früher durch die Nürnberger Novellen und das Einführungsgesetz zum Handelsgesetzbuche vom 10. Mai 1897 umgestaltet ist, ist vom Reichskanzler am 3. Juni 1908 als Wechselordnung bekannt gegeben worden.

Im Anschluß hieran ist die Bekanntmachung des Reichskanzlers (Reichspostamtes) vom 5. August 1908 über die Erhebung von Wechsel- und Scheckprotesten durch Postbeamte und die Bekanntmachung des Bundesrates vom 9. Januar 1909 betreffend die Orte, welche im Sinne der Wechselordnung und des Scheckgesetzes für die Erhebung des Wechsel- und Scheckprotestes als benachbart anzusehen sind, ergangen.

Die Wechselprotestnovelle betrifft auch notwendig die Wechselstempelsteuer. Das frühere Wechselstempelsteuergesetz vom 10. Juni 1869 wird von ihr in den §§ 3 und 4 abgeändert. Erwähnt zu werden verdient daraus der Satz, daß die Postverwaltung nach allgemeinem bürgerlichen Recht dem Auftraggeber für die Ausführung des Protestauftrags bis zum Betrage des wechselmäßigen Regreßanspruches haftet. Der Anspruch verjährt in drei Jahren von dem Augenblick des Eingangs des Postauftrags an.

Es ist aus der Darstellung der deutschen Reichsfinanzreform hier vorweg zu erwähnen, daß sie auch ein Gesetz über die Änderung des Wechselstempelsteuergesetzes vom 4. März 1909 gebracht hat. Die Verjährung und die Stempelstrafen sind neu geordnet und die Bestimmungen des Gesetzes auch auf Verpflichtungsscheine und Anweisungen über Geldzahlungen ausgedehnt worden, sofern sie durch Indossament übertragbar sind, für diese auch, sofern sie auf Inhaber lauten oder an jeden Inhaber auf sie gezahlt werden kann.

Der Text des Gesetzes ist vom Reichskanzler am 10. März 1909 neu bekannt gegeben worden.

Das Gesetz vom 27. Mai 1896 gegen den unlauteren Wettbewerb hatte in der Praxis vielfach versagt. Es ist daher durch ein anderes vom 7. Juni 1909 ersetzt worden, welches durch wesentlich strengere Vorschriften dem reellen Geschäftsverkehr zu helfen sucht. Die Kriminalstrafe für wissentlich falsche Reklame, nämlich unwahre und zur Irreführung geeignete Angaben, geht jetzt bis zu einem Jahre Gefängnis und fünftausend Mark Geldstrafe. Besonders scharf getroffen werden auch die schwindelhaften Ausverkäufe und ihre Ankündigung, das Vor- oder Nachschieben von Waren auf ihnen, die Bestechung von Angestellten eines geschäftlichen Unternehmens zum Zwecke des unlauteren Wettbewerbs, die Kreditverleumdung und der Verrat von Geschäfts- und Betriebsgeheimnissen durch Angestellte und die Bestimmung dazu. Die Strafverfolgung tritt im allgemeinen nur auf Antrag ein. Der Verletzte kann neben der Kriminalstrafe eine Buße bis zu zehntausend Mark fordern. Diese schließt aber weitere zivilrechtliche Schadensersatzansprüche aus, die ihm sonst zustehen.

Den Schluß der Reichsgesetze, welche das Privatrecht ganz oder überwiegend zum Gegenstand haben, bildet die neue Eisenbahnverkehrsordnung vom 7. Dezember 1908. Sie hat nach einer Bekanntmachung des Bundesrats vom 23. Dezember 1908 die alte vom 26. Oktober 1899 zum 1. April 1909 ersetzt.

2. Die Gerichtsverfassung und das Verfahren in bürgerlichen Rechtsstreitigkeiten sind Gegenstand mehrerer sehr wichtiger Gesetze.

Kurz vor Abschluß dieses Berichts ist das Gesetz betreffend die Zuständigkeit des Reichsgerichts vom 22. Mai 1910 erschienen. Mit ihm hängt das Gesetz betreffend Änderungen der Rechtsanwaltsordnung von demselben Tage eng zusammen. Jenes soll das Reichsgericht entlasten, dessen Geschäfte seit dem Erlasse der letzten Novelle zur Zivilprozeßordnung vom 17. Mai 1898 wieder sehr gestiegen waren. Es enthält Änderungen und Zusätze zur Zivilprozeßordnung, den Gebührengesetzen und dem Gesetz über die freiwillige Gerichtsbarkeit. Ihr Kernpunkt ist, daß das Reichsgericht als Beschwerdegericht in bürgerlichen Rechtsstreitigkeiten und als Revisionsgericht über Arrestsachen und einstweilige Verfügungen, in denen das Oberlandesgericht ein Endurteil gefällt hat, überhaupt nicht mehr entscheidet. Die Revision hat im allgemeinen keine aufschiebende Wirkung mehr. Dem Reichsgericht ist ferner die Entscheidung über die Anträge auf Bestimmung des zuständigen Gerichts abgenommen und den Oberlandesgerichten übertragen worden. Das Gesetz erhöht ferner die Gebührensätze der Gerichts- und Anwaltskosten in der Berufungsinstanz um ein Viertel und drei Zehntel, in der Revisionsinstanz aber auf das Doppelte und die Hälfte.

Der Vorschlag der Reichsregierung, die Revision in Rechtsstreitigkeiten über vermögensrechtliche Ansprüche überhaupt auszuschließen, wenn das Berufungsgericht die der Rechtskraft fähige Entscheidung nicht abgeändert und die Berufung nicht als unzulässig verworfen hat, der Grundsatz der Difformität ist vom Reichstag nicht angenommen und dafür die Revisionssumme auf viertausend Mark erhöht worden.

Ein zweites Gesetz vom 22. Mai 1910 ändert nur drei Paragraphen der Rechtsanwaltsordnung, indem es die Errichtung einer zweiten Anwaltskammer für den Fall zuläßt, daß mehr als tausend Rechtsanwälte in einem Bezirke vorhanden sind, die Zahl der Mitglieder des Ehrengerichtshofes für Rechtsanwälte beim Reichsgericht auf fünfzehn erhöht und dafür einen zweiten Senat schafft, sodann die Verjährungsfrist für den Schadensersatzanspruch einer Partei aus dem zwischen ihr und dem Rechtsanwalte bestehenden Vertragsverhältnisse auf fünf Jahre herabsetzt.

Diese Gesetze treffen nicht eigentlich die allgemeinen Grundsätze des deutschen Zivilprozesses. Dagegen hat das wichtige Gesetz vom 1. Juni 1909 betreffend Änderungen des Gerichtsverfassungsgesetzes, der Zivilprozeßordnung, des Gerichtskostengesetzes und der Gebührenordnung für Rechtsanwälte eine Bresche hierin gelegt. Die Hauptpunkte sind folgende.

Das Gesetz erweitert zunächst die Zuständigkeit der Amtsgerichte und der Kammern für Handelssachen. Jene entscheiden von nun ab über vermögensrechtliche Streitigkeiten bis zu sechshundert Mark, diese auch als Berufungs- und Beschwerdegerichte in den bei den Amtsgerichten in erster Instanz verhandelten Handelssachen. Die Feriensachen sind vermehrt.

Im Mittelpunkt der Novelle steht die Reform des Verfahrens bei den Amtsgerichten. Der Parteibetrieb ist dafür in fast allen Punkten durch das Verfahren von Amtswegen ersetzt worden, um den Wunsch der Rechtsuchenden zu erfüllen, daß die kleineren Prozesse schneller verhandelt und entschieden würden. Das Gericht besorgt daher alle Zustellungen, ausgenommen diejenige des Urteils. Dieses kann jetzt ohne Tatbestand und Gründe ausgefertigt werden, wenn nicht die Partei etwas anderes beantragt. Die Parteien brauchen nicht mehr zur mündlichen Verhandlung zu laden. Dies besorgt das Gericht durch den Gerichtsschreiber. Dem Beklagten wird stets die Klageschrift zugestellt. Soll die Zustellung eine Frist wahren oder die Verjährung unterbrechen, so tritt diese Wirkung, sofern demnächst zugestellt wird, schon dann ein, wenn der Antrag eingereicht oder eingebracht wird. Das Gericht kann schon vor der mündlichen Verhandlung einzelne Anordnungen treffen, um den Sachverhalt aufzuklären, Beweise beschließen und amtliche Auskunft und Akten von anderen Behörden einziehen. Beschlossene Beweise sollen soweit als möglich sofort erhoben, Zeugen und Sachverständige, die zur Stelle sind oder, alsbald gestellt werden können, sofort vernommen werden. Versäumnisurteile aber stellt der Gerichtsschreiber zu. Die säumige Partei hat jetzt nur noch eine Frist von einer Woche seit der Zustellung für den Einspruch. Diese Neuerungen haben auch das Mahnverfahren sehr beeinflußt. Der Zahlungsbefehl wird jetzt vom Gericht zugestellt. Der Gerichtsschreiber verliest den Vollstreckungsbefehl und gegen diesen kann nur binnen einer Woche Einspruch erhoben werden. Für das Verfahren im allgemeinen schreibt die Novelle vor, daß die Anträge nicht mehr verlesen zu werden brauchen und die Rechtsanwälte sich auf Schriftsätze beziehen können. Insofern ist die Mündlichkeit des Verfahrens eingeschränkt worden. Urteile in Versäumnis- und Anerkenntnissachen können in abgekürzter Form auf die Urschrift oder Abschrift der Klage in den Akten oder auf ein Beiblatt gesetzt werden, die für die Zwangsvollstreckung notwendigen Ausfertigungen dieser Entscheidungen mit Hilfe beglaubigter Abschriften der Klageteile hergestellt werden. Der gerichtliche Voreid der Zeugen ist durch den Nacheid ersetzt worden. Sachverständige können jetzt auch, nach dem sie ihr Gutachten abgegeben haben, beeidigt werden. Die Art der Eidesabnahme ist vereinfacht.

Alle Einzelheiten der Novelle aufzuzählen würde zu weit führen. Erwähnt werden soll noch, daß die Einlegung des Einspruchs, der Berufung und der Revision und die Behandlung der Wiedereinsetzung in den vorigen Stand erleichtert sind.

Die Kostenfestsetzung ist den Richtern grundsätzlich abgenommen und den Gerichtsschreibern übertragen worden. Sie entscheiden selbstständig über die Kostenfestsetzungsgesuche, über die Einwendungen gegen ihre Entscheidung das Gericht binnen einer Notfrist von zwei Wochen.

Zahlreiche kleine Änderungen der Novelle, z. B. in der Zwangsvollstreckung, müssen hier übergangen werden. Sie paßt auch das deutsche Gerichtskostengesetz und die Gebührenordnung für Rechtsanwälte dem geänderten Verfahren an, erhöht die Schreibgebühren, führt Pauschsätze zur Deckung der baren Auslagen ein und gestattet den Landesjustizverwaltungen Kostenmarken einzuführen.

Bedeutungsvoll für den internationalen Rechtsverkehr ist das Haager Abkommen über den Zivilprozeß vom 17. Juli 1905. Es hat das frühere vom 14. November 1896 und das Zusatzprotokoll vom 22. Mai 1897 ersetzt und ist am 27. April 1909 laut Bekanntmachung des Reichskanzlers zunächst für fünf Jahre in Kraft getreten. Deutschland, Österreich-Ungarn, Belgien, Luxemburg, Dänemark, Spanien, Frankreich, Italien, Norwegen, die Niederlande, Portugal, Rumänien, Rußland, Schweden und die Schweiz haben es ratifiziert. Der Inhalt besteht in der Hauptsache aus Vereinbarungen über die Mitteilung gerichtlicher und außergerichtlicher Urkunden, besonders der Zustellungen von Schriftstücken in Zivil- und Handelssachen und Ersuchungsschreiben wegen Vornahme von Prozeß- oder anderer gerichtlicher Handlungen durch fremde Behörden. Sie erfolgen im allgemeinen gebührenfrei. Die Angehörigen der Vertragsstaaten sind als Kläger oder Intervenienten vor den Gerichten des anderen Staates von der Hinterlegung oder Sicherheitsleistung befreit. Die Angehörigen eines Vertragsstaates genießen in den anderen das Armenrecht, wenn sie sich nach deren Gesetzgebung richten. Die Personalhaft darf sowohl zur Zwangsvollstreckung wie als Sicherungsmaßregel gegen einen den Vertragsstaaten angehörenden Ausländer nur in Fällen angewendet werden, in denen sie auch gegen Landesangehörige angewendet wird.

Das Deutsche Reich hat die Tätigkeit der deutschen Behörden im sachlichen Bereich des Abkommens durch ein Ausführungsgesetz vom 5. April 1909 abgegrenzt und durch den Austausch gegenseitiger Erklärungen mit Schweden, Luxemburg, den Niederlanden und Norwegen den Rechtshilfeverkehr mit diesen Ländern noch mehr vereinfacht.

Zu nennen ist für das Prozeßrecht noch die Verordnung über die Gerichtsbarkeit der deutschen Konsuln in Ägypten vom 29. Juni 1908 an Stelle der Verordnungen vom 23. Dezember 1875 (§ 5) und vom 15. Februar 1897. Die Berufskonsuln und ihre Beamten, ihre und deren Familienangehörige, die deutschen oder unter deutschem Schutze stehenden Schulen, Kirchen und religiösen Anstalten sollen, wenn sie Handel oder Gewerbe betreiben, oder Liegenschaften besitzen, für alle Rechtsstreitigkeiten, welche sich darauf beziehen, den Landesgerichten unterworfen sein.

3. Strafrecht und Strafprozeß sind, so lange die Vorbereitungen für ihre Reform schweben, seit dem letzten Bericht unverändert geblieben. Es sind aber hier mehrere Gesetze zu erwähnen, die zwar keinen rein strafrechtlichen Charakter haben, aber doch wegen ihrer Strafbestimmungen Aufmerksamkeit verdienen.

Das Gesetz zur Abänderung des Gesetzes betreffend den Schutz von Vögeln vom 22. März 1888 und zur Einführung des Vogelschutzgesetzes in Helgoland vom 30. Mai 1908 erweitert den Schutz der einheimischen Vogelwelt durch strenges Verbot des Zerstörens, des Aushebens der Nester und des Fanges der in Europa lebenden Vogelarten, und bestraft sogar den An- und Verkauf, die Ein-, Aus- und Durchfuhr von lebenden und toten Vögeln dieser Art zu Handelszwecken. Das Gesetz ist als Vogelschutzgesetz durch Bekanntmachung des Reichskanzlers vom 3. Juni 1908 neu veröffentlicht worden.

Gegen die Weinfälscher richtet sich das Weingesetz vom 7. April 1909 mit den Ausführungsbestimmungen vom 9. Juli 1909. Die bisher gültigen Vorschriften des Nahrungsmittelgesetzes, des Gesetzes betreffend den unlauteren Wettbewerb und des Warenzeichengesetzes bleiben daneben aber bestehen. Das Weingesetz verbietet bei Gefängnisstrafe bis zu zwei Jahren und Geldstrafe bis zu 20000 Mark gegen vorsätzliches Handeln das Nachmachen von Wein, die gesetzwidrige Zuckerung und die unrichtige Angabe der geographischen Herkunft des Weines. Es gibt sehr sorgfältige Regeln über die Herstellung weinähnlicher Getränke, den Haustrunk, Traubenmost und Traubenmaische, die Bezeichnung von Schaumwein und Kognak, auf die hier nicht weiter eingegangen werden kann. Erwähnt mag aus dem Gesetz noch werden, daß eine besondere Buchführung für den Weinhandel und die Winzer eingeführt ist, um die Zuckerung des Weines zu beaufsichtigen, ferner daß Sachverständige im Hauptberuf angestellt werden sollen, um die Ausführung des Gesetzes in allen Teilen des Reiches zu überwachen. Sie haben weitgehende selbständige Kontrollbefugnisse über die Geschäfts- und Fabrikationsräume.

Mit diesem Gesetze ist zum 1. September 1909 das frühere betreffend den Verkehr mit Wein, weinhaltigen und weinähnlichen Getränken außer Kraft getreten.

Ein drittes wichtiges strafrechtliches Nebengesetz ist das Viehseuchengesetz vom 26. Juni 1909. Es soll die beiden früheren vom 23. Juni 1880 und 1. Mai 1894 ersetzen und enthält sehr eingehende Vorschriften über das Verfahren zur Bekämpfung übertragbarer Viehseuchen ausgenommen die Rinderpest, um die Einschleppung aus dem Auslande abzuwehren und die Seuchen im Inlande zu bekämpfen. Eine Pflicht zur Anzeige von Seuchen ist vorgeschrieben. Den amtlichen Tierärzten wird eine weitgehende Aufsicht über die Viehmärkte, Vieh- und Schlachthöfe übertragen. Das Gesetz enthält auch zahlreiche vorbeugende Maßregeln gegen die Seuchengefahr und gegen einzelne Seuchen. Zivilrechtlich interessant sind die Entschädigungen für Viehverluste. Sie werden im besonderen der Landesgesetzgebung überlassen, nur legt das Viehseuchengesetz die allgemeinen Grundsätze fest. Maßgebend ist der gemeine Wert des Tieres unter Anrechnung der aus Privatverträgen zahlbaren Summe der Versicherung und des Wertes derjenigen Teile des getöteten Tieres, welche dem Besitzer gemäß den polizeilichen Anordnungen zur Verfügung bleiben.

Die Strafvorschriften gehen bei vorsätzlichen Zuwiderhandlungen auf Gefängnis bis zu zwei Jahren und daneben Geldstrafe bis zu fünfzehnhundert Mark oder Geldstrafe allein von fünfzehn Mark bis dreitausend Mark, bei fahrlässigem auf Geldstrafe von zehn Mark bis einhundertundfünfzig Mark oder Haft nicht unter einer Woche.

4. Sehr umfangreich ist auch in den beiden letzten Jahren die Gesetzgebung des Reiches im Bereiche des Verfassungs- und Verwaltungsrechts gewesen. Die sozialpolitische Gesetzgebung tritt demgegenüber zurück. Der Entwurf der Reichsarbeitsordnung, welche die zahlreichen Arbeiterversicherungsgesetze vereinigen soll, wird zurzeit noch beraten.

Das Gesetz betreffend die Änderung des Gesetzes über den Unterstützungswohnsitz und die Einführung dieses Gesetzes in Elsaß-Lothringen vom 30. Mai 1908 verleiht den Unterstützungswohnsitz nach einjährigem ununterbrochenen Aufenthalt innerhalb eines Ortsarmenverbandes und läßt ihn durch eine gleich lange ununterbrochene Abwesenheit nach zurückgelegtem 16. Lebensjahre wieder verloren gehen. Abgeändert werden die Vorschriften des früheren Gesetzes über die Verpflichtung der Ortsarmenverbände zur Tragung der Kosten der Krankenpflege und das Verhältnis zu den Krankenkassen. Aus dem Auslande übernommene hilfsbedürftige Deutsche ohne Unterstützungswohnsitz fallen demjenigen Bundesstaat zur Last, innerhalb dessen sie ihren letzten Unterstützungswohnsitz gehabt haben.

Das Gesetz ist in Elsaß-Lothringen am 1. April 1910 in Geltung getreten und zugleich mit dem Gesetz über die Freizügigkeit vom 1. November 1867 durch Gesetz vom 29. März 1909 in Helgoland eingeführt worden.

Nach dem Gesetz betreffend die Einwirkung der Armenunterstützung auf öffentliche Rechte soll als solche, soweit sie den Verlust öffentlicher Rechte zur Folge hat, nicht angesehen werden die Krankenunterstützung, die Anstaltspflege, die Unterstützung zum Zwecke der Jugendfürsorge, Erziehung und Ausbildung zu einem Beruf, Unterstützungen zur Heilung einer augenblicklichen Notlage und erstattete Unterstützungen.

Der letzte Bericht erwähnte mehrere Gesetze, welche in die Rechtsverhältnisse der Reichsbeamten eingriffen. Inzwischen hat das Reich durch ein Gesetz vom 22. Mai 1910 nach dem Vorbild mehrerer deutscher Bundesstaaten, besonders Preußens, die Haftung für seine Beamten geregelt. Verletzen sie in Ausübung der ihnen anvertrauten öffentlichen Gewalt vorsätzlich oder fahrlässig die ihnen Dritten gegenüber obliegende Amtspflicht, so haftet an ihrer Stelle nach § 839 des Bürgerlichen Gesetzbuchs das Reich für den entstandenen Schaden, jedoch unter Vorbehalt des Rückgriffs gegen den Beamten. Der Anspruch wird auf billige Schadloshaltung beschränkt, wenn der Beamte den Schaden in nicht zurechnungsfähigem Zustande verursacht hat. Der Ersatzanspruch des Reichs verjährt in drei Jahren von dem Zeitpunkte an, in dem es ihn anerkannt hat oder rechtskräftig zum Schadensersatz verurteilt ist. Die Landgerichte sind ausschließlich für die gegen das Reich erhobenen Ansprüche zuständig. Ausländer haben Ersatzansprüche nur, wenn die Gegenseitigkeit verbürgt ist.

Die im vorigen Bericht genannten Finanzgesetze, welche die Finanzen des Reichs bessern sollten, haben einer Anzahl anderer Gesetze weichen müssen. Sie sind nach heftigem politischen Streit zustande gekommen. Ob es ihnen gelingen wird, das Reich finanziell auf eigene Füße zu stellen, bleibt abzuwarten.

Die sogenannte Reichsfinanzreform beruht auf dem umfangreichen Gesetz betreffend Änderungen im Finanzwesen vom 15. Juli 1909 und den Änderungen bestehender Reichssteuergesetze, die es enthält. In jenem Gesetz wird zunächst die Erhebung der Matrikularbeiträge und die Tilgung der Reichsanleiheschuld nach festen Grundsätzen vom 1. April 1911 ab geordnet. Hervorzuheben ist, daß das Reich von dem Rohertrage der Erbschaftssteuer $^3/_4$, die einzelnen Bundesstaaten $^1/_4$ erhalten sollen. Die Reineinnahme aus der Branntweinsteuer wird den einzelnen Bundesstaaten nach dem Maßstabe der Bevölkerungsziffer, mit der sie zu den Matrikularbeiträgen herangezogen werden, überwiesen. Die Unfallversicherungsvorschüsse des Reichs werden beseitigt. Das Gesetz erhöht ferner den Kaffee- und Teezoll und führt eine Besteuerung der Beleuchtungsmittel (elektrisches und Gasglühlicht) und der Zündwaren mit Strafvorschriften gegen Steuerhinterziehung ein.

Von demselben Tage datieren das Branntweinsteuergesetz, die Gesetze zur Abänderung des Brausteuer-, Tabaksteuer- und Schaumweinsteuergesetzes, ferner des Reichsstempelgesetzes. Dieses schafft einen Stempel auf Aktien, Anteilscheine, Kuxe, Renten- und Schuldverschreibungen, Schecks und Grundstücksübertragungen. Bis zum 1. April 1912 soll eine Reichsabgabe von der unverdienten Wertsteigerung bei Grundstücken (Reichswertzuwachssteuer) bis zum Betrage von zwanzig Millionen Mark Jahresertrag eingeführt werden. Fast alle Bundesstaaten haben zum Teil ausführliche Ausführungsbestimmungen zu diesen Gesetzen veröffentlicht.

Das neue Wechselstempelsteuergesetz ist bereits oben erwähnt worden.

Der Text dieser Gesetze ist vom Reichskanzler am 21. und 22. Juli 1909 bekannt gemacht worden.

Aus den durch die erhöhten Steuersätze gewonnenen Mehreinnahmen sollen auch die Kosten für eine höhere Besoldung der Reichsbeamten und Offiziere gewonnen werden. Die allgemeinen Grundsätze hierfür stellen das Besoldungsgesetz vom 15. Juli 1909 und die ihm beigegebenen Besoldungsordnungen für die Reichsbeamten, die Offiziere, eingeschlossen die Sanitätsoffiziere und die Marineingenieure und die Unteroffiziere, und die Klasseneinteilung der Orte auf. Die Gehälter werden im allgemeinen nach Dienstaltersstufen von drei zu drei Jahren geregelt.

Von anderen Finanzgesetzen des Reiches sind noch zu erwähnen das Gesetz zur Abänderung des Reichsgesetzes wegen Beseitigung der Doppelbesteuerung vom 13. Mai 1870 vom 22. März 1909. Reichs- und Staatsbeamte dürfen demnach nur in den Bundesstaat ihres Wohnsitzes oder ihres dienstlichen Wohnsitzes zur Einkommensteuer herangezogen werden. Das abgeänderte Gesetz ist als Doppelsteuergesetz am 24. März 1909 bekannt gemacht worden.

Das Gesetz betreffend die zollwidrige Verwendung von Gerste vom 3. August 1909 verbietet unter Androhung von Ordnungsstrafe bis zu einhundertundfünfzig Mark Malz und Gerste, die bei der Einfuhr in das deutsche Zollgebiet zu einem niedrigeren als dem für Malzgerste bestehenden Zollsatz verzollt sind, zu Brauzwecken zu verwenden.

Fiskalischen Zwecken dienen auch Vorschriften des Gesetzes über den Absatz von Kalisalzen vom 25. Mai 1910, welches den Kaliwerksbesitzern die Veräußerung von Kalisalzen über eine von der Verteilungsstelle jährlich festgesetzte Absatzmenge (Beteiligungsziffer) hinaus nur gegen eine Abgabe an das Reich gestattet. Die Hinterziehung dieser Abgabe wird mit Geldstrafe bis zu fünftausend Mark, im wiederholten Rückfalle sogar mit Gefängnis bestraft.

Die Konsulatsgebühren sollen nach einem neuen Gesetz vom 17. Mai 1910 erhoben werden.

Dem Bereich der Finanzgesetzgebung gehört auch das Gesetz betreffend die Verwaltung des Reichsinvaliden- und des Hinterbliebenenversicherungsfonds vom 1. Juni 1909 an. Eine Bilanz über diese Fonds soll nicht mehr aufgestellt werden.

Nach dem Reichskontrollgesetz vom 21. März 1910 soll die Kontrolle des gesamten Reichshaushaltes, des Landeshaushalts von Elsaß-Lothringen und des Haushalts der Schutzgebiete für die Rechnungsjahre 1909—1914 von der preußischen Oberrechnungskammer als Rechnungshof des deutschen Reichs geführt werden, die Prüfung weniger wichtiger Rechnungen aber den Verwaltungsbehörden selbst überlassen bleiben.

Auch das Münz- und Bankwesen des Reiches haben die Gesetzgebung beschäftigt.

Das neue Münzgesetz vom 1. Juni 1909 hebt das frühere vom 9. Juli 1873 auf, hält aber an dessen bewährten Grundsätzen fest. Die sinkende Goldwährung wird beibehalten, die Ausprägung von Fünfundzwanzigpfennigstücken in Nickel neben den bisher geprägten Münzen zugelassen. Das Gesetz ordnet ferner den Münzfuß, das Recht zur Ausprägung von Münzen durch die Bundesstaaten und Privatpersonen und die Zahlungen in gesetzlicher Währung aus Schuldverhältnissen, bei denen ausländische Währung in inländische umzurechnen ist.

Aus dem Gesetz betreffend Änderungen des Bankgesetzes vom 1. Juni 1909 ist mitzuteilen, daß nunmehr abweichend von dem Bankgesetz vom 14. März 1875 die Anteilseigner der Reichsbank aus dem jährlichen Reingewinn zunächst eine ordentliche Dividende von $3^1/_2$ Prozent des Grundkapitals erhalten. Von dem etwa verbleibenden Rest wird ihnen ein Viertel, der Reichskasse werden drei Vierteile überwiesen. Die Reichsbanknoten sind gesetzliches Zahlungsmittel, ein Zwang zu ihrer Annahme besteht aber nach wie vor nicht. Die Reichsbank darf auch Lombardgeschäfte machen gegen Verpfändung von Forderungen, die im Reichsschuldbuch oder dem Staatsschuldbuch eines Bundesstaates eingetragen sind. Sie wird ferner verpflichtet, die Geschäfte der Reichshauptkasse unentgeltlich zu besorgen.

Die Postscheckordnung vom 6. November 1908 und 20. März 1910 betrifft den Postüberweisungs- und Scheckverkehr. Sie beschäftigt sich auch mit der Gewährleistung der Postverwaltung im Scheckverkehr, enthält also insofern materielles Recht.

Die Maß- und Gewichtsordnung vom 30. Mai 1908 beseitigt ihre noch aus der Zeit des Norddeutschen Bundes stammende Vorgängerin vom 17. August 1868. Sie bestimmt die Längen-, Flächen- und Körpermaße und enthält Spezialvorschriften für den Verkauf von Flüssigkeiten in Hohlmaßen. Zum Messen und Wiegen im öffentlichen Verkehr dürfen bei Strafe von einhundertfünfzig Mark oder Haft nur geeichte Maße und Gewichte verwendet werden. Die Eichung geschieht durch die von den Landesregierungen unterhaltenen Eichämter oder durch Gemeindeeichämter. Diese unterstehen der Normaleichungskommission als Reichsbehörde.

Von sozialpolitischen Gesetzen gehören hierher zwei Abänderungsgesetze zur Gewerbeordnung vom 30. Mai und vom 28. Dezember 1908. Jenes beschäftigt sich mit den Handwerksmeistern, ihrer Vorbildung und der Führung des Meistertitels, ferner mit der Anleitung der Lehrlinge durch die Meister, Großbetriebe und staatlichen Lehrwerkstätten. Noch wichtiger für das Gebiet der Gewerbepolizei ist die zweite Novelle. Sie beschäftigt sich eingehend mit den jugendlichen Arbeitern und Arbeiterinnen, ihrer Ruhe- und Arbeitszeit und ihrer Beschäftigung in bestimmten Betrieben. Die Heimarbeit wird zum erstenmal gesetzlich geregelt. Der Bundesrat hat auf Grund des § 139a des neuen Gesetzes besondere Vorschriften für einzelne Gewerbezweige erlassen.

In dasselbe Rechtsgebiet gehört das Gesetz betreffend die Preisfeststellung beim Markthandel mit Schlachtvieh vom 8. Februar 1909. Die Landeszentralbehörden können hierfür besondere Vorschriften erlassen und Einrichtungen treffen und Geldstrafen bis einhundertundfünfzig Mark oder Haft bis zu vier Wochen gegen Zuwiderhandlungen androhen.

5. Die Kolonialgesetzgebung der beiden letzten Jahre ist nicht sehr ergiebig gewesen.

Die Kaiserliche Verordnung betreffend die Einrichtung der Verwaltung und die Eingeborenenrechtspflege in den afrikanischen und den Südseeschutzgebieten vom 3. Juni 1908 ermächtigt den Reichskanzler (das Reichskolonialamt) und mit dessen Zustimmung die Gouverneure besondere Vorschriften und Anordnungen darüber zu treffen.

Eine andere Kaiserliche Verordnung betreffend das strafgerichtliche Verfahren gegen Militärpersonen der Kaiserlichen Schutztruppe vom 2. November 1909 wendet die Militärstrafgerichtsordnung vom 1. Dezember 1898 darauf an, gibt aber besondere Bestimmungen über die Gerichtsherren, die Bestätigung der Urteile, die Besetzung der Gerichte, die Rechtshilfe, Einzelheiten des Verfahrens und die Strafvollstreckung.

Die Berner Übereinkunft vom 9. September 1886 betreffend die Bildung eines internationalen Verbandes zum Schutze von Urkunden der Literatur und Kunst, die zu ihrer Ergänzung und Abänderung getroffenen Abkommen und ergangenen Gesetze und Verordnungen des

Reichs sind durch Verordnung vom 15. Oktober 1908 in die deutschen Schutzgebiete eingeführt.

Mit der Kaiserlichen Verordnung über den Handel mit südwestafrikanischen Diamanten vom 16. Januar 1909 ist der Bericht über die Kolonialgesetzgebung zu schließen. Sie begründet ein Monopol des Reichs an den in Südwestafrika geförderten Diamanten. Die Förderer sind verpflichtet bei Freiheitsstrafe bis zu einem Jahre Gefängnis und Geldstrafe bis zu einhunderttausend Mark ihre Ausbeute gegen Vergütung an das Reich abzuliefern.

6. Die internationalen Verträge des Reichs aus den beiden letzten Jahren sind sehr zahlreich und wichtig. Sie betreffen teils den gewerblichen Rechtsschutz, teils Handel und Schiffahrt, teils Post-, Telegraphen- und Kraftfahrzeugverkehr, vor allem aber das Völkerrecht.

Die Berner Übereinkunft zum Schutze von Werken der Literatur und Kunst ist revidiert und am 13. November 1908 bekannt gegeben worden. Das Deutsche Reich hat darauf durch ein Ausführungsgesetz vom 22. Mai 1910 die Gesetze betreffend das Urheberrecht an Werken der Literatur und der Tonkunst vom 19. Juni 1901, über das Verlagsrecht vom 19. Juni 1901 und das Urheberrecht an Werken der bildenden Künste und der Photographie vom 9. Januar 1907, namentlich soweit der Schutz choreographischer und pantomimischer Werke, die Wiedergabe von Werken der Literatur, Tonkunst und der bildenden Künste durch Musikautomaten, Phonographen oder Kinematographen in Betracht kommt, dem neuen Vertrage angepaßt.

Es sind hier noch anzuführen zwei Abkommen zwischen dem Deutschen Reich, Österreich und Ungarn vom 17. November 1908, welche den gegenseitigen Schutz von Warenzeichen, Mustern und Modellen, die öffentlichen Wappen und die Freizeichen betreffen. Sie sind am 30. Dezember 1908 ratifiziert worden. Die Abkommen zwischen dem Reich und Dänemark vom 12. Juni 1909 und dem Reich und den Vereinigten Staaten von Amerika vom 23. Februar 1909 erleichtern den Ausführungszwang, jenes für Muster und Modell, dieses für Patente, Gebrauchsmuster, Muster und Modelle. Es ist am 14. Juli 1909 in Washington ratifiziert worden.

Belgien hat mit dem Reich am 16. Oktober 1907 einen Vertrag über den Schutz von Werken der Literatur und Kunst und von Photographien geschlossen. Die frühere Übereinkunft vom 12. Februar 1883 ist aufgehoben.

Nach einer Bekanntmachung des Reichskanzlers vom 20. November 1908 umfaßt die im vorigen Bericht erwähnte Übereinkunft zwischen

Deutschland und Frankreich wegen des Schutzes von Werken der Literatur, Kunst und Photographie vom 8. April 1907 auch den Beitritt der deutschen Schutzgebiete und der französischen Kolonien zu der Berner internationalen Übereinkunft vom 9. September 1886.

Einem der modernsten Verkehrsmittel, der drahtlosen Telegraphie, dient der Internationale Funkentelegraphenvertrag vom 3. November 1906, der erst jetzt bekannt gemacht ist. Er besteht zwischen Deutschland, den Vereinigten Staaten von Amerika, Argentinien, Österreich-Ungarn, Belgien, Brasilien, Bulgarien, Chile, Dänemark, Spanien, Frankreich, Großbritannien, Griechenland, Italien, Japan, Mexiko, Monaco, Norwegen, den Niederlanden, Persien, Portugal, Rumänien, Rußland, Schweden, der Türkei und Uruguay und wird ergänzt durch ein Zusatzabkommen, ein Schlußprotokoll und eine Ausführungsübereinkunft. Die Vertragsstaaten haben sich dazu verpflichtet, daß ihre Stationen ohne Unterschied des Systems die Funkentelegramme wechselseitig austauschen. Anrufe von Schiffen in Seenot müssen mit unbedingtem Vorrang entgegengenommen und beantwortet werden. Geregelt werden ferner die Gebührenfrage, die Konferenzen der Delegierten der Regierungen, die Einrichtung eines internationalen Nachrichtenbureaus und ein Schiedsgericht. Die Vertragsstaaten haben übrigens Vorbehalte wegen der Funkentelegraphenanlagen des Heeres und der Flotte gemacht. Das Deutsche Reich ist nach Bekanntmachung vom 5. Dezember 1908 auch für alle seine Schutzgebiete diesem Abkommen beigetreten.

Ein zweites Zusatzabkommen zu dem Internationalen Übereinkommen über den Eisenbahnfrachtverkehr vom 14. Oktober 1890 ist am 19. September 1906 zwischen Deutschland, Österreich-Ungarn, Belgien, Dänemark, Frankreich, Italien, Luxemburg, den Niederlanden, Rumänien, Rußland und der Schweiz getroffen worden. Die Ratifikationsurkunden sind am 22. September 1908 in Bern niedergelegt.

Die große Entwicklung des Automobilverkehrs verlangte dringend völkerrechtliche Grundsätze dafür aufzustellen. Dies haben Deutschland, Österreich-Ungarn, Belgien, Bulgarien, Spanien, Frankreich, Großbritannien, Griechenland, Italien, Monaco, Montenegro, die Niederlande, Portugal, Rumänien, Rußland und Serbien durch das internationale Abkommen über den Verkehr mit Kraftfahrzeugen vom 11. Oktober 1909 getan.

Handels- und Schiffahrtsverträge sind zustandegekommen zwischen dem Reich und dem Freistaat El Salvador am 14. April 1908, Portugal am 30. November 1908, Bolivia am 22. Juli 1908 und mit Venezuela am 26. Januar 1909. Der Vertrag mit Bolivia hat eine besondere Konsularkonvention vorbehalten.

Die wichtigsten internationalen Verträge der letzten zwei Jahre sind die aus der zweiten Haager Friedenskonferenz hervorgegangenen zwölf Abkommen vom 18. Oktober 1907. An der Konferenz haben alle europäischen, nord- und südamerikanischen Staaten, ferner China, Japan, Persien und Siam, außerdem Guatemala, Haiti, Kuba, die Dominikanische Republik, Panama und El Salvador, also fast alle Kulturstaaten der Erde teilgenommen. Aber wie aus den Bekanntmachungen des Reichskanzlers vom 25. Januar, 14. Februar und 6. Mai 1910 hervorgeht, haben keineswegs alle Staaten die sämtlichen Abkommen ratifiziert. Einige haben dies zwar getan, aber mit Vorbehalten, wieder andere nur einige Verträge und diese wieder mit Vorbehalten unterzeichnet. Deutschland, Österreich-Ungarn, Dänemark, Mexiko, Nikaragua, die Niederlande, Haiti, Siam und Salvador haben alle Abkommen mit gewissen Vorbehalten angenommen. Die Vereinigten Staaten von Amerika, Bolivia, China, Großbritannien, Rußland und Schweden gehören zu den übrigen. Es würde den knappen Rahmen dieses Berichts überschreiten auf den Inhalt dieser Verträge, welche das Völkerrecht auf eine ganz neue Grundlage stellen, näher einzugehen. Nur ihre Grundzüge können angedeutet werden.

Das erste Abkommen zur friedlichen Erledigung internationaler Streitfälle tritt an die Stelle des früheren vom 29. Juli 1889. Es will in den Beziehungen der Staaten die Anwendung von Gewalt soweit als möglich verhüten und erweitert daher die früheren Vereinbarungen über die guten Dienste und Vermittelung durch befreundete Mächte, über die internationalen Untersuchungskommissionen, welche streitige Tatsachen unparteiisch und gewissenhaft prüfen und aufklären sollen, die internationale Schiedssprechung, das Schiedswesen und den ständigen Schiedshof im Haag und dessen Verfahren. Daneben wird ein abgekürztes Schiedsverfahren bei einfachen Streitigkeiten zugelassen.

Das zweite Abkommen verpflichtet die Vertragsmächte, bei der Eintreibung von Vertragsschulden, die bei der Regierung eines Landes von der Regierung eines anderen Landes für deren Angehörige gefordert werden, nicht zur Waffengewalt zu schreiten, wenn der Schuldnerstaat einen Schiedsspruch nicht will, ihn vereitelt oder nicht erfüllt. Die Konferenz ist damit grundsätzlich der sogenannten Dragodoktrin beigetreten. Griechenland, die Vereinigten Staaten von Nordamerika und Nikaragua haben dieses Abkommen nur mit Vorbehalt ratifiziert, Haiti überhaupt nicht.

Nach dem Abkommen über den Beginn der Feindseligkeiten dürfen die Vertragsstaaten erst dann gegeneinander mit Waffengewalt vorgehen, wenn eine mit Gründen versehene Kriegserklärung oder ein Ultimatum mit bedingter Kriegserklärung voraus gegangen ist. Der Kriegszustand ist den neutralen Mächten unverzüglich anzuzeigen.

Das Abkommen betreffend die Gesetze und Gebräuche des Landkriegs ersetzt das frühere Abkommen vom 29. Juli 1899, solange bis ein vollständigeres Kriegsgesetzbuch festgestellt werden kann. Bis dahin sollen die Bevölkerung und die Kriegführenden unter dem Schutze des Völkerrechts bleiben. Die Kriegspartei, welche die Bestimmungen der dem Abkommen beigefügten Ordnung verletzt, ist gegebenenfalls zum Schadensersatze verpflichtet.

Das fünfte Abkommen betreffend die Rechte und Pflichten der neutralen Mächte und Personen im Falle eines Landkrieges erklärt deren Gebiet im Kriegsfalle für unverletzlich, verbietet den Truppendurchzug, die Werbung von Soldaten und die Einrichtung militärischer Anlagen auf neutralem Gebiet. Das Abkommen behandelt ferner den Begriff der Neutralen, das Verfahren gegen die bei Neutralen untergebrachten Angehörigen und Verwundeten einer Kriegsmacht und das neutrale Eisenbahnmaterial.

Das sechste Abkommen schützt die bei Ausbruch der Feindseligkeiten in feindlichen Häfen befindlichen oder in sie einlaufenden Kauffahrteischiffe, jedoch nicht diejenigen, deren Bau erkennen läßt, daß sie dazu bestimmt sind, in Kriegsschiffe umgewandelt zu werden. Mit diesen beschäftigt sich noch näher das siebente Abkommen.

Das achte Abkommen will die Verwendung unterseeischer selbsttätiger Kontaktminen im Kriegsfalle zum Nachteil der friedlichen Handelsschiffahrt möglichst einschränken und verbietet die Verwendung von freischwimmenden Kontaktminen.

Die Beschießung unverteidigter Häfen, Städte, Dörfer, Wohnstätten und Gebäude durch Seestreitkräfte wird durch das neunte Abkommen nur in beschränktem Maße, z. B. um Anforderungen von Lebensmitteln und Vorräten zu erzwingen, gestattet.

Das im vorigen Bericht erwähnte, am 6. Juli 1906 in Genf geschlossene Abkommen zur Verbesserung des Loses der Verwundeten und Kranken bei den im Felde stehenden Heeren wird durch das zehnte Abkommen auf den Seekrieg übertragen und dadurch zugleich das denselben Gegenstand betreffende frühere Abkommen vom 29. Juli 1899 ergänzt. Dieses behandelt auch die Lazarettschiffe und ihre Neutralität.

Die Kaperei, das Beuterecht im Seekriege, wird durch das elfte Abkommen zwar nicht aufgehoben, aber in gewissen Beziehungen z. B. für Briefpostsendungen, Küstenfischereifahrzeuge und Schiffe, welche mit religiösen, wissenschaftlichen oder menschenfreundlichen Aufgaben betraut sind, eingeschränkt.

Das letzte Abkommen ordnet die Rechte und Pflichten der Neutralen im Falle eines Seekrieges, namentlich das Verweilen von Schiffen der Kriegführenden in neutralen Gewässern.

II. Landesgesetzgebung.

Die Landesgesetzgebung der vergangenen Berichtsperiode ist nicht so umfangreich wie die im vorigen Berichte geschilderte. Dies gilt besonders für das Landesprivatrecht, soweit es durch das Einführungsgesetz zum Bürgerlichen Gesetzbuch den Einzelstaaten vorbehalten ist. Die Gesetzgebung der Bundesstaaten bewegt sich im übrigen, soweit sie nicht Reichsgesetze ergänzt und ausführt, hauptsächlich auf dem Gebiete des öffentlichen, namentlich des Beamten- und Verwaltungsrechts. Die Gehalts- und Pensionsverhältnisse der Staatsbeamten sind in mehreren Staaten, so in Preußen, Bayern, Sachsen, Baden, Elsaß-Lothringen neu geordnet worden. Dies bedingte wieder eine Änderung der Steuergesetzgebungen, um die Mittel für diese Ausgaben aufzubringen.

Die privatrechtlichen Gesetze betreffen meistens das Berg-, Wasser-, Jagd- und Fischereirecht, wenige das eigentliche Grundbuchrecht.

Wie aus den Bekanntmachungen in den Gesetz- und Verordnungsblättern hervorgeht, ist die Anlegung des Grundbuchs in den preußischen Oberlandesgerichtsbezirken Kassel, Köln und Frankfurt a. M., in Baden, Hessen, Elsaß-Lothringen und Mecklenburg-Strelitz weiter fortgeschritten.

Die meisten Bundesstaaten haben Ausführungsgesetze oder Verwaltungsverordnungen zum Reichsvereinsgesetz, Scheckgesetz, Vogelschutzgesetz, Weingesetz, Kraftfahrzeuggesetz und den neuen Vorschriften der Gewerbeordnung über die jugendlichen Arbeiter und Arbeiterinnen erlassen. Daneben stehen die Ausführungsverordnungen zu den neuen Reichssteuergesetzen, welche, z. B. diejenigen zum Reichsstempelgesetze zum Teil sehr ausführlich und zahlreich sind. Das Scheckgesetz hat vielfache Änderungen der landesgesetzlichen Vorschriften über die Gerichtsvollzieher zur Folge gehabt, insofern als ihnen die Aufnahme der Scheckproteste übertragen ist.

Die Einwirkung der Armenunterstützung auf öffentliche Rechte ist Gegenstand besonderer Landesgesetze in Bayern, Sachsen-Altenburg,

Sachsen-Meiningen, Anhalt, Reuß j. L., Bremen und Lübeck. Sie entsprechen im wesentlichen dem Reichsgesetz über denselben Gegenstand.

Die in dem vorigen Bericht erwähnte Lotteriegesetzgebung ist durch Gesetze gegen das Spielen in nicht genehmigten Lotterien und Ausspielungen in Bremen, Braunschweig, Waldeck und Elsaß-Lothringen ergänzt worden, Braunschweig und Hamburg haben auch Gesetze gegen die gewerbsmäßige Bildung und Leitung von Serien- und Prämienlosgesellschaften und den unbefugten Handel mit solchen Losen, Sachsen-Altenburg den Privathandel mit Lotterielosen überhaupt unter Strafe gestellt. Diese sind zum Teil sehr hoch und erreichen zwei Jahre Gefängnis und dreitausend Mark Geldstrafe.

Sachsen-Weimar und die drei Hansestädte haben auf Grund des § 38 der Reichsgewerbeordnung den Geschäftsbetrieb der Versteigerer geordnet.

Mit den gesetzlichen Feiertagen, ihrer Heilighaltung und der Sonntagsruhe beschäftigten sich Gesetze in Weimar, Oldenburg und Anhalt.

Eine bayrische und eine sächsische Ministerialverordnung über die Polizeiaufsicht weist den Verwaltungen der Strafanstalten und den Ortspolizeibehörden eine besondere Tätigkeit dabei zu.

Die bei dem Oberlandesgericht in Jena beteiligten thüringischen Staaten haben durch einen Staatsvertrag gemeinsame Grundsätze für die juristischen Prüfungen und die Vorbereitung zum höheren Justizdienst vereinbart. Daraus ist bemerkenswert, daß für die erste Prüfung neben der schriftlichen Arbeit noch besondere Klausurarbeiten eingeführt sind und der praktische Vorbereitungsdienst der Referendare mindestens drei und ein halbes Jahr dauern soll. Die beteiligten Staaten haben alle Ausführungsverordnungen hierzu veröffentlicht.

Zu erwähnen ist schließlich, daß Weimar, Koburg-Gotha, Schwarzburg-Rudolstadt, Schwarzburg-Sondershausen, Reuß ä. L. und j. L. eine gemeinsame Sachverständigenkammer für Werke der bildenden Künste und der Photographie in Weimar errichtet haben.

Die zahlreichen Veränderungen im Verfassungs- und Verwaltungsrecht der Einzelstaaten haben im ganzen keine gemeinschaftlichen Grundzüge und werden besser getrennt dargestellt.

Die wichtigsten Gesetze und Verordnungen sind folgende:

1. Preußen.

Die preußische Gesetzgebung ist in diesem Berichte weniger umfangreich als sonst. Ihre Tätigkeit ist durch die schwebenden Finanzfragen zu sehr beansprucht gewesen, um sich noch vielen anderen Aufgaben widmen zu können.

Das Gesetz betreffend die Abänderung des Allgemeinen Berggesetzes vom 24. Juni 1865/1892 und 14. Juli 1905 vom 28. Juli 1909 enthält neue Vorschriften über die Aufsichtspersonen im Bergwerksbetrieb, ihren Befähigungsnachweis und ihre und der Bergwerksbesitzer Haftung für ihr Verschulden im Betrieb. Zugleich werden Arbeiterausschüsse und Sicherheitsmänner auf Kohlen-, Erz- und Kalibergwerken eingeführt und neue Grundsätze über die Auflösung der Arbeitsvertrages der Bergarbeiter aufgestellt. Der Minister für Handel und Gewerbe soll für die Monarchie eine Bergbaudeputation für bergtechnische und bergpolizeiliche Fragen bilden. Die Strafvorschriften des Gesetzes sind der Novelle angepaßt worden.

Von Belang ist für das Bergrecht ferner das Gesetz über den Bergwerksbetrieb ausländischer juristischer Personen und den Geschäftsbetrieb außerpreußischer Gewerkschaften vom 23. Juni 1909. Sie müssen dazu die Genehmigung des Königs oder des Ministers für Handel und Gewerbe haben, sofern Staatsverträge nicht etwas Anderes bestimmen. Hierzu ist eine Königliche Ausführungsverordnung am 11. Dezember 1909 ergangen.

Das Höferecht der Provinz Hannover ist durch ein Gesetz vom 28. Juli 1909 gründlich umgestaltet und das geänderte Gesetz als Höfegesetz für die Provinz Hannover am 9. August 1909 bekannt gegeben. Die Änderungen betreffen hauptsächlich das Anerbenrecht und seine Beziehungen zu einer ehelichen oder fortgesetzten allgemeinen Gütergemeinschaft.

Damit wäre das preußische Privatrecht für den Bericht bereits erschöpft.

Für die Gerichtsverfassung ist ein Staatsvertrag zwischen Preußen und Schaumburg-Lippe vom 24./25. Februar 1908 von Interesse, durch welchen das Oberlandesgericht in Celle zum Oberlandesgericht für das Fürstentum Schaumburg-Lippe bestellt ist.

Die Novelle zum Reichs-Gerichtskostengesetz und zur Gebührenordnung für Rechtsanwälte hat Preußen veranlaßt, in dem Gesetze vom 27. September 1899 durch Novelle vom 21. März 1910 dieselben Grundsätze über Pauschsätze für Auslagen und höhere Schreibgebühren anzuwenden.

Eine Königliche Verordnung vom 1. Dezember 1908 hat die preußischen Ausführungsgesetze zum Unterstützungswohnsitzgesetz vom 8. März 1871 und 11. Juli 1891 in Helgoland eingeführt. Die Insel ist durch Gesetz vom 31. März 1909 zu einem Landarmenverband gemacht worden.

Den Kernpunkt der preußischen Gesetzgebung bildet diesmal das Beamtenrecht. Das preußische Gesetz über die Haftung des Staats und anderer Verbände für Amtspflichtverletzungen von Beamten bei Ausübung der öffentlichen Gewalt vom 1. August 1909 enthält in der Hauptsache dieselben Grundsätze wie das hierüber ergangene Reichsgesetz. Nur läßt es auch die Kommunal- und Selbstverwaltungsverbände (Gutsbezirke, Amts- und Zweckverbände) für ihre Beamten haften unter Vorbehalt des Rückgriffsrechts. Dieses verjährt in drei Jahren.

Die Besoldung der Beamten, Lehrer und Geistlichen ist durch eine umfangreiche Besoldungsordnung vom 26. Mai 1909, ein Gesetz betreffend die Änderung des Gesetzes über die Gewährung von Wohnungsgeldzuschüssen vom 12. Mai 1873 und zahlreiche Gesetze über das Diensteinkommen der Lehrer und Lehrerinnen an den öffentlichen Volksschulen, die Pfarrbesoldung, das Ruhegehaltswesen und die Hinterbliebenenfürsorge für die Geistlichen der evangelischen Landeskirche, und das Diensteinkommen der katholischen Pfarrer umgestaltet und durchweg erhöht worden.

Um die finanziellen Mittel hierfür zu gewinnen, hat das Gesetz betreffend die Bereitstellung von Mitteln zu Diensteinkommensverbesserungen vom 26. Mai 1909 vom 1. April 1909 ab Zuschläge zur Staatseinkommensteuer für physische und juristische Personen eingeführt. Das Gesetz vom 16. Juni 1909 hat das Kommunalsteuervorrecht der unmittelbaren und mittelbaren Staatsbeamten, der Beamten des Königlichen Hofes, der Elementarlehrer und unteren Kirchendiener, sofern sie erst nach dem 31. März 1909 in das Amtsverhältnis eingetreten sind, beseitigt, es im übrigen aber aufrecht erhalten.

Umgekehrt hat das Gesetz vom 26. Mai 1909 betreffend die Abänderung des Einkommensteuergesetzes vom 14. Juni 1906 und des Ergänzungssteuergesetzes vom 14. Juli 1893 den zum Unterhalt von mehreren Kindern und Familienangehörigen gesetzlich Verpflichteten Steuerermäßigungen gewährt.

Im Anschluß hieran sind von preußischen Steuergesetzen zu nennen das Gesetz betreffend die Vermeidung von Doppelbesteuerungen bei Heranziehung zu direkten Kommunalsteuern in verschiedenen deutschen Bundesstaaten vom 6. Mai 1908 und das Gesetz betreffend Abänderung des Stempelsteuergesetzes vom 31. Juli 1893 vom 26. Juni 1909. Dieses ist insofern bemerkenswert, als es die Haftung der Notare und anderer Urkundspersonen für den Ausfall an Stempeln verschärft und den Stempeltarif für zahlreiche Rechtsgeschäfte neu aufstellt. Das Gesetz ist am 30. Juni 1909 als Stempelsteuergesetz neu bekannt gegeben.

Die Gebühren der Medizinalbeamten, ihre Tagegelder und Reisekosten sind in Zukunft nach einem Gesetz und Tarif vom 14. Juli 1909 zu bemessen. Auf die Reisekosten bezieht sich noch eine Ministerialverordnung von demselben Tage.

Der Landespolizeibezirk Berlin ist durch Gesetz vom 23. Juni 1909 auf einige Vororte der Hauptstadt ausgedehnt worden.

Das Polizeikostengesetz vom 3. Juni 1908 verteilt die Kosten der örtlichen Polizeiverwaltung in den Gemeinden, wo sie ganz oder teilweise vom Staate geführt wird, zwischen jenen und diesem.

Geschäftskreis und Geschäftsgang der Ansiedlungskommission für Westpreußen und Posen werden in einer Königlichen Verordnung vom 29. September 1908 berührt.

Zu erwähnen ist auch ein Gesetz vom 13. Juli 1909, welches das Kapital der durch Gesetz vom 31. Juli 1895 gegründeten Zentralgenossenschaftskasse erhöht und den Reingewinn abweichend von diesem Gesetze verteilt.

2. Bayern.

Das umfangreiche Fischereigesetz für das Königreich Bayern vom 15. August 1908 enthält öffentliches und Privatrecht. Das Recht des freien Fischfanges in öffentlichen Gewässern steht dem Staat, in privaten der Gemeinde zu. Selbständige Fischereigerechtigkeiten, die nicht dem Eigentümer des Grundstücks zustehen, werden wie Grundstücke behandelt und erhalten auf Antrag oder wenn sie veräußert oder belastet werden sollen, ein Grundbuchblatt. Eine Fischereigerechtigkeit kann zwar nicht mehr als Dienstbarkeit, aber zugunsten des jeweiligen Eigentümers eines Grundstückes oder einer anderen bestimmten Person bestellt werden. Die Einigung muß von beiden Teilen vor einem bayrischen Notar oder Grundbuchamt erklärt werden. Das Gesetz verbreitet sich sodann eingehend über den dinglichen Schutz der Fischereirechte, der als Besitzschutz gegen Störung der Ausübung gewährt wird, die Ausübung selbst in selbständigem und gemeinschaftlichem Betriebe, die Koppelfischerei, die öffentlichen Fischereigenossenschaften und ihre Rechtsverhältnisse, das Uferbenutzungsrecht der Fischereiberechtigten und die Fischereipolizei. Fischereipachtverträge dürfen nur auf mindestens zehn Jahre und mit höchstens drei Pächtern schriftlich abgeschlossen werden. Als Strafen für die Zuwiderhandlungen wird Geldstrafe bis zu einhundertundfünfzig Mark oder Haft und Einziehung der Fischereigeräte und gefangenen Fische angedroht.

Die Allerhöchste Vollzugsverordnung zu dem Gesetz ist am 18. März 1909 ergangen.

Die übrigen Gesetze haben meistens verfassungs- und verwaltungsrechtlichen Charakter.

Das Gesetz betreffend Abänderung des Titel XII § 26 der Verfassungsurkunde vom 6. Juli 1908 verleiht den Mitgliedern des Landtags und seiner Ausschüsse die Immunität gegen Strafverfolgung und Strafvollstreckung während der Sitzungsperiode.

Nach dem Gemeindewahlgesetz vom 15. August 1908, der Königlichen Verordnung die Gemeindewahlen betreffend vom 18. August und einer vom Ministerium des Innern erlassenen Wahlordnung vom 18./19. August 1908 sollen in Gemeinden mit mehr als 4000 Einwohnern die Magistrats- und Gemeinderäte in Verhältniswahl mit verbundenen Listen gewählt werden.

Den pfälzischen Städten gewährt das pfälzische Städteverfassungsgesetz vom 15. August 1908 das Recht, die Verleihung der Verfassung der rechtsrheinischen Städte und die Kreisunmittelbarkeit im Einvernehmen mit dem Landrat bei dem König zu beantragen.

Das gesamte bayrische Beamtenrecht ist durch das Beamtengesetz vom 15. August 1908 zusammengefaßt worden. Dazu ist je eine Königliche Vollzugsverordnung zu dem Gesetze selbst und über die Beamten der Königlichen Bank vom 10. Dezember 1908, außerdem je eine solche über die Gehaltsverhältnisse der etatsmäßigen Staatsbeamten mit Gehaltsordnung am 6. September 1909 und über die Rangverhältnisse der Beamten am 23. Dezember 1908 ergangen.

Der Inhalt des Gesetzes selbst kann hier nur kurz wiedergegeben werden. Es unterscheidet zwischen den unwiderruflich und widerruflich angestellten Beamten, bestimmt ihre Rechte und Pflichten, Diensteinkommen, Versetzung in den Ruhestand, Wartegeld, Ruhegehalt und Fürsorge für die Hinterbliebenen, sodann die Dienstaufsicht und das Dienststrafrecht. Disziplinargerichte erster Instanz sind die Disziplinarkammern bei den Oberlandesgerichten und der Disziplinarhof in München in zweiter Instanz. Hervorzuheben ist, daß die Ersatzpflicht für Versehen der Beamten wie im Reich und in Preußen in erster Linie den Staat trifft. Dieser hat aber den Rückgriff gegen den schuldigen Beamten. Nach den Übergangsbestimmungen des Gesetzes, welche insofern den Artikel 60 des bayerischen Ausführungsgesetzes zum Bürgerlichen Gesetzbuch abändern, gilt das auch für Kommunalbeamte. Die Übergangsbestimmungen passen das Disziplinargesetz für richterliche Beamte vom 26. März 1887 dem

Beamtengesetz an. Es soll noch erwähnt werden, daß dieses auch die weiblichen Beamten behandelt; es stellt sie insofern ungünstiger als ihr Dienstverhältnis mit der Verheiratung dauernd widerruflich wird und ihr Anspruch auf Ruhegehalt während der Ehe ruht.

Zahlreiche Königliche Verordnungen vom 15. und 21. Dezember 1908 haben die Vorschriften des neuen Gesetzes auf einzelne Kategorien von Beamten angewendet und ihre Rechtsverhältnisse besonders geregelt. Es würde zu weit führen, sie einzeln aufzuzählen.

Einiges Aufsehen haben die Königlichen Verordnungen vom 4. Januar und 2. März 1910 insofern erregt, als sie die Fähigkeit, das Amt eines Richters, Staatsanwalts oder Notars zu erlangen und zur Rechtsanwaltschaft zugelassen zu werden, von dem guten Ausfall der zweiten Staatsprüfung abhängig machen und bei der Anstellung die mit den besten Noten gewürdigten Bewerber in erster Linie berücksichtigt werden sollen.

Die Verordnung vom 13. April 1910 verpflichtet die als Bewerber für den höheren Dienst der inneren Staatsverwaltung angenommenen geprüften Rechtspraktikanten zunächst bei einer Distriktsverwaltungsbehörde, dann bei einer Regierung zu arbeiten. Es wird ihnen aber auch gestattet, während dieser Zeit in privaten oder kommunalen und genossenschaftlichen Betrieben tätig zu sein und Studienreisen zu machen.

Dem Gebührenwesen dient das Gesetz betreffend Änderungen des Gesetzes vom 28. April 1907 und 16. Juni 1908 vom 29. April 1910, welches zahlreiche Punkte des Kostenwesens in Sachen der freiwilligen Gerichtsbarkeit umgestaltet. An die Stelle des im vorigen Bericht erwähnten Gesetzes vom 28. Januar 1908 betreffend die Aufbringung der Mittel für die Unterstützung der Notariatsgehilfen ist ein anderes Gesetz vom 4. Januar 1910 getreten, welches den Notaren mit einem Einkommen über viertausend Mark eine jährliche prozentuale Abgabe an die Staatskasse zur Unterstützung der Notare, Notariatsgehilfen und ihrer Hinterbliebenen auferlegt.

Ausgrabungen auf Grundstücken nach Altertümern müssen, wie eine Königliche Verordnung vom 6. September 1908 will, von der Distriktsverwaltungsbehörde genehmigt, Funde spätestens am folgenden Tage angezeigt werden. Zuwiderhandlungen hiergegen bestraft das Gesetz vom 6. Juli 1908 betreffend die Änderung der Gemeindeordnung und des Polizeistrafgesetzbuchs mit Geldstrafe bis zu 150 Mark oder mit Haft.

Ein Landeseisenbahnrat für die Staatseisenbahnverwaltung aus achtundzwanzig Mitgliedern ist durch Königliche Verordnung vom

15. August 1908 gebildet und dem Verkehrsministerium beigegeben worden, um sich über Verkehrsinteressen zu äußern.

Mit dem Braugewerbe zu tun hat das Gesetz den Malzaufschlag betreffend vom 18. März 1910. Es führt eine staatliche Malzsteuer ein und droht für deren Hinterziehung und die Verwendung unzulässiger Stoffe bei der Bierbereitung Geldstrafe bis zu zweitausend Mark an.

3. Aus dem sächsischen Gesetz über die Fürsorgeerziehung vom 1. Februar 1909 ist mitzuteilen, daß aus jedem Regierungsbezirk ein rechtsfähiger Fürsorgeverband gebildet wird, um die Fürsorgeerziehung im allgemeinen, besonders in wirtschaftlicher Hinsicht durchzuführen.

Auch Sachsen hat sein Berggesetz vom 16. Juni 1868 durch ein Gesetz vom 12. Februar 1909 mit der modernen Entwickelung des Bergbaues in Einklang gebracht, in dem es besonders die Rechtsverhältnisse der Bergarbeiter und Bergbeamten, die Knappschaftskassen und Bergschiedsgerichte umgestaltet hat.

Das Wassergesetz vom 12. März 1909 mit Ausführungsverordnung vom 4. September 1909 behält dem Staat die Aufsicht über alle fließenden (öffentlichen und privaten) Gewässer vor. Privatrechte werden zwar nicht betroffen, aber den Beschränkungen des Gesetzes unterworfen. Erörtert werden darin ferner die Eigentumsgewässer, das Eigentum an Flußbetten, die Anliegerrechte, die Anschwemmungen, die Inseln und das verlassene Flußbett, die Vorflut und die Benutzung der fließenden Gewässer, sogar der Schutz der Heilquellen, auch der öffentlichen Wassergenossenschaften.

Das sächsische Forst- und Feldstrafgesetz ist vielfach wegen seiner sehr hohen Strafen — Gefängnisstrafe bis zu einem Jahre in schweren Fällen — gegen Blumenpflücken, Beerensammeln, die Nachlese auf dem Felde, Weidefrevel und einige jagdpolizeilichen Übertretungen, angegriffen worden.

Gegen die Verunstaltung von Stadt und Land durch störende Reklamezeichen und Aufschriften richtet sich ein Gesetz vom 6. März 1909 mit Ausführungsverordnung vom 15. März 1909. Die Baupolizei kann aus denselben oder ähnlichen Gründen die Ausführung von Bauten oder baulichen Veränderungen untersagen.

Zwei Ministerialbekanntmachungen vom 21. Februar und 17. Juni 1909 gestatten den staatlichen Forstschutzbeamten und den Gendarmen und Polizeibeamten den Waffengebrauch bei Unruhen nach denselben Grundsätzen.

Das Wahlgesetz für die zweite Kammer der Ständeversammlung hat viel Erregung hervorgerufen. Es greift insofern in die Verfassung ein, als es ein Pluralwahlrecht einführt und den Wahlberechtigten mit gewissem Einkommen, Grundbesitz und Bildung mehrere Stimmen verleiht. Die Kammer soll aus 91 Abgeordneten bestehen, die auf sechs Jahre gewählt werden. Die Wahlbehörden, die Wahlbezirke, Wahllisten und das Wahlverfahren werden ebenfalls geregelt.

Die Mitglieder der Ständeversammlung erhalten seit dem Gesetz vom 19. Februar 1909 Anwesenheitsgelder bis zu dreitausend Mark, die Präsidenten der beiden Kammern eine monatliche Aufwandsentschädigung.

Auch in Sachsen sind die Gehaltsverhältnisse der Staatsbeamten durch die Besoldungsordnung vom 20. Oktober 1909 gebessert worden, ebenso die Pensionen, Witwen- und Waisengelder früherer Staatsdiener, Geistlichen, Lehrer, und ihrer Hinterbliebenen durch zwei Gesetze vom 24. Dezember 1908. Die Gehalte und Alterszulagen der Volksschullehrer sind schon etwas eher, durch Gesetz vom 15. Juni 1908, erhöht worden.

Das Gesetz die Besoldung der Richter betreffend vom 29. Juni 1908 führt auch für sie das Aufsteigen nach Dienstaltersstufen ein. Auf die Gehaltszulagen haben die Richter keinen Rechtsanspruch. Denselben Inhalt hat das Gesetz vom 10. Juli 1908 über die Besoldung der Senatspräsidenten und Räte bei dem Oberverwaltungsgericht.

Diese Gesetze haben auf die Novelle zum Einkommensteuergesetz vom 15. Juni 1908 insofern eingewirkt, als sie das Einkommensteuergesetz vom 24. Juli 1900 in betreff der subjektiven Steuerpflicht abändert.

Die in dem Gesetz über die Gerichtskosten und der Kostenordnung für Rechtsanwälte und Notare festgesetzten Schreibgebühren werden durch ein Gesetz vom 18. März 1910 erhöht.

Das Stempelsteuergesetz vom 12. Januar 1909 mit Ausführungsverordnungen vom 12. März und 12. Oktober 1909 hebt das ältere Gesetz über den Urkundenstempel vom 13. November 1876 auf.

4. In Württemberg finden sich nur wenige Gesetze und Verordnungen, welche für den Bericht interessieren.

Die Königliche Verordnung vom 19. November 1909 ändert eine frühere Verordnung vom 30. Juli 1899 über das Grundbuchwesen, indem sie einige neue Bestimmungen über die Eintragung von Grundstücken, die am 1. Januar 1900 noch kein Grundbuchblatt erhalten hatten, und die Feststellung der Eigentumsverhältnisse erließ.

Nach dem Gesetz vom 26. Juli 1909, welches das Ausführungsgesetz zum Bürgerlichen Gesetzbuch vom 28. Juli 1899 in einigen Punkten abändert, besteht das Vormundschaftsgericht aus dem Bezirksnotar und zwei Waisenrichtern.

Ausländer müssen, um eine Ehe eingehen zu können, gemäß einer Ministerialverfügung vom 8. Januar 1909 ein Zeugnis über ihre Staatsangehörigkeit beibringen.

Das Gesetz vom 16. August 1909 betreffend die Kost- und Pflegekinder, und die Vollzugsverfügung vom 8. Dezember 1909 verbietet deren Aufnahme ohne Erlaubnis der Ortspolizeibehörde bei Geldstrafe bis zu sechzig Mark oder Haft bis zu vierzehn Tagen.

Die Hegezeiten des Wildes werden durch Königliche Verordnung vom 17. März 1910 für die einzelnen Wildgattungen an Stelle der frühern vom 30. Juli 1886 festgesetzt.

Das Feldbereinigungsgesetz vom 30. März 1886 wird durch eine Novelle vom 16. August 1909 in einzelnen Bestimmungen geändert.

In das Beamtenrecht greifen einige Gesetze ein. Das Gesetz vom 15. August 1909 erhöht die Pensionen der Witwen und Waisen der Körperschaftsbeamten, welche zur Zeit des Todes deren Pensionskasse angehörten. Das Finanzministerium hat in der Verfügung vom 5. Oktober 1909 die neuen Grundsätze für den Bezug von Wohnungsgeld und einen Tarif darüber aufgestellt.

Das Gesetz vom 17. August 1909 gestaltet die Bestimmungen der früheren Volksschulgesetze, so diejenigen des Gesetzes vom 29. September 1836 besonders wegen der Schulpflicht und Schulaufsicht. Das Gesetz ist neu am 17. August 1909 bekannt gegeben.

Die Gebühren der Notare für auswärtige Geschäfte und die Erhöhung ihrer Schreibgebühren sind Gegenstand zweier Verordnungen vom 30. April 1908 und 15. März 1910 zur Abänderung der Notariatsgebührenordnung vom 2. März 1907.

5. In Baden ist die Gesetzgebung reichhaltiger gewesen.

Die landesherrliche Verordnung vom 15. Dezember 1909 auf Grund des § 29 des Rechtspolizeigesetzes verleiht dem Justizministerium die Befugnis Amtsgerichte für Namensänderungen zuständig zu erklären und gibt einige Vorschriften über das Verfahren.

Den Nachweis der Rechtspersönlichkeit von Vereinen und der Befugnis juristische Personen zu vertreten durch Zeugnisse der Verwaltungsbehörden erleichtert eine Landesherrliche Verordnung vom 22. Januar 1910. Sie ergänzt in diesem Punkte die Ausführungsverordnung zum Bürgerlichen Gesetzbuche vom 11. November 1899.

Das Gesetz vom 7. Februar 1910, die Vereinigung der altrechtlichen Grund- und Unterpfandsbücher betreffend, ermächtigt das Justizministerium ein neues Verfahren hierfür in den Gemarkungen einzuführen, in denen sie noch nicht erfolgt ist. Dies ist durch Vollzugsverordnung vom 24. Februar 1910 geschehen.

Ein regelmäßiges Enteignungsverfahren und ein Vorverfahren zur einstweiligen Feststellung der Zulässigkeit der Enteignung führt das Abänderungsgesetz vom 5. Oktober 1908 zum Enteignungsgesetz vom 26. Juni 1899 ein. Gegen die Feststellung der Entschädigung findet der Rechtsweg an das ordentliche Gericht der belegenen Sache statt. Zu beachten ist, daß ein Rechtsmittel gegen das Berufungsurteil des Oberlandesgerichts ausgeschlossen ist.

Das badische Ortsstraßengesetz vom 15. Oktober legt die Herstellung, Unterhaltung und Reinigung der öffentlichen Wege den Gemeinden auf. Es enthält einen interessanten Abschnitt über die Umlegung von Bauplätzen im öffentlichen Interesse auch gegen den Willen einzelner Eigentümer. Dazu ist eine Vollzugsverordnung am 19. Dezember 1908 erlassen.

Ein Hinterlegungsgesetz ist am 7. Mai 1910 bekannt gegeben. Hinterlegungsstellen sind die Finanzämter.

Für die Gerichtsverfassung wertvoll ist das Gesetz vom 18. Juli 1908, welches das Gesetz vom 3. März 1879, die Einführung der Reichsjustizgesetze im Großherzogtum Baden in betreff des Polizeistrafverfahrens wegen Eisenbahnpolizeiübertretungen ändert. Sodann hat das Gesetz vom 21. Juli 1908 jenes ältere und das Gesetz vom 16. April 1886 über die Vergleichsbehörden in streitigen Rechtsangelegenheiten insofern berührt, als es den Bürgermeister oder ein anderes Gemeinderatsmitglied zum Gemeinderichter oder Schiedsmann macht.

Nach dem Gesetze vom 11. September 1908 zu §§ 3 und 24 des Grundbuchausführungsgesetzes vom 19. Juni 1899 können die Gemeindegrundbuchbeamten, in ihrer Abwesenheit auch ihre Hilfsbeamten, Unterschriften öffentlich beglaubigen. Für vorsätzliche oder fahrlässige Verletzung der Amtspflicht durch sie haftet die Gemeinde unter Vorbehalt des Rückgriffs. Das Gesetz über die freiwillige Gerichtsbarkeit und das Notariat vom 17. Juni 1899 wird dahin geändert, daß zur Aufnahme von Wechseln und Scheckprotesten nur die Notare und Gerichtsvollzieher zuständig sein sollen. Die Wechsel- und Scheckproteste und die Gebühren für ihre Aufnahme sind Gegenstand von zwei Verordnungen vom 17. September 1908 und 20. März 1909 zur Rechtspolizeiordnung vom 1. März 1907.

Zu erwähnen sind noch einige Landesherrliche Verordnungen vom 9. November 1908 und 7. März 1910 zur Gerichtsvollzieherordnung vom 16. November 1899 und zwei Ministerialverordnungen vom 4. und 6. August 1909 über die Vollstreckung gerichtlich erkannter Geldstrafen und das Verfahren bei der Zwangsversteigerung und Zwangsverwaltung. Die Zwangsversteigerungsverordnung ist an demselben Tage neu bekannt gegeben.

Ein neues Kostengesetz ist am 24. September 1908, eine Gerichtskostenordnung am 24. Mai 1909 veröffentlicht worden.

Die Gebühren der Gesundheitsbeamten für amtliche Verrichtungen sollen nach den Sätzen der Landesherrlichen Verordnung vom 23. Januar 1909 bemessen werden.

Die Gefängnisbeamten werden durch das Gesetz vom 2. September 1908 ermächtigt in gewissen Fällen (Widerstand, Flucht, Meuterei) die Waffe zu gebrauchen. Eine ähnliche Vorschrift enthält die Dienstordnung für das Gendarmenkorps vom 26. März 1909.

Auch in Baden gewährt ein Gesetz vom 31. Januar 1910 den Landtagsabgeordneten eine Aufwandsentschädigung in der Form von Anwesenheitsgeldern und freie Fahrt auf den badischen Bahnen, aber mit gewissen Einschränkungen für Reichstagsabgeordnete.

Das badische Beamtenrecht ist in neuer Gestalt niedergelegt in einem Gesetz vom 12. August 1908 betreffend die Änderung des Beamtengesetzes vom 24. Juli 1888 und einer Landesherrlichen Vollzugsverordnung vom 10. Juli 1909. Betroffen werden besonders die Dienstbezüge, Gehalt, Ruhe- und Versorgungsgehalt der Hinterbliebenen. Das Beamtengesetz ist am 12. August 1908 neu bekannt gegeben, an demselben Tage eine neue Gehaltsordnung mit Gehaltstarif. Die Zulagen werden im allgemeinen schon in Zwischenräumen von nur zwei Dienstjahren verliehen. Hieran schließt sich eine Vollzugsverordnung vom 10. Juli 1909 und ein Gesetz über die Kosten der Dienstreisen und Umzüge der Beamten vom 5. Oktober 1908 mit Klasseneinteilung und Landesherrlicher Vollzugsverordnung vom 28. Dezember 1908.

In das Kirchenrecht schlägt das Gesetz vom 2. September 1908. Es bestimmt, daß Geistliche, welche kirchliche Strafe oder Zuchtmittel androhen, verhängen oder verkünden, um politische Wahlen zu beeinflussen, mit Geldstrafe bis zu 1500 Mark oder mit Gefängnis bis zu einem Jahre bestraft werden können.

Das Gesetz betreffend die Abänderung des Verkehrssteuergesetzes vom 6. Mai 1899 vom 11. September 1908 dehnt diese Steuer auf den Erwerb von Grundstücken in der Zwangsversteigerung aus.

6. Hessen kann auch in diesem Bericht nicht viel Neues aufweisen.

Eine Ministerialbekanntmachung vom 27. Juni 1908 und eine spätere vom 2. Januar 1909 führen auf Grund der §§ 35, 38 der Gewerbeordnung für die gewerbsmäßigen Güterhändler Geschäftsbücher und eine Pflicht zur Anzeige der geschlossenen Geschäfte ein.

Das Gesetz die Landgemeindeordnung (vom 15. Juni 1874) betreffend ändert diese durch besondere Bestimmungen für die besoldeten Bürgermeister. Die Kommunalbeamten betrifft auch ein Gesetz vom 29. Juli 1908, welches eine Fürsorgekasse mit selbständiger Rechtspersönlichkeit durch Mitgliederbeiträge und Staatszuschuß für sie und ihre Hinterbliebenen gründet.

Die Großherzogliche Verordnung vom 29. August 1909 über die Befähigung zum höheren Finanzdienst schreibt eine besondere Ausbildung und besondere Prüfungen hierfür vor.

Das Wahlrecht für die Handelskammern und deren Mitgliedschaft sind Gegenstand eines Gesetzes vom 1. Juli 1908 zum Handelskammergesetz vom 6. August 1902.

Die übrigen Gesetze und Verordnungen betreffen meistens das Kosten- und Stempelwesen.

Ein Gesetz vom 29. Juli 1908 beseitigt die Anteile des Aufsichtspersonals an den Geldstrafen in Polizei-, Feld-, Forst-, Jagd-, Steuer-, Zoll- und Oktroistrafsachen und überweist sie der Staatskasse.

Die Großherzogliche Verordnung über den Ansatz und die Erhebung der Gerichtskosten vom 16. September 1908 ergänzt die entsprechende Verordnung vom 17. März 1903, desgleichen eine weitere Verordnung vom 2. März 1910.

Die Vertretung der Notare und ihre Gebühren regelt neu das Gesetz vom 19. März 1910, in dem es das Gesetz über das Notariat vom 15. März 1899 ändert.

Das Gesetz über den Urkundenstempel vom 12. August 1899 ist durch ein Gesetz vom 23. März 1910, das Staatsschuldbuchgesetz vom 27. März 1890 durch ein Gesetz vom 31. März 1909 in sehr vielen Punkten umgestaltet worden. Die Texte beider Gesetze sind am 24. März 1910 und am 1. April 1909 neu bekannt gegeben worden.

Die Doppelbesteuerung der Reichs- und Staatsbeamten soll durch das Gesetz, die Änderung des Einkommensteuergesetzes (vom 12. August 1899) betreffend vom 22. Dezember 1909 beseitigt werden.

Auf den Erlaß, die Ermäßigung und die Rückerstattung der Wandergewerbesteuer erstreckt sich ein Gesetz vom 31. März 1909 zum Gesetz vom 22. Dezember 1900 über die Besteuerung des Gewerbebetriebes im Umherziehen.

7. Mecklenburg-Schwerin und Mecklenburg-Strelitz haben durch gemeinsame Verordnung vom 5. Februar 1910 die Verordnung betreffend die Versicherungen gegen Feuersgefahr vom 4. März 1902 geändert.

Der Geschäftsbetrieb der Immobilienmakler unterliegt den auf Grund des § 38 der Reichsgewerbeordnung ergangenen Vorschriften der Ministerien vom 8. April und 5. Mai 1908.

Die Jagd auf wilde Kaninchen betreffen die Verordnungen vom 11. Juni 1909.

Beide Großherzogtümer haben am 22. Januar 1909 eine gemeinschaftliche Verordnung über die juristischen Prüfungen, die Vorbereitung zum Justizdienst und die Verwendung der Gerichtsassessoren ergehen lassen. Sie schreiben mindestens drei Jahre Rechtsstudium und drei und ein halbes Jahr praktischen Vorbereitungsdienst in der Justiz oder Verwaltung vor. Für die erste juristische Prüfung werden außer einer größeren schriftlichen Arbeit vier Klausurarbeiten verlangt. Beide Staaten haben die Verordnungen durch Ausführungsbestimmungen ergänzt.

Mecklenburg-Schwerin hat die Dienstvergehen seiner Eisenbahnbeamten und ihre Bestrafung einer besonderen Verordnung vom 29. April 1909 unterstellt.

Aus Mecklenburg-Strelitz ist noch zu berichten über die Großherzogliche Verordnung vom 11. April 1910, welche die gerichtliche Vertretung der landesherrlichen Behörden regelt und frühere Vorschriften vom 23. Mai 1879 und 17. Juli 1900 aufhebt.

Das Staatsministerium ist durch Verordnung vom 16. Dezember 1908 neu organisiert worden.

Die Verordnung betreffend die Dienstvergehen der nichtrichterlichen Beamten, das Disziplinarverfahren gegen sie, ihre unfreiwillige Versetzung auf ein anderes Amt oder in den Ruhestand vom 19. Februar 1910 setzt als erste Instanz die Disziplinarkammer in Neustrelitz, als zweite Instanz das Staatsministerium ein. Die Verordnung enthält auch Vorschriften über das Defektenverfahren. Von demselben Tage datiert die

Verordnung betreffend die Pensionierung der nichtrichterlichen landesherrlichen Beamten.

8. Weimar. Die höchste Verordnung betreffend das Grundbuchwesen vom 11. März 1908 enthält die Vorschriften über die Anlegung der Grundbücher auf Grund des Artikels 186 des Einführungsgesetzes zum Bürgerlichen Gesetzbuch und der §§ 86, 90, 91 der Grundbuchordnung.

Das Landtagswahlgesetz vom 10. April 1909 bestimmt in der Hauptsache, daß von den 38 Abgeordneten je fünf aus den größeren Grundbesitzern und den übrigen Höchstbesteuerten, je einer von der Universität Jena, der Handels-, Handwerks- und Landwirtschaftskammer und den Arbeitskammern und dreiundzwanzig aus allgemeinen Wahlen gewählt werden. Aktives und passives Wahlrecht und das Wahlverfahren werden eingehend erörtert. Für die Wahlen in den einzelnen Klassen der Abgeordneten gibt es besondere Wahlordnungen.

Die bereits mehrfach dargestellten Grundsätze des modernen Beamtenrechts über die Haftung des Staates und der Gemeinden für vorsätzliche oder fahrlässige Verletzung der Amtspflichten finden sich auch in dem weimarischen Staatsbeamtengesetz vom 21. Juni 1909. Disziplinargerichte sind in erster Instanz die Dienststrafkammer, für Richter eine Strafkammer des Landgerichts in Weimar, in zweiter Instanz das Oberverwaltungsgericht, für Richter ein Straffenat des Oberlandesgerichts.

Das Bezirksausschußgesetz vom 30. März 1910 ordnet die zusammensetzung der Bezirksausschüsse und die Wahl seiner Mitglieder.

Eine Landwirtschaftskammer ist durch Gesetz vom 8. April 1909 errichtet worden.

Eine Novelle zum Gerichtskostengesetze vom 25. August 1909 ändert dies vielfach. Es ist an demselben Tage neu bekannt gemacht worden. Die Steuergesetzgebung des Großherzogtums umfaßt zwei Nachtragsgesetze vom 11. März 1908 und 30. März 1909 zum Einkommensteuergesetz vom 2. Juni 1897 und ein Ergänzungssteuergesetz vom 30. März 1910.

9. Oldenburg hat in dem Gesetze vom 18. Mai 1908 zum Ausführungsgesetze zum Bürgerlichen Gesetzbuche § 2 öffentliche Behörden für zuständig erklärt, Verträge auf Übertragung des Eigentums von Grundstücken, die in Oldenburg liegen, zu beurkunden. Ministerialbekanntmachungen von demselben Tage und vom 6. Mai 1909 bezeichnen diese Behörden.

Ein umfangreiches Berggesetz für das Herzogtum Oldenburg und das Fürstentum Lübeck ist am 3. April 1908 ergangen.

Das Abdeckereiwesen behandelt das Gesetz vom 24. Mai 1909.

Mehrere andere Gesetze sind staatsrechtlicher Natur. Die beiden Gesetze vom 17. April 1909 ändern das Staatsgrundgesetz und führen allgemeine, unmittelbare und geheime Wahlen ein. Nach dem zweiten Gesetz betreffend die Wahl der Abgeordneten zum Landtage hat jeder Wähler eine Stimme, eine Stimme mehr jeder Wähler, welcher zur Zeit der Wahl über vierzig Jahre alt ist. Bemerkenswert ist, daß kein Abgeordneter an Weisungen gebunden ist oder sie annehmen darf. Eine durch Geschenke oder Versprechen eines persönlichen Vorteils oder durch Drohungen bewirkte Wahl ist ungültig.

Das Beamtenrecht betreffen zwei Gesetze, welche das Zivilstaatsdienergesetz vom 28. März 1867 abändern. Das erste vom 14. März 1908 mit authentischer Deklaration vom 24. Dezember 1908 schreibt die Pensionierung von Beamten vor, die über siebzig Jahre alt sind und berechnet im allgemeinen den Ruhegehalt. Das zweite vom 12. Januar 1909 hebt die Amtskautionen auf.

Auch Oldenburg hat ein Gesetz vom 22. Dezember 1908 über die Haftung des Staates und anderer Verbände für die Amtspflichtverletzungen von Beamten bei Ausübung der öffentlichen Gewalt erhalten.

Die Organisation der Eisenbahnverwaltung, welche der letzte Bericht mit den Gesetzen vom 24. April 1906 und 29. Januar 1907 erwähnte, ist durch ein Gesetz vom 25. März 1908 wieder umgestaltet worden.

Eine Großherzogliche Verordnung vom 20. April 1909 ändert aus Anlaß des Doppelsteuergesetzes vom 22. März 1909 das Einkommensteuergesetz für Oldenburg vom 12. Mai 1906.

10. B r a u n s c h w e i g. Das Gesetz wegen Abänderung des Gesetzes betreffend die Zwangserziehung Minderjähriger vom 12. Juni 1899 vom 4. August 1908 nennt dieses Gesetz jetzt Fürsorgeerziehungsgesetz. Hervorzuheben ist daraus, daß die Landespolizeibehörde sowohl gegen die Ablehnung als die Anordnung der Fürsorgeerziehung ein Beschwerderecht hat. Wer einen Minderjährigen der Fürsorgeerziehung entzieht oder ihn zum Entlaufen verleitet oder ihm dabei hilft, wird mit Gefängnis bis zu zwei Jahren und Geldstrafe bis tausend Mark wahlweise oder zusammen bestraft. Das Gesetz ist durch eine zweite Novelle vom 6. Mai 1910 inbetreff der Tragung der Kosten der Fürsorgeerziehung noch einmal geändert worden.

Die Gesetze vom 25. Juni und 23. Oktober 1909 ändern das Berggesetz vom 15. April 1867, führen die konzessionierten Markscheider und andere Vorschriften über die Knappschaftsvereine ein. Daneben ist eine besondere Markscheiderordnung erlassen.

Das Gesetz betreffend Änderung des Ausführungsgesetzes zum Gerichtsverfassungsgesetze (vom 1. April 1879) vom 26. Juni 1908 ermächtigt die Gerichtsvollzieher Wechsel- und Scheckproteste aufzunehmen.

Die neue Gehaltsordnung vom 14. Januar 1907 für die Staatsbeamten und ihre Ergänzungsbestimmungen sind durch Gesetz vom 17. Juni 1908 betroffen worden.

Im übrigen sind nur Kosten- und Steuergesetze zu erwähnen. Es sind das Kostengesetz für die Gerichte und Notare vom 8. Juni 1908, das Stempelsteuergesetz vom 26. Juni 1908, das Gewerbesteuergesetz vom 14. Januar 1909 und zwei Novellen zum Ergänzungs- und Einkommensteuergesetz vom 14. Dezember 1908 und 30. April 1909.

11. Sachsen-Meiningen. Ein Gesetz vom 15. März 1910 regelt die Rechtsverhältnisse der Waldgenossenschaften. Sie sind rechtsfähig. Gehört ein Grundstück zu einer Waldgenossenschaft, so ist dies auf Antrag des Forstamts im Grundbuch zu vermerken.

Für das Feuerversicherungswesen verlangt das Gesetz vom 14. Januar 1910, daß die Verträge vom Versicherer oder Versicherungsnehmer den Behörden auf Verlangen vorzulegen und Entscheidungen für Gebäudebrandschaden grundsätzlich zum Wiederaufbau zu verwenden sind.

Das Staatsbeamtengesetz vom 11. März 1898 hat Änderungen durch zwei Gesetze vom 19. Januar und 18. Februar 1910 erfahren. Jenes bestimmt die Anrechnung der Militärdienstzeit auf das Dienstalter nach dem vollendeten fünfundzwanzigsten Lebensjahre, dieses ändert das Besoldungsdienstalter der Militäranwärter.

Die Kreisbeamten werden durch das Gesetz vom 17. April 1910 disziplinarisch dem Kreisvorstand unterstellt.

Das Einkommensteuergesetz vom 14. und das Vermögenssteuer- und Vermögenssteuerveranlagungsgesetz vom 16. März 1910 dürfen nicht unerwähnt bleiben.

12. Sachsen-Altenburg. Hier ist zunächst das Gesetz vom 29. November 1909 über Abänderung des Jagdpolizeigesetzes anzuführen. Zum Jagdrecht gehört auch das Gesetz vom 15. März 1909, welches das Gesetz vom 5. Juli 1876 über die Schonzeit des Wildes abändert.

Die Verlegung von Wasserläufen bei Zusammenlegung von Grundstücken wird in dem Gesetz vom 17. März 1908 betreffend Änderung des Zusammenlegungsgesetzes vom 17. April 1889 erörtert.

Das Gesetz vom 15. März 1909 zum altenburgischen Ausführungsgesetz zum Gesetz über die Angelegenheiten der freiwilligen Gerichtsbarkeit bestimmt die Zuständigkeit von Beamten und Behörden zu Beurkundungen von Verträgen über das Eigentum an altenburgischen Grundstücken.

Die Landesvertretung (Landschaft) des Herzogtums soll nach einem Gesetz vom 29. März 1909 aus zweiunddreißig Abgeordneten bestehen, die zu ungefähr gleichen Teilen von den Städten, dem platten Lande und den Höchstbesteuerten gewählt werden sollen. Damit wird das Gesetz vom 31. Mai 1870 geändert.

Auch Sachsen-Altenburg rechnet nach bestimmten Grundsätzen den Militäranwärtern durch das Gesetz vom 18. Dezember 1909 die Militärdienstzeit auf das Besoldungsdienstalter an.

Die Einkommensteuerpflicht ist durch ein Gesetz zum Einkommensteuergesetz vom 24. April 1896 und zum Ergänzungssteuergesetz vom 20. Juni 1902 geregelt worden.

13. Die Herzogtümer Koburg und Gotha haben durch ein gemeinsames Gesetz vom 26. Januar 1909 das Berggesetz vom 23. Oktober 1899 geändert soweit es die Nichtigerklärung von Gewerkschaften betrifft.

Koburg hat seinem im vorigen Bericht erwähnten Zusammenlegungsgesetz vom 1. Juni 1907 durch ein Gesetz vom 16. Februar 1909 andere Vorschriften über die Kosten eingefügt.

Das Koburgische Gesetz vom 20. April 1909 richtet sich gegen die Verunstaltung von Ortschaften und landschaftlich schönen Gegenden.

Eine Staatsministerialverordnung vom 30. September 1908 gibt andere Vorschriften über das Notariatsregister, die Verwahrungsbücher und Wechsel- und Scheckproteste an Stelle derjenigen der koburg-gothaischen Notariatsordnung vom 1. April 1900.

Das Staatsrecht und Verwaltungsrecht weist zunächst eine Geschäftsordnung für die Landtage der Herzogtümer vom 29. März 1908 auf. Eine Novelle vom 17. März 1910 zum Gemeindegesetz vom 11. Juni 1858 bestimmt, welche Unterstützung im Sinne des Gesetzes nicht als Armenunterstützung anzusehen ist. Durch zwei Gesetze vom 5. und 8. Februar 1909 sind die Gehalts- und Pensionsverhältnisse der gemeinschaftlichen Beamten und Volksschullehrer, durch ein koburgisches Gesetz vom 12. Februar 1909 diejenigen der koburgischen Staatsbeamten umgestaltet worden.

Das Einkommen- und Ergänzungssteuergesetz für Gotha ist am 31. Dezember 1908 auf Grund einer Novelle von demselben Tage neu bekannt gegeben.

Koburg hat ein Einkommensteuergesetz vom 2. Dezember 1908 und ein Gesetz über die Besteuerung des Güterhandels (Wertzuwachssteuergesetz) vom 17. Dezember 1908 aufzuweisen. Dazu ist ein abändernbes und ergänzendes Gesetz am 20. April 1909 ergangen.

14. Anhalt. Das Gesetz vom 24. März 1909 betreffend die Abänderung des Berggesetzes für das Herzogtum Anhalt vom 20. März 1896 schafft ein Regal des Staates für den Bergbau auf Salz und Salzquellen.

Nach dem Gesetze vom 24. März 1910, welches das Ausführungsgesetz zum Unterstützungswohnsitzgesetz vom 29. Juni 1871 abändert, können auch andere Gemeindeangehörige als Gemeindeberechtigte Mitglieder der Armenpflegekommissionen werden.

Im Gesetz vom 26. März 1908 sind als Rechtsmittel gegen polizeiliche Verfügungen die Beschwerde oder die Klage im Verwaltungsstreitverfahren gegeben.

Mehrere Gesetze ordnen die Beamtengehalte und die Pensionen neu, so die Gesetze betreffend die Abänderung des Gesetzes und die anderweite Feststellung des Diensteinkommens der Richter vom 31. März 1910, die anderweite Regelung der Beamtenbesoldung mit Besoldungstarif vom 26. April 1909, die Abänderung des Witwenkassengesetzes (vom 27. Dezember 1872) vom 6. April 1908, die Abänderung des Kirchengesetzes über die anderweitige Feststellung des Diensteinkommens der Geistlichen (vom 18. Februar 1901) vom 3. Februar 1910.

Die Beamten werden aber durch das Gesetz vom 26. April 1909 zu den Gemeinde- und Kreissteuern herangezogen.

Am 21. Mai 1909 ist ein Stempelsteuergesetz mit Tarif ergangen.

15. Schwarzburg-Sondershausen überträgt durch ein Abänderungsgesetz zu Artikel 6 seines Ausführungsgesetzes zum Bürgerlichen Gesetzbuch dem Ministerium die gerichtliche und außergerichtliche Vertretung des Fiskus.

Das Gesetz betreffend die Eidesleistungen vom 11. Dezember 1909 vereinfacht diese für landesrechtliche Sachen ähnlich der Novelle zur Zivilprozeßordnung.

Die Beamtenbesoldung betrifft das Gesetz vom 11. Januar 1908, welches die höchste Verordnung vom 2. Mai 1900 abändert.

In dem Gesetze vom 30. März 1909 betreffend weitere Abänderung des Einkommensteuergesetzes vom 11. Dezember 1897 sind andere Grundsätze über die objektive Steuerpflicht aufgestellt.

16. Schwarzburg-Rudolstadt. Nach dem Gesetze vom 6. April 1909 zu Artikel 170 des Ausführungsgesetzes zum Bürgerlichen Gesetzbuch können den Gemeindewaisenräten Frauen als Waisen-

pflegerinnen beigegeben und Gemeindevormundschaften eingerichtet werden.

Das Gesetz vom 11. März 1910 ändert das Gesetz über die Zwangsvollstreckung in das unbewegliche Vermögen vom 11. Dezember 1899. Auf Grund eines vollstreckbaren Titels darf eine Hypothek nur für eine dreihundert Mark übersteigende Forderung eingetragen werden.

Die Höhe des gesetzlichen Wartegeldes der zur Disposition gestellten Beamten ist Gegenstand des Gesetzes vom 13. März 1908.

Von Steuergesetzen sind drei vom 13. März, 13. Mai und 24. März 1908 zu nennen, welche die Einkommen- und Gebäudesteuergesetze abändern und die Gemeindesteuer der Staatsbeamten (Gesetz vom 20. Dezember 1896) aufheben.

17. Waldeck. Die Anerbengüter und ihre Vererbung betrifft das Gesetz über das Anerbenrecht bei land- und forstwirtschaftlichen Besitzungen vom 27. Dezember 1909.

Das Eigentum an Grund und Boden kann entsprechend dem Gesetz vom 15. November 1909 auch für Wasser-, Gas- und elektrische Leitungen und Abwässerbeseitigungen enteignet werden. Das Verfahren richtet sich nach dem im letzten Bericht erwähnten Gesetz vom 31. Juli 1906 über die Enteignung von Grundeigentum zu Sammelbeckenanlagen.

Das Notariat und die preußische Gebührenordnung für Notare sind in dem Fürstentum Waldeck und Pyrmont durch Gesetz vom 4. Januar 1909 eingeführt worden.

Dem preußischen Gesetz über die Haftung des Staates und der Gemeinden für Amtspflichtverletzungen der Beamten entspricht das Gesetz vom 18. Dezember 1909. Das preußische Richterbesoldungsgesetz vom 29. Mai 1907 soll auf Grund eines Gesetzes vom 16. Januar 1908 auch in Waldeck zum Teil gelten.

Die Pensionen der unmittelbaren Staatsbeamten sind in dem Zivilpensionsgesetz vom 3. Februar 1908 bestimmt.

Die Sätze der Klassensteuer nach den Gesetzen vom 7. Januar 1865 und 27. Dezember 1891 sind durch ein Gesetz vom 8. Januar 1908 geändert worden. Das Gesetz ist als Klassensteuergesetz am 1. Juli 1908 bekannt gegeben.

18. Reuß ä. L. hat das Gesinderecht in einer interessanten neuen Gesindeordnung vom 15. Januar 1910 entsprechend dem neuen bürgerlichen Recht kodifiziert.

Auch hier sind die älteren Gesetze über die Pensionsverhältnisse der Staatsdiener, Geistlichen, Lehrer, Kirchendiener und ihrer Hinterbliebenen durch ein neues Gesetz vom 13. Februar 1910 ersetzt worden.

19. Ein ähnliches Gesetz hat Reuß j. L. für die berufsmäßigen Gemeindebeamten und ihre Hinterbliebenen am 25. Januar 1908 veröffentlicht.

Aus seiner Gesetzgebung sind außerdem hervorzuheben ein sehr ausführliches Gesetz über die Zusammenlegung von Grundstücken vom 6. Juli 1909 und eine ebenso ausführliche Verordnung zur Ausführung des Gesetzes vom 12. März 1907 über die Anlegung, Veränderung und Bebauung von Straßen und Plätzen. Aus jenem Gesetz ist noch mitzuteilen, daß die Wirkungen der Zusammenlegung mit dem Tage der Eintragung in das Grundbuch auf Grund des bestätigten Rezesses eintreten.

Die Vertretung der Notare wird durch eine Novelle vom 30. Juni 1909 zur Notariatsordnung vom 10. August 1899 neu geregelt.

Die Gebühren der Ärzte als gerichtliche Sachverständige setzt eine Landesherrliche Verordnung vom 9. Januar 1909 fest.

Das neue Einkommensteuergesetz ist vom 15. Juli 1909.

20. Schaumburg-Lippe. Das Gesetz betreffend die geschlossenen Bauernhöfe und das Anerbenrecht vom 24. März 1909 mit Allgemeiner Verfügung vom 2. August 1909 verbietet die Teilung dieser geschlossenen Hofgüter und die Abtrennung von Teilen von ihnen ohne Genehmigung des Landratsamts. Die Bauernhofseigenschaft ist im Grundbuch einzutragen. Das Anerbenrecht wird sehr eingehend geregelt.

In engem Zusammenhange mit diesem Gesetz steht das Gesetz über die Leibzuchtsverträge vom 24. März 1909.

Die juristischen Prüfungen und die Vorbereitung zum höheren Justizdienst sollen nach der Landesherrlichen Verordnung vom 26. August 1909 im wesentlichen wie in Preußen betrieben werden. Der Vorbereitungsdienst dauert vier Jahre.

Eine neue Gerichtsvollzieherordnung enthält das Gesetz vom 22. März 1910.

Eine Schankkonzessionsabgabe ist durch das Gesetz vom 28. März 1908 eingeführt worden.

21. Lippe-Detmold. Seine Gesetzgebung weist zwei Gebührenordnungen auf. Die eine für die freiwillige Gerichtsbarkeit vom 16. Mai 1908 und die andere von demselben Tage für approbierte Ärzte.

Zu nennen ist außerdem die Novelle zum Einkommensteuergesetz vom 28. August 1894 vom 17. Juli 1908. Sie betrifft die Besteuerung der Gesellschaften.

22. Hamburg hat seine erst in der vorigen Berichtsperiode abgeschlossene Gesetzgebung über die Fürsorge für Waisen und Minderjährige wieder durch ein Gesetz vom 9. Februar 1910 betreffend Änderungen im Geschäftskreis und in der Organisation des Waisenhauskollegiums umgestaltet. Dieses heißt jetzt Behörde für öffentliche Fürsorge. An ihre Spitze tritt auf Grund des abgeänderten Gesetzes über die öffentliche Fürsorge für Minderjährige vom 11. September 1907 ein Direktor. Dieser kann (Abänderung des Ausführungsgesetzes zum Bürgerlichen Gesetzbuche vom 14. Juli 1899) zum Gemeindevormund und Gemeindepfleger in Hamburg selbst bestellt werden. Für sein Verschulden im Amt haftet unter Vorbehalt des Rückgriffs der Staat.

Ein anderes Gesetz über die Beaufsichtigung des Kostkinderwesens vom 21. Dezember 1896 wird dahin geändert, daß sie dem Direktor für Jugendfürsorge übertragen wird.

Der Senat hat die abgeänderten Gesetze am 26. Oktober 1908 einheitlich bekannt gemacht.

Ein Staatsvertrag zwischen den drei freien Hansestädten vom 22. Mai 1908 betrifft das Hanseatische Oberlandesgericht. Es mag daraus erwähnt werden, daß die drei Senate die Oberaufsicht führen, die eigentliche Dienstaufsicht der Präsident hat. Die drei Senate besetzen auch gemeinschaftlich die Stellen; sie wählen den Präsidenten und den Senatspräsidenten; die Ratsstellen werden von den einzelnen Städten nach bestimmtem Turnus besetzt. Der Vertrag verbreitet sich auch eingehend über die Gehalts-, Pensions- und Disziplinarverhältnisse der richterlichen und nichtrichterlichen Beamten des Oberlandesgerichts.

Hierher gehört auch ein Gesetz zur Abänderung des Gerichtsvollzieherwesens vom 29. Dezember 1899. Es betrifft Wechsel- und Scheckproteste und das Gerichtsvollzieheramt.

Die Arreststrafe als Disziplinarstrafe gegen Beamte wird beseitigt durch eine Novelle zu den Gesetzen vom 7. Januar 1884 und 11. Mai 1888.

Sehr eingehend ist das neue hamburgische Ausführungsgesetz zum Gerichtsverfassungsgesetze vom 25. Februar 1910. Der Vorbereitungsdienst der Referendare beträgt nur drei Jahre.

Im Auslieferungsverkehr Hamburgs mit Frankreich soll, wie eine Bekanntmachung des Senats vom 6. April 1910 kundgibt, auch wegen des Versuchs der Straftaten in Zukunft ausgeliefert werden, welche nach dem hamburg-französischen Auslieferungsvertrag vom 5. Februar 1846 die Auslieferung begründen.

Das Wahlgesetz für die Wahlen zur Bürgerschaft vom 5. März 1906 ist inbetreff der Wahlstellen und Stimmzettel durch Gesetz vom 25. Januar 1909 geändert.

Die Steuergesetzgebung umfaßt zwei Gesetze vom 14. April und 15. Oktober 1909, welche das Einkommensteuergesetz vom 2. Januar 1903 wegen der Doppelbesteuerung ändern und ein Wertzuwachssteuergesetz vom 12. Oktober 1908.

Mit Erwähnung der Börsenordnung vom 1. Juni 1908 sind die Gesetze und Verordnungen Hamburgs erschöpft.

23. Lübeck. Die freie Stadt hat ihr Beamtenrecht ebenfalls durch mehrere Gesetze vom 10. Dezember 1909 abgeändert. Es sind dies ein dritter Nachtrag zu dem Gesetze über die Rechtsverhältnisse der Beamten vom 29. April 1899 wegen des Sterbemonats, Gnadenvierteljahrs und der Benutzung der Dienstwohnungen durch die Hinterbliebenen der Staatsbeamten, sodann ein vierter Nachtrag zum Gesetz vom 15. Juni 1885 über die Pensionierung der Beamten. Wegen Berechnung der Dienstzeit, der Pension und deren Zahlung an die Hinterbliebenen, ferner das Beamtenhinterbliebenengesetz und ein Nachtrag zu dem Gesetze vom 26. Mai 1902 über die Fürsorge für Beamte und ihre Hinterbliebenen bei Betriebsunfällen.

Mit dem Wechsel- und Scheckprotestregister befaßt sich ein Nachtrag vom 26. September 1908 zur Notariatsordnung vom 23. April 1900.

Ein Jugendgericht ist durch Senatsverordnung vom 2. November 1908 eingerichtet worden.

Das Kassen- und Rechnungswesen wird nach dem Gesetz vom 5. April 1910 durch die Rechnungsbehörde überwacht.

Zur Steuergesetzgebung gehören ein Gesetz vom 7. Mai 1909 als Nachtrag zu dem Einkommensteuergesetz vom 27. Mai 1889 und ein Wertzuwachssteuergesetz vom 26. Februar 1909.

Die Vorschriften über das Staatsschuldbuch finden sich in einem Gesetze vom 21. Dezember 1909 mit Ausführungsbestimmungen vom 15. Februar 1910. Der Sorge für gesunde Wohnungen der ärmeren Klassen soll das Gesetz betreffend die Wohnungspflege vom 3. November 1908 dienen.

24. Bremen hat mehrere wichtige Gesetze auf dem Gebiet des Privat- und öffentlichen Rechts aufzuweisen.

Das Gesetz vom 24. Juni 1909 betreffend die Änderung des Gesetzes vom 6. Juni 1905 über die Dienstbarkeiten gestattet die Belastung von Grundstücken, für die das Grundbuch noch nicht angelegt ist, mit Erbbau-

und dinglichen Vorkaufsrechten nur soweit ein besonderes Gesetz sie zuläßt. Dies ist am 26. Juni 1909 ergangen.

Die Unschädlichkeitszeugnisse betrifft das Gesetz vom 6. Februar 1910 über Abänderung des § 23 des Ausführungsgesetzes zum Bürgerlichen Gesetzbuch.

Das Gesetz vom 1. Juni 1909 ändert das Gesetz über die Enteignung von Grundeigentum vom 18. Juli 1899 wegen der Entschädigungspflicht des Unternehmers.

Andere bremische Gesetze, die sich auf das Privatrecht erstrecken, sind das Gesetz betreffend die Regelung bergrechtlicher Verhältnisse, des Bergregals und Schürfrechts vom 14. April 1908, die Wegeordnung vom 28. Oktober 1909 und das Gesetz betreffend Abänderung der Jagdordnung vom 27. September 1899 vom 25. Juli 1909. Dieses benennt die jagdbaren und nicht jagdbaren Tiere.

Im Vormundschaftsrecht hat ein Gesetz vom 30. März 1909 zu dem Gesetz über die Generalvormundschaft in der Stadt Bremen vom 22. Februar 1905 einiges wegen der vom Ortsarmenverband Bremen untergebrachten Minderjährigen geändert.

Eine neue Senatsverordnung vom 28. Mai 1909 ersetzt die bisher gültigen Vorschriften über die Beglaubigungen von Unterschriften und Handzeichen durch die Verwaltungsbehörden.

In das Verwaltungsrecht greift ein das Gesetz vom 15. Juli 1908, welches das Gesetz vom 29. Dezember 1901 über die Zwangsvollstreckung im Verwaltungswege durch neue Vorschriften über die Pfändung von Geldforderungen ändert.

Schutz von Baudenkmälern, Straßen- und Landschaftsbildern gegen geschmacklose Veränderungen gewährt das Gesetz vom 4. März 1909.

Das Gesetz vom 4. November 1909 ändert die Verfassung, indem es den Senat aus Kaufleuten und Rechtsgelehrten bildet.

Auf das Beamtenrecht erstrecken sich folgende Gesetze.

Das Gesetz vom 2. Juli 1908 ändert das bremische Ausführungsgesetz zum Gerichtsverfassungsgesetz vom 17. Mai 1879 inbetreff der Berechnung des Besoldungsdienstalters der Richter. Ferner ist durch drei Gesetze vom 23. März 1909, von denen zwei die Gesetze vom 1. Februar 1894 über die Rechtsverhältnisse der Beamten und vom 10. Juli 1892 betreffend die Pensionen für Witwen und Waisen der Beamten abändern, das dritte die Pensionen der Witwen und Waisen der jahrgeldsberechtigten Beamten ordnet, das Beamtenpensionswesen auf neue Grundlagen gestellt worden.

Das im vorigen Bericht mitgeteilte Gesetz vom 13. Dezember 1906 betreffend die Ruhelohnberechtigung der Arbeiter in staatlichen Betrieben ist bereits durch ein Gesetz vom 12. März 1909 geändert worden.

Aus dem Gesetze vom 25. Januar und 17. Februar 1910 zum Einkommensteuergesetz vom 20. April 1905 ist ein neues Einkommensteuergesetz vom 23. Februar 1910 hervorgegangen.

Die Gebühren für Eintragungen in das Staatsschuldbuch sind erörtert in einer Novelle vom 13. April 1910 zum Staatsschuldbuchgesetz vom 2. Dezember 1898. Dieses ist am 24. April 1910 neu bekannt gegeben.

25. Elsaß-Lothringen. Das Reichsland hat durch das Gesetz vom 8. Dezember 1909 betreffend die Abänderung des Berggesetzes für Elsaß-Lothringen vom 16. Dezember 1873 moderne Vorschriften für die Bergleute und Betriebsbeamten erhalten. Daneben ändert das Gesetz die Bestimmungen des früheren über die Befugnisse der Bergbehörden und die Strafen.

Bereits in dem Bericht über die Reichsgesetzgebung ist erwähnt, daß das Reichsgesetz über den Unterstützungswohnsitz bisher in Elsaß-Lothringen nicht galt und erst durch Gesetz vom 30. Mai 1908 eingeführt ist. Ein ausführliches Ausführungsgesetz vom 8. November 1909 paßt es den einheimischen Verhältnissen an.

Eine Verordnung des Statthalters vom 4. Januar 1909 über die juristischen Prüfungen führt für die erste Klausurarbeiten ein und ändert einiges bisher Gültige für die zweite Prüfung. In der Kommission für diese soll stets ein höherer Verwaltungsbeamter mitwirken. Der Text dieser Verordnung ist am 5. Januar 1909 neu veröffentlicht.

Die Bezüge der Staatsbeamten sind auch hier Gegenstand der Gesetzgebung gewesen. Der Nachtrag zum Landeshaushaltsetat vom 4. Juli 1908 erhöht sie und ordnet sie zugleich für die Richter und Staatsanwälte nach Dienstaltersstufen. Dazu gehört eine Kaiserliche Verordnung vom 3. August 1908 über das Dienstalter dieser Beamten. Hieran schließen sich zwei Gesetze vom 15. November 1909: das Beamtenhinterbliebenengesetz und das Gesetz betreffend die Gehalts- und Pensionsverhältnisse der staatlich besoldeten Religionsdiener und ein Gesetz betreffend die Hinterbliebenen der Universitätsprofessoren vom 22. November 1909 (neu bekannt gemacht am 4. Dezember 1909).

Diesen erhöhten Ausgaben entsprechen neue Steuern.

Das Gesetz über die Steuer der Toten Hand vom 8. November 1909 legt diese Abgabe allen juristischen Personen des öffentlichen und Privatrechts mit Ausnahme des Reichs- und Landesfiskus auf. Wichtig ist auch das Gesetz über die Gemeindeabgaben vom 14. Dezember 1909, welches eine Grundwertabgabe vom Wert unbebauter Grundstücke, eine Warenhausabgabe und eine Hundesteuer, ferner einen Schankkonzessionsstempel einführt.

Das Gesetz über die Bergwerksbesteuerung vom 14. Juli 1908 beseitigt mehrere Bestimmungen des älteren Gesetzes vom 17. Mai 1906 und erhebt eine Flächenabgabe für alle, auch die außer Betrieb stehenden Bergwerke, von betriebenen auch eine Gewerbesteuer und eine Förderabgabe.

Gesetzgebung in Österreich.*)

Von Herrn Dr. Durig, Sektionsrat im k. k. Justizministerium in Wien.

Nach Abschluß der Verhandlungen über die Wahlreform und über die Regelung des wirtschaftlichen Verhältnisses zu Ungarn konnte erwartet werden, daß das Parlament sich mit größerem Nachdrucke als bisher den Gesetzgebungsarbeiten auf anderen Gebieten zuwenden und das während langer Arbeitspausen Versäumte nun um so rascher nachholen werde. Diese Hoffnung ging jedoch nur zum geringen Teile in Erfüllung. Die Hemmungen, die während früherer Berichtsperioden so häufig eine fruchtbringende Tätigkeit verhindert hatten, wirkten auch während der beiden letzten Jahre bald in stärkerem, bald in geringerem Maße fort. Die legislativen Ergebnisse, über die hier berichtet werden kann, sind daher ziemlich bescheidene geblieben.

I.

Im Jahre 1908 kam auf dem Gebiete der Justizgesetzgebung ein einziges Gesetz zustande, das Gesetz vom 9. August 1908 über die Haftung für Schäden aus dem Betriebe von Kraftfahrzeugen. Seiner Verabschiedung waren langwierige parlamentarische Verhandlungen vorangegangen und die grundlegenden Bestimmungen des Gesetzes, welche die Ersatzpflicht durch eine Verbindung von Verschuldens- und Erfolghaftung regeln, tragen noch deutliche Spuren an sich, die erkennen lassen, welche mühevolle Arbeit erforderlich war, um im Widerstreite gegenteiliger Interessen dem Gesetze zur Annahme zu verhelfen. Zur Durchführung des Automobilhaftpflichtgesetzes sind die Ministerialverordnungen vom 23. Oktober 1908 über die Anmeldung von Automobilbetrieben zur

*) Der Bericht umfaßt die Zeit bis 15. April 1910.

Unfallversicherung, vom 26. Oktober 1908 über die Erprobung der Kraftfahrzeuge mit geringer Geschwindigkeit — auf welche die Haftungsbestimmungen des Gesetzes keine Anwendung finden — und vom 28. Oktober 1908 über den sogenannten Selbstbehalt erflossen, womit Haftpflichtversicherten die Tragung von Schäden aus dem Betriebe von Kraftfahrzeugen bis zu 100 kg im vollen Ausmaße und von größeren Schäden bis zu 10 %, mindestens aber bis zu 100 K. ohne Anspruch gegen den Versicherer auferlegt wurde.

Das Jahr 1909 brachte zwar eine etwas größere Anzahl neuer Justizgesetze; doch handelt es sich durchwegs um Vorlagen von mehr oder minder untergeordneter Bedeutung.

Durch ein Gesetz vom 15. September 1909 wurde der bisher im Gesetze über das Verfahren außer Streitsachen vom 9. August 1854 mit 500 fl. Konventionsmünze (1050 K.) festgesetzte Höchstbetrag für die Anlegung von Mündel- und Kurandengeldern bei den mit öffentlicher Genehmigung bestehenden österreichischen Sparkassen auf 3000 K. für einen Pflegebefohlenen erhöht; außerdem wurde die fruchtbringende Anlage von Geldern Pflegebefohlener beim Postsparkassenamte, und zwar sowohl in der Form des Einlagebuches als in der des Ankaufes von Staatspapieren, die gegen Ausstellung eines Rentenbuches in der Verwahrung des Postsparkassenamtes verbleiben, geregelt. Nähere Vollzugsanordnungen über die Einlage von Mündelgeldern bei der Postsparkasse wurden mit einer Verordnung der Minister der Justiz, des Handels und der Finanzen vom 2. Dezember 1909 getroffen.

Ein Gesetz vom 6. August 1909 ersetzte das Tierseuchengesetz vom 29. Februar 1880 und das Schweinepestgesetz vom 7. September 1905 durch neue gesetzliche Vorschriften über die Abwehr und Tilgung von Tierseuchen. Gleichzeitig änderten drei weitere Gesetze von demselben Tage einige Bestimmungen des Rinderpestgesetzes vom 29. Februar 1880, des Gesetzes vom 17. August 1892 über die Abwehr und Tilgung der Lungenseuche der Rinder und des Gesetzes vom 19. Juli 1879 über die Desinfektion bei Viehtransporten auf Eisenbahnen und Schiffen ab, um sie mit den Vorschriften des neuen Tierseuchengesetzes in Einklang zu bringen. Aus dem strafrechtlichen Teile dieser Gesetze ist hervorzuheben, daß sie die gerichtlich zu ahndenden Tatbestände erheblich verminderten. Während nach dem früheren Rechtszustande den politischen Behörden nur die Ahndung der Verletzung einer Anzeigepflicht und unwahrer Angaben von Gemeindevorstehern bei Ausstellung von Viehpässen oder Ursprungsbescheinigungen oblag, jedes sonstige Zuwiderhandeln aber der gerichtlichen Bestrafung zugewiesen war, droht das neue Recht eine gerichtliche Strafe nur für den Fall einer Übertretung von Vorschriften an, welche die Einschleppung von Tierseuchen aus dem Auslande verhüten oder die Tilgung einer im Inlande bereits ausgebrochenen Seuche sichern sollen. Im einzelnen erfuhr auch diese grundsätzlich festgehaltene Zuständigkeitsgrenze eine Einschränkung zugunsten der Strafgewalt der politischen Behörden; so hinsichtlich der Übertretung eines Verbotes des freien Herumlaufens von Hunden und sonstigen kleineren Haustieren, von Vorschriften über den Maulkorbzwang für Hunde oder über die Impfung für Seuchen empfänglicher Tiere. Die von den Gerichten zu ahndenden Tatbestände sind größtenteils als Übertretungen erklärt, unterliegen daher der Aburteilung durch die Bezirksgerichte. Der Gerichtshofkompetenz sind bloß zugewiesen das Zuwiderhandeln gegen ein Einfuhrverbot, das wegen einer im Auslande ausgebrochenen Seuche erlassen wurde, und die fahrlässige oder vorsätzliche Verbreitung einer Seuche unter Haustieren, welche Delikte als Vergehen — vorsätzliche Verbreitung, wenn damit eine große Gefahr für die Landwirtschaft verbunden ist, sogar als Verbrechen — bestraft werden. Zum Vollzuge der neuen Tierseuchengesetze wurde am 27. November 1909 eine Reihe von Ministerialverordnungen kundgemacht.

Von sonstigen Justizgesetzen aus dem Jahre 1909 sind noch anzuführen: das Gesetz vom 2. Februar 1909, das zwei untereinander nur lose zusammenhängende Gegenstände regelte, nämlich einerseits den Parteien im Eheungültigkeits- oder Trennungsprozesse die Bestreitung der Kosten des von Amtswegen bestellten Verteidigers des Ehebandes auferlegte und andererseits aussprach, daß den Parteivertreter keine Haftung für die im gerichtlichen oder Verwaltungsverfahren erwachsenden Zeugen- und Sachverständigengebühren, Kommissions- und Reisekosten trifft; das Gesetz vom 10. Mai 1909, womit für Wertpapiere, die nach den allgemeinen gesetzlichen Vorschriften, bei einem gerichtlichen Depositenamte in Böhmen zu hinterlegen wären, neben dem Erlage beim Depositenamte und bei der österreichisch-ungarischen Bank auch die Hinterlegung bei der böhmischen Landesbank zugelassen wurde (Vollzugsverordnung vom 15. Dezember 1909); endlich das Gesetz vom 30. Dezember 1909, betreffend die Verlängerung der Wirksamkeit des Gesetzes über die Ausübung der Konsulargerichtsbarkeit bis zum 31. Dezember 1910.

Das wichtigste Gesetz aus dem Bereiche des Zivilrechtes, das während der Berichtsperiode geschaffen wurde, ist zweifellos das Gesetz vom 16. Januar 1910 über den Dienstvertrag der Handlungsgehilfen und anderer

Dienstnehmer in ähnlicher Stellung. In Betreff des Dienstverhältnisses der Handlungsgehilfen treten die Bestimmungen des neuen Gesetzes, dessen Wirksamkeitsbeginn mit Verordnung des Justizministers auf den 1. Juli d. J. festgesetzt wurde, an die Stelle des sechsten Titels des ersten Buches des Handelsgesetzbuches. Wie aber schon der angeführte Titel des Gesetzes andeutet, ist sein Anwendungsgebiet nicht auf die Handlungsgehilfen beschränkt. Es gilt vielmehr auch für das Dienstverhältnis von Personen, die im Geschäftsbetriebe eines Kaufmannes zur Leistung höherer, aber nicht kaufmännischer Dienste angestellt sind, ferner für Dienstverträge von Personen, die kaufmännische oder höhere, nicht kaufmännische Dienste im Geschäftsbetriebe bestimmter Unternehmungen und Anstalten leisten, auch wenn diese nicht Kaufleute im Sinne des Handelsgesetzbuches sind. Das Gesetz zählt als solche Unternehmungen insbesondere sämtliche gewerblichen Betriebe, Kreditanstalten, Sparkassen, Erwerbs- und Wirtschaftsgenossenschaften, Krankenkassen, Versicherungsanstalten, Zeitungsunternehmungen, dann Advokaturs- und Notariatskanzleien auf.

Als bemerkenswerte Neuerungen, welche das Handlungsgehilfengesetz enthält, verdienen namentlich folgende Erwähnung, wobei bemerkt sei, daß die zugunsten der Handlungsgehilfen getroffenen Bestimmungen zumeist als zwingendes Recht erklärt sind: Während einer durch Krankheit verursachten Dienstesverhinderung behält der Dienstnehmer seinen Anspruch auf Gehalt durch sechs Wochen, und zwar ohne daß ihm Krankengelder oder eine Unfallrente, die er bezieht, auch nur zum Teile angerechnet werden dürfen. Es behält ferner ein Dienstnehmer, der durch Erfüllung der Militärdienstpflicht an der Verrichtung seiner Dienste verhindert wird, — abgesehen von den Fällen der Einberufung zur Ableistung der Militärpräsenzdienstpflicht für die gesetzlich bestimmte einjährige oder längere Dauer — den Anspruch auf seine Geldbezüge bis zur Dauer von vier Wochen, wenn das Dienstverhältnis ununterbrochen bereits ein Jahr gedauert hat. Nach mindestens halbjähriger, ununterbrochener Dauer des Dienstverhältnisses gebührt dem Dienstnehmer ein Urlaub von mindestens zehn Tagen, bei längerer Dauer (5, bezw. 15 Jahre) ein solcher von zwei oder drei Wochen; der Anspruch auf die Geldbezüge besteht während des Urlaubes fort. Die Zeit einer Verhinderung durch Krankheit darf in den Urlaub nicht eingerechnet werden. Dieser ist ununterbrochen zu gewähren; nur bei kleineren gewerblichen Betrieben muß sich der Dienstnehmer die Teilung in zwei annähernd gleiche Abschnitte gefallen lassen. Nach Kündigung des Dienstverhältnisses ist dem

Dienstnehmer auf Verlangen an Werktagen angemessene Zeit zum Aufsuchen einer neuen Stellung frei zu geben. Konkurrenzklauseln sind unwirksam, wenn der Dienstnehmer, als er sie einging, minderjährig war oder wenn sein Entgelt bei Beendigung des Dienstverhältnisses 4000 K. jährlich nicht übersteigt. Auch bei Bezug eines höheren Entgeltes ist die Konkurrenzklausel nur insoweit wirksam, als sie sich auf die Tätigkeit im Geschäftszweige des Dienstgebers bezieht, ein Jahr nicht überschreitet und nicht nach Gegenstand, Zeit oder Ort und im Verhältnisse zum geschäftlichen Interesse des Dienstgebers eine unbillige Erschwerung des Fortkommens des Dienstnehmers enthält. Der Dienstgeber kann sich ferner auf die Konkurrenzklausel nicht berufen, wenn er durch schuldbares Verhalten dem Dienstnehmer begründeten Anlaß zur Auflösung des Dienstverhältnisses geboten oder wenn er das Dienstverhältnis, ohne durch schuldhaftes Verhalten des Dienstnehmers veranlaßt zu sein, gelöst und sich nicht zugleich bereit erklärt hat, während der Dauer der Beschränkung dem Dienstnehmer das zuletzt bezogene Entgelt weiter zu leisten. Dienstnehmer, die mit dem Abschlusse oder der Vermittlung von Geschäften betraut sind, dürfen ohne Zustimmung des Dienstgebers von dem Dritten weder eine Provision noch eine sonstige Belohnung annehmen. Zuwiderhandeln begründet die Pflicht zur Herausgabe des Erhaltenen unbeschadet allfälliger weiterer Ersatzansprüche. Bemerkenswert ist auch, daß das Gesetz auf Kollektivverträge zwischen Vereinigungen von Dienstgebern und Dienstnehmern Rücksicht nimmt, indem es erklärt, daß dann, wenn die vertragschließenden Teile solchen Vereinigungen angehören, der zwischen diesen zustandegekommene Kollektivvertrag als eine für das Dienstverhältnis maßgebende Vereinbarung gilt, soweit nicht entgegengesetzte Abmachungen getroffen wurden.

Neben seinem privatrechtlichen Inhalte umfaßt das Handlungsgesetz auch öffentlichrechtliche Bestimmungen oder richtiger die Grundlage für die Erlassung solcher Vorschriften, denn die Aufnahme einheitlicher Bestimmungen dieser Art hatte sich bald als untunlich erwiesen. So wurde die Regierung ermächtigt, nach Anhörung der Körperschaften, denen gesetzlich die Vertretung der in Betracht kommenden Interessen obliegt (Handelskammern, Advokaten-, Notariatskammern), unter Bedacht auf die Art der Unternehmung und die Bedürfnisse der Bevölkerung anzuordnen, daß die Vorschriften der Gewerbeordnung über Sonntagsruhe und Arbeitszeit auf die durch das Handlungsgehilfengesetz geregelten (nicht schon unter die Gewerbeordnung fallenden) Dienstverhältnisse entsprechende Anwendung finden. Weiter wurde vorgesehen, daß die Aufsicht über die Einhaltung der Pflicht des Dienstgebers, für gesunde Arbeitsräume zu sorgen, die nötigen Schutzmaßnahmen zu treffen und dergl., den Gewerbeinspektoren übertragen werden könne.

Endlich ist als Justizgesetz noch das Gesetz vom 6. April 1910 zu nennen, womit der Justizminister ermächtigt wurde, in den Oberlandesgerichtssprengeln Lemberg, Krakau, Triest und Zara den richterlichen Vorbereitungsdienst zeitweilig von 3 auf 2 Jahre abzukürzen, so lange dies — bei dem herrschenden Mangel an ausreichendem Nachwuchse — zur Deckung des Bedarfes an zur Ausübung des Richteramtes befähigten Beamten unerläßlich ist. Mit der Abkürzung des Vorbereitungsdienstes ist die Befreiung von der Lieferung einer rechtswissenschaftlichen Hausarbeit verbunden. In der zum Gesetze erlassenen Durchführungsverordnung vom 6. April 1910 wird ausdrücklich betont, daß an Kandidaten mit zweijährigem Vorbereitungsdienste dieselben Anforderungen zu stellen sind wie an Kandidaten mit dreijährigem Vorbereitungsdienste und daß bei der Beurteilung der Prüfungsergebnisse keinesfalls dem Umstande Bedeutung beigemessen werden darf, daß für offene Dienstposten keine Bewerber vorhanden sind.

II.

Sehr bedeutsam waren die Fortschritte, die sich während der Berichtsperiode auf dem Gebiete internationaler Vereinbarungen vollzogen.

Am 27. April 1909 trat das Haager Prozeßübereinkommen vom 17. Juli 1905 in Kraft, das eine wesentliche Beschleunigung des Rechtshilfeverkehrs zwischen nahezu sämtlichen kontinentalen Staaten herbeiführte. Zur Durchführung des Übereinkommens erfloß eine Verordnung des Justizministeriums vom 30. April 1909, in der namentlich verfügt wurde, daß der Rechtshilfeverkehr der inländischen Gerichtsbehörden mit den Konsularbehörden durch das Justizministerium vermittelt wird.

In das Jahr 1908 fällt der Beginn der Wirksamkeit des zweiten Zusatzübereinkommens zum internationalen Übereinkommen über den Eisenbahnfrachtverkehr, das am 21. November 1908 kundgemacht wurde.

Mit Rechtswirkung vom 1. Januar 1909 traten Österreich und Ungarn der internationalen Union zum Schutze des gewerblichen Eigentums und dem Übereinkommen über die internationale Registrierung von Fabriks- und Handelsmarken (Pariser Übereinkommen vom 20. März 1883, Madrider Abkommen vom 14. April 1891, Madrider Protokoll vom

15. April 1891, Brüsseler Zusatzakte vom 14. Dezember 1900) bei. Am gleichen Tage erlangten ein Übereinkommen mit dem Deutschen Reiche vom 17. November 1908 über den gegenseitigen gewerblichen Rechtsschutz, ferner ergänzende Bestimmungen zum Ausgleichsvertrage mit Ungarn Wirksamkeit, welche die Bestimmungen dieses Vertrages über den Schutz des gewerblichen Eigentums und die Markenregistrierung dem neuen Rechtszustande anpaßten. Durchführungsvorschriften aus Anlaß des Beitrittes zur genannten Union wurden mit einem Gesetze vom 29. Dezember 1908 und mit Verordnungen vom 30. Dezember 1908, vom 22. April 1909 und 12. Juli 1909 erlassen.

Am 30. März 1910 trat der Staatsvertrag vom 2. März 1908 in Kraft, wodurch zwischen Österreich und Rumänien ein gegenseitiges Urheberrechtsschutzverhältnis für Werke der Literatur, Kunst und Photographie begründet wurde. Eine gleichzeitig verlautbarte Kundmachung stellte auf Grund eines diplomatischen Notenwechsels, der dem Abschlusse des Übereinkommens nachgefolgt war, dessen Anwendbarkeit auf früher erschienene Werke fest. Eine Verordnung vom 23. März 1910 endlich traf nähere Bestimmungen zur Durchführung des Vertrages.

Schon im Jahre 1908 war durch die Erlassung einer Verordnung auf Grund der Urheberrechtsnovelle vom 26. Februar 1907 ein gegenseitiges Urheberrechtsschutzverhältnis zu Schweden hergestellt worden.

Schließlich sei noch als auf das Gebiet internationaler Rechtsbeziehungen gehörig die Justizministerialverordnung vom 19. Februar 1909 erwähnt, worin festgestellt wurde, in welchem Maße hinsichtlich der Vollstreckung von Urteilen über vermögensrechtliche Ansprüche Gegenseitigkeit gegenüber dem Kanton St. Gallen besteht.

III.

Auf die Gesetze einzugehen, die auf anderen Rechtsgebieten als dem der Justizpflege zustande kamen, fällt nicht in den Rahmen dieses Berichtes. Es sollen daher aus dieser Gruppe nur jene Gesetze herausgegriffen werden, die allgemeines Interesse beanspruchen können.

Aus diesem Gesichtspunkte verdient vor allem das Gesetz vom 20. Dezember 1909 über die Ergänzung der Geschäftsordnung des Reichsrates Beachtung. Nur als vorübergehende Maßnahme gedacht — seine Geltung erlischt mit dem Ende des Jahres 1910 — soll es eine gründliche Änderung der allseits als mangelhaft erkannten Geschäftsordnung des Reichsrates vom Jahre 1873 vorbereiten. Es räumt dem Präsidenten des Abgeordnetenhauses sehr weitgehende Machtbefugnisse zur Ausschaltung der technischen Obstruktion ein, ermächtigt ihn namentlich, den Einlauf mit Ausnahme von Zuschriften der Regierung oder des Herrenhauses ganz oder teilweise im Laufe oder am Schlusse der Sitzung mitzuteilen, die Verhandlung von Dringlichkeitsanträgen in derselben Weise zurückzustellen, Pausen vor Abstimmungen zu verweigern und bei Anträgen zur formellen Geschäftsbehandlung nur Abstimmung durch Erheben von den Sitzen zuzulassen. Auch die Ausschließung bis zur Dauer von drei Sitzungen wird für bestimmte, besonders schwere Fälle in seine Hand gelegt. Gegen die bezeichneten Verfügungen des Präsidenten ist nur die Berufung an das Haus zulässig, das darüber in einfacher Abstimmung entscheidet.

An Verwaltungsgesetzen wären ferner anzuführen: das Gesetz vom 21. Juli 1908 über den Unterhaltsbeitrag für Angehörige von zu einer Waffen- (Dienst-)übung oder zur militärischen Ausbildung Eingerückten, samt der hierzu ergangenen Durchführungsverordnung vom 3. Februar 1910; das Gesetz vom 8. Februar 1909 über die Pflicht der Unternehmer unfallversicherter Betriebe zur Führung von Lohnlisten, die Festsetzung einer dreijährigen Verjährungszeit für Beiträge an die Unfallversicherungsanstalten, Bezirks- und Genossenschaftskrankenkassen und die Entrichtung von Verzugs- und Vergütungszinsen für solche Beiträge (Durchführungsverordnung vom 10. Mai 1909); das Gesetz vom 12. Februar 1909, womit die Regierung zum Abschlusse internationaler Übereinkommen auf dem Gebiete der Arbeiterunfallversicherung ermächtigt wurde; das Gesetz vom 13. Juli 1909 über das Verbot der Verwendung weißen oder gelben Phosphors zur Herstellung von Zündwaren; und das zugleich mit dem Handlungsgehilfengesetze kundgemachte Gesetz vom 14. Januar 1910, betreffend die Dauer der Arbeitszeit und den Ladenschluß in Handelsgewerben und verwandten Geschäftsbetrieben. Durch dieses Gesetz wurde für Hilfsarbeiter in Handelsgewerben, im Speditionsgewerbe und im Warenverschleiße der Produktionsgewerbe grundsätzlich eine ununterbrochene Ruhezeit von mindestens 11 Stunden festgesetzt, die Dauer der Mittagspause geregelt und angeordnet, daß die dem Kundenverkehre offenen Geschäftsräumlichkeiten von 8 Uhr, beim Lebensmittelhandel von 9 Uhr abends an bis 5 Uhr früh geschlossen bleiben müssen. Den Behörden wurde die Befugnis eingeräumt, nach Lage der Verhältnisse einen früheren Ladenschluß (jedoch nicht vor 7 Uhr abends) und eine spätere Eröffnung am Morgen zu bestimmen; andererseits erhielt die Regierung die Ermächtigung, für einzelne Kurorte Ausnahmen von den Vorschriften des Gesetzes zuzulassen.

IV.

Ziemlich reichhaltig war auch im abgelaufenen Biennium die Tätigkeit der Exekutive. Eine Reihe von Verordnungen, die zur Durchführung neuer Gesetze erflossen, fand bereits in anderem Zusammenhange Erwähnung. Außer diesen ragen unter den Verordnungen, welche dem Bereiche der Justizpflege angehören, durch größere Bedeutung hervor: die Verordnung des Justizministers vom 21. Oktober 1908, womit bis zur Schaffung besonderer gesetzlicher Vorschriften — die durch die Einbringung von Gesetzentwürfen über die strafrechtliche Behandlung Jugendlicher und über die Fürsorgeerziehung vorbereitet wurden — im Verwaltungswege verfügt wurde, daß Strafsachen gegen Jugendliche unter 18 Jahren von besonderen Jugendsenaten und Einzelrichtern, bei Gerichten, die nicht ausschließlich mit der Strafgerichtsbarkeit befaßt sind, von den Pflegschaftsrichtern durchzuführen und daß Strafverhandlungen gegen Jugendliche von anderen Verhandlungen tunlichst zu trennen sind; der mit Verordnung des Justizministers vom 3. Juni 1909 verlautbarte neue Advokatentarif; das neue Eisenbahnbetriebsreglement (Verordnung vom 11. November 1909), das bis auf geringfügige Abweichungen mit der Eisenbahn-Verkehrsordnung für das Deutsche Reich vom 23. Dezember 1908 übereinstimmt; endlich zwei Verordnungen über die Titel richterlicher und staatsanwaltschaftlicher Beamter, womit — neben einigen anderen Änderungen — für die Gerichtssekretäre der Titel Bezirksrichter, für die Gerichtsadjunkten der Titel Richter eingeführt und den Staatsanwälten der VI. Rangklasse der Titel Erster Staatsanwalt verliehen wurde.

Unter den Verordnungen auf dem Gebiete des Verwaltungsrechtes können auf allgemeineres Interesse Anspruch machen: mehrere Verordnungen zur Durchführung des Gesetzes über die Pensionsversicherung der in privaten und einiger in öffentlichen Diensten Angestellten; eine Verordnung des Handelsministeriums vom 15. April 1908, betreffend Vorschriften zum Schutze des Lebens und der Gesundheit der mit gewerblichen Anstreicher-, Lackierer- und Malerarbeiten beschäftigten Personen; das unter Strafandrohung ausgesprochene Verbot des Gebrauches der Guldenwährung im Verkehre der Handel- und Gewerbetreibenden (Verordnung vom 24. April 1908); die Verordnung des Handelsministeriums vom 7. Mai 1908 über die gewerbemäßige Vermittlung von Dienst- und Arbeitsstellen nach dem Auslande, aus der hervorgehoben sei, daß vor der

Übernahme der Vermittlung solcher Stellen für Personen unter 18 Jahren die Zustimmung des Pflegschaftsgerichtes eingeholt werden muß; die Ministerialverordnung vom 15. Juli 1908 über den Verkehr mit Zelluloid, Zelluloidwaren und Zelluloidabfällen; eine Verordnung vom 3. April 1909, worin die Vergebung staatlicher Arbeiten und Lieferungen (das sogenannte Submissionswesen) eine eingehende Regelung erfuhr; die Verordnungen vom 16. September 1909 und vom 23. März 1910, welche die gewerbemäßigen Betriebe der Einlagerung von Erdöl und von Anlagen zur Leitung von Erdöl, dann die Gewerbe der Verarbeitung von Erdöl und des Vertriebes von Petroleum mittels Tankwagen an eine staatliche Konzession binden; endlich die Verordnung vom 13. Dezember 1909, womit für die richterlichen Beamten des Verwaltungsgerichtshofes gleichwie schon früher für die sonstigen Richter ein Amtskleid (Talar) eingeführt wurde.

V.

Es erübrigt schließlich noch, einen Blick auf die Ergebnisse der Landesgesetzgebung zu werfen. Unter der großen Zahl der Gesetze, die in den einzelnen Kronländern erflossen, sind es nur einige wenige — durchwegs agrarrechtlicher Natur —, die hier Erwähnung verdienen.

In Böhmen kam das Erbhöfegesetz vom 7. August 1908 zustande, zu dessen Durchführung die Verordnung vom 28. Februar 1909 erging. Gleichwie das Kärntner Gesetz vom 16. September 1903 hat sich auch das böhmische Gesetz damit begnügt, erbrechtliche Vorschriften zu erlassen. Die Eigenschaft eines Erbhofes — landwirtschaftliche Besitzung mit einem Katastralreinertrag von mindestens 100, höchstens 1500 K. und mit einem Flächenmaße von wenigstens 5 ha — ist nur von Belang, wenn nach dem Besitzer eines solchen Hofes die gesetzliche Erbfolge eintritt oder wenn er letztwillig oder durch Erbvertrag eine unter seine gesetzlichen Erben gehörige Person als Übernehmer bestimmt hat. Ist einmal der Hof auf Grund der Bestimmungen des Erbhöfegesetzes als ungeteiltes Ganze an den Anerben übergegangen, so unterscheidet er sich rechtlich in nichts von anderen Besitzungen und unterliegt namentlich keiner Teilbarkeitsbeschränkung. Nur in einer Beziehung ist das böhmische Gesetz über sein Kärntner Vorbild hinausgegangen, indem es nämlich dem Anerben die Verpflichtung auferlegte, wenn er den Hof binnen 10 Jahren ganz oder zum größeren Teile veräußert, den Betrag, um welchen der Veräußerungspreis den Übernahmswert übersteigt, den weichenden Erben herauszugeben.

In der Bukowina wurde nach dem Muster des vier Jahre zuvor erflossenen galizischen Gesetzes ein Rentengütergesetz vom 7. September 1909 erlassen. Die Rentenguteigenschaft wird aus Anlaß der Gewährung eines Rentendarlehens durch die Landesbank begründet und hat zur Folge, daß das Rentengut — eine landwirtschaftliche Besitzung mittlerer Größe — so lange nicht belastet und ohne Zustimmung der Landesbank nicht geteilt werden kann, als das Rentendarlehen grundbücherlich aushaftet. Ein weiteres Bukowinaer Landesgesetz vom 6. Mai 1909 verbot, um eine allzu weitgehende Bodenzersplitterung hintanzuhalten, grundsätzlich die physische Teilung selbständiger Parzellen, die im Grundsteuerkataster als Äcker, Wiesen, Weiden, Alpen, Waldungen und dergl. bezeichnet sind, wenn dadurch Trennstücke von weniger als 15 Ar, bei Alpen und Wäldern von weniger als $1^1/_2$ ha entstünden. Ausnahmen wurden namentlich für die Fälle der Verwendung als Baugrund, als Hofraum oder als Garten vorgesehen. In allen Fällen muß dafür gesorgt sein, daß das Teilstück entsprechend zugänglich bleibt.

Endlich wurden in mehreren Kronländern Gesetze über die Zusammenlegung (Kommassation) in Gemenglage befindlicher landwirtschaftlicher Grundstücke, über die Teilung gemeinschaftlicher Grundstücke und die Regulierung der hierauf bezüglichen Benützungs- und Verwaltungsrechte sowie über den Schutz der Alpen beschlossen.

Druck von Leonhard Simion Nf. in Berlin SW. 48.

FSC
www.fsc.org
MIX
Papier | Fördert gute Waldnutzung
FSC® C083411

Kolibri 360 GmbH
Ferdinand-Jühlke-Straße 7
99095 Erfurt, Deutschland
produktsicherheit@kolibri360.de